CATALOGUE

DE LA SECTION DES

COLONIES NÉERLANDAISES

À L'EXPOSITION INTERNATIONALE COLONIALE
ET D'EXPORTATION GÉNÉRALE,

tenue du 1 MAI au 31 OCTOBRE 1883,

à AMSTERDAM.

LEYDE. — E. J. BRILL.
1883.

WILLEM III
ROI DES PAYS-BAS.

Offert à la Bibliothèque nationale de Paris, par M. Edouard Agostini Commissaire Général de l'exposition d'Amsterdam.

E. Agostini
61 Avenue de Wagram
Paris.

CATALOGUE

DE LA SECTION DES

COLONIES NÉERLANDAISES

À L'EXPOSITION INTERNATIONALE COLONIALE
ET D'EXPORTATION GÉNÉRALE,

tenue du 1 MAI au 31 OCTOBRE 1883,

à AMSTERDAM.

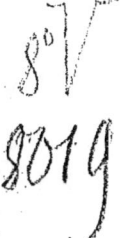

LEYDE. — E. J. BRILL.
1883.

PRÉFACE.

Le catalogue que nous présentons ici aux visiteurs de l'Exposition a un grave défaut; c'est qu'il paraît beaucoup trop tard pour répondre à son but, et il a nombre d'autres défauts moindres, qui sont dus à la même cause. La masse énorme que les envois des colonies ont fini par former; l'arrivée beaucoup trop tardive de la plupart; l'absence prolongée des informations qui eussent été nécessaires pour pouvoir passer immédiatement à la rédaction du catalogue, et le plan trop large d'après lequel on s'est mis à l'œuvre avant de pouvoir se douter encore de l'énorme espace qu'il faudrait, rien que pour une simple énumération des objets exposés, tout cela explique suffisamment ces défauts. Ce qu'il y a de plus grave, c'est que ce catalogue, si longtemps attendu, présente, maintenant qu'il paraît en son entier, de nombreuses lacunes et exigera un supplément assez volumineux, puisque nombre d'envois sont arrivés trop tard pour qu'on pût les ranger à la place qu'ils devaient occuper, et que, pour d'autres, les renseignements nécessaires ne sont pas parvenus, ou ne sont parvenus que trop tard à la rédaction. La collection géologique de Java, dans l'envoi de la direction des mines; la belle collection d'échantillons des plantations de quinquina du Gouvernement, et, ce qui excitera le plus l'étonnement, la riche collection de la vérification des instruments nautiques, envoyée par ordre du ministre de la marine et dont il y a heureusement un catalogue spécial imprimé, se trouvent tous dans ce cas; ce sont bien, hélas! quelques unes des principales omissions, mais ce ne sont pas du tout les seules.

Dans la mesure dans laquelle ces défauts auraient pu être

évités, le soussigné seul est responsable; pour ce que ce catalogue a de bon, il a de grandes obligations envers ceux qui ont rédigé les introductions des diverses classes ou des subdivisions de ces classes, et à MM. J. L. Brandes, H. C. Klinkert, P. J. Kooreman, S. C. J. W. van Musschenbroek, G. L. van Tubergen, D. D. Veth et G. A. Wilken, qui lui ont accordé leur précieux concours dans la composition des listes et l'arrangement des envois.

P. J. VETH.

REVUE STATISTIQUE GÉNÉRALE

DES

INDES-NÉERLANDAISES.

REVUE STATISTIQUE GÉNÉRALE des Indes Néerlandaises pour les années 1872 à 1881 †).

			1872.	1873.	1874.	1875.	1876.	1877.	1878.	1879.	1880.	1881.	
Territoire, en milles géographiques □		A										(1) 2.594.5	(1) D'après l'Atlas des Indes néerlandaises en rapport avec d'autres calculs topographiques ultérieurs provisoires.
		B	28.226	27.009	27.371	26.147		23.873	22.996	20.714	33.708	(2) 27.820.5	
	Européens	A	7.778	7.054	6.641	6.531		7.542	8.028	8.605	7.966	22.740	(2) D'après la carte statistique de Melvill de Carnbée de 1840, en rapport avec des
Population.		B	17.061.484	17.545.550	17.862.296	18.101.261	18.378.506	18.587.075	18.824.974	19.015.231	19.140.512	7.936	calculs postérieurs et approximatifs. La surface d'Atchin est aussi comprise dans ce chiffre.
	Indigènes	A(3)	3.008.943	4.073.040	4.276.410	4.574.494	4.711.509	4.730.242	4.819.156	5.001.921	5.308.367	19.834.184	
		B	136.758	190.603	191.891	196.554	199.569	192.933	200.303	206.051	206.931	5.069.787	
	Chinois	A	106.486	106.803	114.076	117.440	164.788	135.710	119.534	102.835	136.852	206.961	(3) Les chiffres indiquent le nombre d'âmes des populations indigènes sont très incomplets.
		B	6.985	8.363	8.713	9.097	10.477	9.379	9.610	10.027	10.505	138.117	
	Arabes	A	4.805	4.550	4.330	4.373	4.560	4.634	4.708	4.936	5.519	10.771	
		B	13.044	14.872	14.736	13.829	3.530	3.951	4.115	3.079	3.547	5.666	(4) La forte diminution du chiffre des Orientaux étrangers après 1876 est due à ce que, avant cette époque, on rangeait aussi en plusieurs endroits dans cette rubrique, les indigènes venant d'une autre partie des Indes néerlandaises.
	Autres Orientaux	A(4)	12.073	5.009	4.790	4.673	5.216	7.400	9.150	(5) 30.142	(6) 26.672	3.597	
	étrangers	B										(6) 26.013	
AGRICULTURE DE LA POPULATION.													
Étendue des terres défrichées par la population indigène pour la culture régulière (en bouws de 500 perches □ du Rhin **)		A(7)			2.554.711	2.477.297	2.548.093	2.770.944	2.890.394	2.929.644	2.974.647	3.022.300	(5) Y compris les Chinois qui se trouvent à Deli et les Arabes de toute la résidence Côte-Est de Sumatra.
		B(8)											(6) Y compris 16.100 Arabes, autres Orientaux et Bougiais dans les principautés de Bali et de Lombok, qui ne peuvent pas être indiqués séparément.
CULTURES DE PARTICULIERS.													
Étendue des terres employées pour les entreprises particulières (en bouws de 500 perches du Rhin **)	Cédées en propriété, à ferme ou en emphytéose de 75 ans.	A(9)	1.460.740	1.466.084	1.479.884	1.484.966	1.497.066	1.609.683	1.631.373	1.638.163	1.556.737	1.552.758	(7) Les chiffres ne peuvent être donnés exactement pour 1872 et 1873; dans les chiffres donnés pour 1874 et les années suivantes, les provinces laissées aux princes indigènes et les terres cédées en propriété ne sont pas comprises.
	Cédées avant 1873 à ferme, et depuis en emphytéose.		49	49	765	765	1.266	5.029	11.696	17.165	19.029	20.140	(8) Ne peut être indiqué.
BÉTAIL. (10)	Buffles	A	2.514.100	2.728.101	2.745.075	2.656.787	2.710.384	2.754.498	2.880.811	2.694.584	2.361.306	2.334.875	(9) L'étendue des terres des entreprises particulières à Pousset et à l'est du Chéramcouk, comprises dans ce chiffre, atteignaient, d'après les rapports coloniaux de 1877 et 1878, respectivement de 1.385.391 et 32.545 bouws **.
		B	1.282.800	1.326.764	1.663.525	1.682.900	1.892.670	1.797.841	1.951.139	1.854.105	1.635.222	1.878.959	
	Boeuf	A	602.600	622.164	621.510	617.494	611.825	618.411	632.286	618.078	627.977	618.439	
	Chevaux	A											(10) En 1879 pour Java et Madoura, sans Sourakarta ni Djokyakarta.
Chemins de fer, de l'État et entreprises particulières.	Kilomètres en exploitation.		203	261	261	261		266	340	379	411	497	
	Recettes du transport des personnes et des marchandises.		f 1.995.189	f 1.954.558	f 2.139.198	f 2.380.765	f 2.970.911	f 3.046.013	f 3.305.229	f 4.006.525	f 4.284.020	f 6.344.125	
Télégraphes.	Longueur des lignes en kilomètres.		3.224.80	3.191.64	3.533.19	3.563.19	3.826.18	3.864.63	3.624.59	3.854.05	3.864.05	3.882.40	
	Nombre de bureaux.		1.349.46	1.989.46	2.023.94	2.099.13	2.099.13	3.099.18	3.011.68	1.997.97	1.997.97	1.997.97	
			38	41	46	46		51	53	61	61	65	
	Recettes des télégrammes particuliers, dans l'intérieur.		11	17	16	16		16	18	18	18	18	
			281.769	332.975	389.049	416.811		445.386	421.986	446.366	424.956	415.331	

†) Les chiffres de cette revue, ajoutée chaque année comme appendice à l'Almanach officiel des Indes néerlandaises, sont constamment corrigés, à mesure qu'on peut disposer de données meilleures et plus nombreuses.

*) A savoir Java et Madoura.

B. » les possessions extérieures c.-à-d., autres que celles ci-dessus.

**) Le bouw (prononcez bow) est une mesure agraire des Indes néerlandaises équivalant à 0,7096 hectares.

REVUE STATISTIQUE GÉNÉRALE DES INDES NÉERLANDAISES POUR LES ANNÉES 1872 à 1881.

			1872.	1873.	1874.	1875.	1876.	1877.	1878.	1879.	1880.	1881.	
Postes aux lettres (à l'intérieur).	Recettes (11)		ƒ 500.672	ƒ 530.032	ƒ 655.446	ƒ 597.394	ƒ 726.484	ƒ 658.616	ƒ 669.632	ƒ 695.063	ƒ 736.454	750.580	(11) Le produit est aussi compris dans ce chiffre de la correspondance avec l'étranger.
	Nombre de lettres payant le port.		1.832.637	2.065.592	1.973.585	2.087.145	2.749.890	2.890.947	2.435.695	2.543.167	2.249.890	2.783.438	
IMPORTATION ET EXPORTATION.													
Valeur de l'importation générale.	pour le compte des particuliers*)	A	(2)	(2)	76.953.854	98.912.496	98.277.273	102.785.901	89.413.284	86.829.587	118.784.493		
		B			19.347.118	50.739.940	28.412.390	23.309.561	23.466.510	53.161.490	38.749.567		
	Idem du Gouvernement.	A	12.447.382	27.684.600	6.312.872	5.019.817	5.312.725	27.807.954	22.279.356	15.140.039	15.939.890		
		B	—	—	—	—	—	—	—	—	—		
Valeur de l'exportation générale.	pour le compte des particuliers.	A	89.277.771	93.851.096	101.941.140	102.684.062	134.182.586	129.312.279	108.312.371	99.636.869	98.730.272		(12) Les chiffres placés depuis 1874 entre parenthèses donnent le nombre et le tonnage des bateaux à vapeur. Ces chiffres sont déjà compris dans le total général.
		B	19.060.872	23.386.990	25.486.585	33.937.394	23.165.778	24.180.386	36.734.915	43.047.097			
	Idem du Gouvernement.	A	38.659.438	41.594.787	41.751.658	41.674.490	47.116.108	37.116.672	35.390.304	37.382.789	37.177.473		
		B	—	—	—	—	—	—	—	—	—		
NAVIGATION.													
Vaisseaux entrés. (12)	Nombre	A	3.217	4.135	9.264 (556)	7.002 (1041)	7.263 (1228)	7.818 (1365)	7.869 (1377)	8.600 (488) 1.393 (1431) 796.946 (630.728) 206.815 (537.993)	5.294 (637) 1.710 (1145) 1.017.940 (690.635) 558.061 (141.996)		
		B	5.342	4.820									
	Tonnage	A	450.394	569.753	1.291.339	1.659.442	1.132.453	1.616.131	2.037.017				
		B	453.406	645.786									
Vaisseaux sortis. (12)	Nombre	A	3.529	4.350	9.264 (549)	6.963 (1063)	7.510 (1237)	8.046 (2779)	7.365 (1389)	2.722 (481) 1.672 (1496) 760.846 (397.915) 922.451 (547.939)	2.793 (481) 1.775 (1637) 969.595 (417.005) 766.413 (502.955)		
		B	5.482	4.908									
	Tonnage	A	551.130	731.154	1.336.132	1.467.770	1.596.852	1.736.151	1.823.886				
		B	463.554	488.618									
EXPORTATION DES PRINCIPAUX PRODUITS COMMERCIAUX (en kilogr.).													
Indigo (non préparé pour le marché indigène)	A	333.038	346.275	386.700	323.972		352.706	345.922	355.846	373.373			
	B	20.093.001	22.352.343	21.431.619	19.805.106		36.138.873	13.704.527	22.306.054	24.470.272			
Café	A	9.717.179	10.454.119	9.958.644	16.921.119	15.604.507	7.871.304	12.263.902	15.320.099	15.106.436			
	B	195.806.289	196.702.348	199.109.568	200.719.488	221.154.473	253.663.279	256.292.843	191.434.006	222.292.274			
Sucre	A	52.173	254.663	6.254	19.326		43.021	334.510	31.807	19.917			
Tabac (non préparé pour le marché indigène)	A	12.340.117	12.901.159	19.116.950	13.853.589	14.779.561	16.508.146	14.883.298	10.907.965	6.325.091			
	B	348	—	591	—	5.355.158	3.093.891	8.113.890	3.571.983	4.148.977			
Thé	A	2.114.306	3.075.747	3.242.026	3.179.791	3.405.651	2.165.551	2.790.167	2.502.236	2.618.544		(13) Dans le café exporté de Java est aussi compris le café de Menado.
	B	175	30	20	46	—	290	230	450	723			
Étain	B	2.649.609	3.254.270	2.907.465	3.179.320	3.419.212	3.413.001	4.010.640	4.414.677	4.516.899			
Café (13)	A	43.704.710	60.732.010	43.784.967	42.645.173	51.676.720	53.205.421	27.361.575	41.373.972	45.598.616			
	B	9.946.573	5.803	—	—	—	—	—	—	—			
Sucre	A	—	—	—	—	—	1.017	21	341				
Étain	A	5.271.306	4.482.670	3.346.118	3.090.134	4.515.250	4.121.166	6.563.930	4.715.055	5.446.045			

*) A signifie Java et Madoura.
B » possessions extérieures, c.-à-d. autres que celles ci-dessus.

REVUE STATISTIQUE GÉNÉRALE DES INDES NÉERLANDAISES POUR LES ANNÉES 1872 à 1881.

				1872.	1873.	1874.	1875.	1876.	1877.	1878.	1879.	1880.	1881.
Instruction donnée par le Gouvernement	INSTRUCTION MOYENNE.	I. INSTRUCTION EUROPÉENNE. Nombre d'écoles (*)	A	1	1	1	2	2	3	3	3	3	3
			B	—	—	—	—	—	—	—	—	—	—
		Élèves	A	136	132	152	204	253	309	333	370	389	369
	INSTRUCTION PRIMAIRE.	Nombre d'écoles	A	51	52	53	55	60	63	68	74	78	86
			B	20	20	21	21	23	26	26	28	29	29
		Élèves	A	3.632	3.956	4.188	4.340	4.727	5.101	5.579	6.076	6.436	6.687
			B	1.259	1.368	1.431	1.475	1.622	1.533	1.644	1.661	1.785	1.807
	ÉCOLES NORMALES.	II. INSTRUCTION INDIGÈNE. Nombre d'écoles	A	2	2	2	3	3	3	3	3	3	3
			B	2	3	4	4	5	5	5	6	6	6
		Élèves	A	64	82	98	159	227	250	266	280	282	293
			B	29	75	104	140	181	208	193	237	264	263
	ÉCOLES PRIMAIRES. (14)	Nombre d'écoles	A	88	92	98	104	119	147	162	171	182	190
			B	147	173	164	187	188	194	214	234	255	250
		Élèves	A	9.682	11.209	13.269	14.906	16.987	20.766	23.050	24.918	25.882	?
			B	14.273	15.794	14.748	14.877	13.792	18.860	14.326	15.802	15.603	?
Budget Colonial.	Recettes (15).	Produit des principales sources de revenu de l'État.	Vente de l'opium en détail	ƒ 14.290.490	ƒ 10.891.968	ƒ 13.482.005	ƒ 16.181.974	ƒ 16.449.960	ƒ 16.269.960	ƒ 17.962.280	ƒ 17.966.125	ƒ 17.476.807	ƒ 18.283.839
			Droits d'entrée et de sortie, et autres recettes qui s'y rapportent	» 8.560.884	» 9.175.875	» 9.650.960	» 9.829.163	» 9.036.166	» 8.162.626	» 8.604.720	» 9.301.110	» 9.157.950	» 9.355.241
			Patentes	» 1.100.833	» 1.122.990	» 1.168.670	» 1.312.842	» 1.633.605	» 1.726.600	» 2.060.998	» 2.399.502	» 2.390.562	» 2.647.477
			Impôt foncier	» 14.300.664	» 14.344.191	» 16.086.766	» 15.957.873	» 15.822.070	» 15.850.040	» 16.993.797	» 17.187.034	» 17.760.617	» 17.920.789
			Vente du café { dans les Pays-Bas	» 36.843.452	» 46.033.057	» 53.268.634	» 52.704.802	» 48.317.935	» 58.246.940	» 50.397.406	» 44.397.936	» 45.197.373	» 38.702.842
			{ aux Indes	» 8.104.947	» 11.666.136	» 12.605.700	» 18.022.807	» 11.133.611	» 14.284.066	» 9.920.441	» 11.626.279	» 11.487.045	» 8.326.849
			Vente d'étain de Banka dans les Pays-Bas	» 5.947.622	» 6.761.807	» 4.776.560	» 4.423.098	» 3.078.989	» 3.500.266	» 3.105.052	» 3.691.611	» 3.859.207	» 4.776.685
			Vente du sel	» 6.148.417	» 6.062.384	» 6.006.200	» 6.792.273	» 6.506.490	» 6.626.530	» 6.483.736	» 7.403.606	» 7.942.035	» 6.909.097
		Redevance à payer pour les plantations de canne à sucre, faites de par le Gouvernement		—	(16) » 4.413.586	» 4.956.627	» 3.943.053	» 3.918.880	» 4.015.209	» 4.019.760	» 4.011.458	» 3.707.430	» 3.401.847
		Autres recettes dans les Pays-Bas et aux Indes		» 43.347.498	» 34.508.160	» 24.850.963	» 41.651.237	» 34.835.767	» 32.301.783	» 30.580.749	» 26.989.261	» 27.513.992	» 27.042.702
		TOTAL		ƒ 138.207.777	ƒ 146.908.732	ƒ 146.633.286	ƒ 165.701.492	ƒ 150.233.219	ƒ 160.780.385	ƒ 149.171.956	ƒ 143.370.840	ƒ 146.993.516	ƒ 137.370.078
	Dépenses (13).	dans les Pays-Bas		» 34.899.453	» 45.090.117	» 31.718.302	» 49.095.386	» 28.804.060	» 31.480.079	» 24.926.962	» 24.321.211	» 24.839.941	» 23.454.798
		aux Indes		» 93.045.732	» 97.628.948	» 105.820.060	» 106.548.464	» 139.327.915	» 127.415.731	» 123.562.497	» 131.787.237	» 122.126.096	» 124.650.463
		TOTAL		ƒ 127.945.185	ƒ 142.849.065	ƒ 137.538.602	ƒ 155.613.840	ƒ 168.132.655	ƒ 155.894.410	ƒ 148.481.109	ƒ 156.108.428	ƒ 146.985.037	ƒ 148.074.261

(*) A signifie Java et Madoura.
B » possessions extérieures, c.-à-d. autres que celles ci-dessus.

(14) Ces chiffres ne méritent pas une grande confiance, surtout pour ce qui concerne les possessions extérieures, vu que les données reçues de plusieurs contrées sont souvent très incomplètes.

(15) Les chiffres placés sous cette rubrique ne reposent pour l'année 1881 que sur des données incomplètes.

(16) Y compris les redevances des plantations libres.

EDIFICE DE LA SECTION COLONIALE NÉERLANDAISE.

EDIFICE DE LA SECTION DES COLONIES NÉERLANDAISES.

La section des Colonies néerlandaises de l'Exposition d'Amsterdam à laquelle ce catalogue est exclusivement destiné, se trouve dans un édifice spécial, entouré d'un terrain sur lequel s'élèvent plusieurs annexes, décrit dans le second Groupe de ce catalogue, page 113 et suiv. sous le nom de »Parc colonial". La forme de l'édifice est indiquée par le plan; la planche jointe ici offre une vue de la façade principale elle a été dessinée et gravée avant que l'Exposition fût prête, de sorte que la représentation de l'entourage n'est pas tout à fait conforme à la réalité.

L'édifice en son entier couvre un espace de 4200 mètres carrés. La largeur de la façade est de 60 mètres, mais cette largeur ne se maintient que sur une profondeur de 25 mètres, après quoi la largeur devient de 35 mètres sur une longueur de 70 mètres. Les toitures sont encloses de tous les côtés par les diverses façades. L'édifice a été construit d'après les plans et les dessins de l'architecte choisi par le Comité central, M. Ary Willem Stortenbeker.

La destination de l'édifice a porté l'architecte à lui donner un caractère oriental, et il a eu raison. Il est vrai que nos colonies des Indes-Occidentales y sont aussi représentées, mais on n'a pas dû s'arrêter à cette objection, puisqu'il n'était pas possible de donner à l'édifice un caractère signifiant qu'il réunissait à la fois les trésors des deux Indes, quoique en proportions très inégales. L'élément américain, de moindre importance, a dû céder le pas à l'élément asiatique.

Une question plus difficile à résoudre, c'était de savoir quel style oriental il fallait choisir. Les civilisations chinoise, indoue, arabe, se sont depuis des siècles disputé la préséance dans l'archipel; les indigènes eux-mêmes n'ont rien produit qui leur fût propre dans le domaine de l'art. Si l'archipel indien avait eu un style d'architecture qui pût être employé, il aurait sans doute fallu le choisir; mais ceux qui liront l'introduction de la lettre E de la treizième classe, verront qu'il ne fallait pas même y penser.

Le style chinois s'excluait par le fait que, quelque nombreux que soient les Chinois dans l'archipel indien, ils y sont restés des étrangers qui ont gardé leurs particularités, et n'ont guère exercé d'influence sur les indigènes.

Il y avait plus à dire en faveur du style auquel l'Inde anglaise est redevable de tant de magnifiques monuments. Dans les premiers siècles de notre ère, les Indous ont envoyé de nombreuses colonies dans l'archipel indien, ont conquis tout entière l'île de Java, à plusieurs égards l'île principale, et de là ont été planter leur bannière triomphale dans un certain nombre d'autres îles. Leur influence a été immense dans cet archipel et, à Java du moins, leur art a fleuri et a produit les créations grandioses dont les restes nous remplissent encore d'admiration. Mais la chûte de l'empire indou de Mojopahit amena celle de l'art indou aux Indes néerlandaises. Cet art n'y était jamais devenu indigène et n'y est plus représenté que par des ruines. Et ces monuments mêmes, dont une partie a résisté aux ravages du temps, sont, à quelques rares et douteuses exceptions près, exclusivement de nature religieuse, et n'offraient dans leur structure rien qui pût servir ici; le plus grand et le plus beau de tous, le Boro Boudour, avec ses galeries ouvertes, ses galeries intérieures, et son manque absolu d'espaces fermés s'y prêtait encore le moins.

L'Islam a remporté dans l'archipel indien et surtout à Java, une victoire presque complète sur le sivaïsme et l'indouïsme et gagne encore chaque jour du terrain. L'Islam s'est approprié le style byzantin, l'a modifié, transformé, d'après son propre goût et ses besoins, et c'est ainsi qu'est né le style mauresque, employé non seulement pour les temples, mais aussi pour les palais et autres édifices séculiers; il y a montré une grande richesse d'ornementation fantastique et un style, sinon très profond, du moins agréable et gracieux. C'est sur ce style architectural, et non sur celui des anciens monuments indous qu'on ne comprend plus, que les habitants plus civilisés de l'archipel jettent les yeux quand ils sentent le besoin de quelque chose qui s'élève au-dessus de l'insignifiance des édifices indigènes. L'asta ou cimetière des princes de Soumanep, la villa bien connue de Raden Saleh, et les ornements apportés ici et là aux mosquées en sont la preuve.

Je crois en avoir assez dit pour justifier le choix de l'architecte; d'ailleurs, à de rares exceptions près, tous, compatriotes et étrangers, s'accordent pour louer la grâce et le goût déployés dans l'édifice colonial. Si le souvenir de l'Alhambra a flotté dans l'esprit de l'architecte, il ne pouvait naturellement être question que d'une imitation lointaine, d'une certaine inspiration dans les motifs. Toute tentative d'aller plus loin eût manqué d'effet, vu la destination de l'édifice et l'ornementation qu'il devait recevoir en conséquence.

La façade est décorée des armes des Pays-Bas au-dessus de l'entrée, et en outre de celles de Batavia, de Sumatra, de Sourabaya, de Surinam; aux pilastres des autres façades on trouve les armoiries de quelques-uns des Gouverneurs-Généraux les plus connus. Dans le péristyle, dans le sol pavé en petits carreaux, une inscription en arabe, en bas-malais et en hollandais, soutraite la bienvenue aux visiteurs, tandis que de part et d'autre de cette inscription, on voit les armoiries d'Amsterdam et de Batavia. Les carreaux de ce pavé, et ceux qu'on trouve ici dans les parois, sont très propres à donner une idée des beaux produits de la fabrique de MM. Villeroy et Boch à Mettlach, qui ont choisi cette manière d'exposer leurs produits comme la plus conforme à leur but. Les parois sont en outre ornées des portraits des Gouverneurs-Généraux (voyez Classe XIV, n°. 19), de deux grandes cartes générales des Indes, et de trophées d'armes et de drapeaux.

Si du portail on pénètre dans le corps de l'édifice, on se trouve dans un péristyle de douze mètres de large orné des deux côtés avec des tableaux du peintre javanais Raden Saleh, de Payen, Beynon, Salm, etc. avec des armes et des trophées cédés, avec permission de S. M. le Roi, par l'Hôtel des Invalides de Bronbeek. Le péristyle conduit dans une cour, entourée de divans, avec une fontaine au milieu, dessinée par l'architecte dans le style de l'édifice et construite par la maison Broot de Delft. Les meubles et les draperies, dont la cour et le salon de réception placé derrière sont ornés, ont été fabriqués par la maison Jansen et Fils à Amsterdam. La maison Th. Ziegler à Manchester a offert, pour orner le salon de réception, de magnifiques tapis de Perse, qui ont été acceptés avec reconnaissance. Aux nombreux tableaux, dessins et autres œuvres d'art qui ornent le péristyle, la cour et le salon de réception, et qui font partie intégrante de l'exposition, la maison Frans Buffa et Fils a ajouté deux beaux portraits de leurs MM. le Roi et la Reine, tandis qu'elle a déposé dans le salon, pour l'inspection des visiteurs, un exemplaire de la collection de planches intitulée »Java", qu'elle a publiée, et dont un autre exemplaire se trouve à l'Exposition (cl. III, n°. 17 f), et une collection de vues du Loo.

L'espace à droite du portail est occupé par le Groupe I; celui à guche du portail, et le long d'une partie du péristyle par le Groupe III. Le reste de l'espace, le long du péristyle, à côté et derrière la cour, qui forme pour ainsi dire le centre de l'édifice, est occupé par le grand Groupe II. Il n'a pas toujours été possible de tracer des limites bien tranchées entre les groupes; afin de ne pas trop séparer les envois d'une même personne et de donner aussi à quelques envois, des plus importants et des plus intéressants, une place favorable, il a fallu faire fléchir parfois les sévères exigences de l'ordre systématique.

P. J. VETH.

GROUPE I.

INTRODUCTION.

Au sens primitif et vrai du mot une colonie est un essaim humain, c'est une fraction de peuple allant s'établir à demeure dans quelque contrée étrangère, plus ou moins éloignée. Il y a pour la nation mère un très grand avantage à posséder de semblables colonies, pourvu que celles-ci réunissent les conditions nécessaires à leur développement; la puissance de la métropole, son influence, la multiplicité de ses relations, sa prospérité ne peuvent que grandir par là. Mais les colonies tendent à se rendre indépendantes de la mère patrie dans la mesure dans laquelle elles arrivent à se sentir capables de se suffire à elles-mêmes. Dès qu'elles sont mures pour l'autonomie, elles brisent violemment les liens qui les unissent à la mère patrie, à moins qu'on n'ait eu la prudence de les détendre progressivement par de sages mesures, de sorte que leur émancipation s'accomplisse comme d'elle-même et sans secousses.

Ce n'est qu'au Cap de Bonne Espérance et dans la Nouvelle Néerlande [1]) que les Pays-Bas ont possédé des colonies proprement dites, établies dans des contrées où la nature du sol et du climat leur permettait de parvenir à l'émancipation. Mais la métropole n'a pas su les administrer sagement; elle n'en a jamais senti le prix et s'est beaucoup trop facilement résignée à les perdre lorsqu'une puissance étrangère a mis la main dessus. Pourtant on a pu voir plus tard quelle force résidait au sein de ces colonies. Les descendants des colons hollandais de l'Amérique du Nord ont eu leur grande part à

---

1) Chef-lieu, la nouvelle Amsterdam, actuellement New-York.

l'affranchissement et au développement des Etats-Unis; ceux des colons de l'Afrique australe, surmontant des difficultés incroyables, ont arraché à leurs oppresseurs étrangers une indépendance dont ils n'ont pu s'emparer et qu'ils n'ont pu maintenir que par une courageuse lutte.

S'il ne s'agissait ici de colonies qu'au sens strict du mot, il ne pourrait pas être question d'une exposition coloniale néerlandaise. Mais dans l'usage des nations civilisées de l'Europe le sens du mot de colonies a été étendu aux contrées, d'ordinaire situées entre les tropiques ou sous les tropiques, qui, se trouvant habitées par des races moins énergiques que celles de l'Europe, ont été assujetties par ces dernières dans l'intérêt de leur commerce et de leur industrie. Il est vrai qu'il se forme dans ces contrées des établissements plus au moins nombreux d'Européens; mais elles sont composées de militaires, de fonctionnaires, de négociants et de planteurs, dont le nombre reste infime en proportion de l'étendue du pays et très souvent aussi de la population indigène; enfin ces Européens ne s'établissent guère dans la colonie pour y fixer leur famille; ils y viennent dans l'intention de rentrer plus tard dans leur patrie. Plus d'une fois on a essayé de fonder de vraies colonies dans les contrées dont nous parlons; mais toutes les tentatives ont avorté, soit par suite de fausses mesures de l'administration, soit à cause du climat et du sol défavorables à l'établissement à demeure et à la reproduction des races européennes. Quelques centres importants de population et de civilisation européennes, par exemple, dans les possessions néerlandaises, Batavia, Samarang, Sourabaya, Paramaribo, se rapprochent sans doute plus ou moins de véritables colonies: mais cela ne permettrait point de parler d'un empire *colonial* des Pays-Bas ou d'un ministre des *colonies*, non plus que de désigner comme *coloniale* l'exposition qui va nous occuper, si l'usage n'avait pas voulu que le nom de colonie, qui ne conviendrait strictement qu'à quelques établissements numériquement peu considérables, désignât, outre ces centres, les territoires tout entiers des pays conquis, maintenus dans l'obéissance par la supériorité que les centres possèdent en énergie et en culture.

Dans ce sens les Pays-Bas sont la seconde puissance coloniale du monde, puisque ses possessions en dehors de l'Europe ne sont surpassées en étendue et en importance que par celles de la Grande-Bretagne. En chiffres ronds les possessions néerlandaises couvrent, dans l'archipel indien, en y comprenant la partie néerlandaise de la Nouvelle Guinée, une aire du 32800 milles géographiques carrés, et, dans les îles des Indes occidentales, une aire de 2200 milles carrés, en tout 35000. C'est à peu près le cinquième de la superficie de l'Europe, ou soixante fois celle du royaume des Pays-Bas en Europe. En réalité cependant il existe encore dans cet immense territoire de vastes espaces où n'a point encore été établie d'administration régulière, et dont la population, clair-semée et nomade, connaît à peine ou du moins ne sent guère la main du maître qui prétend exercer sur elle la souveraineté. Du reste, suivant les localités, l'autorité néerlandaise s'affirme de tant de manières différentes et à des degrés si infiniment variés, que l'évaluation de l'étendue de territoire effectivement soumise constitue un problème extrêmement compliqué et pour le moment insoluble.

Il y a eu une époque où le pavillon néerlandais se montrait dans toutes les parties du monde beaucoup plus que ce n'est maintenant le cas, et où les établissements, les comptoirs, les forts des Sociétés de commerce des Pays-Bas se rencontraient un peu partout; mais il n'y a pas eu d'époque où les contrées soumises couvrissent une aussi grande aire que maintenant et formassent, du moins en Orient, un tout aussi compact. Depuis que l'autorité néerlandaise a été rétablie dans l'archipel indien après l'interrègne britannique, le gouvernement des Pays-Bas s'est toujours appliqué à étendre et à fortifier l'empire hollandais dans l'archipel, en sacrifiant dans ce but les possessions et les comptoirs dispersés dans d'autres parties du monde, qui étaient restés comme un héritage des grands corps commerçants d'une époque antérieure. Ainsi on obtint de l'Angleterre par le traité de 1814 l'abandon de toutes ses prétentions sur Bangka, en lui cédant Cochin et ses dépendances sur la côte de Malabar. De même, par le traité de Londres de 1824, tout ce que les Pays-Bas avaient encore sur le continent indien et sur la presqu'île de Malacca, en y comprenant l'île de Singapore, fut cédé par nous à l'Angleterre en échange de toutes ses possessions à Sumatra et de l'abandon de ses prétentions sur Blitoung. De nouveau en 1871 les Pays-Bas ont conclu simultanément deux traités avec l'Angleterre, conçus dans le même esprit que les précédents. Par l'un de ces traités nous cédions à l'Angleterre les établissements que nous avions encore en Afrique sur la Côte de Guinée, et par l'autre l'Angleterre, pour compenser cette concession, renonçait à s'opposer en quoi que ce fût à l'extension de notre souveraineté sur Sumatra tout entière, quoique certaines conventions antérieures lui eussent reconnu un droit d'intervention sur quelques points de cette île. Par le traité de 1859, conclu avec le Portugal, ont été effectués des échanges et des compensations pécuniaires au moyen desquels ce pays n'a plus conservé dans tout l'archipel que la partie nord-est de Timor, soigneusement délimitée; tout le reste est devenu possession non contestée des Pays-Bas. Un peu moins du quart de Borneo et de la moitié de Timor sont exclus des possessions néerlandaises et nous n'avons de prétentions dans la Nouvelle Guinée que jusqu'au 141e méridien. L'enclave formée dans notre territoire par la partie portugaise de Timor n'a rien d'inquiétant, et quant à la Nouvelle Guinée, elle est si vaste, elle a pour nous si peu d'importance, et de plus elle se prête si mal à la colonisation européenne, qu'il n'y a pour nous aucun inconvénient à en abandonner la moitié orientale aux nations qui voudront l'explorer et l'exploiter. Borneo est le point vulnérable de notre empire indien. En effet l'établissement du Raja Brooke à Serawak et de la *North Borneo Company* à Sabah, nous exclut pour toujours de la partie nord-ouest de l'île; il ne peut plus être question pour nous de jamais devenir sans partage maîtres de Borneo, et nous serons constamment exposés à voir s'y renouveler les difficultés qui nous ont causé tant de soucis à Sumatra et que nous n'avons pu surmonter par les traités de 1824 et de 1871 qu'au prix de sacrifices très grands, quoiqu'ils ne fussent pas trop grands.

On distingue ordinairement dans le territoire néerlandais dans l'archipel indien, d'un côté Java avec Madoura, et de l'autre les possessions extérieures. Celles-ci, malgré leur immensité, ne peuvent, même de loin, rivaliser en importance avec la seule île de Java. La cause de ce fait ne se trouve pas dans leur pauvreté en produits naturels, car en beaucoup d'endroits elles égalent Java sous ce rapport. Ce qui manque avant tout, c'est la population, ce sont les bras pour le travail. Quant à Java, quelque petite que soit la place relative qu'elle occupe sur la carte générale d'Insulinde [1]), on peut presque dire que chacune des 22 résidences entre lesquelles son territoire est réparti est plus peuplée que les plus vastes provinces des possessions extérieures, et les surpasse en importance. Comme la provenance des objets mentionnés dans ce catalogue est indiquée par les noms des résidences, nous avons jugé utile de mettre cette division territoriale sous les yeux du lecteur au moyen d'une petite carte spéciale de Java et de son annexe inséparable,

---

[1]) Nom poétique donné très souvent dans les ouvrages hollandais à l'empire insulaire des Pays-Bas.

Madoura. La population de l'île se répartit entre trois races, qui diffèrent les unes des autres par les langues qu'elles parlent et par plusieurs singularités. La partie occidentale est habitée par les Soudanais et est pour cela parfois appelée pays de la Sonde. Ici se trouvent les résidences de Bantam, de Batavia, de Krawang, de Chéribon et des Régences du Préanger; cette dernière dépasse de beaucoup les autres en étendue. La partie centrale est Java proprement dit, le pays des vrais Javanais. Elle possède, outre les résidences de Tégal, de Pékalongan, de Banyoumas, de Bagelèn, de Samarang, de Kadou, de Japara, de Rembang, de Madioun, de Kediri et de Sourabâya, les restes des anciens empires javanais, dont les princes ont conservé une ombre de pouvoir; ces restes forment les résidences de Sourakarta et de Yogyakarta. On trouve, il est vrai, encore des Javanais dans l'extrémité orientale de l'île, qui a les résidences de Pasourouan, de Probolingo et de Bezouki; mais la majeure partie de la population est formée de colons venus de l'île voisine de Madoura. Cette contrée, avec Madoura qui, à elle seule, forme une résidence, constitue donc la partie madourienne de Java.

Les chefs de l'administration provinciale, c'est-à-dire les fonctionnaires entre lesquels et le gouvernement suprême de Batavia il n'y a pas d'intermédiaires hiérarchiques, portent dans les possessions extérieures des titres variés. Les principales provinces sont administrées par des gouverneurs. Sumatra, qui suit immédiatement Java en importance, a deux gouvernements, Atchin et ses dépendances, et la côte occidentale de Sumatra; ce dernier gouvernement est divisé en trois résidences, Tapanouli, Padang et le Haut-pays de Padang. Il y a encore à Sumatra quatre provinces qui portent le nom de résidences, mais dont les chefs sont indépendants des gouverneurs et relèvent directement du pouvoir central résidant à Batavia; ce sont la côte orientale de Sumatra, Palembang, les districts de Lampoung et Benkoulen. Les îles secondaires qui sont dispersées autour de Sumatra sont pour une part rattachées aux provinces que nous venons d'énumérer, et forment pour une autre part les résidences de Riouw et dépendances (où l'on comprend le territoire d'Indragiri et de Kwantan à Sumatra même) et de Bangka, ainsi que Blitoung (Billiton), gouvernée par un fonctionnaire qui n'a le titre et la dignité que d'assistant-résident, mais qui possède de fait dans son district l'autorité d'un résident. La partie néerlandaise de Borneo forme deux résidences de grande étendue, celle du District occidental et celle du

District méridional et oriental. Les îles de Bali et de Lombok, situées à l'orient de Java, avaient jusqu'à ces derniers temps été administrées comme des dépendances de la grande île; elles forment maintenant une résidence spéciale. A Célèbes nous trouvons premièrement le gouvernement de Célèbes et dépendances; parmi ces dernières il faut entendre Silayar, Bouton et Mouna, Soumbawa, la partie occidentale de Florès et une multitude d'îles plus petites; ensuite la résidence de Ménado, au nord de l'île, indépendante du gouverneur; enfin, dans la partie orientale, quelques petites principautés indigènes, qui reconnaissent la suzeraineté du sultan de Ternate et que pour cela les Hollandais rattachent à la résidence de Ternate. Cette résidence, la plus grande de toutes, comprend, outre les principautés qui viennent d'être mentionnées, les Moluques septentrionales ou Moluques proprement dites, les îles d'Obi ou de Soula, tout l'archipel des îles Waigou et Misoùl, et toute la moitié néerlandaise de la Nouvelle Guinée. Les Moluques méridionales, soit Amboine et Banda et les îles qui en dépendent, forment la résidence d'Amboine avec les îles du Sud-ouest et du Sud-est, et celles de Kei, de Tenimber et d'Arou. Enfin la partie néerlandaise de Timor, avec les îles de Solor et d'Allor, de Sawou et de Rotti, la partie orientale de Florès et Soumba, ou l'île du bois de Sandal, constitue la résidence de Timor. Notre carte générale de l'archipel Indien donne au moyen de lignes ponctuées et coloriées les frontières de ces différentes provinces, lorsqu'elles ne se confondent pas avec les côtes mêmes des grandes îles. On a ainsi d'un seul coup d'œil un aperçu général de la division administrative d'Insulinde.

La carte est traversée par une autre ligne ponctuée, noire mais plus forte que les premières. Cette ligne, un peu sinueuse, passe par les détroits de Mangkasar et de Lombok et sépare Borneo et Bali de Célèbes et de Lombok, ainsi que de toutes les îles situées plus à l'orient. Ce n'est point une démarcation administrative; elle concerne la géographie physique, indiquant la manière dont l'archipel se divise naturellement en deux moitiés profondément différentes l'une de l'autre par leur caractère physique, la profondeur des eaux, les produits du règne végétal et du règne animal; il y a même quelque contraste entre les populations des deux moitiés, quoique ici les limites soient plus flottantes. Les îles situées à l'ouest de la ligne de démarcation ont un caractère tout à fait asiatique; celles qui sont à l'est sont plus australiennes et diffèrent davantage entre elles. C'est Wallace qui a eu le mérite de constater nettement cette division naturelle de l'archipel. On peut la considérer comme acquise en ce qui concerne les traits généraux; mais de nouvelles études aboutiront sans doute à en modifier maint détail.

Lorsque la paix signée en 1661 à la Haye avec le Portugal et celle conclue en 1667 à Breda avec l'Angleterre eurent définitivement fait perdre aux Pays-Bas, la première le Brésil, la seconde la Nouvelle Néerlande, les possessions néerlandaises en Amérique se trouvèrent réduites à une partie de la Guyane et à quelques-unes des petites îles des Indes occidentales. Elles furent réduites de nouveau par la traité conclue en 1814 avec l'Angleterre. Cette puissance obtint alors la plus grosse moitié de la Guyane néerlandaise, c'est-à-dire les établissements situés sur les rivières de la Berbice, de la Demerara et de l'Essequebo, et qui sont maintenant la Guyane anglaise. Ce qui nous resta forme deux gouvernements, celui de Surinam, situé entre la Guyane française et la Guyane anglaise et embrassant 2167 milles géographiques carrés [1]), dont cependant une très petite partie seulement est cultivée, et celui de Curaçao et dépendances, comprenant les îles sous le vent, dont Curaçao, Bonaire et Aruba sont seules habitées, puis les îles de St. Eustache, de Saba et de St. Martin (portion néerlandaise), que l'on met au nombre des petites Antilles. Le tout a une superficie de 20,5 milles carrés. Les parties habitées de Surinam se divisent en Vieille et Nouvelle Colonie. La première renferme la capitale, Paramaribo, avec les districts extérieurs et les terres qui en dépendent, puis les divisions de la Cottica inférieure, de la Commewyne inférieure, de la Cottica supérieure, de la Perica, de la Matappica, de la Commewyne supérieure, de la Commetawane, de la Para inférieure, de la Surinam inférieure, de la Para supérieure, de la Suriname supérieure, de la Samaracca inférieure et de la Samaracca supérieure. La Nouvelle Colonie est formée des divisions de Coronie et de Nickerie, les seules qui se trouvent à l'ouest de la rivière de Coppename.

Les îles des Indes occidentales qui appartiennent aux Pays-Bas sont trop dispersées et se trouvent à une trop grande distance de Surinam pour nous permettre de réunir sur une carte unique l'ensemble des colonies néerlandaises en Amérique. Nous donnons par conséquent une petite carte séparée pour chacun des deux gouvernements; même, sur celle du gouvernement de Curaçao, les petites îles qui font partie des petites

---

[1]) Voy. Behm und Wagner, Bevölkerung der Erde, II. 78.

Antilles sont représentées sur un carton supplémentaire; elles sont teintées en rouge, pour les distinguer des îles environnantes, qui appartiennent à d'autres puissances [1]).

P. J. VETH.

Nous croyons devoir mettre en tête de ce catalogue, et immédiatement à la suite de cette introduction, la mention d'une oeuvre d'art consacrée à la mémoire du plus grand nom qui brille dans l'histoire de l'établissement de la puissance néerlandaise aux Indes orientales. Il est juste d'accorder la première place à la statue de celui qui a jeté les premières assises de notre grandeur coloniale, à la statue du fondateur de Batavia.

1. Modèle en plâtre de la statue de Jan Pieterszoon Koen. — Fabrique royale d'argenterie de **Van Kempen et Fils**, à Voorschoten.

La statue a été modelée par M. le professeur Stracké et exécutée par la galvanoplastie dans les ateliers de MM. van Kempen. La première pierre du piédestal a été posée par le gouverneur-général lors du 250e anniversaire de la fondation de Batavia, le 29 mai 1869. La statue elle-même n'a pu être inaugurée solennellement que le 4 septembre 1876. On l'a érigée sur la place de Waterloo en face de l'entrée principale du palais de Weltevreden. Les frais ont été couverts par des contributions recueillies tant aux Indes qu'en Hollande, comme hommage d'une postérité reconnaissante rendu au Clive des Indes néerlandaises.

Le modèle en plâtre a été placé dans le vestibule du bâtiment de l'exposition coloniale.

---

1) Pour la transcription des noms propres, on a respecté dans cette traduction la forme usuelle des noms très connus; pour les autres on a représenté aussi fidèlement que possible la *prononciation*; le lecteur remarquera que le son du *g* reste toujours guttural, le son doux du *g* étant toujours représenté ici par le *j*.

GROUPE I.

LA NATURE DANS LES CONTRÉES COLONISÉES OU SOUMISES.

Première Classe.

GÉOGRAPHIE: DESCRIPTIONS, ATLAS, CARTES, PLANS, RELIEFS, PROFILS, ETC.

La géographie proprement dite ne peut se trouver représentée à une exposition que par des descriptions et des représentations au moyen de cartes d'espèces diverses. Quoique de nombreuses et vastes parties du territoire colonial des Pays-Bas soient encore mal connues et qu'il y en ait même qui ne sont point connues du tout, il n'en existe pas moins sur la géographie de ce territoire une littérature étonnamment riche, aidée d'innombrables productions cartographiques. A l'exposition on a fait la place plus large à ces dernières qu'à la littérature, parce que les cartes parlent aux yeux, tandis que la couverture des livres ne dit rien; elle peut être fort riche pour ne rien renfermer que d'insignifiant. Aussi, quoique nous n'ayons pas refusé les livres qui nous ont été offerts, ce qui est exposé ne donne qu'une idée très incomplète de la littérature géographique existante.

Pour mettre le lecteur du catalogue à même de s'en mieux rendre compte, nous allons donner un aperçu rapide des écrits les plus importants qui traitent de la géographie des possessions ou d'une partie des possessions d'outre-mer des Pays-Bas. Quoiqu'un grand nombre de ces ouvrages ne se renferment pas dans les limites de la géographie pure, nous n'avons pas dû les exclure de notre revue. En effet, nous donnerions une très fausse idée de ce qui a été écrit sur la géographie de nos colonies, si nous négligions ici les ouvrages qui traitent des sujets généraux et les recueils. Nous rangerons donc dans la classe qui nous occupe en ce moment tous les écrits concernant les colonies qui ne traitent pas spécialement, ou du moins pas comme matière principale, d'un sujet rentrant dans quelqu'une des autres classes adoptées pour l'exposition. Pour ce qui concerne les ouvrages déjà vieillis, qui représentent les idées souvent défectueuses du passé plutôt que l'état actuel des connaissances, nous nous bornerons à indiquer sommairement les plus importants [1]).

Il ne serait pas naturel qu'il existât beaucoup d'ouvrages d'ensemble sur toutes les colonies des Pays-Bas et leurs possessions d'outre-mer; les Indes orientales et occidentales sont pour cela séparées par une trop vaste distance et ont entre elles trop peu de ressemblance. Le grand *Dictionnaire géographique des Pays-Bas* de van der Aa s'étend à toutes les colonies néerlandaises. On ne trouve en outre réunis l'Occident et l'Orient que dans l'ouvrage sur *Les possessions néerlandaises en Asie, en Amérique et en Afrique* (1818) du célèbre homme d'état J. van den Bosch, dans la *Brève description des possessions néerlandaises d'outre-mer* (1852) de M. D. Feenstra, travail peu soigné, et dans un grand nombre de livres destinés aux écoles, parmi lesquels nous ne mentionnerons que celui de N. W. Posthumus, *Nos possessions dans d'autres parties du monde* (1880). Quelques revues, toutes d'une existence éphémère, ont été consacrées à l'ensemble des colonies néerlandaises et en partie aussi à d'autres; ce sont l'*Hermès néerlandais* (1826—30), un recueil destiné à faire avancer *la connaissance des colonies néerlandaises et étrangères* (1844—47) le *Moniteur des Indes* de von Siebold et Melvill van Carnbée (1845—47), et les *Annales des colonies* (1861—64).

---

1) On peut consulter au sujet de ces ouvrages anciens les notices bibliographiques joints par MM. les professeurs Veth et Millies aux articles sur les Indes néerlandaises et sur les grandes îles qui ont été publiés dans le *Dictionnaire de géographie et de statistique* dont il sera question plus loin. MM. Kan, Wynmalen et Rogge travaillent actuellement à une étude de bibliographie géographique sur les Indes néerlandaises pour la période de 1800—1882, qui sera joint à ces notices. Le *Répertoire de la littérature coloniale* de J. C. Hooykaas, préparé pour l'impression par M. le docteur ès lettres W. N. du Rieu (quatre fascicules formant deux volumes, 1874—1880), n'est pas un travail bibliographique proprement dit, mais une espèce de registre de ce qui se trouve touchant les colonies des Pays-Bas et d'autres puissances, situées à l'orient du Cap de Bonne Espérance, dans les ouvrages de toute nature et les revues publiées en Hollande et dans ses possessions d'outre-mer de 1595 à 1865. Il est fort regrettable que l'auteur n'ait pas achevé cet utile ouvrage, de sorte que lorsqu'on le consulte on est déçu aussi souvent que satisfait.

Si maintenant nous portons nos regards vers les Indes orientales, nous aurons à mentionner en premier lieu les ouvrages qui décrivent nos colonies article par article, par ordre alphabétique. Crawfurd a publié en anglais un *Dictionnaire descriptif des îles indiennes* (Londres 1856), ouvrage en même temps concis et plein de faits. Cependant il aurait été plus exact et plus complet si l'auteur avait pu mieux profiter des sources néerlandaises d'information que cela ne lui a été possible, réduit qu'il était à ne consulter que des traductions ou des textes écrits dans une langue qui ne lui était pas familière. Après cet ouvrage a paru en langue hollandaise, par livraisons successives, pour être terminé en 1869 par la publication du troisième volume, le *Dictionnaire géographique et statistique des Indes néerlandaises* écrit par Mme J. C. W. van den Bergh van Eysinga et M. H. van Alphen, docteur en droit. C'est une publication gigantesque, digne d'admiration, malgré les erreurs et les inégalités de rédaction que l'on peut y relever.

Au commencement du XVIIIe siècle François Valentyn publiait encore dans les dix volumes de ses *Indes orientales anciennes et actuelles* (1724—26) une encyclopédie embrassant presque tout ce que l'on savait de son temps sur les pays colonisés par la Compagnie des Indes orientales ou visités par ses vaisseaux. Depuis, lorsque par suite de la fondation de *l'Association de Batavia* en 1778 l'on eut entrepris un grand nombre d'études de détail, la littérature coloniale géographique prit une forme toute nouvelle, et produisit toute une série de travaux spéciaux consacrés chacun à quelque question déterminée. La première place dans ce genre d'écrits appartient de droit aux publications de l'Association de Batavia. Elles se composent actuellement, en premier lieu, de 43 volumes contenant une multitude d'études non seulement philologiques, archéologiques, botaniques ou zoologiques, mais aussi géographiques; ensuite des 27 volumes d'une revue périodique qui paraît depuis 1853 et qui est consacrée à l'étude philologique, géographique et ethnologique des Indes néerlandaises; enfin de 20 volumes des comptes-rendus des séances de la Société et de celles de son comité directeur, comptes-rendus que l'on a commencé en 1862 de publier à part. Viennent ensuite les publications de l'Institut royal de philologie, de géographie et d'ethnographie des Indes, fondé à la Haye en 1853. Elles se composent de 29 volumes de ses *Bijdragen* (études diverses) publiés jusqu'ici et de plusieurs ouvrages publiés à part; nous citerons parmi ces derniers, comme appartenant tous à la géographie proprement dite, *Les voyages des Néerlandais à la Nouvelle Guinée et aux îles des Papous au XVIIe et au XVIIIe siècles* (1875), travail de M. Leupe; le *Voyage dans la partie orientale de l'archipel indien* de Reinwardt (1858); le *Borneo* de Schwaner (2 vol., 1853); *Banka, Malacca et Billiton* par Croockewit (1852); *Voyage autour de Célèbes* par van der Hart (1854); *Voyages dans l'archipel indien* par S. Muller (2 vol., 1857 (ce livre est une édition corrigée des récits de voyages publiés primitivement par l'auteur dans les Essais et Mémoires de la Commission d'histoire naturelle dont il sera bientôt question); trois ouvrages de Rosenberg, *Voyages dans le district de Gorontalo* (1865), *Voyage aux îles du sud-est* (1861) et *Voyages à la Baie de Geelvink dans la Nouvelle Guinée* (1875); enfin, publiés par van der Aa, des récits de voyages dans la partie néerlandaise de la Nouvelle Guinée faits en 1871, 1872, 1875—78 (1879) et le Voyage de Carl Bock dans la partie orientale et la partie méridionale de Borneo (1881 [1]). La *Revue des Indes néerlandaises* (en hollandais), fondée aux Indes en 1838 par le docteur W. R. van Hoëvell, continuée par lui en Hollande depuis 1849, et publiée régulièrement jusqu'ici malgré la retraite, puis le décès du fondateur, est parvenue à sa 45e année et a donné 95 volumes. On y trouve des études politiques et économiques et un grand nombre d'articles historiques, mais aussi des trésors de renseignements géographiques et ethnographiques. Cette revue a eu pour émules, de 1847 à 1857, le *Journal de l'archipel indien* (en anglais), fondé à Singapore par le docteur J. R. Logan, et les *Archives indiennes*, qui furent publiées à Batavia lorsque la revue de van Hoëvell fut transportée en Hollande, mais qui ne vécurent que deux ans (1850 et 1851). Sur ces entrefaites cependant une nouvelle société savante naissait aux Indes. C'était l'Association royale d'histoire naturelle, fondée et devenue florissante surtout grâce à l'activité infatigable du docteur P. Bleeker. Elle publie une *Revue d'histoire naturelle pour les Indes néerlandaises* dont il a paru jusqu'ici 41 volumes, et qui non seulement a enrichi de données innombrables la géologie, la minéralogie, la botanique, la zoologie, la météréologie, l'anthropologie, mais encore a ouvert des sources abondantes à l'étude de la géographie physique. Dans les Pays-Bas se publie depuis 1879 par les soins de M. C. E. van Kesteren une nouvelle revue consacrée aux intérêts des Indes. Cette publication, qui a été

---

[1] La seconde partie de cet ouvrage n'a pas encore paru.

en général fort bien accueillie, porte le titre de *Guide indien*. On n'y néglige point la géographie, comme le prouve, par exemple, un grand article de M. Schot sur l'archipel de Battam, encore si peu connu. Citons encore parmi les revues et recueils, quoique n'ayant eu qu'une courte existence ou ne consistant qu'en un petit nombre de volumes, mais comme ayant néanmoins apporté à la géographie des contributions notables, les *Mélanges malais* en langue anglaise (Beng Koulen, 1521, 1822); dans la même langue, les *Notes sur l'archipel indien* de Moor (Singapore, 1857); en hollandais, *l'Oriental* (1835—37), *l'Abeille indienne* (1843), le *Magasin indien* — dans lequel, entre autres matières instructives, on a collectionné les renseignements intéressants sur la géographie des Indes néerlandaises qui se trouvent dispersés en grand nombre dans les numéros de la *Gazette de Java*, la seule publication périodique qui ait existé aux Indes néerlandaises de 1810 à 1838 [1]) — et la revue *Indiana* de M. le pasteur Brumund (1853, 1854). Il nous reste enfin à mentionner un certain nombre d'écrits périodiques qui, sans être consacrés exclusivement aux colonies, n'en rendent pas moins de grands services à l'étude de leur géographie. Nous ne pouvons pas nommer toutes les publications de cette nature, mais nous ne saurions passer sous silence la *Chronique coloniale* rédigée depuis nombre d'années par M. J. K. W. Quarles van Ufford, docteur en droit, pour la revue intitulée *l'Economiste*, non plus que les très nombreux articles touchant des voyages et des explorations aux Indes orientales dus à MM. les professeurs Veth, Millies, de Hollander, le docteur van Hoëvell, A. E. Croockewit, le pasteur Heering et d'autres, et que l'on trouve dans les 130 volumes qui forment la collection des 45 années du *Gids* (le guide), les très nombreuses aussi et extrêmement intéressantes données géographiques et ethnographiques concernant les Indes néerlandaises que renferment les 26 années des *Communications de la Société des missions néerlandaises*, et enfin les œuvres de la Société néerlandaise et de la Société néerlandaise indienne de géographie, qui toutes deux consacrent par la nature des choses une grande part de leurs efforts à l'accroissement des connaissances touchant les Indes néerlandaises. Parmi les périodiques étrangers qui s'occupent de temps en temps des colonies néerlandaises et qui

---

[1]) Il est fort à regretter que la publication du *Magasin* ait été interrompue, et en particulier que par là le dépouillement de la Gazette de Java se soit arrêté à l'année 1827.

renferment des matériaux utiles pour les faire connaître, il faut citer, en anglais, les *Recherches asiatiques*, le *Journal* et les *Actes de la Société royale de géographie*, en français, *l'Année géographique* et les *Annales de l'extrême Orient*, en allemand, les *Communications* de Petermann, *l'Etranger*, et la *Revue de la Société de géographie* de Berlin, et en italien le *Cosmos* de Guido Cora.

Les descriptions populaires des Indes orientales néerlandaises, les guides et manuels à l'usage de ceux qui se préparent pour la carrière de fonctionnaire ou pour celle de militaire aux colonies, les livres destinés aux établissements d'instruction supérieure ou secondaire, sont assez nombreux. Ceux dont les titres suivent ont, nous semble-t-il, trop vieilli et sont devenus trop insuffisants pour que nous ne nous bornions pas à les citer en passant; ce sont *Coup d'oeil sur l'île de Java et les autres possessions néerlandaises dans l'archipel des Indes* (en français), par Hogendorp (Bruxelles 1830), *Voyages aux Indes par mer et par terre* par Olivier (1827—30), *Tableau des Indes orientales* par le même (1841), *Manuel de géographie et d'ethnographie des Indes néerl.* par le professeur Roorda van Eysinga (1841—50), un *Manuel* fait en 1843 par le professeur Laut pour la Société d'utilité publique, *Coup d'oeil général sur les possessions néerlandaises dans l'Inde archipélagique* (en français) par Temmink (1846—49) et un ouvrage inachevé de van der Aa, intitulé *Les Indes orientales néerlandaises* (1846—57). Nous aurions pu en nommer d'autres encore. Parmi les livres populaires sur l'Inde qui ont conservé leur utilité, le premier rang appartient, pour la description vivante et concise des lieux, pour les aperçus historiques et pour les illustrations, à l'ouvrage du professeur van der Lith, *Les Indes orientales néerlandaises décrites et dessinées pour le peuple* (1875). M. J. Kuyper a réussi à donner une forme plus populaire encore à la description des Indes néerlandaises, ornée de belles gravures sur bois, qu'il a publiée sous le titre de *Notre Orient* (1881). La *Géographie des Indes néerlandaises* du professeur Pynappel est un exellent manuel pour l'enseignement. Ce livre, dont la première édition a paru en 1863, vient d'en avoir une troisième (1881), mise par le docteur G. J. Dozy à la hauteur des progrès acquis dans les dernières années. La Géographie de Pynappel est une esquisse, que complète très heureusement un ouvrage étendu, que l'auteur a soin de maintenir au niveau de la science dans les éditions que se succèdent; c'est un monument de rare persévérance et d'exactitude; nous voulons parler du *Guide pour l'étude de la géographie et de l'ethnologie des Indes néerlandaises* du professeur de Hollander (1e éd. vol I, 1861, vol. II, 1864; 2e éd. vol. I, 1866, vol. II, 1869; 3e éd. vol. I, 1874, vol. II, 1877; 4e éd. vol. I, 1882). Ce manuel a été composé spécialement pour l'académie militaire, mais on s'en sert dans beaucoup d'autres établissements d'instruction; pourtant l'auteur a publié en outre une *Description géographique des Indes or. néerl., spécialement à l'usage des établissements d'enseignement secondaire* (1868). Un médecin allemand au service des Pays-Bas, le docteur S. Friedmann a écrit pour la *Bibliothèque illustrée de géographie et d'ethnographie* de Spamer deux petits volumes (en allemand), intitulés *Le monde des îles de l'Asie orientale* (Leipzig 1868). Parmi les *Essais et mémoires sur l'histoire naturelle des possessions néerlandaises d'outre-mer, écrits par les membres de la Commission d'histoire naturelle aux Indes et par d'autres auteurs*, publiés in folio par les soins du gouvernement (1839—44), la série d'études consacrées à la géographie et à l'ethnologie ne présente point de nos possessions aux Indes une description aussi complète que l'on aurait pu s'y attendre. Cela vient de ce qu'une part considérable des matériaux réunis n'ont pas été utilisés, ou bien ont servi à faire des articles de revues. En réalité on trouve dans cette série peu de chose de plus que les voyages de S. Muller, publiés plus tard séparément et déjà mentionnés par nous. Remarquons que l'auteur a dispersé dans différentes publications d'importants renseignements sur Sumatra, qui auraient pu trouver une place excellente dans ses récits de voyages.

En fait de récits de voyages importants, qui embrassent plusieurs parties des Indes néerlandaises, ceux de Stavorinus méritent surtout d'être mentionnés parmi ceux qui sont anciens; il en a même paru une traduction anglaise de S. Hull Wilcocke (*Voyages to the Indies by Stavorinus*, 3 vol., Londres, 1798) enrichie par le traducteur de notes et d'adjonctions qui en ont fait un aperçu passablement complet de toutes les possessions que les Pays-Bas avaient aux Indes orientales lorsque ce livre a paru. *L'Archipel malais* de von Rosenberg (Leipzig 1878) est un ouvrage analogue beaucoup plus récent. Ce voyageur y a lui-même fondu en un tout et rédigé en allemand les observations qu'il avait faites dans ses voyages dans plusieurs parties des Indes et qu'il avait publiées en hollandais par morceaux détachés. Trois ouvrages décrivent les nombreux voyages accomplis par M. J. B. J. van Doren dans les Indes néerl.; ce sont *Java, ou voyages par terre et par mer faits pendant un séjour de vingt ans aux Indes néerl.* (2 vol., 1847—50); *Fragments tirés des voyages dans l'archipel indien* (2 vol., 1855, 1856); *Souvenirs et esquisses des Indes néerl.* (2 vol. 1858, 1859). Le missionnaire E. H. Bötger nous fait connaître plusieurs parties de Java, de Célèbes, des Moluques et de Sumatra, mais tout particulièrement la résidence de Riouw, dans ses *Lettres sur l'Inde postérieure*, publiées en allemand et traduites en hollandais sous le titre de *Renseignements sur les Indes* (1846). Les récits que les pasteurs L. J. van Rhyn (*Voyage dans l'archipel indien*, 1851) et S. A. Buddingh (*Les Indies orientales néerl.*, 3 vol., 1859) ont donnés de leurs voyages entrepris pour inspecter des stations missionnaires, des églises et des écoles, renferment de nombreuses descriptions de la nature et des moeurs dans différentes îles de l'archipel. Les *Souvenirs d'un voyage aux Indes orientales* de Verhuell (2 vol., 1835) nous permettent de jeter un coup d'oeil sur Java, Madoura, Célèbes et les Moluques. Les *Mers orientales* de Earl sont un récit (en anglais) condensé de plusieurs voyages accomplis surtout dans la partie occidentale de l'archipel. On trouve dans les *Tableaux des Indes or. néerl.* (en allemand) du docteur F. Epp (1852), des descriptions tirées de Java, de Sumatra, de Bangka et des Moluques. T. W. Gevers Deynoot, Dr. en droit, dépeint dans ses *Souvenirs d'un voyage aux Indes néerl.* des parties de Java, de Célèbes, des Moluques, de Timor et de Sumatra. Le docteur Greiner dans son *Par terre et par mer* (1874) nous conduit avec lui dans quelques contrées de Java et de Bali, dans la partie méridionale de Borneo et dans les îles situées près de la côte occidentale de Sumatra. C'est dans la moitié orientale d'Insulinde que nous servent de guides Kolff, dans son *Voyage à travers les îles méridionales de l'archipel des Moluques et le long de la côte sud-ouest de la Nouvelle Guinée* (1828), traduit aussi en anglais par Earl (1840), les *Voyages dans l'archipel des Moluques* d'Olivier (2 vol., 1834 et 37), le *Voyage dans le Minahassa et dans l'archipel des Moluques* de Bleeker (2 vol., Batavia, 1856) et les *Iles des Moluques* de Crab (Batavia, 1862). Les trois derniers de ces ouvrages, quoique de valeur très inégale, — celui de Bleeker est de beaucoup le plus important — ont ceci en commun que chacun des trois voyages qui y sont racontés ont été faits à la suite d'un gouverneur-général; les trois gouverneurs sont MM. le baron van der Capellen, Duymaer van Twist et Pahud. Le plus célèbre et le plus utile pour la science parmi les voyages accomplis dans les dernières années dans l'archipel indien, est celui d'un Anglais, A. Russel Wallace, dont l'ouvrage excellent intitulé *l'Archipel Malais* (2 vol., Londres 1869; réimprimé depuis) a été traduit en hollandais par le professeur Veth sous le titre d'*Insulinde* et enrichi par lui de notes explicatives (2 vol., 1870 et 71). Le professeur de Hollander en a fait autant pour les *Voyages dans l'archipel des Indes or.* de Bickmore (Londres, 1868), qu'il a publiés en hollandais en deux volumes (1873), de même qu'auparavant déjà, sous le titre de *Voyages d'un Anglais dans l'archipel indien* (2 vol., 1853), le docteur van Hoëvell avait traduit le récit de Juke intitulé *Récit du voyage d'inspection du steamer royal le Fly* (2 vol., Londres, 1847), toutefois en ne prenant dans l'ouvrage original que ce qui se rapportait aux Indes néerlandaises. Un voyage accompli par le docteur Ryckevorsel dans les Indes néerlandaises pour faire des observations magnétiques et prolongé pendant quatre ans, a de son côté donné naissance à une importante série de lettres, qui ont été publiées sous le titre de *Lettres d'Insulinde* (1878). Nous avons déjà mentionné maint autre voyage en parlant des publications de sociétés savantes, et bientôt nous en citerons plusieurs qui n'ont qu'une seule île pour objet. Il est cependant impossible de n'en point omettre, et, sans doute, dans le nombre il peut s'en trouver de valeur.

La littérature consacrée à l'étude d'îles spéciales ou de groupes spéciaux d'îles est si étendue que nous devons nous borner à mentionner quelques ouvrages principaux et qu'il nous faudra passer sous silence tout ce que renferment les revues que nous avons énumérées, quelle que soit l'importance de ce qui s'y trouve.

Depuis le célèbre ouvrage anglais de Marsden, *Histoire de Sumatra* (Londres, 1811), il n'a pas été publié d'autre description de l'île de Sumatra que l'article que le professeur Veth y a consacré dans le dictionnaire géographique et statistique et qu'il a aussi fait imprimer à part. Le même auteur fut le premier, lorsque éclata la guerre d'Atchin, à publier sous le titre de *Atchin et ses rapports avec les Pays-Bas* (1873) une esquisse, fort imparfaite encore, mais composée en très peu de temps, de l'empire avec lequel nous entrions en lutte. Dès lors un grand nombre d'écrits ont servi à nous le faire mieux connaître. Le plus important pour la géographie est certainement *Atchin et les Atchinois* par J. A. Kruyt (1877). Une partie de Sumatra dont Marsden et ses successeurs n'avaient presque rien eu à dire nous a été pour ainsi dire révélée par la publication en allemand de l'ouvrage de Junghuhn, *Les pays de Batta à Sumatra* (2 vol. Berlin, 1847); l'original a été écrit en hollandais, mais n'a pas été publié, l'actif auteur s'étant lassé des lenteurs du gouvernement des Indes et ayant pris les devants en faisant imprimer la traduction allemande. Presque tout ce que S. Muller a publié sur ses voyages dans la partie centrale de Sumatra a été donné par lui dans des articles dispersés ici et là; il a cependant réuni un grand nombre de détails remarquables dans un petit ouvrage publié en 1846; on a de plus de son compagnon de route Korthals une *Esquisse topographique d'une partie de Sumatra*, courte mais instructive. Quoique les *Souvenirs de la côte occidentale de Sumatra* de J. W. H. Cordes, surtout intéressants par rapport aux forêts, aient paru dans la *Revue de la Société néerlandaise de l'industrie*, vol. XV, 5e fascicule, nous ne pouvions pas passer ce travail sous silence, parce que l'on ne songerait guère à chercher un article de ce genre dans le recueil où il se trouve — et que nous n'avons pas mentionné jusqu'ici — et en même temps parce que ce travail est trop important pour ne pas le signaler. Sur Palembang nous citerons W. L. de Sturler *Essai de description du territoire de Palembang* (1843) et *Etude pour servir à la connaissance du territoire de Palembang* (1855). Mentionnons aussi ici du docteur Otto Mohnike, officier de santé au service des Pays-Bas, l'opuscule intitulé *Banka et Palembang, accompagné de détails sur l'île de Sumatra en général* (Munster 1874). La connaissance de la partie centrale de Sumatra, surtout du Midi du Haut-Pays de Padang, de Jambi et du Haut-Pays de Palembang, a fait de grands progrès par la publication du *Récit de voyage* et de la *Description géographique* qui forment les deux premiers volumes du grand ouvrage où se consignent les résultats de l'expédition de Sumatra. Quant au Midi de l'île, comprenant Bengkoulen, Palembang et les Lampongs, il a été éclairé d'une lumière beaucoup plus vive que cela n'avait encore eu lieu par la *Description topographique et géologique du Midi de Sumatra* de l'ingénieur der mines R. D. M. Verbeek; ce grand travail remplit presque à lui seul le premier volume de la dixième année des *Annales des mines*, publication dont nous aurons à parler quand nous en viendrons à la géologie.

Il existe sur l'île de Java trois grands ouvrages à nommer en première ligne. Ce sont, en anglais, *l'Histoire de Java* de Raffles, et, en hollandais, *Java, sa forme, son revêtement et sa structure intérieure* par Fr. Junghuhn (il existe de ce livre une traduction allemande), et *Java, sa géographie, son ethnologie, son histoire*, par le prof. P. J. Veth (3 vol., 1873—83;

le répertoire est sous presse). Le premier de ces ouvrages est surtout consacré à l'histoire, à l'archéologie et à l'ethnographie; le second est de grande valeur en particulier pour la botanique et la géologie; quant à la géographie proprement dite, c'est dans le livre de M. Veth qu'elle est le plus complètement traitée, surtout dans la description géographique générale qui forme la première moitié du premier volume et dans la chronographie détaillée qui se trouve dans le troisième volume. L'appareil littéraire de cet ouvrage met en outre le lecteur à même de se faire une idée de l'immense quantité d'articles et de publications peu étendues qui touchent à la géographie de Java. En fait de descriptions de Java, générales, mais plus sommaires que les trois précédentes, on a, en anglais, *Esquisses de l'île de Java*, par J. J. Stockdale (Londres 1812); en allemand, *Esquisses de l'île de Java*, par Pfyffer von Neueck, officier suisse au service des Pays-Bas (1829), ouvrage qui a été traduit en français et en hollandais; en hollandais, *Description de Java au point de vue de l'histoire naturelle et de la géographie*, par R. J. L. Kussendrager, et *Manuel de l'histoire, de la géographie, de la mythologie et de la chronologie de Java*, par J. Hageman JCzn. (2 vol., Batavia, 1862); en allemand, *Tableaux de Java*, par H. Meister (1875), traduits en hollandais par M. Stellwagen; enfin en hollandais, *Description de l'île de Java et de ses habitants, à l'usage des écoles des Indes néerlandaises*, par W. van Gelder (4 petits volumes, Batavia, 1879, 1880). Les plus importantes descriptions géographiques de parties spéciales de l'île sont A. de Wilde, *Les régences du Preanger* (1830); H. J. Domis, *Le résidence de Pasourouan* (1836), *La résidence de Kadou d'après les résultats du relevé statistique* (Batavia, 1871); E. Stöhr, *La province de Banjouwang* (1874, en allemand); J. Groneman, *Feuillets du journal d'un médecin des Indes* (1874), ouvrage renfermant des renseignements excellents sur le Preanger; F. C. Heynen, *Trois hauts plateaux de Java* [1]) (1877); il s'agit des plateaux du Tengger, de Diëng et de Bandong; S. Coolsma, *Douze conférences sur la partie occidentale de Java* (1870).

Les récits de voyages à Java sont très nombreux. Un des voyageurs les plus distingués qui l'ont visitée est le docteur P. Bleeker, et il est regrettable que l'on n'ait pas réuni en un seul tout, avec ses *Fragments d'un voyage à Java*, publiés en

---

1) Cet opuscule est la réimpression d'un article placé dans la revue intitulée *Onze Wachter*.

1849 et 1850 dans la *Revue des Indes néerlandaises*, ses lettres sur Banten publiées dans le même recueil en 1844 et ce qu'il avait écrit en 1849 dans les *Archives des Indes* au sujet d'une visite à Madoura. A peu près en même temps paraissaient les *Voyages à travers Java en vue de la topographie et de l'histoire naturelle* de Junghuhn (1845), auxquels la publication du grand ouvrage de l'auteur n'a pas enlevé toute leur valeur, et le *Voyage à Java, Madura et Bali* de van Hoëvell (2 vol. 1849, 1851), ouvrage resté inachevé, de sorte qu'une très faible partie seulement de la description de Bali s'y trouve. Le *Voyage à Java* de E. Selberg (1846) a été traduit de l'allemand en hollandais par M. W. L. de Sturler. *La vie à Java*, publiée en anglais par d'Almeida (2 vol., Londres, 1864) aurait été digne du même honneur. Le travail de Perelaer intitulé *Douze cents pâls à travers la partie centrale de Java*, après avoir paru dans le *Spectateur militaire* (1868), a tout à fait mérité sa réimpression dans les glanures de l'auteur publiées sous le titre de *Morceaux remis au jour* (1883). Nombre de visites rapides faites à Java par des voyageurs français, anglais, allemands, italiens, autrichiens, danois, par exemple d'Argout, Fontanier, Lavollée, Devay, Comte de Beauvoir, Duret, — Davidson, Money, Laird, Wedderburn, — Ratzeburg, Jagor, von Richthofen, Zöller, Seelhorst, — von Scherzer, von Hochstetter, Lehnert, — Bottoni, — Steen Bille, ont donné naissance à maintes descriptions superficielles accompagnées de jugements irréfléchis; pourtant il s'en trouve dans le nombre qui ont démontré qu'un homme de génie armé des connaissances nécessaires peut en fort peu de temps réunir des données importantes pour la science (von Richthofen, von Hochstetter) ou porter un jugement pénétrant sur l'état de la société (Money, Wedderburn). Nous devons enfin une mention spéciale au récit des voyages à travers Java du régent de Brébès, publié par cet intelligent chef indigène, sous le pseudonyme de Pourwâ Lelânâ, à l'intention de ses compatriotes.

On a beaucoup écrit en hollandais au sujet de Borneo; mais presque tout ce qui concerne la géographie de cette île (nous parlerons ailleurs des publications ethnologiques et historiques) se trouve dans des revues ou dans des ouvrages généraux sur les Indes néerlandaises. Cependant nous avons du prof. Veth un travail étendu consacré à la partie occidentale de Borneo (*Partie occidentale de Borneo, sa géographie, sa statistique, son histoire; le tout précédé d'une esquisse générale de l'ensemble de l'île*, 2 vol., 1854); de plus existent les récits de voyages de

Schwaner et de Bock, qui ont déjà été mentionnés. Si l'on ne jugeait de l'importance de la littérature existante que par le nombre des ouvrages spéciaux qui ont été publiés, les Hollandais sembleraient avoir été bien moins féconds que les Anglais, quoique ceux-ci se soient presque exclusivement occupés de la partie nord-ouest de l'île (on peut citer par exemple les ouvrages de Keppel, de Mundy, de Belcher, de Marryat, de Low, de St. John, de Charles Brooke, de Boyle, de Templer, de Burbidge, de Hatton etc.); mais il sera facile de s'apercevoir de l'inexactitude de cette conclusion pour peu que l'on jette un coup d'œil sur la liste des ouvrages consultés par lui, que le prof. Veth a placée en tête du livre que nous venons de mentionner; on trouvera encore de nombreux renseignements à ce sujet dans ce que le même auteur rapporte, dans la préface de »l'Archipel malais" de von Rosenberg, sur les explorations et les études de terrain faites à Borneo par des Hollandais ou par des étrangers au service des Pays-Bas.

Pour ce qui concerne Célèbes, nous avons déjà mentionné le livre de von Rosenberg sur Gorontalo et la circumnavigation de l'île par van der Hart. Outre ces ouvrages une mention est due à la monographie de Graafland intitulée *Le Minahassa* (2 vol., 1867—69). Mais il est dommage qu'il n'existe point de récit suivi des voyages accomplis dans le Sud de Célèbes par le docteur B. F. Matthes; malheureusement le voyageur n'a donné que des notices éparses. Le prof. Veth a publié dans le second volume de la revue de la Société de géographie (page 311) un aperçu de ces voyages, dont un récit complet, fait pour le public par M. Matthes lui-même, aurait pu prendre rang parmi les plus remarquables ouvrages de ce genre; car ce voyageur avait acquis des connaissances on peut dire uniques sur le pays visité par lui, ses habitants et son langage.

L'archipel indien se compose d'un nombre si infini de parties détachées que la littérature qui y a trait en est devenue elle-même très fragmentaire. Il existe des descriptions spéciales, parfois en nombre considérable, de presque chaque île un peu importante. Nous ne mentionnerons ici que les écrits de ce genre qui ont été publiés à part; mais nous avertissons en même temps le lecteur qui ce qui se trouve dans les différentes revues est beaucoup plus considérable et renferme souvent les études les plus intéressantes. Nous ne pouvons énumérer ici que les ouvrages suivants: *L'île de Bangka et ses intérêts* (1850) par H. M. Lange; *Bangka, voyages descriptifs* (1865) par P. van Diest; *L'île de Bali et les Balinois* (1848) par le prof. Lauts;

Groupe I. Première Classe.

L'île de Timor, réimpression d'un article du *Gids* (1855), par le prof. Veth; *L'île de Bourou* (1858) par T. Willer et le Jonkheer J. P. Cornets de Groot; *Bourou et Manipa* (1859) et *Souvenirs des derniers moments de mon séjour aux Moluques* (1852) par J. B. J. van Doren; *Esquisse de la résidence d'Amboine* (1868) par E. W. A. Ludeking; *Ambon et plus particulièrement les Ouliassiens* (1875) par le baron G. W. W. C. van Hoëvell; *Banda et ses habitants* (1875) par H. O. van der Linden, docteur en droit; *Rozengain, l'une des îles du groupe de Banda* (1872) par P. C. Lans; *Notes relatives à un voyage fait dans les Moluques par le gouv. gén. Duymaer van Twist* (1856); *Récit d'un voyage à la côte et le long de la côte sud-ouest de la Nouvelle-Guinée* (1830) par J. Madera; *la Nouvelle-Guinée et ses habitants* (1865) par O. Finsch (ouvrage allemand); *la Papouaisie ou Nouvelle-Guinée occidentale* (1881) par le comte Meyners d'Estrey (ouvrage français).

Les Indes néerlandaises occidentales nous retiendront moins longtemps. En fait de revues spécialement consacrées à ces colonies, nous n'en avons qu'une seule à mentionner, *les Indes occidentales, recueil destiné à faire connaître les colonies néerlandaises aux Indes occidentales*. Quoique cette publication n'ait vécu que deux ans, 1857 et 1858, elle renferme bon nombre d'articles importants. On trouve aussi de temps en temps dans d'autres revues des articles dignes d'attention concernant les Indes occidentales. Il s'en publie dans le *Gids*, dans les *Études pour servir à la connaissance des colonies néerlandaises et étrangères* et surtout dans les *Études concernant les langues, les pays et les peuples des Indes néerlandaises*. Il est rare que dans les écrits qui parlent de Surinam on s'occupe aussi des îles, car celles-ci ont de tout autres intérêts et sont dans de tout autres circonstances: cependant on trouve dans quelques récits de voyages des descriptions des îles, réunies à celle de la Guyane néerl. C'est le cas, par exemple, dans les *Notes prises pendant mon séjour aux Indes occidentales de 1837 à 1840*, par G. van Lennep Coster, dans les *Voyages aux Indes occidentales* du pasteur de Curaçao G. C. Bosch (3 vol., 1829, 1836, 1843), ouvrages où se trouvent les descriptions les plus détaillées que l'on ait des îles, et enfin dans le texte qui accompagne les *Vues des Indes occidentales néerlandaises* de M. Voorduin, ouvrage qui lui-même appartient à la troisième classe.

Un ouvrage intitulé *Description de la Guyane, ou la côte sauvage de l'Amérique* (1870), deux volumes in 4°. par M. Jan

Jacob Hartsinck, docteur en droit, est le travail fondamental à consulter sur la Guyane néerlandaise. Il est complété par ce que l'on trouvera dans le *Voyage à Surinam et dans l'intérieur de la Guyane* du capitaine John G. Stedman (4 vol., 1799, 1800. Cet ouvrage a paru primitivement en anglais, sous le titre de *Récit de cinq ans d'expédition contre les nègres révoltés de Surinam*, 2 vol., 1796); dans les *Voyages à Surinam* (3 vol., 1821) du baron Albert von Sack (ouvrage traduit de l'allemand; l'original, paru en 1821, avait deux volumes); dans le *Voyage à Surinam* de P. J. Benoit (1839), ouvrage français connu surtout pour ses belles illustrations (voy. la classe III); dans les *Six années à Surinam* (2 vol., 1854) par le Wurtembergeois A. Kappler, qui a passé quelque temps au service des Pays-Bas; enfin dans un autre ouvrage du même auteur, composé en allemand, à la suite d'une seconde visite à Surinam, sous le titre de *Guyane hollandaise; expériences d'un séjour de 43 ans dans la colonie de Surinam*. On voit que les étrangers ont écrit une bonne part de ce que nous avons sur Surinam. Ce n'est pas à dire qu'il n'y ait pas un grand nombre d'écrits néerlandais concernant cette colonie; mais la plupart s'occupent de son histoire ou des problèmes économiques et sociaux qui se rapportent à sa décadence ou à son relèvement; nous n'avons donc pas à nous en occuper ici. Heureusement que nous pouvons encore citer plus d'un travail, qui montre que ce pays et ses productions continuent à exciter l'intérêt des Hollandais et que l'on n'a pas renoncé à espérer des temps meilleurs. C'est ainsi que nous avons *Surinam, esquisses et tableaux détachés*, par le lieutenant de chasseurs J. H. N. (1840); *Journal d'un voyage à Paramaribo et environs, dans la colonie de Surinam* par le Jonkheer G. P. C. van Breugel (1842); *Description de Surinam* par le Jonkheer C. A. van Sypensteyn (1854); sous un titre qui pourrait se traduire *Souvenirs*, une publication du pasteur W. Boekhoudt (1874), *Impressions de voyage* par A. Heemskerk, docteur en droit (1878); enfin surtout les rapports accompagnés de cartes régulièrement publiés par la *Revue de la Société de Géographie* au sujet des nivelages entrepris par M. W. L. Loth pour tracer de nouvelles routes rendus nécessaires par l'augmentation de la production de l'or. En 1876 M. W. Gifford Palgrave donna dans le *Fortnightly review* un très encourageant récit de la visite qu'il avait faite à Surinam; une traduction en a été faite par le docteur H. D. Benjamins et publiée par lui, avec notes explicatives, dans les *Feuilles scientifiques* de 1876, sous le titre de *La Guyane néerlandaise*.

En fait d'écrits spéciaux sur les îles, nous nommerons encore: J. H. Hering, *Description de l'île de Curaçao et des îles qui en dépendent* (1779), *Description de Curaçao et des îles qui en dépendent* par un habitant de l'île (1819); S. van Dissel, *Curaçao, souvenirs et esquisses* (1857); A. M. Chumaceiro, *Ressources naturelles de la colonie de Curaçao* (1880), *l'île de Bonaire, avec carte esquissée* (1867). M. Bisschop Grevelink a placé dans les *Etudes pour servir à la connaissance des colonies néerlandaises et étrangères* (1846 et 1847), des renseignements très détaillés sur St. Eustache; de plus on trouve dans le premier et dans le sixième volumes de la *Revue de la Société de Géographie* des notes au sujet des cartes de St. Eustache, de la main de MM. Blommendal et Kuyper [1]).

Il ne sera pas nécessaire de nous étendre autant sur la cartographie que sur la littérature géographique concernant les possessions orientales et occidentales des Pays-Bas. Les cartes parleront davantage pour elles-mêmes.

A l'époque de la Compagnie des Indes orientales, il s'est fait beaucoup de relevés de côtes soignés; c'étaient les employés appelés maîtres faiseurs de cartes qui les mettaient en carte; mais leur travail ne se publiait pas; on considérait les cartes comme des documents confidentiels que l'on s'efforçait de tenir secrets; on en avait même oublié l'existence après la chute de la Compagnie, lorsque Melvill van Carnbée les sortit de la poussière des archives et en tira une grande partie des matériaux de sa *Carte de Java* en cinq feuilles et du *Guide du marin* qui l'accompagne (1842), de sa *Carte des routes maritimes et des îles entre Sumatra et Borneo* (1re partie 1845; 2e partie 1846) et de celle de la *Côte orientale de Célèbes et des voies maritimes voisines* (1854). Après les travaux de Melvill surtout, le bureau hydrographique de Batavia a publié un grand nombre de bonnes cartes marines, dont plusieurs ont été mises à la disposition du comité de l'exposition par le ministère de la marine du gouvernement néerlandais. Il

---

[1]) La bibliographie concernant les Indes occidentales est fort redevable à la liste très complète de livres et de cartes se rapportant à Surinam, placée par M. van Sypensteyn à la suite de sa description de Surinam, ainsi qu'au *Catalogue de la bibliothèque coloniale de Surinam* (la Haye 1859). Une étude bibliographique modèle est celle de G M. Asher, publiée en anglais sous le titre de Essai bibliographique et historique sur les livres et brochures hollandais se rapportant à la Nouvelle Néerlande et à la Compagnie hollandaise des Indes occidentales (Amsterdam, Fr. Muller, 1854—1867). Mais aucun des écrits qui y sont mentionnés ne se rapporte à nos colonies actuelles.

existe néanmoins de graves défauts dans la manière dont s'exécutent les travaux hydrographiques; la lenteur avec laquelle ils se poursuivent n'est pas le moins frappant. On en a parlé au congrès géographique de Venise en 1882, et cela a eu pour résultat de faire examiner avec soin l'état de l'hydrographie des Indes dans une assemblée générale de la Société de Géographie. La *Revue* de la Société publia ensuite dans le rapport sur l'assemblée les pièces principales qui avaient figuré dans les débats sur ce point. La première cause de l'état trop arriéré où se trouve l'hydrographie des Indes vient des ressources insuffisantes dont elle disposait. Maintenant cependant il va y avoir de service trois bâtiments bien équipés pour les relevés, et l'on peut se flatter de l'espoir que les cartes dont on a dû se contenter jusqu'ici et qui étaient compilées sur des esquisses de valeurs très variables, vont peu à peu être remplacées par des cartes dressées au moyen de données exactes, méthodiquement obtenues.

Les cartes terrestres de l'époque de la Compagnie étaient très défectueuses, toujours construites sans données suffisantes. C'est naturellement encore Java que l'on connaissait le mieux. Mais on pourra voir par la grande série de cartes de Java qui sont exposées, et qui proviennent en majeure partie de la collection de la Société de Géographie et de celle du legs Bodel Nyenhuis de la bibliothèque de l'université de Leyde, combien les connaissances que l'on possédait augmentaient lentement, on peut dire pas à pas, et se manifestaient dans le perfectionnement des cartes. Raffles le premier a produit une carte acceptable, en se servant de toutes les ressources alors existantes. Les principales étapes subséquentes sur la voie du progrès sont marquées par les cartes de C. W. M. van de Velde (1845), de J. H. W. le Clercq (1850) et de F. Junghuhn (1855).

Melvill van Carnbée, sur ces entrefaites, après avoir donné dans le *Moniteur des Indes* une série de cartes fort bonnes des possessions néerlandaises aux Indes orientales et occidentales, avait conçu le projet de faire un atlas général des Indes néerlandaises; c'était une extension du plan d'un atlas des résidences de Java, pour lequel van de Velde avait réuni des matériaux avec l'aide du gouvernement. Melvill à son tour se vit énergiquement seconder par les autorités des Indes. La première carte parut en 1854; mais Melvill ne put pas achever l'œuvre gigantesque qu'il avait entreprise. Il fut enlevé après la publication de la 25e carte, et le capitaine du génie W. F. Versteeg, chargé par le gouvernement de poursuivre l'entreprise, y mit tant de persévérance qu'en 1864 il eut la satisfaction de publier la 60ᵉ et dernière carte de l'atlas. En 1862 il avait déjà donné une nouvelle carte d'étappes pour Java.

La publication de l'atlas a constitué un grand progrès, surtout pour les possessions éloignées (possessions du dehors [de Java], dit le terme technique). On y avait utilisé les résultats d'un nombre immense de relevés faits par ordre du gouvernement, dans l'intérêt tantôt de la guerre, tantôt des besoins de l'administration, et les cartes de Sumatra, de Borneo et d'autres îles s'en étaient trouvées transformées. Les meilleures cartes de Sumatra que l'on eût eues jusqu'alors avaient été dressées par des étrangers: Marsden (1811), Raffles (1829), Berghaus (1837). Même dans l'atlas on ne saurait donner comme le travail d'un Hollandais les données importantes que l'on a puisées dans les *Battaländer* de Junghuhn. Depuis la publication de l'atlas de Melvill la cartographie de Sumatra s'est enrichie de contributions importantes à la suite de différentes expéditions militaires, surtout de celle d'Atchin, puis aussi grâce aux études pour chemins de fer, à celles qui se rapportent à l'exploitation des mines et aux observations faites par l'expédition envoyée à Sumatra par la Société de Géographie. Cependant on n'a pas dressé encore de carte générale de l'île tenant compte de toutes les découvertes faites ainsi. Aussi ne peut-il point encore être question de faire de Sumatra une carte topographique, basée sur des données exclusivement mathématiques. Pour l'exécuter, il faudra que la triangulation de l'île soit effectuée; or on en est aux préparatifs pour cette opération, qui ne pourra donc pas être achevée avant que bien des années se soient écoulées.

A Java on touche au but encore si éloigné pour Sumatra. Grâce à la coopération de trois branches de service, celles de la topographie, de la géographie et de la statistique, grâce aussi à l'excellente méthode de reproduction suivie au bureau topographique de la Haye, sous la direction de M. Eckstein, sont nées les magnifiques cartes des résidences de Java dont un nombre suffisant ont paru pour que l'on ait pu en faire une imposante collection pour l'exposition [1]. En attendant une nouvelle carte d'étappes pour Java a déjà été publiée en

---

[1] Le capitaine F. de Bas a publié dans le supplément N°. 2 (1876) et N°. 10 (1880) de la *Revue de la Société de Géographie* des détails nombreux sur les travaux géographiques qui se poursuivent officiellement aux Indes néerlandaises. Il a combattu dans ces articles le projet du gouvernement des Indes de renvoyer de quelques années encore la triangulation de Sumatra, et l'administration suprême s'est depuis rangée à son avis.

1877. Elle a été dessinée par le lieutenant Hooyer sous la direction du lieutenant colonel Havenga. C'est une carte en quatre feuilles, d'une belle exécution, et quoique elle ait donné lieu à quelques critiques fondées, elle n'en répond pas moins d'une manière distinguée à presque tout ce qui est nécessaire pour rendre une carte utile.

En ce qui concerne la cartographie des autres îles, on y a travaillé, depuis la publication de l'atlas de Melvill et Versteeg, surtout sous l'impulsion de la Société de Géographie et de l'Institut pour la philologie, la géographie et l'ethnologie des Indes. La carte du golfe de Tomini dressée par M. van Musschenbroek mérite parmi ces travaux une mention spéciale. Le même savant a dessiné en quatre feuilles une grande carte du Minahassa de Célèbes, laquelle a été lithographiée en 1875—76 à l'établissement topographique. Quoique l'on ait travaillé pendant des années au relevé topographique de la partie méridionale de Célèbes, le public n'a guère encore vu de résultats de ce qui s'est fait.

Il n'a pas été entrepris grand'chose par des Néerlandais pour la cartographie de Borneo depuis la publication de l'atlas des Indes néerlandaises. Pour se rendre compte des progrès dus aux explorations anglaises pour la connaissance des parties non-néerlandaises de l'île, il faudra surtout consulter la carte de Crocker, publiée dans les *Actes de la Société* (anglaise) *de Géographie* (1882).

Nous ne possédons pas encore de cartes présentant une image digne de confiance des îles des parties orientales de l'archipel; aussi les meilleurs efforts faits pour construire des cartes générales des Indes néerlandaises ne peuvent, scientifiquement parlant, se montrer qu'insuffisants, quelque méritoire que soit le travail que l'on y consacre. Les meilleures cartes générales des Indes néerlandaises sont celles du baron von Derfelen van Hinderstein, du baron Melvill van Carnbée, de A. J. Bogaerts, de S. H. Serné et du docteur I. Dornseiffen.

Des atlas des Indes néerlandaises destinés à l'enseignement ont été publiés, entre autres, par le prof. Pynappel (1855, 2e impression 1872) et par le directeur de l'école normale d'instituteurs indigènes à Bandong, W. van Gelder. L'atlas de M. van Gelder a paru en 1882 à Batavia en deux éditions simultanées, l'un avec les légendes en malais, l'autre avec les légendes en hollandais. Nous ne saurions passer ici sous silence l'atlas malais composé en 1874 par M. Versteeg à l'usage des indigènes des Indes orientales néerlandaises; il est vrai que cet atlas, outre son fonds de cartes des Indes néerlandaises, contient encore ce qui est indispensable par rapport à d'autres contrées et d'autres continents.

Aux Indes occidentales la mise en carte de Surinam laisse encore beaucoup à désirer, parce que de vastes parties de l'intérieur de la colonie, ainsi que la frontière brésilienne, n'ont pas encore été explorées. Une carte très estimable du lieutenant colonel J. C. Heneman a été publiée en 1784 en huit feuilles par les ordres des directeurs de la Compagnie des Indes occidentales. Heneman y avait travaillé dix ans avec le concours de quatorze arpenteurs. Sa carte est devenue très rare, mais il en a paru en 1810 à Londres une bonne édition anglaise qu'il est moins difficile de se procurer. La carte de Heneman a été suivie de celles de Moseberg (1801), de Mabé (1835), de Melvill van Carnbée (1846, déjà mentionnée) et du Jonkheer C. A. van Sijpesteyn (1850), auxquelles il faut joindre la carte de la rivière de Surinam, dessinée par le capitaine Zimmermann et publiée par la Société de Géographie (1877) et enfin la carte de Surinam que le gouvernement vient de faire publier en dix feuilles d'après les relevés faits de 1860 à 1879 par Cateau van Rosevelt et par van Lansberge. L'association pour les intérêts de Surinam s'est empressée de faire imprimer pour ses membres une copie, très réduite, mais fort suffisante, de cette dernière carte.

Quant aux îles des Indes occidentales qui appartiennent aux Pays-Bas, il faut les chercher sur les cartes générales de ces parages, cartes dont nous n'avons pas à nous occuper ici. Du reste, nos îles n'y forment que des taches minuscules. La Société de Géographie a tâché de les faire mieux connaître en publiant en 1874 une carte spéciale de St. Eustache, et en 1882 une de Curaçao, qu'elle fera bientôt suivre d'une carte de St. Martin.

C. M. KAN et P. J. VETH.

GROUPE I. Première Classe. 29

2. Œuvres de la Société de Batavia des Art et des Sciences, à Batavia. — Le Département de l'enseignement, des cultes et de l'industrie aux Indes néerl.

a. Mémoires, Vol. I—XXI (le vol. XXI a deux livraisons), 1778—1847, in-8°. — Vol. XXII—XXXIV, 1849—1870, in-4°. — Vol. XXXV—XLI, 1870—1881, grand in-8°. — Le vol. XLI contient un registre alphabétique des matières des 41 premiers volumes.

b. Revue de philologie, de géographie et d'ethnologie des Indes, publiée par la Société de Batavia, 1855—1882; 27 vol. in-8°.

c. Procès-verbaux des séances générales et des séances du comité de la Société de Batavia, 1862—1881; 19 vol. (en six tomes).

d. Catalogue de la bibliothèque de la Soc. de Bat., rédigé par M. J. A. van der Chys, Dr. en droit, 1864, in-8°. — Premier supplément au catal. de la bibliothèque et catalogue des manuscrits malais, javanais et Kawi de la Soc. de Bat., 1872, in-8°. — Deuxième supplément de la bibl. de la Soc. de Bat., 1877, in-8°. — Codicum Arabicorum in Biblioth. Societatis Artium et Scientiarum, quae Bataviae floret, asservatorum Catalogum, inchoatum a doct. R. Friederich, absolvit indicibusque instruxit L. W. C. van den Berg, 1873, in-8°. — Rapport sur une collection de manuscrits malais, arabes, javanais et autres, confiée par le gouvernement des I. Néerl. à la garde de la Soc. de Bat., par L. W. C. van den Berg, Dr. en droit, 1877, in-8°. — Liste alphabétique des cartes terrestres, marines, fluviales, des vents, des orages etc. appartenant à la Soc. de Bat., 1873, in-8°. — Catalogue de la section d'ethnologie du musée de la Soc. de Bat., 1re éd. 1868, 2e éd. 1877, in-8°. — Catalogue de la section de numismatique du musée de la Soc. de Bat., 1869, in-8°. (Ensemble en trois tomes).

e Ouvrages détachés:
1. Documents Kawi en fac-simile, lithographiés, sous la direction de R. B. Cohen Stuart, par M. L. Huart à Batavia et T. Hooiberg à Leyde. — Documents Kawi, introduction et transcription, par le Dr. A. B. Cohen Stuart, Leyde, 1875.

2. Wiwoho jarwo, accompagné d'une courte liste de mots Kawi, par W. Palmer van den Broek. Batavia, 1868.
3. Bharata Yondha Kawi. Lithographié d'après un manuscrit de la collection de Raffles par S. Lankhout à la Haye (1863).
4. Le malais parlé aux Moluques, par F. S. A. de Clercq. Batavia, 1876.
5. Tableau des alphabets anciens et modernes des Indes. Étude de paléographie des I. néerl. par K. F. Holle. Batavia et la Haye, 1882.
NB. Les œuvres de la Soc. de Bat. énumérées ici ont été reliées dans les ateliers de F. H. Kroon, à Batavia. Tout le travail des reliures, excepté la dorure, a été fait par des indigènes.

3. Œuvres de la Société de Batavia. Supplément. — N°. 1 J. J. M. de Groot, n°. 2—5 prof. P. J. Veth, à Leyde.

1. Mémoires, Vol. XLII, livr. 1 et 2. Fêtes annuelles et usages des Chinois d'Emoy, par J. J. M. de Groot.
2. Mémoires, Vol. XLIII. Trois textes de drames tirés du Wayang Pourwo, préparés pour la presse par Ch. te Mechelen, avec une préface du Prof. H. Kern. Leyde, E. J. Brill, 1882.
3. Realia. Régistre des résolutions générales émanées du château de Batavia, 1632—1805. Publié par la Soc. de Bat., vol. 1. Leyde, G. Kolff, 1882.
4. La Soc. de Bat. des Arts et des Sciences pendant le premier siècle de son existence, 1778—1878. Mémorial composé par le président de la Soc., T. H. der Kinderen, Dr. en droit. Vol. I. Batavia (1878).
5. Compte-rendu de la commémoration centenaire de la fondation de la Soc. de Bat. le 1 juin 1878, Batavia, 1878.

4. Œuvres de l'Association royale des Sciences naturelles à Batavia. — Le département de l'enseignement, des cultes et de l'industrie aux Indes néerl.

a. Revue d'histoire naturelle pour les I. néerl., par l'Assoc. des Sc. nat., Vol. I—XXX, 1850—1868, in-8°. — Régistre

alphab. des matières contenues dans les vol. I—XXX, la Haye, 1871. — Revue d'hist. nat. pour les Indes néerl., etc. Vol. XXXI—XL, 1870—1881.
b. Acta Societalis Scientiarum Indo-Neerlandicae. Batavia, 1856—1860. Huit vol. in-4°.
NB. La note sous le N°. 2 est applicable aussi à cette collection.

5. Œuvres de l'Institut royal de philologie, de géographie et d'ethnologie pour les Indes néerl. — L'Institut, à la Haye.

a. Documents concernant l'organisation et l'histoire de l'Institut: Règlements (la Haye, 1878) in-8°. — Compte-rendu de la commémoration du vingt-cinquième anniversaire de l'existence de l'Institut (1851—1876). [Numéro spécial de la *Revue* Voy. *b*]. — Rapport sur l'état des bibliothèques de l'Inst. royal de ph., de g. et d'ethn. pour les I. néerl. et de la Société indienne pendant les années 1878, 1879, 1880 et 1881, la Haye, 1879—1882; 4 vol. in-8°. — Questions formulées par l'Institut, la Haye, 1883, in-8°. — Liste des dépenses faites par l'Inst. royal (dressée en décembre 1880) 8°.

b. Revue de l'Institut, intitulée Mémoires sur les langues, le pays et les peuples des Indes néerl., 1re série, 4 vol., 1853—1856; 2e série, 8 vol., 1856—1864; 3e série, 12 vol., 1866—1876; 4e série, jusqu'à présent 6 vol., 1877—1883. En tout 30 volumes.

c. Ouvrages détachés publiés par l'Institut.
1. Banka, Malacca et Billiton, rapports de J. H. Crookewit Hzn., 1852, in-8°.
2. Voyages autour de l'île de Célèbes et à quelques îles des Moluques par C. van der Hart, 1853 in-8°.
3. Borneo. Description du bassin du fleuve du Barito etc. par C. A. L. M. Schwaner, 1853, 2 vol. in-8°.
4. Kitab Touhpah, code mahométan-javanais. Édité par S. Keyser, 1853, in-8°.
5. Voyages et explorations dans l'archipel indien par le Dr. Salomon Muller. Nouvelle édition corrigée par l'auteur, 1857, 2 vol. in-8°.
6. Livre intitulé Aji Soko, ancienne histoire fabuleuse de Java, par J. J. B. Gaal et T. Roorda, 1857, in-8°.
7. Voyage au Japon, en 1643, par Mrt. Gerr. Vries Publié avec pièces annexées par P. A. Leupe. Annoté par K. F. von Siebold, 1858, in-8°.
8. Voyage de Reinwardt fait en 1821 dans la partie orientale de l'archipel indien. Composé sur les notes du voyageur, augmenté de sa biographie et d'annexes, par W. H. de Vriese, 1858, in-8°.
9. Les Néerlandais à Yakatra. Rédigé sur les sources par J. A. van der Chys, Dr. en droit, 1858, in-8°.
10. La Nouvelle-Guinée, explorée et décrite en 1858 au point de vue de l'histoire naturelle et de l'ethnographie, par une commission indo-néerlandaise. Avec annexes, 26 planches et un atlas de 7 cartes. 1862, in-8°. (Réimpression d'un travail placé dans la *Revue*).
11. Voyages dans le district de Gorontalo par C. H. B. von Rosenberg, 1865, in-8°.
12. Efforts des Pays-Bas pour faire ouvrir le Japon au commerce universel, par J. A. van der Chys, Dr. en droit, 1867, in-8°.
13. Voyage aux îles du sud-est par C. H. B. von Rosenberg, 1867, in-8°.
14. Esquisse de la résidence d'Amboine par E. A. W. Ludeking, 1868, in-8°. (Réimpression d'un article de la *Revue*).
15. Aperçu alphabétique de l'ouvrage de S. van Deventer Jzn., intitulé „Études sur le système agraire à Java," par J. Boudewynse, 1868, in-8°. (Réimpression d'un travail placé dans la *Revue*).
16. Chrestomathie malaise par H. Neubronner van der Tuuk, 1868, petit in-8°. — Idem, 2e éd., 1876.
17. Récits-wayang de Polosoro, de Pandou et de Raden Panji, par T. Roorda, 1869, in-8°.
18. Données nouvelles pour la statistique de la population de Java, réunies par le Dr. P. Bleeker, 1870, in-8°.
19. Recherches sur les monnaies des indigènes de l'archipel indien et de la péninsule malaye, par H. C. Milliës, 1871, in-4°. (Ouvrage écrit en français, publié, après la mort du prof. Milliës, par G. K. Niemann).
20. Antologie tirée d'ouvrages malais par G. K. Niemann, 1870, 1871, 2 livr. pet. in-8°. — Idem, 2e éd., 2 livr. — Idem, 1re livr., 3e éd.
21. La culture du riz en Italie et à

Java, par J. H. F. Sollewyn Gelpke, 1874, in-8°. (Tiré de la *Revue*).

22. Babad Tanah Jawi, en prose. Histoire de Java jusqu'à l'an 1647 de l'ère javanaise, annotée par J. J. Meinsma, le livr., texte, 1874; 2e livr., notes, 1876, in-8°.

23. Voyages à la baie de Geelvink dans la N. Guinée, faits en 1859 et 1870, par C. B. H. van Rosenberg, 1875, in-4°.

24. Voyages des Néerlandais à la N. Guinée et aux îles des Papous au XVIIe et au XVIIIe siècle, par P. A. Leupe, 1875, 8°. (Tiré de la *Revue*).

25. Uranographie chinoise. Ouvrage accompagné d'un atlas céleste chinois et grec, par G. Schlegel, 1875, 2 vol., gr. in-8°.

26. Wrtta sançaya. Vieux poëme didactique javanais sur la prosodie; texte kawi et trad. hollandaise; par H. Kern, 1875, in-8°. (Publication financièrement facilitée par l'Institut).

27. Abioso, drame javanais (wayang), avec une traduction hollandaise et une notice explicative de H. C. Humme, 1878, in-8°.

28. Récits javanais, contenant les aventures d'un kanchil, d'un daim et d'autres animaux, publiés par le Dr. W. Palmer van den Broek, 1878, in-8°.

29. Voyages à la N. Guinée néerl., faits par ordre du gouvernement des Indes néerl., en 1871, 1872 et 1875 jusqu'an 1876, par MM. P. van der Crab et J. E. Teysmann, J. G. Coorengel et A. J. Langeveldt van Hemert, et P. Swaan Ouvrage accompagné d'explications historiques et géographiques par P. J. B. C. Robidé van der Aa, 1879, in-8°.

30. Voyage dans l'Orient et le Midi de Borneo, de Koutei à Banjermasin, entrepris en 1879 et 1880 par C. Bock par ordre du gouv. des Indes néerl., accompagné d'une introduction historique sur Koutei etc., par P. J. B. C. Robidé van der Aa. Première livraison, accompagnée d'un atlas de planches. 1881, in-4°.

6. Œuvres de la Société néerlandaise de Géographie. — **Société de Géographie, à Amsterdam.**

a. Revue de la Société de Géographie, Vol. I—VI, 1876—1882. — Suppléments Vol. I. Pièces relatives à l'expédition de Sumatra, 1879; Vol. II. Pièces relatives aux voyages dans l'océan glacial du nord, 1880. — Pièces détachées destinées aux suppléments (provisoirement réunies en un petit vol.): 1. Carte des résidences de Java et de Madoura, par le Cap. F. de Bas, 1876. — 2. Triangulation de Sumatra; par le même, 1882. — 3. Répartition géographique des sources d'eaux minérales dans l'arch. des I. or, par le Dr. Fr. Schneider, 1881. — 4. Notes prises par le régent de Brébès en lisant le "Java" du prof. Veth, vol. 1, 1881. — 5. Etude au sujet du port du récif par V. Fournié et E. Beringer, 1881. — 6. Les Pays-Bas et la baie de Delagoa par M. L. van Deventer, 1883.

b. Partie centrale de Sumatra. Voyages et explorations de l'expédition de Sumatra organisée par la Soc. de Géogr., 1877—1879. 3 Vol. en 6 livraisons, gr. in-8°.; atlas in folio.

Vol. I. Récit du voyage par A. L. van Hasselt, Joh. F. Snelleman et C. H. Cornelissen; en deux livr., 1881 et 1882. — Vol. II. Description géographique et atlas, par D. D. Veth, 1882. — Vol. III. Ethnographie et linguistique par A. L. van Hasselt. 1re livraison *a*, ethnographie. 1re livr. *b*, atlas ethnographique. 2e livr., langues et littérature.

N.B. Le quatrième vol., traitant de l'histoire nat., que préparent Joh. F. Snelleman et d'autres, n'est pas achevé; mais une partie des planches qui l'orneront sont exposées dans les groupes 5 et 6.

7. Collection de livres concernant la géographie des Indes néerl. — **Académie militaire royale, à Breda.**

1. Dictionnaire géographique et statistique des Indes néerl., 1869, 3 vol., in-8°.

2. J. J. de Hollander, manuel pour l'étude de la géographie et de l'ethnologie des Indes néerl., Vol. I, 4e éd. remaniée, Breda, 1882, in-8°. — Vol. II, 3e éd. remaniée, Breda, 1877.

3. J. Olivier Jzn., Voyages par mer et par terre dans les Indes néerl. et dans quelques établissements britanniques, faits dans les années 1817—1826, 2 vol. in-8°. Amst, 1827, 1828.

4. J. Olivier Jzn., Notes prises pendant un voyage aux I. orientales et pendant un

Groupe I. Première Classe.

séjour de plusieurs années dans divers établissements néerlandais qui s'y trouvent. Amst., 1827.

5. G. Windsor Earl, Les mers orientales ou voyages et aventures dans l'archipel indien en 1832—34. Londres, 1837, in-8°. (Cet ouvrage est en anglais).

6. P. J. Veth, District occidental de Borneo, sa géographie, sa statistique, son histoire, 2 vol. Zalt-Bommel, 1856, in-8°.

7. S. et P. P. Roorda van Eysinga, Divers voyages et aventures, 4 vol. Amst. 1830—1832, in-8°.

8. S. A. Buddingh, Les Indes or. néerl., Voyages à Java, Madoura, Makasser etc., 3 vol. Rott., 1859—1861, in-8°.

9. F. S. Marryat, Borneo et l'archipel indien, avec dessins de costumes et de paysages. Londres, 1848, in-4°. (Ouvrage anglais).

10. (J. J. Stockdale), Esquisses civiles et militaires de l'île de Java. Londres, 1812, in-8°. (En anglais).

11. W. B. d'Almeida, La vie à Java, avec esquisses de Javanais, 2 vol. Londres 1864, in-8°. (En anglais)

12. Raffles et Crawfurd, Description géographique, historique et commerciale de Java et des autres îles de l'archipel indien. Traduit de l'anglais (en francais) par Marchal. Bruxelles, 1824, in-4°.

13. Pfyffer von Neueck, Esquisses de l'île de Java et de ses divers habitants. D'après l'allemand (en hollandais). Amst., 1838, in-8°.

14. W. Marsden, Histoire de Sumatra, 3e éd. Londres, 1811, in-4°. (En anglais).

15. F. Junghuhn, Java, sa forme, son revêtement et sa structure intérieure, 4 vol. in-8°., avec atlas in plano. Amst., 1850—1853.

8. Les Indes orientales anciennes et actuelles par François Valentyn. Cinq volumes en dix livraisons, Dordrecht et Amsterdam, 1724—1726 (reliés en parchemin en huit tomes). — **J. E. Henny**, Dr. en droit, à Amsterdam.

9. Ouvrages divers concernant la géographie des Indes néerl. orientales et occidentales. — Prof. P. J. Veth, à Leyde.

A. *Indes orientales:*

1. Possessions néerlandaises en Asie, en Amérique et en Afrique, leur état et leur utilité pour ce royaume, avec atlas, par J. van den Bosch, 2 vol., la Haye et Amst., 1818.

2. Coup d'œil sur l'île de Java et les autres possessions néerlandaises dans l'archipel des Indes, par le comte S. C. W. de Hogendorp. Bruxelles, 1830. (En français).

3. Les Indes or. néerl. décrites et dessinées pour le peuple néerlandais par P. A. van der Lith, Dr. en droit. Doesborgh, 1875.

4. Voyages aux Indes or. par. J. S. Stavorinus. Traduit du hollandais original (en anglais) par S. Hull Wilcocke, avec notes et additions. 3 vol. Londres, 1798.

5. L'archipel malais par C. B. H. von Rosenberg, avec de nombreuses illustrations et une préface du prof. P. J. Veth, de Leyde. Leipzig, 1878 (En allemand).

6. Voyage entrepris dans l'archipel indien dans l'intérêt de l'œuvre des missions évangéliques par L. J. van Rhyn, avec planches et cartes. Rotterdam, 1851.

7. Les Indes or. néerl. Voyages faits de 1852—1857 par le Dr. S. A. Buddingh, chargé d'une inspection générale des églises protestantes et des écoles aux Indes néerl. Avec planches. 3 vol. Rotterdam, 1859.

8. Souvenirs d'un voyage aux Indes or., par Q. M. R. Verhuell. Avec planches. 2 Vol. (en un tome). Harlem, 1835.

9. Les mers orientales ou voyages et aventures dans l'archipel indien en 1832—1834, par G. W. Earl. Londres, 1837 (En anglais).

10. Tableaux des Indes or. hollandaises par le Dr. F Epp. Heidelberg, 1852 (En allemand).

11. Souvenirs d'un voyage aux Indes néerl. fait en 1862 par le Jonkheer W. F. Gevers Deynoot, Dr. en droit. La Haye, 1864.

12. Voyage dans l'archipel peu connu des Moluques et le long de la côte sud-ouest tout à fait inconnue de la Nouvelle-Guinée, fait en 1825 et 1826, par D. H. Kolff. Amst., 1828.

13. Voyages du brick de guerre hollandais le *Dourga* par D. H. Kolff, tra-

duit du hollandais (en anglais) par G. W. Earl. Londres, 1840.

14. Voyages dans l'archipel des Moluques, à Makassar etc. fait en 1824, à la suite du gouv. gén. des Indes néerl., par J. Olivier Jzn. 2 Vol. Amst., 1834.

15. Voyage dans le Minahassa et dans l'archipel des Moluques, fait en 1855 à la suite du gouv. gén. Duymaer van Twist, par P. Bleeker. 2 vol. (en un tome). Batavia, 1856.

16. Les Moluques. Voyage de S. E. le gouv. gén. T. C. F. Pahud dans l'archipel des Moluques, par P. van der Crab. Batavia, 1862.

17. Insulinde: le pays de l'orang outang et de l'oiseau de paradis par A. R. Wallace. Traduit de l'anglais (en hollandais) et annoté par P. J. Veth. 2 vol. Amst., 1870, 1871.

18. Histoire de Sumatra par W. Marsden. 3e éd., avec planches. Londres, 1811. (En anglais).

19. Atchin et les Atchinois. Deux ans de blocus sur la côte nord-ouest de Sumatra, par J. A. Kruyt. Avec planches et cartes. Leyde, 1877.

20. La pays de Batta à Sumatra, explorés et décrits par Fr. Junghuhn en 1840 et 1841 par ordre de S. E. le gouv. gén. P. Merkus. 2 vol. (en un tome). Berlin, 1847. (En allemand).

21. Voyage à Java, Madoura et Bali, par W. R. van Hoëvell. 2 vol. (en un tome). Amst. 1849, 1851.
N B. On a réuni sous la même reliure à ces deux volumes, la première livraison du volume trois, resté inachevé, et quelques planches inédites, qui étaient destinées au troisième volume.

22. Java, sa géographie, son ethnologie et son histoire, par P. J. Veth. 3 vol. Harlem, 1875, 1878, 1882.

23. Esquisses civiles et militaires de l'île de Java, par J. J. Stockdale. 2e éd. Londres, 1812 (En anglais).

24. Résidence de Kadou d'après les résultats du relevé statistique et d'autres documents officiels, travail de la section de statistique du secrétariat général. Batavia, 1871.

25. Partie occidentale de Bornéo, sa géographie, sa statistique, son histoire, précédé d'un aperçu général de l'île entière, par P. J. Veth. 2 vol. Zalt-Bommel, 1854, 1856.

26. Le Minahassa, son passé et son état actuel, par N. Graafland. 2 vol. (reliés ensemble). Rotterdam, 1867, 1869.

27. L'île de Banka et ses intérêts, par H. M. Lange. Avec cartes. Bois-le-Duc, 1850.

28. L'île de Timor, par P. J. Veth. Réimpression d'un article du *Gids*. Amst., 1855.

29. L'île de Bourou, son exploitation et les institutions alfoures, par T. J. Willer, avec adjonctions et explications par le Jonkheer J. P. Cornets de Groot van Kraayenburg. Amst., 1858.

30. Récit d'un voyage fait en 1828 à la côte et le long de la côte sud-ouest de la N. Guinée, par J. Modera. Harlem, 1830.

B. *Indes occidentales:*

31. Description de Surinam, aperçu historique, géographique et statistique, par le Jonkheer C. A. van Sypesteyn. La Haye, 1854.

32. Notes prises pendant mon séjour aux Indes occ. de 1837 à 1840, par G. van Lennep Coster. Amst., 1842.

33. Voyages dans les Indes occ. et dans une partie de l'Amérique du Nord et de celle du Sud, par G. B. Bosch, pasteur à Curaçao. 3 vol. Utrecht, 1829, 1836, 1843.

34. Six ans à Surinam. Esquisses et tableaux tirés de la vie scientifique et militaire dans cette colonie, par A. Kappler. 2 vol. (reliés ensemble). Utrecht, 1854.

35. Essai bibliographique et historique sur les livres et brochures hollandais qui concernent la Nouvelle-Néerlande et la Compagnie néerl. des Indes occ., par G. M. Asher. Amsterdam, 1854—1867. (En anglais).

10. Collection d'ouvrages sur la partie méridionale de Célèbes. — Le Dr. B. F. Matthes, à la Haye.

N B. Par leur contenu ces ouvrages rentrent dans plusieurs groupes et classes différents. On les a malgré cela maintenus réunis en collection, parce que tous ensemble ils sont le produit des voyages et du long séjour du Dr. Matthes dans le Midi de Célèbes et qu'ils forment presque une encyclopédie pour la connaissance de cette partie de nos possessions.

1. Compte-rendu succinct de mon séjour, en 1856, dans les contrées de l'intérieur de Célèbes où on parle bouginois; in-8°. (Communications de la Société biblique).
2. Compte-rendu succinct de deux expéditions à l'intérieur de Célèbes, faites en 1857 et 1861; in-8°. (Communications de la Soc. biblique).
3. Compte-rendu d'une excursion faite du 25 sept. au 22 déc. 1864 dans les districts orientaux de Célèbes; pet. in-8°. (Almanac intitulé *Célèbes*, 1865).
4. Quelques remarques sur et à l'occasion de la partie du manuel du Dr. J. J. Hollander pour l'étude de la géographie et de l'ethnologie des Indes or. néerl. qui traite du gouvernement de Célèbes et de ses dépendances, 1872, in-8°. (Revue de l'Inst. royal de Ph. de G. et d'Ethn.)
5. Données pour l'ethnologie du Midi de Célèbes. La Haye, 1875, in-8°.
6. Des Bîssous ou prêtres et prêtresses païens des Bouginois. Avec quatre planches, 1872, in-4° (Oeuvres de l'Acad. royale des Sciences, section de littérature).
7. Des Wajorais et de leur code de commerce et de navigation. Makasser, 1869, in-8°.
N.B. Le code est reproduit en bouginois, et est accompagné d'une traduction hollandaise et de notes.
8. Les Kontîkas (époques fastes et nifastes) de Makassar et des Bouginois. Avec 16 planches (Revue de Ph., de G. et d'Ethn. pour les Indes néerl.) 1869, in-8°.
9. Aperçu succinct de tous les manuscrits makassars et bouginois qui me sont connus en Europe. Amst., 1875, in-8°.
10. Continuation de l'aperçu succinct de tous les manuscrits makassars et bouginois qui me sont connus en Europe Amst., 1881, in-8°.
11. Grammaire makassare. Amsterd., 1856, in-8°.
12. Dictionnaire makassar-hollandais, avec une liste de mots hollandais-makassars, l'indication de noms de plantes en makassar et l'explication d'un atlas ethnographique, joint au dictionnaire pour en faciliter l'intelligence. Amst., 1859, in-8°. Atlas de 15 planches in folio.
13. Chrestomathie makassare. Morceaux originaux de prose et de poésie makassars, annotés et en partie traduits. Amst., 1860, in-8°.
14. Grammaire bouginoise. Amst., 1875, in-8°.
15. Dictionnaire bouginois-hollandais, avec une liste de mots hollandais-bouginois et l'explication d'un atlas ethnographique, joint au dictionnaire pour en faciliter l'intelligence. Amst., 1875, in-8°. Atlas de 22 planches in folio.
16. Chrestomathie bouginoise. Morceaux originaux de prose et de poésie bouginois, annoté et en partie traduits. 3 vol. Vol. 1er: Makasser, 1864. Vol. 2 et 3, Amst., 1872.
17. Poëme épique bouginois sur Dâeng Kalabou, dans lequel, entre autres faits, sont chantés la mort du fonctionnaire Baron T. Collot d'Escury et le triomphe des armes hollandaises. Avec traduction et notes. Makasser, 1858, in-8°.
18. Poëme épique bouginois sur la première campagne de Boni en 1859. Avec traduction et notes. Makasser, 1862, in-8°.
19. Essai de traduction du Coran en Makassar (*Revue* de l'Institut royal de Ph., de G. et d'Ethn.) 1862, in-8°.
20. Quelques legenda makassars et bouginois, 1864, in-8°.
21. Géographie makassare de Célèbes, 1876, in-8°.
22. Géographie makassare des Indes or. néerl., 1877, in-8°.
23. Géographie bouginoise des Indes or. néerl., 1880, in-8°.
24. Reproduction lithographique d'une dizaine de lettres makassares manuscrites.
25. Reproduction lithographique d'une dizaine de lettres bouginoises manuscrites.
26. Traductions en makassar et en bouginois de la Genèse, de Matthieu, de Marc, de Luc et de St. Jean, ainsi que des Actes des Apôtres, in-8°.

11. Description de l'île de Soumba, et quelques détails sur Endeh (Réimpressions tirées des mémoires de la Soc. de Batavia) par S. Roos. — S. Roos, résident de Timor, à Koupang.

12. Livres divers rentrant dans cette classe. — Van Kampen et Fils, éditeurs à Amsterdam.

1. Dictionnaire géographique et statistique des Indes néerl. (par Mme. J. C. W. van den Bergh van Eysinga et le Jonkheer H. van Alphen, Dr. en droit),

GROUPE I. Première Classe. 35

avec une préface du prof. P. J. Veth. 3 vol., 1869, in-8°.
2. Répertoire de la littérature coloniale par J. C. Hooykaas, livré à l'impression par le Dr. W. N. du Rieu, 2 vol. en 4 livr., 1874—1880.
3. L. E. Gerdessen, Détaché pour cinq ans. Esquisses indiennes. 1871.

13. Le Gids (guide) indien, revue mensuelle politique et littéraire. Directeur, C. E. van Kesteren; rédacteur pour la rubrique »littérature coloniale", le Dr. T. C. L. Wynmalen. Quatre années, 1879—1882, 8 volumes. Commencement de la cinquième année. — J. H. de Bussy, éditeur à Amsterdam.

14. La nature des tropiques et autres esquisses, par A. Russel Wallace. Traduit de l'anglais (en hollandais), Amsterdam, 1880.— J. H. de Bussy, éditeur à Amsterdam.

15. Morceaux remis au jour. Glanures par M. T. H. Perelaer, Rotterdam, 1882. — Le major Perelaer, à la Haye.
NB. Le titre de cet ouvrage signifie littéralement „De la vieille boîte. Glanures."

16. Notre Orient par J. G. Kuyper, avec 72 gravures sur bois et une carte. Utrecht, 1881. — P. B. Broese, maison J. G. Broese, éditeur à Utrecht.

17. L'île de Banka et sa structure extérieure, par L. Ullmann, 1e lieutenant d'infanterie. Beau manuscrit en deux volumes in-folio, orné de cartes, de plans et de dessins coloriés représentant des paysages, des hommes, des oiseaux et des plantes, offert par l'auteur au général de l'armée des Indes, le Jonkheer chevalier F. V. A. de Stuers, 1855. — A. L. de Sturler, à Leyde.

18. Collection de cartes marines des Indes néerl. imprimées depuis 1857 dans les Pays-Bas. — Ministère de la Marine.

1. Sumatra côte NO, de P°. Roussa à la baie de Pédir.
2. „ „ „ du mole d'Atchin à la rivière d'Atchin.
3. „ „ „ O de P°. Roussa à Analabou.
4. „ „ „ d'Analabou à Singkel.
5. „ „ „ Rade de Singkel.
6. „ „ „ de Singkel à P°. Ilir.
7. „ „ „ Baie de Tapanouli.
8. „ „ „ de P°. Ilir à Ayer Bangies
9. Sumatra côte O. d'Ayer Bangies à Padang.
10. „ „ „ de Priaman à Indrapoura.
11. „ „ „ détroit de Siberout.
12. „ „ „ rade de Padang.
13. „ „ S baie de Lampong, Telok Betong.
14. „ „ N de la baie de Pedir à la pointe de Diamant.
15. „ „ NE de la pointe de Diamant à Bounyabounya.
16. Mer de la Chine, partie sud, feuille occidentale.
17. Banka, l'île, et le détroit.
18. „ côte N, de Muntok à Touing.
19. „ „ NE, de Touing à Berikat.
20. Détroits de Gaspar.
21. Billiton, côte O., rade de Chérouchoup.

GROUPE I. Première Classe.

22. Détroit de la Sonde.
23. Mer de Java, feuille orientale.
24. Ile de Java, feuille occidentale.
25. „   „   „   feuille centrale.
26. Rade de Batavia.
27. Baie de Soumenap.
28. Petites îles de la Sonde, feuille O.
29. „   „   „   „   feuille E.
30. Iles et passages à l'est de Java, feuille O.
31. Iles et passages à l'est de Java, feuille 2.
32. Ancrages à l'orient de Java, feuille 1.
33. „   „   „   „   „   feuille 2.
34. Bornéo, côte E. Fleuve du Koutei.
35. Détroit de Mangkassar, feuille N.
36. Sermata et Tenimber ou îles Timor-laout.
37. Archipel des Moluques, feuille 1
38. „   „   „   feuille 2.
39. Localités et ancrages dans l'archipel des Moluques, feuille 1.

19. Trente cartes hydrographiques des Indes néerl. — Académie militaire royale, à Breda.

20. Carte générale des Indes or. néerl, dressée par le baron G. F. von Derfelen van Hinderstein. 1842. Huit feuilles. — Société de Géographie, à Amsterdam.

21. Cartes générales des Indes or. néerl. Prof. P. J. Veth.

1. Carte générale des Indes or. néerl. à l'échelle de 1.5000.000 par W. Beyerinck, J. M. Bruyn et J. F. W. A. Essers, cadets destinés au service des Indes or. Lithographiée à l'académie mil. royale par P. J. Ensinck 1847. Montée sur toile et rouleaux.
2. Carte terrestre et maritime générale des possessions néerlandaises d'outre-mer ainsi que du royaume des Pays-Bas en Europe, à l'échelle de 1.3000.000, dressée et dessinée sous direction compétente par A. J. Bogaerts, lithographe à l'acad. mil. royale à Breda, 1857. Sur toile.
3. Carte générale des Indes néerl. par S. H. Serné. 1879. Editée par C. L. Brinkman à Amsterdam. Echelle de 1 : 4000000. 4 feuilles.
4. Carte murale des Indes or. néerl. par P. R. Bos et R. R. Rykens. Echelle de 1 : 2000000. En douze feuilles, 1881. Montés sur toile et rouleaux.
Il est à regretter que cette bonne carte d'école exhibe encore à Bornéo le lac Kini Balou, qui n'a jamais existé que dans l'imagination des géographes.
5. Carte pour l'histoire naturelle d'Insulinde, avec le tracé des voyages de MM. Wallace et Allen (par C. J. Veth). 1870.
Cette carte appartient à l'ouvrage mentionné sous le N° 9, A. 17.

22. Carte scolaire des Indes néerl. Amsterdam, Seyffardt, 1872. — Société de Géographie, à Amsterdam.

23. Carte scolaire des Indes néerl., 1 : 2.250.000, par F. Allan. Neuf feuilles. Harlem, H. M. van Dorp. — Société de Géographie, à Amsterdam.

24. Atlas général des Indes néerl. par le baron P. Melvill van Carnbée et W. F. Versteeg. 2e éd., avec cartes corrigées. Gouda, G. Kolff, 1870. — Société de Géographie, à Amsterdam.

25. Atlas ya itou Kitab yang insinya Gambar-gambar dounia dan sekaliën tanah, yang mongarang toewan W. F. Versteeg (atlas contenant des cartes du monde et de différents pays), Leyde, G. Kolff, 1875. — Société de Géographie, à Amsterdam.

NB. Vingt cartes pour servir à l'enseignement aux Indes néerl. Les cartes 4—11 sont consacrées à notre empire des Indes.

GROUPE I. Première Classe. 37

26. Atlas des possessions néerl. aux Indes or. par le docteur J. Pynappel Gzn. Edition complètement remaniée. Amsterdam 1872. — Van Kampen et fils, éditeurs à Amsterdam.

27. Quelques atlas des Indes néerl. — Prof. P. J. Veth.

1. Atlas des possessions d'outre-mer de S. M. le Roi des Pays-Bas, par Js. van den Bosch, major général. La Haye et Amsterdam, 1818.
Cet atlas appartient à l'ouvrage mentionné sous le N° 9, A. 1.
2. Cartes et planches en portefeuille, appartenant à l'ouvrage de Junghuhn intitulé „les pays de Batta." Voy. N° 9, A. 20.
3. Atlas pour l'histoire naturelle et l'économie politique de la résidence de Bagelen, île de Java, par le Jonkheer J. F. W. v. d. W. von Schmidt auf Altenstadt. Leyde, 1874.

28. Cartes des Indes néerl. du docteur I. Dornseiffen. — Dr. I. Dornseiffen, à Amsterdam.

1. Carte des Indes or. néerl., à l'échelle de 1:1800000. Amst., Seyffardt, 1878.
2. Atlas des Pays-Bas et de leurs possessions, avec une explication du Dr. J. J. de Hollander. Amst., Seyffardt, 1882.
3. Carte d'Insulinde à l'échelle de 1:7000000. Amst., Seyffardt, 1882.

29. Carte topographique d'une partie de l'île de Java, à l'échelle de 1:100.000 (6,25 mètres sur 2,85), composée des cartes des résidences de Java et Madura achevées en 1883. Lithographiée dans l'établissement topographique du ministère de la guerre. — Etablissement topographique, Directeur C. A. Eckstein, à la Haye.

30. Cartes topographiques des résidences de Java. De chaque carte un exemplaire détaché. — Ministère de la Marine.

1. Krawang, 4 feuilles.
2. Cheribon, 6 feuilles.
3. Tegal, 2 feuilles.
4. Pekalongan, 1 feuille.
5. Banyoumas, 8 feuilles.
6. Bagelen, 4 feuilles.
7. Samarang, 6 feuilles.
8. Kedou, 2 feuilles.
9. Jokyokarta, 4 feuilles.
10. Sourakarta, 6 feuilles.
11. Yapara, 4 feuilles.
12. Rembang, 4 feuilles.
13. Madioun, 4 feuilles.
14. Kediri, 4 feuilles.

31. Cartes topographiques des résidences de Sourakarta, de Samarang, de Bagelen, de Pekalongan, de Kedou et de Banyoumas. — Acad. mil. royale, à Breda.

32. Carte d'étappes pour Java et Madoura, échelle 1:500.000, composée par le 1e lieutenant G. B. Hooyer sous la direction du lieut. colonel de l'état major général W. J. Havenga. 1878. — Ministère des Colonies.

33. Série de cartes de l'île de Java, composée de cartes de prises dans les collections de la bibliothèque de l'université à Leyde, de la Société de Géographie, du legs Reinwardt, appartenant à l'université de Leyde, et du Prof. P. J. Veth.

Co qui provient de la bibliothèque de Leyde est désigné par les lettres B. L.; ce qui provient de la Société de Géographie, par les lettres S. G.; du legs Reinwardt, par les lettres L. R.; du prof. Veth, par les lettres P. V.

A. Cartes représentant l'île entière de Java.

1. Insulae Javae cum parte insularum Borneo, Sumatrae et circumjacentium insularum novissima delineatio. Amsterdam P. Schenk en G. Valk CPz. (Coloriée). B. L.
Sans date, du commencement du XVIIIe siècle.

2. Insulae Javae pars occidentalis et pars orientalis, edente Hadriano Relando. Amsterdam chez Gerard van Keulen. (Coloriée) B. L.
Sans date; Reland est mort en 1718.

3. Nouvelle et très exacte carte de l'île de Java Major ou Grande Java, divisée en sept circonscriptions, par Fr. Valentyn. J. van Braam et G. onder de Linden excud^{nt}. Quatre feuilles. B. L.
Cette carte se trouve dans le vol. IV, Ire livr. de l'euvrage de Valentyn, *Les Indes orientales dans le passé et maintenant*. Dordrecht et Amst., 1726.

4. Carte de l'île de Java: partie occidentale, partie orientale. Dressée tout nouvellement sur les mémoires les plus exacts. (En français; coloriée). B. L.
Tirée de l'atlas de Gueudeville, 1726.

5. Nouvelle carte de l'île de Grande Java. Dessin colorié (d'environ 1750). S. G.

6. L'île de Grande Java. Dessin à la plume col. (environ 1755). S. G.

7. Nouvelle carte de l'isle de Java, dressée suivant les observations les plus récentes, faites par ordre de la Comp. Holl. des Indes orientales. J. V. Schley direx. (En français; col.) B. L.
Cette carte semble avoir été faite pour accompagner la *Description historique des Voyages*, Vol. XII (Amst., 1755). On la trouve aussi dans les *Vies des Gouverneurs généraux* de Dubois (la Haye, 1763) et dans *Batavia, capitale des Indes or. néerl., sa situation etc.*, Amst., 1782.

8. Carte de l'île de Grande Java. Samarang, 1787. Dessin à la plume col. S. G.

9. Nouvelle carte de l'île de Grande Java. Avec indication de ceux de qui dépendent les diverses contrées, par van Boekholt (dessin à la plume). B. L.

10. Carte de l'île de Grande Java. B. L.
Tirée du *Voyage à Samarang par Batavia* de J. S. Stavorinus (Leyde 1798). Elle a été placée aussi, avec texte anglais, dans le vol. III. des *Voyages de Stavorinus* de Wilcocke. Londres, 1798.

11. Plan de l'île de Java. (En français; dessin à la plume). B. L.

12. Plan de l'île de Java. Amsterdam J. F. Lange. (En français). B. L.

13. Carte de Java, tirée essentiellements d'études du terrain faites pendant l'administration anglaise, gravée par J. Walter. Londres, 1817. (En anglais). B. L.
Appartient à l'*Histoire de Java* de T. S. Raffles. Londres, 1817.

[13*a*. Carte de l'île de Java par T. S. Raffles. Bruxelles, 1832. Etablissement géographique. (Sur toile, col., avec étui). P. V.
Faite d'après la précédente, avec texte en français. — On trouve encore des cartes originales anglaises de Java dans les *Esquisses de Java* de Stockdale, Londres, 1812, et dans la *Conquête de Java* de Thorn, Londres, 1815.]

14. Carte de l'île de Java, gravée par C. van Baarsel et Fils. B. L.
Tirée de l'*Atlas des possessions d'outre-mer de S. M. le Roi des Pays-Bas* par Johs. van den Bosch. La Haye et Amst., 1818.

15. Esquisse de l'île de Java, divisée en résidences, gravée par Bayley et Huart. (En français). B. L.
Appartient aux *Mémoires sur la guerre de Java de 1825 à 1830*, par F. A. de Stuers. Leyde, 1833.

16. Carte de l'île de Java. Lith. de T. Lejeune. (En français). B. L.
Appartient au *Précis de la Campagne de Java en 1811*, par le duc de Saxe-Weimar. La Haye, 1834.

17. Java et Madoura, en 4 feuilles (format du papier à écrire). Lithographie sans signature et sans date. Probablement d'environ 1840. S. G.

18. Carte de l'île de Java tirée de données officielles, échelle 1:700000, en deux feuilles, par C. W. M. van de Velde, 1845. S. G.

19. Carte de l'île de Java, par le baron Melvill de Carnbée, 1847. (En français). P. V.
Tirée du *Moniteur des Indes*.

20. Carte de Java et Madoura, 1:1000000, par le Clercq, lith. par A. J. Bogaerts. Breda, 1850. 2 feuilles. S. G.

21. Carte de l'île de Java, dressée sur les observations et les relevés faits par le Dr. F. Junghuhn pendant son voyage d'exploration dans cette île. Echelle 1:350000,

Groupe I. Première Classe.

Lith. par A. J. Bogaerts, Breda, 1855 Quatre feuilles. B. L.
22. Carte de l'île de Java, échelle 1 : 1150000. Amsterdam chez Frans Buffa et Fils. 1855. B. L.
23. Carte nouvelle de Java et Madoura, servant aussi pour les étapes, à l'échelle de 1 : 717000, dressée par le capitaine du génie W. F. Versteeg. Batavia, 1861, 1862. P. V.
24. Carte de Java par S. H. Serné, 1866. Echelle 1 : 1600000. J. Smulders, la Haye, et C. L. Brinkman, Amsterdam. P. V.
25. Java, sa structure naturelle (1875) et Carte historique de Java (1878), collées sur une seule feuille. P. V.

Appartiennent à *Java, sa géographie, son ethnologie, son histoire.*
26. Carte itinéraire de l'île de Java par L. G. J. G. Schönermark. S. G.
27. Carte de l'île de Java. Amst., lith. (sans signature, ni date). S. G.
28. Cartes des résidences de Java (tirées de l'atlas des I. néerl. de Melvill van Carnbée et Versteeg) où sont indiquées les différentes cultures et autres entreprises. 24 cartes, avec légendes écrites à la main, faites par ordre du gouv. gén. baron Sloet van de Beele. S. G.
Don fait à la Soc. de Géographie par le gouv. gén. Sloet.

B. Cartes particielles de Java.
1. Gambar tanah Jawa sablah barat. Avec texte malais (Carte de l'île de Java, moitié occidentale). S. G.
2. Carte de la partie nord de la résidence de Bantam, dessinée. En 12 feuilles. B. L.
3. Speelwijk, le Diamant et Carganto, par L. Luson. Batavia, 1780. Dess. à la plume. B. L.
4. Carte de quelques royaumes de la Grande Java, formés de Yaccatra, Chianjour, Bandang etc. Dess. à la plume. S. G.
5. Dessin de la manière dont le Roi de Java Major a entrepris de se rendre maître de la ville de Batavia et siège du 25 août 1628 au 3 déc. F. van Berckenrode fec. Amst. B. L.
6. C'est ainsi que se montrent le Château et la Ville de Batavia située dans l'île de Java Major dans le royaume de Yaccatra. Amsteldam, 1652. B. L.
7. Batavia, Ville et Château, située dans le royaume de Yaccatra dans l'île de Java Major, à 6 degrés au sud de la Ligne équinoxiale (Dess.) Avec deux lithographies et une photographie.
8. Vraie représentation du château et de la ville de Batavia. Amst. Covens et Mortier, S. G.
9. Batavia, célèbre dans le monde entier, capitale, centre de négoce et de colonisation de la Comp. holl. des Indes or. etc. Neurenberg, 1733. (En allemand) B.L.
10. Plan de la ville et du château de Batavia. Amst. chez P. Conradi, Harlingen chez V. van der Plaats. 1780. B. L.
11. Plan de la rade et de la ville de Batavia sur la côte nord de l'île de Java. Londres, 1790. (En angl.) B. L.
12. Plan de la rade et de la ville de Batavia par G. van Keulen. Avec améliorations de H. Smedley. Grav. sur cuivre. Londres, 1794 (En angl.) S. G.
13. Plan des environs de Batavia et des opérations de l'armée anglaise. (En franç.) S. G.
Tiré du *Précis de la Campagne de Java*, 1811, par le duc de Saxe-Weimar.
14. Carte de Batavia, de Weltevreden, de Meester Cornelis et des environs. Echelle de 1 : 20000. Lithogr. inédite. Rare. P. V.
15. Carte représentant les maisons, les édifices publics, la citadelle etc. de Batavia. Corrigée et augmentée par I. de Rosa. La Haye. B. L.
16. Carte du district nord de la résidence de Batavia. Lith. de C. Matte, grav. par Ar. Rey. B. L.
17. Carte du chef-lieu Buitenzorg. S. G.
18. Carte de la montagne de Galounggoung et environs. Dess. col. L. R.
19. Cartes esquissées du Kavah Kiamis et du lac Telaga Bodas, par A. J. Bik. 1819. L. R.

N.B. Le prof. Reinwardt, accompagné de Bik en qualité de dessinateur est le seul, à ce que l'on sache, qui ait visité le Kawah Kiamis. Probablement l'esquisse de Bik est le seul dessin existant qui représente ce cratère.
A ces deux esquisses est jointe sur la même feuille une indication de la situation des montagnes de Sapoutan et de Sempou dans la résidence de Menado.

20. Ile de Java. Carte de la partie principale du théâtre de la guerre de 1825 à 1830, dressée par le Major de Stuers, exéc. en pierre (sic) par Bayley et Huart (En franç.)
Appartient aux *Mémoires sur la guerre de Java*, 1833.

Groupe 1. Première Classe.

21. Carte de la partie de Java qui a formé le théâtre de la guerre de 1825—1831, par H. M. Lange. Réduite à $6\frac{1}{4}$ H. Hana. Dess. col. P. V

22. Carte du théâtre de la guerre de 1825—1830 par H. M. Lange. Lithographiée par T. Ettling à Amsterdam d'après la précédente.
Tirée du *Mémorial de la guerre de Java*, par le Jonkheer chevalier de Stuers, traduit du français (en hollandais) par H. M. Lange. Amst. 1847.

23. Chilachab et environs. S. G.
24. Pourworejo et environs. S. G
25. Carte et plan de Samarang avec sa situation terrestre et maritime. Dess. à la plume. B. L.
26. Carte du chef-lieu Samarang et environs. S. G.
27. Salatiga et environs. S. G.
28. Willem I. et environs. S. G.
29. Carte de la résidence de Yapara. Ecriture renversée photographique. S. G.
30. Carte topographique de la résidence de Yapara, Batavia, 1870. Reproduction photographique, négatif. S. G.
31. Carte du chef-lieu Magelang et environs. S. G.
32. Carte du chef-lieu Jokyokarta et environs. S. G.
33. Carte de la résidence de Sourakarta. Dess. à la plume. S. G.
34. Sourakarta et environs. S. G.
35. Carte d'étapes militaires de la résidence de Sourakarta. Dess. à la plume de Flikkenschild. S. G.
36. Ngawi et environs. S. G.
37. Carte du chef-lieu Rembang et environs. S. G.
38. Carte du chef-lieu Kediri et environs. S. G.
39. Carte de la résidence de Sourabaya, 1832. Dess. à la pl. S. G.
40. Carte générale photographique de la résidence de Sourabaya. S. G.
41. Carte des villes et des faubourgs de Sourabaya. S. G.
42. Carte du chef-lieu Sourabaya, deux feuilles. S. G
43. Plan de la ville de Sourabaya par G. P. F. Cronenberg. Batavia, 1864. Lith. col. S. G.
44. Plan de Sourabaya et des fortifications projetées autour de cette ville. Dess. à la pl. col. S. G.
45. Projet pour l'établissement d'un bassin pour le dock flottant de Sourabaya. 1846. S. G.
46. Plan des édifices et travaux projetés pour le nouvel établissement maritime à Sourabaya. Dess. à la pl. de H. A. Tromp. S. G.
47. Carte du district de Banyou-wangi. L. R.
48. Carte de Batavia et environs en 12 feuilles. Photo-autographie. Bureau topographique de Batavia. S. G.
49. Carte de la résidence de Batavia en 216 feuilles. Photo-autographie. Bureau topographique de Batavia. 1879. S. G.
50. Carte du chef-lieu Buitenzorg et environs. Photo-autographie. Bureau topographique de Batavia. S. G.
51. Carte topographique de la résidence de Rembang. Reproduction photographique en douze morceaux. Sur toile. Batavia, 1875. S. G.
52. Carte topographique de la résidence de Kediri. Reprod. photog. en 12 morceaux. Sur toile. Batavia, 1876. S. G.
53. Carte de la résidence de Sourabaya en 180 feuilles. Photo-autographie. Bureau topographique de Batavia, 1879. S. G.
54. Carte du chef-lieu Sourabaya et environs. Photo-autographie. Bureau topographique de Batavia. S. G.
55. Carte photo-autographique de l'île de Baweyan. Batavia, bureau topographique. 1879. S. G.

C. Cartes hydrographiques des eaux qui environnent Java.

1. Carte (marine) de Java par Melvill van Carnbée. Amst., 1842. Cinq feuilles. S. G.
2. Carte de la mer de Java et des passes qui y aboutissent par A. Blommendal. La Haye, 1874. S. G.
3. Nouvelle carte (anglaise) montrant la route maritime de Batavia par le détroit de la Sonde, par J. W. Norie. Londres, 1815. B. L.
4. Carte de la voie maritime du détroit de la Sonde à la rade de Batavia, etc. 1833. S. G.
5. Carte du détroit de la Sonde avec une partie des côtes de Sumatra et de Java, par Jac. Swart. Amsterdam, 1838. B. L.
6. Détroit de la Sonde et côte occidentale de Java, carte publiée par J. Swart. Amsterdam, 1844. S. G.
7. Détroit de la Sonde et côte occidentale de Java, par Rietveld et Boom, 1844. S. G.
8. Carte du détroit de la Sonde et de

Groupe 1. Première Classe.

la partie S. O. de la mer de Java, par A. R. Blommendal. La Haye, 1874. S G.

9. Carte marine de la rade de Batavia. Dess. à la pl. col. S G.

10. Carte de la rade de Batavia avec les différentes passes etc., publiée par J. Swart. Amsterdam, 1841. S. G.

11. Plan de la baie de la passe conduisant à Batavia, s'étendant de l'Anthropophage à Tanjong Krawang, par F. W. Godt. Batavia. S. G.

12. Carte (marine) de la rade de Batavia, par Lucas. Amst. 1841. S. G.

13. Rade de Batavia, 1880. S. G.

14. Passes d'accès occidentales de Noussa-Kambangan. Dess. à in pl. S. G.

15. Plan de la passe d'accès orientale de Noussa-Kambangan. Dess. a la pl. S. G.

16. Carte hydrographique d'une partie de la côte nord de Grande Java, de Yapara à Zedayo, dessinée en couleurs d'après W. E. van Berkel, 1804, à l'école de marine de Samarang. S. G.

17. Carte marine de la côte de Java, de Batavia jusqu'à Rembang. Dess. à la pl. B. L.

18. Carte (anglaise) de la côte nord de Java, de Madoura à Samarang. Londres, 1818. Grav. sur cuivre. S. G.

19. Carte (anglaise) de la côte nord de Java, de Samarang à Batavia. Londres, 1818. Grav. sur cuivre. S. G.

20. Carte (marine) de la côte nord de Java, de Batavia à Samarang, par J. Swart. 1839. S. G.

21. Carte (marine) de la côte nord de Java, de Samarang à Sourabaya. Amst., 1839. S. G.

22. Carte (anglaise) de la côte nord de Java, de Samarang à Batavia. S G.

23. Carte d'une partie de la côte nord de l'île de Java, comprise entre la pointe de Crawang et la pointe de Bantam. Dess. à la pl col. S. G.

24. Carte marine de la partie centrale de Java, avec cartons, 2 feuilles. Grav. S. G.

25. Embouchure de la Kali Mas près de Sourabaya. S. G.

26. Carte du détroit de Sourabaya, d'après le relevé de 1804, par F. Loriaux. Dess. à la pl. S. G.

27. Carte de la route maritime de Sourabaya à Oujong Pangka. Relevé trigonométrique de 1843. Dess. à la pl. S G.

28. Passe orientale de Sourabaya. Lith. du bureau hydrogr. de Batavia, 1879. S. G.

29. Carte hydrographique du détroit de Madoura. S. G.

30. Carte marine des détroits de Madoura et de Bali, 1837. S. G.

31. Carte de la baie de Sumanap et d'une partie des îles adjacentes, par Fokke, 1882. Dess. à la pl. S. G.

32. Baie de Soumenap et route maritime de Kalian, par J. Langenberg. La Haye, 1877. S. G.

33. Carte du détroit de Madura, avec les bouches de la Brantas et du Solo. S. G.

34. Détroit de Madura. Quatre dessins à la plume. S. G.

35. Carte des détroits de Madura et de Bali, par J. Swart. Amst. 1837. Grav. S. G.

36. Iles Karimon Jawa. Dess. à la pl. S. G.

37. Carte esquissée des îles situées au S. E. de Kangeang, 1844. Dess. à la pl. S. G.

38. Carte des îles Kangeang du S. E, par J. Schröder. Dess. à la pl. S. G.

39. Esquisse de la baie de Katappan, située à l'angle N. O. de l'île de Kangeang, par A. Bartels, 1830. Dess. à la pl. S. G.

40. Carte esquissée de la baie de Katappan, dans l'île de Grand Kangeang, au nord de Bali. Dess. à la pl. S. G.

41. Carte des passes de Sumatra, de l'Occident de Java et du Midi Malaka. Dess. à la pl. sur parchemin. A Amst. chez Isaac de Graaf, 1710. 0,97 m. sur 0,77. S. G.

42. Carte des passes de la mer de la Sonde. B. L.

43. Carte des passes des rades de Bantam et de Batavia. Dess. à la pl. sur parchemin avec le monogramme de la Comp des Indes orientales. S. G.

44. Carte dessinée des passes de la rade de Batavia. B. L.

34. Carte de Grand-Atchin au 1:10000, avec cartons spéciaux de la première expédition. — Cap. W. Hingman, à Kampen.

35. Collection de cartes de l'île de Sumatra. — Prof. P. J. Veth, à Leyde.

1. Carte (française) de l'île de Sumatra, d'après Sir Tomas Stamford Raffles,

GROUPE I. Première Classe.

Etablissement géographique de Bruxelles, fondé par Ph. Vandermaelen, en 1830. Coloriée (avec étui).

2. Carte (allemande) de l'île de Sumatra de H. Berghaus. Gotha, 1837.
Appartenant à l'*Atlas de l'Asie* de Berghaus.

3. Carte (française) de l'île de Sumatra par le baron P. Melvill de Carnbée, 1848. Tirée du *Moniteur des Indes*.

4. Sumatra à l'échelle de 1 : 1450000. Dressée d'après les données les plus récentes, sous la direction du Dr. J. Dornseiffen. Amst. 1877.
Quatre feuilles collées ensemble sur toile et montées sur rouleaux.

5. Carte de la côte ouest de Sumatra dressée par le lieutenant de vaisseau A. C. J. Eveling par ordre du vice-amiral J. F. D. Bouricius. Batavia, 1857. Deux parties. 1re partie, d'Atchin à Padang; 2e partie, de Padang au Vlakke Hoek.

6. Carte du théâtre de la guerre dans l'empire d'Atjeh ou Atchin, près de la capitale, avec une petite carte générale de Sumatra et une esquisse du bivouac sur la plage, 1re expédition.

7. Carte esquissée du théâtre de la guerre dans l'empire d'Atchin, dressée sur les données fournies par la brigade topographique incorporée à l'armée expéditionnaire sous les ordres du lieut.-général J. van Swieten.

8. Carte du théâtre de la guerre à Grand-Atchin, dessinée en conformité des prescriptions du bureau topogr. de Batavia, d'après les données obtenues pendant la seconde expédition contre cet empire en 1873, 1874. Echelle 1 : 15000. Broese, Breda. En deux feuilles.

9. Carte de la partie de Grand-Atchin occupée en oct. 1876 par les troupes néerlandaises. Echelle 1 : 40000. Etablissement topogr. de la Haye.

10. Carte du Kraton (d'Atchin) et des environs, à l'échelle de 1 : 4000, dressée d'après une copie, faite au bureau topogr. de Batavia, de la carte des études directes du terrain au 1 : 2000. Etabl. topogr. de la Haye.

11. Rade d'Atchin et îles environnantes, 1873. Echelle 1 : 200000. Dessinée sur toile à calquer par le lieutenant de vaisseau W. J. Struick.

12. Rade d'Atchin au 1 : 100000, dessinée sur toile à calquer par le lieut. de v. W. J. Struick.

13. Carte du gouvernement de la Côte occidentale de Sumatra, relevée et dressée de 1843 à 1847 par L. W. Beyerinck. Réduite au 1 ; 500000 Deux feuilles. Lith. par A. J. Bogaerts à Breda. 1852.

14. Carte de la partie centrale de Sumatra (par P. J. Veth). Lith. T. Ettling, Amst. (col.).
Appartenant à l'ouvrage intitulé *Etablissement et progrès des Néerlandais sur la côte ouest de Sumatra*, par le gén. de Stuers. Amst., 1849.

15. Carte des districts de Lampong, dessinée par B. Vitzthum von Eckstaedt, fusilier. A l'échelle de 1 : 200000. (Dess. en couleurs et color. sur toile)

36. Carte (française) de l'archipel de Riouw, Singapore et Linga. — Soc. de Géographie, à Amsterdam.

37. Quelques cartes de l'île de Bornéo. — Prof. P. J. Veth, à Leyde.

1. Carte de l'île de Bornéo par Melvill van Carnbée, 1848 (Col).
Tirée du *Moniteur des Indes*.

2. Carte esquissée d'une partie de la rivière de Kapouas à Bornéo, de Pontianak à Sintang. Relevée sous vapeur par le steamer de S M, le *Bornéo* en mars et avril 1854. Echelle 1 : 50000. (Longue d'environ 5 mètres, large de 1,36). Dessinée.

3. Carte figurative d'une partie de la résidence du District occidental de Bornéo, d'après le relevé de von Kessel et Ullmann. Echelle 1 : 350000. Dessinée.

4 Carte de l'ancien empire de Banjermasin, Tanah Laut, Bekompai, Mengkatip, Siang et Patai, Petit Dajak et Dousoun, dressée par ordre du lieut.-colonel G. M. Verspyck, à l'échelle de 1 : 400000, par le cap. Ch. de Roy van Zuydewyn, fonctionnant comme chef de l'état major de l'expédition, et par S. W. von dem Borne, sergent major, chargé des relevés pour l'expédition. En quatre feuilles. 1862.

38. Carte du Minahassa, dressée par S. C. J. W. van Musschenbroek, Dr. en droit, sur les mesures et les relevés faits en 1851—1852 par MM.

Groupe I. Première Classe. 43

S. H. et G. A. de Lange et d'après les mesures et relevés faits par lui-même. Echelle 1:100000 Lith. à l'établ. topogr. de la Haye, 1878. En quatre feuilles. — Ministère des Colonies.

39. Inilah patah tanah Minahassa, tertulis oleh N. Graafland (Carte du Minahassa par N. Graafland). Deux feuilles collées ensemble. Rotterdam, Wijt et Fils. — Prof. P. J. Veth.

40. Inilah péta tanah Minahassa, tertulis oleh N. Graafland (Carte du Minahassa). En 8 feuilles coloriées, P. W. M. Trap, Leyde. — N. Graafland, à Tanawangko.

41. Carte de Boni, relevée par ordre du lieut. gén. J. van Swieten, pendant la seconde expédition de Boni, par le Cap. F. G. Steck et les sous-officiers Panten, von Below et Brendli. Echelle 1:100000. Bureau topogr. de Batavia. Quatre feuilles. — Prof. P. J. Veth.

42. Carte (française) des îles Moluques par le Baron P. Melvill de Carnbée. 1847. — Prof. P. J. Veth.

Tirée du *Moniteur des Indes*.

43. Carte générale terrestre et maritime du district (assistent-residentie) de Banda, par A. Guyot (1873) Deux feuilles. J. Smulders et Cie la Haye.— Prof. P. J. Veth.

44. Quelques vieilles cartes dessinées des Moluques. — Bibliothèque de l'Université de Leyde.

1. Carte dessinée de l'île de Ternate.
2. Carte dessinée de la petite ville de Tabulolo dans l'île de Macque Jan (Makyan).
3. Carte dessinée de la petite ville de Tofasoha dans l'île de Macque Jan (Makyan).

45. Carte (espagnole) hydrographyque et chorographique des îles Philippines, dédiée au Roi, notre maître. Manille. 1734. — Bibliothèque de l'Université de Leyde.

46. Carte (allemande) réduite des Philippines et des îles de la Sonde de H. Berghaus. Gotha. 1832. — Prof. P. J. Veth.

Tirée de *l'Atlas de l'Asie* de Berghaus.

47. Carte de la Colonie de Surinam ainsi que des rivières et des districts qui en dépendent, par J. C. Heneman. Amsterdam, 1784. Huit feuilles. — Bibliothèque de l'Université de Leyde.

48. Carte de Surinam, d'après les mesurages faits dans les années 1860—1879 par J. F. A. Cateau van Rosevelt et J. F. A. E. van Lansberge. Echelle 1:200000. En dix feuilles. — Ministère des Colonies.

49. Carte de Surinam, sur satin. — G. Heshuysen, Dr. en droit, à Harlem.

50. Carte de la rivière de Surinam, au 1:150000, avec la description etc., par le Cap. Zimmermann. Editée par la Soc. de Géogr. — Cap. G.

P. H. Zimmermann, à Leeuwarde.

51. Collection de cartes des Indes néerl. orientales et occidentales, insérées dans la Revue de la Soc. de Géogr. — Société de Géographie, à Amsterdam.

A. Indes orientales.

1. Carte du lac de Toba et de la contrée de Silindoung d'après les missionnaires de la Société rhénane.
2. Carte d'une partie du centre de Sumatra, par J. L. Cluysenaer.
3. Carte esquissée de Padang avec la rade et de la baie du Brandewyn, par le même.
4. Carte d'une partie du centre de Sumatra par W. F. Versteeg.
Cette carte donne la contrée parcourue par l'expédition d'après des données antérieures à l'expédition.
5. Carte d'une partie de la côte orientale de Sumatra.
6. Carte des principles routes de la partie méridionale de la résidence de Palembang, par D. D. Veth.
7. Plan de Palembang.
8. Carte du district de Boumi Agoung dans les districts de Lampong, d'après Vitzthum von Eckstaedt.
9. Monts Diëng à Java.
10. Carte générale des bois jati dans la résidence de Palembang.
11. Carte géologique du Midi de Bornéo, par van Gaffron, 1843—1848.
12. Carte de la côte orientale de Bornéo, depuis la rivière de Kouran ou de Berou jusqu'à Mangka liat, par J. Schouw Santvoort.
13. Carte du golfe de Tomini ou de Gorontalo et des contrées qui l'entourent, par S. C. J. W. van Musschenbroek, Dr. en droit. 1878.
14. Carte de Bangkala et de Laïkang (à Célèbes), par J. C. van Hasselt.
15. L'île de Florès, par J. G. Veth.
16. Iles de Kei ou d'Evar, par D. D. Veth.
17. Carte de la baie de Telouti à Ceram, par C H. B. von Rosenberg.
18. La N. Guinée et les pays voisins, par P. Swaan.
19. Esquisse d'une carte de la région des côtes située entre les rivières de Batou Chinagat et de Sesayab, sur la côte orientale de Bornéo, par J. F. M. Lange.

B. Indes occidentales.

20. Esquisse d'une carte de la colonie de Surinam, par W. L. Loth.
21. Carte d'une partie de la colonie de Surinam, avec indication des concessions de terrain octroyées pour l'extraction de l'or.
22. Carte de l'île de St. Eustache, d'après le relevé de A. H. Bisschop Grevelink.
23. Ile de Curaçao, avec carton de la baie de Ste Anne, par J. Kuyper.
24. Carte de l'île de St Martin, par le Dr I. Dornseiffen.
25. (En portugais) Port de Fernambouc et Ville du Récif d'après les mesures primitives faites au XVIIe siècle.
Reproduction partielle d'une carte brésilienne de la ville de Fernambouc, sur laquelle l'ingénieur français E. Béringer a marqué en rouge l'état dans lequel était la ville lorsqu'elle se trouvait au pouvoir des Néerlandais.

52. Collection de cartes relatives à l'expedition dans le Centre de Sumatra, 1877—1879. — Société de Géographie.

A. Cartes provisoires, insérées dans le premier vol. des suppléments à la Revue de la Société.

1. Carte de la contrée parcourue par l'expédition, d'après une exploration préabable de J. Schouw Santvoort.
2. Esquisse d'une carte du Centre de Sumatra, appartenant au compte-rendu du voyage fait à travers Sumatra, de Padang à Palembang, par J. Schouw Santvoort.
3. Lacs du Batang-Hari près de Dousoun Tingah, par J. Schouw Santvoort.
4. Carte d'une partie du royaume de Jambi, par J. Schouw Santvoort.
5. Carte d'une partie de la rivière de Jambi et de ses affluents, par C. H. Cornelissen.
6. Delta de la rivière de Jambi, par C. H. Cornelissen.
7. Esquisses des établissements néerlandais à Jambi, Mouara Kompeh et Saba, par J. Schouw Santvoort et C. H. Cornelissen.

GROUPE I. Première Classe. 45

Panoramas.

8. Panoramas vus de Boukit Soula, de Boukid Said, de Pounchak Penjariengan et d'une colline près de Datar, par A. L. van Hasselt.
9. Le Gounoung Toujou dans la vallée de Korinchi, vu depuis le sommet du pic de Korinchi, par A. L. van Hasselt.
10. Patah Sembilan et le Pic de Korinchi vus de Bedar Alam, par Joh. F. Snelleman.

B. *Cartes définitives, publiées avec le récit du voyage de l'expédition de Sumatra et avec l'atlas qui accompagne la description géographique, le tout fait par D. D. Veth.*

1. Carte de la partie centrale de Sumatra. Avec indication de tous les chemins par terre ou par eau suivis par les membres de l'expédition.
2. Partie centrale de Sumatra d'après les données fournies par l'expédition, échelle 1 : 500000, 4 feuilles collées ensemble.
3. Partie sud de la résidence du Haut-pays de Padang. Echelle 1 : 250000.
4. Petites esquisses de cartes géologiques et dessins de montagnes.
5. Profils en longueur de routes existantes et de routes projetées.
6. Bouches du Batang Hari. Trois feuilles collées ensemble.
7. Le Batang Hari de Mouara Kompeh jusqu'à Simalidou. Cinq feuilles détachées.
8. Le Tembesi depuis son embouchure jusqu'à Doasoun Ladang panjang.

53. Esquise d'un carte de la côte occidentale d'Atchin, échelle 1 : 500000.

54. Relief des districts de Lorok et de Pangoul, division de Pachitan, résidence de Madioun, à l'échelle de 1 : 20000. — O. H. A. A. von Selow, arpenteur du gouvernement, à Ngawi, résid. de Madioun.

NB. On offre de vendre ce relief pour fl. 5000.

Deuxième Classe.

MÉTÉOROLOGIE ET MAGNÉTISME TERRESTRE: LIVRES, TABLAUX ET REPRÉSENTATIONS GRAPHIQUES.

Toutes les colonies néerlandaises se trouvent entre les tropiques. L'extrémité nord de Célèbes est à 1° 30′ de lat. N., et l'extrémité sud de Timor à 10° 30′ de lat. S.; Curaçao est à 12° 10′ de lat. N. et notre ancienne colonie de la côte de Guinée était presque sous l'équateur.

La soleil y exerce par conséquent la même influence pendant l'année presque tout entière. La plus grande différence dans la longueur des jours est à peine d'une heure, et à midi le soleil atteint partout au moins soixante degrés de hauteur, c'est-à-dire qu'il frappe presque verticalement, excepté aux limites extrêmes de la région et pendant les saisons extrêmes.

Son action directe est donc presque constamment la même; mais elle est modifiée indirectement par les nuages qu'amènent les moussons et par les pluies.

La proximité de la mer tend aussi à uniformiser le climat, tandis que, d'un autre côté, les systèmes montagneux des Indes orientales y introduisent des variations. L'air attiré, tantôt vers l'Asie, tantôt d'Asie vers le Grand océan, est forcé, pour franchir l'obstacle que les montagnes lui opposent, de s'élever le long des pentes, ce qu'il fait en se déchargeant, surtout quand le mouvement se porte vers l'Asie, d'immenses quantités de pluie, qui tombe sur le revers des monts exposé au vent. Il est vrai que ces chutes d'eau ne sont pas comparables aux incroyables torrents qui tombent du ciel dans certaines parties des Indes britanniques; mais elles n'en sont pas moins si considérables qu'il y a des mois, surtout à Sumatra, où l'on peut recueillir trois ou quatre fois autant d'eau que dans les autres mois, tandis que dans notre patrie août ne donne que deux fois autant d'eau qu'avril. A Batavia, quoique le nombre des jours de pluie soit pendant la mousson humide plus du triple de ce qu'il est pendant la mousson sèche, la quantité d'eau tombée est à peine le double.

Les lignes onduleuses exposées dans cette classe permettent de s'assurer d'un coup d'oeil que la température varie fort peu d'un bout de l'année à l'autre, de sorte qu'à Buitenzorg, dans l'île de Java, le jour le plus chaud constaté pendant une période de sept ans n'a accusé que peu de degrés de plus que le jour le plus froid. Les Annales néerlandaises de 1848 à 1854, qui donnent les températures observées journellement à 6, 9, 3 et 10 heures, ne donnent pour Buitenzorg aucune cote inférieure à 21° et n'arrivent que deux fois à celle de 30°. Les variations pour une même heure d'un jour à l'autre, et pour un même mois d'une année à l'autre, dépassent très rarement un degré. A Palembang la température relevée à 3 heures n'est pas descendue en six ans au dessous de 24° et n'est pas montée au dessus de 33°, différence qui se produit journellement entre 9 et 3 heures.

A Padang l'uniformité semble être plus grande encore; la température moyenne y est d'un degré plus bas. A Banyouwangi l'uniformité est très grande aussi, mais avec un degré en plus.

A Amboine la température de 3 heures ne descent pas au dessous de 24° (je n'y trouve qu'une seule fois en quatre ans la cote de 23°), et si jamais elle dépasse 31°, c'est, très rarement, pour atteindre à peine 32°. A Banyouwangi, où les oscillations sont un peu plus régulières dans le cours de l'année, les cotes de 3 heures se trouvent entre 22° 5 et 32° 4, et la plus basse température de 6 heures du matin, 17° 5, n'a été constatée qu'une seule fois. A St. George d'Elmina les températures extrêmes de 2 heures de l'après midi sont encore renfermées entre ces limites. Il en est de même à Paramaribo pour l'heure d'observation du milieu du jour.

A Decima dans le Japon les différences de température d'une même heure sont déjà plus grandes dans un seul mois qu'aux Indes en plusieurs années, et pourtant les variations y sont bien moins considérables que dans notre pays. Entre la température moyenne du mois le plus froid et celle du mois le plus chaud il y a chez nous près de vingt degrés de différence; aux Indes orientales il n'y a pas de mois qui soit en moyenne de deux degrés plus froid qu'un autre; les mois de même nom diffèrent naturellement moins encore d'une année à l'autre.

Les tableaux des Annales néerlandaises font voir cela d'un seul coup d'œil. En outre on y trouve l'indication des menus détails.

On pourrait nous objecter que la variation diurne est dans ces contrées plus grande qu'ailleurs. Mais elle reste à peu près la même d'un jour à l'autre. Les différences moyennes entre 6 heures du matin et 3 heures du soir sont à Palembang et à Banjermasin de 6°, à Padang, à Banyouwangi et à Amboine, entre 5° et 6°, à Batavia, un peu moins encore. Chez nous, elles sont moindres de novembre à mars, et dans les autres mois, de un à deux degrés plus grandes; mais elles sont, comme nous l'avons déjà remarqué, très irrégulières, de sorte que la température du milieu du jour peut à un jour donné est plus basse que la température du matin d'un autre jour du même mois.

Partout ailleurs qu'aux Indes les courants d'air causent de très grandes variations de température, pouvant arriver de contrées beaucoup plus chaudes ou beaucoup plus froides que celle où se trouve l'observateur; mais aux Indes les vents parcourent pendant des centaines de milles des régions de températures semblables et régulières, de sorte qu'ils arrivent eux-mêmes avec une température à peu près uniforme. En outre, la direction des vents est beaucoup plus constante qu'ailleurs dans le courant d'un même mois. Si l'on excepte les mois où les moussons se renversent, chaque mois a sa direction fixe, tandis que chez nous on trouve, d'une année à l'autre, des mois correspondants dans lesquels les observations de la direction des vents donnent des résultats diamétralement opposés.

Les variations dans le courant du jour sont plus grandes et surtant plus régulières. A Batavia on a le matin le vent de mer; de 9 heures à midi, le vent tourne de 20° plus près du nord, pour revenir le soir à 8 heures de 45° en arrière et se trouver plus au sud qui l'ouest.

Naturellement ce phénomène se présente sous des aspects différents suivant les mois et les localités; mais le caractère général en reste constant.

Même les orages ont leurs heures fixes beaucoup plus que chez nous. Aux Indes occidentales on se demande l'un à l'autre: Irons-nous demain nous promener ensemble avant ou après l'orage?

A Padang l'époque des orages est moins régulière. C'est en mars et avril qu'ils sont le plus fréquents. A Palembang ils sont fréquents aussi dans ces deux mois, mais plus encore d'octobre à décembre, et alors c'est d'ordinaire entre 2 et 6 heures qu'ils éclatent. Il en est de même à Banyouwangi. A Banjermasin c'est presque toujours entre 2 et 4 heures et le plus dans les mois de novembre, de décembre et de mai.

Si on excepte St. George d'Elmina, où l'air peut être remarquablement sec, l'humidité et la pression atmosphérique sont partout assez grandes, mais aussi égales. Aussi les impressions que l'on éprouve ne font-elles pour ainsi dire point constater de variations. Naturellement on sent beaucoup moins encore les oscillations du baromètre. Tandis qu'à Decima le baromètre est en janvier jusqu'à 11 millimètres plus haut qu'en septembre, Padang, Buitenzorg, St. George d'Elmina, n'ont qu'un millimètre de différence d'un mois à l'autre; Paramaribo a une bagatelle de plus. En revanche tous les postes d'observation donnent de beaucoup plus grandes oscillations dans le courant du jour; c'est une moyenne d'environ 1 mm. contre $2/10$ ou $3/10$ chez nous; mais les oscillations sont très régulières.

Pour Buitenzorg je ne trouve en treize ans aucune cote barométrique inférieure à 0,732 m. et une seule de 0,742. Les oscillations dans un moment donné atteignent rarement une amplitude de deux millimètres.

Ces circonstances font que nos colonies nous fournissent les meilleurs moyens de découvrir les lois générales qui régissent les changements de temps, car il s'y trouve moins qu'ailleurs de causes de perturbations, et ces causes y sont moins énergiques et moins capricieuses qu'ailleurs.

Von Humboldt le savait bien. On avait déjà mis en train et poursuivi mainte série d'observations en Europe, qu'il n'en persistait pas moins à désigner les Indes comme devant permettre de déterminer les lois plus vite et mieux.

Du moment que l'on a reconnu qu'il avait raison, on n'a plus pu se contenter des remarques, des observations, des informations concernant les phénomènes météorologiques dans nos possessions qui nous parvenaient de temps en temps éparses dans les articles qui se publiaient. Il y avait lieu d'être fort reconnaissant envers ceux qui se livraient de leur propre mouvement à des observations de ce genre, mais ce qu'ils faisaient ne pouvait suffire; il fallait créer une entreprise d'observation systématique.

Dave, l'initiateur de la seconde période de la météorologie, était pénétré de cette nécessité. Ce fut son ami W. Wenckebach qui pour notre pays jeta les bases de la météorologie des Pays-Bas et de celle des colonies. Plus que tout autre il appuya énergiquement auprès du gouvernement la demande du gouvernement anglais, qui désirait que l'on fît faire officiellement des observations sur un grand nombre de points des Indes orientales néerlandaises. L'Institut royal néerlandais des sciences recommanda son projet an gouvernement et c'est à la suite de ces démarches que les officiers de santé furent chargés de faire des observations dans les endroits où ils étaient établis. Ils durent envoyer de mois en mois des tableaux d'observations faites quatre fois par jour sur le thermomètre, le baromètre, la direction du vent, le degré d'humidité et la quantité de pluie tombée; en outre ils devaient, le 21 de chaque mois, observer la température d'heure en heure.

Et, en effet, pendant bien des années de nombreux tableaux furent remplis, et on les confia à l'Institut royal néerl. de météorologie lorsqu'il fut fondé. Mais, comme on n'accordait aucun salaire aux observateurs et que l'on s'adressait pour donner les cotes à des médecins qui avaient des devoirs plus urgents et qui ne pouvaient pas même s'astreindre à être toujours sur les lieux au moment où devaient se faire les observations, nombre d'abus et d'inexactitudes s'établirent naturellement peu à peu, de sorte que ce n'est qu'exceptionnellement que l'on aurait pu se servir des séries fournies et, en effet, que l'on s'en est servi.

On avait fait une faute en exigeant sans rémunération un aussi grand nombres d'observations, que l'on ne pouvait pas compléter au moyen de thermomètres à maxima et minima, instruments alors très imparfaits encore. C'est pour cela que nous ne pouvons indiquer la marche des phénomènes météorologiques que pour un petit nombre de localités.

On a d'excellentes observations pour Buitenzorg, faites de 1841—1854 par MM. les Drs. Onnen, Rooseboom et Swaving.

Le Dr. Krecke a enregistré, et calculé pour en déduire la climatologie, les observations qu'il a jugées dignes de confiance et qui avaient été poursuivies pendant un nombre d'années suffisant pour mainte localité de ces contrées.

Cependant l'Angleterre inaugurait le système des observations faites sur une plus grande échelle, dans des endroits distants les uns des autres, par des observateurs dûment salariés. Le général Sir Edw. Sabine fit faire des observations d'heure en heure à Toronto, à Kew, à Ste Hélène, au Cap de Bonne Espérance et à Hobarton. Elles ont duré cinq ans et les résultats en ont été publiés. Elles ne se bornèrent pas aux indications du baromètre, du thermomètre, du psychromètre, de l'anémomètre, mais on les étendit aux phénomènes magnétiques, que l'on se mit à relever avec soin. Al. von Humbold, frappé de l'importance de la chose, écrivit à S. E. le gouv. gén. des Indes néerl. pour la lui signaler et pour lui recommander de faire faire des observations régulières.

Cette lettre m'ayant été confiée m'a amené en octobre 1857 à proposer à S. E. le ministre des colonies de nommer le Dr. Bergsma directeur des observations aux Indes orientales, et de le charger d'y réunir des observations faites dans plusieurs endroits et de fonder et d'administrer à Batavia même un observatoire central, le tout suivant la méthode du général Sabine. Il y avait lieu d'espérer que, comme ailleurs, cette organisation pourrait se faire aux Indes sans frais énormes.

Le but principal que l'on se proposait, l'installation de postes d'observations, ne fut atteint que dans une très faible mesure; il fallut se contenter d'organiser les observations sur la pluie, point, du reste, fort important. En revanche, l'observatoire central de Batavia est admirablement établi; cela est dû à la persévérance du Dr. Bergsma, qui ne s'est pas laissé décourager par les difficultés que la grandeur des dépenses à faire lui ont longtemps opposées. L'observatoire, riche en instruments de tout genre, ne craint aucune comparaison, et l'activité, l'attention consciencieuse et l'exactitude avec lesquelles les observations se font malgré toutes les difficultés, sont admirables. Aussi trouve-t-on une richesse de renseignements fort appréciée par tous les météorologues dans les cinq volumes intitulés (en anglais) *Observations faites à l'observatoire magnétique et météorologique de Batavia*. Ils renferment très en détail et très exacte la série le plus longtemps prolongée que l'on ait, de 1866 à 1881, et l'on peut fort complètement avec ce secours se rendre compte des phénomènes météorologiques à Batavia, ainsi que des mouvements de l'aiguille magnétique. Aussi a-t-on déjà pu partir de là pour se livrer à d'importants calculs.

Pendant longtemps nous n'avons eu pour nous renseigner sur les éléments magnétiques de tout l'archipel que l'ouvrage du Cap. Elliot, offert en 1851 par le général Sabine aux *Transactions philosophiques*; mais on n'a rien su d'exact sur les variations jusqu'à ce que le Dr. E. van Ryckevorsel eût fait en 1874—1879 ses déterminations magnétiques et que l'Académie royale des sciences les eût publiées. Cet ouvrage donne en chiffres exacts, et aussi sous forme de courbes, l'inclinaison, l'intensité horizontale et la déclinaison pour notre archipel, où la détermination des éléments a une si haute utilité.

Outre ces ouvrages capitaux pour la connaissance des phénomènes magnétiques dans les Indes or. néerlandaises, nous offrons les recherches faites par l'Institut royal néerl. de météor. sur les données fournies par les observations poursuivies en plusieurs lieux; nous offrons aussi les observations de Paramaribo, de St. George d'Elmina, de Decima, réunies ces derniers temps, sans énumérer d'autres écrits et études de moindre dimension qui ont paru dans diverses revues et qui ont été utilisés lorsque l'occasion s'en présentait. On en trouve une indication assez complète dans le petit ouvrage de H. Zollinger sur Java, intitulé (en allemand) *Des orages et autres phénomènes météorologiques analogues dans l'archipel indien.*

D'autres publications de l'Institut, offertes par nous, se rapportent moins exclusivement à Batavia ou à d'autres localités spéciales de l'archipel indien. Nous n'avons cependant pas cru devoir les mettre de côté, parce qu'on y trouvera des communications remarquables sur ce qui se passe au dessus des mers environnantes et sur les meilleures routes à tenir à travers ces mers, soit entre les Pays-Bas et Java, soit entre Java, l'Australie et la Chine.

BUYS BALLOT.

---

1. Ouvrages de météorologie et de magnétisme terrestre relatifs aux colonies néerlandaises. — **Institut royal de Météorologie**, à Utrecht.

1. Collection d'observations météorologiques faites à Buitenzorg, Banyouwangi, Padang, Palembang, Banjermasin, Amboine, Decima, St. George d'Elmina et Paramaribo. Tirée des *Annales météor. néerl.* de 1854—1880 et réunie en un volume.

NB. On trouve dans ce volume:
Les observations faites à Buitenzorg de juillet 1848 à déc. 1850, à Banyouwangi de janv. 1850 à déc. 1857, à Padang de janv. 1850 à avr. 1853, à Palembang d'oct. 1850 à déc. 1856, à Banjermasin de janv. 1850 à déc. 1858, à Amboine de janv. 1850 à déc. 1854, à Decima d'oct. 1848 à déc. 1855, à St. George d'Elmina de déc. 1859 à nov. 1862, et à Paramaribo de 1851 à 1854 et de 1868 à 1880.

2. H. Zollinger, à Java, Des orages et autres phénomènes météorologiques analogues dans l'archipel indien. Zurich, 1858 (En allemand).

3. C. M. Elliot, cap. du génie de Madras, Exploration magnétique de l'archipel oriental, 1851 (en anglais), communiqué aux *Transactions philosophiques* par le lieut col. Sabine, 1851.

2 Ouvrages sur les vents, les pluies, les voyages sur l'océan et ce qui se passe au dessus de l'océan. — **Institut royal de Météor.**, à Utrecht.

1. K. F. R. Andrau, Voyages d'Australie à Java, 1862.
2. A. M. J. van Asperen, La Mer de la Chine avec atlas et la partie occidentale de l'Océan pacifique septentrional, 1862.
3. J. E. Cornelissen, Nouvelle édition augmentée, 1867, 1877.
4. J. E. Cornelissen, Indications pour la navigation de Java au Canal, 1868.
5. J. E. Cornelissen, Route pour les navires à vapeur à travers l'Océan indien d'Aden au détroit de la Sonde et retour, 1871.
6. J. E. Cornelissen, Voyages d'Australie à Java. Les trois routes par le détroit de Torres. Utrecht, 1872.
7. Baron P. F. van Heerdt, Indications pour la navigation depuis le Canal jusqu'à Java, 1878.
8. Baron P. F. van Heerdt, Les vents sur la côte d'Atchin, 1878.

Groupe I. Deuxième Classe.

9. Baron P. F. van Heerdt, Voyages à travers la Mer de la Chine et la partie occidentale du Pacifique du Nord, et recherches sur les vents, les courants maritimes etc., 1879.

10. Dr. P. A. Bergsma, Observations des pluies dans les Indes néerl. Trois années, 1880, 1881, 1882.

3. **Atlas de 24 courbes, représentant la marche du thermomètre, du baromètre, des chutes de pluie dans les différentes parties des Indes néerl.**, faite exprès pour l'exposition par M. J. Bouwmeester, premier commis de l'Inst. royal de météor. — **Institut royal de Météor., à Utrecht.**

4. **Diagrammes des résultats des observations météorologiques faites dans la colonie de Surinam**, tracées exprès pour l'exposition par C. J. Hering, correspondant de l'Inst. royal de météor. d'Utrecht et du Département des signaux à Washington. En portefeuille. — **C. J. Hering, à Paramaribo.**

a. Trente diagrammes des observations barométriques et thermométriques et des chutes de pluie à Paramaribo, 1873—1882.
b. Cinq diagrammes de la quantité de pluie tombée sur la plantation de Catharina Sophia (Saramacca inférieur), 1856—1860.
c. Cinq diagrammes de la quantité de pluie tombée sur la plantation de Rustenburg (Perica), 1861—1863.
d. Six diagrammes de la quantité de pluie tombée sur la plantation de Catharina Sophia, 1876—1882, d'après les observations du propriétaire, le Dr. Ett. Dessé.
e. Cinq diagrammes de la quantité de pluie tombée sur la plantation de Waterloo (Nickerie), 1878—1882, d'après les observations de l'administrateur, H. F. Verbeeke.

5. **Dr. E. van Ryckevorsel, Rapport à S. E. le Ministre des Colonies sur une exploration magnétique de l'archipel indien, faite dans les années 1874—1877.** — **Prof. P. J. Veth, à Leyde.**

NB. Cet ouvrage a paru en trois parties dans les vol. XIX et XX des *Mémoires sur l'histoire naturelle* de l'Acad. royale des Sciences. Ces trois parties ont été réunies ici en un volume.

6. **Traduction hollandaise par M. H. Jansen, 1850, in-8°., de l'Histoire naturelle des mers de M. F. Maury.** — **Prof. P. J. Veth, à Leyde.**

Ce livre est placé ici surtout à cause des nombreuses remarques sur les vents de terre et de mer, les moussons, les ouragans, les courants etc. dans l'archipel indien, que le traducteur a réunies dans un *appendix* ajouté à l'ouvrage.

7. **P. A. Bergsma, Observations faites à l'observatoire magnétique et météorologique de Batavia, 5 vol. in-4°. (en anglais).** — **Acad. milit. royale, à Breda.**

Troisième Classe.

PEINTURES, DESSINS, GRAVURES, LITHOGRAPHIES, PHOTOGRAPHIES ETC. REPRÉSENTANT LES LOCALITÉS.

Jusqu'ici les arts, pour concourir à nous faire connaître les colonies et les possessions néerlandaises, se sont presque bornées à la représentation des animaux et des plantes. Leurs productions ont été sous ce dernier rapport nombreuses et belles, mais presque nulles pour le reste. Aucun de nos grands artistes n'a visité les Indes. Edgar Quinet est tombé dans un erreur complète en prétendant que les paysages ensoleillés des peintres hollandais étaient illuminés d'un reflet de l'astre éclatant des tropiques. Du reste cet auteur avait une idée très fausse du climat de notre patrie; les brouillards n'y manquent pas sans doute, mais on peut aussi y admirer de splendides effets de lumière.

Il est vrai que dès les premiers temps où la navigation s'est établie entre la Hollande et les Indes tant occidentales qu'orientales, les livres publiés sur ces contrées par nos voyageurs ont été abondamment ornés des produits du burin. Mais les dessinateurs qui fournissaient ces illustrations maniaient d'ordinaire, gauchement le crayon; de plus ils semblent avoir eu peu de goût pour le paysage. Ils livraient ainsi aux graveurs des esquisses très imparfaites, dont ceux-ci, qui ne connaissaient aucunement les lieux, ne savaient tirer que des caricatures des paysages des tropiques. Même les planches si vantées des *Voyages* de Cornelis de Bruyn donnent de l'aspect des contrées tropicales une idée fort peu exacte. Il existe sur les colonies néerlandaises en Afrique et aux Indes orientales un ouvrage du XVIIIe siècle, dû à la plume d'un écrivain allemand, où les gravures sont le principal. C'est le livre de J. W. Heydt, intitulé *Schauplatz von Afrika und Ost-Indien*. On peut juger par ces planches de ce qu'alors on donnait pour des vues des tropiques. C'étaient des paysages de convention, froids, d'où la vérité et le sentiment de la nature étaient absents. Il n'y a de même presque rien à apprendre sur l'aspect des îles de l'archipel indien dans les ouvrages de Marsden, de Crawfurd et de Raffles, quoique ce dernier soit même accompagné d'un magnifique atlas.

Lorsque après la révolution de 1813 les anciennes colonies néerlandaises aux Indes orientales et occidentales furent pour la plupart replacées sous l'autorité de leur métropole, on se préoccupa beaucoup plus que par le passé d'en faire l'objet d'études scientifiques; du moins ce fut le cas pour les possessions asiatiques. Bientôt même on institua une Commission d'histoire naturelle composée de naturalistes distingués, tant étrangers que hollandais. On adjoignit aussi à cette commission d'habiles dessinateurs, à qui l'on doit une multitude d'esquisses de paysages indiens, les premières bonnes que l'on ait eues. Une bonne part de ce trésor est restée en portefeuille, ce qui est dû surtout à la révolution belge. Tout n'en est cependant pas inédit. Les belles lithographies, représentant des paysages tropicaux, qui ornent la *Rumphia* et la *Flora Javae* de Blume, ainsi que la partie des Actes de la Commission d'histoire naturelle qui traite de questions géographiques et ethnographiques, proviennent des productions de ces artistes et en particulier de celles de l'excellent dessinateur Payen. Ce dernier a en outre peint à l'huile d'après nature un grand nombre de vues javanaises; mais il est loin comme coloriste d'égaler ce qu'il vaut comme dessinateur. Les peintures qui restent de lui ont été placées dans le musée ethnologique de Leyde.

On ne peut vanter, ni pour le choix des sujets, ni pour l'exécution, une demi-douzaine de paysages de Java publiés vers 1840 par M. J. J. van Braam chez Frans Buffa et Fils à Amsterdam. En revanche, il y a de très belles choses dans 50 planches publiées en 1844 et 1845 par la même maison sous le titre de »Vues des Indes néerlandaises"; elles ont été signées par le lieutenant de marine van de Velde et dessinées sur pierre par le lithographe belge Lauters. Le *Java* de Junghuhn, œuvre vraiment classique, est accompagné d'un atlas de planches coloriées qui font se demander avec surprise comment un écrivain, capable de décrire avec tant de chaleur les spectacles de la nature, peut en même temps se montrer si dénué de sens artistique.

Deux estimables collections d'estampes coloriées ou exécutées en chromolithographie et se rapportant aux Indes néerlandaises, ont été publiées par C. W. Mieling à la Haye. Ce sont les »Antiquités de Java", de M. Bik (neuf planches en trois livraisons, 1852—1856) et l'ouvrage intitulé »l'Archipel indien, tableaux de la nature et des mœurs en Inde, d'après des dessins et des peintures de MM. Deeleman, van Herwerden, Lebret, Rochussen, Salm, Raden Saleh, le Jonkheer de Stuers etc." (12 planches en 6 livraisons, 1865—1869). On trouve ici réunis les noms de la plupart des artistes qui se sont fait connaître par des dessins ou des peintures représentant des scènes de la nature aux Indes orientales, et qui presque tous ont de temps à autre enrichi de leurs productions nos expositions artistiques. Malheureusement la publication des deux ouvrages a été abondonnée avant d'être achevée, faute de souscripteurs. C'est ce qui explique, en ce qui concerne la seconde de ces collections, que tous les artistes dont les noms figurent sur le titre ne soient pas représentés par les lithographies publiées. Le plus célèbre est le Javanais Raden Saleh, artiste de génie, dont les admirables études d'animaux servent d'ornement à plus d'un musée. La plupart des autres noms contenus dans le titre sont ceux d'amateurs de talent: seul M. Lebret est un artiste de profession et il est fort regrettable que son riche portefeuille ait si peu donné à la publicité.

Parmi tous ceux qui se sont occupés de peindre des paysages javanais et des scènes de la vie des indigènes, la première place semble revenir au peintre Beynon, né à Batavia, et mort, hélas, trop jeune. Son alerte pinceau a laissé plusieurs fort belles toiles.

M. Salm n'occupe qu'une place peu importante dans l'ouvrage publié par Mieling dont nous avons parlé il y a un instant; mais plus tard il a conquis une notorité plus considérable par la publication de vingt-quatre belles chromolithographies représentant des paysages de Java reportés sur pierre, d'après ses tableaux et ses dessins, par M. J. C. Greive. Cet ouvrage, qui a paru chez Buffa et Fils à Amsterdam, porte le titre de »Java". Il a été suivi de la publication de deux lithographies séparées du même genre, mais de plus grand format. Maintenant cette exposition va aussi nous le faire connaître en qualité de peintre. On doit à M. J. Groneman une demi-douzaine de vues du Préanger et au Jonkheer J. C. Rappard, outre un grand nombre de scènes de famille, plusieurs paysages de la résidence de Batavia, publiés dans les deux volumes qui ont jusqu'ici paru de son ouvrage illustré *Les Indes Néerlandaises*. On n'a rien publié du peintre Sieburgh, qui a voyagé à Java, y a dessiné et y est mort. On conserve au Musée ethnographique plusieurs peintures faites par lui et toutes représentant des restes d'antiquités javanaises.

Immédiatement après M. Salm, M. A. de Grys mérite d'être mentionné en qualité de paysagiste. Il est agent de la Société de commerce néerlandaise; mais il a trouvé le temps, malgré ses occupations multiples, de peintre et de dessiner d'après nature mainte vue de Java, de Sumatra et de Bornéo. Une douzaine de ces paysages, gravés par M. C. L. van Kesteren, ont été publiés sous le titre de »Insulinde".

Dans ces derniers temps on a eu recours sur une grande échelle à la photographie pour nous familiariser avec les beautés naturelles que les Indes présentent. Pendant que l'habile photographe van Kinsbergen s'appliquait avant tout à produire de nombreuses images des antiquités de Java, MM. Meessen, Veen, Woodbury Page et plusieurs autres encore, nous donnaient des séries complètes de paysages photographiés, souvent fort bien réussis; l'album photographique de l'expédition de Sumatra fait excellente figure parmi ces productions.

Quant aux Indes occidentales, elles ont été jusqu'ici fort mal partagées en comparaison de leur soeur orientale, et cela sous bien d'autres rapports que sous celui qui nous occupe. Les principales publications illustrées que nous pouvons nommer ici sont le »Voyage à Surinam" de Benoit et les »Vues des Indes occ. néerlandaises" du lieutenant de vaisseau Voorduin. Enfin quelques esquisses de M. Th. Bray ont été publiées dans la colonie même de Surinam.

P. J. VETH.

1. Trente et une peintures à l'huile de Ant. Payen. — Musée ethnographique, à Leyde.

Antoine Auguste Josèphe Payen naquit à Bruxelles le 10 nov. 1792 et y reçut son éducation artistique dans l'atelier de van Asche. Il fut adjoint en 1817 en qualité de dessinateur au professeur Reinwardt, chargé d'une mission scientifique aux Indes néerl. Payen fit aux Indes un nombre étonnant de dessins et d'esquisses à l'huile, et travailla quinze ans après son retour à une série de peintures destinées à une galerie indienne à la Haye. Le 31 déc. 1838 il fut nommé professeur de peinture et de sculpture à l'académie de dessin de Tournai, ville d'où ses parents étaient originaires. Il y est mort le 18 janv. 1853. Le roi Guillaume I avait permis à Payen de conserver ses esquisses et études pendant sa vie, à condition qu'après sa mort elles fussent rendues à l'Etat. La veuve de Payen s'est scrupuleusement conformée à cette condition. On a premièrement placé les tableaux de Payen dans le musée d'art moderne au Pavillon de Harlem; plus tard on les a transférés au musée ethnographique, qui conserve aussi ses esquisses et études.

Groupe I. Troisième Classe.

Résidence de Batavia.

1. Champs de riz dans les environs de Buitenzorg.
2. Pasar près de Buitenzorg, le mont Salak à l'arrière-plan.
3. Derrière le pasar de Buitenzorg; le mont Gedé à l'arrière-plan.
4. Le village de Dangder à Buitenzorg.
5. La rivière de Chi Liwong, le mont Gedé dans le lointain.
6. Maison d'habitation dans la campagne de Chi Ampéa (Champéa); le mont Salak à l'arrière-plan.
7. Cascade de la rivière de Chi Ampéa (Champéa).
8. Cascade de la Chi Antan près de Sadeng.

Résidence des régences du Préanger.

9. Rives de la Chi Taroum.
10. Rivière de la Chi Taroum près de la grotte de Sangiang Tikoro.
11. Cascade de la Chi Taroum.
12. Cascade de la Chi Sokan.
13. Pont suspendu en bambous sur la Chi Sokan entre Bandong et Chi Anjour.
14. Cascade de la Chi Lanang.
15. Cascade de la Chi Geuren.
16. Le pasanggrahan Bamboulan à Chi Anjour.
17. Vallée de la Chi Sonndari et volcan de Patoua.
18. Volcan de Gountour et situ (lac) de Bagendit près de Trogong.
19. Solfatara dans le cratère du mont Pepandayan.
20. Grande route et cascade près du mont Polla à Soumedang.
21. Orage sur la côte sud de Java.

Résidence de Kedou.

22. Ruines de Boro Boudour.

Principautés indigènes.

23. Ruines de Chandi Séwou près de Prambanan, le mont Merapi à l'arrière-plan.

Résidences de Pasourouan et de Probolinggo.

24. Monts Tengger.
25. Volcan de Bromo dans les monts Tengger.

Résidence de Besouki.

26. Ruines de Machan poutih à Banyouwangi.

Gouvernement de Célèbes.

27. Orphelinat de Makasser.

Moluques.

28. Rade de Ternate.
29. Ville et rade d'Amboine.
30. Grotte calcaire de Batou gantong à Amboine.
31. Ile de Banda; à droite le Gounong Api.

2. Onze peintures à l'huile, de J. D. Beynon. — Les noms des exposants sont indiqués pour chaque tableau.

Jan Daniel Beynon naquit à Batavia le 20 mai 1830. Il partit en 1848 pour l'Europe et étudia la peinture à l'Académie royale d'Amsterdam, où il eut les leçons de Kruseman, de Pieneman etc. Pendant les sept ans qu'il resta en Hollande il peignit, entre autres tableaux, son propre portrait et un grand groupe d'objets en fer et d'ustensiles de cuisine, que possède M. N C. Willemsz à Amsterdam; et un groupe de Savoyards (un garçon et une fille), appartenant à M. J. J. Möllman, à Amsterdam. Il s'embarqua de nouveau pour les Indes en 1855 et y resta à l'oeuvre jusqu'au 29 juillet 1877, où il mourut à Batavia. Beaucoup de produits de son fécond pinceau sont restés aux Indes entre les mains de membres de sa famille; mais il y en a aussi un grand nombre qui appartiennent à des Hollandais revenus des Indes, comme MM. J. London, Dr. en droit, ancien gouv.-gén., F. Alting Mees, Dr. en droit, ancien ministre des colonies, et T. Pryce, à la Haye; N. J. Raland à Harlem; M P. Pels à Amsterdam, et W. Specht Gryp à Voorburg. Des seize peintures qui ont été mises à notre disposition, onze ont été placées dans cette classe-ci, les autres dans la classe neuf.

1. Portrait du peintre fait par lui-même au moyen d'un miroir. — **F. J. Beynon**, frère de l'artiste.
2—4. Vues de Buitenzorg. — **J. Loudon**, Dr. en droit.
5. Vue des monts Gedé et Pangrangou, prise de Sindang Laya. — **T. Pryce**.
6. Vallée de Buitenzorg vue du penchant occidental du Megamendoung. — **T. Pryce**.
7. Champs de sawah et vue du Gedé et du Pangrangon, prise depuis Chi Anjour (esquisse). — **T. Pryce**.

GROUPE I. Troisième Classe. 59

8. Récolte du padi (riz) à Java (esquisse). — **T. Pryce**.
9. Monts Gedé vus depuis Raja Mendala (esquisse). — **T. Pryce**.
10. Paysage dans le Préanger au dessus de Gadok, lumière du matin. — **N. J. Raland**.
11. Paysage de la même contrée, faisant pendant au précédent; lumière du soir. — **N. J. Raland**.

3. **Deux peintures de A. de Grys, agent de la Société de commerce à Padang.** — N°. 1. Prof. **P. J. Veth**, à Leyde; N°. 2. **C. E. van Kesteren**, à Amsterdam.

1. Bourrasque qui se prépare près de Sindang Laya.
2. Telaga Warna.

4. **Peinture d'un maître inconnu**, représentant un lac et un village dans le Nord de Célèbes. — **Dr. I. Dornseiffen**, à Amsterdam.

5. **Trente peintures représentant des paysages de Java, par A. Salm, et portrait photographique du peintre.** — N°. 1—5. Mlle. **H. Salm**; N°. 6—13 et 31. **J. M. Salm** et Mme **Salm née de Beer**; N°. 14—22. **D. Nuysink**; N°. 23—30. Mme. **Nuysink née van Andel**; tous à Amsterdam.

Abraham Salm est né à Amsterdam le 29 oct. 1801 et y est mort le 4 déc. 1876. Une grande partie de son active existence s'est écoulée aux Indes, premièrement à Sourabaya, où Salm exerça le négoce, puis à Malang, où il possédait une exploitation de tabac. Il resta en tout aux Indes 29 ans, dont cependant il faut retrancher deux séjours, l'un de deux ans, l'autre de six, qu'il fit dans l'intervalle à Amsterdam et à Voorburg. A Java même il s'est contenté de faire des esquisses, qu'il a transformées plus tard en tableaux, en partie pendant ses séjours en Hollande, en partie lorsqu'il fut rentré définitivement au pays. Sa simplicité et sa modestie égalaient son énergie, qui était grande; aussi les services qu'il a rendus au pays n'ont-ils pas toujours été reconnus comme ils le méritaient.

1. Anyer vu du détroit de la Sonde.
2. Terre de Chilebout à Buitenzorg.
3. Procession nuptiale dans la vallée du Salak.
4. Vue sur une rivière près de Gadok, sur la grande route de Buitenzorg à Megamendoung.
5. Poste à Lawang, sur la grande route de Malang à Pasourouan.
6. Cascade de Ngelirip près de Singahan à Rembang.
7. Branche de la rivière de Brantas à Malang.
8. Fête de village dans les montagnes d'Arjouno, Résidence de Sourabaya.
9. Bains de Wendit entre le chef-lieu principal, Malang, et celui du district de Pakis.
10. La Kali Brantas quand elle est encore torrent de montagne dans le district de Penanggougan, sous-résidence (assist. residentie) de Malang.
11. Col de montagnes au S. E. du Smerou, sauvage contrée du district de Goudang Legi, sous-rés. de Malang.
12. Col et cascade dans la contrée de Soumedang, Régences du Preanger.
13. Six petites pièces dans un seul cadre, savoir: paysage dans le territoire de Malang; sauvage contrée dans le district à café de Tanah wangi (Malang); paysage dans le territoire de Touban (Rembang); paysage dans les monts Tengger (Pasourouan), et deux vues du bord de la mer à Ceylan près de Pointe de Galle.
14. Vue des environs de Batavia avec le mont Salak.
15. Cascade de Bawong, près de la fabrique de sucre d'Alkmaar, entre Lawang et Pasourouan.
16. Vue près de Gedong, sur la grande route entre Batavia et Buitenzorg.
17. Passage de la rivière de Solo à Rembang.
18. Terre de Chi Trap près de Buitenzorg.
19. La mer de sable et le Bromo dans les montagnes de Tengger, frontière entre Pasourouan et Probolinggo.
20. Bord de la mer dans la résidence de Japara.
21. Côte sud de Java vers la baie de Srigoncho, sous-rés. de Malang.

22. Vue du ravin de Keudal Payak, sur l'entreprise de tabac de M. Salm.
23. Fabrique de sucre de Pangka, rés. de Japara.
24. Champs de sawah et pont couvert près de Buitenzorg.
25. Tosari dans les monts Tengger et habitations de Tenggerois, près de l'établissement de santé, Res. de Pasourouan.
26. Entreprise de culture du thé de Chi Seroua et poste sur la grande route de Buitenzorg au Megamendoung.
27. Cascade près de Singahan, rés. de Rembang.
28. Chemin creux conduisant de Buitenzorg au Salak.
29. Vue du volcan de Smèrou, prise d'une dessa près de Toumpang, sous-rés. de Malang.
30. Vue d'une dessa dans les monts Tengger, rés. Pasourouan.
31. Portrait photographique de M. Salm.

6. Deux grandes reproductions chromolithographiques de paysages de Java peints par M. A. Salm; cadres en bois jaune. — Prof. P. J. Veth.

NB. Il est probable qu'en comparant ces chromolithographies avec les tableaux énumérés au numéro précédent, on découvrira quels sont les paysages représentés.

7. Collection de dessins à l'encre de Chine de vues prises dans l'ancienne Batavia et dans d'autres établissements de la Compagnie des Indes orientales.

Ces dessins ont probablement été faits pour Reinier de Klerk (gouv.-gén. de 1777—1780) et ont passé après sa mort dans la possession de J. C. M. Rademacher, Dr. en droit, conseiller des Indes orientales, premier directeur et président de la Société de Batavia. On trouvera dans l'annexe X du tome I des *Annales de la Société de Batavia* une biographie soigneusement faite de ce savant actif, qui fut assassiné le 24 décembre 1783, en même temps que plusieurs autres passagers, par les Chinois qui faisaient partie de l'équipage du *Java*, navire sur lequel il s'était embarqué avec sa femme pour revenir des Indes dans sa patrie. Il était né à la Haye le 30 mars 1741 et n'acheva donc pas sa quarante-troisième année.

La plupart de ces dessins ont été choisis dans un portefeuille appartenant aux descendants d'un frère de Rademacher, lui-même mort sans enfants. Plusieurs sont inachevés; d'autres existent en deux exemplaires; il y en a beaucoup que l'humidité a endommagés ou qui ont subi des déchirures. Un fait surprenant est que deux parties de la collection en ont été séparées; il y a longtemps déjà que cela a eu lieu, car une série de 35 feuilles, qui se trouvent en la possession de M. J. W. van Leeuwen, libraire à Leyde, a été achetée par lui il y a nombre d'années. Une seconde série détachée, comprenant 13 feuilles parmi lesquelles il y a quelques doublets de la collection principale, appartient à M. S. H. de la Sablonière, Dr. en droit, à Kampen.

Tous ces dessins ont évidemment fait partie d'une seule et même collection, car ils ont tous la même forme et la même grandeur et sont munis d'inscriptions d'un même modèle. Il est cependant difficile de savoir pourquoi la collection s'est fractionnée. Il ne serait pas impossible que cela eût eu lieu lors de la révolution de 1787, lorsque la maison du frère de Rademacher à Vlissingen fut pillée.

Plusieurs feuilles sont signées du nom de Johannes Roch, major d'artillerie. Comme le style de la plupart des autres est tout à fait conforme à celui des feuilles signées, on est en droit d'en conclure que cet officier est l'auteur de toute la partie de la collection qui se compose d'originaux. Il y a des copies. C'est ce que démontre l'existence de plusieurs doublets ainsi que la nature du papier d'une partie de la grande collection, car ce papier est moins vieux que celui du reste. Enfin ces preuves sont corroborées par la tradition de la famille, d'après laquelle tous les dessins ne sont pas des originaux.

C'est sans doute un coup remarquable du hasard qui a réuni dans cette exposition les parties d'un même tout depuis si longtemps séparées. Nous n'avons pas tout exposé. En effet nous avons laissé de côté dans la grande collection, qui appartient actuellement à M. F. J. Boursse Wils à Leyde, les pièces inachevées, les doublets, quelques fort mauvais dessins qui sont évidemment d'une autre main que celle du major Rach, et quelques uns qui étaient trop détériorés pour que l'on pût les restaurer. Après cette épuration il est resté encore 80 feuilles à joindre aux 35 de M. van Leeuwen, dont nous exposons la collection intégrale. Ces 115 pièces sont encadrées; quant aux 13 de M. de la Sablonière, venues plus tard que les autres, il a fallu les laisser en portefeuille.

A. Grande collection: 80 pièces dans des cadres noirs, cannelés. — F. J. Boursse Wils, à Leyde.

Batavia.

1. Vue de l'île de Kuiper prise de l'île de Onrust à 3 milles de Batavia.
2. Esquisse de la position du navire le *Vreedenlust* tiré sur le bord de l'île de Kuiper pour en pouvoir réparer la quille en 1769.
3. Rade de Batavia vue de la terre de M. Jb. Londisio au coin du Slingerland.
4. Rade de Batavia vue du Château d'eau, avec les îles de Onrust et de Kuiper dans le lointain.
5. Château de Batavia vu du chantier de charpente avec la Waterpoort, le chantier maritime et la Vierkantspoort.
6. Vue de la Waterpoort du château de Batavia.
7. Vue du chantier de charpente au château de Batavia avec la Waterpoort, le chantier de navires, la Vierkantspoort et le Boom.
8. Château de Batavia avec le Gouvernement et les bâtiments vus de l'intérieur près du pont-levis.
9. Magasin à blé de la Compagnie, vue prise de la pointe de Saphir à la pointe d'Amsterdam à Batavia.
10. Hôtel de ville à Batavia avec le jet-d'eau, la grande église, le Tijgersgracht et la Nieuwpoortstraat.
11. Le Tijgersgracht avec la maison d'habitation et de jeu de M. Jérémie van Riemsdyk.
12. Église luthérienne à Batavia du coin de la Theewaterstraat.
13. Le Spinhuisgracht avec la filature et l'hôpital chinois, vu du coin de la rue d'Utrecht.
14. Orphilinat sur le Spinhuisgracht vu du pont; à gauche le nouveau corps de garde du Brakke.
15. La Nieuwpoortstraat avec la porte neuve, l'hôpital et l'église de l'hôpital.
16. Pasar (marché) de Batavia regardant vers la porte de Diest.
17. Porte de Diest vue de la grande rivière près de l'hôpital.
18. Jardin de M. Hendrik van Stocken sur le chemin de Yakatra tout près de Batavia.
19. Jardin de M. K. F. Severin sur le chemin de Yakatra tout près de Batavia.
20. Jardin du commissaire uit Landcommissaris, avec le bureau, l'écurie et l'étang, sur le chemin de Yakatra à un pâl (1½ Kilomètre) de Batavia.
21. Jardin de M. W. H. van Ossenberg, conseiller ordinaire des Indes néerlandaises, sur le chemin de Yakatra.
22. Jardin de M. P. A. van der Parra, gouverneur-général des Indes néerlandaises, sur le chemin de Yakatra.
23. Poste d'Anké, à 4 pâls de Batavia, vu de la grande route.
24. Jardin de M. Jer. van Riemsdyk, premier conseiller et directeur-général des Indes néerlandaises, sur la route de Anchol, vu depuis devant.
25. Jardin de M. Jer. van Riemsdyk sur la route d'Anchol.
   [Les numéros 24 et 25 représentent deux jardins différents; sur la grille de l'un il y a *Schoonzicht*, sur celle de l'autre *Vijvervreugd*].
26. Jardin de M. Jer. van Riemsdyk du côté de la rivière avec ses maisons de jeu, vu du coin de Slingerland.
27. Poste d'Anchol à 3½ pâls de Batavia, vu de la grande route du Slingerland.
28. Poste d'Anchol vu en descendant la grande route du Slingerland.
29. Vue de la rade de Batavia et des îles environnantes, prise de la maison de jeu de M. A. van Hafte près de la côte à Tanjong-Priok, à 7 pâls de Batavia.
   [C'est à Tanjong Priok que l'on a creusé le nouveau port de Batavia, lequel est relié à la ville par un chemin de fer].
30. Porte d'Utrecht, vue du Pasar Bambou en dehors de Batavia.
31. Porte de Diest vue de hors de ville.
32. Vue du Pasar Bambou de la porte d'Utrecht à celle de Diest, avec les quatre

Groupe I. Troisième Classe.

ponts à rouleaux (ponts servant à hâler des bateaux d'un canal dans l'autre).

33. Vue de la maison appelée *Kormandel's wijk* en dehors de la porte d'Utrecht.
34. Porte neuve vue du dehors.
35. Vue du Jasenbrug tout près de Batavia en regardant la porte neuve.
36. Vue du poste de Waterplants avec les moulins à poudre, tout près de Batavia.
37. Eglise portugaise, tout près de Batavia, au delà du Jasenbrug.
38. Vue du jardin de M. Johan Maurits Mohr par devant, prise de la grande route du Molenvliet.
39. Tour de M. Johan Maurits Mohr, vue de côté.

[M. J. M. Mohr était pasteur à Batavia. Comme il était riche et qu'il avait la passion de l'astronomie, il fit construire dans son jardin de kampong Klinting un observatoire (la „tour" de la légende du N°. 39) qu'il meubla princièrement des meilleurs instruments. Sa détermination de la longitude et de la latitude de Batavia ne diffère que fort peu de celle qui a été faite plus tard, et pendant longtemps les géographes en ont fait usage. Voir pour ce qui le concerne la Revue des Indes néerlandaises, VIe année, vol. IV, page 172 et VII année, vol. IV, page 270. Il est saisissant de retrouver tout à coup dans ces dessins devant soi dans toute sa somptuosité cet observatoire, depuis longtemps démoli, dont Bougainville disait qu'il n'y avait pas de race princière qui ne se fût honorée en le comtruisant et qu'il avait coûté des sommes incalculables „au plus riche des enfants d'Uranie"; c'est ainsi qu'il se plait à désigner Mohr].

40. Maison de M. Reinier de Klerk sur le chemin du Molenvliet, à un pâl de Batavia.

[Comp. le N°. 5 de la collection B, où le même jardin est vu de derrière].

41. Poste appelé *de Ketting*, à 2 pâls de Batavia, vu de la grande route.
42. Poste de Willigenburg, à 2 pâls de Batavia, vu de la grande route.
43. Poste appelé *de Vijfhoek*, à 2 pâls de Batavia, vu de la grande route.
44. Poste de Ryswyk, à 2¼ pâls de Batavia, vu de la grande route conduisant le long du Molenvliet à Tanah abang.

45. Jardin de M. Hillegers situé à 3 pâls de Batavia, sur la route du poste de Ketting.
46. Poste de Noordwyk, à 3 pâls de Batavia, vu de la grande route.
47. Poste de Noordwyk, à 3 pâls de Batavia, vu de la grande route de Weltevreden.
48. Vue de l'hôpital extérieur près du poste de Noordwyk, à 3 pâls de Batavia; façade antérieure.
49. Pasar chinois vu de la grande route, Weltevreden dans le lointain.
50. Vue du jardin du gouverneur-général Petrus Albertus van der Parra, à Weltevreden, à 4 pâls de Batavia.
51. Maison d'habitation du gouv.-gén. van der Parra à Weltevreden, à 4 pâls au dessus de Batavia.
52. Jardin du gouv.-gén. van der Parra, vue prise de derrière avec la vue sur la maison d'habitation.
53. Grande salle et maisons de jeu du gouv.-gén. van der Parra à Weltevreden, vue prise de derrière, de l'autre côté de la rivière.
54. Tanah Abang et son pasar, à 5 pâls de Batavia, vu de la grande route.
55. Redoute de Meester Cornelis, à 9 pâls de Batavia, vu de la grande route.
56. Vue de la campagne de Tanjong West, à 20 pâls au dessus de Batavia, en regardant de la tour vers la maison.

[Comp. collection B, N°. 11].

57. Vue de la redoute de Tangeran, à 20 pâls de Batavia.

Buitenzorg.

58. Vue de la maison d'habitation (villa du gouverneur-général), façade antérieure.

[Comp. collection B, N°. 18].

59. Jardin d'en bas de Buitenzorg avec le lavoir et le jet-d'eau et, dans le lointain, les montagnes; vue prise de la maison de jeu de Kampong Barou.
60. Le grand jet-d'eau de Buitenzorg vu d'en haut; à côté est le grand réservoir.
61. Le grand jet-d'eau de Buitenzorg vu d'en bas, depuis la maison de jeu moderne.
62. Vue d'Indramago, à 7 pâls au dessus de Buitenzorg; la place publique avec maison de jeu, jet-d'eau et ponts.

[Comp. collection B, N°. 20].

Chéribon.

63. Chéribon vue de la rade.

Groupe I. Troisième Classe.

64. Vue de la montagne de Chéribon (Cherimai) prise d'une hauteur près de Chéribon.

Gouvernement de la côte N. E. de Java.

65. Fort de Jëwana.
66. Fort de Rembang.
67. Maison appelée Bonyou ou Vredestein.
68. Fort de Gresik.
69. Vue de Sourabaya.

Moluques.

70. Le Gounoung Api vu de Banda et du château de la Compagnie.
71. Vue du château de Banda et du Gounoung Api.

Anciennes possessions et comptoirs de la Compagnie.

72. Hôtel de ville et marché aux légumes de la Ville du Cap.
73. Mangaloor vu de la rade, Malabar.
74. Cananoor vu de la rade, Malabar.
75. Vue du palais du roi de Kandia, à Ceylan.
76. Château de Colombo vu de la rade, Ceylan.
77. Ville de Colombo vue de la rade, Ceylan.
78. Negapatnam vue de la rade, Coromandel.
79. Vue de la rivière de Bengale.
80. Vue du fort de Gustavus à Chinsura.

B. Seconde collection, 35 pièces dans des cadres étroits en bois de chêne. Accompagnée d'un catalogue spécial. — J. W. van Leeuwen, libraire à Leyde.

Batavia.

1. Château de Batavia vu de la cour extérieure, avec le Gouvernement, l'église et le corps de garde des dragons.
2. Château de Batavia vu depuis derrière, avec les magasins de riz et le chantier à charpente; dans le lointain la Vierkantspoort.
3. Vue prise du Middelpuntsbrug dans la direction de la porte d'Utrecht, avec la grande rivière et, à droite, l'église portugaise.
4. Porte de Rotterdam vue de la grande route.
5. Jardin de M. Renier de Klerk vue de derrière sur le chemin du Molenvliet.
6. Arc de triomphe érigé en l'honneur du gouverneur-général Petrus Albertus van der Parra, sur le chemin de Yakatra.
7. Poste de Yakatra vu de la grande route à deux *pâls* (3 Kilomètres) de Batavia.
8. Jardin de M. Arnold Willem Alting, conseiller et directeur général des Indes néerlandaises, sur la route de Gounong Sari à trois pâls ($4\frac{1}{4}$ kil.) de Batavia.
9. Jardin de M. Alting.
10. Manoeuvres de l'artillerie commandées par le major Gédéon Dulez, sur le Slingerland, à 5 pâls de Batavia.
11. Vue de la campagne de Tanjong West of Oostvriesland, à 20 pâls au dessus de Batavia. Le regard se dirige de la maison d'habitation vers la tour.
12. Vue de la campagne de Jemans(?), à 27 pâls de Batavia. Les montagnes dans le lointain.

Buitenzorg.

13. Villa du gouverneur-général vue de derrière.
14. Fort de Philippina près de Buitenzorg, vu de la grande route.
15. Vue du pont de bambous sur la rivière de Sapang, conduisant du jardin inférieur à Kampong barou.
16. Le Batou toulis ou pierre écrite avec la pierre portant des traces de pas qui est devant, près de Buitenzorg (1772).
17. Images en pierre sous le grand arbre waringin près de Buitenzorg; le nom de Batou toulis s'applique aussi à ces images.
18. Vue de Souka hati (joie des coeurs) dans le dernier coude du grand jardin de Buitenzorg.
19. La pêche à Souka hati près de Buitenzorg.
20. Vue d'Indramago à 7 pâls au dessus de Buitenzorg.
21. Vue de la maison d'habitation de Pondok gedé à 9 pâls plus haut que Buitenzorg.
22. Campagne de Cicero à 18 pâls au dessus de Buitenzorg. Vue prise de la maison de jeu dans le sens de la descente.
23. Vue de la montagne de Pangrangou prise de la campagne de Cicero.

Chéribon.

24. Rilai de poste et magasins de la Compagnie à Indramayou.
25. Vue de la montagne de Tégal et de la mer qui baigne Chéribon, prise de Koning Kling (ce nom désigne-t-il peut-être le village de Kling dans la régence de Kouningan?).

Gouvernement de la côte nord de Java.

26. Vue du fort de Tegal.
27. Vue du fort de Pekalongan.
28. Vue de Samarang.
29. Vue de Salatiga.
30. Vue du fort de Demak.
31. Vue du fort de Japara.
32. Vue du *dalam* du sultan Sumatran (?).

Cap de Bonne Espérance.

33. Vue de la rade du Cap de Bonne Espérance.
34. Vue de la ville du Cap, prise sur la place publique.
35. Vue de la ville du Cap, prise de la campagne.

B. Troisième collection, 13 pièces en portefeuille. — S. H. de la Sablonière, Dr. en droit, à Kampen.

Batavia.

1. Hôtel de ville de Batavia avec le jet-d'eau, la grande église, le Tygersgracht et le Nieuwpoortstraat (1779).
2. Vue de l'île de Kuiper prise de l'île de Onrust, à 3 milles de Batavia (1779).
3. Vue de l'île de Onrust prise de l'île de Kuiper, à 3 milles de Batavia (1779).
4. Château de Batavia avec le Gouvernement et les édifices intérieurs, vu du pont levis (1779).
5. Vue de la batterie basse du château de Batavia, du chantier maritime, de la Vierkantspoort et du Boom, prise du chantier de charpente, en regardant le long de la rivière vers la rade (1779).
6. Procession des Chinois allant à l'emplacement destiné au sacrifice par lequel ils rendent propices leurs dieux, en cas de grande mortalité ou d'autres épreuves. Dessiné d'après nature en dehors de Batavia (1763).
7. Vue de Château d'eau, à l'embouchure de la rivière, et de la rade de Batavia (1764).
8. Décoration lors de la présentation de M. Petrus Albertus van der Parra, gouv.-gén. des Indes néerl., inventée par l'ingénieur C. A. Leupken, 29 sept. 1763. Cette feuille est accompagnée d'une description détaillée du sujet.

Cap de Bonne Espérance.

9. Vue de l'hôtel de la Ville du Cap (1764).
10. Vue de la place publique et du Heerengracht à la Ville du Cap (1763).
11. Vue du Cap de Bonne Espérance, avec le château au nord-ouest (1762).
12. Vue de la Ville Cap, s'étendant depuis le château jusqu'à la batterie de l'eau, prise de la rade, dans le sud-ouest (1762).
13. Vue du château d'eau au Cap de Bonne Espérance, prise de la rade dans le sud-ouest (1762).

8. Vingt-six lavis à l'encre de Chine et à l'aquarelle représentant des paysages de Java, par Fr. Lebret. Cadres de bois jaune. — Fr. Lebret, artiste peintre, à Dordrecht.

a. Route de Batavia à Buitenzorg, avec la diligence. Encre de Ch.
b. Paysage près de Kedoung Badak à Buitenzorg. Enc. de Ch.
c. Pont de Kedoung Badak. E. de Ch.
d. Paysage dans la contrée de Bandong. E. de Ch.
e. Entrainement de chevaux de courses à Soumedang. Aquarelle.
f. Paysage du Centre de Java, avec champ d'alang-alang. E. de Ch.
g. Pekalongan avec le prison ou ancien fort. Aqu.
h. Récolte du padi à Yogyakarta. E. de Ch.
i. Vue prise dans les monts Jambou sur la route d'Ounerang à Ambarawa. Aqu.
j. Vue prise sur les bords de la mer de Java, avec canot. Aqu.
l. Chemin à karbouws; garçons javanais sur les karbouws. E. de Ch.
m. Ruisseau entouré de collines, et karbouws remontant le courant. Aqu.
n. Paysage à Pasourouan avec moutons et vaches de Ceylan. Aqu.
o. Paysage à Pasourouan avec chevaux

GROUPE I. Troisième Classe.

conduits à l'écurie par des garçons ljavanais. Aqu.
p. Warong javanais sur la route de Pasourouan à Kedawoung. Aqu.
q. Paysage au bord de la rivière du Rejoso dans la rés. de Pasourouan. Aqu.
r. Vue de la rivière du Rejoso depuis la propriété de Kedawoung. Aqu.
s. Kampong sur la propriété de Kedawoung. Aqu.
t. Cabane sacrée sur la propriété de Kedawoung. Aqu.
u. Paysage à Kedawoung avec champs de riz et karbows (buffles) se baignant. E. de Ch.
v. Paysage à Kedawoung avec les monts Tengger dans le lointain. Aqu.
w. Paysage sur le chemin de Paserpan à Tosari dans les monts Tengger. E. de Ch.
x. Vue prise en route pour Tosari dans les monts Tengger. Aqu.
y. Village de Tosari dans les monts Tengger. E. de Ch.
z. Mer de sable et volcan du Bromo dans les monts Tengger. Aqu.

9. **Six dessins au fusain, faits par le Dr. van Ryckevorsel pendant son voyage entrepris dans l'arch. indien pour faire des observations magnétiques. Encadrés. — Dr. E. van Ryckevorsel, à Rotterdam.**

a. Le grand arbre Waringin du jardin Buitenzorg.
b. Chemin sous bois dans les régences du Préanger.
c. Bord de la mer au nord de Célèbes.
d. Vue prise dans l'intérieur de Sumatra.
e. Vue de Timor Deli prise depuis la maison du gouverneur.
f. Vue prise au dessus de Sindang Laya.

10. **Deux paysages peints à l'aquarelle par l'ancien officier de marine van de Velde. — C. W. M. van de Velde, à Besançon.**

a. Chichoufoug sur la grande route qui traverse le Megamendoung, près du pâl 61.
b. Mont-Salak (frontière de Buitenzorg et du Préanger), vû depuis Batou toulis à Buitenzorg.

11. **Deux lavis à l'aquarelle, représentant des vues à Java, par le capitaine de Salis. — Jonkheer G. L. C. H. Baud, à Tiel.**

a. Ecroulement du palais de Buitenzorg lors du tremblement de terre du 10 oct. 1834.
b. Vue de Batou toulis, territoire de Buitenzorg.

12. **Collection de dessins et d'une lithographie représentant des vues des Indes néerl. — Collection Reinwardt.**

NB. La collection Reinwardt est composée de dessins légués en bloc, par le prof. Reinwardt, à l'université de Leyde. On la conserve au musée botanique de l'Etat. La majeure partie des dessins qui s'y trouvent ont été faits par des artistes qui ont accompagné dans leurs excursions le professeur ou d'autres voyageurs de la même époque. A ce fonds ont été ajoutées quelques lithographies ainsi que quelques dessins plus récents que les autres. Certaines pièces appartenant à la collection ont été publiées; mais le plus grand nombre sont non seulement inédites, mais encore ne sont accompagnées d'aucune indication de la localité représentée ou de l'auteur de la pièce. Nous retrouverons des dessins de la collection Reinwardt dans différentes classes. Déjà on en a vus dans la première classe, sous le N°. 32.

a. Vue du lac de Telaga Bodas. Aqu. Cadre doré uni.
b. Vue d'un volcan de Java (le Merapi?) Aqu. Cadre de bois jaune.
c. Vue d'un cratère inconnu de Java. Aqu. Cadre de bois jaune.
d et *e.* Paysages de Java par A. Payen. E. de Ch. Cadre noir étroit.
f. Paysage de Java par A. J. Bik. E. de Ch. Cadre noir étroit.
g. Kampong de Chibadak, par J. T. Bik, et paysage à Sondari probablement par A. Payen. Les deux lavis dans un même cadre noir étroit.
h. Trois vues du Salak, réunies dans un cadre en bois de chêne.

66　　　Groupe I. Troisième Classe.

1. Le Salak vu depuis Buitenzorg.
2. Sommet de Champea, vu du sommet de Chichouroug.
3. Sommet le plus élevé.
 i. Esquisses de quatre vues du Mesigit Selo à Nousa Kembangan. Réunies dans un cadre en bois de chêne.
 j. Vue du Mesigit Selo (titre en anglais). Cadre en bois de chêne.
 k. Dessin au crayon représentant le Merapi, par J. B., d'après Haak, et paysage au crayon (peut-être pris dans les Moluques). Réunis dans un cadre en chêne.
 l. Double grotte de Souchi. Lavis à l'encre de Ch., par J. B. Cadre en chêne.
 m. Vue de l'île de Lombok. E. de Ch. Cadre en chêne.
 n. Iles Banda. Aqu. de A. J. Bik (Banda 1821). Cadre de bois jaune.
 NB. Une des illustrations du Voyage dans la partie orientale de l'arch. indien de Reinwardt a été faite d'après cette aquarelle.
 o. Matara sur la côte sud de la baie d'Qm. Lith. de van den Burggraaff à Bruxelles. (Cette lithographie est probablement restée inédite et n'est en tout cas pas la même que celle qui se trouve dans le Voyage etc. de Reinwardt).

13. Douze gravures de C. L. van Kesteren. Tirées de l'ouvrage intitulé *Insulinde* (voy. (N°. 17. g). D'après des dessins et des études de A. de Grys. Epreuves d'artiste. Cadres dorés étroits. — Prof. P. J. Veth.

 a. Kampong à Batavia.
 b. Chemin le long des tombeaux chinois.
 c. Waringin à Salemba.
 d. Ruisseau près de Gadok.
 e. Batou toulis.
 f. Bois de bambous. (Jardin botanique de Buitenzorg).
 g. Le Salak.
 h. Vue prise sur le Megamendoung.
 i. Telaga Warna.
 j. Approche d'une bourrasque près de Sindang Laya.
 k. Cimetière indigène près de Palembang.
 l. Le Rambé à Borneo.

14. Quatre gravures de C. L. van Kesteren. Tirées de l'ouvrage intitulé *Sumatra central*. Epreuves d'artiste. Cadres dorés étroits. — Prof. P. J. Veth.

 a. Batang Hari devant Dousoun Tengah avec la chaloupe à vapeur.
 b. Batang Hari près de l'embouchure du Mamoun.
 c. Tari tangan (combat simulé sans armes).
 d. Arbre Koubang auquel sont suspendus des kalongs.

15. Collection de planches se rapportant à Sumatra et représentant pour la plupart des paysages, composée des frontispices des quatre volumes de *Sumatra central* et de toutes les illustrations du récit de voyage qui forme la première partie de cet ouvrage. — Société de Géographie, à Amsterdam.

 a. Quatre gravures sur acier.
 b. Vingt gravures sur bois.
 c. Deux lithographies.
 Le tout collé sur sept feuilles de carton.

16. Vues des Indes occ. néerl., dessinées par le lieutenant de vaisseau Voorduin, lith. par le Jonkheer van Heemskerk van Beest. — Prof. P. J. Veth.

Vingt chromolithographies, appartenant à l'ouvrage mentionné sous le N°. 17, k, et encadrées de bois jaune. Elles représentent les vues suivantes:
 a. Plantages au bord de la rivière de Surinam.
 b. Fort de Zeelandia.
 c. Maison du gouvernement à Paramaribo.
 d. Rade de Paramaribo.
 e. Poste de Gelderland et Savanne des Juifs, vus du bord de la rivière.
 f. Savanne des Juifs et cimetière vus du sentier du Cordon.
 g. Camp d'Indiens Arowakka.
 h. Camp d'esclaves des plantages.
 i—l. Vues du port et du Schottegat à Curaçao.

m. Baie de Caracas avec le fort de Beekenburg et le Tafelberg à Curaçao.
n. Grotte de Hato à Curaçao.
o. Bonaire.
p. St. Eustache.
q. St. Martin.
r. Saba.
s et *t.* Cartes de Surinam et des îles des Indes occid. néerl.

17! Collection d'illustrations représentant pour la plupart des vues des Indes or. et occ. néerlandaises. — Prof. P. J. Veth.

a. Aspect géographique et topographique le plus récent de l'Afrique et des Indes orientales, par Johann Wolfgang Heydt. Wilhelmsdorf, 1744. In 4°. oblong. (Titre allemand).

b. Mémoires sur l'histoire naturelle des possessions d'outre-mer des Pays-Bas, par les membres de la Commission d'histoire naturelle des Indes et autres écrivains. Publiés par ordre du roi par C. J. Temminck. 3 vol. in folio. Leyde, 1839—1844. — 1e partie. Géographie et ethnologie; 2e partie. Botanique; 3e partie. Zoologie.
NB. Cet ouvrage a été placé dans cette classe, parce que la première partie contient un grand nombre de paysages de Java, et qu'il semblait désirable de ne pas séparer les trois volumes.

c. (Titre français). Vues de Java, dessinées d'après nature et lithographiées sous la direction de Monsieur J. J. van Braam. Amsterdam, Buffa et Fils. — Six lith., auxquelles on en a encore joint deux coloriées, de provenance incertaine. Plano.

d. Vues des Indes néerlandaises, dessinées d'après nature et décrites par C. W. M. van de Velde. Amsterdam, Frans Buffa et Fils. Fol.

e. Atlas contenant onze vues pittoresques, par F. Junghuhn.
NB. Appartient à *Java, sa Configuration* etc. Voy. 1e classe, N°. 7. 15.

f. Java. Lithographies faites d'après des peintures et des dessins de A. Salm par J. C. Greive jeune. Amst., Buffa et Fils. Plano.

g. Insulinde. Douze scènes des Indes néerl., d'après des études et des dessins faits d'après nature, par A. de Grys, gravées par C. L. van Kesteren. Texte de P. J. Veth. (Épreuves d'artiste).

h. Album de Batavia. Collection d'une dizaine de vues de la capitale des Indes néerl., par C. F. Deeleman, G. Kolff et Cie. à Batavia.

i. Régences du Préanger. Paysages dessinés d'après nature par le Dr. J. Groneman. Leyde, G. Kolff. Six chromolithographies.

j. (Texte français). Voyage à Surinam. Description des possessions néerlandaises dans la Guiane, par P. J. Bénoit. Cent dessins pris sur nature par l'auteur, lithographiés par Madou et Lauters. Bruxelles, 1839. Fol.

k. Vues des Indes occ. néerl. dessinées d'après nature et décrites par G. W. C. Voorduin, lieutenant de vaisseau. Lith. par le Jonkheer J. E. van Heemskerck van Beest. Amst., Buffa et Fils.
NB. On a encadré à part sous verre afin de les exposer les vingt illustrations contenues dans cet ouvrage.

18. Les Indes néerlandaises. Dessins du Jonkheer J. C. Rappard. Vol. I, *Batavia*, texte de W. A. van Rees, 1881; vol. II, *Buitenzorg*, texte de M. T. H. Perelaer, 1883. A. W. Sythoff, à Leyde. Le vol. III, encore inachevé, traitera de *Java*; le vol. IV, des *Possessions extérieures*. — A. W. Sythoff, éditeur à Leyde.

19. Le même ouvrage, vol. II et III. — Le major M. T. H. Perelaer, à la Haye.

20. Vues des Indes néerl., dessinées et décrites d'après nature par C. W. M. van de Velde. Amst., Buffa, 1845. Fol. — Acad. mil. royale, à Breda.

21 Rade de Grand Atchin lithographiée d'après un dessin du lieutenant d'artillerie C. A. Whitton, par Emrik et Binger à Harlem. Hoirs Thierry

68　Groupe I. Troisième Classe.

et Mensing et van Doorn et Fils, la Haye. — Prof. P. J. Veth.

22. Album des Indes néerl. Gravures sur bois représentant des paysages et des types indigènes de Java, Sumatra, Borneo, Célèbes et les Moluques, tirées des périodiques *Le foyer* (eigen Haard) et *La terre et ses habitants* (reproduction libre en hollandais du *Tour du monde*, et réunies en vue de l'exposition. — H. D. Tjeenk Willink, éditeur, à Harlem.

23. Exemplaire collé sur carton des gravures du même ouvrage. — H. D. Tjeenk Willink.

24. Collections de photographies concernant Atchin. — Ministère des colonies.

　a. Quarante pièces mesurant 0,35 × 0,35 m.
　b. Soixante-quatorze pièces mesurant 0,50 × 0,35 m.

25. Collection de 280 photographies au charbon de paysages de toutes les parties des Indes néerl., faites à Amsterdam par P. Oosterhuis sur les négatifs faits aux Indes par H. Veen. — H. Veen, à Java.

26. Exemplaire complet des photographies de Meessen représentant des paysages des Indes or. (Java, Sumatra, Nias, Banka, Billiton et Borneo). Ensemble 175 pièces accompagnées d'un catalogue spécial, où sont aussi énumérées 75 photographies de personnages du peuple, exposées dans la 9e classe. — J. H. de Bussy, éditeur, à Amsterdam.

27. Collection de photographies de Buitenzorg et environs, de C. Lang, photographe à Buitenzorg, réunies en partie en un »Album de Buitenzorg" (24 vues), en partie collées pour être suspendues au mur. Inaltérables. — H. G. Burck, éditeur à Baarn.

28. Choix de photographies de l'album de l'expédition de Sumatra. 50 pièces sur 14 feuilles de carton. — D. D. Veth, à Amsterdam.

29. Quatre photographies des Indes néerl., par Woodbury et Page. — D. E. E. Wolterbeek Muller, capitaine-lieutenant de vaisseau, à Voorburg.

30. Deux albums de photographies de Curaçao et d'Aruba. — R. Soublette et P. Kranwinkel, à Curaçoo.

31. Cinq peintures à l'huile, faites par W. Troost à la Haye (né à Arnhem le 14 juin 1812, élève de B. J. van Hoven et de Schelfhout), d'après des dessins du capitaine de Salis (voy. le No. 11), placées dans des cadres dorés semblables. — Jonkheer A. Baud, Dr. en droit, à la Haye [1]).

---

[1]) Cet envoi a été annoncé lorsque l'impression du catalogue était trop avancée pour qu'il fût possible de le placer à son ordre naturel.

Groupe 1. Troisième Classe.

Ces peintures représentent:

a. Le palais du gouverneur général à Buitenzorg avant le tremblement de terre de 1834.
b. Le même pendant le tremblement de terre.
c. Le même, vu à grande distance, depuis l'étang.
d. Une vue du mont Salak près de Buitenzorg.
e. Une vue des propriétés de Konripan et de Chibodas, séparées par la rivière de la Chibodas, dans la contrée de Buitenzorg.

Quatrième Classe.

GÉOLOGIE ET MINÉRALOGIE: DESCRIPTIONS, REPRÉSENTATIONS GRAPHIQUES ET COLLECTIONS GÉOLOGIQUES ET MINÉRALOGIQUES.

Si l'on fait abstraction des renseignements clairsemés donnés par quelques écrivains antérieurs, surtout par Valentyn, Marsden, Raffles et Horsfield, on peut dire que la connaissance géologique de notre archipel date de l'année 1820. C'est alors en effet que fut instituée la Commission d'histoire naturelle, dont les membres ont étendu peu à peu leurs explorations à de grandes parties de notre archipel et ont publié dans les »Mémoires" bien connus de la Commissions les résultats de leurs investigations. Les recherches géologiques incombèrent principalement à Reinwardt, Horner, Macklot, Hasskarl, Korthals, Schwaner et von Gaffron; le zoologue Salomon Muller s'est fort occupé, après la mort de Horner et de Macklot, à publier ce qu'ils avaient trouvé, surtout Macklot. Parmi les savants que nous venons de nommer, le premier rang appartient, pour ce qui concerne la géologie, à Horner et à Schwaner. Sans doute, une partie de leur bagage scientifique ne peut pas résister à un examen critique sévère — c'est surtout le cas pour la fixation de l'âge des sédiments de Borneo et de Timor, qui appartiennent en majeure partie ou à la période de la houille, ou à l'âge tertiaire, mais dont ils parlent souvent comme de terrains triasiques et jurassiques; on ne peut cependant nier que leurs descriptions ne renferment beaucoup de choses intéressantes, et que pour certaines parties de notre archipel toute notre connaissance géologique ne soit bornée à ce qui vient d'eux.

Il faut mettre plus haut encore les investigations de Franz Junghuhn, qui a visité en 1840 et 1841 les contrées de Batta à Sumatra, qui a ensuite parcouru Java pendant plusieurs années et dans tous les sens, escaladant sans se lasser les divers volcans les uns après les autres et en dessinant les cratères, et qui enfin s'est livré à l'examen des dépôts sédimentaires de Java. Les résultats de ses immenses recherches topographiques, botaniques et géologiques se trouvent consignés dans son ouvrage bien connu intitulé »Java." Là où il est passé maître c'est dans la description des volcans; la partie topographique surtout est souvent excellente. Quant à ce qu'il a écrit au sujet des sédiments, on découvre maintenant de plus en plus qu'il y a commis un grand nombre d'erreurs; son examen des dépôts tertiaires de la partie occidentale de Java n'a été qu'une reconnaissance très sommaire et non pas une exploration et, quant au Centre et à l'Orient de Java, c'est à peine s'il y a fait quelques recherches. Mais il ne serait pas juste, là où il s'agit des études d'une seule personne portées sur un sujet aussi vaste que Java, de demander autre chose qu'un aperçu général, juste dans les grands traits, mais renfermant par la force des choses des inexactitudes dans les détails. Bien loin de lui faire un crime de ces erreurs, il faut admirer l'infatigable persévérance qui lui a permis de rassembler un immense nombre de faits et de faire des milliers d'observations, ce qui l'a mis à même de produire dans ses descriptions et ses cartes une image générale de Java qui conservera toujours une grande valeur scientifique.

A Lembang, petit village au dessus de Bandang, au pied du Tangkouban Prahou, se dresse un grand obélisque blanc au milieu d'un groupe d'arbres de kina. Il marque le tombeau de Junghuhn. Il y a là un but de pélerinage que ne doit oublier aucun savant qui visite Java; c'est vraiment un grand homme que l'actif travailleur qui repose là; on doit hommage à sa mémoire.

Après les travaux de Junghuhn s'ouvre la troisième phase de l'histoire de l'exploration géologique de nos possessions aux Indes. A la première appartiennent les travaux de la Commission pour l'histoire naturelle; Junghuhn domine complètement la seconde; la troisième commence à l'arrivée aux Indes des premiers ingénieurs des mines; c'est en 1850.

Les travaux de ces ingénieurs n'ont cependant point du tout été exclusivement géologiques. Il y en a toujours eu d'attachés à l'exploitation des mines d'étain à Bangka et des mines de houille du gouvernement à Borneo. Les premiers, outre leurs fonctions dans les mines, avaient pour mission d'explorer géologiquement l'île. D'autres encore avaient à diriger les sondages entrepris pour arriver à arroser Java au moyen de puits artésiens. Si l'on tient compte de ce que les ingénieurs ont constamment à examiner la valeur exploitable de couches de houille ou de veines métallifères déjà connues ou nouvellement découvertes; de ce que d'ordinaire un ingénieur, outre le chef des mines, est chargé de travaux administratifs au bureau central des mines; enfin de ce que le corps d'ingénieurs des mines, que les règlements existants ne permettent pas de porter à plus de 15 personnes, n'a presque jamais été au complet, mais n'a été porté à son maximum que dans les toutes dernières années; on comprendra comment il se fait que d'ordinaire il n'y ait pas eu plus d'un ou de deux ingénieurs disponibles pour les recherches purement géologiques. Il importe de ne pas oublier ce fait pour apprécier les progrès que nos ingénieurs des mines ont fait faire à la connaissance géologique de nos possessions aux Indes orientales. Il va sans dire que ces progrès auraient été bien plus grands si, dès le début, le corps entier avait été chargé de recherches géologiques; mais il faut reconnaître que ce qui a été fait par le personnel des mines est tout ce qui était possible dans les circonstances données.

Les recherches géologiques des ingénieurs des mines ont eu pour théâtre surtout Bangka, Borneo et Sumatra; dans les dernières années elles se sont étendues aussi à Java. Seule l'exploration de la partie centrale du gouvernement de la Côte occidentale de Sumatra, celle de Bangka et celle d'une très petite partie de l'Occident de Java a été un relevé détaillé [1]); on n'a encore fait que des reconnaissances géologiques dans d'autres parties de nos possessions, la partie nord de la Côte occidentale de Sumatra, le sud de Sumatra, quelques parties de l'Occident et du Midi de Borneo, et Timor; d'autres contrées enfin sont encore géologiquement entièrement inconnues, ou ne sont connues que par des données extrêmement vagues et éparses.

Sur la petite carte (au 1 : 23 millionnièmes) géologique générale des Indes jointe à ce catalogue, on a marqué par des teintes différentes les contrées géologiquement explorées avec exactitude, celles où l'on n'a encore fait que des reconnaissances, et celles sur lesquelles les renseignements sont très insuffisants; celles qui sont géologiquement tout à fait inconnues ont été laissées en blanc.

---

1) La carte géologique de l'île de Blitong (Billiton), dressée sous la direction de M. C. de Groot, ancien ingénieur en chef des mines, vient aussi d'être achevée.

GROUPE I. Quatrième Classe. 73

Les résultats des recherches des ingénieurs des mines ont été publiés primitivement dans la Revue d'histoire naturelle pour les Ind. néerl., où 31 articles y ont été consacrés, Vol. II (1851) jusqu'au vol. XXX. Plus tard ces communications ont été insérées dans les Annales des mines des Ind. or néerl. publiés par ordre de S. E. le ministre des colonies. Il paraît depuis 1872 annuellement deux volumes de cette revue. Les dernières recherches faites sur la côte ouest de Borneo et à Java n'ont pas encore été publiées; les cartes géologiques de la Côte occidentale de Sumatra, accompagnées de descriptions, doivent paraître dans le courant de la présente année.

Aucun paléontologue n'ayant été attaché à la direction des mines aux Indes, les pétrifications que les recherches géologiques ont mises au jour ont été expédiées en Europe pour y être déterminées. Les principaux savants qui ont bien voulu prêter leur concours à cette dernière tâche sont MM. Beyrich (Berlin) et Roemer (Breslau), pour les pétrifications des terrains carbonifères; Göppert (Breslau), Geyler (Francfort s. l. M.) et Heer (Zurich), pour les plantes fossiles; Böttger (Francfort s. l. M.), Brady (Londres), von Fritsch (Halle), Geinitz (Dresde), Günther (Londres), Jenkins (Londres), v. d. Marck (Hamm), Martin (Leyde) et Woodward (Londres), pour les pétrifications tertiaires.

Nous terminerons en donnant un aperçu sommaire des différentes formations qui ont été constatées jusqu'ici dans les îles de nos possessions aux Indes orientales.

1. **Schistes les plus anciens.** Les roches les plus anciennes de notre archipel sont des schistes, principalement des schistes argileux et des quartzites. Moins fréquemment se rencontrent les schistes micacés, les hornblendes-schistes et les grés-grauwakke. On n'a pas trouvé de pétrifications dans ces schistes; probablement ils appartiennent à des formations différentes. Ils sont certainement plus anciens que le calcaire houiller et doivent donc appartenir aux formations *dévonienne* et *silurique*, à moins qu'ils ne soient en partie plus anciens encore. A Borneo et à Sumatra il arrive assez souvent de rencontrer dans les schistes argileux des filons de quartz renfermant de l'or en faible proportion. On connaît des roches de cette ancienne formation déjà à Sumatra, à Bangka, à Blitong, à Java (très peu) et à Borneo; elles paraissent avoir été dans tout l'archipel la couche fondamentale sur laquelle toutes les autres roches sont venues se superposer.

2. **Roches granitiques.** L'existence de filons de granit au

milieu des schistes anciens et l'apparition de roches métamorphiques — »hornfelse" — au contact des schistes et du granit, ont démontré qu'une partie au moins des roches granitiques sont certainement plus récentes que les schistes les plus anciens. Il restera cependant à savoir si c'est le cas pour *tous* les granits. Ce groupe renferme des granitites, des hornblendes-granits, des porphyres quartzeux et des diorites. Une partie des dernières forment une transition aux granitites et sont par conséquent du même âge. D'autres diorites en revanche se présentent isolées ou bien en filons dans les roches granitiques. C'est le cas par ex. pour les remarquables diorites qui pourraient bien être en partie plus récentes même que le calcaire houiller. Pour le reste les roches granitiques sont certainement plus anciennes que les formations carbonifères. On a constaté la présence de roches de ce 1er ou plus ancien groupe éruptif à Sumatra, à Bangka, à Blitong, à Singkep, à Java (très peu) et à Borneo.

3. **Roches de l'âge carbonifère.** L'existence de ces roches n'a jusqu'ici été démontrée qu'à Sumatra et à Timor. La formation consiste principalement en un calcaire houiller gris renfermant de nombreuses pétrifications caractéristiques. A Sumatra il se rencontre, *sous* le calcaire houiller, des schistes marneux et siliceux que l'on a classés provisoirement dans la période carbonifère, quoique on n'y ait point encore trouvé de pétrifications, et qu'ils puissent par conséquent être un peu plus anciens. On doit laisser provisoirement indécis de savoir si certains schistes siliceux rencontrés à Java doivent se joindre à ceux-ci.

4. **Roches appartenant au groupe de la diabase.** A Sumatra dans le Haut-pays de Padang se trouvent des terrains de montagne assez étendus, qui consistent en diabase et en gabbro, rarement aussi en serpentine, en protérobase et en picrite. La serpentine de Timor semble aussi appartenir à cette formation; mais c'est moins certain pour la serpentine et le gabbro anorthitique du Sud-Est de Borneo; ce dernier est probablement plus récent que la serpentine. On a trouvé à Sumatra des filons de diabase dans le calcaire houiller; les roches de ce groupe éruptif sont donc certainement plus récentes que les terrains carbonifères.

5. **Les roches mésozoïques** n'avaient pas été constatées jusqu'ici. Les pétrifications de Timor, que l'on a crues à tort être triasiques, appartiennent au calcaire houiller. Quoique il ne soit pas tout à fait invraisemblable qu'il se trouve à Timor des roches mésozoïques, on ne les y a pas encore rencontrées avec certitude. En revanche on a découvert dans ces tout derniers

temps à Borneo des roches appartenant presque certainement à l'âge de la craie. Cette formation consiste en marnes riches en pétrifications qui ont beaucoup d'analogie avec les pétrifications sénoniques (de la craie supérieure), et se montre dans le bassin supérieur de la rivière de la Kapouas, Occident de Borneo. On a aussi recueilli des indices qui font présumer dans d'autres îles de notre archipel l'existence de roches de la période de la craie.

6. **Les roches éocènes** sont très répandues dans les îles de notre archipel. On en a constaté trois couches ou étages superposés à Borneo, quatre à Sumatra, dans les pétrifications desquelles les espèces actuellement vivantes sont si peu représentées qu'il en faut conclure qu'elles appartiennent très probablement à cette première division de l'époque tertiaire. A Sumatra la couche inférieure est essentiellement composée d'amas brecciolaires et de conglomérats, où se trouvent aussi des grés et des schistes marneux dont la matière provient des roches plus anciennes. A Borneo et à Java on n'a pas encore trouvé cet étage inférieur ou brecciolaire. Le second étage renferme la houille, si importante pour les Indes. Il est composé surtout de grés quartzeux sans pétrifications d'animaux, et atteint à Sumatra une épaisseur de 600 mètres. Ces grés carbonifères sont très fréquents à Borneo, dans le Haut-pays de Padang à Sumatra, et dans l'Occident de Java. Le troisième étage renferme principalement des grés tendres, marneux, tant à Borneo qu'à Sumatra. Le quatrième étage enfin est composé de calcaire renfermant à Borneo des millions de nummulites, à Sumatra, un très grand nombre d'orbitoïdes. Le calcaire à orbitoïdes apparaît à Java sur quelques points qui doivent, en ce qui concerne leur position, être comptés comme appartenant à cet étage. Cependant la plupart des bancs de calcaire de Java sont plus récents.

7. **Andésites les plus anciennes.** Quand le plus jeune membre de la formation éocène, le calcaire, eut été déposé, il y a eu dans tout l'archipel de grandes éruptions d'andésites. On les appelle d'ordinaire les andésites *anciennes* pour les distinguer de celles qui ont été produites plus tard par les grands volcans. D'ordinaire on les trouve dans des rangées de montagnes ou de collines indépendantes, sans cratères, qui n'ont pas non plus la forme conique caractéristique des volcans plus récents. On trouve ces andésites à Borneo, à Java et à Sumatra, et il y en a probablement dans bien d'autres îles de l'archipel.

8. **Roches oligocènes.** D'après les dernières recherches on

ne peut ranger dans cette division que quelques couches de marne renfermant des nummulites et des orbitoïdes, que l'on rencontre dans la résidence de Jokyakarta.

9. **Roches miocènes.** Les andésites marquent la transition des roches de l'époque éocène à celles de l'époque miocène. Dans les premières il n'y a rien provenant d'andésites, tandis que les roches miocènes de l'archipel sont composées pour une grande part de leurs débris plus au moins menus, et doivent par conséquent être considérées comme une solidification des produits de l'émiettement des andésites. Il n'est pas rare à Java de trouver les bancs d'andésite recouverts d'une couche de conglomérats et d'amas brecciolaires très durs formés de la même matière; cette couche à son tour est couverte par des grés plus fins, dans lesquels la loupe ou le microscope font voir distinctement les particules éruptives qui s'y trouvent. En se combinant avec la chaux, ces roches deviennent marneuses; quelquefois même elles se transforment en calcaire marneux. Cette formation, en y comprenant les amas brecciolaires d'andésites, atteint à Java, d'après les dernières recherches, une épaisseur d'environ 5000 mètres; à Sumatra aussi, dans les résidences de Bengkoulen et de Palembang, et en outre dans les îles situées à l'ouest de Sumatra (Nias, îles Batou etc.), on a trouvé des roches miocènes, et partout où cette formation se montre elle semble avoir pris un grand développement. Cet étage tertiaire si épais contient extrêmement peu de fossiles, si l'on en excepte les couches supérieures, qui sont les plus récentes et qui sont riches en pétrifications; Junghuhn déjà y avait fait une bonne récolte de spécimens. Il est donc probable que les couches miocènes anciennes et moyennes ne sont pas absentes à Java, quoique jusqu'ici elles n'aient point livré de pétrifications aux chercheurs. À Bengkoulen les couches qui bordent la rivière de la Kamoumou appartiennent à la formation miocène ancienne, et celles des districts de Selouma et de Kroé probablement à la formation moyenne, à laquelle il faut aussi rapporter les couches de marne de l'île de Nias. Toutefois, la détermination de l'âge des plus jeunes couches tertiaires rencontre, comme l'on sait, de grandes difficultés aux Indes, de sorte que les indications qui précèdent ne peuvent pas se donner pour absolument certaines.

10. **Roches pliocènes.** Les marnes de Selouma à Bengkoulen, auparavant considérées comme pliocènes, semblent d'après de nouvelles recherches devoir être plutôt rangées dans l'époque miocène. En revanche les couches miocènes moyennes et récen-

tes de Java, de l'île de Nias et autres, sont recouvertes en maint endroit de bancs calcaires, qui forment l'étage le plus élevé et le plus jeune de toute la période tertiaire, et que par conséquent l'on peut appeler provisoirement pliocènes. De nouvelles explorations seront nécessaires pour décider s'il ne vaut pas mieux en faire la subdivision supérieure de la formation miocène.

11. **Les anciens et petits volcans.** Avant le soulèvement des grands volcans de l'archipel il y a eu, sur certains points de Sumatra et de Java, de très faibles éruptions par lesquelles se sont construits de petits volcans fort beaux. Il n'y en a pas un grand nombre. On en connaît 7 à Sumatra, dont 5 sont formés de basalte, 2 d'hornblende-andésite. Quant à leur âge, tout ce que l'on peut dire c'est qu'ils sont un peu plus anciens que les grands volcans et par conséquent qu'ils sont ou bien de la fin de la période tertiaire, ou bien du commencement de la période quaternaire.

12. **Les grands volcans.** Les grands cônes volcaniques sont en même temps les plus jeunes et les plus hautes montagnes de l'archipel indien. Ils se trouvent principalement à Sumatra, à Java, à Célèbes, dans les petites îles de la Sonde et dans les Moluques. Bangka, Blitoung et Borneo, toute grande que soit celle-ci, n'ont point de volcans. On n'a comparativement ajouté que peu de chose au sujet des volcans de Java et des petites îles de la Sonde aux descriptions données par Junghuhn de ceux de Java. Pourtant il serait injuste de passer sous silence les utiles recherches pétro-microscopiques de Lorié (Apeldoorn) et surtout de Behrens (Delft). En revanche on a beaucoup appris sur les volcans de Sumatra. Il est vrai que l'on trouve partout encore répété le nombre de 19 donné par Junghuhn pour les volcans de Sumatra; mais les dernières explorations nous ont appris que cette grande île possède au moins 60 cônes volcaniques, dont 7 en activité. Les matériaux dont ces montagnes sont construites sont en majeure partie de l'andésite augitique et du basalte, tantôt en coulées de lave, tantôt en blocs distincts, avec du sable et des cendres. La pierre ponce, l'obsidienne et la pierre de poix andésitique contribuent aussi, quoique en moindre proportion, à la composition des montagnes volcaniques. Enfin on ne trouve de leucite que sur quelques rares points à Java et dans l'île de Bawéan. Il existe une ressemblance remarquable entre quelques volcans des Indes et les volcans européens, surtout entre le Merapi de Sumatra et l'Etna de la Sicile. Les volcans des Indes appartiennent probablement tout à fait à la

période quaternaire; on n'a encore rien trouvé dans les couches tertiaires les plus récentes de l'archipel qui provienne des roches produites par ces volcans.

13. Les **dépôts quaternaires** de l'archipel se composent pour la part de beaucoup la plus considérable de matières volcaniques récentes, déposées par les eaux de la mer, des lacs intérieurs ou des rivières. On trouve à Sumatra, dans la résidence de Palembang et dans celle des Districts de Lampong des couches épaisses d'un tuf blanc, composé presque entièrement de pierre ponce. Les tufs de cette formation sont cependant d'ordinaire bruns ou brun rougeâtre, parce qu'ils renferment de l'hydrate d'oxyde de fer. Lorsqu'ils ont été déposés, la répartition des eaux et des terres différait encore considérablement de ce qu'elle est aujourd'hui. Actuellement ces dépôts s'élèvent jusqu'à 200 mètres au dessus du niveau de la mer. On rencontre des dépôts quaternaires dans à peu près toutes les îles de l'archipel.

14. Les **dépôts récents**, qui continuent actuellement à se former, sont composés de sables marins et d'alluvions fluviales; de plus les coraux travaillent sans cesse à construire de vastes récifs. Nulle part dans l'archipel ces roches récentes de coraux ne s'élèvent d'une manière considérable au dessus du niveau de la mer, d'où il est permis de conclure que les îles de notre archipel n'ont pas subi à notre époque d'accroissement considérable en hauteur.

Minéraux utiles.

Quoique on ait rencontré des minérais dans de nombreuses parties des différentes îles, l'examen de la plupart des dépôts les a fait trouver beaucoup trop insignifiants pour que l'on pût songer à une exploitation en grand. C'est le cas par ex. pour le cuivre de Timor et de Sumatra, pour le plomb et le mercure de Sumatra et de la côte occidentale de Borneo, pour le fer spéculaire de Sumatra (à l'exception du dépôt du Gounoung-Bessi près du Fort de van der Capellen), pour la graphite de Sumatra et le soufre des volcans. Il n'y a probablement pas grand fond à faire non plus sur l'or de Sumatra; mais les derniers renseignements font croire qu'un petit nombre de dépôts d'or sont susceptibles d'exploitation sur la côte occidentale de Borneo. Les grandes richesses minérales de notre archipel se réduisent donc presque à l'étain de Bangka et de Blitoung et aux grands terrains houillers sur la côte occidentale de Sumatra et à Borneo. Il est à espérer qu'une énergique exploitation des excellentes houilles des Indes viendra bientôt contribuer pour sa part au développement et à la **prospérité** de nos belles possessions d'outre-mer.

R. D. M. VERBEEK.

POST-SCRIPTUM DE LA RÉDACTION.

Quoique l'exploitation des mines ait pris de l'extension depuis quelques années aux Indes occidentales, cette colonie n'a pas encore été explorée géologiquement. Le sol habité de Surinam est probablement entièrement formé de dépôts diluviens et alluviens; il ne s'élève pas à plus de deux mètres environ au dessus du niveau de la mer et est composé pour une part de bancs de sable et de coquillages, appelés *Ritses* dans la colonie, qui courent parallèlement à la côte par rangées successives jusqu'à plusieurs milles de distance de la mer; pour la plus grande part cependant ce sol offre un fond d'argile, souvent recouvert de tourbe ou d'humus, et si bas qu'il est inondé aux hautes eaux ou lors des grandes marées. Il faut avancer loin dans l'intérieur avant de trouver un sol montagneux. Là se rencontrent très probablement des roches schisteuses anciennes avec des veines de quartz aurifère et des roches granitiques.

---

1. Annales des mines des Indes or. néerl., publiées par ordre de S. E. le ministre des colonies. Première série, dix années, Amst., C. F. Stemler, 1872—1881, avec régistre relié à part. — Deuxième série, première année, 2 vol. Amst., C. F. Stemler, 1882—1883. — C. F. Stemler, éditeur à Amsterdam.

Sont joints aux Annales:
a. Carte géologique de la région houillère d'Ombilin, par R. D. M. Verbeek.
b. Carte géognostique de la région houillère d'Ombilin, en huit feuilles, par R. D. M. Verbeek.
c. Profils accompagnant la description géologique et spéciale de la région houillère d'Ombilin; 2 feuilles.
d. Panorama des montagnes de Siboumboun.
e. Panorama géologique de la région houillère d'Ombilin.
(Ensemble 12 feuilles dans un étui. Accompagne les Annales de 1875 et 1876).
f. Dix planches représentant des mollusques fossiles de la formation éocène à Borneo. Accompagnent les Annales de 1877.
g. Carte géologique du Sud de Sumatra en quatre feuilles, par R. D. M. Verbeek. Dans un étui. Accomp. les Ann. de 1881.

2. Quelques ouvrages géologiques sur les Indes néerl. — Prof. P. J. Veth.

a. Etude pour servir à la connaissance des roches éruptives de Java. Dissertation de J. Lorié. Rotterdam, 1879.

b. (En allemand). Collections du musée national de géologie à Leyde. I. Etudes concernant la géologie de l'Asie orientale et de l'Australie. Publié par K. Martin et A. Wichmann, Leyde, 1881, 1882.
Vol. I (encore inachevé): Sédiments de Timor, terrain tertiaire de la N. Guinée, terrain tertiaire récent de Sumatra, terr. tertiaire de l'Orient de Java, nouveaux points d'apparition de la formation tertiaire dans l'arch. indien. Par K. Martin, 3 cahiers.
Vol. II, premier cahier: Roches de Timor. Par A. Wichmann.

c. (En allemand). Couches tertiaires de Java d'après les découvertes de Franz Junghuhn. Préparé par le Dr. K. Martin, prof. à Leyde. — Leyde, E. J. Brill, 1879—1880.

3. Quelques réimpressions d'articles parus dans des collections ou revues des Pays-Bas ou de l'étranger et ayant trait à la géologie des Indes néerl. — R. D. M. Verbeek, ingénieur en chef des mines aux Indes néerl.

a. R. D. M. Verbeek et R. Fennema. Nouvelles découvertes géologiques à Java. Mémoires de l'Acad. royale des Sciences. Amst. 1881.

b. Le même ouvrage en français. Archives néerlandaises. T. XVI. Harlem, 1881.

c. Le même ouvrage en allemand. Nouvel annuaire pour la minéralogie, la géologie et la paléontologie. Annexe. Vol. II. Stuttgart, 1882.

d. R. D. M. Verbeek. Notes géologiques sur les îles de l'archipel indien néerl. en général, et en particulier sur les couches contenant des fossiles à Sumatra. Mémoires de l'Acad. des sciences. Amst. 1881.

e. Le même ouvrage en allemand. Palaeontographica. Supplément III. Cassel, 1881.

f. (En allemand). R. D. M. Verbeek. Préface de la seconde partie de „Formation tertiaire de Sumatra et restes animaux dans cette île" de MM. le directeur R. D. M. Verbeek, le Dr. C. Böttger et le prof. Dr. H. von Fritsch. Palaeontographica, Supplément III. Cassel, 1883.

g. R. D. M. Verbeek. Table barométrique des altitudes pour les Indes néerl. Padang. 1876.

h. R. D. M. Verbeek. De l'épaisseur des dépôts tertiaires à Java. Avec trois feuilles de dessins. Mém. de l'Acad. royale des sciences. Amst., 1883.

i. R. D. M. Verbeek. De l'existence de roches appartenant à la formation crayeuse dans la résidence de la Division occidentale de Borneo. Mém. de l'acad. royale des sciences. Amst., 1883.

NB. Ce dernier mémoire est accompagné d'une boite de pétrifications recueillies par l'ingénieur des mines C. J. van Schelle, et déterminées provisoirement par le prof. H. B. Geinitz de Dresde. Ces pétrifications viennent du village de Sayor, sur la rivière de la Kapouas, Division occ. de Borneo.

4. Cartes et planches appartenant à l'ouvrage du Dr. K. Martin, intitulé „Couches tertiaires de Java". Collées sur carton. — E. J. Brill, éditeur, à Leyde.

a. Esquisse d'une carte géologique de l'Occident de Java.

b. Planches I—XXIII et XXVI. Lithographies représentant des fossiles.

c. Planches XXIV et XXV. Photographies de fossiles.

5. Carte de l'île de Java par le Dr. F. Junghuhn. Echelle 1 : 350000, en 4 feuilles collées ensemble. Longueur 3,25 mètres, largeur 0,96 m. Complétée pour la géologie par les ingénieurs des mines aux Indes néerl. — Institut royal de phil., de géogr. et d'ethnol., à la Haye.

GROUPE I. Quatrième Classe. 81

6. Collection géologique du musée national de géologie à Leyde, réunie par l'Amanuensis D. C. van Dam sous la direction du prof. K. Martin. — Musée national de géologie.

I. Sumatra.

Coll. Verbeek, Leembruggen, Veth.

A. *Anciennes roches massives.*

1. Granitite.
2—8. Muscovite-granit.
9. Hornblende-granit.
10. Amphibole-granit.
11. Gneiss-granit.
12. Porphyre quartzeux.
13. Diorite.

B. *Schistes cristallisés.*

14—16. Schistes.
17—19. Schistes argileux.
20. Schiste calcaire avec pyrite et quartz.
21. Schiste graphitique.
22. Hornblende-schiste.
23. Schiste vert.

C. *Grau-wakke.*

24. Grau-wakke.

D. *Terrain carbonifère.*

25. Houille.
26—28. Chaux carbonifère (Culm).
29, 30. Calcaire métamorphe (Roche de grenat).
31. Calcaire.

E. *Sédiments tertiaires.*

32. Gré rouge.
33. Aglomérat brecciolaire calcaire.
34. Gré.
35. Breccie.
36. 37. Gré.
38. Calcaire contenant des pétrifications.
39. Houille brune.
40. Argile bitumineuse.
41. Feuilles pétrifiées (Tertiaire ??).

F. *Roches récentes éruptives et volcaniques.*

42—47. Andésite augitique.
48. Scories.
49. Pierre ponce.
50, 51. Tuf.
52, 53. Soufre.

G. *Sédiments post-tertiaires.*

54. Conglomérat de coquillages.
55. Cassis.
56. Strombus.
57. Turitella.
58. Ramella.
59. Mitra. Nassa. Dolium.
60. Cardium.
61. Arca. Cardium. Corbula.
62. Tapes.
63. Hindsia.
64. Pectine.
65. Coraline.

II. Java.

Coll. Junghuhn, van Dyk.

A. *Roches anciennes massives.*

66. Pierre roulée du Kali-Loning (monts Serayou).
67. Pierre roulée du Chitaroum dans le Préanger.

B. *Schistes cristallisés.*

68—74. Provenant des monts Serayou.

C. *Fossiles tertiaires.*

a. Crustacées.

75. Myra fugax. Fabr.
76, 77. Balanus tintinnabulum Linn.
78. Balanus amaryllis. Darw.

b. Lamellibranchiata.

79. Teredo arenaria. Lam.
80. Cultellus dilatatus. Mart.
81. Mya virgo. Mart.
82. Corbula socialis. Mart.
83. id. trigonalis. Sow.
84. Tellina plicata. Valenc.
85. Dosinia Boettgeri. Mart.
86. id. juvenis. Chemm.
87. Venus crebrisulca. Sow.
88. Clementia papyracea. Gray.
89. Cytherea (Callista) ventricola. Mart.
90. id. id. macra. Mart.
91. id. (Caryatis) Selae. Mart.
92. Tapes rimosa. Phil.
93. Sunetta ovalis. Mart.
94. Cardium asiaticum? Brug.
95. id. Dupuchnesse. Reeve.
96. Lucina (Loripes) tumida. Reeve.
97. Crassatella parva. Mart.
98, 99. Cardita decipiens. Mart.
100. id. Boettgeri. Mart.
101. id. javana. Mart.
102. id. tjidamarensis. Mart.
103. Arca multiformis. Mart.

Groupe I. Quatrième Classe.

104. Arca nodosa. Mart.
105, 106. Arca antiquata. Linn.
107. Arca tjidamarensis. Mart.
108, 109. Cucullaea auriculifera. Lam.
110. Tridacna gigas. Lam.
111. Pinna vexillum. Born.
112. Modiola javana. Mart.
113. Pecten exaratus. Mart.
114. id. frondosus. Mart.
115. id. senatorius. Lam.
116. id. spec. indet.
117. Ostrea radiata Lam. (?)
118. id. hyotis. Linn.
119. id. lingua. Sow.
120. Placuna placenta. Lam.

c. Gasteropoda.

121. Conus striatellus. Jenk.
122. id. Hardi. Mart.
123. id. Hochstetteri. Mart.
124. id. ornatissimus. Mart.
125. id. Everwyni. Mart.
126. Oliva funebralis. Lam.
127. id. mitrata. Mart.
128. id. Junghuhni. Mart.
129. id. subulata. Lam.
130. id. utriculus. Gmel.
131. id. Jenkinsi. Mart.
132. id. javana. Mart.
133. Ancillaria bandongensis. Mart.
134. Cypraea subtetragona. Mart.
135. id. murisimilis. Mart. var.
136. id. erosa. Linn.
137. Ringicula arctatoides. Mart.
138. Voluta pellis serpentis. Linn.
139. Mitra javana. Mart.
140. Columbella Herklotsi. Mart.
141. Terebra javana. Mart.
142. id. bandongensis. Mart.
143. id. spec. indet.
144. Nassa ovum. Mart.
145. id. Reussi. Mart.
146. Buccinum cuspidatum. Mart.
147. id. (Bullia) simplex. Mart.
148. id. Junghuhni. Mart.
149. id. dubium. Mart.
150, 151. Dolium costatum. Desh.
152, 153. id. spec. indet.
154. Harpa conoidalis. Lam.
155. Purpura umbilicata. Jenk.
156. id. paradoxica. Jenk. spec.
157. Cassis spec. indet.
158. Cassidaria javana. Mart.
159. Strombus javanus. Mart.
160. id. inflatus. Mart.
161. id. triangulatus. Mart.
162. id. maximus. Mart.
163. id. spinosus. Mart.
164. Murex Junghuhni. Mart.
165, 166. Ranella magnifica. Mart.
167. Ranella elegans. Beck.
168. Latirus? spec. indet.
169. Cyrtulus fusus. Mart.
170, 171. Pyrula cochlidium. Linn.
172. Pyrula ficoides. Lam.
173. id. Dussumieri Valenc.?
174, 175. Pyrula gigas. Mart.
176. Triton javanus. Mart.
177. Epidromus distortus. Schub. Wagn.
178. Pleurotoma pseudofascialis. Mart.
179. Vicarya callosa. Jenk.
180. Cerithium javanum. Mart.
181. id. Herklotsi. Mart.
182, 183. Telescopium gigas. Mart.
184. Turritella simplex. Fenk.
185, 186. Turritella acuticarinata. Dkr.
187. Turritella javana. Mart.
188—190. Turritella. spec. indet.
191. Turbo versicolor. Gmel.
192, 193. Turbo obliquus. Jenk.
194. Xenophora agglutinans. Lam.
195, 196. Xenophora Dunkeri. Mart.
197. Trochus triumphator. Mart.
198. id. radiatus. Gmel.
199. id. virgatus. Gmel.
200. Vermetus javanus. Mart.
201. id. Junghuhni. Mart.
202. Natica callosior. Mart.
203. id. mammilla. Lam.
204. id. rostalina. Jenk.
205. id. pellis-tigrina. Chemn.
206. id. Cumingiana. Recl.
207. id. vitellus. Lam.
208. id. bandongensis. Mart.
209. id. spec. indet.
210. Bulla ampulla. Linn.
211. Patella rustica. Mart.
212. Melania Herklotsi. Mart.

d. Brachiopoda.

213. Terebratula javana. Mart.

e. Echinodermata.

214. Pericosmus spec. indet.
215. Pleurechinus javanus. Mart.
216. Laganum multiforme. Mart.
217. Echiniden, fragment.

f. Corallia.

218. Flabellum distinctum. M. E. et J. H.
219. Stylophora digitata. Pallas.
220. Hydnophora astraeoides. Mart.
221. Favia Junghuhni. Reuss.
222. Heliastraea spec. indet.
223. id. tabulata. Mart.
224. id. spec. indet.

225, 226. Cycloseris decipiens. Mart.
227. Astraeopora myriophtalma. Lam.
228. Dictyaraea micrantha. Reuss.
229, 230. Polypiers.

g. Foraminifera.

231. Nummulina Djokdjokartae. Mart.
232. Cycloclypeus annulatus. Mart.
233.   id.   neglectus. Mart.

h. Plantae.

234. Quercus subsinuata. Goeppert.
235. Ficus flexuosa. Goeppert.
236. Daphnogene javanica. Goeppert.
237. Laurophyllum Beilschmiedioides Goeppert.
238. Diospyros dubia. Goeppert.
239. Apogynophyllum Reinwardtianum. Goeppert.
240. Apogynophyllum nervosissimum. Goeppert.
241. Rhamnus dilatatus. Goeppert.
242a. Celastrophyllum oleaefolium. Goeppert.
242b. Celastrophyllum myricoides. Goeppert.
243, 244. Tuf tertiaire avec fossiles.

D. *Fossiles posttertiaires.*

245. Cypraea. lynx. Linn.
246.   id.   arabica. Linn.
247. Purpura bufo. Lam.
248. Cerithium montis Selae. Mart.

III. Blitong.

Coll. de Groot.

Fossiles posttertiaires des terrains contenant de l'étain.

249. Balanus amaryllis var. roseus. Lam.
250. Balanus spec. indet.
251. Nautilus pompilius. Linn.
252. Strombus urceus. Linn.
253.   id.   canarium. Linn.?
254.   id.   isabella. Lam.
255. Pteroceras lambis. Lam.
256. Terebellum subulatum Lam.
257. Murex adustus. Lam.
258.   id.   crassispina. Lam.
259.   id.   haustellum. Linn.
260. Pyrula vespertilio. Lam.
261. Cassis glauca. Lam.
262. Oliva textilina. Lam.
263. Conus marmoreus. Linn.
264. Voluta scapha. Gmel.
265. Cypraea arabica. Linn.
266. Natica mammilla. Lam.
267.   id.   chinensis. Lam.

268. Cerithium asperum. Brug.
269.   id.   vertagus. Brug.
270.   id.   procerum. Kien.
271.   id.   telescopium montis Selae. Mart.
272. Vermetus spec. indet.
273. Trochus maximus. Koch.
274.   id.   maculatus. Linn.
275.   id.   acutus. Lam.
276.   id.   spec. indet.
277. Bulla naucum. Linn.
278. Ostrea crista galli. Chemn.
279. Placuna sella. Lam.
280. Pecten Senatorius. Lam.
281.   id.   radula. Lam. var.
282. Spondylus aculeatus. Chemn.
283. Pinna spec. indet.
284. Arca antiquata. Linn.
285.   id.   navicularis. Brug.
286.   id.   fusca. Brug.
287. Chama spec. indet.
288. Cardium rugosum. Lam.
289.   id.   papyraceum. Chemn.
290.   id.   angulatum. Lam.
291. Circe undatina. Lam.
292. Cardita phrenetica. Lam.
293. Venus Listeri. Gray.
294. Venus marica. Lam.
295. Lucina spec. indet.
296. Cytherea erycina. Lam.
297.   id.   picta. Lam.
298. Tapes litterata. Linn.
299. Tellina lingua felis. Linn.
300.   id.   spec. indet.
301.   id.   virgata. Linn.
302. Solen brevis. Hanl.
303.   id.   spec. indet.
304. Solecurtus candidus. Quoy et Gaim.
305. Aspergillum annulosum. Derk
306. Septaria arenaria. Lam.
307. Salmacis sulcata. Ag.
308. Laganum depressum. Less.
309. Peronella decagonalis. Ag.
310. Arachnoides placenta. Ag.
311. Brissus carinatus, juv. Gray.
312. Madrepora appressa. Dana?
313. Galaxea fascicularis. Oken.
314. Prionastraea tesserifera. Ehr.
315, 316. Cycloseris cyclolitis. E. H.
317. Trachyphyllia spec. indet.
318. Pavonia crassa. Dana.

IV. Timor.

Coll. Schneider.

Fossiles des terrains calcaires carbonifères.

319. Spirifer timorensis. Mart.
320.   id.   lineatus. Mart. spec.

321. Spirigera protea. Abich. (var. subtilita Hall.).
322. Streptorhynchus (conf.) pectiniformis. Dav.
323. Streptorhynchus radialis. Phil.
324. Productus semireticulatus. Mart. spec.
325. Lophophyllum spinosum. Mart.
326. *a.* Lithostrotion. spec. indet.
327. *b.* id. id.
328. Amplexus Beyrichi. Mart.
329. Trochites du calcaire houiller de Koupang.

V. Bonaire (Indes occ.)

Coll. Hellmund.

Phosphorites et fossiles tertiaires.

330. Phosphorite.
331. Carcharodon megalodon. Ag.
332. Oxyrrhina gomphodon. M. et H.
3·3. Hasietanden (dents de requin)
334. Vermetus. spec.
335, 336. Phosphorite.
337. Guano.

6ª. Collection géologique de l'île de Bangka. — G. P. A. Renaud, ingénieur en chef des mines à Bangka.

L'ingénieur Renaud fait précéder l'énumération des objets dont se compose cet envoi des remarques explicatives suivantes.

Le sol est en majeure partie de formation neptunienne, c'est-à-dire qu'il appartient à une époque géologique considérée comme une des plus anciennes; toutefois l'absence de pétrifications ne permet pas d'en déterminer l'âge.

La formation principale est brisée en plusieurs endroits par des roches granitiques, qui couvrent elles aussi un grand espace. Les produits de l'émiettement de ces deux terrains se montrent ici et là sous la forme de conglomérats plus récents que le reste et de grés; d'ordinaire cependant les détritus ont été déposés au fond et le long des vallées.

Ces dépôts de débris rocheux, d'argile et de sable sont importants, car c'est de là que s'extrait l'étain.

L'île est couverte d'une si épaisse végétation, de plus les roches ont été jusqu'à une si grande profondeur entamées par les intempéries, enfin les alluvions de boue et de limon sont si considérables, qu'il est rare que l'on puisse examiner les roches sur une étendue un peu considérable. Le long des côtes on trouve des dépôts de médiocre largeur de sables amenés par les vents, et parfois aussi des bancs de corail. Les roches sont peu nombreuses et diffèrent peu en composition et en âge, de sorte que la formation géologique est très uniforme, comme l'est aussi la constitution physique du sol.

I. **Roches granitiques** (n° 1—42). Ce sont les seules roches éruptives qui se trouvent dans l'île. Elles se composent le plus souvent d'un mélange à grains de moyenne grandeur de feldspath (orthoclase et oligoclase) de couleur pâle, de grains de quartz gris et de lamelles micacées.

La tourmaline entre aussi comme élément assez fréquent, quoique secondaire, dans cette composition. Elle se présente parfois sous forme de cristaux rayonnants ou de petites bandes, et il peut arriver, par la diminution du feldspath, qu'elle prédomine au point que l'on obtienne une roche de tourmaline ou un schiste tourmalineux (voy. n°. 38—40).

La hornblende existe aussi, mais en moindre quantité; sa présence fait de quelques variétés un granit syénitique (n°. 14—37).

Les granits à gros grains deviennent souvent porphyriques (n°. 1—8) par la formation de grands cristaux de feldspath; quand ceux à grains fins se débarrassent de cristaux de feldspath et de quartz, ils deviennent porphyre granitique (n°. 27—29). Quelques variétés proviennent de différences dans la composition ou dans la structure de la roche.

On peut nommer comme accessoires fortuits: l'agalmatolite, en petites veines, se trouvant cependant le plus souvent dans les détritus de montagnes (n°. 131); l'anabase, très rare; la chlorite, très rare; le grenat, rare; la pyrite de cuivre, très rare, sporadique; le quartz en veines et petites veines (n°. 42), ou bien en étant sorti par la cristallisation, ou bien comme cristal de roche, comme on peut le voir par les morceaux roulés qui s'en trouvent dans quelques minérais; la galène, sporadique; du minérai manganésifère, d'ordinaire sous forme de petites veines de polianite; le rutil, des plus rares; le talk avec du quartz dans quelques veines; le minérai d'étain, présent dans beaucoup de granits sous forme de petites veines, de petites bandes, de petits cordons ou de petits cristaux, et accompagné de quartz; probablement il existe encore à l'état de grains très fins mélangés à la masse, mais invisibles à l'œil nu, quoique en lavant les détritus on puisse souvent constater leur présence; le fer titanifère, rare; la chaux fluatée, des plus rares; le wolfram, des plus rares, trouvé une seule fois en petites veines avec du minérai d'étain, du quartz et de la tourmaline entre le granit et le gré; le fer sulfureux, d'ordinaire sous forme de pyrite (n°. 30).

Il y a souvent des filons de granit dans le granit; ou les a rarement constatés dans les roches sédimentaires. Quelques variétés de granit donnent d'excellentes pierres de construction, et à Bangka même l'on s'en sert pour les môles; on les taille aussi pour en faire des pierres tombales pour les Chinois.

L'ancien sol neptunien, qui a été fortement soulevé et brisé, n'est principalement composé que de couches alternantes de schiste et de gré, ou d'espèces intermédiaires entre les deux (n°. 55—81). Ces roches sont par places, surtout dans le voisinage du granit, fortement métamorphosées, et transformées en schiste siliceuse, en quartzite etc., ou bien elles se sont amollies ou désagrégées par les influences atmosphériques.

Ce terrain n'a pas de calcaire; en revanche, le fer, sous forme de fer oxydé, y joue un rôle prépondérant, soit comme élément imprégnant soit comme accessoire.

Toutes ces roches ne sont sans doute pas précisément du même âge; néanmoins jusqu'à présent la classification pétrographique est indiquée plutôt que la classification géologique. On signalera à part quelques différences d'âge considérables.

II. **Schistes** (n°. 43—63). Dans la moitié nord de l'île on voit apparaître sur la limite du granit et sur une largeur peu considérable le schiste micacé; il n'est pas dur et ne se rencontre guère que fortement éprouvé par les agents atmosphériques (n°. 43—48). Quand le quartz prédomine, on a des espèces de transition dans le sens du schiste quartzeux ou siliceux; dans le cas opposé, on se rapproche du simple schiste argileux (n°. 49—54). Celui-ci n'est pas un schiste d'ardoise pur; il contient d'ordinaire du sable ou de l'oxyde de fer. Il présente aussi des formes intermédiaires dans le sens du gré (n°. 55) et sous l'influence du climat devient une argile molle, plus ou moins sablonneuse. Dans le district de Toboali, le granit est par places entouré d'un schiste métamorphique dur ressemblant au *Hornfels* des géologues allemands (n°. 57). Ailleurs un procédé de silicification a produit dans le voisinage du granit un schiste siliceux. Celui-ci n'a que plus ou moins conservé le caractère schisteux suivant l'intensité de la transformation; quelquefois il est noir et peut s'utiliser comme pierre de touche, ou, s'il contient du sable, comme pierre à aiguiser (n°. 58—62); enfin il y a aussi des transformations dans le sens du quartzite (n°. 63).

III. **Quartzites et grés** (n°. 64—99). La forme la plus fréquente est un gré de couleur claire à grain fin, avec un ciment argileux, un gré argileux. Quand il entre plus de silice dans la composition du ciment, on a des grés siliceux ou quartzites, dans lesquels les grains ne peuvent plus se distinguer les uns des autres à l'œil nu (n°. 64—75).

Une structure lamellée ou une prédominance d'argile donnent lieu à des formes de transition de schiste sablonneux (n°. 78—81).

Le mica se présente comme accessoire par paillettes ou, quoique rarement, sous forme de petites bandes (n°. 77).

De petites veines de quartz se montrent plus fréquemment, avec ou sans tourmaline, parfois aussi avec du minérai d'étain, de la pyrite, du wolfram etc. (n°. 98, 99, 118 et 119).

De petites bandes de fer ou de manganèse ne sont pas rares (n°. 95—97), non plus que la tourmaline, celle-ci indépendante ou bien placée entre les surfaces de contact des couches; il en est de même de la polianite et du mica ferrugineux.

On a trouvé aussi des cristaux porphyriques de pyrite de fer dans le quartzite.

Outre les grés que nous avons décrits, on trouve encore exceptionnellement quelques conglomérats contenant de la silice (n°. 92—94).

IV. **Roches ferrugineuses** (n°. 100—117). A la surface du sol apparaissent, souvent sur de grandes étendues, assez fréquemment surtout près de la limite du granit, des roches contenant beaucoup de fer. Elles sont composées d'argile, de sable, de grains de quartz et de fer oxydé, dans toutes les proportions possibles de deux ou de plus de deux de ces éléments. Parfois le fer est partiellement remplacé par le manganèse.

Ces roches sont d'âges différents. On peut se faire quelque idée de la manière dont elles se sont formées, comme suit :

Le dépôt primitif sédimentaire a été soumis à l'action d'eaux devenues ferrugineuses par l'effet de la décomposition sous les influences atmosphériques de pyrites ou d'autres minéraux; il est résulté de la circulation de ces eaux un dépôt de fer oxydé, qui, se logeant dans les fentes, entre les couches etc. du sédiment, y a constitué de petites veines contenant du fer (n°. 49, 50, 95—97). Si la proportion du fer augmente et si la masse s'en imprègne, les schistes peuvent se transformer complètement en roches d'argile ferrugineuse, dans lesquelles on ne peut plus distinguer de structure, et qui plus tard, en continuant de se drainer, prennent une apparence cellulaire et vessiculaire; quand le fer y est très abondant, on les nomme pierres de fer oxydé. Les échantillons 45 et 47 font voir que le schiste micacée lui-même est sujet à cette métamorphose. Si c'est du grès qui subit ce procès, il en résulte des breccies ferrugineux, des grès ferrugineux ou des grès argileux ferrugineux.

Il est clair que toutes les roches ferrugineuses ne se sont pas formées de cette manière, mais qu'il y en a beaucoup, surtout les grès ou les conglomérats, qui se sont formés en dehors des couches sédimentaires par la cimentation, au moyen de fer oxydé, de produits mobiles de désagrégations, ou bien par des dépôts postérieurs de minérai de fer mélangé d'argile ou de sable.

Les conglomérats plus récents ou grès contiennent souvent des grains de minérai d'étain mêlés à la masse, ce que l'on peut constater en pulvérisant la roche pour la laver ensuite. On n'a cependant pas eu de motifs de diviser cette catégorie de roches en roches anciennes et récentes. Dans beaucoup de cas le mode de leur formation est évident; dans d'autres cependant, obscur.

Il est indubitable qu'il faut toujours considérer comme d'origine récente le conglomérat contenant du fer qui se rencontre dans les dépôts des vallées au dessus de la couche de minérai (n° 129 et 130), et que l'on range par conséquent parmi les dépôts de détritus de montagne.

Parmi les grès ferrugineux il y en a une variété qui contient beaucoup de manganèse (n° 117) et qui pour cela mérite une mention spéciale.

V. **Filons minéraux et minérais dans la roche solide** (n° 118—121). On a déjà vu plus haut que le quartz, le fer oxydé, le manganèse et la tourmaline, forment souvent de petites veines au milieu de diverses espèces de roche. Nous n'avons donc plus à parler que principalement des filons minéraux renfermant des métaux. Les plus importants sont ceux qui contiennent de l'étain.

Le minérai d'étain, toujours oxyde d'étain, se trouve à Bangka dans les roches solides. Ce n'est toutefois pas sous forme de forts filons se continuant régulièrement au loin. C'est, avec le quartz et parfois la tourmaline, le polianite ou le mica, en petites veines qui forment quelquefois un réseau; c'est encore dans des poches ou dans les interstices et fentis du grès, et enfin aussi cristallisé à part dans le voisinage des veines.

En outre nous avons déjà exprimé la probabilité de la présence de minérai d'étain mélangé à la masse du granit. En tout cas, il faut qu'il y ait beaucoup d'étain dans le granit, ne fût-ce que sous la forme de petites veines, puisque un grand nombre de vallées qui possèdent l'étain sont creusées dans le terrain granitique lui-même et y contiennent de riches dépôts de minérai de ce métal. Pour autant qu'on a pu s'en assurer, la présence du minérai d'étain dans la roche sédimentaire est en général, à l'exception des grès ou des conglomérats formés de détritus postérieurs, bornée aux grès ou aux quartzites qui se trouvent dans le voisinage de la limite du granit (n° 118 et 119).

Le place nécessaire à la formation de minéraux par cristallisation s'est trouvée en maint endroit, comme cela se voit par les gros cristaux de quartz ou par les blocs de minérai d'étain cristallisé qui se trouvent parfois dans la partie supérieure des vallées qui contiennent l'étain (n° 126 et 128).

Il est assez remarquable, et en tout cas très heureux pour la pureté de l'étain, que le wolfram ne soit que sporadique, et que même on n'en ait constaté avec certitude la présence qu'en un seul endroit.

On a trouvé dans les ravins du cours supérieur de la petite rivière de la Salinta, dans le district de Pangkal Pinang, des morceaux de granit pauvre en feldspath auquel le wolframium et le minérai d'étain sont mélangés dans des proportions qui varient de 1 à 40 %; il y a en outre dans les roches de gré et de granit de la colline de Salinta un grand nombre de petites veines, qui contiennent de la tourmaline, du mica, du minérai d'étain, du wolfram, soit ensemble, soit séparé (n° 119).

L'or n'a pas été trouvé positivement en filons dans la roche compacte; mais en lavant le sable du rivage près de certains écueils sur la côte orientale des districts de Merawang et de Pangkal Pinang, on peut trouver un peu d'or, parfois incrusté dans le quartz, et de minérai d'étain en grains encore mal arrondis. Cela indique que dans ces endroits les petites veines du gré ou des quartzites doivent contenir du minérai d'or et d'étain.

On a découvert aussi dans quelques endroits, mais en quantité sans importance, de l'or mêlé au minérai d'étain dans les dépôts alluviaux de détritus de montagne.

Nous avons déjà mentionné à plusieurs reprises le fer oxydé. Il se rencontre sous forme de petites veines, ou bien imprégné dans les roches; aussi, là où il arrive à prédominer a-t-on de vrai minérai de fer. A Bangka celui-ci n'existe pas en quantité suffisante pour avoir quelque valeur.

Le minérai de fer rouge est des plus rares; de même le mica ferrugineux; en revanche on a constaté sur une assez grande échelle la présence du minérai de fer oxydulé dans une couche de gré d'un des points les plus reculés de l'intérieur de l'île (n° 120).

Le fer titanifère doit exister exceptionnellement dans la roche compacte, car on connaît dans le district de Koba un terrain dont on peut extraire par voie de lavage un sable contenant de l'étain, composé de ce fer et ne renfermant que de 5 à 10 % d'oxyde d'étain (n° 133).

Nous avons aussi plusieurs fois mentionné le minérai de manganèse se présentant sous forme de polianite indépendante, ou bien prenant la place du fer oxydé. On rencontre aussi la pyrolusite et le psilomelane.

Il se trouve cependant par places en quantités plus considérables dans les couches de gré (n° 121) ou bien par morceaux là où l'étain s'extrait dans les vallées (n° 132).

VI. **Dépôts plus récents dans les vallées et le long des vallées** (n° 122—140). La roche compacte est presque partout à Bangka recouverte d'une couche épaisse consistant en une masse, qui n'a pas été ou n'a été que peu déplacée, formée de roches désagrégées par les agents atmosphériques. Il s'y rencontre d'anciens thalwegs comblés par les produits de l'effritement, couches d'argile, de sable, de limon. Le fond du lit des vallées est ainsi formé des roches primitives très entamées par le climat et fort peu déplacées, et présente d'ordinaire une argile compacte renfermant, tantôt des grains de quartz, tantôt du sable ou des paillettes de mica, suivant la nature de la roche primitive. Parmi les échantillons réunis dans la boite marquée du n° 125, on en trouvera, sous le n° 1—6, de cette masse fortement métamorphosée, difficile à reconnaître pour les non-initiés. Elle constitue l'ancien fond des vallées sur lequel les rivières ont ensuite déposé le minérai d'étain. Lorsque donc, en exploitant celui-ci, on atteint la masse du fond, il est inutile de creuser plus avant; on ne trouverait plus le métal cherché. On appelle pour cela cette masse le fond du minérai, ou, en empruntant une expression aux Chinois, le *Kong*.

La couche contenant le minérai est un dépôt de détritus de montagne qui, partout où il existe, repose directement sur l'ancien fond de la vallée. Elle est formée de grains de quartz, de cristaux arrondis de quartz ou sable de quartz, avec des grains de minérai d'étain, quelques minéraux mélangés à la masse ou fragments de roche roulée et quelquefois de l'argile. Elle est recouverte d'un certain nombre de couches alternatives d'argile et de sable, et enfin d'une épaisseur variable de sol noir, argileux, sablonneux ou boueux, très riche en éléments organiques, à travers lequel la rivière actuelle se fraie ses méandres.

Il existe quelquefois encore entre ces couches supérieures un dépôt peu profond de sable contenant de l'étain, ou bien encore le sol qui recouvre le tout renferme de l'étain. Il arrive en même temps parfois que l'on trouve le sol noir en deux étages différents. Souvent enfin un manteau de sable alluvial, originaire des exploitations d'étain du voisinage, est venu s'étendre en dessus du sol supérieur.

L'épaisseur totale de toutes ces couches dépasse rarement dix mètres; le dépôt contenant le minérai d'étain est d'ordinaire fort de 0,30 à 0,60 m. et atteint rarement un mètre ou plus. Les n° 122—124 représentent des coupes qui permettent de se rendre mieux compte de la composition de ces terrains.

La proportion de minérai d'étain dans la couche qui le contient est très variable. Dans les exploitations actuelles elle doit être renfermée dans les limites de 10 à 60 kilogrammes par mètre cube de masse sablonneuse et donner une moyenne de 20 à 40 k., c'est-à-dire de 1 à 2%.

Le minérai est d'ordinaire brun foncé. Les grains rouge-gris ou jaunes sont des exceptions. A l'origine des vallées, dans la proximité des veines d'étain, les grains peuvent atteindre une grosseur considérable, mais celle-ci diminue à mesure que l'on descend le courant de l'eau; elle reste d'ordinaire inférieure à 3 millimètres; les grains de plus de 5 mm. sont rares.

L'étendue d'un dépôt de minérai d'étain dépend de la largeur de la vallée où il se trouve, et ne peut pas non plus s'éloigner au delà d'une certaine distance de la source primitive du minérai. La partie inférieure des grands dépôts contient d'ordinaire sur une largeur de 100 à 200 mètres assez de minérai pour rendre l'exploitation rémunérative; en remontant le courant, la largeur diminue. Quant à la longueur sur laquelle une vallée renferme du minérai exploitable, elle dépasse rarement dix kilomètres.

Outre le minérai, la couche qui le contient doit aussi renfermer les débris minéraux provenant de la désagrégation des roches compactes; cependant on ne retrouve principalement que des fragments de roches riches en quartz, comme l'argile siliceuse etc., et en outre des quartz et du cristal de roche. Le feldspath s'est métamorphosé sous l'influence du climat et se retrouve à l'état d'argile, à moins qu'il n'ait été emporté par les eaux.

La pyrite de fer est certainement présente dans chaque couche de minérai, mais seulement en faible quantité; en effet ce minérai a été décomposé, ou bien il est allé se déposer plus bas dans les vallées, là où il y a trop peu d'étain pour qu'on y poursuive l'exploitation.

Le Wolfram ne peut exister que sporadiquement, et a été constaté avec certitude dans le minérai d'une seule vallée du district de Pangkal Pinang.

On trouve de temps en temps des morceaux roulés de minérai de manganèse (n°. 132).

L'or se trouve parfois dispersé à l'état sporadique entre les grains de minérai; dans un très petit nombre de vallons seulement il existe en proportion quelque peu plus importante.

Nous avons déjà signalé le fer titanifère comme élément prédominant dans un seul des endroits où la présence en a été constatée (n° 133).

Il y a cependant assez fréquemment une poussière noire de tourmaline, qui naturellement s'élimine lorsqu'on lave le minérai; les fragments roulés d'agalmatolite ou d'un silicate de terre alumineuse qui y est anologue (n° 131), ne sont pas rares.

La couche possédant le minérai contient donc peu d'autres minéraux accessoires; aussi est-il suffisant de laver et de réduire le minérai d'étain; on ne le grille pas au préalable, et quand le métal a été réduit on n'a pas non plus à le raffiner.

On trouve quelquefois le long des revers élevés des vallées des dépôts semblables à ceux que nous avons décrits; souvent aussi la masse restée en place de roches désagrégées par le climat est recouverte d'une mince couche de détritus, qui, dans les terrains contenant l'étain, renferme ce métal dans toute son épaisseur, rarement supérieure à 3 ou 4 mètres.

Ces emplacements élevés portent le nom de terrains *koulit*, ceux qui sont dans le fond des vallées celui de terrains *kollong*.

Les terrains, élevés ou bas, les plus riches en étain se trouvent dans le voisinage des limites du granit et des roches sédimentaires; quelques dépôts cependant en sont éloignés, tandis qu'en revanche souvent les terrains voisins de ces limites sont pauvres en minérai ou même n'en renferment point du tout. Il existe encore de nombreux dépôts récents d'argile ou de sable. Nous mentionnerons: Un conglomérat, contenant du fer, qui recouvre assez souvent la couche de minérai (n° 129, 130); du kaolin blanc ou terre à porcelaine (n° 125); une terre jaune et une rouge, dont la première s'emploie partout dans les Indes, mélangée avec de la chaux blanche, pour badigeonner les édifices de l'Etat (n° 134—136); une argile propre à faire des briques et des tuiles (n° 137—140).

Il faut en terminant mentionner aussi les sources d'eau chaude que l'île possède; on en connaît plusieurs; elles sont indépendantes de l'étain et ne donnent pas d'eau minérale.

La plus haute température constatée est celle d'une source du district de Blinyou; elle est de 62° à 67° C.; une source de la contrée de Permis a donné $56\frac{1}{5}$° C. Celles des autres qui ont été mesurées n'ont pas atteint ce chiffre.

Roches granitiques.

1. Granit (à gros grains et porphyrique), Boukit Bira — Koba.
2. Granit (à gros grains et porphyrique), Telokh Bakan. — Blinyou.
3. Granit (à gros grains et porphyrique), Mantong. — Blinyou.
4. Granit (à gros grains), Ayer Mingris. — Blinyou.
5. Granit (à gros grains), Padang lalang. — Blinyou.
6. Granit, Tanjong Antou. — Merawang.
7. Granit, Boukit Bantoun. — Merawang.
8. Granit, Tanjong Pounei. — Soungeiliat.
9. Granit, Boukit Obi. — Soungeiliat.
10. Granit, Tanjong Belayar. — Soungeiliat.
11. Granit (porphyrique), Batou Bedahoun. — Blinyou.
12. Granit, Boukit Pelampang Betong. — Soungeiliat.
13. Granit, Boukit Betong. — Soungeiliat.
14. Granit, Boukit Pouwak. — Soungeiliat.
15. Granit, Boukit Paucha. — Soungeiliat.
16. Granit, Boukit Krienyok. — Soungeiliat.
17. Granit, Tanjong Telaga. — Soungeiliat.
18. Granit, Boukit Raya. — Soungeiliat.
19. Granit, Tanjong Layang. — Soungeiliat.
20. Granit, Tanjong Raya — Soungeiliat.
21. Granit, Sambong Giri. — Merawang.
22. Granit, Batou Bedahoun. — Blinyou.
23. Granit, Boukit Batou Saing. — Merawang.
24, 25. Granit, (à grains fins), Batou Bedahoun. — Blinyou.
26. Granit, (contact du gr. à grains fins avec celui à gros grains), Batou Bedahoun. — Blinyou.
27. Porphyre granitique, Tanjong Pounei. — Soungeiliat.
28. Phorphyre granitique, Boukit Pancha. — Soungeiliat.
29. Porphyre granitique, Soungei Sampana. — Soungeiliat.
30. Granit (contenant de la pyrite), Batou Ampar. — Merawang.
31. Granit (pauvre en mica), Ayer Mingris. — Blinyou.
32. Granit (avec mica vert), Boukit Salinta. — Pangkal Pinang.
33. Greisen granitique, Soungei Sampana. — Soungeiliat, limite de l'argile micacée et du granit.
34. Granit syénitique, Boukit Tanjong Batan. — Soungeiliat.
35. Granit syénitique, Tanjong Batan. — Soungeiliat.
36, 37. Granit syénitique, Poulon Tiga. — Soungeiliat.
38. Roche de tourmaline, Muntok.
39. Roche de tourmaline (morceau roulé trouvé dans la couche à minérai), mine n°. 25, Soungei Panji. — Blinyou.
40. Roche de tourmaline (morceau roulé trouvé dans la couche à minérai), mine n°. 12, Soungei Kajout. — Blinyou.
41. Granit (pierre à bâtir), Toboali.
42. Filon de quartz dans le granit, Boukit Inten. — Soungeiliat.

Roches d'ardoise.

43. Schiste micacé, Soungei Loumout. — Blinyou (couche à minérai de la mine n°. 7).
44, 45. Schiste micacé, Soungei Sampana. — Blinyou.
46, 47. Schiste micacé, Ayer Pelumpang. — Soungeiliat.
48. Schiste micacé, Ayer Layang. — Soungeiliat.
49. Roche schisteuse (contenant du fer) en contact avec le schiste micacé, Soungeiliat.
50. Schiste argileux brun, Boukit Panga. — Soungeiliat.

GROUPE I. Quatrième Classe.

51, 52. Schiste argileux rouge, Tanjong Gounoung. — Pangkal Pinang.
53. Schiste argileux noir, Karang Merah. — Merawang.
54. Schiste argileux rouge, Karang Merah. — Merawang.
55. Schiste argileux blanc (se transformant en gré), Sambong Giri. — Merawang.
56. Roche molle de schiste argileux, Ayer Gemourou. — Pangkal Pinang.
57. Schiste métamorphique (hornfels), Taboali.
58. Schiste siliceux (avec des parties se rapprochant du grenat), Merawang.
59, 60. Schiste siliceux, Boukit Batou Noungoul. — Merawang.
61. Schiste siliceux, Boukit Brang. — Soungeiliat.
62. Schiste siliceux, Sambong Giri. — Merawang.
63. Schiste siliceux (se transformant en quartzite), Sambong Giri. — Merawang.

Quartzites et grés.

64. Quartzite, Poulo Raya. — Blinyou.
65. Quartzite, Boukit Salinta. — Pangkal Pinang.
66. Quartzite (avec de petites bandes de tourmaline), Boukit Salinta. — Pangkal Pinang.
67, 68. Quartzite, Boukit Salinta. — Pangkal Pinang.
69. Quartzite, Boukit Jeloutou. — Soungeiliat.
70. Quartzite, Karang Mangoou. — Merawang.
71. Quartzite, Sambang Giri. — Merawang.
72, 73. Quartzite (se transformant en gré), Sambong Giri. — Merawang.
74. Gré bigarré (se transformant en quartzite), Karang Mangaon. — Merawang.
75. Gré (se transformant en quartzite), Karang Mangaon — Merawang.
76. Gré (avec de petites veines de quartz), Batou Ampar. — Merawang.
77. Gré (avec de petites bandes de mica), Boukit Salinta. — Pangkal Pinang.
78—80. Gré (écailleux), Tanjong Bounga. — Pangkal Pinang.
81. Gré (se transformant en Schiste argileux), Sambong Giri. — Merawang.
82, 83. Gré blanc avec de petites bandes d'argile brune, Tanjong Gounoung. — Pangkal Pinang.

84. Gré, Karang Maas. — Merawang.
85. Gré, Karang Antou. — Merawang.
86, 87. Gré, Ayer Messira. — Merawang.
88. Gré, Boukit Mentangor. — Soungeiliat.
89. Gré (bigarré), Boukit Pounei — Soungeiliat.
90. Gré (rouge), Boukit Rembang Kouning. — Soungeiliat.
91. Gré, Boukit Tounou. — Soengeiliat
92. Conglomérat, Boukit Tounou. — Soungeiliat
93. Conglomérat, Boukit Jeloutou. — Soungeiliat.
94. Conglomérat, (se transformant en gré); Poulou Simbang. — Soungeiliat.
95. Gré (avec de nombreuses petites veines de fer oxydé), Boukit Bira. — Merawang.
96, 97. Gré (avec de nombreuses petites veines de fer oxydé et de manganèse), Boukit Pounei. — Soungeiliat.
98. Filon de quartz dans le gré, Boukit Rembangong. — Merawang.
99. Filon de quartz dans le gré, Karang Lintang. — Merawang.

Roches ferrugineuses.

100. Pierre à fer argileuse, Ayer Batou Hitam. — Blinyou.
101, 102. Pierre à fer argileuse (breccie), Boukit Jouroung. — Merawang.
103. Pierre à fer argileuse (contenant de l'ocre), Ayer Mentangor. — Blinyou.
104. Pierre à fer argileuse (à cellules), Boukit Panga. — Soungeiliat.
105. Fer oxydé, Route postale Blinyou. — Soungeiliat.
106. Roche de fer oxydé, Batoe Hitam. — Blinyou.
107. Roche de fer oxydé, Poulo Mengkoubonng. — Blinyou.
108. Roche de fer oxydé (cellulaire), Samdong Giri. — Merawang.
109. Roche de fer oxydé, Paulo Pounai. — Pangkal Pinang.
110. Roche de fer oxydé, Boukit Pouga. — Soungeiliat.
111. Roche de fer oxydé (cellulaire), Kampong Boukit. — Soungeiliat.
112. Conglomérat riche en fer, Batou Hitam. — Blingou.
113. Conglomérat riche en fer, Soungei Boubous — Blinyou.
114. Conglomérat riche en fer (renfermant du minérai d'étain), Batou Jinten. — Blinyou.

Groupe I. Quatrième Classe.

115. Grè riche en fer (renfermant du minérai d'étain), Soungei Loumout. — Blinyou.
116. Grè ferrugineux, Boukit Tengaring. — Blinyou.
117. Grè manganésifère, Ayer Manyar. — Soungeislan.

Filons minéraux et minérais dans la roche compacte.

118. Filon contenant de la roche d'étain cristallisée dans le grè riche en mica, Sambong Giri. — Merawang.
119. Filon de quartz et de tourmaline dans le grè, renfermant parfois du minérai d'étain et du wolfram, Boukit Salinta. — Pangkal Pinang.
120. Fer oxydulé (échantillon magnétique), Boukit Plawan — Koba
121. Psilomélane, Ayer Glam. — Soungeislan.

Dépôts récents dans les vallées et le long des vallées.

122. Petite armoire contenant la coupe figurative du terrain du minérai d'étain fluvial de la mine de Kebinti N° 24. — Pangkal Pinang.
123. Petite armoire contenant la coupe figurative du terrain de minérai d'étain fluvial de la mine de Sinli N°. 10. — Merawang.
124. Petite armoire contenant la coupe figurative du terrain de minérai d'étain fluvial de la mine de Jouhin N°. 20. — Merawang.
125. Boîte contenant des échantillons d'argile et de sous-sol (fond du minérai) pris dans les lits de rivière renfermant l'étain, district de Soungeiliat.
126. Boîte contenant : couche de minérai non lavé, minérai d'étain lavé, gros morceaux de minérai d'étain et or provenant des lits de rivière où se trouve l'étain, district de Merawang.
127. Boîte contenant des cristaux de quartz tels qu'ils se rencontrent dans les couches de minérai, district de Soungeiliat.
128. Cristaux extraordinairement gros de la couche de minérai d'Ayer Lobo Kli. — Soungeiliat.
129. Conglomérat contenant du fer, parfois couvrant la couche de minérai, Ayer Mentangor. — Blinyou.
130. Conglomérat contenant du fer, parfois couvrant la couche de minérai, Soungei Limau. — Merawang.

131. Fragments roulés d'agalmatolite provenant de la couche de minérai, Soungei Panji. — Blinyou.
132. Fragments roulés de psilomelane provenant de la couche de minérai, Soungei Kleidang. — Pangkal Pinang.
133. Sable de fer titanifère (ne renfermant que de 5 à 10 $\%$ d'oxyde d'étain), Paya Nior. — Koba.
134. Terre jaune de Banka, Soungei Panji. — Blinyou.
135. Terre jaune (rougeâtre) de Banka, Soungei Panji. — Blinyou.
136. Terre rouge de Banka, Soungei Panji. — Blinyou.
137—140. Argile, 1re, 2e, 3e sortes propres à la fabrication des briques et des tuiles, 4e sorte n'y pouvant pas servir, Telokh Bakan. — Blinyou.

7. Collection géologique de l'île de Billiton.
— **J. H. Cordes**, ingénieur des mines, et le **Bureau central des mines**.

1. Granit (à gros grains encastrant des parties à grains fins riches en mica), Tanjong Kloumpang, district de Dendang.
2. Granit, Tanjong Kloumpang, distr. de Dendang.
3. Granit, extrémité nord-est du Gounoum Parang Boulou.
4. Granit (très riche en feldspath), comme n° 3.
5. Granit, versant nord-est du Gounoung Belourou, d. de Dendang.
6. Porphyre, point d'intersection d'Ayer Sentok et de la grande route, d. de Dendang.
7. Granit, Boukit Beginda, d. de Dendang.
8, 9. Granit, pied de la colline de Gounoung Ilir, entre la demeure de l'administrateur et celle de l'administrateur en chef, d. de Tanjong Pandan.
10, 11. Granit, près du magasin de l'administrateur, d. de Tanjong Pandan.
12. Granit, bloc détaché vers le petit môle du port, d. de Tanjong Padan.
13. Grè, versant oriental du mont Koubing (Doudat), d. de Dendang.
14. Grè, versant occidental du mont Koubing (Doudat), d. de Dendang.
15. Grè (encastrant plusieurs fragments de pierre assez gros), comme le n° 14.
16. Grè, Tanjong Riesing, d. de Dendang.

17. Quartzite, Ayer Sentok, d. de Dendang.
18. Gré, Tanjong Songa, d. de Dendang.
19. Gré (avec transformation en roche argileuse), comme le n° 18.
20, 21. Gré bitumineux (formation récente), d. de Tanjong Pandan.
22. Roche argileuse contenant du fer (entre le gré et le conglomérat de porphyre), intersection d'Ayer Sentok et de la grande route, d. de Dendang.
23. Conglomérat contenant du fer (formation récente), grande route près du kampong Parang Boulou, d. de Dendang.
24. Roche d'étain, mine de Pokfasin (Brang), Ayer Boudak, d. de Tanjong Pandan.
25. Wolframite, mine n° 13 Sinhin, d. de Bouding.
26. Mica plombifère, Kollong à Ayer Raya, d. de Bouding.
27. Obsidienne, mine de Tebroun, d. de Dendang.

8. Collection géologique de la côte occidentale de Sumatra. — Bureau central des mines.

A. *Collection générale.*

Groupe granitique.

1. Granitite, près de Silouka, point 39 du mesurage, chemin de Silouka.
2. Diorite quartzique, Tamparoungo Aner, comme n° 1.
3. Hornblende-granit, du Soungei Limau, branche du Katiolo près de Soulit Ayer.
4. Syénite, Boukit Siani, Siboumboun.
5. Hornblende-granit, avec un peu de mica, Tiembouloun, Siboumboun.
6. Hornblende-granit, B. Sounda Langit, Siboumboun.
7. Porphyre quartzeux, mikrogranit du Malakoutan.
8. Granit syénitique, boule brecciolaire, Bougit Boungson, près du fort de van der Capellen.
9. Granit syénitique, Langki.
10. Granit syénitique, Bangkiang Loulous.
11. Granit muscovitique, chemin d'Ayer Louwoh-Koboun.
12. Diorite quartzeuse, Soungei Lassi.

13. Granitite, entre Soungei Lassi et Taroung-Taroung.
14. Granit syénitique, près de Telaga Gounoung.
15. Porphyre quartzeux, mikrogranit, rivière de la Saliboutan.

Filons de granit.

16. Filon de granit syénitique, avec des fragments de hornblende-granit; rivière de la Sikali, monts Siboumboun.
17. Diorite quartzeuse, filon dans le granit, près de Silounkang.

Schistes anciens.

18. Schiste argileux, près de Silago.
19. Schiste argileux, rive de la Kwantan au dessous de Silouka, frontière des districts indépendants.
20. Quartzite, rivière de la Soumpour, affluent des Ombilies.
21. Schiste-grauwakke de la rivière de l'Oungan, chemin d'Oungan aux districts indépendants.
22. Quartzite, près de Kipal.
23. Schiste siliceux, rivière de la Limau Manis, Barisan.
24. Schiste calcaire, rivière de la Penengahan.
25. Schiste chloritique, rivière de la Panengahan.
26. Schiste graphitique, rivière de la Samaoung, Panengahan.

Filons dans les schistes.

27. Hornblende-schiste, Kampoung Tengah, crevasse de l'Anei.
28. Quartz, filon dans le granit, rivière de la Koubang près de Tanjong Balit.

Contactschiefers.

29. Schiste marneux, Soungei Benkarouh près de Silounkang.
30. Schiste siliceux, Boukit Gadang près de Batou Menjoutour, Siboumboun.
31. Schiste siliceux, Boukit Klasso Jawi, monts Siboumboun.
32. Grauwakke Boukit Panjang près de Batou Tabal.

Calcaire houiller.

33. Calcaire carbonifère, mont Ngalau Besourat près de Silounkang.
34. Calcaire carb., près de Timbouloun, Siboumboun.
35. Calcaire carb. avec grenats, comme le n° 34.

Groupe I. Quatrième Classe.

36. Calcaire avec fusulines rondes, Boukit Bessi.
37. Calcaire carb. [Culm], chemin de Matouwe, Polembayan.
38. Calcaire carb. métamorphique, près de Batou Menjoulour, Siboumboun, rocher grenatifère.
39. Opale, hydrate d'acide silicique, filon dans la roche grenatifère, galerie n° VII. Timbouloun, monts Siboumboun.

Groupe de la diabase.

40. Diabase, Gerabag.
41. Diabase, près de Batou Tagoulingen près de Silounkang.
42. Diabase, monts Danau, sentier du poteau 21 à Lawang.
43. Diabase au contact du granit, Silounkang.

1e Etage Eocène.

44. Gré, entre Louboug Tarab et le kampong Dalam.
45. Quartz brecciolaire, rivière de la Koumanis (terrain houiller).
46. Calcaire brecciolaire, près de Soungei Dourian (terrain houiller).
47. Schiste marneux, près de Tanjong Balit, XX Kottas.
48. Arcose, mont Bekahour (terrain houiller).

2e Etage Eocène.

49. Schiste brecciolaire, mont Pounchaq Yamiang (Sago).
50. Gré, près de Monara si Krambil près de Kaboun.
51. Gré et roche argileuse, au dessus des couches de houille à Soungei Dourian.
52. Schiste carbonifère, seconde couche pendante de houille à Soungei Dourian.

3e Etage Eocène.

53. Gré fin, Soungei Pandan près de Parambatan.
54. Gré argileux, près de Padang Sibousouq.

4e Etage Eocène.

55. Gré avec pétrifications, près d'Anour.

Roches anciennes miocènes.

56. Andésiste augitique, Apenberg près de Padang.
57. Andésiste augitique, mont Berangau près de Padang.
58. Andésiste augitique, mont Pangiloun près de Padang.

Roches volcaniques.

59. Couches de tuf (lapilli), volcan de l'Atar.
60. Basalte (compacte), volcan du Koulout manis.
61. Soufre, v. de Talang, sommet de Talang.
62. Obsidienne, v. du Boungsou, rivière de la Braa près de Jambaq.
63. Andésiste augitique, v. du Lantei, Songei Lantei, près de houille déluvienne.
64. Hornblende-andésite, v. du Sago, côté intérieur du Sago, cours supérieur du Sello.
65. Basalte, v. du Sago, côté intérieur du Sago, source du Sello.
66. Quartz, filon dans l'hornblende-andésiste, v. du Sago, côté intérieur du Sago, cours supérieur du Sello.
67. Andésite augitique, v. du Sago, Gounoung Karat, à l'orient au dessus de Sago.
68. Andésite augitique, lave (entamée par le climat), v. du Marapi près de Batou Beragoung.
69. Basalte, v. du Merapi, pont des Ombilies près de Pajalangan.
70. Andésite augitique, v. du Merapi; champ de pierres près de Bassok.
71. Pierre ponce du tuf, v. du Merapi près du fort de Kock.
72. Andésiste augitique, scorie, v. du Merapi, éruption de déc. 1876.
73. Andésiste augitique poreuse, probablement ancienne lave des cratères de fumaroles, v. du Merapi, cratère en activité.
74. Lave d'andésite augitique, v. du Merapi, extérieur du petit cratère.
75. Andésite augitique, au plus haut point du vieux cratère.
76. Lave d'andésite augitique, v. du Merapi, bord nord de la mer de sable près du cratère G.
77. Dépôt de sel des fumaroles, v. du Merapi, intérieur du vieux cratère.
78. Pierre ponce du diluvium, v. du Singalong, près de Kayou Tanam.
79. Andésite augitique, filon dans le granit, v. du Singalang, près du kampong Tengah.
80. Andésite augitique, v. du Maninjou, cours supérieur du Kaloulontan.
81. Andésite augitique, v. du Maninjou, rivière de la Silasoung, près de Loubok Sahou.
82. Basalte ou andésite augitique riche

en olivies, v. du Maninjou, poteau 11 près de Goumarang.

Diluvium et formation récente.

83. Tuf calcaire (diluvien), près de Silego (absent sur la carte).
84. Tuf (diluvien), Karbouwengat près du Fort de Kock.
85. Gré (diluvien), près de Telaweh.
86. Tuf (diluvien), intérieur du lac de Maninjou, près du poteau 20.

Minérais et houilles.

87. Galène, Soungei Talang, district d'Alahan Panjang.
88. Cinabre du mont Sombong, près de Sibelabon, XII Kottas.
89. Fer spéculaire cristallin, Batou Menjoulour, Siloumboun.
90. Galène, Batou Menjoulour, Siboumboun.
91. Minérai de cuivre, près de Timbouloun, Siboumboun.
92. Malachite, Batan Tiga, Siboumboun.
93. Fer spéculaire cristallin avec minérai de cuivre, rivière de Paningahan.
94. Fer spéculaire cristallin, Gounoung Bessi.
95. Graphite du schiste, rivière de la Koumoulon près de Paningahan.
96. Houille, rivière de la Kachang Pai près de Kaboun.
97. Houille, Bouki Han.
98. Houille, 1re couche, Soungei Dourian, terrain houiller des Ombilies.
99. Houille, 2e couche, Soungei Dourian, terrain houiller des Ombilies.
100. Houille, Ranti, terrain houiller des Ombilies.
101. Houille, Oulan Ayer, près de Parambahan.
102. Houille, Soungei Parambahan, près de Parambahan.
103. Houille, Soungei Pisang Nanas, près de Parambahan.
104. Houille brune, Soungei Landei, Barisan (diluvienne).

B. *Collection spéciale du Fort de Kock et de Padang Sidempouan.*

105. Andésite augitique, chemin de Bonjol à Loubouq, Sekaping près du poteau 43.
106. Basalte, chemin de Bonjol à Melampa, rivière de la Genigi près de Simpeng, contrée d'Ophir.
107. Andésite augitique, chemin de Melampa à Talou, à $\frac{1}{4}$ pâl au sud de Timbolabou, contrée d'Ophir.
108. Pierre à feu, eau douce, filon dans les tufs, terrain de Talou, près de Choubadak.
109. Obsidienne dans les tufs, près de Choubadak.
110. Schiste, chemin de Choubadak à Panti, séparation des eaux Pasaman sounpour.
111. Tuf trassique, chemin de Panti-houbouq à Sekepeng, près du poteau 81¼.
112. Obsidienne avec sphérolites, vers le poteau 45, près de N° 518.
113. Granit syénitique, Oujoung Labouan.
114. Schiste siliceux, Poulo Panggolaran, baie d'Ayer Bangis.
115. Hornblende-schiefer, Poulo Panjang, baie d'Ayer Bangis.
116. Granit syénitique, sentier de Loubouq à Sekaping, Melampa à la séparation des eaux.
117. Andésite augitique, séparation des eaux Batahan et Batang-Gadis.
118. Felsite filon dans la syénite, 400 mètres avant le poteau 133.
119. Tuf, un pâl avant le dépôt de café de Talang, près de Talang.
120. Schistes de chloride ou de hornblende avec des cordonnets de granit, rivière du Poungkout, à 5 pâls au dessus de Talang.
121. Porphyre quartzeux, filon dans la syénite, près du poteau 149¼.
122. Diabase, chemin de Penyaboungan à Natal, près du poteau 133.
123. Calcaire, chemin de Si-Epping à Padang-Lawas, mont Saprouan.
124. Andésite augitique, Oulou Angkola, pont de Sangar Oudaug.
125. Basalte, rivière entre Danau et Aëk Sadang.
126. Gré, rivière de l'Asap, à 15 pâls au dessus de Si-Oulang, Aling Oudik.
127. Hornblende-granit (entamé par le climat), pied du Kalabou, à l'ONO de Rau.
128. Calcaire éocène, chemin de Pouar Data à Souliki, rivière de la Sinamar, entre les poteaux 45 et 46.

9. Collections géologiques du Sud de Sumatra et de Souliki et Pangkalan. — Bureau central des mines.

GROUPE I. Quatrième Classe. 95

Sud de Sumatra.

1. Marne, embouchure de la Kemouning, Boukit Sounour, terrain houiller.
2. Andésite augitique, Boukit Riting.
3. Andésite augitique, projetée par le cratère Vogelsang.
4. Calcaire, mont Kasang Nata près de Napal Lichin.
5. Gré, mont Lilin près de Tanjong Agoung Rawas.
6. Andésite augitique du diluvium, Ayer Jarou.
7. Roche argileuse, miocène, affaissements NE. Poulo Pisang près de Kroë.
8. Polypiers, à trois pâls de Kroë.
9. Schiste argileux, Ayer Aboui, Makakau.
10. Andésite augitique, Ayer Souban, entre Poulo Bringin et Mouara Sindang.
11. Hornblende-granit entamé par le climat, près de Choukenau.
12. Basalte près du lac Rakihan.
13. Andésite augitique, mont Dempo, pont de la Mana.
14. Granitite, passé Tanjong Sakti.
15. Basalte, île de Mengoumang près de Sibessi.
16. Andésite augitique, Bonkit Sawah.
17. Basalte, 2e source chaude près de Beniawang.
18. Andésite augitique, île de Lagoundi.
19. Houille, 1r étage éocène, rivière de la Sipouti.
20. Gré rouge vers la houille N° 19, Sipouti.
21. Marne calcaire, rivière de la Kommering, vis-à-vis de Mouara-doua.
22. Andésite augitique, talk Belalau.
23. Petits silex, d'une source chaude à Souo.
24. Andésite augitique, Ayer Keni.
25. Obsidienne de l'andésite augitique, chapeau polonais (Rakato).

Souliki et Pangkalan.

26. Quartzite, près de Padang Roukam, crevasse d'Arau.
27. Masse brecciolaire de quartzite, Ayer Maheq, entre Kotta Barou et Tanjong Balik.
28. Schiste argileux, rivière de la Maheq près de Tanjong Baliq.
29. Schiste siliceux, rivière de la Maheq, entre Batou Merapi et Tanjong Paouh.
30. Schiste micacé, rivière de la Maheq, en dessous de Tanjong Paouh.
31. Gré siliceux, Ayer Maheq, au dessus de Mouara Mahi.
32. Diabase, rivière de la Maheq, entre Gounoung Melintang et Kotta Barou.
33. Minérai de manganèse, séparation des eaux entre Oulou Ayer et Kotta-alam.
34. Minérai d'étain, Kotta Rawah (Siak).

10. Collection géologique de la division occidentale de Borneo. — J. C. van Schelle, ingénieur des mines.

1. Gré argileux, près de la Nauga Betoung, affluent de la Boyan, Kapouas supérieure.
2. Porphyre quartzeux ou felsitique près de la Nauga Sangan, affluent de la Boyan, Kapouas supérieure.
3. Conglomérat, récent, mines d'or près de Sintang, Kapouas sup.
4. Marne sablonneuse, près du village de Sayor sur la Seberouang, Kapouas sup.
5. Roche de schiste argileux, de l'Entaboulou, affluent de l'Embalau Laboyan, Kapouas sup.
6. Gré, mont Sagou près de Oujong Pandan, rivière de la Silat, Kapouas sup.
7, 8. Gré, monts Penei près de la Silat, Kapouas sup.
9. Gré, rivière de l'Embau au dessus de Nanga Gouloung.
10. Diorite(?), pied du mont Ampar dans un petit affluent de l'Embau, Kapouas sup.
11. Diorite(?), près du village de Qurong Oula, rivière de l'Embau, Kapouas sup.
12. Diorite(?), mont Sindara près de Salimbau, Kapouas sup.
13. Hornblende-andésite, près du village de Suntas, rivière de la Sikayam, affluent de la Kapouas.
14. Gabbro, cours supérieur de la Raut près de Merouw sur la Sikayam, affluent de la Kapouas.
15. Schiste siliceux, comme n° 14.
16. Hornblende-andésite, filon dans le granit, comme n° 14.
17. Conglomérat, rivière de la Mawit, affluent de la Merouw, qui se jette dans la Sikayam.
18. Houille feuilletée, rivière de la Ming près de Merouw sur la Sikayam, affluent de la Kapouas.

19. Mélaphyre, rivière de la Kiniïn près de Poulau, rivière de la Landakh.
20. Porphyre felsitique, Nanga Merouw sur la Sikayam, affluent de la Kapouas.
21. Gré argileux, près du village de Kapalo Pasang sur la Sikayam, affluent de la Kapouas.
22—24. Gré, près de Hang Oui San, près de Montrado.
25. Roche argileuse, chemin de Hang Oui San à Montrado.
26. Gré, gallerie de Hang Oui San près de Montrado, à 30 mètres de l'entrée.
27. Conglomérat, gallerie de Hang Oui San près de Montrado, derrière les veines de quartz.
28. Gré avec cordonnets de quartz de la couche de minérai à Hang Oui San près de Montrado.
29. Roche argileuse, comme n° 28.
30. Gré, gallerie de Hang Oui San près de Montrado.
31. Roche siliceuse contenant du fer, mine de Sepat Kong Thai, entre Hang Oui San et Montrado.
32. Argile contenant du fer, récente, mine de Sepat Kong Thai, entre Hang Oui San et Montrado.
33. Granit, colline de Panjawa, chemin de Montrado à Benkayang, poteau 2.
34. Granit, Petengahan, chemin de Montrado à Singkawang, poteau 12.
35—37. Porphyre felsitique mont Koulor près de Koulor.
38. Andésite, filon dans le granit, Tanjong Bajou au sud de Singkawang.
39. Granit, comme n° 38.
40. Granit, Ayer Merah sur la côte au sud de Singkawang.
41. Gabbro, grossier, Batou Belad, entre Singkawang et Mampawa.
42. Gabbro, fin, comme n° 41.
43. Gabbro, mélangé, comme n° 41.
44. Schiste siliceux, comme n°. 41.
45. Gabbro, mont Sanggouw, entre Singkawang et Lohobang.
46. Roche métamorphique, près de Sedouw au sud de Singkawang.
47. Granit syénitique, près de Panjawa, à 2 pâls de Montrado.
48, 49. Granit, près de Chapkalla près de Montrado.
50. Quartzite, comme n° 48, 49.
51. Minérai de fer, Pajilon près de Montrado.
52. Filon de quartz dans le granit, poteau 3, chemin de Montrado à Bengkayang.

53. Schiste siliceux, Cha-Kong près du poteau 10 près de Lohobang.
54. Syénite, Telok Soua près de Batou Belad.
55. Andésite, entre Telok Soua et Batou Belad.
56. Granit, Chakok près de Singkawang.
57. Porphyre felsitique, comme n° 56.
58. Porphyre, comme n° 56.
59. Porphyre, Jintang près de Sedouw.
60. Gabbro, Simpadang près de Boudokh.
61. Galène et zinc sulfuré, Kandawangan (district sud de la résidence).
62. Minérai de plomb, Tanjan près de Montrado.
63. Minérai de plomb, Ko Pi Theo près de Montrado.
64. Veine contenant du cuivre et de l'or, Choui Tsît près de Benkayang.
65. Veine contenant du plomb et de l'or, Malayou près de Benkayang.
66. Minérai de plomb blanc, Malayou près de Benkayang.
67. Fer spéculaire, mont Pandoung près de Benkayang.
68. Fer micacé, Bendou près de Montrado.
69. Tourmaline, Bani près de Benkayan.
70. Houille, Salimbouw, rivière de la Kapouas.

11. Collection géologique de la division méridionale et orientale de Bornéo. — J. A. Hooze et W. G. Ribbius, ingénieurs des mines.

A. Schistes cristallins.

1. Schiste micacé, Riam Karan, Riam Batou di Souriq, au dessous de Tiwingan.
2. Schiste micacé, Riam Kanan, Riam Rinawei.
3. Hornblende-schiefer. Riam Kanan, au dessous de Batou di Souriq.
4. Quartzite blanc, Riam Kanan, au dessus de Riam Rinawei.
5. Quartzite, Gounoung Tamban, district de Riam Kiwa.

B. Roches éruptives plus anciennes.

6. Gabbro, Soungei Ammoniapon Besar, pied du Gounoung Pempouron, monts Bobaris.

Groupe I. Quatrième Classe.

7. Gabbro, Soungei Malinau, district de Riam Kanan.
8. Gabbro, Gounoung Tiwaan, monts Bobaris.
9. Gabbro avec serpentine, Gounoung Tiwaan, monts Bobaris.
10. Veines de gabbro dans la serpentine (?), Soungei Ammoniapon Besar (cours supérieur), Gounoung Pempouroun, monts Bobaris.
11. Couche de dial dans le gabbro, cours supérieur de la Soungei Ammoniapon Besar.
12. Serpentine, Soungei Ammoniapon Besar, pied du Gounoung Pempouroun, monts Bobaris.
13. Serpentine, entrée de Riam Kanan, monts Bobaris.
14. Serpentine, Gounoung-Batara Boulou, monts Bobaris.
15. Serpentine précieuse, Soungei Ammoniapon Besar, pied du Gounoung Pempouroun, monts Bobaris.
16. Diorite quartzeuse, pied du versant nord du Gounoung Lonmout, district de Riam Kiwa.

C. *Terrain éocène ou tertiaire ancien.*

17. Gré, éocène (Verb.), Riam Kiwa près de Lok Tounggoul.
18. Gré, éocène (Verb), mine d'Orange Nassau, Pengaron, couche pendante C.
19. Gré argileux, éocène (Verb.), comme n° 18.
20. Schiste argileux sablonneux, éocène (Verb.), Riam Kiwa près de Lok Tounggoul.
21. Schiste argileux, éocène (Verb.), mine d'Orange Nassau, Panjarou, couche pendante C.
22. Houille picciforme, éocène (Verb.), Assahan, district de Riam Kiwa, houille inférieure vers la gallerie n° 2, à droite.
23. Houille picciforme, couche B, éocène (Verb.), mine d'Orange Nassau, Pengaron.
24. Houille picciforme, couche C, éocène (Verb.), comme n° 23.
25. Houille picciforme, couche D, éocène (Verb.), comme n° 23.
26. Houille picciforme, couche E, éocène (Verb), comme n° 23.
27. Marne, éocène B (Verb.), Riam Kiwa entre Mangkaouk et Pengaron.
28. Boules de marne calcaire, éocène B. (Verb.), comme n° 27.
29. Schiste sablonneux avec mica, éocène B (Verb.), comme n° 27.
30. Lentilles plates de marne, éocène B (Verb.), comme n° 27.
31. Couche mince de marne calcaire, éocène B (Verb.), comme n° 27.
32. Veine de kalkspath, éocène B (Verb.), Riam Kiwa entre Lok Toungoul et Pengaron.
33. Calcaire de nummulites (compacte), éocène (Verb.), Soungei Batan Kapour près de Boukit Karang (Batan Ijou), Pengaron.
34. Calcaire de nummulites (compacte), éocène (Verb.), Soungei Batou Kapour, derrière la demeure du controleur, Pengaron.
35. Calcaire de nummulites (compacte), éocène (Verb.), Riam Kiwa entre Mangkaouk et Pengaron.
36. Calcaire de nummilites avec Kalkspath, éocène (Verb.), comme n° 35.
37. Calcaire de nummulites (analogue au schiste), éocène (Verb.), comme n° 35.
38. Pierre à feu du calcaire, éocène (Verb.), Batou Kapour derrière la demeure du controleur, Pengaron.
39. Pétrifications, éocène (Verb.), Riam Kiwa entre Mangkaouk en Pengaron.
40. Pétrifications, éocène (Verb.), Batan Kapour derrière la demeure du controleur, Pengaron.
41. Pétrifications, éocène (Verb.), Riam Kiwa, un peu au dessous de Pengaron.

D. *Roches éruptives récentes accompagnées de leurs tufs éruptifs et de leurs conglomérats de tuf.*

42. Hornblende-andésite, Riam Kiwa, Riam Balei près de Lok Besar.
43. Hornblende-andésite, derrière l'ancienne mine de Pengaron.
44. Hornblende-andésite, près de Bounglei, districts de Riam Kanan.
45. Andésite augitique, Boukit Karang (Batou Ijou) près de Pengaron.
46. Andésite augitique, Riam Kiwa près de Buttong Bedara.
47. Andésite augitique, Soungei Ammoniapon Kechil, au dessus du kampong Ammoniapon sous Gounoung Rangkat.
48. Andésite augitique, Riam Kanan, un peu au dessus de Tiwingan.
49. Tuf éruptif, Soungei Malinau, district de Riam Kanan.
50. Conglomérat de tuf (grossier), Soungei Ammoniapon Kechil, Gounoung Rangkat.
51. Conglomérat de tuf (grossier), Soun-

7

GROUPE I. Quatrième Classe.

gei Ammoniapon Besar, pied du Gounoung Pempouron, monts Bobaris.
52. Conglomérat de tuf (grossier), Riam Kanan près de Tiwingan.
53. Conglomérat de tuf (fin), fragment roulé, petite Soungei, au nord du Gounoung Pempouron, monts Bobaris.

Supplément aux andésites.

54. Minérai de manganèse (polianite), Gounoung Bessi près de Pengaron.

E. *Dépôts tertiaires récents.*
(Miocène?)

55. Gré (miocène?), Riam Kiwa près de Blimbing.

56. Gré (miocène?) Gounoung Pahiahan, distr. de Riam Kawan.
57. Gré ferrugineux, grossier (miocène?), derrière l'ancienne mine de Pengaron.
58. Conglomérat (miocène?), Soungei Minaha, distr. de Riam Kanan.

F. *Diluvium.*

59. Terrain à diamants, Pengaron.

G. *Alluvium.*

60. Stalactite, grotte de Batou Hapou, distr. de Riam Kiwa.

NB. Les numeros 6^a à 11 appartiennent à l'envoi collectif de la direction des mines aux Indes néerl. et n'en ont pas été séparés à l'exposition même. Il a néanmoins été inévitable de ranger dans la présente classe les collections géologiques, afin de conserver au catalogue son ordre systématique, et aussi à cause de l'esquisse générale de l'état des études géologiques aux Ind. néerl. qui se trouve au commencement de la classe.

12. Echantillons de houille d'Atchin.

a. De Mego, haut-pays de Malabouh.
b. De Sinagan.

13. Quelques minéraux de la résidence de Bantam.

a. Walirang (soufre) des monts Karang.
b. Sempour ayer, morceau de bois, avec cinq pétrifications.
c. Sempour ayer, pêché dans la Chi Dourian près de Chi Kandi.
d. Houille.
 α. De Bajong Manik.
 β. De Bayah.

14. Echantillons de terrains où se cultive le café dans la résidence de Pasourouan.

a. Terrain à café excellent, du mont Kawi.
b. Terrain à café de desa Paucha Kousouma, Malang.

15. Soufre de la résidence de Pasourouan.

a. Kembang walirang (soufre sacciforme du mont Walirang). Quatre fragments.
b. Brangkallan walirang (soufre sous forme commerciale).

16. Quelques minéraux de la résidence de Timor.

a. Morceau de pierre spéculaire d'Atapoupou, Timor.
b. Terre rouge de l'île de Rotti.
c. Deux morceaux de calcaire oolitique de Rotti.
d. Morceau d'étain de Roka, côte sud de Florès.
e. Gips(?), bouteille d'eau (minérale), sable, chaux et soufre(?) du versant sud-est, tourné vers la côte, du volcan de Lowotolo à Lomblem.

17. Collection de groupes de pierres de la résidence de Ternate.

Groupe I. Quatrième Classe.

a. 11 espèces de pierres de l'île d'Obi Tapa.
b. 2 espèces de pierres de l'île d'Obi Tapa.
c. 3 espèces de pierres de l'île d'Obi Tapa.
d. 1 espèce de pierre de l'île de Bachan (Awongo).
e. 10 espèces de pierre de l'île de Bachan (Awongo, rivière de la Soungira).
f. 14 espèces de pierre de l'île d'Obi Major.
g. 1 espèce de pierre de l'île d'Obi Major (riv. de la Lochi).
h. 18 espèces de pierre d'Obi Major (riv. de la Marasa).
i. 14 espèces de pierre d'Obi Major (Angaai riv.).
j. 26 espèces de pierre d'Obi Major (Tabouji riv.).
k. 1 espèce de pierre de l'île d'Obi Bilatou.
l. 1 espèce de pierre d'Obi Bilatou (Tana riv.).
m. 37 espèces de pierre d'Obi Bilatou (Lolaro riv.).
n. 4 espèces de pierre d'Obi Bilatou (Belang-belang riv.).
o. 25 espèces de pierre d'Obi Bilatou (Soulamati riv.).
p. 3 espèces de pierre de l'île d'Obi Bisa (Dowongigila riv.).
q. 12 espèces de pierre d'Obi Bisa (Dowongigila riv.).
r. 5 espèces de pierre d'Obi Bisa (Dowongigila Kokotou riv.).
s. 8 espèces de pierre de l'île d'Obi.
t. 5 espèces de pierre d'Obi (Lelei riv.).
u. 1 espèce de pierre de l'île de Poulo Tousa.
v. 2 espèces de pierre de l'île de Souratai.
w. Antimoine de l'île de Bangaai.

18. Collection de groupes de pierres de la résidence de Ternate. — Compagnie Batjan.

a. 18 pierres de Marasa.
b. 3 pierres de Tapa Pantei Labouan.
c. 6 pierres d'Ayer Tonbouji.
d. 5 pierres de Dowongi Koboutou.
e. 4 pierres de Belang-Belang.
f. 4 pierres de Dowongi Gila.
g. 27 pierres de Bilatou Pantei Loloro.
h. 25 pierres d'Ayer Soulamati.

19. Echantillons de pierre calcaire, provenant des montagnes du Midi, distr. de Wajak, divis. de Ngrowo, rés. de Kediri, pouvant s'employer pour la fabrication du sucre, pour la maçonnerie et pour macher le bétel. — Wachman, industriel à Kediri.

1. Première sorte.
2. Espèce blanche, de moindre qualité.
3. Chaux cuite.

20. Morceau de quartz avec du mica provenant du rocher de Timehri dans la Marowyne et boite renfermant du sable de quartz d'une colline dans la Coppename supérieure, Surinam. — C. H. Hering, à Surinam.

21. Terre rouge argileuse de la Marowyne. — C. H. Hering, à Surinam.

22. Diverses espèces de pierres provenant des placers d'or sur la rive gauche de la Saramacca, vis-à-vis de l'embouchure de la Mindrineti. — Bolivar Ellis, à Surinam.

23. Fragment de pierre trouvé dans un placer d'or sur la rive gauche de la Saramacca, vis-à-vis de l'embouchure de la Mindrineti. — Bolivar Ellis, à Surinam.

24. Cinq fragments de quartz contenant de l'or. — C. Samuels, en qualité de directeur de la Compagnie minérale à Surinam.

25. Fragment de quartz

contenant de l'or. — G. A. van Charante, à Surinam.

26. Quartz divers, minérai de fer, de plomb, mica, cailloux de la Marowyne, etc. — A. van Glanenweigel, à Surinam.

27. Phosphate du Plantage Fuik (non encore exploité), Curaçao. — W. P. Maal, à Curaçao.

28. Baril de phosphate d'Aruba et phosphate d'Aruba moulu.

29. Minérais et minéraux d'Aruba. — A. J. van Koolwyk, à Curaçao.

30. Minérais de soufre et minéraux de Saba. — M. L. S. van Eps (?), à Curaçao.

Cinquième Classe.

RÈGNE VÉGÉTAL: PLANTES VIVANTES ET DESSÉCHÉES, REPRÉSENTATIONS DE PLANTES ET DESCRIPTIONS DE LA FLORE.

Si notre imagination passe en revue, en allant des pôles à l'équateur, le manteau végétal dont la terre est revêtue, nous verrons d'ordinaire croître l'abondance et la puissance de développement des plantes à mesure que nous nous rapprocherons des régions les plus chaudes. Le nombre des formes se multiplie, au point que les familles végétales du globe soient presque toutes représentées entre les tropiques et qu'il y ait une cinquantaine de ces familles qui s'y trouvent exclusivement ou de préférence. La taille des végétaux augmente d'ordinaire aussi. Quand on s'avance vers les régions boréales, on voit premièrement disparaître les arbres, qui font place à des arbustes et à des plantes buissonneuses; puis celles-ci cessent à leur tour, et il ne reste que des herbacées; dans le sens inverse, c'est le contraire qui a lieu; les arbres et leurs espèces se multiplient en avançant vers les tropiques. A la place des forêts formées essentiellement d'une seule essence, comme nos bois de hêtres ou de sapins, on en voit se dresser dans lesquelles une multitude d'espèces croissent côte à côte. De nouvelles familles font leur apparition parmi ces arbres, ou bien il s'en trouve qui ne sont représentées que par des formes herbacées sous les climats tempérés et les climats froids. Je citerai comme exemples les arbres à fleurs composées, qui ne sont pas connus chez nous sous forme arborescente; parmi les graminées, le roseau à quenouille des rives de la Méditerranée et le bambou arborescent des tropiques; l'arbre Jati qui appartient à la même famille que nos vervaines, les fougères arborescentes etc. Au dessus de l'océan de feuillage des forêts de la zône torride s'élèvent comme un second étage de verdure les couronnes majestueuses des arbres géants, dont la taille atteint le double de celle de leurs frères; d'un tronc à l'autre se tresse en réseau un vaste fouilli de plantes rampantes et grimpantes; sur les branches s'établissent des parasites véritables ou apparents, et tout cela pousse sans cesse, cherchant espace et lumière, dans la forêt toujours verdoyante.

C'est là, dans ces forêts, qu'apparaît dans toute sa grandeur l'exubérance de vie de la nature des tropiques abandonnée à elle-même. Elles sont séparées les unes des autres par des régions plus ouvertes, où croissent des herbes et des plantes herbacées, auxquelles se joignent dans notre archipel indien des arbustes et des arbres isolés. Ce n'est plus l'imposante majesté des forêts; mais on a en revanche à admirer la plus merveilleuse variété des fleurs, à moins que quelque sorte spéciale de plante ne se rende si complètement maîtresse des lieux que rien d'autre n'y puisse croître; c'est le cas des champs d'alang à Java, à Sumatra et ailleurs encore.

Il faut attribuer la puissante végétation des contrées tropicales les plus favorisées avant tout, cela va sans dire, à la haute température, assujettie à de faibles variations seulement, qui maintient dans ces régions un été perpétuel. Aussi, lorsqu'on s'y élève le long des flancs des hautes montagnes, et qu'ainsi l'on passe par des températures de plus en plus froides, assiste-t-on à des modifications successives de la végétation tout à fait analogues à celles qui se produisent de zône en zône sur la surface de la terre en s'éloignant de l'équateur et se rapprochant des pôles. Il n'y a pas dans nos possessions d'outre-mer de montagnes qui atteignent la limite des neiges; cependant il s'y trouve des sommets assez élevés pour qu'en les gravissant on voie successivement apparaître le chêne, les conifères et des formes qui s'en rapprochent, puis disparaître complètement la végétation tropicale et s'épanouir, avec des nuits où la gelée n'est pas rare, des violettes, des renoncules et d'autres plantes qui rappellent la flore de nos climats tempérés.

On doit donc distinguer dans les régions tropicales différentes zônes d'altitude, dont les limites du reste varient suivant les circonstances. Les divisions ordinaires sont premièrement la zône des côtes, puis la plaine qui s'étend derrière avec la base des montagnes, ensuite la région des forêts sur le flanc des montagnes, laquelle à son tour se divise en région basse, moyenne et haute, et enfin les sommets supérieurs à la limite des arbres. Cette division tient compte en même temps des diversités de la température et des espèces de végétaux qui caractérisent spécialement chaque zône.

Cependant la nature de la végétation ne dépend point uniquement du degré de la chaleur régnante, mais aussi pour une part très considérable du degré d'humidité de l'atmosphère, ainsi que de sa stabilité ou de ses variations plus ou moins régulières. Il faut, pour que les luxuriantes forêts tropicales puissent exister, une humidité constante avec une chaleur constante, et elles-mêmes à leur tour contribuent à maintenir cette humidité. Cette condition d'existence des forêts se réalise lorsque les pentes montagneuses sont exposées à des vents chauds réguliers, venant de la mer et saturés de vapeur d'eau. La montagne fait obstacle et force les vents à remonter. Ceux-ci rencontrent en s'élevant des couches d'air plus froides, où leurs vapeurs se condensent en nuages et en pluie. La pluie pénètre profondément le riche humus du sol, qui est protégé contre les rayons du soleil et contre une trop forte évaporation par l'épais rideau de verdure qui s'étend au dessus; enfin il laisse échapper la surabondance de ses eaux en ruisseaux et en rivières qui s'en vont arroser les basses régions.

Sous ce rapport l'archipel indien, tout particulièrement la partie occidentale de Java, est extrêmement bien situé, puisque les vents réguliers qui alternent de sémestre en sémestre, la mousson du nord-ouest et celle du sud-est, ont à franchir de vastes océans avant d'atteindre la terre, et viennent en outre s'étaler sur toute l'étendue du flanc des montagnes sur chaque versant. Il en est ainsi surtout à l'occident de Java, avons-nous dit. En effet, plus on avance vers l'orient, plus l'influence continentale exercée par l'Australie se fait sentir. Le vent du sud-est a passé sur cette vaste terre et y est devenu vent sec; les forêts s'espacent davantage, les clairières herbeuses augmentent, la chaleur solaire, n'étant plus neutralisée par l'humidité, arrive parfois à brûler la verdure et à produire dans la végétation un temps d'arrêt semblable à celui que chaque hiver ramène chez nous. A Timor, situé plus à l'est encore, cette influence se manifeste d'une manière plus intense qu'à Java. On y voit apparaître les eucalyptus, ce qui donne à la flore, en conformité avec le climat, un caractère australien.

Il existe dans les régions dont nous parlons une autre cause d'humidité régulière que l'arrivée des vents de mer sur les flancs des montagnes. Ce sont les pluies que produit la rencontre des vents alizés, qui viennent des pôles sous l'influence de la succion verticale exercée par le soleil là où il est le plus haut, ainsi que l'explique une théorie bien connue. Si le soleil atteignait sa plus grande hauteur dans le ciel toujours au dessus de l'équateur, et s'il était seul à causer les mouvements de l'atmosphère, la ligne équatoriale marquerait le milieu d'une zône de pluies non interrompues partout où elle traverse l'océan ou des contrées humides. Le courant ascentionnel d'air saturé d'eau n'y cesserait jamais; il continuerait toujours, arrivé dans les régions supérieures froides, à y laisser retomber une grande partie de son humidité, pour couler de là en arrière vers les pôles. Mais le point culminant du soleil se déplace régulièrement d'un moment de l'année à l'autre entre les tropiques, ce qui fait que chacune des contrées situées dans ces limites a à son tour sa saison des pluies faisant suite à une saison sèche.

Le déplacement de l'équateur thermal est aussi la cause de l'alternance des vents régnants dans les pays situés entre les tropiques. Il existe cependant des circonstances accessoires, en première ligne la manière dont les eaux et les terres sont distribuées, qui exercent sur ces vents une grande influence. En général l'atmosphère se réchauffe au dessus de la terre plus qu'au dessus de la mer, à cause de l'évaporation de cette dernière; il se produit donc au dessus de chaque surface terrestre un courant ascentionnel qui attire les couches d'air environnantes. L'archipel indien est situé entre les deux continents de l'Asie et de l'Australie et subit par conséquent des deux côtés l'influence que nous venons de décrire. Quand le soleil est au nord de l'équateur, l'attraction exercée par l'Asie renforce le vent alizé du sud-est; dans le cas contraire, le réchauffement de l'Australie détermine la mousson du nord-ouest, modification locale du vent alizé du nord-est. Le même mécanisme agit sur la côte nord-est de l'Amérique du sud, là où se trouve notre colonie de Surinam. L'échauffement de l'atmosphère y restant au dessus de la terre plus grand qu'au dessus de la mer, le continent y exerce toujours son influence sur l'océan, même lorsque le soleil est au nord de l'équateur, et l'on a toujours dans la Guyane, à de rares exceptions près, comme vent régnant, un vent de mer, qui apporte sans cesse de nouvelles pluies dans les montagnes et détermine la croissance de forêts touffues et le maintien d'une humidité constante. Aussi les savannes de Surinam ne sont-elles point des espaces herbeux déterminés par l'alternance d'un vent sec et d'un vent humide; ce sont des régions que leur sol sablonneux condamne à la stérilité. Il n'y croit de l'herbe et des palmiers Awarra (*As-*

trocaryum Awarra) que dans les endroits clairsemés où quelque humus a pu s'amasser. Quant à la saison des pluies, elle se confond à Java avec la mousson d'occident. A Surinam on distingue une petite saison des pluies, qui dure d'ordinaire de la fin de novembre au commencement de février, et une grande, qui commence vers la mi-avril pour cesser vers la fin de juillet. C'est après cette saison que se mettent à souffler les vents du sud-est, qui passent sur la terre ferme et y recueillent des miasmes, ce qui fait que dans la colonie ils se sont fait une réputation d'insalubrité.

Ainsi, dans les contrées dont nous avons à nous occuper ici se rencontrent des circonstances si favorables en ce qui regarde tout ensemble l'humidité et la chaleur, que l'on comprend aisément pourquoi la flore y présente un aspect de profusion exubérante si remarquable, et forme un contraste si frappant, tant avec celle des contrées plus froides qu'avec celle de pays chauds où l'eau manque plus au moins, de sorte qu'il s'y forme des déserts ou qu'il n'y croit que des plantes qui accomplissent dans un court espace de temps le cycle de leurs fonctions vitales ou qui sont armées contre l'évaporation; ce dernier cas est celui des cactus et des agaves du Nouveau Monde et dans l'Ancien Monde, de formes analogues dans d'autres familles; tout ce qui n'est pas capable de lutter ainsi contre un climat défavorable, périrait.

Il nous reste à parler des formes végétales qui sont caractéristiques de la flore de nos possessions. Il va sans dire que nous ne pouvons pas nommer toutes les plantes, mais que nous choisissons seulement celles qui peuvent servir de types.

Nous remarquons sur les côtes, quand elles sont formées d'un limon argileux, les *Rhizophores* à la cime en forme de coupole et aux feuilles simples coriaces, avec des troncs courts portés sur des racines que la marée basse laisse profondément à découvert; les semences germent dans le fruit sur la plante et ne se détachent que lorsque les racines, destinées à s'enfoncer profondément dans le sol mou, ont acquis une longueur de 2 à 3 décimètres. Ces arbres forment des bosquets, dans lesquels, du côté de l'intérieur, croit aussi aux Indes or. le curieux palmier nain *Nipa fruticans*, dont le tronc est très bas, et qui porte un panache de feuilles longues de 13 à 30 pieds. Ces bosquets de rhizophores et d'avicennias existent aussi sur les rives alluviales de la mer et des rivières à Surinam. Les grèves à sol argileux y présentent une autre végétation, par ex. la *Carolinea* qui porte de belles, grandes fleurs avec de nombreuses étamines soudées en paquets, et aussi des forêts fournissant d'excellents bois de charpente, au milieu desquelles les beaux palmiers Maripa (*Attalea Maripa*) et les *Melastomes* aux fleurs magnifiques attirent agréablement le regard.

Le reste de la plaine et, dans les Indes or., la partie inférieure des pentes des montagnes, sont en général la partie habitée du pays et la région des cultures; celles-ci déterminent par conséquent pour une grande part l'aspect du paysage. Dans cette zône croissent une multitude de plantes d'où se tirent mille produits propres, soit à la consommation journalière, soit au commerce d'exportation. Cette richesse est d'autant plus grande que les diverses contrées chaudes se sont prêté leurs végétaux les unes aux autres. C'est ainsi que les *Pisangs*, originaires de l'Asie, se cultivent tout aussi bien dans l'Amérique tropicale et que le *Cocotier*, actuellement répandu dans tout l'archipel, est un cadeau fait dans l'antiquité la plus reculée par le Nouveau Monde à l'Ancien. Le riz semble avoir primitivement appartenu à l'Inde continentale, le coton, peut-être aussi la canne à sucre, aux deux parties du monde; la muscade et les clous de girofle des Moluques, qu'anciennement on s'efforçait jalousement d'empêcher de s'acclimater ailleurs, contribuent actuellement à la richesse d'autres colonies; Ceylan a donné la canelle, l'Abyssinie le caféier; l'Amérique a reçu le poivre et a donné en échange le tabac, la vanille, le cacao; l'Inde et la Chine ont donné le thé, les îles de la Mer du Sud l'arbre à pain; le gingembre parfumé et d'autres scitaminées des Indes or. ont été échangées contre l'arrowroot, représentant des marantacées farineuses des Indes occidentales. On pourrait multiplier encore ces exemples. De plus, il y aurait quelque chose de tentant, en consultant les descriptions de ceux qui ont dépeint les Indes pour les avoir visitées, de se faire une idée des différentes plantations et de leur distribution dans la plaine, sur les pentes basses et dans les hautes régions des montagnes, ainsi que des végétaux qui s'y cultivent, de la manière dont on les prépare et les emploie. Il faut réserver néanmoins ce qu'il y a à dire à ce sujet pour le moment où l'on parlera de chaque plante ou de chaque produit en particulier dans la rubrique à laquelle ils appartiennent. Ici nous nous bornerons à mentionner deux familles qui croissent à l'état libre, les *Cycadées* et les *Pandanées*, dont l'habitat est dans les plaines côtières, quoique les dernières puissent aussi monter les pentes, même assez haut.

Groupe I. Cinquième Classe.

Les *Cycadées*, représentées aux Indes or. par le genre Cycas et par d'autres genres en Amérique, en Afrique et en Australie, ont quelque chose des palmiers avec leurs troncs cylindriques et leurs têtes formées de feuilles roides, fendues en forme de nageoires, tandis que le recoquillement de l'extrémité des jeunes feuilles rappelle un peu les fougères. Les organes des fleurs font voir que leurs plus proches parents se trouvent dans nos familles de pins et de sapins. Les cycadées ont des cônes, formés d'un assemblage d'écailles ouvertes, qui représentent les fleurs tant mâles que femelles. On peut aisément constater, surtout dans les cônes femelles du *Cycas circinalis*, dont les écailles portent les ovules sur leurs bords, que ces écailles sont de véritables feuilles; c'est la fleur phanérogame sous sa forme la plus primitive; même, quand elle est formée, il sort du centre du même axe de nouvelles feuilles ordinaires à tiges qui continuent la végétation. Les *Cycadées* du reste appartiennent aux phanérogames de l'ordre de développement le plus bas, qui servent de transition entre les plantes à floraison et les plantes dites sans floraison.

Les *Pandanées* sont des arbres de la classe des monocotylédones, à tronc simple, ou bien, après floraison terminale, bifurqué une ou plusieurs fois, cylindrique, ou bien grossissant vers le haut, portant à son extrémité, ou à ses extrémités, une couronne de feuilles longues et étroites, rangées en spirale. Cette dernière particularité les fait quelquefois nommer palmiers hélictères. Des racines vigoureuses sortent successivement et à différentes hauteurs du tronc pour s'enfoncer dans le sol et servir ainsi de soutien à la plante. Il arrive parfois que les racines ont tout à fait soulevé la base du tronc au dessus du sol, de sorte que la plante est entièrement supportée par elles. Les spadices mâles et femelles viennent, à la cime, sur des supports qui varient; les mâles sont formés d'un très grand nombre d'étamines portées sur un axe, bifurqué sur le *Pandanus*, simple sur la *Freycinetia*; les femelles ont un groupe serré de pistils, qui deviendront des fruits. Dans l'Amérique tropicale cette famille est remplacée par celle des *Cyclanthées*, qui tire son nom du genre type *Cyclanthus*, sur lequel les fleurs mâles et femelles sont portées en anneaux alternants sur un même spadice. Sur la *Carludovica palmata*, dont les feuilles servent à fabriquer les chapeaux de Panama, il y a quatre fleurs mâles rangées autour de chaque fleur femelle. Ces arbres sont très bas de tronc et ont de larges feuilles refendues en deux ou plus, qui rappellent beaucoup celles des *Palmiers*.

Nous nommons cette dernière famille en premier lieu, maintenant que nous voulons signaler quelques types des forêts tropicales; mais ce n'est point parce que ces forêts en seraient essentiellement composées, ce qui n'est pas du tout le cas, mais parce que la structure des palmiers en même temps que leur taille imprime un cachet tout particulier à la végétation des tropiques. Leurs troncs élevés, privés de branches, semblables à des colonnes, couronnés par le longues feuilles qui retombent de la cime dans tous les sens, leurs feuilles, tantôt empennées, comme sur le cocotier et sur le palmier aren, tantôt digitées, comme sur les palmiers à évantail, formées, sur le genre Caryota, de curieux petits fragments triangulaires, donnent à ces arbres un aspect unique en son genre. Les articulations des tiges sont d'ordinaire courtes, de sorte que les cicatrices laissées par les feuilles tombées se montrent tout le long du tronc comme des séries d'anneaux fort rapprochés les uns des autres. Il y a cependant des espèces où les articulations sont plus longues et en même temps plus minces, et où pour cela les feuilles croissent plus espacées sur la partie la plus jeune du tronc. C'est surtout le cas pour les palmiers grimpants, les rotangs, qui n'ont pas la force de se sontenir eux-mêmes, mais dont les pédoncules des feuilles et les tiges sont munies d'épines en forme de crochets au moyen desquelles ils s'élèvent le long des autres arbres. En général les palmiers sont très avides de lumière, de sorte que ceux à tronc droit, lorsqu'ils croissent dans les forêts, montent très haut pour balancer leur panache de feuilles au dessus du toit verdoyant; d'autres forment des groupes à part en dehors de la forêt; c'est le cas, par ex., pour le grand palmier à évantail, *Corypha umbraculifera*, qui croit avec le bambou dans les plaines herbeuses de l'Occident de Java. Quelques uns préfèrent même un air plus sec, par ex. le lontar (*Borassus flabelliformis*), qui se trouve aussi à Timor, et qui sert de transition au datier d'Afrique en ce qui concerne le climat qu'il aime. Nous n'avons pas besoin de nous étendre sur le chapitre bien connu des usages divers auxquels se prêtent les palmiers, de leurs fruits à pulpe ou à noyau comestibles, de leurs enveloppes farineuses ou ligneuses, de leur bourgeons analogues au chou croissant à la cime, de leur bois et du contenu de ce bois, lorsque c'est un tissu mou et farineux. Remarquons seulement que lorsqu'on désigne certains palmiers des Indes or. et occ. comme arbres à sagou, arbres à sucre, arbres à vin, on ne distingue pas en effet trois espèces de plantes, mais trois manières de les utiliser, toutes trois fondées sur une même propriété, celle de posséder au cour du tronc un tissu farineux. L'amidon qui s'y ramasse afin de former une réserve nutritive pour les gigantesques spadices des fleurs, donne du sagou si l'on abat l'arbre avant la floraison et dégage par des lavages la substance farineuse du tissu intérieur. Si, au lieu de cela, on attend jusqu'à ce que le bourgeon à fleur se soit développé et si l'on fend celui-ci, la liqueur qui découle de la blessure renferme le même amidon transformé en sucre, et l'évaporation le dégage. Si l'on soumet la liqueur à la fermentation, on obtient le vin de palmier. Dans l'archipel indien on tire le sagou principalement du Metroxylon sagus et du M. Rumphii.

L'archipel indien possède à peu près le même nombre d'espèces de palmiers que l'Amérique tropicale, c'est-à-dire environ 300, mais en Amérique ce sont les palmiers de haute taille qui prédominent, aux Indes or. les palmiers grimpants.

Les *Pisangs*, espèces du genre *Musa* habitent, excepté la Musa ensete d'Abissinie, les forêts de l'Asie tropicale, où ils croissent jusqu'à une altitude de 6000 pieds. Ailleurs ils sont représentés par d'autres genres de la même famille, dont les capsules séminales sont sèches et dont les feuilles s'étendent de deux côtés en évantail. Ils ont l'apparence d'arbres, mais sont en réalité des plantes vivaces possédant de très longues gaînes de feuilles, roulées les unes dans les autres de façon à paraître un tronc. A la gaîne succède une grande feuille oblongue, avec une nervure centrale d'où partent des nervures obliques. Lorsque le moment de la floraison arrive, une tige à fleurs sort du pied bulbeux de la plante, grandit au centre des gaînes, apparaît enfin en sommet. Les fleurs sont très nombreuses, rangées en verticilles imparfaits et couvertes à leur apparition de grandes feuilles protectrices. Celles qui sont situées le plus bas se développent les premières et donnent du fruit; les autres n'ont que des étamines et tombent les unes après les autres, en même temps que leurs feuilles protectrices; c'est pour cela qu'il se produit un bout de tige dénudé entre les fruits et le bouton qui forme l'extrémité; longtemps encore de nouvelles écailles et de nouvelles fleurs mâles continuent de s'y former.

Une autre forme végétale que présentent les forêts tropicales est celle que constituent les *Fougères arborescentes*, avec leurs troncs sans branches, droits, parfois assez hauts, et leur cime de grandes feuilles, souvent découpées avec beaucoup de finesse. On les reconnaît non seulement à leurs petites capsules de spores rangées derrière les feuilles ou le long de leurs bords, mais encore tout autant à la manière très remarquable dont les jeunes feuilles et folioles sont enroulés en spirale. Du tronc descendent de minces racines, qui sont parfois très nombreuses et peuvent se souder les unes aux autres en un tissu épais, et aussi avec le tronc, de sorte que celui-ci est en réalité redevable pour une bonne part à ces racines de l'épaisseur et de la solidité de sa partie inférieure. Comme les pisangs, les fougères arborescentes croissent à l'ombre des forêts de montagnes et ateignent l'altitude de 9000 pieds. Deux espèces d'un même genre, l'*Alsophila contaminans* et l'*A. lanuginosa*, ont ceci de particulier que l'une se remarque dans la zône montagneuse la plus basse, et l'autre dans la plus haute.

Les forêts des tropiques sont formées pour la plus grande part de plantes *dicotylédones* à troncs ramifiés et coniques, s'atténuant, comme les branches, de la base au sommet. Il serait trop long de décrire seulement les familles auxquelles ces plantes se rattachent par leurs fleurs et leurs fruits. Quant aux feuilles, elles sont simples chez le plus grand nombre, souvent brillantes et plus ou moins coriacées. Après ce genre de feuilles, ce sont les feuilles pennées qui se rencontrent le plus, par ex. sur le tamarinier. Les plus rares sont les feuilles palmées, commes celles du kapok et d'autres proches de nos malvas. Comme nous l'avons déjà dit, il n'y a pas d'ordinaire de chute périodique du feuillage. Citons à titre d'exception l'arbre jati, *Tectona grandis*, qui appartient à la famille des verbénacées et qui produit ce bois dur bien connu qu'on appelle bois de tek. Les grandes et larges feuilles de cet arbre, qui croit aussi dans la partie orientale de Java et dans quelques unes des petites îles, tombent pendant la saison sèche. Le jati ne croit pas dans les régions les plus humides.

Un arbre de très grande taille, un de ceux dont la cime dépasse comme un second étage le toit de verdure des forêts, est le *Liquidambar Altingia*, qui produit la résine *rasamala*. Il atteint 150 pieds de haut, tandis que la grandeur moyenne des arbres de la forêt n'est que de 70 à 80 pieds. D'après Junghuhn il est encore dépassé par le camphrier de Sumatra et de Bornéo, *Dryobalanops camphora*, et ses congénères parmi les Diptérocarpées sont aussi des arbres de grande taille. Cette famille tire son nom de ce que deux des cinq folioles du calice se développent en deux grands ailerons sur la noix. Le dryobalanops en diffère en ce que tous les cinq folioles se changent en ailes et se montrent sur le fruit comme les plumes d'un volant.

Nous avons déjà remarqué chez certaines fougères arborescentes que le tronc peut être renforcé par des racines qui croissent à l'entour et s'y soudent. Le même phénomène se produit dans la croissance des grands figuiers, *Ficus elastica* et autres, dont on obtient la sève au moyen d'incisions afin d'en retirer la gomme élastique en en faisant évaporer l'humidité. Ici les racines pendantes ne partent pas seulement du tronc pour s'y enlacer, mais il y en a encore qui descendent des branches jusqu'au sol, où en s'élargissant par des ramifications elles deviennent des colonnes à base conique qui soutiennent le toit de verdure. Un seul individu du *Ficus benjamina* peut, s'étendant ainsi sans cesse, devenir tout un bois. Le tronc de plusieurs autres espèces d'arbres des tropiques se renforce d'une autre manière; il sort du tronc, au dessus des bras principaux des racines, des disques qui forment des espèces de contre-forts rayonnant autour du pied de l'arbre. Ces plaques de bois, souvent de plus d'un mètre de diamètre, servaient anciennement aux indigènes pour en confectionner les roues de leurs charrettes.

On rencontre en outre dans les forêts tropicales beaucoup de plantes à tiges flexibles, qui cherchent par divers moyens à s'appuyer sur les arbres afin de parvenir à trouver dans la hauteur l'air et la lumière. Ce sont des plantes rampantes ou lianes, appartenant à des familles très diverses, qui embrassent de leurs replis l'arbre qui les soutient; souvent elles l'étouffent, il meurt, et elles meurent avec lui; ce sont aussi des tiges munies de vrilles, d'épines tournées en arrière, de crochets et autres engins qui les aident à s'accrocher aux arbres pour y monter, si bien qu'elles finissent souvent par faire de la forêt un fouilli impénétrable.

Il y a enfin des végétaux à courte tige croissant sur le sol et sur les rochers, là où se trouvent des espaces découverts, mais cherchant dans les forêts une assiette plus élevée, les branches des arbres. Ce sont des scitaminées, des fougères, un rhododendron, et surtout les orchidées, si remarquables pour leurs belles fleurs aux formes souvent capricieuses, pour les gonflements bulbeux qui se forment au pied des feuilles pour servir de magasins de nourriture, et pour leurs racines aériennes.

Un végétal trop remarquable pour que nous le passions sous silence est la plante appelle *Nepenthes*. Elle appartient à l'Ancien Monde, et rampe sur les rochers ou sur le sol des forêts, d'ordinaire dans la zône la plus élevée; elle se distingue par les élégants calices à longues tiges que ses feuilles portent. Nommons aussi les Bégonias à feuilles obliques et souvent colorées, communs aux deux continents.

Après les plantes qui s'appuient sur d'autres citons celles qui tirent leur nourriture des autres, les véritables parasites. Nous mentionnerons en premier lieu les Loranthacées, proches du gui (*Viscum album*) de nos climats. On trouve moins fréquemment les Balanophores, qui ressemblent extérieurement plus à des champignons qu'à des plantes à fleurs, et enfin les *Rafflesias*, dont on connaît actuellement cinq espèces; la plus grande d'entre elles, la première découverte, la Rafflesia Arnoldi, appartient à Sumatra. La plante tout entière, qui végète sur les tiges couchées à terre de certains *Cissus*, consiste en une fleur gigantesque — celle de la R. Arnoldi atteint un mètre de diamètre — entourée de quelques feuilles grasses; elle est formée d'un périanthe à cinq lobes avec une couronne intérieure; au centre se trouve un grand disque qui porte sur son bord ou bien les nombreuses étamines, ou bien les pistils. Dans ce dernier cas il produit les semences dans sa partie inférieure, qui se transforme en fruit.

Les arbres à aiguilles, caractéristiques de contrées plus froides, sont représentés au nord de l'équateur, à Sumatra, par de rares sapins, puis surtout par le Damar aux feuilles larges et coriaces, qui produit une résine fort connue, par quelques espèces du genre Podocarpus, et par les Dacrydiums aux minces branches élégamment penchées vers le sol. Les Casuarinées se rapprochent de ces arbres par leur apparence extérieure; leurs branches minces et articulées, avec leurs petites feuilles soudées en gaînes, leur donnent quelque ressemblance avec nos prêles.

Dans les régions des montagnes voisines des sommets, là où les arbres ont disparu, la flore s'écarte du caractère tropical pour se rapprocher de celui des climats tempérés. Comme cependant la limite des neiges n'est nulle part atteinte, on n'a nulle part non plus la véritable flore alpestre, quoique quelques plantes la rappellent, comme les rhododendrons, les gentianes et d'autres, que nous avons déjà signalées.

Nous espérons que ce simple aperçu suffira pour donner aux lecteurs qui n'étudient pas la botanique une idée générale de la flore de nos possessions coloniales, un cadre dans lequel ils pourront placer par la pensée, et ainsi réunir, les différents objets de cette classe qu'ils trouveront à l'exposition. Quant aux lecteurs scientifiques, nous les renverrons aux ouvrages de Rumphius, de Blume, de Junghuhn, de Miquel et d'autres, dont les écrits et les productions iconographiques seront mentionnés à la fin de ce chapitre du catalogue.

W. F. R. SURINGAR.

1. **Collection de plantes vivantes placées dans une serre chaude construite dans ce but dans le parc et fournie par M. Bruns, à Brême.**

Cette collection a pour but de faire voir autant que possible les principales formes végétales des tropiques. Elle a été faite en collaboration par les directions de plusieurs institutions publiques et par un certain nombre de particuliers. On a désigné par des initiales, à côté de chaque nom, la personne ou l'institution qui l'a envoyée. Voici la liste de ces abréviations:

Jardin botanique de l'université de Leyde. — **H. Leid.**
Jardin botanique de l'université d'Utrecht. — **H. Utr.**
Jardin botanique de l'université de Groningue. — **H. Gron.**
Hortus Botanicus d'Amsterdam. — **H. Amst.**
Société royale de zoologie "Natura Artis Magistra." — **N. A. M.**
M. H. de Block van Scheltinga, à Heerenveen. — **de Bl.**
M. H. W. Dros à Bennekom. — **Dr.**
Mme. Veuve C. Glym, à Utrecht. — **Gl.**
Maison Groenewegen et Cie., à Amsterdam. — **Gr. et Cie.**
M. J. B. van Merlen, à Heemstede. — **v. M.**

M. de Roo van Westmaas, à Velp. — **d. R.**
M. C. W. R. Scholten jeune, à Amsterdam. — **S.**
M. J. J. Duyvené de Wit, à Velp. — **D. d. W.**
M. R. Wüste, à Zandpoort. — **W.**
M. R. Daniel Wolterbeek, à Oosterbeek. — **Wb.**

Le lettre O, placée après le nom d'une plante, indique qu'elle appartient aux Indes orientales, la lettre W., qu'elle appartient aux Indes occidentales. Nous devons enfin faire remarquer que plusieurs de ces plantes ne figureront dans la serre que pendant une partie de la durée de l'exposition, suivant les exigences de la nature de chacune.

Fougères.

1. Adiantum concinnum. **D. de W. — W.**
2.   "   Edgeworthii. **H. Leid. — W.**
3.   "   excisum multifidum. **D. de W. — W.**
4.   "   Farleyense. **D. de W. — W.**
5.   "   gracillimum. **D. de W. — W.**
6.   "   macrophyllum. **D. de W. — W.**
7. Adiantum patens. **D. de W. — W.**
8. Angiopteris Teysmanniana. **H. Leid. — O.**
9.   "   Willinkii. **Gr. et Cie. — O.**
10. Asplenium nidus. **W. — O.**
11. Blechnum brasiliense. **H. Gr. — W.**
12.   "   "   **H. Leid. — W.**
12 a. Cibotium Schiedei. **H. Leid. — W.**
13. Digrammaria sp. Javae. **H. Leid. — O.**

GROUPE I. Cinquième Classe.

14. Goniophlebium Reinwardti. H.Gr. — O.
15. Hemitelia setosa. H. Leid. — W.
16. Lastrea crinita. H. Leid. — W.
17. Microlepia hirta cristata. H. Leid. — O.
18. Nephrolepis exaltata. Dr. — W.
19. Platycerium grande. H. Leid. — O.
20. Pteris argyreia. D. de W. — O.
21. " cretica variegata. W. — O.
22. " elata Karsteniana. H. Leid. — O.

Lycopodiacées.

23. Selaginella apoda. D. de W. — O.
24. " " de R. — O.
25. " Krauseana aurea. D. de W. — O.
26. " Brownii. D. de W. — O.
27. " Brownii. de R. — O.
28. " caesia. de R. — O.
29. " " arborea D. de W. — O.
30. " cuspidata. D. de W. — O.
31. " Danielsii. D. de W. — O.
32. " denticulata. de R. — O.
33. " " variegata. de R. — O.
34. " dichroa. de R. — O.
35. " involvens. D. de W. — O.
36. " involvens. de R. — O.
37. " Krameriana. de R. — O.
38. " monstrosa. D. de W. — O.
39. " monstrosa variegata. D. de W. — O.
40. " plumosa. de R. — O.
41. " Poulterii. de R. — O.
42. " rubella. D. de W. — O.
43. " rubricaulis. D. de W. — O.
44. " stenophylla albo-spica. D. de W. — O.
45. " stenophylla albo-spica. de R. — O.
46. " viticulosa. D. de W. — O.
47. " viticulosa. de R. — O.
48. " Vogelii. D. de W. — O.
49. Selaginella Vogelii. de R. — O.
50. " Warszewiczii. D. de W. — O.
51. " Wildenowii. D. de W. — O.

Cycadées.

52. Cycas glauca. H. Amst. — O.
53. " " Gr. et Cle. — O.

Graminées.

54. Bambusa arundinacea. H.Gr. — O.
55. " " v. M. — O.
56. Oryza sativa. H. Leid. — O.

Commelynacées.

57. Tradescantia discolor lineata. S. — O.

Liliacées.

58. Colodracon Jacquinii. H. Amst. — O.
59. Dracaena amabilis. de Bl. — O.
60. " " D. de W. — O.
61. " " Gr. et Cle. — O.
62. " Baptisti. de Bl. — O.
63. " Denissonii de Bl. — O.
64. " ferrea. de Bl. — O.
65. " fragans. Gr. et Cle. — O.
66. " Goldieana. D. de W.
67. " Goldieana. Gr. et Cle. — O.
68. " Guilfoylei. D. de W. — O.
69. " Hendersonii. H. Leid. — O.
70. " marginata latifolia. Gr. et Cle. — O.
71. " marginata latifolia. H. Leid. — O.
72. " Massangeana. Gr. en C°. — O.
73. " Mooreana. de Bl. — O.
74. " nigro-striata. de Bl. — O.
75. " picta. Gr. et Cle. — O.
76. " reginae. de Bl. — O.
77. " Rothiana. Gr. et Cle. — O.
78. " umbraculifera. H. Leid. — O.

Groupe I. Cinquième Classe.

79. Dracæna Youngii. de Bl. — O.
80. " " Gr. et C^{le}. — O.
81. Phormium tenax. N. A. M. (devant la serre).
81a. " tenax Veitchii. Wb. (devant la serre).
82. Sansevicra fasciata. H. Leid. —O.
83. Yucca pendula. N. A. M. (devant la serre).

Hypoxidées.

84. Curculigo recurvata. de Bl. — O.
85. " " Dr. — O.
86. " " variegata. D. de W. — O.
87. " recurvata variegata. Gr. en C°. — O.

Bromeliacées.

88. Æchmea Luddemanniana. H. Utr. — W.
89. " miniata discolor. H. Utr. — W.
90. " spectabilis. N. A. M. — W.
91. Ananassa macrodonta. H. Utr. - O. en W.
92. " penangensis variegata N. A. M. — O. en W.
93. " penangensis variegata. D. de W. — O. en W.
94. " sativa. de R. — O. en W.
95. Billbergia Leopoldii. N. A. M. — O. en W.
96. " rosea. D. d. W. — O. en W.
97. Bromelia bracteata. N. A. M. — O. en W.
98. " Commelyniana. H. Utr. — O. en W.
99. Catopsis paniculata. Gr. et C^{le}. — O. en W.
100. Encholirion roseum. D. de W. — O. en W.
101. " " Gr. et C^{le}. — O. en W.
102. " " N. A. M. — O. en W.
103. " Saundersii. N. A. M. — O. en W.
104. Greigia sphacelata. H. Utr. — O. en W.
105. Guzmannia picta. Gr. et C^{le}. — O. en W.
106. Massangea musaïca. H. Utr. — O. en W.
107. Massangea musaïca. Gr. et C^{le}. — O. en W.
108. Nidularium amazonicum. N. A. M. — O. en W.
109. " elegans. Gr. et C^{le}. — O. en W.
110. " Innocentii. Gr. et C^{le}. — O. en W.
111. " princeps. N. A. M. — O. en W.
112. " spectabile. W. — O. en W.
113. " fulgens. H. Utr. — O. en W.
114. Pholidophyllum zonatum. Dr. — O. en W.
115. Pitcairnea Andréana. Gr. et C^{le}. — O. en W.
116. " undulata. H. Leid. — O. en W.
117. Pourretia Ellemeetiana. N. A. M. — O. en W.
118. Puya recurvata. D. de W. — O. en W.
119. Tillandsia bivittata. D. de W. — O. en W.
120. " Caraguata. N. A. M. — O. en W.
121. " virginalis. Gr. et C^{le}. — O. en W.
122. Vriesea corallina. H. Utr. — O. et W.
123. " Glaziouana. N. A. M. — O. et W.
124. " psittacina. Gr. et C^{le}. — O. et W.
125. " splendens. Gr. et C^{le}. — O. et W.
126. " " major. Gr. et C^{le}. — O. et W.

Orchidées.

127. Cattleya amethystina. Gr. et C^{le}. — W.
128. " Mossiæ. Gr. et C^{le}. — W.
129. Cymbidium eburneum. Gr. et C^{le}. — O.
130. Cypripedium Roezlii. Gr. et C^{le}. — O.
131. " " H. Leid. — O.
132. Gongora atropurpurea. Gr. et C^{le}. — W.
133. Iridorchis gigantea. H. Leid. — O.
134. Lælia anceps Barkeriana. Gr. et C^{le}. — W.

GROUPE I. Cinquième Classe.

135. Lælia purpurata. Gr. et Cie. — W.
136. " superbiens. Gr. et Cie. — W.
137. Oncidium Kramerii. Gr. et Cie. — W.
138. " Papilio. Gr. et Cie. — W.
139. " Weltonii. Gr. et Cie. — W.
140. Odontoglossum Alexandræ. Gr. et Cie. — W.
141. " cordatum. Gr. et Cie. — W.
142. " Roezlii. Gr. et Cie. — W.
143. " vexillarium. Gr. et Cie. — W.
144. Phalænopsis Schilleriana. H. Leid. — O.
145. " Schilleriana. Gr. et Cie. — O.
146. " amabilis. Gr. et Cie. — O.
147. " grandiflora. Gr. et Cie. — O.
148. Saccolabium ampullaceum. Gr. et Cie. — O.
149. Sobralia macrantha. H. Leid. — W.
150. Stanhopea oculata. Gr. et Cie. — W.
151. " tigrina. Gr. et Cie. — W.
152. Trichopilia suavis. Gr. et Cie. — W.
153. Uropedium Lindenii. Gr. et Cie. — O.
154. Vanda tricolor. Gr. et Cie. — O.
155. " " H. Leid. — O.
156. Vanilla planifolia. H. Leid. — O. en W.

Zingibéracées.

157. Alpinia vittata. Gr. et Cie.
158. Amomum grana Paradisii. H. Leid. — O.
159. " Malegueta. H. Utr. — O.
160. Elettaria Cardamomum. H. Leid. — O.

Cannacées.

161. Costus elegans. Gr. et Cie. — O.
162. Maranta argyreia. D. de W. — W.

163. Maranta arundinacea. H. Gr. — W.
164. " Kegeljeancana. de Bl. — W.
165. " " D. de W. — W.
166. " Kerchovei. D. de W. — W.
167. " majestica. D. de W. — W.
168. " Makoyana. de Bl.—W.
169. " " D. de W. — W.
170. " Massangeana. D. de W. — W.
171. " Oppenheimiana. D. de W. — W.
172. " Porteana. de Bl. — W.
173. " " D. de W. — W.
174. " princeps. de Br. — W.
175. " roseo-picta. D. de W. — W.
176. " sanguinea. D. de W. — W.
177. " splendida. Gr. et Cie. — W.
178. " villosa. D. de W.—W.
179. " Wallissii. D. de W. — W.
180. " Warszewiczii. Gr. et Cie.—W.
181. " " D. de W. — W.
182. " zebrina. Gr. en Co. — W.
183. Phrynium sanguineum. Dr.— W.
184. " " Gr. et Cie. — W.
185. Stromanthe Lubbersii. H. Leid. — W.

Musacées.

186. Musa rosacea. de Bl. — O.
187. " " H. Amst. — O.
188. " vittata. H. Leid. — O.

Aroidées.

189. Aglaonema commutatum. H. Leid. — O.
190. " marantæfolium. H. Amst. — O.
191. " marantæfolium. Gr. et Cie. — O.
192. Alocasia illustris. Dr. — O.
193. " intermedia. de Bl. — O.

Groupe I. Cinquième Classe. 117

194. Alocasia metallica. Gr. et Cie. — O.
195. " Sedenii. Gr. et Cie. — O.
196. " Veitchii. Gr. et Cie. — O.
197. " zebrina. Gr. et Cie. — O.
198. Anthurium Andréanum. D. de W. — W.
199. " coriaceum. H. Leid. — W.
200. " crystallinum. Gr. et Cie. — W.
201. " Dechardii. D. de W. — W.
202. " fissum. H. Leid. — W.
203. " Hookerii. H. Leid. — W.
204. " magnificum. W. — W.
205. " regale. Gr. et Cie. — W.
206. " Scherzerianum. Gr. et Cie. — W.
207. " Scherzerianum. N. A. M. — W.
208. " Waroquéanum. Gr. et Cie. — W.
209. Caladium bicolor, varr. Gr. et Cie. — O.
210. " odorum. H. Amst. — O.
211. Dieffenbachia Baraquinii. Gr. et Cie. — W.
212. " Baumannii. de Bl. — W.
213. " Baumannii. Gr. et Cie. — W.
214. " Bauscï. de Bl. — W.
215. " Bauscï. Gr. et Cie. — W.
216. " gigantea. Gr. et Cie. — W.
217. " insignis. Gr. et Cie. — W.
218. " latimaculata. Gr. et Cie. — W.
219. " Leopoldii. Gr. et Cie. — W.
220. " lucinda. Gr. et Cie. — W.
221. " Memoria-Corsi. Gr. et Cie. — W.
222. " Parlatoreï. Gr. et Cie. — W.
223. " Seguina picta. Gr. et Cie. — W.
224. Homalonema rubescens. D. de W. — O.
225. " rubescens. H. Utr. — O.
226. " rubescens. Gr. et Cie. — O.
227. Monstera Lennéa. Gr. et Cie. — O.
228. Pothos argyreia. Gr. et Cie. — W.
229. " aurea. Gr. et Cie. — W.
230. " ceratocaulos. Gr. et Cie. — W.
231. Philodendrum bipinnatifidum. Gr. et Cie. — W.
232. " elegans. Gr. et Cie. — W.
233. " gloriosum. D. de W. — W.
234. " gloriosum. Gr. et Cie. — W.
235. " lacerum. H. Utr. — W.
236. " Lindenii. D. de W. — W.
237. " Melinonii. Gr. et Cie. — W.
238. " Melinonii. H. Leid. — W.
239. " pinnatifidum. H. Leid. — W.
240. Spathiphyllum Candolleanum. H. Utr. — W.
241. " cannæfolium. Gr. et Cie. — W.
242. Scindapsus pertusus. D. de W. — O.
243. Schismatoglottis Robellini. Gr. et Cie. — O.
244. Xanthosoma atroviride. D. de W. — W.
245. " versicolor. D. de W. — W.
246. " violaceum. H. Leid. — W.

Pandanées.

247. Freycinetia nitida. Dr. — O.
248. Pandanus Pancherii. Gr. et Cie. — O.
249. " Veitchii. Gr. et Cie. — O.
250. " elegantissimus. H. Leid. — O.
250a. " utilis. Wb. — O.

Cyclanthées.

251. Carludovica macropoda. H. Utr. — W.

252. Carludovica palmata. Dr. — W.
253. " " Gr. et C¹ᵉ. — W.
254. " palmata. H. Leid. — W.
255. " plicata. H. Utr. — W.
256. " Sartorii. H. Amst. — W.

Palmiers.

257. Areca Catechu. D. de W. — O.
258. " monostachya. D. de W. — O.
259. " paniculata. Gr. et C¹ᵉ. — O.
260. " Verschaffeltii. Dr. — O.
261. " " Gr. et C¹ᵉ. — O.
262. Arenga saccharifera. D. de W. — O.
263. " " H. Utr. — O.
264. " " H. Amst. — O.
265. Calamus asperrimus. H. Leid. — O.
266. Caryota Cumingii. H. Leid. — O.
267. " furfuracea. D. de W. — O.
268. " propinqua. H. Amst. — O.
269. " sobolifera. H. Amst. — O.
270. Chamaedorea elatior. Gr. et C¹ᵉ. — W.
271. " elegans. D. de W. — W.
272. " elegans. Gr. et C¹ᵉ. — W.
273. " elegans. H. Leid. — W.
274. " Ernesti-Augusti. D. de W. — W.
275. " Ernesti-Augusti. N. A. M. — W.
276. " Karwinskiana. H. Leid. — W.
277. Chamaerops humilis. N. A. M. — (devant la serre).
278. Cocos butyracea. H. Leid. — W.
279. " nucifera. D. de W. — O.
280. Daemonorops Lewisianus. Gr. et C¹ᵉ. — O.
281. " palembanicus. H. Leid. — O.
282. Daemonorops periacanthus. D. de W. — O.
283. " periacanthus. Dr. — O.
284. Drymophlaeus paradoxus. Gr. et C¹ᵉ. — O.
285. Geonoma princeps. D. de W. — W.
286. Hyophorbe indica. D. de W. — O.
287. " " Gr. et C¹ᵉ. — O.
288. " " H. Leid. — O.
289. Licuala amplifrons. Dr. — O.
290. " horrida. Dr. — O.
291. Livistona altissima. H. Leid. — O.
292. " Hogendorpii. D. de W. — O.
293. " Hogendorpii. Dr. — O.
294. " moluccana. H. Utr. — O.
295. " olivaeformis. H. Utr. — O.
296. " sinensis. D. de W. — O.
296a. " " Wb. — O.
297. Phoenix sylvestris. G. — O.
298. Pinanga Kuhlii. H. Amst. — O.
299. Plectocomia elongata. D. de W. — O.
300. Ptychosperma Kuhlii. H. Leid. — O.
301. Sabal coeralescens. H. Leid. — W.
302. " Palmetto. H. Leid. — W.
303. " sp. W. — W.
304. Thrinax elegantissima. H. Leid. — W.
305. " radiata. H. Amst. — W.
306. " stellata. H. Amst. — W.
307. Wallichia porphyrocarpa. Dr. — O.
308. Zalacca edulis. H. Leid. — O.

Conifères.

309. Dammara alba. Gr. en C°. — O.

Gnétacées.

310. Gnetum Gnemon. H. Utr. — O.

Pipéracées.

311. Artanthe cordifolia. H. Amst. — O.

GROUPE I. Cinquième Classe.

312. Chavica Betle. **H. Utr.** — O.
313.   " officinarum. **H. Utr.** — O.
314. Macropiper excelsum. **H. Gr.** — O.
315. Piper nigrum. **H. Utr.** — O.

Casuarinées.

316. Casuarina sumatrana. **D. de W.** — O.

Artocarpées.

317. Antiaris toxicaria. **H. Utr.** — O.
318. Covellia macrophylla. **H. Gr.** — O.
319. Ficus benjamina. **H. Leid.** — O.
320.   " cerasiformis. **H. Utr.** — O.
321.   " elastica. **Gr. et Cie.** — O.
322.   " Saussureana. **H. Utr.** — O.

Polygonées.

323. Coccoloba guatemalensis. **H. Amst.** — W.

Laurinées.

324. Actinodaphne caesia. **Gr. et Cie.** — O.
325. Cinnamomum aromaticum. **Gr. et Cie.** — O.
326.   " dulce. **H. Utr.** — O.
327.   " zeylanicum. **H. Gr.** — O.

Népenthées.

328. Nepenthes intermedia. **de Bl.** — O.

Rubiacées.

329. Coffea arabica. **H. Utr.** — O. en W.
330.   "   " **S.** — O. en W.
331.   " liberica. **H. Leid.** — O.
332.   " myrtifolia. **Gr. et Cie.** — O.
333. Pavetta sp. Menado. **H. Leid.** — O.

Jasminées.

334. Jasminum Sambac. **W.** — O.

Asclepiadées.

335. Hoya carnosa. **Gr. et Cie.** — O.

Labiées.

336. Coleus hybridae. **N. A. M.** — O.
337. Pogostemon Patchouli. **Gr. et Cie.** — O.

Gesnériacées.

338. Æschynanthus ramosissimus. **Gr. et Cie.** — O.
339.   " speciosus. **Gr. et Cie.** — O.
340.   " splendens. **Gr. et Cie.** — O.
341.   " zebrinus. **Gr. et Cie.** — O.

Crescentiées.

342. Colea Commersonii. **H. Amst.** — W.
343. Crescentia Cujete. **H. Utr.** — W.

Myrsinées.

344. Clavaya sp. **H. Leid.** — W.
345. Hymenandra Wallichii. **H. Leid.** — O.
346. Theophrasta imperialis. **D. de W.** — W.
347.   " Jussieuii. **H. Leid.** — W.
348.   " macrophylla. **Gr. et Cie.** — W.

Araliacées.

349. Brassaiopsis speciosa. **H. Leid.** — O.
350. Paratropia macrostachya. **H. Leid.** — O.
351. Tetraplasandra paucidens. **H. Leid.** — O.

Bixacées.

352. Bixa Orellana. **H. Gr.** — W.

Bégoniacées.

353. Begonia rex hybridae. **W.** — O.
354.   " ricinifolia. **Gr. et Cie.** — O.

Ternströmiacées.

355. Thea viridis. **Gr. et Cie.** — O.

Clusiacées.

356. Xanthochymus pictorius. **H. Amst.** — O.

Méliacées.

357. Heynia sumatrana. **H. Utr.** — O.

Erythroxylées.

358. Erythroxylon Coca. **S.** — W.

Euphorbiacées.

359. Croton Disraëli. **de Bl.** — O

360. " longifolium variegatum. de Bl. — O.
361. " pictum varr. Gr. et Cie. — O.
362. " variegatum. de Bl.—O.
363. " Youngii. D. de W.—O.
364. Phyllanthus sp.? fol. var. W. — O.

Dioaméеs.

365. Galipea macrophylla. H. Utr. — W.
366. " ornata. Gr. et Cie. — W.

Mélastomacées.

367. Cyanophyllum speciosum. Gr. et Cie. — O.

Myrtacées.

368. Couroupita guyanensis. H. Leid. — W.
369. Eugenia macrophylla. H. Leid. — O.
370. Myrtus Pimenta. H. Gr. — O.
371. Psidium Guayava. H. Leid. — O.

Papilionacées.

372. Brownea erecta. H. Leid. — W.
373. Haematoxylon Campechianum. H. Utr. — W.
374. Tamarindus indica. H. Utr. — O.

2. Collection de plantes utiles et remarquables desséchées, accompagnées de leurs produits. Encadrée. — Le Directeur du jardin botanique de l'Etat à Buitenzorg, en collaboration avec le Directeur du musée botanique de l'Etat, à Leyde.

1. Myroxylon peruiferum, L. fs. Papilionaceae. Originaire de l'Amérique. Beaume du Pérou.
2. Indigofera tinctoria, L. Papilionaceae. Indigo. Taroum, Nila.
3. Indigofera Anil. β. polyphylla Hassk. Papilionaceae. Indigo. Nila.
4. Indigofera leptostachya, DC. Papilionaceae. Indigo.
5. Eucalyptus alba, Reinw. Myrtaceae. Résine et huile essentielle.
6. Caryophyllus aromaticus, L. Myrtaceae. Giroflier. Chengkeli.
7. Cinnamomum zeylanicum, Breyn. Laurineae. Canelle. Cayou manis.
8. Cinnamomum sintok. Bl. Laurineae. Ecorce de sintok médicinale.
9. Cinnamomum cassia, Bl. Laurineae. Ecorce de cassia médicinale.
10. Nepenthes Rafflesiana, var. nivea, Jack. Nepenthaceae. [1]).
11. Nepenthes Reinwardtiana, Miq. Nepenthaceae.
12, 13. Nepenthes bicalcarata, Hassk. Nepenthaceae.
14. Nepenthes albo-marginata, Lobb. Nepenthaceae.
15. Myristica fragans, Houtt. Myristiceae. Noix de muscade, macis.
16. Gossypium indicum, L. Malvaceae. Coton. Kapas.
17. Eriodendron anfractuosum, DC. Sterculiaceae. Kapok.
18. Durio Zibethinus, L. Sterculiaceae. Dourian. M. Dourèn. J.
19. Pterospermum acerifolium, W. Büttneriaceae.
20. Theobroma Cacao, L. Büttneriaceae. Cacao, chocolat. Originaire de l'Amérique.
21. Boehmeria nivea Gaud., var. tenacissima. Urticeae. Rami, J. Cloui. M.
22. Artocarpus integrifolia, L. Artocarpeae. Bois d'ébénisterie. Fruits comestibles. Sève lactée. Nangka.
23. Antiaris toxicaria, Lesch. Artocarpeae. Pohon-oupas, Anchar, Arbre à poison (pour flèches).
24. Urostigma benjaminum, Miq. Artocarpeae. Sève lactée, Balam bringin (espèce de caoutchouc). Karètte.
25. Hevea brasiliensis, Müll. Arg. Euphorbiaceae. Para-rubber. Originaire de l'Amérique.
26. Chavica Betle, Miq. Piperaceae. Siri (pour la mastication du bétel).
27. Styrax Benzoïn, Dryand. Styraceae. Gomme de benjoin. Menyan, [2]).
28. Hopea fagifolia, Miq. Dipterocarpeae. Graisse végétale (tengkawang) et écorce résineuse.
29. Calophyllum Inophyllum, L. Clu-

---

1) Le nom générique des Népenthes, plantes urnifères, est „Séroc" en Javanais, „Ketakong" en Malais.
2) Il forme le principal ingrédient du „donpa", encens indigène.

Groupe. I. Cinquième Classe.

siaceae. Bois de charpente et d'ébénisterie, écorce résineuse. Nyamplong.
30. Erythroxylon Coca, Lam. Lineae. Feuilles médicinales stimulantes. Originaire de l'Amérique.
31. Cephaëlis Ipecacuanha, Rich. Rubiaceae. Racine méd. d'ipécacuanha.
32. Coffea arabica, L. var. Deli. Rubiaceae. Café de Deli.
33. Coffea arabica, L. var. Jambou. Rubiaceae. Café de Jambou.
34. Coffea arabica, L. var. Woungou Kedoe. Rubiaceae. Café de Woungou Kedou.
35. Coffea arabica, L. var. Moka kechil. Rubiaceae. Petit café de Moka.
36. Coffea arabica, L. var. Padang. Rubiaceae. Café de Padang.
37. Coffea arabica, L. var. angustifolia. Rubiacea. Café de Menado.
38. Coffea arabica, L. var. angustifolia. Rubiaceae. Café à feuilles étroites.
39. Coffea arabica, L. var. Aden. Rubiaceae. Café d'Aden.
40. Coffea arabica, L var. Preanger Rubiaceae. Café du Preanger.
41. Coffea arabica, L. var Moka besar. Rubiaceae. Gros café de Moka.
42. Coffea arabica, L. var. Chikeumeuh. Rubiaceae. Café de Chikeumeuh.
43. Coffea arabica, L. var. Mauritiana. Rubiaceae. Café de Mauritius.
44. Coffea bengalensis, Roxb. Rubiaceae. Café du Bengale.
45. Coffea laurina, DC. Rubiaceae. Café de Laurina.
46. Coffea liberica, Bull. Rubiaceae. Café de Liberia.
47. Morinda citrifolia, L. Rubiaceae. Fournit une teinture rouge. Kondou, Mengkoudou.
48. Leuconotis eugenifolia, DC. Apocyneae. Sève lactée, Gitan
49. Tectona grandis, L. fs. Verbenaceae. Bois de Tek ou de Jati.
50. Isonandra Gutta, Hook. Sapotaceae. Gutta percha.
51. Ceratophorus Leerii, Hassk. Sapotaceae. Balam tandouk (espèce de gutta percha)
52. Pinus Merkusii, Jungh. et de Vriese. Abietineae.
53. Dammara alba, Rumph. Abietineae. Résine, damar.
54. Saccharum officinarum, L. Gramineae. Canne à sucre. Tebou.
55. Amomum Cardamomum, L. Zingiberaceae. Cardamom. Capoulaga.

3. **Fruits conservés à l'esprit de vin, par ordre alphabétique.** — Jardin Botanique de l'Etat, à Buitenzorg.

Par ordre alphabetique.

1. Achras sapota, L. — Sawo Manilla.
2. Anacardium occidentale, L. p. indicum. — Jambou monyet.
3. Ananassa sativa, var. dulcis. — Nanas manis.
4, 5. Anona muricata, Dun. — Nangka welanda.
6. Anona reticulata, L. — Bouah nona.
7. Antidesma Bunias, Spr. — Bouni.
8. Artocarpus integrifolia, L. — Nangka.
9. Averrhoa Carambola, L. — Balimbing manis.
10. Carica Papaya, L. — Papaya.
11. Capsicum fastigiatum, Bl. — Chabé rawit.
12. Capsicum pendulum, Wlld., var. major. — Chabé gedé.
13. Citrullus edulis, Spach. — Semangka.
14. Citrus aurantium, L. — Jerouk ragi.
15. Citrus aurantium, L. var. limettiformis. — Jerouk jepoun sedang.
16. Citrus decumana, L. — Jerouk bali ou matyan; pampelmouse.
17. Cucumis sativus, L. — Ketimoun, bonteng.
18. Dialium indum, L. — Ranji, kranji, kouranji.
19, 20. Durio Zibethinus, L. — Dourèn, dourian.
21. Elettaria speciosa, Bl. — Onyé bener.
22. Emblica officinalis, Grtn. — Bouah malaka. Kimlaka.
23. Evia dulcis, Comm. — Kedongdong.
24. Flacourtia cataphracta, Bl. — Ronkem.
25. Flacourtia sapida, Rxb. — Lobilobi asem.
26. Garcinia mangostana, L. — Manggis, manggistan.
27. Gnetum gnemon, L. — Tangkil. Ganémo.
28. Jambosa alba, Rmph. — Jambou Semarang pontih.
29. Jambosa aquea, Rmph. — Jambou ayer merah.
30. Jambosa cauliflora, DC. — Koupa.
31. Jambosa domestica, Rmph. — Jambou bol.

GROUPE I. Cinquième Classe.

32. Lansium domesticum, Jack. — Doukou.
33. Lansium domesticum, Jack. var. — Kokosan.
34. Mangifera foetida, Lour. — Ambachan, bachan.
35. Mangifera foetida, Lour. var. — Mangga quouènni.
36. Mangifera foetida. Lour. var. — Bumbum.
37. Mangifera indica, L. var. — Mangga dapang.[1])
38. Mangifera indica, L. var. — Mangga dodol.
39. Mangifera indica, L. var. — Mangga santen.
40. Mangifera indica, L. var. — Mangga oubi.
41. Mangifera indica, L var. — Mangga sèntok.
42. Mangifera indica, L. var. — Mangga idjou.
43. Mangifera indica, L. var. — Mangga kelapa.
44. Mangifera laurina, Bl. var. — Mangga pari.
45. Mangifera laurina, Bl. var. marunda. — Mangga marounda.
46. Mangifera laurina, Bl. var. microcarpa. — Mangga oudang.
47. Mangifera laurina, Bl. var. telor. — Mangga telor.
48. Mimusops Kauki, L. — Sawo.
49. Momordica Charantia, L. — Paparé.
50. Musa Cliffortiana, L. β. asperma. — Pisang kosta.[2])
51. Musa Cliffortiana, L. β. asperma. — Pisang siam.
52. Musa Cliffortiana, L. β. asperma. — Pisang kapok.
53. Musa Rumphiana, Krz. γ sapientum — Pisang seripit.
54. Musa Rumphiana, Krz. γ sapientum. — Pisang longlong.
55. Musa Rumphiana, Krz. γ sapientum. — Pisang sekati.
56. Musa Rumphiana, Krz. γ sapientum. — Pisang oudang
57. Musa Rumphiana, Krz. γ sapientum. — Pisang Palembang.
58. Musa Rumphiana, Krz. γ sapientum. — Pisang mas.
59. Musa Rumphiana. Krz. γ sapientum. — Pisang lampong.
60. Musa Rumphiana, Krz. γ sapientum. — Pisang gember.
61. Musa Rumphiana, Krz. γ sapientum. — Pisang ambon.
62. Musa Rumphiana, Krz. γ sapientum. — Pisang sousou.
63. Musa Rumphiana, Krz. γ sapientum. — Pisang raja.
64. Musa Rumphiana, Krz. γ sapientum. — Pisang raja seré.
65. Musa Rumphiana, Krz. γ sapientum. — Pisang ambon loumout.
66. Musa Rumphiana, Krz. γ sapientum. — Pisang saboulan.
67. Musa Rumphiana, Krz. δ paradisiaca. — Pisang onyé.
68. Musa spec. — Pisang regang.
69. Musa spec. — Pisang kapas.
70. Myristica fragrans, Houtt. — Pala.
71. Nephelium Longanum, Wight a. Arn. — Long-yen, Lèngkèng.
72. Nephelium lappaceum, L. — Ramboutan.
73. Nephelium mutabile, Bl. — Poulasan.
74. Persea gratissima, Grtn. — Apokat, Advogada, Avocat.
75. Psidium pumilum, Vahl. — Jambou kloutouk. J. Bidaji M.
76. Punica granatum, L var. — Dalima.
77. Salacia cerasiformis, T. et B. — Aroi mata petchang besar.
78. Salacia macrophylla, Bl. — Aroi kichepot.
79. Salacia oblonga, Wall. — Aroi kichepot.
80. Sandoricum nervosum, Bl. — Kachapi.
81. Solanum melongena, L. var. ovigerum. — Terong kopek.
82. Solanum melongena, L. var. luteum. — Térong koupa kouning.
83. Solanum melongena, L. var. fragile viride. — Terong rangou ijou.
84. Syzygium Zippelianum, Miq. — Kopoh beuriet.

---

1) Le nom générique javanais du manguier est „Pelem". Le mot de Mangga est malais.
2) Dans la langue basse, primitive, (ngoko) du Javanais le nom générique de la banane est „Gedang"; dans la langue haute il a pris celui de „Pisang".

GROUPE I. Cinquième Classe. 123

85. Tamarindus indica, L. — Asem jawa.
86. Theobroma Cacao, L. — Choklat.

4. Collection de matières textiles, par ordre alphabétique. — Jardin botanique de l'Etat, à Buitenzorg.

1. Abelmoschus manihot, Med. Ind. or. in Molluc. cult.
2. Abroma augusta, L. — Ki-tsjangkir. — Java.
3. Abutilon albescens, Miq. — Andéoong. — Java.
4. Abutilon angustum, L.
5. Abutilon Lechenaultianum, Don. — Ind. angl.
6. Abutilon populifolium, Lam. — Ind. angl.
7. Abutilon timorense, DC. — Timor.
8. Agave cantula, Rxb. — Nanas sabrang. — Java, Molucc.
9. Ananassa sativa, Lindl. — Nanas. — Java, cult.
10. Arenga saccharifera, Lab — Gomoutou, Ienjouk; Akel. — Ind. or.
11. Artocarpus Blumei, Tréc. — Terep. — Ind. or.
12. Artocarpus pubescens. — Ind. or.
13. Artocarpus spec. — Borneo.
14, 15. Artocarpus spec. — Kajou poudouk. — Blitong.
16. Asclepias curassavica, Linn. — Kapas chindé.
17. Bambusa apus, Schlt. — Bambou tali.
18. Bixa Orellana, L. — Galingem, Glingem. — Ind. Java cult.
19. Boehmeria nivea, Gaud. — Rami outan.
20, 21. Boehmeria nivea. Gaud. — Rami. J. Cloui M.
22. Boehmeria candicans, Bl. — B. nivea β tenacissima. — Hamarai.
23. Borassus flabelliformis, L. Ind. or. [1])
24. Butea frondosa, Rxb. — Plāsā. — Java.
25. Calamus javensis, Bl. — Rotan chaching
26. Calamus melanoloma, Mart. — Rotan lilin, R. lemer. — Java.

27. Calotropis gigantea, R. Br. — Badouri. M., Widouri, J. — Timor.
28. Ceratolobus glaucescens, Bl.
29. Commersonia echinata, Forst. — Ki ourai. — Java.
30. Corchorus capsularis, L. — Jute, Goúni, Ganja, Rami-tsjina Gindjé J.
31. Corypha Gebanga, Bl. — Gebang. — Timor.
32. Corypha umbraculifera, L. — Bougol-besar, Tal, Gebang. [2]). — Java.
33. Dæmonorops melanochætes, Bl. — Rotan selang. — Java
34. Daphne pendula, Sm., montana major. — Kamanden outan, kakapasan.
35. Drimyspermum Blumei. Den. — Apit. — Java
36. Drimyspermum, spec. — Blitong.
37. Eriodendron anfractuosum, Bl. — Kapok.
38. Ficus alba, Rwdt. — Ambéranghounyour. — Java.
39. Ficus asperiuscula, Kunth et Bouché. — Ouya-ouyaan. — Java.
40. Ficus elegans, Hsskl. — Ambérang-bodas. — Java, Sumatra.
41. Ficus globosa, Bl.
42. Ficus hirta, Vahl. — Ambérang. — Java.
43. Ficus procera, Miq.
44. Ficus scandens, Rxb.
45. Ficus toxicaria, L. — Birong. — Java. Molucc.
46. Ficus, spec. — Ambérang.
47. Gigantochloa apus, Kurz. — Bambou-apous. — Java.
48. Gnetum Gnemon, Linn. — Bagou, Tangkil outan. Ganémo. — India.
49. Grewia acuminata, Juss. — Java.
50. Grewia microcos, Linn. — Java.
51. Grewia odorata, Bl. — Kalakwarei. — Java.
52. Helicteres Isora, L. — Kekontalan, Pouteran. — Java, Timor.
53. Hibiscus mutabilis, fl. rubr. simpl. — Java.
54. Hibiscus grewiæfolius; Hssk —Java.
55. Hibiscus rosa sinensis. — Java.
56. „ sabdariffa. — Java.
57. Hibiscus vulpinus. — Tisouk — Java. Warou-gounoung. [3]).

1) Lontar J. Latanier.
2) En javanais le fruit se nomme si wallan.
3) La matière fibreuse obtenue de l'écorce intérieure de toutes les espèces de Warou (sous-genre Paritium) se nomme „louloup." Elle est identique à la magagna de Cuba, produit du Hibiscus elatus.

Groupe I. Cinquième Classe.

58. Hibiscus (Paritium) tiliaceus, L. — Warou gombong. — Java.
59. Hibiscus (Paritium) similis, Bl. — Warout laout. — Java.
60. Hibiscus (Paritium) tortuosus. — Ind. angl.
61. Laportea crenulata, Gaud. — Java.
62.   „   costata, Miq. — Java.
63. Malvastrum ruderale, Miq. — Java, Timor etc.
64. Marsdenia tenacissima, W. et Arn. — Timor.
65. Melaleuca leucadendron, Linn. Cayou-poutih.
66. Melodinus orientalis, Bl. — Aroi ki kadancha. — Java, Sumatra.
67. Musa Cliffortiana var. seminifera. — Pisang batou besar. — Java.
68. Musa Cliffortiana, β asperma. — Java.
69. Musa mindanensis. — Koffo. — Menado.
70. Musa Rumphiana, β simiarum. — Java.
71. Musa ornata, Rxb. — Java.
72. Nelumbium speciosum, Wlld. Taraté J.
73. Oreocnide major, Miq. — Java.
74. Pandanus Stenophyllus, Kurz. — Java.
75. Pandanus labyrinthicus. — Sumatra.
76. Pandanus moschatus, Rumph. — Poudak. — Java.
77. Pandanus odoratissimus, L. — Java.
78. Pandanus Samak. — Pandan samak. — Java.
79. Pandanus spurius. — Pandan laout — Java.
80. Pandanus spec. — Nov. Guinea.
81. Plagianthera oppositifolia. — Chalik angin. — Java.
82. Salmalia malabarica, Sch. et Endl. — Randou alas. — Java.
83. Sansevieria zeylanica. — Ceilon.
84. Sesbania cochinchinensis, DC. — Java.
85. Sida compressa
86. Sida acuta, Burm. — Sidagori lalaki. — Java, Sumatra.
87. Sida cordifolia, Linn. — India.
88. Sida mucronulata, DC. — Java.
89. Sida angustifolia.
90. Sida retusa, Linn. — Sidagori. — Java, Sum. etc.
91. Sponia spec. — Kourai. — Java.
92. Thespesia populnea, Corr. — Java, Timor.

93. Trichospermum javanicum, Bl. — Dolok. — Java.
94. Triumfetta cana, Bl. — Pouloutpoulout kambing. — Sumatra.
95. Triumfetta trilocularis, Bl. — Java.
96. Theobroma Cacao, L. Java, cult.
97. Urena Blumei, Hssk. — Pompouroutan. — Java, Sum.
98. Urena Lappago, Sm. — Pompouroutan. — Java.
99. Urena Lappago, β glauca Bl. — Pompour outan. — Java.
100. Urena lobata α sinuosa, Miq. — Java.
101. Urena heterophylla, Smith. — Java.
102. Urostigma infectorium, Miq. — Soumbawa.
103. Unona dasymachala, Bl. — Aroi kilaja besar. — Java.
104. Visenia indica, Houtt. — Bintinou. — Java, Sum. et al.

5. Aliments et produits commerciaux, à l'exception de café, par ordre alphabétique. — Jardin botanique de l'Etat, à Buitenzorg.

1. Arenga saccharifera, Labill. — Aren. — Farine préparée par les indigènes. [1]).
2. Arachis hypogœa, L — Kachang tanah. — Amérique, in Java cult.
3. Arachis hypogœa, var. Waspada. — Kachang tanah. — In' Java cult.
4. Batatas edulis, Chois. — Oubi boled. — Farine préparée par les indigènes.
5. Cajanus indicus, Spr. — Kachang goudeh.
6. Caryophyllus aromaticus, Truf. — Chengkeh. — Molluce., in Java cult.
7. Coleus tuberosus, Bth. — Koumili djawa, Kentang. — Farine grossièrement travaillée.
8. Colocasia antiquorum, Schtt. — Talas edsjo. — Farine grossièrement travaillée.
9. Coriandrum sativum. — Katoumbar. — In Java cult.
10. Curcuma longa, L. — Koneng gedé. — Farine grossièrement travaillée.
11. Curcuma longa, L. p. minor. — Koneng taman, S. Kounir J. Kounyit M. — Farine grossièrement travaillée.
12. Dioscorea hirsuta, Krth. — Ga-

---

1) Le nom javanais de cette matière farinacée, assez semblable au sagou, est Onggok.

doung. — Farine grossièrement travaillée.
13. Manihot utilissima. — Oubi manis. — Farine grossièrement travaillée.
14. Manihot utilissima, var. — Oubi singkong. — Farine. Cassave.
15. Musa Cliffortiana, β. asperma. — Pisang Siam. (?) Tun bloui nam. — Farine.
16. Myristica fragrans, Houtt. — Pala. — Moluccae, in Java cult.
17. Myristica fragrans, Houtt. — Macis.
18. Pachyrrhizus angulatus, Rich. — Bangkowang. — Farine grossièrement travaillée.
19. Phaseolus radiatus, L. — Kachang ijou. — Java.
20. Phaseolus vulgaris, L. — Kachang jaga. — Java.
21. Piper nigrum, L. — Maricha, lada — Java.
22. Sesamum indicum, DC. — A semences noires. Wijèn. — In Java cult.
23. Sesamum indicum, DC. — A semences blanches. Wijèn. — In Java cult.
24. Soya hispida. — Kachang jepoun, K. kadelé. — Java.
25. Uncaria Gambir, Rxb. — Gambir. — Ind. or., in Java cult.
26. Vigna sinensis, Savi. — Kachang gergaji; k. gaji.
27. Vigna sinensis, Savi.—Kachang dadap.
28. Theobroma Cacao, L. fs., rubr. — Choklat. — In Java cult.
29. Zea Mays, L. — Jagong. — Farine grossièrement travaillée.
30, 31. Zea Mays, L. — Jagong. — Farine.

6. Produits du caféier. — Jardin Botanique de l'Etat, à Buitenzorg.

16. Var. Jambou.
17. " Mokka-kechil.
18. " " besar.
19. " Wounqon-Kedou.
20. " Angustifolia.
21. " Aden.
22. " Padang.
23. " Menado.
24. " Preanger.
25. " à semences multiples.
26. " Mauritiana.
27. Coffea Laurina, DC.
28. " Liberica, Bull.
29. " Bengalensis, Rxb. [5 bouteilles].

Sept bouteilles de chaque variété ou espèce : a. fruits dans l'esprit de vin, b. fruits séchés, c. semences dans l'enveloppe cornée, d. id. mâles, e. semences dans l'enveloppe argentée, f. id. mâles, g. id. nettoyées.

7. Collection de diverses espèces de damar, de gomme et de résine. — Jardin botanique de l'Etat, à Buitenzorg.

1. Albizzia saponaria, Bl. — Tautau. — Moluccae.
2. Albizzia stipulata, Boiv. — Sèngon, jeunjing. — Java.
3. Albizzia spec. — Kawéné. — Timor, Java.
4. Calamus Draco, Willd. — Rotan djemang.
5. Calamus Draco, Willd. — Poudre 1e qualité.
6. Calamus Draco, Willd. — Poudre 2e qualité.
7. Calamus draco, Willd. — Vernis.
8. Calophyllum Inophyllum, L. Nyamplong.
9. Canariopsis glabra, Bl. — Damarsela. Java.
10. Canariopsis decumana, Bl. — Kanari-babi. — Moluc.
11. Canarium, spec. — Damar kaji. Sumatra.
12. Cochlospermum, spec. — Chanigara. — Java.
13. Corypha umbraculifera, L. — Gebang. — Java.
14. Dammara alba, Rxb. — Damar poutih. — Java.
15. Dammara orientalis. — Damar daging kinyan. — Borneo.
16. Dryobalanops camphora, Colebr. — Marabantayan.
17. Dryobalanops camphora, Colebr. — Simarabantayan.
18. Dryobalanops camphora, Colebr. — Marabantayan.
19. Garcinia Cambogia, Desr. — Siam.
20. " Mangostana. — Getahmanggis. — Java.
21. " spec. — Sumatra.
22. " " — Damar gendis. — Borneo.
23. Hopea fagifolia, Miq. — Damar kedemout Banka.
24. Hopea Maranti, Miq.—Damar batou.
25. " " " — Damar maranti. Blitong.
26. Hopea selanica, Rxb. — Damar selain. Borneo.
27. Hopea selanica, Rxb. — Damar selain. Bourou.
28. Hopea macrophylla lanceolata.
29. "

GROUPE I. Cinquième Classe.

30. Hopea spec. — Damar n°. 1. — Koutei, Borneo.
31. Hopea spec. — Damar n°. 2. — Koutei, Borneo.
32. Hopea Mengarawan, Miq. — Damar mengarawan.
33. Hymenæa verrucosa, Grtn. — Copal, Kisapi-bener.
34. Liquidambar Altingiana, Bl. — Rasamala. — Java, Sumatra.
35. Melia azedarach, L. — Mindi.
36. Moringa pterygosperma, Gärtn. — Kelor.
37. Myristica Irya, Gärtn. — Lilin narahan. — Borneo.
38. Odina gummifera, Bl. (Spondias Wirtgenii Hasskl.).
39. Parkia speciosa, Hasskl. — Peté. — Java.
40. Pterocarpus indicus. — Sangdragon. — Java.
41. Shorea sublacunosa, Miq. — Damar sorong. — Bangka.
42. Sindora sumatrana. — Sindour.
43. Stalagmitis dulcis. — Moundou.
44. Styrax benzoin. Sumatra. Menyan.
45. Vatica rassak? — Damar rassak. — Borneo.
46. Vatica sublacunosa. — Damar kloutoup. — Bangka, Sumatra.
47. Vatica, spec. — Damar aloung. — Bachan.
48. Damar bintang, Borneo.
49. „ mang. Blitong.
50. „ bidarou. Borneo.
51. „ chengal. Blitong. Borneo, Sumatra.
52. „ „ Sumatra.
53. „ ngerawan abang. Sumatra.
54. „ poutih ngrawan. „
55. „ selouwai atau ngourawan. Sumatra.
56. „ nyeroun. Blitong.
57. „ meruntik. „
58. „ mengeris. Sumatra.
59. „ klekoung. „
60. „ selouwai. „
61. „ itam — Kayou kloungkoung. — Sumatra.
62. „ „ „ maranti Sumatra.
63. „ „ „ mengeris. Sumatra.
64. Rameau de Durio zibethinus avec Coccus laccae.

8. Collection de graisses et d'huiles végétales.
— Jardin botanique de l'Etat, à Buitenzorg.

1. Canarium commune, L. — Canari.
2. „ Mehenbethene, Grt. — Kanari ambon.
3. Cacosmanthus macrophyllus, Hssk.
4. Cinnamomum zeylanicum, Breyn. — Kayou manies.
5. Cocos nucifera. L. — Minyak kalapa.
6. Elæis guineensis, L.
7. Eriodendron anfractuosum, DC. — Minyak kapok, randou.
8. Helianthus annuus, L. — Minyak kembang matahari.
9. Hodgsonia heteroclita, Hssk. — Kadam.
10. Hopea macrophylla lanceolata. — Tengkawang. — Borneo.
11. Myristica Horsfieldii, Miq. — Minyak chempaka. — Ceylan.
12. Myristica Irya, Grtn. — Lilin narahan. — Borneo.
13. Pangium edule, Bl. — Pichoung, kapeching, samaun.
14. Parinarium lanceolatum, T. et. B. — Ki soka.
15. Parinarium scabrum, Hssk. — Ki soka.
16. Ricinus communis, L. — Jarak koliki.
17. Sesamum indicum, DC. — Bidyen M. Widyen J. (Huile de).
18. Sideroxylon glabrescens, Miq. — Ketiouw.
19. Stadmannia Sideroxylon, DC. — Kesambi.
20. Terminalia Catappa, L. — Minyak katapan.

9. Collection d'agents propres au tannage.
— Jardin botanique de l'Etat, à Buitenzorg.

1. Aleurites triloba, Forst. — Kamiri.
2. Artocarpus integrifolia, L. — Nangka beurit.
3. Casuarina equisetifolia, L. — Chamara.
4. Cocos nucifera, L. — Kalapa. Cocotier.
5. Mangifera indica, L. — Mangga.
6. Punica Granatum, L. — Delima.
7. Tamarindus indica, L. — Asem jawa.
8. Tectona grandis, L. — Jati.
9. Terminalia Catappa, L. — Katapan.

10. Collection de matières colorantes végétales.
— Jardin botanique de l'Etat, à Buitenzorg.

Groupe I. Cinquième Classe.

a. Collection, dans des bocaux à bouchons de verre, de substances végétales (écorce, racines, bois, semences, etc.) qui produisent les matières colorantes employées par les indigènes pour teindre les fils et les tissus.

1. Artocarpus integrifolia, L. — Nangka. — Le bois donne une teinture jaune pour fil et étoffes pour vêtements.
2. Bixa Orellana, L. — Glinggem, Galiengam, Glougge. — Les semences donnent la couleur connue sous les noms d'Orlean, roucou, annatto etc., au moyen de laquelle les indigènes teignent en orange ou en rouge les meubles, le fil et les tissus pour vêtements. Echantillon n° 3.
3. Briedelia tomentosa, Bl. — Kanyéré-badak-aroï. — On tire de l'écorce des rameaux une teinture noire pour le fil et les étoffes.
4. Briedelia tomentosa, Bl. — Kanyéré-badak. — Ecorce du tronc utilisée comme celle des rameaux.
5. Cæsalpinia arborea, Zoll. — Soga. — Echantillon n° 1.
6. Cæsalpinia dasyrachys, Miq. — Peta-peta. — On tire, pour fils et tissus, une teinture noire de l'écorce de cette Caesalpinia ainsi que d'autres espèces du même genre. Ech. n° 2.
7. Cæsalpinia sappan, L. — Sechang. — On tire du bois une teinture rouge. Mêlée à la chaux elle donne du violet (éch. n° 14); au ki sierem (24) et au gambir (26), du brun (éch. n° 13); au gambir (26) les éch. n° 11 et 12; au glinggem (2) et à la chaux, l'éch. n° 21.
8. Curcuma longa, L. — Koneng gedé.
9. Curcuma longa, L. var. β minor. — Koneng temen. — Curcuma fort employée par les indigènes (éch. n° 10); mêlée à la chaux, orange (éch. n° 16); à la chaux et au gambir, l'éch. n° 15; au taroum (13), plusieurs nuances de vert (éch. n° 17, 18 et 20).
10. Emblica officinalis, Grtn. — Malaka (éch. n° 6). Mêlée à l'indigo, elle donne une teinture noire; au sechang (7), au ki sirem (24) et au gambir (26), ou bien à l'indigo (13), au katapan (25), au ki sierum (24) et au soga (21), un brun foncé (éch. n° 22).
11. Eugenia lucidula, Miq. — Salam. — (Ech. n° 7). S'emploie et se combine avec d'autres substances tinctoriales de la même manière que le malaka (10).
12. Homalanthus populifolius, Grtn. — Karumbi. — L'écorce de karumbi mêlée au changkoudou (17) fournit une teinture rouge pour et fil.
13. Indigofera spec. div. — Taroum, indigo Nila. — (Ech. n° 4 et 19). Voy. ce qui a été dit pour les n° 9 et 10.
14. Leiocarpus fruticosus, Bl. — Sasa lembout. — L'écorce mêlée au changkoudou (17) ou au jirak berem (22) produit une teiture rouge.
15. Marsdenia parviflora, DC. — Taroum aroi. — Utilisé pour la matière colorante noire que l'on peut extraire de l'écorce.
16. Melodorum latifolium, Don. — Aroi Ki chantoun. — On fait infuser l'écorce, mêlée à l'indigo, pour obtenir une teinture noire.
17. Morinda citrifolia, L. — Mengkoudou. — Une infusion de l'écorce seule donne une teinture rouge. On obtient d'autres nuances du rouge au moyen d'un mélange de karumbi (12) ou de sasa lembout (14). Voy. les n° 22, 23 et 24.
18. Pithecolobium lobatum, Bth. — Jengkol — L'écorce se mêle au malaka (10), au salam (11) ou au taroum (14), et l'infusion procure une teinture noire.
19. Rottlera tinctoria, Rxb. — Binong penchang. — On tire des fruits une teinture rouge.
20. Sansevieria spec., div. — Daoun souji. — On en extrait une couleur verte employée surtout pour teindre les mouchoirs pour la tête (éch. n° 5).
21. Serianthus grandiflora, Bth. — Soga. — L'infusion de l'écorce procure une teinture brune. En y mêlant le ki sirem (24), le sechang (7) et le gambir (26), ou bien le malaka (10), le taroum (13), le katapan (25) et le ki sirem (24), on obtient le brun foncé de l'éch. n°. 22.
22. Symplocos fasciculata. — Jirak. — Donne le rouge avec un mélange de Mengkoudou (17) et de pinang (Areca Catechu). Ech. n°. 21.
23. Symplocos odorantissimus, Ch. — Ki sariawan. — L'écorce mêlée au Mengkoudou (17) donne par infusion une teinture rouge foncé pour vêtements.
24. Syzygium spec., div. — Ki sirem. — L'écorce donne la couleur de l'éch. n°. 8. Voy. en outre ce qui a été dit aux n° 7 et 10.
25. Terminalia Catappa, L. — Katapan. — Soit seule, soit mêlée au Mengkoudou (17) ou au ki sirem (24), l'écorce donne du noir; mêlée au soga ou

au sechang, elle donne un brun foncé. Ech. n° 22.

26. Uncaria Gambir, Rxb. — Gambir. — Fort souvent employée pour la mêler à d'autres substances contenant des matières colorantes. Voy. 7, 9, 10, 11 et 20.

27. Uncaria spec., div. — Aroi kait besi. — L'écorce se mêle au taroum (13) pour obtenir une teinture noire.

28. Uncaria concava, T. et B. — Aroi ki laja. — Comme 26.

29. Willughbeia javanica, Bl. — Aroi ki batara. — Comme 26.

b. 22 échantillons teints avec les matières colorantes simples ou composées énumérées ci-dessus. Chaque éch. est muni d'une étiquette en indiquant la nature.

11. Quelques végétaux remarquables de Java, dans l'esprit de vin. — Jardin botanique de l'Etat à Buitenzorg.

1. Myrmecodia echinata, Gaud.
2. Hydnophytum montanum, Bl.
3. Rafflesia Rochussenii, T. et B.
4. Dischidia Rafflesiana, Wall.

12. Collection de neuf espèces de Quinquina cultivées à Java, rameaux avec fleurs et fruits et échantillons d'écorce. — Musée botanique à Leyde.

a. Cinchona lancifolia.
b. „ succirubra.
c. „ Calisaya.
d. „ micrantha.
e. „ officinalis.
f. „ Pahudiana.
g. „ caloptera.
h. „ Hasskarliana.
i. „ Calisaya.

13. Collection de feuilles de la résidence de Ternate.

a. Douwora; Intsia amboinensis, bois de fer.
b. Lolaro-poutih; Rhizophora conjugata.[1]
c. Lolaro-mérah; Bruguieria Rumphii.

d. Bintangour; Calophyllum inophyllum et spectabile.
e. Gofassa-batou; Vitex moluccana.
f. Gofassa gabba; Vitex cofassus.
g. Mas; Murraya spec.?
h. Lassi; Semecarpus Forsteni.
i. Kourou ou Kourou-coucou; Rubus acuminatissimus
j. Possi-possi; Sonneratia acida.
k. Daou-lassi; Laportea stimulans.
l. Kouning (?) Arbre à bois jaune.
m. Linggoa; Pterocarpus indicus.
n. Moudjoui; Barringtonia speciosa.

14. Feuilles du Woka (Livistona) de l'île de Halmaheira, cuite et non cuite. — J. H. W. Freytag jeune, à Ternate.

15. Quatre collections de végétaux marins pêchés dans le détroit de Kalamata, entre Ternate et Maitara. — J. H. W. Freytag jeune, à Ternate.

16. Morceau d'akar-bahar (racine de mer), de Riouw.

NB. On fabrique avec cette substance ligneuse noire des bracelets, des anneaux, des manches de couteau, des têtes de canne et autres bimbelots. On chauffe l'akar bahar au dessus du feu ou bien on le fait cuire afin de l'amollir et de lui donner assez de flexibilité pour qu'on puisse le travailler. Cependant on prétend que la cuisson lui fait perdre une grande partie de son brillant. Les plus beaux échantillons se trouvent, dans la mer de la Chine, aux îles Poulau Toujou.

17. Morceau d'akar-bahar, envoyé par un Chinois de Blitong.

18. Morceau remarquable de la racine d'un figuier de Kediri.

19. Champignon provenant de Curaçao. — Jos. D. (?) à Curaçao.

---

1) L'avicennia alba, Mangi poutih est quelquefois indiquée sous le même nom.

GROUPE I. Cinquième Classe.

20. Spatha (gaîne de fleur) de palmier. — B. Heyde, à Surinam.

21. Flacon de semences forestières dans l'esprit de vin. — C. Dessé, à Surinam.

22. Cryptogame. — G. H. Samson, à Surinam.

23. Gousse de l'Eperua falcata de la Marowyne — C. J. Hering, à Surinam.

24. Cinq cryptogames. — C. J. Hering, à Surinam.

25. Deux gaînes du palmier Maripa. — C. J. Hering, à Surinam.

26. Collection de dessins de plantes faite à Buitenzorg par Bernecker. Encadrés en chêne. — Baron Sloet van de Beele, ancien gouv.-général.

1. Pithecolobium bigeminum, Mart. Mimoseae. — Jengkol. — Feuilles et semences comestibles.
2. Parkia speciosa, Hassk. Mimoseae. — Peté. — Feuilles et semences comestibles.
3. Cynometra cauliflora, L. Papilionaceae. — Namnam, Lamout. — Fruits comestibles.
4. Tamarindus indicus, L. Papilionaceae. — Assam-kirandyi. — Fruits médicinaux.
5. Canavalia gladiata, DC. Papilionaceae. — Kiwas-bakol, Kakara-parang. — Fleurs, feuilles et fruits comest.
6. Jambosa domestica, Rumph. Myrtaceae. — Jambou-bôl. — Fruits comest.
7a. Jambosa vulgaris, DC. Myrtaceae. — Jambou-ayer. — Fruits comest.
b. Syzigium jambolanum, Rxb. Myrtaceae. — Jamblang. — Fruits comest.
8. Eugenia uniflora, L. Myrtaceae. — Jambou-balimbing. — Plante d'ornement, originaire du Brésil.
9. Caryophyllus aromaticus, L. Myrtaceae. — Chengkeh. — Giroflier.
10. Psidium Guajava, L. Myrtaceae. — Jambou-biji. — Fruits comestibles.
11. Punica Granatum, L. Myrtaceae. — Dalima. — Fruits comestibles.
12. Terminalia Catappa, L. Combretaceae. — Adapo, Katapan. — Matière colorante noire.
13. Citrullus vulgaris, Schrad. Cucurbitaceae. — Semangka. — Fruits comestibles.
14. Momordica Charantia, L. Cucurbitaceae. — Paparé. — Fruits comestibles.
15. Santalum album, L. Santalaceae. — Kayou Chindana. — Bois de sandal.
16. Liquidambar Altingiana, Hamamelidac. — Rasamala. — Résine aromatique.
17. Michelia Champaca, L. Magnoliaceae. — Champaka outan. — Bois d'ébénisterie.
18. Anona squamosa, L. Anonaceae. — Srikaya. — Fruits comestibles.
19. Myristica fragrans, Houtt. Myristiceae. — Pala. — Noix de muscade, macis.
20a. Nymphaea Lotus, L. var. rosea. Nymphaeaceae. — Tembang. — Plante d'ornement
b. Nymphaea Lotus, L. var. alba Nymphaeaceae. — Plante d'ornement.
c. Nymphaea Lotus, L. var. rubra. Nymphaeaceae. — Plante d'ornement.
d. Nymphaea stellata, Willd. var. cyanea. Nymphaeaceae — Plante d'ornement.
e. Nymphaea blanda, Meyer. Nymphaeacea. — Plante d'ornement.
21. Nymphaea Lotus, L. Nymphaeaceae. — Plante d'ornement.
22. Nelumbium speciosum, W. Nelumbiaceae. — Taraté. — Plante d'ornement.
23a. Nelumbium speciosum, W. var. floribus albis. Nelumbiaceae. — Taraté poutih. — Plante d'ornement.
b. Nelumbium speciosum, W. var. floribus rubris. Nelumbiaceae. Taraté mérah. — Plante d'ornement.
24. Bixa Orellana, Flacourtianceae. — Daou galinggem. — Matière colorante (jaune ou rouge d'Orléans).
25. Taraktogenos Blumei, Hassk Flacourtianeae. — Ki-loutoung
26. Durio Zibethinus, L. Sterculiaceae. Dourian. — Fruits comestibles.
27. Sterculia macrophylla, Vent. Sterculiaceae. — Antap.
28. Theobroma Cacao, L. Buttneriaceae. — Kakau, choklat. — Cacao, chocolat.

29. Artocarpus integrifolia, L. Artocarpeae. — Nangka. — Bois d'ébénisterie, sève lactée.
30. Urostigma benghalense, Gasp. Artocarpeae. — Ba-a-lo. — Fruits comestibles.
31. Urostigma religiosum, Gasp. Artocarpeae. — Bounout-kalaja. — Fruits comestibles, caoutchouk, karèt.
32. Antidesma Bunias, Spr. Antidesmeae. — Bouni-karbau, Wouni. J. — Fruits comestibles.
33. Cubeba officinalis, Miq. Piperaceae. — Kemoukous. — Espèce de poivre.
34a. Piper nigrum, L. Piperaceae. — Maricha. — Poivre noir.
b. Chavica densa, Miq. Piperaceae. Chabé jawa. — Espèce de poivre.
35. Gordonia Wallichii, Bl. Ternstroemiaceae. Pouspa J.
36. Garcinia Mangostana, L. Clusiaceae. — Mangis. — Fruits comestibles.
37. Aegle Marmelos, Roxb. Aurantiaceae. — Madja. — Fruits comestibles.
38. Citrus decumana, L. Aurantiaceae. — Jerouk-bali. — Fruits comestibles.
39. Lansium domesticum, Jack. Meliaceae. — Doukou. — Fruits comestibles.
40a. Nephelium lappaceum, L. Sapindaceae. — Ramboutan. — Fruits comestibles.
b. Nephelium mutabile, Bl. Sapindaceae. — Poulasan. — Fruits comestibles.
41. Mangifera indica, S. Anacardiaceae. — Mangga. — Fruits comestibles.
42. Spondias magnifera, W. = Evia amara, Commers. Anacardiaceae. — Kedongdong asem. — Fruits comestibles.
43. Canarium commune, L. Amyrideae. — Kanari, Yar. — Fruits comestibles.
44. Nauclea Gambir, Hunt. = Uncaria gambir, Miq. Rubiaceae. — Gambir. — Une décoction des feuilles sert à préparer une matière que l'on mâche avec le bétel [1].
45a. Pavetta stricta, Bl. Rubiaceae. — Kembang-Santen-mérah. — Plante d'ornement.
b. Joncsia Asoca, Rxb. Papilionaceae.
46. Coffea arabica, L. Rubiaceae. — Koppi. — Café.
47. Jasminum Sambac, Ait. Jasmineae. — Balour. — Plante d'ornement.
48. Cocos nucifera, L. Palmae. — Klappa. — Noix de coco.
49. Zalacca edulis, Reinw. Palmae. — Salac. — Fruits comestibles.

50. Pandanus odoratissimus, L. Pandaneae. — Pandan. — Fleurs odorantes.
51. Xanthosoma violaceum, Schott. Aroideae. — Tales. — Originaire de l'Amérique.
52. Musa Rumphiana, Krz. Musaceae. — Pisang.
53. Zingiber officinale, L. Zingiberaceae. — Diahé. — Gingembre.
54. Curcuma longa, L. Zingiberaceae. — Gorachi. — Matière colorante jaune.
55. Maranta arundinacea, L. Cannaceae. — Arrowroot.

27. **Collection de dessins de plantes** destinée à compléter la précédente. Cadres en bois de chêne. — **Laboratoire botanique**, à Leyde.

1. Dryobalanops Camphora, Colebr.
2. Carolinea princeps, W. = Pachira aquatica. Aubl.
3. Neesia altissima. Bl.
4. Cinchona Calisaya, Wedd.
5. Rafflesia Hasseltii, Suring.
6. " Patma, Bl.
7. " Rochussenii, Teysm. et Binnend.
8. Pandanus furcatus; Roxb. ♂.
9. " " Roxb. ♂, fleur plus grande que nature.
10. Pandanus furcatus, Roxb. ♀.
11. " spurius, Rumph. fruit.
12. Amorphophallus campanulatus. Bl.

28. **Grappe de fruits de la Musa Paradisiaca**. Aquarelle. Cadre doré uni. — Collection Reinwardt.

29. **Album de plantes sauvages et cultivées des Indes or.** intitulé (en français) album botanique et agricole. Dessins avec texte manuscrit français de T. de Ryk. — T. de Ryk, à Sourabaya.

30. **Planches de l'ouvrage** intitulé (en français) Fleurs, fruits en feuillages choisis de

---

1) Matière très riche en tannin, et exportée en grande quantité en Europe pour l'industrie.

GROUPE I. Cinquième Classe. 131

Java, de Mme Hoola van Nooten (voy. le n°. 34), 2e éd. Quarante planches encadrées de bois jaune. — F. T. Pahud de Mortanges, Dr. en droit, à Arnhem.

1. Codiaeum variegatum, Rumph. — Kayou pouring.
2. Amherstia nobilis, Wall.
3. Citrus decumana, L. — Jerouk besar, machau.
4. Theobroma cacao, L. — Chocolat.
5. Tradescantia discolor, Smith. — Géwor mérah.
6. Elettaria speciosa, Bl. — Onyé Laka.
7. Nephelium lappaceum, L. — Ramboutan Atché machan.
8. Lansium domesticum, Jack. — Doukou.
9. Caladium bicolor, Vent. — Talas Sabrang.
10. Saraca declinata, Miq. — Kisoka.
11. Sterculia nobilis, Smith. — Antap.
12. Otophora alata, Bl. — Pisang China.
13. Amarantus tricolor, L. — Bayem mérah.
14. Spathiphyllopsis Minahassae, T. et B. — Chariang poutih.
15. Xanthochymus dulcis, Roxb. — Moundou.
16. Garcinia Mangostana, L. — Manggis.
17. Poinsettia pulcherrima, Grah. — Kayou mérah.
18. Butea frondosa, Roxb. — Ploso.
19. Anona squamosa, L. — Sirikaya.
20. Anona reticulata, L. — Bouwa nouna.
21. Pisonia sylvestris. T. et B. Pisonia alba, Spangh. — Wijāyā kousoumā ou Kohl Banda.
22. Lagerstroemia regia, Roxb. — Boungour.
23. Citrus sarcodactylus, Hort Bog. — Jerouk tangan.
24. Cynometra cauliflora, L. — Namnam.
25. Strophanthus dichotomus, Dec. — Kikouya.
26. Artocarpus polyphema, Pers. — Champedak.
27. Anacardium occidentale, L. — Jambou monyet.
28. Durio Zibethinus, L. — Dourian.
29. Flores Jambosae domesticae, Rumph. — Kembang Jambou bôl.
30. Fructus Jambosae domesticae, Rumph. — Jambou bôl.
31. Mangifera indica, L. — Mangga wangi.
32. Syzygium Jambolanum, Dec. — Jamblang.
33. Musa coccinea, Andr. — Pisang sole.
34. Musa paradisiaca, L. — Pisang mas.
35. Theobroma Cacao, var. alba, L. — Chocolat.
36. Averrhoa Bilimbi, L. — Blimbing.
37. Poinciana regia, Boj. — Flamboyant.
38. Zalacca edulis, Reinw. — Salak.
39. Anona muricata, L. — Nangka Welanda.
40. Carica Papaya, L. — Papaya.

31. Planches botaniques de l'ouvrage intitulé Sumatra Central (vol. IV, 13e livr). Quatre planches collées sur carton. — Société de Géogr., à Amsterdam.

32. Hortus Indicus ou collection d'images coloriées de plantes et d'arbres des Indes or. Manuscrit du XVIIe siècle, anonyme. Deux vol. grand in folio, reliés. — Bibliothèque de l'Université, à Leyde.

33. Manuscrit de l'herbier d'Amboine de G. E. Rumphius, avec les images noires et coloriées faites aux Indes par Philippus van Eyck et Petrus de Ruyter. Grand in folio. Deux des treize volumes, à titre de spécimens. — Bibliothèque de l'Université, à Leyde.

34. Exemplaire de luxe de l'ouvrage (français) intitulé Fleurs, fruits et feuillages choisis de l'île de Java, peints d'après nature par Madame

Berthe Hoola van Nooten; 40 planches chromolithographiées, grand in folio, avec texte. 3e édition. Bruxelles, Librairie C. Muquardt. — Mme Hoola van Nooten, à Batavia.

35. Collection d'ouvrages de botanique concernant surtout les Indes or. et occ. néerl. — Prof. P. J. Veth.

a. Gulielmi Pisonis, Medici Amstelaedamensis, de Indiae utriusque re naturali et medica, libri quatuordecim. Amstelaedami apud Elzevirios, 1658, f°.
NB. Dans cet ouvrage de Piso ont été aussi insérés les six livres d'histoire naturelle et de médecine de J. Bontius, médecin à Batavia. Le Dr. Swaving a publié une étude intéressante sur Bontius dans la Revue d'hist. nat. des Indes néerl., vol. XXX, pages 285 et 475.
b. Herbarium Amboinense par G. E. Rumphius, publié par J. Burmannus. Six vol. in folio. Amsterdam et la Haye 1741—1750. Quatre tomes reliés en demi-maroquin.
c. (En allemand) Nouvelle clef à l'Herbarium Amboinense de Rumph, par le Dr. J. K. Hasskarl. Halle, 1866, in-4°. (Réimpression d'un article des Mémoires de la Soc. des naturalistes, IX, 2). Relié en demi-maroquin.
d. Rumphia s. commentationes botanicae, in primis de plantis Indiae Orientalis, scripsit C. L. Blume. 3 vol. in folio, Leyde 1835—1845. Rel. demi-maroquin.
e. Flora Javae nec non insularum adjacentium, auctore C. L. Blume, adjutore J. B. Fischer. Bruxelles, 1828 et années suiv. Trois tomes, demi-mar.
NB. La révolution belge a interrompu la publication de cet ouvrage, qui est resté inachevé. L'exemplaire exposé contient aussi les planches inédites qui avaient déjà été tirées lorsque la publication a cessé.
f. Annales Musei Botanici Lugduno-Batavi ed. F. A. G. Miquel. 4 vol. in folio. Amsterdam et Utrecht 1863—1869. Rel. demi-mar.

36. Quelques ouvrages de botanique traitant exclusivement ou partiellement des plantes des Indes néerl. — A. W. Sythoff, éditeur-imprimeur à Leyde.

a. Plantae Junghuhnianae, Enumeratio plantarum, quas in insulis Java et Sumatra detexit F. W. Junghuhn.
b. (En français). C. L. Blume, Collection des orchidées les plus remarquables de l'Archipel indien et du Japon.
c. (En français). P. F. de Siebold et W. H. de Vriese, Flore des Jardins. 5 volumes.
d. W. H. de Vriese, Flore des Jardins. 3 vol.
e. W. H. de Vriese, Le commerce du gutta percha.
f. W. H. de Vriese, La vanille.
g. W. H. de Vriese, Le camphrier de Sumatra.
h. Ch. Morel, Culture des orchidées.
i. F. Dozy, Plagiochila Sandei, D.

37. J. Dozy et J. H. Molkenboer, Bryologia Javanica, seu descriptio muscorum frondosorum Archipelagi Indici, iconibus illustrata, post mortem auctorum edd. R. B. van den Bosch et C. M. van der Sande La Coste. Lugd Bat., Brill 1855—1870. 2 vol in 4°. — Acad. Mil. Royale à Breda.

38. Ouvrages de botanique. — J. H. de Bussy, éditeur à Amsterdam.

1. Dictionnaire botanique des Indes néerl., avec de brèves indications de l'usage médicinal et domestique des plantes, et avec la nomenclature indigène et savante, par G. J. Filet. Leyde, Kolff, 1876.
2. Les plantes utiles des Indes néerl., rangées par ordre systématique, décrites avec indication de leur valeur commerciale, industrielle et médicinale, par A. H. Bisschop Grevelink. Amsterdam, de Bussy, 1882.

Sixième Classe.

RÈGNE ANIMAL: animaux empaillés ou conservés par d'autres méthodes, images d'animaux et descriptions de la faune.

Quoique il y ait des motifs de le regretter, ce n'est pas un fait surprenant que les voyageurs et les naturalistes se sentent plus attirés vers les Indes orientales que vers les Indes occidentales. Il suffit d'examiner la carte pour se rendre compte de la chose. En effet, nos Indes occ. font partie d'un vaste continent; leur faune doit nécessairement dépendre de celle du continent et leur étendue est relativement trop peu considérable pour faire supposer que l'on y trouve des types spéciaux qui les caractérisent. Il en est tout autrement des Indes or., puisqu'elles sont composées d'une multitude d'îles et d'archipels de toutes grandeurs, et que toutes ces îles sont séparées du continent et les unes des autres par des espaces maritimes plus ou moins profonds. Il est donc naturel de s'attendre à y découvrir des êtres nombreux, tantôt appartenant en propre à une ou à quelques unes des îles, tantôt présentant des déviations des types congénères continentaux. La manière remarquable dont l'archipel indien est situé entre l'Asie et l'Australie donne plus de poids encore à cette présomption. Les faits sont conformes à ce que la géographie porte à supposer. La faune des Indes occ. s'est trouvée très conforme à celle de l'Amérique du Sud, tandis que celle de l'archipel indien tient le milieu entre les faunes des deux continents les plus rapprochés, s'il est permis de donner ce nom à l'Australie. Du reste il faut remarquer que les animaux de la partie occidentale ont plus d'analogie avec ceux de l'Asie, et que ceux de la partie orientale se rapprochent davantage des formes australiennes. Ou peut dire des Indes occ. qu'elles ne possèdent pas de formes animales qui leur appartiennent en propre, tandis qu'aux Indes or. on trouve plusieurs types qui ne se rencontrent que là, ou qui y sont plus fortement représentés qu'ailleurs. Je me contenterai comme exemples de citer quelques mammifères. Tandis qu'à Sumatra il y a un grand nombre de singes qui se rapprochent beaucoup de ceux de l'Indo-Chine, on les voit peu à peu disparaître à mesure qu'on s'avance à l'orient; la dernière espèce vit à Célèbes; ici commencent les marsupiaux, qui n'existent pas à l'occident de Célèbes, mais dont les espèces se multiplient de plus en plus à l'orient de cette île, pour atteindre leur maximum en Australie et dans la Nouvelle-Guinée, où ils sont presque les seuls mammifères. Tandis que, d'une part, l'orang-outang, le plus développé des singes, vit à Sumatra et à Bornéo, on rencontre d'autre part dans tout l'archipel le tarsier, dernière espèce semi-simiaque, et le singe volant, qui ne se trouve nulle part ailleurs. Les grandes chauves-souris fructivores n'existent pas dans l'Amérique du Sud, et justement c'est dans l'archipel indien qu'elles atteignent leur plus grand développement. L'éléphant et le rhinocéros vivent à Sumatra et à Bornéo, le second aussi à Java; il n'y a pas trace de ces grands pachydermes aux Indes occ., où ne vit qu'un tapir d'une autre espèce que celui de Sumatra. Le petit pécari (*Dicotyles torquatus*) et le pouingo, qui est un peu plus grand (*D. labiatus*), sont les seuls porcs de Surinam [1]), tandis que les Indes or. en possèdent à elles seules plus d'espèce que tout le reste du monde. Les insectivores, si fortement représentés aux Indes or. par les Tupayas, les Gymnura, les Sorices, n'ont aux Indes occ. qu'une seule espèce, le remarquable *Solenodon paradoxus* de Haïti. Tandis que l'Amérique du Sud est remarquable pour la multiplicité de ses rongeurs, les Indes or. n'en possèdent qu'un nombre de groupes relativement restreint, parmi lesquels cependant il y en a avec un nombre prodigieux d'espèces, par ex. les écureuils. A Surinam les édentés sont représentés par les paresseux, les tatous et les fourmiliers; aux Indes or. seulement par les squamifères. Ici le genre *canis* ne possède que le *C. rutilans*; en revanche les espèces félines, tigres, panthères

---

[1]) Hartsinck, dans sa Description de la Guyane, dit que les porcs sauvages abondent dans les forêts. Ce qu'il désigne ainsi doit être l'animal appelé cochon d'eau, (*Hydrochoerus Capibara Sus hydrochoerus* L.), qui est vraiment fréquent à l'intérieur de Surinam, à ce que nous apprend Kappler, „Holländisches Guiana" p. 156; mais ce n'est pas un porc; c'est un rongeur.

et petits chats, y sont nombreuses. Pour la race canine Surinam possède en commun avec le Brésil l'*Icticyon venatus*, et quant à la race féline, les formes qu'on y rencontre sont répandues dans toute l'Amérique de Sud; ce sont le puma ou couguar, le jaguar, le *Felis pardalis* et le *F. Yaguarundi*. Enfin le *Manatus*, dit vaste de mer, de Surinam se retrouve dans le Jouyong ou *Halicore* des Indes or.

Ce qui est vrai des mammifères est vrai aussi des autres classes d'animaux, mais il serait beaucoup trop long de donner de chaque classe ne fût-ce qu'un simple aperçu comme celui qui précède. Notre revue resterait nécessairement superficielle et en outre infiniment moins instructive qu'une visite au musée d'histoire naturelle de Leyde, où le gouvernement a fait réunir et fait conserver une vaste masse de matériaux scientifiques. Nulle part ailleurs on ne trouvera si complète la faune de nos colonies. De nombreux voyageurs, chargés d'ordinaire d'une mission officielle, ont travaillé, souvent au prix de leur santé et même de leur vie, à réunir ces trésors. La nation néerlandaise a le droit de les montrer avec fierté aux étrangers, d'autant plus que cette grande collection à une immense valeur en raison de la manière dont les objets y sont exposés, ou, en d'autres termes, en raison du haut degré de perfection que la taxidermie, l'art d'empailler et de conserver les animaux, a atteint au musée de Leyde. Formées à l'école d'un Temminck et d'un Schlegel, des mains adroites et alertes y sont sans cesse occupées à préparer les dépouilles des animaux de façon à leur rendre pour ainsi dire la vie, tellement elles savent reproduire les poses naturelles. Les animaux sont exposés de façon à faciliter les vues d'ensemble. Autant que possible on a réuni pour chaque espèce toutes les variétés occasionnées par les différences de sexe, d'âge, de saison ou par des circonstances locales. C'est ainsi, et ainsi seulement, que l'on parviendra à concevoir ce qui n'a jamais encore été dit clairement au moyen de la parole, ce que c'est que l'*espèce*. Les richesses du musée de Leyde ont mis depuis longtemps en mouvement les plumes des savants, et ont donné lieu à la publication d'un grand nombre de monographies et d'ouvrages illustrés, parmi lesquels nous nommerons comme les plus importants: les *Monographies de Mammalogie* (en français) de Temminck; du même, aussi en français, *Esquisses zoologiques sur la côte de Guinée*, ouvrage où sont décrits beaucoup de mammifères des Indes or., les *Mémoires sur les possessions néerlandaises aux Indes or.*, dans lesquels Schlegel, S. Müller et Snellen van Vollenhoven ont publié de nombreuses monographies sur les mammifères, les oiseaux, les poissons, les reptiles, les serpents et les insectes, accompagnées d'un très grand nombre de planches lithographiées par Sandifort, Maurevert, Schlegel, Bruining, Mulder, van Raalte, van Oort, Hoffmeister et Snellen van Vollenhoven; Temminck *Coup d'oeil général sur l'Inde Archipélagique* et *Nouveau recueil de planches coloriées d'oiseaux*, deux ouvrages écrits en français, le second en collaboration avec le baron de Chartrouse; Schlegel *Oiseaux des Indes or. néerl.* et (en français) *Observations zoologiques*; O. Finsch *Les perroquets* (en allemand); Lucien Bonaparte *Conspectus generum avium*; Schlegel *Essai sur la physionomie des serpents* (en français), l'un des ouvrages devenus célèbres de l'auteur; Bleeker *Atlas ichthyologique des Indes or. néerl.* (en fr.); Snellen van Vollenhoven *Essai d'une Faune entomologique de l'Archipel Indo-Néerlandais* (en fr.). Sous le modeste titre (en fr.) de *Catalogue du Museum d'Histoire naturelle*, Schlegel a publié toute une série de monographies, écrites en majeure partie par lui-même. On y trouve une étude critique des singes et de presque tous les oiseaux, excepté les oiseaux chanteurs, et un aperçu de ces groupes tels qu'ils sont représentés dans le musée. Dans les dernières années les conservateurs du musée et plusieurs spécialités de l'étranger ont donné des contributions à l'organe du musée, intitulé *Notes from the Leyden Museum* (Notes du musée de Leyde). Jusqu'ici les ressources financières ont fait défaut pour joindre des illustrations à cette revue. Il existe un grand nombre d'ouvrages sur la faune des Indes or. écrits par d'autres auteurs que des Hollandais. Mais la nécessité d'être bref nous a forcé de nous borner comme nous l'avons fait à la mention de quelques uns des principaux ouvrages écrits directement à l'occasion de ce qui a été collectionné aux Indes or. par des Hollandais pour la Hollande. On comprend qu'il n'existe presque pas de travaux spéciaux sur les animaux des Indes occ., puisque la faune de Surinam est à peu près identique à celle de l'Amérique du Sud. Cependant le siècle passé a vu paraître le célèbre ouvrage de Maria Sibylla Merian, *Metamorphosis insectorum Surinamensium ad vivum picta atque descripta* (Amst., 1705), et parmi les auteurs modernes qui ont écrit sur Surinam Kappler surtout a accordé au règne animal une attention particulière.

F. A. JENTINK.

Groupe I. Sixième Classe.

1. Jeune tigre royal en vie (Felis tigris, machan lorèk) ♀, domestiqué. Lampongs. — J. C. van Hasselt, Controleur B.B. à Soukadana, rés. de Lampongs.

2. Ours malais en vie (Ursus Malayanus, berouang), de la division du Midi et de l'Orient de Bornéo. — D. D Veth, à Amsterdam.

3. Perroquet rouge et perroquet bleu, dit corbeau en cage, spécimens vivants, de Surinam. — C. J. Hering, à Surinam.

4. Collection de mammifères empaillés de l'archipel indien. — Soc. Natura Artis Magistra, à Amsterdam.
   1. Simia satyrus. — Orangoutang. — Borneo, Sumatra.
   2. Hylobates leuciscus. — Wouwouw. — Java.
   3. Hylobates syndactylus. — Siamang. — Sumatra.
   4. Semnopithecus nasica. — Kahau. — Borneo, Sumatra.
   5. Semnopithecus maurus. — Loutoung. — Java.
   6. Inuus (Macacus) nemestrinus. — Berouk. — Sumatra, Borneo.
   7. Inuus niger. — Menado.
   8.   "   nigrescens. — Goroutalo.
   9. Cercocebus cynomolgus — Monyet. — Iles de la Sonde.
   10. Cercocebus cynomolgus var. alba. — Iles de la Sonde.
   11. Stenops (Nycticebus) tardigradus. — Sumatra, Borneo.
   12. Tarsius spectrum. — Sumatra, Bangka, Borneo.
   13. Tupaja (Cladobates) tana. — Sumatra, Borneo.
   14. Ursus malayanus. — Berouang. — Sumatra, Borneo.
   15. Arctictis binturong (penicillata). — Bintouroung. — Java, Sumatra.
   16. Canis rutilans. — Iles de la Sonde.
   17. Viverra indica. —   "
   18. Paradoxurus musanga. — Mousang. — Iles de la Sonde.
   19. Herpestes javanicus. — Java, Sumatra.
   20. Felis tigris. — Machan lorèk. — Java, Sumatra.
   21. Felis pardus. — Machan toutoul. — Java, Sumatra.
   22. Felis pardus, var. nigra. — Java, Sumatra.
   23. Felis minuta. — Machan rempak. — Iles de la Sonde.
   24. Sciurus bicolor. — Sumatra, Malakka.
   25. Sciurus plantani. (vittatus). — Java, Sumatra, Borneo.
   26. Pteromys nitidus. — Iles de la Sonde.
   27. Hystrix javanica. — Java.
   28. Manis   "   — Iles de la Sonde.
   29. Antilope (Anoa) depressicornis. — Anoa. — Célèbes.
   30. Antilope sumatrensis. — Sumatra.
   31. Cervus russa moluccensis. — Rousa. — Amboine, Timor.
   32. Cervus muntjac. — Minchak, Kidang — Iles de la Sonde.
   33. Cervus Kuhlii. — Bawéan.
   34. Moschus javanicus. — Java.
   35. Sus barbatus. — Borneo.

5. Collection de mammifères réunis dans le Nord de Célèbes et sur la côte occidentale de Sumatra, par F. Faber, anciennement Controleur à Amourang, rés. de Menado, actuellement à Loubou Basong, div. de Priaman. — F. von Faber, à Loubou Basong.

NB. La collection de mammifères de M. von Faber embrasse 49 espèces, dont quelques unes sont représentées par plusieurs individus. On n'a pas pu faire empailler tous ces animaux pour l'exposition, le temps manquait, sans parler des frais considérables qu'il aurait fallu encourir. On a donc dû faire un choix, et pour cela on a pris un individu de chaque espèce qui n'était pas représentée au n° 4. Le mot de Menado à côté du nom d'un animal indique qu'il a été tiré pendant le séjour de M. von Faber à Amourang; celui de Priaman accompagne les noms des animaux collectionnés plus tard à Sumatra.

1. Hylobates agilis. — Priaman.
2. Semnopithecus melalophus. — Priaman.
3. Semnopithecus pruinosus. — Priaman.
4. Galeopithecus volans. — Priaman.
5. Pteropus Wallacei. — Menado.
6. " hypomelanus. — Menado.
7. Cynonycteris brachyotis. — Menado.
8. Cynopterus marginatus. — Priaman.
9. Cephalotes Peronii. — Menado.
10. Harpyia cephalotes. — Menado.
11. Macroglossus minimus. — Menado.
12. Rhinolophus megaphyllus. — Menado.
13. Rhinolophus hipposideros. — Priaman.
14. Phyllorhina bicolor. — Menado.
15. Megaderma spasma. — "
16. Vespertilio adversus. — "
17. Vesperugo pachypus. — "
18. Felis sp.? — Priaman.
19. Mustela Henrici. — Priaman.
20. Paradoxurus leucomystax. — Priaman.
21. Paradoxurus Musschenbroekii. — Menado.
22. Tupaja javanica. — Priaman.
23. " ferruginea. — Priaman.
24. Sciurus albiceps. — "
25. " hippurus. — "
26. " murinus. — Menado.
27. " rubriventer. — Menado.
28. " leucomus. — "
29. " Prevostii. — Priaman.
30. Pteromys nitidus. — "
31. Mus hellwaldii. — Menado.
32. " Faberi¹) —
33. " xanthurus. — "
34. Echiothrix leucura. — "
35. Cervus equinus. — Priaman.
36. Moschus kanchil. — "
37. Phalangista ursina. — Menado.
38. " celebensis. — "

6. Kousoukousou nonau (chat sauvage mâle) et kou-

---

1) Le Mus Faberi est une espèce nouvelle à laquelle le Dr. Jentink a donné le nom de M. von Faber.

soukousou vovoheka (chatte sauvage), de Ternate. — J. H. W. Freytag, jeune, à Ternate.

NB. Espèce du genre Cuscus, qui appartient aux phalangistes.

7. Koesoe (chat sauvage) d'Andai (baie du Geelvink, N.-Guinée) — J. H. W. Freytag, à Ternate.

8. Crâne d'un barbiroussa (cochon-cerf, sus barbirussa), provenant de la N.-Guinée. — J. H. W. Freytag, jeune, à Ternate.

9. Mammifères conservés dans l'esprit de vin, et peaux et parties de squelettes de mammifères, tout de Surinam. — C. J. Hering, à Surinam.

a. Coaita (Ateles paniscus L.), dans l'esprit de vin.
b. Chauve souris blanche (Diclidurus albus Neuw.), dans l'esprit de vin.
c. Trois peaux de tigres.
d. Peau d'un paresseux (Bradypus didactylus L.).
e. Deux bois de cerf (Cervus savannarum).
f. Crâne de singe.
g. Crâne et mâchoire inférieure d'un chat-tigre (Felis yaguarundi Desm.).

10. Deux griffes d'armadillo (Dasypus). — Jos. Mesado, à Surinam.

11. Collection de 173 espèces d'oiseaux, empaillés, rangés par ordre systématique et déterminés, provenant en partie de Sumatra, en partie de Célèbes. — G. C. van Schuylenburch, assistent-résident de Mouara Doua, div. de

Groupe I. Sixième Classe. 139

Komering, rés. de Palembang, et F. von Faber, controleur B. B. à Loubou Basong, div. de Priaman, rés. du Bas-pays de Padang.

Cette collection a été faite par le Dr. F. A. Jentink en choisissant parmi les centaines d'oiseaux tirés par M. von Faber pendant une série d'années, en partie à son ancien poste, Amourang, rés. de Menado; en partie à son poste actuel dans l'île de Sumatra, et aussi en puisant dans une collection plus petite faite par M. van Schuylenburch dans le Haut-pays de Palembang. Ces deux messieurs avaient mis à notre disposition un millier d'oiseaux que l'on n'aurait pu tous empailler qu'en faisant une dépense très forte, à supposer que l'on en eût eu le temps entre l'arrivée des envois et le commencement de l'exposition. Il a donc bien fallu faire un choix; mais nous nous sommes fait une règle — à laquelle il n'y a eu que de rares exceptions — de prendre un individu de chaque espèce présente, et là où cela avait de l'importance, un individu de chaque sexe. Nous devons des remerciements au Dr. Jentink pour l'aide qu'il nous a donnée dans ce travail.

Les noms de Menado, de Priaman et de Komering placés à la suite de ceux des oiseaux servent à distinguer ceux de Célèbes de ceux de Sumatra. Les lettres v. S. et v. F. désignent les chasseurs qui nous ont procuré ces objets.

1. Bubo orientalis. — Priaman (Res. Padang). — v. F.
2. Bubo javanensis. — Priaman. — v. F.
3. Scops menadensis. — Menado. — v. F.
4. Strix Rosenbergii. — Menado. — v. F.
5. Noctua ochracea. — Menado. — v. F.
6. " hirsuta. — Menado. — v. F.
7. " punctulata. — Menado. — v. F.
8. Falco coerulescens. — Komering (Res. Palembang). — v. S.
9. Circus Jardinii. — Menado. — v. F.
10. Spizaëtus cirratus celebensis. ♂ et ♀. — Menado. — v. F.
11. Spizaëtus limnaëtus. — Priaman. — v. F.
12. Astur grisiceps. — Menado. — v. F.
13. Nisus trinotatus. ♂ et ♀. — Menado. — v. F.
14. Buteo poliogenys. — Menado. — v. F.
15. Circaëtus rufipectus. ♂ et ♀. — Menado. — v. F.
16. Aquila malayensis. — Menado. — v. F.
17. Haliaëtus leucogaster. — Menado. — v. F.
18. Haliaëtus indus. ♂ et ♀. — Menado et Priaman. — v. F.
19. Pandion haliaëtus. — Menado. — v. F.
20. Milvus affinis. — Menado. — v. F.
21. Elanus hypoleucus. ♂ et ♀. — Menado. — v. F.
22. Pernis cristatus celebensis. — Menado. — v. F.
23. Alcedo melanorhyncha. — Menado. — v. F.
24. Alcedo minor celebensis. — Menado. — v. F.
25. Alcedo leucocephala. — Komering. — v. S.
26. Dacelo cyanotis. — Menado. — v. F.
27. " princeps. — Menado. — v. F.
28. " coromanda. — Menado. — v. F.
29. Dacelo chloris. — Menado. — v. F.
30. " fallax. — Menado. — v. F.
31. Merops badius. — Priaman. — v. F.
32. " ornatus. — Menado. — v. F.
33. " amictus. — Priaman. — v. F.
34. Buceros scutatus. — Priaman. — v. F.
35. Buceros bicornis. — Priaman. — v. F.
36. Buceros rhinoceros. — Priaman. — v. F.
37. Buceros galeritus. ♂ et ♀. — Priaman. — v. F.
38. Buceros comatus. — Priaman. — v. F.
39. Buceros cassidix. ♂ et ♀. — Menado. — v. F.
40. Buceros exaratus. ♂ et ♀. — Menado. — v. F.
41. Eclectus platurus. — Menado. — v. F.
42. Eclectus Mülleri. — Menado. — v. F.
43. Psittacula incerta. — Priaman. — v. F.
44. Palaeornis longicaudus. — Komering. — v. S.
45. Trichoglossus ornatus — Menado. — v. F.
46. Trichoglossus flavoviridis. — Menado. — v. F.

47. Loriculus exilis. — Menado. — v. F.
48. „ stigmatus. — Menado. — v. F.
49. Loriculus galgulus. — Priaman. — v. F.
50. Picus fulvus. ♂ et ♀. — Menado. — v. F.
51. Picus Temminckii. — Menado. — v. F.
52. Picus poicilophus. — Priaman. — v. F.
53. Picus miniatus. — Komering — v. S.
54. Picus badius. — Komering. — v. S.
55. Megalaima chrysopogon. — Priaman. — v. F.
56. Megalaima mystacophanos. — Priaman. — v. F.
57. Megalaima Henrici. — Priaman. — v. F.
58. Megalaima flavigula. — Priaman. — v. F.
59. Megalaima Duvaucelli. — Priaman. — v. F.
60. Cuculus melanorhynchus. — Menado. — v. F.
61. Cuculus Sonnerati. — Menado. — v. F.
61a. Scytrops novae hollandiae. — Menado. — v. F.
62. Phoenicophaës chlorophaeus. ♂ et ♀. — Komering. —. v. S.
63. Phoenicophaës sumatranus — Komering. — v. S.
64. Phoenicophaës calorhynchus. — Menado. — v. F.
65. Phoenicophaës curvirostris. — Menado. — v. F.
66. Centropus eurycercus. — Komering. — v. S.
67. Centropus bicolor. — Menado. — v. F.
68. Hirundo javanica. — Menado. — v. F.
69. Cypselus longipennis. — Menado. — v. F.
70. Cypselus esculentus. — Menado. — v. F.
71. Caprimulgus Temminckii. — Priaman. — v. F.
72. Nectarinia aspasia. — Menado. — v. F.
73. Nectarinia frenata. ♂ et ♀. — Menado. — v. F.
74. Nectarinia lepida. ♂ et ♀. — Menado et Priaman. — v. F.
75. Nectarinia siparaja. ♂ et ♀. — Menado. — v. F.
76. Nectarinia phoenicotis. — Priaman. — v. F.
77. Nectarinia eximia. — Komering. — v. S.
78. Nectarinia Hasseltii. — Komering. — v. S.
79. Dicaeum celebicum. — Menado. — v. F.
80. Dicaeum cantillans. — Priaman. — v. F.
81. Dicaeum erythronotus. — Komering. — v. S.
82. Dicaeum pyrrhonotus. — Komering. — v. S.
83. Pardalotis percussus. — Menado. — v. F.
84. Phyllornis cyanopogon. — Priaman. — v. F.
85. Zosterops nigrifrons. — Menado. — v. F.
86. Pitta celebensis. — Menado. — v. F.
87. Timalia mitrata. — Priaman. — v. F.
88. Turdus erythronotus. — Menado. — v. F.
89. Pycnonotus ochrocephalus — Priaman. — v. F.
90. Ixos psidii. — Komering. — v. S.
91. „ atriceps — „ „ „
92. „ dispar. — „ „ „
93. Muscicapa banjumas. — Priaman. — v. F.
94. Myiagra azurea. — Menado. — v. F.
95. Dicrurus carbonarius. — Menado — v. F.
96. Dicrurus brachyphorus. — Komering. — v S.
97. Irena turcosa. — Komering — v. S.
98. Ceblepyris orientalis — Menado. — v. F.
99. Ceblepyris leucorhynchus. — Menado. — v. F.
100. Graucalus leucopygialis. — Menado. — v. F.
101. Graucalus Temminckii. — Menado. — v. F.
102. Eurylaimus nasutus. — Priaman. — v. F.
103. Eurylaimus cuculatus. — Priaman — v. E.
104. Corvus enca — Menado. — v. F.
105. Glaucopis leucopterus. — Priaman. — v. F.
106. Coracias Temminckii. — Menado. — v. F.
107. Eurystomus orientalis. — Menado. — v. F.
108. Oriolus indicus. — Menado. — v. F.

Groupe. I. Sixième Classe. 141

109. Oriolus xanthonotus. — Priaman. — v. F.
110. Lamprotornis cantor. — Komering. — v. S.
111. Lamprotornis obscurus. — Menado. — v. F.
112. Basilornis celebensis. — Menado. — v. F.
113. Enodes erythrophrys. — Menado. v. F.
114. Scissirostrum Pagei. — Menado. — v. F.
115. Garrula torquata. — Menado. — v. F.
116. Gracula venerata. — Priaman. — v. F.
117. Fringilla atricapilla. — Menado. — v. F.
118. Fringilla moluccana. — Menado. — v. F.
119. Iora scapularis. — Menado. — v. F.
120. Ptilopus melanocephalus. ♂ et ♀. — Menado. — v. F.
121. Ptilopus superbus. — Menado. v. F.
122. Ptilopus gularis. — Menado. — v. F.
123. Treron vernans. ♂ et ♀. — Menado. — v. F.
124. Treron griseicauda. ♂ et ♀. — Menado. — v. F.
125. Carpophaga paulina. — Menado. — v. F.
126. Carpophaga Forsteni. — Menado. — v. F.
127. Carpophaga bicolor. — Menado. — v. F.
128. Carpophaga luctuosa. — Menado. — v. F.
129. Macropygia menadensis. — Menado. — v. F.
130. Macropygia turtur. ♂ et ♀. — Menado. — v. F.
131. Turtur tigrinus. — Menado. — v. F.
132. Chalcophaps Stephani. ♂ et ♀. — Menado. — v. F.
133. Gallus bankiva. — Menado. — v. F.
134. Argusianus giganteus. ♂ et ♀. — Priaman. — v. F.
135. Euplocomus nobilis. — Komering. — v. S.
136. Perdix oculea. — Priaman. — v. F.
137. Cryptonyx coronatus. — Priaman. — v. F.
138. Megapodius Gilbertii. — Menado. — v. F.
139. Megacephalon maleo. — Menado. — v. F.

140. Ardea purpurea. — Menado. — v. F.
141. Ardea garzetta. — Menado. — v. F.
142. Ardea egretta. — Menado. — v F.
143. Ardea coromanda. — Menado. — v. F.
144. Ardea leucoptera. — Menado. — v. F.
145. Ardea sinensis. — Menado. — v. F.
146. Ardea javanica. — Menado. — v. F.
147. Ardea nycticorax. — Menado. — v. F.
148. Ardea caledonica. — Menado. — v. F.
149. Ciconia leucocephala. — Menado. — v. F.
150. Tringa cinclus. — Menado. — v. F.
151. Totanus incanus. — Menado. — v. F.
152. Totanus cinereus. — Menado. — v. F.
153. Numenius major. — Menado. — v. F.
154. Numenius phaeopus. — Menado. — v. F.
155. Himantopus leucocephala. — Menado. — v. F.
156. Charadrius Peronii. — Menado. — v. F.
157. Rallina minahasa. — Menado. — v. F.
158. Rallina plumbeiventris. — Menado. — v. F.
158a. Rallina isabellina. — Menado. — v. F.
159. Hypotaenidia philippensis. — Menado. — v. F.
160. Porzana cinerea. — Menado. — v. F.
161. Gallinula phoenicura. — Menado. — v. F.
162. Porphyrio indicus. — Menado. — v. F.
163. Podiceps minor. — Menado. — v. F.
164. Anas querquedula. — Menado. — v. F.
165. Dendrocygna vagans. — Menado. — v. F.
166. Dendrocygna guttata. — Menado. — v. F.
167. Fregata aquila. — Priaman. — v. F.
168. Sula fiber. — Menado. — v F.
169. Graculus melanoleucus. — Menado. — v. F.
170. Procellaria leucomelas. — Menado. v. F.
171. Sterna pelecanoides. — Menado. — v. F.

12. Casoar empaillé, Casuarius indicus (galeatus). — Soc. Natura Artis Magistra, à Amsterdam.

13. Kouwau ou faisan argus empaillé, Argus giganteus Temm. — E. G. van Schuylenburch, assistent-resident à Mouara Doua.

14. Collection d'oiseaux de paradis empaillés, rangés autant que possible en séries qui font voir le développement du plumage. — S. C. J. W. van Musschenbroek, Dr. en Droit, à Leyde.

   a. Paradisea minor (papuana). ♂ 6 formes et deux qui diffèrent un peu du Jobi, ♀ 1.
   b. Paradisea sanguinea. ♂ 9 formes, ♀ 1.
   c. Paradisea (Diphyllodes) speciosa. ♂ 1. ♀ 1.
   d. Paradisea Gulielmi III. ♂ 1, ♀ 1 [1]).
   e.   "   (Cicinnurus) regia. ♂ 6 formes, ♀ 1.
   f. Paradisea (Parotia) sexpennis. ♂ 1, ♀ 1.
   g.   "   (Lophorina) atra (superba). ♂ 1, ♀ 1.
   k. Ptiloris magnifica. ♂ 1, ♀ 1.
   i. Epimachus (Seleucides) albus. ♂ 1, ♀ 1.
   j. Epimachus (Semeioptera) Wallacei. ♂ 3 formes, ♀ 1.

15. Vitrine longue de 1.04 m., large de 0.54, haute de 0.50, sur un pied haut de 0.72 m., contenant 25 oiseaux empaillés, oiseaux de paradis, rois des oiseaux de paradis, oiseaux de paradis noirs (de velours), perroquets, pigeons, nectarinias etc., provenant des Moluques et de la N. Guinée. — P. Remmers, ancien capitaine de vaisseau marchand, représenté par H. C Seydenzaal, à Amsterdam.

16. Deux oiseaux de paradis, le mâle et la femelle, de la N. Guinée. — J. H. W. Freytag jeune, à Ternate.

17. Un oiseau de paradis et deux autres oiseaux de la N. Guinée. — H. C. Voorhoeve, à Monster.

18. Collection d'oiseaux de Ternate empaillés. — J. H. W. Freytag jeune, à Ternate.

   a. Woka woka (corneille) nonau (mâle) et id. vovoheka (femelle). — Corvus orru.
   b. Kaleha ♂ et ♀. — Eclectus polychlorus.
   c. Panchecha ♂ et ♀. (?)
   d. Parakichi ♂ et ♀. — Trichoglossus placentis ou peut-être Psittacus Rhodops.
   e. Raja oudang ♂ et ♀. — Espèce d'Alcedo. Probablement Dacelo chloris.
   f. Baikole ♂ et ♀. — Seisura nitens (il y a une espèce de Rhipidura qu'on appelle aussi Baikole).
   g. Chaho-chaho chicho ♂ et ♀. (?).
   h. Bouroung souwangi ♂ et ♀. — Cuculus sepulcralis.
   i. Pombo ijo. ♂ et ♀. — On nomme ainsi plusieurs espèces de Ptilinopus; p. e. le hyogaster et le monachus.
   j. Bouroung jagi ♂ et ♀. — Amadina tichroa.
   k. Idi-idi ♂ et ♀. — Calornis metallica (une petite Tringoides s'appelle aussi ainsi).
   l. Baikole ♂ et ♀. — Seisura nitens. Voy. *f.*
   m. Pombo tanah ♀. — Chalcophaps Stephani ou quelque autre colombe.
   NB. Nous sommes redevables à M. van Musschenbroek de l'explication des noms ternatois. Parfois elle est un peu incertaine, parce que plusieurs espèces rapprochées portent le même nom. Il n'a pas été possible d'examiner les oiseaux eux-mêmes avant de rédiger le catalogue.

---

[1]) Espèce nouvelle à laquelle on a donné le nom du roi S. M. a daigné joindre à cette série de l'exposition les spécimens qui lui avaient été offerts par M. van Musschenbroek.

19. Tohokko nonau (mâle) et vovoheka (femelle), Pitta maxima, provenant de Halmaheira. — J. H. W. Freytag jeune, à Ternate.

20. Collection d'oiseaux de Surinam empaillés; dans le nombre deux spécimens de l'Ibis rubra, un Psittacus macao, un autre Psittacus, un Xanthornis (Oriolus); sous cloches de verre; en outre une cloche recouvrant un monki-monki (Hapale sciurea) de Surinam. — Mme S. Coronel, Mme da Silva et Mlle M. Coronel, toutes trois à Amsterdam.

21. Oiseaux, parties d'oiseaux, nids et oeufs. — C. J. Hering, à Surinam.

a. Quatre peaux d'oiseaux, huit oiseaux empaillés, deux becs d'oiseaux, trois nids de colibris, dont un avec un oeuf.
b. Douze oiseaux empaillés.
c. Deux ailes de corbeau.
d. Quatre nids d'espèces différentes.

22. Pigeon pakaners empaillé (Chasmorhynchus albus). — G. L. E. Bremer, née Köster Henke, à Surinam.

23. Deux nids de tropial. — P. Rus, à Curaçao.

NB. Le tropial (espèce d'*Icterus*) est un oiseau particulier à Curaçao. Il a la grosseur d'une corneille et siffle agréablement.

24. Colibri avec son nid. — R. M. Ribbius, Dr. en droit, à Curaçao.

25. Six flacons renfermant dans l'esprit de vin de petits animaux des Indes néerl.; petits serpents, deux gekkos, lézard volant, caméléon, araignées, scorpions, sauterelles, mille-pieds, etc. — H. J. Smid, Dennenoord, près Laren.

26. Carapace de tortue de terre (Testudo tabulata). C'est la plus grande que l'on ait vue à Surinam. — C. J. Hering, à Surinam.

27. Huit flacons contenant des reptiles, des batraciens et des insectes dans l'esprit de vin. — C. J. Hering, à Surinam.

28. Deux poissons de Ternate. — J. H. W. Freytag jeune, à Ternate.

a. Ikan mandera.
b. Ikan kabila.

29. Quelques poissons des Indes néerl. empaillés. — F. von Faber, controleur B. B. à Loubou Basong, div. de Priaman.

a. Balistes lineatus.
b. Diodon hystrix.
c. Tetraodon mappa.
d. Ostracion tetragonum.

30. Dix scies de poissons à scie de grandeurs diverses (Pristis antiquorum Lath.) — C. J. Hering, à Surinam.

31. Scie d'un poisson à scie. — A. Fernandes, à Surinam.

32. Collection de coquillages, envoyée par un Chinois de Blitong.

7 s'pout kok; 7 sipout grous; 1 sip. ounam; 1 sip. sousou dara; 5 sip. kimpang batou; 1 sip. kimpang; 1 sip. kima;

1 sip. longko; 1 sip. kitaman geling; 1 sip. blauda; 1 sip. loukan; 1 sip. gangan et 3 coquillages divers.

33. Deux karkos (coquillages) provenant de Curaçao. — (N.N.), à Curaçao.

34. Collection de coquillages d'Aruba. — Jacob Thielen, à Curaçao.

35. Collection de coquillages d'Aruba. — A. J. van Koolwyk, à Curaçao.

36. Collection de coquillages d'Aruba. — M. P. Curiel, à Curaçao.

37. Collection de coquillages et d'insectes de Curaçao. — Dr. T. C. Epp, à Curaçao.

38. Deux boites plates à couvercles en verre, contenant une petite collection de scarabées, tous déterminés et munis d'étiquettes portant leur nom. Destiné à donner un aperçu du monde des scarabées dans les îles de la Sonde, la N. Guinée et les Moluques. — J. W. van Lansberge, Dr. en droit, ancien gouv.-gén., à Brummen.

39. Petite collection de papillons déterminés des possessions néerl. aux Indes or. et occ.: donnant un aperçu des genres et des types les plus remarquables des papillons. Six boites en carton, à vitres. — Dr. H. J. Veth, à Rotterdam.

40. Collection de coléoptères, d'hémiptères, de lépidoptères etc. déterminés pour la plupart, réunis par le Dr. Hagen pendant son séjour à Serdang et son voyage au lac de Tobah. Préparée pour l'exposition et rangée dans 34 cartons à vitre par C. Ritzema Czn. à Leyde et P. C. T. Snellen à Rotterdam. — Dr. B. Hagen, à Tanjong Morawa, Serdang, représenté dans les Pays-Bas par C. Ritsema Czn., à Leyde.

41. Huit boites contenant des scarabées, des papillons et d'autres insectes de la Guyane néerlandaise. — M. R. Matthes, à Surinam.

42. Trois petits flacons contenant difféférents insectes nuisibles au cacao. — C. J. Hering, à Surinam.

a. Deux espèces de grillons (*Gryllus campestris?* et *Gryllotalpa* spec.)
b. Une espèce de fourmi (*Atta cephalotes*).
c. Un scarabée à longues cornes (*Steirastoma depressum*). Chenille, chrysalide et insecte parfait.

43. Flacon contenant des vers du cacao. — J. R. C. Gongryp, à Surinam.

NB. Le scarabée du cacao entame un peu l'écorce de l'arbre et pond ses oeufs dans les petites blessures qu'il a faites. De ces oeufs sortent les vers du cacaotier; qui s'avancent en rongeant le bois, d'ordinaire en se faisant un chemin en spirale, jusqu'au coeur des branches ou du tronc. Là elles deviennent chrysalides, pour ressortir à l'état d'insecte parfait.

44. Onze petits flacons d'insectes nuisibles à la culture du cacao. — J. H. A. Horst,

GROUPE I. Sixième Classe.

plantage de Lust en Rust, à Surinam.

NB. D'après l'auteur de cet envoi on distingue à Surinam 1°. le ver blanc ou ordinaire du cacao; 2°. le rouge, moins connu, qu'on trouve surtout dans le district de la Surinam inférieure et qui fait plus de mal que l'autre; 3°. une espèce qui ronge pendant la nuit les racines des jeunes arbres.

a. Flacons 1—5. Ver blanc du cacao: scarabées des deux sexes, jeune ver, ver adulte, chrysalide, spécimen très grand du scarabée.
b. Flacons 6—8. Ver rouge du cacao: scarabées des deux sexes, ver et chrysalide, chrysalide seule.
c. Flacon 9. Scarabée de la troisième espèce.
d. Flacon 10. Deux vers d'une espèce encore peu connue, qui se tient sous l'écorce d'arbres à moitié secs.
e. Flacon 11. Reine des poux de bois.

45. Un flacon de scarabées du cacao et un flacon de vers du cacao. — A. Samuels, à Surinam.

46. Crevettes de mer de Ternate. — J. H. W. Freytag jeune, à Ternate.

a. Soloré nonau ($\male$), et id. vovoheka ($\female$), dont les antennes ont été cassées.
b. Soloré nonau.
c. Soloré nonau.

47. Collection de Coraux envoyée par un Chinois de Blitong.

a. Batou karang.
b. Karang payoung, 2 morceaux.
c. Karang pohon.

48. Collection de pommes de mer, d'éponges et de coraux de Curaçao. — R. M. Ribbius, Dr. en droit,

49. Collection de poissons de Surinam imités par la galvanoplastie. — M. R Matthes, à Surinam.

NB. La plupart des noms qui désignent ces poissons sont de l'anglais nègre. La détermination laisse beaucoup à désirer et le copiste a mutilé beaucoup de noms de genres et d'espèces. Les points d'interrogation qui suivent les noms latins y ont été placés par l'auteur de l'envoi; ceux qui précèdent ces noms veulent dire qu'ils ont été mutilés au point que la restauration en soit restée très incertaine.

1. Kodokou. — Siluroïde.
2. Redikotto. — Salmonide?
3. Kouma-kouma. — Siluroïde.
4. Opokondri. — Hypophthalmus.
5. Sardine de mer. — Chalceus labrous.
6. Koumpari. — Scomberide.
7. Sipari. — Trygon hystrix.
8. Zeetamiakou. — Tetrodon.
9. Matouri. — Perca saxatilis.
10. Kouthai. — Anableps tetrophthalmus.
11. Tête de cheval. — ? Zeus gallus.
12. Kwikwi du pays de l'or. — Silurus calichthys.
13. Pakoussi. — Salmonoïde.
14. Melkisoke. — Loricaria?
15. Yaki. — Silurus vulgaris.
16. Trapoun. — Clupea?
17. Nanaifissi. — Muraenide?
18. Harder. — Mugil cephalus.
19. Koupari. — Siluroïde.
20. Barbaman. — Silurus barbatus.
21. Missi Nelly. — Centrarchus cichla.
22. Boh. — Trygon?
23. Lomp. — Lophius. — Bahama.
24. Piren. — Serra salmo niger.
25. Dogfish. — Esocide?
26. Sriba. — Salmonoïde?
27. Witti-witti. — Prochilodus.
28. Sriba. — Salmonoïde? voy. 26.
29. Catfish. — Siluroïde.
30. Requin à marteau. — Squalus zygaena.
31. Matrozi-tête plate kwikwi. — Silurus calichthys.
32. Makawfish. — Chalceus macrolepidatus.
33. Ourouweli. — Centrarchus?
34. Graaumunk Jewfish. — Plectropoma chlorum.
35. Kwassi mama. — Siluroïde.
36. Pakoussi. — Salmonoïde. Voy. 13.
37. Warako. — ? Chalceus nigropinnatus.

146   GROUPE I. Sixième Classe.

38. Matouri. — Erythrinus?
39. Krourou. — Carpio?
40. Geelbagger. — Silurus Parkeri.
41. Wara-wara. — Acanthurus? Loricaria?
42. Katarina kwikwi. — Silurus calichthys.
43. Warappa. — Erythrinus?
44. Koubi. — Merlan, Gadus aeglefinus.
45. Pani. — Siluroïde.
46. Logo-logo. — Gymnotus labiatus.
47. Para matuari. — Perca saxatilis.
48. Patakka. — Erythrinus?
49. Pylhecht. Scomberesox,? Ternodon Saltator.
50. Parsisi. — Siluroïde.
51. Kweriman. — Salmonoide?
52. Yamissi fissi, missilobe. — ?
53. Opokondri. — Hypophthalmus? Voy. 4.
54. Spikrikatti. — ? Platystoma tigrinum.
55. Wassardine. — Clupea? Alausa?
56. Zwamp Noya. — Siluroïde.
57. Steenkonbi, espèce de merlan. — Gadus?
58. Poisson cheval. — Squamipinnes? Platax?
59. Sardine de Para. — Clupea pilchardus.
60. Saprapi. — Gymnotus albifrons.
61. Trompé, poisson bruyant — ?
62. Maquereau. — Cybium Caballa?
63. Dagoufisi. — Alausa?
64. Prari-prari. — Hypophthalmus Davalla.
65. Dagoufissi. — Esocide?
66. Poisson à scie. — Pristis antiquorum.
67. Para Noya. — Siluroïde.
68. Nenge-nenge. — Siluroïde?
69. Pakou. — Salmonide.
70. Soke. — Loricaria.
71. Brochet. — Centropomus undecimalis.
72. Sroupi. — Loricaria goniodonta.
73. Boterman. — Siluroïde.
74. Hagousoke. — Loricaria?
75. Perche de mer. — Ballistes detula.
76. Poisson à bayonnette. — Scomberesox?
77. Snekifissi. — Muraenide?
78. Beefaal. — Gymnotus electricus.
79. Velvetfish. — Serranus? — Barbados.
80. Porgeegrant. — Haemulon Heterodon — Barbados.
81. Blue barber. — Acanthurus caeruleus. — Barbados.
82. Dogchub. — Julis maculissima. — Barbados.
83. Greenhunterchub. — Scarus Veluta. — Barbados.
84. Brownsnapper. — Priacanthus. — Barbados.
85. Kook. — Holocentrum longipenne. — Barbados.
86. Goldlace Grunt. — Haemulon quadrilineatum. — Barbados.
87. Sweetlips. — Serranus? — Barbados.
88. Nengneng. — Holacanthus? — Barbados.
89. Schoolmistress — Chaetodon striatus. — Barbados.
90. Catchub. — Julis? — Barbados.

50. Aperçu de ce qui a été fait, spécialement par les Pays-Bas, pour la connaissance de la faune des Indes néerl., par H. J. Veth. Leyde, 1879. — Dr. H. J. Veth, à Rotterdam.

51. (En français). Monographies de mammologie, par C. J. Temminck, 2 vol., in-4°. Leyde, 1827 et 1835—1841. — Société Natura Artis Magistra, à Amsterdam.

52. Les oiseaux des Indes néerl., décrits et dessinés par H. Schlegel. Leyde et Amsterdam. — Prof. P. J. Veth, à Leyde.

NB. Cet ouvrage renferme les groupes suivants:
a. Les pittas.
b. Les faucons.
c. Les halcyons.
La publication n'a pas été poursuivie après l'achèvement du troisième groupe.

53. (En français). Atlas ichthyologique des Indes néerlandaises par le Dr. P. Bleeker. Amsterdam, 1861—

Groupe I. Sixième Classe. 147

1877. Trente-six livraisons. — Ministère des Colonies.

NB. La mort prématurée de Bleeker, le 18 janv. 1878, l'a empêché d'achever son célèbre ouvrage. On évalue aux trois quarts à peu près du tout les trente-six livraisons parues.

54. Un volume renfermant les dessins originaux coloriés destinés à la partie intitulée »Poissons ordinaires et extraordinaires d'Amboine" de l'ouvrage de Valentyn. »Les Indes or. anciennes et actuelles," vol. III. 1re livr. — Bibliothèque du jardin zoologique de Rotterdam.

Comp. le mémoire de P. A. Leupe sur Rumphius dans les Mémoires d'hist. nat. de l'Acad. royale des sciences.

55. G. E. Rumphius, Cabinet de raretés d'Amboine, contenant une description de toutes sortes de coquillages et de quelques minéraux. Amst. 1705, in-folio. — Acad. mil. royale, à Breda.

56. Cabinet de raretés d'Amboine par G. E. Rumphius. Amst., 1741, — Dr. H. J. Veth, à Rotterdam.

NB. Cette édition contient un appendice intitulé »description des coquillages d'Amboine par le Dr. en médecine Sipman," qui a séjourné à Amboine en même temps que Rumphius.

57. (En français). Essai d'une faune entomologique de l'archipel Indo-néerlandais par S. C. Snellen van Vollenhoven. Ouvrage resté inachevé, trois livraisons reliées ensemble. La Haye, 1863. — **Prof. P. J. Veth, à Leyde.**

a. Famille des Scutellérides.
b. Famille des Piérides.
c. Famille des Pentatomides. Première partie.

58. Dessins de papillons de l'expédition de Sumatra, par A. Brants, Dr. en droit, 2 feuilles sur une seule feuille de carton encadrée. — **A. Brandts, Dr. en droit, à Arnhem.**

59. Dessins de coléoptères de l'expédition de Sumatra, par le Dr. H. W. de Graaf. Quatre dessins encadrés sur une seule feuille de de carton. — **Dr. H. W. de Graaff, à Leyde.**

60. Portefeuille d'aquarelles représentant des oiseaux et des mammifères de la partie orientale de Sumatra. — **Dr. B. Hagen, à Tanfong Morawa, Serdang.**

61. Oiseaux de l'expédition de Sumatra, quatre planches lithographiées et coloriées à la main par J. G. Keulemans à Paris. Collées sur deux feuilles de carton. — **Prof. P. J. Veth, à Leyde.**

62. Planches zoologiques du 4e vol. de »Le centre de Sumatra" (livr. 1—2) 29 planches collées sur huit feuilles de carton. — **Soc. de Géographie, à Amsterdam.**

Septième Classe.

ANTHROPOLOGIE: DESCRIPTIONS ET REPRÉSENTATIONS GRAPHIQUES, MOULAGES, CRÂNES, TÊTES PRÉPARÉES, ETC.

Les auteurs du programme de cette exposition ont été heureusement inspirés en y admettant l'anthropologie. En effet, l'homme dépend dans une très grande mesure de son entourage, en même temps qu'il imprime son cachet à ce dernier. Du moment donc que l'on se disposait à réunir sous les yeux des visiteurs de l'exposition en même temps les produits naturels des colonies et ceux de l'art ou de l'industrie des indigènes, il était juste de faire aussi à l'anthropologie une place, même modeste. Là où l'on a réuni aussi au complet que possible ce qui caractérise nos possessions aux Indes orientales, si remarquables tant pour tout ce que produit leur sol couvert d'une végétation luxuriante, que pour leur faune et pour leur constitution géologique, on ne pouvait pas laisser sans représentation la »science de l'homme."

Ce que le passé nous a légué en fait de renseignements anthropologiques n'a pas grande valeur. Mais maintenant l'anthropologie a des exigences auxquelles on ne songeait pas auparavant et dont il faut tenir compte quand on travaille à recueillir des données. De hardis voyageurs ont parcouru mainte contrée du globe et ont réussi à constater de nombreux faits importants pour notre science, avant que la civilisation envahissante en ait effacé les traces. Pour répondre aux conditions exigées par la méthode scientifique il faut que les données anthropologiques aient été recueillies sur les lieux. La valeur en est alors fort augmentée, ou plutôt ces données n'ont de valeur que lorsque l'origine en est certaine.

Sous ce rapport notre science n'est pas mal partagée en ce qui concerne les possessions néerlandaises aux Indes or. Le Dr.

Swaving a réussi, avec une persévérance et une exactitude au dessus de tout éloge, à réunir tout un trésor d'objets en majeure partie ostéologiques, squelettes, crânes, bassins. Ce qui donne à cette collection une haute valeur, c'est justement que les objets qui la composent sont accompagnés d'indications d'ordinaire très suffisantes touchant leur provenance, l'âge, le sexe des individus de qui ils viennent, etc. Le Dr. Swaving a pu savoir exactement ce qu'il dit à ce sujet, parce que la plupart des objets proviennent de personnes mortes dans les hopitaux administrés par lui. L'université de Leyde a le bonheur de posséder la plus grande partie de ce que le Dr. Swaving a réuni. Les crânes exposés par le Cabinet anatomique de l'Etat [1]) n'ont été que pour une très faible part envoyés en Hollande par des voyageurs antérieurs (Reinwardt, Macklot, Muller et autres). On est redevable d'un certain nombre de bassins au Dr. Mens Fiers Smeding, qui les a envoyés lorsqu'il pratiquait à Sourabaya. Tout le reste nous vient de Swaving, qui non seulement a le mérite d'avoir réuni un si grand nombre de matériaux précieux, mais qui, malgré des occupations absorbantes, a encore su trouver le temps de faire l'étude scientifique de son trésor craniologique. Les bassins aussi ont été étudiés et décrits. Les résultats des mesurages de crânes faits tant par Swaving que par Bleeker et par van der Hoeven ont été consignés et critiqués par le prof. Veth dans son admirable *Java* (vol. II p. 283 et suiv.), où il traite aussi plusieurs autres questions anthropologiques concernant nos possessions aux Indes orientales.

Dès lors ce sont presque exclusivement des étrangers qui ont fourni au monde savant des renseignements anthropologiques sur l'archipel indien. Je me contenterai de citer les noms de A. B. Meyer et de Miklucho-Maclay, sans vouloir en rien pour cela diminuer les mérites d'autres savants.

Il reste cependant encore beaucoup à faire dans le domaine physique aussi bien que dans le domaine physiologique. Il y aura beaucoup à apprendre par l'étude des cerveaux des races inférieures, et c'est là un point où notre ignorance est très grande encore. Les anomalies des muscles, des vaisseaux, des nerfs, des entrailles, dans lesquelles anciennement on ne voyait que des curiosa anatomiques, ont acquis actuellement une grande importance scientifique. Il importe aussi de ne pas perdre de vue les déformations artificielles du crâne, en relation avec l'a-

---

1) Ce ne sont que ceux de Java, de Madoura et de Sumatra. On a cru inutile, pour le but qu'on se proposait de donner plus d'extension à cet envoi.

symétrie très fréquente constatée par Swaving et van der Hoeven dans les crânes malais et surtout javanais; Halbertsma en a fait plus tard l'objet d'une étude spéciale (Van der Hoeven, *Annotatio de craniorum Javanensium mensura*, dans son *Catalogus craniorum diversarum gentium*, 1860, p. 36; Swaving, *Première étude pour servir à la connaissance des crânes de peuples de l'archipel indien*, article publié dans la *Revue d'hist. nat. pour les Indes néerl.*, vol. 23 et 24; Halbertsma, *L'asymétrie des crânes Javanais*, article publié dans la *Revue néerl. de médecine*, 1865, 2 part. pl. 228). Il y a encore une grande moisson a recueillir sur le terrain physiologique. Le degré d'acuité de certains sens, par ex. celui de la faculté chez les indigènes de distinguer les couleurs, sont des objets plus que dignes d'être étudiés avec soin. De même les pratiques et les déformations sexuelles méritent l'attention à plus d'un titre. Von Miklucho-Maclay a fait tout récemment connaître des détails importants sur l'ovariotomie et sur l'opération du mika chez les indigènes de l'Australie.

Une question qui jusqu'à présent n'a pas été complètement résolue est celle des races qui habitent l'archipel indien. Si l'on admet que les habitants des îles diverses, tout en différant considérablement les uns des autres, appartiennent à une seule race (naturellement à l'exception des Negritos et des Papous) et si l'on appelle cette race la race malaise, il reste toujours à examiner, même après les communications de Wallace, jusqu'à quel point les Bataks, que Junghuhn déclare n'être pas malais, forment un groupe spécial. Cependant on ne peut pas nier qu'il y a de graves objections à faire à l'affirmation de Junghuhn. Ce sont surtout des considérations philologiques qui se font ici valoir (Veth, *Java*, vol. II, p. 17). En outre il importe de rechercher dans les différentes îles les restes d'une race noire. On les a déjà constatés dans quelques endroits. Sous ce rapport on ne peut pas encore se prononcer pour ce qui regarde les Kalangs de Java (Veth, *Java*, vol. III, p. 579). Le dernier mot n'a pas non plus encore été dit sur les Alfours au point de vue ethnologique.

Ce n'est ici le lieu que d'indiquer sommairement ces questions [1]). Il y a un vaste champ à exploiter. Puisse l'exposition

---

1) Un travail du Dr. H. F. C. ten Kate jeune, publié récemment (*Des études anthropologiques faites en voyage*, publié dans la *Revue de la Soc. de Géogr.*, vol. VI, p. 264) renferme plusieurs détails à ce sujet. Cet écrit, qui dénote de la part de l'auteur une connaissance approfondie du sujet, donne d'excellents conseils à ceux qui pourraient se proposer de voyager dans nos possessions aux Indes or. afin de compléter nos connaissances anthropologiques.

en nous permettant de juger soit de ce que nous possédons, soit de ce qui nous manque, être très fructueuse pour l'anthropologie aussi. Si on y met du tact et de la patience, on peut apprendre parmi les peuplades même sauvages beaucoup de choses dont la connaissance sera accueillie avec gratitude par la science. C'est ce que prouve, avec d'autres encore, l'exemple de Maclay. Ce voyageur a séjourné pendant plusieurs mois parmi les Papous de la côte orientale de la N. Guinée, et, quoique sa vie ait plus d'une fois été menacée, il est parvenu pourtant à la fin à gagner la confiance de ces sauvages. S'il se trouvait quelqu'un qui joignît aux aptitudes nécessaires la volonté de se charger de la tâche, sans doute peu aisée, d'aller sur place faire de nouvelles études anthropologiques dans nos possessions des Indes or., nous osons espérer que le gouvernement n'hésiterait pas à accorder son appui à une entreprise aussi utile.

T. ZAAIJER.

Considérées à un point de vue anthropologique, nos possessions des Indes occ. se trouvent dans une situation assez curieuse. Il ne s'y trouve plus que de faibles vestiges de la population aborigène.

On y considère comme indigènes, par opposition aux colons européens, les quelques Indiens qui subsistent, les Africains importés comme esclaves et acclimatés à Surinam, et enfin les nègres marrons, qui sont les descendants d'esclaves fugitifs.

La plupart des Indiens appartiennent à la tribu des Arrowaks. On ne trouve que fort peu de Caraïbes clairsemés, par ex., sur les rives de la Coppenam et de la Marowyne. Enfin il y a les Waraus dans le district de Nickeri et les Indiens Tibitis ou Quarterons sur les rives de la Tibiti. Ces derniers se distinguent du reste de leur race par leur couleur plus foncée et par leur chevelure laineuse. Les Arrowaks, les Caraïbes et les Waraus, comme tous les Indiens d'Amérique, ont les cheveux noirs et plats. Il me semble que ce n'est point à tort que l'on a supposé que les Quarterons, race évidemment croisée, pourraient bien descendre de Caraïbes qui auraient tué les hommes et se seraient approprié les femmes d'un vaisseau échoué sur leurs côtes.

Depuis l'abolition de l'esclavage on a aussi importé dans la colonie des Chinois et des Koulies des Indes anglaises.

On nomme créoles tous ceux qui sont nés dans la colonie.

152   GROUPE I. Septième Classe.

La population créole se compose donc de blancs, de nègres et de personnes de couleur.

A l'exception de quelques descendants des Juifs qui se sont établis à Surinam vers le milieu du XVIIe siècle, il n'y a pas de population blanche qui puisse être considérée comme la descendance pure de mélange des anciens colons.

La population de couleur se décompose en:

a. Mulâtres, enfants d'un blanc et d'une négresse, ou vice-versa.
b. Quarterons, d'un nègre et d'une mulâtresse.
c. Métis, d'un blanc et d'une mulâtresse.
d. Castis, d'un blanc et d'une métisse.
e. Poustis, d'un blanc et d'une castisse.
f. Testis, d'un blanc et d'une poustisse, ou vice-versa, etc.

Les nombreux descendants qui existent des différentes variétés démentent l'opinion que les races bâtardes sont stériles. Cependant à l'époque où l'esclavage était en vigueur, la population de Surinam ne s'est maintenue que par l'importation; quand celle-ci a cessé, la population a diminué. Il n'a subsisté qu'un nombre relativement faible de la multitude d'esclaves amenés depuis l'Afrique.

Pour les Européens la colonie n'a d'ordinaire été qu'un lieu de séjour temporaire et non pas d'établissement à demeure. Les Européens ne sont pas propres à y cultiver le sol. Les essais d'y créer une population agricole européenne, une colonisation au vrai sens du mot, ont toujours échoué. Il faut pour les travaux des champs une grande vigueur corporelle, ou du moins une grande capacité de résistance à l'influence d'un climat tropical. Seuls les nègres, les Chinois, les Koulies, les Javanais et d'autres habitants de l'archipel indien ont cette capacité.

F. A. C. DUMONTIER.

---

1. Collection de crânes, de bassins et de squelettes de Java et Madoura et de Sumatra. — Cabinet anatomique de l'Etat.

1. Java et Madoura.

a. 26 crânes (24 H., 2 F.) de Java, sans autre indication locale.

b. 29 crânes (25 H., 4 F.). Rés. de Bantam.
c. 58   "   (37 H., 21 F.). Rés. de Batavia.
d. 2   "   (H.). Rés. de Krawang.
e. 1   "   (H.). Rés. de Chéribon.
f. 9   "   (8 H., 1 F.). Rés. des régences du Preanger.
g. 11   "   (8 H., 3 F.). Rés. de Tagal.

Groupe I. Septième Classe.

h. 7 crânes (H.). Rés. de Pekalongan.
i. 2 " (H.). Rés. de Banyoumas.
k. 1 " (H.) Rés. de Bagelèn.
l. 1 " (H.). Rés. de Kadou.
m. 3 " (1 H., 2 F.). Rés. de Samarang.
n. 2 " (H.) Rés. de Japara.
o. 4 " (H.). Rés. de Sourakarta.
p. 5 " (H.). Rés. de Yogyakarta.
q. 1 " (H.). Rés. de Rembang.
r. 4 " (H.). Rés. de Madioun.
s. 4 " (H.). Rés. de Sourabaya.
t. 2 " (1 H., 1 F.). Rés. de Pasourouan.
u. 1 " (H.). Rés. de Probolinggo.
v. 16 . (H.) Madoura.
w. 23 bassins (1 H. avec les fémurs, 22 F.). Java.
x. 1 squelette, d'un Javanais.
y. 1 " d'une femme de la Sonde, née à Tangeran.
z. 1 " d'une Javanaise, née à Samarang.

11. Sumatra.

a. 2 crânes (H.) de Sumatra, sans autre indication locale.
b. 2 " (1 H., 1 F.) du Nord de Sumatra.
c. 2 " (H.). Atchin.
d. 1 " (H.). Deli.
e. 5 " (H.). Padang.
f. 7 " (H.). Benkoulen.
g. 1 " (H.). Korinchi.
h. 17 " (15 H., 2 F.). Palembang.
i. 16 " (H.). Lampong.
k. 1 " (H.) île de Lingga, avec bassin.
l. 1 " (F.) île d'Engano, avec bassin.
m. 1 bassin (H.). d'Atchin avec fémurs.
n. 1 squelette, d'un homme né à Kampong Pager, Lampong.

2. Quelques crânes de la Côte orientale de Sumatra. — Dr. B. Hagen, à Tanjong Morawa, Serdang.

a. Batak ♂, de la tribu des Orang Kara.
b. Batak ♂, de la même tribu, très brachycéphale.
c. Métis de père malais et de mère tamile, à gauche grande apophyse styloïde, plusieurs os wormiens dans la suture lambdoïde.
d. Koulie du Midi de la Chine; grand os Incæ.
e. Koulie du Midi de la Chine, petits os wormiens dans la suture lambdoïde.
f. Malais de Singapore, âgé de 18 à 20 ans, à gauche grande apophyse styloïde, quelques os wormiens dans la suture lambdoïde.

3. Collection de crânes de la N. Guinée. — A. A. de Bruyn, à Ternate.

a. Sept crânes complets.
b. Cinq crânes privés de la mâchoire inférieure.

4. Collection de publications anthropologiques relatives aux Indes néerl. — Prof. T. Zaaijer, à Leyde.

a. H. J. Halbertsma, L'asymétrie des crânes javanais (Revue néerl. de médecine. 1866, 2e livr., pag. 228).
b. J. van der Hoeven, Catalogus craniorum diversarum gentium. Lugd. Bat., 1860.
c. C. Swaving, Première étude pour contribuer à la connaissance des crânes de peuples de l'archipel indien, augmentée de notes et de rectifications (Revue d'hist. nat. pour les Indes néerl., Vol. 23, p. 241 et vol. 24, p. 175).
d. C. Swaving, Quelques notes touchant les races de Sumatra (Ibid., vol. 25, p. 295).
e. C. Swaving, Description des crânes d'indigènes du Haut-pays de Palembang (Ibid., vol. 31, p. 238) et tableaux (p 275).
f. (En anglais). C. Swaving, Description des crânes des habitants de Palembang. Londres, 1870.
g. (En allemand). T. Zaaijer, Recherches sur la forme du bassin de femmes javanaises. Harlem 1866 (Mémoires sur l'hist. nat. de la Société hollandaise des sciences, à Harlem. Vol. XXIV).

5. Album de 400 bustes de différents types humains de l'archipel indien, Malais, Soundanais, Javanais, Madourais, Bouginois, Atchinois, Indous, etc. Chaque buste photographié en face et en profil, et accompagné de l'indication du nom du sujet représenté, de son ori-

gine, de son sexe, de son âge, de sa couleur etc., ainsi que des dimensions de son corps.
— C. Ditrich, à Samarang.

NB. Cet album est la première partie d'un ouvrage plus étendu, et paraîtra sous le titre (en allemand) de: *Pour les anthropologues; 400 observations anthropologiques aux Indes néerl. Première collection, observations physiognomiques, bustes.*

6. Trente-huit indigènes des Indes neérl.

Outre les envois, peu nombreux, mais de haute valeur, qui représentent l'anthropologie à cette exposition, les visiteurs y trouveront un grand nombre d'indigènes, dont la présence leur permettra d'apprendre à connaître les types de la population non-européenne des Indes tant occidentales qu'orientales. Pour les Indes or. il est surtout venu des Javanais, dont plusieurs sont destinés à faire entendre leur musique nationale, le gamelan. Mais dans ce groupe déjà on pourra distinguer des habitants de contrées diverses, soit de la Sonde, soit de Java proprement dit. En outre Sumatra est représenté par un Atchinois et par un Malais du Haut-pays de Padang. Nous donnons ici une liste des noms des indigènes des Indes or., avec l'indication de leur endroit d'origine et de leur occupation à l'exposition.

Joueurs de gamelan.

a. Sonto Tarouno, de Sourakarta. Mandour paniyagan (directeur d'orchestre).
b. Sidin.   Toukang rebab et Dalang.
c. Rimbo.   "   bonang.
d. Eman.   "   gambang.
e. Jaman.   "   sarou.
f. Saminan.   "   gendang.
g. Anoum.   "   saron.
h. Oucha.   "   saron.
i. Wadi.   "   kenong.
j. Empang.   "   selentem.
k. Maih.   "   gong.
l. Antessin. "   bonang.
m. Enong.   "   pancrous.
n. Salir.   "   kempoul.
o. Andout.   "   saron.
p. Elos.   "   paniyagan.

Distr. de Chichouroug, Rég. du Preanger.

Ronggèngs (danseuses).
q. Amsa. Chichouroug, Rég. du Pr.
r. Eno.   "   "   "   "

Tisseuses.
s. Mina. Chichouroug, Rég. du Pr.
t. Hati.   "   "   "   "

Palfreniers.
u. Doul. Chilebout, div. de Buitenzorg.
v. Saman. Kampong barou,
w. Amad. Chianjour, Rég. du Pr.

Gardiens de karbouws.
x. Ahan. Chichouroug, Rég. du Pr.
y. Kamout.   "   "   "   "

Pêcheurs-agriculteurs.
z. Toubagous Abdou'lgani. Serang, Bantam.
a'. Toubagous Brahim. Serang, Bantam.

Charpentiers.
b'. Si Maïl, galar Soutan Maharaja, ancien mandour (chef) des Koulies de l'expédition de Sumatra. De Danou Maninjou, Haut-pays de Padang.
c'. Mas Prawiro di Sastro. De Jatibarang, div. de Brébès, Tegal.

Divers.
d' et e'. Toukou Mohammed et sa femme, native de Batavia, émigrée à Atchin dans son enfance. De Jembarou, grand Atchin.
f'. Kauchil. Tangerang, Batavia.
g'. Mas Sanyar. Chahyana, Banyoumas.
h'. Wiro di Kromo. Kanigoro, Madioun.
i' et j'. Maugoung Prawiro et sa femme. Sourakarta.
k'. Emod, femme de Si Maïl (b'). Chibodas, Rég. du Pr.
l'. Emod, femme de Sidin (b). Chichouroug, Rég. du Pr.

7. Vingt quatre indigènes de Surinam.

On attend des Indes occ. une troupe d'indigènes, composée en partie de peaux-rouges et de nègres marrons, en partie de quarterons et d'autres gens de couleur. M. Bonn, président de la Société d'exploitation de Surinam, demeurant à la Haye, auquel surtout nous sommes redevables de l'arrivée de ces gens, nous fait au sujet des peaux-rouges et des nègres marrons les communications suivantes:

Pour autant que nous sommes bien renseignés, ces Indiens sont les premiers de leur tribu, celle des Arrowaks, que l'on aura amenés en Europe. Ils résident dans l'intérieur de la Guyane, et on les considère comme les habitants aborigènes de la côte nord-ouest de ce pays. Ils sont doux et bienveillants et beaucoup plus pacifiques que les autres Indiens de la Guyane. Entre eux ils observent la loyauté et la sincérité, et ne démentent pas ces qualités dans leurs rapports avec les étrangers. De même que les autres peaux-rouges de l'Amérique ils mènent une vie nomade; mais leur langue est tout à fait différente de celle des autres tribus. Quand ils causent, celui qui porte la parole ne regarde pas son interlocuteur, mais lui tourne d'ordinaire le dos. „Les chiens," disent-ils, „se regardent quand ils parlent ensemble".

La femme est abjectement soumise à son mari. D'ordinaire ils marquent du respect aux vieillards et observent entre eux certaines règles d'étiquette dont ils ne se départent que difficilement. Par ex. la femme sert au mari sa nourriture, mais ne prend pas place à ses côtés.

Les femmes se serrent des chapelets de grains autour des mollets, qui en deviennent tout à fait difformes; leurs attraits plus que douteux n'en sont pas rehaussés.

Lorsqu'il leur naît un enfant, le père reste couché dans son hamac et la mère vaque à ses occupations accoutumées comme si rien n'était arrivé.

Ils comptent par les doigts jusqu'à quatre; pour dire cinq, ils disent une main; pour six, une main et un doigt; pour dix, les deux mains; pour onze, les deux mains et un doigt; pour vingt, les deux mains et les deux pieds, ou, comme ils s'expriment dans leur langue, un homme.

Des nœuds faits à une ficelle leur servent à fixer le nombre de jours qui doivent encore s'écouler avant un évènement donné, ou à l'issue desquels une assemblée doit avoir lieu. On défait un nœud chaque matin, jusqu'à ce que le dernier nœud disparu annonce que le jour fixé est arrivé.

Dans les occasions solennelles ils se peignent tout le corps en rouge et en noir.

Ils ont, comme tous les peaux-rouges, la passion des liqueurs enivrantes, et quand ils parviennent à s'en procurer, ils en donnent même aux nourrissons. Jusqu'ici on n'a pas réussi à les civiliser.

Les Caraïbes-Kalibis, dont on a pu voir une famille l'année passée au Jardin d'acclimatation, les ont refoulés loin des côtes, et probablement ils finiront comme les autres peaux-rouges, c'est-à-dire qu'ils sont destinés à disparaître.

Les nègres marrons hantent les contrées élevées et montagneuses où se trouve le cours supérieur des rivières de Surinam. Ils descendent d'esclaves africains qui se sont enfuis des plantations dans les siècles passés, et de ceux que, lors du siège de la colonie de Surinam par l'amiral français de Cassard en 1712, leurs maîtres envoyèrent dans les bois pour s'y cacher jusqu'à la conclusion de la paix, mais qui refusèrent ensuite de revenir. Dans la suite des temps ils ont été rejoints par de nombreux esclaves fugitifs. Pendant plus d'un demi-siècle ils ont inquiété la colonie, dont le gouvernement a été réduit à finir par traiter avec eux. En 1861 il leur reconnut les droits d'un peuple libre et indépendant. Le gouvernement promettait de reconnaître leur chef et de leur faire des présents annuels; eux, de leur côté, s'engageaient à livrer les fugitifs des plantations qui se rendraient parmi eux. Ils ont à leur tête, outre le chef suprême, un major et un capitaine. Quand le grand chef meurt, ce n'est pas son fils qui lui succède, mais le premier-né de l'aînée de ses sœurs. S'il n'a point de sœurs ou si celles-ci n'ont point d'enfants mâles, le chef désigne son successeur avant de mourir.

Les nègres marrons sont extrêmement superstitieux et, à peu d'exceptions près, adorent des idoles. Dans leurs villages il y a des prêtres, appelés Loukemans, que l'on consulte comme des oracles. Ils croient que les esprits de leurs parents défunts et de leurs ancêtres restent dans l'air autour d'eux et entrent dans les enfants nouveau-nés. Si, par exemple, un enfant naît peu après la mort de son grand-père, ils se figurent que l'âme du grand-père a passé dans le petit fils.

Quand ils se sentent malades, ils consultent leurs prêtres. Ils ne croient pas que les décès soient naturels, mais, quand quelqu'un meurt, ils pensent qu'il a excité la colère des esprits de ses ancêtres et que ceux-ci l'ont privé de la vie, ou bien que ses ennemis l'ont empoisonné.

D'ordinaire les nègres marrons sont

bien faits, fortement musclés et beaucoup plus vigoureux que les nègres émancipés. Ils ont le caractère jaloux, méfiant et vindicatif; en outre ils sont très paresseux, surtout les hommes. Il n'a pas été possible jusqu'ici de les amener à se livrer à quelque travail régulier. Les missionnaires moraves ont bien réussi à force de persévérance à en convertir quelques uns au christianisme, mais en général les efforts que l'on a faits pour les civiliser n'ont produit jusqu'à présent que de minces résultats.

F. 's JACOB
GOUVERNEUR-GENERAL DES INDES ORIENTALES NÉERLANDAISES.

GROUPE II.

GROUPE II.

POPULATION INDIGÈNE[1]) DES CONTRÉES COLONISÉES OU SOUMISES.

Huitième Classe.

STATISTIQUE DE LA POPULATION, TABLEAUX ET REPRÉSENTATIONS GRAPHIQUES.

Indes orientales néerlandaises. Pour autant qu'elle fait partie des races asiatiques[2]), la population des Indes néerlandaises se compose des indigènes, qui habitent l'archipel depuis des siècles, puis de Chinois, d'Arabes et d'autres Orientaux étrangers, originaires du continent asiatique. Ces étrangers ont immigré eux-mêmes, ou bien descendent d'anciens immigrants. Ils se sont établis surtout sur les côtes, ont leurs propres chefs et ne se sont pas mêlés avec la population indigène.

Ces Orientaux étrangers ne forment avec les Européens qu'une partie relativement faible du total de la population.

Dans les almanacs officiels des Indes néerl. et dans les rapports coloniaux il est d'usage de ranger les indications du nombre des habitants sous les trois rubriques suivantes: passablement exact, approximativement évalué et tout à fait conjectural.

D'après le dernier rapport qui a été publié, on ne peut ranger dans la première catégorie que les données relatives aux Européens et aux Orientaux étrangers, et à la population indi-

---

[1]) Nous entendons par population indigène tous les habitants des colonies néerl. et de nos possessions d'outre-mer qui n'appartiennent pas à la race européenne.
[2]) Dans les principales villes de Java vivent des négociants qui descendent de chrétiens arméniens qui y ont émigré. Ce sont donc des Asiatiques, mais leurs moeurs sont européennes et on les traite avec les mêmes égards que les Européens.

gène de Java et de Madoura, du Bas et du Haut-pays de Padang, de la résidence de Tapanouli, et des districts des Lampongs et de Palembang, à quoi il faut encore ajouter les habitants de Bangka et de Billiton, ceux de la Division méridionale et orientale de Borneo qui sont d'origine malaise et ne font pas partie de la population dayake aborigène, et enfin ceux du Minahassa de Menado. Les chiffres concernant la population de Java et de Madoura sont ceux qui méritent le plus de confiance de tous, du moins pour ce qu'on appelle les pays du gouvernement, lesquels sont entièrement placés sous notre administration [1]).

Longtemps encore après la répression du soulèvement de 1830, on a cru politiquement peu sage d'entreprendre des dénombrements à Java, et l'on s'est contenté des données que l'on obtenait des chefs indigènes; enfin en 1861 le gouvernement de nos Indes a déclaré le recensement possible à Java, pourvu que l'on y procédât avec prudence, avec sagesse et avec tact.

On fit alors quelques expériences, pour commencer en 1864 pour tout de bon à faire le relevé statistique de Java, afin de recueillir des données exactes tant sur l'étendue des terrains cultivés que sur la composition et le nombre de la population. On inscrivit exactement la désignation détaillée de tous les habitants de chaque dessa et l'on donna aux fontionnaires des instructions pour tenir les états à flot.

Dans cette même année 1861 on créa à la secrétairerie générale un bureau chargé de la rédaction des données statistiques que le gouvernement publie. Ce bureau a fait à plusieurs reprises des efforts pour perfectionner la valeur de ces données, surtout en ce qui concerne Java. Lorsque en 1879 le relevé statistique fut transformé en cadastre et que le calcul de la population devint distinct des opérations de mesurage du terrain, de sorte qu'il fallut élaborer une nouvelle organisation du premier [2]), le gouvernement se décida à mettre en vigueur une mesure depuis longtemps proposée par le bureau de statistique; c'était de faire tous les cinq ans, dans l'année où le réglement administratif ordonne la révision des corvées, un recensement général de Java et de Madoura. La première opération générale a eu lieu en 1880. Des commissions composées d'em-

---

1) Ce n'est pas le cas pour les résidences de Sourakarta et de Jokyokarta, ni pour les petits royaumes de Bangkalan et de Soumenep à Madoura, qui ont encore leurs propres princes; dans les pays dits particuliers, dont la propriété a été concédée, le gouvernement se borne à exercer la police, à administrer la justice et à lever certains impôts.
2) Voy. ci-dessous, classe 20, E.

ployés de l'administration se sont rendues pour cela de dessa en dessa et ont partont fait le relevé sur les lieux. On inscrivit dans les registres de la dessa, à la suite du numéro de chaque parcelle, le nom du propriétaire et l'étendue des corvées dues par lui. Pour les habitants qui ne doivent pas de corvées on s'est borné à en inscrire le nombre et le sexe. On réussit à mener à bout l'opération dans le courant de 1880, excepté pour trois sous-résidences. Les résultats, comparés à ceux de 1879, ont donné une augmentation de $3^3/_{10}$ %, ce qu'il faut beaucoup moins attribuer à un accroissement réel de la population qu'au fait que les chiffres admis en 1879 étaient trop faibles. Dans trois résidences on a trouvé une diminution, qui n'a du reste été importante que dans celle de Bantam. Ici le recensement de 1880 a donné 22 % de moins que celui de 1879. Cela est dû principalement à l'épidémie de fièvres très mortelles qui a sévi pendant ces deux années dans la résidence. Si on additionne le total du recensement fait dans les pays du gouvernement avec les déclarations faites pour les principautés et pour les pays particuliers, on trouve, pour la population de Java et de Madoura en 1880, 19540813 âmes [1]).

C'est là un chiffre fondé sur des données assez solides pour fournir pour l'avenir un point de départ meilleur qu'auparavant afin de calculer le degré de rapidité de l'augmentation de la population. Cependant la comparaison des chiffres obtenus jusqu'ici permet déjà, comme le Dr. Bleeker l'a montré dans ses nombreux écrits, de constater avec une certitude suffisante que l'augmentation a été extraordinairement grande depuis le commencement du siècle. [2]) Les dernières recherches confirment aussi la thèse formulée en 1863 comme suit par M. Bleeker: Une population malaise nombreuse se multiplie plus rapidement sous les tropiques, malgré la durée moyenne plus courte de la vie des individus, que la race caucasique sous les climats tempérés, malgré la durée moyenne plus grande de la vie des individus [3]).

Ce fait s'explique, non seulement par l'extrême douceur du climat et la fertilité du sol jointes aux minimes besoins des ha-

---

1) Dans ce chiffre ne sont pas compris les indigènes qui ont pris du service dans l'armée ou sur la flotte.
2) En moyenne 2°/₀ par an. A l'occasion du congrès international de statistique qui a eu lieu à la Haye en 1869, M. Bleeker a démontré que d'après les données que l'on possédait alors, la population de Java se doublait en 35 ans. Voy. Mémoires sur la philologie, la géographie et l'ethnologie des Indes néerl., IIIe série, vol. IV, p. 447 et suiv.
3) Voy. la Revue des Indes néerl., vol. IX, p. 198.

bitants, mais aussi par la complète insouciance de ceux-ci. Tous les hommes de quelque rang que ce soit se marient jeunes, et se remarient souvent dans la suite, chaque fois avec des femmes jeunes. Ils répudient alors les vieilles, qui d'ordinaire tombent avec leurs enfants à la charge de leurs parents consanguins.

Le peuple vit au jour le jour. Il y a des alternatives de grande mortalité et de rapide multiplication. Celle-ci, d'après les données statistiques, a été beaucoup moins forte qu'auparavant de 1875 à 1879. Le prochain recensement devra nous apprendre s'il faut mettre ce fait entièrement sur le compte des épidémies qui ont régné à Java dans cette période, ou bien si les conditions de l'existence y sont devenues généralement moins favorables.

Indes occidentales néerlandaises. On désigne d'ordinaire sous le nom de colonie de Surinam la partie habitée de la Guyane néerlandaise. Elle abrite dans son haut-pays quelques restes des aborigènes et un grand nombre de nègres marrons. Ces derniers, de même que les Indiens, sont nomades, mais ils entretiennent des relations bien plus nombreuses que les peaux-rouges avec la population de Paramaribo, la capitale, et des districts qui avoisinent celle-ci. Cette population se compose, pour la majeure partie, de nègres émancipés, puis d'un petit nombre d'Européens, et pour le reste de descendants d'anciens colons d'origine diverse, et des immigrants qui seront mentionnés ci-dessous.

Cette population fixe comptait en 1871, indépendamment de la garnison et des marins, 52209 âmes, dont 725 Européens, et en 1881 52856, dont seulement 595 Européens. D'après les données des rapports coloniaux, le nombre des décès a surpassé celui des naissances dans la période de 1871 à 1878 et de nouveau encore en 1881. En 1879 et 1880 c'est le contraire qui a eu lieu. Au commencement il y a eu aussi une grande mortalité parmi les travailleurs que depuis 1870 on amène de l'Inde anglaise; peu à peu cependant cet état de choses s'est amélioré. En 1881 on en comptait en tout 4156, dont 2406 hommes, 863 femmes et 887 enfants.

Les immigrants venus de Chine et des îles des Indes occ. de la Barbade et de Démerary étaient réduits en 1881 à un nombre insignifiant.

On comptait en 1871 dans les îles des Indes occ. de Curaçao, Bonaire, Aruba, St. Martin, St. Eustache et Saba, dans lesquelles il y a aussi quelques Européens, 36161 âmes. En 1881 on en comptait 43455, dont 24506 à Curaçao.

W. B. BERGSMA, Dr. en droit, et F. M. JAEGER.

1. T. J. Willer, Le recensement aux Indes néerl. La Haye, 1861. — Prof. P. J. Veth, à Leyde.

2. Statistique graphique de Java et de Madura, composée par F. M. Jaeger. Quatre feuilles. — **F. M. Jaeger**, à la Haye.

Feuille I. Statistique de la population de Java et de Madura.
Feuille II. Statistique du stock de bétail de Java et de Madura.
Feuille III. Statistique de l'agriculture indigène dans les divers gouvernements de Java. — Statistique du débit du sel et de l'emploi qui est fait de voitures à Java et à Madura.
Feuille IV. Statistique du mouvement commercial et maritime aux Indes néerl. — Statistique de l'importation et de l'exportation des principaux articles à Java et à Madura.

NB. M. F. M. Jaeger a figuré dans ces tableaux quelques uns des faits principaux appartenant à la statistique de la population, du stock de bestiaux, de l'agriculture, du commerce et de la navigation. Pour les trois premiers objets, les tableaux ne se rapportent qu'à Java et à Madoura, parce que les données que l'on possédait sur les autres parties des I. néerl. étaient trop fragmentaires pour être réunies dans une représentation linéaire.

L'auteur de ces dessins y a joint une explication, où il a aussi inséré les tableaux numériques qui lui ont servi à calculer ses figures représentatives. Il donne en même temps un exposé critique de la statistique graphique, indiquant les règles à suivre pour reproduire au moyen du dessin les données de la statistique.

Le ministre des colonies a bien voulu agréer la dédicace de cet ouvrage, et le comité central de l'exposition en a mis des exemplaires à la disposition du public ainsi qu'une réduction — au quart de la grandeur — des quatre tableaux qu'il est destiné à accompagner. Il a voulu mettre ainsi à la portée de chacun ce moyen de se rendre compte de l'état de nos colonies, ce qui est le but principal de l'exposition coloniale. La brochure coûte fl. 0,50 et les tableaux fl. 0,25 la pièce.

Comme ces quatre tableaux forment un tout, nous les avons laissés ensemble, quoique le premier seul rentre dans la présente classe. Nous reparlerons du reste des trois autres.

Les dessins du premier tableau sont représentatifs de la densité de la population de Java et de Madoura, de la rapidité d'accroissement (pendant une période de dix ans), et des divers éléments qui la composent.

Neuvième Classe.

VIE DOMESTIQUE ET SOCIALE.

Le climat et la race font que les vie domestique et sociale est chez les indigènes des Indes néerlandaises très différente de ce qui se voit chez les peuples occidentaux. Mais il y a plus. Les différences sont très grandes aussi quand on compare entre eux les peuples qui habitent les parties diverses de l'archipel des Indes. Ainsi, le Javanais est enclin à la soumission, il plie avec respect devant les autorités qu'il voit au dessus de lui et accepte sans murmurer les décisions qui en émanent, tandis que l'homme de Sumatra, plus indépendant de tempérament, déteste l'ingérence de l'étranger, et ne manifeste parfois qu'un degré fort imparfait de subordination à l'égard même de ses propres chefs, quoique ceux-ci, qui descendent d'ordinaire d'anciennes familles souveraines, aient à ses yeux un certain prestige. Tout le monde comprend que l'état social de Java ne peut donc pas être le même que celui de Sumatra. Ce dernier diffère à son tour complètement de celui qui existe parmi les Dayaks, qui sont les aborigènes de Borneo. Les Dayaks ne reconnaissent aucun pouvoir héréditaire, ils élisent comme anciens ceux qu'ils considèrent comme les plus sages et les plus vaillants d'entre eux, et il n'obéissent que lorsque cela leur convient ou qu'ils y sont contraints par la force.

Il va sans dire que la vie domestique se ressent de ces différences dans l'état social des populations. Pour nous en tenir aux trois races qui nous ont servi d'exemples, nous constaterons qu'à Java cet esprit de subordination, ce respect des autorités constituées que nous avons remarqué, facilite la création de grandes dessas, et même de grands centres de population dans les negârâs, mais que ces agglomérations considérables, bien moins fréquentes déjà à Sumatra, n'existent pas du tout à Borneo. Ici chaque famille vit à part, s'isole tant qu'elle peut et ne se décide à s'établir là où elle aura de proches voisins que si les fonctionnaires hollandais savent exercer une pression suffisante pour l'obtenir, ou lorsqu'un danger commun rapproche passagèrement plusieurs familles. Ajoutons cependant que le terme de *famille* ne doit pas se prendre ici dans le sens restreint que l'on y attache en Europe; il désigne un groupe plus large, réunissant les parents, les enfants, les petits-enfants et les arrière-petits-enfants.

Les peuples indigènes n'ont d'ordinaire pas de lois écrites, quoique plusieurs d'entre eux possèdent une écriture qui leur est propre, par exemple, pour ne rien dire des Malais et des Javanais, les Bataks et les Rejangs de Sumatra, et les Makassares et les Bouginois de Célèbes. Un lien puissant n'en unit pas moins les uns aux autres les membres d'une même race. C'est l'*adat*. On entend par là certains usages et certaines habitudes, qui constituent une sorte de code traditionnel, plus respecté que ne peut l'être quelque loi écrite que ce soit.

On ne voit pas aux Indes néerlandaises de villes, s'il faut entendre par là des agglomérations de maisons renfermées dans une enceinte, régulièrement bâties de façon à former des rues, dont les habitants sont réunis sous une même administration municipale. On pourrait il est vrai considérer comme de petites villes les kratons ou résidences des princes, puisque ce sont des endroits entourés d'une muraille ou d'une enceinte et y renfermant une population nombreuse. Mais il ne faut pas oublier que cette population est formée pour une forte part de parents du prince régnant, et pour le reste de serviteurs, qu'un petit nombre seulement des maisons qui s'y trouvent sont construites en pierre, que les autres ne sont que de bambou ou d'autres matériaux analogues et qu'elles se groupent à l'aventure à l'intérieur de l'enceinte. On voit qu'il s'en faut de beaucoup qu'un kraton soit une ville véritable.

Si les quartiers chinois qui se trouvent, par exemple, à Batavia, à Semarang, à Sourabaya, et les quartiers mauresques de ces deux derniers centres, étaient isolés, on pourrait les considérer comme de petites villes. En effet les maisons y sont en majeure partie construites en pierre et sont suffisamment alignées pour former des rues qui ont une certaine régularité. Cependant, comme ce sont des parties intégrantes de villes plus grandes, elles n'en sont plus que des quartiers ou des faubourgs.

Les *kampongs* et les *dessas* [1]) des Indes néerl. sont d'ordinaire bâtis à la manière de certains petits villages suisses, dont la plupart des maisons sont dispersées sur un assez grand espace de terrain et ont été bâties sans ordre à la fantaisie des propriétaires. Il va sans dire que l'aspect en est cependant fort différent de celui de ces villages, car les habitations sont toutes construites exclusivement avec des matériaux tirés du règne végétal, bambous, troncs d'arbres, écorce, et recouverts de bardeaux [2]) (sirappes), ou bien d'herbes desséchées (alang-alang), ou de feuilles de patmier (atap); en outre ces habitations sont toujours si bien entourées d'arbres fruitiers, que certains écrivains appellent les kampongs des îles ou des bois d'arbres fruitiers.

Il se trouve déjà à Java et ailleurs des kampongs et des dessas dont la belle ordonnance et la propreté peuvent rivaliser avec ce qui se voit dans maint village des Pays-Bas septentrionaux; mais il faut y voir une preuve que les Européens ont passé par là; c'est un fruit de l'ingérence des fonctionnaires. Pourtant, dans l'intérieur de Sumatra, dans les contrées où cette influence se fait à peine sentir, il existe des kampongs qui se distinguent très favorablement de ceux d'autres tribus de la même race, par le style des constructions et par l'élégance de l'apparence générale.

Aussi simple qu'est le séjour où s'écoule l'existence des indigènes, aussi original est tout ce qui constitue pour le reste leur état social et domestique. Il serait tout à fait impossible de passer ici en revue tout ce qui s'y rapporte, boutiques, ateliers, mobilier, vêtements et parures, aliments, mœurs et usages, et de faire ressortir combien tout cela diffère de ce qui se voit en Europe. Les visiteurs de l'exposition qui désireront en savoir plus long à ce sujet n'auront que l'embarras du choix parmi le grand nombre d'ouvrages qui traitent des Indes néerlandaises. Ils trouveront plus qu'il ne faut pour satisfaire un grand désir de s'instruire dans les écrits d'hommes aussi compétents qu'un Th. Stamford Raffles, un J. Crawfurd, A. R. Wallace, Sal. Muller, C. M. Schwaner, H. Zollinger, O. von de Wall, O. von Kessel, A. B. Meyer, N. von Miklucho-Maclay, H. von

---

1) Le *kampong* n'est proprement qu'un quartier, une subdivision de la commune; les grandes communes, les *negaras*, renferment d'ordinaire plusieurs *kampongs*. La *dessa* en revanche forme toujours un tout à elle seule. *Red.*

2) Le traducteur, qui est Suisse, se permet de remarquer que les toits en bardeaux ne sont point inconnus dans sa patrie, surtout dans les montagnes. *Trad.*

Groupe II. Neuvième Classe.

Rosenberg, T. J. Willer, E. Netscher, E. Francis, W. L. Ritter, J. Hageman JCz., C. Bosscher, A. L. van Hasselt, A. W. P. Verkerk Pistorius, B. F. Matthes, S. C. J. W. van Musschenbroek, J. J. de Hollander, P. J. Veth, et tant d'autres, trop nombreux pour en dire tous les noms.

M. T. H. PERELAER.

NB. Dans le programme il a été établi dans cette classe plusieurs subdivisions, sans que l'on ait pensé en les déterminant au fait que les différents éléments qui entrent dans l'exposé de la vie nationale devaient se trouver réunis dans les descriptions et dans les représentations artistiques, et que par conséquent celles-ci ne pourraient rentrer dans aucune des classes spéciales énumérées dans le programme, parce qu'elles se rattacheraient à toutes. Nous avons donc cru utile de mettre en tête de la classe une subdivision générale pour les ouvrages d'ethnographie, ainsi que les peintures, les dessins, les collections de photographies et d'images, qui servent à faire connaître les mœurs et les usages en même temps que l'habillement et la parure.

1. **Ouvrages ethnographiques du major Perelaer.** — **M. T. H. Perelaer**, à la Haye.

   a. Description ethnographique des Dayaks. Zalt-Bommel, 1870. in-8°.
   b. Du Midi jusqu'au Nord de Borneo. Roman ethnographique. Rotterdam, 1881. 2 vol. in-8°.

2. **Java.** Scènes de la vie des habitants, types de caractères et de costumes, par E. Hardouin, avec texte par W. L. Ritter. Nouvelle édition, revue par M. T. H. Perelaer. Leyde, 1872; in-4°. — **A. W. Sythoff**, éditeur à Leyde.

3. **Java.** Scènes de la vie des habitants, types de caractères et de costumes, dessins d'après nature, par E. Hardouin, avec texte par W. L. Ritter. La Haye, Führi, 1855; in-4°. — Prof. **P. J. Veth**.

   NB. Cette édition, qui est la première, méritait d'être exposée, malgré la publication de la seconde, parce qu'elle renferme quelques planches et esquisses qui ont disparu dans la seconde édition.

4. **Types des Indes or. néerl.** Collection de grandes chromolithographies dessinées d'après nature par A. van Pers. Avec texte explicatif en hollandais et en français. C. W. Mieling, la Haye; in-folio. — Prof. **P. J. Veth**.

5. **Planches ethnographiques**, dont une partie est

chromolithographiée, appartenant à la troisième partie de l'ouvrage intitulé *Sumatra central*; 128 planches collées sur 23 feuilles de carton. Il y est joint, à part, un texte explicatif. — Société de géographie, à Amsterdam.

NB. Les planches et le texte constituent ensemble l'atlas de l'ouvrage publié sur l'expédition de Sumatra. Voy. groupe I, classe 1, n°. 6 *b*.

6. Peinture de A. Payen (voy. groupe I, cl. 3, n°. 1), représentant une procession nuptiale à Java. — Musée ethnographique, à Leyde.

7. Peintures de J. D. Beynon (voy. groupe I, cl. 3, n°. 2).

a. Gardien de karbouws (toukang karbou). — **N. J. Raland**, à Harlem.
b. Moissonneur de riz (potong padi). — **N. J. Raland**, à Harlem.
c. Marchand d'oiseaux indigène offrant sa marchandise à une famille des Indes. — **N. J. Raland**, à Harlem.
d. Pharmacien chinois (toukong obat) avec son teneur de livres. — **W. Specht Gryp**, à Voorburg.
e. Javanais conduisant une charrue attelée de deux buffles. — **M. P. Pels**, à Amsterdam.

8. Vingt-quatre lavis à l'encre de Chine et aquarelles, représentant des types indigènes et des scènes de la vie du peuple par Fr. Lebret. Dans 18 cadres en bois jaune. — Fr. Lebret, artiste peintre, à Dordrecht.

1. Passagers à bord de l'Alphée, venant de Pondichéry. *a.* Crayon. *b.* Aquarelle.
2. Européen de Weltevreden marchandant avec des négociants indigènes. Encre de Ch.
3. Lavandières, à Weltevreden près du Molenvliet. E de Ch.
4. Une femme et un homme suivant la route de la manière habituelle. (Jogyakarta). Manière noire.
5. Même sujet (Jogyakarta). Manière noire.
6. Haji avec son garçon. Manière noire.
7. Marchand chinois avec un klontong. Man. noire.
8. Voyageur dans un palanquin. Man. noire.
9. Babou et enfants. Man. noire.
10. Jeune femme de Pasourouan avec enfant. Aqu.
11. Garçon de Pasourouan avec tali api. Aqu.
12. Servante mariée de Pasourouan. Aqu.
13. Chaudronniers de Kedawoung. *a.* Le père faisant aller le soufflet. *b.* Le fils travaillant à l'enclume. Man. noire.
14. Koulis de Pasourouan. *a.* Kouli portant au marché de la vaisselle et du poisson. *b.* Kouli se reposant. Aqu.
15. Javanais assis dans le corps de garde. *a.* Man. noire. *b.* (Repassant des couteaux). Aqu.
16. *a.* Mandour. *b.* Charpentier. Man. noire.
17. *a.* Jourou toulis, ou écrivain. *b.* Cocher. Man. noire.
18. Enfants dans une guérite, chargés de chasser les oiseaux qui pillent le riz du champ. Man. noire.

9. Dessins et lithographies ethnographiques. — Collection Reinwardt, (voy. groupe I, cl. 3, n°. 12).

a. Demeure javanaises. Le premier à l'aquarelle, le second au crayon, par J. T. Bik. — Les deux réunis dans un cadre étroit, doré, cannelé.
b. Pedati, — tombeau de Raden Boujang à Banjaran, — banc à couper le tabac, piso terayang et golok ou bedog de Bandong. Réunis dans un cadre étroit en chêne.
c. Champion de Timor ou d'une des îles voisines; dayang-dayang ou danseuse, et danseur ou ferrailleur de la cour de Ternate. Le premier à l'aquarelle, les deux autres au crayon. Réunis dans un cadre étroit en chêne.
d. Etudes de têtes, jeune fille javanaise, garçon des Lampongs et Kabaté des îles Kei. La dernière à la plume, par A. J. Bik. Réunis dans un cadre étroit en chêne.

GROUPE II. Neuvième Classe.

e. Garde du corps du sultan de Ternate, chromolithographie de William, de Bruxelles, d'après A. J. Bik (différente de la lithographie placée dans le voyage dans la partie or. de l'arch. ind. de Reinwardt).
f. Tombeau de l'empereur de Bakanassi à Timor. Lithographie tirée du voy. dans la partie or. de l'arch. ind. de Reinwardt. Cadre en chêne.

10. Ronggeng (danseuse) javanaise. Estampe donnée en prime. — **D. E. E. Wolterbeek Muller**, à Voorburg.

11. Trois dessins au crayon, représentant des jeunes filles des Lampongs, réunis dans un cadre noir, par — **F. A. H. van den Bossche**, aspirant controleur du service civil, à Mengala, Lampongs.

NB. Le personnage du milieu est en costume de danse, les deux autres en costume de promenade.

12. Soixante-quinze photographies représentant des types du peuple, coloriées à la main, format de cartes de visite, par Meessen. — **J. H. de Bussy**, éditeur, à Amsterdam.

NB. Ces types populaires forment la seconde partie de la collection de photographies de Meessen, mentionnée au groupe I, cl. 3, n°. 26.

13. Collection de plus de 400 photographies au charbon représentant des types populaires de l'archipel indien, faites par P. Oosterhuis d'Amsterdam d'après les négatifs de H. Veen (voy. groupe I, cl. 3, n°. 25). — **H. Veen**, à Java.

Les numéros 1—57a de cette série ont été pris à Samarang, 58—108 dans différentes parties du Midi de Célèbes et des îles voisines, 109—141 à Besouki, 142—162 à Rembang, 163—166 à Amboine, 167—187 à Pasourouan, 188—196 à Bagelèn, 197—200 à Japara, 201 à Malang, 202—204 à Tegal, 205—246 à Probolinggo, 247—250 à Banyoumas, 251—267 à Kadou, 268—270 à Banyouwangi, 271—274 dans la div. de Banda, 275—325 au Minahassa, 326—252 dans d'autres parties du Nord de Célèbes, 353—359 dans la partie centrale de Célèbes, 360—368 à Ternate, 369—380 à Bali, 381—403 à Borneo. Parmi ces dernières photographies se trouvent celles d'un arbre chempaka et de deux singes nasiques.

14. Quelques types populaires de Sumatra central, tirés de l'album de l'expédition de Sumatra, réunis sur une feuille de carton. — **D. D. Veth**, à Amerdam (voy. groupe I, cl. 3, n°. 28).

15. Photographies représentant deux Dayaks et une femme avec une fille de Banjermasin.

16. Cadre renfermant 13 photographies colorées à la main de costumes des régences du Preanger.

17. Cadre renfermant différents types photographiés d'Indiens et d'autres indigènes de Surinam, par E. L. Cramer. — **W. L. Loth**, à Surinam.

18. Photographies d'Indiens, de nègres marrons, de femmes de Surinam, de villages d'Indiens et de nègres marrons; en outre quelques vues de Paramaribo et des environs. — **Mme S. Coronel, Mme da Silva et Mlle M. Coronel**, à Amsterdam.

19. Figures d'indigènes, faites par B. van Hove, sculpteur à Amsterdam, et habillées de vêtements indigènes authentiques.

a. Faucheur d'herbe dans le costume d'un kouli des régences du Préanger. Placé devant l'édifice.
b. Fille d'un chef des Lampongs en costume de danse, d'après le dessin de van den Bossche (voy. ci-dessus n°. 11).
c et *d.* Femmes dans le costume de Batavia, jouant au jeu du dakon ou chongkak.
e. Femme qui a fait le pélerirage de la Mecque, femme haji.
f. Femme riche d'Atchin.
g. Femme dayake-Meliouw, div. occ. de Borneo.
h. Dayak Riboun-Tayan, refendant du bambou. Div. occ. de Borneo.
i. Raden Saleh, d'après une photographie.

20. Image d'un chef des Dyak-Bahouw, cours supérieur de la Mohakkam, royaume de Koutei, Div. mér. et or. de Borneo, costume et armes authentiques. — **W. H. F. Vogel**, officier d'administration de la marine, à Amsterdam.

NB. L'équippement de cette figure a été acheté en 1861 à Mouara-Pabou d'un chef des Dayaks-Bahouw, par M. Vogel, lors d'un voyage qu'il a fait sur la Mohakkam avec le vapeur le *Bali*. Il se compose d'une coiffure de combat en rotin, d'une camisole en écorce, d'une *mandouw* avec couteau à scalper, d'un carquois avec des flèches empoisonnées, d'un tube de poison, d'un bouclier et d'une sarbacane.

21. Figurines sous cloches de verre représentant des scènes de la vie populaire à Java. — **Soc. royale de zoologie Natura Artis Magistra.**

a. Marché indigène (pasar). Des femmes assises dans deux hangards couverts vendent toutes sortes de fruits, de légumes et autres comestibles, qu'elles ont étalés sur de petites nattes ou dans des corbeilles; tout à l'entour il y a encore une rangée de ces marchandes. Le Chinois qui a pris à ferme la location des places se voit assis sous son appentis, occupé à percevoir la redevance. Vis-à-vis de sa guérite, entre les deux hangards, une troupe joue le gamelan, et dans un coin deux personnes dansent (tandak) au milieu d'un groupe plus petit. On voit dans toutes les directions une multitude d'acheteurs de toutes les nations ainsi que des marchands ambulants de comestibles et de boissons. Même un résident et un régent avec leur suite traversent le pasar, dont ici et là des bouffons s'efforcent de redoubler la gaîté.

b. Procession nuptiale ordinaire. Les époux sont en costume de cérémonie. Un grand nombre d'Européens et d'indigènes les regardent passer. On prétend, ce que les uniformes rouges des militaires rendent assez vraisemblable, que cette scène a été faite lors de l'interrègne anglais (1811—1816). Il est à remarquer que l'épouse est portée dans une sorte de palanquin (tandou lawak), ce qui a rarement lieu.

c. Procession nuptiale (pangarak) d'un personnage de distinction. En avant marchent deux bouffons déguisés (barongan); suivent 6 musiciens avec selompret, kendang, kempoul et gong; un chef avec des soldats (prajourit) armés de piques; 12 femmes avec un long salendang jeté sur l'épaule droite, portant des présents variés; un second corps de musiciens, dont l'un a une grosse caisse et 9 autres des tambourins (terbang); l'épouse (panganten wadon) portée par 2 hommes dans un fauteuil à porteurs (tandou) et protégée par un payoung contre les ardeurs du soleil. Ses cheveux forment la coïffure appelée bokoran et sont ornés de sobrak, guirlandes de fleurs à travers lesquelles passe un fil; sa figure est poudrée de poupour (cosmétique de farine de riz), et les petits cheveux qui ombragent son front peint avec l'ouwang-ouwang ont été frisés; la partie supérieure du corps et les bras sont nus et enduis d'un onguent jaune (boreh); le sein est couvert par le kemben, sa jupe (tapih) est faite d'une étoffe de soie à fleurs (chindo), et elle porte par dessus le bangour toulak, vêtement de dessus à bords blancs et noirs,

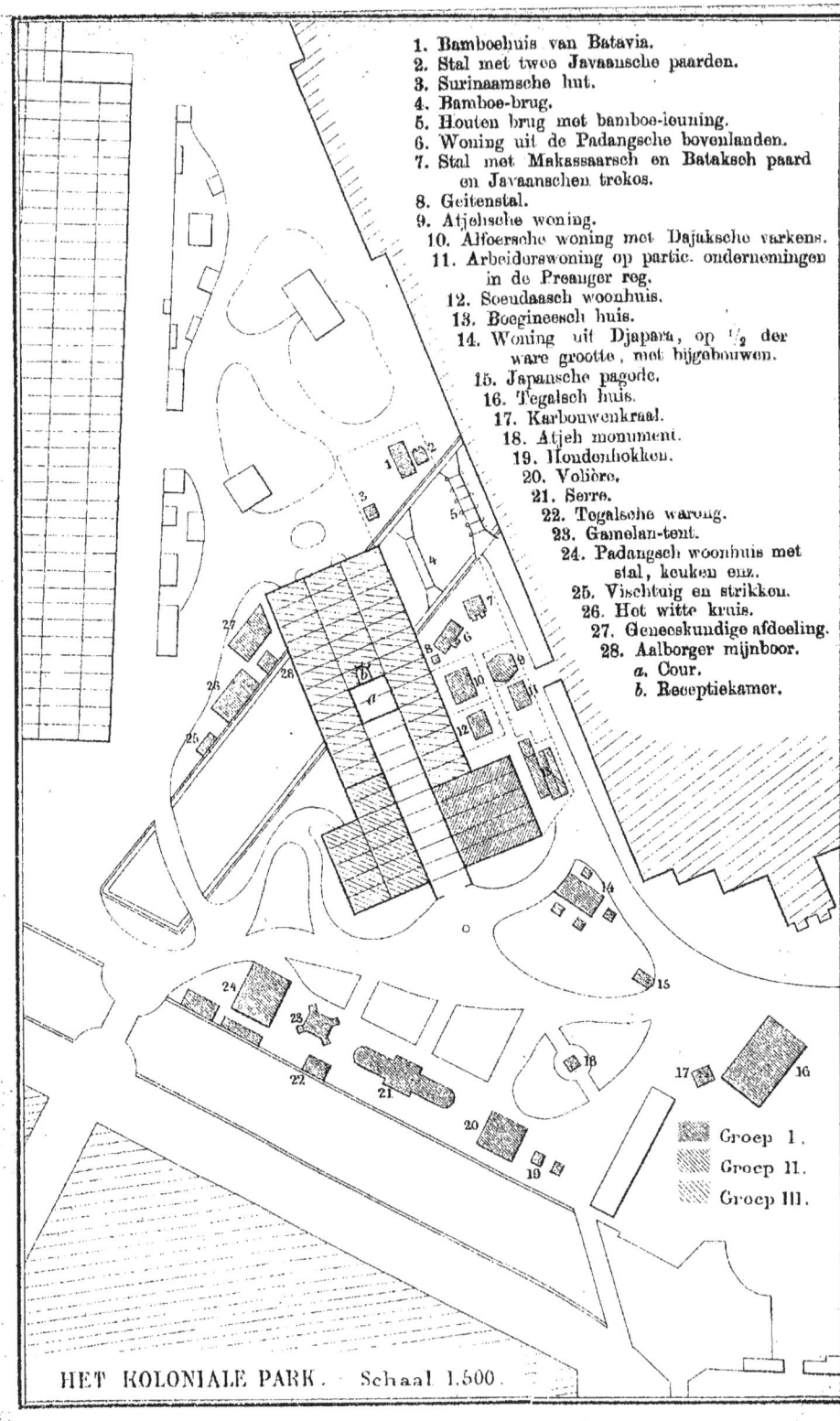

Groupe II. Neuvième Classe.

richement doré; le mandalagiri, écharpe de soie jaune, lui sert de ceinture; elle porte de riches ornements en or à la tête, sur la poitrine et aux bras. Elle est escortée par 9 de ses parentes, dont les deux premières portent le nécessaire à sirih et le pot à eau; derrière elles marchent deux hommes, dont l'un porte un nécessaire de toilette (barsiyan), l'autre un assortiment de boites.

C'est maintenant le tour de l'époux (panganten lanang). Il est à cheval, à l'abri d'un payoung; le haut de son corps est nu et enduit de boreh, sa figure est barbouillée de poupour; sur la tête il porte une calotte (kopyah); il a un vêtement de dessous (dodot) en soie; des guirlandes de fleurs enfilées (onchen-onchen) descendent d'un ornement en or qui lui entoure la tête; son cheval est harnaché comme pour un tournoi (harnais de tournoi, probot watangan) et est conduit par deux personnes au moyens de cordons fixés au mort (ngaroung); deux autres personnes éventent l'époux avec des éventails en plumes de paon (kebout badak). Derrière lui marche la parenté mâle, et un corps de joueurs de gamelan ferme la procession.

d. Chef de district (wedana) de Java avec sa suite. Le chef porte un fourreau vert (sikepan), relevé derrière par le manche de son kris, par dessus une camisole (kotang) jaune, à jupe (bebed) rouge; par dessus son mouchoir de tête (iket) il a une claque (chaping). De sa main gauche il relève son bebed; et il a un mouchoir de poche (ousap tangan) à la main droite. L'un des membres de sa suite porte le payoung (vert, bordé de jaune), un autre le crachoir (pangidon),

un troisième le nécessaire à sirih (pakinangan), et les deux derniers des piques de cérémonie (panouroung).

e. Joueurs de gamelan (orchestre javanais); musiciens (niyaga) et instruments sont rangés dans l'ordre suivant: 1 bonang, 2 gender, 3 rebab, 4 kendang, 5 saron, 6 gong, 7 kenong et 8 salentem, espèce de gambang avec des boutons en cuivre (kouchou) au milieu des touches. En arrière on a disposé un groupe d'auditeurs appartenant aux diverses races de l'archipel.

f. Joueurs de gamelan, instruments un peu différents de ceux des précédents.

g. Orchestre de gamelan réduit au gong, au kendang, au rebab, au saron et au gambang, avec un group de personnages dansants (joged), composé de trois danseuses (toukang joged), de deux chefs indigènes et d'un Chinois. Plusieurs spectateurs des deux sexes regardent (nonton).

22. Groupe représentant la marche solemnelle d'un Chinois de distinction allant rendre une visite avec sa suite et les insignes de sa dignité. Sous cloche. — P. C. van Vrijberghe de Coning, controleur du service civil à Tegal.

NB. Ce groupe a été placé dans la maison de Padang, groupe III, cl. 21, n°. 8 (n°. 24 de l'esquisse du parc colonial).

A. Dessins et modèles de villes et villages, maisons, boutiques, ateliers, etc.

23. Collection de constructions indigènes dans le parc colonial.

La partie des terrains de l'exposition désignée par le nom de parc colonial a une superficie d'environ 22500 m², dont 4200 environ sont couverts par le bâtiment.

Devant le bâtiment se dresse un beau mât à pavillon, haut de 40 mètres, gréé avec du fil d'acier. C'est un cadeau fait à l'exposition par MM. H. E. van Gelder et Cie, d'Amsterdam. C'est aussi *devant* l'entrée, et *non pas* dans le vestibule, comme il est dit à la page 8 du groupe I, qu'a été placée la statue de Jan Pieterszoon Koen. On s'est aperçu que les proportions de cette statue étaient trop colossales pour qu'elle pût faire un effet heureux dans le vestibule.

GROUPE II. Neuvième Classe.

L'esquisse ci-jointe servira à donner une idée de l'arrangement du bâtiment et du parc. Le bâtiment principal et celui de la section coloniale sont bâtis par dessus le canal qui traverse le terrain de l'exposition; toutefois ce canal reparaît au sud de l'espace qui sépare les deux bâtiments. Là ont été construits deux ponts. Au nord de ces ponts, par conséquent entre les deux bâtiments, on a représenté aussi bien que possible un kampong des Indes néerl. C'est cependant à tort que parfois on le désigne au moyen de l'expression „kampong de Java", puisque l'on s'est appliqué à y placer des maisons de types appartenant aux contrées les plus variées de l'archipel indien. Ces habitations sont de grandeur naturelle. C'est en revanche dans le bâtiment même que sont exposés la plupart des nombreux modèles réduits qui ont été envoyés. Ce n'est pas le cas pour la maison de Japara, qui est à la moitié de la grandeur naturelle. On l'a construite dans le parc, mais en dehors du kampong. Nous aurons à signaler quelques modèles réduits encore qui sont dans le parc.

De l'autre côté du canal, donc au sud, le parc colonial dispose encore d'une petite étendue de terrain ou se trouvent un certain nombre de constucons. C'est par là que nous commencerons l'énumération des constructions indigènes. On y trouve:

a. Une maison de bambou semblable à celles que les indigènes habitent à Batavia, avec une écurie (gadogoa) pour deux chevaux indigènes (Esquisse du parc, n°. 1 et 2).

Devant cette maison se trouvent, outre un moulin à émonder le riz, tel qu'on les emploie à la Côte occ. de Sumatra, qui appartient à la classe 10:

b. Le modèle de l'habitation d'un indigène aisé, de la div. de Rawas, rés. de Palembang.

c. Le modèle d'une kotta ou maison fortifiée dayake, d'après le style de construction des Oulou Ot Danoum, tribu établie sur le cours supérieur de la Kapouas Mouroung et de la Kahayan.

NB. Il est facile de voir à l'arrangement de cette maison, destinée à héberger une famille patriarcale tout entière, une tribu, qu'on peut aisément l'agrandir suivant les besoins, quand la famille s'agrandit par des mariages ou par des aggrégations. Ces kottas sont souvent fort longues, celles de 200 mètres ne sont pas rares, il y en a même de 300.

En face de ces modèles se trouve

d. Une hutte d'Indiens de Surinam, longue de 30 pieds, large de 25 (esquisse du parc n°. 3). Le toit est fait d'un entrelacement de feuilles de bananes des bois, attachées au teté, racine aérienne d'une aroïdée, laquelle atteint souvent une longueur de 60 ou 70 pieds.

NB. On a exposé dans cette hutte plusieurs blocs de bois divers de Surinam et tout un assortiment de vannerie et d'autres produits de l'industrie des indigènes.

De là où nous nous trouvons en ce moment nous pouvons nous rendre au kampong indigène; il faut pour cela passer le canal, non sans remarquer que l'un des deux ponts qui s'offrent à nous peut donner l'idée du style suivi par les indigènes. C'est

e. Un pont de bambou, tel qu'il s'en trouve beaucoup dans les régences du Préanger, avec les têtes de pont en lave artificielle. (Esquisse du parc, n°. 4). — H. J. E. van Gogh, à Amsterdam.

L'autre pont est en bois et est plus solide. Les gardefous en bambous, qui lui donnent un certain air indien, ont été

GROUPE II.   Neuvième Classe.   15

fabriqués par J. C. Oostweegel et Fils, fabricants d'objets rustiques à Amsterdam. (Esquisse n°. 5).

Nous voici au kampong, et nous y trouvons en face du pont de bambou:

f. Une maison du Haut-Pays de Padang, dont on peut aussi examiner l'intérieur; étable à chèvres et écurie pour deux chevaux (Esqu. n°. 6—8).

NB. Quand on a monté cette maison, on s'est aperçu qu'elle était faite de matériaux pris à d'autres maisons, démolies, car il n'y a aucune unité dans les figures qui composent la décoration. Du reste c'est là un cas qui n'a rien de rare.

En continuant à avancer, nous voyons à gauche:

g. Une maison d'Atchin, dont on peut aussi examiner l'intérieur. (Esqu. n°. 9).

NB. Cette maison abrite les modèles et les matériaux de construction exposés par la section des Indes néerl. de l'Institut royal d'ingénieurs (Groupe III, cl. 17, n°. 1).

A droite nous voyons:

h. Une habitation alfoure de la rés. d'Amboine. (Esqu. n°. 10).

NB. Il y a auprès de cette habitation une étable pour deux porcs, comme les maisons alfoures en ont réellement. Les porcs eux-mêmes viennent de Bornéo.

Plus loin il y a, à gauche, puis à droite:

i. Une habitation d'ouvrier, comme on les voit sur les entreprises de culture industrielle des régences du Préanger (Esqu. n°. 11). — H. J. E. van Gogh, à Amsterdam.

j. La maison d'un Soudanais aisé des régences du Préanger. (Esqu. n°. 12).

Enfin, là où la façade du bâtiment colonial s'élargit,

k. La maison d'un chef subalterne bouginois, composée, sous un même toit, mais pour le reste distinctes, de deux parties, une principale, et l'autre accessoire; on peut examiner l'intérieur de toutes deux. (Esqu. n°. 13).

NB. On a placé dans cette maison la grande collection d'échantillons de bois exposée par le service forestier des Indes néerl. (Groupe III, cl. 20, n°. 125). Auprès de la maison bouginoise se trouve encore un gardou ou corps de garde indigène, sur lequel nous reviendrons à la classe 13, C.

Quittant les maisons groupées en kampong, nous arrivons en face de l'angle gauche de la façade du bâtiment colonial. On y voit

l. Une maison de la rés. de Japara, à la moitié de la grandeur, accompagnée des dépendances suivantes: un *langgar* (maison de prière et d'école), *gadogan* (écurie), un *kandang* (parc à buffles), un *loumboung* (grenier à riz), un *dapour* (cuisine), et un hangard pour le bloc à piler le riz. (Esqu. n°. 14).

NB. Cette maison est construite en bois de jati, qui croît en abondance dans certaines parties de la résidence.

Il faut maintenant longer la pagode japonaise (Esqu. n°. 15; voy. groupe II, cl. 12) pour arriver à la plus remarquable de toutes les constructions indigènes de l'exposition.

m. Habitation d'un villageois aisé de la rés. de Tegal. (Esqu. n°. 16).

Ce bâtiment renferme une collection complète d'échantillons de tous les produits de la nature, de l'agriculture et de l'industrie de la résidence, ainsi que des meubles et ustensiles, outils, etc. qui y sont en usage. Le contrôleur du service civil à Java et Madoura H. J. W. van Lawick van Pabst a formé cette collection en puisant dans les envois du gouvernement néerlandais, du jonkheer C. H. A. van der Wyck, résident de Tegal, et des fabricants de sucre de Tegal.

NB. Pourvu qu'il arrive à temps, l'inventaire des objets exposés dans cette maison sera probablement imprimé à part. Le parc à buffles placé près de la maison de Tegal (Esqu. n°. 17) sera mentionné à la classe 10, B.

Passons, en quittant la maison de Tegal, à gauche du monument d'Atchin (Esqu. n°. 18; voy. Groupe III, cl. 14, n°. 44), pour nous rendre aux constructions qui longent le canal qui sépare le parc colonial du quai de Ruysdael. Nous trouverons premièrement (Esqu. n°. 19 et 20) les deux niches de chiens et la volière, que M. Blom de Harlem a eu la bonté de céder à l'exposition, et dont on trouvera la mention à la classe 10, B. Vient ensuite la serre des plantes vivantes (Esqu. n°. 20; voy. groupe I, classe 5, n°. 1), et enfin, droit au bord de l'eau,

n. Un warong de Tegal (boutique de comestibles), avec des dressoirs de bambou, où sont étalés, de petites corbeilles remplies d'épices variées, des assiettes bleues remplies de riz cuit, des tasses à thé, des soucoupes et des théières, des fruits de différentes espèces, des morceaux de gingembre, du jagong rôti, toutes sortes de pâtisseries au riz, des gâteaux (gorengan), du fruit de l'arbre so, des cigarettes de paille, etc.

Après le warong vient la loge du gamelan ou orchestre javanais (Esqu. n°. 23). Ce n'est pas un édifice indigène, mais l'emplacement était excellent pour le gamelan. La loge est décorée de deux belles statues d'Euterpe et de Melpomène, et d'une grande statue de la reine Sémiramis magnifiquement modelée, toutes trois de M.M. Villeroy et Bock, de Mettlach, propriétaires de la célèbre fabrique de mosaïques de Merzig sur la Saar. C'est encore à ces messieurs que l'exposition est redevable des deux belles statues du Printemps et de l'Eté et des six magnifiques vases qui ont été placés près de la serre.

La loge du gamelan se trouve précisément en face de la maison européenne de Padang (Esqu. n°. 23; voy. groupe III, cl. 21, n°. 3), qui offre journellement de 2 à 5 heures, dans le terrain qui l'environne et sous sa vérandah, un azile à ceux qui désirent entendre les musiciens javanais (groupe I, cl. 7, n°. 6) jouer le gamelan.

Nous avons fait le tour des constructions indigènes qui se trouvent dans le parc. Il se trouve encore de l'autre côté du canal, donc au sud, une enceinte pour la collection d'engins de pêche et de chasse de Borneo, envoyée par M. C. Kater; le bâtiment de la Croix blanche (association nord-hollandaise contre les maladies contagieuses), organisé de façon à pouvoir offrir des secours médicaux sur l'emplacement de l'exposition; un bâtiment pour la section médicale de l'exposition coloniale, section absolument indépendante de la Croix blanche; enfin l'appareil de sondage Aalborg, mentionné groupe III, cl. 20, E, n°. 186 (Esqu. n°. 25—28).

Le cirque où demeurent les indigènes de Surinam, mentionné groupe I, cl. 7, n°. 7, ne se trouve par dans le parc colonial. Notons qu'au lieu de 24 personnes, cette troupe d'indigènes en compte 28, savoir 3 nègres marrons (hommes), 15 Arrowaka (7 hommes, 2 femmes et 6 enfants), 4 nègres des plantages (1 homme, 2 femmes, 1 enfant), 2 mulâtresses (une femme et son enfant), et une métisse.

24. Modèles d'habitations et autres constructions de Sumatra et îles voisines.

a. Charpente d'une maison d'habitation atchinoise. Suivant le rang des propriétaire, la maison réelle aura 5, 7 ou 10 fois la grandeur du modèle.
b. Modèle, au $\frac{1}{10}$ de la gr. nat., d'une habitation batake, *bagas* ou *jabou*, de Silindoung, rés. de Trapanouli. Le toît veut imiter un buffle, dont la tête est formée par la planche sculptée (salapsah) fixée au haut de l'appentis.
c. Modèle d'une maison de l'île de Nias, rés. de Tapanouli. L'escalier conduit à la grande pièce (*Ratou talou salo*), qui sert pendant le jour à tous les habitants de la maison, et où dorment les hôtes et les hommes non mariés. Dans l'espace qui est derrière cette pièce se trouve le foyer. Il y a dans ces maisons différentes idoles, les *siraha*, pénates, les *adou satoua*, images des ancêtres, etc.
d Modèles d'habitations malaises du Bas-Pays de Padang.
1. *Roumah-balah-bouboung.*
2. *Roumah batajouq.*
3. *Roumah gajah maharam.*
e. Modèle d'une habitation malaise, *roumah gadang beranjoung*, de Batipou, Haut-Pays de Padang.
f. Modèle d'une habitation malaise d'Agam, Haut-Pays de Padang.
g. Modèle d'une habitation malaise avec son *loumboung*, grenier à riz, du district de Paya-kombo, Haut-Pays de Padang.
h. Modèles d'habitations et autres constructions de la div. de Manna, rés. de Benkoulen. — J. F. H. Schultz, controleur.
1. *Roumah dalam*, maison en planches à parois verticales.
2. *Roumah barouga*, maison en planches à parois inclinées.
3. *Roumah piaboung*, maison de bambou refendu et entrelacé, à parois verticales.

NB. Ces maisons sont en usage parmi les Anak Serawei, tribu établie surtout dans les divisions de Selouma et de Manna. Elles ont toutes deux parties, chacune sous un toît distinct. La plus grande renferme, *a.* le *louan*, appartement et dortoir des hommes, *b.* le *bilik*, appartement sans fenêtres, séparé du premier par une parois, où dorment les filles adultes et les veuves. L'autre partie, où se trouve la cuisine, s'appelle *saloun*; les habitants s'y réunissant et y prennent leurs repas, et les femmes mariées y dorment avec les jeunes enfants. En avant du *louan* il y a une sorte de pendoppo, appartement de réception, appelé *benting*, relié au *saloun* par une sorte de pont, *garang*. Les toîts de ces trois espèces d'habitations sont en *atap serdang*, en *alang-alang* ou en *geloumpai* (bambou fendu).

4. *Langgar*, petit édifice qui se trouve dans tous les villages et où l'on garde les *kaloumouan*, reliques des ancêtres. Les prêtres y offrent parfois aussi des sacrifices aux dewas.
5. *Tengkiang*, grenier à riz.
6. Habitation de Pasema; elle se construit en planches ou en bambou; elle ne se compose que d'une pièce, au lieu de deux comme les maisons de Sarawei.
7. *Dangau* ou *anjoung*, maisonnette dans les champs, servant d'abri à ceux qui les gardent.
i. Modèle au $^1/_{10}$ d'une maison de Rejang, Tabah Penanjong, div. des environs de Benkoulen. — D. W. Horst, controleur.
j. Modèles d'habitation de l'île d'Engano, div. de Kroé, rés. de Benkoulen. — W. N. R. P. van Beusechem, controleur.
1. Modèle au $^1/_{15}$ d'une maison telle qu'on les construit maintenant (youba). La garniture des parois et du toît est en feuilles de bambou; le reste est en «bois sauvage". La maison est ronde et n'a qu'une seule pièce. L'entrée est si basse qu'on ne peut y pénétrer qu'en rampant. L'escalier est une pièce de bois ou de bambou où ont été pratiquées des entailles.
2. Modèle d'une habitation telle qu'elles étaient anciennement à la mode à Engano. Il y avait une petite pièce carrée séparée, servant aux réceptions et aux repas.
k. Modèles d'habitations de la div. de Moko-Moko, rés. de Bengkoulen. — G. F. H. van Emmerik, controleur.
1. Maison au $^1/_{10}$ de la grandeur. Type très fréquent. Parois en écorce; couverture du toît en feuilles de pouar. Quatre pièces. La première, *hal laki*, sert pour s'y tenir et y recevoir; derrière, il y a deux compartiments, le *bilik*, dortoir de la famille, et le *hal parampouvan*, où se reçoivent les femmes. La partie saillante du bâtiment sert de cuisine.
2. Habitation de personnes plus aisées; $^1/_{12}$ de la grandeur; parois en bois.
l. Modèle au $\frac{1}{10}$ d'une maison des Lampongs, divisée en sept pièces, 1. cham-

bre à sécher les habits, où l'on monte par l'escalier; 2 à droite, la grande chambre de réception, où les jeunes filles reçoivent aussi le soir leurs amoureux; 3 derrière cet appartement, un endroit pour faire la cuisine et pour se laver; 4—7 quatre chambres à coucher, longeant la paroi intérieure de la salle de réception et simplement séparées les unes des autres par des rideaux multicolores (tabir).

m. Modèles d'habitations de la rés. de Palembang.
1. Modèle au $\frac{1}{17}$ d'une maison de Kisam, district de Komering Oulou.
2. Modèle d'une habitation du district de Ogan-Oulou.
3. Modèle au $\frac{1}{15}$ d'une maison des Districts de Ranau.

NB. Une partie de la garniture d'une des parois a été enlevée pour que l'on puisse voir l'intérieur.

4. Maison flottante (*rakit*) construite sur un radeau, avec la cuisine et la galerie de devant. Type fréquemment suivi par les indigènes et les Chinois. Ces maisons sont amarrées dans la rivière de la Mousi au moyen de cables de rotin, attachés à des troncs de cocotiers enfoncés dans le sol. Le modèle est au $\frac{1}{9}$ de la grandeur naturelle.

n. Modèle au $\frac{1}{12}$ d'une maison de Bataks du haut-pays de la contrée des Kota Pinang, rés. de la Côte or. de Sumatra.

NB. Cette maison est habitée par une famille dont le chef a le rang de Raja. Les parois sont en écorce; le toît est couvert d'une espèce d'herbe longue, appelée *padang*. En arrière se trouve à l'intérieur de la maison un espace carré, qui sert de cuisine. La fumée s'échappe par les interstices du toît et des parois.

o. Modèles de constructions de la rés. de Riouw.
1. Modèle d'une habitation de planteur chinois de gambîr.

NB. Les planteurs chinois de gambîr demeurent, ou bien avec leur koulis le *bangsal*, atelier, ou bien à part, dans une habitation construite derrière le bangsal, contenant d'ordinaire deux pièces, la chambre de réception et la chambre à coucher, où la femme se tient aussi le jour. Devant ces chambres et entre les portes, il y a un petit espace où se place la table des sacrifices et où l'on prend les repas.

2. Modèle du *gambîr-bangsal*, où l'on fait cuire le gambîr. Sur les côtés on a réservé au moyen de cloisons des chambres pour les koulis.
3. Modèle d'un *pangkalan kangka*, embarcadère pour le gambîr et le poivre d'un district.

NB. Chacun des districts entre lesquels sont répartis les plantages est d'ordinaire formé du bassin d'une soungei, rivière, au bord de laquelle se trouve le kangka. C'est un petit village, composé de l'habitaton du chef de la soungei (tan-lo) et de quelques maisons plus petites pour les boutiquiers, le barbier, etc. L'embarcadère même est un hangard qui traverse la soungei, avec un plancher fait de troncs d'arbres minces, où l'on amène le gambîr et le poivre pour les charger sur le bâtiment (toungkang ou poukat) amarré à côté.

4. Modèle d'une maison malaise. Parois en écorce, rarement en bois. Atap d'alang-atang ou de feuilles du palmier roumbia ou nipa.

p. Modèles d'habitations de l'île de Bangka.
1. Modèle d'une maison ordinaire de Bangka.
2. Modèle au $\frac{1}{20}$ d'une maison située près du Orang Dorat ou Orang Gounong.
3. Modèle au $\frac{1}{20}$ d'une maison située près du Orang Lom ou Orang Belom.

q. Modèle d'une habitation de Blitong.

25. Modèle d'une maison d'indigènes à Java. — A. J. Lebret, à Dordrecht.

26. Constructions diverses des régences du Préanger.

a. Maisonnette sur pilotis, employée spécialement par les indigènes aisés pour y tisser. Elle renferme un métier à tisser complet. Div. de Bandong.
b. Trois types différents de maisons sondanaises. Div. de Bandong.
c. Hangard où se débourre le riz. Div. de Bandong.

d. Quatre types de maisons sondanaises. Div. de Sourapoura.
e. Hangard de travail. Div. de Sonkapoura.

27. Modèles de maisons et autres constructions de Java central.

a. Pandopo complet, dix-neuf pièces. — Régent de Kendal, rés. de Semarang.
b. Modèles d'habitations et autres constructions de Sourabaya.
 1. Roumah limas (sorte de maison d'habitation).
 2. Maisonnette.
 3. Gouboug, guérite placée dans les champs de riz pour ceux qui les gardent.
 4 et 5. Roumah limas et roumah bangsal, maisons d'habitation de l'île de Bawéan.
c. Modèles d'habitations de la rés. de Banyoumas.
 1. Maison d'habitation (roumah tikelan).
 2. Pandopo, dépendant de la précédante.
 3. Maison d'habitation, type trojok.
 4. Maison d'habitation de la Segara Anakan, div. de Chelachap.
 5. Cuisine (dapour).
 6. Hangard où se débourre le riz.
 7. Guérite pour les cultures dans la montagne.
 8. Guérite pour les cultures dans la plaine.
d. Constructions de la rés. de Bagelèn, div. de Kouto Arjo.
 1. Habitation d'un chef de dessa aisé, avec dépendances. On y trouve le pandopo, ou avant-maison, où se donnent les fêtes, se tiennent les assemblées, se reçoivent les hôtes; le kampong ou pringgitan, partie centrale, où se donnent les représentations de wayang, et où logent les hôtes; l'omah, habitation proprement dite; à gauche du pringgitan, une dépendance où se trouvent sous un même toit la cuisine, la chambre de bain, et le réduit pour le bloc à piler de riz; derrière ce bâtiment, une étable pour les vaches et les buffles, et plus en arrière encore une écurie de chevaux; à droite du pringgitan, un grand grenier à riz, dont la porte est au dessus du sol; derrière, le langgar, où l'on enseigne le Koran aux enfants et où les femmes font de temps en temps leurs prières (jamais à toutes les heures de prière).

 2. Habitation d'un simple cultivateur, composée de l'avant-maison, où l'on reçoit les hôtes et donne les fêtes, et de l'habitation proprement dite, qui sert aussi de cuisine et de remise pour la charrue et autres instruments aratoires.
e. Maisons et parties de maisons de la rés. de Sourakarta. — Raden Adipati Sosro Nagoro, Régent de Sourakarta.
 1. Modèles des quatre principaux types de maisons qui se construisent à Sourakarta, savoir les types Joglo, Limassan, Kampong et Masjid (mosquée [1]).
NB. C'est une particularité des Javanais, non seulement de donner des noms spéciaux aux principaux types de maisons, mais encore de distinguer par des appellations diverses les variétés de chaque type, quoique les différences soient souvent minimes. Ainsi, il y a sept variétés du type Joglo, 11 du Limassan, 9 du Kampong, et 2 du Masjid, et il y a des subdivisions plus nombreuses encore. Si l'on veut les noms spécialisés de nos modèles, le premier est un Joglo Kepouan de la forme Padaringan kèbaq; le second, un Limassan Nom; le troisième, un Kampong Nom; et le quatrième, un Masjid Tajôg. La forme Limassan Sinom est exclusivement réservée aux habitations princières.
  La charpente de toutes les habitations ici représentées est en bois de jati. Celles des Javanais du commun sont cependant souvent en «bois sauvage», glougou (bois du tronc du cocotier) ou bambou. On distingue aussi un grand nombre de variétés parmi ces maisons plus modestes.
  Les matériaux nécessaires ont été envoyés de Sourakarta pour construire une maison de grandeur naturelle, avec charpente en glougou, parois de bambou entrelacé, toiture d'alang-alang, meublée d'un large banc (*ambèn*) et d'une table étroite (*linchak*), et accompagnée d'un appentis afin d'arranger la maison en warong. Malheureuse-

---

[1]) Un modèle de mosquée rentre dans la classe 12; mais comme il s'agissait ici de réunir les types principaux d'architecture, on n'a pas séparé la mosquée des autres modèles.

ment lorsque le moment est venu où il n'était plus possible de différer la construction des édifices du parc colonial, les explications qui devaient accompagner cet envoi n'étaient pas encore arrivées; ne sachant pas quelle était les distination des matériaux reçus, on s'en est servi pour la construction de la maison de Batavia, mentionnée sous le n°. 28 a.

2. Modèle d'une habitation de la forme Joglo-wantah, avec loumboung (grenier à riz) de la forme Jomplongan, et gadogan (écurie) de la forme Gadogan-pengantan.

NB. La forme Joglo-wantah se distingue surtout par son *Tounpang sari*, charpente de toît formée de solives superposées de façon à former une pyramide renversée.

3. Modèle d'un régol, porche couvert d'une maison.

4. Diverses parties de la charpente des maisons.

* *Soko*, montant; *dodo peksi*, poutre de faîte du toît; *kineb*, panneau de porte; *tebeng patanen*, fenêtre en treillis, servant à admettre le jour dans les chambres; *tebeng kori*, fenêtre semblable adaptée à une porte. Tous ces objets sont ornés de sculptures (*oukiran*).

** Soko et dodo peksi, sans sculptures (*lougas*).

*** Quatre espèces différentes de sirappes, bardeaux pour la couverture des toîts; dômbo, gôpé, doro et gadong.

f. Modèles de constructions de la rés. de Kadou.

1. Hangard pour un four à briques, hangard pour le moulage et 2 hangards pour le séchage; $\frac{1}{10}$ de la gr. nat.

2. Pandopo d'un chef de dessa; avec le mobilier ordinaire et les instruments aratoires dont il se sert. — B. Stoutjesdijk, instituteur à Magelang.

28. Hutte. — W. Hoezoo, missionnaire à Samarang.

29. Modèles d'habitations et autres constructions de Madoura et de la partie orientale de Java.

a. Maisons et pandopo de la div. de Soumenep, rés. de Madoura.

b. Roumah limassan, et maison de pierre, couverte en tuiles, de la div. de Sampang, rés. de Madoura.

c. Habitation et cour, type Doro gepak, à l'usage de chefs et d'indigènes aisés, rés. de Pasouruan.

d. Deux maisonnettes de Tengger, pour la récolte et le séchage du café; rés. de Pasouruan.

e. Maison indigène couverte en tuiles; cinq autres couvertes en atap; deux pandopos; une cuisine; deux gonbougs, guérites pour la garde des champs; rés. de Basouki.

f. Habitation de la partie orientale; rés. inconnue.

30. Modèles de cinq constructions de l'île de Bali, réunies sur un même terrain, où elles forment un tout.

a. *Oemah metèn*, maison d'habitation.
b. *Tongakan*, appartement de réception où logent les hôtes.
c. *Pahon*, cuisine.
d. *Jineng*, grenier à riz.
e. *Sanggah*, temple domestique.

NB. Le terrain (*natah*) sur lequel ces cinq bâtiments sont construits est entouré d'un mur d'argile, *tembok*. A l'intérieur de ce mur les hommes, les porcs et autres animaux domestiques, demeurent pêle-mêle.

31. Modèles de maisons d'habitation et d'autres constructions de l'île de Borneo.

a. Maison malaise, en partie couverte d'atap; de Mampawa, rés. de la Div. occ. de Borneo; $\frac{1}{10}$ de la gr. nat.

b. Maison dayake, au $\frac{1}{10}$, en partie couverte d'atap; de l'intérieur de Mampawa.

c. Maison chinoise, au $\frac{1}{10}$, en partie couverte de sirappes; de Mampawa.

d. Maison de prière chinoise, au $\frac{1}{10}$, couverte de sirappes; de Mampawa.

e. Trois modèles de maisons telles que les ont les Bouginois établis dans la div. de Soungei Kakap, Div. occ. de Borneo.

f. Modèle de la charpente d'une maison malaise de Soungei Kakap.

g. Modèle au $\frac{1}{10}$ d'une habitation de mineur chinois; div. de Landak, Div. occ. de Borneo.

GROUPE II. Neuvième Classe. 21

h. Maison dayake de cinq lawangs (chambres, littéralement portes); Div. occ. de Borneo.
i. Pintoe (porche) chinois; Div. occ. de Borneo.
j. Modèle au $\frac{1}{15}$ d'une habitation ordinaire de Dayaks de la Div. mér. et or. de Borneo.
NB. Il y a dans le parc colonial un autre modèle d'habitation dayake de la Div. mér. et or. de Borneo (voy. ci-dessus n°. 23, *c*.
k. Modèle d'une habitation d'indigènes de distinction de Banjermasin, construite entièrement en bois et couverte de sirappes. Div. mér. et or. de Borneo.
l. Deux modèles de maisons (*mesaus*) de Dayaks Longwei à Koutei. — Le sultan de Koutei.

32. Modèles d'habitations de l'île de Célèbes.

a. Maison makassare, type de Bonthain, au $\frac{1}{10}$. Gouv. de Célèbes et dépendances.
b. Six modèles de maisons de la côte sept. de Célèbes, rés. de Menado. — F. von Faber, contrôleur du service civil à Loubou Bassong, Bas-Pays de Padang.

33. Habitations indigènes de l'île d'Halmaheira.

a. *Tola gakou*, ou maison indigène sur pilotis, au $\frac{1}{10}$. De Galela.
b. Deux *Tahous*, maisons alfoures, au $\frac{1}{10}$. De Galela.

34. Habitations indigènes de l'île d'Amboine.

a. Modèle d'une maison à l'usage d'un indigène aisé ou d'un régent; parois garnies de gabba-gabba (tiges des feuilles du palmier à sagou); toît couvert de feuilles du palmier à sagou; devant, un perron; derrière, une cuisine. Le terrain est clos d'une haie (pagger) vive.
b. Maison en planches de lingoa; vérandah, quatre chambres, galerie intérieure, pandopo et cuisine. — W. J. Vrybergen, à Amboine.

35. Modèle d'une habitation d'indigènes de la côte de Guinée. — A. J. Lebret, à Dordrecht.

36. Hutte de nègre en miniature. — H. Heye, à Curaçao.

B. Meubles et ustensiles.

37. Meubles et ustensiles du gouv. d'Atchin.

a. Six oreillers (*bantal*).
b. Trois plateaux en cuivre avec couvercles (*sangei*), dont deux grands (*doulang*) et un plus petit (*doulang krikah*).
c. Lampe en cuivre *pannyout*.
d. Réceptacle pour l'eau, en cuivre (*moundam*).
e. Rideau (*tirei*) et rideau pour un ciel de lit (*langit*).
NB. Tous ces objets se trouvent dans la maison atchinoise du parc colonial.

38. Meubles et ustensiles du gouv. de la Côte occ. de Sumatra.

a. Instrument pour faire le feu (*fouyou*). — Ile de Nias.

b. Deux nattes (*tikar*) sur lesquelles on s'assied. — Iles Batou.
c. Corbeille (*kambar*) où se serrent les habits, les bijoux, l'argent, etc.
d. Corbeille (*katiding* ou *bangkih*) où se serrent les assiettes, et aussi pour porter le riz, le café, les fruits, etc., et corbeille (*kabang*), où se gardent et se portent le riz, le café, les fruits, etc. — Haut-Pays de Padang.

39. Meubles et ustensiles de la rés. de Bengkoulen.

a. Neuf nattes pour dormir ou s'asseoir, savoir trois *tikar pandan*, deux *tikar messiang*, un *tikar smarak*, un *tikar roumbai*, un *tikar regas* et un *tikar pourai*.
b. Deux étagères pour assiettes, tasses, etc.

c. Deux objets pour la décoration des parois (sclisir et tabir).
d. Appareil en bois et en bambou pour tenir une torche de résine allumée (jorangkan); ⅓ de la gr. nat.
e. Tamis pour la résine dont on se sert dans le ménage (ayakan damar).
f. Petite armoire en bambou et en rotin, où l'on serre des objets précieux (bakoul parougasan).
g. Objet pour étagère (chenaga). Bengkoulen, chef-lieu.
h. Cruche à eau faite dans la div. de Selouma du fruit du labou.
i. Kopek, de la même division.
j. Carafe (labou akar) faite avec un fruit du labou. Div. de Moko-moko.
k. Plateau (pakar) en cuivre avec deux couvercles (toudoung) de feuilles de pandan. Div. de Moko-moko.
l. Bâton pour remuer le riz et cuiller pour le servir (serkit et sandok). Div. de Kauer.

40. Meubles et ustensiles des districts des Lampongs.

a. Miroir antique (sekeno).
b. Deux étagères en bambou (gegatoung), la plus grande pour assiettes et plateaux en cuivre, l'autre pour de petits pots.
c. Corbeille de rotin pour le transport du verre et de la vaisselle de terre (ratang).
d. Pieds en rotin sur lesquels on entrepose les pots que l'on retire du feu (lekir).

41. Meubles et ustensiles de la résidence de Palembang.

a. Couverture d'écorce, employée à Kisam. Div. de Kommering Oulou.
b. Petite natte pour dormir (tikar tidour), oreiller (bantal kapala), et coussin pour les jambes (bantal gouling). Div. de Kommering Ilir.

42. Meubles et ustensiles de la Côte or. de Sumatra.

a. Trois petits couteaux bataks, dont on se sert pour fendre le rotin et pour y graver des lettres; couteau batak; baril en bambou pour le sel, plateau en bois et planche pour hâcher. — M. Brau de Saint-Pol-Lias, à Paris.

b. Deux nattes d'écorce et de rotin entrelacés (tikar bidé), employées dans toute la résidence pour couvrir le sol des appartements; on s'en sert aussi pour y mettre le riz qui doit sécher au soleil.
c. Nattes de feuilles de pandan (tikar blangkat et tikar chara Asahan), formant avec l'oreiller (bantal kapala) la couche ordinaire des indigènes de cette résidence; petite natte pour dormir (tikar blangkat) pour enfant de raja ou de prince; quatres modèles de nattes pour dormir (tikar blangkat et tikar chara Asahan); trois nattes d'autre modèle; modèle de tikar paran, l'espèce la plus grossière de nattes.

NB. Le tikar blangkat est formé de deux nattes superposées l'une à l'autre, à bords de couleur; les rajas et les chefs ont seuls le privilège d'en avoir à bordure jaune.

d. Sac de feuilles de pandan tressées (tapa-tapa), servant à toutes sortes de fins dans le ménage; sac de feuilles de pandan (soumpit), servant à serrer diverses sortes d'objets; sac fait d'herbe tressée (lobing), servant à serrer toutes sortes de choses.
e. Panier (sangga) que l'on suspend à l'un des poteaux de la maison pour que les poules viennent y pondre et y couver; panier (kirang-kirang) où la poule passe la nuit avec ses poussins.

43. Meubles et ustensiles de la rés. de Riouw.

Deux petites nattes à dormir fines (tikar berlapis), faites de feuilles du pandan laout découpées en bandes.

44. Meubles et ustensiles venant de Pangaloan, div. de Silindoung, rés. de Tapanouli. — G. van Asselt, ancien missionnaire, à Putten en Veluwe.

a. Corbeilles à riz (bakoul et appang).
b. Deux petits paniers de rotin, que l'on suspend à la paroi pour y serrer des tasses et des assiettes.
c. Six espèces différentes de sacs.
d. Deux nattes pour dormir (lagé).

45. Meubles et ustensi-

les bataks. — Dr. B. Hagen, à Tanjong Morawa, Serdang, rés. de la Côte or. de Sumatra.

a. Deux tonnelets en bambou et en corne de buffle (*tidang*), où l'on garde l'eau.
b. Pot à riz (*houdon*) fabriqué dans la presqu'île de Poulo Toba sur le lac de Toba.
c. Deux tonneaux d'écorce (*hobouk*) pour garder le riz.
d. Sacs tressés, servant au même but.
e. Deux nattes pour dormir, tressées.
f. Boîte à amadou (*parlotingam*).
g. Poche tressée.
h. Espèce de calendrier.
i. Deux boîtes en bois où l'on peut serrer de menus objets.
NB. Ces boîtes ont la forme de cercueils; c'est une forme que les Bataks emploient souvent parce qu'elle leur rappelle la fragilité de l'existence; on la donne même à des boîtes d'outils d'orfèvres et de forgerons.

46. Meubles et ustensiles de la rés. de Bangka.

a. Nattes diverses pour se coucher, s'asseoir, prier, pour mettre sous les pieds, dont une en écorce de l'arbre kapour.
b. Corbeilles pour divers usages, par ex. pour les semences, le riz, le miel; panier que portent les femmes; autres pour drogues, pour bouteilles; corbeilles à ouvrage.
c. Deux petits sacs où se met le sucre; poches où se sert l'*emping*, mêt fait de riz.
d. Corbeille en bois.
e. Balais (*penyapou*).
f. Support pour torche.

47. Meubles et ustensiles de la rés. de Billiton (Blitoung).

a. Natte pour dormir (*tikar jait*); natte pour s'asseoir (*tikar tamparang* et *tikar lais selambar*); natte pour prier (*tikar sembayang*).
b. Deux corbeilles pour divers objets (*bakoul nanga* et *bakoul raga*).

48. Meubles et ustensiles de la rés. de Bantam (Banten).

a. Collection de nattes de cinq espèces; 1. natte de rotin (*tikar rotan*); 2. natte de joncs (*tikar walingi*); 3. natte de bambou à fleurs (*tikar bambou kembang*); 4. natte de feuilles de pandan, fine et grande; 5. natte de feuilles de pandan, fine et petite.
b. Quatre genres d'appareils à porter, faits en feuilles de pandan tressées (*salang*); 1. pour armes (*salang karis*); pour un bassin à laver en cuivre (*salang bokor*); 3. pour de petits objets (*salang kechil*); 4. pour bouteilles (*salang botol*).
NB. Ces appareils, ainsi que les nattes de bambou (*a*, 3) ne sont en usage que dans la colonie de gens des Lampongs établis dans les dessas de Tegal et de Bojong, div. d'Anyer.
c. Cinq espèces de petites corbeilles de bambou, où l'on serre des comestibles et autres objets (*ténoung*); 1. à compartiments superposés (*ténoung sousoun*); 2. petite sorte (*ténoung kechil*); grande sorte (*ténoung besar*); 4. pour riz (*soumboul*), à l'usage des restaurateurs ambulants (*toukang auer*); il y a deux variétés, appelées *soumboul bambou* et *soumboul bamban*; 5. corbeille de bambou dans laquelle on offre le riz à la ronde (Sond. *boboko*; jav. *chepon*).
d. Puisoir pour l'eau (*gayoung*) formé d'une coquille de noix de coco au bout d'un manche en bois.
e. Coffre en bois (*gerobog*), placé sur des roulettes pour le mettre à l'abri de l'humidité et des fourmis blanches. On y serre des habits, de l'argent, des bijoux, etc.
f. Cruche à eau (*gendi*).

49. Meubles et ustensiles de la rés. de Pekalongan.

a. Petit banc (*dingklik*).
b. Lampe de nuit (*ilepak*).
c. Deux chaises en bambou.
d. Tabouret dont se servent les teinturières (*linchak*).

50. Meubles et ustensiles de la rés. de Samarang.

Pied de lampe (*adyoung-adyoung*).

51. Meubles et ustensiles de la rés. de Banyoumas.

GROUPE II. Neuvième Classe.

a. Banc.
b. Lampe à suspension.
c. Tonneau à eau.
d. Fauteuil à bascule.
e. Fauteuil.
f. Sofa.
g. Lit.
h. Lampe (adyoug-adyoug-koupan).
i. Lampe (adyoug-adyoug-tanah).
j. Lampe avec accessoires.
k. Service pour le café.
l. Théière (deux sortes), avec tasses (deux sortes) et plateaux (deux sortes).
m. Service pour le thé.
n. Chaudron.
o. Crachoir.
p. Réchauds (trois sortes).
q. Deux seaux.
r. Tonnelet en bambou.
s. Foyer.
t. Quatre séchoirs.
u. Baquet à relaver (pané).
v. Brûle-encens.
w. Banc (linchek).
x. Panier à balayures (dounak).
y. Panier où se met le linge sale (penimpallan).
z. Filtre (saringan) avec tonneau à eau et puisoir.
a' Carafe (gogok et gendi).
NB. Un grand nombre de ces objets est destiné aux Européens; pourtant on les voit aussi dans les demeures d'indigènes cultivés.

52. Meubles et ustensiles de la rés. de Jogyakarta.

a. Grand pot dans lequel on baigne les petits enfants (jembaran).
b. Pieds pour lampe javanaise (adyoug-adyoug).
c. Tamis (saringan).
d. Crachoir (tempolong).
e. Cinq grands crachoirs (pahidon besar); trois petits (pahidon kechil); deux autres petits, portatifs (pahidan ampillan).
f. Chandelier, soit pied de lampe (pekakin).
g. Jatte à médecine (tatakan obat).
h. Porte-verres (tempat gelas).
i. Huit grands bassins de métal (bokor besar); quatre petits (bokor kechil); quatre autres petits, travaillés à jour (bokor tranchangan).
j. Support de lampe pour la paroi ou pour un montant (teplok).
k. Jatte avec couvercle, où l'on met l'or et les joyaux.
l. Pince à feu (sepit wowo).
m. Boîte à médecine (tempat beriysan).
n. Balances (tradyou).
o. Brosse (sikat kawat).
p. Jatte de noix de coco, dont on se sert pour puiser l'eau (berouk).

53. Meubles et ustensiles de la rés. de Sourakarta.

Lampes javanaises, l'une avec un support, l'autre avec un pied.

54. Meubles et ustensiles de la rés. de Kadou.

Deux chaises et deux bancs de bambou entrelacé.

55. Meubles et ustensiles de la div. de Pamakassan, île de Madoura.

a. Armoire pour serrer le riz et autres comestibles.
b. Objets domestiques fabriqués par Raden Kembouh.

56. Meubles et ustensiles de la rés. de Pasourouan.

a. Lampe.
b. Banc (bangkou).

57. Meubles et ustensiles de l'extrémité or. de Java, rés. inconnue.

a. Cadre servant de séchoir (gawangan).
b. Petit banc (jadok).

58. Meubles et ustensiles de la sous-rés. de Salatiga, rés. de Semarang. — H. J. van Swieten, assistent-resident de Buitenzorg.

a. Mèches de lampe (soumbou gabous).
b. Assiette de bois (paso kayou).
c. Plateau (gambar-gambar).
d. Cuiller (chentong).
e. Petite lampe en fer-blanc (lampo cholok).
f. Petit bloc en pierre (loumpang batou).
g. Grand et petit pot à eau (patimon besar et kechil).
h. Pot à fleur en terre (tempat kembang).
i. Poêle en terre (paso).

Groupe II. Neuvième Classe.

j. Trois fouets (*sambouk*).
k. Deux balais (*sapou*).
l. Epoussetoir pour les cendres (*gosokan abou*).
m. Puisoir en fer-blanc (*gayong kaleng*).
n. Grande cruche à eau (*gendi besâr*).
o. Panier (*bakoul*).

59. Meubles et ustensiles de Java. — W. Hoezoo, à Samarang.

a. Assortiment de 5 boites qui entrent l'une dans l'autre.
b. Support de lampe.
c. Réceptacle pour l'huile, en terre.
d. Lampe de cuivre.
e. Réceptacle pour l'huile, en cuivre.

60. Meubles et ustensiles de Java. — J. Kruyt, à Mojowarno.

a. Boite pour l'argent.
b. Petit pupitre.
c. Rideaux de lit peints.
d. Fournitures d'écurie, ratelier, abreuvoir, selle, grattoir et lance.
e. Cage.
f. Panier pour poules couveuses.
g. Panier sous lequel on prend les poules.
h. Presse à huile, avec coin et maillet.
i. Presse à sucre.
j. Petit banc.
k. Balances.
l. Baquet en bois.
m. Baquet.
n. Dressoir pour vaisselle de terre.
o. Râtelier pour armes.
p. Balai.
q. Sac à riz.
r. Corbeilles diverses.
s. Van pour le riz.
t. Plateau à thé.
u. Paniers à balayures.
v. Panier à balayures en fer-blanc.
w. Echelle.
x. Arrosoir indigène.
y. Deux cylindres.
z. Crocs divers pour le feu.

61. Modèles en miniature d'objets d'usage domestique à Java. Cadeau du régent de Gresik, Ario Sourio Winoto, sur les ordres duquel ils ont été fabriqués. — Mr. J. M. Brooshooft, à Utrecht.

a. Deux bassins en cuivre pour se rincer les doigts (*bokor semoung*).
b. Chaudron en cuivre rouge (*chérét*).
c. Cafelière en cuivre jaune (*chérét*).
d. Cruche à eau (*bouyoung*).
e. Pot pour laver (*pangaron*).
f. Deux plateaux en cuivre (*talam*).
g. Deux boites (*ténong*), où l'on dispose des rafraichissements sur de petits plats ou sur des feuilles de pisang. Elles sont d'ordinaire faites en planchettes minces; les miniatures sont en fer-blanc.

62. Modèles en miniature d'ustensiles javanais. — Mlle Delprat, à Amsterdam.

a. Tonnelet de bambou (*lodong*) où se tient l'eau pour usages domestiques.
b. Grand et petit puisoir à riz (*chentong besar et keohil*).
c. Puisoir à eau (*gayoung*).
d. Rape pour noix de coco (*kerouk*).
NB. Ces objets font partie de l'assortiment d'une caisse; le reste est énuméré ailleurs.

63. Quelques objets d'usage domestique de Java. — A. J. Lebret, à Dordrecht.

a. Deux mannes carrées en bambou tressé (*toumbou*).
b. Boite ou panier rond en bambou tressé, pour comestibles ou fleurs (*ténong*).
c. Une dito avec couvercle.
d. Balai.

64. Vieux ustensiles javanais, découverts à Mojokerto à l'occasion de la construction d'un canal. — Mr. J. van Lansberge, à Brummen.

a. Mortier et pilon en pierre.
b. Aiguillon à buffles en fer.
c. Jatte en bronze avec couvercle.
d. Chandelier en bronze.
e. Vase en bronze.
f. Chaudron en bronze.
g. Encensoir avec pieds, en bronze.
h. Baguette de prêtre avec pied, en bronze.
i. Treize objets d'usage inconnu.

GROUPE II. Neuvième Classe.

65. Meubles et ustensiles de la Div. occ. de Borneo.

a. Objets domestiques en usage chez les Bouginois de la subdivision de Soungei-Kakap.
1. Corbeille où l'on garde le riz cuit (*bakoul anyam gila* ou *bakoul datou*).
2. Corbeille (*bakoul*) de feuilles de nipa.
3. Corbeille où l'on lave le riz cru.
4. Sac où l'on garde le riz ou padi.
5. Natte pour dormir *tikar*, faite de nipa, un *tikar bimbang*, un *tikar pandan* et un *tikar kajang*.

b. Objets domestiques en usage chez les Dayaks.
1. Boite où l'on garde le rix (*kepouk*).
2. Paniers dans lesquels on emporte au logis le riz qui a été moissonné (un *empojang*, un *jouah*, un *manjoung*).
3. Boite où se serrent les vêtements (*chantoung*).
4. Deux paniers à sécher (*trigei* et *otot* ou *atong*).
5. Lampe de damar.
6. Deux réduits pour assiettes.
7. Trois pochettes (*empeng*).
8. Deux couperets différents (*parang*).
9. Hache (*blioung*).
10. Une natte, un panier et quatre tamis.

c. Deux couvercles tressés avec du bambou nipis et du daoun dadagang (roseau). Div. de Landak.

66. Meubles et ustensiles de la Div. mér. et or. de Borneo.

a. Balai (*pasapou*).
b. Rideau que l'on suspend autour de sa couche (*dinding tambal*).
c. Les deux pièces du bout d'un coussin rond, faites à la manière des Dayaks (*tampouk bantal*).
d. Assiette en bois (*doulang*).
e. Porte-plats (*kantang*).
f. Deux cuillers en noix de coco (*sadoudoung*).
g. Quatre couvercles pour les mêts (*tatoudoung*).
h. Couperet (*pisau malau*).
i. Autre d°. (*parang*).
j. Corbeille de bambou pour laver le riz (*bakoul*).
k. Une autre, de feuilles de rais ou d'amihing.
l. Corbillon dayak en rotin (*pasouk*).

67. Meubles et ustensiles des Dayaks Longwai. — Le Sultan de Koutei, Div. mér. et or. de Borneo.

a. Bouteilles à riz tressées (*sot*).
b. Trois flambeaux avec amadou (*demet*).
c. Flambeau de résine (*pedow*).
d. Briquet (*gwang dèk*).
e. Jattes de bois pour la nourriture (*deling*).
f. Deux nattes pour s'asseoir (*semit*).
g. Bambou destiné à recevoir de l'eau (*loh hangoui*) et
h. Panier employé en même temps (*kwang sèn hangoui*).
i. Panier (*klang*).
j. Corbeille à riz (*nyon plé*).
k. Paravent de kajang, sous lequel on dort (*kejing*).
l. Broie-herbes (*tok sembèh*).
m. Cuillers à légumes (*oh dah*).
n. Puisoirs pour le riz (*oh meh*).

68. Meubles et ustensiles du gouv. de Célèbes et dépendances.

a. Deux pots à eau (*bémpa*).
b. Deux puisoirs (*suro bémpa*).
c. Cinq foyers portatifs (*adapourang*).
d. Deux cafetières (*teko-toko*).
e. Pot pour la bouillie des petits enfants (*ouring anasoung-pecha*).
f. Huit pots pour faire cuire l'eau, le riz, les légumes, etc. (*ouring anasoung*).
g. Deux poêles à frire en terre (*ouring agoréng*).
h. Poêle à frire en fer (*pamouttou*).
i. Deux pots pour laver (*katowang*).
j. Deux pots servant à apporter l'eau du puits (*bousou*).
k. Deux cuillers à riz en bois (*saji*).
l. Deux cuillers à légume en bois (*sanrou ikajou*).
m. Van pour le riz débourré (*patapi*).
n. Corbeille en rotin où l'on place les marmites (*pallapi ouring*).
o. Deux carafes en terre avec plateau et tasses de cuivre (*bousou-inoungeng* avec *talam bousou* et *changkiri*).
p. Verre pour l'eau avec pied en cuivre (*kacha inoungeng* et *toudangeng*).
q. Plateau à thé ou à café en bois (*lojong*).
r. Deux tasses à thé ou à café (*changkiri inoungeng kawa*).

Groupe II. Neuvième Classe.

s. Plateau de cuivre avec son assortiment d'assiettes et de plats (*kappara*).
t. Couvercle pour le plateau (*pasampo kappara*).
u. Jatte en cuivre où l'on trempe ses doigts quand on mange, et où ensuite on se lave les mains (*kimbokeng*).
v. Petit plateau de cuivre sur lequel on offre des pâtisseries ou le sirih (*talang*).
w. Couvercle pour le talang (*pasampo talang*).
x. Chaudron (*chéré*).
y. Crachoir en cuivre (*amit-choung*).
z. Lanterne à pétrole (*lantera*).
a'. Strapontin (*kasoro*).
b'. Natte pour se coucher (*tappéré atenrong*).
c'. Quatre oreillers (*akan gouloung*).
d'. Deux coussins pour les genoux (*talaja*).
e'. Rideau de lit (*bocho*).
f'. Rideau qui se suspend devant le lit en guise de paravent (*chorong-chorong*).
g'. Deux ciels de lit (*timbawo*).
h'. Deux nattes pour s'asseoir (*tappéré toudangeng*).
i'. Dix nattes de rotin.
j'. Quatre pots à eaux bouginois (*bousou panombong*).
k'. Douze pots à boire bouginois (*bousou inoungeng*).
NB. Ces objets forment l'ameublement destiné à la maison bouginoise, parc colonial, n° 23, *k*. C'est là le motif pour lequel on a laissé dans cette liste quelques objets qui rentrent plutôt dans d'autres subdivisions de la classe.

69. Deux cruches à eau à fleurs achetées au pasar de Boni (Célèbes). — Société provinciale des arts et des sciences, à Bois-le-Duc.

70. Meubles et ustensiles de la rés. de Menado.

a. Crachoir indigène.
b. Balai fait des nervures des feuilles du cocotier ou palmier arèn (*sapir lidi*), et employé d'ordinaire pour la cour.
c. Chaise à fond de natte et à monture en bois.
d. Chaise pour la cuisine.
e. Dressoir en bois pour les assiettes et la vaisselle, ou pour d'autres objets (*para-para*).

71. Meubles et ustensiles des différentes îles de la rés. de Ternate.

a. Quatre petites nattes pour se coucher (*lipa*), faites avec les feuilles du „bokboom". De Gani (Halmaheira).
b. Deux grandes lipas, comme ci-dessus.
c. Autre lipa, de Galela (Halmaheira).
d. Deux nattes pour dormir (*kokoa*), faites avec les feuilles du „bokboom". De Galela (Halmaheira).
e. Coffret pour vêtements (*kabila*) fait de la même espèce de feuilles. De l'Orient d'Halmaheira.
f. Boîte à ouvrage (*din-din*) faite avec le bois du tabisaso. De Maba (Halmaheira).
g. Coupe en noix de coco (*popala* ou *glas chafi*). De Galela (Halmaheira).
h. Chandelier (*potoding* ou *salomadaji*) en bois tendre. De Galela (Halmaheira).
i. Lampe à suspension alfoure (*padamara mangi*), faite avec un coquillage. De Galela (Halmaheira).
j. Epoussetoirs faits avec des tiges de feuilles de cocotier (*gogacha moumou*). De Galela (Halmaheira).
k. Support pour torche (*solomadaji*) en bambou. De Galela (Halmaheira).
l. Dito.
m. Quatre bâtonnets ou petites cuillers de bambou avec lesquels ou mange la bouillie de sagou (*hamata*). De Tobelo (Halmaheira).
n. Deux étagères pour assiettes (*ngelengele*) faites avec les feuilles de l'arbre bourou-bourou. De Tobelo (Halmaheira).
o. Dito.
p. Couvercle pour mêts, en feuilles de bourou-bourou (*toulou* ou *touloup saji*). De Galela (Halmaheira).
q. Deux boîtes à ouvrage (*kabila*) en feuilles de tabisasou. De Galela (Halmaheira).
r. Couvercle pour mêts (*toutoup saji*). De l'île de Gebeh près d'Halmaheira.
s. Natte pour se coucher (*sabatta*). De l'île de Gebeh près d'Halmaheira.
t. Natte modèle pour se coucher (*joung outou*), faite avec les feuilles de l'arbre bouroubi. De Soula.
u. Coffret pour vêtements (*kabila*) fait avec les feuilles du „bokboom". De Soula.
v. Deux époussetoirs (*gogacha*), faits avec des tiges de feuilles de cocotier. De Soula.
w. Lampe à suspension. De Soula.

r. Coffret pour vêtements (*kampilo*), fait avec les feuilles du „bokboom". De l'île de Banggai.

72. Meubles de Ternate. — A. A. Bruyn, à Ternate.

a. Deux sofas en bambou (*krossi gila*); valeur fl. 1 la pièce.
b. Six fauteuils en bambou (*krossi tabadiko*), qui s'achètent à Ternate pour fl. 7,50 la douzaine.
c. Six chaises de bambou ordinaires (*kadeira*), coûtant fl. 2 la douzaine.
NB. Ces objets ont la moitié de la grandeur naturelle.
d. Tabourets pour les pieds en bambou (*soukou papa tabadiko*); fl. 0,20 la pièce.

73. Coffret pour vêtements (*kampilo*), fait à Ternate de tiges de feuilles de sagou et de rotin. Prix fl. 2,50. — J. H. W. Freytag, à Ternate.

74. Ustensiles de la Nouvelle-Guinée.

a. Six couteaux ou ciseaux faits avec des os d'autruche. On s'en sert pour ouvrir les noix de coco et autres objets durs. Ile de Wakidé, située à l'est de la baie de Geelvink.
b. Quatre sacs faits avec les fibres du rameh. Ile de Wakidé.
c. Un petit dito. Ile de Wakidé.
d. Trois séchoirs (*iboram*) où se sèche et se garde le poisson; faits avec des feuilles de cocotier entrelacées.

75. Meubles et ustensiles des Papous de la Nouvelle-Guinée. — Association missionnaire d'Utrecht, à Utrecht.

a. Deux nattes pour dormir.
b. Deux oreillers de bois.
c. Trois couvertures d'écorce teinte.
d. Deux modèles de blocs à riz.
e. Grande cuiller à pot, à manche sculpté.
f. Trois tamis à sagou.
g. Briquets papous.
h. Cuiller pour tourner le sagou qui cuit.
i. Cinq cuillers, dont trois pour puiser l'eau.
j. Huit cuillers pour manger le sagou cuit.
k. Trois cuillers en nacre.
l. Deux petites corbeilles à riz ou à fruits.
m. Trois habits d'écorce.
n. Deux cuillers pour l'eau.
o. Deux cuillers à sagou.
p. Bâtonnets dont on se sert pour manger le sagou et le riz.
q. Ornement en corail que l'on suspend au logis.
r. Etuis avec couvercle, de formes et de grandeurs diverses, où l'on met le tabac.
s. Bouteille faite avec une citrouille.
t. Boites et boitillons divers.
u. Sacs dans lesquels se rapportent les fruits du verger.
v. Boite ouvragée pour sirih et bétel.
NB. On fabrique et on emploie ces objets à Dorch, à Mansinam, à Andai et à Môm, où il y a des missionnaires de l'association d'Utrecht.

76. Oreiller de la Nouvelle-Guinée. — Mr. J. W. van Lansberge, à Brummen.

77. Cuillers à sagou en bois, de la Nouvelle-Guinée. — J. H. W. Freytag, à Ternate.

78. Cinq baquets en bois. (*sempe kayou*) et 10 oreillers en bois, de la Nouvelle-Guinée. — A. A. Bruyn, à Ternate.

79. Quatre vases de bronze antique, dont deux de la Chine et deux du Japon. — H. J. Ankersmit, à Amsterdam.

80. Meubles et ustensiles des Indiens des Indes occ. néerl. — C. J. Hering, à Paramaribo.

Groupe II.   Neuvième Classe.

a. Baquet.
b. Coupe.
c. Panier (*pagâl*).
d. Petit tamis (*menari*).
e. Petite presse à manioc (*matapi*).
f. Panier à lettres (*pagâl*).
g. Groupe de quatre petites corbeilles d'ouvrage.
h. Deux corbeilles d'ouvrage.
i. Trois paniers.
j. Petit panier (*baskietje*).
k. 35 alcarazas de forme différente.
l. Huit petits plats et 27 bouchons de cruche.
m. Sept pots (*prapi*).
n. Baquet à manioc.
o. Vase où l'on fait évaporer le suc du manioc pour l'épaissir.
p. Deux pots pour boire.
q. Pot à cassîri.
NB. Le cassîri est une boisson.

81. Meubles et ustensiles des Indiens. — W. L. Loth, à Surinam.

a. Dix petits paniers à ouvrages (*baskitjes*).
b. Deux paniers qui l'on emploie les jours de cérémonie.
c. Panier à lettres (*pagâl*).
d. Groupes de différents petits paniers à ouvrage.
e. Dix étuis à sigares.
f. Hochet.
g. Trois grands paniers.
h. Corbeille à manioc.
i. Six grands et deux petits tamis (*menari*).
j. Quatre pots à eau.
k. Baquet à laver.
l. Tabouret pour les pieds.
m. 24 alcarazas avec et sans bouchons.
n. Sept petits plats.
o. Neuf pots (*prapi*).
p. Cinq hamacs en corde faite avec les fibres du palmier Mauritia.
q. Sept grandes et quatre petites presses à manioc (*matapis*), pour exprimer le suc des racines de manioc après qu'on les a râpées.
NB. Il est évident que plusieurs des objets énumérés ici ne sont pas à l'usage des Indiens, mais fabriqués par eux à l'usage des Européens.

82. Meubles et ustensiles des Indiens. — Baron A. J. Schimmelpenninck van der Oye, à Surinam.

a. Aiguière (*fontani*).
b. Hamac orné de figures, tissé par les Indiens sur un métier fait par eux-mêmes, avec du coton filé par eux-mêmes.

83. Trois cruches de terre de Surinam. — Société de l'Overysel pour les intérêts matériels de la province, à Zwolle.

84. Deux tamis indiens (*menari*). — S. A. Ryhen, à Surinam.

85. Alcarazas indien. — Cronet, à Surinam.

86. Cruches d'Indiens de Curaçao. — Mme S. Coronel, Mme da Sylva et Mlle M. Coronel.

87. Meubles et ustensiles des nègres de Surinam. — Jonkheer A. van Sypesteyn, ancien gouverneur de Surinam.

a. Petit panier (*pagâl*).
b. Huit calebasses servant d'ustensiles; faites avec le fruit du *Crescentia Cujete*.
c. Douze cuillers faites avec la même espèce de calebasses.
d. Quatre calebasses en forme de paniers, avec couvercles peints de fleurs et d'étoiles bigarrées.
e. Cinq calebasses en forme de plats; l'intérieur est peint en rouge et l'extérieur avec des figures bigarrées.
f. Quatre calebasses à couvercles, peintes en dedans et en dehors.
g. Deux calebasses en forme de vases, travaillées à jour, sur des pieds.
h. Petit cendrier en calebasse.
i. Deux petits verres en bois du *Quassia amara* tourné.
j. Deux presse-papier faits avec les fruits du „zandkokerboom".
k. Quatre paillassons pour la table faits de pépins de mimosa.
l. Petite corbeille carrée avec poignées.
m. Grand et petit tamis.

GROUPE II. Neuvième Classe.

n. Trois petits paniers ronds avec couvercles.
o. Corbeille pour œufs.
p. Deux modèles de presses à manioc.

88. Serrure en bois, en usage chez les nègres marrons. — Baron A. J. Schimmelpenninck van der Oye, à Surinam.

89. Ustensiles de nègres marrons de Surinam. — C. C. Man, à Surinam.

a. Six calebasses, dont 2 avec couvercles et 4 sans couvercles.
b. Quelques cuillers de calebasse.

90. Quatre calebasses de nègres marrons. — J. del Prado, à Surinam.

91. Meubles et ustensiles des nègres marrons. — J. Kersten, à Surinam.

a. Calebasses.
b. Cuillers de calebasse.
c. Serrure en bois du village de Koffy-kamp, dans la région habitée par les nègres marrons.
d. Quatre pots (*prapi*).

92. Trois pots (prapri) des nègres marrons. — S. Bueno de Mesquita, à Surinam.

93. Deux pots à eau des nègres marrons. — C. J. Hering, à Paramaribo.

94. Trois pots des nègres marrons. — J. Gans, à Surinam.

95. Cruchon en pierre fait par les Caraïbes. — Société provinciale des arts et des sciences, à Bois-le-Duc.

96. Antiquités trouvées à Curaçao; objets ayant probablement servi d'ustensiles. — A. J. van Koolwyk, curé à Curaças.

C. Vêtements et parures.

97. Grande collection de vêtements des parties les plus diverses de l'archipel indien. — Dr. E. van Ryckevorsel, à Rotterdam.

NB. Cette collection est divisée en trois classes. La première renferme des échantillons d'étoffes *batiquées*[1]) de Java et d'une ou deux des îles voisines. La seconde est formée d'étoffes tissées, provenant de toutes les parties de l'Archipel. La troisième renferme des étoffes de Sumatra. Autant que possible on a suivi l'ordre des résidences.

Pour *batiquer* les étoffes, les indigènes les teignent à la cuve après avoir au préalable enduit de cire les dessins qu'ils veulent réserver. Dans la partie occidentale de Java, comme à Sumatra et dans d'autres parties de l'Archipel, on préfère le *lourik*, c'est-à-dire des toiles faites avec des fils teints avant le tissage et combinés de façon à former les dessins par le tissage même.

Les vêtements faits en étoffes batiquées sont surtout, 1° les *saroungs*. Ils sont faits de pièces de toile à larges bords (têtes, *kepala*), cousues ensemble de façon à former un fourreau étroit (*saroung* signifie fourreau, étui), qui emprisonne le corps; 2° les *kain panjang*, longues bandes d'étoffe sans bordure large (tête); le *kain panjang* se porte replié une ou deux fois autour du corps, le dernier bout passé entre le reste et le corps. Le saroung et le kain panjang s'assujettissent tous deux autour de la taille au moyen d'une ceinture, que les femmes portent, si leurs moyens le leur permettent, en or, en argent ou dorée, et les hommes,

---

1) Teintes par les indigènes, à leur manière et pour leur usage. Le traducteur a cru devoir fabriquer ce mot avec celui qui est dans l'original. *Trad.*

GROUPE II. Neuvième Classe. 31

en cuir avec une boucle de métal. On ne fait d'ordinaire pas remonter cette ceinture plus haut que la taille. Cependant, dans le Centre et l'Orient de Java, on la fait remonter jusqu'au dessus du sein, lorsqu'on ne porte pas de *bajou*. On fait aussi de ces ceintures en bandes de coton, tissées exprès dans ce but.

Le *sléndang* est une pièce d'étoffe beaucoup plus longue que large, ordinairement d'étoffe plus fine. D'ordinaire il se porte, en qualité de parure, jeté sur l'épaule. Parfois on l'emploie aussi comme ceinture ou pour des usages analogues; l'étoffe en est alors plus grossière.

Les mouchoirs de poche ne servent guère que de parure. On les porte jetés sur l'épaule, parfois en y nouant de petits objets, une trousse de clefs, un anneau portant des pinces à épiler, etc.

A. *Etoffes batiquées.*

NB. Dans les grands centres les patrons se font encore dans les kampongs spéciaux. Les noms de ces kampongs sont en italiques. Les noms imprimés avec le caractère ordinaire sont les noms indigènes des patrons. Les noms des résidences sont en lettres grasses; ceux des villes, etc. en caractères espacés.

1—4. **Batavia.**
5.   „   *Kampong Karet.*
6.   „   patron Raden saleh.
7.   „   *Kg. Karet.*
8—10. „   „ *Tanah Abang.*
11. „   „ *I'epan.*
12. „   „ *Tanah Abang* Parang kemon.
13. „   „ *Karet.*
14. „   Oudang-Oudang (crevettes).
15. „   *Kg. Pasar Barou.*
16. **Buitenzorg,** Mouchoir de tête d'un des territoires particuliers, probablement *Kg. Pondok Gedé.*
17. **Batavia.**
18. „   Mouchoir de tête de *Kg. Pondok Pinang.*
19. „   *Kg. Senèn.*
20. „
21, 22. **Cheribon,** Watessan, patron chinois.
NB. Watessan est en kromo villageois (langue spéciale du village), semongka en javanais, semanga en malais, le melon d'eau (*citrullus vulgaris*), d'un beau vert foncé brillant.
23, 24. **Cheribon.** Semangka.
25. „   Layoung-Layoungan.
26. „
27. „   Blongsong.
28. „   Oudan-Oudan.
29. **Tegal,** Bia-bia (coquillages).
30. **Tegal,** (probablement).
31. „
32. „   Slendang.
33. „   Bleket-tépé-soga.
34. **Pekalongan.**
35. „   Bleket-tépé.
36. „
37. **Semarang,** Boulan-boulan (lune).
38.   „   Wayang chinois (acteurs ou marionnettes).
39. „
40. „   Banji.
NB. Patron fait sur celui de nattes tressées d'une façon particulière.
41. **Semarang,** Bleket-tépé.
42. „
43. „   Kembang-ketimon (fleur de comcombre).
44. **Semarang,** Kembang-anggrek outan (espèce d'orchidée, le *Plocogottis javanica*).
45. **Semarang,** Oudan-Oudan.
46. „   Banji.
47, 48. **Magelang.**
49. **Pourworejo,** Tambal.
50. **Banyoumâs,** Koupou-koupou (papillons).
51. **Banyoumâs.**
52. **Semarang,** Parang rousak.
53. **Banyoumâs.**
54. „   Koulit-oular (peau de serpent).
55. **Banyoumâs,** Bouroung-bouroung (oiseaux).
56. **Banyoumâs.**
57. „   Bleket tépé.
58. **Semarang,** Kenanga-ouleran.
59. „
60. „   Tambal.
61. **Pourworejo.**
62. **Solo,** patron du Kraton.
63. „   Keprok.

GROUPE II. Neuvième Classe.

64, 65. Solo, Kraton.
66. " Mangkou-Negoro.
67. " Tempollan, Sléndang.
68—70. Solo, Mouchoir de tête.
71. Jokyakarta, Kraton.
72. " " Kapal kandas (embarcation à fond plat, que l'on peut tirer sur le rivage; aussi embarcation échouée).
73. Lassam ou Remban.
74. " Bia-bia.
75. " ou Sourabaya.
76. " Wayang.
77. Touban, Parang-kousouma.
78. "
79. " Bintang-bintang (étoiles).
80—82. **Sourabaya.**
83, 84. " Sléndangs de soie blanche, batiquée.
85, 86. **Sourabaya.**
87. **Sourabaya**, *Kg. slempang,*
88. " Dam-dam (damier).
89. " Dindon.
90, 91. **Sourabaya.**
92. Bangkallan, Sawat.
93. **Pesourouan**, Parang-bebek.
94, 95. Bangkallan, patron du Kraton.

B. *Etoffes tissées.*

96. **Lampongs** (Sumatra), patron de Bantam.
97. **Bantam (Banten)**, Sléndang probablement européen.
98. **Bantam.**
99. Bandong.
100. Buitenzorg, Pantalon.
101. Chanjour.
102. Soumedang.
103, 104. Chilachap.
105. **Sourabaya**, Coton et or.
106. " Sléndang.
107. **Bantam**, Mouchoir de poche.
108. " Deux mouchoirs de poche.
109. " Sléndang, probablement européen.
110. " Mouchoir de poche.
111. Buitenzorg.
112. " Pantalon.
113. Chilachap.
114. Ile de Bawean, Sléndang de soie.
115. " Solo, " " "

Bali et Lombok.

116. **Bali** (provenant de l'ex-raja de Bouleleng, soie).

117. **Bali.**
118, 119. Lombok.
120. Bali, Sléndang, comme le n°. 116.
121. Lombok.

Célèbes méridional

et îles qui en dépendent.

122, 123. Bima (Soumbawa).
124. Dompo, " Présent offert par le sultan au contrôleur.
125. Lombok.
126. Bima, Sléndang.
127. Saleier (Si layar), étoffes de coton broché.
128—132. Saleier.
133. Dompo, comme le n°. 124.
134. Mandhar.
135. Mamoujou.
136. Mangkasar.
137. Mamoujou. Présent de l'ex-princesse.
138. Mangkasar.
139. Mandhar.

Célèbes septentrional.

140. Parigi.
141. Tomini.
142. Gorontalo, Sléndang.
143, 144. "
145. Parigi.
146. Ile de Togean.
147, 148. Parigi.
149. Gorontalo, Sléndang.
150. " Pantalon. Il y a une ressemblance frappante entre certaines étoffes de Buitenzorg et celles de Gorontalo.
151. Parigi.
152, 153. Gorontalo, Sléndang.

Borneo, Div. mér. et or.

154. Amountai.
155. Marabahan.
156. Banjermasin.
157. Marabahan, *Kg. Bekompai.*
158. Banjermasin.
159. Martapoura.
160. Banjermasin. Soie et or, ainsi que plusieurs des numéros suivants.
161. Marabahan.
162. " *Kg. Bekompai.*
163. Martapoura.
164. Banjermasin, selon toute ap-

GROUPE III. Neuvième Classe.

parence cette pièce est imitée d'un modèle de Makassar.
165. Marabahan.

Borneo, Div. occ.

166, 167. Sintang.
168. Nangga-Pinoh.
169. **Pontianak.**
170. Mamoujou (dépend de Célèbes).
171. Nangga-Pinoh, Sléndang.
172. Pontianak.
173. Sambas.
174, 175. **Pontianak.**

Résidence de Ternate.

176. **Ternate.**
177.   „   Broché.
178. Dodinga. (Halmaheira).
179. **Ternate.**
180.   „   Pantalon.
181.   „
182.   „   Sléndang.
183.   „
184. Tidore, Mouchoir de tête. C'est la seule pièce provenant des Possessions extérieures qui ressemble aux étoffes de Java en ce qu'elle est faite de coton blanc, teint après avoir été tissé. Il ne semble pas que cette étoffe se fabrique en qualités moins grossières, quoique on en fasse aussi des saroungs.
185. **Ternate,** Mouchoir de tête, broché aux quatre coins.
186. **Ternate.**
187.   „   Mouchoir de tête.
188. Haya (Ceram). Voy. n° 232.

C. Etoffes de Sumatra.

189—191. **Palembang.**
192, 193. Pays des Bataks.
194, 195. Haut-Pays de Padang.
196, 197. **Palembang.**
198—200.   „   Sléndangs.
201.   „   Sléndang brodé; ce pourrait bien être une imitation de l'Inde continentale.
202—204. **Palembang.**
205. Kota-gedang près du Fort De Kock. Sléndang.
206. Muntok (île de **Bangka**). Tous ces patrons étant des imitations de ce qui se fait à Palembang, on a mis Muntok avec Sumatra.
207, 208. Muntok, Sléndangs.
209, 210. Kota-gedang, Sléndangs.

211, 212. **Atchin,** Sléndangs.
213. **Lampongs,** patron de Palembang.
214. Payakombo (?)
215. **Palembang,** Mouchoir de tête. Cette étoffe de coton imprimé, sur lequel on a gommé de l'or en feuille, et qui s'appelle Pradan (de *prada,* dorure [1]) est connue aussi à Java, mais surtout à Bali et à Lombok, où l'on emploie aussi l'argent et où l'on fait des saroungs entiers d'après ce procédé.
216. **Padang.**
217, 218. Muntok, Mouchoirs de poche.
219. Payakombo, Bajou.
220. **Palembang.**
221, 222. **Haut-Pays de Padang,** Bordure de Sléndangs.
223. **Palembang.**
224. Payakombo Sléndang.
225.   „   Partie d'une jupe de femme.
226.—228. **Haut-Pays de Padang,** Sléndangs.
229. Camisole de femme de l'île d'Engano.
230. Idem de Payakombo.
231. Pays des Bataks. Cet exemplaire est en trois pièces cousues ensemble. On en fait de plus fins, tissés d'une seule pièce, et beaucoup plus chers.
232—234. Saroung-tapis des **Lampongs.** C'est le vêtement national des femmes des Lampongs. Il est remarquable que ces lourdes étoffes ne se trouvent que chez les Bataks et les Alfoures des Lampongs. Les saroungs de Ceram (n°. 188) et de **Timor** (n°. 241 et 242) ont même une grande ressemblance avec ce qui se fabrique dans les **Lampongs.**
235. Partie d'une jupe de femme, de Payakombo.
236. Camisole (*bajou*) de Kota-gedang.

Appendice.

237, 238. Camisoles dayakes.
239, 240. Cottes d'armes des Dayaks de la **Côte occ. de Borneo.**
241. **Timor.** Saroung (voy. 232).
242.   „   Sléndang.

[1] Dorure, mais *pas* sur métal. Ce mot est dérivé du sanscrit pârada, mercure, dont la signification primitive peut bien avoir été *argenté*. Maintenant on dit *prada-poutih,* c.-à-d. *dorure blanche* dans le sens d'argenté.

3*

243. Chidako, seule pièce de vêtement des Alfoures mâles; il est fait d'écorce battue. NB. On emploie pour cela l'écorce de quelques Gnétacées et Artocarpées, et en particulier celle de l'arbre oupas (*Antiaris toxicaria*), autrefois si mal famé. Les qualités plus fines se font avec l'écorce du delouwang (Java) ou fouya (Halmaheira et Ceram) (*Broussonetia papyrifera*). On en fait parfois des saroung d'une seule pièce, et aussi de longues bandes dont on s'habille, — les *Tapas* des îles de la Mer du Sud.

244. Chidako qui n'a pas encore été mis, ni peint. (Halmakeira).

98. Collection de vêtements d'Atchin.

a. Vêtements divers.
1. Coiffure (*toudoung*).
2. Mouchoir de tête pour chefs (*Rajas*) et notables (*Orang kayas*).
3. Camisole (*bajou*) pour femous.
4. Pantalon (*chelana*) fait avec une étoffe dans le tissu de laquelle il y a des fils d'argent.
5. Pantalon (*chelana*) ordinaire pour hommes et pour femmes
Les numéros 2—5 ont été envoyés par M. Brau de Saint-Pol-Lias, à Paris.
b. Costume d'un Atchinois de la classe aisée.
1. Pantalon (*salouvé plang*).
2. Châle enroulé autour du corps à la manière d'un sarong (*kain lamgougoub*).
3. Camisole blanche.
4. Bouton en or (*bokh doma*), pour boutonner la camisole devant le cou.
5. Coiffure (*kopiah*).
6. Mouchoir dont on entoure le bord inférieur du kopiah (*kain tamkouloub*).
7. Ceinture (*boungon glima*).
8. Couteau court (*renchong*).
9. Couteau long (*sikin panjang*).
10. Trousse de clefs (*anak ankoub*), à porter avec un anneau en or (*bokh chirou*) et un mouchoir rouge (*kain*) jeté sur l'épaule gauche.
c. Costume d'une Atchinoise de la classe aisée.
1. Pantalon (*salouvé raga edong*).
2. Deux morceaux d'étoffe (*kain plang* et *kain lamgougoub*) portées par dessus le pantalon.
3. Camisole noire brodée d'or.
4. Broche en or (*tounjoung*).
5. Châle qui se croise sur la poitrine (*kain slendang*).
6. Châle qui sert à couvrir la tête (*kain panjang*).
7. Anneaux pour les pieds (*gelang kaki*).
8. Boucles d'oreilles (*soubang*).
d. Costume d'un chef.
1. Pantalon (*chilana lamsayoung*).
2. Châle (*pouchouk aroun*) qui se porte en lieu de sarong.
3. Camisole noire (*bajou itam*).
4. Châle tenant lieu de ceinture (*kain hitam*).
5. Coiffure (*kopiah*).
6. Couronne d'or (*tampouk*) destinée à mettre sur le kopiah.
7. Mouchoir de tête pour entourer le kopiah (*tamkouloub makassap*).
8. Couteau-poignard (*sekin panjang*).
9. Couteau (*renchong*).
e. Parures. — M. Brau de Saint-Pol-Lias, à Paris.
1. Bijou en or porté à la façon des médaillons par les femmes de rajas (princes).
2. Boucles d'oreilles d'or pour femmes.
3. Bracelet de cuivre pour femmes.
4. Anneau de jambes en souwasa (pinchebeck) pour femmes et enfants de chefs; on les porte au dessus de la cheville.
5. Anneau fait d'un coquillage.
6. Anneau d'argent.
7. Boîte à gambir en argent et pendeloques d'argent servant à orner les extrémités du mouchoir de soie dans lequel on enveloppe le bétel (*kain sirih*) et que tous les Atchinois portent jeté sur l'épaule gauche.
8. Anneaux d'argent servant à retenir ensemble les extrémités du mouchoir à sirih.

99. Vêtements et parures de la Côte occ. de Sumatra, rés. de Tapanouli (Silindoung).

a. Ceinture avec briquet (*simbora pangomat*).
b. Bracelet à neuf anneaux (*leyang si siya-siya*). — M. Brau de Saint-Pol-Lias, à Paris.
c. Bracelet (*leyang si baganding*).
d. Bracelet (*routas*), fait d'un coquillage gigantesque (*Tridacna gigas*) appelé hima (en malais kima); on porte ce bracelet à la partie supérieure du bras.
e. Bonnet tressé (*tahoulouk pandan*).
f. Bonnet tressé (*tahoulouk bayar*).

GROUPE II. Neuvième Classe.

g. Parapluie (*saong jegak*).
h. Bracelet d'argent pour hommes (venu probablement d'une autre contrée).

100. Vêtements et parures de la rés. du Haut-Pays de Padang.

a. Costume complet pour homme, composé comme suit.
1. Pantalon (*serawal acheh*).
2. Jupe (*kain sarong sapit sedang*).
3. Ceinture (*kabat pinggang*).
4. Camisole (*bajou koudarang*).
5. Mouchoir de tête (*datar hitam*).
6. Mouchoir de poche (*sapou tangan*).

b. Costume complet pour femme.
1. Jupe (*kain betapi*).
2. Camisole de soie (*bajou soutra*).
3. Châle pour couvrir la tête (*selendang*).
4. Châle (*selendang acheh*).
5. Sac de voyage (*ounchang*).
6. Salapah-donsi.

c. Sac en feuilles de pandan (*kampir*), employé tant par les hommes que par les femmes pour y tenir toutes sortes d'objets.

101. Ceinture pour porter l'argent (*ponjin*) de la rés. du Haut-Pays de Padang.

102. Vêtements et parures de l'île de Nias.

a. Vêtements d'hommes.
1. Veste d'écorce (*barou okolou*) portée quand on travaille aux champs.
2. Veste d'homme d'étoffe bleue, pour tous les jours (*barou handrou*).
3. Veste d'homme pour les grandes occasions (*barou handrou nifa gôtô-gôtô*).
4. Veste pour fils de chef ou de notable (*barou lowa sikandrou lowi lowi*).
5. Veste pour princes et chefs (*barou lowa sikandrou tano*).
6. Ceinture d'écorce. Elle entoure la taille et l'on en fait passer les bouts entre les jambes (*sombô salôwô*).
7. Une autre, bleue (*sombô handrou*).
8. Une autre, rouge et blanche, réservée pour les grands jours (*sombô nibira*).

b. Vêtements pour femmes.
1. Vêtement de femme en roseaux tressés (*ou'i ladari*), qui se ferme à la taille de la même manière que la jupe (*sarong*).
2. Pièce qui se porte par dessus le ou'i ladari (*ou'i nifatalakhoi*).

3. La même pour personnes de rang (*gôtô nibara*).
4. Ceinture de femme, pour les hanches (*awi barou lowo*).
5. Autre dito (*awi niatô*).
6. Autre dito (*awi mouko*).
7. Ceinture pour la taille et le ventre (*bôbôda lou afasi*).
8. Châle pour l'épaule, ou espèce de slendang pour les grands jours (*lombe tarombana*).
9. Camisole de femme (*barou nifatalakhoi*); ne se porte pas tous les jours; d'ordinaire le haut du corps des femmes reste nu.

c. Objets divers de parure pour hommes.
1. Coiffure pour homme (*balahôgô Niasa*).
2. Ornement pour la tête, pour homme, pour les grands jours.
3. Bijou en cuivre pour le cou, pour homme (*nifatô-fatô*).
4. Ornements pour l'oreille droite exclusivement (*gaoulé*).
5. Autre sorte (*sarou dalinga*).
6. Bracelet porté par les hommes au poignet droit (*tola gasi*); il est fait du coquillage gigantesque.
7. Anneau que les indigènes prétendent se trouver enfilé à la défense de certains sangliers, et dont ils croient que la possession rend invulnérable. En malais cet anneau se nomme *rantei babi*, en niassois, *ori*.
8. Objets d'ornement que les hommes portent attachés au mouchoir dont ils s'entourent les hanches (*rowoé-rowoé-kôlô*).

d. Objets divers de parure pour femmes.
1. Parure pour la tête (*bala hôgô fola*).
2. Autre dito (*bala hôgô raté*).
3. Deux autres (*bala hôgô sikondra*).
4. Assortiment d'anneaux de cuivre pour femmes (*sarou dalinga*).
5. Ornements de cuivre pour les oreilles, pour femmes (*walé-walé*).
6. Bracelets de cuivre pour femmes (*aya-kola*).
7. Bâton (*siondra alawé*) que les femmes seules emploient pour affermir leur marche dans les sentiers de montagne.

103. Vêtements et parures de la rés. de Bengkoulen.

a. Vêtements.
1. Châle (*selendang batoulloui*).
2. Mouchoir de poche en soie.

Groupe II. Neuvième Classe.

3. Jupe (*kain*).
4. Châle (*selendang rappang jarang*).
5. Châle (*selendang ketoulouk chélé*).
6. Jupe (*kain*), pour hommes.
7. Camisole (*bajou*) pour hommes.
8. Dito (*sampang*).
9. Jupe (*kain*) pour femmes.
10. Habit de dessus (*bajou*) pour femmes.
11. Coiffure (*tengkoulouk*) pour femmes.
12. Jupe (*kain*) pour jeunes filles.
13. Coiffure (*tengkoulouk*) pour jeunes filles.
14. Habit de dessus (*bajou kouayang*) pour jeunes filles.
15. Jupe (*kain tapis*), de la division de Kroé.
16. Autre dito; pour les grands jours.
17. Vêtement de bain (*kain basahan*) pour hommes.
18. Camisole (*bajou tampan*).
19. Deux mouchoirs de poche (*sapou tangan tampan*) d'un genre fort en usage parmi les jeunes filles.
20. Veste d'écorce (*bajou*) en usage chez les montagnards.
21. Coiffure de rotin (*kopiah*).
22. Veste d'écorce (*bajou*).
23. Bonnet de rotin, fort usité.
24. Petite robe (*kain sempang*) et
25. Camisole blanche. Ces deux objets sont faits avec du coton cultivé par les indigènes eux-mêmes, dans la div. de Salouma.
26. Châle (*chouking*) employé par les hommes pour faire tenir leur jupe (*kain tampang*) à la taille; les femmes le portent en châle ou slendang.
27. Mouchoir de tête (*dimpou*).
28. Jupe (*kain dougan*), costume ordinaire des femmes de Selouma; on s'en entoure la taille.
29. Vêtement (*koulouk*) porté par les femmes; ou l'assujettit au dessus du sein.
30. Coiffure d'écorce, div. de Mokomoko.
31. Vêtements d'écorce:
 a. Châle (*selendang*).
 b. Pantalon (*serouwal*).
 c. Veste (*bajou*).
 d. Jupe (*sarong*), tous portés par les femmes non mariées dans la div. de Mokomoko.
32. Coiffure (*toudoung*) qui se porte au chef-lieu, Bengkoulen.
33. Fleurs artificielles faites de la moëlle de l'arbre soubang; les jeunes filles se les mettent dans les cheveux.

34. Jupe (*kain*) pour femmes ou hommes portée à Olou louwas, div. de Kauer.
35. Châle (*selendang*) pour hommes. Pemantang Danau, div. de Kauer.
b. Objets de parure.
1. Espèce de diadème d'argent (*topoung*).
2. Bijou en argent (*layang-layang*) que l'on attache au mouchoir qui est jeté sur l'épaule, et que l'on fait pendre ainsi sur la poitrine.
3. Chaîne d'argent (*chenggak*).
4. Parure d'argent pour les cheveux.
5. Dito pour les ongles.
6. Bracelet d'argent (*gelang krochong*).
7. Autre dito (*gelang boulat*).
8. Deux bandeaux d'argent pour les cheveux.
9. Espèce de diadème en argent (*beremban*).
10. Autre dito (*pias*), porté au dessus du beremban.
11. Autre dito (*pagar babi*).
12. Autre dito (*anak sanggoulan*), porté en biais pour soutenir le chignon.
13. *Tajou*, porté sur la tête et retenu par un morceau de bambou planté dans le chignon.
14. Autre d° (*tajou kemang*).
15. Autre d° (*tajou belidah*).
16. Pendants d'oreilles (*bangkan*).
17. Bracelet rond (*gelang pountouh*), pour le bras gauche. Cinq exemplaires.
18. Bracelet plat (*gelang belidah*), pour les deux bras. Cinq ex.
19. Anneau pour le pouce (*chinchin rakit*).
20. Anneau pour les doigts (*chinchin kerilap*).
21. Ongles artificiels (*tanggei*).
22. Ceinture d'argent (*pending*).
23. Collier de rijksdaalders (*kaloung ringgit*).
24. Foulard de soie orné de demi-florins percés d'un trou (*stangan soutra berkekitir*); se jette sur les épaules.
25. Bandeau d'argent pour les cheveux (*palis*).
26. Ceinture d'argent pour les hanches (*kewar*).
27. Trois paires de bracelets d'argent (*gelang*).
28. Bijou en argent (*telikour*) que l'on se suspend au cou. Sept ex.
29. Chaîne d'argent pour le cou (*kalong rentei*).
30. Boucles d'oreilles (*soubang*).

NB. Ces objets de parure ont été pour une bonne part envoyés par les chefs indigènes suivants: Pasirah Bandor Agong et Tanjong Dalem, du chef-lieu Bengkoulen, et Pasirah Lawang Agong de la div. de Manna.

104. Deux tableaux à l'huile, représentant deux habitants tatoués des îles Mentawei, un homme et un jeune garçon.

105. Vêtements et parures de l'île d'Eugano.

1. Coiffure (*ourik*) de bambou pour les hommes mariés et de plumes de poule pour les célibataires.
2. Deux petites robes de feuilles de pisang, pour femmes; les hommes ne se couvrent que les parties naturelles.
3. Ceinture en verroterie pour les hanches (*kebek*), portée par les veuves lorsque se célèbre le deuil de leur mari (*ikat pinggang*).
4. Jupe (*kais mani mani*) portée par les femmes, seulement dans les fêtes.
5. Deux coiffures de fête (*songkok*) pour hommes.
6. Collier de verroterie pour hommes (*kalong laki-laki*).
7. Colliers de femmes (*kalong perampouwan*).
8. Boucles d'oreilles pour femmes.
9. Coiffures pour hommes non mariés.
10. Dito pour grands jours.
11. Ornement pour le cou.

106. Vêtements, parures et articles de toilette des Lampongs.

a. Vêtements et articles de toilette divers.

1. Chapeau (*toudoung*) porté aux champs par les hommes et les femmes.
2. Bourse (*krajout dompit*), portée autour de la taille.
3. Trois petites robes (*tapis*) pour femmes, dont deux en soie et coton tissés ensemble.
4. Châle porté comme une écharpe par les hommes (*selendang*).
5. Couverture ou long saroung (*sakimput*) dont on s'enveloppe pour dormir.
6. Jupe (*saroung*) et châle (*selendang*) dans le tissu desquels il y a des fils d'or. — W. Beyerinck, contrôleur à Katimbang.
7. Deux chapeaux de l'espèce portée aux champs par les hommes et les femmes (*terendak*). — W. Beyerinck, contr. à Katimbang.
8. Coiffure de bambou, recouverte de coton ou de soie (*kopiah*), portée par les hommes pendant la danse (*menari*).
9. Petite nacelle en fer (*lolaén*) avec deux petits bâtons servant à se noircir les dents.
10. Petite pince à épiler le menton et le nez (*akoup*).

b. Objets de parure pour jeunes filles.
A. Costume de promenade.

1. Peigne en or (*sisir mas*).
2. Boucles d'oreilles en or (*soubang mas*).
3. Bijoux pour le cou: Chaîne d'argent (*rantei oudang perak*), *jalan menni mas*, *sabi rial mas*, *boulan temanggal mas*, fruit en or (*bouwah joukoum mas*).
4. Ornements des bras: *kalai papik mas*, *pekok merian batou*, *pekok gaårap getah*, *kerchoung boulat mas*, *gelang kana mas*.
5. *Papis pelang*.
6. *Selendang limar tabour soutra*.
7. *Pouling mas dengan mouka mas*.

B. Costume de danse.

1. Ornements pour la tête: *sambou kedok mas*, *chendouk mas*, *sigor dengan seranja boulan*, *boungá rambout*.
2. Bijoux pour les oreilles, comme A, 2.
3. Bijoux pour le cou, comme A, 3.
4. Bijoux pour les bras, comme A, 4, et de plus, ongles en argent (*tanggei perak*) et six paires de grands bracelets (*gelang besar*).
5. *Padoutan perak*.
6. *Papis dewa sana dengan ouwang perak*.
7. Selendang, comme A, 6.
8. *Slampi poutik dengan rambai ringgit*.
9. *Belati lopang perak*.
10. *Palam kouningam*.

NB. Tous ces bijoux ont été envoyés par Pangoulou Haji Yousoup de Menggala et Pangeran Tiang Marga, chef du kampong de Pagar Dewa, tous deux de la div. de Toulang Bawang. Un dessin représentant une jeune fille des Lampongs et joint à cet envoi, a trouvé sa mention au n°. 11 de cette classe; il a servi de modèle pour la figure du n°. 19 représentant une danseuse des Lampongs.

107. Vêtements et parures de la rés. de Palembang.

1. Bonnet d'écorce en usage à Kisam pendant le travail des champs.
2. Jupe (*saroung*) appelée *tap*, de la même contrée.
3. Châle (*selendang*), tissé dans la contrée de Madang, div. de Komering oulou.
4. Costume de tous les jours d'une femme de la div. d'Ogan oulou.
   a. Camisole.
   b. Jupe ou saroung.
   c. Couteau (*monnou*).
5. Costume d'un homme d'Ogan oulou.
   a. Camisole.
   b. Jupe ou saroung.
   c. Couteau (*pasang bandou*).
   NB. Ce costume doit être complété au moyen d'un mouchoir de tête de fabrication européenne et d'un chapeau-parasol ou toudoung, que les femmes portent aussi quand elles vont aux champs.
6. Costume de fête pour homme de Lengkayap, div. de Komering et d'Ogan oulou.
   a. Camisole.
   b. Jupe (*saroung*).
   c. Mouchoir de tête.
   NB. Les deux dernières pièces sont de fabrication européenne.
7. Costume de fête pour une femme de la même contrée.
   a. Camisole.
   b. Jupe (*saroung*).
   c. Couteau (*wali*); les jeunes filles seules s'en servent en vaquant à leurs occupations domestiques; elles l'emportent quand elles quittent la maison paternelle.
8. Costume de tous les jours pour homme dans la div. de Komering ilir:
   a. Mouchoir de tête (*kain kapala*).
   b. Camisole (*bajou*).
   c. Pantalon (*chelana*).
   d. Jupe (*saroung*).
   e. Ceinture (*ikat pinggang*).
9. Costume de tous les jours pour femme de la même contrée:
   a. Mouchoir de tête (*kain kapala*).
   b. Voile (*rimban*).
   c. Camisole (*bajou*).
   d. Pantalon (*chelana*).
   e. Jupe (*seroung*).
   f. Ceinture (*ikat prout*).
10. Vêtement de dessous (*tapis*) porté par les femmes de Komering oulou en guise de jupe (*saroung*).
    NB. Ces vêtements ne sont pas des articles de commerce.
11. Châle des terres basses de Komering oulou.
12. Camisole de femme à moitié achevée de tisser; fait partie du costume avec le *tapis* du n°. 10.
13. Pantalon et camisole d'écorce, en usage dans le Kisam.
14. Camisole de femme avec fils d'or dans le tissu (*bajou perampoewan songkit bertabour*).
15. Long vêtement de femme comme ci-dessus (*kaim perampoewan panjang songkit bertabour*).
16. Châle de femme (*selendang kemben perampoewan songkit lepous*).
17. Mouchoir de tête en soie rouge avec fils d'or (*ikat-ikat kepoudang*).
18. Veste brodée de fil d'or (*bajou koutang songkit lelakit*).
19. Courte camisole d'homme avec fils d'or dans le tissu (*bajou lelaki songkit endek*).
20. Jupe de même (*kain saroung songkit bounga mas*).
21. Idem avec de l'or partout dans le tissu (*kain sarong songkit lepous*).
22. Pantalon d'époux en soie et fil d'or (*serouwah teketan telouki parang*).
23. Longue ceinture de soie (*ikat pinggang kayon boungkouk*).
24. Poupées représentant l'époux et l'épouse (*douwa anak anak-an penganten*).
25. Poupées représentant un couple récemment marié (*douwa anak anak-an penganten anyar*).

108. Pantalon d'Atchin tissé de soie et d'argent. — T. Pryce, à la Haye.

109. Vêtements et parures de la rés. de Tapanouli (Pangaloan, Silindoung). — G. van Asselt, ancien missionnaire, à Putten dans la Veluwe.

1. Cinq pièces différentes de vêtement.
2. Ceinture (*simbora pangomat*).
3. Peigne de corne (*souri*).

GROUPE II. Neuvième Classe. 39

4. Quatre bijoux que l'on attache à la partie supérieure de l'oreille.
5. Espèce de boucles d'oreilles (*douri-douri*).
6. Ornement pour les oreilles.
7. Bracelet de cuivre.
8. Bracelet fait avec le coquillage gigantesques hima, mal. kima.
9. Anneaux (*botouks*).
10. Modèle de parapluie (*saong*).
11. Deux pinces à épiler.

110. Vêtements et parures de la rés. du Haut-Pays de Padang. — A. J. Lebret, à Dordrecht.

1. Collier avec coquilles de kauri, pour enfants.
2. Petite ceinture pour enfant. Elle sert d'amulette et, une fois mise, ne doit plus s'ôter jusqu'à ce que la croissance de l'enfant la brise.
3. Deux boutons ou plaques en or, du fort De Kock.
4. Boutons pour oreilles, de Padang panjang.
5. Longs boutons pour oreilles, de Payakombo.
6. Boutons pour oreilles auxquels des florins sont soudés, de Payakombo.
7. Deux bracelets de cuivre et quinze anneaux de cuivre, du même endroit.

111. Vêtements et parures des îles Pagai (Côte occ. de Sumatra). — Société prov. des arts et des sciences, à Bois-le-Duc.

a. Jupe de femme, en écorce.
b. Trois ceintures servant à retenir la jupe.
c. Bracelet.
d. Ornement de tête, pour femmes.
e. Ornement de cheveux, pour femmes.
f. Ornements d'oreilles, pour femmes.
g. Peigne de femme.
h. Ornements d'oreilles, des îles Batou.

112. Trousseau d'une gadis (fille nubile) de Palembang. — K. de Boer Hz., à Leyde.

a. Ceinture (*niar*).
b. Cinq colliers (*singksi*).

c. Huit bracelets plats (*gelang tidak siyoung*).
d. Sept bracelets arrondis (*gelang poumtouh*).
e. Coiffure (*pias segak*).

113. Vêtements et parures de la Côte or. de Sumatra. — Société de Deli, à Amsterdam.

a. Vêtements.
1. Mouchoir de tête (*rants-rants*).
2. Pièces d'étoffes diverses du costume en usage dans la tribu des Karo-Karo, employées tantôt comme jupe (*saroung*), tantôt comme mouchoir de tête, tantôt comme ceinture, ou bien encore jetées sur l'épaule, soit:
 a. Ketip ampar.
 b. Ketip gawang.
 c. Ragi jengi.
 d. Gertepi (réservé aux femmes de chefs).
 e. Ragi pané.
 f. Ragi santik (quatre ex.).
 g. Ouïs toba.
 h. Benting.
 i. Sambat ratou.
 j. Baton jala.
3. Idem en usage surtout chez les Toba, soit:
 a. Ouïs gobar.
 b. Ma-katakat, ou ouïs simangat.
 c. Sourou-souri.
 d. Hateronga.
 e. Joung-joung, pour gourous, sorciers.
 f. Jawi.
 g. Si-manchouman.
 h. Belah-boulon.
 i. Ragé.
 j. Geniling.
4. Veste pour jeunes hommes et garçons (*bajou jaroum rampas*).
5. Fil et étui pour aiguilles (*persènangan*) de bambou et de bois, pour hommes.
NB. Chez les Bataks ce ne sont pas les femmes, mais les hommes qui font les travaux à l'aiguille.
6. Canne pour la promenade (*tongkat*) embellie de ciselures et d'inscriptions; souvent on donne à un messager une canne de ce genre, qui doit servir à l'accréditer, et d'ordinaire le nom, la demeure, etc. du propriétaire s'y trouvent inscrits. Celui-ci fait lui-même sa canne ou bien il se la fait faire par un

gourou, sorcier; celui-ci y inscrit en langage mystique des maximes morales, des formules pour conjurer les esprits, etc.
  b. Objets de parure.
  1. Bracelets en métal grossièrement fondu (*gelang si-beginding*), de Toba. Chez les Karo-Karo ces bracelets sont réservés aux sorciers (*gourou*).
  2. Bracelet pour homme (*gelang*).
  3. Bijoux d'argent massif (*padoung-padoung*) attachés par les femmes à la partie supérieure de l'oreille, d'où on ne les enlève plus.
  4. Même bijou pour fillettes de 6 à 10 ans.
  5. Boucle d'oreilles des Pak-Pak, tribu de Bataks parlant le daïri (*raja mahouli*, Toba *raja maouli*).
  6. Bijou porté par les femmes de Toba au bord supérieur de l'oreille (*koudou-koudouug*, Toba *ouding-ouding*).
  7. Bracelet porté par les hommes et les femmes et appelé *chinchin gambarathan* (?), c. a. d. anneau à figures.
  8. Bracelet porté par les hommes et en outre seulement par les femmes de chefs, rajas (*chinchin serinnoungan*).
  9. Anneau de cuivre pour jeunes gens des deux sexes, servant surtout de cadeau entre fiancés (*chinchin tembaga*).
  10. Chaîne pour le cou (*simata-mata*) en argent doré, portée par les femmes des Karo-Karo et des Toba jusqu'à ce qu'elles aient un enfant.
  11. Chaîne pour le cou en argent (*boura-boura*), pour enfants chez les Toba et les Karo-Karo.
  12. Chaîne d'argent pour le cou. Son nom (*ranté-ranté bouwah ban-ban*) est emprunté aux fruits du ban-ban, lesquels croissent en couronne; les pendeloques pointues du collier représentent les boutons de fleurs de cette plante, les rondes représentent les fruits. L'espèce d'étui qui est en haut sert à y insinuer la tresse de cheveux.
  13. Tresse de cheveux (*chimara* ou *layam-layam*). On ne fait ces tresses qu'avec des cheveux d'hommes.
  14. Pince à épiler (*soré*).
  15. Petit peigne (*soré*).
  16. Plumet de feuilles de Kapias, assujetti derrière le mouchoir de tête (*boulang* [*bouloung*?] *kapias*).

114. Vêtements et parures des pays des Bataks.

— Dr. B. Hagen, à Tanjong Morawa, Serdang.
  a. Vêtements.
  1. Jupe (*oïs*, *sarong*), portée par les notables de Toba (4 ex.).
  2. Autre jupe différente de patron.
  3. Jupe ou sarong (*sibalang*) portée par les petites gens de Toba.
  4. Qualité supérieure en usage chez les Karo-Karo.
  5. Pièce d'étoffe dont on se couvre la partie supérieure du corps quand il fait froid (*souri-souri*).
  6. Veste faite avec une étoffe rouge européenne, portée surtout par les guerriers en campagne comme emblème de leur mépris de la mort.
  7. Coiffure des petites gens de Toba.
  a. Objets de parure pour hommes.
  1. Ornement fait de feuilles adorantes (*kapias*) et porté assujetti au mouchoir de tête.
  2. Bandeau d'argent pour le front, porté par les notables.
  3. Quatre anneaux d'argent que les personnes aisées portent aux pointes de leur mouchoir de tête, que l'on fait retomber devant les oreilles.
  4. Trois anneaux pour les doigts (*tintin*), en bronze, en corne et en argent.
  5. Deux bracelets faits avec un coquillage (*routas*), portés par les notables à la partie supérieure du bras.
  6. Bracelet d'argent (*golang*).
  7. Bracelet de bronze (*golang*), rare maintenant.
  8. Bracelet fait des lèvres de quelqu'un qui a été mangé. Il se porte à la partie supérieure du bras en qualité d'amulette très puissant. Très rare.
  c. Objets de parure pour femmes.
  1. Bijou porté à la partie supérieure de l'oreille chez les Karo-Karo (*padong*).
  2. Boucles d'oreilles en or, portées au haut de l'oreille par les femmes Toba.
  3. Boucles d'oreilles des Orang Timor.
  4. Chaînes d'argent et d'or que les femmes Toba tressent avec leurs cheveux.
  5. Épingles à cheveux d'argent et de souwasa (*pinche-beck*).
  6. Chaîne d'argent (*geroung-geroung*) pour fillettes.
  7. Idem pour jeunes filles plus grandes.
  8. Collier (*geroung-geroung*) de grains de verre et de cailloux.
  d. Instruments de toilette et autres objets que l'on porte sur soi.

Groupe II. Neuvième Classe.

1. Fausse tresse (*sangkal*).
2. Peigne (*souri*).
3. Pince à épiler.
4. Divers objets d'argent que l'on porte sur soi, comme cure-oreilles, cure-dents, épileur, et deux petits instruments servant à broyer la chaux à bétel.
5. Etui de bambou contenant cinq de ces petits ciseaux.
6. Marteau en corne dont on se sert avec les petits ciseaux.
7. Poche (*balouwang* ou *hajout*) tressée, que les Bataks portent toujours.
8. Deux de ces poches (*balouwang*).
9. Pochette tressée où l'on tient le fil et les aiguilles.
10. Canne d'apparat (*toukket*) toute couverte d'inscriptions en batak.

115. Vêtements et parures de la rés. de Riouw et dépendances.

1. Coiffure de bambou et de rotin tressés (*terindaq china*), doublée en dedans avec des feuilles de bambou et en dehors avec du papier; en usage parmi les laboureurs chinois et autres.
2. La même en feuilles de bengkouwang (*terindaq melayou*), en usage parmi les Malais.
3. Coiffure malaise (*kopiah*) d'akar resam, substance textile de cette contrée.
4. Coiffure (*terindaq*) faite à Indragiri avec des feuilles du sagoutier et avec du rotin.
5. Jupe ou sarong de soie, tissée à Dai, île de Lingga; prix fl. 10.
6. Une autre, fl. 4,50.
7. Une autre; tissée à Penjingat (Mars); fl. 9.
8. Une autre, fl. 5.
9. Une autre, tissée dans le Kampong bouginois de Senggarang (Tandjong Pinang); fl. 13.
10. Une autre, tissée à Indragiri, fl. 6.
11. Une autre, tissée à Siantan, îles Anambas; fl. 3,50.
12. Anneaux faits avec les noyeaux du palmier à huile de Guinée.
13. Chaussures d'alang-alang et de ficelle de rameh (*kassout alang-alang*), portées sur les plantages par les koulis chinois.

116. Vêtements et parures de la rés. de Bangka.

1. Vêtements faits avec l'écorce de l'arbre kepour.

a. Pantalon.
b. Veste.
c. Espèce de bonnet.
2. Bonnet fait avec une espèce de fougère (*resam*).
3. Chapeau-parasol indigène.
4. Bâton de bois de mesasa.
5. Bâton d'ébène.

117. Vêtements et parures de la rés. de Billitton.

Etui (*loubou*) pour serrer les vêtements.

118. Vêtements et parures de la rés. de Bantam.

1. Petites robes portées par les hommes (*kain poleng saroung*).
2. Idem pour femmes (*kain poleng lounas*).
3. Pièce pour la poitrine, pour femmes (*kemben poleng*).
4. Ceintures pour femmes et hommes (*talidaton ikat pinggang*).
 a. De Chiomas.
 b. De Pandeglang.
5. Coiffures tressées (*toudoung*).
 a. De bambou.
 b. De fibres du palmier à eau sucrée (*amboulonng*).
6. Vêtements portés chez les Badouwi (*orang Badouwi*).
 a. Costume des hommes.
  1. Kain lounas arous.
  2. Camisole blanche (*bajou poutih*).
  3. Mouchoir de tête blanc (*setangan kapala poutih*).
  4. Ceinture (*sabouk poutih*).
 b. Vêtements des femmes.
  1. Kain lounas hitam arous.
  2. Camisole blanche.
  3. Karembang poutih.
  4. Chinchin meneng sekala.
  5. Espèce d'ornement appelé *gombel kayou*.
  6. Souwang bambou.

119. Poupées représentant les costumes chinois; de la rés. de Batavia.

1. Poupée chinoise de grandeur naturelle, portant le costume de cérémonie des Chinois riches de Batavia; soit
 a. Pantalon.
 b. Chaussettes.
 c. Bonnet (*kopiah*).
 d. Chaussures (*kasout bèng-e*).

c. Longue camisole de soie.
2. Poupée chinoise portant le costume ordinaire des Chinois riches, c.-à-d. les mêmes vêtements de dessous, avec la chaussure (*kasout kong-toan-é*) et une camisole de drap.
3. Poupée habillée d'une camisole noire et d'un pantalon noir, coiffure (*kopiah*) et chaussure (*kasout-ouw-po-é*); costume ordinaire des ouvriers et des gens de basse classe chinois; à Batavia.

120. Vêtements de la rés. des régences du Préanger.

1. Poupées habillées, représentant des Sondanais dans leur costume habituel, div. de Bandong.
2. Trois chapeaux de bambou tressé, div. de Bandong.
3. Deux photographies de Sondanais, div. de Tanjour.
4. Chapeau de rotin tressé, div. de Tasik Malaya.

121. Vêtements de la rés. de Pekalongan.

1. Douze coiffures diverses pour chefs et gens du commun.
2. Deux châles (*selendang pongsi*).
3. Trois sarongs batiqués.
4. Etoffes chinoises avec des fils d'or dans le tissu.
5. Kain panjang.
6. Mouchoir de tête.
7. Châle (*selendang*).
8. Camisole de femme.
9. Deux sarongs.
10. Poupées habillées représentant un villageois et une villageoise.

122. Vêtements et parures de la rés. de Samarang.

1. Trois coiffures (*chaping*) comme on les porte à Kendal. — Le régent de Kendal.
2. Chapeaux de bambou tressé, de Kendal.
3. Sandales de bois (*gamparan*) de Kendal.

123. Collection de vêtements, objets de parure, etc. de Samarang, div. de Salatiga. — H. J. van Swieten, ass.-rés. de Buitenzorg.

1. Chapeau de velours noir (*toudoung*).
2. Deux chapeaux indigènes (*chaping*).
3. Pantalon (*gantos, katok*).
4. Pantalon plus petit (*gatos*).
5. Camisole noire (*bajou hitam*).
6. Dito blanche (*bajou poutih kèpèr*).
7. Ceinture (*samak sayet*).
8. Une autre (*samak anggar*).
9. Une autre, teinte (*samak*).
10. Une autre, vernie (*samak perlak pelipit*)
11. Une autre, blanche (*epek poutih*).
12. Deux autres, rouges (*epek merah*).
13. Couperet (*pendok*).
14. Un autre, doré (*pendok kouningan*).
15. Deux gardes de kris (*kepala keris oukiran*).
16. Paire de mules en bois (*ketèplèk*)
17. Idem (*klètèk* ou *gamparan*).
18. Deux pièces pour la poitrine (*ótó*).
19. Deux autres (*chaplek chita*).
20. Bonnet d'enfant (*kerpous*).
21. Petite pièce pour la poitrine (*pichi*).
22. Parasol-parapluie (*payong*).
23. Deux grandes et deux petites agrafes (*timangan kouningan*).
24. Agrafes argentées (*timangan besi serasah perak*).
25. Agrafes de fer doré (*timangan besi serasah mas*).
26. Peigne recourbé (*joungkat tandouk laki*).
27. Peigne de fer-blanc (*sisir blèk joungkat laki*).
28. Idem pour femmes (*souri tandouk perampouwan*).
29. Trois espèces de peignes (*sisir*).
30. Peigne fin (*sisir serit*).
31. Anneaux en grains de verre (*chinchin moté*).
32. Boucles d'oreilles (*krabou kouningan*).
33. Boutons de camisoles (*kanching bajou*).
34. Echeveau de fil noir (*benang hitam*).
35. Idem rouge (*benang merah*).
36. Idem blanc (*benang poutih*).
37. Douze chapeaux de rotin (*toudoung*).
38. Deux jupes (*sarong Mekka*).
39. Deux autres (*sarong karet*).
40. Slendang batiqué, pour enfants.
41. Mouchoir de tête batiqué (*ikat batik*).
42. Ceinture indigène (*pending*) pour femmes.
43. Plante marine (*akar-bahar*) portée par les enfants arabes.
44. Perles d'or et d'argent (*kalong mer-*

GROUPE II. Neuvième Classe. 43

jan mas dan perak), pour enfants arabes.
45. Chapelet d'Arabes (*kalong merjan*).
46. Bracelets d'akar bahar (*gelang akar bahar*).
47. Portemonnaie indigène.
48. Bonnet chinois (*kopiah china*).
49. Bonnet javanais (*kopiah java*).
50. Natte pour petits enfants (*kerpous anak kechil*).
51. Mules chinoises (*chenèla china*).
52. Parasol chinois (*payoung*).
53. Boucles de chapeaux (*gespèr toudoung*).
54. Cure-oreilles (*korèk kouping*).
55. Broches indigènes (*peniti dada*).
56. Pantoufles japonaises (*chenèla jepang*).

124. Vêtements et parures de la rés. de Sourabaya.

1. Huit différentes jupes de femmes (*kaïns*), que l'on assujettit au dessus des hanches.
2. Deux mouchoirs de tête.
3. Quatre slendangs.
4. Quatre paires de mules.
5. Onze coiffures d'espèces diverses.
6. Pièce qui couvre le ventre.
7. Ceinture.
8. Souliers vernis.
9. Sabots.
10. Châle de soie (*selendang*).
11. Jupe (*sarong chorrok*).

125. Vêtements de la rés. de Banyoumas.

1. Sabots.
2. Chapeaux variés (*toudoung*).
3. Jupe (*kain lourik*) et longue robe (*kain panjang*).
4. Châle (*selendang jelenggot*).
5. Caleçon pour la nuit (modèle du *loung werno*).
6. Mouchoir de tête (modèle du *gounam joyo*).
7. Châle (*kain panjang*, modèle du *sidalouhour*).
8. Jupe (*sarong*, modèle *gringsing wayang*).

126. Images vêtues des costumes de la rés. de Jokyakarta.

1. Images représentant un chef indigène (*toumenggoung*) et un raden ayou.
2. Images représentant un négociant javanais et une femme de la classe moyenne.
3. Image d'un colporteur chinois (*China klontong*), portant ses marchandises dans deux paniers.

127. Objets de parure de la rés. de Jokyakarta.

1. Agrafe de ceinture pour femmes (*selépé*).
2. Pièces des extrémités d'un coussin cylindrique (*toutoup gouling*).
3. Agrafe qui se place en avant sur la ceinture des hommes (*timang*). Quatre ex.
4. Deux boutons pour cols (*kanching goulou*).
5. Pince à épiler (*ombyok chatout*) avec accessoires.
6. Boutons de mouches (*kanching tangan*).
7. Deux bracelets.
8. Cure-oreilles (*korèk kouping*).
9. Anneau en laiton (*ali-ali seser*).

128. Vêtements et parures de la rés. de Sourakarta.

1. Souliers.
2. Sandales.
3. Quatorze espèces de petits vêtements étroits.
4. Châle ou slendang.
5. Deux sarongs.
6. Pantalon blanc.
7. Dix vêtements batiqués.
8. Vêtement rose à fleurs.
9. Onze mouchoirs de soie étroits avec fils d'or dans le tissu (*abouk oukoup*) destinés à être portés comme ceintures dans les cérémonies.
10. Deux pièces de vêtement appelées *pali gedok*.
11. Habit en toile imprimée (*parang rousak barong*).
12. Idem *parang rousak kousoumo*).
13. Idem (*roujak sinté*).
14. Pièce pour la poitrine (*houdan riris*).
15. Idem (*semèn romo*) sur fond blanc.
16. Mouchoir de tête idem.
17. Vêtement (*semèn groudo*) sur fond noir.
18. Mouchoir de tête idem.
19. Vêtement (*sinom pradopo*) sur fond noir.
20. Jupe (*sarong*) sur fond noir.

129. Vêtements et parures de la rés. de Kadou.

1. Coiffures de bergers.
2. Dito de laboureurs.
3. Vêtement (*kain lourik*).
4. Sabots.
5. Sandales.
6. Mouchoir de poche auquel on a attaché
   a. un cure-dents d'argent.
   b. un cure-oreilles d'argent.
   c. une pince à épiler d'argent.
   d. un rape-langue.
   e. une petite boite d'ambre.
7. Cinq paires de boutons d'oreilles en argent.
8. Onze sortes de robes ou sarongs portées par les femmes comme par les hommes.
9. Six espèces de ceintures.

130. Vêtements et parures de la rés. de Kediri. — Le régent de Kediri.

1. Costume de chefs de dessas ou villages.
   a. Deux longs kains (*kain sawittan*).
   2. Camisole de drap.
   3. Chemise (*kotang*).
   d. Pantalon.
   e. Coiffure (*toudoung*).
   f. Ceinture de soie (*sabouk*).
   g. Ceinture de coton.
   h. Agrafe de laiton (*timang*).
   i. Couperet.
   j. Kris avec gaîne d'argent.
2. Costume de fonctionnaires javanais.
   a. Camisole (*sikepan*).
   b. Chemise (*kotang*).
   c. Veste avec boutons.
   d. Coiffure (*koulouk berchi*).
   e. Long kain (*kampouk batik semen*).
   f. Ceinture de soie (*oukoup*).
   g. Agrafe d'argent (*tertep*).
   h. Patalon galonné.
   i. Kris avec gaîne en or.
3. Costume des Javanais du commun.
   a. Deux pièces de toile avec ceinture de coton.
   b. Camisole.
   c. Pantalon.
   d. Kris avec gaîne de laiton.
   e. Coiffure (*chapit*).
   f. Couperet.
   g. Couteau pour l'herbe.

131. Vêtements et articles de toilette de l'île de Madoura.

A. Div. de Pamakasan.

a. Mouchoirs de tête portés par les indigènes de rang: deux ex.
b. Mouchoir de tête pour le commun.
c. Pantalon porté dans l'intérieur de l'île.
d. Kain panjang et sarong, portés par les hommes comme par les femmes.
e. Kain panjang lorek.
f. Kabaya.
g. Camisole.
h. Slendang.
i. Camisole d'homme.
j. Fards (*kemanten*; de différentes fleurs; de *naga sari*; de *melati*). — Raden Ario Sourio Adining-rat.

B. Div. de Sampang.

k. Kain panjang.
l. Kain à carreaux (*kain poleng*).

C. Div. de Soumanep.

m. Ceintures diverses.
n. Deux habits (*kains*).
o. Mouchoir de tête batiqué.
p. Sarong à carreaux (*saroung poleng*).
q. Slendang poleng.

132. Vêtements de la rés. de Pasourouan.

1. Sabots javanais (*bakkia*).
2. Sandales de bois.
3. Costume de pêcheur.
4. Chapeau en feuilles de nipa (*chapil bouyouk*).

133. Vêtements de la rés. de Probolinggo.

1. Chapeaux de bambou tressé.
2. Sarongs et kains divers.

134. Vêtements de différentes parties des Indes néerl. — Mr. J. W. van Lansberge, à Brummen.

1. Boites à parfum en or comme les chefs atchinois en portent suspendues à leurs camisoles.

GROUPE II. Neuvième Classe. 45

2. Collection de mules faites par des femmes indigènes et chinoises.
3. Jupe (*sarong*) à figures, de Bali.
4. Trois dito de Sourakarta.
5. Jupe où est représentée une procession javanaise.
6. Jupe à fils d'or, d'Atchin.
7. Jupe donnée par le prince de Tambousei, pays des Bataks.
8. Châle (*slendang*) des Dayaks.
9. Camisole faite avec des pepins, de Célèbes.

135. Vêtements de différentes parties de Java. — Mlle P. Delprat, à Amsterdam.

1. Chapeaux tressés, des pays de la Sonde.
2. Mules non montées.
3. Mules chinoises.
4. Sandales javanaises.
5. Mules arabes.

136. Collection de vêtements précieux de différentes parties des Indes néerl. — R. J. Bauws, à la Haye.

1. Douze sarongs batiqués et quelques autres en soie.
2. Sarong (princier) de Makassar.
3. Costume d'une femme de haut rang de Padang.

137. Beau sarong, auquel l'exposant propose de donner le nom de Sarah Bernhardt. — W. A. Driessen, consul de Portugal à Sourabaya.

138. Collection de sarongs etc. formée par quelques dames des Indes habitants la Haye. — D. Bauduin, à la Haye.

1. Couverture de lit.
2. Sept sarongs de Samarang.
3. Deux sarongs de Palembang, dont l'un uni, l'autre avec or dans le tissu.
4. Sarong de Palembang rayé.
5. Quatre sarongs de Solo.
6. Deux kains de Batavia.

139. Vêtements des régences du Préanger. — K. F. Holle, à Waspada, rég. du Préanger.

1. Costume de fête d'un indigène de marque.
2. Costume de fête d'une femme indigène de haut rang.
3. Costume de fête d'un indigène du commun.
4. Costume de fête d'une femme indigène du commun.
5. Costume de tous les jours d'un indigène de haut rang.
6. Costume de tous les jours d'une femme indigène de haut rang.
7. Costume de tous les jours d'un indigène du commun.
8. Costume de tous les jours d'une femme indigène du commun.
9. Costume du vendredi d'un haji riche, homme.
10. Costume du vendredi d'une haji riche, femme.
11. Costume du vendredi d'un haji ordinaire, homme.
12. Costume du vendredi d'une haji ordinaire, femme.

140. Vêtements de Java. — W. Hoezoo, missionnaire à Semarang.

1. Collection de seize coiffures.
2. Collection de dix paires de chaussures (sandales, sabots, mules).
3. Parasols et parapluies javanais.
4. Quatre éventails.

141. Vêtements de Java. — J. Kruyt, missionnaire à Mojowarno.

1. Jupe avec pièce pour la poitrine.
2. Longue camisole de chite.
3. Châle.
4. Anneaux de corail.
5. Bracelets de jeunes filles.
6. Anneaux à sonnettes.
7. Epingle à cheveux.
8. Boucles d'oreilles.
9. Petit anneau pour le doigt.
10. Pièce pour la poitrine.
11. Anneaux pour les pieds.
12. Pièce pour couvrir les parties naturelles (*badong* ou *chaping*).
13. Camisole de chite.

14. Bonnet javanais.
15. Paire de sandales.
16. Boutons pour les oreilles.
17. Deux coiffures.

142. **Pantoufles** (mules) de dame, brodées d'or et à talons dorés, faites par des jeunes filles de Rembang. — Mme Benernagel, à Amsterdam.

143. **Sarongs divers.** — Mme J. Kamphuis Suermondt, à Halfweg.

144. **Quatre magnifiques kris de parade**, enrichis d'or et de pierres précieuses, et un klewang richement plaqué d'or; le tout de Java. — Musée ethnographique, à Leyde.

145. **Anneau d'or avec une inscription en kawi**, trouvé en août 1856 près des monts Diëng, rés. de Banyoumas. — Musée provincial d'antiquités, Drenthe.

146. **Vêtements et parures de la rés. de Bali et Lombak.**

1. Deux figures de bois de grandeur naturelle, représentant un homme et une femme en costume de fête.

NB. A l'ordinaire, hommes et femmes ont le haut du corps nu. Ces gens ont l'habitude de se farder par place les parties nues de la peau avec une sorte d'onguent jaune appelé *boreh*; on le fait parce que des taches à la peau passent pour une beauté. On laisse les ongles devenir très longs, surtout chez les hommes, ce qui est une manière de dire que l'on n'est pas dans l'obligation d'avoir recours au travail de ses mains pour vivre. Les hommes portent fréquemment la moustache ou la barbe; les favoris surtout sont à la mode.

Le costume de fête se compose, pour l'homme:

a. Du mouchoir de tête (bas-Bali, *ouding*, haut-Bali, *destar*).

b. Des bijoux pour les oreilles (b.-B., *soubeng*, h.-B. *sengkang*).

NB. On pratique les trous dans les oreilles déjà dans la jeunesse et l'on y met une feuille de lontar roulée, qui forme comme un ressor spiral dont la pression agrandit peu à peu le trou de l'oreille. Ce trou devient parfois si grand chez les femmes qu'il ne reste du lobe qu'un très mince anneau charnu.

c. D'un kris dont la poignée représente quelque être (*daganan togog*).

d. D'un morceau d'étoffe long et étroit dont on s'entoure la taille et dont on fait passer les bouts par devant entre les jambes, de façon qu'ils traînent en arrière (b.-B. *tanggoun kanchout*, h.-B. *lanchingan*.

e. D'un châle que l'on porte enroulé autour de la taille pendant la chaleur du jour, mais que l'on se jette sur les épaules comme un manteau lorsque vient le soir ou qu'il fait froid (b.-B., *sabout*, h.-B., *kompog*).

f. De la jupe ou sarong ordinaire des Javanais et des Malais (b.-B., *kamben*, h.-B., *wastra*).

Pour la femme:

a. De la ceinture ordinaire (b.-B., *sabout*, h.-B., *pepetak*).

b. D'une pièce d'étoffe qui se porte, comme un châle ou salendang, jetée sur l'épaule, tout en enroulant légèrement une des extrémités autour du cou (*tengkaloung*).

c. De la jupe ordinaire ou sarong (*kamben*, *wastra*).

d. Du bracelet (b.-B., *gelang*, h.-B., *pengil*).

2. Petites sonnettes de cuivre (*gonseng*) portées au cou par les enfants. On les suspend aussi comme ornements aux objets qui servent pour le sirih, par ex. aux boites à pinang et à tabac.

147. **Vêtements et parures de la Div. occ. de Borneo.**

a. Vêtements.

1. Trois éventails dayaks.
2. Deux chapeaux tressés faits du *bam*-

GROUPE II. Neuvième Classe. 47

bou nipis et de *daoung dadang* (div. de Landak).
3. Châle porté par les femmes d'origine princière; elles le plient en quatre avec les broderies en dehors et le jettent sur l'épaule (*selendang sirang*).
4. Camisole de femme (*bajou kelengkang*).
5. Mouchoir de tête en soie, tissé à Pontianak (*setangan longi*).
6. Pantalon de soie (*chelana soutra*).
7. Camisole de satin noir (*bajou seting itam*).
8. Vêtement tissé à Pontianak (*kain chourak kouning*).
9. Jupe ou sarong, brodée en or et en fleurs (*kain antelas pasmin soulan*); elle est réservée exclusivement aux femmes qui ont le titre de *sharifa*.
10. Deux sarongs dayaks (*jimouk*).
11. Camisole dayake (*koulambi*) avec ornements d'argent et dix-huit petits boutons de vermeil.
12. Deux pièces dayakes pour les hanches (*chawat*).
13. Trois coiffures ou toudoungs.
14. Kemban.
15. Trois ceintures de rotin.
16. Deux poches pour sirih.
17. Deux couvertures dayakes.
18. Vêtements des Bouginois de Soungei Kakap.
* Poche portée par devant par les Bouginois pour y mettre leur argent, leur sirih, etc. (*pouroukang*).
** Pantalon et sarong de Bouginois aisé (*chelana penjama bougis* et *kain tenoun bougis kapala benang mas*).
*** Modèles de pantalons bouginois et Malais.
b. Objets de parure:
1. Huit anneaux dayaks, dont sept de vermeil.
2. Deux bracelets dayaks de vermeil pour le haut du bras.
3. Bracelet dayak de bois pour le haut du bras.
4. Paire de bracelets dayaks en argent.
5. Paire d'anneaux dayaks en cuivre, pour la jambe ou le genou.
6. Boucles d'oreilles dayakes en vermeil.
7. Ceintures dayakes d'argent.
8. Colliers dayaks de corail.

148. **Vêtements et parures de Borneo. — J. C. Dirksen, à la Haye.**

a. Costume de guerre des Dayaks Serawei (*Bajou Soultan*).
b. Idem en ficelle.
c. Idem en kapok, venant des Dayaks Randou.
d. Natte pour s'asseoir des Dayaks Limbei; appartient au costume de tous les jours.

149. **Articles de toilette et de parure de Borneo. — C. Kater, à Voorbourg.**

a. Coffret de parfumerie (*minyak Ambon*).
b. Coffret de bijoux, dont le contenu a été fabriqué à Pontianak.

150. **Vêtements et parures de la rés. de la Div. mér. et or. de Borneo.**

a. Vêtements.
1. Chapeau de bambou tressé (*saraoung*).
2. Cinq coiffures de rotin (*kopiah pekat*).
3. Coiffure usitée parmi les Chinois (*topi china*).
4. Eventail (*kipas*).
5. Trois chapeaux de feuilles de raïs cousues ensemble (*saraoung rais*).
6. Six mouchoirs de tête autrefois en usage à la cour de Martapoura (*laoung manting*).
7. Deux chapeaux de femmes (*tanggoui*).
8. Frange (*tabir*).
9. Chapeaux dayaks divers (*tanggoui layah, saraoung* et *kopiah pouchouk*).
10. Camisole dayake pour hommes (*sangkarout*).
11. Camisole dayake pour femme, portée aussi parmi les Malais (*bajou*).
12. Tapis dayak pour s'asseoir (*tapei*).
13. Pièce dayake pour les hanches, pour hommes (Mal. *chawat*, Day. *ewa*).
14. Ceinture dayake pour femmes (*chat*).
15. Quarante-cinq cerceaux (*lintoung*) employés par les Dayaks en guise de crinoline.
b. Objets de parure.
1. Bijoux pour les oreilles ou souwang.
2. Bijou pour le cou (*saling lemeang*).
3. Bracelets de coquillages (*balousouh*).
4. Bracelets de cuivre (*lasoung*).
5. Bracelets faits avec une plante marine (*akar bahar*), portés par les hommes et par les femmes (*gelang akar bahar*).

48 GROUPE II. Neuvième Classe.

6. Anneaux pour les doigts faits de la même substance (*chinchin akar bahar*).
7. Anneaux avec châton de yakout (rubis) monté en or.
8. Petite croix d'akar bahar.
9. Chaîne de montre, épingle pour châle, cœur et boutons de chemises de la même substance.
10. Broche d'or (*chouchouk bajou*) avec petites pierres de Ceylon.
11. Boutons pour oreilles (*anting* ou *sonwang gapit*).

151. Vêtements et parures des Dayaks Longwai des bords de la Wahau, affluent de la Mahakam. — Le Sultan de Koutei.

1. Deux chapeaux-parasols (*hing*).
2. Pièce pour les hanches (*kwing* ou *chawat*).
3. Parapluie en feuilles de kajang (*hebīn*).
4. Disques pour les oreilles (*pangai ledoh*).
5. Anneaux pour les jambes (*temekas*).
6. Bracelets (*gesoun*).
7. Boucles d'oreilles d'étain (*pangaj*).
8. Trois camisoles d'écorce (*hémout*).
9. Cinq sarongs (*tahas*).
10. Cinq camisoles à manches (*ebing*).
11. Deux camisoles sans manches (*sepé*).
12. Sarong fait de fil indigène.
13. Mouchoir de tête d'écorce.
14. Deux camisoles d'étoffe indigène.

152. Chemise du Sultan Adam, couverte d'inscriptions en arabe, lesquelles consistent en louanges du Très-Haut mêlées de supplications pour être délivré de l'enfer. — M.me veuve Despéroux, à la Haye.

153. Vêtements et parures du gouv. de Célèbes.

1. Poupée représentant un homme des classes supérieures. Le costume se compose
 a. d'un pantalon court en soie (*salouwara balochi*).
 b. d'une chemise blanche (*bajou soso*).
 c. d'une camisole de satin noir (*bajou galenrong*).
 d. d'une jupe ou sarong en étoffe lustrée (*lipa garousou*).
 e. d'un bonnet (*songko*).
 f. d'un kris (*sélé*).
 g. d'un baudrier passementé pour le kris (*tali bannang pajama*).
 h. d'un mouchoir de poche (*pasapou*).
2. Poupée représentant une femme des classes supérieures:
 a. Jupe ou sarong en étoffe lustrée (*lepa garousou*).
 b. Camisole brun foncé (*bajou kamoummou*).
 c. Mouchoir de poche (*pasapou palangi*), auquel est attachée la boite d'ambre (*pamoncang*).
 Les cheveux sont coiffés à la manière appelée *simboléng pasoto*.
3. Poupée représentant une jeune fille en costume de fête.
 a. Jupe ou sarong rouge, passementée (*topé*).
 b. Camisole rouge enrichie d'or (*bajou nikaï*).
 c. Mouchoir de poche jaune (*pasapou bounga barou*) auquel est nouée la boite d'ambre (*pamouneang*).
 d. Bracelets d'or (*ponto galenrong*).
 e. Ornements pour les oreilles (*bangkara taro wélé*).
 Les cheveux sont coiffés à la manière appelée *simboléng patinra* et ornés de fleurs (*bounga simboléng*).
4. Poupée représentant un indigène du commun.
 a. Pantalon blanc court (*salouware bodo*).
 b. Jupe ou sarong (*lipa*).
 c. Mouchoir de tête (*pasapou*).
 d. Poche pour le tabac, l'argent, le sirih, etc. (*pao-pao*).
 d. Couteau poignard (*badi*).

154. Vêtements et parures de la rés. de Menado.

1. Habit d'écorce.
2. Vêtements alfours.
3. Coiffure (*tolou*).
4. Boite de colifichets.
5. Deux épingles à cheveux (*tousouk kondé*).

155. Vêtements et parures de la rés. de Ternate.

GROUPE II. Neuvième Classe. 49

a. Vêtements.
1. Sarong ou *gado* alfour, fait avec l'écorce de l'arbre visa. Galéla, Halmaheira.
2. Deux camisoles de femmes idem (*kotanho*). Galéla.
3. Pièce pour les hanches, pour hommes, en écorce (*tisa* ou *chidako*). Galéla.
4. Quatre chapeaux faits des feuilles du bourou-bourou (*charao*). Galéla.
5. Chapeau de feuilles du bourou-bourou (*tolou*). Maba (Halmaheira).
6. Coiffure (*tolou*). Ile de Gebeh (Halmaheira).
7. Cordon de coton pour attacher le pantalon (*chaana-wai*). Soula.
8. Dix chapeaux de feuilles de bourou-bourou (*tamara*) et dix bords intérieurs pour ces chapeaux (*tamara kapalana*). Ile de Bachan.

b. Objets de parure.
1. Paire de pendants d'oreilles en cuivre (*kometa*). Tobelo, Halmaheira.
2. Deux paires d'épingles à cheveux de cuivre (*chouchou kondè*). Tobelo.
3. Deux peignes d'écaille de tortue (*kapa-kapa*). Tobelo.
4. Boîte pour serrer les bijoux (*kabila maregapi*). Tobelo.
5. Paire de bracelets de feuilles de bourou-bourou et de coquillages (*gata*). Tobelo.
6. Trois colliers de même (*gata*). Tobelo.
7. Trois bracelets alfours en coquillages enfilés. Tobelo.
8. Trois d° faits avec une plante marine. Galéla.
9. Ceinture de femmes alfoures (*gala-gala*), faite en feuilles de bourou-bourou et en coquillages. Galela.
10. Deux anneaux pour les pieds (*galongi*) faits de fibres de goumoutou. Galéla.
11. Paire de bracelets semblables pour le haut du bras (*aro-aro*). Galéla.
12. Bracelet de cuivre (*talanga*). Galéla.

156. Vêtements de la rés. de Ternate. — Sultan de Tidore.

1. Jupe ou sarong (*pouta dino bomba*), tissée dans le kampong de Banawa, Tidore; prix fl. 8—40.
2. Jupe ou sarong (*pouta dino dopolo tilolo machi*) tissée à kg. Gamtohé, Tidore, prix fl. 10—12.
3. Dito (*pouta pino pigo majako*), tissée à kg. Tomaidi, Tidore; prix fl. 8—10.
4. Dito (*pouta dino*), tissée à kg. Tohisa, Tidore; prix fl. 5—6.
5. Dito (*pouta dino*), tissée à kg. Gamtohé, prix fl. 5—6.
6. Dito (*pouta dino*), tissée à kg. Tomannyili, Tidore, prix fl. 5—6.

157. Vêtements et parures de l'île de Wakidé, Nouvelle-Guinée.

1. Deux sarongs ou jupes pour femmes.
2. Quatre ceintures, (*rariyéhi*).
3. Deux ornements pour le cou, destinés à être attachés l'un à l'autre.
4. Ornement pour le cou (*pireirawa*).
5. Pièce du costume des femmes (*ar-raré*), destinée à couvrir la nudité et faite de l'écorce du Ganemo (*Gnetum Gnemon L.*).
13. Ornement pour la tête fait de coquilles et de grains de verre (*farandi*).
14. Pièce servant à couvrir l'épaule et la nudité (Nouvelle-Guinéa).

158. Vêtements et parures de la Nouvelle-Guinée. — J. H. W. Freytag, à Ternate.

1. Six bracelets d'écaille de tortue pour bras et jambes, pour hommes.
2. Cinq dito pour femmes.
3. Onze boucles d'oreilles et de nez, en écaille de tortue.
4. Cinq bracelets de coquillages, pour adultes.
5. Quatre dito pour enfants.
6. Ornement en coquillage, pour le cou.
7. Quatre ceintures pour hommes, faites de ganemo, de petites coquilles et de pichis (pièces de deux sous hollandaises).
8. Trois dito pour femmes.
9. Deux bracelets pour le haut du bras.
10. Poche.

159. Vêtements et parures de la Nouvelle-Guinée. — Haaxman, à Ternate.

1. Sarong de femme servant à couvrir l'épaule les jours de fête.
2. Cordon pour le sarong, fait de l'écorce du ganemo et de pichis.
3. Ornement pour le cou.

160. Vêtements et parures des Papous de la Nouvelle-Guinée. — Association missionnaire d'Utrecht.

1. Deux plumets portés par les hommes quand ils vont à la guerre.
2. Sept ornements pour le nez, pour hommes; de Môm, Monokwari, Andai et Mansinam.
3. Deux bracelets faits avec des défenses de sangliers.
4. Deux bracelets de coquillages.
5. Dix d'écaille de tortue.
6. Quatre de rijksdaalders hollandais (Andai).
7. Un de bois.
8. Trois de roseaux tressés.
9. Quatre ornements en coquillages, pour les oreilles.
10. Ornement pour le cou, en grains de verre (Andai).
11. Un autre, de petits grains de verre avec une coquille (Môm).
12. Un autre, de pepins colorés (Mansinam).
13. Deux pièces de vêtement pour couvrir la nudité, pour hommes.
14. Dito pour femmes.
15. Cinq ornements pour les hanches, pour femmes, à Môm et à Andai.
16. Collier de dents de sanglier (Môm).
17. Trois ornements pour la poitrine et le front (Môm et Mansinam).
18. Deux peignes.
19. Peigne orné, pour les grands jours.
20. Costume de fête des jeunes filles de Mansinam.
21. Ornement pour la tête, fait en plumes de casoar (Mansinam).
22. Trois boites à tabac.
23. Deux étuis à sigares, plus fins.
24. Sac de voyage (Andai).
25. Ornement pour les hanches, fait de grains de verre, pour jeunes filles (Mansinam).
26. Deux peignes de bambou, pour relever les cheveux (Môm).
27. Pièce pour hommes, pour couvrir la nudité, faite de feuilles de pisang (Môm).
28. Quatre pipes de forme différente (Andai, Mansinam et Môm).
29. Deux pipes de la paix (Andai et Mansinam).
30. Mitaines faites par un enfant racheté par le missionnaire van Hasselt à Mansinam.
31. Ornement pour la poitrine, pour femmes (Môm).

161. Vêtements des Papous de la Nouvelle-Guinée. — H. C. Voorhoeve, à Monster.

1. Vêtement.
2. Ceinture.
3. Bracelet, où les indigènes passent des sigares.
4. Manchettes faites avec de petits rameaux.
5. Sac à provisions.

162. Vêtements et parures de la rés. d'Amboine.

1. Treize pièces d'étoffe pour les hanches (*chidako*), pour Alfours mâles (Amahei).
2. Deux jupes ou kains pour femmes alfoures (Amahei).
3. Deux coiffures (*toudoung*) (Saparouwa).

163. Vêtements et parures de la rés. de Timor.

1. Sarong ou jupe, pour femmes.
2. Trois sortes de sarongs ou jupes, portés par les hommes (*slimout*).
3. Jupe ou sarong de femme, achevée. Savou.
4. Sarong blanc, pour hommes (*slimout*). Savou.
5. Un autre, à fleurs. Savou.
6. Jupe ou sarong de femme. Rotti.
7. Jupe ou sarong de femme, achevée, faite de feuilles de gabang. Rotti.
8. Jupe ou sarong d'homme achevée (*slimout*). Rotti.
9. Sarong ou jupe d'homme tissé avec de la soie. Larantouka, Florès.
10. Sarong ou jupe de femme tissé avec de la soie. Larantouka, Florès.
11. Bordure (*renda*) pour le salendang, vêtement de femme. Larantouka, Florès.
12. Jupe ou sarong de femme, d'étoffe noire ornée de grains de verre et de coquillages. Soumba.
13. Jupe ou sarong ordinaire, pour femmes. Soumbou.
14. Pièce d'étoffe longue de quatre brasses (*kain rousoubangi*) que l'on enroule serré autour du corps par dessus le slimout. Soumba.

GROUPE II. Neuvième Classe.   51

15. Deux cordons (*likou rousoubangi*) au moyen desquels on serre le kain rousoubangi autour des hanches.
16. Trois pièces d'écorce de kembala battue, servant de mouchoirs de tête. Soumba.
17. Coffret pour l'argent (*tonga*). Soumba.
18. Six chapeaux de feuilles de lontar. Rotté.
19. Chapeau de feuille de lontar. Savou.

164. Vêtements de Timor. — C. M. G. A. M. Ecoma Verstege, résident de Bangka.

1. Sarong pour hommes (*slimout*). Belo.
2. Un autre, de Laroutonka, Florès.
3. Un autre, de Fialarang, Timor.
4. Un autre, d'Endeh, Florès.
5. Un autre, de Soumba.
6. Deux autres, de Savou.
7. Un autre, de Tatou Teto (Timor).
8. Un autre, de Koupang.
9. Un autre, du pays d'Amarassi, Timor.
10. Un autre, de Rotti.
11. Châle (*salendang*), de Koupang.
12. Un autre, de Soumba.
13. Un autre, des îles Solor.
14. Jupe ou sarong de femme, de Rotti.
15. Une autre, de Savou.

165. Vêtements et parures des Indes néerl. — R. A. van Zuylen, à Nieuwer Amstel.

1. Coiffure ou topi, avec des fils d'or dans le tissu, porté sous le turban.
2. Bracelet.
3. Deux bâtons, dont un de caféier.

166. Deux costumes complets des Orang Sakei de Perak, Malakka. — M. Brau de Saint-Pol-Lias, à Paris.

167. Parures et vêtements de Surinam. — Jonkheer A. van Sypesteyn, ancien gouverneur de Surinam.

Parures et vêtements des nègres ordinaires.

1. Quatre colliers de grains.
2. Six colliers.

3. Colliers de fibres avec un coquillage et deux clochettes.
4. Collier de fibres brunes auxquelles pendent des dents de pecaris (*Dicotyles torquatus*) et des grelots de cuivre.
5. Amulette de fibres avec deux gros grains faits d'or en feuille.
6. Quatre bracelets de coton blanc orné de grains de verre.
7. Trois bracelets.
8. Bonnet de coton blanc orné de coquillages.
9. Petit tablier de fibres (*kwéyou*) orné par en bas de grelots de cuivre.
10. Pièce de soie rouge et verte sur fond jaune, qui a été depuis environ 150 ans dans la possession d'une famille nègre.
11. Poupée représentant une négresse en costume de bal.
12. Une autre, demi-deuil.
13. Une autre, deuil blanc.
14. Colliers de fruits.

Vêtements et ustensiles des nègres marrons.

15. Trois tabourets de bois avec clous en cuivre.
16. Trois peignes de bois, dont l'un est orné de clous de cuivre.
17. Collier de coquillages (*Cypraea*).
18. Un autre, de dents de pecari.
19. Trois autres, de fruits et de grains de verre.
20. Amulette en forme de collier de fibres, fruits, etc.
21. Etoffe de coton blanche, tissée par les femmes.
22. Petite pagaie.
23. Grande pagaie.

Costume des Indiens.

24. Deux poupées en coton représentant un Indien et une Indienne.
25. Poupée représentant une femme caraïbe.
26. Poupée représentant une femme arrowake.
27. Deux poupées de cire représentant un Indien et une Indienne.
28. Deux ornements de plumes, pour la tête.
29. Deux autres, portés par les Indiens lorsqu'ils vont à la ville.
30. Trois petits tabliers (*kwéjou*) de femmes *arrowakes*, faits de grains de verre de diverses couleurs.

168. Deux poupées re-

présentant des femmes des Indes occidentales. — **Baron A. J. Schimmelpenninck van der Oye**, à Surinam.

a. Négresse habillée en marchande du marché (*wowoyo missie*).
On lit sur son sac à argent „Missie Amba lobi switi" (Mlle Amba aime de tout son cœur). Amba est le nom que l'on donne aux femmes nées le samedi.
b. Mulâtresse, vêtue d'un cotto (jupe) sur laquelle se lisent des sentences indigènes.

Les jeunes femmes des classes peu cultivées ont l'habitude de se réunir de temps en temps pour s'exercer à chanter des improvisations amoureuses, „lobsingi" (chants d'amour), où elles racontent des aventures d'amour heureuses et malheureuses. Ces réunions (*komparisi*) ont lieu dans des quartiers retirés et dans des locaux fermés.

Quand elles ont réuni et étudié un grand nombre de ces chants, elles cherchent parmi les „missies" aisées une „Bakaman" disposée à donner à ses frais une fête exclusivement destinée à la production de leurs chants. Si elles ne trouvent pas de „Bakaman", elles se cotisent entre elles pour couvrir les frais de la fête, et celle qui donne le plus a droit au titre de „Bakaman". Dans ce cas-là, la fête est dirigée par une Mama Komissie (commissaire), une Afrankéri (maîtresse des cérémonies), une Moumôi (amante) et une Ameki sani (celle qui défend).

Après avoir obtenu la permission de la police, les personnes qui ont part à la fête (les hommes sont exclus) se rassemblent à huit heures du soir dans une salle brillamment éclairée et ornée de drapeaux et de guirlandes.

La Mama Komissie ouvre la fête en aspergeant les personnes avec de l'eau des Florides et en déclarant en même temps qu'elle le fait pour écarter „l'ogri hai" (le mauvais œil).

Là-dessus on chante debout un chœur, pendant lequel toutes les chanteuses agitent de grands mouchoirs (*anyisa*). Le premier chant est en l'honneur de la Bakaman.

Cela fait, chaque participante a le droit de chanter ses improvisations. Toute l'assistance, dansant et agitant les mouchoirs, chante le refrain (*kóti singi*) avec accompagnement de l'orchestre. Celui-ci est composé d'une clarinette, d'un cor ou d'une trompette, d'un tambour, d'un triangle et d'une grosse caisse.

On laisse grandes ouvertes les portes et les fenêtres de la salle, en dehors de laquelle un public nombreux se presse pour ne pas perdre un mot des chants. La musique intéresse moins les auditeurs, car elle est très monotone; c'est à peu près toujours la même mélodie. La chanteuse qui réussira un bon mot ou qui racontera une aventure d'amour bien amusante peut compter pour son encouragement, non seulement sur les applaudissements bruyants de l'assistance, mais aussi sur une pluie de cents, parmi lesquels les pièces blanches ne sont pas toujours absentes.

On écrit en soutache ou en lettres brodées sur les jupes (cotto) et les mouchoirs de tête (*anyisa*) des femmes qui prennent part aux „lobi singi", des devises (*odo* ou *divisie*) dont un grand nombre ressemblent aux proverbes hollandais, mais dont plusieurs ne pourraient se traduire sans perdre leur caractère et leur force.

Il y a quarante-deux de ces devises sur les vêtements de la poupée exposée.

169. Vêtements et parures de Surinam. — C. J. Hering, à Surinam.

1. Kwéyou (tablier) indien.
2. Deux kwéyous (tabliers) de femmes indiennes.
3. Trois colliers indiens.
4. Éventail à moustiques indien, fait de feuilles du palmier Mauritia.
5. Collier de Kanifro (*Coïx lacryma*, larmes de Job), ornement des indigènes.
6. Autre éventail indien.
7. Collier de nègre marron.

170. Vêtements et parures des Indiens de Surinam. — W. L. Loth, à Surinam.

1. Kwéyou (tablier indien). Arrowaks
2. Dito pour femmes. Arrowaks.
3. Neufs ornements pour le cou. Arrowaks.
4. Deux paires d'ornements pour jambes, des femmes caraïbes.

GROUPE II. Neuvième Classe.

5. Deux coiffures de tête indiennes, avec les boites à plumes.
6. Vingt-deux éventails indiens, faits avec le palmier Awarra (*Astrocaryum Awarra*).

171. Espèce de filet, fait d'herbe et de coton, dans lequel les femmes indiennes portent leurs enfants sur leur dos. — C. M. Bremer, à Surinam.

172. Deux éventails indiens. — S. A. Ryhen, à Surinam.

173. Deux petites boites à »bedak" des Indes occidentales. — H. Joh. Smid, à Dennenoord près de Laren.

174. Peigne en bois des nègres marrons. — E. C. Max, à Surinam.

175. Peigne en bois des nègres marrons, de Ganzee dans le pays des nègres marrons (Surinam supérieure). — J. Kersten, à Surinam.

176. Kwéyou ou tablier de grains de verre de diverses couleurs. Vêtement unique des femmes caraïbes. —

Société provinciale des arts et des sciences, à Bois-le-Duc.

177. Vêtements et parures de Curaçao. — Mme S. Coronel, Mme da Silva et Melle M. Coronel, à Amsterdam.

1. Collier indien de dents de tigre et de grains de verre (*boua*).
2) Poupée représentant une négresse en costume national.
3. Poupée représentant une marchande du marché négresse.
4. Collier de pépins du pays, porté par les indigènes.
5 Trois colliers de grains de tapoutapou, portées par les indigènes et fabriqués par les nègres de l'intérieur (Les dames de Surinam en portent).
6. Collier Arouwépi fait avec des coquillages par les nègres marrons (Les dames de Surinam ne dédaignent pas de les porter).
7. Deux éventails de bambou.
8. Cinq éventails fabriqués par les Indiens avec les feuilles du *Mauritia flexuosa* L.
9. Collier de Kanifro ou larmes de Job (gramminée, *Coïx lacryma*), en usage parmi les nègres marrons. Les indigènes en pilent parfois pour le mêler avec de l'eau et l'employer comme remède contre les maux de nerfs et comme moyen d'éloigner les mauvais esprits.

178. Deux poupées noires, représentant des nègres de Curaçao. — B. Hart, à Curaçao.

D. Substances alimentaires; moyens de les préparer, d'en faire usage et de les conserver.

179. Grande collection de flacons contenant des substances alimentaires des indigènes. — Dr. A. G. Vorderman, à Batavia.

NB. Cette remarquable collection est divisée en deux séries, dont la première embrasse un grand nombre des substances alimentaires employées par les indigènes de Java; l'autre a pour objet les aliments des Chinois de Java. Nous ne connaissons le contenu des flacons de la première série que par les étiquettes qui y sont collées, mais qui ne donnent que les noms indigènes; en revanche nous avons de la seconde une description exacte faite par M. J. J. M. de Groot, interprète aux Indes néerl. pour la langue chinoise, qui a joint à sa liste les noms chinois des objets, écrits en caractères chinois et transcrits en caractères européens. Un grand nombre des noms indigènes de la première série sont peu connus et ne se trouvent pas dans nos dictionnaires, ce qui fait qu'il nous a été impossible d'en donner une explication complète. Nous avons fait cependant de notre mieux pour classer et pour déterminer ce qui se trouve dans cette série.

A. *Substances alimentaires des indigènes.*

I. Règne animal.

1—4. Bajing (écureuil), kalong (chien volant, *Pteropus edulis*), kanchil (*Tragulus Javanicus*), segoung (putois, *Mydaus meliceps*).
5—8. Kroupouk Karbo (couche intérieure, charnue, de la peau du buffle), mantega (beurre), gî ou minyak sapi (graisse de bœuf), samin (beurre arabe).
9—14. Bleket, bouroung (= oiseau), gaja-gajaän, b. merak (paon), bombay ducks, meliwis betoul (*Anas arcuata*); — telor bebek asin (œufs de canard salés).
15. Telor biawak (œufs d'un grand lézard, *Varanus bivittatus*).
16—43. Ikan (= poisson) bambangan mérah, i. betok (*Anabas* Sp.), i. ekor kouning (*Caesio erythrogaster*), i. gabons (*Ophiocephalus* Sp.), i. kakap *Lates calcarifer*), i. kembong (*Scomber kanagurta*), i. krapou korring (*Epinephelus* Sp.), i. kwe krapou, i. lélé (*Clarias punctatus*), i. lindoung, i. peda, i. pepareh kring (kring = séché), i. selar chouma (*Caranx* Sp.), i. senouk (*Sphyraena* Sp.; *Senouk* n'est autre que le mot hollandais *snoek* [prononcez *snouk*], brochet), i. tembang, i. tembang kring, i. chou-chout, i. tri nasi (*Engraulis* Sp.), i. tri kring. — Kroupouk ikan (hâchis de poisson), kr. ikan Palembañg, layah poetih, pela asin (salé) parout, pepareh, petis ikan (gelée de poisson) telor troubouk (œufs d'une espèce d'*alausa*), chout, telor perlou (?).
44—49. Behké (*Bulla caurina*), keong (grand escargot), kerang darah (*Cardium* Sp.), kerang toto, kijing laout (moules), tiram (huîtres, *Ostrea imbricata*).
50—52. Ouler rotan, tawon mouda (larves d'abeilles), walang sangit (*Stenocoris varicornis*).
53—61. Achar telor mimi (œufs du *Limulus moluccanus* au vinaigre), ketam kanari (petits crabes terrestres), oudang api-api, o. panchet, o. satang, o. chendana (espèces de crevettes ou d'écrevisses), o. kring (crevettes sèches), rajoungan (crabes de mer), trassi.

II. Règne végétal.

62—67. Beras ketan poutih (riz mondé blanc collant), beras merah, b. poutih (riz mondé rouge et blanc), ketan itam (riz collant noir), menîr (riz pilé), tepong besar (farine de riz).
68—74. Jali (*Eleusine coracana*, graminée avec les semences laquelle on fait une bouillie), jawawout (millet), sago ambon, sago ararôt, sago laren, souji (semoule), tepong siam.
75—87. Kachang bandong, k. bogor (*Voandzeia subterranea*), k. ijou (*Phaseolus radiatus*), k. itam, k. kadelè (*Soya hispida*), k. mérah (*Vigna catjang*), k. panjang (*Vigna sinensis*), k. poutih (variété de la *Vigna catjang*), k. tanah goreng (*Arachis hypogaea*, rôti), minyak kachang (huile de kachang tanah), onchom (gâteaux de kachang), témpé (gâteaux de k. kadelé) wijen (*Sesamum indicum*).
88—93. Bangkouang (*Puchyrrhizus angulatus*), katèla (*Batatas edulis*, patate, pomme de terre douce), k. mérah, (katèla rouge), oubi poutih, o. pranchîs (*Janipha manihot*), talas (*Colocasia antiquorum*).
94—104. Asem jawa (tamarin), biji douren (pépins de dourian), dodol douren, kormah (dattes), kranji (*Dialium Indum*, fruit du tamaria, agréablement acide), kroupouk malinjou (fruit de l'arbre so, *Gnetum gnemon*), minyak kelapa (huile de coco), sulak asia (fruit du *Zalacca edulis*, salé), tenteng.
105—114. Bayem (*Amarantus oleraceus*, ressemble à l'épinard), jengkol (*Pithecolobium geminum*), kripîk jengkol (jengkol pilé), labou kouning (espèce de calebasse), oumboul kelapa (chou palmiste), peté (*Parkia Africana*, „stinkboontjes", fèves puantes), rebong (bourgeons comestibles du bambou), selada ayer (*Nasturtium officinale*, cresson d'eau), terong (*Solanum melongena*), tiké.

GROUPE II. Neuvième Classe. 55

115—132. Agar-agar (*Gracilaria lichenoïdes*), akar tongkeng (*Pergularia odoratissima*), beweh, daoun salam (*Syzygium* Sp.), jinten (*Carum carvi*, cumin), goula tebou (sucre de canne), kabiya, katoumbar (*Coriandrum sativum*), kembang goula, chabé ijou, ch. mérah, ch. poutih, ch. ravit, ch. chempaka (différentes espèces de *Capsicum*), chara boulan, chembabout, chouka jawa, choumi-choumi. (En outre une botte de chembabout et une petite d'agar-agar).
133—135. Kwe poutou, kwe satou, ragi (levain).

III. Règne minéral.

136, 137. Garam soumanap (sel du gouvernement), garam goreng (sel rôti).

B. *Substances alimentaires des Chinois* [1]).

I. Règne animal.

1. Chair du sanglier de Java (Sus verrucosus), desséchée au soleil (*soa^n ti bah*). Mal. dendeng babi.
2. Chair de porc desséchée (*ti bah koa^n*), importée de Chine.
3. Chair de porc desséchée, puis séparée en fils très minces (*bah hóe*); importée de Chine.
4. Fromages ronds conservés dans la saumure (*goé ni*). On les fait à Tanjong près de Batavia avec du lait de buffle et on les donne à manger aux convalescents avec de la bouillie de riz (*bou-bour*). Ce mêt a ceci de remarquable, qu'il est inconnu en Chine et qu'à Batavia les indigènes n'en font jamais usage.
5. Nids comestibles (*jèn o*). On ajoute ces nids d'oiseaux à la soupe à titre de substance fortifiante et vivifiante. On en fait aussi usage dans le thé. Ils sont formés de la salive coagulée du Collocalia nidifica G. R. Gray.
6. Canards desséchés et salés (*ah sioé ng*). Viennent de Chine.
7. Chair d'un légard (Varanus bivittatus) (*sè kha tsóa*). Les indigènes font très grand cas comme médicine de la graisse de ce lézard; on en mange aussi les œufs. Ce sont surtout les Chinois Ké qui en mangent la chair.
8. Grenouilles vulgaires des sawahs de Java (Rana brama) *tsoeí ke*, Mal. *kodok china*).
9. Chair de crapeau (Bufo Sp.) (*tsiong tsou*, Mal. *kodok bangkong*). Quoique on la mange, on la considère plutôt comme un remède.
10. Plie séchée (*pi^n hí*), vient de Chine.
11. Poisson salé (*k'aí o hí*), vient de Chine.
12. Poisson rouge de Fouk'ian séché (*kyêm áng hí*).
13. Nageoires de requin séchées et effilées (*hí tshi*).
14. Cartilages formant le crâne d'une espèce de raie (*h'ang hí tshoí*).
15. Arrêtes de raie (*h'ang hí kout*).
16. Ventre d'un certain poisson (requin ou raie?) (*hító koa^n*).
17. Huitres salées et séchées (*tsou ó koa^n*) (ostrea imbricata), viennent de Chine.
18. Grandes huitres salées et séchées (*toa ó koa^n*); viennent de Chine.
19. Escargots d'eau douce salés et séchés (*lí bah*); de Chine.
20. *Beh ké*. Petit mollusque (Bulla caurina Bens.) qui s'importe de Chine, conservé dans un liquide oléagineux, salé, qui sent fort mauvais.
21. Loligos séchés et salés (*dzioé hí*), importés de Siam.
22. Idem (*só kouí^n koa^n*) de Batavia (Loligo Javanica).
23. Seiche salée et séchée (Sepia sinensis Orb.) (*bók tsát hí*). Vient de Chine.
24. Sépias salés et séchés (Octopus fangsiao) (*tsiong hí*).
25. Bêche de mer (*hai tshi som*). Espèce d'holothuries sèches (Mal. *tripang*).
26. Id. (*hai som*), ressemblant par sa forme au membre viril et employé comme aphrodisiaque par les Chinois.
27. Id. (*toa o som*) qui ressemble aux parties sexuelles de la femme.
28. Mollusques salés et séchés (*pao hí*).
29. Vers (*soa tshióng koa^n*). On les recueille dans le sable près des rizières de la Chine méridionale. Ils forment quand on les a desséchés un important article de commerce.
30. Larves desséchées d'un insecte qui se trouve en Chine sur les racines de la canne à sucre.

---

[1]) Ne pouvant pas admettre de caractères chinois dans ce catalogue, nous avons dû nous contenter de donner la transcription des noms chinois; cette transcription ne peut être qu'approximative, plusieurs signes nécessaires faisant défaut dans nos alphabets.

II. Règne végétal.
a. Algues.

31. Espèce d'algues séchée (*haï tshaï*).
32. Algue à filaments capillaires (*ta thí*). On la sèche pour la manger avec du riz. Elle est très bon marché.
33. Algue que l'on fait ramollir dans l'eau et qui alors se gonfle en petites boules (*múng ko*). Selon quelques Chinois elle croît sur les appentis humides des maisons, suivant d'autres, c'est dans la mer qu'on la trouve. Elle est très chère.
34. Petits paquets d'algues marines desséchées (*hay tsjhong*).
35. Algues de mer en forme de feuilles d'un rouge violet, séchées (Porphyra vulgaris) (*ó á tshaï*); vient des Ningpo.
36. Agar-agar (*tang ioëng tsh'aï*), du Japon.

b. Champignons.

37. Agarics secs (Exidia purpurescens) (*bók nin*). Article commercial important, dont il vient de grosses balles du Nord de la Chine.
38. Agarics comestibles secs de Chine (Agaricus alutaceus Pers. (?)) (*hioung ko*).

c. Tiges et autres parties desséchées de fleurs.

39. Tiges desséchées de la Polyanthes tuberosa L. (*kiem tsijem*, M. *sedep malam*).
40. Bourgeons et tiges desséchés de la Pterys esculenta (*kijet koan*), de Chine.
41. Partie inférieure de la tige du bambou (*ban soén*). On l'applatit et la sèche, après quoi on la coupe en disques extrêmement minces que l'on emploie comme remède.

d. Fruits conservés.

42. *Sì sik tshai*, emballage original. Les petits pots renferment quatre espèces de légumes avec du gingembre, des melons et le cœur du sesawi en saumure.
43. Fruits du Nephelium litschi Cams. séchés (*li tsi koan*); de Chine.
44. Idem du Nephilum long-yan Bl. (*ling ging koan*).
45. Fruits confits et séchés d'une espèce de Diospyros de la Chine (*klu kói*).
46. Fruits salés d'une espèce de Canarium de la Chine (*kán nán sín*).
47. Fruits séchés du Canarium pimela de la Chine (*kán nán koan*).
48. Dattes séchées (*áng tsó*).
49. Fruits séchés du Zizyphus Chinensis (*kyém tsó*).
50. Fruits confits de la Myrica sapida (*ping boí*), emballage original. Après les grands festins ou quand on a trop bu on les mange pour dissiper l'ivresse.
51. Fruits confits et salés de la Myrica sapida (*kyém ping boí*).
52. Fruits séchés de la Myrica rubra (*tshiou ám koan*), que les Eropéens de la Chine appellent „arbutus".
53. Châtaignes chinoises (*lat tsi*).
54. Pépins salés et séchés du melon d'eau, Citrullus edulis Spach. (*si kwa tsí*).

e. Légumes séchés ou salés.

55. Légumes salés (*tsin tshaï*) de Chine.
56. Lobak (radis) séché en tranches fines (Raphanus caudatus L.) (*tshaï po bí*).
57. Lobak séché (*tshaí po koan*) et dito salé (*kyém thsaï po*).
58. Légumes chinois salés (Sinapis alba) (*kyém thsaï*).

f. Graines.

59. Grains étouffés de ketan rouge (Oryza glutinosa) (*áng khak*), de Chine. On s'en sert pour donner à certains mêts une couleur rouge.

g. Farines et aliments qui en sont faits.

60. Farine des racines du Nelumbium speciosum (*lyém ngao hoén*).
61. Semoule (*souji*). Les Chinois de Batavia l'appellent *hati tarigou*. On la donne beaucoup aux enfants.
62. Vermicelli (*mén soan*). Les Chinois de Batavia le fabriquent avec de la farine de blé de San Francisco.
63. Mie séchée (*mén koan*) faite avec une pâte de farine de froment, de l'eau, du sel, des œufs et le jus jaune d'une espèce de bambou.
64. Bâtons jaunes, creux, friables, faits de farine de fèves colorée (*tao hou phé*).
65. Condiment filiforme fait de farine de fèves (*tao tsh'yém*).
66. Gâteaux carrés (*toa koan*), faits de farine de fèves colorée et marqués de caractères chinois. On les enduit de sindoux.
67. Bouillie de fèves et de fleur de farine (*tao tsioéng*).
68. Lait de fèves (*tao mín*). Condiment liquide fait avec des fèves. Emballage original.

Groupe II. Neuvième Classe. 57

69. Bourgeons de fèves (*tao gé*).
70. Farine d'oubi china, Dioscorea sativa L. (*giók hoén*).
71. Vermicelli de farine de riz (*bi hoén*).
72. Vermicelli de la province de Syang-toung (*soa" tang hoén*).

h. Liquides.

73. Vinaigre de Chine (*soui" tshò*). Fait avec l'arak.
74. Kechap (soya) ordinaire de Batavia (*tao iou*).
75. Kechap chinois, des chinois Ké (*phak sze iou*).

180. Ustensiles de cuisine d'Atchin.

Cache-mouches (*sangeh*) dont on couvre les mets servis sur un plat en bois peu profond (*doulang*).

181. Ustensiles de cuisine de la rés. du Haut-Pays de Padang.

1. Cuiller (*sayak*).
2. Ecumoire (*panoukou*).
3. Planchette (*soudou angsa*) dont on se sert en faisant le karas-karas, sorte de pâtisserie.

182. Ustensiles de cuisine de la rés. du Bas-Pays de Padang.

1. Modèle d'un bloc à riz en pierre (*lasoung batou*) servant à défaire en le pilant le riz de sa bourre; avec accessoires, soit.
   a. Kisayan.
   b. Katiding.
   c. Nirou.
   d. Kambout orang gilô.
   e. Bakour.
   f. Katiding fermé.
   g. Double kambout.
   h. Natte à sécher.
2. Deux modèles de blocs à riz (*lasoung* et *lasoung kayou*), le dernier avec accessoires.
3. Autre espèce de bloc à riz (*lasoung budi*).
4. Van pour le riz (*nirou*).
5. Corbeille de rotin (*katiding*) dans laquelle on lave le riz après l'avoir débarrassé de sa bourre.

6. Pot pour cuire le riz à la vapeur (*priyouk koukousan*).
7. Pot à riz ordinaire en terre (*priyouk tanah*).
8. Couvercle pour le priyouk (*saok priyouk*).
9. Poêle en terre (*blanga*).
10. Pot en terre (*bayong*).
11. Trois supports de rotin (*layah*) que l'on place sous les pots pour les empêcher de tomber.
12. Trois auges pour l'eau.
13. Assiette de bois plate, et d° profonde (*pinggan layah kayou* et *pinggan dalam kayou*).
15. Cinq cache-mouches de feuilles de pandan ou de nipa, pour riz et autres mets (*toudoung saji* ou *toudoung nasi*).
16. Cuiller de noix de coco (*sendoq tampouroung*).
17. Cuiller en noix de coco, employée quand on fait le karé-karé, pâtisserie indigène (*sendoq penokok karé-karé tampouroung*).
18. Cruche à eau à 7 goulots (*labou changga toujouh*).
19. Cruche à eau à deux goulots (*labou changga douwa*).
20. Cruche à eau (*genili*).
21. Tube de bambou (*chaloung kopi*) où l'on fait infuser les feuilles séchées du caféier.
22. Théière en noix de coco pour feuilles du caféier (*charek tampouroung*).
23. Jatte en noix de coco (*sayak tampouroung*).

183. Ustensiles de cuisine de la rés. de Bengkoulen.

1. Plateau pour offrir les mets (*doulang*).
2. Marmite (*priyouk*).
3. Motte de l'argile dont on fait ces marmites.
4. Quatre corbeilles (*bakoul*).
5. Deux vans (*nirou*).
6. Deux nattes sur lesquelles on laisse le riz se refroidir.
7. Corbeille servant de plateau.
8. Trois grandeurs de marmites en terre (*priyouk*).
9. Cuiller (*serkit*) pour retirer du pot le riz cuit.
10. Cuiller potagère (*hirous*).
11. Vases en bois de trois grandeurs (*pason* ou *pinggan kayou*), pour le lait de coco, le nettoyage des légumes, etc.

12. Ustensile employé pour servir aux convives le riz cuit (*chentoung*).
13. Panier dans lequel on lave le riz ou les légumes (*bakoul*).
14. Natte employée pour servir le riz aux convives (*pising*).
15. Rape à coco (*koukouran*).
16. Tamis pour le lait de coco (*tapisan klapa*).
17. Corbeille où se serrent les épices (*kerountoung*).
18. Ustensile servant à exprimer l'huile de coco (*achitan*).
19. Peau du fruit du labou, dans laquelle on tient de l'eau pour boire.
20. Tronçon de bambou dans lequel on va chercher l'eau (*gerigi*).
21. Cache-mouches (*toudoung*).
22. Plateau en bois (*talam*).
23. Plats employés dans l'île d'Engano.

184. Ustensiles de cuisine de la rés. des districts des Lampongs.

1. Deux mortiers à sambal avec accessoires (*lesoung sambal*), l'un en bois, l'autre en pierre.
2. Corbeille sur laquelle on vide le riz quand il est cuit (*yoran*).
3. Cuiller pour prendre ce qui reste de riz dans le pot (*chetoung*).
4. Corbeille à assiettes (*kelelo*) et grande assiette que l'on suspend dedans (*panjang berah*), toutes deux de la div. de Sekampong.
5. Vase rond en bois (*gabah*) dans lequel on remue le riz pour le refroidir, cuiller de bois (*papas*), pour remuer et servir le riz, et petit balais (*penyapou*) avec lequel on ramasse les grains de riz qui sont tombés. — W. Beyerinck, contrôleur à Katimbang.
6. Plat avec couvercle de bambou, sur lequel on sert les mêts (*doulang*).
7. Vase à sambal (*lalesoung*).
8. Cuiller pour retirer les légumes du pot (*karou goulai*).
9. Cuiller à riz (*pepas*).
10. Une autre (*haroukan*).
11. Assiette sur laquelle on sert le riz (*tapi bambou*) pour l'y remuer avec la cuiller (*haroukan*) et le mettre ensuite dans les plat (*honiyan* ou *pesian*).
12. Corbeille à laver le riz (*cheroubau*).
13. Corbeille dans laquelle on cuit le riz à la vapeur (*koukousan*).
14. Bloc à riz avec pilon (*lesoung*).

15. Ratelier pour assiettes (*kisa*).
16. Endroit où l'on pend la cruche à eau ou gendi (*choung-choungan*).
17. Pot pour cuire le riz (*rayah*).
18. Dito pour les légumes (*blanga*).
19. Pot pour garder l'eau pour boire (*kibouk*).
20. Soufflet en forme d'éventail (*kipas*).
21. Lampe de nuit avec mèche de damar batou enveloppée dans une feuille de pisang (*changak*).

185. Ustensiles de cuisine de la rés. de Palembang div. de Komering ilir.

1. Trois cuillers à riz (*chentong*).
2. Cuillers pour les hors-d'œuvre (*sendoq kouwah*).
3. Cuillers à rôtir (*sendoq goreng*).
4. Vases à lait (*tampat sousou*).
5. Pieds de rotin pour les pots (*lekar*).

186. Ustensiles de cuisine de la rés. de la Côte or. de Sumatra.

1. Bloc à riz (*lasoung*).
2. Deux sortes de vans à riz (*indan* et *indouri*).
3. Pied de rotin sur lequel on pose les pots pour qu'ils ne tombent pas (*arpè*, Tob. *harpe*).
4. Trépied (*dalihan*) fait de trois pierres, sur lequel on place le pot pendant la cuisson.

187. Ustensiles de cuisine de la rés. de Tapanouli, Pangaloan, div. de Silindoung. — G. van Asselt, ancien missionnaire, à Putten en Veluwe.

1. Modèle d'un bloc à riz (*losoung*) avec pilon (*indalou*).
2. Van à riz (*sege*).
3. Marmite (*houdon*) avec couvercle (*sakkop*).
4. Cinq pieds de rotin pour pots (*horpe*).
5. Deux cuillers à puiser (*sendouk*).
6. Petit bloc (*panggilingan*) sur lequel on broie de poivre d'Espagne au moyen d'un gré rond.

188. Ustensiles de cuisine de la rés. de la Côte or.

GROUPE II. Neuvième Classe.

de Sumatra. — Société de Deli, à Amsterdam.

1. Tonnelet de bambou (*kouren* ou *tamba*) avec lequel les femmes vont chercher l'eau à la rivière.
2. Ustensiles que les femmes ont l'habitude de prendre avec elles dans un sac (*soumpit* ou *joujor*) quand elles vont aux champs.
   a. Pot à riz (*chiboukan*) avec cuiller (*enkat*).
   b. Tonnelet d'eau (*toumbalaou*) pour se laver les mains.
   c. Pot (*goumbar*) pour condiments (*sambal*).
   d. Salière (*abal-abal*).
3. Marmite en terre avec pied (*kwali*).

189. Ustensiles de cuisine de la rés. de Riouw.

Couvercle pour fruits (*toutoup saji*).

NB. Le dehors est en feuilles de lontar, l'intérieur en feuilles de nipa.

190. Substances alimentaires de la rés. de Bangka, flacons.

1—10. Riz.
11. Millet.
12. Larmes de Job broyées (*Coïx lacryma*).
13, 14. Jagong.
15, 16. Widyèn blanc et noir.
17. Farine de rombiya.
18. Farine de tapioca.
19. Farine de patate.
20. Farine de pakou-bindou.
21. Farine de toubas.
22. Sago bernai.
23. Arrowroot.
24. Glands de terre (*Coleus tuberosus*).
25. Café.
26. Gadoung (*Dioscorea triphylla*).
27. Champignons.
28. Châtaignes.
29. Bouwah tampayang (*Carpophyllium marcrocarpum*, Miq.), fruit rafraîchissant qui se gonfle quand on le fait tremper dans l'eau.
30. Trassi.
31. Beurre indigène.
32. Sucre indigène.
33. Gambir.
34. Chaux à betel.
35. Pinang.
36. Crevettes séchées.
37. Ortie de mer.
38. Algues.
39. Oujoung rahup (*Backea frutescens*).
40. Fruit du gelam.
41. Poivre blanc.
42. Poivre noir.
43. Thé de Bangka.
44. Café Mokka.
45. Café Libéria.
46. Fruit du melinjou (*Gnetum gnemon*).
47. Kroupouk melinjou.
48. Jelai (*larmes de Job*).

191. Ustensiles de cuisine de la rés. de Bangka.

1. Bloc à riz avec deux pilons.
2. Deux nattes (*penampi*) qui se placent à droite et à gauche du bloc à riz pour recevoir le riz qui saute en dehors.
3. Deux tamis (*ayak*) pour trier le riz.
4. Van à riz.
5. Deux corbeilles à riz.
6. Deux corbeilles de bambou pour laver le riz.
7. Corbeille à filtrer.
8. Pot de terre.
9. Vase en bois dans lequel on fait cuire le riz à la vapeur.
10. Panier dans lequel on place un pot à riz.
11. Plateau servant de plat.
12. Un autre, de bambou.
13. Cuiller à riz.
14. Cuiller à Kerri.
15. Coupes de bidara laout (*strychnos muricata*).

NB. L'infusion de ce bois a un goût amer et se boit pour ouvrir l'appétit.

192. Ustensiles de cuisine de la rés. de Billiton (Blitong).

1. Bloc à riz (*lesoung*) et pilon.
2. Panier (*soumbout jaga*) où l'on serre le riz cuit.
3. Cache-mouches (*mentoudoung*).
4. Corbeille (*gantoungan jaga*) dans laquelle on place le soumboul jaga.
5. Marmite à riz.
6. Pot pour l'eau pour boire (*terenang tanah*).
7. Marmite.
8. Pot (*gerbouk*) dans lequel on va chercher l'eau.

GROUPE II. Neuvième Classe.

9. Baquet (*pasou*) dans lequel on lave toutes sortes d'objets.
10. Réchaud pour charbons ardents.
11. Marmite en terre.
12. Corbeille de rotin (*soumboul rotan*) où l'on serre des aliments.
13. Panier (*boundoung*) où l'on porte de petits objets.
14. Panier (*bakoul*) où l'on serre toutes sortes d'objets.
15. Van (*interan*) pour nettoyer le riz qui a été pilé.
16. Pilon (*sangkalan*) pour broyer les épices.
17. Cuiller (*sendoq*).
18. Cercle de rotin (*lokar*) sur lequel on place les marmites.
19. Martavân ou pot où se garde l'eau pour boire.
20. Trépied (*toungkat*) fait de trois pierres sur lesquelles on place la marmite.
21. Van (*nyirou*).

193. Ustensiles de cuisine de la rés. de Bantam.

1. Marmite à riz. (Jav. *papendil* ou *kendil*, Sond. *daloung* ou *priyouk*).
2. Chaudron (*dandang*) à la vapeur duquel on fait cuire le riz.
3. Corbeille de bambou (*koukousan*) dans laquelle on fait cuire à la vapeur le riz sur le dandang.
4. Poêle à frire (*kouwali penggorengan*).
5. Assiette de terre (*chowet*) sur laquelle on broie le sambal.
6. Théière (*tehko*).
7. Soufflet de bambou en forme d'éventail (*ilir*).
8. Assiette (*piring*) de terre émaillée.
9. Cruche à eau (*gendi*).
10. Cuiller (*irous*) pour puiser le riz quand il est cuit.
11. Cuiller (*chèntoung*) au moyen de laquelle on se sert de riz.
12. Corbeille à œufs (*keranjang telor*).

194. Ustensiles de cuisine en miniature de la rés. de Pekalongan.

1. Bloc à riz (*lesoung*).
2. Cuiller à riz (*chèntoung*).
3. Ustensile pour broyer le poivre d'Espagne (*oulèg*).
4. Chaudron (*dandang*) et couvercle, pour faire cuire le riz à la vapeur.
5. Panier que l'on met avec le riz dans le dandang (*koukousan*).
6. Rôtissoire avec couvercle (*wajan*).
7. Poêle à frire (*sangang chrakèn*).
8. Marmite à riz (*kendil*).
9. Marmite à légumes (*kouwali*).
10. Assiette (*lempèr*).
11. Natte sur laquelle on fait refroidir le riz (*iyan*).
12. Deux paniers (*chèting*) où l'on garde le riz cuit.

195. Ustensiles de cuisine de la rés. de Soerabaya.

1. Sept ustensiles de cuisine en cuivre.
2. Boîte de fer-blanc où se gardent des aliments.
3. Bloc et pilon à riz.
4. Pilon pour broyer.
5. Panier où se garde le riz.
6. Vase à faire refroidir le riz.
7. Corbeille pour laver le riz.
8. Panier pour faire cuire le riz à la vapeur.
9. Cuiller pour puiser le riz.

196. Ustensiles de cuisine de la rés. de Banyoumas.

1. Bloc à riz.
2. Panier à padi.
3. Marmites (*getak*).
4. Marmite à riz en cuivre avec couvercle (*daudong*).
5. Panier pour faire cuire le riz à la vapeur (*koukousan*).
6. Marmites pour riz et pour légumes (*kendil*).
7. Assiette (*chowet*).
8. Vase pour légumes (*layah*).
9. Panier où l'on garde le riz débarrassé de sa bourre (*pedaringan*).
10. Cuiller pour remuer les légumes (*irous*).
11. Natte pour faire refroidir le riz (*iyan*).
12. Plat à riz, employé chez les grands (*soumboul*).
13. Panier pour le transport du riz (*chèting*).
14. Trois sortes de corbeilles à riz.
15. Panier pour le transport du riz (*soumboul*).
16. Van (*tampah*).
17. Corbeille pour aliments (*tenong*).
18. Salière.

19. Réceptacles pour épices et poivre d'Espagne.
20. Pilon de bois pour broyer le poivre d'Espagne.
21. Mortier pour broyer les épices (*pipisan*).
22. Deux tamis en noix de coco (*kalo*).
23. Rape (*paroud*).
24. Deux espèces de cuillers à rôtis (*sorok*).
25. Cuiller à riz.

197. Ustensiles de cuisine de la rés. de Bagelèn.

1. Bloc à riz (*lesoung*) et pilon (*alou*).
2. Autre genre (*douplak*).
3. Espèce de vase (*tampah*) servant à séparer le riz de sa bourre.

198. Ustensiles de cuisine de la rés. de Yogyakarta.

1. Réchaud (*anglo*).
2. Pot pour aller chercher l'eau (*klenting*).
3. Seau à anse (*siwour*).
4. Pots pour cuire le riz, l'eau, etc. (*kènchèng et pengaron*).
5. Plateau (*lèngsèr*).
6. Petit chaudron pour l'eau pour le thé (*chèrèt tèkou*).
7. Cruche à goulot et à couvercle, pour l'eau à boire (*kendi toutoup*).
8. Seau de puits (*timba*).
9. Grand pot pour aller chercher l'eau (*joun*).
10. Pot à anses (*kènchèng koupingan*).
11. Cruche (*kriyouk*).
12. Poêle de cuivre étamé (*kouwali sadour*).
13. Couvercle du koukousan (*kekep*).
14. Rôtissoire (*pan*).
15. Chaudron au dessus duquel on fait cuire le riz à la vapeur (*dandang*).
16. Marmites à riz, grand et petit modèle (*kendil*).
17. Chaudron (*chèrèt*).
18. Vases à théières (*lingsir et bintang longas*).
19. Idem, travaillé à jour (*bintang trauchangan*).
20. Sucrier (*keda tempat goula*).

199. Ustensiles de cuisine de la rés. de Madioun.

1. Rôtissoire pour viande et poisson (*wajan*).
2. Plat à légumes (*chouwouk*).
3. Plateau sur lequel se préparent les ingrédiens de la table à riz (*layah*).
4. Panier dans lequel se met le riz qui doit cuire à la vapeur (*koukousan*).
5. Panier où se garde le riz.
6. Cuiller à servir le riz.
7. Boite ronde où se garde le riz.
8. Bloc à rix avec pilon.
9. Marmite à riz (*kendil*).
10. Marmite à légumes (*kouwali*).
11. Idem. pour riz (*dandang*), avec couvercle (*kèkèp*).
12. Tirelire indigène (*chèlengan*).
13. Pot à couvercle où l'on met de l'eau (*genôk*).

200. Ustensiles de cuisine de la rés. de Pasourouan.

1. Deux paniers pour serrer les aliments (*jodang*).
2. Ustensiles de bambou.
3. Objets de cuisine divers.
4. Marmite à riz.
5. Planche sur laquelle se coupe le gadoung, plante tuberculeuse.
6. Poterie et outils pour la fabriquer (*warna*).
7. Marmite à riz (*pengaron*).
8. Réchaud (*keren*).
9. Plat à poisson (*chouwo*).
10. Plat pour préparer le sambal (*chowek*).
11. Idem plus grand (*layah*).

201. Ustensiles de cuisine, etc. de la rés. de Probolinggo.

1. Cinq cuillers de noix de coco (*irous*).
2. Ecumoire (*seroq*).
3. Trois paniers à garder le riz cuit (*wakoul sikil*).
4. Panier pour faire cuire le riz à la vapeur (*koukousan*).
5. Panier à riz.

202. Ustensiles de cuisine de la rés. de Besouki.

1. Trois blocs à riz de forme différente.
2. Banc sur lequel on hâche la viande ($\frac{1}{10}$ de la gr. nat.).
3. Pot dans lequel on lave le riz.
4. Tamis pour vanner le riz.

GROUPE II. Neuvième Classe.

5. Chaudron et panier pour faire cuire le riz à la vapeur (*koukousan*).
6. Plateau sur lequel on envoie des présents consistant en nourriture (*jodang*).
7. Moulin à maïs.

203. Modèles en miniature d'objets servant à Java à la préparation des aliments. Présent du régent de Gresik, Ario Sourio Winoto, qui les a fait faire exprès. — M^e. J. M. Brooshooft, à Utrecht.

1. Grand van (*tampak*).
2. Corbeille (*piti*) dans laquelle on garde le riz émondé.
3. Idem plus petite (*tedok*), employée aussi pour y placer la viande et le poisson que l'on veut faire sécher ou pour exposer en vente des aliments.
4. Corbeille (*boran*) pour garder le riz.
5. Corbeille (*tompo*) dans laquelle on lave le riz et qui sert en même temps de mesure.
6. Panier dans lequel on met le riz pour le faire cuire à la vapeur (*koukousan*).
7. Chaudron de cuivre (*dandang*) avec couvercle (*kekeb*), où se place le koukousan.
8. Petite marmite de cuivre où l'on cuit le riz sans koukousan (*pendil*).
9. Deux réchauds (*keren*), dont le plus grand sert avec le dandang et le plus petit avec le pendil.
10. Corbeille (*wakoul*) sur laquelle on sert le riz.
11. Deux cuillers (*èntong*), dont la plus grande sert à tourner le riz dans le koukousan, et la plus petite à le prendre dans le wakoul.
NB. Quelquefois on se sert de ces cuillers après le repas pour jouer au keplèk. Ce jeu consiste à jeter en l'air au moyen de la cuiller quatre dutes blanchies d'un côté. On gagne ou perd selon qu'un nombre pair ou impair de dutes retombe la face blanchie en haut.
12. Bâton (*sogok*) servant au même but que le grand èntong.
13. Panier (*bojok*) sur lequel on fait refroidir le riz.
14. Cuiller en noix de coco avec manche en bois, servant à prendre le riz dans le pendil (*irous*).

15. Pot (*kouwali*) servant à cuire à l'eau la viande et les légumes.
16. Poêle (*wajan*) dans laquelle se prépare par ex. le *sambel goreng*, qui se mange avec le riz.
17. Baguette pointue (*soutik*) qui fait office de fourchette quand on fait rôtir la viande.
18. Cuiller de bambou (*cherok*) pour arroser le rôti.
19. Plat de terre (*chowek*) sur lequel on broie le sambal au moyen d'un instrument appelé *oulek-oulek*.
20. Réchaud (*anglo*) servant à tenir les aliments au chaud ou à les étuver.
21. Rape (*paroud*); tamis (*kalo*) servant à clarifier le suc (*santen*) que l'on exprime des noix de coco rapées.
22. Grille sur laquelle on dépose ce que l'on a fait frire, afin d'en laisser égoutter l'huile.
NB. On place parfois cette grille dans le koukousan pour y faire cuire à la vapeur le pisang et divers autres mêts, par ex. le botok, que certains Européens ne dédaignent pas du tout (c'est du poisson ou de la viande coupés très fin avec de la noix de coco rapée et des épices).

204. Ustensiles de cuisine, etc. — W. G. H. et E. F. G. van Blommestein, entreprise de Melambong, div. de Boyolali, rés. de Sourakarta.

NB. Il se trouve dans cette collection plusieurs objets qui auraient plutôt dû se trouver dans une autre classe.

1. Deux grandes corbeilles (*senek*).
2. Deux petites corbeilles (*tongok*).
3. Petite corbeille (*bojok*), qui sert de mesure pour le riz.
4. Corbeille pour le riz cuit (*cheteng*).
5. Grand et petit tamis (*kalo*).
6. Corbeilles rondes et basses (*tampah*) dont on se sert pour séparer le riz, le café, etc. de l'enveloppe ou bourre.
7. Panier à couvercle (*tenong*) où l'on garde des pâtisseries et des épices.
8. Petits paniers pour cuire le riz à la vapeur (*koukousan*).
9. Chaudrons (*dandang*) où se met le koukousan, et couvercles (*kekeb*).
10. Pots de terre (*jôn*) dans lesquels les femmes ont coutume de porter l'eau.

11. Cuvette de terre pour laver (*pengaron*).
12. Plats de terre (*layah*).
13. Mortier (*lemper* ou *chouk*) avec pilon (*mountou*) pour broyer le poivre d'Espagne.
14. Cruches à eau (*gendi*).
15. Cuillers à riz en bois (*èntong*).
16. Cuiller potagère (*irous*).
17. Rapes (*paroud*).
18. Parapluie pour hommes (*payoung kroudouk*).
19. Un autre *chapeng*.
20. Aile servant d'épouvantail pour les oiseaux (*kitiran*).
21. Parasol-parapluie (*payoung*).
22. Deux couteaux pour la moisson du padi (*ani-ani*); les femmes prennent le manche de ce couteau entre le doigt médius et l'annulaire, puis attirent très adroitement avec l'annulaire les épis contre le couteau.
23. Balais de tiges de coco (*sapou soto*).
24. Balais de fibres du palmier arèn (*sapou tôk*).
25. Fibres du palmier arèn (*tôk*).
26. Fibres épaisses du palmier arèn (*srouwo arèn*), qui servent aux indigènes de plumes à écrire.
27. Trois balais faits de tiges de feuilles de l'arèn (*sapou soto arèn*).
28. Bambous (*lodong*) dont tous les nœuds, excepté ceux des deux extrémités, ont été percés, et dans lesquels les femmes de la montagne vont chercher l'eau.
29. Deux chapeaux (*chapeng*) faits de *sloumpring*, espèce d'écorce qui se trouve à chaque nœud du bambou; elle est couverte de fibres très déliées qui causent une forte démangeaison quand on les touche et qui sont vénéneuses.

205. Ustensiles de cuisine de la rés. de Samarang, div. de Salatiga. — H. J. van Swieten, ass.-rés. de Buitenzorg.

1. Quatre cuillers de coco (*irous*).
2. Deux puisoirs de coco (*gayeng*).
3. Deux cuillers pour l'eau (*chanting*).
4. Deux rapes (*paroudan*).
5. Cuiller à riz (*chentong*).
6. Pilon pour broyer le poivre d'Espagne (*mountou*).
7. Marmite à riz en cuivre (*dandang*).

8. Paire de petits plats chinois pour gâteaux (*tempat manisan*).
9. Corbeille à riz en bambou peint (*bakoul nasi chèchètan*).

206. Ustensiles de cuisine javanais en miniature. — Mlle P. Delprat, à Amsterdam.

1. Dapour.
2. Dandang.
3. Koukousan.
4. Panné ou doulang.
5. Bakoul.
NB. Tous ces ustensiles servent ensemble à faire cuire le riz.
1. Est un petit fourneau sur lequel on place 2; 3 se place sur 2 et sert à contenir le riz qui doit se cuire. La vapeur de l'eau qui bout dans 2 pénètre à travers le panier 3 et fait cuire le riz. Ce riz à moitié cuit est versé dans 4 où on l'échaude à l'eau bouillante pour le remettre dans 3, où la vapeur de 2 achève de le cuire; on sert dans 5 le riz sur la table.
6. Priyouk, espèce d'ustensile à trous dont on se sert pour cuire les légumes.

207. Ustensiles de cuisine de Java. — A. J. Lebret, à Dordrecht.

1. Boîte contenant de petits plats en cuivre, probablement pour la table à riz.
2. Quatre puisoirs à riz (*chentong nasi*).
3. Deux puisoirs pour l'eau.
4. Trois cuillers potagères.
5. Petit tamis.
6. Sac à riz tressé.
7. Bloc à riz et pilons.
8. Broyeur de sambel.
9. Petit sac tressé dans lequel on fait cuire le riz.
10. Deux poêles à frire.
11. Éventail pour le feu.
12. Natte sur laquelle on fait refroidir le riz (*iyan*).
13. Rape.
14. Trois appareils pour obtenir du feu par la friction.

208. Ustensiles de cuisine de Java. — W. Hoezoo, missionnaire à Samarang.

GROUPE II. Neuvième Classe.

1. Modèle de bloc à riz.
2. Modèle du pilon.
3. Aiguière eu cuivre.
4. Mortier et pilon.
5. Corbeille à riz.
6. Instrument de corne servant à faire le feu.
7. Couteau à moissonner le padi.

209. Ustensiles de cuisine de Java. — J. Kruyt, missionnaire à Mojowarno, rés. de Sourabaya.

1. Rape.
2. Eventail pour attiser le feu.
3. Tamis.
4. Petite cuiller.
5. Plateau tressé.
6. Couvercle en écailles de poisson.
7. Corbeille servant à servir les mêts.
8. Réchaud de terre.
9. Petit mortier.
10. Pilon et puisoir.

210. Ustensiles de cuisine de la rés. de Bali et Lombok.

1. Trois aiguières (bas-balinois *charatan*, haut-bal. *chetepan*), avec ornements (*onggar*), employées exclusivement dans le temple à l'occasion de fêtes.
2. Petit couteau (*tiouk*), servant à toutes sortes d'usages domestiques.

211. Quelques ustensiles de cuisine fabriqués à Negara, Div. mér. et or. de Borneo.

212. Ustensiles de cuisine de la rés. de Menado.

1. Marmite à riz avec couvercle.
2. Marmite à légumes avec couvercle.
3. Pot dans lequel on nettoie le riz et les légumes.
4. Cuiller de noix de coco (*sendok* ou *leper tempouroung*).
5. Cuiller de bois (*sendok* ou *leper kayou*).
6. Cuiller de bambou (*sendok* ou *leper boulou*).
7. Pince en bambou (*gata-gata boulou*).
8. Puisoir à riz en bois (*chintong*).

9. Deux corbeilles à riz en bambou.
10. Cinq corbeilles coniques en bambou dans lesquelles on fait cuire le riz à la vapeur (*koukousan*).
11. Van pour séparer le riz de sa bourre après que celle-ci a été détachée (*nyirou*).
12. Mortier en bois (*lesoung*) avec pilons (*alou*) pour détacher la bourre du padi.
13. Mortier pour la cuisine (*lesoung dapour*).
14. Tube de bambou pour apporter l'eau.

213. Ustensiles de cuisine et aliments de la rés. de Ternate.

1. Tamis (*taté*) fait de bambou, de feuilles de bourou bourou et de rotin. Galela, Halmaheira.
2. Van à riz (*tatapa* ou *sousirou*). Galela.
3. Quatre petits sacs à riz faits de feuilles de nipah (*porocho*). Galela.
4. Petit panier de bambou dans lequel se garde le manger (*tagalasa*). Galela.
5. Plateau pour mêts, en écorce de sagoutier (*roba*). Galela.
6. Instrument de bois et de fer pour raper les noix de coco (*kokori* ou *koukouran*). Galela.
7. Instrument où l'on suspend les pincettes (*sosoloté*) et deux morceaux de bambou pour tourner ce qui cuit. Galela.
8. Panier pour faire cuire le riz à la vapeur (*koukousan*). Soula.
9. Quatre puisoirs à riz (*sondo*). Soula.
10. Van à riz (*tatapa* ou *sousirou*) de bambou et de rotin tressés. Tidore.
11. Trois tamis (*aya-aya*). Tidore.
12. Panier de bambou (*tagalaya*). Tidore.
13. Petit panier à riz. Tidore.
14. Petit panier de bambou (*koukousan*) pour faire cuire le riz à la vapeur. Tidore.
15. Instrument où l'on suspend les pincettes (*sosolote*) et deux morceaux de bambou pour tourner ce qui cuit. Tidore.
16. Bloc de bois de kanari pour dépouiller le maïs (*disong* ou *idnangora*). Tidore.
17. Un autre, de bois de nangka. Tidore.
18. Quatre paquets de gâteaux de sagou. Bachan.

Groupe II. Neuvième Classe.

19. Marmite à riz (*balangan nassi*). Ile de Mareh ou du Potier.
20. Pot pour cuire le poisson (*balangan ikan*). Salawati.
21. Van à riz (*tatapa*) de bambou. Salawati.
22. Deux réceptacles pour le manger (*bobakol*). Salawati.

214. Ustensiles de cuisine de la rés. de Ternate; la plupart à la moitié de la vraie grandeur. — Sultan de Tidore.

1. Corbeille à padi (*pade madodai*) au ⅓ de la gr.
2. Deux tamis de bambou tressé (*dadou-dadou*).
3. Van à riz en bambou (*ngadi*).
4. Panier de bambou dans lequel on fait cuire le riz à la vapeur (*konkousan ma-pigo*); ¼ de la gr.
5. Deux couvercles de marmites à riz (*boura-boura*). Ile de Mareh ou du Potier.
6. Pot avec couvercle (*boso aké sahou*). Mareh.
7. Moule à gâteaux (*charang mabosa*). Mareh.
8. Pot à remplir d'eau (*aké madodai*) Mareh.
9. Marmite (*boso sisinanga*). Mareh.
10. Rôtissoire (*boso besi*). Mareh.
11. Rôtissoire à café (*kofimasisinanga*). Mareh.
12. Deux pots pour laver (*sope*). Mareh.
13. Pot à riz (*boso bira*). Mareh.

215. Huit tamis (*aya-aya*), faits en feuilles de moa (*Maranta dichotoma* Wall.), de l'île de Bachan. — Jonkheer Boreel, ancient résident de Ternate.

216. Cuiller en noix de coco, de la Nouvelle-Guinée. — H. C. Voorhoeve, à Monster.

217. Ustensiles de cuisine et mêts faits de sagou, de la rés. d'Amboine.

1. Couvercle d'un pot à étuver.
2. Quatre jattes pour l'eau (*sempé*) de grandeurs différentes.
3. Cuvette.
4. Deux grandes aiguières ou gendis avec couvercles.
5. Trois marmites (*balangan*) de formes et grandeurs différentes
6. Deux marmites à couvercles (*taïela*).
7. Moule à turban avec couvercle.
8. Quatre petits réchauds avec petits pots et poêles.
9. Six assiettes.
10. Panier de gâteaux de sagou secs (*sagou lempeng*).
11. Panier de sagou sec, cuit de façon à imiter des fleurs (*sagou babounga*).
12. Panier de sagou sec, cuit dans un bambou, puis coupé en morceaux (*sagou tontoupola*).

218. Jatte sculptée en noix de coco. — R. A. van Zuylen, à Nieuwer Amstel.

219. Pincette pour le feu en corne de buffle. — Société provinciale des arts et des sciences, à Bois-le-Duc.

E. Substances stimulantes; ustensiles pour leur préparation leur emploi et leur conservation.

220. Ustensiles pour la préparation et la conservation du sirih et des accessoires; gouvernement d'Atchin et dépendances.

1. Boîte d'argent avec pilon en fer employé par les gens âgés pour y broyer leur sirih.
2. Boîte pour la chaux à sirih.
3. Petit couteau pour couper les noix de pinang que l'on mâche avec le sirih.

221. Ustensiles à stimulants de Silindoung, rés. de Tapanouli.

1. Poche *hajout* destinée à contenir.
 a. Une boite de chaux pour le bétel (*tagan*).
 b. Une blague à tabac (*partimbahoan*).
 c. Des feuilles de bétel (*napouran*).
 d. Des feuilles de gambir (*bouloung gambir*).
 e. Une boite à briquet (*parlotingan*).
2. Pipe à tabac en laiton (*gendout*).
3. Pipe à tabac en laiton employée par les femmes (*siteyaon*).
4. Pipe à tabac en laiton (*toutam*).

222. Ustensiles à sirih du Haut-Pays de Padang.

1. Petit panier (*kampir*) pour mettre le bétel et accessoires.
2. Panier à jour (*kampir betarawang*) pour le même usage.

223. Ustensiles pour stimulants du Bas-Pas de Padang.

1. Deux paniers servant à présenter le sirih (*senggan*).
2. Deux pipes à opium (*choulim madat*).

224. Poches à sirih de l'île de Nias.

1. Petite poche employés par les femmes comme nécessaire à sirih.
2. Idem pour hommes, avec adjonction de quelques autres objets, comme cure-dents, cure-oreilles, pinces à épiler, etc.

225. Ustensiles à stimulants de la rés. de Bengkoulen.

1. Petit panier pour mettre le sirih.
2. Poche (*ipou*) pour mettre les objets qui servent quand on mâche le bétel et quand on fume.
3. Etui de bambou (*ourak*) renfermant un instrument dont les gens âgés se servent pour broyer leur sirih.
4. Panier de bambou (*kampè*) dans lequel on emporte, quand ou va travailler aux champs, sa nourriture et les ingrédiens pour mâcher le bétel.

5. Petits couteaux de bambou (*sembilou pelading*) que l'on garde dans un tube plein d'eau et qui servent à couper le tabac.
6. Planchette sur laquelle on coupe le tabac (*bada pangerapan*).
7. Plateau de bambou tressé (*lidai*) sur lequel on fait sécher le tabac après l'avoir coupé.
8. Vase en bois avec pied dans lequel se déposent les ingrédiens pour l'usage du bétel (*cherana kayou*).
9. Trois espèces de boites servant de nécessaires à bétel (*langgouwai, kepai* et *toukou*).
10. Boites (*tampah*) à cigarettes.
11. Etui à cigares (*labou akar*) fait avec la peau du fruit du labou. Div. de Moko-moko.
12. Etuis à cigares faits de feuilles de pandan. Div. de Moko-moko.

226. Boite à bétel et à cigarettes (*tempat sirih dan rokok*) de la div. de Komering-ilir, rés. de Palembang.

227. Ustensiles à mettre le sirih, de la rés. de la Côte or. de Sumatra.

1. Blague (*parnapouranan*) pour le bétel et accessoires.
2. Poche (*tampa-tampa*) pour bétel et accessoires, et en outre pour un petit couteau, une pierre à feu (*batou loting*) et un briquet (*loting*). Cette poche se suspend à l'épaule gauche.

228. Echantillons de gambir (*Uncaria gambir*), cultivé et apprêté dans la rés. de Riouw.

1. Gambir de 1re qualité; prix $ 8,90 —9,80 le pikol.
2. Seconde qualité, $ 8,60—9.60.
3. Troisième qualité, $ 7,50—8,20.
4. Gambir rouge. Il vaut celui de 1re qualité et ne se prépare que pour la consommation indigène; prix $ 12.
5. Gambir blanc. Il ne s'en prépare que peu et il n'est employé que par les indigènes et les Chinois riches; prix $ 0,50 le katti.

6. Modèle d'un atelier où l'on fait cuire les feuilles de gambir et où l'on fait épaissir le jus pour obtenir des gâteaux (*gambir bangsal*) comp. n°. 24 o, page 18.

229. Pipe et nécessaire à bétel de la rés. de Bangka.

230. Boites et ingrédiens à sirih de la rés. de Billitton.

1. Trois sortes de nécessaires à sirih, connues sous les noms de *kerounjouk*, de *karoung belida* et de *sandangan*.
2. Ciseaux (*kachip*) servant à peler et à découper le noix de pinang.

231. Petite boite à chaux pour sirih des pays bataks. — M. Brau de Saint-Pol-Lias, à Paris.

232. Nécessaire à sirih et à tabac de la rés. de Tapanouli (Pangaloan, Silindoung). — G. van Asselt, ancien missionnaire, à Putten en Veluwe.

1. Huit bourses tressées (*hajout*) pour bétel et accessoires.
2. Sept petits étuis à chaux pour bétel.
3. Petite boite à chaux pour bétel.
4. Deux blagues à tabac.
5. Six étuis à cigares.
6. Pipe en laiton (*gendout*).

233. Pipe des îles Pagei ou Nassau (Côte occ. de Sumatra). — Société provinciale des arts et des sciences, à Bois-le-Duc.

234. Ustensiles pour sirih, tabac, opium et vin de palmier, de la rés. de la Côte or. de Sumatra. — Société de Deli, à Amsterdam.

1. Bourse (*gampil toumba*) contenant un nécessaire à sirih pour femmes, soit:
   a. Pince (*Kalikati*).
   b. Boite à chaux (*tagan kinoukout*).
   c. Boite à tabac (*peïtak*).
2. Bourse à sirih pour hommes, contenant:
   a. Boite à chaux (*tagan kinoukout*).
   b. Boite à tabac (*tagan bertoudoung*), sur laquelle est une inscription indiquant pour chaque jour de la semaine s'il est expédient ou non de sortir (une sorte de *koutika*).
   c. Boite à tabac en cuivre (*peïtak*).
   d. Sachet pour les feuilles de sirih (*oupih belah*), en usage seulement parmi les jeunes hommes.
   e. Sachet en ficelle (*anak gampil*) servant de bourse.
   f. Défense de sanglier (*sawi-sawi*) dans laquelle se trouve un charme magique.
   g. Boite à amadou (*taboung santik*) avec silex et briquet.
3. Six bourses à sirih différentes (*gampil*).
4. Boite à tabac en argent (*taboung*).
5. Six boites à tabac de bambou (*taboung boulouh*).
6. Boite à tabac en corne (*taboung tandouk*).
7. Petite boite armée d'argent pour chaux à bétel (*tagan raja*).
8. Boite pour chaux à bétel (*tagan kinoukout*).
9. Pipe pour l'opium (*choulim*).
10. Boite d'écorce (*kepok*), contenant deux autres boites (*sayak*) avec des feuilles de bakal, que l'on mêle à l'opium.
11. Quatre boites différentes pour feuilles de bakal.
12. Poinçons en bois (*jongka*) pour mêler les feuilles de bakal avec l'opium et trois étuis de bambou (*taboung*) où on les met.
13. Tonnelets de bambou (*kitang*) pour le touwak (vin de palmier).

235. Fournitures pour l'usage de l'opium, du tabac et du sirih, de la rés. de la Côte or. de Sumatra. — Dr. B. Hagen, à Tanjong Morawa, Serdang.

1. Feuilles coupées fin, que l'on mêle à l'opium pour le fumer.
2. Gril de bambou (*panalean*) sur lequel on les expose au feu pour les sécher.
3. Quatre étuis (*taboung*) où l'on met ces feuilles.
4. Quatre étuis de bambou pour poinçons employés quand on fume l'opium.
5. Idem en os.

68   GROUPE II. Neuvième Classe.

6. Boite (*parbeounan*) où l'on met le beoun, opium non cuit.
7. Deux pipes pour fumer l'opium.
8. Boite à tabac de corne de buffle.
9. Quatre boites à tabac en bambou sculpté.
10. Deux petites boites à tabac de bambou; l'une porte des inscriptions.
11. Boite à tabac en argent (*partimbahoan*) actogone.
12. Deux boites à tabac tournées, en corne de buffle.
13. Trois boites à chaux en bambou.
14. Boite à chaux (*tagan sitirdiran*) employée par les Bataks Karo-Karo.
15. Boite à chaux (*tagan*) en bronze, de Toba.
16. Deux bourses à sirih tressées.

236. Ustensiles pour stimulants de la rés. de Bantam.

1. Encensoir (*tempat bakar istanggi*) avec ingrédiens.
2. Crachoir rendu nécessaire par l'usage du bétel (*tempat loudah*).
3. Nécessaire à sirih (*tempat sirih*).
4. Ciseaux (*kachip*) pour peler et découper la noix de pinang.

237. Modèles d'un magasin d'opium et d'un cabaret à opium de la rés. de Batavia.

1. Modèle d'un bâtiment où se garde, s'apprête et se vend l'opium. On y voit:
 a. Modèle d'un appareil pour la préparation de l'opium.
 b. Local où l'on pèse l'opium, tant apprêté qu'à l'état brut, et instruments de pesage.
 c. Bureau pour la tenue de livres européenne.
 d. Bureau pour la tenue de livres chinoise.
 e. Appartement du petit caissier.
 f. Caisse.
 g. Magasin d'opium apprêté et à l'état brut.
 h. Local où l'opium apprêté s'empaquette dans des feuilles.
 i. Local où l'opium apprêté s'empaquette dans des boites de fer-blanc.
 j. Bureau du maître magasinier.
 k. Local pour la vente de l'opium apprêté.
 l. Bucher pour le bois à brûler.
 m. Figures en bois réprésentant des employés de l'établissement et des gens qui viennent acheter l'opium.
2. Modèle d'un cabaret pour fumeurs d'opium, avec figurines représentant les clients, et modèles en miniature de tous les accessoires.
3. Ustensiles divers employés pour la préparation de l'opium (grandeur naturelle).
 a. Réchaud en fer.
 b. Chaudière de cuivre (*kouwali tembaga*).
 c. Cuiller en corne, pour puiser.
 d. Cuiller de bois pour tourner l'opium pendant qu'il cuit.
 e. Cuiller de bambou, qui sert à remplir les boites de fer-blanc dans lesquelles l'opium se vend, lorsqu'on en demande d'assez grandes quantités.
 f. Petite balance avec poids (*pking*).
 g. Petite balance chinoise (*dachin*, chin *thing-á*).
 h. Six boites de fer-blanc (*chepouh*, Chin. *tshet-á*), contenant 3, $1\frac{1}{2}$, $\frac{1}{2}$, $\frac{1}{4}$, $\frac{1}{8}$, $\frac{1}{16}$ de thail.
 i. Paquet en feuilles de bambou, montrant comment on empaquette $\frac{1}{100}$ de thail d'opium.
4. Objets qui se trouvent dans un cabaret à opium (grandeur naturelle).
 a. Pipe pour fumeurs riches (*apphin* ou *ounchou-á-madat*).
 b. Pipe pour gens du commun (*ouy-a-thao*).
 c. Petite lampe à la flamme de laquelle on allume l'opium, pour gens du commun (*pelita*, chin. *thing gouwé*).
 d. Lampe pour fumeurs riches (*hong-thing*).
 e. Théière (*thé poia* ou *thé kowan*).
 f. Théière chinoise, dans laquelle on fait bouillir l'eau (*kip siauw*).
 g. Petit réchaud pour faire bouillir l'eau (*hang lauw*).

238. Quelques ustensiles pour la préparation du tabac, de la rés. des régences du Préanger, div. de Soukapoura.

239. Quelques ustensiles pour la préparation

Groupe II. Neuvième Classe.

de l'opium, de la rés. de Rembang.

1. Deux spatules (*sotil* et *gilik*) pour tourner l'opium en cuisson.
2. Chaudière où l'on fait cuire l'opium (*kotakan*).
3. Grille (*pangongan*) sur laquelle on place la chaudière.
4. Bassin (*changkir*) dans lequel on vide l'opium après la cuisson.
5. Spatules (*ngoudek*) pour tourner l'opium en cuisson.
6. Cadre (*chagak sarangan*) pour l'épuration de l'opium après la cuisson.
7. Opium.
8. Petite boîte (*chepouk*) dans laquelle l'acheteur se fait mettre son opium et où il le garde.

240. Boites à sirih et caisses à cigares de la rés. de Sourabaya.

1. Nécessaire à sirih en écaille de tortue.
2. Idem en cuivre.
3. Idem en fer-blanc.
4. Cinq boites pour mettre les cigares.
5. Boite à bétel, deux espèces. Bawean.

241. Ustensiles pour le sirih, le tabac et le vin de palmier, de la rés. de Banyoumas.

1. Boite à sirih ou bétel (*klèpok*).
2. Etui à sirih (*sompet*).
3. Appareil pour sécher le tabac (*indik*).
4. Couteau pour le tabac (*gobed*).
5. Appareil pour couper le tabac (*chachak rajangan bako*).
6. Appareil pour griller le tabac (*pengarongan*) avec accessoires.
7. Petites corbeille pour feuilles de tabac (*rombong*).
8. Onze étuis à cigares (*slepi*).
9. Ustensile pour la préparation du vin de palmier (*chintellan pongkor* et *pongkor*).

242. Ustensiles pour stimulants, de la rés. de Yogyakarta.

1. Pot où l'on fait cuire l'opium (*batokan apyoun*).
2. Etui dans lequel les gens âgés broient leur sirih (*douplak tempat kinang*).
3. Boite à bétel ou sirih (*tempat kinang*).
4. Petit pot de chaux à sirih (*papon tempat injet*).
5. Coffret à sirih (*tempat kinangan*).
6. Etui à cigares (*tempat roko*).
7. Encensoir (*pedoupan*).

243. Appareil pour la dessication du tabac et couteau pour le couper, de la rés. de Madioun.

244. Machine à couper le tabac, couteau, de la rés. de Madoura, div. de Soumenep.

245. Ustensiles pour stimulants, de la rés. de Pasourouan.

1. Nécessaire à sirih en feuilles de pisang tressées.
2. Nécessaire à sirih (*tampat sirih*).
3. Nécessaire à sirih avec jatte de métal (*chemonng*).
4. Nécessaire à sirih (*selepi tempat sirih*).
5. Deux paires de ciseaux à pinang (*kachip*).
6. Petite boite à sirih.
7. Petite boite à tabac (*selepi tempat tembako*).
8. Petite boite pour gambir.
9. Petite boite pour pinang.
10. Godet de pipe à opium.
11. Pipe à tabac (*pipa*).

246. Ustensiles pour le sirih et pour l'extraction du vin de palmier, de la rés. de Probolinggo.

1. Nécessaire à sirih (*selepi*).
2. Six tubes (*goumbing* ou *lodong*) employés pour obtenir le vin du palmier arèn.
3. Puisoir (*chanting*) employé pour l'obtention du vin de palmier.
4. Autre objet (*talou kalappa*) servant dans le même but.

247. Ustensiles pour stimulants de la rés. de Besouki.

1. Petite boîte avec pilon (*lochok*) employée par les gens âgés pour broyer leur sirih.
2. Ustensiles servant à obtenir et à garder le vin du palmier arèn.
3. Table en bambou (*rajangan*) sur laquelle on fait sécher le tabac.

248. Ustensiles pour stimulants de la rés. de Besouki.

1. Moulin à café indigène (*gilingan kopi*).
2. Petit plateau et pilon pour broyer le poivre d'Espagne (*chentouh, oulog*).

249. Deux caissons de tabac chinois. — Dr. A. G. Vorderman, à Batavia.

250. Boites à tabac et sirih avec accessoires. — W. Hoezoo, missionnaire à Samarang.

1. Boite à tabac en fer-blanc.
2. Petite blague à tabac.
3. Deux petites boites à sirih.
4. Plateau à sirih en bois.
5. Plateau à sirih.
6. Pot à sirih en cuivre et cinq pots plus petits.
7. Ciseaux à pinang.

251. Nécessaire à sirih. — H. Joh. Smid, à Dennenoord, près Laren.

252. Modèle en miniature d'un pot à sirih en cuivre (*bon*) de l'extrémité orientale de Java, avec petit étui pour feuilles de sirih, petites boites pour tabac et gambir, et réceptacles pour noix de pinang et chaux. — Me J. M. Brooshooft, à Utrecht.

253. Panier servant de nécessaire à sirih. — J. Kruyt, missionnaire à Mojowarno, rés. de Sourabaya.

254. Stimulants et ustensiles s'y rapportant, de la rés. de Samarang, div. de Salatiga. — H. J. van Swieten, ass.-rés. de Buitenzorg.

1. Pipe pour l'opium (*ourik pekakas madat*).
2. Trois dito (*pedoudan*).
3. Petite boite à opium (*chepouk chandou*).
4. Paquet de cigarettes.

255. Miniatures d'instruments pour la préparation du tabac, de la rés. de Kadou. — B. Stoutjesdyk, à Magelang.

1. Machine à couper le tabac (*pengrajangan*).
2. Plateaux (*rigen*) pour la dessication du tabac.
3. Joug (*pikoulan*) à porteurs, et petits paniers dans lesquels s'emballe le tabac pour le commerce dans l'intérieur.

256. Ustensiles pour stimulants. — A. J. Lebret, à Dordrecht.

1. Deux paires de ciseaux pour les noix de pinang.
2. Deux boites à sirih ou bétel (*slepi*).
3. Petite boite à sirih en feuille de pandan.
4. Boite de poche pour sirih.
5. Deux nécessaires à sirih dans des boites de cuivre.
6. Pipe pour l'opium.

257. Modèles en miniature d'ustensiles pour stimulants. — Mlle P. Delprat, à Amsterdam.

1. Tube où se garde le vin du palmier arèn (*lodong*).
2. Etui et pilon (*chotaon*) où les gens âgés broient leur sirih.
3. Machine à couper le tabac (*pangrajangan*).

258. Etui (*kompeh*) servant surtout à tenir ce qu'il faut pour l'usage du bétel; de la rés. de Bali et Lombak.

NB. Avec cet étui vont:
a. Deux petites boites (*chopok* ou *kopah*) réunies au moyen d'un cordon, destinées, l'une au tabac, l'autre aux noix de pinang.
b. Une petite boite de cuivre pour la chaux à sirih (*selepa*).
c. Des ciseaux à pinang (*chakat*).

259 Ustensiles pour stimulants, de la Div. mér. et or. de Borneo.

1. Boite à sirih dayake (*tepa*).
2. Petit panier à bétel (*choupikan*).
3. Ustensiles employés pour se procurer la sève sucrée du palmier arèn, soit:
a. Couteau (*pisau*).
b. Battoir (*pamoukoul mangan*).
c. Tube de bambou (*toukil*).
d. Palissade pour écarter les souris, etc.

260. Cigares et boites à bétel de la rés. de Menado.

1. Deux paquets de cigarettes indigènes, avec feuille de tabac pour enveloppe.
2. Boites à sirih (T.B. *lelemaän*, T.P. *tetengaän*).

261. Ustensiles pour stimulants, de la rés. de Ternate.

1. Maillet ou battoir avec lequel on frappe le tronc du palmier arèn (*hokipongo* ou *pamoukoul*). Galela, Halmaheira.
2. Tube (*tiba* ou *gatta*) où se recueille le vin de palmier. Galela.
3. Petite corbeille de bambou (*tagalaya*), servant à mettre le sirih, le tabac ou l'argent. Galela.
4. Boite à tabac ou à cigares (*lopalopa*). Galela.
5. Deux boites à sirih (*toupa*), de feuilles de tabisasou et d'antimoine. Galela.
6. Boite à sirih (*kabila*) de feuilles de tabisasou et d'antimoine. Maba, Halmaheira.
7. Boite à sirih de feuilles de tabisasou et d'antimoine. Tobelo, Halmaheira.
8. Boite à sirih (*kabila*) de feuilles de tabisasou et d'antimoine. Soula.

9. Guéridon portant des cigares, du tabac coupé et des feuilles desséchées du palmier arèn, dont on se sert pour enveloppe extérieure des cigares. Ternate.
10. Quatorze échantillons de tabac de Makian.
11. Tabac empaqueté dans la feuille du woka (*Levistona rotundifolia* Mart).
12. Echantillon de tabac à fumer.
13. Echantillon de tabac à chiquer.
14. Feuille de woka cuite et non cuite.

262. Quatorze étuis à chaux en bambou et en feuilles de tabisasou, et un fait avec la calebasse de la Nouvelle-Guinée.

263. Stimulants de la rés. d'Amboine.

1. Trois bouteilles de vin du chou palmiste distillé.
2. Bouteille de vin de palmier distillé, de Ouw, île de Saparoua.
3. Grand pot de terre avec couvercle, contenant un modèle en miniature de l'appareil à distiller le vin du chou palmiste, soit:
a. Fourneau.
b. Chaudière avec couvercle.
c. Levier.

264. Stimulants de la rés. de Timor.

Bouteille de *sopi Rotti*, espèce de spiritueux. Ile de Rotti.

265. Deux étuis à cigares en bambou, de l'île de Grande Banda. — J. F. H. Bekhuis, à Leeuwarde.

266. Quatre étuis à cigares des Indiens. — C. J. Hering, à Surinam.

267. Etuis à cigares des Indiens. — S. A. Ryhen, à Surinam.

F. Mœurs et coutumes; noces, funérailles, jeux, amusements populaires, etc.

268. Costume complet d'épouse du Haut-Pays de Padang.

a. Ornement pour la tête (*bounga sanggoul*).
b. Camisole qui tombe jusqu'aux genoux (*bajou talipou*).
c. Sarong ou jupe composé de cinq pièces d'étoffe superposées (*saldrang* ou *lamba lima lampis*).
d. Deux pièces d'étoffe semblables, jetées comme un châle sur l'épaule droite (*selendang* ou *kain oujong sarat*).

269. Modèle d'un lit de parade avec accessoires, pour le premier mariage d'une jeune fille de condition du Bas-Pays de Padang.

NB. Les principaux objets qui figurent dans la procession qui amène l'époux dans la demeure de l'épouse sont

a. Deux grands parasols ou payoungs.
b. Deux banières qui l'on plante dans le sol (*merawal*).
c. Deux alams.
d. Deux kain sagalah.
e. Deux kain sampai.
f. Lance et miroir.
g. Deux tamba bandoungan.
h. Un bouclier (*parisai*).
i. Un sabre nu et son fourreau.
j. De petits bassins ou gongs de métal (*momongan*).
k. Deux gandangs.
l. Une clarinette indigène.
m. Une corbeille ou une boîte avec ce qu'il faut pour mâcher le bétel (*langgouai*).
n. Un nécessaire à sirih en cuivre (*cherano*).
o. Un gôbôyô avec sa natte, sur lequel se porte le mouchoir de tête (*ikat*) de l'époux.
p. Un coffret de cigarettes pour l'époux.
q. Une pipe pour le tabac.
r. Une canne à pommeau d'argent.

Pendant les cérémonies on fait en outre usage des objets suivants.

a. Un kasour pandaq.
b. Un dai.
c. Un tabouh.
d. Un agoung.
e. Un violon à trois cordes (*rabab*).
f. Une espèce de harpe (*kouchapir*).
g. Deux flûtes longues (*sabang* et *souling*).
h. Une flûte ordinaire (*lansi*).
i. Deux tambours.

270. Bouclier (*parisai basolam*) qui figure dans les cérémonies de mariage du Bas-Pays de Padang.

271. Objets qui figurent dans les jeux populaires du Bas-Pays de Padang.

1. Quatre nattes sur lesquelles on a peint des figures, et une toupie (*dadou*), servant au jeu de dés.
2. Quatre dés indigènes (*dadou*).
3. Éperons artificiels et accessoires pour combats de coqs (*taji saboun ayam jô taboungnya*).
4. Deux étuis contenant dix tajis ou éperons de coqs de combat.
5. Balle de rotin (*ragô*) pour le jeu de balle.
6. Toupie (*gasing kayou*).
7. Toupie bourdonnante (*gasing boulou*).

272. Une toupie (*goalo*), seul jouet des enfants de l'île de Nias.

273. Costumes, parures, etc. en usage pour les mariages dans la rés. de Bengkoulen.

1. Costumes complets pour un couple.
A. *Pour l'époux.*
a. Jupe de soie (*sarong*).
b. Mouchoir de tête.
c. Deux châles de soie (*salendang*).
d. Lance.
e. Kris.
B. *Pour l'épouse.*
a. Jupe de soie (*sarong*).
b. Quatre-vingt-douze bracelets d'argent.

Groupe II. Neuvième Classe. 73

   c. Assortiments de boucles d'oreilles en or.
   d. Une ceinture en argent.
   e. Un collier de ryksdaalders.
   f. Peigne.
   g. Toupet avec monaies d'argent.
   h. Tampoung de menue monaie.
   i. Tajouk.
   j. Quatre épingles à cheveux.
   k. Quatre anneaux d'argent.
   l. Châle de soie (*salendang*).
   m. Mouchoir de poche de soie.

NB. Tous ces objets ont été envoyés à l'exposition par des indigènes.

2. Costumes de mariés de la div. de Selouma, et lance de l'époux.
3. Modèle de la chambre nuptiale, chef-lieu Bengkoulen.

NB. Déjà longtemps avant que le jour du mariage soit fixé on prépare la confection et l'étalage des objets nécessaires pour meubler et orner la chambre nuptiale. Tous ces objets coûtant fort cher, bien des personnes sont obligées de se contenter de les emprunter.

   Le jour du mariage ne se fixe pas sans le consentement des prêtres et sans avoir soin que ce soit un jour de bon augure. Quand il est arrivé, on porte chez l'époux le palanquin (*olman*) désigné dans le modèle par la lettre A. Il y prend place en costume de marié et quatre ou six hommes le portent à la maison de l'épouse; devant lui marchent en chantant un grand nombre d'ecclésiastiques.

   Arrivé chez la fiancée, on le conduit dans le cabinet marqué B (*lamin*), qui ne fait pas à proprement parler partie de la chambre nuptiale, et où il prend place. C'est là qu'il voit pour la première fois sa future, qu'on y amène en toilette de mariée et qui prend place à côté de lui. Pendant une demi-heure le couple reste ainsi pour se faire voir aux gens de la noce. Il se rendent ensuite dans la chambre nuptiale et se placent devant le lit.

   Les objets marqués C. D et E. ne servent que d'ornements. La paroi (*sampiran*) marquée F sert à suspendre pour les exposer les beaux habits de l'époux et de l'épouse.

   Les poupées assises devant les époux portent le nom d'*Indouk Inang* et représentent des personnes spécialement désignées pour leur service.

   Quand le couple s'est soumis une couple d'heures à ces formalités pendant que les couriés mangent et boivent, l'époux retourne chez lui et les cérémonies du premier jour prennent fin.

   Le rideau qui est devant le lit s'appelle *dalansé*, le lit lui-même *katil*. On donne le nom de *tirai solok* aux franges dont toute la chambre est ornée.

4. Franges (*tirai solok*) pour les murs d'une chambre nuptiale
5. Tapis travaillé à la main (*stangan bersouji*) sur lequel dans le chef-lieu on a l'habitude de porter processionnellement les cigarettes et le nécessaire à sirih des mariés.
6. Tapis divers (*delama*) au moyen desquels lors des noces on cache le couvercle (*toudoung*) du plat de riz des époux.

274. Toilette de mariée, etc. de la rés. des Lampongs, div. de Sekampong.

1. Deux couronnes de papier (*pandan kartas*) portées sur la tête pendant les fêtes par les jeunes filles et par les jeunes hommes mariés et célibataires

NB. La première sorte n'est plus en usage.

2. Couronne de verroterie (*bouwah cheremei*) portée dans les fêtes par les jeunes gens des deux sexes.
3. Epingles à cheveux (*kouchouk chambei*) portées par les jeunes filles pendant les fêtes.
4. Jouets d'enfants (*chouping kekang*) en bambou, servant aussi d'ornements.
5. Chapeau de mariée en rotin (*terindak*); actuellement remplacé par le parasol européen.

275. Objets figurant dans les combats de coqs dans la rés. des Lampongs.

1. Boîte contenant neuf éperons de coqs (*sesarongan taji*).
2. Petite pierre à aiguiser (*aringan*) pour les éperons.

3. Planchette pour repasser les éperons (*gabous*).
4. Instrument où se fixent les éperons pour les frotter de jus de citron (*pemachek taji*).
5. Ficelle faite de fil indigène, servant à attacher les éperons (*boulang*).
6. Encens (*mennyan*) que l'on brûle comme offrande avant de commencer les combats de coqs.

276. Mœurs des Bataks, rés. de Tapanouli, Pangaloan, Silindoung. — G. van Asselt, ancien missionnaire, à Putten en Veluwe.

a. Étui à cigares pour époux, et sac à sirih avec lequel on offre le bétel aux mariés.
b. Lettre écrite par un mari à sa femme pour l'engager à revenir après qu'elle s'est enfuie. Plusieurs objets symboliques sont joints à la lettre. C'est un sac inachevé, qui doit rappeler à la femme que sa tâche dans les rizières n'est pas achevée; un morceau de charbon, qui signifie que le feu du foyer s'est éteint et qu'il n'y a personne pour faire cuire la nourriture de son mari; un os, qui doit l'assurer que si elle revient son mari l'entretiendra soigneusement pendant sa vie et lui donnera une sépulture honorable après sa mort; une mèche de cheveux, une échelle et un croc, qui signifient que son mari la considère comme lui appartenant et qu'elle ne peut pas monter si haut ou s'en aller si loin qu'il ne l'atteigne ou ne la tire à soi.
c. Cercueil de chef considérable.

277. Poteau de torture des Bataks (*toungkal pengkalouan*). — Société provinciale des arts et des sciences, à Bois-le-Duc.

NB. On attache les prisonniers de guerre à ce poteau pour les tuer; on fait ensuite du poteau une canne longue de 4 ou 5 pieds, sur laquelle on sculpte par devant des figures d'hommes dans toutes sortes d'attitudes, et par derrière des figures d'animaux. La partie supérieure représente une tête de femme; on y attache les cheveux de la victime.

Cette canne sert d'amulette pour la guerre, pour la moisson, pour faire la pluie ou le beau temps, pour guérir les malades, etc. On lui offre du riz, des fruits, des fleurs, du sirih, etc.

278. Objets servant à des buts spéciaux ou aux jeux chez les Bataks. — Dr. B. Hagen, à Tanjong Morawa, Sendang.

a. Instrument servant à la circoncision (*niapit*); 2 ex.
NB. Les garçons bataks se circoncisent eux-mêmes. Ils se servent de cet instrument lorsqu'ils veulent éviter le couteau. On pince le prépuce entre les deux parties de l'ustensile, puis de jour en jour on ferme ce dernier un peu plus en avançant l'anneau dont il est muni. De quatre à six jours suffisent pour que le prépuce tombe de lui-même.
D'après van der Tuuk *hapit* signifie roulé serré, et l'on peut se demander si le nom de l'instrument ne serait peut-être pas *si-hapit*.

b. Persimbraen, 2 ex. Lapilli trianguli albi, qui parvarum incisionum ope, saepe numero 20 v. 30, sub cutem penis ingeruntur, ad augendam in coïtu mulierum voluptatem.
NB. Persimbraen doit probablement se lire *parsimboraon*; racine *simbora*, plomb. D'après van der Tuuk, ces objets s'appellent *boungkal* en daïrique.

c. Espèce de jouet d'enfants; on tient le manche à la main et l'on fait tourner la pièce plate et large, ce qui produit un ronflement.
d. Deux dés à jouer (*dala*).

279. Trois dés à jouer (*rampah*) de la Côte or. de Sumatra. — Société de Deli, à Amsterdam.

280. Balle en rotin pour la raquette (*sipak raga*), en usage dans la rés. de Riouw.

**281. Modèle d'un cer-

GROUPE II. Neuvième Classe. 75

cueil pour Chinois riche, lequel se fait en bois de kledang ou de darou-darou et modèle d'un cercueil de pauvre, lequel se fait de »bois sauvage" (*kayou lampang*). Rés. de Riouw.

282. Tombes et funérailles dans la rés. de Bangka.
1. Tombeau d'un Chinois riche.
2. Cercueil chinois.
3. Tombeaux indigènes.
4. Civière pour un homme.
5. Civière pour une femme.

283. Objets servant aux jeux dans la rés. de Bangka.
1. Balle qu'on lance avec les pieds (*sipak raga*).
2. Toupie.
3. Sarbacane.

284. Présents que le marié et la mariée se font réciproquement dans la rés. de Chéribon.
1. Camisole de fêtes et d'assemblées portée par de jeunes mariés dans la dessa de Jounti-nyouwah, distr. de Karangampel, div. d'Indramayou; tissée par la mariée et donnée par elle à son époux.
2. Broche et chaîne d'argent portées dans la même dessa par les jeunes mariées, comme présent de leur époux.

285. Photographies d'une épouse et d'un époux soundanais, de la rés. des régences du Préanger.

286. Tapisserie tissée dont on couvre pour les fêtes les parois en bambou des maisons (*kasang jinem* et *kasang jinour*), des rég. du Préanger, div. de Tasik Malaya. — B. H. H. Ravenswaay, ass.-rés. à Tasik Malaya.

287. Jouets d'enfants et jeux d'adultes, de la rés. de Semarang, div. de Salatiga. — H. J. van Swieten, ass.-rés. à Buitenzorg.
a. Jouet d'enfant (*rindingan mainan anak*).
b. Jouet d'enfant (*wayang*).
c. Six jouets d'enfants (*barong*).
d. Deux éventails d'enfants (*kitiran*).
e. Modèles de dessin (*gambar kouda g. ayam chèchètan, g. klempingan*).
f. Trois poupées de bois (*wayang golèk*).
g. Trois toupies (*gangsingan*).
h. Quatre rinjings.
i. Deux petites flûtes de bambou (*souling bambou*).
j. Deux cerfs-volants.
k. Cartes chinoises (*kartou china*).
l. „ „ (*ponghauw*).
m. „ „ (*kartou chap jiki*).
n. „ „ (*sam kiok poang*).
o. „ „ (*chap jiki*).
p. Jeu chinois (*pinchir*).
q. Jeu chinois (*liampo*).

288. Modèle du jeu de dakon qui se joue par les femmes et les enfants avec des pepins de sawou. — W. Hoezoo, missionnaire à Samarang.

289. Modèle d'un tombeau de la rés. de Samarang. — W. Hoezoo, missionnaire à Samarang.

290. Pieux plantés à la tête et aux pieds d'une tombe de la rés. de Sourabaya.

291. Jouets de Java. — J. Kruyt, missionnaire à Mojowarno, rés. de Sourabaya.
1. Chaudron de cuivre.
2. Pot de cuivre.
3. Deux cruches à boire de cuivre.
4. Cafetière de cuivre.
5. Chambre à coucher.
6. Trois paniers à riz.
7. Puisoirs à riz.
8. Plateau de bois.

GROUPE II. Neuvième Classe.

9. Tambourin.
10. Paire de sabots.
11. Miroir.
12. Table à tiroirs.
13. Poêle en cuivre.
14. Éventail.
15. Réchaud de terre.
16. Rôtissoire.
17. Cruche à boire de terre.
18. Deux plats de terre.
19. Cache-maille.
20. Deux petits bancs.
21. Nécessaire à sirih en sept pièces.
22. Deux crachoirs.
23. Deux toupies pleines.
24. Poupée de bois.
25. Deux poupées.
26. Deux trompettes.
27. Tambour.
28. Objet qui sert au jeu de bengkat.

292. Civières et tombeau de la rés. de Banyoumas.

1. Civière pour indigènes de haut rang.
2. Civière pour gens du commun.
3. Tombe indigène.

293. Objets employés dans les jeux dans la rés. de Banyoumas.

1. Espèce de toupie (*bikir*).
2. Sac de jouets contenant:
   a. Panggal avec ficelle.
   b. Gansingan (*toupie*).
   c. Panggal pring avec petit bâton et ficelle.
   d. Deux billes et petit bâton.
3. Jeu de patience (*soulapan*).
4. Cheval de bambou entrelacé (*èbèk*), servant de jouet.

294. Objets figurant dans les noces dans la rés. de Bagelèn.

1. Appareil en usage dans les processions nuptiales à Kouto Arjo (*kouda kèpong*); $\frac{1}{5}$ de la gr. nat.
2. Appareil de même usage (*barangan*); $\frac{1}{5}$ de la gr. nat.
3. Boîte de dessins coloriés représentant toutes les cérémonies qui précèdent et qui accompagnent le mariage.

295. Jouets de la rés. de Bagelèn, div. de Koutoarjo.

1. Espèce de jeu de dames (*damdam-an*).
2. Fruits du bendo, servant à une espèce de jeu de paume (*bengkat*).
3. Noix du kimiri, servant à une espèce de jeu de paume (*lowo* et *jirak*).
4. Trois sortes de toupies javanaises.
5. Espèce de toupies (*gangsingan bambou*, *gansingan nyamplang*).
6. Autre espèce de toupie.
7. Poupées d'enfants (*jalang-jalingan*).
8. Noyaux de l'arbre sawou, servant à une espèce de jeu de paume (*koubouk*).
9. Petite flûte que l'on attache à la queue d'un pigeon et qui produit un son quand le pigeon vole (*sawangan*).

296. Représentation d'un couple de mariés des Pakis Taji, accompagnée d'une explication. — Raden Adipati Sosro Negoro, Régent de Sourakarta.

297. Tombeaux de la rés. de Madoura.

1. Modèle du cimetière princier d'Asta à Soumenep et de son porche.
2. Deux tombeaux d'ancien modèle pour membres de la famille régnante. Soumenep.
3. Deux dito, nouveau modèle. Soumenep.
4. Tombes indigènes pour hommes. Pamekassan.
5. Dito pour femmes. Pamekassan.

298. Représentation de courses de taureaux, très aimées des habitants de Madoura. Pamekassan, rés. de Madoura.

299. Parure de mariés de la rés. de Pasourouan.

1. Collection d'objets de parure des mariés, au $\frac{1}{3}$ de la gr. nat., faits de cuivre doré (*prangkat klat baou*), soit:
   a. Bracelets (*gelang*).
   b. Dito (*klat baou*) pour le haut du bras.
   c. Collier (*kaloung*).
   d. Ornement pour la tête (*jamang*).

e. Ornement de fleurs, que l'on attache à l'ornement de la tête (*rounchi*).

300. Selle et harnachement de tournoi (*senènnan*) de la rés. de Pasourouan.

301. Amusements populaires de la rés. de Probolinggo.

1. Endroit où l'on garde les grillons de combat.
2. Equippement de taureaux de courses, soit :
   a. Sabrak sapi krapan.
   b. Tapon sapi krapan.
   c. Satong sapi krapan.
   d. Kaloungaya sapi krapan.

302. Amusements populaires de la rés. de Besouki.

1. Couple de taureaux de courses.
2. Deux espèces de cerfs-volants (*tok tèkang* et *boulonan*).

303. Jouet (*pemaénan*) de l'extrémité orientale de Java.

304. Modèle d'un appareil pour la crémation d'un cadavre, au $^1/_5$ de la gr. nat. (*badé*); de Bali.

305. Amusements populaires de l'île de Bali.

1. Poupée de bois représentant une danseuse (*joged*).
2. Toupie pleine (*gangsing*).
3. Toupie creuse.

NB. Ce jouet n'est pas fort prisé à Bali; on ne l'y fabrique guère; il y vient de Banyouwangi.

306. Objets figurant aux noces dans la Div. occ. de Borneo.

1, Coiffure d'un marié bouginois (*koupiah kebou*), div. de Soungei Kakap.
2. Lit de parade avec accessoires, pour noces qui se célèbrent dans le kraton du sultan de Pontianak ou pour celles de personnages considérables (*gota peradouoan*).

307. Objets employés pour les funérailles par les Dayaks de la rés. de la Div. mér. et or. de Borneo.

1. Cercueil dayak, modèle en petit (*raoung*).
2. Local où se déposent les cadavres (*sandoung raoung*).
3. Idem pour les ossements (*sandoung toulang*).
4. Idem pour les cendres (*sandoung kariring*).

308. Deux maisonnettes de morts (*blèh*) **avec les images qui en font partie, et cercueil** (*tong*) **en bois de dourian, des Dayaks Longwai sur la Wahau, affluent de gauche de la Mahakam. — Le Sultan de Koutei, Div. mér. et or. de Borneo.**

NB. Les images sont les suivantes:
1. Deux représentent des hommes (*bing ngok*).
2. Deux représentent des femmes (*bing kendam*).
3. Images de tigres (*tong lijou*).

Les Dayaks placent ces images avec des têtes volées sous les maisonnettes de morts; ils placent aussi les images humaines devant les maisonnettes.

309. Deux anciens cercueils trouvés dans l'île de Saleier, gouv^t. de Célèbes et dépendances.

NB. M. H. E. D. Engelhard, contrôleur de 1re classe dans les Possessions extérieures a bien voulu nous fournir sur ces cercueils les indications suivantes: „J'ai trouvé en 1879 plusieurs autres cercueils semblables, mieux travaillés, surtout pour les couvercles, dans plus d'une des régences de l'île de Saleier. Ils étaient dans des trous, des grottes, des cavernes qui existent là en grand nombre et dont les abords ne sont peut-être pas dangereux, mais certainement peu praticables, car toutes ces grottes se trouvent dans des endroits extrêmement rocailleux. Il y avait encore dans quelques unes des ossements et des crânes, ainsi que des incisives qui *n'avaient pas été* limées.

„Le sol de ces excavations est toujours couvert d'une couche assez épaisse d'ossements décomposés. Dans presque toutes se trouvent des ustensiles de toutes sortes, quelques uns assez bien conservés, mais pour le plus grand nombre presque entièrement détruits.

„Il n'a pas été possible d'obtenir des chefs et des autres habitants de l'île de renseignements certains sur la provenance de ces cercueils. Les meilleures informations pourront être données par M. C. C. Tromp, Gouverneur de Célèbes et dépendances, à qui revient la découverte des cercueils et qui aussi les a envoyés, ou fait envoyer, à l'exposition.

„Quant à mon opinion personnelle, tant sur la provenance des cercueils que sur d'autres points, je l'expose dans un opuscule sur l'île de Saleier qui va bientôt être publié et qui sera accompagné de cartes et de dessins représentant plusieurs de ces cercueils."

310. Deux modèles de pots ou urnes en pierre, au 1/10 environ de la gr. nat., dans lesquels les Alfours de la rés. de Menado enterrent leurs morts (*timboukar* T.P., *tiwoukar* T.B.).

NB. Le timboukar se taille dans un bloc d'une espèce de pierre tendre, qui se trouve surtout dans les forêts, et qui se durcit quand elle est exposée à l'air. L'urne est en deux pièces; l'urne proprement dite, qui est carrée, et un couvercle en forme de toit. On y dépose le cadavre accroupi. Autrefois on enterrait à moitié ces urnes dans le terrain vide à côté de la maison; le gouvernement a prohibé cet usage et exige que les urnes soient transportées en dehors des villages.

311. Amusements populaires de la rés. de Ternate.

1. Boucliers (*salawako*) portés dans les fêtes. Ternate.
2. Poupée représentant un danseur du sultan (*dandansa*). Ternate.
3. Idem, danseuse (*lego-lego*). Ternate.
4. Sculptures alfoures sur bois (*dalou magogouroutou*) qui figurent dans les fêtes. Galela, Halmaheira.
5. Table sur laquelle on mange quand il y a fête (*padangan*). Galela.
6. Bouclier et arme alfours, portés dans les fêtes (*salawako* et *goti*). Galela.
7. Arc alfour pour les concours de tir (*snapan joubi*). Galela.

312. Couple de mariés amboinais dans le costume encore maintenant en usage. — W. J. Vrijbergen, à Amboine.

313. Eperons pour coqs de combat (*taji*), probablement de Java ou de Sumatra. A. J. Lebret, à Dordrecht.

314. Couronne de plumes dont les hommes se parent dans les îles des Caraïbes pour les fêtes de danses. — Société provinciale des arts et des sciences, à Bois-le-Duc.

315. Arc et flêches pour enfants de nègres marrons. — J. Kersten, à Surinam.

316. Représentations plastiques de deux fêtes d'indigènes de Surinam, l'une dans une hutte de nègres, l'autre dans une cabane d'Indiens. — J. J. F. de Ruyter, à Amsterdam.

Dixième Classe.

MOYENS D'EXISTENCE.

A. Chasse et pêche.

En Amérique et plus encore dans l'archipel indien nos possessions d'outre-mer ont une riche faune; la vie pullule sur la terre et dans les eaux, dans l'air et sous la surface du sol. L'exubérance de vie n'y est pas moins étonnante que l'infinie multiplicité des formes sous lesquelles elle se manifeste, que le nombre de genres, d'espèces, de races et de variétés dont il nous a été donné peu à peu d'y constater l'existence.

Partout l'homme s'est toujours efforcé de s'asservir ce monde animé, afin de l'utiliser pour se nourrir, se vêtir, se parer, pour faciliter ses travaux, en un mot pour l'aider à satisfaire tous les besoins de son existence sociale et individuelle. La chasse et la pêche en sont ainsi venues à prendre une grande importance économique et offrent un sujet d'étude aussi attrayant que vaste, très important pour l'histoire du développement de l'homme et de la société; l'intérêt redouble lorsque, comme c'est le cas pour nos possessions, cette étude a pour objet tout un ensemble de races humaines fort diverses, où sont représentés un grand nombre de degrés de culture, depuis une civilisation relativement avancée jusqu'à la sauvagerie presque complète.

Notre sujet comporte ainsi une étude, non seulement économique, mais en même temps ethnographipue, et il touche à tant de matières qu'il ne sera pas possible de tout faire rentrer dans une exposition générale et unique. Il nous faut nous résoudre à faire des divisions que nous traiterons les unes après les autres. Il sera tout naturel de séparer ce qui regarde les Indes occidentales de ce qui regarde les Indes orientales, et aussi de traiter successivement à part de la *chasse*, puis de la *pêche*.

I. Chasse. — A. *Archipel des Indes néerlandaises.* — La chasse se pratique encore dans tout l'Archipel; cependant elle a beaucoup perdu de son importance dans la partie occidentale. Du reste il y a longtemps que dans ces contrées elle a cessé d'être une nécessité impérieuse de la lutte pour l'existence et on l'y exerce souvent plutôt comme un plaisir que comme un métier.

Même dans les régions peu civilisées de l'intérieur de Borneo et dans toute la partie orientale de notre archipel, où elle s'exerce pour l'utilité et où elle produit certains articles de commerce importants pour les marchés des Indes et pour ceux de l'Europe, elle n'a jamais acquis l'importance de sa sœur, la pêche. Il y a bien des raisons pour cla. De tout temps la chasse a été beaucoup plus pénible que la pêche et le produit en a été plus incertain; pendant longtemps les engins de chasse sont restés très imparfaits; à l'époque moderne les grands défrichements et le développement de l'agriculture ont refoulé le gibier et par cela même l'ont fait considérablement diminuer. Voilà amplement de quoi expliquer pourquoi la chasse n'a jamais été exercée que par une partie restreinte de la population et n'a jamais été la principale occupation de celle-ci. Pourtant deux autres causes encore ont considérablement contribué à restreinde l'exercice de la chasse. C'est, premièrement, la forme despotique des gouvernements, à la faveur de laquelle les princes se sont réservé le monopole de certaines chasses; secondement les lois religieuses, qui interdisent aux chasseurs l'usage de plusieurs sortes de gibier, et justement de celles qui sont les plus fortement représentées.

Nous allons passer en revue les différentes espèce de gibier ainsi que les engins dont on se sert pour s'en emparer. Nous nous bornons aux engins actuellement en usage.

Bêtes féroces. — *Tigres et panthères.* On ne fait la chasse qu'à quelques unes des plus grandes espèces du genre *Felis*. Ce sont:

1°. Le *tigre royal* ou *tigre rayé*, *machan lorek* ou *gèmbong*, *rimau* ou *arimau* (*Felis tigris*), le plus grand et le plus fort de tous les carnassiers, limité, dans notre archipel, à Java et à Sumatra; il présente des variétés locales de robe et de taille; quoique il ait diminué, il est encore abondant.

2°. La *panthère* ou *tigre tacheté*, *machan toutoul* (*Felis pardus*), dont la *panthère noire*, *machan kòmbang*, qui a parfois été désignée comme formant une espèce à part, n'est qu'une variété accidentelle, et au fond pas même cela, puisque l'on a plus d'une fois trouvé réunis dans une même nichée des individus noirs et des individus à robe tachetée comme d'ordinaire, tous petits des mêmes parents. Les peaux noires n'ont pas toute la même intensité de couleur; mais on peut toujours distinguer les taches, même sur les plus foncées, quand on les regarde en y faisant tomber le jour de côté.

Comme le tigre, la panthère vulgaire est limitée dans notre archipel à Java et à Sumatra. A Borneo elle est remplacée par une espèce dont les taches sont beaucoup plus grandes et un peu anguleuses (*Felis macrocelis*).

Les autres îles ne possèdent pas de grands animaux du genre *Felis*. Les petites espèces, *blajan*, *kouwouk*, etc. (*Felis planiceps*, *minuta*, etc.) sont plus répandues; mais on ne les chasse pas.

Il existe plusieurs manières de chasser le tigre et la panthère. Dans certaines contrées, par exemple dans la partie centrale de Java, on ne se presse pas de poursuivre ces animaux. On s'est en effet aperçu que la destruction des tigres avait pour conséquence presque immédiate une augmentation du nombre des sangliers, qui sont des plus nuisibles à l'agriculture, tandis que ce n'est que dans quelques régions très reculées, par exemple dans certains districts des régences du Préanger, que la population a réellement à souffrir de leur présence. Si parfois ils se montrent trop entreprenants ou si pour toute autre raison l'on décide de leur faire la chasse, c'est à la battue que l'on a recours, et l'on se sert du fusil ou de la pique pour tuer le gibier qui a été traqué; parfois aussi on l'attaque à cheval avec le kléwang. Quelquefois on cherche à surprendre le tigre en épiant ses allées et venues, parfois aussi on lui tend des pièges; mais quand on n'organise pas de battue en grand, les méthodes de beaucoup les plus en usage sont les deux suivantes:

1º. On tend de solides trappes, dont la construction repose sur le même principe que nos anciennes souricières; naturellement elles ont de tout autres proportions; comme appât on y met une chèvre. Comme c'est le seul moyen de prendre les tigres vivants et, quand on les a pris, de les transporter sans les blesser, ces trappes ont depuis très longtemps été fort employées. On y a encore recours maintenant, quoique on ait beaucoup moins besoin de tigres vivants qu'autrefois, lorsque l'on croyait ne pas pouvoir avoir de senennan ni de fête populaire, même restreinte, sans combats de tigres, lorsque tout empereur ou sultan avait ses parcs et ses loges à tigres, bien remplis, que tout haut fonctionnaire, tout régent, que maint riche chef de district même croyaient se devoir à eux-mêmes de suivre cet exemple. Pauvres chiens des kampongs environnants! La loge à tigres était leur terreur. Leur instinct leur faisait pressentir sans doute que là devait se terminer tôt ou tard leur existence.

Tout cela a bien diminué. Mais il se fait encore des combats de tigres et il y a encore des loges à tigres, et par conséquent on demande encore de temps en temps des tigres vivants. C'est moins toutefois qu'on n'en prend et le plus souvent, quand il s'en trouve un dans une trappe, celle-ci s'en va tout simplement à la rivière ou à l'étang le plus proches, et on l'y laisse dans l'eau jusqu'à ce que le carnassier ait péri, sans gloire, mais aussi sans que sa robe ait souffert. Le chasseur obtient en faisant voir la peau la prime que le gouvernement accorde pour la destruction des tigres, après quoi il peut encore d'ordinaire la vendre à bon prix.

2°. On tue le gibier au moyen de poison ingénieusement introduit sous la peau ou dans la chair de l'animal qui sert d'appât, veau, mouton, chèvre, chien, etc.

Les poisons les plus employés dans ce but sont le *Wali-kambing* ou *Kala-kambing* (*Sarcolobus Spanoghei* [et *dichotomus*?] asclépiadées, Miquel, Flore des I. néerl., II, 502), et quelques strychnacées, en particulier le *Chetik* (*Strychnos tieute*, Miq., II, 381), auquel cependant on donne souvent le nom, plus connu, du *Wali-kambing*, de même qu'à quelques ménispermacées, le *Brata-wali* et l'*Anda-wali* (*Tinospora crispa* et *Anamirta Cocculus*, Miq., I, 77 et 78). Le plus employé est le premier de cette liste, le vrai *Wali-kambing*; ce poison est moins violent que le *Chetik*, mais le tigre en soupçonne moins aisément la présence. De plus la chair de l'animal tué par ce poison reste mangeable, ce qui n'est pas le cas pour l'autre, et l'on tient à cette propriété parce qu'on mange parfois la chair du tigre, qui passe pour fortifiante et pour avoir une vertu antirhumatismale. C'est ce qui fait qu'on emploie la même substance contre d'autres animaux encore, par exemple contre les sangliers. Il existe d'autres moyens de destruction employés parfois contre le tigre, chausse-trappes empoisonnées, flèches et piques à ressort, lacets, couches de feuilles plongées dans la glu; mais ces moyens ne s'emploient que dans certaines localités et nous ne croyons pas devoir nous y arrêter.

Les dents, les griffes et les moustaches du tigre sont recherchées par les indigènes et se vendent donc aisément sur place. Les peaux ne forment pas un article de commerce général. Quelques unes vont de Java, plus encore de Sumatra, directement en Europe; mais le plus grand nombre restent dans l'Archipel, où on les utilise pour en faire des tapis, des ornements, de la sellerie, des engins de chasse, etc.; d'ordinaire on les prépare mal et, l'humidité et les insectes aidant, elles perdent promptement leur lustre et se détruisent. On fait des peaux de *panthères de Borneo* (*Felis macrocelis*) un commerce un peu plus régulier; elles sont recherchées sur les marchés de Borneo central pour l'équippement des guerriers de mainte tribu dayake; on en fait alors des cottes d'armes et des couvertures de boucliers. On les exporte aussi à Célèbes, à Bima et dans d'autres endroits, pour y être appliquées à des usages analogues.

Civettes. En fait de carnassiers, on ne fait la chasse qu'aux *civettes*, *rasé*, *tenggaloung* (*Viverra* spec. div.) outre les grands *Feles* (tigres et panthères). On tâche de les prendre vivantes, au lacet, à la trappe, à cause de leur *musc*, *dèdès*.

Pachydermes. Eléphants. L'*éléphant, gaja* (*Elephas sumatranus*) de Sumatra et du nord-est de Borneo occupe le premier rang parmi les pachydermes (*Belluae*) des Indes néerlandaises. Maintenant encore il existe en nombre assez considérable dans quelques régions, par ex. dans la partie orientale de Sumatra central, et à Borneo dans le voisinage du Kinabalou. On ne le chasse pas régulièrement. Quand on le fait, c'est surtout avec le fusil, ou bien on le prend à la trappe ou en le chassant dans un krâl. L'ivoire est le seul but. L'exportation d'ivoire par Singapore en Europe est insignifiante; ce qui ne s'utilise pas sur les lieux ou dans le voisinage, passe de mains en mains et de marché en marché parmi les indigènes, et s'en va dans l'archipel Soulou, dans celui des Philippines, en Chine, dans les Moluques, même jusque dans la Nouvelle-Guinée, et plus loin encore. Il est vrai que la Chine à son tour nous envoie des défenses d'éléphants couvertes de feuillage ciselé et d'autres sculptures des plus délicates, et montées sur des pieds en ébène tout aussi artistement travaillés; mais ces défenses viennent d'ordinaire d'éléphants de Ceylan, qui les ont plus grosses que les éléphants de nos Indes.

Rhinocéros. On trouve en plus grand nombre les *rhinocéros*, *warak*, *bajak*. L'Archipel en possède deux espèces, le petit rhinocéros à deux cornes (*Rhinoceros sumatranus*), restreint à Sumatra (et Borneo?), et le grand rhinocéros à une corne

(*Rhinoc. javanus*) de l'Occident de Java, qui se rapproche de celui de l'Inde (*Rhinoc. indicus*). Celui de Java a autrefois été répandu sur une partie de l'île beaucoup plus considérable que maintenant; les cultures en avançant le refoulent dans une aire toujours plus restreinte et il diminue fort. Les cornes ont, surtout parmi les Chinois, une grande réputation comme possédant des propriétés fortifiantes (on attribue les mêmes qualités aux jeunes bois de cerf encore couverts de peau et aux nids de salanganes); on les paie fort cher, soit pour la consommation locale, soit pour les exporter en Chine. Les Javanais et les Malais en appliquent aussi de petits disques sur les blessures causées par la morsure des serpents, dont ils disent que le venin est ainsi neutralisé. On mange la chair du rhinocéros. Avec la peau on fait des cravaches, *chemeti* et des fouets pour cavaliers, *jambok*, qui sont fort recherchés.

Les dépouilles d'un rhinocéros valent à Java, achetées de première main, déjà 200 florins. Aussi le chasse-t-on peu à l'affût avec le fusil. On préfère les fosses, dans lesquelles on le fait tomber, ou bien l'emploi de couteaux tranchants, ressemblant à des faux, que l'on place dans les sentiers, d'ordinaire profonds, qu'il se trace dans la montagne. L'animal a de la peine dans son étroit sentier à éviter l'arme meurtrière, et celle-ci lui ouvre le ventre. Il ne se fait que rarement des battues au rhinocéros, organisées par des chefs ou des grands.

Le rhinocéros ne donne rien au commerce européen, si ce n'est quelques cornes sculptées, d'ordinaire par les Chinois, et placées sur un pied; article de luxe, analogue aux défenses d'éléphants.

Tapir. Le *tapir* est indigène de Sumatra. On le chasse dans quelques contrées, d'ordinaire au fusil; parfois aussi on cherche à le prendre dans des fosses ou au moyen de lacets. Les chasseurs mangent sa chair et utilisent sa peau. Il ne donne rien au commerce, pas même au commerce indigène.

Porcs. Parmi les animaux de la race porcine, les cochons sont les plus nombreux dans l'archipel des Indes néerl. Outre les cochons domestiques de toutes races qui y ont été importés de l'Europe, de Siam, de la Cochinchine, quelques uns du Japon et de la Chine, il existe quatre espèces indigènes (*chèlèng, bati-outan*), dont les représentants se trouvent partout, quelquefois même ils surabondent. Ces espèces sont, 1°. le *sanglier rayé sur le front*, appelé *sanglier-café, wijoung* (*Sus vittatus*), qui est le moins sauvage de tous; sa viande est excellente. On le trouve à Java, Sumatra et jusqu'à Timor, où il est représenté par une variété plus petite; 2°. le »eeltzwijn" (sanglier calleux) de Java, le *wraha* des plaines et des grèves, le *gontèng* de la montagne. Le *gontèng* est la variété de cette espèce (*Sus verrucosus*) qui se rapproche le plus du sanglier d'Europe (*Sus scropha*); il est également féroce, surtout dans la montagne. La chair est mauvaise, douceâtre, peu estimée. Il est remplacé à Borneo par le *sanglier barbu* (*Sus barbatus*), qui forme un intermédiaire entre lui et le sanglier européen, par sa structure et par ses qualités; à Célèbes sa place est prise par le *sanglier de Célèbes* (*Sus celebensis*), plus petit, mais féroce, surtout dans le Nord; il se retrouve plus à l'orient, aux Moluques, quelque peu modifié, plus petit encore.

On fait partout beaucoup la chasse aux sangliers, et on les prend aussi par différentes méthodes, quoique on tire bien moins de parti qu'on ne le pourrait des produits de cette chasse; mais la race porcine tout entière porte la condamnation, d'origine sémitique, en vertu de laquelle elle passe pour impure. On mange la chair du sanglier dans quelques localités des montagnes; du reste, assez généralement, on la sèche et on la vend sous le nom de *dendeng*. On expédie de plus en plus les peaux à Singapore, où on en fait des imitations de selles anglaises; elles sont à cause de cela devenues dans plusieurs endroits un article courant du commerce indigène. Quant au commerce européen, les sangliers des Indes ne lui fournissent que de temps en temps quelques défenses; encore n'est-ce que sur commande. C'est dommage.

La chasse du sanglier se fait d'ordinaire avec beaucoup d'ardeur. On y emploie toutes sortes d'engins, fusils, piques, klewangs et autres armes de taille; on le poursuit aussi avec des chiens et on le chasse à la battue et à l'affut. On le prend aussi au moyen de fosses (*pelouwang*), ou au moyen de corbeilles en forme de nasses placées sur leur chemin ou dans lesquelles on les traque; enfin on a encore recours à des flèches ou à des fusils, placés d'une manière assez ingénieuse, à côté du sentier qu'ils suivent, de façon à ce qu'ils s'y enferrent, ou à ce qu'eux-même les fassent partir.

Ruminants. — *Espèce bovine.* On ne fait la chasse, en fait d'animaux de l'espèce bovine, qu'au *grand bœuf sauvage des îles de la Sonde*, le *bantèng* (*Bos sundaicus*) de Java, de Borneo (et de Sumatra?). On s'en empare surtout par des battues et en les abattant à coups de fusil. La chair s'en mange là où on les chasse, et les cuirs, les cornes et les sabots vont se confondre sur les marchés indigènes dans la masse d'articles de la même nature qui proviennent du bétail domestiqué, des buffles, etc. La destination finale de ces objets se trouve en partie dans l'industrie indigène, en partie dans l'exportation.

Antilopes. Parmi les antilopes, on chasse seulement la *vache des bois* (»boschkoe") du Nord de Célèbes, *anouan* (*Aaoa depressicornis*). La chair se mange là où se fait la chasse. Le cuir s'exporte aux Philippines et en Chine par les vaisseaux de Manille. On les prend au moyen de fosses ou de lacets; parfois on les chasse au fusil avec des chiens.

Cerfs. Après les porcs ce sont certainement les *cerfs* qui sont les animaux les plus répandus dans l'Archipel. Il y en a quatre espèces très rapprochées les unes des autres. La plus grande est le »*waterhert*" (cerf d'eau), *rousak* (*Cervus equinus*) de Borneo et de Sumatra. Une autre espèce, le *cerf de Java*, *sangsam* haut-jav., *menjangan* bas-jav., *rousak*, etc. (*Cervus russa*) est indigène de Java, d'où il a passé à Borneo et de là à Célèbes. On le trouve encore aux Moluques et à l'est de Java jusqu'à Timor; mais là il s'est transformé en une espèce distincte plus petite.

On en tire plus de parti que des sangliers. On en utilise, tant pour la consommation de l'Archipel, que pour l'exportation en Chine et en Europe, la chair, que l'on dessèche (*dengdeng*), la peau et les cornes. Les jeunes bois encore couverts de leur peau laineuse sont fort recherchés et se vendent cher; on les fume pour les expédier en Chine, où l'on y attribue une vertu fortifiante et rajeunissante. On expédie aussi en Chine les tendons, non pas en qualité de remède, mais de friandise coûteuse; Halmaheira, Céram, Bouron, etc. les expédient à Amboine, Ternate, etc., d'où, par Manille, ils finissent par arriver dans le céleste Empire. Européens et indigènes se passionnent pour la chasse au cerf et la font tantôt d'une manière, tantôt d'une autre; les battues, la chasse au fusil avec des chiens, celle à l'affut et d'autres méthodes encore sont en usage.

Dans le Préanger on aime aussi forcer le cerf à cheval, ce qui se fait aussi à Borneo et surtout dans le Sud de Célèbes, en y joignent l'emploi d'une sorte de lasso, consistant en un nœud coulant fixé à l'extrémité d'un bambou. A Borneo et plus à l'est, on le chasse encore avec le javelot. Aussi se tue-t-il toutes les années un très grand nombre de cerfs. Il est vrai qu'à Java ce gibier a peu à peu diminué, surtout dans les dernières années, et que l'on ne verrait plus, comme par ex. Junghuhn il y a une quarantaine d'années (voy. *Java*, III, p. 1083 et 1105), des milliers, des dizaines de milliers de cerfs, dans le voisinage de l'Ijèn. Le nombre en est toutefois encore très grand et dans les Possessions extérieures on commence à peine à en constater la diminution.

Les *chevreuils*, *kidang*, dont nos Indes possèdent deux ou trois espèces, sont beaucoup moins nombreux. On les chasse; mais sauf quelques peaux, le commerce n'en tire pas grand chose.

Cétacés. — La *vache marine*, *douyoung*. Parmi les mammifères marins le *douyoung* (*Halicore dujong*) mérite d'attirer l'attention comme servant d'objet à la chasse. Il est vrai qu'il n'a pas d'importance pour le commerce extérieur; mais les indigènes sont friands de sa chair, ce qui fait qu'on le poursuit avec ardeur partout où cela peut se faire avec quelque espoir de réussite. Sa chair se vend couramment sur la plupart des marchés, par exemple, de la Côte mér. et or. de Borneo, à Blitong, dans plusieurs parties des Moluques et plus au sud (à Ceylan aussi), et elle forme dans beaucoup d'endroits un article de consommation presque journalière. On le chasse au javelot, au lacet, beaucoup avec le harpon (*tempouloung*).

Dans ses migrations alternatives vers le nord et vers le sud, le *cachalot*, *sperm-whale*, *ikan lodan*, *paos-paos* (*Physeter macrocephalus*) est toujours présent dans notre archipel, dans la partie orientale duquel il peut même se montrer souvent par assez grands troupeaux. On a fait voir dans un opuscule qui se trouve à l'exposition dans la présente classe, et qui traite *De la pêche du cachalot dans l'archipel indien*, ce que cette pêche, disons plutôt cette chasse, pourrait être pour la population européenne et indigène de notre archipel, — et ce que, bien malheureusement, elle n'est pas. Actuellement le commerce ne s'occupe que des dents de cachalots; il se les procure par voie d'échange, en assez grande quantité, auprès des baleiniers étrangers. Ces dents sont recherchées pour en faire des objets d'ornement, par exemple des poignées de kris.

Oiseaux. [1]) — Il est difficile de faire de la chasse aux oiseaux des rubriques bien définies. Presque partout on fait la chasse à toutes sortes de gibier de plume, tantôt par goût,

---

[1]) Comme pour les oiseaux surtout l'indication exacte du genre et de l'espèce est importante, nous avons partout reproduit les nombres du *Hand list of Genera and Species of Birds* de G. R. Gray. Le nombre de gauche, en chiffres plus grands, désigne le genre; le nombre de droite, en chiffres plus petits, séparé par un trait du premier, désigne l'espèce.

tantôt pour se procurer la chair, tantôt pour tirer de ces oiseaux des objets de parure, tantôt même par jeu. Les familles suivantes donnent leur contingent:

1°. Les *Gallinacés*. A cette famille appartiennent quelques espèces de Sumatra, de Bangka, de Borneo, qui se rapprochent des *faisans*, puis des *paons*, qui se trouvent aussi à Java, des *turnix* (*Megapodidae*), de la partie orientale de l'Archipel, genres que nous ne mentionnons qu'en passant, parce que leur importance est seulement locale. Nommons ensuite les *cailles*, *pouyou* (*Turnix pugnax*, 2427/9749) qui se trouvent partout dans l'Archipel, et que l'on prend en grandes quantités, surtout dans les contrées occidentales, pour les dresser au combat. Enfin et surtout il faut signaler les *poules sauvages*, *ayam-alas*, dont l'archipel des Indes possède deux espèces principales, le *bekikouk* et l'*ayam-alas* (*Gallus ferrugineus* et *varius*, 2388/9614 et 2389/9620).

2°. Les *pigeons*, dont il existe un très grand nombre d'espèces et de variétés, gibier très estimé pour sa chair. En outre il y en a plusieurs espèces, surtout parmi les tourterelles, dont les indigènes aiment beaucoup la voix et que pour cela ils élèvent avec grand soin.

3°. Les *canards*. Plusieurs espèces, dont le *meliwis* (*Dendrocygna arcuata* 2745/10608) indigène de Java, le *canard de Manille*, *mèntok* (*Cairina moschata*, 2766/10682), qui a été importé, mais est redevenu sauvage en quelques endroits, et le *canard royal*, *bebek raja* (*Tadorna radja*, 2748/10619), espèce de macreuse, sont les plus connues. Ces canards sont assez nombreux dans certaines contrées, surtout la première espèce.

4°. Les *échassiers* sont nombreux. Nommons les *pluviers*, *troulek* (*Charadrius philippinus*, 2510/10000; *Char. Peroni*, 2510/10005; *Char. Geoffroyi*, 2507/9993; *Char. mongolicus*, 2507/9994); les *bécasses*, *bourchèt* (*Gallinago Horsfieldii* ou *stenura* (2650/10344), — cette dernière diffère peu de notre bécassine ordinaire, et on en prend avec des pièges de grandes quantitées à l'époque de la passe, surtout dans la partie occidentale de Java, pour les vendre vivantes de maison en maison —; la *glaréole*, *dlimangan* (*Glareola orientalis*, 2518/10031), dont la passe ne dure que peu de temps (d'ordinaire pas plus de quinze jours), mais qui alors apparaît en grandes troupes, surtout à la suite des nuages de *walang sangit* (*Cimex torquatus*) *sauterelles* (*changkrik*, *gangsir*) et *cigales* (*garèng*); c'est un gibier excellent; une *bécasse bâtarde*, dite »*dikkop*" (grosse tête) et à laquelle les indigènes donnent d'ordinaire, comme au pluvier, le nom de *troulek* (*Rhynchaea bengalensis* ou *orientalis*, 2655/10357); enfin une espèce de *barge*, le *tèrèk* (*Limosa cinerea*, 2615/10265), qui apparaît aussi en grandes troupes à l'époque de la passe.

Outre les groupes que nous venons d'énumérer, et auxquels on pourrait ajouter la mention de toutes sortes de petits oiseaux que les indigènes attrapent pour les manger ou qu'ils vendent au pasar comme gibier, il y a encore un grand nombre d'espèces de *pigeons*, de *perroquets*, de *cacatoès*, de *brèves* (*Pitta*), de *drongos*, *sri-gounting* (*Edolius*), d'*halcyons*, *raya-oudang*, d'*oiseaux de paradis*, etc. etc., que l'on prend de toutes sortes de manières pour les exporter vivants, ou pour en exporter la dépouille, soit directement depuis Java, Sumatra et Borneo, soit par Makassar et Singapore depuis les Moluques, en Europe, en Amérique, en Chine, enfin aussi dans ce dernier pays en empruntant la voie de Manille. De là sont nés un certain nombre de métiers et un mouvement commercial, dont l'analyse dépasserait les limites dans lesquelles nous avons à nous renfermer. Tout ce mouvement est peu apparent au premier coup d'œil; mais il ne manque en réalité point du tout d'importance et il a même pris un développement considérable dans certains endroits, comme à Menado, à Ternate, à Amboine.

Il vaut par exemple tout à fait la peine d'aller visiter les entrepôts indigènes de Mangkasar, quand ce ne serait qu'à cause du grand nombre d'espèces et de formes d'oiseaux que l'on peut y voir. Au premier aspect, on s'étonne; ensuite, quand on s'est rendu compte de la destination de tout ce que l'on voit, on admire les proportions acquises par le luxe de l'Europe, le nombre et la variété des objets nécessaires à l'entretenir, les distances auxquelles il sait les aller chercher, la vaste partie de la surface terrestre qu'il se rend ainsi tributaire. Le nombre des *oiseaux de paradis* de toutes espèces, de *grèves*, de *colombes*, et de *perroquets*, qui s'en vont chaque année à Paris et à Vienne pour y être placés sur les chapeaux des dames, est littéralement incroyable. Du reste cette industrie a encore à subvenir aux besoins du luxes indigène, qui ne dédaigne aucunement les ornements tirés des dépouilles des oiseaux; c'est surtout là où la culture est la moins avancée que la demande de ces sortes d'objets est considérable.

Enfin les demandes qui viennent de Chine sont fort importantes, et elles se portent aussi sur des oiseaux dont on ne fait aucun cas en Europe; nommons deux ou trois espèces de *drongos* (*Edolius*) et surtout un *coucou* assez grand (*Phoenico-*

phaeus [*Ramphococcyx*] *calorynchus*, 2196/8866), qui vit à Célèbes, surtout dans le Nord de l'île, et dont les peaux s'en vont par grandes caisses en Chine, portées par des navires de Manille.

Le chasse aux oiseaux se fait en majeure partie au fusil. Cependant on emploie aussi des filets d'espèces diverses, des lacets, des gluaux, et, en particulier pour les oiseaux de paradis, l'arc et les flèches. Les Papous se servent presque exclusivement de ce dernier engin, pour ne pas endommager le plumage qui fait la valeur du gibier.

On chasse en beaucoup d'endroits le *crocodile*, pour son huile, et les *grands serpents*, pour leur chair et pour leur peau; mais les produits de ces chasses n'ont jusqu'à présent servi qu'à la consommation locale et n'ont aucune importance pour l'exportation. Cependant on a déjà expédié en France, maintenant aussi en Allemagne, quelques assortiments de *peaux de serpents* à titre d'échantillons (*oula sawa, klapa, patola;* soit diverses espèces de *python*).

B. Indes occidentales. Malgré la grande distance qui sépare nos possessions des Indes occidentales de celles que nous avons aux Indes orientales, malgré les différences considérables d'origine, de composition, de civilisation, qui existent entre les populations des deux contrées, il est extrêmement curieux de devoir constater une très grande ressemblance dans presque tout ce qui regarde la chasse des deux parts. Les engins de chasse sont les mêmes, les autres moyens de s'emparer du gibier aussi. Quant au gibier, on fait dans les Indes occ. la chasse au léopard parmi les grands carnassiers, parmi les animaux de l'espèce porcine, aux sangliers (*pekaris*) et à quelques tapirs, enfin aux cerfs; en outre, en fait d'oiseaux, à des colombes, à des perroquets, à des échassiers et à du gibier de marais, à peu près identiques aux formes des Indes or. Cependant nulle part la chasse n'y a pris un si grand développement que, par ex., dans les parties septentrionales et orientales de notre archipel asiatique; nulle part aux Indes occ. ce n'est devenu un métier industriel régulier. Le commerce en tire peu de chose; par ex. quelques dépouilles d'oiseaux, qui s'en vont surtout dans l'Amérique du Nord.

La chasse n'a donc pas aux Indes occ. de caractère général bien accentué. Quant aux détails, on peut renvoyer à ce qui a été dit de l'archipel indien, puisque les procédés sont identiques.

II. Pêche. — *A. Archipel des Indes néerlandaises.* — Nous commencerons de nouveau ici par l'archipel indien, mais en divisant la matière un peu autrement que pour la chasse. Nous n'aborderons les procédés de pêche qu'après avoir passé en revue d'une manière suivie les êtres qui en sont l'objet.

La chasse avec ses produits ne peut pas se comparer dans notre archipel, même de loin, avec la pêche, qui y est exercée partout où ce n'est pas impossible, par tout le monde et par les moyens les plus variés. Ce n'est pas étonnant. La richesse de la vie animale, si grande sous les tropiques, en particulier dans notre archipel, à la surface du sol et au dessus, devient inouïe dans le monde des eaux. Quelques espèces pullulent d'une façon absolument incroyable; et le nombre des espèces est immense. Il y a vingt-quatre ans, le Dr. P. Bleeker, énumérant les différentes espèces de poissons de notre archipel [1]), arrivait à 110 familles, comprenant 415 genres et 2269 espèces, et depuis lors ces nombres ont été considérablement augmentés par lui et par d'autres savants. Les *perches* (*Percae*), qui renferment plusieurs familles, comptent plus de 250 espèces, les *labres* (*Labrini*), les *goujons* (*Gobii*), les *carpes* (*Cyprini*), tous beaucoup plus de 100, et il y en a plusieurs autres qui atteignent presque les 100 espèces. Et de toute cette multitude de poissons variés à l'infini il y en a à peine quelques uns qui ne soient pas utilisés d'une manière ou d'une autre, et auxquels par conséquent on ne fasse pas la chasse. On comprend qu'il est de toute impossibilité, nous ne disons pas de les décrire ici, mais simplement d'en donner une énumération quelque peu étendue. Nous nous bornerons à quelques genres et espèces, que signalent à notre attention leur importance commerciale ou le grand usage alimentaire qui s'en fait.

Poissons d'eau douce. — *Anabas.* — *Gourami.* Poisson de table aristocratique de Java, en cette qualité élevé avec le plus grand soin dans des viviers spéciaux et destiné aux cadeaux, etc., le *gourami* (*Osphromenus olfax* [2])) est bien connu de quiconque habite les Indes, Européen ou indigène, et il est le bienvenu pour chacun. Je m'empresse d'ajouter qu'il mérite de tous points sa bonne renommée. Peu importe au fond qu'il soit originaire de Java et de Borneo, comme on le lit parfois, ou bien que sa patrie soit plutôt la Cochinchine. On le trouve peu à l'état sauvage; il vit surtout dans des étangs spéciale-

---

[1] Enumeratio specierum Piscium huiusque in Archipelago Indico observatarum (Mém. de l'Assoc. d'hist. nat. aux I. néerl. Vol. VI; Batavia 1859.
[2] On en a amené cette année de vivants de Calcutta et de Bombay à Londres pour l'exposition internationale des pêcheries.

ment aménagés pour lui, partout dans les contrées que nous venons d'indiquer, et aussi en Chine et même en Australie, dans l'Inde anglaise, dans l'Ile de France, dans la Guyane française et anglaise, où l'on a parfaitement réussi à l'acclimater. Il peut peser jusqu'à douze kilogrammes; mais d'ordinaire on ne lui laisse par le temps d'atteindre cette taille; on le mange plus jeune, par ex. à la place de perche au naturel; même les Européens aiment parfois à le manger tout jeune, quand il pèse encore à peine d'un kilogramme à un kil. et demi. Il est devenu sous cette forme l'objet d'une branche étendue d'industrie pour les indigènes, qui élèvent le jeune poisson pour le vendre aux Européens et aux Chinois. Ce n'est pas un commerce d'exportation, mais un commerce interne.

Plus loin nous aurons encore quelque chose à dire de sa peau.

Anabas. Le *gourami* appartient, comme nous l'avons dit, à la famille des *Anabas*. Le petit *anabas* ou *perche grimpante*, betèk J., betèk, pouyouh, etc. M. (*Anabas scandens*), qui se trouve dans tout l'Archipel, est l'espèce type du genre. On l'a rendu célèbre en vantant le plaisir qu'il prend à grimper sur les arbres, ce qui fait qu'il existe des vues de paysages des tropiques, admirablement exactes, où l'on contemple de ces poissons qui font leur promenade sur les troncs des palmiers, autour desquels ils s'enroulent en spirale. La simple vérité est qu'ils savent s'élever jusqu'à une certaine hauteur parmi les racines des arbres de marais, qui croissent dans l'eau en abondance avec des formes capricieuses; les poissons montent autant qu'ils peuvent, en particulier pour se régaler des insectes qui s'accumulent dans l'eau à l'intérieur des aisselles des feuilles, lesquelles sont souvent beaucoup plus spacieuses qu'on ne le voit chez nous dans le flore moins exubérante des rives et des forêts de nos climats. Les piquants assez solides que l'animal porte aux nageoires et à l'opercule des ouïes l'aident considérablement dans ses pérégrinations aériennes. Le séjour hors de l'eau lui est possible, parce que, de même que les autres poissons de ce groupe [1]), il possède un appareil cellulaire, formé par le développement d'une partie de l'arc branchial (très ressemblent à une éponge située sous l'opercule), qui se remplit d'eau avant que poisson quitte son élément et qui continue longtemps après à humecter les branchies; le poisson peut, grâce à cet appareil entreprendre sur terre des excursions plus ou moins longues et même rester plusieurs jours hors de l'eau.

---

1) Appelé parfois pour cela *Labyrinthici*, *Labyrinthoidei*.

Les *anabas scandens* se pêchent beaucoup et partout, entièrement pour le marché indigène, en vue de l'alimentation journalière locale.

Ophicéphales; gabous. Troisième genre de la famille des *Anabas*. Notre archipel en possède environ seize espèces, dont deux ou trois sont très importantes pour le commerce et l'industrie. Ce sont surtout, 1°. le *gabous* (*Ophiocephalus lucius*), que l'on élève méthodiquement en plusieurs endroits de l'Archipel pour en faire de l'*ikan kring* (poisson sec), article de fond du commerce indigène, qui parfois trouve aussi des débouchés au dehors de Java. Pour préparer les poissons, on les fend, les étale, les frotte de sel et quelquefois d'épice, puis les sèche. On le voit aussi, frais ou sec, sur la table des Européens. C'est un aliment savoureux, sain et nourrissant.

2°. Le *bayong*, *kouta*, *delouk* (*Ophic. striatus*), plus petit que le *gabous* (il atteint un poids de deux kilogr.), suit ce dernier en importance. Quoique moins généralement on en fait aussi de l'*ikan-kring*. On ne le trouve pas partout en abondance égale; mais il est très fréquent et partout il se vend aisément pour la consommation locale.

Toutes les autres espèces se pêchent et se mangent; mais aucune d'entre elles n'a pour le commerce l'importance du *gabous* et du *bayong*, surtout du *gabous*. Dans certaines localités elles sont très abondantes et se pêchent beaucoup. Par ex. on ne peut voir sans étonnement les immense amas de poissons appartenant à deux de ces espèces que l'on amène tous les jours du lac de Limbotou (en arrière de Gorontalo, Célèbes septentrional) et que l'on sèche pour les caboteurs indigènes et aussi pour les pasars de l'intérieur.

Carpes (*Cyprini*). — *Ikan-mas* et *tambra-mas*, espèces de dorades. Après les *anabas*, les *carpes* dont on élève aussi méthodiquement quelques espèces, ont les premiers droits à l'attention parmi les poissons d'eau douce. C'est surtout le cas pour la *dorade*, *tambra-mas* (*Cyprinus flavipinnis* et *auratus*) poissons rouges de couleurs moins vives que ceux que nous connaissons. On les élève dans des viviers spéciaux pour la table des Européens et des Chinois. Il est à noter que les propriétaires des viviers, par ex. dans l'Occident de Java, les repeuplent toutes les années avec des alevins que les campagnards de l'intérieur font éclore du frai dans leurs rizières quand elles sont inondées, et qu'ils vendent quand ils ont trois ou quatre mois. Ils les transportent souvent pour les colporter à des distances de 30 et 40 pâls, dans des paniers plats où il y a à peine assez d'eau pour leur conserver un peu d'humidité. Malgré cela le déchet est minime.

Ces poissons, de grande importance pour l'échange à l'intérieur de l'Archipel, n'en ont aucune pour l'exportation.

Carpe. Le *tambra* (*Labeobarbus tambra*), espèce intermédiaire entre la carpe et le barbeau, qui se rapproche de la carpe vulgaire d'Europe (*Cypr. carpio*), et dont même le Nil possède une espèce, le »*binni*", a pris sa plus grande extension, en ce qui regarde notre archipel, à Java et à Sumatra, où il est font recherché; toutefois ce sont plutôt les indigènes et les Chinois qui le mangent; on le voit peu sur les tables européennes. On le sèche parfois aussi; mais ce n'est pas la règle, comme pour le *gabous*, et le commerce s'en étend aussi bien moins loin que celui de ce dernier poisson; enfin il n'est point propre du tout à l'exportation. Il devient souvent assez grand.

Barbeaux. Espèces diverses du *Barbus; wader, lawak, ampal, chakoul, seren*, etc. Notre archipel possède plusieurs espèces de barbeaux, parmi lesquelles il y en a qui se rapprochent des barbeaux et aussi des tanches de l'Europe. On les trouve partout et dans beaucoup d'endroits ils sont très abondants. Ils se placent aisément, mais seulement pour la consommation locale et immédiate. On n'en fait pas de commerce.

Anguilles. Espèces diverses d'*anguilles,* de *congres* et de *murènes, moa, mowa, sidat, pelous, sougili,* etc. Les *anguilles de rivière,* de même que les *anguilles de mer* et que les *murènes de marais,* se pêchent davantage en vue des tables européennes que pour la consommation des indigènes, qui se rabattant d'ordinaire sur la multitude de *silures: kotes, lélé, kitiag, bawan, singat, loundou,* etc., d'ordinaire de faible taille, qui pullulent partout, même dans les rizières inondées, où l'on dirait qu'ils sortent de terre. Les indigènes mangent volontiers ces poissons et peuvent tous les jours en acheter au pasar; les Européens les dédaignent; c'est d'ordinaire parce qu'ils ne les connaissent pas, et à tort.

Poissons de mer. — *Percoïdes.* Parmi les poissons de mer, il faut signaler en première ligne les *percoïdes*, groupe très nombreux, auquel, entre autres espèces, appartient le *kakap*[1]), bien connu, *pelah, petéhan, chabé, tekong, douwit* et *doupit*, etc., etc., espèce de *lates*, le meilleur et le plus estimé des poissons de mer des Indes, et pour cela bien nommé *le noble* (*nobilis*) par Cuvier et Valenciennes. On le trouve de

---

1) Le nom de *kakap* est une corruption du mot hollandais *kaalkop* (tête chauve).

GROUPE II. Dixième Classe. 95

Sumatra jusqu'aux Moluques (exclusivement); il se vent dès qu'il est offert.

Perches de mer. Espèces diverses de *Serranus*, *gropa*. Dans les eaux des Moluques le *kakap* fait place aux *perches de mer*, *gropa* (*Serranus* spec. div.), que l'on trouve bien dans le reste de l'Archipel, mais qui sont surtout abondantes dans la partie orientale. Plusieurs espèces ont une chair excellente et savoureuse.

Serranus horridus, *roto*. Cette espèce, *ikan roto*, beau et vigoureux poisson, dont la taille atteint plusieurs pieds, excellent à manger, nage d'ordinaire en petites troupes de 5 ou 6 individus. Dans certaines localités, par. ex à Ternate, les pêcheurs et les marins, qui se soucient à peine des requins, craignent tellement le *roto* qu'il sufflit qu'on en ait vus dans le voisinage pour que personne n'ose se jeter à l'eau.

Scombéroïdes. Les *maquereaux* propement dits et les autres genres que l'on a classés dans la même famille, forment partout un article de pêche régulière, fort active, dont les produits sont destinés en partie à la consommation immédiate, en partie à être salés en envoyés aux marchés de l'intérieur. Dans ce dernier but on pêche surtout l'*ikan gombong* et l'*ikan kemboung*, nom commun à plusieurs espèces très rapprochées les unes des autres, le *lemah*, le *tetarik*.

L'*ikan poutri*, poisson fin et savoureux, est très recherché pour la consommation immédiate.

Saurels, espèces diverses de *Caranx*. Il y a plusieurs espèces de *Caranx* aux Indes néerl. L'une, qui s'est multipliée dans tout l'Archipel et qui est très recherchée, le *tengarongan*, *tetengkek*, *chengkarengan*, *mangga*, et quelques autres noms locaux qu'on lui donne (*Caranx Rottleri*), ressemble tout à fait au maquereau bâtard de la Mer du Nord. Dans les genres rapprochés (espèces de *Selar* et de *Decapterus*) il y a l'*ikan toudi*, *kouwih*, *selar*, *selar malam*, *badon* ou *bandong*, *boubara*, etc., en trop grand nombre pour pouvoir tous les nommer. Tous abondants et de facile vente.

Thons; espèces diverses de *Thynnus* et de *Cybium*. Viennent les thons *chakalang*, *sengiri*, *tonggal*, *tetongkol*, *troussi*, etc., dont on peut toujours rencontrer de petites troupes et dont on pêche quelques uns à toutes les époques de l'année, mais dont la grande pêche se fait deux fois par an. Il y en a alors pendant quelques semaines, surtout dans la partie orientale de l'Archipel, des multitudes incroyables, dont on pêche un très grand nombre, surtout pour la consommation immédiate; parfois on fait choix, pour les saler et les sécher, de ceux qui sont le plus propres à être conservés, mais cela se fait trop peu. Pendant que cette pêche dure, elle fournit un élément très important à l'alimentation du peuple, basée en temps ordinaire sur le sagou, remplaçant très insuffisant du riz. Les Européens font en général peu de cas du thon. Il est vrai que sa chair est savoureuse et saine, mais on lui reproche de n'être pas de la vraie chair de poisson.

Espèces diverses de *Trichiurus*. Nommons enfin les *trichiurus* de diverses espèces, *ikan layor*, *pouchouk*, que l'on peut acheter sous forme de poisson sec dans tous les pasars, même les plus reculés dans l'intérieur. C'est un article constamment courant du marché indigène.

Harengs; Clupea. Parmi les *harengs* il faut surtout signaler le *hareng argenté indien*, *bandeng*, *chourourout*, *boulous* ? (*Albula bananus*) et plus encore le *vrai bandeng* (*Lutodeira chanos*), très estimé des indigènes et des Chinois, et fort employé comme cadeau. On l'envoie frais ou légèrement fumé, ou conservé de quelque autre manière, parfois à d'assez longues distances. On ne dédaigne point non plus le *tèmbang*, le *lemourou*, le *sakki*, petites espèces de harengs de la mer des Moluques et de celle de Java.

Troubouk. Au dessus de toutes ces sortes néanmoins il faut placer l'*alose des Indes* ou *alose à grande queue*, *troubouk* (*Alausa macrurus*). Chaque année ce poisson arrive de Malakka (on ne sait pas encore s'il vient du détroit de Malakka ou de la mer de la Chine). Dès qu'il a atteint l'espace qui sépare Borneo et Sumatra, tout est sur pied le long des côtes, surtout le long de celles de Sumatra. A son arrivée, il a à peu près la grandeur et aussi passablement l'apparence de notre »poisson de mai", l'alose adolescente de nos rivières; mais, ce qui est fort curieux, il ne se trouve pas un seul mâle dans d'immenses bancs de ces poissons, lesquels sont formés uniquement de femelles, qui semblent sur le point d'éclater, tellement est énorme leur charge de frai.

On entoure le banc de filets faits exprès pour cette pêche, *poukat*, *arau*, espèce de seine, quelquefois aussi affectant plus ou moins la forme d'une nasse, avec de grandes pièces de côté, qui s'emboitent les unes dans les autres; ces filets sont servis par des bateaux de pêche (*prahou poukat* et ceux, plus petits, que l'on appelle *sampan pemoukat*), dont la côte or. de Sumatra envoie à elle seule toutes les années plus de 500 à cette pêche. La *petite pêche* (*bintang kaous*) dure de février jusqu'à avril, la *grande* (*bintang kena*) de septembre à novembre. Autant qu'on a pu l'estimer il se prend par an depuis 7 ou 8 millions jusqu'à 15 millions de ces aloses. On compte que sur les 1000 que l'on prend il y en a 800 pleines de frai, dont 500 en donnent de première qualité. On ne sale le frai de celles-ci qu'une fois (*troubouk* ou *telor tawar*); celui des 300 autres se sale deux fois (*telor asin*).

Quant aux poissons eux-mêmes, qui ont excellent goût, mais qui sont pleins d'arrêtes, on en sale légèrement et fume ou sèche à peu près les sept dixièmes pour les marchés indiens.

Le but principal de cette pêche se trouve néanmoins dans le frai du poisson. Le premier de la saison qui arrive de Palembang ou de Jambi dans les ports de Java, y cause autant de mouvement sur les marchés indigènes que chez nous l'arrivée du premier hareng. Le frai ne s'expédie pas seulement aux pasars de l'intérieur, mais s'en va aussi au près et au loin à l'étranger; il ne s'exporte toutefois pas en Europe, quoique les Européens établis aux Indes en voient volontiers sur la table à riz.

Les prix moyens pendant la pêche sont, pour les poissons vides, fl. 4 le cent; pour les poissons avec frai complet, fl. 8 le cent; pour 100 frais de première qualité, fl. 5; pour 100 frais de seconde qualité, fl. 2,50 à 3 (toujours en comptant pour un les deux paquets de frai de chaque poisson). Quand il a été apprêté et qu'il arrive dans les pasars, le frai atteint déjà des prix de fl. 30 et au dessus, le cent. Le prix de la vente de détail dans les pasars est naturellement un peu plus élevé, mais pas de beaucoup. Si l'on tient compte en outre que les nombres que nous avons donnés plus haut comme ceux des poissons qui se pêchent, ne sont que ceux qui résultent de données plus ou moins appréciables, mais que le produit de la pêche qui échappe au calcul est au moins égal à ce qui est connu, et y est peut-être supérieur, — on comprendra que cette pêche constitue une branche d'industrie fort importante. Il est à regretter que les honnêtes, mais insouciants pêcheurs indigènes en retirent si peu de profit. Le commerce de ces poissons et de leurs œufs est tout entier entre les mains des Chinois, surtout de ceux de Singapore. Toutes les années ils avancent le capital nécessaire, mais c'est aussi eux qui empochent presque tout le profit de ces pêcheries, et ce profit est loin d'être mince [1]).

---

[1]) On trouvera dans la „Revue de philologie, de géographie et d'ethnographie pour les Indes néerl." XXIV, p. 298, un bon travail de M. J. S. G. Gramberg sur cette pêche.

Requins, *raies*, *sèches*; *chouchout*, *paré*, *sountoung*. Nous avons déjà observé que pour la consommation locale et immédiate la faune ichthyologique de notre archipel, quelque riche qu'elle soit, se met en entier à contribution. Cela seul rend plus que dignes d'être visités les pasars des localités situées sur les côtes, car on y trouve une collection d'échantillons des poissons les plus variés. Outre tous ces poissons, il y en a d'autres que l'on apprête d'une manière plus durable en vue des marchés de l'intérieur. Nommons les *raies*, différents *requins*, les *marteaux*, même les *sèches*, en quantités considérables. Le but principal que l'on poursuit est de *procurer un mêts suffisamment salé pour manger avec le riz*, accompagnement dont chacun sent instinctivement la nécessité. Dans ce but on fume ou dessèche les poissons, après leur avoir fait subir une salaison à doses variées. On choisit surtout, pour les saler pour la table des Européens, le *kemboung*, le *toudi*, etc. (sortes de *maquereaux*), et pour les fumer on choisit des bois de qualité fine, ou on emploie la canne à sucre. Dans certaines saisons le fumage des *orphies*, *sakko* (*Belones* diverses) et surtout des *orphies bâtardes*, *ngowarou* (*Hemiramphus* divers), qui se pêchent aux Moluques, et surtout à Ternate en si grandes quantités que parfois un seul coup de filet en remplit deux *roréhés* ou *peketas* de la grandeur de chaloupes à huit rames, occupe tout ce qui a des mains à apprêter ces poissons pour l'approvisionnements des caboteurs à l'année et spécialement des bâtiments qui font le voyage de la Nouvelle-Guinée. Quant aux requins et congénères, ainsi qu'aux grandes raies, outre la chair on en sèche les nageoires en vue des marchés chinois.

Ikan gereh. Il y a d'autres méthodes encore de conserver le poisson. Par exemple, on pétrit avec du sel, du poivre d'Espagne et des épices, des poissons des petites espèces, de façon à en faire une sorte de pâte; on l'emballe dans des paniers, et au bout d'un certain temps elle devient une masse ferme, apelée *ikan gereh*. On fait aussi du *trassi*; la première qualité se fait avec des crevettes, la seconde, avec de tout petits poissons, et une qualité très inférieure, avec des entrailles de poissons; on broie les crevettes ou le poisson avec du sel et des épices, on en fait la pâte appelée *trassi*, qui ne manque jamais sur la table à riz des indigène, et qui arrive aussi à se faire admettre sur celle des Européens. On prépare encore enfin les *petits poissons rouges*, *ikan mérah* (*Ambassis* divers) d'une façon particulière, très appréciée aux Indes, et on en fait un article régulier d'exportation pour l'Europe. La meilleure qualité vient de Mangkasar. Java en revanche produit le meilleur *ebbi*, crevettes et écrevisses de rivière séchées, qui s'exportent surtout pour la Chine, et qui sont en outre très recherchées partout aux Indes, non seulement par les indigènes, mais aussi pour les tables d'Européens.

Un des principaux articles de commerce produits par les pêcheries de l'archipel indien est le *tripang*, *limace de mer*, *sea-slug*, *bicho da marc*, *balate*; *holothuries* dont il n'y a que peu d'espèces (*Holoth. edulis*, *maculata*, etc.), mais qui ne s'en traînent pas moins en immenses quantités au fond de toutes les mers de notre archipel. On les cuit à l'eau salée, après quoi on les dessèche, quelquefois on les fume, puis on les expédie, après leur avoir fait subir un supplément de préparation, soit directement, soit par la voie de Singapore, pour les marchés de la Chine. On distingue toutes sortes de qualités de *tripang*; le *tr. raja* et le *tr. sousou* (tr. de princes et tr. de lait) sont les plus recherchées.

Ce mêts est pour le palais des Chinois une délicatesse qui vaut ce qu'elle coûte, c'est-à-dire très cher. Elle n'a cependant pas réussi à trouver le chemin des tables ou des marchés européens, et les indigènes de l'Archipel n'en font non plus aucun cas. Ce n'en est pas moins, comme tout le monde le sait aux Indes quoiqu'il ne soit pas possible de donner des chiffres exacts, une importante marchandise d'exportation, qui donne de l'ouvrage à des milliers de mains.

Quelques articles de consommation encore ont un rapport étroit avec la chasse et la pêche. Les *œufs salés*, *telor asin*, occupent dans le nombre une place considérable. Cela vient de ce besoin instinctif que tout le monde éprouve aux Indes, et dont nous avons déjà parlé, d'ajouter du salé à ce qui fait le fond des produits culinaires.

Les œufs que l'on sale le plus sont, 1º. les *œufs de canard*, en vue desquels on élève des milliers de canards; c'est une branche régulière, assez importante, de l'industrie agricole. On met les œufs frais pondus dans une pâte faite en parties égales d'argile, de brique pilée et de sel, et on les y laisse de deux à quatre semaines, jusqu'à ce que le sel les ait entièrement pénétrés. Avant de les manger, on les cuit durs. Partout on les sale et on peut se les procurer; ceux qui viennent de certaines localités, par ex. de Grati dans le Pasourouan, ont cependant la préférence. 2º. Dans les Moluques et à Célèbes les *œufs de turnix* (*Megapod* spec. div.), *moleo*, *momouo*, etc. 3º.

Les *œufs de tortue*, *pasiran*, pondus par la tortue de mer. On les sale dans la saumure ou dans un sable salé très humide; ils restent toujours mous; quelquefois on les cuit avant de les expédier; ils sont loin d'avoir la réputation et le débit des œufs de canard. 4°. Les *œufs de Mimi* (*Limulus gigas*), que l'on ramasse, entre autres endroits, le long de la côte nord de Java, et qui sont considérés comme un mêts recherché. On les mange aussi bien frais que salés. 5°. Le *frai de poisson salé*, surtout celui de l'alose indienne, troubouk, a déjà été mentionné.

Nous arrivons au *kroupouk*, autre genre d'aliment complémentaire. C'est la peau à moitié cuite, puis séchée, du *buffle* (*Karbaus*, *Bos bubalus*) et de quelques espèces de poissons, en particulier du *gourami* (*Osphronemus olfax*). On la jette dans la poêle à frire au moment du repas et elle se gonfle pour devenir une masse vessiculaire qui prend plusieurs fois l'espace occupé par elle avant la friture. Quand elle est frie, elle a une apparence analogue à celle du biscuit hollandais, est croquante, fort peu nutritive, mais fait plaisir à la table à riz. Les Européens ne la dédaignent pas. Parfois on fait du troupouk de crevettes.

Enfin, comme article relié à la chasse et à la pêche, nous avons encore à mentionner l'*écaille de tortue*, *karet*, dont nous distinguons deux sortes. 1°. Celle qui provient de la *tortue commune*, que l'on trouve partout, *penyou*, *toutourouga* (*Chelonia mydas*). Elle fournit la matière première à une branche étendue d'industrie, qui a pris surtout à Sourabaya a et dans les environs une grande importance. On y fabrique avec l'*écaille* et avec la *corne de buffle* toutes sortes d'objets, boites, peignes, cuillers, couvercles pour les verres, etc., etc. 2°. L'écaille, beaucoup plus chère, qui provient de la *tortue karet* (*Chil. imbricata*), et qui prend toute le chemin de l'étranger. On l'exporte pour la majeure partie en Europe, mais il en va aussi des envois en Chine.

Conques marines et *coquillages*. La branche d'industrie qui s'exerce sur l'écaille de tortue, s'est mise aussi à utiliser les conques et autres gros coquillages des mers des Indes. Parmi les conques on emploie principalement le *Nautilus*, le *Murex*, le *Tritonia*, le *Strombus*, le *Buccinum*, le *Cassis*, le *Voluta*, et, pour les petits objets, diverses espèces de *Cypraca* et de *Conus*. Parmi les coquillages, ce sont surtout les *peignes* (*Pectines* et *Hippopus*); les gigantesques *Tridacnes*, qui appartiment à ce dernier genre, donnent aussi une chair que l'on conserve séchée, tandis que la coquille sert à l'ornement des jardins et autres usages analogues. Enfin les contrées orientales de l'Archipel exportent un grand nombre de *coquillages à nacre*, directement pour l'Australie, et, par Mangkasar et Singapore, pour l'Europe et la Chine. On exporte peu de perles. Les bancs d'huitres qui les produisent appartiennent aux sultans de Ternate, de Tidore et de Bachan, dont les droits sont reconnus par notre gouvernement, mais qui sont trop faibles pour les défendre contre les pêcheurs étrangers qui pénètrent dans l'Archipel par les passes peu fréquentées et dépouillent les bancs sans se gêner.

Quelques applications locales des coquillages sont curieuses. Ainsi à Menado on fait des cadres en bois à petits carreaux, que l'on remplit au moyen des coquilles plates et très transparentes de la *placuna* placentis, et l'on compose de ces cadres la paroi entière d'une maison. On obtient ainsi une lumière très douce.

Engins de pêche. Nous avons encore à nous occuper des *appareils et engins employés pour la pêche*. Ils ont à peu près le même cachet dans toute l'étendue de l'Archipel, et même sont conformes aux engins employés dans des parties du monde fort éloignées.

Sero ou *nasse fixe*. En première ligne vient le *sero*, estacade de bambous reliés par le *talidouk* ou *goumontou*, fibres du palmier arèn. On les place dans la mer et à l'embouchure des rivières. Trois ou quatre paires d'ailes latérales sont placées à la suite les unes des autres de façon à ce que, vues à vol d'oiseau, elles aient l'air d'autant de V à moitié engagés l'un dans l'autre et reliés ensemble. La pointe de chaque V est ouverte, les ailes sont recourbées en dehors et fort écartées. Il y a en outre quelques écrans isolés. Ailes et écrans dirigent nécessairement le poisson vers les chambres successives de la nasse, de telle façon que le retour devienne de plus en plus difficile, et qu'une fois la dernière chambre atteinte, ce retour soit à peu près impossible. Chaque matin les bateaux de pêche désignés pour ce service viennent recueillir le poisson qui s'est emprisonné pendant la nuit. On construit des nasses gigantesques à plusieurs étages horizontaux, qui ressemblent tout à fait aux *madragues* des côtes méridionales de la France. D'un bout à l'autre de l'Archipel la construction du *sero* reste à peu de chose près identique; mais de plus elle se modifie fort peu au dehors. Par ex. le *sero* du Japon n'est pas seulement presque de tous points le même que celui de Java, mais encore, ce qui est assez curieux, il porte le même nom presque sans changement [1]).

Le *Poukat*, la seine, est le second des grands et coûteux appareils de pêche des Indes. Nous en avons déjà dit un mot en parlant de la *pêche du troubouk*. Il se compose d'un filet central, la seine proprement dite, dont le sac, long d'environ 10 mètres, est maintenu par des bouées aussi horizontalement que possible, et d'un certain nombre de filets latéraux, tous assez profonds pour enfermer suffisamment bas le banc de poissons. Deux grands bateaux de pêche assistés de quelques autres plus petits approchent avec précaution le banc de poisson, mettent à l'eau et déploient la seine, puis étendent autant de filets qu'ils le peuvent comme des parois verticales sur les deux flancs de la colonne. Alors on rapproche lentement les filets les uns des autres et tous de la seine, pendant que de jeunes volontaires plongent à droite et à gauche en dehors de la double muraille de mailles, pour chasser à l'intérieur les poissons qui cherchent à échapper par en haut ou par en bas. C'est une cène extrêmement vivante. Mais elle va s'animer encore. Les deux parois verticales formées par les filets latéraux se sont enfin rejointes, la lèvre inférieure du sac a été ramenée avec précaution à la surface, de sorte que tout retour dans le monde extérieur est hermétiquement fermé pour le poisson. Toute la pêche est dans le sac, gouffre de six mètres et plus de diamètre, autour duquel tous les bateaux viennent se ranger proue contre proue, pour en relever premièrement le bord, puis, lentement, également, en tirant de tous les côtés en même temps, le sac entier. Au commencement rien ne bouge et l'on pourrait croire que le filet est vide, si la transparence de l'eau ne permettait pas de voir plus profond. Ce n'est que peu à peu que le poisson découvre que cet étang où il se trouve devient plus étroit et moins profond; mais sa conviction finit par se faire et on s'en aperçoit aussitôt. Il commence à s'agiter, à lutter, à sauter pour s'échapper, et les pêcheurs, criant, riant, de redoubler d'activité joyeuse. Quiconque a assisté à ce spectacle ne peut plus l'oublier.

Quelquefois on se sert de la seine comme d'une *traîne* le long des côtes. Mais les coraux du fond entravent cette pêche, qui est loin d'avoir l'animation de la pêche en pleine mer.

On emploie encore d'autres espèces de filets, *jaring*. Mais

---

[1]) On donne dans certains endroits le même nom à la *loutre indienne*, *wergoul* (*Lutra leptonyx*).

ils ressemblent si complètement à ceux de diverses sortes qui sont employés chez nous qu'il est inutile de les décrire. Citons cependant les *carrelets* et les *éperviers*, *jala*, que les indigènes manient d'ordinaire avec beaucoup d'adresse, et enfin les *troubles*, dont on se sert surtout à Riouw; ou les suspend à de véritables mâts, avec des contrepoids, au dessus des passes qui séparent les bancs et d'autres eaux étroites; il faut trois ou quatre hommes pour les manœuvrer.

Dans les eaux de l'intérieur on se sert de *nasses*, faites soit de filets, soit de bambou, tout à fait arrangées à la manière de celles qu'on emploie en Europe. D'ordinaire les chambres sont séparées du reste et se retirent seules de l'eau. Une espèce plus petite appelée *igi*, toute en bambou, n'a qu'un seul compartiment central, avec des ouvertures fermées des deux côtés au moyen de brochettes pointues.

Deux petits appareils de pêche appartiennent exclusivement aux Indes. L'un est le *panier à cloche*. C'est un panier très évasé par en bas et ouvert, un entonnoir renversé. On l'enfonce dans l'eau de façon à ce que le bord inférieur appuie sur le fond, puis on cherche avec la main, par l'ouverture supérieure, si l'on a pris du poisson. L'autre est une *trappe* faite d'un tronçon de bambou dans lequel on a pratiqué une ouverture de côté; derrière l'ouverture est une sorte de pince avec un appât; quand le poisson passe la tête par l'ouverture pour manger l'amorce, il reste pris par la pince. Ou croirait à peine que cette petite machine, employée par ex. à Bali et appelée *kachepit* (pinceur), suffit pour prendre beaucoup de poisson, en particulier des anguilles.

J'ai été témoin dans quelques endroits d'une pêche singulière, qui consiste à chasser un banc de poisson de façon à lui faire remonter une claie de bambou, doucement inclinée, dont une des extrémités plonge dans la mer et l'autre aboutit au bord d'un bateau pêcheur. En remontant la claie le poisson finit par tomber dans le bateau. Même en pleine mer cette pêche est souvent fort rémunérative. J'ai vu employer à peu près la même méthode dans les rivières de la résidence de Bagelèn; seulement les claies étaient établies à poste fixe, et le poisson tombait derrière dans un filet.

La matière première qui sert à la fabrication des filets est le *coton* tanné au moyen du *gambir*, le *rami* (*Boehmeria utilis*), le *ganemo* (*Gnetaceae*, spec. div.) tanné au moyen du *roufou*[1]),

---

[1]) Substance riche en tanin tirée de la *Sponia amboinensis*, qui appartient aux *Celtidées*; Miq. I². 216.

le fil d'ananas, et, dans le Nord de Sumatra, la *soie*.

Après les filets viennent touts sortes d'*hameçons* (*panching*) et de *lignes*. Les indigènes font souvent eux-mêmes leurs hameçons, avec du fil de cuivre, et leurs lignes, avec du coton ou du rami. Les formes et l'emploi de ces objets ne diffèrent pas de ce que l'on voit chez nous. Il y a cependant une méthode de pêche à la ligne qui est originale et qui appartient plus particulièrement à l'Archipel, surtout à la partie orientale. Le pêcheur, assis dans son sampan, tient à la main la ficelle d'un petit cerf-volant fait d'une grande feuille et qu'il sait diriger de façon à ce qu'il reste en l'air toujours à peu près à la même hauteur. La ligne de pêche est attachée à la queue du cerf volant, et le poisson mort plus facilement, parce que le sampan reste à distance et ne l'effarouche pas.

On emploie encore pour la pêche des *javelots* et des *flèches barbelés*, des *foènes*, des *harpons* (*serampang, tempouloung, tempouling*, etc.) L'emploi n'a pas besoin d'être expliqué.

Enfin on emploie parfois, dans les eaux intérieures, des agents vénéneux. Outre ceux que nous avons nommés en parlant de la chasse au tigre, on fait usage de diverses espèces de *Derris*, de *Milletia*, de *Pongamia*, de *Helmia*. Nous nommerons le *gadoung* (*Dioscorea* [*Helmia*] *hirsuta*; Miq. III, 575), le *touba jenou* (*Pongamia volubilis*; Miq. I, 148) et le *touba gatel* (*Milletia sericea*; Miq. I, 153). Les deux derniers sont des *Papilionacés*.

On ne mange pas ou ne sale et sèche pas tout de suite tout le poisson qui se pêche. On en met beaucoup dans des viviers d'eau claire pour le faire dégorger. Ces viviers, que l'on voit surtout sur la côte orientale de Java, sont peu à peu devenus de grandes entreprises, qui donnent un profit considérable. On ne se contente plus d'y conserver le poisson et de l'y faire dégorger, mais on s'y livre aussi à l'élevage.

B. *Indes occidentales*. La collection marquée du numéro 49, groupe I, classe 6 (Catalogue page 145) fait connaître une bonne part de l'assez riche faune ichthyologique de Surinam. Nos autres possessions des Indes occidentales sont également riches en espèces, représentées par de très nombreux individus. Quant à la pêche, elle est très négligée à Surinam; à Curaçao un peu moins. Les engins sont les mêmes que les plus simples employés dans l'archipel indien néerlandais. Il est donc inutile d'en faire l'énumération. On est très peu expert dans l'art de préparer et de conserver le poisson. La pêche ne produit rien pour l'exportation.

VAN MUSSCHENBROEK.

GROUPE II. Dixième Classe.

1. La pêche du cachalot dans l'archipel indien, par S. C. J. W. van Musschenbroek, Dr. en droit. — **S. C. J. W. van Musschenbroek**, à Leyde.

2. Modèles d'embarcations de l'archipel indien. — **Musée maritime Prince Henri, à Rotterdam.**

NB. Ce qui est exposé ici n'appartient qu'en partie à cette classe; mais il a semblé qu'il valait mieux ne pas diviser la collection, d'autant plus qu'il n'est pas toujours possible de tracer avec exactitude la limite qui sépare les bâtiments de pêche des bâtiments de commerce.

1—3. Modèles de padouwakans, employés par le commerce et le cabotage indigène dans l'Archipel et dans les mers voisines.
4. Modèle d'une prauw croisière, telle qu'on les construisait autrefois sur le type des prauws de corsaires afin de mieux pouvoir approcher de ces dernières.
5. Prauw-tôp de Java.
6. Prauw-poukat de Java, prauw faite pour pêcher en mer avec le poukat (seine ou traîne).
7, 8. Sampan de Sourabaya.
9. Radeau à voile, origine incertaine.
10. Radeau employé par les pêcheurs de tortues dans le détroit de la Sonde.
11. Prauw-bidar de Palembang.
12. Modèle du yacht du Sultan Adam de Banjermasin.
13. Modèle du yacht du Pangeran Hidayat de Banjermasin.
14, 15. Prauws de la côte orientale de Bornéo? Koutei?
16. Prauw du sud-est de Bornéo.
17. Prauw de Silayar (Saleier).
18. Prauw Bougis.
19. Prauw de Chinrana.
20. Prauw de Boni.
21. Yacht du sultan de Tringganou.
22, 23. Prauw de Tringganou.
24. Prauw Illanon.
25. Bâtiment de guerre siamois.
26. Trois petites caisses d'échantillons de bois employés aux Indes occ. pour les constructions navales.

3. Engins de pêche de l'île de Nias.

1. Nasse, *bouwou*.
2. Trouble, *emboua*.
3. Petit panier, *bola*, servant à mettre le poisson qui a été pris au moyen de l'emboua. Le pêcheur le porte attaché devant sa poitrine.

4. Produits de la pêche aux îles Batou.

1. Espèces diverses de Tripang.
 a. *Soualo gajah*.
 b. *Soualo gama*.
 c. *Soualo soulou*.
2. 14 carapaces de tortues.
3. *Akar-bahar*, plante marine coralliforme.

5. Engins de pêche d'Atchin.

1. *Poukat*, grande seine.
2. Modèle d'une prauw-*jalour*, bateau de pêche.
3. Modèle d'un *jala*, épervier.
4. *Talou kawil*, trois lignes de pêche.
5. Modèle d'un *gisa*, traîne.
6. Modèle d'un *jaring*, tramail.
7. *Tanggouh-sai*, filet avec lequel on puise les crevettes.
8. *Boubé*, nasse.

6. Jellow (Jala?), épervier d'Atchin. — **M. Brau de Saint-Pol-Lias, à Paris.**

7. Engins de pêche du Haut-Pays de Padang.

1. Bateau de pêche à une personne, avec accessoires, en usage sur le lac de Maninjou, *bidoua jo pakakchnya*.
Accessoires:
 a. Petit banc où le pêcheur s'assied, *pangga bidoua*.
 b. Pagaie, *penggayouah*.
 c. Ecope, puisoir, *timbo aia*.
 d. Camisole de pêcheur, *bajou*.
 e. Pantalon de pêcheur, *sarawa*.
 f. Ceinture, *kabe pinggang*.
 g. Bonnet de pêcheur, *koupiah*.
 h. Chapeau de pêcheur, *toudoung sake*.
 i. Hameçons, *papeh daoua-daoua*.
 j. Vase pour les amorces, *tampat oumpan*.

k. Harpon, *si rampang.*
l. Torche faite de feuilles de cocotier sèches, servant la nuit à attirer le poisson, *soulouah daoun karambia.*
2. *Paso bada*, carrelet servant à pêcher le *bada*, espèce de poisson.
3. *Pouke bada*, filet fixe servant à pêcher le *bada*.
4. *Pousoung salodang karambia*, mèche allumée que l'on agite en divers sens pour chasser le poisson vers le filet.
5. *Pouke soupareh*, filet fixe servant à pêcher le *soupareh*, espèce de poisson.
6. *Kampia*, sachet où l'on met les pierres qui servent à alourdir le filet.
7. *Pouke baran*, filet fixe servant à pêcher le *baran*, espèce de poisson.
8. *Papeh palanchoung*, espèce de croc pour le poisson.
9. Filets d'autres espèces, employés sur le lac de Maninjou:
a. Paso soupareh, carrelet pour la pêche du *soupareh*, espèce de poisson; on l'emploie en suivant les rives.
b. Jalo bada, épervier pour la pêche du *bada*, espèce de poisson; on l'emploie en suivant les rives.
c. Jalo koulan, épervier pour la pêche du *koulan*, espèce de poisson; même emploi.
d. Gitang, espèce de filet fixe.
10. Diverses espèces de filets de la division de Batipou et des X Kotas, dont quelques uns s'emploient sur le lac de Singkarah.
a. Poukat, seine.
b. Jalo, épervier.
c. Jaring ou *jaring tagak*, tramail.
d. Pasaq.
11. Nasses diverses employées dans les pêcheries du lac de Maninjou.
a. Loukah.
b. Saroua.
c. Tamban.
d. Karoubing, trappe à anguilles, construite d'après le même principe que nos souricières.
12. Nasses de la division de Batipou et des X Kotas.
a. Loukah.
b. Tikalah.
13. Nasse, *loukah*, d'Agam.
14. Lignes et hameçons employés dans les pêcheries du lac de Maninjou.
a. Papeh bada, ligne pour la pêche du *bada*, espèce de poisson.
b. Papeh panongo.
c. Papeh panggar.

d. Taoui ikan panjang, hameçon à anguilles.
15. Ligne de pêche, *tali papeh*, *tali panching* ou *tali kaier*, de la division de Batipou et des X Kotas.
16. Paniers à poisson.
a. Kampia.
b. Karountoung.
17. *Pensi*, coquillages du lac de Maninjou, que l'on pêche pour en faire de la chaux.
18. *Lidi*, corbeille de manau tressé (tiges de feuilles de palmier; *Calamus manau*, Miq.), dont on se sert pour pêcher les *pensi*.

8. Cages et trappes pour oiseaux, du Haut-Pays de Padang.

1. *Sangka balam kouroung*, cage pour le *balam*, espèce de tourterelle sauvage.
2. *Sangka balam lapeh*, cage servant à apprivoiser le *balam*.
3. *Jare ratouih*, lacet pour attraper le *balam*.
4. *Sangka katitiran*, cage pour le *katitiran*, espèce de tourterelle sauvage pour laquelle les Malais ont une vénération superstitieuse, parce qu'ils croient que certaines de ces tourterelles sont ce qu'ils appellent *batouah*, c'est-à-dire ont le don de porter bonheur.
5. *Getah panangko katitiran*, résine dont on fait de la glu pour prendre le *katitiran*.
6. *Sangkar*, deux cages d'oiseaux.
7. *Parangkap*, deux trappes pour prendre les oiseaux.

9. Engins de pêche du Bas-Pays de Padang.

1. Modèles de filets de Boungous.
a. Poukat Malayou, grand filet malais; on le jette le long de la grève.
b. Filet *kisar*; on l'emploie en même temps que le *poukat malayou*, de telle façon que ce dernier en soit entouré. Le filet *kisar* arrête les poissons qui s'échapent du *poukat malayou*.
c. Jaring. Il s'emploie plus en avant dans la mer que les deux précédents.
d. Poukat Acheh, filet d'Atchin, comme ci-dessus.
e. Jaring anyout. Il s'emploie là près des écueils et des récifs.
f. Jalo jongkong. Il s'emploie le jour près des écueils et des récifs.

GROUPE II. Dixième Classe. 107

2. Modèles de bateaux pêcheurs de Boungous servant à pêcher avec les filets ci-dessus.
   a. Jongkong poukat Malayou.
   b. Sampan kisar.
   c. Jongkong jaring.
   d. Jongkong poukat Acheh.
   e. Sampan jaring anyout atau jalô.
3. Modèle d'un *balé*, nasse, de Boungous. Les différentes parties se nomment
   a. Bounouhan.
   b. Panara.
   c. Klinking.
   d. Kapas-kapas.
   e. Panôjô.
   f. Lambang.
   g. Katoundougan.
4. Modèle du *tanggon balé*, trouble qui s'emploie avec la nasse ou *balé*.
5. Modèle du *sampan balé*, nacelle de Boungous, dont on se sert pour jeter la nasse, *balé*, à la mer.
6. Lignes et hameçons divers de Boungous.
   a. Ranggoung.
   b. Tôndô.
   c. Olour-hiou.
   d. Oulour-sitouhou.
   e. Ounous-sampir.
7. Modèle du *lalayan* ou *prahou panching*, bateau de Boungous, avec lequel on va pêcher à la ligne en mer.
8. Modèle d'une traîne, *kesah*, de Painan.
9. Modèle d'une nasse, *louka*, de Painan.
10. Trouble, *tenggouk*, de Painan.
11. Modèle d'un bateau, *prahou jongkong*, avec les rames, *penggayouh* et la traîne, *poukat*, de Painan.
12. Modèle d'un bateau de pêcheur, *sampan*, de Painan.
13. Modèle d'un *sampan jala*, bateau avec lequel on va pêcher à l'épervier, d'Ayerbangis.
14. Modèle d'un *prahou panching*, d'Ayerbangis.
15. Modèle d'un filet avec estacades *pasô*, qu'on emploie dans les rivières peu profondes.
16. *Garabai*, épervier, pour prendre les petits poissons dans les rivières.
17. Modèle du *louka gadang*, grande nasse, employée dans les rivières.
18. Modèle du *louka kêtê*, petite nasse, employée dans les conduites d'eau et dans les ruisseaux.
19. Modèle du *louka oudang*, nasse à crevettes.

20. *Kait ikan panjang*, hameçon à anguilles.
21. *Kait jouô-jouô*, hameçon à anguilles.
22. *Garagai bouayo*, croc pour prendre les crocodiles.

10. Trappes et armes de chasse et cages d'oiseaux, du Bas-Pays de Padang.

1. *Jarat-lating-toupai*, trappe à écureuils.
2. *Jarat pilobang kanchil*, modèle d'une trappe pour prendre le kanchil, cerf-nain.
3. *Jaring-rousô*, modèle d'un lacet pour prendre les cerfs.
4. *Jaring chiling*, modèle d'un lacet pour prendre les sangliers.
5. Modèle d'une trappe pour prendre les sangliers.
6. *Janjang-rara-harimau*, modèle d'une trappe à tigres.
7. *Jarat-kalang-dadô*, modèle d'une trappe à tigres.
8. Deux modèles de trappes à tigres.
9. *Piarat*, javelot employé à la chasse des bêtes sauvages.
10. *Galah*, lance employée à la chasse des bêtes sauvages.
11. *Galah bouroung dengan pamoulout*, glu et gluaux pour oiseaux.
12. *Jarat ayam*, lacet pour prendre les poules sauvages et autres oiseaux.
13. *Jarat tougor* ou *jarat tangga*, lacets pour oiseaux.
14. *Jarat ratous*, lacet ordinaire pour oiseaux.
15. *Jarat soungkout*, lacet pour prendre la tourterelle verte, *pounai*.
16. Modèle du *jarang atau awit bouroung*, filet pour prendre les oiseaux.
17. Modèle du *jarat raban*, trébuchet pour oiseaux.
18. Modèle du *jarat sahab-sahab*, autre trébuchet pour oiseaux.
19. *Sangkar pamikat pouyouh*, trappe pour prendre les pouyouhs, espèces de cailles.
20. *Soumpitan* sarbacane avec laquelle on tue les oiseaux et les écureuils. Des malfaiteurs s'en servent aussi pour incendier les maisons.
21. *Sangkar balam layang*, cage ouverte, où l'on garde le balam, espèce de tourterelle, pour l'apprivoiser.
22. *Sangkar balam boulat*, cage ronde pour le balam.

108 GROUPE II. Dixième Classe.

23. *Sangkar balam raban*, cage oblongue pour balams.
24. *Sangkar katitiran*, cage pour le katitiran, espèce de tourterelle.
25. *Sangkar salindit boulat*, cage ronde pour le *salindit* espèce de parrique.
26. Cage mobile pour le salindit. En s'avançant le long des bâtons horizontaux de la cage, l'oiseau imprime à celle-ci un mouvement de rotation.
27. *Sangkar tiyoung*, cage à beyo.

11. Engins de pêche et de chasse, et nids comestibles de la rés. de Bengkoulen.

1. *Keroulik*, engin composé d'un bambou et d'une corbeille, dont on se sert pour surprendre le poisson.
2. *Kambou*, appareil pour garder le poisson. Il y en a deux sortes.
 a. *Kambou doudouk*.
 b. *Kambou tipis*.
Les modèles sont au $\frac{1}{8}$ de la grandeur naturelle.
3. *Kirang*, appareil pour fumer le poisson.
4. Modèle d'un *jongkong*, employé pour pêcher avec le *poukat*; $\frac{1}{20}$ de la grand. nat.
5. Modèle d'un *poukat*, au $\frac{1}{6}$ de la grand. nat.
6. Modèle d'un *tangkoul*, au $\frac{1}{6}$ de la grand. nat.
7. Modèle d'un *belek*, au $\frac{1}{10}$ de la grand. nat., avec un *tanggouk belek* ou trouble.
8. *Jala*, épervier de la div. de Selouma.
9. *Jaring*, traîne ou seine de la div. de Selouma.
10. *Krouli*, servant à prendre le poisson ou les crevettes.
11. *Roubou*, servant à prendre le poisson ou les crevettes.
12. Prauws de l'île d'Engano au $\frac{1}{20}$ de la grand. nat.
13. *Jala*, épervier de la div. de Moko-Moko.
14. *Jaring*, traîne de la div. de Moko-Moko.
15. *Louka*, nasse de la div. de Moko-Moko.
16. *Sakok*, nasse de la div. de Moko-Moko.
17. *Gouloung balek*, nasse de la div. de Moko-Moko.
18. *Jaring*, filet pour les grands poissons de mer.
19. *Tali panching*, engin pour les petits poissons.
20. Modèle d'un *prahou poukat*, bâtiment de pêche employé au chef-lieu, avec le filet qui sert en même temps, le *poukat*; le tout au $\frac{1}{20}$ de la grand. nat.
21. *Boubouh*, nasse de la div. de Kauer.
22. *Jaring*, lacet pour prendre les cerfs, de la div. de Kauer.
23. *Tanggoup*, filet pour la pêche des crevettes, de la div. de Kauer.
24. *Perangkap*, trappe à tigres de la div. de Kauer.
25. *Reban*, pour attraper les oiseaux, de la div. de Kauer.
26. *Kinjan*, trappe où se prennent les cerfs; leurs pieds s'embarrassent dans un lacet, qu'ils resserrent en essayant de s'en retirer; div. de Manna.
27. *Jaring kidang*, filet où l'on prend une espèce de petits cerfs.
28. *Jaring rousa*, corde à nœuds coulants faite de rotin, pour prendre les grands cerfs.
29. *Kinjan rousa*, appareil pour enlacer les cerfs.
30. *Panching rousa*, appareil à crochet pour prendre les cerfs.
31. *Toukas*, appareil pour tuer les éléphants sauvages.
32. Poudre que les indigènes fabriquent avec du salpêtre extrait du fumier des chèvres, du charbon fait par eux-mêmes et du soufre qu'ils achètent. On donne les proportions comme étant $\frac{11}{12}$ de salpêtre, $\frac{1.1}{1.4}$ de soufre et $\frac{1.1}{1.4}$ de charbon de bois, mais il y a là évidemment une faute. Les proportions les plus usitées sont $75\frac{1}{2}°/_0$ de salpêtre, $12\frac{1}{4}°/_0$ de soufre et $12\frac{1}{4}°/_0$ de charbon de bois.
33. *Jaring bebatou*, espèce de traîne avec laquelle on prend le poisson dans les rivières.
34. *Jaring anyout*, espèce de courantille employée dans les rivières.
35. *Tanggouk*, trouble pour les crevettes et les petits poissons.
36. *Boubouk* (modèle), espèce de nasse pour prendre les crevettes et les petits poissons.
37. *Belch* (modèle), estacade de bambou refendu employée avec le boubouk.
38. *Melata* (modèle), espèce de nasse que l'on suspend, amorcée avec un appât sous la surface de l'eau.
39. *Tangkoul*, carrelet.

GROUPE II. Dixième Classe. 109

40. *Tengkala* (modèle), corbeille de bambou dans laquelle on reçoit le poisson devant l'entrée de l'estacade. L'appareil entier porte le nom de *gaboul*.
41. *Panching*, hameçons de diverses grandeurs.
42. *Gacha*, machine pour tromper les grands poissons; c'est un morceau de fer-blanc armé de trois hameçons.
43. Nids d'oiseaux blancs de la div. de Kroé. Ils sont rares sur place et valent fl. 25 le kati ou 1¼ livre d'Amsterdam.
44. Nids d'oiseaux noirs de Kroé; la récolte en est affermée.

12. Engins de pêche de la rés. des Lampongs.

1. *Atep*, ligne de pêche, de la div. de Sekampong.
2. *Banjour*, ligne dormante, de la div. de Sekampong.
3. *Kouchouk*, ligne, de la div. de Sekampong. Sans amorce.
4. *Kachar*, ligne, de la div. de Sekampong. Avec amorce artificielle.
5. *Terouk*, harpon pour frapper le poisson, de la div. de Sekampong.
6. *Langéan*, filet de pêche, employé dans les rivières.

13. Engins de pêche et de chasse du haut-pays de la rés. de Palembang.

1. Modèle d'un *Penjaïlan*; il ne s'emploie pour la pêche que sur la Ranau, sur le lac intérieur et à l'embouchure de la Slaboung. Le filet employé avec cette embarcation porte le nom de *jail*.
2. Modèle d'un *ranjau lanting*, trappe à tigres des districts de la Ranau.
3. Modèle d'un *groubing*, trappe à tigres des districts de la Ranau.
4. *Jebak* ou *perangkap*, trébuchet servant à prendre de petits oiseaux, des districts de la Ranau.
5. *Jebak*, trébuchet pour oiseaux, servant à prendre la caille (*bouroung pouyouh*).

14. Engins de pêche et poissons provenant de la div. d'Iliran et de Banyouasin, rés. de Palembang.

1. *Songi oudang*, filet à crevettes.
2. *Jaring ikan kechil*, filet pour les petits poissons.
3. *Kerakat oudang*, filet à crevettes.
4. *Panching kelouyou*, hameçon pour le *kelouyou*.
5. *Panching kakap*, hameçon pour le *kakap*, perche de mer.
6. *Tangkoul*.
7. *Tougong oudang*.
8. *Wosing*.
9. *Sero*, nasse.
10. *Tada*.
11. *Prahou karong*.
12. *Prahou ikan*.
13. *Panching ikan long*, hameçons.
14. *Jaring ikan*, épervier.
15. Poisson sec.

15. Engins de pêche et de chasse et produits de la chasse et de la pêche de la rés. de la Côte or. de Sumatra.

1. Modèle d'un *sampan pemoukat*, bateau pêcheur ordinaire de la Côte orientale de Sumatra, employé surtout pour la pêche du troubouk. Le troubouk est une espèce d'alose, très recherchée pour ses œufs, que l'on sale et sèche et dont on fait un commerce étendu.
2. Modèle d'un *sampan penikan* avec ses *panggayouh*, pagaies. C'est un bateau de pêche employé surtout pour la pêche du troubouk, quand on veut faire usage du harpon.
3. *Serampang*, harpon que l'on emploie à la pêche du troubouk.
4. Modèle d'un *prahou ambei*, employé à la pêche des crevettes dans les rivières de la Pané et de la Bila; on laisse simplement aller à l'eau les filets que sont disposés des deux côtés de l'embarcation, et le courant se charge d'y amener des quantités de crevettes.
5. Modèle d'un *sampan koulit kayou*, bateau d'écorce employé surtout sur les courants de montagnes.
6. Engins de pêche employés dans la contrée de Kota Pinang.
   a. *Boubou*, nasse.
   b. *Tanggal*, espèce de nasse.
   c. *Rimbour*, nasse dans laquelle on attire le poisson au moyen d'un appât.
   d. *Balout-balout*.
   e. *Alasan* ou *doran*, espèce de filet.
7. Deux trappes à tigres différentes.
   a. *Pinjara*.
   b. *Apit-apit*.
8. *Jopout-jopout*, trappe à singes.
9. Crevettes sèches.

10. *Petis*, espèce de gelée de crevettes.
11. *Koulit pari*, peaux de raies.
12. *Loupa-loupa*, vessies de poissons.
13. *Gading*, défenses d'éléphants, ivoire.
14. *Soumbou badak*, corne de rhinocéros.

16. Engins de pêche et de chasse de la rés. de la Côte or. de Sumatra. — Société de Deli, à Amsterdam.

1. *Oultoup*, sarbacane, et petits dards, *ngangkat*, de bambou; les jeunes garçons s'en servent seuls pour tirer les oiseaux et les singes. Quelquefois ils empoisonnent les dards.
2. *Jala*, filet de pêche.
3. Trappe pour prendre les oiseaux.
4. Trappe à rats ou à écureuils.
5. Glu.

17. Engins de pêche et de chasse de la Côte or. de Sumatra. — Dr. B. Hagen, à Tanjong Morawa, Serdang.

1. Souricière de bambou.
2. Trappe à rats et à singes, de bambou.
3. Filet de pêche.
4. *Jala*, épervier.
5. *Sodon*, filet fixe.
6. *Douroung*, trouble pour la pêche de petits poissons; employé surtout par les femmes.
7. Pièce de bois sur laquelle on enroule et fait sécher les lignes de pêche.
8. *Poulout*, glu.

18. Engins et produits de la pêche dans la rés. de Riouw.

1. Modèle d'un *jaring belanak*.
2. *Jala balang-balang*.
3. *Jala kambang*.
4. *Jala oudang*.
5. *Jaring rapang*.
6. Modèle d'un *tangkoul*, qui sert à prendre les petits poissons et les crevettes.
7. Modèle d'un *tangkoul touwas*, qui sert à prendre de grands poissons.
8. Modèle d'un *sampan poukat ikan*.
9. Modèle d'un *sampan penjaringan* pour trois hommes, pour la pêche en mer.
10. Modèle d'un *sampan penjaringan* avec filet, pour deux hommes, pour la pêche sur les rivières.
11. Modèle d'un *boubouh labouh*, pour prendre le poisson en mer.
12. Modèle d'un *boubouh karang*.
13. Modèle d'un *pengarih*, engin de pêche employé dans la contrée de Karimon; on le place à l'embouchure des rivières.
14. Douze *bintour*, avec lesquels on prend des écrevisses dans les rivières et le long des côtes, là où l'eau est peu profonde.
15. Modèle d'un *kélong Batawi*, estacade.
16. Boîte de cannes à pêche diverses (*kail*).
17. Modèle d'un *kelong ikan*.
18. Modèle d'un *kelong oudang*.
19. Modèle d'un *empang soungei*, machine pour prendre les poissons à l'embouchure des rivières.
20. Modèle d'un *tangkoul* pour prendre le poisson.
21. Modèle d'un *tangkoul ondang*, employé sur les côtes; on le place près des maisons.
22. Modèle d'un *kelong* avec tous ses accessoires, pour prendre le poisson et les crevettes.
23. Deux modèles de *biloukar* (?) *loukah*, machine qui s'établit à l'embouchure des rivières peu larges pour prendre les petits poissons.
24. Modèle d'un *toubouh* employé dans les îles de la Mer de la Chine (*Poulo toujou*) pour la pêche du tripang.
25. Deux modèles de *jorans*, lignes pour les petits poissons.
26. Six *tanjoul oudang*, employés pour la pêche des crevettes.
27. Trois modèles de foënes pour tuer le poisson dans l'eau.
  a. *Tempouling*.
  b. et c. *Sarampangs*.
28. *Kachar*, courte canne à pêche pour pêcher le *sembilang* (espèce d'anguille très savoureuse).
29. *Tripang*, prix par pikol $ 35, ou fl. 87,50.
30. *Sipout*, *kilar*, coquillage très estimé par les Chinois, prix $ 15, ou fl. 37,50.
31. Echantillon de *jéngot douyoung*, grosse espèce, prix $ 6, ou fl. 15.
32. Echantillon de *jéngot douyoung*, fine espèce, prix $ 4,50, ou fl. 11,25.
33. *Agar-agar*, qualité la plus fine, $ 5.
34. Modèle d'un *sampan kollèk*, pour

trois hommes, avec filet de pêche (*jaring*) et lignes, pour la pêche en mer.
   34. Modèle d'un *kollèk mantang*, petit bateau de pêche en usage chez les descendants des aborigènes, qu'on appelle *Orang laout*, *Orang mandang* ou *Orang tambous*.
   36. Quelques échantillons d'éponges.
   35. Coquillage qui donne la nacre (*sipout géwong*).

19. Engins de chasse de la rés. de Bangka.

1. Lance.
2. Lacet pour prendre les cerfs.
3. Filet pour prendre le *kambing-outan*, l'antilope des bois de Sumatra.
4. Filet pour prendre les chevreuils.
5. Lacet pour oiseaux.
6. Trappe pour oiseaux.
7. Glu.

20. Engins et instruments employés pour la pêche dans le district de Blinyou, rés. de Bangka, tous au $1/10$ de la grandeur naturelle.

1. *Sero*, nasse avec trouble et réservoir à poisson.
2. *Sero-kedabong*, nasse pour prendre le *kedabong*, espèce de petite tortue.
3. *Boubou*, nasse pour prendre le poisson d'eau douce.
4. *Tengkalak*, autre espèce de nasse pour prendre le poisson d'eau douce.
5. *Poukat tarik*, traîne.
6. *Poukat tarik*, autre espèce de traîne.
7. *Poukat blanang*, courantille.
8. *Poukat ikan tenggiri*, filet pour la pêche du *tenggiri*, sorte de poisson.
9. *Jala ikan dan oudang*, épervier pour la pêche des poissons et des crevettes.
10. *Soungkar oudang belachan*, filet pour la pêche des crevettes de petite espèce dont on fait le *belachan* ou *terasi*.
11. *Poukat oudang belachan*, traîne employée dans le même but.
12. *Pintour kepiting*, appareil pour la pêche des écrevisses.
13. *Empang*, filet pour prendre de petits poissons.
14. *Tanggouh* et *krountoung*, panier pour prendre le poisson, avec panier où se met le poisson qui a été pris.
15. *Panching tounda*, ligne pour pêcher pendant que le bateau est en marche.

16. *Panching rengoun krise*, ligne pour pêcher l'*ikan krise*, espèce de dorade.
17. *Panching*, ligne pour la pêche dans les rivières.
18. *Ourouk-ourouk*, instrument destiné à attirer le poisson; on le secoue et il produit un bruit auquel viennent les poissons.
19. *Serampang*, harpon.
20. *Tempouling*, autre espèce de harpon.
21. *Kolèk*, bateau de pêche pour un homme.
22. *Keranjang*, réservoir à poissons.

21. Engins et instruments de pêche employés dans d'autres parties de Bangka, et produits de la pêche des mêmes endroits.

1. Seine.
2. Epervier.
3. Courantille.
4. Filet à crevettes.
5. Filet pour le poisson de rivière.
6. Corbeille à puiser.
7. Trouble.
8. Modèle de *sero*, nasse.
9. Deux nasses à poisson.
10. Nasse à anguilles.
11. Lignes diverses pour prendre le poisson de mer, le poisson de rivière et les crevettes.
12. Trois espèces de harpons.
13. Modèles de bateaux pêcheurs.
   a. *Kolèk*.
   b. *Sampan poukat*.
14. Paniers à poisson.
15. Croc pour prendre les crocodiles.
16. Nasse à poisson.
17. Corbeille à poisson.
18. Tripang.
19. *Belachan* ou *terasi*, sorte de conserve faits de petits poissons et de crevettes.
20. *Kerouponk* de poisson. Peau de poisson préparée d'une façon particulière et que l'on fait ensuite frire ou griller pour manger avec le riz.
21. *Agar-agar*, gélatine tirée d'algues marines, fort demandée partout pour emploi industriel et domestique.
22. Coquillages divers.

22. Engins de pêche et de chasse de la rés. de Billiton (Blitong).

GROUPE II. Dixième Classe.

1. *Soungkour* appareil portant un filet pour la pêche des crevettes; il est poussé par une personne seule.
2. Deux *srampangs*, ou harpons.
3. Deux *tempoulings*, ou harpons avec une corde pour faire la chasse aux gros poissons et aux tortues.
4. Deux *chirouk* ou harpons sans croc.
5. *Poukat oudang* (*parit*), ou traîne à crevettes, longue de 30 à 40 brasses.
6. *Poukat* (*tarik*) long de 100 mètres et plus.
7. Modèle de *poukat* (*anyout*) ou seine, à laquelle on donne d'ordinaire une largeur double, et de 30 à 40 brasses de longueur.
8. *Jala* ou épervier.
9. *Jala*, ou épervier, employé spécialement pour la pêche du belanak (*souroui*), espèce de poisson de rivière; $\frac{1}{3}$ de la gr. nat.
10. Modèle de nasse pour le poisson de rivière (*boubou darat*), au $\frac{1}{6}$ de la gr. nat.
11. Deux modèles de nasses (*boubou tripang*), au $\frac{1}{6}$ de la gr. nat.
12. *Ounak* ou *tetapouk* (pêcheries de rivière).
13. *Tengkalak* (pêcheries de rivière).
14. *Tangkok*, pour la pêche des crevettes; $\frac{1}{4}$ de la gr. nat.
15. Ligne à hameçons (*panching oulour*)
16. Ligne à hameçons (*panching ambour*).
17. Deux lignes à hameçons (*panching toundak*) que l'on attache à la barque et et que l'on entraîne à la remorque pour prendre du poisson tout en naviguant.
18. Ligne à hameçons pour la pêche du poisson krisé.
19. Grosse canne à pêche, armée de plusieurs cordelettes courtes, que l'on plante dans le sol au bord des rivières. On courbe en avant cette canne et en en fait retenir le bout par un morceau de bois. Quand le poisson mord, cela dérange le morceau de bois, la canne se redresse et enlève le poisson hors de l'eau.
20. Hameçon et corde pour la pêche du requin.
21. Croc en fer (*atir bouaya* ou *panching bouaya*) pour la chasse au crocodile.
22. *Tangkoul*, ou carrelet pour la pêche dans les eaux peu profondes.
23. *Tangok sérô*, servant à prendre le poisson emprisonné dans le sero.
24. *Ambang sérô*, servant à emporter le poisson du sero.
25. Modèle de prauw seka avec accessoires.
26. Modèle de prauw kolèk avec accessoires.
27. Modèle de prauw serô, dont on se sert d'ordinaire pour aller au serô et en revenir.
28. Modèle de *serô*.
29. Huit espèces de *gamont* (*tripang*) sec, destiné à être exporté en Chine.
30. Paquet de poisson sec d'espèces diverses.
31. Morceau de *nous* sec (seiche).
32. *Jaring* pour enlacer les cerfs à la battue.
33. *Jaring*, lacet pour menu gibier.
34. *Agar-agar*, colle de poisson.
35. Morceau de *sisik* (tortue).
36. Hameçon.
37. Filet.

23. Engins de chasse et de pêche et produits de la pêche, de la rés. de Bantam (Banten).

1. *Jaring bouroung*, filet pour prendre les oiseaux.
2. *Arod*, traîne pour la pêche.
3. *Jala*, épervier.
4. *Ancho*, carrelet.
5. *Ayab*, trouble.
6. *Wowoout*, nasse.
7. *Tabeuq*, nasse pour petits poissons.
8. *Kempis*, corbeille à poisson.
9. *Kembou*, autre corbeille à poisson.
10. *Sousouk*, autre corbeille pour la pêche.
11. *Tanggok*, panier avec lequel on attrape le poisson.
12. *Panching*, ligne.
13. *Prahou mayang*, sorte de bateau pêcheur.
 a. Modèle de Cheringin.
 b. Modèle d'Anyer.
14. *Prahou sero*, barque dont on se sert pour le service des estacades de pêche, *sero*; de Serang.
15. *Prahou penaringan*, bateau pêcheur.
16. *Prahou penjaoulan*, id.
17. *Prahou tegour*, id.
18. *Prahou peléké*, id.
19. *Prahou poukat*, id.
20. *Karang*, corail.
21. *Akar bahar*, sorte de plante marine coralliforme, dont on fait des bracelets et autres articles de bimbeloterie.
22. *Mata pechang*, beau coquillage.

23. Tortue.
24. *Tripang*, holothurie échinoderme comestible.
25. *Agar-agar*, gélatine d'algues marines.

24. Engins pour la pêche maritime employés à Batavia.

1. Modèle de *sero*, estacade de bambou et de rotin en forme de nasse que l'on établit dans la mer. On le visite toutes les deux ou trois semaines. Il peut servir pendant des mois, plus ou moins longtemps suivant le mode de construction suivi. Un *sero* peut valoir fl. 300, plus ou moins.
2. Modèle d'un *sisir* ou trouble, employé pour le service du sero.
3. Modèle de *kolek*, petite barque avec laquelle on porte à la vente le poisson qui a été pris.
4. Modèle de *sampan*, petite barque avec laquelle on entraîne le sero en mer, ou on le ramène à terre.
5. Modèle de *prahou sisir*, barque dont on se sert pour apporter à terre le poisson emprisonné dans le *sero*.
6. Modèle de *kranjang gendon*, corbeille dont on se sert pour prendre le poisson dans le trouble.
7. Modèle de *pranjang penangkat*, corbeille dans laquelle on transporte le poisson de la barque au local de la vente.
8. Modèle de *boubou*, nasse qui se place dans la mer.
9. Modèle de *roumpon*, enclos rectangulaire établi dans la mer pour y jeter de l'herbe et des feuilles afin que les poissons viennent y nicher. Au bout de quelques jours on retire la machine, et on en enlève le poisson.
10. *Prahou boubou*, barque avec laquelle on porte en mer le *boubou*, nasse, et le *roumpou* et on rapporte à terre le poisson pris au moyen de ces machines.

25. Engins pour la pêche en rivière, employés à Batavia.

1. Modèle de *jala*, épervier, que l'on emploie aussi parfois en mer dans les eaux peu profondes.
2. Modèle de *jaring* ou *waring*, seine avec laquelle on enveloppe les bancs de poisson, puis que l'on retire à terre pour les vider.
3. Modèle de *boubou*, nasse.
4. Modèle de *tiplek*, nasse dans laquelle on place un appât.
5. *Sousouk*, corbeille ou cloche en vannerie, au moyen de laquelle on tâche d'emprisonner les poissons dans les eaux peu profondes, pour ensuite les prendre à la main par l'ouverture supérieure de la corbeille.
6. Deux modèles de *tanggok*, filet avec lequel on cherche à saisir le poisson en suivant la rive.
7. Modèle de *tanggok*, avec lequel on ramasse des crevettes en longeant la rive.
8. Deux modèles de *korang* ou corbeilles où l'on entrepose le poisson.
9. Modèle de *prahou jala*, barque avec laquelle on va pêcher à l'épervier dans l'embouchure des rivières, ou en mer dans la proximité des côtes.

26. Engins de pêche de la div. de Meester Cornelis, rés. de Batavia.

1. *Sero* pour une profondeur de 4 à 5 brasses.
2. *Prahou kolek*, avec deux voiles et accessoires, servant à aller chercher le poisson au *sero* pour l'amener à Batavia.
3. *Prahou sampan* avec deux voiles, servant au transport du *sero*.
4. Petite *prahou* avec filet, *sisir ikan*, pour rassembler le poisson qui est dans le *sero* afin de pouvoir l'en retirer plus aisément.
5. *Sero* pour une eau profonde de 2 à 3 brasses.
6. *Prahou jegoung* avec accessoires et une nacelle pour servir de chaloupe, *prahou penganak*, servant à aller chercher le poisson au *sero* pour le ramener à terre.
7. *Sero* pour profondeur d'une brasse, près de la rive.
8. *Prahou jegoung*, bateau pêcheur, avec trouble, *blewang* ou *tanggok ikan*.
9. *Sero* à crevettes, on l'établit en mer près de l'embouchure des rivières.
10. *Prahou rembang*, pour la pêche des crevettes, avec *blewang* ou *tanggok*, trouble.
11. *Sero* à grosses crevettes, *oudang api-api*.
12. *Prahou rembang* avec *chadong* ou *boubou*, nasse.
13. *Sero* qui s'établit dans les marais, *rawas*.
14. *Prahou rembang* avec voile, accessoires et *blewang* ou *tanggok*.

8*

15. *Jaring*, filet pour la pêche de l'*ikan kembong*.
16. *Prahou kolek* avec assessoires.
17. *Prahou rembang* avec voiles, munie d'un trouble à crevettes, *jala oudang* et trois hameçons, *panching*.
18. *Prahou rembang* avec trois javelots ou harpons pour la pêche du requin.
19. *Prahou rembang* avec un *waring* ou *tanggok*, trouble pour petites crevettes, *oudang rebon*.
20. *Jaring pal* pour la pêche du *kakap* («kaalkop", tête chauve), sorte de perche de mer.
21. *Prahou jegong*, bateau employé à la pêche.
22. *Prahou rembang*, servant à la pêche des crabes, *kepiting*, avec un *sousouk*, deux *blewangs* et deux hameçons.
23. *Prahou rembang* pour la pêche du *kakap* à l'embouchure des rivières, avec deux *panchings* et un *blewang*.
24. *Prahou jegong* avec un *jala* pour pêcher le *blanak*.

27. Engins de pêche et de chasse des environs de Batavia.

1. *Prahou kolek* pour aller chercher le poisson emprisonné dans les *seros*.
2. Deux *seros*, estacades en forme de nasse, pour prendre les poissons.
3. *Prahou rembang*, bateau de pêche.
4. Deux lignes, en petit.
5. *Ranggon*, ligne à trois branches, en petit.
6. *Prahou sope*, avec filet, *jaring*.
7. *Pahou joukoung*, nacelle avec laquelle ou va chercher le poisson des *boubous*, nasses.
8. Deux *boubous*, nasses, en petit.
9. Quatre *jalas*, éperviers, en petit.
10. Deux *kempis*, poche où l'on met les crevettes prises.
11. *Korang*, poche pour mettre le poisson pris à l'épervier; en petit.
12. Deux *tanggok oudan rebon*, trouble pour la plus petite espèce de crevettes, *rebon*; en petit.
13. Trois éperviers pour prendre le poisson de rivière; en petit.
14. Trois *korangs*, poches pour le poisson de rivière; en petit.
15. Quatre *boubous*, nasses pour le poisson de rivière; en petit.
16. Quatre *sourouks*, pour pêcher le poisson de rivière; en petit.
17. *Chan*, trouble de rivière; en petit.
18. *Oumbing*, trouble de rivière; en petit.
19. *Jebak bajing*, trappe à écureuils; grandeur naturelle.
20. *Jebak tikous*, souricière.
21. *Jebak perkoutout*, trébuchet pour prendre une espèce de tourterelle appelée *perkoutout*.

28. Poisson sec, *ikan gabous*, de la div. d'Indramayou, rés. de Chéribon.

29. Engins de pêche de la côte méridionale des régences du Préanger.

1. *Joukong*, barque de pêche.
2. Gouvernail de *joukong*.

30. Pêcheries de la div. de Bandong, rés. des régences du Préanger.

1. Représentation de la manière dont on pêche le poisson de rivière.
2. Filet employé à cette pêche.
3. Représentation de la manière dont les pêcheurs par état pêchent le poisson de rivière.

31. Engins de pêche et de chasse de la div. de Soukapoura, rés. des régences du Préanger.

1. Filet de pêche.
2. Ligne.
3. Trois tamis.
4. Epervier.
5. Deux poches où se met le poisson qui a été pris.
6. Nasses; quatre sortes.
7. Machine pour prendre les tigres.

32. Poisson sec de trois espèces de la rés. de Tegal.

33. Engins de pêche et de chasse de la rés. de Pekalongan.

1. *Joukong panjaringan*, barque de pêche.
2. *Menteng* ou *kolek*, barque de pêche.
3. *Mayangan*, barque de pêche.
4. *Ikan kring*, poisson sec.

GROUPE II. Dixième Classe. 115

5. *Kraket*, filet pour prendre le poisson de mer.
6. *Oudout*, corbeille à anguilles.
7. Deux *seros*.
8. *Langger*, engin de pêche.
9. *Ichir*, engin de pêche.
10. *Wouwou*, engin de pêche.
11. *Bara*, engin de pêche.
12. *Lohor*, engin de pêche.
13. *Kembou*, réservoir à poissons.
14. *Souweh*, engin de pêche.
15. *Ancho*, carrelet.
16. *Jaring bourong*, filet pour prendre les oiseaux.

34. Engins de chasse et de pêche de la rés. de Samarang. — W. Hoezoo, missionnaire à Samarang.

1. Modèle de trappe à tigres, dans lequel est une chèvre.
2. Engin de pêche.
3. Lacet pour prendre les oiseaux.

35. *Prahou timbo*, petit bateau pêcheur, de la rés. de Rembang.

36. Instruments de pêche de la rés. de Sourabaya.

1. Barque de pêche.
2. Embarcation employée dans les pêcheries.
3. Deux bateaux de pêche différents.
4. Sept espèces de filets de pêche.
5. Deux troubles.
6. Filets pour la pêche des crevettes.
7. Filet pour prendre de petits poissons.
8. Filet.
9. *Bentoun*, filet.
10. Filet pour prendre les anguilles.
11. Espèce de nasse.
12. Deux espèces de lignes.
13. Deux harpons.
14. Panier où l'on dépose le poisson.
15. Modèle d'un enclos à poisson.
16. Modèle d'un vivier.

37. Vivier construit en bois avec accessoires; dessin et description. — Le Régent de Grissé, (Gresik).

38. Engins et instruments de pêche de la rés. de Sourabaya. — J. Kruyt, missionnaire à Mojowarno.

1. Trois hameçons.
2. Carrelet (en sept morceaux).
3. Carrelet.
4. Trouble.
5. Deux filets triangulaires.
6. Trois nasses.
7. Grillage pour clarifier l'eau pour les poissons.
8. Corbeille pour prendre le poisson.
9. Réservoir de poissons.
10. Deux paniers pour le transport du poisson.
11. *Goubouk*, huttes que les pêcheurs se construisent sur les sawas inondées (en 7 morceaux).
12. Deux tamis pour prendre les poissons dans l'eau.
13. Barque de pêche (en 3 morceaux).
14. Epervier.

39. Engins de pêche et de chasse et produits de la pêche, de la rés. de Banyoumas.

1. *Kepis*, panier où l'on dépose le poisson; 3 ex.
2. *Wouwou*, nasses à poisson; 15 sortes.
3. *Arad*, filet de pêche.
4. *Jala*, épervier.
5. *Séser*, trouble.
6. *Séser tedong*, trouble.
7. *Pintour*, filet à écrevisses.
8. *Panching*, ligne de pêche.
9. *Ancho*, épervier.
10. *Cherib*, épervier.
11. *Choban*, mèche pour faire les filets.
12. *Barak*, appareil pour prendre les poissons dans les rivières.
13. *Tourong*, engin pour la pêche des crevettes de mer.
14. *Nidi lembout*, engin pour faire une enceinte aboutissant au rivage et y prendre du poisson.
15. *Régal*, engin pour la pêche des grands poissons de mer.
16. *Changop*, idem.
17. *Tadahan*, engin pour la pêche des petits poissons de mer.
18. *Tadahan banjong*, engin pour la pêche des poissons de mer, grands et petits.
19. Trois engins pour la pêche en rivière.

GROUPE II. Dixième Classe.

20. *Joukong*, bateau de pêche.
21. *Songgok manouk*, engin pour prendre les oiseaux.
22. *Toutoupan*, sarbacane pour oiseaux.
23. *Grouugsan*, engin pour prendre les écureuils.
24. *Boulous*, tortue d'eau douce.
25. Deux flacons contenant des perles pêchées sur la côte de Chilachap.

40. Engins de pêche de la rés. de Bagelèn.

1. *Sousouk ikan*, engin pour la pêche du poisson de mer.
2. *Wouwou*, idem.
3. *Panching*, objet dans lequel on tient les amorces (?).
4. *Rojong*, espèce de harpon.
5. *Jolo*, filet pour le poisson de mer.
6. *Ancho*, engin pour la pêche en mer; $\frac{1}{10}$ de la grand. nat.
7. *Seser*, engin de pêche pour les petits poissons de mer.
8. *Sambir*, trouble.
9. Barque de pêche.

41. Engins pour la capture d'animaux et produits de la chasse dans la rés. de Sourakarta.

1. Tête du squelette d'un rhinocéros.
2. Vingt engins de pêche différents.
3. Trappe pour prendre les cailles.
4. Trappe pour prendre les pigeons.
5. Lacet pour prendre les oiseaux.
6. *Jaring kidang*, filet pour capturer les chevreuils.
7. *Kolo lindak*, trappe pour la capture du porc-épic.
8. *Bengkoungkong*, trappe à tigres.
9. *Garobek*, cage à tigres.
10. *Wadoek*, trappe à sangliers.
11. *Kolo prachik*, engin pour enlacer les oiseaux.
12. *Kolo gantong*, espèce de cage d'oiseaux.
13. *Chilili*, filet pour prendre les oiseaux.

42. Engins de pêche de la rés. de Kedou.

1. Nasses, trois espèces.
2. Troubles, deux espèces.
3. Épervier.
4. Ligne de pêche.

43. Engins de pêche et produits de la pêche de l'île de Madoura, div. de Sampang.

1. *Pentor*, engin de pêche.
2. *Sosop*, espèce de nasse.
3. Épervier.
4. *Panching olor*, deux lignes.
5. *Panching tendak*, ligne pour pêcher les petits poissons.
6. *Pechat*, carrelet.
7. *Panching kakap*, ligne pour la pêche du kakap.
8. *Krakat*, seine.
9. Engins divers.
10. *Renchak*, seine.
11. *Waring*, engin de pêche.
12. Prauw *mayang*.
13. Idem.
14. Flacon de *tripang*.
15. Colombier.

44. Engins de pêche et produits de la pêche de l'île de Madoura, div. de Bangkallan.

1. *Kopek*, poisson sec.
2. *Bambangan*, poisson sec.
3. *Sampan*, prauw.
4. *Mandit*, prauw.
5. *Nitih*, prauw.
6. *Molangan*, prauw.
7. *Sampan*, prauw.
8. *Konteng*, prauw.
9. *Mandit*, prauw.
10. *Lis-alis*, prauw.
11. *Sampan*, prauw.
12. *Panchong kreket*, prauw.
13. *Soudouh*, prauw.
14. *Pentor*, prauw.
15. *Payong* ou *joukong*, prauw.
16. *Rompon*, engin de pêche.
17. *Sosok*, engin de pêche.
18. *Bonbouh*, engin de pêche.
19. *Panchalan* avec *kèreng*, bateau avec engin de pêche.
20. *Perek*, engin de pêche.
21. *Petourousan*, engin de pêche.
22. *Pantor gedang*, engin de pêche.
23. *Pantor panching*, engin de pêche.
24. *Sisir* avec *kimah*, engin de pêche.
25. *Slandang*, engin de pêche.
26. *Chetoh*, engin de pêche.
27. *Rijarit*, engin de pêche.
28. *Tangkar*, engin de pêche.
29. *Sondir*, engin de pêche.

Groupe II. Dixième Classe.

30. *Banjang*, engin de pêche.
31. *Soudouh*, avec quatre bâtons qui vont avec, engin de pêche.
32. *Sondit*, engin de pêche.
33. *Panching bouwaya*, engin pour la chasse au crocodile.
34. *Panching kreket*, engin de pêche.
35. *Panching tengiri*, engin pour la pêche du thon.
36. *Jaring krakat*, engin de pêche.
37. *Jaring dakadah*, engin de pêche.
38. *Jala*, engin de pêche.
39. *Waring petourousan*, engin de pêche.
40. *Chager*, engin de pêche.
41. *Pechak*, engin de pêche.
42. *Gouyeng*, engin de pêche.
43. Ligne de pêche.

45. Engins de pêche et produits de la pêche de l'île de Madoura, div. de Soumenep.

1. *Waring*, engin de pêche.
2. *Jala*, épervier.
3. *Krakat*. seine.
4. *Serok*, trouble.
5. Coquillages.

46. Engins de pêche et de chasse de la rés. de Pasourouan.

1. *Boro*, engin pour prendre le grand poisson de rivière.
2. *Wouwou*, nasse pour prendre les petits poissons.
3. *Kepis*, panier que le pêcheur suspend à son corps pour y déposer le poisson.
4. *Ancho*, carrelet pour le poisson.
5. *Jolo*, épervier.
6. Deux *Jarings*, filets à cerfs.
7. *Jaring iwak*, filet de pêche.
8. Deux filets pour la pêche en rivière.
9. Objets employés pour la pêche dans les rivières et les lacs
10. Piége à sangliers.
11. Nasses, quatre sortes.
12. Trappe à tigres.
13. Engins divers pour la capture du poisson.
   a. Séser.
   b. Tangkar.
   c. Sondir.
   d. Jaring rajoungan.
   e. Jaring bong.
   f. Panching moungsing.
   g. Panching keting.
   h. Banjang sela.
   i. Charing tiktak.
   j. Charing kambong.
   k. Banjang rinchek.
   l. Banjang sero.
   m. Tadah giwar.
   n. Soundik.
   o. Charouk.
   p. Sousouk.
   q. Wouwou keli.
   r. Wouwou laout.
   s. Pyaring krakat.
   t. Panching krakat.
   u. Payang.
   v. Jaring èdèr.
   w. Jolo.
   x. Payang ngalit.
15. Prauw *mayang*.
16.   ″   *alis*.
17.   ″   *sokong*.
18.   ″   *sampan*.

47. Embarcations de pêche et produits de la chasse, de la rés. de Probolinggo. — G. Maarschalk et Cie., à Probolinggo.

1. *Prahou mayang*, bateau pêcheur.
2.   ″   *sampan*,   ″
3.   ″   *segon*.

48. Prauws de pêche et engins pour la capture et la garde d'animaux, de la rés. de Besouki.

1. Deux prauws de pêche complètes, avec un gouvernail, deux voiles, trois mâts, quatre blondongs, cinq ancres, six rames, sept filets, huit antongs (flotteurs pour le filet).
2. *Joukoung*, prauw de pêche avec voile et croc, pour plus d'un homme.
3. *pelajongan*, prauw de pêche pour un homme (deux modèles).
4. Cage pour tourtelles; $\frac{2}{10}$ de la gr. nat.
5. Cage pour oiseaux de riz; $\frac{1}{10}$ de la gr. nat.
6. Pigeonniers, trois espèces; $\frac{1}{15}$ de la gr. nat.
7. *Besot*, piège à sangliers.
8. *Jaring*, filet pour la capture de sangliers et de cerfs.
9. *Saing*, espèce de harpon.

49. Engins de pêche de l'extrémité orientale de Java.

1. *Banjong*, grande enceinte à poisson.
2. *Sousoug*, nasse à main.
3. *Jaring*, filet de pêche.
4. *Branjang*, carrelet à main.
5. *Pintour*, piège à crabes.
6. *Jala*, seine.
7. Deux *panchings*, hameçons.
8. *Tombel*, engin pour la capture du poisson.
9. *Joukong*, embarcation employée à la pêche.
10. *Prahou sekatan*, embarcation employée à la pêche.
11. *Penis*, embarcation employée à la pêche.
12. *Prahou sampan*, embarcation employée à la pêche.
13. *Kempis*, panier à poisson.
14. *Sèsèr*, panier à poisson.

50. Collection d'engins de pêche de la div. occidentale de Borneo. — C. Kater, ancien résident de la div. occ. de Borneo, à Voorbourg.

1. Modèle au $\frac{1}{20}$ de la gr. nat. d'un *blat* ou *sero*, estacade pour la capture du poisson. On y a joint les modèles suivants, au $\frac{1}{10}$, d'embarcations employées pour le service de cette machine.
   a. *Bandang blat*.
   b. *Pelete taut*.
   c. *Pelele soungi*.
   d. *Sampar*.
2. Modèle au $\frac{1}{20}$ de la gr. nat. d'un *(j)oungkat*, engin pour la capture des crevettes. On y a joint un modèle au $\frac{1}{10}$ du *sampan jounkat*, embarcation employée pour le service de cet engin.
3. *Poukat anjout*, tramail.
4. *Jala*, deux éperviers, auxquels on a joint:
   a. *Benang sikat*, garen.
   b. *Samak*, écorce dont on se sert pour teindre les filets.
5. *Sampan jalor*, petite barque de pêche.
6. *Kerehan*, trois lignes.
7. *Tempouling*, petit harpon.
8. *Panching kakap*, ligne pour la pêche du kakap.
9. *Panching senoungin*, ligne pour la pêche du senoungin, poisson de mer délicat.
10. *Panching ambour*, ligne pour la pêche de la raie.
11. *Panching oudang*, ligne à crevettes.
12. *Panching bantah*, ligne pour petits poissons.
13. *Pelampong jouara*, ligne.
14. *Tajor bingkas*, ligne de pêche avec valet.
15. *Panching rada*, ligne pour gros poissons.
16. *Panching joua-joua*, ligne de pêche employée à l'intérieur des terres.
17. *Rawei patin*, ligne pour gros poissons.
18. *Rawei ikan douri*, ligne pour petits poissons.
19. *Soungkor*, engin pour la capture des crevettes.
20. *Amboui*, filet de pêche, au $\frac{1}{20}$ de la gr. nat.
21. *Jouran panching*, cannes à pêche.
22. *Sampan gobang*, barque de pêcheurs. On y a joint:
   a. *Panching tounda*, ligne de traîne.
   b. *Panching tounda tengiri*, ligne de traîne.
   c. *Panching bambangan*, ligne de pêche pour eaux profondes.
   d. *Panching krissé*, ligne de pêche pour eaux profondes.
   e. *Tali ladong*, ligne.
23. *Rangkang*, panier contenant l'attirail suivant:
   a. *Pembentok panching*, servant à courber les hameçons.
   b. *Pisau wali*, petit couteau.
   c. *Chouban*, mèches à faire les mailles.
   d. *Ripang*, moule à mailles.
   e. *Tabong*, étui d'hameçons.
24. *Penyoulou*, petite lumière pour la pêche.
24bis. *Serampang*, foène, et *tempouling*, petit harpon.
25. Engins employés pour la pêche au *menoubah*, c'est-à-dire en empoisonnant les poissons.
   a. *Akar-toubah*, racine toxique.
   b. *Daoun toubah*, feuilles de la même plante.
   c. *Ayar toubah*, infusion de la racine de cette plante.
   d. *San-san*, quatre petits troubles.
   e. *Jempont-jempout*, petit foène.
   f. *Serampang*, petit foène.
   g. *Serampang sisir*, petit foène.
   h. *Tempouling*, deux harpons.
   i. Deux *serampangs*, foènes.

GROUPE II. Dixième Classe. 119

j. Trois *serampangs*, foënes.
k. Deux *gelouks*, boites à eau.
l. Deux *gayongs*, épuisettes.
26. Trois *boubous*, nasses.
27. Deux *serouahs*, nasses.
28. *Serangkap*, corbeille.
29. *Entapou*, nasses à épines.

51. Engins de chasse de la div. occidentale de Borneo. — C. Kater, ancien résident de la div. occ. de Borneo, à Voorbourg.

1. *Jaring rousah*, lacet pour cerfs, $\frac{1}{10}$ de la gr. nat.
2. *Blantik* épieu à ressort pour sangliers, tendu.
3. *Blantik*, épieu à ressort, détendu.
4. *Soumpitan*, sarbacane.
5. *Damak soumpitan*, dards que l'on lance avec la sarbacane.
6. *Damak bisa*, dards empoisonnés pour lancer avec la sarbacane.
7. *Jirat*, lacet pour grands oiseaux.
8. *Jirat*, lacet pour grands oiseaux, détendu.
9. *Jirat*, lacet pour petits oiseaux.
10. *Serangkap*, trappe pour oiseau, tendue.
11. *Serangkap*, trappe pour oiseaux, détendue.
12. *Serangkap*, trappe pour petits oiseaux.
13. *Piding*, lacet.
14. *Langai*, lacet.
15. *Panyok*, lacet.
16. *Getah bouroung*, glu.

52. Engins de pêche et de chasse de la div. occ. de Borneo.

1. Modèle de *pelélé laut*, barque de pêche. Soungei Kakap.
2. Idem, idem.
3. Idem, idem.
4. Modèle de *pelélé darat*, idem.
5. Idem, idem.
6. Modèle de *sampan jalour*, idem.
7. Idem, idem.
8. Idem, idem.
9. Modèle de *sampan tembany*, idem.
10. Modèle de *pelélé laut*, barque de pêche. Sambas.
11. Modèle de *pelélé dalam*, idem.
12. Modèle de *sampan belat rantau*, idem.

13. Modèle de *bandong belat rantau*, idem.
14. Modèle de *sampan pelélé*, barque de pêcheur.
15. Modèle de *sampan jalour*, idem.
16 *Jala klaban*, épervier au $\frac{1}{10}$ de la gr. nat. Sambas.
17. *Jala tamban*, idem.
18. *Jala oudang-laout*, idem, au $\frac{1}{5}$.
19. *Jala oudang-gala*, idem, idem.
20. *Belat batawi*, nasse pour eaux profondes, au $\frac{1}{10}$ de la gr. nat. Sambas.
21. *Belat sero*, nasse pour eaux peu profondes, au $\frac{1}{10}$ de la gr. nat. Sambas.
22. *Belat rantau*, nasse de rivière, au $\frac{1}{20}$. Sambas.
23. *Soungkour*, filet à épines pour pêcher les crevettes, au $\frac{1}{10}$. Sambas.
24. *Antapouk*, nasse à poissons à la moitié de la gr. nat. Sambas.
25. *Pengilar*, espèce de nasse. Sambas.
26. *Panching toundu*, engin de pêche. Mampawa.
27. *Belat batawi*, nasse pour eaux profondes. Mampawa.
28. *Belat rantau*, nasse de rivière. Mampawa.
29. *Belat sero*, nasse pour eaux profondes.
30. *Soungkour*, filet à épines pour la pêche des crevettes. Mampawa.
31. *Panching jen jouwa*, engin de pêche.
32. *Kisit*, filet de pêche.
33. *Sangkallah*, filet de pêche.
34. *Ranggong*, instruments de pêche.

53. Engins de pêche et de chasse de Mampawa, rés. de la div. occ. de Borneo.

1. *Rawei*, ligne de pêche.
2. *Pelampong*, flotteur.
3. *Panching oudang*, ligne pour la pêche des crevettes.
4. *Panching kerihan*, ligne.
5. *Pangilar*, espèce de nasse.
6. *Antapou*, espèce de nasse.
7. *Poukat sirat*, filet de pêche.
8. *Rajout*, engin de pêche.
9. *Jala oudang galab*, filet pour pêcher les crevettes de rivière.
10. *Jaia oudang laout*, filet pour pêcher les crevettes de mer.
11. *Jala klaban*, filet pour poissons.
12. *Jerat*, lacet pour *toupei* (écureuils).
13. *Poukat babi*, filet pour la capture du sanglier.

GROUPE II. Dixième Classe.

54. Echantillons de nids d'oiseaux de Soukadana, rés. de la div. occ. de Borneo.
1. *Sarang bouroung kaki poutih*, nids d'oiseaux blancs.
2. *Sarang bourougn kaki itam*, nids d'oiseaux noirs.

55. Engins de pêche et de chasse de Pontianak, div. occ. de Borneo.
1. *Sero*.
2. *Sisir*.
3. *Penchido*.
4. *Sangkap*.
5. *Boubou*.
6. *Sampan*.
7. *Jala*.
8. *Panching plemas*.
9. *Plampong*.
10. *Joula*.
11. *Penchedit*.
12. *Soungkour*.
13. *Poukat*.
14. *Poukat*.
15. *Panching rangoun*.
16. *Ranging amboui*.
17. *Saou*.
18. *Serampang*.
19. *Tempouling*.
20. *Panching*.
21. *Poukat jaring*.
22. *Poukat anyout*.
23. *Poukat oudang*.

56. Engins de pêche de la rés. de la div. mér. et or. de Borneo.
1. *Lounta*, épervier, au $\frac{1}{5}$ de la gr. nat.
2. *Renggé joumpoul*, morceau de courantille. Longueur totale du filet, 400 mètres.
3. *Renggé saloungoungan*, morceau de courantille. Longueur totale du filet, 320 mètres.
4. *Rimpa*, courantille, $\frac{1}{3}$ de la vraie de largeur, $\frac{1}{15}$ de la vraie longueur.
5. *Karoup*, trouble.
6. *Sasoudouk*, trouble; $\frac{1}{20}$ de la gr. nat.
7. *Oumbing*, trouble; $\frac{1}{10}$ de la gr. nat.
8. *Alawit*, trouble; $\frac{1}{4}$ de la gr. nat.
9. *Anchau*, carrelet; $\frac{1}{6}$ de la gr. nat.
10. *Kalangst*, filet de pêche; $\frac{1}{10}$ de la gr. nat.
11. *Rawai*, filet de pêche; $\frac{1}{6}$ de la gr. nat.
12. *Salamban*, filet de pêche; $\frac{1}{20}$ de la gr. nat.
13. *Ountoung*, filet de pêche; $\frac{1}{6}$ de la gr. nat.
14. *Ampang belat*, filet de pêche composé de 150 pans; $\frac{1}{6}$ d'un pan.
15. *Ampang tinggi*, filet de pêche; $\frac{1}{30}$ d'un pan.
16. *Tampirai*, filet de pêche; $\frac{1}{12}$ d'un pan.
17. *Pangilar*, filet de pêche; $\frac{1}{6}$ de la gr. nat.
18. *Kabam*, filet de pêche; $\frac{1}{2}$ de la gr. nat.
19. *Tanggouk*, filet de pêche; $\frac{1}{6}$ de la gr. nat.
20. *Lanjoung*, panier à poisson; $\frac{1}{2}$ de la gr. nat.
21. *Sarakap*, cloche; $\frac{1}{4}$ de la gr. nat.
22. *Tangkalak*, nasse pour poissons; $\frac{1}{3}$ de la gr. nat.
23. *Boubou*, nasse pour poissons; $\frac{1}{4}$ de la gr. nat.
24. *Kalang*, nasse pour poissons; $\frac{1}{2}$ de la gr. nat.
25. *Loukah*, nasse pour poissons; $\frac{1}{2}$ de la gr. nat.
26. *Karouwing*, nasse à trappe; $\frac{1}{6}$ de la gr. nat.
27. *Sarapang*, foène; $\frac{1}{4}$ de la gr. nat.
28. *Tourih*, harpon; $\frac{1}{6}$ de la gr. nat.
29. *Tirouk*, harpon; $\frac{1}{6}$ de la gr. nat.
30. *Tirouk*, harpon; $\frac{1}{5}$ de la gr. nat.

57. Echantillons de nids d'oiseaux de la div. mér. et or. de Borneo. — J. J. Hendriks, percepteur des droits d'entrée et de sortie à Banjermasin.
1. Nids d'oiseaux de 1re qualité; fl. 2500 le pikol.
2. Nids d'oiseaux de 2e qualité; fl. 2000 le pikol.
3. Nids d'oiseaux, noirs; fl. 100 le pikol.

58. Engins de pêche du gouvernement de Célèbes et dépendances.
1. Deux *bila bodo*, corbeilles au moyen desquelles on pêche le poisson dans les marais.
2. *Bou-(boubou-)dowang*, nasse pour crevettes.

Groupe II. Dixième Classe.

3. *Balewang*, filet pour poissons.
4. *Jala lompo*, id.
5. *Gaé*, id.
6. *Sissiri*, id.
7. *Pouka*, id.
8. *Parempa*, id.
9. *Jala bouwang*, épervier.
10. *Jala jawa*, filet
11. *Dari*, trouble.
12. *Ladoun taripang*, plomb de pêcheurs de tripang.
13. *Ladoun sissi*, plomb de pêcheurs de tortues.
14. *Otere patonda*, ligne de traîne.
15. *Otere papekang*, ligne de pêche.
16. *Sero*, épuisettes, pour vider les réservoirs à poisson.
17. *Baka joukou*, panier à poisson.
18. *Baka dowang*, panier à crevettes.
19. *Bila*, nasses pour eaux profondes.
20. *Otere pekang jouka eja*, ligne avec plomb pour pêcher les poissons qui se tiennent près des écueils.
21. *Kanjai*, harpon.
22. *Sopé pataripang*, prauw de pêche; $\frac{1}{10}$ de la gr. nat.
23. *Soppé papekang*, prauw de pêche; $\frac{1}{10}$ de la gr. nat.
24. *Patouing touing*, prauw de pêche; $\frac{1}{10}$ de la gr. nat.
25. *Pajala*, prauw de pêch; $\frac{1}{20}$ de la gr. nat.
26. *Pagaé*, prauw de pêche; $\frac{1}{10}$ de la gr. nat.
27. *Balolang*, prauw de pêche, $\frac{1}{20}$ de la gr. nat., avec agrès, gouvernail et rames; $\frac{1}{5}$ de la gr. nat.
28. *Balolang*, prauw de pêche; $\frac{1}{20}$ de la gr. nat.
29. *Balolang pajala jawa*; $\frac{1}{20}$ de la gr. nat.

59. Engins de chasse et de pêche de la rés. de Menado.

1. Trois souricières de bambou.
2. Souricière en bois.
3. Lacet pour prendre les souris ou les oiseaux.
4. Lacets pour prendre les poules ou le gibier.
5. Lacet pour prendre les poules autour de l'habitation.
6. Lacet pour souris ou chauves-souris.
7. Filet à sangliers, *tali dodeso babi houtan*.
8. Nasses pour crevettes ou anguilles.
9. Nasse à anguilles.
10. Nasse longue de deux pieds pour prendre le *kabos* (Mal. *gabous*), *igi kabos*. Remboken.
11. Nasse longue de trois pieds pour prendre les anguilles, *igi sogili*. Remboken.
12. Bateaux de pêche de Menado.
 a. *Roreke*.
 b. *Londei* ou *dondei*.
 c. *Londei bouloutou*, *beloto*, *blotto*.
 d. *Londei timbiloung*.
 e. *Londei kalebat*.
 f. *Sopé gepe*.
 g. *Sopé pamawang?*
 h. *Pelang? gepe*.
13. Bateau de pêche de Gorontalo.

60. Onze modèles d'embarcations du Nord de Célèbes. — F. von Faber, contrôleur à Loubou Basong, Côte occ. de Sumatra.

61. Engins de pêche et produits de la chasse et de la pêche de la rés. de Ternate.

1. *Tonai*, bateau de pêche avec accessoires Tidore.
2. *Jaohati*, idem.
3. *Giop*, idem.
4. *Prahou manjala*, bateau de pêche avec épervier. Ternate.
5. *Prahou mangail*, bateau de pêche avec ligne de traîne. Ternate.
6. *Prahou poukat*, bateau de pêche avec seine. Ternate.
7. *Prahou mahera*, bateau de pêche. Ternate.
8. *Hohati*, lignes. Ternate.
9. *Nyimou*, ligne de pêche colorée, avec fil de cuivre et hameçon. Ternate.
10. *Nyimou*, ligne de pêche non colorée, avec fil de cuivre et hameçon. Ternate.
11. *Roufou*, écorce de l'arbre roufou, au moyen de laquelle on colore les lignes de pêche. Ternate.
12. *Douo-douo kourou*, traîne faite de *kourou*, de *ganemo* et de *goumoutou*. Ternate.
13. *Salapa*, épuisette en ganemo. Ternate.
14. *Giop*, seine de *ganemo*. Ternate.

GROUPE II. Dixième Classe.

15. *Jala*, épervier de coton. Ternate.
16. *Igi*, corbeille à poisson, de bambou. Ternate.
17. *Igi*, corbeille à poisson, de *moa*. Ternate.
18. *Salapa tabadiko*, trouble en bambou tressé. Ternate.
19. *Derou pakata*, prauw de pêche. Tobelo, Halmaheira.
20. *Hohoba* ou *kalawi*, harpon de fer. Tobelo.
21. *Sosoroka*: harpon de bambou. Tobelo.
22. *Wakomoumou* ou *jalamoumou*, filet en tiges de *seho* (palmier arèn). Tobelo.
23. *Derou pakata*, bateau de pêche. Galela, Halmaheira.
24. *Derou pakata*, idem.
25. *Derou pakata*; idem.
26. *Botoni*, deux troubles de bois et de coton. Galela.
27. *Jala*, épervier de coton. Galela.
28. *Dedou-dedou*, boite à amadou. Galela.
29. Deux *tandou rousa*, bois de cerf, fl. 8 le pikol. Galela.
30. Deux dito plus petits.
31. *Koulit toutourouga*, tortue; fl. 8 à 9 le katti (1¼ livre d'Amst.) Galela.
32. *Tofo*, corbeille à poisson, en bambou. Soula.
33. *Tofo*, corbeille à crevettes. Soula.
34. Quatre *saouba*, boites en bois où l'on tient l'attirail de pêche, le sirih et le pinang. Soula.
35. Echantillons de *tripang* (holothurie échinoderme comestible, recherchée surtout par les Chinois). Ile de Kayoa, groupe Gouarichi, à l'ouest d'Halmaheira.
 a. *Tripang sousou*, fl. 35 à 45 le pikol.
 b. *Tripang raja*, fl. 30 à 35 le pikol.
 c. *Tripang bilalo*, fl. 25 à 30 le pikol.
 d. *Tripang gossong*, fl. 20 à 25 le pikol.
 e. *Tripang gama*, fl. 30 à 35 le pikol.
 f. *Tripang ananas*.
 g. *Tripang kaus*.
 h. *Bia boulang*, coquillage; fl. 7 le pikol. Obi.
36. *Koulit toutourouga*, tortue; se vend à Singapore fl. 80 le pikol. N. Guinée.
37. Trouble fait de ficelle de *rami*. N. Guinée.
38. Deux *komandi*, harpons en bois. N. Guinée.
39. *Gogoliti* (*Bia moutiara* ou *ngocha*), coquillage à nacre; fl. 40 à 80 le pikol. Waigeou, Moratai et Kaou.
40. *Bia pea-pea*, coquillage de Florès; fl. 30 à 35 le pikol. Waigeou, Moratai et Kaou.
41. Morceau de branche de l'arbre seho (palmier arèn), dont on emploie les fibres au lieu de fil de cuivre pour fabriquer les engins de pêche.
42. Nasse à poissons en bambou.

62. Engins de pêche et de chasse et produits de la pêche et de la chasse de la rés. de Ternate. — J. H. W. Freytag, à Ternate.

1. *Soma*, traîne de coton. Prix fl. 30. Ternate.
2. *Banang soma*, coton dont on fait les filets. Ternate.
3. *Chobang*, mèches de bambou pour faire les filets. Ternate.
4. Seine faite en ficelle de ganemo. Prix fl. 25. Ternate.
5. *Tolou*, chapeau de pêcheur, en bambou. Tidore ou Ternate.
6. *Tolou* fait d'écorce du sagoutier. Tidore ou Ternate.
7. Quatre *pila-pila gorango*, nageoires de requin. Halmaheira et N. Guinée.
8. Quatre *ourat rousa*, tendons de cerf, employés comme remède fortifiant par les Chinois. Prix fl. 50 à 60 le pikol. Gani, Halmaheira.
9. Piège et filets à sangliers.

63. Sero ou nasse à poissons avec deux troubles et un panier à poisson, au $1/20$ de la grandeur naturelle. Ternate. — A. A. Bruyn, à Ternate.

64. Caisse de coquillages de Bachan. — Jonkheer Th. G. Boreel, ancien résident de Ternate.

65. Tababeri, bateau de pêche dont le gréement est de bois, de bambou et de rotin, de l'île de Wakidé, située à l'est de la baie de Geelvink à la Nouvelle-Guinée. — Jonk-

heer Th. G. Boreel, ancien résident de Ternate.

66. Partie supérieure d'un mât de prauw (*pis*), proue et poupe de prauws et quatre flotteurs. — Haaxman, à Ternate.

67. Engins de pêche des Papous de la Nouvelle-Guinée. — Association missionnaire d'Utrecht.

   a. Dards pour tirer sur les poissons. Mansinam.
   b. Harpon pour pêcher la tortue et les poissons. Mansinam.
   c. Engin pour prendre les petits poissons près des côtes.
   d. Quatre engins de pêche.

68. Engins de pêche de la rés. d'Amboine.

   1. *Orembai jareng*, barque de pêche avec un *jareng gioup*, filet. En miniature.
   2. *Sero*, estacade. En miniature.
   3. *Orembai rede*, bateau de pêche plus petit, avec *rede*, traîne. En miniature.
   4. *Rorche* ou *jongko chakalang*, barque de pêche avec son attirail de cannes à pêche. En miniature.
   5. *Prahou seman*, prauw à voilure. En miniature.
   6. *Paisal*, prauw à voilure, plus petite. En miniature.
   7. *Boubou ikan*, nasse pour poisson. En miniature.
   8. *Boubou oudang*, nasse pour crevettes. Grandeur naturelle.
   9. *Jala*, épervier. Grandeur naturelle.
   10. *Nyimoun*, lignes de pêche de dimensions variées.
   11. Jeunes fibres du palmier gemoutou (*gemoutou paä*, *Arenga saccharifera*); on s'est sert comme de lignes pour pêcher.

69. Engins de pêche et de chasse et produits de la pêche de la rés. de Timor.

   1. *Boubou*, corbeille à poissons avec deux ouvertures. Larantouka, îles Solor.
   2. *Bloutou*, corbeille à poissons avec une seule ouverture. Larantouka, îles Solor.
   3. Cartouchière. Rotti.
   4. *Prahou pelidan* avec sept pagaies, harpons, voile et cable pour l'ancre. Iles Solor.
   5. *Berok*, bateau de travail. Iles Solor.
   6. Cerf-volant ou *lelayang*, employé à la pêche à la ligne. Iles Solor.
   7. *Trouble* ou panier de pêche des habitants de Savou.
   8. Epervier des habitants des îles Solor.
   9. Morceau d'ambre frais. Iles Solor.

70. Diverses défenses d'éléphant sculptées. Voy. introduction, page 83.

NB. Plusieurs personnes, dont les noms suivent ci-dessous avec l'indication détaillée de leurs envois, ont bien voulu céder pour l'ornement de l'exposition un certain nombre de ces défenses artistement sculptées. Comme le travail artistique s'est fait en Chine, on ne pouvait pas les placer parmi les produits de l'industrie ou de l'art de nos colonies; ce n'est que la matière première sur laquelle le sculpteur a travaillé qui se rapporte à nos possessions. On a jugé pour cela qu'ici se trouvait la place où il fallait en faire mention. Nous ne pouvons cependant point garantir que toutes ces défenses proviennent des Indes néerlandaises; car, ainsi qu'on l'a déjà fait remarquer dans l'introduction, les sculpteurs chinois tirent en partie de Ceylan les défenses qu'ils ornent.

   1. Défense de longueur extraordinairement grande, provenant de Sumatra, et ornée de figures chinoises sculptées. Le sultan de Jambi récemment décédé en avait fait cadeau au résident d'alors de Palembang, Mr. Laging Tobias, qui l'a fait ciseler en Chine et qui à son tour l'a offerte à l'exposant — le prof. Dr. L. W. E. Rauwenhoff, à Leyde.
   2. Quatre grandes et deux petites défenses d'éléphants, ornées de figures chinoises sculptées. — H. J. Ankersmit, à Amsterdam.
   3. Deux grandes défenses d'éléphant, dont l'une est ornée de figures chinoises sculptées, et sur l'autre desquelles on a ciselé avec beaucoup de goût des tiges et des feuilles de bambou. — M. P. Pels, à Amsterdam.

4. Défense d'éléphant sculptée. — Paul vom Rath, à Amsterdam.
5. Défense d'éléphant remarquablement grande. — J. Goudstikker, à Amsterdam.

71. Engins de pêche et produits de la pêche des îles des Indes occidentales.

1. Nasse à poisson de Saba.
2. Quatre éponges, *parera*, de Curaçao.
3. *Karet*, tortue, de Curaçao. — L. Oduber, à Curaçao.

72. Engins de pêche de Surinam.

1. Deux nasses à poisson en roseaux fendus, au $\frac{1}{3}$ de la grande nat. — J. C. J. del Prada, à Surinam.
2. Deux nasses à poisson de grand. nat. — J. J. van Klein, à Surinam.
3. Trois nasses à poisson de grand. nat. — W. L. Loth, à Surinam.
4. Sept *kouroukourous*, paniers où l'on dépose le poisson et les amorces. — C. J. Hering, à Surinam.
5. *Pari*, engin servant à barrer l'eau de pêche. — C. J. Hering, à Surinam.

B. Elève du bétail.

La grande fertilité du sol et la non moins grande insouciance des habitants sont cause que dans les îles des Indes orientales l'élève du bétail soit encore fort peu avancée. Malgré la grande étendue du territoire, les diverses familles d'animaux domestiques qui ont une importance économique, possèdent seulement un petit nombre de races, et celles-ci sont peu tranchées. En Europe les races se différencient beaucoup plus, sur une moindre étendue de pays. Cela vient aux Indes en partie de ce que les habitants laissent faire la nature, et en partie de ce que la nature fait peu, parce qu'il n'y a pas suffisamment de variété dans la configuration géographique du pays. Elle est partout la même; un haut-pays, et des plaines basses descendant doucement vers la mer. Les plus grandes différenciations viennent du fractionnement du territoire en un grand nombre d'îles.

Comme les habitants trouvent très facilement à subvenir à leurs besoins journaliers et que jusqu'ici le commerce d'exportation n'a rien demandé à l'élève des bestiaux, les principaux aiguillons qui poussent à s'y appliquer font défaut. Il faut ajouter à ces circonstances défavorables le fait que les Européens sont seuls à faire usage des produits de la laiterie.

Parmi les animaux domestiques, le plus utile est sans contredit le buffle, auquel, suivant les lieux et les langues on donne les noms de *Karbau* (mal.), *Kebo* ou *Kabo* (bas-jav.), *maësa* (h.-Jav.), *mounding* (sond.), *têdong* (boug. et mak.), etc. Sa tâche, dans laquelle il serait difficile à remplacer, est principalement de labourer les rizières, de traîner de lourds fardeaux, souvent par des chemins fangeux presque impraticables, et de se faire manger, en particulier dans les festins qui se donnent à l'occasion de quelque fête. Dans quelques contrées, Java oriental, Bali, Célèbes, on charge aussi de ces fonctions le bœuf, *sapi, javi, lembou, chapi;* l'emploi du bœuf fait des progrès à Palembang, et dans l'occident et le centre de Java. Le karbau est comme bâti pour ce qu'on demande de lui, avec son corps lourd et gauche, son cou vigoureux, ses jambes courtes et solides, terminées par un large et fort sabot. On attèle les buffles par paires, une, deux, trois paires suivant les cas, au moyen d'un joug assujetti aux cornes. Cependant on n'en attèle qu'un aux charrettes (*pedatti*) dans le Haut-Pays de Padang. Il est probable que le buffle a été importé dans les îles de la Sonde en même temps que la culture du riz. La tradition en fait honneur au premier prince indou de l'empire de Pajajaran (vers l'an 1162 de notre ère). Il se plait sur un sol humide et fangeux et, quoique lourd dans ses mouvements, est extrêmement vigoureux. Le sapi, en revanche, est plus agile et plus persévérant; il convient donc mieux sur les routes unies. La couleur du buffle est un gris jaunâtre foncé, tirant sur le bleu noirâtre. Son poil est rare et de couleur noire, grise à l'intérieur des oreilles. Le mufle est noir de suie. Les albinos sont très nombreux, mais on ne les préfère pas, parce qu'ils sont plus faibles que les autres. Il n'y a pas de karbaus tachetés. Les cornes ont une arrête longitudinale et des anneaux; quelquefois elles ne tiennent qu'à la peau. Elles sont le plus souvent dirigées en arrière; mais ce n'est point une règle; les indigènes donnent des noms différents aux buffles en se basant sur la direction des cornes, et ils en ont ainsi inventé plus de cinquante. La grandeur de l'animal varie, suivant les contrées, de 1,3 mètres jusqu'à près de 2 mètres. Les buffles retombés dans l'état sauvage sont plus petits que ceux qui vivent dans la domesticité; on en trouve dans le sud de Bantam, dans les régences du Préanger et dans la contrée de Krawang, aussi à Sumatra. Le buffle sauvage capturé ne se prête pas à l'agriculture, du moins si il a déjà atteint un certain âge. La vache devient féconde quand elle a trois ans; elle porte dix mois. Il n'y a pas aux Indes de métis du karbau et du sapi.

Quand il a achevé sa tâche de la journée le karbau cherche lui-même sa nourriture; il vague en troupeaux gardés par un garçon, qui en prend un pour monture. On attache au cou de quelques uns des clochettes en bois, qui s'entendent de fort loin. Quand les sawas sont vertes, et quelquefois aussi pour passer la nuit, on les parque dans des krâls. Ce sont de simples hangards, couverts d'atap (herbes sèches) et ouverts sur les côtés, mais entourés d'une palissade qui empêche les animaux de s'échapper. Les karbaus paissent ou bien dans les clairières entre les forêts, ou bien sur les sawas quand elles ont été dépouillées. Le bain est pour eux une nécessité. Ils se reproduisent d'ordinaire sans que l'homme s'en mêle. Les animaux coupés ont plus de valeur que ceux qui sont restés entiers. Dans les grandes villes on en abat beaucoup; à Batavia environ soixante par jour. La viande en est très bonne; seulement elle peut avoir un goût un peu musqué si la bête abattue était trop vieille. On la sèche quelquefois pour en faire du *dendeng*. On tanne les peaux et on les vend comme cuir. Quelquefois on les sèche pour les envoyer en Europe. Les cornes peuvent aussi faire un article d'exportation; cependant les indigènes de Sourabaya les gardent pour en faire des boutons, des pommeaux de cannes, des pipes, des cuillers, des peignes, des instruments pour se gratter le dos.

Le bœuf est représenté dans l'archipel indien par le *sapi*. Il existe encore dans son état sauvage primitif, sous le nom de *banteng*, brun de robe avec les fesses blanches, dans l'intérieur de Java et de Borneo. Cette couleur se rencontre souvent chez le sapi, qui se distingue de notre bœuf par son garrot élevé et son cou engoncé. On en peut voir de beaux troupeaux surtout dans le voisinage des grandes villes, quoique la race en ait souvent été modifiée par des croisements avec des espèces hollandaises et avec la vache zebu de l'Inde anglaise. Le sapi est en général bien moins utile aux indigènes que le karbau. Beaucoup de grands propriétaires en ont dans leurs vastes domaines des troupeaux redevenus à moitié sauvages. Les sapis les plus beaux et les plus forts sont ceux de Madoura et de la partie orientale de Java, où on les emploie aussi pour l'agriculture. Leur chair est très savoureuse et beaucoup plus tendre que celle des karbaus. Les peaux et les cornes sont utilisées de la même manière que celles de ces derniers.

En fait de ruminants domestiques, il y a encore les chèvres et les moutons. Les premières ne faut défaut pour ainsi dire dans aucune dessa, ni même aucun kampong. Elles sont de taille moyenne, bien découplées et sont domestiquées par les indigènes autant pour le plaisir que pour avoir la ressource de les manger.

Les moutons sont d'importation étrangère. Ils sont petits et leur toison est plus pileuse que laineuse; aussi ne fait-on pas la tonte. Ils servent à la consommation.

Groupe II. Dixième Classe. 127

Les porcs se trouvent partout où il y a des Chinois. Ils sont bas sur jambes, de structure fine et s'engraissent bien. Les porcs sauvages ou sangliers vivent en grand nombre dans les forêts. Tout porc, domestique ou sauvage, est pour cause de religion l'objet du mépris des indigènes musulmans.

Un rôle important revient, parmi les animaux domestiques qui ont une importance économique dans l'archipel indien, au cheval, *kouda* (mal. et sond.), *jaran* (b.-jav.), *kapal* (h.-jav.), *jarang* (mak.), *kawalou* [du portugais *cavallo*] ou *ancharang* (boug.). Le climat est trop chaud et trop humide pour lui; aussi est-il de petite taille; il mesure de 0,8 à 1,5 mètres. Les chevaux de notre archipel descendent d'ancêtres persans, tartares et races rapprochées; chez quelques uns la présence du sang arabe est des plus évidente.

Les indigènes prennent peu de soin de leurs chevaux. Ils les chargent volontiers de chercher eux-mêmes leur provande. Quand ils la lui fournissent sous forme d'herbe fauchée, de riz ou de blé de Turquie, ils le font sans méthode. Ils sont tout aussi négligents pour les soins de propreté à donner à l'animal et à son écurie. Ils font pourtant attention d'abreuver tous les jours leurs chevaux et de les baigner dans la rivière. Les écuries sont de bois, ouvertes par derrière. Le plancher en est surélevé et d'ordinaire on le construit sur une rigole, qui emmène dans le kali le fumier et l'urine. On charge des koulis de faucher l'herbe et de l'apporter à la maison dans des rateliers qui se terminent en pointe. Il arrive beaucoup d'accidents causés par la moisissure vénéneuse de l'herbe. Pour donner des forces à l'animal, on lui fait manger du riz et du maïs.

Les indigènes emploient le cheval comme monture et comme bête de somme; de plus les Européens leur ont appris à lui faire traîner des équipages ou des charrettes. Ils mangent très volontiers sa chair. L'abattage des chevaux pour la consommation est défendu à Java; mais dans les Possessions extérieures, dans l'île du Bois de Sandal, à Savou, ailleurs encore, on en tue pour des festins d'apparat, par exemple quand des rajas ennemis concluent la paix. On utilise rarement les peaux; d'ordinaire on les enterre. Les indigènes montent aisément, comme si la nature les avait faits pour cela; mais ils ne ménagent pas leurs bêtes, dont ils exigent beaucoup. Ils ont leur manière à eux de monter et de conduire, ce qui gâte les chevaux pour les Européens.

Quoique il soit petit, le cheval indien est bien proportionné, avec des jambes déliées, nerveuses. Quand on les soigne, ils se montrent durs à la fatigue, vifs et solides sur pieds, se comportant bien dans les sentiers glissants de la montagne et sur les digues étroites qui séparent les rizières (*galangan*). Le sabot est fort et dur, excepté dans les terres basses, où il est plus tendre, et d'ordinaire élargi. En général on ne monte et n'attèle que les étalons. Il n'y a pas de hongres. On réserve les juments pour en faire des bêtes de somme et de trait pour les transports, et pour l'élevage.

Il y a aux Indes des chevaux de toutes robes, peu de noirs, beaucoup de pies et de blancs. Les indigènes tiennent plus aux dessins et à la qualité du poil qu'à sa couleur.

On peut distinguer les races suivantes:

1. *Chevaux de Java*. On distinge en général le cheval du bas-pays ou des sawahs de celui des montagnes (*kouda gounoung*). Le premier est petit, laid; il a la croupe tombante et le sabot mauvais. Le second est mieux fait, plus nerveux et plus fort. La race s'est abâtardie chez les chevaux javanais, parce qu'on les fait travailler trop jeunes (à deux ans) et que l'on ne surveille pas le choix des reproducteurs.

On peut considérer comme des races spéciales à Java les suivantes:

a. Le *cheval du Préanger*. Il descend du cheval javanais et des étalons persans et arabes importés pour les harras qui existaient à l'époque du gouverneur-général, baron van der Capellen. — C'est le plus grand de tout l'Archipel; il atteint 1,5 mètre. Il est bien proportionné, quoique le poitrail soit un peu étroit. Il est facilement rétif.

b. Le *cheval de Kouningan*, petit, bien fait, la tête large et courte, la croupe large et passablement arrondie.

c. Le *cheval de Kadou*, atteint 1,5 m. de haut; vigoureusement charpenté, large poitrail, cou arqué. Le Sousouhounan Pakou Bouwono III l'a perfectionné. Il doit s'y trouver du sang de race.

2. *Chevaux de Sumatra*. Ici aussi on peut distinguer trois races, qui diffèrent de formes et de qualités. La seconde sert de transition entre les deux autres. Ce sont:

a. Le *cheval batak*. Il atteint rarement 4 pieds (1,256 m.). Il est souvent d'un noir brunâtre, a le front large, est bien bâti. Il a les articulations développées, est fort, vif et docile.

b. Le *cheval de Mandeling et d'Angkola*, aussi petit que le cheval batak, mais avec le train de derrière moins développé.

c. Le *cheval d'Agam* dans le Haut-Pays de Padang, plus grand que le cheval batak, mais avec une moins belle croupe, moins ardent et plus obstiné.

3. *Chevaux de Soumba.* Le pur sang de Soumba (*kouda asal*) est un idéal de beauté. La tête est petite, les yeux grands et vifs, les narines larges, le garot est haut, le dos droit ainsi que les reins et la croupe. La queue est plantée très haut; on a l'habitude de la couper entre la sixième et la septième vertèbre, ce qui la fait arquer comme ce n'est le cas chez aucune autre race de chevaux. Les mouvements sont gracieux et très élastiques. Il y en a de bais, de blancs, de baillets, d'isabelle et de pies. Leur taille est de 1,24 à 1,30 m. Le propriétaire marque sa bête par une entaille à l'oreille, faite au bord antérieur, au bord postérieur, ou à la pointe.

4. *Chevaux de Savou.* Ressemblent à ceux de Soumba, mais sont plus petits. Dans les derniers temps on a amené à Savou de grands étalons de l'île du bois de Sandal (Soumba), ce qui fait que maintenant déjà on trouve à Savou des chevaux de 1,256 m.

5. *Chevaux de Makassar* (Célèbes). Excellentes bêtes de trait et de selle. Corps ramassé, poitrail large, croupe quelquefois un peu tombante, poil presque toujours brun, taille dépassant rarement 1,256 m. Il est extrêmement regrettable qu'on laisse s'abâtardir cette belle race et que la tentative que l'on a faite en 1879 pour établir un harras dans la presqu'île de Malassoro ait échoué; on s'est aperçu, lorsqu'il était trop tard, que l'emplacement choisi manquait de bonne eau pour abreuver les chevaux.

6. *Chevaux de Soumbawa.* Excellents chevaux de trait. Ils atteignent rarement 1,256 m. et restent plutôt de deux centimètres en dessous. Ils sont bien bâtis, agiles et dociles, en majorité bruns. Les *chevaux de Bima*, dans la partie orientale de Soumbawa, sont plus petits que les autres, mais ont du reste les mêmes qualités. On voit aussi à Soumbawa quelques grands chevaux dont l'apparence et les qualités peuvent faire juger que probablement ils descendent de chevaux de Makassar.

Les chiens de l'archipel indien rappellent le chacal. La tête est large, le nez pointu, les oreilles droites. Ils ont le poil court, sont agiles, sournois et traîtres, mais intelligents et inventifs. Ils servent comme chiens de garde et aussi pour la chasse, surtout pour celle du sanglier.

Il en existe une race à longs poils dans les monts Tengger entre Probolinggo et Pasourouan. Ils vivent à l'état sauvage. Quand on les prend jeunes, on peut les domestiquer. Ils sont fidèles, mais attaquent en traîtres ceux qu'ils ne connaissent pas. Les Chinois s'en font un régal. Le chien chinois, que l'on trouve surtout sur la Côte occ. de Borneo, a la langue noire.

130   Groupe II. Dixième Classe.

Les chats de l'archipel indien sont plus petits que ceux de la Hollande. Leur queue se termine abruptement par une nodosité. D'ordinaire ils ont peur des rats.

Les poules et coqs ressemblent aux poules ordinaires de paysans. Elles ont souvent les pattes jaunes. Elles ne pondent guère plus de seize œufs sans avoir envie de couver, ce qui fait que l'on a des poulets dans toutes les saisons. C'est un des éléments importants des mêts servis sur la »table à riz". Les indigènes sont passionnés pour les combats de coqs. Les animaux de combat n'appartiennent à aucune race spéciale, seulement on ne les emploie pas à la reproduction et on les nourrit de viande et de substances excitantes, comme le lombok. On leur attache aux jambes des éperons artificiels, très aigus. — On voit souvent des poules dont les plumes croissent hérissées.

Outre le canard domestique commun, on trouve dans l'Archipel le canard de montagne ou de Manille, qui est beaucoup plus grand. Les canards sauvages sont petits, beaux de plumage et ne canquettent pas. Ils ont un cri particulier — tchît.

Quant aux pigeons domestiques, il faut mentionner, outre le pigeon commun, le pigeon couronné, originaire d'Amboine et de Ternate, et remarquablement gros. On tient aussi en cage toutes sortes de tourterelles, dont il y a de fort petites espèces et aussi d'assez grandes.

J. LAMERIS.

Pour ce qui regarde la statistique des bestiaux, nous renvoyons à la seconde feuille des tableaux figuratifs décrits sous le N°. 2 de la classe 8, et qui se trouvent à l'exposition. On y a fait place autant que possible à tous les faits dont la comparaison doit conduire à se faire une juste idée du stock que Java possède. D'après les chiffres officiels des rapports publiés par le gouvernement, chiffres du reste qui sont très loin de présenter l'exactitude désirable, Java aurait possédé à la fin de 1880, 2361306 buffles, 1825322 bœufs et 537877 chevaux, en tout 4724505 têtes, ce qui donne en moyenne 244 par mille habitants. La proportion du nombre des animaux domestiques comparé à celui des habitants est beaucoup plus favorable dans la moitié orientale de Java que dans l'autre; c'est surtout le cas pour l'espèce bovine. Les données que l'on a sur le stock dans les autres parties de l'Archipel sont beaucoup trop insuffisantes pour qu'il soit possible même d'essayer d'en donner un aperçu statistique.   Réd.

73. Collection de bestiaux, d'animaux domestiques et de volatiles vivants, dans le parc colonial.

a. Deux buffles mâles des régences du Préanger, l'un noir, l'autre blanc.
b. Bœuf de trait tel qu'on les emploie partout à Java, mais surtout dans la moitié orientale de l'île Vient de Buitenzorg.
c. Attelage de chevaux pie; Tom, âgé de 8½ ans, de l'île de Soumba, et Jack, agé de 8 ans, de l'île de Soumbawa. Ces chevaux ont été mis à la disposition du service des pompiers de l'exposition.
d. Cheval brun, Brownie, âgé de 3½ ans, de Buitenzorg.
e. Très petit cheval brun, de la race de Kouningan, rés. de Chéribon, âgé de plus de dix ans. — W. van Swieten, à Chikandi.
f. Cheval noir, Piet, âgé de 3½ ans, des pays des Bataks.
g. Cheval alezan, âgé de 7 ans, de Makassar.
h. Cheval blanc, Bob, âgé de 9 ans, de Soumbawa. — D. D. Veth, à Amsterdam.
i. Valk, âgé de 5½ ans, venant de l'île de Soumba. — D. D. Veth, à Amsterdam.
j. Paire de chevaux rubican noirs de l'île de Soumba, âgés de 5½ et de 6½ ans. — Boelen, ancien major de cavalerie à Batavia.
k. Bouc et chèvre de Java.
l. Trois chiens communs des kampongs de Java. — D. D. Veth, à Amsterdam.
m. Trois chiens des monts Tengger. — D. D. Veth, à Amsterdam.
n. Chienne dayake. — A. H. Gysberts, assistent-resident à Sintang.
o. Chat de Java. — D. D. Veth, à Amsterdam.
p. Deux porcs dayaks, verrat et truie. — A. H. Gysberts, assistent-resident à Sintang.
q. Coq dayak. — A. H. Gysberts, assistent-resident à Sintang.

74. Neuf études de bétail javanais dans six cadres de bois jaune, par — Fr. Lebret, artiste peintre à Dordrecht.

a. Karbau couleur de chair, dit blanc, gardé par un garçon javanais. Aquarelle.
b. Karbaus conduits par des garçons. Aquarelle.
c. Groupe de bestiaux dans la campagne. Aquarelle.
d. Bestiaux sur le domaine de Kedawoung: 1. vaches de Ceylan; 1 buffles (karbaus). Aquarelles.
e. Deux études de vaches de Ceylan (de Singal). Aquarelles.
f. Deux études de vaches de Ceylan attelées à des chars. Manière noire.

75. Dessins représentant des karbaus et des bœufs.

a. Paire de karbaus sous le joug. Résidence des régences du Préanger.
b. Deux karbaus. De l'extrémité orientale de Java.

76. Quelques produits venant des bestiaux.

a. Quelques peaux de bœufs de Java, sèches, apprêtées d'après une nouvelle méthode, et deux peaux de bœufs de Java salées, toutes de Samarang. — W. E. Brandon, à Amsterdam.
b. Deux peaux de buffles, rés. de Pekalongan.
c. Trois peaux avec les outils employés à leur préparation, de la rés. de Probolinggo. — R. S. Thal Larsen, à Probolinggo.
d. Graisse de buffle (*gemok kerbo*). Résidence de Cheribon, sous-résidence de Galou.
e. Flacon de graisse de bœuf. Résidence de Besouki.
f. Cornes de Karbaus. Résidence de Probolinggo.
g. Douze canards fumés, du Haut-Pays de Padang

77. Couteau à écorcher, de la rés. de Probolinggo.

78. Harnachements de chevaux, de Sourakarta. — Raien Adipati Sosro Nagoro, régent.

a. Harnais de voiture pour une paire de chevaux, composés de têtières, bride fixe, colliers avec accessoires, coussins de selle, sangle avec accessoires, traits, limonnières et guides en fil rouge, le tout fait en cuir de vache et garni d'argent de Berlin, par Dêmblé, pamagang (apprenti sellier), d'après un modèle de l'étranger.

b. Têtière en crin (*saroungan*) employée à Sourakarta par grands et petits, pourvu que celui qui s'en sert porte le mouchoir de tête et le babed. Faite par Ngabèhi Wongso Tanoyo, Mantri Séwou du prince, d'après un modèle étranger. Quand c'est un prince ou le régent qui fait usage de cette têtière, on y met des ornements spéciaux.

c. Têtière (*saroungan*) en cuir de vache, faite d'après un modèle étranger par Ngabèhi Rekso de Wongso, Mantri toukang samak (sellier) du prince

d. Selle avec étrivières, sangles, croupière, poitrail et rênes, le tout en cuir de vache garni d'argent de Berlin. Forme un tout avec *c* et a été fait par le même.

e. *Kopo*, selle faite d'un bois léger, à grain fin, couverte de coton, s'élargissant par derrière, avec bords tournés en dehors; têtière assortie, faite de coton roulé, couverte de velours ou de drap; poitrail, croupière, etc. Le tout employé exclusivement par les personnes qui portent le bonnet d'apparat (koulouk).

f. Modèle en petit d'un *chěkatakkan* ou selle d'apparat javanaise, faite de bois et recouverte comme le kopo, mais avec des pommeaux élevés, et plus large et plus arrondie par derrière; harnachements assortis, relevés de glands et autres ornements.

79. Cravache en bois de caféier, de la div. de Malang. — Mr. J. W. van Lansberge, ancien gouverneur-général des Indes néerl., à Brummen.

80. Paire d'étriers (*songo widi*) de Yogyakarta.

81. Harnachements pour chevaux, des Possessions extérieures.

a. Têtière (*rante kouda*), avec laquelle les maquignons bataks amènent d'ordinaire les chevaux qu'ils veulent vendre. Rés. de la Côte or. de Sumatra. — Société de Deli.

b. Harnachement, Résidence de Menado.

c. Licou avec corde. Résidence de Timor, île de Soumba (du bois de Sandal).

d. Têtière (*rapah*). Résidence de Timor. île de Soumba.

82. Clochettes et ornements pour le bétail.

a. Clochette de mouton (*klinting kambing*). Rés. de Yogyakarta.

b. Clochette de karbau ou de vache (*genta kebo sapi*). Rés. de Yogyakarta.

c. Clochettes de bestiaux. Rés. de Madoura, div. de Sempang.

d. Clochettes pour karbaus, vaches et chèvres. Rés. de Madoura, div. de Pamekaesnu.

e. Clochette pour bétail (*kronong*). Rés. de Besouki.

f. Clochette en cuivre (*genta*), que l'on met aux chevaux quand ils sont au pâturage. Rés. de Bali et Lombok.

g. *Gigroumboungan*, grande clochette de bois, que les bœufs de trait portent suspendue au cou lors de la fête de *moula oulaha*, à l'ouverture des travaux des champs. Rés. de Bali et Lombok.

h. *Roumbing*, ornement en cuir de buffle que l'on attache lors de la même fête sur le front des bœufs de trait. Rés. de Bali et Lombok.

83. Equippement de berger. Côte occ. de Sumatra, rés. du Haut-Pays de Padang.

a. Sac où se mettent toutes sortes d'objets utiles (*kampir sandangan*).

b Chapeau pour protéger contre la pluie et le soleil (*toudoung*).

c. Couteau de poche (*siraout*).

d. Couperet (*lading chingkouq*).

e. Fouet (*chambout*).

84. Ecuries krâls, etc.

a. Ecurie à chevaux, au 1/5 de la gr. nat. Rés de Bantam.

b. Ecurie pour deux chevaux. Rés. des régences du Préanger.

c. Krâl pour karbaus. Rés. des régences du Préanger.

d. Etable à chèvres. Rés. de Banyoumas.

e. Krâl pour karbaus. Rés. de Banyoumas.

f. Ecurie à chevaux avec mangeoire, abreuvoir, panier à fumier et cheval. Rés. de Banyoumas.

GROUPE II. Dixième Classe. 133

g. Etable à buffles et à vaches. Rés. de Bagelèn.
h. Ecurie à chevaux. Rés. de Bagelèn.
i. Ecurie pour une paire de chevaux (*gadogan penganten*) du type appelé limasan. Rés. de Sourakarta. Voy. cl. 9, A. N° 27. e. 2 (page 20).
j. Etable à buffles. Rés. de Sourakarta.
k. Krâl pour vaches. Rés. de Madoura, div. de Soumenep.
l. Ecurie à chevaux. Rés. de Madoura, div. de Soumenep.
m. Ecurie à chevaux. Rés. de Madoura, div. de Sampang.
n. Krâl pour vaches. Rés. de Madoura, div. de Sampang.

o. Ecurie avec cheval. Rés. de Pasourouan.
p. Ecurie à chevaux, avec escalier. Rés. de Besouki.
q. Etable à vaches. Rés de Besouki.
r. Ecurie à chevaux. Rés. de Besouki.

85. Harnachements de Surinam. — Jonkheer A van Sypenstein, ancien gouverneur de Surinam.

a. Deux selles de bois.
b. Fouet de crin.
c. Fouet de tiges de feuilles de palmier.
d. Fouet de gutta percha.

C. Elevage d'insectes utiles.

Au mot *d'insectes* on ne pense pas d'ordinaire en premier lieu à l'utilité que l'homme retire de cette grande classe du monde animal, mais bien plutôt aux dégats qu'un grand nombre d'espèces qui en font partie exercent dans la campagne et dans les forêts, et aux tortures que quelques uns d'entre eux savent nous infliger, plus que partout ailleurs dans les contrées situées entre les tropiques. Pourtant l'utilité directe ou indirecte de ces toutes petites bêtes est très grande pour l'homme. Elle s'exerce indirectement quand les insectes font l'office de balayeurs, faisant disparaître les corps de tout genre en décomposition, tant végétaux qu'animaux, et plus encore par le concours indispensable qu'ils apportent à de nombreuses plantes pour qu'elles puissent se reproduire ou de moins pour qu'elles puissent se reproduire dans une mesure suffisamment large; enfin plusieurs espèces d'insectes se rendent indirectement profitables en faisant leur pâture d'animaux dommageables à l'agriculture et à la sylviculture. Il y a aussi des insectes qui nous sont directement utiles par les produits que nous en tirons. L'abeille ne nous donne-t-elle pas le miel et la cire, le ver à soie la plus belle de toutes les substances textiles, les insectes de la cochenille et de la laque de superbes matières colorantes, sans parler de la mouche d'Espagne ou cantharide et d'autres insectes à propriétés vessicantes, dont les Indes possèdent aussi des représentants, et qui tous, nonobstant les noms qu'on leur donne, sont des coléoptères; sans parler enfin de plusieurs autres de moindre importance? Ajoutons en passant qu'il existe de nombreuses espèces qui forment un régal pour les indigènes, surtout des Indes or. et occ., et d'autres contrées tropicales. Ici cependant nous ne nous occuperons que de la mouche à miel, du ver à soie et des insectes de la cochenille et de la laque, parce que ce sont les seuls que l'homme ait soumis à l'élevage.

L'élève des abeilles est encore très arriérée dans l'archipel indien. Dans beaucoup d'endroits on se contente de recueillir le miel des abeilles sauvages, et à cette occasion les indigènes observent toute sorte d'usages originaux. On pourra consulter pour les détails à ce sujet *Sumatra central*, III, première partie, 307 et suiv., pour ce qui concerne les Hauts-pays de Padang et de Palembang; pour les Lampongs, van Cattenburch (*Revue de l'ind. et de l'agr. pour les Indes néerl.*, X, 253); pour Borneo, Wallace (*Malay Archipelago*, I, 25); pour Timor, Esser (*Revue de l'ind. et de l'agr. pour les Indes néerl.*, X, 250) et Wallace (*Malay Archipelago*, I, 311). Parmi les vraies abeilles des Indes or. ce sont surtout l'*Apis indica* et l'*Apis dorsata* qui paraissent faire le miel le plus apte à être recueilli.

L'*Apis dorsata* est une grande abeille, dont le miel est excellent, mais qui n'existe qu'à l'état sauvage. L'*Apis indica* est de taille visiblement plus petite que notre mouche à miel et varie beaucoup; on l'élève en plusieurs endroits pour avoir son miel et sa cire. Cette industrie existe surtout dans les régences du Préanger; du reste elle est encore à l'état très primitif. On en trouvera une description de la main de M. Hoogeveen dans la *Revue de l'ind. et de l'agr. pour les Indes néerl.*, X, 262.

On élève aussi à Java des espèces appartenant au genre *Trigona*. Junghuhn déjà en fait mention (sous le nom de *Melipona*) et rapporte que dans la régence de Soukapoura les indigènes ont sous l'avancée du toît de leurs habitations des espèces de ruches de bambou pour une espèce de ces petites abeilles sans aiguillon.

A plusieurs reprises déjà l'on a essayé d'apporter aux Indes l'abeille de l'Europe; mais jusqu'à présent ces essais n'ont pas donné de résultats satisfaisants.

Le ver à soie s'élève presque exclusivement à Sumatra, dans les Lampongs, dans la contrée de Palembang et à Atchin; mais cette industrie serait elle aussi capable d'être fort perfectionnée. On l'exerce moins pour le profit qu'on en peut tirer que par plaisir d'amateur. Peut-être pourrait-on dire que l'on s'en occupe un peux mieux qu'ailleurs à Atchin; mais du reste ce sont seulement les jeunes filles qui s'en font un passe-temps, et la soie qu'elles recueillent n'est pas destinée au commerce; on l'emploie soi-même.

Le vrai ver à soie, *Sericaria mori*, n'est pas indigène de nos possessions. Des essais d'acclimation ont été tentés par les ordres du commissaire-général du Bas et du gouverneur-général van den Bosch; ils ont coûté fort cher et n'ont guère porté de fruits. On a repris des essais analogues en 1862 avec un ver à soie de Siam; mais on n'a pas mieux réussi. Toutefois il se peut fort bien que le résultat défavorable de ces expériences vienne de ce qu'elles n'ont pas été dirigées par des personnes suffisamment au courant de l'élève du ver à soie. Du moins les expériences nouvelles faites sur une petite échelle à Waspada par M. K. F. Holle (voy. Groupe III, cl. 20, N°. 30, page 145), semblent démontrer que la faute des échecs que l'on a essuyés ne vient pas du climat. M. Holle donne entre autres conseils celui de faire venir à Java des familles japonaises familières avec les soins à donner au ver à soie, et ensuite il suggère de ne pas construire en pierre, mais en bambou, les maisonnettes destinées à l'exploitation; c'est beaucoup meilleur marché et n'a aucun inconvénient. Des difficultés de diverse nature, en particulier, à ce qu'il semble, le prix élevé de la main d'œuvre au Japon, ont empêché jusqu'à présent la réalisation de ces idées. Il serait cependant très désirable, soit dans l'intérêt de l'Etat, soit dans celui de la population indigène, que l'on poursuivît les tentatives, sans renoncer à l'espérance d'atteindre enfin le but; ce but est l'introduction de l'élève du ver à soie dans diverses parties de notre grand empire d'Insulinde. Jusqu'à présent on n'a absolument rien obtenu des tentatives qui l'on a faites avec d'autres chenilles filant la soie, indigènes de nos colonies. Voyez surtout à ce sujet l'article de Willer et Bleeker, intitulé *L'introduction aux Indes néerl. de l'élève populaire du ver à soie*, dans la *Revue des Indes néerl.*, 1863, I.

Quoique l'insecte de la laque, *Coccus ficus* ou *lacca*, se trouve fréquemment dans les forêts de Java, on n'a pas essayé d'améliorer l'espèce, malgré l'exemple que donne l'Indoustan et Siam, où cet insecte est *régulièrement* élevé. En revanche le gouvernement des Pays-Bas n'a épargné ni argent ni peines pour transplanter d'Amérique à Java un autre coccidé, l'insecte de la cochenille, *coccus cacti*, avec la plante sur laquelle il vit, le *cactus nopal*. De même que la laque il produit une magnifique couleur rouge. Le premier essai de culture de la cochenille s'est fait dans l'établissement agricole de Krawang. M. Serière a publié un grand nombre de détails sur cette introduction, et on pourra en trouver beaucoup de reproduits dans l'ouvrage du prof. Veth, *Java*, III, 153. Quand l'établissement de Krawang eut été supprimé, l'élève de la cochenille a surtout été exercée dans l'établissement agricole de Soukaraja, Banyouwangi (*Java*, III, 1086); mais en 1865 le gouvernement se décida à y renoncer entièrement, parce que les frais surpassaient le rendement. Cette industrie n'a jamais été florissante; cependant elle avait obtenu une importance suffisante pour qu'il faille regretter qu'elle ait peu à peu dépéri et que maintenant il n'en reste plus rien.

H. J. VETH.

86. Petite collection des principales espèces d'abeilles des Indes néerl.

    a. Apis dorsata, Fabr. — Java, Sumatra, Bornéo.
    b. Apis zonata, Smith. — Célèbes.
    c. Avis indica, Fabr. — Java, Sumatra.
    d. Apis florea, Fabr. — Sumatra.
    e. Diverses espèces de *Trigona* (abeilles sans aiguillon) de Sumatra.

NB. Ces abeilles, qui ont en majeure partie été recueillies par l'expédition de Sumatra, ont été placées par les soins de M. C. Ritsema Cz. dans la partie restée disponible de la dernière boite d'*hémiptères* de la collection Hagen. Voy. Groupe I, Cl. 6, N°. 40 (page 144).

87. Collection de onze espèces d'abeilles et de guêpes, connues à Java sous le nom, commun à toutes, de *tawon*, avec leurs nids et leurs rayons. — Raden Adipati Sosro-Nagoro, régent de Sourakarta.

    a. Tawon hendas, guêpe, la plus grande de toutes. Elle se construit un nid rond allongé, aussi gros que la tête et même plus gros et le suspend à l'extrémité d'une solive au bord des toîts, ou bien à une branche d'arbre. Ce nid a plusieurs étages avec une seule entrée. Le tawon hendas se nourrit du miel des fleurs et surtout des larves d'autres abeilles. Il atteint trois centimètres de longueur et sa piqûre est mauvaise. On mange ses larves. Pour se les procurer on s'approche de nuit du nid, on l'enveloppe d'un sac et on y verse de l'eau bouillante.

    b. Tawon dowan, mouche à miel. Elle atteint un centimètre de longueur, niche dans les arbres creux, mais se laisse aussi mettre dans une sorte de ruche, appelée *glodog*, faite d'une tige de bambou ou d'un morceau de bois évidé.

    c. Tawon glodog, abeille domestique commune de Java. Elle diffère peu de la précédente.

    d. Tawon gandou, de couleur blanchâtre, du reste assez semblable au tawon dowan.

    e. Tawon toumpi, de couleur rougeâtre, du reste peu différente du tawon dowan.

    f. Tawon bancheng, niche dans les arbres creux. On ne mange pas le miel de ses rayons, qui sont très irréguliers, mais on en mêle la cire avec d'autre et on s'en sert pour „batiquer" les étoffes.

    g. Tawon koumbang, guêpe longue de $1\frac{1}{4}$ cm. Elle niche dans les troncs morts d'arbres à bois tendre (souvent aussi dans les montants des habitations), où elle se creuse un trou rond, qui s'élargit en avançant. Elle ne construit pas de rayons, mais recueille pourtant un peu de miel dans son nid. Cette guêpe n'a aucune utilité, et est plutôt nuisible. Cependant sa piqûre n'est pas à craindre.

    h. Tawon kemit, longue de $1\frac{1}{4}$ cm. Elle suspend son nid de la même manière que le tawon hendas, mais y pratique plusieurs ouvertures par en bas. Elle n'a aucune utilité.

    i. Tawon kendi, presque aussi grande que le tawon hendas; mais l'abdomen est plus petit. Les nids sont suspendus comme ceux du tawon hendas et ont la grosseur d'une petite *kendi* (carafe en terre). Cette espèce ne produit ni miel, ni cire; mais on mange ses larves, qui ne sont pas nombreuses.

    j. Tawon wilis, nommée aussi *tawon*

galonggong, parce qu'elle aime à nicher dans le roseau galonggong (sorte de glagah), au bord de l'eau.

   k. *Tawon sóq*, niche dans le sol et est encore peu connue.

88. Ruches et nids d'abeilles aux Indes néerl.

   a. Ruche de bois, *paroumpoung*, de la rés. de Bantam.
   b. Ruche avec abeilles. — Pangéran Adipati Ario Prabou Prang Wedono, à Sourakarta.
   c. Petites abeilles sans dard (*nyaróan reté*, espèce de *Trigona*), avec leur nid. Rés. de Madoura, div. de Sampang.

89. Miel et cire des Indes néerl.

   a. Cire blanche (*malam gowok*) et cire noire (*malam klonchiny*), de la rés. de Tegal.
   b. Echantillon de miel de la rés. de Rembang, div. de Blora.
   c. Echantillons de miel et de cire de la rés. de Rembang, div. de Bojonegoro.
   d. Echantillons de cire ordinaire brute, de la rés. de Banyoumas.
   e. Echantillon de miel de la rés. de Madoura, div. de Soumenep.
   f. Flacon de miel de l'île de Timor.

90. Collection de papillons à soie, où l'on a réuni au papillon du ver à soie commun (*Sericaria mori*) une série de papillons dits papillons de vers à soie »sauvages", c'est-à-dire de papillons appartenant au genre bombyx ou des fileurs, et dont on a dévidé les cocons avec plus ou moins de succès pour obtenir de la soie. Dans deux boites de carton. — H. J. Veth, à Rotterdam.

   Les espèces exposées sont:
   a. Sericaria mori, L. ♂ et ♀. — Europe, etc.
   b. Attacus Atlas, Fabr. ♂ et ♀. — Java.
   c. Attacus Arrindia, Guérin ♀. — Indoustan.
   d. Attacus Cynthia, Drury (= *insularis* Sn. v. Voll.?) ♂ avec cocon. — Java.
   e. Attacus Ailanthi, ♀. — Chine.
   f. Attacus Aurota, Cram ♀. — Indes occ.
   g. Samia Promethea, Fabr. ♀. — Amérique du Nord.
   h. Samia Cecropia, Fabr. ♂, avec cocon. — Amérique du Nord.
   i. Telea Polyphemus, Cram. ♂. — Amérique du Nord.
   j. Antheraea Yamamai, Guér. ♂ et ♀, avec cocon. — Japon.
   k. Antheraea Pernyi, ♂, avec cocon. — Chine.
   l. Cricula trifenestrata, H. Sch. ♂ et ♀. — Java.

   NB. Voyez au sujet de l'élève aux Indes néerl. de quelques unes des espèces énumérées ici, et de quelques autres qui ne sont pas exposées, les détails donnés par Bleeker et Willer, dans la Revue des Indes néerl., 1863, I, pages 11, 82, 127.

91. Soie brute d'Atchin, dont le prix est de fl. 7,50 le katti ($1^{1}/_{4}$ litre d'Amsterdam).

92. Soie filée par les indigènes avec le produit de leurs propres vers à soie; Bengkoulen.

   NB. Les indigènes en font de petits tapis pour leur propre usage. Ils nourrissent le ver avec des feuilles de kertau (*Artocarpus kertau*).

93. Essai de description des insectes que les jeunes bergers javanais cherchent quand ils sont aux champs, qu'ils font rôtir avec soin et qu'ils mangent avec délices. Ms. — Missionnaires de Malang.

94. Ruche de Curaçao. — Mme S. Coronel, Mme da Silva et Mlle M. Coronel, à Amsterdam.

95. Deux rayons de miel faits par des abeilles sauvages de Curaçao. — J. van Schevichaven, à Amsterdam.

D. Agriculture et horticulture.

Les possessions néerlandaises aux Indes orientales ont le privilège de jouir d'une température assez égale, qui est en moyenne de 25° à 27,5° Celsius dans les plaines basses et au bord de la mer. L'agriculture n'a par conséquent pas à s'y préoccuper de grandes variations de température qui pourraient survenir; en revanche elle doit tenir grand compte de l'influence des vents réguliers du nord-ouest et du sud-est, qui partagent l'année en deux saisons d'à peu près égale durée, la mousson d'ouest, et la mousson d'est. L'une amène les pluies, l'autre le sec, et le passage de l'une à l'autre est orageux et très variable.

Normalement la mousson d'ouest est signalée par des pluies extrêmement abondantes, et la mousson d'est par des sécheresses très prolongées. Pendant cette seconde période toute culture est impossible à moins que l'on ne puisse suppléer par l'irrigation les eaux du ciel qui ne tombent pas. En revanche, ces eaux sont si surabondantes dans la saison des pluies qu'elles menacent de noyer les jeunes plantes. A l'époque des sécheresses, le sol se contracte extrêmement; il se fend et se gerce, et devient si difficile à travailler qu'encore pour ce motif il est nécessaire de l'humecter par une irrigation artificielle.

C'est ainsi que la nature a assigné le riz à ces contrées comme culture principale. En effet, les meilleures espèces de riz ont besoin de beaucoup d'eau pour leur développement normal; ce sont de vraies plantes de vase, ce qui fait que sous les tropiques, pourvu que l'on dispose de moyens d'irrigation suffisants, on peut les cultiver en toutes saisons, à la condition toutefois, condition importante, que l'on tienne compte des changements de mousson en calculant l'époque de la maturité et de la récolte.

Le riz se cultive aux Indes aussi bien dans les terrains secs que dans les terrains humides, quoique, ainsi que nous le verrons, les indigènes apprennent, à mesure qu'ils s'instruisent, à préférer de plus en plus la culture humide.

Outre les grands vents réguliers, il y a dans l'Archipel des vents de terre et des vents de mer, dont l'influence se fait sentir jusque dans l'intérieur des îles. Ces vents à leur tour, de même que les vents alizés, sont modifiés par la configuration des îles, qui sont comme couvertes de montagnes. Si les différences de température sont minimes à égalité d'altitude, il n'en est pas de même pour les différentes zônes de hauteur comparées entre elles, et l'on n'a qu'à effectuer l'ascension d'une des hautes montagnes du pays, pour passer en quelques heures d'un climat brûlant dans un climat froid. C'est là une circonstance qui rend Java, avec sa population si dense, tout à fait propre à être exploitée en grand et de beaucoup de manières, puisque l'on peut y cultiver des plantes appartenant à plusieurs zônes de notre globe.

Le terrain a la réputation d'être extrêmement fécond. Cependant l'analyse comparée donne à supposer que la végétation si luxuriante des îles de l'Archipel est due beaucoup plus à la nature du climat qu'à la composition chimique du sol. Beaucoup de terres cultivables sont encore presque vierges, et les terrains mis en culture ne sont, surtout en dehors de Java, qu'une fraction des vastes parties du sol qui sont restées en friche et dont l'agriculture pourrait s'emparer.

Si l'on considère que les contrées de l'Archipel qui sont directement ou indirectement soumises au gouvernement des Pays-Bas ont une superficie totale de plus de 30000 milles géographiques carrés, que Java et Madoura n'ont pour leur part de cette superficie que 2381 milles, que ces deux îles renferment environ vingt millions d'habitants, et que tout le reste ensemble n'a certainement pas la moitié de cette population, on comprendra du coup combien la distribution des habitants est énégale, et l'on devinera quelques unes des conséquences naturelles de ce fait.

Là où existe une surabondance de terrain qui suffit plus qu'amplement à subvenir aux besoins journaliers de l'existance, soit par ce qu'il produit de lui-même, soit au plus au prix de la culture la plus primitive, il va sans dire que les habitants ne se seront pas appliqués à l'agriculture et à l'horticulture, puisque aucune necessité ne les y contraignait. Ils se contenteront pour ce qu'ils font pourtant des procédés les moins perfectionnés, et jamais il ne leur viendra à la pensée, ni de ménager la fécondité du sol, ni surtout de bonnifier celui-ci, et de chercher les moyens les plus profitables d'en tirer parti.

Dans ces contrées l'agriculture et les exploitations agricoles ont encore un caractère en partie nomade, ce qui a été aussi le cas dans la partie montagneuse de Java jusqu'en 1874. Dans cette année-là, le Gouvernement promulgua une ordonnance sur le défrichement des terrains vierges par les indigènes. Cela mit un terme à la manière arbitraire dont on se servait des terres sans maîtres, pour s'y préparer une facile récolte et passer l'année suivante à une autre parcelle, où la nouvelle récolte devait être aussi aisée. C'est ce qu'on appelait la culture *gogo*. Elle avait pour résultat de faire dépouiller de place en place le sol de sa riche parure végétale, sans qu'on la remplaçât; l'imprévoyance humaine ruinait des terrains magnifiquement dotés par la nature. Petit à petit on voyait de belles forêts ou de gras pâturages faire place à d'arides plaines couvertes d'alang-alang (*Imperata arundinacea*), et ce brigandage exerçait une influence néfaste visible et croissante sur le climat et sur le régime des eaux courantes. Maintenant il n'est point défendu aux indigènes de mettre en culture des terrains encore en friche; seulement pour le faire ils sont tenus de demander une autorisation qu'on n'accorde qu'à des conditions de nature à garantir la mise en culture de champs destinés à rester permaments.

Le gouvernement s'est moins préoccupé en dehors de Java et de Madoura de réprimer les cultures qu'on peut appeler de braconnage, parce qu'il lui serait difficile de veiller à l'exécution de ses ordonnances, et aussi parce que le danger n'est pas aussi grand qu'il l'était à Java et à Madoura, la proportion de terrains vagues étant immense dans les Possessions extérieures en proportion du nombre des habitants.

On peut jusqu'à un certain point juger de degré de développement social des populations de la plupart des contrées de l'archipel des Indes orientales par le degré de développement qu'à pris la culture du riz.

Là où se cultive le riz, celui-ci forme la base de l'alimentation du peuple. Quand un Javanais n'a point eu de riz, il déclarera avec le plus grand sérieux qu'il est à jeun, quoi que ce soit du reste qu'il ait mangé. Le riz occupe ainsi le premier rang parmi les végétaux cultivables et l'on comprend qu'aux Indes on l'appelle »premier produit", tandis que l'on réunit tout ce que l'on récolte en outre sous le terme général de »seconds produits", sans tenir compte des saisons où se cultivent les autres plantes, ni des conditions qu'exigerait un assolement méthodique.

Sur la plupart des terrains secs on cultive comme premier et unique produit l'une ou l'autre de ces plantes que les indigènes décorent de l'épithète de *seconds*, maïs, ketèla, tabac, coton, etc. En revanche il arrive assez souvent que l'on fait une seconde récolte annuelle dans les rizières pour lesquelles on dispose de moyens d'irrigation suffisants; le riz de la seconde récolte porte le nom de *padi gadou* ou *padi walik-an*. Cette habitude n'existe heureusement que dans un nombre limité de localités, car elle a pour résultat d'épuiser le sol; aussi l'administration ne ménage-t-elle pas ses avertissements pour obtenir qu'on y renonce. Dans la règle, quand on a récolté le riz dans les rizières humides, *sawas*, où l'on a de l'eau pour arroser pendant la mousson d'est, on plante pour la seconde récolte du maïs, des tubercules, des légumineuses, du tabac, du coton, de l'indigo, de la canne à sucre, et autres plantes. La canne à sucre a besoin d'environ douze mois pour atteindre son complet développement; aussi ne la cultive-t-on guère en grand que lorsqu'on a passé un accord avec les fabriques de sucre.

On voit qu'il n'est guère question d'un assolement, qui varie les cultures d'après des règles fixes. Partout où la culture du riz est devenue la principale occupation des indigènes, on demande tous les ans régulièrement au moins une récolte de riz à tous les champs; puis, là où le terrain s'y prête et où l'eau ne fait pas défaut, on fait suivre une seconde récolte, qui n'est qu'exceptionnellement du riz, mais d'ordinaire quelqu'un des végétaux que nous venons d'énumérer.

La forme primitive de l'agriculture est celle du défrichement des *gogos* dont nous avons parlé. C'est le nom qu'on donne à Java aux champs temporaires; à Sumatra on les appelle *ladangs*. C'est la forme que revêt encore l'agriculture dans la plus grande partie des Possessions extérieures. La charrue ne s'emploie pas dans ce genre de culture grossière; même là où le voisinage des rivières permet d'arroser les rizières par des procédés fort simples, la charrue n'est pas du tout universellement employée. A Java on a des champs appelés *tegals*, où l'on fait usage de la charrue, mais où l'on n'arrose pas. Cette catégorie intermédiaire de rizières n'existe pas ailleurs. Ce n'est aussi qu'à Java que l'on a fait des travaux d'irrigation de quelque importance.

Il reste à Java du passage des Indous des traces remarquables dans les travaux hydrauliques considérables et bien combinés qu'ils avaient établi, et Bali et Lombok peuvent faire voir combien on a suivi jusqu'à maintenant fidèlement leur exemple, tout à fait en dehors de notre ingérence.

Le gouvernement fait partout de plus en plus tout ce qu'il peut pour encourager la culture du riz. On fait de grands efforts pour attirer l'attention des indigènes sur les perfectionnements réalisables et pour les guérir de leurs préjugés. Toutefois le cultivateur indigène a le tempérament conservateur tout comme les paysans en général, et ce n'est que très petit à petit que l'on parvient à le familiariser avec l'idée de réformes radicales. Dans la conviction que la condition première de la prospérité et de la richesse, et par conséquent de la docilité du peuple, se trouve dans la mise en valeur rationnelle du sol, et que celle-ci à son tour a pour première condition sous les tropiques d'abondants moyens d'irrigation, le gouvernement donne tous ses soins à ce grave intérêt. Pour que les eaux existantes puissent s'employer de la manière la plus profitable, il construit des barrages, des digues, des conduites d'eau, et fait préparer ces travaux par des études de terrain dans le bassin de chaque cours d'eau, confiées à des gens du métier. Il reste encore énormément à faire, mais notre siècle n'en a pas moins vu Java être doté de travaux hydrauliques très considérables, qui ne servent par seulement à l'irrigation, mais aussi au drainage, là où besoin est; à l'heure qu'il est il se fait encore de grands travaux de ce genre. Là où l'on dispose d'eau courante, on n'est pas lié à la culture d'une seule espèce de plantes, et par conséquent l'agriculture et l'horticulture peuvent se perfectionner. Quant à la culture du riz, ce qui la concerne est si intimément lié à toute la vie et aux relations sociales, que les habitants règlent tout d'après les exigences de cette culture et y on même pris les bases de leur manière de supputer le temps. Ils s'entraident pour planter et pour moissonner, et ces deux époques agricoles sont devenues de vraies fêtes nationales. En effet ces opérations réclament un grand nombre de mains, puisque d'ordinaire on plante le riz en couche, pour ensuite transplanter les jeunes pousses (*bibit*); et que pour la récolte on coupe les épis mûrs un à un à la main. Parfois à Sumatra on récolte avec la faucille, mais à Java on a essayé en vain d'acclimater ce mode de faire. Pour mieux économiser les bras et le temps, l'administration européenne n'a point ménagé ses peines pour faire adopter de meilleures méthodes de culture et de meilleurs instruments que ceux qui sont en usage; mais les gens tiennent à ce qu'ils connaissent, et il faudra que les indigènes apprennent à mieux sentir la valeur du temps avant que l'on puisse espérer de les voir rompre avec la tradition là où celle-ci a tort, et écouter les leçons que s'efforce de leur donner une saine économie.

Ce n'est qu'exceptionnellement que l'indigène se préoccupe de fumer son champ. Cela ne se fait que dans les terres sèches. Il semble se figurer que l'eau des irrigations qui vient régulièrement couvrir les rizières humides, les sawas, est suffisante pour en entretenir la fertilité. Son abstention sous ce rapport vient peut-être en partie de ce que jusqu'ici l'agriculture et l'élève des bestiaux sont restés très indépendants l'un de l'autre. Ce sont toujours des buffles que l'on attèle à la charrue et à la herse dans les terrains humides; dans les terres sèches on fait aussi usage de bœufs. Les charrues sont légères; elles tracent un sillon peu profond; l'indigène ménage volontiers son bétail de trait. Ceux qui n'ont que peu de terre travaillent leur parchet au pachol, à la houe. C'est l'instrument à peu près universel. Les indigènes n'en emploient guère d'autres, si ce n'est encore les couperets, les couteaux pour l'herbe et les bâtons pointus avec lesquels ils font le trou pour planter.

Là où le sol se fume, c'est maintenant encore en majeure partie dû à ce que fait dans ce but l'industrie européenne. Elle demande aux indigènes de cultiver pour elle, afin qu'elle puisse les jeter sur le grand marché, des cannes à sucre, du tabac, de l'indigo, et les entrepreneurs comprennent qu'il est de leur intérêt de se préoccuper de la culture de ces produits; aussi fournissent-ils souvent eux-mêmes à leurs contractants de fortes quantités d'engrais.

A Java et à Madoura la possession du sol est en partie communale, en partie individuelle et héréditaire. Dans le centre de l'île les deux systèmes coexistent côte à côte; dans la partie occidentale et dans l'orientale, c'est l'hérédité et la possession individuelle qui prédomine. Les indigènes reconnaissent généralement le souverain comme propriétaire de l'ensemble du sol, avec cette réserve que ceux qui le défrichent ont droit à en conserver la jouissance sans être molestés tant qu'ils satisfont à leurs obligations. Tous les terrains sur lesquels les maisons sont construites et la plupart de ceux appelés »tegal" sont individuellement et héréditairement possédés à Java et à Madoura.

Dans les autres îles aussi, les cultivateurs sont dans la règle possesseurs des champs qu'ils travaillent. Dans les Possessions extérieures la propriété est individuelle et héréditaire, même là où l'on cultive tour à tour plusieurs pièces de terre, dont chacune reste pendant quelque temps en jachère. Les terrains nouvellement défrichés appartiennent à la personne qui les a mis en culture, ceux dont la propriété a été acquise par voie d'héritage appartiennent à la famille; mais dans les deux cas la possession reste subordonnée au droit de la tribu, du district, ou du village, de sorte qu'on ne peut pas l'aliéner en faveur de personnes qui n'appartiennent pas à ces groupes, ou du moins que celles qui y appartiennent ont la préférence. Chez les Dayaks de Borneo, les cultures, et avec elles le droit de propriété, sont restées tout à fait nomades.

Il a été promulgué pour Java et Madoura des ordonnances agraires qui toutes tendent à favoriser la possession individuelle et héréditaire, même la propriété de la terre; mais soit la possession, soit la propriété, restent conditionnelles en ce qu'il n'est pas permis de les aliéner à des personnes qui ne soient pas indigènes sans l'autorisation du gouvernement.

Le droit de possession est le mieux et le plus clairement défini là où l'agriculture est la plus avancée et tout particulièrement dans les contrées où les travaux d'irrigation assurent la culture régulière des rizières.

Comme nous l'avons dit, le riz est la première et la plus importante des denrées alimentaires. Celle qui vient en seconde ligne occupe aussi une place importante, c'est le maïs (*jagong*, appelé aussi *milou*). Il joue un grand rôle, surtout dans les contrées les plus élevées de Java, à l'Orient de l'île, ainsi qu'à Madoura, à Célèbes, à Menado, à Ternate et à Timor. Dans les Moluques, c'est le sagou qui sert de base à l'alimentation.

Les terrains qui entourent les habitations indigènes sont d'ordinaire plantés d'arbres fruitiers, parmi lesquels le *Cocos nucifera* et le *Musa paradisiaca* (pisang) occupent le premier rang. Les villages sont en général entourés d'une bordure de bambous, que l'on cultive aussi en plantations parfois assez étendues. En même temps on cultive autour des maisons et dans de petits jardins établis dans les endroits élevés et secs, toutes sortes de plantes ménagères annuelles ou vivaces, par. ex. différentes espèces de poivre (*Piper cubebe*, *P. nigrum*, *Capsicum annuum*, *Chavica betle*, qui donne l'indispensable feuille de sirih, etc.), du coton (*Gossypium*), du rameh (*Boehmeria*), du gambîr (*Nauclea gambier*), du ketèla (*Janipha manihot*), et d'autres.

Plus l'indigène s'occupe de la terre qu'il habite, plus il la plante avec soin, plus par cela même il s'y attache et devient un citoyen paisible et régulier.

K. W. VAN GORKOM.

96. Produits agricoles du gouvernement d'Atchin.

a. Poivre blanc.
b. Poivre noir.
c. Poivre à queue.
d. Café.
e. Noix de muscade.
f. *Copra*, amande de la noix de coco, desséchée pour l'expédier en Europe, où l'on en extrait l'huile.

97. Modèles de couteaux employés par les cultivateurs du gouv^t. d' Atchin. — F. L. K Storm van 's Gravesande, contrôleur à Atchin, div. de Samalanga.

a. *Sekin moundout*.
b. *Sekin babah selindit*.
c. Couperet, *parang*.
d. *Sekin chendong*.
e. *Parang tabal oujoung*.
f. Deux *sekin raout*.
g. *Sekin choumilik*.

98. Divers couteaux d'usage agricole dans le gouv^t. d'Atchin. — M. Brau de Saint-Pol-Lias, à Paris.

a. Couteau pour la moisson (*sadüeup*).
b. Couteau pour l'herbe (*padüeup kongkung*).
c. Couteau (*sadüeup tounong*).
d. Serpe.

99. Instruments et produits agricoles de la rés. de Tapanouli, div. de Silindoung.

1. *Tinggala*, charrue pour deux buffles. Les différentes parties en sont:
 a. *Tompi*, lien de rotin qui passe sous le cou du buffle.
 b. *Houndali*, joug.
 c. *Rayar*, timon.
 d. *Douga*, courroie de cuir de buffle au moyen de laquelle le joug est attaché au timon de la charrue.
 e. *Tinggala*, charrue proprement dite.
2. *Sisir*, herse; les différentes parties en portent les mêmes noms que pour la charrue.

3. *Houdali*, espèce de rateau avec lequel on retourne la terre.
4. *Gatgat*, outil servant à briser les grosses mottes.
5. Echantillons de vingt espèces de riz cultivées dans la subdivision de grand Mandailing et Batang Natal.

100. Instruments agricoles de la rés. de Tapanouli, Pangaloan, div. de Silindoung. — G. van Asselt, ancien missionnaire, à Putten en Veluwe.

1. Deux modèles de charrues, *tinggala*.
2. Modèle de *houdali*, espèce de rateau avec lequel on retourne la terre.
3. Modèle de *sasap*, instrument servant à sarcler les petites digues des rizières inondées.
4. Cinq modèles de rateaux.

101. Instruments agricoles de l'île de Nias.

1. Sorte de couteau de poche, *foröqi*
2. Couteau pour l'herbe, *belawa*.
3. Couperet, *fatö*.
4. Couperet, *sioli wangahali*.

102. Instruments et produits agricoles de la rés. du Bas-Pays de Padang.

1. Modèle de *gilingan*, instrument traîné par le bétail et servant à égaliser le sol.
2. Modèle de grenier à riz, *kapouq padi rangkiang*.
3. Modèle de grenier à riz, *kapouq boulat*.
4. Echantillons de quarante et une espèces de riz cultivées dans les districts d'Ophir.
5. Echantillons de onze espèces de riz cultivées dans la contrée de Rau.

103. Instruments et produits agricoles du Haut-Pays de Padang.

1. Modèle de roue hydraulique, *kinchir*, servant à puiser l'eau d'une conduite pour l'amener sur un terrain plus élevé.
2. Instruments agricoles d'Agam:
 a. *Tembilang*, bêche.
 b. *Pangkour*, servant à retourner le sol.

Groupe II. Dixième Classe.

c. Bajaq, charrue avec joug pour un bœuf; $\frac{1}{4}$ de la grand. nat.
d. Sikat, herse; $\frac{1}{3}$ de la gr. nat.
e Soungkour, servant à briser les mottes dures.
f. Toundo, servant à égaliser tout à fait la surface des sawahs après qu'elles ont été travaillées.
g. Kouvir penyiang, servant à sarcler les mauvaises herbes entre les épis de riz.
h. Belioung penarah, doloire.
i. Belioung penabang, hache.
3. Instruments agricoles de Batipou.
a. Pangkour, servant à retourner le sol.
b. Bajaq, charrue.
c. Sikat, herse.
d. Kouwet, rateau.
e. Tajaq, sarcloir employé dans les rizières.
f. Parimbè, court sarcloir servant à enlever les mauvaises herbes des petites digues des sawahs.
g. Balioung kachil, petite hache.
h. Kapaq, cognée.
i. Lading, couperet.
j. Sabit, faucille pour la moisson du riz.
k. Toungkat pangiri ngiri padi, bâton sur lequel on s'appuie pour fouler avec les pieds les épis du riz afin d'en détacher les grains.
4. Trois modèles de greniers à riz, *loumboung*.
5. Modèle d'un hangard pour le tabac, à Agam.
6. Appareil employé à Agam pour couper le tabac.
7. Objets en usage à Batipou pour la préparation du tabac.
a. Sangga, treillis de bambou sur lequel on met sécher le tabac.
b. Jangko, instrument pour couper le tabac.
c. Piso penyahit timbakau, couteau pour la coupe du tabac.
d. Gabous, tige de feuilles du palmier anau ou arèn, dont on se sert pour repasser le couteau à tabac.
e. Belabih, règle de bambou servant à arranger le tabac en javelles droites sur le treillis à sécher, *sangga*.
8. *Tabaq*, instrument dont on se sert à Batipou en plantant le tabac.
9. Vingt-quatre espèce de riz, débourré et dans la bourre, de la subdivision de Vieil Agam.
10. Vingt-trois espèces de riz, débourré et dans la bourre, de la subdiv. de VIII Kotas et de VII Lourahs. Palembayan.

11. Trois espèces de riz, débourré et dans la bourre, de la subdiv. des districts de Danau et Matoua. Maninjou.
12. Quatorze espèces de riz, débourré et dans la bourre, de la div. de Batipou et X Kotas.
13. Trente espèces de riz, débourré et dans la bourre, de la subdiv. de Solok.
14. Trente espèces de riz, débourré et dans la bourre, de la subdiv. de Soupayang.
15. Diverses espèces de riz, débourré et dans la bourre, de la sub-div. d'Alahan panjang.
1. Espèces blanches:
a. Padi poutih ou *roubei halous*.
b. Padi ladang poutih.
c. Padi jangout.
d. Padi gondol.
e. Padi gaulo sasak.
f. Padi si-poulat netal.
2. Espèces jaunes:
a. Pa i rotan.
b. Padi kouring.
3. Espèces noires:
Padi si-arang.
4. Espèces rouges:
a. Padi sirah.
b. Padi sawah sirah.
c. Padi sawah sirah halous.
d. Padi sipoulout tarok.
e. Padi kourit.
f. Padi sipoulout samak.
16 Dix-sept espèces de riz de la subdiv. de Soungei Pagou et XII Kotas.
17. Noix de muscade et macis de Maninjou, préparés à la manière indigène, tous deux simplement séchés au soleil.
18. Cannelle de Mininjou.

104. Echantillons de tabac de Batou Kankoung, subdiv. de Soungei Pagou et XII Kotas, div. de XIII et IX Kotas (Solok). — A. W. Deerns, ass.-rés. dans le Haut-Pays de Padang.

NB. Ce tabac, qui ressemble beaucoup à celui de Ranau, se cultive à Batou Kankoung, l'un des district indépendants de Batang Hari, séparé par les petits royaumes de Soungei Kounyit et de Talau du territoire de l'État dans les XII Kotas, et éloigné de ce dernier de 18 kilomètres au juger. Ce petit district possède une population peu nombreuse, qui se nourrit assez pauvrement du produit du riz, du jagong et du tabac qu'elle cultive sur les ladangs. Dans les derniers temps beaucoup de gens ont émigré de Batou Kankoung pour venir s'établir dons les territoires de l'Etat, en particulier à Soungei Pagou et à Pasimpei.

On voit de temps en temps les gens de Batou Kankoung apporter leur tabac par petites quantités (de 6 à 10 boukous à la fois) au marché de Mouara Labou, rarement plus loin. On peut estimer à environ 100 boukous (de 180 à 190 kilogrammes) ce qui se vend au marché de Mouara Labou. Le prix par boukou varie entre 30 et 40 cents.

105. Produits agricoles de la rés. de Bengkoulen.

1. Echantillon de riz de sawah, cultivé en terre humide.
2. Echantillon de riz de ladang, cultivé en terre sèche.
3. Echantillon de riz de sawah.
4. Echantillon de riz de ladang.
5. Echantillon de riz cultivé dans des terrains secs.
   a. *Beras padi abang darat.*
   b.   "   "   *renih*   "
   c.   "   "   *meroun* "
   d.   "   "   *sair*   " *poutih.*
   e.   "   "   "   " *abang.*
   f.   "   "   *rekan* "
   g.   "   "   *remas* "
   h.   "   "   *kiling* "
   i.   "   "   *poulout abang darat*; quand il est cuit, il est très gluant et comme gras; c'est sans doute ce qui lui a fait donner le nom de riz collant.
   j *Beras padi poulout poutih darat.* Même remarque que pour *i*.
   k. *Beras padi bram darat.*
6. Echantillons de riz cultivé dans des terrains humides.
   a. *Beras padi poutik sawah.*
   b.   "   "   *renih*   "
   c.   "   "   *bountah* "
   d.   "   "   *pandak* "
   e.   "   "   *kabout* "
   f.   "   "   *poulout abang*, riz collant rouge.
   g.   "   "   " *poutih*, riz collant rouge.
   h.   "   "   *beram sawah.*
   i.   "   "   *kedendang sawah.*

7. Echantillons de riz de 1re et de 2de qualité cultivé dans la subdiv. de Kroé.
8. Echantillons de riz cultivé dans la subdiv. de Moko-moko
   a. Riz blanc des terrains secs.
   b. Riz noir.
   c et d. Riz collant (*poulout*) blanc.
   e. Riz collant noir.
   f et g. Riz blanc des terrains humides.
9. Echantillons de riz blanc de terrains humides et de marais de la subdiv. de Selouma.
10. Echantillon de café; prix marchand, fl. 20. Ce café se plante dans les dousons ou villages.
11. Echantillons de café de 1re et de 2de qualité de Kroé, où la production augmente fortement.
12. Echantillon de café de Selouma.
13.   "   "   Moko-moko.
14.   "   noix de muscade.
15.   "   macis.
16.   "   noix de muscade de Kroé.
17.   "   "   Selouma.
18.   "   clous de girofle. La culture en prend de l'extension.
19. Echantillon de clous de girofle de Selouma.
20. Echantillon de gambir, employé avec les feuilles de bétel.
21. Echantillon de gambir de Selouma, où cette culture est importante.
22. Echantillon de tabac cultivé en carreaux. La cueillette a lieu de la même manière que dans les Pays-Bas. On cueille premièrement ce qui est près de terre (*kedoudour*), puis ce qui est sur les bords (*penengah*), ensuite les meilleures feuilles (*pemoum-poungan*), enfin les bourgeons terminaux (*sidi*).
23. Echantillon de tabac. Blalau et Toukan.
24. Echantillon de tabac. Selouma.
25.   "   "   Moko-moko.
26.   "   " *sékoi*, millet, dont on plante de petites quantités sur les bords des rizières et qui se mange comme friandise.
27. Echantillon de *jinaga*.
28. Echantillon de *sago rembio*, sorte de sagou. Selouma.
29. Echantillon d'*oubi benbau*, arrowroot. Selouma.
30. Echantillon de poivre.
31.   "   " coton.
32.   "   " *kachang padi* ou *kachang ijou*, *kachang* vert.

33. Echantillon de *pouar lako* (cardamome), employé avec le bétel.
34. Idem de Selouma.

106. Instruments agricoles de la rés. de Bengkoulen.

A. Instruments employés pour la culture du riz.

1. *Kinchir ayer*, roue hydraulique servant à élever l'eau de la rivière dans les conduites et sur les rizières.
2. Modèle de charrue, *bajak*.
3. Dito de herse, *gragei*.
4. Dito de herse, *peroumbai*.
5. Dito de *bidei*, instrument servant à débarrasser le sol des racines d'*alang-alang*, sorte d'herbe.
6. Dito de *penchatok*; instrument servant à briser les mottes de terre.
7. Deux *touwai*, couteaux pour la moisson du padi
8 Deux *kerountoung touwai*, paniers — l'un de rotin, l'autre de bambou — où l'on serre les couteaux pour la moisson du padi.
Celui qui est en bambou est un modèle en petit.
9. *Menggangan*, panier de bambou où se déposent les épis coupés.
10. *Bako*, corbeille de rotin dans laquelle on vide le *menggangan* pour porter la récolte dans le grenier (*tengkiang*).
11. Modèle de *lesong*, bloc à riz avec pilon.
12 *Bekedaro*, panier de rotin où se garde le riz.
13. Deux *nirou*, vans pour le riz, l'un rond et l'autre long; ⅓ de la gr. nat.
14. Pilon à riz.
15. *Adas*, panier plat sur lequel on met sécher le padi (riz qui n'a pas encore été débourré). Il y en a quatre espèces:
a. *Adas endilo*.
b. " bambou.
c. " pouroun.
d. " mesiang.
16. *Intarau*, tamis à riz, ⅕ de la gr. nat.
17. *Kindar*, corbeille dans laquelle les grains tombent en se tamisant.
18. Modèle de *kiding*, panier d'écorce, que l'on porte sur le dos et dans lequel on transporte le riz; 1/10 de la gr. nas.

B. Instruments appliqués à divers usages.
1. *Parang*, couperet.
2. *Pangout*, couteau pour couper le rotin.
3. *Pisou raout*, couteau pour cueillir les fruits, spécialement ceux du palmier arèn.
4. *Pisou raout*, couteau pour la coupe du tabac.
5. *Pisau*, hache.
6. Deux *songkouit*, couteaux pour l'herbe.
7. *Pepatil*, petite hache.
8. *Baliyoung*, grande hache.
9. *Wali*, couteau pour couper le rotin.

107. Produits et instruments agricoles de la rés. des Lampongs.

a. Echantillon de cardamone, épice.
b. " " café.
c. " " poivre noir.
d. " " poivre blanc.
e. " " *padi*, riz dans sa bourre
f. " " riz.
g. Flacon de tabac.
h. *Getas*, couteau peur la moisson du padi, de la div. de Sekampong.

108. Produits et instruments agricoles de la rés. de Palembang.

a. Echantillon de *wijèn*, sésame.
b. " " coton.
c. Café, *kahwa*, des districts de Ranau.
d. Tabac, *tembako*, des districts de Ranau.
e. Flacon de semences de tabac de Ranau.
f. *Pouar laka* (cardamone) des districts de Ranau, où on en fait des plantations régulières.
g. *Rameh* des districts de Ranau.
1. Tiges séchées.
2. Fibres détachées (*ambah*).
3. Echeveau (*tonkal*) de ficelle de rameh (*poulès*).
h. Sucre d'arèn, *goula nau* des districts de Ranau. Il est dans le commerce sous forme de petits gâteaux, *sangelar*.
i. Sucre de canne, *goula tebou*, des districts de Ranau.
j. Douze espèces de riz des terrains humides et onze des terrains secs, toutes sans forme de *padi* (dans la bourre) et de *bras* (débourré), de la subdiv. d'Ogan oulou.
k et l. *Parang panjang* et *bedong*, couperets employés à Komering Hir par les hommes et les femmes dans le travail des champs.

GROUPE II. Dixième Classe. 149

109. Produits agricoles de la rés. de la Côte or. de Sumatra.

a. Diverses espèces de riz. Asahan.
b. Echantillon de riz dans sa bourre. Pané.
c. Produits agricoles de *Tanjong Poura*, soit:
1. Tabac.
2. Café.
3. Noix de muscade.
4. Macis.
5. Noix de pinang.
6. Espèces diverses de riz:
* *Beras loumbout.*
** *Beras poulout.*
*** *Padi jambei.*
7. *Wijèn.*
8. Poivre noir.
9. Poivre blanc.
d. Feuilles de gambir. Labouan batou.
e. Echantillon de noix de muscade.
f.   „   „ tabac.
g.   „   „ riz dans sa bourre, *padi.*
h.   „   „ pinang.
i.   „   „ poivre blanc.
j.   „   „ tabac.
k.   „   „ wijèn.
l.   „   „ riz débourré.
m.   „   „ poivre noir.
n.   „   „ macis.

110. Deux rouleaux de tabac batak ordinaire emballé dans des feuilles de pisang. — Société de Deli, à Amsterdam.

111. Instruments agricoles de la rés. de la Côte or. de Sumatra.

a. Porda, manche, auquel est fixé un *baliyoung*, cognée, pour couper les gros arbres.
b. Parang, couperet.
c. Sandoung parbabo, outil servant à sarcler entre les plantes de riz.
d. Pengetem (tob. *gotom*), couteau pour la récolte du padi.
e. Ampang, panier que l'on porte avec soi pendant la récolte, afin d'y déposer les épis à mesure qu'on les coupe.
f. Tomoh, corbeille dans laquelle on vide *l'ampang* quand il est plein.

112. Instruments agricoles de la Côte or. de Sumatra. — Société de Deli, à Amsterdam.

a. Tinggala kerbo, charrue à laquelle on attèle des karbaus.
b. Tinggala jelma, charrue que la femme traîne pendant que l'homme la dirige. On l'emploie pour amonceler la terre contre les plantes de riz qui commencent à monter.
c. Pangkour-pangkour, outil servant à briser les mottes de terre.
d. Trois *padouk*, rateaux.
e. Roka, grand rateau, servant à tracer des sillons dans lesquels on plante le riz. Les hommes s'y attèlent.
f. Lobong-lobong, bâton au moyen duquel on fait les trous dans lesquels se dépose la semence.
g. Deux *chouam*, sarcloirs. Le large sert dans les terrains secs, celui qui est pointu dans les terrains humides.
h. Getam, couteau pour la récolte du padi.
i. Deux *sekin*, serpes.
j. Sept *raout*, couteaux.
k. Tongkil (Tob. *agat*), couteau ou plutôt espèce de ciseau, employé surtout pour obtenir le vin de palmier.
l. Quatre *baliyoung*, cognées pour abattre les gros arbres.

113. Instruments agricoles de la rés. de la Côte or. de Sumatra. — Dr. B. Hagen, à Tanjong Morawa, Serdang.

a. Couteau pour la moisson, *sesawi*.
b. Trois couteaux de travail, *raout*.
c. Hache, *baliyoung*.

114. Produits agricoles de la rés. de Riouw.

a Echantillon de sagou de Manda, Côte or. de Sumatra. Mis en petits paquets comme des jouets d'enfants.
b. Echantillon de poivre noir; 12 dollars le pikol.
c. Echantillon de poivre blanc; 23 dollars le pikol.
d. Echantillon de sagou brut; 1½ doll. le pikol.
e. Echantillon de sagou à gros grains; 6 doll. le pikol.

150   Groupe II.   Dixième Classe.

f. Echantillon de sagou sekoui; 10 doll. le pikol.
g. Echantillon de sagou à grains pur; 4¼ doll. le pikol.
h. Echantillon de farine de sagou; 3¾ doll. le pikol.
i. Echantillon de *tapioca* à grains pur; 4¼ doll. le pikol.
j Echantillon de farine de *tapioca* purifiée; 4½ doll. le pikol.
k. Echantillon de noix de komiri; 2½ doll. le pikol.
l. Echantillon de sucre de coco; 7 doll. le pikol.

115. Modèle d'un établissement pour le lavage du sagou (*pangko sago*), avec un paquet du sagou qui s'y obtient. Rés. de Riouw.

116. Produits agricoles de la rés. de Bangka.

a. Fruits confits.
b. *Lengkeng* de *pisang*.
c. Echantillon de *chabé jawa*, poivre long.
d. Echantillon de *sago obi*.
NB. Voy. en outre la collection de substances alimentaires, Cl. IX, D, N° 190.

117. Instruments agricoles de la rés. de Bangka.

a. Hache.
b. Doloire.
c. Couperet.
d. *Golok* ou couperet.
e. Couteau.
f. *Tougal*, bâton avec lequel on fait les trous où se plante le riz.
g. *Lanjoung pemane* et *pengtan*, panier où l'on met le riz que l'on veut planter, et panier avec lequel on puise le riz.
h. *Kiding*, panier où l'on met le riz en moissonnant
i. *Lenjang ngetem padi*, corbeille dans laquelle en vide le kiding quand il est plein.

118. Instruments agricoles de la rés. de Billiton.

a. *Pintang*, panier que l'on attache à sa ceinture pour y mettre les plantons de riz que l'on veut planter.

b. *Tekiding*, panier dans lequel on dépose le padi à mesure qu'on le coupe; on se l'attache à la ceinture.
c. *Ambin*, corbeille dans laquelle on emporte le padi récolté.

119. Instruments agricoles de la rés. de Bantam.

a. *Waloukou*, charrure indigène.
b. *Garou*, herse.
c. *Pachoul*, rateau pour retourner le sol.
d. *Kored*, couteau pour l'herbe.
e. *Ani-ani*, couteau avec lequel on coupe les épis à la récolte.
f. *Arit*, couteau pour l'herbe.
g. *Bedok*, couperet pour le bois, le bambou, etc.
h. *Pangot*, couteau.
i. *Tempaling*, filet servant à prendre dans les rizières le «scarabée puant,» walang *sangit*.
j. *Pepitan bouwat bikin goula tebou*, moulin à sucre indigène.

120. Produits agricoles de la rés. de Bantam.

A. *Riz.*

Sous forme de *padi* et de *bras*. Onze espèces de *padi ketan* (*Oryza glutinosa*), 15 de *padi cheré* (*Oryza montana*), et 26 de *padi betoul* (*Oryza sativa*).

B. *Légumineuses.*

I. *Goudé* ou *peté* (*Parkia Africana*).
a.   "   *hitam*, noir.
b.   "   *poutih*, blanc.
II. *Kachang.*
1.   "   *panjang*.
a.   "   "   *hitam*, noir.
b.   "   "   *merah*, rouge.
c.   "   "   *pouti chempaka*.
2.   "   *toungak*.
a.   "   "   *poutih*, blanc.
b.   "   "   *merah*, rouge.
3.   "   *pouyouk*.
4.   "   *hijou*.
5.   "   *chachipir*.
6.   "   *kekara*.
a.   "   "   *merah*, rouge.
b.   "   "   *hitam*, noir.
c.   "   "   *intan*.
7.   "   *tanah*.
8.   "   *kedelé*.
a.   "   "   *hitam*, noir.
b.   "   "   *poutih*, blanc.

GROUPE II. Dixième Classe. 151

C. *Fruits croissant dans la terre.*
 a. *Kombili* ou *kentong* (*Calcus tuberosus*).
 b. *Sinté.*
 c. *Ouwi taropong.*
 d. *Tales* (*Colocasia vera*).
 e. *Oubi dangder* (*Manihot utilissima*).
 f. *Gelo.*
 g. *Gadoung.*

D. *Divers.*
 a. *Beras jègèng* ou *jouwawout*, millet.
 b. *Gowal, Chantèl, Chetrik gandroung.*
 c. *Hanjelé* (*Coïx* Spec.).
 d. *Wijèn* (*Sesamum orientale*).
  1. La semence.
  2. L'huile qu'on en tire.
 e. *Rameh*, la plante, la fibre, et un morceau de la corde qui s'en fabrique.
 f. Tabac.
 g. Indigo.
 h. *Pinang*, noix de bétel.
 i. *Labou*, calebasse.
 j. *Malinjou*

121. Modèle de rizière sèche, *Houma*, rés. de Bantam.

122. Instruments employés par les Badouwis pour la culture des rizières sèches, rés. de Bantam.

 a. *Koujang* ou *arit.*
 b. *Gobang* ou *bendo.*
 c. *Kored.*
 d. *Etem.*

123. Echantillons de produits de l'agriculture et de quelques autres denrées alimentaires de la rés. de Batavia.

 a. Botte de *padi gebangan.*
 b. Trois bottes de *padi mas mambang.*
 c. Deux „ „ *lentour.*
 d. Cinq „ „ *ketan bawang*, riz collant.
 e. Deux „ „ *sepaan.*
 f. Une „ „ *petean.*
 g. „ „ „ *raja oesten.*
 h. Deux „ „ *mas mambang*, mêlé avec le *manglad.*
 i. Une botte de *padi mataram.*
 j. „ „ „ *melok.*
 k. „ „ „ *ketan tengiri*, riz collant.

 l. Bouteille renfermant un échantillon d'indigo, *nila*, de Tangeran.
 m. Flacon de fèves de café.
 n. „ „ thé de Java.
 o. „ „ sucre blanc.
 p. „ „ sucre *d'arèn* (*goula jawa*).
 q. „ „ huile de coco.
 r. „ „ huile de *kachang.*
 s. „ „ clous de girofle, *bouwah chengkèh.*
 t. „ „ macis, *kembang pala.*
 u. „ „ noix de muscade, *bouwah pala.*
 v. „ „ riz blanc.
 w. „ „ cannelle, *kayou manis.*
 x. „ „ *gabah*, riz dans sa bourre.
 y. „ „ fèves vertes, *kachang ijo.*
 z. „ „ *kedelé*, espèce de fèves (*Soya hispida*).
 aa. „ „ *wijèn* (*Sesamum*) dont les Chinois et les indigènes font de la pâtisserie.
 bb. „ „ graisse de buffle, *lemak karbo.*
 cc. „ „ gomme élastique, *getah karèt.*
 dd. „ „ indigo, *nila.*
 ee. „ „ œufs de poisson salés, *telor troubouk.*
 ff. Quatre flacons de poisson sec, *ikan selar, ikan japou, ikan tambang* et *ikan samgé.*
 gg. Flacon de *soya* ou *kéchap benteng.*
 hh. „ „ crevettes sèches, *oudang kering.*
 ii. „ „ *jagoun sec*, maïs.
 jj. „ „ semence de *soulasih.*
 kk. „ „ *agar-agar.*
 ll. „ „ *bouwah tempayan.*

NB. Les indigènes font avec les ingrédiens notés *jj — ll* de la mélasse et de l'eau, une espèce de limonade.

 mm. Vingt échantillons de tortue, *koulit pennyou.*
 nn. Botte de roseaux de rotin, *rotan.*

124. Charrue (*loukou*) et herse (*garou*), de Meester Cornelis, rés. de Batavia; en miniature.

125. Produits agricoles de la rés. de Chéribou (Chirebon).

A. *Riz.*

1. Sept espèces de *bras* du district de Beber, div. de Chéribon.

2. Vingt-quatre bottes de diverses espèces de padi de la div. de Indramayou.
3. Caisson de riz, *padi kewal*, de l'occident d'Indramayou.
4. Vingt et une espèces de riz, de champs irrigués, trois de champs secs, et quatorze de *ketan* (riz collant), de la div. de Sindang laut.
5. Riz de *padi glewong*, de la div. de Ploumbon.
6. *Bras* de la div. de Galouh (Chiamis).

B. *Produits secondaires.*

1. Du district de Beber.
a. *Kachang sououk.*
b.   "   *banten.*
c.   "   *bandong.*
d.   "   *tounggak.*
e.   "   *gendolo.*
f.   "   *jeng.*
g.   "   *kedelé.*
h.   "   *sisil.*
i.   "   *bounchis.*
j.   "   *ijo.*
k.   "   *tourous.*
l. *Kara.*
m. *Kemiri.*
n. *Botor chipir.*
o. *Jambé*, noix d'arec.
p. *Jahé*, racine de gingembre.
q. *Kounir*, curcuma.
r. *Wijèn*, sésame.
s. *Tales*, tubercule.
t. *Kembeli jahé*, tubercule.
u. *Aubi kembeli ketor.*
v. *Tembako*, tabac.
w. *Boungkil.*
x. *Jagoung*, blé de Turquie.
y. *Goundim.*
2. De la div. de Ploumbon.
a. Flacon de *kachang sououk.*
b. Id. de *kachang lanjaran.*
c. Id. de *kachang ijo.*
3. De la div. de Galouh (Chiamis).
a. *Tembako*, tabac.
b. *Nilo;* indigo.
c. *Rameh*, lin.
4. De la div. de Sindang laut.
a. *Kachang sououk.*
b.   "   *tounggak.*
c.   "   *banten.*
d.   "   *kedelé.*
e.   "   *ijo.*
f. *Kassave.*
g. *Ketèla.*
h. *Bengkouwang.*
i. *Jagoung*, blé de Turquie.
j. *Lombok*, poivre d'Espagne.

k. *Chipir.*
l. *Wijèn*, sésame.
m. *Oyong.*
n. *Kentang sabrang.*
o. *Sagou* ou arrowroot.
p. *Boungkil*, gâteaux faits de *kachang sououk.*
q. Huile de *kachang* tirée du *kachang sououk.*
r. *Soya* tiré du *kachang kedelé.*

C. *Produits agricoles divers.*

a. Deux flacons de sucre. Sourawinangon, div. de Chéribon.
b. Bouteille d'huile de coco. Div. de Ploumbon.
c. Bouteille d'huile de *kachang*. Div. de Ploumbon.
d. *Goula jawa*, sucre de Java. Sous-rés. de Galou.
e. *Kapok*. Sous-rés. de Galou.
f. *Minyak klapa*, huile de coco. Sous-rés. de Galou.
g. *Minyak kachang sououk*, huile de *kachang*. Sous-rés. de Galou.
h. *Minyak klapa*, huile de coco. Distr. de Beber.
i. *Minyak kachang sououk*. Distr. de Beber.
j. *Goula jawa*, sucre de Java. Distr. de Beber.
k. *Koulit kina*, écorce de quiquina. Distr. de Beber.
l. *Nyimploung*. Distr. de Beber.
m. Farine de manioc de la fabrique du lieutenant des Chinois à Chéribon.

126. Cinquante-sept flacons d'espèces différentes de padi. Bandong, rés. des régences du Préanger.

Dans un des flacons se trouve du *beras*.

127. Douze flacons de divers produits des champs et des huiles qu'on en tire. Rés. des régences du Préanger.

128. Vanille de Pakouah, venue du domaine de Parakan, Salak, rés. des régences du Préanger.

129. Divers produits

agricoles de la rés. des régences du Préanger, div. de Chianjour.

a. Semences de *terong*, dont on se sert pour assaisonner le riz.
b. Sept espèces de *kachang*, légumineuses servant au même usage.
c. Maïs, *jagong*.
d. Huile de *kachang*, que l'on brûle dans les lampes et dont on se sert pour les rôtis.
e. Huile de coco, mêmes usages.
f. Vanille.
g. Noix de muscade.
h. Macis.
i. Clous de girofle.

130. Instruments d'agriculture et d'horticulture. Rés. des régences du Préanger.

I. Division de Bandong.

a. Deux couperets.
b. Outils divers d'agriculteurs, avec un petit logement pour famille d'agriculteur, guérite et krâl pour vaches.
c. Houe, *pachol*.
d. Charrue et herse.

II. Division de Soukapoura.

a. Instruments agricoles divers.
b. Outils pour travailler le bois et abattre arbres et bambous.
 1. *Bedog*.
 2. *Bedog pendek*.
 3. *Piso raout*.

III. Domaine de Parakan Salak.

a. Soc de charrue.
b. Serpe.
c. Houe, *pachol*.

131. Couperet à poignée sculptée des régences du Préanger. — K. F. Holle, à Waspada.

132. Deux modèles de hangards pour le padi, de Bandong, et un autre de Soukapoura, rés. des régences du Préanger.

133. Produits divers de l'agriculture et de l'horticulture dans la rés de Tegal.

a. Cannelle, écorce et bois.
b. Sucre du palmier arèn.
c. Tabac.
d. Padi tardif, *padi dalam*.
e. Riz tardif.
f. Padi hâtif, *padi genjah*.
g. Riz hâtif.
h. Padi de sorte moyenne, *padi tengahan*.
i. Riz de sorte moyenne.
j. Padi, espèce collante, *ketan*.
k. Riz, espèce collante.
l. Noix de coco.
m. Huile de coco, employée pour l'éclairage et pour faire rôtir la viande.
n. Huile de *wijen*, de sésame.
o. *Wijen*.
p. *Kachan china*, légumineuse.
q. Huile de *kachan china*, pour l'éclairage et pour faire rôtir la viande.
r. *Jarak*, dont on tire de l'huile.
s. Huile de *jarak*, fort employée pour faire le ciment de vitrier.
t. *Jagong*, maïs.
u. *Kapok*.
v. Coton, *kapas*.
w. Farine de manioc.
x. Farine d'arrowroot.
y. Indigo.

134. Instruments agricoles de la rés. de Pekalongan.

a. *Pachol*, houe, deux ex.
b. *Wadoung*, cognée.
c. Deux *kayoul*, sarcloirs.
d. Deux *arit*, couteaux pour l'herbe.
e. Deux *ani-ani*, couteaux pour couper le padi.
f. Appareil muni d'un couteau, etc. pour la coupe du tabac, *chachak*.

135. Produits agricoles de la rés. de Pekalongan.

a. Trois échantillons de tabac.
b. Écorce du tronc du cannellier.
c. Deux qualités de cannelle des rameaux.
d. Huile de *kachang*, pour la lampe et pour le rôtissage.
e. Huile de *jarak*, avec laquelle on fait le ciment.
f. Indigo.
g. Riz.
h. Huile de coco.

i, Deux bouteilles d'huile de coco.
j. „ „ „ de *kachang*.
k. „ „ „ de *jarak*.

136. Instruments agricoles de la rés. de Samarang. — Le régent de Kendal.

a. Herse, *garou*, pour la culture de rizières humides, *sawah*.
b. Charrue, *loukou*.
c. Râteau, *pachol*.
d. Petit couteau à riz, *ani-ani*.

137. Instruments agricoles de la rés. de Samarang, div. de Kendal.

a et *b*. Herse et charrue au complet, formées de dix parties.
c. Huit bêches, *pachol*.

138. Graine de »Lintbloem" (?) Div. de Salatiga, rés. de Samarang. — H. J. van Swieten, ass-rés. à Buitenzorg.

139. Echantillons de cent-quatre espèces de riz de la rés. de Rembang. — Raden Toumenggoung Panji Chitro Negoro, régent de Touban.

140. Huiles en bouteilles de la rés. de Rembang. — Raden Toumounggoung Panji Chitro Negoro, régent de Touban.

1. Huile de *kousambi*.
2. „ „ *nyamploung*.
3. „ „ *kepok*.
4. „ „ *kenteng*.
5. „ „ *kachang*.
6. „ „ *jarak*.
7. „ „ coco.

141. Produits de l'agriculture et de l'horticulture dans le rés. de Rembang, div. de Blora.

a. Sucre du palmier arèn.
b. Sucre du cocotier.

c. Sucre de canne.
d. Tabac de Java.
e. Indigo.
f. Huile de *kachang*, pour éclairage et pour rôtissage.
g. Huile de *wijèn*.
h. Huile de coco.
i. Huile de *jarak*, pour la préparation du ciment.
j. Huile de *kousambi*
k. Bois de réglisse.
l. Six espèces de riz.
m. *Ketan loumbou*, riz collant.

142. Produits de l'agriculture et de l'horticulture de la rés. de Rembang, div. de Bojonegoro.

1—4. *Gadoung*, *Walour*, *Katak*, *Gamboulou*, plantes tuberculeuses dont on se nourrit à défaut de riz.
5—7. *Kemiri*, *Klouwak*, *Iles-iles*, fruits que l'on mange avec le riz.
8. *Katah dèwot*, plante tuberculeuse dont on se nourrit à défaut de riz.
9. *Kounchi*, plante tuberculeuse, que l'on mange avec le riz.
10. *Kounèr*, plante tuberculeuse médicinale.
11—13. *Temou badour*, *temou lawah*, *lempouyang*, plantes tuberculeuses médicinales.
14. *Kesambi*, fruit dont on tire de l'huile.
15. *Kedondong*, fruit comestible.
16. *Temou item*, plante tuberculeuse dont on se nourrit à défaut de riz.
17. *Arèn*, palmier dont on tire du sucre.
18. *Wedouri*, fruit.
19. *Kapok wedouri*, espèce de kapok tiré du *wedouri*.
20. *Wilous*, plante tuberculeuse dont on se nourrit à défaut de riz.
21. *Bakal*, feuilles d'awar-awar, coupées pour employer avec l'opium.
22. *Pari* ou *nantoun*, riz dans sa bourre.
23. *Pari genjah*, riz hâtif.
24, 25. *Ketan*, *ketan ireng*, espèces de riz collant, fort employé pour les pâtisseries.
26, 27. *Jagong konyet*, *jagong chantel*, espèces de maïs.
28. *Jouwawout*, millet.
29. *Kachang tanah*, cultivé surtout pour l'huile qu'on en tire.
30—32. *Kachang tounggah*, *kachang*

Groupe II. Dixième Classe.

lanjarang, kachang ijo, légumes que l'on mange avec le riz.

33—35. *Koro jiplok, kechipir, kedelè*, légumineuses.

36, 37. *Cassave, ketèla rambat*, plantes tuberculeuses.

38—41. *Ouwi legi, ouwi gembili, ouwi oulo, Tales*, pommes de terre indigènes.

42. Arrowroot.

43, 44. *Benkouwang, jeringou*, plantes tuberculeuses.

45. *Laos*, racine de galanga, remède contre la galle et le ver annulaire.

46. *Kenchour*, remède et épice.

47. Gingembre.

48, 49. *Lombok abang, lombok setan*, espèces de poivre d'Espagne.

50. *Terong*, légume.

51. *Ketimoun*, concombre.

52. *Kraki*, concombre plus petit.

53. *Blonchong*, légume.

54. *Waloh*, dont on se sert pour faire de la pâtisserie.

55—57. *Labou, gambas, bloustrou*, légumes.

58. *Samangka*, melon d'eau.

59, 60. *Jarak, wijen*, plantes oléagineuses.

61. *Tom* ou *nila*, indigo.

62. *Kapas*, coton.

63, 64. *Touri, kolontoro*, se mange cuit avec le riz.

65. *Pati-arèn*, farine de la moëlle du palmier arèn, dont on fait des friandises.

66. Arrowroot.

67. *Pati temou lawah*, farine de la moëlle du *temou lawah* (voy. le n°. 12), pour pâtisseries.

68. Manioc.

69. *Jarak*, on en tire de l'huile.

70. Huile de coco.

71. Huile de *wijen*, remède; sert aussi pour le rôtissage et comme cosmétique.

72. Huile de *kesambi*, pour la lampe.

143. Instruments d'agriculture et d'horticulture de la rés. de Rembang, div. de Bojonegoro.

a. Panggot, serpette.
b. Gounting, sécateur.
c. Charrue employée exclusivement dans les terrains humides.
d. Krakal, charrue employée exclusivement dans les terrains secs.
e. Herse.
f. Pachol, bêche.

g. Arit, couteau pour l'herbe.
h. Couteau pour moissonner.
i. Chalouk, couperet.

144. Instruments d'agriculture et d'horticulture de la rés. de Sourabaya.

a. Couperet de fer.
b. Serpe de fer.
c. Deux bêches de fer.
d. Deux pelles.
e. Charrue, partie antérieure.
f. Deux charrues complètes.
g. Deux herses.
h. Deux pelles.
i. Deux couteaux à moissonner.
j. Deux couteaux pour l'herbe.
k. Charrue et herse de l'île de Bawean.
l. Grenier à padi.

145. Instruments d'agriculture et d'horticulture de la résidence de Sourabaya. — J. Kruyt, missionnaire à Mojowarno.

1. Pelle.
2. Herse, formée de trois partie.
3. Outil que l'on emploie là où la herse ne peut pas passer.
4. Espèce de houe.
5. Charrue, formée de quatre parties.
6. Charrue, formée de trois parties.
7. Herse à dents, formée de trois parties.
8. Clochette de mouton en cuivre et quatre clochettes de vaches.
9. Quatre lacets pour oiseaux, filet pour prendre les oiseaux et deux frondes avec des pierres pour effrayer les oiseaux.

146. Echantillon de café, de la rés. de Sourabaya.

147. Produits divers de l'agriculture et de l'horticulture dans la rés. de Banyoumas.

a. Echantillons divers de padi.
b. Idem de jagoung.
c. Millet, *jewawout*.
d. Farine de tapioca.
e. Arrowroot.
f. Indigo.
g. Cannelle.

h. Sucre de coco.
i. Sucre d'arèn.
j. Sucre d'arèn avec de la noix de coco râpée, *goula semout.*
k. Noix de kemiri.
l. Huile de kemiri.
m. Huile de coco sawit.
n. Poivre à queue, *kamoukous.*
o. Tronc du poivrier à queue.
p. Tabac de Batour, de Banoro et de Pekasiran, avec deux autres échantillons.

q. *Gembili*, autre tubercule plus gros.
r. Fruits de *wijèn*, dont on tire de l'huile.
s, t *Jali, chantèl*, fruits que l'on mange par plaisir.
u. *Goudé*, fruits qui se servent comme condiment (*peté*).
v. *Kemiri*, fruits oléagineux.
w. *Klouwek*, fruits qui servent de condiment
x. *Jewawout*, millet.

148. Instruments agricoles divers de la rés. de Banyoumas.

a. *Weloukou*, charrue.
b. *Garou*, herse
c. *Koudi*, couperet.
d. *Kayal*, couperet
e. *Arit koukou mechen*, couteau pour l'herbe.
f. *Ouril*, couteau.
g. *Arit chendoung*, couteau pour l'herbe.
h. *Pachol*, bêche.
i. *Penchong*, outil agricole.
j. *Choungkir*, outil agricole.
k. *Ani-ani*, couteau à padi.
l. m. Charrue et herse, attelées de karbaus.
n. Grenier à riz.

149. Produits de l'agriculture et de l'horticulture dans la rés. de Bagelèn, div. de Kouto Arjo.

a. Indigo.
b. *Akar wangi*, racine odorante dont on parfume souvent les habits.
c. *Walouh*, fruits que l'on mange avec le riz
d. *Lempong*, riz collant.
e. *Chiripin bestan*, pisang mal mûr.
f. *Imping malinjo*, mêt particulier fait du fruit du *malinjo.*
g. *Roginan*, gâteau de riz collant.
h. *Geti-mijen*, gâteau de fruits de mijen.
i. *Sabon*, *pisang ambon*, espèce de banane.
j. *Gorengan pisang*, banane frite.
k. *Kolak-nanas*, ananas confits.
l. *Kolak kolang-kaling*, fruits du palmier arèn confits
m. *Dodot*, gâteau de riz.
n, o. *Brem*, *tapé ketan*, riz collant avec sucre; le même épicé.
p. *Ouwi*, tubercule mangé comme légume.

150. Echantillons de padi et de tabac de la rés. de Bagelèn, div. de Ledok.

151. Instruments agricoles de la rés. de Bagelèn, div. de Kouto Arjo.

a. *Eboran*, instrument servant à arroser les rizières.
b, c. Charrue et herse avec accessoires; $\frac{1}{5}$ de la gr. nat.
d. *Pachol*, bêche; $\frac{1}{5}$ de la gr. nat.
e. Modèle d'un grand grenier à riz.

152. Produits de l'agriculture et de l'horticulture dans la rés. de Yogyakarta.

1. *Tangkweh bligo*, confiture de *bligo*, fruit d'une plante grimpante.
2. *Biji semangka*, pépins du melon d'eau.
3. *Emping teki*, racines battues plat, puis séchées, d'une espèce d'herbe appelée *teki* (truffes de Java?).
4. *Bouwa kanari*, fruits d'un grand arbre, surnommés amandes des Indes.
5. *Chantèl*, espèce de *jagoung* ou maïs, que l'on plante pour se nourrir à la place de riz dans des terrains secs.
6. *Ketan poutih*, riz collant blanc. Il se plante dans les mêmes terrains que le riz ordinaire. Le fruit est barbu.
7. Arrowroot, fécule tirée de la racine du *Maranta indica.*
8. *Jouwawout*, millet.
9. *Caspo*, fécule d'un tubercule (le nom de *caspo* serait-il peut-être une corruption de *cassave*, manioc?), aussi appelée *katèla jindral*. Suivant la couleur du tronc de la plante on distingue le *katèla pohoung*, tronc brun-clair et tiges des feuilles rouge-clair, et le *katèla saigon*, tronc gris, vert pâle et tiges des feuilles rouges. Chaque tige de feuilles

GROUPE II. Dixième Classe. 157

porte de 5 à 9 lobes. On trouve cependant de 7 à 8 feuilles sur une seule tige sur le *katèla jíndral* ou *caspo*.

10. *Goudé*, pois ou pépins d'une plante qui atteint de 2 m. à 2,20 m. et dont le fruit est à gousse.

11. *Timpé boungkil*, gâteau qui reste du *kachan china* après que l'huile en a été exprimée.

12. *Wijèn*, sésame, semence oléagineuse.

13. *Chabouk wijèn*, gâteau de *wijèn* après que l'huile en a été exprimée.

14. *Kroupouk kaspo*, fait de fécule de manioc.

15. *Timpé kedelé* (soya), fait de *kedelé*, pois.

16. *Kachang thóló*, fève d'une plante que l'on fait grimper sur des étais.

17. *Berem* de *tapé*, partie sucrée du *tapé* de *beras*, c'est-à-dire de riz, *ketan*, cuit avec du levain, *ragi*.

18. *Pati temou*, fécule tirée de la racine *temou*, plante qui croît sauvage.

19. *Goula arèn*, sucre tiré de la sève du palmier arèn. Si on laisse la sève s'aigrir, on obtient le vinaigre indigène.

20. *Bengkouwang*, tubercule rafraîchissant, que l'on ne peut pas faire cuire.

21. *Goula tebou*, sucre de canne indigène (très primitivement fabriqué).

22. *Kachang abang*, fèves qui croissent jusqu'au nombre de dix dans une gousse longue et étroite.

23. *Biji telasih*, pépin du fruit *telasih*. La plante a de petites feuilles allongées et des fleurs violettes. Les Javanais se plaisent à la placer sur les tombes de ceux qu'ils ont aimés.

24. *Jali*, graine qui croît dans les pays de montagne et que l'on fait cuire comme le riz pour le manger.

25. *Mlinjo*, pépin du fruit *mlinjo*. L'arbre s'appelle *só*, les feuilles de même; on nomme la fleur *krótó* et l'écorce *bagó*.

26. *Kachang ijo*, petites fèves vertes et comestibles. Rôties, puis pulvérisées, on les emploie à plusieurs espèces de pâtisseries indigènes.

27. *Kedelé*, gousse d'une plante grimpante qui peut s'élever jusqu'à 30 mètres(?)

28. *Jarak pager*, semences d'une plante dont on fait souvent des haies. Elles sont vénéneuses On en extrait de l'huile.

29. *Biji sawi*, graine de moutarde. La plante ressemble au chou. Les Chinois en salent les feuilles et les Javanais mangent celles-ci pour accompagner leur riz.

30. *Gadoung* sec; tubercule qui devient aussi gros que la tête d'un homme. On en fait des gâteaux. La racine est vénéneuse et cause de violents vomissements; on en enlève le poison par un procédé particulier.

31. *Ketan hitam*, riz collant noir. On en fait des gâteaux et on en distille une sorte d'eau de vie appelée *badèk*.

32. *Kachang china* (épluché); c'est le fruit appelé noix de terre, dont on tire de l'huile; les gâteaux qui restent après cette opération se nomment *boungkil* et servent à nourrir les bestiaux et à fumer les champs.

34. *Goula klapa*, sucre tiré de la sève des cocotiers.

35. *Jarak kepyar*, le *Palma Christi* (*Ricinus communis*) dont les semences donnent l'huile de ricin.

36. *Kethak klapa*, ce qui reste des noix de coco râpées quand on en a exprimé l'huile.

37. *Kalouwih*, pépin du fruit d'une espèce d'arbre à pain (*Artocarpus incisa*). Quand ces pépins ont vieilli, ils ont le goût de châtaignes.

153. Echantillons d'huiles de la rés. de Yogyakarta.

a. Deux bouteilles d'huile de coco purifiée, *minyak klapa*.

b. Deux bouteilles d'huile de *wijèn* purifiée, *minyak wijèn*.

c. Deux bouteilles de *kechap kedelé* purifié; *soya* tiré de pépins de *kedelé*.

d. Deux bouteilles d'huile de *kachang china* purifiée, elle sert à la cuisine.

e. Deux bouteilles d'huile de *kanari* purifiée; elle sert à la cuisine.

f. Bouteille d'huile de *kemiri*, remplaçant l'huile de lin dans la préparation de la peinture.

g. Deux bouteilles d'huile de *jarakpager*, pour les lampes.

h. Deux bouteilles d'huile de *jarakkepyar*, pour les lampes. Purifiée, c'est l'huile de ricin.

154. Fruits conservés dans l'eau, dans des flacons; de la rés. de Yogyakarta.

a. *Katès*. Ce fruit s'appelle aussi *pepaya* et est encore appelé *katèla gantoung* par les Javanais.

b. *Moudou* (*moundou? stalagmites dulcis?*). Fruit que l'on voit rarement sur

les tables, mais qui n'est pas désagréable.
  c. *Gòwòk* (*Jambosa cauliflora*).
  d. *Blimbing*. Il y en a deux espèces, celle-ci est le *blimbing manis*.
  e. *Jambou kloutouk*. Cette espèce de *jambou* croît sans culture. On en mange le fruit soit cru, soit cuit à l'eau.
  f. *Jambou météo*. Se voit rarement sur les tables.
  g. *Salak*. On sale parfois aussi ce fruit.
  h. *Pala*, noix de muscade.
  i. *Nangka*. Le pépin de ce fruit s'appelle *beton*.
  j. *Nam-nam*. Ce fruit a le goût aigrelet.

155. Produits divers de l'agriculture et de l'horticulture dans la rés. de Yogyakarta.

  a. *Pinang* ou noix de bétel, fruit du palmier pinang, servant quand on mâche le bétel.
  b. *Klapa sawit*. La coque des noix sert à fabriquer des ornements, des anneaux, des boutons.
  c. *Kachang china*, „noix de terre".
  d. *Jagong*, blé de Turquie ou maïs.
  e. *Kalouwek*, pépin du fruit *kalouwek*. On en assaisonne les mets et on en fait du *kéchap soya*.
  f. *Lerak*, fruit à savon; on s'en sert comme de savon; il mousse.
  g. *Geplèk kaspo*; se fait de farine de manioc.
  h. *Jò-ò* ou *jòhò*. On tire de ce fruit une matière colorante noire avec laquelle les Javanais se noircissent les dents.
  i. *Kemiri*. Ces noix s'emploient en faisant la cuisine. On en tire aussi une huile qui sert à la préparation de la peinture.
  j. *Koro mas*, graine d'une plante à gousse.
  k. *Jali*, graine que l'on mêle avec le riz quand celui-ci est cher.
  l. *Kanari*, fruit d'un grand arbre. On s'en sert en faisant la cuisine et l'on en exprime aussi une huile excellente.
  m. *Boungkil kachang-china*; gâteaux de noix de terre dont on a exprimé l'huile; on les donne à manger aux bestiaux et on s'en sert comme d'engrais.

156. Instruments agricoles de la rés. de Yogyakarta.

  a. *Koudi*, couteau servant aussi de couperet.
  b. *Kejèn*, soc de charrue.
  c. *Pechlok*, outil pour sarcler.
  d. *Chengkrong*, idem.
  e. *Ani-ani*, deux petits couteaux servant à couper les épis de riz lors de la moisson.
  f. *Arit*, couteau pour l'*herbe*.
  g. *Wadoung*, hachette.
  h. *Pachoul*, houe pour retourner la terre.

157. Produits de l'agriculture et de l'horticulture dans la rés. de Sourakarta.
— **Raden Adipati Sosro Negoro**, régent.

1. *Pouchong*, fruit de l'arbre à pain.
2. *Poulé pandaq*, racine très adorante.
3. *Nyamplong*, fruit de l'arbre à pain.
4. *Rawé*, plante grimpante.
5. *Jarak chino*, semences d'où l'on tire de l'huile.
6. *Kechouboung*, pomme épineuse.
7. *Ouwi*, pommes de terre indigènes. Sept espèces.
8. *Ketèla*, idem. Trois espèces.
9. *Kentang jawi*, idem.
10. *Kataq*, tubercule.
11. *Tales*, racine.
12. *Jagong*, maïs.
13. *Chantèl*, céréale.
14. *Jouwawout*, millet.
15. *Waloh*, citrouille, quatre espèces.
16. *Bligon*, concombre.
17. *Kimpoul*, racine comestible, sept espèces.
18. *Ketan-singolan*, riz collant.
19, 20. *Klewer woulong*, *mentiq-gréwal* espèces de padi.
21. *Wilous*, pomme de terre indigène.
22. *Ketan*, riz collant, deux espèces.
23. *Wajar*, padi pour semence, qualité inférieure.
24. Riz du *padi pandaq kontoulan* (riz pour la table du prince).
25. *Padi pandaq kontoulan*, dans sa bourre.
26. Huile de *jarak*.
27, 28. *Dangkel sounsang*, *walik-lar*, plantes médicinales.
29. *Kouwaloh*, citrouille.
30. *Bengkouwang*, tubercule.
31, 32. *Gembili*, *gembolo*, racine.
33. *Pousposari*, tubercule.
34. *Pohong*, manioc.
35. *Garót*, arrowroot.

GROUPE II. Dixième Classe. 159

36—39. *Sinté, linjak, kimpoul, jèpèn*, tubercules.
40. *Goudé*, espèce de kachang.
41. *Koro*, légumineuse; six espèces.
42. *Kachipir*, légumineuse.
43. *Sinté*, racine, deux espèces.
44. *Padi*, riz dans sa bourre, quatorze espèces.
45. *Roumpout merakan*, graminée.
46. *Rigen*, plante grimpante qui donne la gomme élastique.

158. Echantillons de produits agricoles, et de diverses racines et semences qui croissent sans culture dans la rés. de Sourakarta. — Pangéran Adipati Ario Prabou Prang Wedono.

NB. Le prince si estimable Mangkou Negoro IV est mort en septembre 1881. Son fils aîné et successeur, Prang Wedono, n'a pas encore pris le titre de Mangkou Négoro.
1. Racines, dont la plupart sont sous forme sèche (*grinting*), aussi bien qu'à l'état naturel.
 a. Vingt-deux espèces de *katèla*.
 b. *Ganyang*.
 c. Trois espèces de *senté* (*Alocasia*).
 d. Trois espèces de manioc.
 e. Arrowroot.
 f. Dix-neuf espèces d'*ouwi* (*oubi*).
 g. *Kentang*.
 h. *Gembili*.
 i. *Gadoung*.
 j. *Besousou*.
 k. Trois espèces de *temou* (racine médicinale).
 l. *Chomplong* (*katèla* sauvage).
 m. *Katibadek* (racine sauvage).
2. Grains, débourrés et dans la bourre.
 a. *Teban*.
 b. *Jali* (*Eleusine coracana*).
 c. *Chantèl bondo*.
 d. Trois espèces de *jouwawout*, millet.
 e. Deux espèces de *jagoung*, maïs.
 f. Seize espèces de riz.
3. Légumineuses.
 a. Seize espèces de *koro*.
 b. *Kadelé* (*Soya hispida*).
 c. Deux espèces de *goudé* (mal. *peté*, *Parkia* spec.)
 d. Douze espèces de *kachang*.

NB. Les légumineuses à fruits ronds portent en javanais le nom générique de *kachang*; celles dont la gousse est plate, comme notre grand haricot, portent celui de *koro*. (Notes du régent de Brebes sur le Java du prof. Veth).

4. Semences oléagineuses.
 a. *Wijèn* (*Sesamum indicum*).
 b. Quatre espèces de *jarak* (*Ricinus*).
 c. *Kechachil* (mal. *kousambi*, *Schleichera trijuga*); on en tire l'huile de Makassar.
 d. *Kemiri* (*Aleurites triloba*).
5. Épices.
 a. *Panjèlang*.
 b. *Hadas*.
 c. *Jahi*, gingembre.
 d. *Banglè*, espèce de gingembre (*Zingiber cassumunar*).
 e. *Tounti*, espèce de gingembre (*Zingiber gramineum*).
 f. *Kenchour*, racine médicinale.
6. Divers.
 a. Petites boules cuites, faites de farine et de la moëlle de l'arèn.
 b. *Kolang-kaling*, fruits de l'arèn.
 c. *Loro mouré*.
 d. *Klouwak* (*Pangium edule*).
 e. *Kadawoung*.
 f. *Kechouboung* (*Datura alba*).
 g. *Dangkel sounysang*.
 h. Sucre et café. Voy. groupe III, cl. 20, N°. 49.
 i. Ruche avec abeilles. Voy. ci-dessus, N°. 88.

159. Instruments d'agriculture et d'horticulture de la rés. de Sourakarta. — Raden Adipati Sosro Negoro, régent.

 a. Sécateur.
 b. Bêche.
 c. Deux charrues.
 d. *Pasangan*, joug pour bêtes de trait; deux ex.
 e. *Garou*, herse.
 f. *Arit tangong*, couteau pour l'herbe.
 g. Couteau pour l'herbe.
 h. *Ani-ani*, petit couteau à padi.
 i. Deux jougs de charrue, *chatag*.
 j. *Gobang*, couteau.

160. Instruments pour l'agriculture et pour la manipulation de produits

agricoles. — W. G. H. et E. F. V. van Blommestein, domaine de Melambong, Boyolali, rés. de Sourakarta.

a. Tonne pour peser le café humide; 40 cm. carrés de surface, 62 cm. de profond.
b et c. Séchoir à tiroir. Longueur 11 mètres, largeur 6 m.
d et e. Loumpang et alou, bloc et pilon.
f. Chacha, bloc employé par les Javanais pour la coupe fine du tabac.
g. Kobet, couteau employé avec le bloc.
h. Jolang, plateau de bois sur lequel on sert le repas dans les grandes occasions. Longueur 1,50 m., largeur 0,65 m., profondeur 0.24.
i. Pouteran kachang, bassin dans lequel on broie le kachang china jusqu'à ce que l'huile en soit exprimée.
j. Boungkèl, gâteau de kachang qui reste après l'opération ci-dessus. Les Chinois s'en servent pour nourrir les porcs et les Européens en font de l'engrais pour la canne à sucre.
k. Klabitan, épouvantail qui l'on suspend à un long bâton dans les champs.
l. Gilingan antch. Cette machine dégrossit le kapas brut, en enlève les graines, etc. Cela fait on l'épluche au moyen
m. du Minti, bambou à moitié fendu. Après cela on débarrasse le kapas de sa poussière dans la machine appelée
n. Betout. De la main gauche on tient la pièce arquée, wouson, et de la droite un bâton à croc, avec lequel on tiraille le cordon de l'arc, que l'on tient au dessus du kapas, jusqu'à ce que le kapas se soit enroulé autour du cordon. On divise alors le kapas en flocons, pour être filé et s'enrouler autour du bâton appelé.
o. Kisi, qui est mis en mouvement rotatoire par la roue
p. Joutro. Du kisi le fil s'en va sur la bobine
q. Likassan, et plus tard, si l'on doit le mettre en écheveaux, sur le dévidoire
r. Ignan (?).
s. Klesing, bâtonnet sur lequel on enroule le fil, après quoi on le serre dans un
t. Tropong, tronçon de bambou.
u, v. Antel selang goumon bouri et antel selang goumon ngerap, lattes auxquelles on attache le fil en avant et en arrière quand on commence à tisser.
w. Pantel goun (?), bâton entouré de coton.
x. Souri, peigne.
y. Liro.
z. Glondong, bâtons ronds.
a'. Por, joug que la tisseuse s'attache autour des reins pour pouvoir tout tendre.
b'. Lerogan, plateau de bois à bord assez haut, le long duquel on fait glisser le liro en l'y mettant et en l'en ôtant.
c'. Chachak, pieds des lattes (v).
d'. Balé-balé, banc de bambou pour l'ouvrière.
e'. Lorogan lawe. Deux tronçons de bambou traversés par un bâton, formant un appui pour faciliter l'empesage du fil.

161. Produits de l'agriculture et de l'horticulture dans la rés. de Kadou.

a. Boite en fer-blanc contenant du jagong, maïs.
b. Deux qualités de tabac coupé.
c. Botte de padi.
d. Farine de manioc.
e. Tranches sèches de racine de manioc.
f. Riz.
g. Arrowroot.
h. Jouwawout, millet.
i. Chantèl
j. Dix espèces de tabac séché sur le feu.
k. Dix espèces de tabac séché au soleil.

162. Quarante flacon de farines assorties. — B. Stoutjesdijk, à Magelang, Kadoe.

163. Instruments agricoles de la rés. de Kadou.

a. Deux pachols.
b. Deux haches.
c. Deux couteaux pour l'herbe.
d. Cinq couperets.
e. Six pangots, couteaux recourbés.
f. Instrument pour abattre les arbres.
g. Trois faucilles.
h. Charrue.

164. Instruments d'agriculture et d'horticulture de la rés. de Kadou. — B. Stoutjesdijk, à Magelang, Kadou.

a. Charrue avec joug.
b. Herse avec joug.

Groupe II. Dixième Classe.

c. Deux *pachôls*.
d. *Sourouk*, bêche.
e. *Ani-ani*, couteau pour la récolte du padi.
f. Couteau pour l'herbe.
g. *Gobea*, couperet.
h. *Arit*, couteau pour couper le bois.
i. *Koudi*, couteau pour couper les bambous.
j. *Panchong*, couteau pour les mauvaises herbes.

165. Dessin d'un instrument employé pour la coupe du tabac par la population de la div. de Temanggoung, rés. de Kadou. Deux feuilles.

166. Quatre bouteilles contenant des huiles de la rés. de Madioun.

a. Huile de *wijèn*.
b. Huile de coco.
c. Huile de *jarak*.
d. Huile de *Kesambi*.

167. Tabac indigène de la rés. de Madioun.

a. Brins de feuille *arèn*.
b. " " " *jagoung*.
c. " " " *nipah*.
d. " " " *jagoung*.
e. Feuilles de tabac des dessas.
f. *Tembako sawah*.

168. Bouteilles contenant des produits agricoles de la rés. de Kediri.

a. Riz, 1re qualité.
b. Farine de sagou.
c. Sucre d'arèn.
d. Sucre de coco.
e. Indigo.
f. Huile de coco.
g. Huile de *wijèn*.
h. Huile de *jarak*.

169. Produits agricoles de la rés. de Kediri. — Le régent de Kediri.

1. Douze espèces de riz, dont le *ketan itam* seul se cultive dans les rizières sèches.
2. Manioc.
3. Maïs.
4. *Kedelé*, légumineuse.
5. *Jarak*.
6. Tabac.
7. Coton.
8. Sucre de coco.
9. Indigo.
10. Sucre de canne.
11. *Kachang china*, „noix de terre" dont on tire de l'huile.
12. *Wijèn*, plante buissonneuse dont on tire de l'huile.
13—19. *Kachang ijo*, *kachang toungah*, *kachang lanjarang*, *koro*, *kechipir*, *goudé*, *gembili*, légumineuses.
20. *Obi*, pomme de terre indigène.
21. *Souwek*, légumineuse.
22. *Kentang*, pomme de terre indigène.
23. Pomme de terre européenne.
24, 25. *Kètela rambat*, *kètela slarout*, pommes de terre indigènes.
26. *Bengkouwang*, tubercule.
27. *Bentoul*, légumineuse.
28, 29. *Talos dempol*, *senté*, racines.
30. *Jagong chantel*, maïs.
31. Kapok.
32. Noix de bétel.
33, 34. *Nangka*, *beton*, *klouwik*, fruits.
35. Graine de *touri*, légumineuse.
36, 37. *Temou-ireng*, *kounir*, remèdes.
38. Poivre.
39. *Gadoung*, remplace le riz en temps de disette.
40. *Mojo*, fruit.
41. *Lerak*, arbre à savon (*Sapindus rarak*).
42. Pépins de *genitri*, dont on fait des colliers et des chapelets. (*Elaeocarpus angustifolius*).
43. Noix de kemiri.
44, 45. *Klouwak*, *lengkawas*, produisent une espèce d'épice.
46. Tamarin.
47—49. *Kedawong*, *temou lawak*, *temou giring*, remède.
50. *Arèn*.

170. Produits agricoles de la rés. de Kediri. — Wachman, industriel à Kediri.

a. Flacon de fruits de l'arbre *randou*.
b. Flacon de kapok.
c. Onze petits flacons de pépins de l'arbre *genitri*.

11*

171. Douze flacons d'arrowroot de douze récoltes successives, de la rés. de Kediri. — Mme M. C. Poensen, née Westrik, à Kediri.

172. Instruments agricoles de la rés. de Kediri. — Wachman, à Kediri.

a, b. Bérang, moutik, couperets.
c. Arit, couteau pour l'herbe.
d, e. Wedoung, sougou, couteaux pour l'herbe.
f. Pachoul, bêche.
g. Ani-ani, couteau pour la récolte du padi.
h. Wadoung, couperet.

173. Tige de canne à sucre de la rés. de Kediri. — Le régent de Kediri.

174. Produits de l'agriculture et de l'horticulture dans la rés. de Madoura.

A. *Division de Bangkallan.*

1. Riz.
2, 3. *Jagong, jagong boulir*, maïs.
4—9. *Ketèla, ketèla pohon, obi, obi pertèt, tales, kabouran* (jav. *gembili*), pommes de terre indigènes.
10. *Kachang.*
11. *Larbah.*
12. *Otok.*
13. *Arta.*
14. *Sagou bouloung.*
15. *Sagou arèn.*
16. Sucre de canne.
17. Sucre d'arèn.
18. Sucre de *siwalan*.
19—21. Huile de *kachang*, de coco, de *nyamplong*, pour les lampes.
22. Huile de *wijèn*.
23. *Nila*, indigo.

B. *Division de Sampang.*

1. Deux *kattis* de *padi karangian*.
2. „ „ „ „ *limboungan*.
3. „ „ „ „ *moutak*.
4. „ „ „ „ *kloumpangan*.
5. „ „ „ „ *kapour*.
6. „ „ „ „ *ketan mambang*.
7. „ „ „ „ *ketan item*.
8. „ „ „ „ *ketan menouran*.
9. Deux *kattis* de *padi ketan merah*.
10. „ „ „ „ *ketan lojong*.
11. „ „ *jagong boulir*, maïs.
12. „ „ *jagong*, maïs.
13. „ „ *tales*, pommes de terre indigènes.
14. „ „ *kabouran*, idem.
15. „ „ *obi*, idem.
16. „ „ *kachang otoh*, légumineuse.
17. „ „ *kachang ijo*, idem.
18. „ „ *katèla blanda*, pomme de terre indigène.
19. „ „ *wijèn*, employé contre le rhumatisme.
20. „ „ *kachang tanah*, noix de terre.
21. „ „ *goula arèn*, sucre d'arèn.
22. „ „ sucre de canne.
23. „ „ sucre de lontar.
24. Bouteille d'huile de coco.
25. „ „ „ *kachang*.
26. Deux *kattis* de café.
27. „ „ „ tabac.
28. Bouteille d'huile de *jarak*, dont on fait du ciment.
29. Bouteille d'huile de *dempol*, dont on fait du ciment.
30. Bouteille d'huile de *wijèn*, employée contre le rhumatisme.
31. Canne à sucre.
32. „ „ „
33. „ „ „
34. Coton.
35. Flacon de tamarin, non épluché.
36. Flacon de tamarin épluché.
37. Flacon de tamarin cuit.
38. Flacon d'huile de *nyamplong*, huile de lampe.

C. *Division de Pamekassan.*

1. Huile de *kachang*, pour lampe.
2. „ „ *jarak*, pour ciment.
3. „ „ *wijèn*, antirhumatismale.
4. „ „ *klimpang*, cosmétique.
5. „ „ *klenteng*, id.
6. „ „ *pakem*, id.
7. „ „ *kesambi*, pour lampe.
8. „ „ *nyamplong*, id.
9. „ „ *moron*, id.
10. „ „ *memba*, remède contre la teigne.

D. *Division de Soumenep.*

1. *Kachang china*, fruits dont on tire de l'huile.
2, 3. *Kachang kayou, kachang rabet*, fruits que l'on mange avec le riz.

GROUPE II. Dixième Classe. 163

4, 5. *Kachang rambet*, blancs et rouges, fruits que l'on mange avec le riz.
6. Grains de *jagong*, maïs hâtif.
7. Grains de *jagong boulir*, maïs.
8. *Jowawout*, millet des Indes.
9—11. *Klekeh, dempol, nyamplong*, fruits dont on tire de l'huile.
12. Fèves blanches.
13. Fèves brunes.
14. Fruits de *kesambi*, dont on tire de l'huile.
15. Fruits de *kara-wedong*, employés comme remède.
16. *Kachang tjo*, espèce de kachang la plus estimée.
17. *Wijèn*, dont on tire de l'huile.
18, 19. *Kara oudang, komak*, mangés avec le riz.
20—23. *Obi, tales, kabouran* (jav. *gembili*), *ketèla*, pommes de terre indigènes.
24. *Gadoung*, surrogat du riz.
25—28. *Gabah* (riz séparé de la paille, mais non pas de la bourre) de padi hâtif, de padi barbu, de *ketan* noir et de *ketan* blanc.
29. Sucre pâle de *siwalan* (lontar).
30. Dito foncé.
31. Vinaigre de *siwalan*.
32, 33. Noix de *kemiri* et de *pakom*, ou *klowok*, employées en faisant la cuisine.
34. *Klowoé*, fruit que l'on mange avec le riz.
35. Huile de lampe, de *kachang*.
36. Idem, de coco.
37. Huile antirhumatismale de *wijèn*.
38. Huile de lampe, de *nyamplong*.
39. Idem, de *klekeh*.
40. Idem, de *kesambi*.
41. Huile de *dempol*, dont on fait du ciment.

175. Produits de l'agriculture et de l'horticulture dans la div. de Bangkallan, rés. de Madoura. — Raden Ario Soerio Adi ningRat.

1. Sagou d'arrowroot.
2. Sagou de manioc.
3. Sagou de *boulong*.
4. Sagou d'*arèn*.
5. Sagou-maïs.
6. Sagou-*témou*.
7. Sagou *toh-otokan*.
8. Farine de *ketan*.
9. Farine de riz.
10. *Gadoung*.
11. Riz, *kappor kaleng*.
12. „ *ketan item*.
13. „ „ *merah*.
14. „ „ *monoran*.
15. „ „ *gaji*.
16. „ „ *mambang*.
17. „ *ponyon*.
18. „ *lembounganpoutih*.
19. „ *kajar*.
20. „ *seka*.
21. „ *kajar melati*.

176. Instruments d'agriculture et d'horticulture de la rés. de Madoura.

A. *Division de Bangkallan*.

a. *Chalok tabouk*.
b. *Chalok jenggar*.
c. *Pelong*, deux sortes.
d. *Chelorek*.
e. *Gerbai*, deux sortes.
f. *Chelada*.
g. *Bliou*.
h. *Larkang*, deux sortes.
i. *Chelangong*, deux sortes.
j. *Bendouh*.
k. *Birang*.
l. *Lamong*.
m. *Kodik*.
NB. La plupart de ces outils servant à débarrasser le sol des plantes parasites.
n, o, p. *Nenggole* et deux *nenggoles sengkèl*, charrues.
q, r. *Slaga* et *ldès*, herses.
s. *Pachol*, bêche.
t. *Lingkis*, levier.

B. *Division de Sampang*.

a. Deux couteaux pour l'herbe.
b. Petit couteau pour la moisson.
c. Deux couperets.
d. Couteau.

C. *Division de Soumenep*.

a. Charrue.
b. Herse.

177. Deux greniers à riz de la rés. de Madoura, div. de Sampang.

a. Parois de bambous.
b. Parois de planches.

Groupe II. Dixième Classe.

178. Produits de l'agriculture et de l'horticulture de la rés. de Pasourouan.

1. Padi *sri kouning*.
2. *Ketan*, riz collant.
3. Arrowroot.
4. Farine de la moëlle du palmier arèn.
5. Farine de manioc.
6. Farine d'*oubi ketèla*.
7. *Jagong*, maïs, épluché.
8. *Kedelé* épluché; dont on fait le *soya*.
9. *Kedelé konkoun*; se mange avec le riz.
10. *Kachang* vert; fèves pour pâtisseries.
11. *Kachang jawa*.
12. *Gadoung*, tubercule.
13. Coriandre.
14. *Trawas*, plante aromatique.
15. Sucre de canne brut.
16. Sucre d'arèn.
17. *Krangén*.
18. „Noix de terre".
19. Huile de coco.
20. Huile de „noix de terre".
21. Tabac coupé vert.
22. Levain.
23. Espèces dont on se sert pour préparer le levain.
24. Moëlle du palmier arèn, dont on fait de la fécule.
25, 26. *Poulosari* et *sintok*, remèdes.
27. *Roko kólot*, tabac roulé, cigare.
28. *Jagong*, maïs, et *gandoum*, froment.
29. *Ampar kachang*, kachang dont l'huile a été exprimée; employé comme engrais.

179. Instruments d'agriculture et d'horticulture de la rés. de Pasourouan.

a. Instruments employés pour la cueillette et la manipulation du café.
b. Charrue.
c. Herse.
d. *Chingkal*, herse; $\frac{1}{10}$ de la grand. nat.
e. *Garou*, idem.
f. *Pachol*, houe; $\frac{1}{3}$ de la gr. nat.
g. *Lempak*, bêche; $\frac{1}{2}$ de la gr. nat.
h. Deux *ani-ani*, couteaux pour la récolte du padi.
i. Trois *pachol bawah*, bêches; de gr. naturelle.
j. Trois *pachol bentering*, bêches de fer; gr. nat.
k. *Bichak kayou*, herse en bois.
l. *Singkal*, charrue; $\frac{1}{10}$ de la gr. nat.
m. *Garou*, herse; $\frac{1}{10}$ de la gr. nat.
n. *Broujoul*, charrue pour terrains secs.
s. *Singkal*, charrue pour terrains humides.
p. *Piso ouda*, couteau.
q. *Arit*, couteau pour l'herbe.
r. *Pangot bengkok*, serpette.
s. *Pangot*, serpette droite.
t. *Pangot chantik*, serpette à deux tranchants.
u. Grenier à riz.

180. Produits de l'agriculture et de l'horticulture de la rés. de Probolinggo.

a. Fruits du kapok, deux sortes.
b. Deux flacons de kapok, l'un nettoyé, l'autre non nettoyé.
c. Deux espèces de noix de coco.
d. *Kachang blotting*, kachang dont l'huile a été exprimée; sert d'engrais.
e. *Jarak blotting*, jarak dont l'huile a été exprimée; sert d'engrais.
f—m. *Komak poutih*, *komak kouning*, *komak item*, *kratoq poutih*, *kratoq kouning*, *kratoq item*, *kratoq lourik*, *kratoq merah*, semences ou fruits.
n. *Kachang*.
o. Huile de *kachang*, propre à brûler et à faire rôtir la viande.
p. *Jarak*.
q. Huile de *jarak*, propre à faire du ciment.

181. Hangard à tabac de la rés. de Probolinggo. — Maarschalk & Cie, à Probolinggo.

182. Produits agricoles de la rés. de Besouki.

1. Trois espèces de tabac indigène.
2. Vingt-neuf bottes de padi de différentes espèces et quarante-deux flacons de *beras* (riz débourré) en majeure partie des mêmes espèces; il y en a aussi quelques autres et un petit nombre de doubles.
3. Botte de padi attaqué par le walang sangit.
4. Flacons contenant sept espèces de maïs, *tongol*, *minyan*, *poutih*, *denkoh*, *bali*, *boulir pudi mérah* et *boulir padi itam*.
5. Botte et flacon de *jowawout*, millet.

6. Flacon de *komak*, espèce de petites fèves (*Lablab vulgaris* ou *cultratus*).
7. Flacon de *kratok*, espèce de petites fèves.
8. Flacons de *jarak outan* et de *jarak pager* (espèces de ricin) et une bouteille d'huile de jarak.
9. Flacon de *bouwah-arèn*, fruits du palmier arèn.
10. Flacon de *bangkowoan* (*Pachyrrhizus angulatus*).
11. Bouteille d'huile de *wijèn*.
12. Bouteille d'huile de *kousambi*.
13. Bouteille d'huile de coco.
14. Flacon de noix de *kemiri*, dont on tire de l'huile.
15. Flacon de *tohotohan*, racine que l'on mange râpée et cuite avec du sucre.
16. Flacon de *gadoung*.

183. Instruments d'agriculture et d'horticulture de la rés. de Besouki.

a. Pompes pour arroser les semailles de café; deux ex.
b. Quatre charrues; $\frac{1}{10}$ de la gr. nat.
c. Cinq herses; $\frac{1}{10}$ de la gr. nat.
d. Deux herses pour terrains montagneux; $\frac{1}{10}$ de la gr. nat.
e. Trois couteaux pour l'herbe; $\frac{1}{10}$.
f. Deux couperets; $\frac{1}{10}$.
g. Six *chalaks*, couperets; $\frac{1}{10}$.
h. Bêche en fer; $\frac{1}{4}$ de la gr. nat.
i. Deux pelles en bois; $\frac{1}{4}$ de la gr. nat.
j. Pelle; $\frac{1}{4}$.
k. Deux *petèl* couperets; $\frac{1}{2}$.
l. Pioche, $\frac{1}{2}$.
m. Trois couperets; $\frac{1}{2}$.
n. *Mongkong*, couperet; $\frac{1}{2}$.
o. *Wedoung*, couperet; $\frac{1}{2}$.
p. Trois *chadok* de bois et de fer; $\frac{1}{2}$.
q—s. *Glibir*, *Bliou*, *Berang*, couperets; $\frac{1}{2}$.
t. *Bedoung*, grand couperet; $\frac{1}{2}$.

184. Greniers de la rés. de Besouki; au $\frac{1}{20}$ de la grandeur naturelle.

a. Trois greniers à riz, *loumboung*.
b. Quatre greniers à maïs, *dourong*.

185. Instruments d'agriculture et d'horticulture de l'extrémité orientale de Java.

a. *Sangal dengan petilnya*, couperet.
b. Deux *singkal*, planches latérales de charrue.
c. *Garou*, herse.
d. *Ani-ani*, petit couteau pour cueillir le padi.
e. Charrues.
f. *Pachol*, bêche.
g. *Arit*, couteau pour l'herbe.
h. *Chalouk*, serpette.
i. *Pengiris*, couperet.
j. Grenier à riz.

186. Deux bottes de padi pesant environ douze livres. — H. Joh. Smid, à Dennenoord.

187. Instruments agricoles. — A. J. Lebret, à Dordrecht.

a. Bêche.
b. Deux pachols, houes.
c. Modèle de herse.
d. Modèle de charrue.
e. Deux couteaux.
f. Serpe.
g. Couteau
h. Deux couperets.

188. Couperet. — Acad. mil. royale, à Breda.

189. Miniatures d'instruments d'agriculture et d'horticulture de Java. — Mlle Delprat, à Amsterdam.

a. Couteau emmanché, *gala*, pour couper les feuilles des grands arbres.
b. Petit couteau pour couper le padi, *ani-ani*.
c. Couteau et pilon, *piso raout* et *gandem*, pour cueillir et pour broyer les fruits du palmier arèn.
d. Deux herses, *garou*.
e. Peigne pour arranger parallèlement l'herbe dont on couvre les toîts, *sisir alang*.
f. Deux haches emmanchées, *rimbas*.
g. Hache, *kampak*.
h. Couteau pour émonder le théier; le crochet sert à casser les rameaux.
i. Cognée pour abattre les grands arbres.
j. Deux charrues avec jougs, *broujoul*.
k. Deux *pachol*.
l. *Arit*.

m. Penchang, couteau pour couper l'herbe des galangans.

n. Deux *pangirid*, planches au moyen desquelles on égalise la surface des rizières avant de planter le riz.

190. Instruments agricoles de la rés. de Bali et Lombok.

a. Deux modèles de charrue, *tinggala*, avec joug pour bœufs.

b. Sarcloir, *lampit*, avec accessoires; pour égaliser la rizière que l'on vient de labourer.

c. Herse que l'on peut atteler de la même manière que le sarcloir.

d. Tambah serampang, outil pour remuer la terre.

e. Penyougsougan, outil pour sarcler les petites digues des rizières.

f. Outil en fer que l'on met au bout d'un manche; on l'appelle alors *kiskis*, et on s'en sert pour ôter les mauvaises herbes des jeunes rizières.

g. Anggapan, petit couteau au moyen duquel on récolte le riz.

h. Madik, couperet.

i. Arit, couteau pour l'herbe.

j. Dapak, hache.

191. Produits agricoles de la rés. de Bali et Lombok.

a. Deux flacons de tabac d'Ampanan (Lombok), 1re et 2e qualité; tabac fort recherché à Bali, mais difficile à se procurer, parce qu'on l'exporte presque tout pour l'Asie Mineure et la Turquie.

b. Flacon de tabac de Bali. Karang Asem.

c. Flacon de café de Bali choisi; ce qu'on appelle fèves mâles, de la récolte de novembre 1882.

192. Produits agricoles de la rés. de la Div. occ. de Borneo.

a. Nila, indigo. Telok Kompai.

b. Goula tebou, sucre de canne. Telok Kompai.

c. Goula tayan, sucre d'arèn. Tayan.

d. Maricha, poivre. Soungei Sahang.

e. Minyak tengkawan, huile de *tengkawan*, de 1re et de 2e qualité. Landak.

f. Gambir. Sambas.

g. Café. Kalimas, Soungei Kakap.

h. Huile de coco. Pontianak.

i. Huile de coco. Soungei Kakap.

j. Minyak sendor, huile de sendor. Landak. On l'emploie, au lieu d'huile de lin, mêlée avec de la résine, pour calfater les vaisseaux.

k. Minyak krouwing, huile de *krouwing*. Soukadana. Même emploi que la précédente.

l. Idem, idem. Kayoung.

193. Petit couteau pour récolter le padi (*touwei*) et outil au moyen duquel on fait les trous pour planter le padi et le jagoung (*tougal*) dans la rés. de la Div. occ. de Borneo.

194. Cinq grands flacons et un petit contenant de l'arrowroot des entreprises agricoles que les missionnaires dirigent à Mendomai, Div. mér. et or. de Borneo, afin de civiliser les indigènes. — Société missionnaire rhénane, à Barmen.

195. Instruments agricoles de la rés. de la Div. mér. et or. de Borneo.

a. Trois paniers où l'on dépose le padi que l'on coupe, *kadoungan*, *ambinan* et *lanjoung*.

b. Appareil à battre le riz, *irikan*; $\frac{1}{10}$ de la grand. nat.

c. Van malais, *nyirou*.

d. Un autre plus petit, *nyirou jarang*.

e. Van dayak, *dahourou*.

f. Bloc à riz, *lasoung*, avec deux pilons, *halou*, au $\frac{1}{7}$ de la gr. nat.

g. Petits couteaux pour la moisson.

196. Quelques instruments agricoles des Dayaks Longwai, rés. de la Div. mér. et or. de Borneo. — Le sultan de Koutei.

a. Petit couteau pour la moisson, *pèttam*.

b. Sarcloir, *helik*.

c. Grenier à riz, *min plé*.

197. Tabac de Pangkajene gouv^t. de Célèbes et dépendances.

a. Flacon de graine de tabac.
b. Deux morceaux de bambou remplis de tabac.

198. Produits de la rés. de Manado.

a. 130 tiges de bambou contenant différentes espèces de riz.
b. Tabac du district de Bantik.
c. Café de 1re et de 2e qualité.

199. Instruments aratoires de la rés. de Manado.

a. Outil qui s'emploie comme une bêche pour retourner la terre; T.B. *wahi*; T.P. *kakaichal*.
b. Outil qui s'emploie comme un levier, pour extraire du sol des racines d'alang-alang ou d'arbres, ou encore des pierres; T.B. *seseka*; T.P. *sosoan*.
c. Espèce de sarcloir pour enlever les mauvaises herbes des rizières ou des carreaux de légumes; T.B. *bat*; T.P. *sososok* ou *kokoat* ou *âwout*; mal. de Manado *kouda-kouda*. Trois ex.
d. Outil pour briser les mottes; T.B. *tengkar*; T.P. *pepekel*.

NB. Les lettres T.B. désignent le dialecte toumboulou de l'alfour parlé au Nord-Est de Célèbes; les lettres T.P. désignent le dialecte tooumpakewah.

200. Produits agricoles de la rés. de Ternate.

a. *Kapas*, coton. Ternate.
b. *Tabako*, tabac. Galela, Halmaheira; fl. 40 le pikol.
c. *Houla*, sagou. Galela.
d. *Pini*, padi, riz non débourré. Galela. fl. 3 le pikol.
e. *Tamo*, bras, riz débourré. Galela. fl. 7 le pikol.
f. *Peda-peda*, arrowroot. Galela.
g. Riz Tobelo, Halmaheira.
h. *Soklât*, cacao. Bachan. De fl. 60 à 70 le pikol.
i et j. *Tabako*, tabac. Makian.
k. *Padi*, riz non débourré. Makian. fl. 2,80 le pikol.

201. Instruments d'agriculture et d'horticulture de la rés. de Ternate.

a. Trois *kouda-kouda* sarcloirs pour l'herbe. Tidore.
b. Quatre *peda*, couperets.
c. *Giha* et *gogouto*, couteaux pour la moisson. Galela.
d. *Goti*, appareil pour nettoyer le sagou. Tidore.
e. Deux *ngongalo*, pilons à sagou. Galela.
f. *Goti*, appareil pour nettoyer le sagou

202. Produits de l'agriculture et de l'horticulture dans la rés. d'Amboine.

1. Flacon de noix de muscade confites.
2. Idem fleuries.
3. Flacon d'ananas confits.
4. " de *tomi-tomi*, espèce de baies, confits.
5. " de *chermela*, espèce de baie, confits.
6. " de petits limons confits.
7. " contenant 250 grammes de vanille du domaine de Tainoun.
8. " contenant du cacao.-Tainoun.
9. " du chocolat fait avec le cacao ci-dessus.
10. " de café. Tainoun.
11. " macis. "
12. " noix de muscade.
13. " clous de girofle.
14. " farine de sagou.
15. " sagou perlé.
16. " farine d'arrowroot.
17. " farine de manioc ou de kasbi.
18. Deux bouteilles de *pinang rachi*, employé comme remède.
19. Deux bouteilles de *stangi*, encens en poudre.
20. Flacon de *salea*, espèce de graine. Nousalaout, div. de Saparoua.

203. Echantillons de noix de muscade dans leur brou et de clous de girofle de la récolte de 1882. — W. J. Vrybergen Jeune, à Amboine.

204. Le sagoutier et la préparation du sagou à

Amboine. Aquarelle. Cadre cannelé et doré. Collection Reinwardt.

205. Produits de l'agriculture et de l'horticulture dans la rés. de Timor.
   a. Flacon de café. Amarassi, Timor.
   b. Deux flacons de café. Andonara, Solor.
   c. Corbeille de coton débarrassé de la graine. Larantouka, Florès.
   d. Deux flacons de coton non nettoyé, seulement débarrassé des graines. Savou.
   e. Deux flacons de coton non nettoyé. Soumba.
   f. Flacon de gros millet, *jagoung rotti*. Savou.
   g. Mélasse de palmier lontar. Savou
   h. Idem. Rotti.
   i. Idem. Larantouka, Florès.
   j. Sucre du palmier lontar. Rotti.
   k. Morceaux de sucre du palmier lontar. Rotti.
   l. Vinaigre de vin de palmier que l'on a laissé fermenter. Larantouka, Florès.
   m. Tabac, Soumba.

206. Fèves de la Nouvelle-Guinée.

207. Outil pour ameublir la terre afin d'y planter le riz. Andai, Nouvelle-Guinée. — Association missionnaire d'Utrecht.

208. Tabac et cigares des Indiens des Indes occidentales. — C. M. Bremer, à Surinam.
   a. Paquet de feuilles de l'arbre barklak servant à l'enveloppe extérieure des cigares.
   b. Boite de cigares des Arrowaks
   c. Boite de cigares des Caraïbes.
   d. Deux paquets de tabac des Arrowaks.

209. Grande collection de produits des Indes occidentales, principalement de l'île d'Aruba, importants pour l'industrie. — A. J. van Koolwyk, curé d'Oranjestad, Aruba.

NB. Outre les produits agricoles, cette collection renferme des graisses animales, des produits forestiers et des substances colorantes minérales. Ces dernières ont été énumérées dans le troisième groupe; mais la collection est de telle nature qu'il n'a pas paru désirable de la fractionner davantage. Elle appartient tout entière à cette classe, mais rentre dans les trois rubrique A, D et E.

I. *Huiles et graisses végétales.*

   a. Huile de calebasse (*Crescentia cujete*). Curaçao.
   b. Huile de jojoli (*Sesamum indicum*). Curaçao.
   c. Huile de karpat (*Ricinus communis*). Curaçao.
   d. Huile de coco (*Cocos nucifera*). Aruba.
   e. Huile de pépins de kaschou (*Anacardium occidentale*) connue dans le commerce sous le nom de *kardol*. On s'en sert à Demerary pour penser les plaies de la lèpre. Aruba.
   f. Huile de pinda (*Arachis hypogaea*). Amba.
   g. Huile de kabin (*Cupaifera*). Porto-Rico.
NB. Aux Indes occidentales on n'obtient pas l'huile en pressant les substances oléagineuses, mais en les faisant cuire.
   h. Beurre de cacao (*Theobroma cacao*). Surinam.

II. *Graisses animales.*

   a. Huile de tortue, *ajeta di baret* (*Chelonia imbricata*). Aruba.
   b. Huile de requin (*Squalus americanus*). Aruba.
   c. Huile de poisson, *ajeta di piskaar* (*Chaetodon auritus*). Aruba.
   d. Deux échantillons de graisse de serpent, *mantéka di colebra* (*Scincus medicinalis*). Aruba.
   e Graisse d'iguane, *mantéka de leguana* (*Iguana delicatissima*). Aruba.
   f. Graisse du crabe hermite, *mentéka di soldaatje* (*Pagurus Bernhardus*). Aruba.
   g. Huile de poisson, *pikour* (*Hemiramphus Brownii*). Aruba.

III. *Gommes et résines.*

   a. Gomme de kaschou. (*Anacardium occidentale*). Aruba.

GROUPE II. Dixième Classe.

b. Gomme de „zadelhout" blanc, *sija blankou* (*Icica heptaphylla*). Aruba.
c. Résine de wajaka (*Guajacum officinale*). Aruba.
d. Gomme de kivie (*Mimosa salinarum*). Aruba.
e. Grain de sija, *tacamahao* (*Fagara octandra*). Aruba.
f. Gomme de „demoiselle espagnole" (*Cereus curassavicus*). Aruba.
g. Gomme de behen (*Moringa disperma*). Aruba.
h. Gomme de prune de maca (*Spondias mombin*). Aruba.
i. Suc d'aloès cuit. Aruba.
j. Suc d'aloès non cuit. Aruba.
k. Gomme de copal (*Hymenæa courbaril*).
l. Gomme de „barba-di-Jongman" (*Mimosa carbata*).

IV. *Matières colorantes.*

A. Matières minérales. L'énumération s'en trouve au groupe III, cl. 20, E., N°. 144.

B. Matières végétales.

a. Roucou (*Bixa orellana*). Surinam.
b. Ecorce de pinda. (*Arachis hypogæa*). Aruba.
c. Mousses colorantes (*Roccella tinctoria*). Aruba et Bonaire.
d. Racine de curcuma (*Curcuma longa*). St. Domingue.
e. Racine de besoua (*Krameria ixina*). Aruba.
f. Ecorce de besoua, *pega saja schimaron*. Bonaire.
g. Betonica (*Melochia pyramidata*). Aruba.
h. Ecorce du raisin des Indes occidentales (*Coccoloba uvifera*). Aruba.
i. Bois de cura. Aruba.
j. Ecorce du prunier maca (*Spondias mombin*). Aruba.
k. *Houbada*, bois colorant en rouge. Aruba.

l. *Houang gato*, bois colorant en rouge. Aruba.
m. Ecorce de manglier (*Rhizophora mangle*). Aruba.
n. *Jeerba di seero* (*Sida ciliaris*). Aruba.
o. *Dato* (*Cereus heptagonus*). La peau des fruits produit une teinture rouge, les épines en donnent une jaune. Le fruit lui-même donne un rouge magnifique. Comment pourrait-on le mieux utiliser ce fruit pour l'industrie européenne? Aruba.
p. Bois du Brésil (*Caesalpinia echinata*).
q. Bois de Campêche (*Haematoxylon Campechianum*). St. Domingue.
r. Divi-divi (*Sapindus coriaria*). Aruba.
s. *Palou doussi* (*Maclura tinctoria*). Curaçao.
t. *Palou di Bonaire*, bois d'ébénisterie jaune. Bonaire.
u. *Kibra hacha* (*Bignonia stans*), bois d'ébénisterie et matière colorante rouge. Aruba.
v. Ecorce de kivie (*Mimosa salinarum*), teint en rouge Aruba.
w. *Pam di diabel* (*Miranda royoe*), racine qui colore en jaune. Aruba.
x. Feuilles de séné (*Cassia* spec.) connues pour leur vertu purgative. Elles croissent d'elles-mêmes à Aruba, et il serait facile de les y cultiver en grande quantité.

210. Rapport relatif à la culture du riz dans la div. de Manna, rés. de Bengkoulen, dressé en vertu d'une missive du Directeur de l'intérieur en date du 16 Septembre 1872. MS. — H. Visser, en 1872 contrôleur à Manna, actuellement ass.-rés. à Payakombo, div. des L Kotas.

E. Produits forestiers.

Quand le professeur F. A. G. Miquel publia en 1855 sa Flore des Indes néerlandaises, il l'avait faite aussi complète que le permettaient les matériaux dont il disposait. Aussi a-t-il défini 7062 dicotylédones et 2025 monocotylédones, ce qui fait, en y ajoutant le nombre de gymnospermes connus alors, 9118 phanérogames des Indes définis en 1855. Cela semble respectable. Eh bien, il est fort probable que ces chiffres ne représentent qu'une partie relativement faible de ce qui existe. C'est ce qu'il faut conclure des nombreux travaux qui sont venus continuer l'œuvre de Miquel; par ex. le »Catalogue du Jardin botanique de l'Etat à Buitenzorg", par Teysman et Binnendyk (1866), de nombreux articles de la »Revue d'hist. nat. pour les Ind. néerl.", les »Annales" du Jardin botanique de Buitenzorg, rédigées premièrement par le Dr. Scheffer et maintenant reprises par le nouveau directeur du Jardin, le Dr. Treub, la »Malesia" du Dr. Beccari, où il a consigné les résultats de ses voyages, à quoi l'on pourrait ajouter les titres d'un grand nombre d'autres ouvrages publiés tant à l'étranger que dans notre pays.

Le nombre des espèces végétates est immense aux Indes. Mais il ne faut pas oublier que chaque espèce est représentée par un nombre incalculable d'individus. L'imagination recule devant ce qu'il y a donc là de vie végétale. Hors des tropiques, on ne peut pas s'en faire une idée. Et il faut bien se dire que cette végétation tropicale, qui est en général si exubérante, n'a atteint nulle part, à l'exception peut-être du Brésil et de quelques autres contrées, un développement aussi inouï que dans notre archipel. Il y a eu un temps où il était presque complètement couvert de forêts Il l'est encore en maint endroit, là où l'augmentation de la population, les progrès sociaux, les nécessités de l'agriculture et de l'industrie ne les ont pas fait disparaître. Ces forêts sont la vie incessante et accumulée. Mille troncs des géants qui les peuplent sont chacun pris à part déjà un monde, car ils abritent, hébergent, soutiennent, nourrissent, un peuple de parasites de tous genres, plantes rampantes, grimpantes et autres. Mais ces fabuleuses richesses végétales sont en même temps des richesses industrielles et commerciales. Ces forêts dont nous parlons renferment une vaste quantité de matières précieuses à l'homme, recherchées sur le grand marché du monde, et l'on comprend donc que ces simples mots »produits forestiers" désignent un objet extrêmement important.

On ferait un gros volume rien qu'à examiner cette question: »Qu'est-ce que nos colonies pourraient (et devraient) faire à l'égard de leurs richesses forestières ?"; les bornes dans lesquelles nous sommes tenu de rester nous défendent d'y entrer et nous obligent de ne nous occuper que de ce qui est, non pas de ce qui devrait être. Nous donnerons donc un rapide aperçu de ce que notre flore forestière d'outre-mer renferme, aux Indes occidentales comme aux orientales, d'intéressant à cause de l'utilité que nous en retirons, soit au point de vue domestique et social, soit à celui des intérêts du commerce et de l'industrie. Nous commencerons par l'archipel indien, et nous nous conformerons à l'ordre suivi par Miquel dans sa »Flore des Indes néerlandaises". [1])

Les produits qui sont plus ou moins devenus les objets d'une culture régulière sortent par cela même du programme qui nous a été tracé; ce sont des produits de l'activité humaine et ils n'ont pas été admis dans cette revue des produits forestiers proprement dits. On n'a pas admis non plus ceux dont l'utilité n'est que locale et fort restreinte. Ajoutons, quoique peut-être cela aille sans dire, que plus d'un objet rentrant dans la catégorie que nous avions à traiter, et mentionné pour ce motif dans cette introduction, qui a été rédigée avant que nous eussions reçu communication de la liste des objets exposés, ne se trouve pas à l'exposition.

Nous avons encore une remarque préliminaire à faire. L'archipel indien possède un grand nombre d'essences forestières dont le bois est souvent magnifique; il y en a plusieurs qui donnent un bois plus fin, meilleur, plus durable que celui du jati lui-même; et pourtant celui-ci reste toujours aux Indes le bois par excellence sans que tant d'autres arrivent à se faire leur place, quoique nous les connaissions bien, et les indigènes aussi, et que les Européens en fassent même quelquefois usage. Cela s'explique. Outre qu'en tout cas le jati est un bois supérieur en soi, s'il n'est pas le meilleur de tous, il possède une qualité précieuse. On peut le »cerner" ou »encercler" [2]) sur pied, c'est-à-dire y pratiquer une incision circulaire par laquelle la

---

[1]) Il y a toujours des gens qui se piquent de ne rien admirer et qui sont prêts à tout dénigrer. Cela se trouve aussi dans le monde des botanistes et l'œuvre de Miquel n'a pas échappé à ceux qui sont atteints de cet épicurisme maladif. Qu'ils la déclarent vieillie, dépassée et tout ce qu'ils voudront, cela n'empêchera pas que ce ne soit, avec des lacunes évidentes et très naturelles, le premier, et jusqu'ici le seul ouvrage donnant une vue d'ensemble systématique de notre archipel, qui ait été publié depuis que la botanique est devenue vraiment scientifique. En outre la Flore de Miquel a le grand mérite de citer partout les ouvrages qui se rapportent à son sujet, donnant ainsi le résumé d'une littérature fort éparse. Elle ne manque jamais de citer en son lieu et place l'*Herbarium Amboinense* du père Rumph, si précieux, mais si difficile à consulter sans la *Clef* de Hasskarl (laquelle est rare). J'ai eu soin pour cela de toujours renvoyer à la *Flora*; les chiffres romains désignent le volume, les chiffres arabes la page. Ces chiffres sont toujours entre parenthèses.

[2]) Voy. groupe III, page 166.

sève s'échappe, de telle façon que le bois soit immédiatement utilisable quand, quelque temps après cette opération, on abat l'arbre. En outre le jati est très sociable; là où il croît, il croît en nombre suffisant pour que l'on puisse toujours en préparer une bonne réserve pour le commerce. La plupart des autres essences sont moins privilégiées sous ce rapport. *L'encernement* ne leur suffit pas. Pour les débarrasser de l'albumine et autres éléments dont la présence empêche le bois coupé de se conserver, il faut les soumettre à un traitement plus compliqué (macération dans l'eau, traitement à la vapeur, à la créosote, aux acides, etc.) et qui demande beaucoup de temps. Il faudrait donc accumuler de grandes réserves de bois pour pouvoir satisfaire aux demandes du commerce tout en ayant le temps de préparer les bois. Or de semblables réserves de bois destinés au commerce sont chose inconnue aux Indes.

Cela vient en partie de la nature des arbres eux-mêmes. Beaucoup d'entre eux croissent isolés, comme perdus dans l'immensité des forêts et ne répondent donc pas à l'une des principales conditions qui rendent possible l'exploitation en grand d'une essence forestière. L'absence de réserves de bois de commerce vient en même temps en partie de l'état social existant dans notre archipel. Ce n'est pas petite affaire que d'y introduire quelque chose dans les idées et dans les mœurs. Pour qu'une essence forestière devienne article de fond pour le commerce, il faut qu'on en ait compris l'importance, il faut qu'on en sente le besoin industriel, il faut que l'on se rende compte du rôle qu'elle doit jouer comme matière première pour des métiers qui n'existent qu'à l'état d'embrion, parce que c'est justement le bois qui les fera vivre, il faut enfin que les moyens de communication soient assez perfectionnés pour que la nouvelle essence puisse être amenée dans la grande circulation; il faut en un mot des conditions qui, dans tel cas donné, pourraient mettre des siècles à se réaliser. Il faut de forts aiguillons pour hâter le mouvement. Ces aiguillons commencent maintenant à se faire sentir; autrefois ils n'existaient pas. Le jati était abondant et se trouvait partout, il suffisait aux besoins de la société européenne aux Indes. C'est allé au point que les Européens sont restés pendant longtemps à notre époque indifférents aux renseignements touchant les essences forestières qu'ils auraient pu obtenir de l'expérience des indigènes, et que même ils avaient perdu le souvenir traditionnel des essais tentés par leurs prédécesseurs et des résultats que ces essais avaient donnés.

En résumé constatons que les Indes néerl., renferment d'immenses richesses en essences utilisables, depuis les bois d'ébénisterie les plus fins jusqu'aux bois de construction les plus ordinaires; que l'on a à peine commencé sporadiquement à en entreprendre l'exploitation; qu'une quantité immense de ces bois croît encore et meurt sans utilité, et que très souvent, là où l'on s'en occupe, on les gaspille de mille manières.

Passant à la revue des principaux groupes dans l'ordre de la Flore de Miquel, nous avons pour premier groupe les

Légumineuses. — Mimosées (I. 1, 1077). — Ici se présentent dès l'abord un grand nombre d'Acacias auxquels nous sommes redevables de plusieurs produits; des *huiles parfumées*, distillées des bourgeons à fleurs du *kembang nagasari (Acacia Farnesiana*; I. 7), quelques *gommes résineuses*, employées, par ex., par les indigènes pour »batiquer" les étoffes et pour vernir des objets en bois; une des espèces du *gambir* ou *catechu* bien connu et si riche en acide tannique; elle se tire de l'*Acacia catechu* (I. 9); des *résines tanniques* employées pour les cuirs et provenant de l'*Ac. leucophlaea* (I. 8), estimées à l'égal de celles du *Pithecolobium umbellatum* (I. 37); toutes deux sont appelées *pilang* et sont des *Mimosées*; le bois de deux *Intsias* (I. 11 et I. 80), auxquels parfois on donne le nom de *merbouw*, sans que ce nom soit devenu général; ce bois résiste aux attaques de la plupart des insectes et est pour cela fort demandé par les indigènes pour la construction de leurs prauws; enfin le bois de *Mangi* ȹ, également estimé et employé, qui vient de l'*Ac. mangium* (I. 15).

Viennent les *albizzias*, dont font partie le *werou*, le *wangkal* et le *kemlandingan (Alb. procera* [I. 21] et *montana* [I. 29]), essences estimées et employées, surtout la première; le *sèngon* ou *jeunjing (Alb. stipulata*; I. 28) et le *sikat* ou *tales (Alb. moluccana*; I. 26), grands arbres à port majestueux, croissant de compagnie, employés pour abriter toutes sortes de cultures sous leur ombre; débarrassé de son aubier assez épais, le bois se vend de bonne qualité et pas cher pour menuiserie, caisses etc.

Plusieurs espèces de *Pithecolobium*, donnent des écorces riches en tannin, par ex. le *Pithecol. umbellatum* (I. 37) que nous avons déjà nommé, et plusieurs autres, parmi lesquels le *mangir (Pithec. Junghuhnianum*; I. 39), recherché à diverses fins, en particulier par les indigènes pour en faire des meubles.

Enfin nous avons les *Parkias*, parmi lesquels le *Parkia africana* (I. 52) produit les »*fèves de peté*", très aromatiques, grande friandise des indigènes à leur table à riz, mais trouvées désagréables par la plupart des Européens.

Papilionacées (I. 55. 116). — L'agriculture et l'horticulture, l'exploitation au moyen de plantations méthodiques, se sont si bien emparées des *papilionacées* qu'il ne reste que peu de chose parmi leurs produits que l'on puisse encore faire rentrer dans la catégorie des produits forestiers. Cependant nous devons mentionner le groupe des *Caesalpinias* pour les matières colorantes que l'on en tire, le *soga*, le *larou*, le *sechang*, surtout ce dernier (il vient du *Caesalp. sapan*; I. 108), que demande aussi le commerce extérieur, et que les Européens connaissent sous le nom de *bois de sapan* ou de *bois de teinture;* et aussi le *Cassia fistula* (I. 80), qui donne le *tanggouli*, qui apparaît assez régulièrement dans le commerce européen et dont les indigènes font grand cas comme purgatif; ils tirent des remèdes contre les maladies de la peau de quelques autres espèces, le *ketèpèng bener*, le *ketèpèng badak*, etc. (*Cass. alata*; I. 93; *indecora*; I. 92; etc.).

Maint membre de ce groupe riche en *tannin*, en *gommes résineuses*, en *matières colorantes* et en *bois précieux*, de plus répandu partout, trouve ici et là son emploi; on en tire en outre des *remèdes* et des *huiles essentielles*.

Pterocarpus indicus (I. 135). — Autrefois l'objet de la vénération des mères de famille hollandaises, maintenant oublié ou peu s'en faut. Pourtant chacun les a vus, s'il n'en possède peut-être pas quelque spécimen, ces meubles, ces tables, surtout ces coffres dits des Indes orientales, en bois à belles flammes rouges avec des ferrures en laiton soigneusement travaillé, et si grands qu'ils semblaient vouloir engloutir tout coffre ordinaire. Il en existe encore quelques uns; mais ce ne sont plus que des antiquailles, témoins de la succession de plusieurs générations. On ne nous apporte plus ce bois, et même on aurait de la peine à se procurer les ferrures de laiton ouvragé, quand même on en demanderait par ex. à Amboine, qui anciennement exportait beaucoup de ces coffres.

On avait donné à ce bois dans les Pays-Bas le nom de *zonnehout* (bois de soleil), d'après son nom javanais de *kayousana*, le bois d'*angsana* des Soudanais: dans d'autres parties de l'Archipel il se nomme *kayou bounga*, *mérah*, *sana* ou simplement *na* (à Timor). A Amboine, à Céram et dans quelques autres îles, où il est généralement un peu moins foncé que celui de Java, et surtout que le meilleur qui croisse à Java, le *sana kembang*, devenu rare, il porte d'ordinaire le nom de *linggoa*. On compte quatre espèces de *linggoa*, dont le plus connu est le *l. kastouri*, linggoa *parfumé* ou *musqué*. Les madriers les plus grands, montrant les plus belles flammes, se tirent des contre-forts qui soutiennent la base de l'arbre. Les feuilles de table de deux mètres de diamètre ne sont point rares; il en existe, j'en ai vu, qui atteignent trois mètres.

Il y a une variété, peut-être est-ce une espèce, dont le bois est tendre et blanc, le *linggoa gabba* ꝑ ou *poutih*, que dans les Moluques on considère comme l'arbre femelle et que pour cela on appelle quelquefois *linggoa perampouan*.

Les excroissances souvent gigantesques du tronc, que l'on prétend pouvoir provoquer en pratiquant certaines blessures à l'arbre, produisent la *racine d'Amboine*, *kayou boukou* ꝑ, bois recherché pour meubles fins.

En fait de gommes résineuses, il donne le *kino*, qui renferme une essence active, la *santaline*, employée *pharmaceutiquement* par les indigènes, parfois aussi par les Européens, mais trop peu; enfin il donne une variété du *sang-dragon* [1]).

Myrtacées (I. 394). — Ce groupe important ne donne plus guère non plus de produits forestiers; la culture l'a accaparé. Nous n'avons à le mentionner ici que comme ayant servi de berceau à quelques unes des meilleures espèces de plantes à fruits et à épices de Indes [2]), et parce que quelques uns de ses représentants, les *Melaleucas*, *kayou poutih* (I. 402), qui croissent plusieurs ensemble et forment même des forêts, qui n'ont pour ainsi dire pas besoin de culture et croissent à l'état sauvage, produisent la matière première d'une huile qui se fait en assez grande quantité à Bourou, *l'huile de kayou-poutih*. Un *Leptospermum* qui s'en rapproche (*Lept. Amboinense*; I. 404), le *kayou papouwa*, produit une matière fort recherchée par les indigènes pour calfater les coutures de leurs embarcations.

Une des meilleures, si ce n'est la meilleure des espèces de bois des Moluques, celui du *nanni* ou *kayou bessi* (*Nania vera*; I. 400), que l'on exporte pour Java et d'autres parties de l'Archipel, appartient au groupe des *Myrtacées*. Il en est de même du *possi* ꝑ des Moluques (*Sonneratia acida*; I. 496), qui est l'une des rares essences admises avec le jati par la Direction des travaux publics pour les constructions qui se font pour l'Etat.

Rhizophorées (I. 581). — A ce groupe appartiennent le

---

[1]) Voy. à ce sujet, entre autres ouvrages, "J. Pereira, Materia medica, II, p. 805."
[2]) *Jambou, jamblang, kedondong, guayave*, etc. et surtout les *clous de girofle* et le *piment*.

tingi et le *koulit kali* (*Brugnieria parviflora*; I. 588; *gymnorhiza*; I. 586, et *cylindrica*; I. 586), qui donnent des matières colorantes que les indigènes emploient, par ex. pour le »baticage", et qui forment un article de commerce à l'intérieur de l'Archipel; puis le *mangi ꝑ laki*, le *lolaro*, le *bakou*, le *mangît* (*Rhizophores*, surtout *Rhiz. conjugata*; I. 584), qui donnent des bois excellents et fort employés.

Lythrariées (I. 611). — Nous nommerons ici le *Lawsonia alba* (I. 620), *pachar koukou*, que l'on plante il est vrai beaucoup dans les jardins et les parcs, mais qui croît en forêt, où on le cherche, soit pour sa matière colorante contenant du tannin (c'est le *henné* des Orientaux), soit pour l'huile essentielle que l'on tire de ses fleurs et d'autres de ses organes.

Rhamnées (I. 647). — Le *Bidara-laut* (*Zizyphus Jujaba* ou *littoralis*; I. 644), bien connu, surtout comme remède dans les affections du ventre, est une *rhamnée*.

Santalacées (I. 775). — Famille peu nombreuse, mais méritant d'être mieux connue et appréciée, dont font partie l'*Osyris nepalensis*, *thé de Népal*, le *Fusanus acuminatus*, qui donne les *noix de kwadang* de l'Australie, le *Cervantesia tomentosa* du Perou, qui donne aussi une espèce d'amande, et le *Pyrularia oleifera* de l'Amérique du Nord, qui donne ses *oil-nuts*.

Dans notre archipel elle est surtout renommée à cause du bois odorant du *Santalum album* (I. 776), le *bois de sandal* bien connu, *kayou chendana*, beaucoup exporté pour l'Europe et surtout pour la Chine; l'huile de *chendana* qu'on en extrait a aussi contribué à cette réputation.

Viscacées (I. 803). — Le *Viscum orientale* (I. 804), *pasilan*, est un parasite qui se trouve partout en abondance. On en tire une glu très adhérente qui ne s'emploie pas seulement pour faire des gluaux pour prendre les oiseaux, mais qui s'applique encore à maint autre usage.

Cupulifères (I. 843). — Les chênes indiens, *pasang* (*Quercus spec. div.*; I. 844 et suiv.), sont répandus dans tout l'Archipel. Le bois de quelques espèces est estimé partout, utilisé là où on peut; celui d'autres espèces est moins bon.

Quant aux *châtaigniers*, *sarangan*, *saninten*, *tenggèrèk*, *kalimborot*, etc. (*Castanea spec. div.*; I. 865 et suiv.), les fruits s'en mangent partout où l'arbre croît et font aussi l'objet de quelque commerce à l'intérieur. Le bois est bon et s'emploie, par ex. pour le charronnage, surtout pour les roues.

Casuarinées (I. 872). — Dans les Moluques on recueille et on vend au pasar la résine de *Casuarine*, *chemara gounoung* et *bima*. Le bois est très bon et s'emploie parfois, rarement; il est très dur à travailler.

Thymélées (I. 876). — Ce petit groupe donne le *bois d'aloès* bien connu, *kayou garou* ou *klambak* (*Aquilaria agallocha*; I. 882), et le *gayam* (*Inocarpus edulis*; I. 188), dont on mange beaucoup les fruits, les uns en conserve, les autres frais.

Laurinées (I. 888). — Les limites dans lesquelles ce travail doit se renfermer ne nous permettent pas d'énumérer tout ce que cette famille produit. Un grand nombre de nos fruits des Indes y rentrent, ainsi qu'une multitude d'espèces de bois, surtout de celles dont on se sert beaucoup; ce sont des bois assez communs, sans grande valeur, mais justement pour cela employés pour toutes sortes d'objets passagers, pour faire des caisses d'emballage, des parois, de la menuiserie volante, de ces bois dont il faut beaucoup et que l'on ne ménage guère. Dans ce genre nous devons une mention au grand genre des *Tétranthères* (I. 944 et suiv.), renfermant divers *wourou* (jav.) ou *madang* (mal.), et qui, outre leur bois, fournissent à l'homme plusieurs huiles et graisses végétales. Ainsi on tire le *minyak tengkalak*, *suif végétal*, du *Lepidadenia Wightiana* (I. 933); il contient jusqu'à 75 % de stéarine; on l'emploie à diverses fins, par ex. pour faire des bougies employées par les indigènes. Une *laurinée* de la Nouvelle-Guinée donne l'écorce de *massouwi* ou de *massoi*, recherchée partout dans les Indes, jusqu'au Bengale et en Chine.

Magnoliacées (I^2. 13). — Dans cette famille se trouvent les différentes espèces de *Chempaka* (*Michelia champaca*, *longifolia*, *montana*, *velutina*, etc.; I. 16, 17), dont on cultive les unes, dont on recueille les autres dans les forêts, non seulement pour la vente journalière dans les pasars, mais aussi pour en distiller des huiles essentielles et des onguents parfumés, qui s'envoient partout, aussi en Europe.

Anonacées (I^2 20). — C'est encore le cas pour le *kananga* (*Cananga odorata*; I^2 40). Nous rappellerons en passant le »*zuurzak*", le *srikaya*, le *bouah nonna*, qui sont des *Anonas* importés d'Amérique, fort estimés pour leurs fruits; mais ce ne sont pas des produits forestiers.

Ménispermacées (I^2 20). — Produits employés parfois comme remèdes, per ex. contre la fièvre, mais surtout comme poisons, *brata-wali*, *anda-wali* et autres, pour la chasse et la pêche (voy. les pages 104 et 82; *Anamista*, *Tinospora*, etc.).

Malvacées (I^2 137). — Parmi les *Malvacées* nous trouvons en premier lieu le *warou* (*Hibiscus spec. div.*; I^2 153), qui donne une des espèces de bois les plus employées dans tout l'Archipel pour les charpentes de maisons, les membrures de chaloupes, le charronnage, les poteaux, les lances, les piques, les bâtons, le tout suivant les diverses espèces. Une espèce par ex., l'*Hibiscus vulpinus*, *warou gounoung* (I^2 157) a la fibre aussi longue et aussi élastique que l'*Hibiscus elatus*, le *mago*, *magagna*, *hamagua* de Cuba et des Indes occidentales, dont le bois sert dans l'Amérique du Nord à faire des roues; courbé à la vapeur, il donne des jantes d'une seule pièce, faisant tout le tour de la roue. Ce bois pourrait pour d'autres usages encore rivaliser victorieusement avec nos meilleurs bois de frêne, il est à peine inférieur au *walikoukoun* (*Schoutenia ovata*), et il est plus léger que tous deux. Le bois du *warou gambong* et *laout*, *Hib. tiliaceus* (I^2 153) et *arenarius* (?) *similis* (?) est blanc, à cœur gris, parfois vert-olive sale, et peut d'ordinaire se débiter en larges madriers de 30 à 40 cm.; il unit la finesse de fibre et la plasticité du bois de tilleul à la solidité et à l'élasticité du *white pine* du Canada, et il peut remplacer ce dernier pour plusieurs usages. L'aubier donne dans toutes les espèces de bonne fibre, *louloup* ou *chelouloup*, que l'on trouve à acheter dans tous les pasars, brute ou tordue en corde. Une décoction visqueuse des jeunes feuilles est salutaire contre les affections de poitrine; les Européens en font aussi usage.

Parmi les *Malvacées* se trouvent encore des plantes dont les indigènes tirent des matières textiles, le *sidagouri* et l'*andéong* (*Sida* et *Abutilon*, spec. div.; I^2 133); deux de leurs espèces ont été acclimatées dans l'Amérique du Nord, où on les cultive méthodiquement pour leur fibre; celle-ci est dans le commerce et est déjà recherchée par l'industrie, sous le nom de *jute américaine*. Elles se font de plus en plus leur place dans les jardins des Pays-Bas, mais ce n'est que comme plantes d'ornement.

Buttneriacées (I^2 180). — A cette famille appartient l'arbre appelé *orme du Cap*, le *jati welanda* ou *jati hollandais* des Javanais (*guazuma tomentosa*; I^2 185), qui est venu de l'Amérique du Nord aux Indes, où il est maintenant fort répandu. Il doit sa réputation a l'excellent charbon qu'il donne; ce charbon est estimé comme le meilleur de nos Indes, et il est fort recherché pour la fabrication de la poudre, pour l'orfèvrerie et la jouaillerie, etc.

Le *Timaha*, *pèllet* (*Kleinhovia hospita*, I^2. 186) appartient aussi à cette famille. Son bois est fort estimé pour bois de piques, cannes, surtout gaînes de kris; cependant le prix qu'on y attache dépend du nombre et du dessin des taches brunes du bois, du reste blanc.

Tiliacées (I² 192). — Il est à regretter que nous n'ayons rien à dire, pas même comme produit forestier, d'une *Tiliacée* qui devrait venir en tête du groupe; c'est le *gounjé* ou *ganja* de notre archipel (*Corchorus olitorius* et *capsularis*; I² 194, 195), le *Gouni* de l'Inde anglaise, d'où il s'en va comme *jute* en Angleterre, à *Aberdeen*, *Peterhead*, *Dundee*, etc. là où on amène aussi l'huile de baleine indispensable à sa manutension. Nous pourrions fort bien ne pas manquer d'huile de baleine dans notre archipel; le cachalot peut nous en fournir en abondance, comme le savent bien les baleiniers américains qui en emportent toutes les années de pleines cargaisons. En même temps nous avons des quantités de *gounjé*, quoique nous achetions toujours en Angleterre, en Allemagne, pour les expédier aux Indes, nos sacs de *gouni*, ou du moins le fil dont sont faits ces sacs de plus en plus indispensables, surtout pour la récolte du café.

Pourtant ni la plante, ni la fibre ne sont inconnues. L'industrie indigène sait les utiliser; Rumph les a décrites (Vol. V, p. 212, et Pl. LXXVIII); nos ancêtres, qui l'appelaient chanvre d'Arrakan et de Chine, s'en servaient. On a fini par le négliger ainsi que bien d'autres produits précieux. J'ai déjà signalé ce fait au commencement de mon travail [1]).

Le *wali-koukoun* (*Schoutenia ovata*; I². 206) est une des meilleures espèces de bois des Indes; il a l'élasticité de la baleine. Autrefois on en amenait beaucoup en Hollande. Actuellement cependant il n'y en a plus de grandes dimensions.

Quelques autres *Tiliacées* auraient droit à une mention. Citons l'*Elaiocarpus serratus* (I². 208), qui donne les *noyaux de genitri* bien connus, dont toutes sortes de qualités sont exportées par les indigènes pour l'Arabie, la Perse, l'Inde anglaise, etc. où l'on en fait des ornements de tous genres, colliers, bracelets, surtout des chapelets (*tasbeh*).

Urticées (I². 224). — Le principal produit provenant de ce groupe est certainement le *rami* ou *klouwi*, *kepirit*, etc., qui se tire du *Boehmeria utilis*, *tenacissima* (I². 253 ad 13) [2]), et

---

[1]) J'ai traité ce sujet plus en détail dans l'appendice I de mon travail sur „la pêche du cachalot dans l'archipel des Indes néerl;", qui se trouve à l'exposition. J'en ai parlé ici parce que ce doit être, pour nous, un produit de l'avenir.

[2]) Miquel n'a pas débrouillé ce point, la plupart des autres non plus. Weddell déjà a donné une monographie bien faite des *Urticées*; mais justement ces espèces n'ont pas été complètement élucidées par lui. Il y a là une lacune à combler.

que l'on cultive en vue du commerce européen. On le recueille beaucoup dans les forêts pour le commerce indigène.

Le *Rhia* de l'Inde anglaise, le *China-grass* de l'Indochine, des Philippines et de la Chine (*B. candicans*, *nivea*, etc.) ne sont actuellement plus des produits forestiers, et nous devons donc les passer, quoique chez nous aussi on en fasse usage.

Artocarpées (I^2. 276). — Dans cette grande famille, nous n'avons à signaler au point de vue des produits forestier qu'un arbre autrefois très redouté, l'*anchar* ou *oupas* (*Antiaris toxicaria*; I^2. 291); actuellement on en utilise l'écorce; le tronc se scie aux longueurs voulues, on en détache l'écorce en la frappant, on la froisse et la pétrit pour la débarrasser de sa cellulose, puis on réunit par un feutrage les bords des morceaux de façon à obtenir d'assez grandes pièces, et l'on a une étoffe qui s'applique à maint usage, en particulier à la confection des vêtements. Nous signalerons en outre quelques *Urostigmas*, surtout le *karet* (*Urost. elasticum*; I^2. 347), qui produit la meilleure *gomme élastique* de nos Indes.

Euphorbiacées (I^2. 363). — Famille riche en sèves laiteuses qui trouvent leur emploi entre autres dans la pharmacopée des Indes; elle est riche aussi en belles fleurs, quelques espèces, en fruits utilisables, par ex. le *kemiri*, le *saketa* (espèces d'*Aleurites*, surtout l'*Al. triloba*; I^2. 385), dont on fait continuellement usage dans le ménage et dont on tire de l'huile.

Camelliacées (I^2. 488). — Famille qui donne de bons bois propres aux charpentes, à l'ébénisterie et à différents emplois industriels et autres. Surtout le *kayou sapi*, le *manggal*, *pouspa* (*Gordenias*; I^2. 489) ont bonne renommée.

Symplocées (I^2. 464). — Le *Symplocos fasciculata* (I^2. 467) donne l'huile de *jirak*, indispensable aux indigènes pour la teinture de leurs cotonnades et pour le »baticage". Le *S. odoratissima* donne le *sri-awan*. On en pourrait nommer d'autres encore.

Diptérocarpées (I^2. 495). — Les membres de cette famille existent en grand nombre, surtout dans les Possessions extérieures, en particulier à Bornéo; mais elle est encore trop peu comme. Elle est riche en gommes résineuses et en graisses végétales, qui circulent en grandes quantités dans le commerce à l'intérieur, et que l'on exporte aussi. Nous nommerons le *camphrier* de Sumatra (*Dryobalanops camphora*; I^2. 499), l'*huile* bien connue de *tengkawang*, *minyak tengkawang*, produite par plusieurs espèces de *Hopeas* (I^2. 503) rapprochées les unes des autres, le *minyak pelalar* ou *pelaglar* du *Dipterocarpus triner-*

vis (I². 496), une ou deux qualités différentes d'une matière qui dans le commerce porte le nom d'*huile de krouing* (voy. toutefois sous les *Anacardiées*), et autres produits similaires.

Clusiacées (I². 505). — En première ligne vient le *nagasari* ou arbre à *bois de fer* (*Mesua ferrea*; I². 509), bois fin, très recherché pour la fabrication d'une quantité de menus objets, parce qu'il se prête bien à obtenir un grand fini. On en fait quelque commerce.

Ensuite il faut nommer le *nyamplong*, *bintangour*, *soulatri*, etc. (*Calophyllum inophyllum*; I² 510) qui donne un bois excellent pour meubles, navires, charpentes de maisons, etc. Non seulement il est bon, mais encore on en fait usage.

Hypéricinées (I² 512). — Cette famille donne quelques bonnes espèces de bois généralement utilisées, par ex. le *maron* (*Cratoxylon Hornschuchii*; I² 516).

Méliacées (I² 530). — Une des plantes de cette famille est le *choulang* (*Aglaia odorata*; I² 543), dont cependant la culture s'est en partie emparée; on en extrait l'*huile essentielle*, qui est un article de commerce et s'exporte beaucoup pour l'Inde anglaise et l'Asie méridionale.

Cédrélées (I² 546). — L'un des arbres les plus importants de notre archipel est le *souren* (*Cedrela toona* ou *febrifuga*; I² 548), dont le bois, qui se fend peu, se débite en larges planches et s'applique à toutes sortes d'usages. En même temps une décoction de son écorce fournit un fébrifuge.

Sapindacées (I² 549). — Les fruits du *berak* — parfois aussi *rarak* (*Sapindus rarak*; I² 551) s'emploient beaucoup en guise de savon; ils moussent bien, nettoient bien, et dans beaucoup d'endroits ou les trouve toujours au pasar. D'autres genres (*Irina*; I² 558; *Schleichera*; I² 573, etc.) donnent de l'huile et de bons bois. Dans le nombre il faut nommer le *kesambi* (*Schleichera trijuga*; I² 573), dont le bois très ferme, qui ressemble parfois au gaïac, est fort employé, par ex. pour les vis de pressoirs, les vérins, etc. Il donne en outre d'excellent charbon.

Anacardiées (I² 629). — Riche en gommes résineuses, entre autres le *kouda* ? (*Odina gummifera*; I² 619) à peu près identique à la gomme arabique, mais plus fine; en graisses végétales, entre autre l'*onguent de krouing* (*Melanorhoea glabra*); en matières tanniques, *jambou monyet*, *caschou* (*Anacardium occidentale*; I² 626); en bons bois propres aux gros ouvrages et surtout à l'ébénisterie (*Sémécarpées*, *Mangifères*, *Bachananias*, etc.). On a par exemple de bon bois pour meubles du *rengas* ou *ingas* (surtout du *Gluta bengas*; I². 624) mais on donne le même nom à trois espèces de *sémécarpées*, qui ne sont guère inférieures, et à deux *Bachananias*. Quoique il existe en quantité suffisante dans notre archipel, on en amène de Singapore de grandes cargaisons pour les menuisiers de Batavia. On l'emploie aussi à la construction des navires.

On demande aussi passablement le *sampang* (*Rhus*, spec.?; I². 621). Quant aux fruits de cette famille de plantes, par ex. le *mangga* ou *pelem*, ce ne sont généralement pas des produits forestiers; cependant il y en a quelques uns, par ex. le *gandaria*, que l'on ramasse souvent dans les forêts pour les saler et les servir sur la table à riz.

Amyridées (I². 641). — On plante maintenant partout et beaucoup l'arbre *kanari* (*Canarium commune*; I². 643); pourtant on en ramasse encore beaucoup les fruits croissant à l'état sauvage, pour en faire l'*huile de kanari*, très estimée dans les ménages.

Rubiacées (II. 129). — A cette famille appartient l'*Uncaria gambir* (II. 145), que l'on cultive généralement maintenant, mais qui n'en mérite pas moins une mention à cause de son produit, qui est la meilleure des trois ou quatre qualités de *gambir* qui sont toujours plus demandées sur les marchés de l'Europe. On l'emploie surtout au tannage des filets et autres usages analogues. Aux Indes aussi on tire parti de sa richesse en tannin, non seulement pour l'apprêt des filets, mais aussi pour d'autres objets; sans compter le grand usage qui s'en fait avec le bétel.

Cette famille donne en outre des matières colorantes, en majeure partie rouges. Ce sont surtout les diverses espèces de *paché* (*Morinda*; II. 242) qui les produisent. Les indigènes nomment *koudou*, *mengkoudou*, *chengkoudou*, la couleur que l'on extrait des feuilles, de l'écorce et des racines de cet arbre, et ils donnent les mêmes noms à ces organes de la plante mis en vente au pasar en vue de la couleur que l'on en tire. Les Européens, mal au fait, ont cru que ces noms désignaient l'arbre lui-même, le *paché*, et les emploient dans ce sens; cet usage a acquis droit de cité, quelque erroné qu'il soit.

Nous avons encore à mentionner les fleurs parfumées du *soka* (*Favetta*, spec. div.; II. 263), dont l'extrait est devenu sous le nom d'*Extrait d'Ixora* un article de commence courant dans le Midi de l'Europe.

Reste enfin le *café* (II. 304).

Longaniacées (II. 357). — Ici se rangent les différentes

espèces de *Strychnos* (II. 378) dont il a été question déjà à propos des poisons employés contre les tigres (ci-dessus, page 82) et dont on exporte en Europe quelques produits (pour usages pharmaceutiques?).

Apocynées (II. 384). — Riches en sèves laiteuses, parmi lesquelles il y en a de très vénéneuses, par ex. le *bintaro* (*Cerbera odollam*; II. 413); riches aussi en huiles.

Les *Alstonias* (II. 436) aussi font partie de la famille. Leur bois très tendre, mais peu attaqué par les insectes, le *Kayou gabous*, est très recherché, par ex. pour faire des boites à insectes. On l'exporte aussi de plus en plus. On le demande, parce qu'il est léger et mauvais conducteur, en particulier pour revêtements intérieurs.

Asclépiadées (II. 459). — Parmi les *Asclépiadées* des Indes, toutes riches en sucs vénéneux parfois violents, et dont quelques unes donnes des fibres textiles, le *widouri* ou *badouri* (*Calatropis gigantea;* II. 480) a souvent attiré l'attention en Europe. On a cru avoir découvert dans sa sève un spécifique, tantôt pour la lèpre, tantôt pour la fièvre, pour les maux de dents, etc.; on en a fait les »pilules d'or de Labaraque"; on a découvert la *moudarine*, que l'on disait en être le principe actif, et c'est ainsi que la *racine de moudar* a fini par être admise dans plus d'une pharmacie domestique. Tout cela finit par être oublié jusqu'à ces derniers temps où a surgi la *neptunite*, qui se fait avec cette sève et qui a aussitôt reçu un bon accueil de la part des industriels; aussi les produits du *moudar* ou *silk-tree*, ou comme qu'on l'appelle au Nord de l'Afrique et au Midi de l'Azie, ont recommencé à s'acheminer vers l'Europe en quantités considérables.

Nos Indes n'ont pris jusqu'à présent qu'une part faible et hésitante à tout ce mouvement; mais cela augmentera. Burton en dit: »Cette plante, le *moudar*, qui est si commune en Orient, peut devenir pour l'Occident un important article commercial." Il est extrêmement à désirer que dans nos colonies l'on prenne cette suggestion à cœur; elles possèdent partout et en abondance la matière première qui doit nourrir ce commerce. Cette fibre s'emploie — par les industriels de l'Europe, à sofistiquer d'autres matières textiles plus fines — mais aussi beaucoup dans l'Afrique septentrionale, en Arabie et ailleurs encore, à l'instar du *kapok*, pour remplir les matelats. On en a aussi fait du papier, qui n'a pas mal satisfait. Aux Indes, les indigènes emploient quelquefois la sève laiteuse de cette plante pour panser les ulcères et ils savent faire au moins des cordes avec la fibre, qui est soyeuse et forte, mais difficile à filer.

Les autres plantes utiles de la famille, l'*indigo*, *nila* (*Marsdenia tinctoria*; II. 491) et d'autres, appartiennent déjà toutes aux espèces cultivées, sauf le *wali Kambing* (*Sarcolobus Spanoghei*, II. 502), fort employé pour la chasse et la pêche, en particulier pour prendre les tigres (voy. page 82).

Convolvulacées (II. 582). — Plusieurs genres de cette famille, par ex. l'*oubi* (*Batatas*), qui a passé partout en culture, le *kangkoung* (*Ipomoea reptans*; II. 601), produisent des tubercules, des racines, des tiges, des feuilles, que l'on recueille dans les bois ou les marais, et qui se voient journellement en vente dans les pasars.

Solanées (II. 633). — C'est aussi le cas pour les *Solanées*. On cultive un grand nombre de leurs produits, *Sol. melongena* (II. 653) qui a beaucoup de variétés et d'espèces fort semblables entre elles, entre autres le *térong*, *poivre d'Espagne* (II. 657); mais il y en a beaucoup aussi qui croissent librement dans les déserts, et que l'on recueille, plus encore que ceux de la famille précédente, même pour les tables européennes. Il serait superflu de parler de la pomme de terre et du tabac, qui du reste ne sont pas indigènes, mais ont été apportés d'ailleurs; mais il faut nommer la *pomme épineuse*, *Kechoubourg* (*Datura spec. div.*; II. 666) dont les indigènes font un remède pour calmer la douleur causée par les vers, contre les éruptions cutanées, etc. (autrefois aussi les voleurs dans les warongs en faisaient usage pour étourdir leurs victimes; maintenant on n'en entend plus parler).

Verbénacées (II. 857). — Riches en bois utiles et qu'il n'est pas trop difficile de se procurer. La famille possède aussi quelques plantes médicinales.

En tête vient tout naturellement le *jati* de Java, *Tectona grandis* (II. 900) qui n'a qu'une seule espèce, mais dont le bois peut avoir la fibre fine ou grossière, ou encore entremêlée de chaux cristallisée, tendre ou dure, suivant les endroits où il croît, surtout suivant la nature du terrain; on l'appelle suivant les cas *jati corné*, *jati soungou*, *jati huileux*, *jati lenga* ou *minyak*, *jati calcaire*, *jati kapour*, etc. [1]).

Après le *Jati* vient le *Vitex*, dont le *Vitex leucoxylon*, le *V. pubescens* et le *V. punctata* (II. 863, 864), *kayou arak*, donnent de bons bois pour usages domestiques et pour charbon,

---

[1]) Voy. Groupe III, cl. 20, D, *Sylviculture*, où il est parlé plus au long du jati.

kayou laban et *gofossa* en donnent d'excellents pour charpentes, pour navires, pour mâts, pour rames, etc. Le *lagoundi* (*Vit. Trifoliata*; II. 295) produit un remède estimé surtout pour les enfants et employé aussi par les Européens. D'autres espèces encore ont leur utilité.

Enfin nous avons les *Avicennias* (II. 911), parmi lesquels le *kayou api* ℱ donne de bon charbon, et le *mangi* ℱ *poutih* s'emploie pour faire de menus objets.

Cordiacées (II. 913). — Bonnes qualités de bois, par ex. le *kendal* de Java (*Cordia bantamensis*; II. 917), et le *salamouli* des Moluques et de Célèbes septentrional; le *prasamada* de Java (*Cordia subcordata*; II. 914), assez rare, donne une des meilleures espèces de bois des Indes pour meubles et, quand les arbres sont assez grands, pour charpente de maisons, travaux hydrauliques, etc. A Sumatra il est en partie remplacé par le *nounang*, plus petit (*C. subdentata*, Miq. Append. Sumatra, 244).

Labiées (II. 934). — Quelques produits aromatiques et médicinaux, entre autres l'*Ocimum basilicum*, *gratissimum* et *sanctum*, *daoun selassi* (II. 937) assez renommé aussi parmi les Européens, et la *pomme de terre de Java*, qui n'est point à dédaigner, *kentang jawa* ou *koumili* (*Coleus tuberosus*; II. 953).

Sapotacées (II. 1033). — Une des familles les plus remarquables de tout l'Archipel, non pas tant pour ses bois, dont elle ne possède aucune espèce d'importance majeure, que pour ses fleurs, ses fruits et graines comestibles, ses huiles et surtout ses sèves lactées. En tête vient le *getha-percha* (*Isonandra gutta*; II. 1038), *getah taban* (parfois, mais à tort, on dit *getah touban*) comme 1re qualité: puis le *getah-percha* de Sumatra oriental, *nyato dourian* sur la Côte occ. de Bornéo, comme 2e qualité, et comme 3e qualité, dans la même contrée, mais un peu plus au sud, le *getah girek*. Le nom batak est *nyato*, celui de Sumatra, *balam;* le nom de *getah-percha*, *gomme résineuse de Sumatra* a pris pied dans le commerce, parce que les Européens voulaient un terme fixe, mais, comme on a pu le voir, ce terme en réalité est vague. Des qualités inférieures viennent de la Côte or. de Bornéo, et peut-être de la Côte occ. de Célèbes, pour arriver par Mangkasar à Singapore, qui est le centre de ce commerce. La *getah-percha* de la Côte or. de Célèbes commence aussi à se faire une réputation (Revue de l'industrie, 1877, p. 120; 1883, p. 75).

Il y a eu un temps où l'on faisait grand usage de l'huile tirée du fruit l'*Isonandra gutta*, et où c'était même un article de commerce. Maintenant cet arbre a presque disparu, détruit, on peut dire massacré par une exploitation imprévoyante.

Le *balam tandouk* de Sumatra se vend comme surrogat de la *getha-percha*, mais il a droit par lui-même à l'attention. C'est la gomme du *Ceratophorus Leerii* (II. 1043), qui appartient aussi à la famille des *Sapotacées*. On n'a pas réussi comme on l'espérait à obtenir du *sawou manila*, sapotille (*Achras sapota*; II. 1036) importée des Indes occidentales, un autre surrogat de la *getha-percha*. Cependant les éléments du succès existent et de nouveaux essais réussiront probablement mieux. Le fruit est un des plus délicieux des Indes.

Le *cacosmanthus macrophyllus* (II. 1040) de Java a une gomme remarquable, le *karet-mounding*, qui tient le milieu entre le caoutchouc et la getah-percha, plus rapprochée cependant de cette dernière que de l'autre, et qui fait aussi son chemin dans le commerce.

Le *Mimusops Elengi* (II. 1042) porte les *fleurs de tanjong*, très parfumées, très recherchées et que l'on cueille avec soin. Le *Mim. kauki* (II. 1042) donne le beau bois de *kayou sawou*, fort employé pour faire des meubles.

Le *bois de fer de Java*, *kayou bessi* [1]), dur, durable, employé pour la construction des maisons et pour certaines parties des constructions navales, est fourni par le *Sideroxylum nitidum* (II. 1037) qui porte le nom de *nyatou* dans l'Occident de Java.

Ebénacées (II. 1043). — De même que les *Sapotacées*, dont elles sont la famille la plus rapprochée, les *Ebénacées* n'ont pas encore été complètement étudiées, et fournissent beaucoup de matières pour le commerce des indigènes. Ce sont surtout des bois, dont du reste nous ne connaissons guère que les noms; en outre quelques fruits comestibles.

Outre le bois d'ébène noir, *kayou arang* (*Maba ebenus*; II. 1051), que produisent en fortes quantités le Nord de Célèbes et les Moluques, et qui s'expédie principalement en Chine par voie de Manille, on trouve encore dans les mêmes régions une variété de ce bois, qui a des flammes brun clair et foncé; elle s'appelle *kayou ipil* et est fort estimée [2]).

---

1) On a appliqué l'expression de „bois de fer" à plusieurs espèces distinctes, ce qui fait qu'elle manque de précision; du reste, les indigènes ne l'emploient guère; ils donnent un nom spécial à chacune des espèces que les Européens appellent bois de fer.

2) Il ne faut pas le confondre avec le bois d'*ipil* des Philippines, auquel on a donné la détermination d'*Eperua falcata* (?). Ce bois est excellent, brun foncé, mais de nuance égale, sans flammes comme l'*ipil* de Menado et de Bachan. Dans les Mo-

A Java on a, se rapprochant de ces ébènes, le *kayou merak*, *arbre à paons* (*Leucoxylon buxifolium*; II. 1050) dont le bois est fort mauvais quand il est jeune, excellent quand il est vieux. Il faut encore mentionner le *klédoung* de Java (*Diospyros* spec.?; II. 1044), qui donne de bon bois, *Diosp. melanoxylon*(?) dont les fruits se mangent et sont souvent mis en conserves, et le *bidara gounoung* spec.? (*Diosp. heterophylla*(?)).

Gnétacées (II. 1066). — Parmi les *Gymnospermes*, la première place dans la revue que nous donnons ici appartient aux *Gnétacées*, et parmi celles-ci au *ganemo* (mol.), *koulan* (mak.), *garintoul* (jav.), *tangkil* (sond.), *maninjou* (mal.), le *Gnetum gnemon* (II. 1067), qui donne une substance textile, moins employée à Java et à Sumatra que dans la partie orientale de notre archipel. On l'emploie spécialement à faire des filets, que l'on teint alors avec le *roufou*, substance tirée d'une *Sponia* qui n'a pas encore été bien déterminée (*timorensis*, *amboinensis*; I². 214 (?)); elle est fort rapprochée de l'*anggring* de Java (*Sponia velutina*): c'est une substance tannique excellente que jusqu'à présent les Européens ont négligée pour leur commerce et leur industrie. D'autres espèces encore de *Gnetum* produisent des matières textiles utilisables et des fruits comestibles.

Abiétinées (II. 1068). — Une des meilleures qualités de résine de *damar*, le *damar poutih*, *damar blanc* vient du *Dammara alba* (II. 1070). Il s'en exporte beaucoup des Moluques, par Mangkasar et Singapore, pour l'Angleterre, et dans les derniers temps pour les Pays-Bas aussi. Le commerce indigène en fournit les métiers à tisser et les teintureries de Java; le damar est indispensable pour le »baticage".

Podocarpes (II. 1070). — Nous devons à cette famille, qui a aussi doté par ex. le Japon de quelques uns de ses plus beaux bois, le *ki-bima* de Java occidental (*Podocarpus latifolia*; II. 1071), bois lourd, employé surtout pour poutraisons et planches; le *ki-merak* de la même région (*Pod. spec. div.*), aussi fort recherché pour les poutraisons, et le fin *kayou poutri*, *bois de princesses* (*Pod. cupressina*; II. 1071), de même très estimé.

Palmiers (III. 1). — C'est à peine si l'on peut encore

---

luques on trouve l'*Adenanthera falcata*, kayou *salowako*, dont on fait des boucliers. Du reste, nous n'examinerons pas ici jusqu'à quel point la détermination qu'on en a faite est exacte. Le „*bylhart*" de Surinam a reçu avec certitude la détermination d'*Eperua falcata*.

ranger parmi les produits forestiers ce qui provient de cette grande famille des *Palmiers*, composée d'éléments si divers que, dans une partie spéciale de sa Flora qu'il leur a consacrée, Miquel les divise en palmiers à *vin*, à *sagou*, à *farine*, à *fruit*, à *bois*, à *rotin* (et il aurait pu aussi consacrer un article aux palmiers à *fibres*, par ex. le *Livistona*). Cela reste vrai, quoique l'*arèn*, qui ne manque nulle part, ne se plante pas partout; il y a des localités où un usage très ancien fait qu'on s'en abstient et qu'on abandonne le soin de travailler à sa reproduction aux *louwaks* — *Paradoxurus trivirgatus* et d'autres — qui aiment passionnément le fruit de l'*arèn* et en répandent partout les semences avec leurs déjections. Le rotin aussi se plante peu, on se contente de le couper là où il croît naturellement. Mais ces exceptions ne suffisent pas à enlever aux palmiers le caractère de plantes cultivées. Du reste les produits en sont si connus, qu'en tout cas nous pouvons nous borner à une simple énumération.

En tête se trouve naturellement le *cocotier*, *kalapa*, *krambil* (*Cocos nucifera*); III. 64), indispensable aux ménages indiens, et dont l'huile, riche en stéarine, s'apporte en grandes quantités sur le marché de l'Europe. Vient, comme article de commerce important, le *sagou*, produit par diverses espèces de *Metroxylon* (III. 139), *kirai*, etc., et aussi par le palmier *arèn* (*Arenga saccharifera*; III. 35), par le *gebang* (*Corypha umbraculifera*; III. 49), par le *souwangkoung* (*Caryota maxima*; III. 39), etc. Le nom général de la fécule qu'ils produisent est bien *sagou*, ou en javanais *pati*; pourtant quelques espèces particulières ont des noms à part, par ex. à Java on nomme *Onggok* le *sagou* tiré du palmier *arèn*.

Parmi les *Arecas*, nous citerons l'*Areca-Catechu* (III. 8), dont on extrait pour le commerce une substance riche en acide tannique, qui forme une des qualités inférieures du *gambir*, *catechu* ou *terra japonica*. De pleines cargaisons du fruit, parfois aussi de la noix sortie du brou, s'en vont toutes les années en Chine et beaucoup au Bengale, en partie pour les amateurs de sirih, en partie pour les teintureries de coton. Les espèces déjà nommées, *cocotier*, *arèn* et *gebang*, et de plus le *lontar* ou *siwallang* (*Borassus flabelliformis*; III. 45) donnent le *sucre de palmier* ou *sucre de Java*, autrefois fort recherché par le commerce européen, maintenant encore très demandé et très employé pour la consommation domestique dans les ménages indigènes et européens.

On tire ces sucres de la liqueur qui découle des tiges des

régimes de fruits quand on les a coupés. Cette liqueur se boit aussi, soit fraîche, soit après avoir subi une légère fermentation, et porte alors le nom de *touwak*, *vin de palmier*. Parfois aussi on la fait infuser avec du *kayou timor* et d'autres *Strychnacées*, et l'on obtient une boisson enivrante et énervante que l'on peut voir journellement en vente dans de gros tuyaux de bambou (*lodong*) dans tous les pasars des Moluques et surtout d'Amboine, où s'en fait le plus grand abus.

Une seconde fermentation transforme le *touwak* ou *vin de palmier* en *ragi*, levain, dont on fait partout usage pour le pain, les pâtisseries, etc. Là où l'on n'a pas de *ragi*, on le remplace par le *legèn*, obtenu du *cocotier* de la même manière.

Le bois des *Caryotas*, des *Arecas*, des *Livistonas* (III. 57) quelquefois aussi celui du *Licuala*, *wirou* (III. 54) sert à la menuiserie quotidienne des maisons, et même dans les travaux hydrauliques pour montants, etc. Les feuilles de tous servent à couvrir les toîts et à fabriquer mille objets tressés, corbeilles etc. Enfin les fibres de plusieurs espèces trouvent aussi leur emploi.

Le *rotin*, *panjalin*, que donne le *Calamus*, *spec. div.* (III. 103), est resté à peu près complètement produit forestier. Ni le rotin de Palembang, dont on fait des *piques* et des *cannes*, ni celui de Banjermasin, mince, flexible, qui sert de *liens*, et qu'on tresse pour les *meubles* et les *nattes*, ni le rotin à *cordes* de Java, ni celui des *cables d'ancres tressés* des Moluques, ne sont des produits de la culture. Tant le commerce européen que celui des indigènes et l'exportation ont dans le rotin un article toujours demandé, toujours courant dans ses nombreuses variétés.

En fait de *gommes résineuses* le *Daemonorops Draco* (III. 95), appelé aussi *Calamus Draco*, donne une des meilleures qualités de *sang-dragon*. Rumph a donné (Herb. Amb., V, p. 114, tab. 58) une description du *rotin*, *jernang*, *Palmijuncus draco*, tout à fait digne maintenant encore d'être lue, en particulier pour les détails qu'il donne sur la préparation du *sang-dragon*, *sanguis draconis*. On en extrait encore, mais de qualité moindre, du *gebang*, *pouchouk*, etc. (*Corypha umbraculifera*; III. 49) et du *wirou* (*Licuala spectabilis* et *spinosa*; III. 52). Voy. du reste le *Pterocarpus indicus*, page 174.

Pandanées (III. 152). — Cette famille est rapprochée de celle des palmiers. Le principal produit commercial qui en vient consiste en fibres dont on tresse des nattes, *tikar*, *klasa*, *glaran*, etc. On en fait de toutes espèces, quelques unes de très fines, par ex. les *tikars* faits de la fibre des feuilles du *Pand. samak* ou *kechil* (III. 165). Accordons aussi une mention aux jeunes pousses du *Pand. ornatissimus* (III. 156), que l'on trouve coupées en morceaux à tous les pasars, qui font l'objet d'un certain commerce à l'intérieur, et qui sont fort recherchées pour leur parfum.

Aroidées (III. 188), *Cypéracées* (III. 250), *Graminées* (III. 354), etc. Ces familles ont été accaparées par les cultures, ou bien ne donnent point de produits qui les fassent rentrer dans cette revue. Les *Musacées* (III. 586), les *Broméliacées* (III. 584) et quelques autres croissent encore en quantité à l'état sauvage, mais on ne demande leurs produits qu'aux plantations régulières qui s'en font. C'est le cas encore pour les *Agaves* (III. 550, 583), qui primitivement n'étaient pas même indigènes, et que pour cela les habitants appellent *ananas d'outre-mer*, *nanas sabrang*; actuellement il y en a beaucoup de sauvages. Le *méndong* et autres espèces de *Carex* (III. 346) donnent de jolis ouvrages de vannerie; on coupe encore beaucoup de *bambou* (III. 415) dans les forêts, mais il est identique à celui des plantations. Nous pouvons donc terminer ici notre revue, non sans regret, car plusieurs points du sujet que nous avions à traiter sont de première importance; mais les limites qui nous ont été fixées nous obligeaient à ne pas sortir d'un simple aperçu des *produits forestiers*, et nous défendaient même de simplement mentionner en passant un grand nombre de produits qui ont de l'intérêt.

Nous aurions aimé énumérer par catégories distinctes toutes les matières premières servant à la construction des maisons, à celle des navires, aux travaux hydrauliques, à la vie domestique, au commerce et à l'industrie. Mais nous ne l'aurions pu sans dépasser les bornes où nous devions nous renfermer, d'une part, parce que la variété est très grande dans le choix des matières employés pour un même objet, choix qui dépend souvent de circonstances locales; d'autre part, parce que la même matière est souvent appliquée dans différentes localités à des buts multiples extrêmement variables. Il ne nous restait donc qu'à donner un aperçu très rapide, mais aussi coordonné que possible, des matières appartenant aux *produits forestiers* au moyen desquelles la flore de notre archipel des Indes néerlandaises contribue à satisfaire aux besoins de la vie sociale dans ces contrées, puis à alimenter le commerce et l'industrie.

Puisse le but de ces lignes, qui consiste à *donner la signification des objets exposés*, être atteint par là, et en même temps notre travail, quelque superficiel qu'il puisse avoir dû rester, contribuer à réveiller le désir de mieux connaître les productions de notre archipel; car il y a beaucoup de produits dont les applications ne se feraient pas attendre si l'attention s'y portait, et la prospérité générale, celle de notre patrie comme celle des colonies, aurait beaucoup à y gagner.

Indes occidentales. Outre quelques *gommes résineuses*, peu nombreuses et peu activement recueillies, les Indes occidentales ne livrent pas de *produits forestiers* proprement dits, et même les bois de première qualité des forêts de l'intérieur restent appliqués aux besoins de la contrée et sont à peine exploités en vue du commerce. Tout ce qui a été tenté, administrativement et autrement, pour arriver à en faire une branche de commerce régulier a échoué pour une cause quelconque. On a de M. H. A. van der Speck Obreen, ingénieur en chef de la marine, une description générale des »Bois de charpente de la Guyane européenne". On trouvera dans la »Revue d'écon. pol. et de statistique", VI, p. 495, un article sur »la richesse des forêts de Surinam en bois d'ébénisterie", où il est traité, entre autres bois, du *locust*, du *groenhart* et du *geelhart*, du *bébé*, du *bolletrie*, du *bylhout*, du *cèdre*, du *wane*, du *kopie*, du *krapa*, du *peterhout* et du *saliehout*. Il y a aussi quelques détails à ce sujet dans la »Revue néerl. de l'industrie", 1877, p. 531, et il existe encore quelques articles de la main de MM. le jonkheer van Sypensteyn, Focke et autres. Nous ne pouvons qu'y renvoyer pour ne pas allonger ces lignes outre mesure.

L'opinion généralement exprimée au sujet de ces différentes espèces de bois est loin d'avoir été universellement favorable. La cause de cette réussite douteuse se trouve dans le fait que les bois examinés n'avaient pas subi une *préparation suffisante* et cela à son tour était dû au manque de ressources, surtout au manque d'*ouvriers*. A l'heure qu'il est, les perspectives ne se sont guère améliorées sous ce rapport. Si l'on parvient un jour à triompher de ces difficultés, ce ne sera pas pour rien. Il y a de grandes richesses dans la flore forestière de notre Guyane. M. Westerouen van Meeteren, récemment revenu de Surinam, vient de publier une »Enumération des plantes et végétaux cultivés, des arbres et des espèces de bois, connus et utilisés jusqu'ici à Surinam",[1])

---

[1]) L'auteur de cette énumération a mis à profit plusieurs données récentes qui n'avaient pas encore été publiées. Elle embrasse 1049 noms, et environ 600 espèces rangées sous 690 numéros.

par laquelle on peut voir de nouveau quel grand champ d'exploration subsiste à Surinam et combien il nous y reste à faire. Ce travail se trouve à l'exposition.

VAN MUSSCHENBROEK.

211. Produits forestiers du gouvernement d'Atchin.

1. *Getah rambong.*
2. *Getah balam.*
3. Cire.
4. Résine blanche.
5. Résine noire.
6. Rotin.
7. Bois de salasari.
8. Bois de senteur, *garou.*
9. Bois puant.
10. Bois de *sapan.*

212. Produits forestiers de la rés. de Tapanouli, Pangaloan, Silindoung. — G. van Asselt, ancien missionnaire, à Putten en Veluwe.

1. *Ijouk*, fibres du palmier arèn, servant à faire des cordes et à couvrir les toits.
2. *Ri, alang-alang*, herbe servant à couvrir les toits.

213. Produits forestiers des îles Batou.

1. Diverses espèces de *getah*:
 a. *Getah balam tembaga.*
 b. *Getah balam beringin.*
2. Gomme élastique.
3. Diverses espèces de résine:
 a. Blanche.
 b. Noire.
4. Sang-dragon.
5. Trois espèces différentes de rotin.
6. Ecorce du *taroq (tarou)* (arbre à pain, *Artocarpus incisa*).
7. Ecorce du *bagou (maninjou;* — le *ganemo* des Moluques; *Gnetum gnemon*).
8. Ecorce du *bakau* ou *bako (lolaro, Rhizophoreae* spec.)
 a. *Koulit bakau baroujen.*
 b. *Koulit bakau batou.*
9. *Koulit tengah* [?] (peut-être *tingi, Ceriops lucida, Rhizophoreae*, fibres et matière colorante).

10. Feuilles du palmier *nipa* (toitures, cigarettes).
11. Farine du sagoutier.

214. Produits forestiers de la rés. du Bas-Pays de Padang.

1. Vingt-six espèces de bois de Painan.
2. Vingt-quatre espèces de bois d'Ayerbangis.
3. Espèces diverses de *damar* de Painan.
 a. *Damar tawas.*
 b. " *rasak.*
4. Espèces diverses de *damar* d'Ayerbangis:
 a. *Damar samout.*
 b. " *daging.*
 c. " *tandikat.*
 d. " *rasak* ou *damar poutih.*
 e. " *embalau.*
 5. " *sapit* des districts d'Ophir.
 6. " de Rau:
 a. " *sarang.*
 b. " *kian.*
 c. " *kapala toupei.*
7. *Getah* d'Ayerbangis:
 a. " *balam.*
 b. " *laboué.*
 c. " *gitan.*
 8. " de Rau:
 a. " *kajei.*
 b. " *ngari.*
9. Seize espèces de rotin d'Ayerbangis.
10. Cinq espèces de rotin des districts d'Ophir.

215. Produits forestiers de la rés. de Bengkoulen.

1. Cire, *lilin.*
2. Gomme élastique: a. *Karet-batang*, b. *karet-aker* ou *karet-nassi*, c. *karet-aker* ou *karet-brouk.*
3. *Balam poutih*, gomme résineuse blanche.
4. *Damar poutih (mata kouching)*, résine de damar blanche.
5. *Rotan sega.*
 a. *Rotan sabout.*

GROUPE II. Dixième Classe.

6. Collection de vingt espèces de bois, parmi lesquelles il y en a six de *tetrantheren*, mal. *medang*, *madang*, jav. *wourou*.

7. Damar blanc, résine, deux espèces:
   a. *Damar getah*, qui découle d'elle-même de l'arbre.
   b. *Damar angkoutan*, que l'on recueille en faisant dans l'arbre des incisions d'une façon particulière.

9. Rotin.

10. Bois servant à faire des poutres et des planches. On a indiqué si les insectes les attaquent ou non.
   a. Sont sujets à être attaqués, *semourau*, *setoul*, *banitan*, *kendidai*, *kabou batou*, *kloumpang batou*, *bayour lang*.
   b. Est peu sujet à être attaqué, *tampourian*.
   c. Sont indemnes, *kempas soudou kayou*, *kedouä* ou *tapous*, *touko* ou *entouko*, *pindis* ou *kayou besi*, *bonngour* ou *ringin*, *leban* (*laban*), *beko sourian*, *kerinjing*, *nangka kira*, *gelam*, *pasang* (nom générique des chênes de l'Archipel), *kelingsap* ou *merah mata*, *senipis*, *kayou ketam*, *tenam*, *chemara*, *larou*, *kris* (?).

11. Quatre rameaux du *keloi* (plante boissonneuse, *keloui*, le *rami* bien connu, *Urticée* dont on fait des cordes).

216. Produits forestiers de la div. de Selouma, rés. de Bengkoulen.

a. Résine de *damar* blanche.
b. Dito noire.
c. Nids d'oiseaux.
d. Gomme élastique, *karet*.
e. Cire, *lilin*.
f. *Getah balem*, espèce de gomme élastique.
g. Bambous divers.
h. *Rotan sabout*, *sega*, *pelédès* et *manau*, rotins flexible, pour liens.
i. Collection de seize espèces de bois propres à être employés dans la construction des maisons et des ponts, ainsi qu'à faire des planches.

217. Résines et gommes de la div. de Moko-moko, rés. de Bengkoulen.

a. Espèces diverses de *damar*.
b. *Karet gitan*, gomme élastique.
c. *Getah balam*, „ „

218. Cannelle sauvage de la div. de Kaour, rés. de Bengkoulen.

a. *Kayou manis toudou*.
b. „ „ *keling* (probablement importée).

219. Produits forestiers de la rés. des Lampongs.

1. *Bouwah tarpandi*, fruit acide. La peau de ce fruit est noire et dure; on la pile pour en faire une poudre, appelée *babakan tarpandi*, que l'on emploie au bain en guise de savon. (*Tarapandi*, *Papilionacée* que Miquel, Sumatra 110, a déterminée provisoirement comme *Pterocarpus hyposticus*).

2. *Koulit kayou sebas*, *anakan* et *babakan*. Trois espèces d'écorce que l'on met en poudre pour en faire du fard, *bedak*.

3. Vingt-quatre espèces de bois employées dans la construction des ponts et des maisons, de la div. de Katimbang et banlieue de Telok-Betong.

4. Flacon de gomme élastique.
5. „ „ cire.
6. Rotin pour liens.
7. *Poula sari*, racine odorante.
8. *Damar*.

220. Produits forestiers de la rés. de Palembang.

1. Espèces diverses de résines ou *damars*:
   a. *Damar batou*.
   b. *Selouwai batou*.
   c. *Chengal*.
   d. *Resak*.
   e. *Sarang*.
   f. *Pouti*.
   g. *Melour*.
   h. *Meranti*.
   i. *Dangsal*.
   j. *Keloulout*.

2. Espèces diverses de gomme élastique:
   a. *Getah balem kembang tanjoung*.
   b. *Getah karet*.

3. Vingt-six espèces de rotin.
4. Echantillon de *damar* ou résine d'Ogan oulou.
5. Echantillon de cire d'Ogan oulou.
6. *Damar* ou résine des districts de Ranau.
7. *Karet*, gomme élastique des districts de Ranau.
8. Cire de la div. d'Ilirad et Banyou-asin.

13*

9. Résine de *damar* de la div. d'Iliran et Banyou-asin.
10. *Getah balem*, gomme élastique de la div. d'Iliran et Banyou-asin.
11. *Karet*, gomme élastique de la même div.
12. *Rotan* de la même div.
13. Vingt sept espèces de bois, avec les feuilles des arbres qui les produisent, de la subdiv. de Rawas.
14. Bois de Mouara Bliti, subdiv. de Mousi oulou.
  a. Vingt-quatre espèces de bois propres à être employées dans la construction des maisons et pour faire des meubles.
  b. Espèces qui donnent la gomme élastique.
  1. *Kayou karet*.
  2. *Kayou balem*.
  3. *Kayou balem kembang tanjoung*.
  c. Feuilles et rameaux d'arbres qui produisent la résine.
  1. *Menggris*.
  2. *Meranti*.
  3. *Merranti melour*.
  4. *Balem*.
  5. *Selouwai batou*.
  6. *Selouwai jangkang*.
  7. *Chengal*.
  8. *Tembesou ketem*.
  9. *Damar batou*.
  10. *Damar pontih*.
  11. *Dangsal*.
  12 *Simpo*.
  13. *Resak*.
  14. *Balem*.
  15. *Balem kembang tanjoung*.

221. Objets qui servent quand on recueille le miel et la cire dans la rés. de la Côte or. de Sumatra.
  a. Tada-tada, deux spécimens.
  b. Ninggoual, maillet.
  c. Timba, sorte de seau fait de feuilles, avec corde en rotin.
  d. Hopol, tamis.
  e. Tounam, torche.
  f. Pisau lading, sorte de couteau.
  NB. On recueille le miel par les nuits sans lune. On se sert du maillet (*b*) pour planter dans le tronc de l'arbre où sont les nids d'abeille le *tada-tada* (*a*) qui sert alors à monter sur l'arbre. Quand on est en haut, on allume la torche (*e*) afin de chasser les abeilles au moyen de la fumée et de la flamme. Le couteau (*f*) sert à détacher les nids des branches, pour les déposer dans le seau (*c*), que l'on dévale au moyen de la corde de rotin. Quand on a enlevé le miel des nids, on fait cuire ces derniers et l'on fait passer le liquide obtenu par le tamis (*d*), ce qui permet de recueillir la cire à l'état pur.

222. Objets qui servent à recueillir la getah ou gomme dans la rés. de la Côte or. de Sumatra.
  a. Horouk.
  b. Limas.
  c. Harountoung.
  NB. Après que l'on a abattu et „cerné" l'arbre, on place un *limas* (*b*) sous chaque entaille circulaire afin de recevoir la sève. Comme il reste de la gomme attachée au bois, on la racle au moyen du *horouk* (*a*). Quand le *limas* est plein, on en verse le contenu dans le *harountoung*, que l'on porte suspendu à l'épaule gauche.

223. Produits forestiers de la Côte or. de Sumatra.
  A. De Labouan Batou.
  a. Rotin: 1. *rotan melayou*, 2. *rotan segah*, 3. *rotan segah ayer*.
  b. Kayou laka, bois de laka.
  c. Cire purifiée et brute.
  d. Kemenyan, benjoin.
  e. Damar sarang, résine.
  f. Getah, gommes: 1. *getah soundi*, 2. *getah gayok*, 3. *getah batou*.
  g. Jernang, sang-dragon.

  B. De Pané.
  a. Rotin: 1. *rotan segah halous*, 2. *rotan segah kasar*, 3. *rotan segah ayer*.
  b. Kayou laka.
  c. Cire.
  d. Getah: 1. *Getah ramboung*, 2. *getah soundi*, 3. *getah batou*.
  e. Jernang, sang-dragon.

  C. D'Asahan.
  a. Rotin: 1. *rotan segah*, 2. *rotan boulou*, 3. *rotan toungget*, 4. *rotan batou*, 5. *rotan bouvaya*, 6. *rotan melayou*.

Groupe II. Dixième Classe. 195

b. Cire: 1. *loba palis*, 2. *loba menaoun*, 3. *loba batou*.
c. *Gegah-Percha*: 1. *mayang dourian*, 2. *mayang batou*, 3. *mayang kertas*, 4. *mayang ketapang*, 5. *mayang gapouh*, 6. *mayang belout*.
d. *Jernang*, sang-dragon.

D. De Tanjong Poura.

a. *Rotan segah*.
b. Cire.
c. *Getah ramboung*.

E. De Bengkalis.

a. *Rotan*.
b. Cire.
c. *Getah*: 1. *getah ngèret*, 2. *getah soundi towoa*, 3. *getah soundi monda*, 4. *getah balam*.
d. *Minyak sountei*, huile de *sountei* (ailleurs connue sous le nom de *minyak tengkawang*.

F. De Kota Pinang et Bila.

a. Echantillons de quinze espèces de bois.
b. Fragment de palmier *nibong*.
c. Produits forestiers: 1. *Getah*, 2. *Damar*, 3. *Rotan*.

224. Echantillons de soixante-six espèces de bois de la Côte or. de Sumatra, utiles pour toutes sortes de travaux et que l'on peut recommander aussi pour l'Europe. — Société de Kelianam pour la coupe des bois, Langkat, Côte or. de Sumatra. (H. J. Ankersmit, à Amsterdam).

NB. Cette très jeune entreprise compte sur le travail de koulis de l'Occident de Java, qui emploient la doloire américaine. Le territoire sur lequel elle opère embrasse 14000 hectares; il est sillonné de rivières et de ruisseaux navigables, de sorte qui l'on peut emporter les bois sur des embarcations à vapeur et à voile.

225. Produits forestiers de la rés. de Riouw.

a. Trois échantillons d'écorce d'arbres, *tengar*, *bakau geloukap* et *nyirik*, utiles pour le tannage.

b. Trois échantillons d'écorce d'arbres, *meranti*, *tembaran* et *merawan*, employés pour faire les parois des habitations.
c. Morceau de sang-dragon.
d. Deux torches de *damar*.
e. Boîte de *damar* fin (*mata kouching*).
f. Echantillon de cire.
g. Sept échantillons de *getah*: deux de *getah soundi*, deux de *getah-percha*, un de *getah gerit*, un de *getah taban*, un de *getah poutih*.
h. Flacon d'huile de camphre.
i. Echantillon de la matière textile appelée *akar resam*.
j. Echantillons de 106 espèces différentes de bois qui ont été employées pour le modèle de la mosquée de Riouw (voy. la classe 12).
k. Echantillons de rotin:
1. Botte de *rotan sega*, d'Indragiri.
2. Botte de *rotan semambou*, très recherché pour cannes.
3. Botte de *rotan chemeti*, dont on fait des cravaches, des badines, etc.
4. Trois bottes de *rotan checher* dont on fait des liens.
5. Botte de *rotan oudang*.
6. Botte de *rotan gelang*, dont on fait des cables pour ancres.

226. Produits forestiers de la rés. de Bangka.

1. Echantillons des principales et des meilleures espèces de bois propres à être employées dans la construction des maisons et des navires et pour faire des meubles:
a. *Boulian* (*belian*).
b. *Mendarou*.
c. *Petaling*.
d. *Medang batou*.
e. *Medang boungkal*.
f. *Medang pisang*.
g. *Meranti batou*.
h. *Seloumar*.
i. *Nyato*.
j. *Remangkak*.
k. *Mentangour bloulang*.
l. *Resak*.
m. *Tembousou*.
n. *Kemouning*.
o. *Ambalouw*.
p. *Pounyouk*.
q. *Resak-siantam*.
r. *Penaga*.
s. *Mengarawan*.
t. *Banit*.

GROUPE II. Dixième Classe.

2. Damars ou résines.
a. *Damar poutih, daging, toulang, sarang, balau, poutih, batou.*
b. Benjoin, blanc et noir.
3. Getahs ou gommes:
a. *Kayou-ara itam.*
b. *Kayou-ara poutih.*
c. *Kayou-ara minyak.*
d. *Pouren.*
e. *Kekoulak.*
f. *Ketoul.*
g. *Titan.*
h. *Poulai.*
i. *Tingek.*
j. *Oujoul.*
k. *Koulan.*
l. *Nounouk labou.*
m. *Nounouk remas.*
n. *Kepour.*
o. *Dadau.*
p. *Jeloutoung.*
q. *Lougouk.*
r. *Remangkak.*
s. *Mengkounyit.*
t. *Nyato.*
u. *Katiyam.*
v. *Ringgoung.*
w. *Resak.*
x. *Terap akar.*
y. *Mentangour kakal.*
z. *Mentangour krit.*
aa. *Mentangour rambai.*
bb. *Mentangour bloulang.*
cc. *Touba.*
dd. *Malong-malong.*
ee. *Bouta-bouta.*
ff. *Bintaro.*
4. *Getah koulon.*
5. Gomme élastique brute, *getah karet.*
6. *Kayou gaharou* ou *kayou garou.*
7. Cire, espèces diverses.
8. Miel.
9. Fruits forestiers:
a. *Kepayang*, b. *jeli*, c. *galàm.*
10. Rotin.
a. *Semambou*, b *manau*, c. *manau padi*, d. *blandang*, e. *dahan*, f. *oudang*, g. *semout*, h. *boulou*, i. *tanah*, j. *niyour*, k. *bim*, l. *getah*, m. *lemah*, n. *sega*, o. *bebouwar*, p. *sertoung*, q. *peldas*, r. *toungal*, s. *bakau*, t. *mousang.*
Oujoung atap (?).
11. Echantillons divers d'huiles et de cire.
12. *Minyak krouwing.*

227. Echantillons de vingt-cinq espèces de bois

de l'île de Bangka. — Ponts et chaussées, Dép. des travaux publics civils.

228. Produits forestiers de la rés. de Billitton (Blitong).

1. Echantillons de 100 espèces de bois.
2. Deux pièces de cire.
3. Paquet de graisse de *nyatou*, extraite de fruits.
4. Bouteille d'huile de *bijen.*
5. Damar:
a. Paquet de *damar chengal.*
b. " " *serousoup.*
c. " " *abang.*
d. " " *chengal batou.*
e. " " *mersentil.*
6. Getah:
a. Paquet de *getah kayou ara itam.*
b. " " *pedouk.*
c. " " *ketian.*
7. Pièce de *koulit memboutisan.*
a. " " " *beberi.*
b. " " " *kepang.*
c. " " " *chengal.*
d. " " " *beroubouk.*
e. " " " *betour beroubouk.*
f. " " " *jangkang.*
g. " " " *terounjan.*
h. " " " *petanang.*
i. " " " *mentoulin.*
8. Rotin:
a. Paquet de *rotan sega*, pour liens.
b. " " " *dahan* "
c. " " " *bakan* "
d. " " " *paka* "
e. " " " *honga*, pour liens.
f. " " " *mentoulak.*
g. " " " *mengkikir*, pour liens.
9. Bouteille d'huile de *jarak.*
a. Bouteille d'huile de *sindour.*
10. Cent paquets de feuilles desséchées.

229. Produits forestiers de la rés. de Bantam (Banten).

1. *Walang*, espèce de feuilles puantes.
2. *Lemo.*
3. *Daoen salam.*
4. *Jengot raweng.*
5. *Pechoung (klouwek).*
a. Flacon de fruits.
b. Corbeille de pépins.
6. *Kemiri*, noix.
7. *Koranji.*
8. *Lerek.*

Groupe II. Dixième Classe.

9. Bois divers:
a. *Marebo.*
b. *Nyomploung*, bois, huile et fruits.
c. *Nyiri.*
d. *Kapinango.*
e. *Nangka.*
f. *Jering* ou *jengkol.*
g. *Warou.*
h. *Sawo.*
i. *Woungou.*
j. *Walikoukoun.*
k. *Wérou.*
l. *Kachapi.*
m. *Laban.*
n. *Champedak.*
o. *Dourèn.*
p. *Ramboutan.*
q. *Ambawang.*
r. *Garou*, aloès; un morceau, et en outre de la râpure destinée à être brûlée comme de l'encens.
s. *Kipaït*, fébrifuge.
a. Flacon de poudre.
b. Ecorce.
t. *Kempis.*
a. Flacon de fruits et de pépins.
b. Bouteille d'huile.
10. Poivre à queue (*Cubeba*).
11. *Agel*, substance textile tirée des feuilles du palmier gebang.
a. Botte d'*agel.*
b. Morceau du *kadout*, étoffe grossière faite d'agel, pour sacs et pour vêtements de petites gens.
12. *Tingi*, morceau d'écorce.
13. *Sengkara*, kapour bambou, remède.
14. *Kapoulaga*, cardamone.
15. Gommes:
a. *Getah choukangkang.*
b. " *kiajak.*
c. " *kondang.*
d. " *lamé.*
e. " *karet*, gomme élastique.
f. " *hambérang.*
g. " *teureup.*
h. " *kasoungkah.*
16. Rotins:
a. *Rotan boubouwah.*
b. " *boulouh.*
c. " *pait.*
d. " *seël.*
e. " *walet.*
f. " *dawouk.*
g. " *sampang.*
h. Espèce tachetée.

230. Gomme élastique (*karet*) et rotin de la rés. de Chéribon, div. de Galou.

231. Gutta percha (*getah gondang*) et rotin de la rés. de Tegal.

232. Fruits (*bouwah lerak*) employés en guise de savon par les indigènes, avec un paquet de gomme de Java (*blendok jepang*), de la div. de Salatiga, rés. de Samarang. — H. J. van Swieten, ass.-rés. de Buitenzorg.

233. Dix-huit échantillons de bois de la rés. de Samarang. — J. A. Monod de Froideville, à Plellen, rés. de Samarang.

234. Produits forestiers de la rés. de Rembang.
1. *Blendok gebang*, résine.
2. *Ottok*, rotin pour ouvrages de vannerie.
3. Echantillons de 47 espèces de bois de la div. de Bojonegoro.

235. Echantillons de trente sept espèces de bois de la rés. de Sourabaya. — J. Kruyt, missionnaire à Mojowarno.

236. Produits forestiers de la rés. de Banyoumas.
1. *Kawoul*, champignon ou amadou du palmier arèn.
2. Vingt espèces de bambou.
3. Dix-huit espèces de rotin, entre autres le *rotan sepet* de la dessa perdikan de Goumelin, qui a 207 pieds de long.
4. Soixante-six espèces de bois.
5. Cire végétale, *lilin gandong* (cire extraite des feuilles du pisang sauvage).
6. *Karet*, gomme élastique.
7. Résine brute.
8. *Jaboung semout*, résine des nids de fourmis.

237. Produits forestiers de la rés. de Sourakarta. — Raden Adipati Sosro Negoro, régent.

1. Gomme et résine
2. *Touba jenou* et *touba gatel*, racines sauvages toxiques, dont on se sert pour prendre les poissons.
3. *Peron*, plante sauvage toxique, employée pour étourdir les poissons.
4. *Kemoudou*, espèce d'ortie vénéneuse, brûle à la peau, est dangereuse prise intérieurement.
5. *Souwek*, racine sauvage comestible.
6. *Toungkôl*, espèce de racine sauvage.
7. Espèces diverses de *dangkel*, grosses racines principales croissant sous le tronc; elles sont comestibles ou possèdent des vertus médicinales:
a. *Dangkel ploso kouning*.
b. "   *melôr*.
c. "   *kajar*.
d. "   *pliso*.
e. "   *gadoung*.
8. Bois de *kepoh*, avec lequel on fourbit les armes.

238. Deux morceaux de tronc d'arbre de la rés. de Kedou.

239. Produits forestiers de la rés. de Kediri.

a. Un flacon de cire blanche et un de cire noire.
b. Echantillons de neuf espèces de rotin, *wowo, sepet, woulouh, warou, ayam, legi, weling, myniah, pelah*.

240. Produits forestiers de la rés. de Kediri. — Raden Adipati Ario Tejo Kousoumo, régent de Kediri.

a Echantillons de 104 espèces de bois propres à être employés à la construction des maisons, à celle des navires, à la fabrication de meubles, d'armes, etc.
b. Echantillons de sept espèce de rotin, *sepet, legi, malam, malam pelet, pang pelet, sepoung, chaching*.
c. Echantillons de neuf espèces de bambou, *petoung, gesing, toutoul, ampel, jambal, jowo, wouloung, apour, gadoung, ori, woulouh*.

241. Produits forestiers de la rés. de Madoura.

A. *Div. de Soumenep.*
1. Bois de construction pour maisons et navires:
a. *Douwet*.
b. *Siwalan*.
c. Cocotier.
d. *Bintaos*.
2. Bois dont on fait des meubles, des instruments agricoles, des outils, des armes, etc.
a. *Sechang*.
b. *Soga*.
3. Matières colorantes, etc.
a. *Klobour (cassia)* écorce.
b. *Akar koudou (pachè)*, écorce.

B. *Div. de Bangkallan.*
4. Bois de construction pour maisons, navires, etc.
a. *Kayou angsana kembang*.
b. *Kayou angsana keling*.
c—g. *Kayou jati, nangka, bintaos, nyamplong, kokap*.

C. *Div. de Sampang.*
5. Bois de construction pour maisons, navires, ponts, etc.
a. *Jati*.
b. *Pereng*.
6. Bois pour meubles, instruments agricoles, outils, armes, etc.
a—d. *Chendana, rasamala, bintaos, angsana*.
7. Flacon de *getah rasamalah*, espèce de racine.

242. Produits forestiers de la rés. de Pesourouan.

1. *Rotan pelet* et trois autres espèces de rotin.
2. *Barek*, matières textiles.
3. Farine de *temou* noir (racine que l'on trouve dans les forêts et que l'on emploie pour les pâtisseries).
4. Plante qui croît dans les monts Smerou, à une altitude de 6000 pieds.
5. *Pronojiwo*, remède pour les maux de poitrine, provenant d'une plante sauvage qui croît dans les monts Smerou à une altitude de 7000 pieds au dessus du niveau de la mer.
6. Cannelle sauvage.

243. Produits forestiers de la rés. de Probolinggo.

1. Dix-sept échantillons de bambous.
2. Soixante-sept échantillons de bois.

244. Produits forestiers de la rés. de Besouki.

1. Diverses espèces de gomme que l'on obtient en pratiquant des incisions dans l'écorce des arbres.
  a. *Getah kaos.*
  b. " *kokap.*
  c. " *malitan.*
  d. " *nangka.*
  e. " *kelor.*
  f. " *lindang.*
2. Espèces diverses de bambou, *petoung, blouwou, douri, boudong, kelis, sourat, ampel, toutól, tali* (deux éch.), *lampar, woulouh.*
3. Espèces diverses de rotin, *pekai, wereng, wekoul, sepet, ayam, changka, wouloub, jepang, awour, chrèchèt, glatih, époung.*
4. Bouteille de *getah mimba*, espèce de résine avec laquelle on peut coller ensemble le verre et la porcelaine.

245. Collection d'échantillons de bois de la div. de Banyouwangi, provenant de M. Uhlenbeck. — Acad. mil. royale, à Breda.

246. Produits forestiers de la rés. de la Div. occ. de Borneo.

1. *Kreneng* avec accessoires; panier dont les Dayaks se servent pour recueillir la miel et la cire.
2. Echantillon de *lilin lebab*, cire d'abeilles.
3. Echantillon de *damar mata-kouching*, résine fine.
4. Echantillon de *damar masak goulai*, résine de Soungei Kakap.
5. Rotins.
  a. Echantillons de *rotan pledes, segak brounti, segak syer, rokau, toungal, getah.* Pontianak.
  b. Echantillon de *rotan segak boulo.* Kapouas supérieure.
  c. Echantillons de *rotan semambou, dahan, jouloundong.* Pontianak.
  d. Echantillon de *rotan jerman.* Tayan.
  e. Trois échantillons de *rotan sega.* Kapouas supérieure.

6. *Kayou laka*, bois de *laka*, de Pontianak.

247. Diverses espèces de getah et de damar de la rés. de la Div. occ. de Borneo. — Envoyées à l'exposition par l'entremise de l'Inspecteur en chef des droits et accises d'entrée et de sortie.

1. Espèces diverses de getah, *sangei, jelotong, nyatoh, gounoung, sabang, boukit, kribang, perchah, kapouk.*
2. Espèces diverses de damar, *mata kouching*, 1re et 2e qualité, *daging*, 1re et 2e qualité, *kouroung, batou, sousou.*
3. Echantillons de *kayou gaharou* ou *garou* (*Aquilaria agalloche* et *Aloëxylon agallochum*), bois d'aloès, 1re et 2e qualité.
4. Echantillon de *kayou jangkang* (*Sterculia foetida*).
5. Echantillon de *kayou laka.*
6. Echantillon de *kayou toumoh.*
7. Cire végétale.
8. *Minyak tengkawang*, 1re et 2e qualité.

248. Echantillon de gros rotin de Kouwala Kapouas, Borneo méridional. — D. E. E. Wolterbeek Muller, à Voorbourg.

249. Produits forestiers de la rés. de la Div. mér. et or. de Borneo. — J. J. Hendriks, receveur des droits d'entrée et de sortie à Banjermasin.

1. Cire, 1re qualité, fl. 85 le pikol.
  a. " 2e " fl. 80
2. Gutta percha, 1re qualité, fl. 175 le pikol.
  a. " qualité moyenne, fl. 100 le pikol.
  b. " 2e qualité, fl. 50 le pikol.
  c. " 3e qualité, fl. 25 le pikol.
3. Gomme élastique, fl. 100 le pikol.
4. Rotin.
  a. *Rotan sega*, 1re qualité, fl. 16 le pikol.

GROUPE II. Dixième Classe.

b. *Rotan sega*, 1re qualité, fl. 15 le pikol.
c.   "   2e qualité, fl. 13 le pikol.
d.   "   3e qualité, fl. 11 le pikol.
e. *Rotan tapah*, fl. 5 le pikol.
f. *Semambou*, bâtons de rotin, fl. 3 les cent.
5. Gomme de damar, fl. 25 le pikol.
6. Bois de *garou*, fl. 100 le pikol.
7. *Jarnang*, bâtons de rotin.
8. Bâtons de *kayou-gading*.

250. Cinq échantillons de paille d'annemie et une petite boite tressée avec cette paille. Wajou, Célèbes méridional. — D. E. E. Wolterbeek Muller, à Voorbourg.

NB. L'*annemie* est le nom d'une espèce de paille que l'on ne trouve que près de Tontoli (nord-ouest de Célèbes) et de Bingkoka (golfe de Boni); les Makassars et les Bouginois en font très grand cas.

251. Echantillons de gomme de copal du Nord de Célèbes. — Maison J. A. Parmentier, à Gorontalo.

a. Gomme de copal purifiée du commerce; *damar bresih*.
b. La même non purifiée.
c. Echantillon de gomme de copal éventée, que l'on a trouvée dans le sol; elle n'a plus de valeur.
d. Echantillon de jeune gomme de copal, *damar mouda*, que l'on se procure en abattant l'arbre. Elle n'est donc pas mure; elle reste toujours gluante et n'acquiert jamais la consistance du *damar* mûr.
e. Echantillon de gomme de copal de fort peu de valeur obtenue en fondant ensemble des débris et de la poussière.
f. Quelques échantillons de gomme de copal remarquablement claire.
g. Quelques échantillons de gomme de copal de couleur particulière.
h. Morceau remarquablement gros de gomme de copal.

252. Produits forestiers de la rés. de Menado.

a. *Damar*, résine.
b. *Damar lampou*, damar servant à l'éclairage.
c. *Lirang goumoutou*, *gemoutou* ou *ijouk*, matière fibreuse qui croît au tronc du palmier *arèn*, brute, telle qu'on la prend sur l'arbre.
d. *Taras goumoutou*, la même matière préparée pour en couvrir les toîts. On l'emploie dans ce but alternativement avec l'*atap* du sagoutier.
e. *Atap*, couverture de toîts faite des feuilles du sagoutier, *katou sounggouh*.
f. *Atap*, couverture de toîts faite des feuilles du palmier nipah, *katou bobo*.
g. Neuf espèces de rotin.
h. Morceau de bois à savon.
i. Quatre-vingt-une espèces de bois du Minahassa de Gorontalo, employées surtout à la construction de maisons et de ponts et à la fabrication de meubles: *kayou nanni*, *kayou besi*, *linggoa merah*, *linggoa kouning*, *possi-possi*, *kayou hitam* (ébène), *kariskis*, *champaka houtan*, *aliwowos*, *bintangour*, *maombi*, *ari-pohon poutih*, *gofasa poutih*, *kalembi*, *kiskisan*, *ari-pohon merah*, *bougis*, *aperou*, *lema*, *kambing*, *kakini merah*, *ipil*, *arang*, *roupou*, *barakis*, *wolo poutih*, *wolo merah*, *kayawou*, *kalingan*, *kakini poutih*, *mantou*, *wouringa* ou *telor*, *koumerit mawar outan*, *tombawah poutih*, *karengis*, *warakis*, *marama*, *waleleh*, *pakowah*, *malema merah*, *lelemah*, *walan souna*, *tombawah merah*, *koumerit merah*, *daün*, *moömbar*, *boyouhou*, *jamani*, *morosigo*, *melo awoh*, *lasi*, *mantou*, *latoula*, *ilata*, *ting*, *tayapia*, *wesi*, *linggoa* (*agah*), *wangoura*, *welesi*, *wasiyan*, *saho*, *kalembi*, *wahan*, *wolo*, *tahas*, *alipegeh*, *welas*, *toah*, *wenang*, *tongkeh*, *soumering*, *liwas*, *parepa*, *palang*, *pateh*, *manasi*, *lalongouran*, *waring* (*arang*), *pakewa*, *walantakan*.
j. Vingt-huit espèces de bois du district spécial de Langowan dans le Minahassa: *kayou woleh*, *pedou*, *teotoa*, *walanaän*, *marinteh*, *mapalapan*, *sapoutan*, *walkan*, *ranoan*, *tayapou*, *paloutan*, *incharo*, *kantar*, *wounout*, *champaka hitam*, *pakoba*, *tombawah*, *sangkangan*, *selewari*, *walantakan*, *sangket*, *dawan baharou*, *wenangan*, *popo-in-chawoh*, *wilesi*, *nangka*, *olio*, *nilasan*.
k. *Nibong* noir et blanc du palmier nibong.
l. Sept espèces de bambou du Minahassa, *boulou jawa*, *boulou pagar*, *boulou*

GROUPE II. Dixième Classe. 201

batou, boulou ayer, boulou menjahit, boulou toui, boulou china.

m. Cinq espèces de bambou du Minahassa, d'après leurs noms alfours: *tatouwen watou, tahaki, woulou, tambelang, teling lana.*

253. La gutta percha sur la côte orientale de Célèbes par — S. C. J. W. van Musschenbroek, Dr. en droit, à Leyde.

254. Collection de produits forestiers de l'île de Bachan, rés. de Ternate. — Société de Bachan.

1. *Damar* déterré, deux morceaux de Wai Sabatan, deux de Loïd, deux de Kandari, deux de Bisowi.
2. *Damar* recueilli sur l'arbre; un morceau de Wai Sabatan, un de Loïd, un de Kandari, un de Bisowi.
3. Trente-sept échantillons de bois avec l'écorce.
4. Quarante échantillons de bois en planchettes.

255. Produits forestiers de la rés. de Ternate.

1. Pépins de *Kanari*, fl. 0,01 les 25. Ternate et Tidore.
2. Bambous.
a. *Tabaliko jawa*, bambou *pelong*. Ternate.
b. *Tabaliko aké*. Ternate.
c.   " *toui*, bambou pager. Ternate.
d.   " *bahadi*, bambou jaune. "
e.   " *china.*   "
f.   " *lou.*   "
g.   " *toui.*   "
h.   " *golau.*   "
3. *Ganemo*, écorce battue.
4. Bois de *Komi*, bois de charpente tendre. Ternate.
5. Kapok. Ternate.
6. Fruits de kapok. Ternate.
7. *Sakota*, fruits de kamiri. Ternate.
8. *Vovou*, bois à savon. Ternate.
9. *Iwi*, espèces de rotin. Galela, Halmaheira.
10. *Ganemo*, écorce battue. Galela.
11. *Salo*, torche de damar; fl. 0,01 la pièce. Galela.
12. *Diba* ou *barou*, résine à calfater; fl. 10 le pikol. Galela.
13. *Damar itam*, damar noir; fl. 3 le pikol Galela.
14. *Damar kanari*, employé dans la lampe à damar. Galela.
15. *Akar komi*, racine de l'arbre *komi*, matière colorante, fl. 8 et 10 le pikol. Galela.
16. *Damar*, gomme de copal; fl. 11 le pikol. Galela.
17. *Salo*, damar, fl. 4 et 8 le pikol. Gani, Halmaheira.
18. *Salo*, damar; fl. 4 et 8 le pikol. Kao.
19. Feuille de *woka*. Halmaheira.
20. Ecorce de sagoutier. Halmaheira.
21. *Lilin*, cire non purifiée; de fl. 70 à 80 le pikol. Soula.
22. Bandes coupées dans les feuilles du „Bokboom", objets tressés. Soula.
23. Feuilles de sagoutier dont on fait des voiles. Soula.
24. *Lilin*, cire brute, de fl. 40 à 80 le pikol. Bangaai.
25. Huile de kanari; fl. 0,35 le litre. Makian.
26. *Damar*, gomme de copal; fl. 8 et 10 le pikol. Bachan.
27. *Pala outan*, noix de muscade sauvage. Bachan et îles Obi.
28. *Akar komi*, racine d'arbre, matière colorante jaune. Nouvelle-Guinée.
29. *Massôi*, *masouwi*, écorce d'arbre, matière colorante rouge. Nouvelle-Guinée.
30. *Damar*, gomme de copal, fl. 10 et 12 le pikol. Biyak, Nouvelle-Guinée.
31. *Damar*, gomme de copal, fl. 11 et 12 le pikol. Morotai.

256. Produits forestiers de la rés. d'Amboine.

1. Huiles.
a. Bouteille de *minyak chengkeh*, huile extraite de la fleur du giroflier (*Caryophyllum aromaticum*).
b. Bouteille de *minyak pala*, huile de la noix de muscade (*Myristica fragrans*).
c. Bouteille de *minyak bounga pala* (*Myristica fragrans, flos*).
d. Bouteille de *minyak serée*, huile qui s'extrait de toutes les parties de l'*Andropogon schoenanthus*.
e. Bouteille de *minyak koulit lawan*; huile de l'écorce du sassafras (*Cinnamomum culitlawan*).
f. Bouteille de *minyak manôr* ou *me-*

lati; huile extraite des fleurs du *Jasminum sambac*.
 g. Bouteille de *minyak champaka*, huile extraite des fleurs du *Michelia champaca*.
 h. Bouteille de *minyak rasamala*; huile extraite du bois du rasamala (*Liquidambar Altingiana*).
 i. Bouteille de *minyak kayou manis*; huile extraite de l'écorce du cannellier (*Cinnamomum Burmanni*).
 j. Bouteille de *minyak chindana*; huile extraite du bois de sandal (*Santalum album*).
 k. Bouteille de *minyak dilang*; huile extraite des feuilles du *Pogostemon menthoides*.
 l. Bouteille de *minyak kojamas*; huile obtenue par le mélange de plusieurs autres.
 2. Boîte contenant divers échantillons de *damar*.
 3. Collection d'échantillons de 104 espèces de bois d'Amboine.

257. Gomme de copal de Céram et trois petites bottes de rotin. — W. J. Vrijbergen Jeune, à Amboine.

258. Echantillons de quelques espèces de bois de la rés. d'Amboine. — H. S. Nederburg, à Serang, rés. de Bantam.

 a. Deux planches de bois de *lingoa*.
 b. Deux planches de bois de *Bintangour*.
 c. Une planche de bois de *lassi*.
 d. Une planche de bois de *Gofassa*.
 e. Deux poutres de bois de *lassi*.

259. Collection d'échantillons de bois de la sous-rés. de Banda.

 a. *Taola*, bois de construction pour maisons.
 b. *Tiga tiga*, bois de construction pour maisons.
 c. *Jambou outan*, bois de construction pour maisons.
 d. *Pala outan*, bois de construction pour maisons.
 e. *Kenari*, bois de construction pour navires (deux éch.).
 f. *Kenari merah*, bois de construction pour navires.
 g. *Piti*, bois de construction pour navires.
 h. *Louriya*, bois de construction pour navires.
 i. *Siki poutih*, pour planchers.
 j. *Siki merah*,   "   "
 k. *Nangka*, pour meubles.
 l. *Linggoa*,   "   "   (deux éch.)
 m. *Lasi*,   "   "
 n. *Rasamala*, employé pour préparer des parfums.
 o. *China*, dont on fait des poutres.
 p. *Boukou*, bois de la racine (deux éch.).
 q. *Besi*, bois de fer.
 r. *Jati*.

NB. A l'exception du jati, que l'on ne trouve que dans l'île de Rozengain, ces essences croissent surtout à Céram.

260. Produits forestiers de la rés. de Timor.

 1. Vingt-neuf espèces de bois avec leu feuilles.
 2. Deux morceaux de cire jaune. Timor.
 3. Cire non purifiée. Larantouka, Florès.
 4. Cire en partie purifiée. Larantouka, Florès.
 5. Bouteille d'huile de *kayou poutih*. Timor.
 6. Deux bâtons de cannelle de qualité inférieure. Larantouka, Florès.
 7. Echantillon d'écorce de gellang pour la converture des toîts.

261. Deux collections de rotins flexibles, réunies pour les comparer; l'une de rotins bruts, qui n'ont été ni lavés, ni triés, provenant de diverses îles des Indes néerlandaises, et laissées en bottes, telles que les indigènes les apportent au marché; l'autre de rotins lavés, apprêtés, triés ici, et réunis en paquets luisants, dont chacun pèse 25 kilogrammes. — Hidde Nyland, à Dordrecht.

GROUPE II. Dixième Classe.

NB. Ces rotins forment, les apprêtés en bas, les bruts en haut, un étalage haut de 4,50 mètres, large de 3,50 et profond de 0,24.

262. Quatre cannes en bois de Java. — H. Joh. Smid, à Dennenoord.
 a. Bois de kris.
 b. Caféier.
 c. Bois de sandal.
 d. Bois de serpent.

263. Quelques bois d'espèces diverses. — C. Kater, à Voorbourg.
 a. Deux poutrelles de bois de *garou*.
 b. Deux morceaux de bois de garou
 c. Planche de bois de *tikim*, large d'un mètre.
 d. Morceau de bois de fer.
 e. Deux morceaux de *semambou* (espèce de rotin).

264. Collection d'échantillons de bois de diverses espèces de l'île de Sumatra, réunie par J. L. Cluyseuaer, ingénieur civil. — Acad. mil. royale, à Breda.

265. W. L. de Sturler, Catalogue descriptif des espèces de bois de l'Archipel des Indes Orientales. — A. W. Sythoff, à Leyde.

266. Cent quatre-vingt deux blocs de diverses espèces de bois de Surinam. — C. M. Bremer, à Surinam.

NB. La moitié des blocs est encore revêtue d'écorce; l'autre moitié est travaillée. Les espèces sont:
 1. *Tourara*.
 2. *Kachoro*.
 3. „Spykerhout".
 4. *Naura*.
 5. „Mierenhout", *Mirahoudou* (*Triplaris americana*).
 6. „Waterhout".
 7. *Manti*.
 8. *Anouman kutti*.
 9. Bois de calebassier (*Couroupita Guianensis*).
 10. *Papagai briengi*.
 11. *Wane* (*Nectandra wana*).
 12. *Foungou* (*Hernandia Guianensis*).
 13. *Porkoni*.
 14. *Lohoudou*.
 15. *Kappouweri tetei*.
 16. *Kanabouli*.
 17. *Gangi houdou*.
 18. *Waswassi*.
 19. *Diaroutou*.
 20. *Salie*, bois pour meubles, brun-jaune.
 21. Coton sauvage.
 22. *Singri kwari*.
 23. *Kourara*.
 24. *Dorfi jamjam*.
 25. Sauge bâtarde.
 26. „Letterhout" (*Piratinera Guianensis*).
 27. „Watergroenhart" (*Vouapa chrysostachia*)
 28. *Ingi sopo* (*Fourcroya gigantea*).
 29. *Pokori*.
 30. *Switi tiki*, bois de réglisse.
 31. *Pitri jari* (*Duquetia Quitarensis*).
 32. *Kandoun*.
 33. *Waikara frisi*.
 34. „Hoepelhout" (*Copaifera officinalis*), on en fait des douves.
 35. *Gedou*.
 36. *Watramama bobbi* (*Octavia Augusta;* comp. n°. 269 d.)
 37. *Ouman Barklak* (*Bignonia inaequalis*).
 38. *Peprepattou*.
 39. *Sina pretou*.
 40. *Akatati*.
 41. *Bousi grammon*.
 42. *Pegrekou* (*Xylopia frutescens*), produit une espèce de poivre.
 43. *Jakopou masteki*.
 44. *Kiskissi kamkam*.
 45. *Bakka houdou*.
 46. *Loto houdou*.
 47. *Bouffrou houdou*.
 48. *Kopi* (*Goupia tomentosa*).
 49. *Nangre kandre houdou*.
 50. *Linivien*.
 51. *Seba*.
 52. „Geelhart" (*Nectandra Rodiaei*).
 53. *Waikara* (*Simaruba amara*).
 54. *Watra kwari*.
 55. *Bousi tamarin* (*Mimosa Guianensis*).

Groupe II. Dixième Classe.

56. *Mapa.*
57. *Matagri.*
58. *Pasi houdou.*
59. *Switi bonki* (*Inga ingoides*).
60. *Krapa* (*Carapa Guianensis*).
61. *Tingi moni* (*Icica leptophylla*).
62. *Pisi* (*Nectandra Pisi*).
63. *Laboti.*
64. „Bylhout" (*Eperua falcata*).
65. *Kakia.*
66. *Kabbes rond* (*Geoffroya Surinamensis*).
67. *Prinsmeri.*
68. *Kabbes noir* (*Andira retusa*).
69. *Bradi lifi* (*Coccoloba pubescens*).
70. *Gwana.*
71. *Wana kwani.*
72. *Papaja houdou.*
73. *Slang houdou* (*Mimosa Guianensis*).
74. *Sneki houdou* („ „), fort beau bois d'ébénisterie.
75. *Granbousi papaja* (*Carica papaja*).
76. *Baboun houdou* (*Myristica fatua*).
77. *Panta.*
78. *Tapa houdou.*
79. *Tetei houdou.*
80. *Ingi pipa* (*Couratari Guianensis*).
81. *Watra spikri houdou.*
82. *Locus* (*Hymenaea courbaril*).
83. „Bloedhout."
84. Bois de fer (*Siderodendron triflorum*).
85. *Makrakra.*
86. *Bousi keersi.*
87. *Mopé* (*Spondias lutea*).
88. *Raventongo.*
89. Cresson d'eau.
90. *Tabaka houdou.*
91. *Jassi houdou.*
92. *Mamantri.*
93. *Watra gouaba* (*Psidium pomiferum*).
94. *Bolletri* (*Lucuma mammosa*).
95. *Sango.*
96. *Kwasi houdou* (*Vochysia Guianensis*).
97. *Mambradi.*
98. „Bruinhart" (*Vouacapoua Americana*).
99. „Nagelhout."
100. „Sterappel-hout" (*Chrysophyllum cainito*).
101. *Bousi soursakka. Anona* sauvage.
102. „Konthout."
103. *Aratta houdou* (*Minquartia Guianensis*).
104. *Jorojoro pisi.*
105. Calebasse sauvage (*Couroupita Guianensis*).
106. Bolletri bâtard (*Bumelia nigra*).
107. *Tapouripa* (*Genipa americana*). On en tire une matière colorante noire.
108. *Wiki jakti.*
109. *Tonka* (*Dipterix odorata*).
110. *Bati-bati.*
111. *Prikati.*
112. *Pobi houdou.*
113. *Okro houdou* (*Hibiscus esculentus*).
114. *Mari houdou.*
115. *Spountri.*
116. Néflier (*Blakea quinquenervis*).
117. *Maramaradosi.*
118. *Gouwana.*
119. *Mani pisi.*
120. *Koulara pisi.*
121. *Blaka pari.*
122. „Sergent Kloot."
123. „Groenmelk."
124. *Bébé.*
125. *Wien houdou.*
126. *Pienja.*
127. *Babountri.*
128. Kabbes blanc (*Geoffroya Surinamensis*).
129. *Bloot houdou.*
130. *Biro houdou.*
131. *Desse houdou.*
132. *Mini houdou.*
133. *Trompetti houdou.*
134. *Sombi.*
135. „Suikerhout."
136. *Lorrisa houdou.*
137. *Smoko houdou.*
138. *Pinto bolletri.*
139. *Nekoupoun.*
140. *Kalkwe.*
141. „Purperhart" (*Copaifera pubiflora*).
142. *Mannoster.*
143. *Sarnan houdou.*
144. *Manjassi houdou.*
145. *Aguste houdou.*
146. *Surnaruppa.*
147. *Sabamyoungou.*
148. *Maripa* (*Maximiliana regia*).
149. *Koumbou* (*Oenocarpus bacaba*).
150. *Patmalat.*
151. *Palasala* (*Euterpe oleracea*).
152. *Awarra* (*Astrocaryum awarra*).
153. *Ouman moster.*
154. *Abaya.*
155. *Kalbari.*
156. Palmier Mauritia (*Mauritia flexuosa*).

GROUPE II. Dixième Classe.

157. *Manya* (*Mangifera indica*).
158. *Kaneel houdou*.
159. *Mopé*.
160. *Sneki bita*.
161. *Bounhati mama*.
162. *Moster*.
163. *Woda*.
164. *Hegron tapouripo*.
165. *Monobe*.
166. *Tinkwatta*.
167. *Dakala*.
168. *Walimia*.
169. *Perima*.
170. *Hegron mesi*.
171. *Apa*.
172. *Alira*.
173. Bois de sapotille (*Achras sapota*).
174. Manque
175. *Man kounatepi* ou acajou de Surinam (*Caesalpineae* spec.)
176. *Peto*, excellent bois pour meubles.
177. „Oranje-hout."
178. „Letterhout" (*Piratinera Guianensis*). Voy. n°. 26.
179. *Tamarin* (*Tamarindus officinalis*).
180. *Ouman kounatepi* ou acajou de Surinam (*Caesalpineae* spec.)
181. *Mangro* ou *Mangrove* (*Rhizophora mangle*).
182. *Parouwa*.

267. Sept petits blocs de différentes espèces de bois de Surinam. — **C. M. Bremer**, à Surinam.

a. „Pegrekoe" (*Xylopia frutescens*).
b. „IJzerhart" (*Siderodendron triflorum*).
c. „Sterappel" (*Chrysophyllum cainito*).
d. Pisi (*Nectandra cuspidata*)
e. Locus (*Hymanaea Courbaril*).
f. Crapa (*Carapa Guianensis*).
g. „Purperhart" (*Copaifera pubiflora*).

268. Collection de bois de Surinam de diverses espèces. — Acad. mil. royale, à Breda.

269. Bois divers et substances textiles de Surinam. — **D. de la Fuente**, à Surinam.

a. Morceau de bois de kounatepi travaillé (acajou de Surinam; c'est une Césalpinée).

b. Morceau de bois de serpent; „slangenhout" (*puta-locus*); à vendre pour fl. 6.
c. Morceau de bois de fer (*Siderodendron triflorum*); à vendre pour fl. 16.
d. Morceau de „letterhout" (*Piratinera Guianensis*); à vendre pour fl. 16.
e. Morceau, probablement de *Waira mama bobbi*, appelé par l'exposant bois de Fuente (*Octavia Augusta*); à vendre pour fl. 70.
f. Vingt-deux morceaux de bois de Surinam de diverses espèces.

1. „IJzerhart" (*Siderodendron triflorum*).
2. Bois de rose (*Machaerium* spec.).
3. Bois de satin (*Swietenia chloroxylum*).
4. Patroupa.
5. Perekoutou.
6. „Groenhart" des Savannes (*Bignonia leucoxylon*).
7. Man-Sali (*Icica* spec.).
8. Kabbes moutousi.
9. Man-Kwassi (*Quassia amara*).
10. Panta kouwana.
11. „Geelhart" ou pakouli (*Nectandra Roddiaei*).
12. Palissade (*Euterpe oleracea*).
13. Bébé (*Pterocarpus suberosus*).
14. Bolletri (*Lucuma mammosa*).
15. Wewesi moutousi.
16. Cèdre don.
17. Man-Corara.
18. Krapou.
19. „Suikerhout".
20. „Bylhout" (*Eperua falcata*).
21. Padi.
22. „Letterhout" rouge (*Piratinera Guianensis*).

g. Paquet de fibres et de corde de „zeilgras" (*Bromelia* spec.).

270. Produits forestiers de Surinam. — **Dr. E. Dessé**, à Surinam.

a. Petit flacon de lait de bolletri figé au moyen de l' alcool.
NB. L'arbre bolletri (*Lucuma mammosa*) produit le *balata* ou gutta-percha de Surinam.
b. Onze morceaux de bois d'espèces différentes.
1. „Bruinhart" (*Vouacapoua americana*).
2. Mora ou peto (*Mora excelsa*).
3. „Sterappel" (*Chrysophyllum cainito*).

4. Cèdre (*Cedrela odorata*).
5. „Purperhart" (*Copaifera pubiflora*).
6. Bolletri (*Lucuma mammosa*).
7. Crapa (*Carapa Guianensis*).
8. Wana (*Nectandra wana*).
9. Bata-balli; on en fait des rames.
10. Kakaralli.
11. Walabba.

271. Produits forestiers de Surinam. — A. J. B. Schimmelpenninck van der Oye, à Surinam.

a. Sac de charbon de bois de la Para supérieure. Surinam.
b. *Hayawa* ou encens indien (résine de l'*Icica Heptaphylla*).
c. Résine de locus (*Hymenaea Courbaril*).
d. Ballot de coton des bois ou kapok.
e. Paquet de fibres brutes de vieilles et de jeunes feuilles du palmier Mauritia (*Mauritia flexuosa*).
f. Flacon de fibres brutes de „zeilgras" (*Bromelia* spec.).
g. Paquet d'éventails à moitié finis de feuilles du palmier awarra (*Astrocaryum awarra*).

272. Produits forestiers de Surinam. — C. J. Hering, à Surinam.

a. Deux flacons de matières colorantes employées par les Indiens.
b. Deux coquilles d'escargots renfermant un baume (*Icica Aracouchini* Aubl.) laxatif (baume *lakasiri*) employé comme médecine par les Indiens.

273. Produits forestiers de Surinam. — S. A. Ryhen, à Surinam.

a. Petit morceau d'*Icica* ou résine indienne, employée en guise de poix.
b. Paquet de charbon de bois.
c. Morceau de *balata* (gutta-percha produite par le *Lucuma mammosa*).
d. Paquet de corde faite de „zeilgras" (*Bromelia* spec.).

274. Produits forestiers de Surinam. — Jonkheer A. van Sypesteyn, ancien gouverneur de Surinam.

a. Trente et un échantillons de bois de Surinam de diverses espèces.
b. Deux bâtons tordus naturellement (lianes).

275. Morceau de balata ou gutta percha de Surinam (produite par le *Lucuma mammosa*, qui a en outre d'excellent bois pour les charpentes, et qui porte des fruits fort bons, analogues aux dattes). A vendre pour fl. 22,50. — J. Gans, à Surinam.

276. Feuille de balata. — A. J. Wix, à Suainam.

277. Ligne de pêche faite avec des fibres de Maho (*Hibiscus elatus*); cette plante croît en abondance au bord des rivières et porte de belles fleurs jaunes. — W. Soerel, à Surinam.

278. Paquet de fibres et de corde de l'Ingi sopo (*Fourcroya giganiea*). — C. Gomperts, à Surinam.

279. Végétaux et plantes cultivées, arbres et espèces de bois de Surinam, par Westerouen van Meeteren, Amsterdam, 1883. — Westerouen van Meeteren, ancien directeur de la banque de Surinam.

280. Description des diverses espèces de bois de charpente qui croissent dans la Guyane européenne, par H. A. van der Speck Obreen. — S. C. J. W. van Musschenbroek, Dr. en droit, à Leyde.

F. Industrie minière.

Si par l'industrie minière on entend celle qui va chercher les minéraux dans les entrailles de la terre en creusant des puits profonds et des galeries cachées dans le sol, il faudra dire qu'elle n'a jamais été exercée aux Indes néerlandaises, ni par la population indigène proprement dite, ni par les Chinois qui s'y sont établis. Ce genre d'exploitation était trop difficile pour eux; ils ne connaissaient même pas les moyens les plus indispensables pour s'y livrer, et ils ne l'ont jamais même essayé. Mais si l'on fait rentrer dans l'industrie minière tous les procédés au moyen desquels l'homme s'efforce de se rendre maître de minéraux utiles, il est indubitable que cette branche d'industrie a existé aux Indes néerlandaises de temps immémorial. Il est vrai que la population indigène proprement dite ne l'a jamais poussée bien loin, et que ce sont les Chinois qui les premiers l'ont exercée sur une assez grande échelle, à dater d'une époque relativement récente.

Il n'est guère possible de décider de qui les indigènes ont appris au début à exploiter et à utiliser les minéraux. Les uns croient que la connaissance de cet art leur est venue en même temps que le bouddhisme; d'autres, que les Chinois, qui trafiquaient déjà au quatrième siècle dans plusieurs contrées des Indes, ont les premiers répandu cette connaissance dans l'Archipel. Mais il est très probable que déjà bien des siècles avant l'ère chrétienne on a su s'approprier et mettre en œuvre quelques métaux, comme l'or et le fer, au moins dans certaines parties des Indes néerlandaises, par ex. à Sumatra et à Java.

Nous allons passer en revue les différents minéraux sur lesquels s'est exercée l'industrie minière des indigènes des Indes néerlandaises.

Fer. Ce métal se trouve un peu partout dans l'Archipel. Il y en a de très riches dépôts à Java et à Sumatra, mais surtout à Borneo, à Célèbes, à Timor, à Bangka et à Blitong. Cependant les indigènes ne l'ont jamais exploité que sur une échelle restreinte. On s'est contenté de recueillir le minérais connu sous le nom de limonite, ou fer des marais, qui se trouve presque à fleur de terre, ou bien d'exploiter presque à ciel ouvert des filons de fer oxydé, de fer phosphaté manganésifère et autres. On a relativement beaucoup recueilli et fondu de fer à Célèbes et parmi les Dayaks de Borneo. Ainsi il y a ving-cinq ans on vantait encore fort le fer fabriqué par les Dayaks de Blinchi, haut-pays de Matan (Côte occ. de Borneo). Il y a eu aussi un temps où l'on faisait de même grand cas du »pamor", fer de couleur blanche, très facile à forger, que les Malais savaient obtenir de la fonte des minérais à Célèbes, dans la Division méridionale et orientale de Borneo, à Timor et à Blitong. On trouve encore des vestiges des exploitations ferrugineuses des Chinois le long de la Côte occidentale de Borneo, par exemple dans la contrée de Palo au nord de la rivière de la Samlas, et près de la petite rivière de la Bakkou un peu au nord de celle de la Kandawangan, puis aussi dans l'île de Bintang, qui fait partie de l'archipel de Riouw, et dans plusieurs autres. Cependant cette industrie a presque disparu depuis une trentaine d'années, rendue inutile par l'usage toujours plus étendu qui se fait du fer et de l'acier importés depuis l'Europe.

Or. L'exploitation de l'or a été beaucoup plus importante que celle du fer, ce qu'il faut sans doute attribuer en partie à la valeur plus grande de ce métal et à la facilité que l'on a quelquefois à l'extraire du sol, mais surtout à ce qu'il est très généralement répandu dans les Indes néerlandaises. On sait qu'il y en a à Java, à Bangka, à Blitong, à Singkep, à Bintang, à Bachan, à Timor et dans plusieurs îles plus petites; cependant dans aucune de ces îles l'exploitation n'a jamais eu une grande activité, parce que les quantités de métal que l'on recueillait étaient toujours faibles. En revanche, la partie septentrionale de Célèbes, Borneo et Sumatra ont autrefois donné beaucoup d'or, et maintenant encore mainte localité dans ces îles ne manque pas d'importance au point de vue de l'extraction du précieux métal.

L'or existe dans le sol des Indes néerlandaises sous plusieurs formes différentes. On le trouve par exemple en paillettes dans le sable des lits des rivières et des ruisseaux; ou bien mêlé aux détritus de montagne, dont il existe des amas recouverts de couches d'argile, de gravier ou de sable; ou bien encore sous forme de réseaux de petites veines qui sillonnent les roches dures et surtout celles qui ont été fortement attaquées par les agents atmosphériques; enfin sous forme de filons proprement dits, dans lesquels il existe mêlé au quartz, à la pyrite de cuivre, à la pyrite de fer, et à d'autres minéraux.

Naturellement il est né de là différentes méthodes d'extraction, qui du reste les indigènes n'ont jamais su perfectionner autant que les Chinois. Le Dayak de Borneo plonge dans la rivière avec son *doulang* (grand bassin de bois), qu'il remplit du sable aurifère qui forme le lit, puis remonter pour laver ce sable. Le Malais creuse souvent des puits ronds de 0,7 à 0,8 mètres de diamètre, pour parvenir aux amas de détritus aurifère de montagne. Il recueille tout ce qu'il peut de ces matières au fond du trou et à droite et à gauche, et lave ce qu'il rapporte sur le sol. Quant aux Chinois, ils ont d'ordinaire trois méthodes d'exploitation, parfois imitées par les Dayaks et les Malais. Si le dépôt métallifère est situé au dessus du niveau moyen des eaux et s'il n'y a pas d'impossibilité à amener de l'eau sur le théâtre des travaux, ils dirigent un courant pour lui faire entraîner toute la couche supérieure du sol, pour mettre à découvert la couche qui contient l'or. Ils lavent alors soigneusement les matières dont cette dernière est composée dans de larges chéneaux en bois, recueillent l'or qui provient de ce lavage et lui en font subir un second dans des baquets, pour encore le purifier plus complètement en enlevant les grains de sable ferrugineux au moyen de baguettes aimantées. Si le dépôt aurifère se trouve plus bas que le niveau moyen des eaux et si par conséquent on n'a pas de pente pour se débarrasser comme nous venons de le dire de la couche supérieure du sol, on creuse des fosses à ciel ouvert, que l'on aura à maintenir artificiellement à sec; quand le fond des fosses a atteint la couche métallifère, on extrait celle-ci et on en transporte les matériaux en dehors de la mine, pour les laver et en recueillir l'or de la même manière que d'après la première méthode. Enfin, si l'or se trouve sous forme de veines dans la roche, on brise celle-ci à coups de pics et de leviers, en continuant aussi profond qu'on le peut sans être trop gêné par les eaux, rarement à plus de 15 mètres de profondeur. On trie alors, tout à fait empiriquement, les matériaux que l'on a extraits, on les broie dans des mortiers de pierre et on les lave d'après les procédés ordinaires. Cette exploitation est assez bien entendue et économique quand il s'agit de couches métallifères superficielles, qui se trouvent dans les vallées; mais on n'en peut pas dire autant de l'extraction de l'or enfermé dans la roche. Il doit beaucoup se perdre de métal, et les moyens dont disposent les Chinois sont beaucoup trop imparfaits pour leur permettre de suivre les filons à une profondeur de quelque importance.

Quant à ce qui concerne Sumatra spécialement, on estime que l'or y a été extrait du sol longtemps avant l'ère chrétienne. Pour Bornéo, on peut croire que les premiers habitants indous de l'île ont su qu'elle contenait de l'or. On sait avec plus de certitude qu'il se faisait au XIIIe siècle un grand commerce d'or sur la côte occidentale de Borneo, et que probablement l'exploitation des mines de ce métal y a atteint son plus grand développement à la fin du siècle passé et au commencement de celui-ci.

Il n'existe pas de données certaines sur la quantité réelle d'or extraite par les indigènes, non seulement dans le passé, mais même dans les derniers temps. Pour Sumatra une seule chose est certaine, c'est qu'elle a dû produire autrefois beaucoup plus d'or que maintenant; mais on ne sait absolument pas combien. A Borneo, on y aurait encore extrait en 1812, d'après Raffles, dans la Division occidentale, de l'or pour une valeur d'un million de livres sterling; d'après d'autres données, on en aurait exporté en 1848 de la même contrée pour une valeur de fl. 1282500, et la valeur de cette exportation aurait été en moyenne de fl. 211088 par an de 1875 à 1880 pour les districts chinois, qui sont la partie de la Côte occidentale de Borneo qui produit le plus d'or.

Etain. L'étain occupe aussi une grande place parmi les minéraux exploités dans les Indes néerlandaises par les indigènes et les Chinois. Il est moins généralement répandu dans le sol de l'Archipel que l'or; toutefois on le trouve en grande abondance dans les îles de Bangka et de Billiton, et il existe en outre en plus ou moins grande quantité dans celles de Singkep, de Koundour et de Grande-Karimon, qui toutes trois font partie de l'archipel de Riouw, et, dans la région de la Côte orientale de Sumatra, dans le haut-pays de l'empire de Siak, près des rivières de la Kampar et de la Rokkan.

L'étain se trouve aux Indes néerlandaises presque exclusivement dans des dépôts formés par des courants d'eau. On le rencontre dans des couches de détritus de montagne qui reposent d'ordinaire dans les régions plates ou dans les vallées immédiatement sur le fond de roches compactes, et qui sont recouvertes des produits de la désagrégation des collines ou des montagnes environnantes.

Il a été primitivement exploité par les Malais de la manière la plus rudimentaire, et il existe encore à Bangka et à Singkep de nombreux vestiges de ces anciens travaux. Si le métal se trouvait fort rapproché de la surface du sol, on enlevait au moyen d'un courant d'eau ou bien à bras toute la couche de terre qui recouvrait le minérai, puis on creusait ce dernier pour l'emporter et le laver. Mais pour peu que le métal se trouvât plus profond, on ne savait l'atteindre qu'en creusant de petits puits dont on exploitait le fond en prenant autant que possible autour du trou; ce qu'on en retirait se lavait sur des baquets plats en bois (*doulang*). Quant les Chinois à leur tour se mirent à extraire l'étain, ils perfectionnèrent beaucoup les procédés. Ils emploient deux méthodes, suivant qu'ils ont à exploiter les gisements appelés *koulit* et *koulit kollong*, situés au dessus du niveau général des eaux, ou des *kollong*, situés essentiellement, dans le fond des vallées, au dessous du niveau des eaux. Ces méthodes ne diffèrent guère de celles qui sont employées à Borneo pour la recherche de l'or. Une condition capitale de l'exploitation est que l'on puisse disposer d'une quantité suffisante d'eau courante, soit, quand on exploite les gisements élevés, pour faire enlever par l'eau la couche supérieure de terrain qui recouvre le minérai, soit, quand on opère dans la vallée, pour mettre en mouvement les roues hydrauliques nécessaires au drainage des fosses d'exploitation; enfin l'eau courante est indispensable pour pouvoir laver en grand, quand le moment est venu, les matériaux extraits de la mine.

Autrefois à Bangka les indigènes ne fondaient le minérai d'étain que par petites quantités à la fois. Ils faisaient usage pour cela d'un trou peu profond pratiqué dans le sol et revêtu d'argile réfractaire; l'ouverture supérieure du trou avait environ 3 cm. de diamètre. On remplissait l'excavation de minérai d'étain mélangé de charbon de bois, on allumait ce dernier et on le maintenait à l'incandescence au moyen de courants d'air amenés par des tuyaux de bambou un peu au dessus du fond du trou. Ces tuyaux communiquaient avec le bas d'un tronc d'arbre évidé, placé verticalement, dans lequel on faisait mouvoir à la main un piston, qui produisait le courant d'air. Il n'y a que quelques années que ce procédé primitif était encore employé pour la fonte à Singkep et à Siak. Quand ils sont arrivés à Bangka, les Chinois l'ont grandement perfectionné; ils mirent en usage de grands fourneaux et des soufflets de forme cylindrique, manœuvrés à la main en tirant du haut en bas. Ils pouvaient ainsi obtenir par nuit de fonte avec un fourneau jusqu'à 60 lingots ou barres d'étain, chacun du poids de 33 kilogrammes.

L'exploitation de l'étain ne date pas de très loin aux Indes néerlandaises. Elle a probablement été inaugurée à Bangka vers l'an 1710 par des indigènes originaires de Palembang. Au début elle fut insignifiante. Mais en 1725 on invoqua l'assistance des Chinois et dès lors l'extraction prit petit à petit de si grandes proportions qu'en 1740 la production fut déjà de

25000 pikols (1 pikol = 61,76 kg.) et qu'en 1777 la Compagnie des Indes orientales conclut avec le sultan de Palembang, auquel Bangka appartenait alors, un contrat par lequel le sultan lui promettait la livraison annuelle de 30000 pikols d'étain.

Déjà en 1823 le gouvernement néerlandais savait qu'il existait de l'étain à Blitong, et les indigènes n'avaient pas attendu cette date pour l'extraire et le fondre. Cependant il ne s'est pas fait dans cette île d'exploitation sur une grande échelle jusqu'en 1852; le gouvernement y a concédé alors l'extraction de l'étain à une société privée.

Il y a une centaine d'années que s'exploite l'étain de Singkep. Au commencement les Malais seuls s'en occupaient, et ils employaient les méthodes très primitives dont nous avons dit un mot plus haut. Plus tard les Chinois y ont appliqué leur système de fosses. Du reste les sondages qui ont été effectués il y a quelques années ont démontré que cette île ne contient plus que peu d'étain.

On sait depuis seulement une cinquantaine d'années, pour ce qui concerne la Côte orientale de Sumatra, qu'il y a de l'étain dans le haut-pays de Siak. La quantité de métal extraite dans cette contrée par les indigènes est insignifiante et les recherches des derniers temps ont donné la certitude que le minérai n'existe que dans de faibles proportions. Il paraît aussi qu'on a une fois exploité de l'étain à Siblimbing sur la Kampar et aussi sur la Paré, affluent de la Rokkan; mais on n'a pas de détails à ce sujet.

Depuis assez longtemps et jusqu'à présent les indigènes de l'île de Grande Karimon ont tiré du sol un peu d'étain; mais là aussi c'est en quantité insignifiante.

On ne peut pas dire avec certitude combien d'étain les Indes néerlandaises ont produit dans le passé. Sur la Côte orientale de Sumatra et à Grande Karimon, la production a sans doute toujours été insignifiante. Dans les meilleures années on a extrait à Singkep jusqu'à 600 ou 700 pikols. Quant à Bangka on a estimé sa production totale jusqu'au moment où l'île a passé sous l'administration néerlandaise, c'est-à-dire jusqu'en 1821, à 1,330,000 pikols.

Vif-argent. Le minérai de mercure (*cinnabre*) existe dans plusieurs endroits aux Indes néerlandaises, par exemple, dans la Tanah-Laut, Div. mér. et or. de Borneo, où il se trouve en compagnie de l'or; dans la Div. occ. de Borneo sur un affluent de la Bounout et dans quelques autres endroits; dans l'île de

Java à Demak et à Cheribon, à Demak à l'état vierge et à Cheribon uni avec l'or; enfin sur la Côte occ. de Sumatra près de Silabou et sur les petites rivières de la Gadé-Talang et de la Tapir.

Ce n'est que dans les dernières localités, celles de Sumatra, que les indigènes recueillent systématiquement le vif-argent. Il s'y trouve dans les matières provenant de l'effritement d'une certaine roche schisteuse; on fait subir à ces matières un premier lavage dans des chéneaux établis dans ce but, puis, le plus gros des substances inutiles éliminées, on lave avec soin dans des baquets de bois le minérai mêlé de sable qui reste de la première opération. On obtient ainsi un *cinnabre* fortement mélangé de fer oxydé, que l'on fait rougir dans un creuset hermétiquement fermé; le soufre du *cinnabre* se combine avec une partie du fer, le mercure devient libre, et quand le creuset est refroidi on n'a qu'à le verser. La quantité de métal que l'on parvient à obtenir dépend de celle de l'eau dont on dispose pour le lavage et est généralement fort insignifiante. Les indigènes font usage du mercure à titre de remède et c'est aussi à ce titre qu'ils en font commerce entre eux.

Diamants. Il n'existe dans les Indes néerlandaises de diamants qu'à Borneo. Les gisements les plus connus se trouvent, pour la Division occidentale, dans la contrée de Landak et sur quelques points situés sur la rive droite de la Kapouas; dans la Division méridionale et orientale, la région des diamants forme à peu près la frontière nord de la contrée de Tanah-Laut, en particulier près de Soungei Danau et de Wauwân dans le district de Kousan, et à Chempaka près de Martapoura.

Le diamant se trouve à peu près dans les mêmes conditions que l'or, c'est-à-dire dans des dépôts de détritus de montagne enfouis à une profondeur plus ou moins grande sous la surface du sol. Quelquefois aussi on en trouve dans le lit des ruisseaux et des rivières; il est probable qu'ils proviennent alors de dépôts de détritus de montagne situés dans le lit ou sur les rives de ces cours d'eau et que ceux-ci les ont entraînés.

La recherche du diamant est preque exclusivement entre les mains des Malais. D'ordinaire ils font des trous pour atteindre le dépôt où se trouvent les gemmes; ils extraient ce dernier et le lavent dans des baquets de bois. A Landak on commence dans quelques endroits par faire emporter par l'eau tout le terrain qui recouvre le dépôt contenant les diamants, de la même manière que les Chinois le font pour les gisements aurifères situés plus haut. Les données que l'on possède sur l'étendue de la production de diamants anciennement et dans les derniers temps, sont fort incertaines; on peut dire cependant qu'elle n'est pas très considérable, et maintenant moins que dans le passé.

Sel. Le sel mérite une mention spéciale parmi les minéraux que les indigènes savent se procurer. Il est évident qu'aux Indes néerlandaises, formées d'îles nombreuses que baigne la mer sous un climat très chaud, on a amplement l'occasion de le fabriquer. Mais, indépendamment de cela, le sol de quelques unes des îles est très riche en gisements salins, comme le démontre le grand nombre de sources d'eau salée et de boue salée que l'on y trouve. Ces sources sont surtout nombreuses à Java; on en connaît 151 rien que dans les régences du Préanger, et elles existent, plus ou moins nombreuses, dans d'autres résidences. Enfin, ces sources ne sont pas rares à Borneo, à Sumatra, à Célèbes, à Rotti, et dans quelques autres îles encore, et partout, comme à Java, elles semblent surtout fréquentes dans les régions qui ont été soumises à une action volcanique, ou qui le sont encore.

Le débit des sources d'eau salée et de boue salée est très variable. Pour le plus grand nombre il est insignifiant; cependant il en est plusieurs qui pourraient donner des quantités considérables de sel, si on les exploitait méthodiquement. Une source de Chi Ampel dans la résidence de Krawang à Java donne par heure 320 litres d'eau, contenant environ 9 kilogrammes de sel. Il y a dans le territoire de Kikim, résidence de Palembang, une source dont le sel suffit à la consommation d'une population de 12000 âmes.

La composition chimique des eaux salines varie aussi beaucoup. Tandis que les unes ont en suspension du sel de cuisine presque pur, chlorure de sodium, d'autres contiennent en outre beaucoup de chlorure de magnésie ou de chlorure de calcium, dont le premier donne au sel un goût amer, et dont le second a des propriétés hydroscopiques qui empêchent de maintenir le sel à l'état sec. Il y a aussi à Java, et probablement encore dans d'autres îles, quelques sources salines qui contiennent du iode et ont pour cela des propriétés médicinales.

A l'exception de certaines parties de Java et de quelques unes des Possessions extérieures, le sel fait aux Indes néerlandaises l'objet d'un monopole du gouvernement, c'est-à-dire que le gouvernement seul à le droit de le fabriquer, de l'importer et de le vendre. Il résulte de là que la fabrication du sel est plus ou moins limitée, quoique l'administration ait soin que l'on puisse toujours autant que possible disposer d'une quantité suffisante de cette denrée indispensable à l'homme et qu'elle soit partout en vente dans les entrepôts de l'Etat.

Les indigènes seuls travaillent aux Indes à la fabrication du sel. La méthode la plus simple est celle employée dans certaines contrées de Java et dans quelques unes des Possessions extérieures, où le gouvernement permet à la population de faire le sel pour sa propre consommation. Ils font évaporer l'eau des sources salines dans de grands bassins de fer appelés *kwalîs*. Le sel obtenu de cette manière est de qualité fort variable suivant la composition chimique de l'eau saline employée, et suivant le plus ou moins de soin apporté aux manipulations.

Sur les côtes de Célèbes et dans quelques autres contrées on brûle des plantes imprégnées d'eau de mer. On lessive les cendres avec de l'eau de mer et l'on fait évaporer le liquide dans des bassins de fer. Le sel obtenu de cette manière contient, paraît-il, beaucoup de matières étrangères et est de qualité inférieure.

Dans le district de Kradenan, résidence de Samarang, le sel se fabrique sur une beaucoup plus grande échelle par les indigènes, qui ont l'autorisation du gouvernement, mais qui doivent en revanche payer une redevance. On creuse des puits longs de 2,5 mètres sur 1,5 de large, et profonds de 10 mètres et plus; un boisage prévient les éboulements. Les eaux salines, que le sol renferme en grande quantité, se rassemblent par infiltration dans ces puits; on les élève au moyen d'une bascule et on les verse dans des fosses plus petites, où on les laisse reposer quelques jours, pour que les matières terreuses quelles contiennent se déposent. Quand on juge que l'eau est suffisamment clarifiée, on la transvase dans des chéneaux en bambou, longs de 3 à 4 mètres et placés à plus d'un mètre au dessus du sol. Le soleil fait évaporer l'eau et l'on recueille le sel, en le raclant sur les parois des chéneaux au moyen de coquillages. On fait de cette manière toutes les années à Kradenan environ 13000 pikols (800 tonnes) de sel.

La fabrication du sel qui se fait le plus en grand est celle de l'île de Madoura, pour laquelle on utilise l'eau de mer. Elle se fait entièrement pour le compte du gouvernement et d'après la méthode européenne. On établit le long du rivage une série de bassins dans lesquels on admet l'eau de la mer au moment de la marée par le moyen de petites écluses. On y laisse l'eau quelque temps pour qu'elle dépose les matières qu'elle contient en suspension, puis on la conduit dans d'autres bassins, où elle s'évapore lentement à la chaleur du soleil, pour laisser le sel en dépôt au fond des bassins. Le produit dépend beaucoup du temps et varie pour cela considérablement d'une année à l'autre. Ainsi en 1879 on n'a obtenu que 154 koyans (285 tonnes), contre environ 66,900 koyans (124000 tonnes) en 1877. Les frais étaient à Madoura d'environ 15 florins par koyan. La vente de sel du gouvernement à Java, à Madoura et dans les Possessions extérieures est actuellement d'environ 37000 koyans par an, ce qui rapporte plus de 7 millions de florins, ou environ 190 florins par koyan.

Houille. Quoique il y ait de la houille dans de nombreuses régions des Indes néerlandaises, les indigènes n'en tirent peu ou point de parti pour leur propre usage. Il est vrai que sur la Kapouas supérieure, dans la Division occidentale de Borneo, et à Koutei, sur la côte orientale de la même île, les indigènes extraient la houille qui se trouve dans des couches peu profondes du terrain, mais cela se fait uniquement pour le compte du gouvernement, qui a conclut avec les princes de ces endroits des contrats pour la livraison de ce combustible. Dans un petit nombre de localités de Java les Chinois extraient du sol une faible quantité de houille pour les fours à chaux.

Bitume solide. Ce minéral existe dans un grand nombre de localités de Java, de Sumatra, de Borneo et d'autres îles. Les indigènes le recueillent. Parfois il se trouve dans le sol meuble de la surface, et d'ordinaire alors il provient d'arbres qui ont vécu à l'endroit même; souvent aussi il se rencontre dans les lits des rivières ou à une certaine profondeur dans le sol, alors il provient de couches carbonifères des terrains tertiaires récents, lesquelles sont souvent très bitumineuses.

Pétrole. Il y a des sources naturelles d'huile minérale à Java, à Sumatra et à Borneo. Les indigènes recueillent l'huile brute qui nage sur l'eau de ces sources et l'emploient parfois pour la brûler dans des lampes ouvertes; ils y font aussi fondre de la résine, pour produire une sorte de poix dont on se sert pour le calfatage; enfin on l'utilise encore comme remède et comme moyen de conserver les bois.

Pierres de construction. Il y a dans l'île de Singarang, archipel de Riouw, des carrières d'une espèce de grès, dont les Chinois font des dalles, des montants de portes, des mortiers, des monuments funéraires et autres objets. Il y a aussi à Java quelques carrières semblables, exploitées par les indigènes. Autrefois à Bangka les Chinois exploitaient aussi du granit, qui s'employait à diverses fins pour les besoins domestiques.

Chaux, argile et terre glaise. Dans beaucoup de localités de Java et de Sumatra les indigènes et les Chinois exploitent des pierres calcaires pour en faire de la chaux à bâtir. Les indigènes de ces deux îles et de quelques unes des Possessions extérieures savent aussi se procurer plusieurs sortes de terres argileuses, et en faire des tuiles, des briques, des pots à fleurs, des pots à eau et toutes sortes d'autres objets grossiers en terre cuite.

Soufre et *alun*. Ces minéraux se trouvent souvent en grande abondance, et passablement purs, dans les cratères des volcans de Java, de Sumatra et de beaucoup d'autres îles. Les indigènes les recueillent sans peine, parce que d'ordinaire on en trouve autant qu'on en veut à la surface même du sol, et qu'on peut en faire usage sans les purifier au préalable.

Terre comestible. De même que dans beaucoup d'autres pays, la géophagie, l'habitude de manger de la terre, existe dans les Indes néerlandaises, surtout parmi les Javanais et les Malais et quelques tribus dayakes. La composition chimique de la terre employée pour cela, *tanah-ampoh*, est partout à peu près la même. C'est d'ordinaire une argile amorphe, terreuse, formée principalement d'un hydrate de silicat d'alun, avec un peu d'oxyde ou d'oxydule de fer; une seule des espèces connues, que les forçats employés à Borneo à la mine de houille d'Orange Nassau retiraient autrefois de la mine elle-même, était une argile schisteuse carbonifère très fine, contenant plus de 28% de bitume. Sur les marchés et dans les boutiques indigènes cette terre comestible se vend généralement sous forme de petits gâteaux carrés ou de bâtons, que d'ordinaire on enduit d'huile de coco et grille sur les charbons avant de les manger. Le Dr. Greiner a pu observer pendant longtemps les forçats géophages de la mine d'Orange Nassau, et il déclare que cette habitude en se prolongeant exerce une influence très pernicieuse sur les organes digestifs et engendre plusieurs maladies.

Il existe différents écrits qui donnent des détails plus circonstanciés sur l'exploitation des minéraux utiles par les indigènes des Indes néerlandaises. Nous donnons une liste des plus importants de ces ouvrages.

1. *Annales des mines des Indes néerlandaises.*
2. *Revue des Indes néerlandaises.*
3. *Revue d'histoire naturelle pour les Indes néerlandaises.*
4. *Mémoires de la Société des Arts et des Sciences de Batavia.*
5. *Mémoires publiés par l'Institut royal de philologie, de géographie et d'ethnologie pour les Indes néerlandaises.*

218   Groupe II. Dixième Classe.

6. *Revue indienne d'industrie et d'agriculture.*
7. *Mémoires sur l'histoire naturelle des possessions d'outre-mer des Pays-Bas, par les membres de la Commission d'histoire naturelle, section de géographie et d'ethnologie.* Leyde, 1839—1844.
8. F. Valentyn. *Les Indes orientales anciennes et actuelles.* Dordrecht et Amsterdam, 1724.
9. P. J. Veth. *La Division occidentale de Borneo.* Zalt-Bommel, 1854.
10. Thomas Horsfield (en anglais). *Rapport sur l'île de Banca,* dans le *Journal de l'archipel indien*, 1848.
11. H. M. Lange. *L'île de Bangka.* Bois-le-Duc, 1850.
12. J. H. Croockewit. *Bangka, Malacca et Billiton.* La Haye, 1850.
13. P. H. van Diest. *Bangka, décrite sous forme de récits de voyages.* Amsterdam, 1865.
14. F. H. W. von Hedemann. *Esquisse de la manière dont s'exploitent les mines d'étain de Billiton et de leur organisation domestique.* Zalt-Bommel, 1868.
15. J. H. Kloos (en allemand). *Existence et exploitation de l'or dans l'île de Borneo.* Leipzig, 1865.
16. G. F. Duhr. *Les mines d'or des côtes de Célèbes.* Batavia, 1787.

281. Bouteille d'huile minérale de la rés. de Bengkoulen.

282. Bouteille de terre comestible (*tanah ampoh*) de la résid. des Lampongs.

283. Echantillons de diverses sortes de terre et de minérais de la résid. de Riouw.

a. Boite de terre comestible, *nampal.*
b. Deux échantillons de minérai d'étain de l'île de Singkep et un saumon d'étain.
c. Echantillon de sable étannifère (lavé) de l'île de Grande Karimon.
d. Saumon d'étain obtenu de ce sable. Prix à Singapore, ƒ 30 le pikol.

284. Echantillon de terre comestible (*tanah ampoh*) de la résidence de Pekalongang.

285. Echantillon de plâtre (*batou lintang*) et deux échantillons d'huile minérale (*minyak lantong*) de la résid. de Rembang.

286. Deux échantillons de marbre brut et deux dito taillés, et une bouteille d'huile minérale de la résid. de Madioun.

287. Ustensiles employés dans la fabrication du sel, à Madoura.

a. Kanchor pour nettoyer les bassins à sel.
b. et *c.* Rouleaux, *gilingan*, pour affermir et égaliser le fond.
d. Senggot, puisoir.
e. Sreppeng, pelle pour entretenir les petites digues.

f et *g. Sorkots*, ustensiles pour détacher et amasser le sel.
h. Kanchor pour enlever le sel.

288. **Minéraux de l'île de Madoura.**

a. Echantillon d'huile minérale, *minyak lantong*, du district de Soumenep.
b. Echantillon de terre comestible (*glèga*) et deux échantillons de sel (récolte de 1881 et de 1882), du district de Sampang.
c. Diverses sortes de pierre et un échantillon de chaux cuite dans le district de Pamekassan.

289. **Modèle de l'aménagement d'une mine de diamants dans la division Sud et Est de Bornéo.**

a. Echafaudage.
b. Leviers et pinces.
c. Seaux (*timba*).
d. Panier (*ayakan*).
e. Panier (*angkatan*).
f. Vase de bois (*loumpang*).
g. Planche à laver (*linggangau*).

290. **Cube representant la production de la poudre d'or** pendant l'année 1880, dans les districts chinois de la division ouest de Borneo. Poids 182.5 Kilogr., valeur *f* 256,588. — J. C. van Schelle, ingénieur des mines.

291. **Noria chinois pour l'assèchement des mines d'or.** Echelle 1 : 10. — **Division des Mines aux Indes Néerlandaises.**

292. Echantillons de corail, d'argile et de terre de la résid. de Menado.

a. Corail vivant (*karang hidoup*), propre à faire de la chaux ordinaire.
b. Corail vivant, meilleure sorte (*karang kapala*).
c. Corail vivant, sorte la plus fine (*karang bounga*), pour en faire la chaux pour le sirih.
d. Corail mort, (*karang mati*), c'est-à-dire corail détaché des récifs et rendu par l'eau de mer impropre à faire de la chaux.
e. Ciment gris naturel trouvé dans une colline près de Kema; n'est pas bien solide.
f. Sorte d'argile dont on fait à Menado un ciment rouge.
g. Sorte de terre grasse (*tanah poutih*), qui est abondante dans le voisinage des sources bouillantes de boue de Langowan et est employée par les indigènes pour blanchir leurs maisons.
h. Sorte de pierre (*domato*), d'abord tendre, mais qui, exposée à l'air, devient dure. Propre entre autres pour saillants, et jambes sous poutres des maisons.
i. Echantillon de ciment rouge de Menado.

293. **Caisse de terre comestible** (*batou pouan*) de la résid. d'Amboine.

294. **Mine d'or, lavages d'or et ustensiles qui y sont employés à Gorontolo.** Trois lithographies dans un seul cadre de chêne, appartenant à l'ouvrage de Reinwardt » Voyage à la partie orientale de l'Archipel indien." — Collection Reinwardt.

G. Industrie.

Filage. — L'importation des fils européens en quantités toujours plus considérables a fortement diminué le filage (*mengatih*) des indigènes de notre archipel des Indes néerlandaises, du moins pour les ouvrages fins. Le prix de la main d'œuvre a aussi fortement augmenté, et les fils indigènes ne purent plus soutenir la concurrence avec les fils importés d'ailleurs. En outre dans son développement continuel l'industrie devint de plus en plus exigeante à l'égard de la provision de coton indigène, de sorte que cette culture ne put enfin plus y suffire. C'est à plusieurs égards à regretter; le filage se faisait tout à fait à la main, lentement il est vrai, mais avec d'autant plus de soin. Encore maintenant, les étoffes faites de fils indigènes se distinguent par leur tissu fin, serré et pourtant simple et égal aussi bien que par leur solidité. Le filage fut ramené aux sortes plus grossières ou bien est refoulé dans les contrées moins développées; il se borne à faire les fils nécessaires à la navigation, et surtout à la pêche, quoique les fils d'Europe aient déjà pénétré dans ce domaine.

Les appareils, aussi pour le dévidage, sont des plus simples et n'ont pas besoin d'explication. La purification du coton se fait en le battant comme pour le coton perse avec un arc, ou bien avec des sabres de bois plats, dentés quelquefois comme le *saw-gin* employé dans l'Inde en deça du Gange, ou encore avec un instrument qui n'est pas connu dans d'autres contrées. Ce dernier se compose d'un bâton à travers lequel sont passées à diverses hauteurs en diverses directions des chevilles de bois. L'extrémité pourvue de chevilles est introduite dans le panier ou la caisse pleine de coton, et tournée et retournée comme un moulinet entre les mains de la même manière qu'on fait mousser le chocolat.

Tissage. — Il est curieux de voir comment l'idée de faire des tissus au moyen de fils croisés, retenus par des fils transversaux — développement du tressage — est née chez nombre de tribus et de peuples, comment elle y a été mise en pratique et s'y est développée, et comment presque tous sont arrivés indépendamment les uns des autres à inventer les mêmes formes d'instruments ou à peu près. Il est naturel qu'ils obtinrent les mêmes tissus, d'abord les tissus ordinaires, puis ceux à bandes obliques (kepers). Ce ne fut pas tout d'abord le cas à l'égard de l'arrangement par lequel les fils de chaîne se croisent chaque fois régulièrement, mais on trouva enfin aussi presque partout une même solution de cette difficulté. Le résultat en fut que tous les métiers à tisser se ressemblent assez entre eux pour admettre que quiconque en a vu et compris un les comprenne tous.

Les métiers de tisserand, *tounounan*, de l'archipel indien n'ont donc pas besoin d'explication; le premier tisserand venu de la Twenthe pourrait s'y placer et s'en servir; s'il manque quelque chose à la finesse ou à la régularité du tissu, il faudrait en chercher la cause dans une plus grande flexibilité des pieds et des mains de la femme indienne, dans ses doigts plus fins, sa plus grande passivité, sa plus grande dose de patience et l'attention infatigable qu'elle apporte à un ouvrage que son but lui fait faire con amore. Les tissus indiens sont d'un travail égal et soigné et sont solides; cependant à leur égard aussi la grande importation de tissus s'est fait sentir. Le développement ultérieur du tissage est arrêté, et celui-ci se borne en grande partie aux contrées où les toiles à fleurs ou façonnées (*kain batik*, *kembang* etc.) et en général les étoffes teintes à la pièce ne forment pas l'élément principal, mais où les dessins de l'étoffe sont obtenus dans le tissage au moyen de fils de diverses couleurs (*kain polèng*). Le Centre et l'Est de Java où l'on tisse le *lourik*, étoffe rayée, et même en assez grande quantité, mais où le *batik* est le plus en honneur, présentent à cet égard un grand contraste avec la partie occidentale de l'île, où, sauf les étoffes unies ordinairement bleues pour l'usage journalier, on ne rencontre guère que des étoffes à carreaux écossais, *polèngs*. Aussi le tissage est resté plus général dans la partie ouest de Java que dans les contrées situées plus à l'est, parce que l'industrie européenne qui s'est occupée sans cesse du *batik*, a peu pensé au *polèng*, qu'elle pouvait pourtant imiter bien plus facilement.

Dans les autres parties de nos possessions, le tissage, même celui des étoffes unies, est toujours proportionné à l'importation plus ou moins facile ou abondante du commerce étranger.

Batikken. — Le *batikken* est exclusivement propre aux Indes, et surtout à Java, en grande partie du moins. L'idée fondamentale est de teindre la pièce en plongeant successivement l'étoffe dans chacune des teintures dont la réunion doit donner le dessin voulu. Pour cela l'étoffe est recouverte chaque fois d'un mélange de cire et de résine sur tous les endroits où la teinture ne doit pas prendre, et cela à l'endroit comme à l'envers. Cette opération s'appelle écrire ou dessiner (*serat*), se fait à la main au moyen d'un petit puisoir de cuivre rouge, avec un long tuyau et un long manche, avec lequel on puise le mélange céro-sésineux dans un bassin de cuivre. Le mince manche de cuivre du puisoir est fixé dans un bambou; de grosseur telle que tenu à la main comme une plume, on puisse le mouvoir facilement, et c'est ainsi que demi-dessinant demi-écrivant on travaille l'étoffe. Celle-ci est placée un peu inclinée devant l'ouvrière, tendue dans un cadre après avoir été préalablement passée à l'eau de riz, puis unie et lissée, et après que les contours du dessin ont déjà été indiqués. L'opération mentionnée plus haut doit être naturellement répétée à l'envers de l'étoffe. Lorsque enfin tous les endroits de l'étoffe qui doivent être ménagés sont couverts de cire, l'étoffe passe à la cuve et y subit l'opération nécessaire. Après que cela a été fait, la même opération se répète pour chaque autre couleur. Les difficultés de ce travail sautent aux yeux, surtout lorsqu'il s'agit de patrons un peu compliqués.

Matières colorantes. — Les matières colorantes les plus employées sont, pour la teinture en bleu, le *nyepel*, *medel*, l'*indigo* bien connu, *nila*, *taroum*, *tom* (surtout de *Marsdenia tinctoria*, une *Asclepiadée*; Miq. *Flore des Indes néerl.*, II. 491); pour la teinture en rouge, le *nyoga*, *nyoganni*, le *sechang* ou *sapan* (*Caesalpinia sapan*, une *Papilionacée*; Miq. I. 108), le *soga* ou *larou* (*Caes. furriginea*), le *tingi* (*Bruguieria parviflora*, une *Rizophore*; Miq. I. 588), l'*écorce kati des Moluques*, *koulit-kati* (*Brug. gymnorhiza*; Miq. I. 586), et le *koullit-kati de Java*, moins estimé (*Brug. cylindrica*; Miq. I. 586); pour teindre en brun-violet, le *ngetèl* (de ꦔꦼꦠꦼꦭ꧀), le *koudou* ou *mengkoudou* [1]) (sortes de *Morinda*, *Rubiacées*, surtout *Mor. citrifolia*; Miq. II. 242). Ce brun n'est cependant obtenu du *mengkoudou* que par des opérations et mélanges déterminés; sans mélange cette plante donne une couleur d'un beau rouge-clair, fort employée ailleurs pour teindre la laine avant le filage. Pour le jaune on se sert de *kounir*, *koneng*, *kounyit* (diverses espèces de *Curcuma*; la plus employée est le *Curcuma longa*, une *Zingibéracée*; Miq. III. 595). Les autres couleurs et teintes sont obtenues par des combinaisons; par ex. pour le violet, de l'indigo et du rouge, pour le vert, de l'indigo et du jaune, etc.

Pour modifier les nuances et pour toutes sortes de teintes intermédiaires, on emploie encore nombre d'autres substances, pour la plupart d'origine végétale, des décoctions, des huiles, des lessives même; par exemple on emploie assez souvent celle qu'on tire des cendres du *kesambi* (*Schleichera trijuga*, une *Sapindacée*; Miq. I. 573); ces substances sont trop nombreuses pour les nommer toutes ici. En outre la teinture ne prend pas moins de temps que le dessin de l'étoffe; il faut entre autres dans une des manières de teindre en rouge (*nyoganni*), mettre l'étoffe jusqu'à douze fois dans la cuve, et la sécher chaque fois. En suivant toutes ces opérations, en voyant toutes ces longueurs, on se demande parfois si

---

[1]) *Koudou*, *mengkoudou*, *changkoudou*, etc. est le nom d'une matière colorante et aussi des diverses parties de l'arbre ou arbuste, écorce, etc. qui la fournissent. Le nom proprement dit de l'arbre entier, peu connu des Européens, est *Paché*.

on ne pourrait pas y apporter quelques modifications, mais on se trouve devant les résultats d'une longue expérience et en outre devant le fait que, comme dans cette teinture on ne fait usage d'aucun mordant quelconque, les fibres de l'étoffe ne sont pas attaquées, que celle-ci reste par conséquent plus forte et dure deux ou trois fois plus longtemps que toutes les étoffes à fleurs fabriquées par l'industrie européenne. Enfin, ces étoffes indigènes s'usant également gardent jusqu'à la fin une apparence homogène, et la couleur dure jusqu'au dernier moment.

La partie ouest de Java emploie pour ses *polèngs* à peu près les mêmes substances colorantes que le centre et l'est pour leurs *kains-batik* et *kembang*, mais il s'en faut de beaucoup qu'elle les emploie tous. En revanche, elle en a une couple d'autres, par ex. le *kachang rouwai* (*Phaseolus lunatus*, une *Papilionacée*; Miq. I. 194) en espèces diverses, *besar*, *génjah*, *kechil*, et l'écorce du *nangka* (*Artocarpus integrifolia*, une *Artocarpée*; Miq. I². 287) pour le jaune et le vert (avec l'*indigo*); mais tout bien considéré, elle a bien moins de teintures que ses voisins de l'est, les couleurs sont moins claires et moins solides. L'est et surtout le centre de Java (y compris surtout Semarang et les principautés) sont à la tête de cette branche d'industrie. On le remarque plus encore quand on visite les autres parties de l'Archipel. Non seulement le *batikken* disparaît tout à fait, et il ne reste plus que le *lourik* (ét. rayée) et le *polèng* (ét. à carreaux), des dessins formés par des fils teints en laine, et obtenus pendant le tissage. Les teintes intermédiaires disparaissent peu à peu et il ne reste enfin plus que le rouge vif du *mengkoudou* (*Morinda* spec.) (Iles Sangi), après que son dernier allié, l'*indigo* l'a abandonné. En revanche on retrouve bientôt (îles Télauer), les restes d'une teinture primitive, vestiges d'une autre époque, où les tissus grossiers et forts d'un *Koffo* presque brut (*Musa mindanensis*, une *Musacée*; Miq. III. 588) étaient imprégnés d'une substance tannante obtenue ordinairement d'une infusion de *mengkoudou* (fruit du *paché*), puis étaient plongés pendant quelques semaines ou quelques mois dans un terrain marécageux, riche en fer (fer titanique) et en sels de fer. Le résultat était que la couleur devenait d'un noir mat.

Il faut cependant reconnaître que les *louriks* et les *polèngs*, sans teintes intermédiaires et avec le rouge vif du *mengkoudou* comme couleur principale, atteignent ici et là dans quelques endroits en dehors de Java une grande perfection, par ex. à la côte orientale de Sumatra (Palembang, Jambi), à Banjermasin, à Mangkasar et plus au nord jusqu'à Mandar. On y tisse de temps à autre des fils d'or et d'argent dans les étoffes, tandis qu'à Mangkasar on a en outre un tissu particulier, dans lequel les fils du milieu de chaque carreau sont réunis et relevés pendant ou après le tissage, de sorte que l'étoffe obtenue est comme crépée.

Il nous faut enfin mentionner encore un procédé d'après lequel les figures ou les carreaux de l'étoffe sont fortement relevés, tortillés, et serrés par un lien. La pièce d'étoffe, qui a l'air d'être couverte de papillottes, est mise dans la cuve à teinture; après avoir été teinte, toutes les places qui ont été liées de la sorte sont restées blanches; on obtient ainsi une sorte d'étoffe à fleurs qui ne paye ni par sa beauté ni par la régularité de ses figures la peine qu'on a prise [1]).

Tous ces tissus cependant sont excessivement chers même en tenant compte de leur beauté et de leur solidité. La matière première est toujours le coton: les fils sont si fortement filés, si bien tournés, et imbibés de cire et de gommes-résines, surtout de *copal* et de *damar*, comme on le répète de nouveau avec l'étoffe même, qu'ils restent jusqu'à la fin plus ou moins raides et durs, même après des lessives répétées.

Nous citerons encore comme une particularité que depuis longtemps les Pays-Bas, suivis plus tard par l'Angleterre, la Suisse, l'Allemagne, ont introduit aux Indes des *contrefaçons de batik*, c'est-à-dire des cotonnades imprimées comme le *batik* (indiennes), et qu'on a même envoyé des personnes pour découvrir les parfums particuliers aux procédés indiens et apporter les ingrédients nécessaires. L'article était bon et fut bientôt en vogue; il était moins solide d'étoffe et de couleur que le *batik* javanais, mais coûtait à peine le tiers de l'article indigène analogue. Le succès fit croire pendant quelque temps que la contrefaçon était telle que les Javanais eux-mêmes la prenaient pour du vrai *batik*. Ceux-ci cependant lui donnèrent dès l'origine le nom de *batik hollandais*, *batik welanda*, avec l'épithète d'*étoffe imprimée*; à leur tour ils se mirent à en faire des contrefaçons au moyen de planches d'impression, faites d'abord de bois de *kesambi*, puis de cuivre massif, enfin de cuivre monté sur bois; ils suivirent même servilement les irrégularités faites à dessein dans nos planches, pour imiter les fautes accidentelles du *batik* javanais. Cette contrefaçon du *batik* hollandais

---

1) Il est étrange que le même procédé, aussi d'invention locale, se rencontre dans l'intérieur de l'Afrique centrale.

(ainsi une contrefaçon d'une contrefaçon de leurs propres étoffes) est maintenant l'objet d'un commerce régulier dans les marchés indigènes où il est apporté de Sourakarta.

La *cochenille* n'a pas été nommée parmi les substances tinctoriales, car, quoique elle ait été introduite depuis une cinquantaine d'années, elle n'a pu encore réussir à attirer l'attention du commerce et de l'industrie. L'exploitation elle-même réussit parfaitement, les teintes sont magnifiques, mais on ne peut obtenir la cochenille que sur quelques *pasars*, à Buitenzorg p. ex. et on l'y emploie à des teintures auxquelles on n'est guère habitué en Europe; par exemple à donner une belle couleur de carmin vif et assez durable à des moutons, chèvres, poules etc., comme souvenir d'une fête de famille, mariage, circoncision, etc.

Il y a une autre sorte de rouge qu'on emploie beaucoup, entre autres dans le ménage et pour les pâtisseries et les liqueurs; c'est une infusion de *kembang sepatou*, *fleur à souliers* (*Hibiscus rosasinensis*, une *Malvacée*; Miq. I, 157), qui est aussi inoffensive et presque de la même couleur que celle que nous tirons du coquelicot, et que nous employons aussi pour les usages domestiques. La petite quantité de tannin que contient la fleur suffit pour donner du brillant aux souliers de cuir sur lesquels on froisse ces fleurs en frottant; de là le nom de *schoenenbloem* qu'on lui donne. On n'emploie pas d'autre cirage dans nos Indes.

Les *kain kemban*, étoffes à fleurs, de même que les patrons de batik ont tous des noms déterminés; les dessins sont empruntés surtout pour ces derniers, à l'entourage, par conséquent aux animaux, aux plantes, aux fleurs, aux fruits; quelques-uns, par ex. *Distira* (de *Youdistira*), *Naga-gini* etc. sont empruntés à l'épopée indienne. Quelques princes et grandes familles ont le droit exclusif de faire exécuter certains patrons ou dessins; par ex. les patrons *Prang-wedana*, conservés par la tradition; ce privilège est encore de nos jours tacitement reconnu. Dans ma brochure intitulée »Les procédés indigènes pour la teinture du coton" (E. J. Brill, Leide, 1878) puisée directement aux sources indigènes, j'ai indiqué les procédés et les mélanges employés dans la teinture et en même temps les nuances et les noms des *kain kembang* et des dessins du *batik*. Peu de temps après, Thomas Wardle a publié dans un article sur les »Soies sauvages et substances tinctoriales et tannantes des Indes" [1]), aussi

---

[1]) Publié je crois chez Eyre et Spottiswoude à Londres.

une description des procédés indigènes, employés, il est vrai dans l'Inde anglaise, mais où l'on rencontre plus d'un point de contact avec notre archipel. J. Forbes Royle avait déjà publié auparavant son ouvrage intitulé »Plantes textiles des Indes, propres à la fabrication des cordages, des vêtements, du papier" (chez Smith, Elder & C⁰., Londres 1855) Ce dernier ouvrage surtout mérite d'être consulté [1]).

Feutre végétal. Dans quelques contrées, surtout dans la partie orientale de notre Archipel, on destine à plusieurs usages des tissus obtenus en battant des écorces d'arbre et qu'on pourrait appeler *feutre végétal*. L'écorce d'un certain nombre d'arbres appartenant aux *Artocarpées* [2]) et aux *Malvacées*, se compose de couches de fibres assez fortement entrelacées comme du feutre, et entre lesquelle se trouve du tissu cellulaire. Ce dernier est éliminé en faisant macérer l'écorce dans l'eau, puis en la battant avec des pierres ou des marteaux de bois sur des pierres lisses ou des planches. Tandis que par ces opérations successives de macération, de battage, de pétrissage, la cellulose est peu à peu éliminée, les fibres se feutrent de plus en plus et donnent enfin un tissu homogène doux et souple qu'on peut en outre très bien lustrer. Le raccordement des pièces se fait très bien par le feutrage des bords; pour les canons du pantalon et pour les manches des jaquettes, on prend l'écorce des branches, qu'on en sépare en la battant tout autour, de sorte qu'on la retire comme un fourreau, et on la prépare sans la fendre. Quelques tribus sont arrivées à une habileté étonnante dans la préparation de ces étoffes. Ce procédé est connu dans toute la Polynésie; c'est à lui que nous devons les *tapas* qui sont bien connus.

Papier. — Le papier indigène, *delouwang, delanchang, sai, fouya*, se fait exclusivement de l'écorce de l'arbre du même nom (*Broussonetia papyrifera*, aussi une *Artocarpée*; Miq. I², 279) qu'on trouve partout dans l'Archipel.

Parchemin. — Pour les ouvrages cartographiques, plans, cartes etc., on se servait autrefois de peaux de buffle plus ou moins parcheminées; de temps à autre on en rencontre, entre autres dans le centre de Java, des échantillons qui tant sous le

---

1) Le premier et le dernier de ces ouvrages se trouvent à l'Exposition.
2) Parmi eux on rencontre non seulement l'*Antiaris innocua* des Moluques, grand et bel arbre, mais aussi le redouté *Antiaris toxicaria* (Miq. I², 291). Je n'ai pas trouvé sa vénénosité confirmée à Java; les Javanais m'ont souvent montré à sa place le *boulou ongka* (*Artocarpus venenosa*; Miq. I², 289), dont le suc m'a paru être extrêmement vénéneux.

rapport de la préparation que sous celui de l'exécution peuvent passer pour de vrais chefs-d'oeuvre. Cependant ce produit appartient au passé ainsi que tout d'autres, refoulé qu'il a été dans l'usage par les succédanés toujours plus abondants qu'on peut obtenir plus facilement et à plus bas prix, et que le commerce et l'industrie européenne font parvenir aux Indes.

Pierres précieuses. Ce n'est qu'à Bornéo que, jusqu'à ce jour, on a trouvé des diamants, parmi lesquels se trouve le célèbre grand diamant de Matan; du reste on les importe de l'Europe et des Indes anglaises ainsi que les autres pierres précieuses, surtout l'*émeraude*, *smeroed*; le *rubis*, *kechouboung* (d'après la couleur d'une stramoine, *Kechouboung-sousoun*, *Datura fustiosa*; Miq. II, 669); le *corindon*, des pierreries de Ceylon nommées *batou sélong*. Les indigènes ne s'entendent guère au polissage et à la taille de ces pierres, mais bien au montage, soit en or soit en argent. Ce qu'on voit de temps à autre, ordinairement par hasard, justifie la supposition que ce qu'on connaît comme provenant de Bornéo ou d'importations, ne fait qu'une petite partie de ce qui entre réellement dans le commerce, par l'intermédiaire des marchands arabes.

Perles. — Les sultans de Ternate, Tidore, Bachan ont chacun un ou deux bancs de perles. Ils font en général un grand mystère pu revenu qu'ils en tirent, revenu qui ne peut cependant être grand, car les bancs se trouvent dans des contrées peu protégées, à la côte orientale de Halmaheira et à la côte occidentale de la Nouvelle-Guinée. Ils ont été peu à peu épuisés jusqu'à la profondeur à laquelle les plongeurs peuvent descendre (8 à 10 brasses), par des pêcheurs étrangers venant de l'Australie, se servant de matelots et plongeurs canaques et montés à bord de schooners construits à Singapore (ces vaisseaux sont bons et bon marché).

Or et argent. Les mines d'or ont déjà été traitées dans le chapitre précédent ainsi que les autres métaux; l'argent ne se trouve pas dans notre archipel. Le commerce pourvoit les orfèvres indigènes de l'or qui dépasse la production des Indes; quant à l'argent, on se sert presque exclusivement de notre monnaie et cela même de préférence: les piastres espagnoles et surtout les dollars mexicains sont recherchés, ces derniers valent de temps à autre jusqu'à fl. 2,65 et plus. Les orfèvres savent parfaitement leur métier, et si on en excepte nos ateliers de premier ordre, ils le connaissent, à tout prendre, mieux que leurs collèques européens, ce qui est d'autant plus étonnant qu'ils se servent des outils les plus élémentaires. En voyant les ouvrages fins et achevés de Padang, en filigrane et en canetille d'argent, on ne peut guère s'imaginer que l'ouvrier n'emploie qu'une petite enclume, une couple de marteaux, de pinces à étirer et à courber.

Les creusets sont de fabrication indigène et faits entre autres d'une terre ressemblant au kaolin; les moufles sont aussi faits d'argile du pays à l'épreuve du feu. On emploie pour la fonte du charbon de bois, dont quelques sortes sont indiquées dans les productions des forêts.

Ouvrages de fer. — Bornéo et Célèbes ont du fer météorique et du fer magnétique; on y connaît l'art de le fondre avec du charbon de bois, quoique d'une manière assez primitive et avec une assez grande perte de minerai, mais le fer produit est très bon. On sait aussi y travailler ce fer; les canons de fusils du Negara (Bornéo) avaient autrefois de la réputation, et même on y a livré sur commande des lames de sabres à notre Gouvernement. L'importation progressive de produits européens par le commerce a ramené peu à peu cette industrie à l'approvisionnement des marchés et des forgerons indigènes. Ceux-ci, pour les *mandaus*, les *kléwangs*, les *badeis*, les *kris* se servent encore toujours de fer indigène, qu'ils damassent alors avec du *pamar* (fer météorique? de Bornéo préparé d'une manière particulière).

Le métier d'armurier n'est pas très répandu et se borne à quelques centres d'où les armes indigènes se répandent dans les pays environnants. Les armuriers savent en général très bien leur métier; ce qu'ils font est bon et même élégant. Outre le forgeage, le recuit et le polissage exigent beaucoup de soin et de savoir faire pour obtenir des couleurs et un brillant déterminés. La trempe dans certaines huiles, le traitement avec le sulfure d'arsenic (*warangan*) et le jus de limon, y jouent un grand rôle. Il se fait bien encore un grand nombre d'armes, de *kris* surtout, mais par de simples forgerons, dont les produits rentrent dans la catégorie ordinaire des travaux de forge indigènes. Les forgerons ordinaires, bien au contraire des armuriers, ne font que de mauvais ouvrage; ils sont assez adroits, mais ne connaissent pas les exigences du métier.

Un grand défaut est que, dans le soudage des pièces, ils ne connaissent pas le moyen de dissoudre la couche d'oxide avec du borax ou autres substances, de sorte que la pièce soudée ne l'est pas uniformément; de grosses pièces soudées se brisent parfois soudainement, et il paraît alors que les bords seuls étaient soudés, tandis que lu reste était séparé par une couche de battiture de fer.

Pour les petites armes, les faucilles, *arit*, les couperets, *wedoung*, les couteaux courbes, *pangot* etc., les instruments aratoires, tels que la douille du *pachoul*, sorte de hoyau, celui de la charrue, *waloukou*, (la charrue n'a pas de soc en fer, mais simplement une morceau de bois plat pourvu à l'avant d'un petit nez de fer) etc. ainsi que pour tous les autres usages, on se sert de fer importé. Ce fer ne consiste guère qu'en sortes communes et moyennes, et les objets qu'on en fabrique sont ordinairement mal travaillés. Le soudage de l'acier, *wadja*, est un peu mieux fait, mais laisse souvent aussi à désirer. L'acier est importé sous la forme de petites barres et n'est ordinairement pas bon-marché.

Chaudronniers, dinandiers. — Les métiers de chaudronnier, *sayang*, *toukang tembaga* et de dinandier, *toukang konningan*, sont toujours séparés. Tous deux se sont bien développés et sont en général exercés avec une certaine application; ils ont aussi toujours de l'ouvrage. Le chaudronnier livre aux familles qui ne sont pas trop pauvres une des principales pièces du ménage, un chaudron plus ou moins grand pour cuire le riz, *dandan* ou *priyouk*; il fournit à l'industrie des *vases à ciré*, des *puisoirs*, des *bassins* à couleurs pour faire le battik, ou pour la teinture, qui doivent être de cuivre. Autrefois on employait beaucoup les dutes de cuivre pour la fabrication de ces ustensiles, mais le remplacement de cette monnaie par des cents et des pièces de $2^1/_2$ cents a forcé les indigènes à chercher du cuivre ailleurs. La nouvelle monnaie, frappée d'une autre manière, était si dure et en outre plus ou moins cassante, qu'on ne pouvait pas en tirer grand profit pour la chaudronnerie. Peu de temps après le commerce introduisit sur les marchés indigènes du cuivre en feuilles, et peu à peu aussi le *yellow metal* (laiton), destiné proprement dit à garnir ou revêtir les vaisseaux, et depuis lors le premier surtout est devenu un article de première importance pour la chaudronnerie indigène.

La fabrication de plaqué métallique, *wrangka*, pour gaînes d'armes, de *kris* surtout, et pour les ornements incrustés est l'objet d'une industrie à part, qui tient le milieu entre celle du chaudonnier et celle du dinandier. Le plaqué dont ces objets sont recouverts doit d'abord être obtenu par la fonte du cuivre et de l'étain, auxquels on ajoute parfois de l'or et de l'argent. On obtient ainsi des alliages de nature et de valeurs très diverses, *proungao*, *souwasa*, qu'on réduit en feuilles avant que le travail proprement dit commence.

Quelques alliages sont très beaux, surtout les deux que nous venons de nommer, et les objets qui en sont fabriqués sont bien achevés.

Le dinandier s'occupe de tout autre chose; c'est lui qui fait les instruments de musique pour le *gamelan*, orchestre indien des plus compliqués. Les alliages pour ces instruments vont du métal à cloches pour les gongs, jusqu'aux mélanges presque jaunes des cymbales.

En outre, il faut toujours à la société indigène une foule d'objets de laiton tels que *boucles de ceintures*, *boîtes à sirih* et autres objets pareils, qui exigent tous un travail soigné, ce dont les ouvriers s'acquittent ordinairement fort bien.

Taille des pierres. — La taille des pierres, exécutée autrefois avec bonheur et sur une grande échelle, comme le témoignent les ruines des temples et de tant d'autres édifices antiques, est tombée dans une complète décadence; c'est à peine si nous en retrouvons des traces dans quelques ateliers où l'on taille dans le *trachyte* les petites meules, et les auges dans lesquelles celles-ci tournent, à l'usage des moulins dits chinois servant à écorcer le riz, le café etc. On peut s'assurer de l'aptitude des indigènes, en voyant ce que font les habiles tailleurs de pierre formés par le département des Travaux-Publics et surtout par le corps du Génie, dans le voisinage de leurs ateliers respectifs.

Poteries. — Il en est autrement avec l'art du potier qui est fort bien compris et pour lequel on trouve partout une bonne argile. La consommation de pots, *tempayan*, de tuiles, *kwandang*, de cruches, *gendi* (ces dernières sont poreuses ainsi que les *tempayans* destinés à maintenir l'eau fraîche), est très considérable et les prix n'en sont pas élevés. On fait aussi dans quelques endroits des briques et des tuiles assez médiocres, par suite de soins insuffisants dans la préparation de l'argile; cet inconvénient n'est pas si fortement senti pour les briques, car on peut y parer en grande partie au moyen de la chaux, qui est excellente.

Ouvrages en bois. — Il y a peu de chose à dire sur ce chapitre; charpentiers, menuisiers, ébénistes, etc. ont tous adopté les instruments et les procédés européens; la seule différence consiste en ce que le rabot est pourvu d'un bâton servant de traverse, que l'ouvrier assis sur l'objet à raboter saisit des deux mains pour pousser le rabot en avant. Il faut pourtant en excepter la petite hache, *petèl*, la grande hache, *kampak*, à fer mobile, *balioung*, à tête carrée, ainsi faite afin de pouvoir l'enfoncer dans la douille de courroies de buffles qui se trouve au bout d'un manche, de manière à ce que le fer soit à volonté droit et serve de hache, ou en travers, comme une doloire. Chaque Javanais est plus ou moins charpentier, un homme à tout, et sait se servir de ces outils ainsi que de son *arit* (couteau pour couper l'herbe) et de son *pangot* (serpe) avec une habileté étonnante.

Le tourneur (*toukang bobot*) se sert encore d'un tour très primitif; c'est une corde tendue entre une longue perche ou bambou fort élastique placé en haut et un marchepied en bas; le cordon s'enroule entre deux autour de l'objet à tourner, qui est retenu dans un cadre entre deux pointes d'acier. En pressant la marche avec le pied et en relevant celui-ci, on donne à la corde un mouvement de va et vient qui fait tourner l'objet. Pas de volant, un mouvement fort intermittent, et pourtant l'ouvrage est très bien fait.

La construction des vaisseaux présente encore quelques particularités qui offrent un caractère d'originalité et d'indépendance; mais ce sujet est traité ailleurs, nous n'en parlerons donc pas.

Il n'est pas possible de donner une énumération de toutes les applications du bois, des *coques* de la noix de coco et d'autres fruits, du *bambou*, du *rotang* etc., pour les petites industries et les usages domestiques. Elles témoignent en général de l'habileté des ouvriers et les objets fabriqués sont commodes dans l'usage.

Préparation du cuir. — Nous avons déjà dit dans les rubriques précédentes ce qui était nécessaire concernant les animaux dont on emploie la peau; nous avons aussi indiqué les substances employées pour tanner, corroyer et préparer les peaux brutes dont le commerce ne s'est pas emparé sur les marchés indigènes. Il ne reste donc qu'à parler des applications. Aux Indes, les Européens et les indigènes emploient beaucoup de cuir pour chaussures, ceintures et autres parties des vêtements, pour les voitures, les harnais, traits, brides, selles, et c'est l'industrie indigène qui livre la matière première, sauf dans les cas où le luxe exige l'emploi de cuirs vernis de France et d'Allemagne et de maroquin.

Le travail est en général bon et bon marché; les ouvrages de carosserie et les traits de Batavia et de Buitenzorg, les harnais et les chaussures de Semarang, les selles et accessoires de Solo jouissent d'une bonne réputation.

Le seul inconvénient, c'est que le cuir indigène n'est pas épais et qu'il faut l'entretenir avec grand soin, si l'on ne veut pas le voir se gâter, malgré sa bonne préparation, sous l'influence d'un climat tropical.

Préparation des produits d'origine animale. On trouve ici et là, dans les rubriques précédentes, quelques détails à cet égard; il ne nous reste plus qu'à les compléter.

Nous avons dit que la *corne*, *l'écaille*, les *coquillages*, etc. n'étaient pas seulement un article de commerce, mais qu'il servaient aussi de matière première à l'industrie indigène, entre autres à l'angle est de Java et surtout à Sourabaya, mais nous n'avons pas parlé des *os* et des *dents*, qui sont surtout employés par l'industrie de ces contrées. Les os, surtout ceux des buffles et des bœufs, après avoir été soigneusement nettoyés et blanchis, servent à faire non seulement toute sorte d'objets communs à l'Europe et aux Indes, mais aussi une foule d'ornements, tels qu'incrustations d'armes indigènes, de gaînes, de boîtes, etc.; — les dents de tigre, de sanglier et très souvent celles du cachalot, *ikan lodan* ou *paos* ɼ, servent à divers usages; on emploie surtout ces dernières pour faire des manches de *kris* ou de *badei* fort bien sculptés et représentant ordinairement une figure de *wayang*.

Nous avons aussi fait mention des peaux d'oiseaux comme article de commerce, et nous attirons l'attention sur l'usage qu'on en fait en quelques endroits. A Amboine, à Banda et dans quelques pays circonvoisins on fait de petits arbres et des bouquets de fleurs avec des plumes de perroquet de toutes couleurs. Les boutons, représentant les fruits de ces arbres, sont fabriqués avec la moelle du *papa-cheda* (*Scaevola Koenigii*, une Goodenoviée; Miq. II. 580). Ces objets qu'on rencontre assez souvent dans les Moluques sont de toute beauté.

Ouvrages tressés, nattés et cordés. Quelques ouvrages tressés ont déjà été cités. On peut, généralement parlant, partager ces ouvrages en deux grandes classes: 1°. Les ouvrages temporaires, pour lesquels on se sert généralement des feuilles d'un palmier, du cocotier surtout; on emploie aussi à cet usage les pétioles fendus en rubans minces (*junour*), ainsi que ceux de *pandanées* et autres. Ces ouvrages se font en quelques instants, et aussitôt que le besoin s'en fait sentir. Chez le Javanais, qui est habile et souple, l'art du tressage semble être quelque chose d'inné. 2°. Les ouvrages plus durables faits de bambou ou de rotin fendu. Le premier surtout est généralement employé, car il est meilleur marché, se trouve partout, se laisse plus facilement travailler, et peut s'appliquer à un plus grand nombre d'usages. On en fait par exemple la simple poche conique, *koukousan*, qui n'est quelquefois pas plus grande qu'un cornet, et donc la pointe remplie de riz est suspendue dans la vapeur de l'eau bouillante sans toutefois toucher celle-ci, tandis que l'ouverture du vase *kendil*, *priyouk* ou *dendang* est fermée par la partie supérieure du *koukousan*. Celui-ci est renouvelé chaque jour. Les lourds *kranjangs* dans lesquels on expédie le sucre en Europe sont aussi faits de *bambou*, ainsi que les solides parois des demeures des chefs. L'emploi du *bambou* pour une multitude de petits objets est si étendu qu'il nous serait impossible d'en donner ici une description

Nous pouvons même faire rentrer dans cette rubrique son emploi pour les meubles et le jardinage. Tandis que pour les ouvrages sus-nommés le *bambou* est fendu en bandes qui, à leur tour, sont réduites en rubans minces, dans la construction des maisons et dans la fabrication des meubles on se sert non seulement du *bambou* entier pour les montants, les pieds-droits, les supports, mais surtout sous la forme de *ploupouk*, c'est-à-dire ouvert dans sa longueur et quand les nœuds ont été percés intérieurement, on y fait un certain nombre d'incisions, afin de pouvoir dérouler le *bambou* sans le fendre. La largeur du *bambou* dans cet état est triple de son diamètre primitif, et suivant sa grandeur, il en faut un ou deux au plus pour un canapé ou divan. Quand les bords ont été unis, on s'en sert comme parois, ou comme plancher après les avoir tressés. Sur ce nattage plus grossier on en met un autre plus fin, fait de *bambous* plus petits, fendus en bandes plus minces, et au moyen desquels on peut faire quelques dessins, *telau-lima*, *langitan*, etc.

Chez le Javanais on verra toujours sur les meubles de *bambou* le *glaran*, le *klasa* et surtout le *tikar*, nattes faites avec des feuilles de pandanus teintes avec le *mengkoudou*. A côté de ces meubles viennent ceux faits de *rotang*, entre autres des chaises parfois grandes comme des canapés, des nattes de *rotang*, et des objets plus petits, comme étuis à cigares etc. Tous ces objets fabriqués de *rotang* de Borneo, sont faits non seulement à Banjermasin, mais aussi à Sourabaya, à Batavia, à Mangkassar et surtout à Semarang. Certaines espèces de *Carex*, le *mèndong* par ex., des racines d'arbres, *akar*, par ex. celle du palmier arèn ou *seho*, sont aussi employées, et il y en a d'autres encore.

Tout dans le domaine de la petite industrie est généralement bien développé et offre à l'observateur intelligent des sujets d'étude des plus intéressants. Il peut y suivre par exemple le développement du tressage, depuis les formes les plus simples et les plus grossières jusqu'aux tissus les plus fins, ou observer le sentiment artistique qui se montre dans l'exécution des bracelets, des plastrons, des paniers, ornés de coquilles multicolores, de branches de polypes, de corail même, de graines d'arbres et de plantes, faits par des Alfours sauvages de la Polynésie et des Papous de la Mélanésie. Ces nations font en outre preuve de sens artistique dans les sculptures de leurs demeures et de leurs praws. Les boîtes de *pandanus* tressé, coloriées en vif par le *mengkoudou* ou d'autres substances, et ornées de plaques de mica incrustées ou appliquées, font voir ce que des peuplades encore très peu civilisées comme celles de Tomboukou (côte orientale de Célèbes) et de l'archipel de Banggaya peuvent faire dans ce genre de travail.

Les limites de cet article ne nous permettent pas de nous étendre plus longuement sur ce chapitre, qui se rattache plus qu'aucun autre aux substances textiles ou fibreuses de notre archipel, dont l'importance et l'étendue sont telles qu'elles ont été traitées sous une rubrique spéciale.

Nous mentionnerons seulement ici un seul produit, le *kapok*, coton obtenu des fruits du *randou java*, *randou javanais*, ou *arbre à kapok* (*Eriodendron anfractuosum*, Miq. I^2, 166, *Sterculiacée* [1]) se rapprochant des *Malvacées*). Les fibres de ce coton ont résisté jusqu'à présent par leur peu de longueur à tous les efforts tentés pour les filer, mais elles fournissent depuis longtemps une des meilleures matières pour bourrer les matelas et les coussins; aussi le kapok est-il employé dans tout l'Archipel par les Européens et les indigènes, et on l'exporte en quantités toujours plus considérables en Europe et ailleurs.

L'arbre à kapok, doué d'une vitalité extraordinaire, croît partout où l'on en enfonce une branche ou une bouture en terre, boutures qu'on peut obtenir partout à très bon compte. Les troncs sont généralement employés dans notre Archipel comme poteaux de télégraphes, et présentent cet avantage, qu'étant des arbres vivants, ils sont rarement attaqués par les four-

---

[1] Il ne faut pas la confondre avec son congénère, le *randou alas*, *randou des bois* (*Salmaria malabarica*, Miq. I^2 166; aussi une *Sterculiacée*), répandu dans toute la zone intertropicale de l'ancien monde et que nous connaissons depuis longtemps comme *Adansonia digitata* de Linnée; le *Gossampinus rubra*, depuis longtemps décrit dans l'Hortus Malabaricus de van Rheede (III, tab. 53). Personne n'oubliera ce géant des forêts après l'avoir vu couvert de ses fleurs rouge de feu, ou, peu de temps après, dépouillé de sa verdure et entouré d'un immense tapis blanc par la laine de ses fruits, tombée comme en une fois, et dont jusqu'à présent on ne fait aucun usage.

fourmis blanches, fléau des poteaux de télégraphe dans presque toutes les contrées intertropicales.

Boissons. Celles qui devraient rentrer dans cet article ont déjà été traitées sous une autre rubrique.

VAN MUSSCHENBROEK.

295. Ouvrages de M. S. C. J. W. van Musschenbroek.
a. Communications sur la méthode indigène de teindre le coton à Java, et des matières premières qui y sont employées.
b. Communications concernant les matières premières dans la partie orientale de notre Archipel. — **S. C. J. W. van Musschenbroek**, Dr. en droit à Leyde.

296. Matières premières et produits de l'industrie dans le Gouv. d'Atchin.

a. Dents d'éléphant.
b. Cornes de rhinocéros.
c. Nattes de joncs tressés.
d. Nattes de rotang, 1e et 2e sorte.

297. Instruments et produits industriels de la résid. du Bas-Pays de Padang.

1. Modèle d'un moulin à sucre mis en mouvement par des hommes (*kilangan tabou*). Les accessoires sont:
a. Cuve (*polongan*).
b. Vase à mélasse (*chaloung*).
c. Chaudière (*kouchah*).
d. Puisoir (*sandouk*).
e. Bord de la chaudière pour empêcher le liquide bouillant de s'échapper (*galoung kontyah*).
f. Pot à mélasse (*sanai*).
2. Modèle d'un moulin à écorcer le riz (*lasoung giling*) avec demeure attenante; le moulin est mu par l'eau.
3. Outils pour faire des filets.
4. Ornements faits avec le bec du calao, tels que: boutons de chemises et, de manchettes, de kabaya; broches, etc.

298. Instruments et produits industriels de la résid. du Haut-Pays de Padang.

1. Métier de tisserand (*tempat tanoun*).
2. Devidoir (*oulang-aling* ou *iram*) pour ourdir la chaîne.
3. Divers échantillons d'étoffes brochées d'or:
a. Kain sarong bechoukir rapat.
b. Kain sembouran.
c. Serawal acheh bechoukir rapat.
4. Echantillons de cordes:
a. Gemouti ou corde d'*ijouk*, grosse corde à trois cordons ou merlin.
b. Dito (à deux cordons).
c. Corde de *tarok*, faite des fibres de l'écorce du tarok.
d. Corde de *sampir* tirée des fibres du palmier sampir.
e. Corde de nanas, faite avec les fibres des feuilles de l'Aloé.
f. Corde de *Rameh*, faite avec les fibres de cette plante.
5. Fibres d'une liane se trouvant dans les bois des montagnes qui entourent le lac de Maninjou, et petit filet de pêche fabriqué avec ces fibres. Cette matière première est peu employée maintenant.
6. Ouvrages de cantille:
a. Bracelets.
b. Broche et pendants d'oreilles.
c. Boutons de gilet.
d. Boutons de kabaya.
e. Boucles d'oreilles.
f. Croix.
g. Epingles à cheveux.
h. Collier.
i. Anneau de serviette.
j. Etuis à cigares.
k. Objets divers pour étagères: mobilier, fruits, maison, *masjid* ou mosquée et une grange pour le riz ou *loumboung*.
7. Armes fabriquées à Soungei Pouar (*Agam*).
a. Keris.
b. Badit.

GROUPE II. Dixième Classe.

c. *Kourambit.*
d. *Sewa.*
e. *Roudous.*
f. *Lading.*
g. *Pisau.*
h. *Siraout.*

8. Echantillon de chaux vive, faite avec un coquillage (*pensi*) du lac de Maninjou.

9. Echantillon de la même chaux, mais éteinte, telle qu'on la trouve dans le commerce comme chaux de sirih.

10. Sorte d'éventail (*tampian*), avec lequel ou tient enflammé le tas de bambou sur lequel on brûle la chaux.

11. Coquillages (*pensi*) du lac de Maninjou.

12. Baquet ou panier tressé avec lequel ou drague le *pensi* dans le lac de Maninjou.

13. Modèle d'un moulin à eau pour écorcer le riz (*kinchir*).

14. Modèle d'un moulin à bras pour écorcer le riz (*lasoung gisar*).

15. Modèle d'un moulin à canne à sucre, mis en mouvement par un *karbouw*, ou buffle.

16. Modèle d'un moulin à canne à sucre d'Agam, mu par des hommes ou des bêtes de trait.

299. Instruments et produits industriels de la résid. de Tapanouli (Silindoung).

1. Appareil à filer avec les accessoires suivants:
   a. Appareil pour débarrasser le coton de sa graine (*pipisan*).
   b. Arc (bousour) au moyen duquel le coton compacte est séparé et rendu moelleux, ce qui se fait en faisant retomber continuellement la corde tendue sur le coton.
   c. Petit banc (*pamaleau*) sur lequel on pose le coton quand on le défait avec le *bousour*.
   d. Petit bâton de bambou (*palé-palé*). autour duquel on enroule le coton pour le filer.
   e. Rouet (*sorka*).
   f. Châssis (*iran*) sur lequel le fil est tendu.

2. Appareil (*antaran*), sur lequel on sèche le fit après l'avoir teint.

3. *Anian.*

4. Métier à tisser dont voici les différentes parties:
   a. *Pamapan.*
   b. *Anahanak*, servant à maintenir le *tanoun*.
   c. et d. *Balobas*, lattes minces servant à égaliser le fil, et aussi à séparer les fils dans leur croisement au moyen de l'*anahanak gioun*.
   e. *Anahanak gioun*, outil pour croiser les fils.
   f. *Baliga*, pour rapprocher les fils du tissu.
   g. *Hapit*, dans lequel le tissu est serré.
   h. *Tourak* avec *ipahan*, la navette.
   i. *Tali papaout*, courroies de peau de karbouw qui réunissent le *hapit* avec le *toundalam*.
   j. *Toundalam*, contre lequel la tisseuse s'appuie pour tenir le tout tendu.
   k. *Sosa*, petit pinceau pour humecter les fils et les tenir souples, afin que le tissu devienne assez serré quant on les rapproche au moyen de la *baliga*.
   l. Petit baquet à eau (*parpanasan*).
   m. Latte mince (*sokor*) à extrémités de cuivre, pour tendre l'étoffe à la largeur déterminé.

5. Tissus de Silindoung nommés d'après le] patron:
   a. *Sibolang.*
   b. *Ragi doup.*
   c. *Ragi sikam.*
   d. *Bolayan.*
   e. *Padang rousak.*
   f. *Pangiring.*
   g. *Padang rousak.*
   h. *Souri-souri.*
   i. *Simalasiak.*
   j. *Jobit.*
   k. *Marinjam.*
   l. *Balobat.*
   m. *Jougiya dourou.*
   n. *Gipoul.*
   o. *Sibara.*
   p. *Bentang marotonr.*
   q. *Rande-rande hoda.*
   r. *Ragi hotang.*

   NB. Les tissus *a* jusque et avec *i* sont portés sur les épaules en guise de châle, et *j* jusque et avec *r* autour de la ceinture comme sarong.

300. Appareil pour faire la corde nommée ijouk (*gadi lama'a*), et un autre pour

filer le coton venant de l'île de Nias.

301. **Nattes de paille**, un échantillon de corde faite avec les fibres de l'arbre tarok, et un échantillon d'huile de klapper ou coco (blanche et noire) venant des îles de Batou.

302. **Matières premières, instruments et produits de l'industrie dans la résid. de Bengkoulen.**

1. Appareil pour purifier le coton de ses graines (*pipisan*).
2. Appareil, de la moitié de la grandeur réelle, pour battre le coton (*tepouk*).
3. Rouet (*kinchir*).
4. Devidoir pour faire les écheveaux de fil (*hawayan*).
5. Baquet dans lequel on teint le fil en bleu (*prakou*).
6. Baquet dans lequel on teint le fil en rouge (*loumpangan benang*).
7. Un écheveau de fil blanc.
8. Un écheveau de fil noir.
9. Un écheveau de fil rouge.
10. Fil teint en blanc, en bleu et en rouge.
11. Fil de coton, filé dans le district de Kroë.
12. Fil blanc du district de Selouma, fait avec du coton cultivé sur les lieux.
13. Fil bleu. District de Selouma.
14. Fil rouge. District de Selouma.
15. Fil rouge, blanc, bleu et jaune de Oulou Kenal, district de Kauer.
16. Fil rouge, blanc et bleu de Pechah penggang, district de Kauer.
17. Métier à tisser, de Rejang, de la moitié de la grandeur réelle.
18. Châle (*selendang*), tissé avec le métier.
19. Deux sortes d'huile (*minyak kapayang* et *minyak bijan*), employées dans la teinture des fils.
20. Échantillon de corde mince (*poulas*), faite de rameh.
21. Échantillon de corde ijouk faite des fibres du palmier arèn.
22. Nattes roussies au feu (*cikar*) (?)
23. Natte (*tikar*), faite dans le district de Kroë.
24. Sorte de nattes (*jalit*) du district de Selouma.
25. Natte de couche grossière (*lapik kasar*), faite de feuilles de pandanus, du district de Moko-moko.
26. Natte fine à prière (*lapih halous*) faite de feuilles de pandanus, de Moko-moko.
27. Petites nattes de chaise (*lapih karossi*), de Moko-moko.
28. Natte de couche de *roumbai*, d'Oulou Kinal, district de Kauer.
29. Natte (*tikar*), tressée de l'écorce de l'*endilan* (*Commersonia echinata*), pour sécher le riz; de Kauer.
30. Natte (*adas*), pour sécher le riz; de Kauer.
31. Natte (*piting*), sur laquelle on met le riz; de Kauer.
32. Natte de couche de *roumbai*; de Kauer.
33. Natte de couche de rotin, du district de Kauer.
34. Natte de *regas* pour sécher le riz.
35. Petits paniers, de bambou tressé du chef-lieu Bengkoulen.
36. Panier (*rountoung*), pour piment, etc., de Mouara Sindang, district de Kauer.
37. Panier pour sirih (*toukou*), de idem.
38. Panier à laver le riz, (*bakoul*), de id.
39. Panier pour serrer le riz séché (*bako*), de id.
40. Panier pour sécher le riz (*bidoung*), de id.
41. Panier pour vanner le riz (*nirou*), de id.
42. Panier pour serrer le riz (*bako*), de id.
43. Panier pour laver le riz (*bakoul*), de id.
44. Modèle d'un tour, au tiers de la grandeur réelle.
45. Têtes du *bouroung gadieng*, ou „ivoorvogel", qui ne se présente que dans quelques perties de cette résidence.
46. Chaîne de montre, boutons de chemise, et de manchettes, faits de la tête de cet oiseau.
47. Pots et poêles de terre, faits à Bengkoulen même.
48. Instrument pour moudre la canne à sucre afin d'obtenir le sucre pour son propre usage (*kilangan*).
49. Appareil pour préparer le gambir (*kampouan*).

303. Instruments, ouvrages tressés et produits industriels de la résid. de Sampong.

1. Dévidoir de rotin.
2. Peigne pour fil (*penyikatan*).
3. Rouet à trois bobines, devidoir de fil, fil et battoir de rotin (*pegas*), pour nettoyer le coton.
4. Métier à tisser complet (*peteken*), avec *slimout* commencé (sarong qui est employé comme couverture).
5. Instrument (*sabouk*), pour faire de la corde d'ijouk ou de fibres d'arèn.
6. Petite natte de bambou tressé pour couvrir les plats (*apar*).
7. Petite natte d'une espèce d'herbe rubanée (*pi-ës*), qui est employée comme rideau (*ilat*).
8. Couverture pour les panneaux de selle faite de *pi-ës* tressé (*tikar lapis*).
9. Petit sac, (*soumpit*), de *pi-ës* tressé.
10. Couverture de *pi-ës* tressé; on la met en trois ou quatre doubles sous la selle contre la pression.
11. Natte de rotin (*kajang*), du district de Katimbang.
12. Petite natte de bambou tressé (*ilat*), pour une fiancée.
13. Trois petites nattes carrées, de bambou tressé (*penganan*).
14. Petit panier à fruits (*klouklou*), fait de bambou fendu par des hommes du district de Sekampong.
15. Couverture (*toutowpan*), employée dans les occasions solennelles, pour couvrir le cabaret de cuivre (*talam*), faite de idem.
16. Panier pour le riz cuit (*lakai*).
17. Idem (*jawan sirip*).
18. Panier à ouvrage (*bisik*).
19. Panier pour y mettre le manger (*yawan mic*).
20. Panier à laver le riz (*yawan pengiawan bias*).
21. Panier à cigarettes (*beloling*).
22. Van à riz (*tapa*), de bambou tressé.
23. Manière dont le *lakai* (n°. 16) (*bakal lakai*), est tressé.
24. Bambou fendu (*bemban*), dont on fait le *lakai*.
25. Panier à serrer les vêtements (*yawan*).
26. Petit panier à bagatelles (*besik pramounan*).
27. Panier d'homme (*salang*), pour porter les produits du labourage et du jardinage.
28. Idem (*sarau*).
29. Idem (*kipo*).
30. Corbeille porté par les hommes et les femmes sur la tête (*kindar*).
31. Douze petits paniers (*sap*), de bambou tressé.
32. Coffre, de bambou et d'oupih tressés (*kempck*).
33. Panier (*bisik* ou *doudoung*), à serrer les vêtements.
34. Panier de bambou (*karapa*).
35. Idem (*bakalau* ou *brounang*).
36. Petit panier (*bajo*), pour y nettoyer les fruits de la terre, le poisson etc.
37. Petites lattes fendues (*likal*), dont on fait le *bajo*.
38. Crible de rotin pour le riz (*ajak*).
39. Petite valise (*kradjout*), pour effets de voyage.
40. Seau à l'eau (*tabou*), du fruit du tabouwai.
41. Petit baquet à l'eau, fait de la coquille du cocotier (*gerbouk*).
42. Seau à l'eau, de bambou (*blaling*).
43. Lampe de damar avec pied, (*changa*).
44. Idem, la plus employée.
45. Idem, de pierre cuite.
46. Chandelles de damar (*blemboung*).
47. Bât pour les buffles (*kekapo kebau*) avec:
 a. Bacule (*tali ekor*).
 b. Ventrière (*kelak*).
 c. Paniers de bambou tressé (*lepioung*), qui sont suspendues aux deux côtés de la selle.
48. Panneaux de selles pour chevaux (*kasour kouda*).
49. Bât de bois pour les chevaux (*kekapo kouda*), avec ventrière (*kelekak tali beteng kouda*). La charge est suspendue aux chevilles.
50. Cinq éventails (*kipas*), de bambou tressé.

NB. Les nos. 11, 12, 13, 30 et 49 ont été envoyés par W. Beyerinck, contrôleur à Katimbang.

304. Ouvrages brodés et tressés, poteries et meubles de la résid. de Palembang.

1. Six mouchoirs de poche brodés.
2. Courte-pointe brodée.
3. Trois pièces de dentelle avec fleurs différentes; large et grossière.
4. Trois idem, large et fine.

GROUPE II. Dixième Classe.

5. Trois idem, étroite et grossière.
6. Trois idem, étroite et fine.
7. Nattes de Palembang.
8. Diverses sortes de tressages de rotan.
9. Petite natte de rotin, tressée à Karang-Agoung, marga Loubi, Soukou 11. Cette sorte d'ouvrage est nommé *soungkilan*.
10. Deux *tampans* faites à Ranau, employés pour mettre les mets.

Poterie de la marga Kajou Agoung, dont la fabrication est le seul moyen de subsistance de la population.

11. Réchaud avec théière et couvercle (*dopan sama chirih dan toutoupnya*).
12. Réchaud pour y brûler les parfumeries (*dopan bakal bakar minnyan*).
13. Réchaud avec pot à riz et couvercle (*kran lanang dengan periyouk dan toutoupnya*).
14. Idem (*kran perampouwan dengan periyouk dan toutoupnya*).
15. Réchaud avec poêle et couvercle pour la cuisson des légumes (*kran tengang dengao belango dan toutoupnya*).
16. Assiette de terre à riz (*pinggan nassi*).
17. Poêle à cuire de terre avec couvercle (*periyouk kouping dengan toutoupnya*).
18. Cruche à l'eau dans la forme d'un canard (*gendi bebek*).
19. Cruche à l'eau (*chiri sayop*).
20. Cruche à l'eau avec plat pour y laver les mains (*gendi lanang dengan paso*).
21. Idem (*gendi perampouwan dengan paso*).
22. Poêle (*kwali kouping*).
23. Crachoir (*peridoun*).
24. Poêle à légumes avec couvercle (*periyouk dengan toutoupnya*).
25. Cruche à l'eau de la forme d'un pigeon (*kibouk jawa*).
26. Casserole avec couvercle pour le *goulai*, sorte de hors-d'œuvre (*belanga dengan toutoupnya*).
27. Poêle, à cuire la bouillie de riz (*pendang nangian*).
28. Poêle, pour y garder la pâtisserie (*moukoun dengan toutoupnya*).
29. Cruche à l'eau, modèle javanais (*dengi jawa*).
30. Cruche à l'eau, id. (*chirih jawa*).
31. Seau à l'eau (*periyouk bakal ambil ayer*).
32. Pot, pour y garder le riz cru (*pedaringan dengan toutoupnya*).

33. Idem, pour de jeunes mariés.
34. Lampe, (*iangkang*), dans laquelle on brûle de la résine (*damar*).
35. Pot à fleurs avec piédestal (*paso jambangan*).

Meubles européens, faits par les Chinois.
36—48. Voyez la 21e Classe, n°. 11 (page 232).
44. Quatre étuis à cigares.
45. Dix couples de fruits différents.
46. Trois couteaux, venant de Makakau (*wali*).

305. Ouvrages d'orfèvrerie et de poterie, avec les outils employés, et autres produits de l'industrie de la résid. de la Côte orientale de Sumatra.

1. Ornements de vermeil, portés par la population indigène du district de Labouan Batou.
NB. Ces objets sont portés exclusivement par les Chinois à Labouan Batou et ont été offerts, par Peng Sou Ho, lieutenant ou chef des Chinois.
2. Paire de bracelets, *glang pata semat*.
3. Sortes d'anneaux:
a. *Panoko*
b. *Pengiket bougis*.
c. *Chinchin patah semat*, 2 pièces.
d. *Chinchin potong*, 2 pièces.
e. *Chinchin telor ikan*.
4. *Changgè* ou dé, porté dans les occasions solennelles par les hommes et les femmes au petit doigt de la main gauche.
5. Une vingtaine de *merdyan* ou coraux pour colliers.
6. Ornements pour les oreilles:
a. Une paire de *soubangs*.
b. Une paire de *krabous*.
7. *Chouchouq sanggoù* ou tête de broche à cheveux.
8. *Agò*, ornement, porté par les enfants sur la poitrine à une chaîne de coraux.
9. Garnitures de boutons de kabaya pour les femmes:
a. *Kanching bajou pekarang*.
b. *Kanching bajou bepahat*.
10. Garniture de *klosang bepahat*, trois ornements, qui se fixent sur les kabayas des femmes, soit l'un sous l'autre comme des épingles, soit d'une autre manière.

240   Groupe II. Dixième Classe.

11. Cinq *klaka*, qui s'attachent le long du cou du kabaya.
12. Vingt *pakolip bajou*, pour attacher le long du cou et de la poitrine du kabaya.
13. Douze *menopoun*, à fixer le long du cou du kabaya, les deux *menopoun* carrés sur le devant.
14. Outils pour la fabrication des ornements précédents:
 a. Etabli, modèle au quart de la grandeur réelle.
 b. Tabouret, idem.
 c. Enclume, id.
 d. Marteau.
 e. Oumbousan ou foyer avec soufflet, au quart de la grandeur réelle.
 f. *Tampat betobo* ou creuset, 6 pièces.
 g. Ciseaux, fabrication chinoise.
 h. Deux *peloulout* ou filières pour faire du fil de laiton et du fil d'argent.
 i. *Penjabat* ou pince pour prendre les creusets du feu et pour faire les fils grossiers.
 j. *Sopit* ou pince plus petite, pour faire des fils minces.
 k. *Sopit* d'un autre modèle, pour ramasser les parcelles de métal.
 l. *Ragoun* ou pincettes, pour tenir les objets qu'il faut limer.
 m. *Pandam*, planchette, sur laquelle on cuit une pâte de *damar-batou* (sorte de résine), de *minyak lean* (cire chinoise) et de cendres de paille de padi. Le métal qu'on veut travailler, est fixé sur la planchette au moyen de cette pâte.
 n. Assortiment de petits ciseaux avec marteau.
 o. *Liou-im* ou morceau de cuivre, dans lequel on voit des creux hémisphériques, pour donner cette forme à de petits boutons, etc.
 p. Vergettes, pour nettoyer les objets, avant de les dorer.
 q. *Palita* ou lampe, avec pied et *soumbous* ou mèches, faites de la moelle d'une espèce d'herbe, *ang-sim-tho*; cet article est importé.
 r. *Angchhoui* ou chalumeau, avec lequel on souffle dans la flamme en soudant.
 s. Botte de fil de fer, pour lier ensemble les objets qu'on veut souder l'un à l'autre.
 NB. Le dorage se fait en plongeant les objets dans un bain d'or. La dorure est cependant très-mince, et les objets noircissent très-rapidement.
15. Poterie du district de Bila.

 a. *Labou* ou cruche à l'eau, deux pièces.
 b. *Perasapan*, appareil pour brûler le *benjoin*.
16. Outils pour faire le poterie à Bila:
 a. *Brambang* ou planche de travail.
 b. *Kayou penempan* ou morceau de bois, plat.
 c. Pierre ronde aplatie.
 d. *Pisau wadli* ou petit conteau pour faire les festons.
 NB. On prend un morceau d'argile proportionné à la grandeur qu'on veut donner à la cruche, et on le pétrit en boule. Alors on fait avec les doigts, dans la boule, un creux que l'on agrandit de plus en plus en pétrissant l'argile entre les doigts et le pouce. Quand le creux est assez grand pour qu'on puisse y tenir la main, on tient la petite pierre *c* contre la paroi intérieure en frappant contre l'extérieur avec la spatule de bois, jusqu'à ce que l'objet ait la grandeur requise. On travaille les autres parties séparément, et on les fixe après sur la boule formée. Après que les festons ont été faits avec le petit couteau *d*, la cruche peut être cuite.
17. Plusieurs sortes de moulins à canne à sucre.
 a. *Kilangan jantoung*, peut être mu par un seul homme.
 b. *Kilangan giling-giling*, peut l'être par deux ou trois personnes.
 c. *Kilangan kerbou*, mu par un buffle.
22. Paquet de sucre indigène *goula kwalou*.
23. Sucre de Tandjong Poura.

306. Etui à cigares d'*akar resam*, sorte de plante textile, de la résid. de Riouw.

307. Objets tissés, articles d'étain et d'orfèvrerie et autres produits industriels de la résid. de Banka.

1. Sarong de soie, broché d'or, valeur *f* 100.—, envoyé par Toumenggoung Kerta Negara, Demang de Muntok.
2. Deux châles (*selendang*) de la valeur de *f* 50 à *f* 60.
3. Foulard de *f* 7.50.
4. Un morceau d'*akar bahar*.
5. Objets faits d'*akar bahar*.

GROUPE II. Dixième Classe. 241

a. Broche.
b. Croix.
c. Quatre boutons de chemise.
d. Deux bracelets.
e. Une paire de boucles d'oreilles.
6. Coeur de serpentine, employé en guise de broche.
7. Objets d'étain, fabriqués à Banka, et envoyés par M. Ecoma Verstege, résident de Bangka. Ils doivent être offerts à S. M. le roi de Pays-Bas.
 a. Deux étuis à cigares.
 b. Une théière.
 c. Deux tasses.
 d. Une rafraîchissoire.
 e. Deux boîtes à poudre de riz.
 f. Boîte avec deux flacons, contenant du minerai d'étain, l'un lavé, l'autre non lavé.
8. Moulin à canne à sucre *kilangan*.
9. Sortes d'huile.
 a. Huile de coco.
 b. „ „ *katiyau*.
 c. „ „ *nyato*.
 d. „ „ *wijen*.
 e. „ „ concombre.
 f. „ „ *kemiri*.
 g. „ „ *bentaro*.
 h. „ „ *kachang*.
 i. „ „ *sendour*.
 j. „ „ *kerouwing*.
 k. „ „ *penaga*.
10. Presse à huile aussi employée pour la fabrication du gambir.
11. Chaux à sirih.

308. **Etui à cigares de l'île de Billiton (Blitong)**.

309. **Outils de charpentier, objets de noix de coco et de rotin, etc. d'Atchin.** — M. Brau de Saint-Pol-Lias, à Paris.

1. Outils de charpentier.
2. Ciseaux de cuivre.
3. Etoffe de soie.
4. Métier à tisser.
5. Objets de noix de coco et de rotin:
 a. Balances.
 b. Tire-lire.
 c. Cuiller à pot.
 d. Puisoir à eau.
 e. Fouet de rotin.

310. **Collection de 180 pièces environ de filigrane et autre argenterie,** connue aux Indes sous le nom »d'argent de Padang'', placée dans une armoire large de 1.10, haute de 2.10 et profonde de 0.45 M.; à droite de l'armoire se trouve un ouvrier et à gauche une ouvrière en canetille; tout deux à plus de la moitié de la grandeur naturelle. — A. H. J. Diemont van Duthar, à Arnhem.

NB. Cette filigrane ne se fabrique que dans le kampong florissant de Kota Gedang, dans le Haut-Pays de Padang. Les orfèvres (*toukang perak*) exécutent ce travail avec des instruments très simples; ils ne le font que sur commande et pour un prix convenu d'avance. Faute de connaître les proportions, ils livrent de fort mauvais ouvrage, sauf quand on leur donne des modèles de joujoux européens à imiter. La forme des petites tables et chaises, les fruits indigènes, les bracelets qu'ils font pour leur propre compte laissent ordinairement beaucoup à désirer.

311. **Filigrane de Padang.** — A. J. Duymaer van Twist, ancien Gouv.-Gén. des Indes-néerlandaises, à Diepenveen.

1. Echiquier avec pièces en or et en argent.
2. Gobelet, petite corbeille et bracelet de dame en argent.

312. **Trois échantillons de filigrane d'or et un échantillon en argent, Padang.** — A. Baud, Dr. en droit à la Haye.

313. **Rosaire, ouvrages de filigrane d'or et d'argent de la côte occidentale**

16*

de Sumatra (Padang). — **J. F. H. Bekhuis**, à Leeuwarden.

314. Missigit (mosquée) en filigrane d'argent, de Padang. — **Musée Ethnologique de l'Etat, à Leyde.**

315. Modèles d'ouvrages tressés avec de la paille (nattes de chaises) de Gounoung Sitoli (Nord de Nias). — **D. E. E. Wolterbeek Muller, à Voorburg.**

316. Instruments employés pour le filage, le tissage; modèles etc., de la côte orientale de Sumatra. — **La Compagnie de Deli, à Amsterdam.**

1. *Jintra*, instrument employé pour purifier le coton, 2 pièces.
2. *Pouk-pouk*, arc de bambou pour désagréger le coton; cela se fait en tenl'arc et en faisant rebondir la corde dans le coton purifié.
3. *Sorka*, rouet, 2 pièces.
4. *Sapan*, instrument sur lequel on tend le fil après qu'il a été filé, afin de le tenir tendu et l'empêcher ainsi de se contracter.
5. *Kisoung*, dévidoir.
6. Instrument au moyen duquel le fil est purifié des fibres d'*ijouk*, au moyen d'une brosse, *sisir*.
7. Métier à tisser, 2 pièces.
8. *Ounte-ounte*, appareil pour faire de la corde avec des fibres d'*ijouk*.
9. Sac contenant des échantillons de coton.
10. Coton purifié de sa graine.
11. Rouleaux de coton prêt à être filé.
12. Fil brut.
13. Fil teint.
14. *Haoua*, plante séchée dont les Bataks tirent une couleur bleue. Ils font d'abord macérer pendant deux jours les tiges et les feuilles dans de l'eau froide; puis on les enlève. L'eau est alors teinte en bleu; on y jette de la chaux, et quelque temps après on y ajoute de l'eau qui a été mêlée avec des cendres de bois; la masse est bien mêlée, jusqu'à ce qu'il se forme un dépôt épais; ce dépôt c'est la matière colorante.

317. Instruments employés pour purifier le coton brut, etc. à la côte orientale de Sumatra. — **Dr. Hagen, à Tanjong Morawa, Serdang.**

1. Appareil avec marche, pour débarrasser le coton de sa graine.
2. Appareil pour défaire le coton et le rendre soyeux, après qu'il a été dégagé de sa graine.
3. *Sorka*, rouet avec sa marche.
4. Navette de bambou.
5. Appareil pour égaliser les fils sur le chassis du métier.
6. Echantillons de fil retors.
7. *Orsok*, appareil pour retordage.
8. Appareil pour faire la corde, 2 sortes.
9. Métier batak avec outils accessoires et un sarong à demi achevé.

318. Appareils de tissage, poteries, ouvrages tressés, paniers, objets de coco, de bambou, de palmier arèn et de nipa; de la résid. de Bantam.

1. Appareils employés pour le tissage de couvertures.
2. Poteries.
   a. Pot à fleurs.
   b. Tire-lire.
   c. Appareil pour mouler l'argile.
   d. Moule à briques
3. Ouvrages tressés et paniers.
   a. Sorte de sac de voyage faite de *walingi* (*selipi*). *Typha angustifolia*.
   b. Sacs à argent d'idem.
4. Objets faits de nipa:
   a. Deux paniers (*kempek*) de bambou et d'*amboulonng* (nipa).
   b. Ecorce de *nipa*.
   c. Bilik et tiker.
5. Objets de coco.
6. Objets de bambou.
   a. Chapeaux confectionnés à Lebak.
   b. Bambou aplati (*peloupouh*), employé pour planchers et boiseries des maisons.

Groupe II. Dixième Classe.

c. Diverses sortes de bambou tressé ou clayonné (*gribig*).
d. Rideaux, *kèréh*.
e. Trois sortes de bambous, *bambou toutoul, bambou kasap bambou apous*.
f. Etuis à cigares.
7. Produits obtenus du palmier arèn.
a. Sucre d'arèn.
b. Feuilles séchées.
c. Fibres, *ijouk*, et corde faite avec ces fibres.
d. Flacon de *kawoul*, amadou.
e. Echantillons de *koulit parahral kapas* et de racines de *rarou* (*kenano*), employés pour empêcher la fermentation du suc d'arèn.
8. Feuilles de pandanus.
9. *Kapok* ou *randou*.
10. Parfums:
a. Essence de *kenanga*.
b. Idem de *dilem* (patchouli).
11. Modèle d'une fabrique d'huile de coco, dans la résidence de Cheringin.

319. Objets venant des Badouwi ou *Orang kenèkès* dans la résid. de Bantam.

1. Outils employés pour le filage:
a. Sorte de rouet (*petong*).
b. Navette (*kisi*).
c. *Keliting*.
d. *Kinchir*.
e. Devidoir, (*lawayan*).
2. Outils employés pour tisser:
a. *Tengker bambou*.
b. *Sikat koulet klapa*.
c. *Oundar*.
d. *Kerekan bambou kechil*.
e. *Pihanean*.
f. *Sisir*.
g. *Balera*.
h. *Paniti*.
i. *Lelemboutan*.
j. *Limbouhan*.
k. *Jinjingan*.
l. *Totogan*.
m. *Hapit*.
n. *Soumbi*.
o. *Chaour*.
p. *Tali chaour*.
q. *Terapang*.
r. *Chanchangan*.

320. Modèle d'un moulin à écorcer le riz (*penggiling an monyet*), et modèle d'un moulin à huile, tel qu'il est décrit dans la Revue de l'industrie et de l'agriculture aux Indes-néerlandaises, tome XXV, livraisons 11 et 12. Résid. de Bantam.

321. Poteries de Tangeran, outils pour la confection des chapeaux de bambou, et modèle d'un métier à tisser de la résid. de Batavia.

1. Deux pots à fleurs à pied (*pas rembang sama kaki*).
2. Six tuyaux de terre cuite (*got*).
3. Quatre grands carreaux (*oubin besar*).
4. Quatre petits carraux (*oubin kechil*).
5. Quatre carraux carrés (*oubin empat parsegi*)
6. Quatre tuiles de Batavia (*genteng Batawi*).
7. Quatre tuiles de Palembang (*genteng Palembang*).
8. Quatre briques (*baton tembok*).
9. Quatre pots et jarres à sucre (*pot goula*).
10. Deux grandes jarres à eau (*têmpayan besar*).
11. Deux pot-à-fleurs (*jembangan*).
12. Outillage pour la confection de chapeaux de bambou.
13. Echantillons de chapeaux dans diverses phases de fabrication.
14. Deux chapeaux achevés.
15. Modèle d'un métier à tisser.

322. Echantillons de tissus; modèles d'outils en miniature etc., du district de Bandong, résidence du Préanger.

1. Rouet, $\frac{1}{4}$ de la grandeur réelle.
2. Onze sortes de kaïns ou sarongs.
3. Couteau pour sculpter le bois et le bambou.
4. Dressoir avec toute sorte d'instruments en miniature.
5. Six sortes de pierre à aiguiser.
6. Etui à serrer divers outils.
7. Tour indigène.
8. Deux cannes.
9. Six étuis à cigares.
10. Echantillon de chaux à sirih, faite avec des coquilles d'eau douce.

323. Objets de rotin, faits dans le district de Tasikmalaya, résidence du Préanger.

1. Baquet à couteaux.
2. Deux paniers à clefs.
3. Cave à liqueurs.
4. Etui à cigares.

324. Plusieurs outils pour le tissage et la teinture (batik) des sarongs; ainsi que des échantillons de sarongs tissés, du district de Soukapoura, résid. du Préanger.

325. Echantillon de rameh brut et de corde faite avec les fibres du palmier arèn; de la résid. de Tegal.

326. Outils ou instruments employés dans le filage, le tissage et le batikage; ainsi que des échantillons d'ouvrage de potier et de tuilier; de la résid. de Pekalongan.

1. Appareil pour débarrasser le coton de ses graines (*geliugan kapas*).
2. Appareil pour purifier le kapas (*betout* ou *wouson*).
3. Rouet (*jontro*).
4. Devidoir (*likassan*).
5. Un dito (*inggan*).
6. Métier à tisser (*tenounan*).
7. Dito, au ¼ de la grandeur réelle.
8. Outil pour arranger le fil du métier (*manen*).
9. Outil pour tendre la chaîne du métier (*panèn*).
10. Casserole dans laquelle on fond la cire employée pour le batik (*kencheng*).
11. Casserole dans laquelle on la tient fondue (*waja*).
12. Tamis à travers lequel on passe la cire, et les couleurs (*sarengan*).
13. Six cuillers de cuivres différentes, qu'on remplit de cire pour les dessins à faire sur l'étoffe (*chanting*).
14. Vase dans lequel l'étoffe batikée est débarrassée de sa cire (*pengglorodden*).
15. Casserole dans laquelle on fait bouillir les couleurs (*penggodoggan soga*).
16. Onze morceaux de coton enfilés dans leur ordre, pour montrer les diverses opérations qu'ils subissent lors du batikage.
17. Deux étendoirs auxquels on suspend les étoffes qui doivent être batikées (*gawangan*).
18. Sorte de doloire (*pendil*).
19. Couteau pour travailler le bambou (*pangot*).
20. Deux dito (*koudi*).
21. Sorte de truelle (*korek*).
22. Réchaud (*keren*).
23. Dito (*anglo*).
24. Deux cuvettes (*pengaran* et *chouwon*).
25. Plat (*chowek*).
26. Carreau pour plancher (*joubi*).
27. Tuile (*gentaug*).

327. Douze sarongs batikés de la résid. de Samarang, valant ensemble *f* 400.

328. Echantillons de matières textiles, employées pour les cordes, et pour le tressage des nattes; objets tressés, poteries, meubles outils et ustensiles divers du district de Bojonegoro résid. de Rembang.

1. Quarante-six matières textiles employées dans la corderie :
Senou, rameh, nanas, pépé, wedouri, timongo, waron, kemiren, taloh, mounoung, walikoukoun, got, louwing, kendal, randou, basgeban, kenchakan, klampis, soulour pandau, pouloutan, ouris-ourissan, doek-arèn, senou, telèng, motolele, chragèn, pépé sapi, boulou, bounton-oudel, galing, kapal, gamprik, mlatten, toungkoul, loundo, banyon, rou, karagan, bogi, dosari, sembouhan, riwono, chilouk, kraméyan, sogo-tounteng, gagakan.
2. Huit sortes de matières textiles employées à la confection des nattes :
a. Poupous, agèl, pong, agel, gebang, kremis, gembor, gadel, epèk.
3. Ouvrages tressés :
a. Balai de fibres d'arèn (*sapou*).
b. Natte pour se nettoyer les pieds (*kèsèt*).
c. Eventail pour animer le feu.

GROUPE II. Dixième Classe. 245

d. Tamis à riz (*tampak*).
e. Tamis à farine (*kalo*).
f. Corbeille pour transporter les vivres (*bakool*).
g. Boîte pour conserver le manger (*tenong*).
h. Panier pour cuire le riz à l'étuvée (*koukousan*).
4. Poteries:
a. Pot de terre pour cuire le riz (*pengaron*).
b. Dito (*kendal*).
c. Réchaud (*anglo*).
d. Dito (*kereu*).
e. Assiette de terre (*chobek*).
f. Dito, plus grande (*layah*).
g. Pot de terre pour cuire les légumes (*kawali*).
h. Dito, pour cuire la viande (*wajan tanah*).
i. Pot de terre pour y conserver l'eau (*genouk*).
j. Pot à eau (*joun*).
k. Trois pots à eau, un rouge, un blanc, un noir (*gendi*).
l. Pot à cuire le riz (*dandang*).
m. Plat sur lequel on laisse le riz se refroidir (*iyan*).
5. Outils divers:
a. Pied de chèvre.
b. Cuiller de bois pour servir le riz.
c. Morceau de bois pour broyer le piment (*oulek-oulek*).
d. Coco emmanché, servant de cuiller pour servir les mets (*irous*).
e. Rape (*parout*).
f. Hache (*wadoung*).
g. Auge à riz, avec pilon (*lesoung* et *alou*).
6. Meubles:
a. Deux chaises de bois de *hendok-hendokan* et de corne de cerf.
b. Deux bancs, dito.

329. Outils employés pour purifier, tisser et batiker le coton; modèles de meubles européens faits par les indigènes et les Chinois, objets d'or, d'argent, de cuivre, de fer-blanc, poteries et autres pour les usages domestiques; de la résid. de Sourabaya.

1. Outils pour purifier, tisser et batiker le coton (*kapas*).

a. Moulin pour débarrasser le coton de sa graine.
b. Deux métiers à tisser.
c. Deux cuillères de cuivre employées dans le batikage, et servant à verser la cire fondue sur l'étoffe.
d. Chaises sur lesquelles les ouvrières en batik sont assises.
e. Deux appareils pour batiker.
f. Châssis de bambou pour tendre l'étoffe.
g. Quatre échantillons de batik.
2. Modèles de meubles européens faits par les indigènes et les Chinois.
a. Banc.
b. Chaise à bascule.
c. Chaise.
d. Table ronde.
e. Table carrée.
f. Bois de lit.
g. Chaise longue.
h. Chaise à sieste.
i. Console.
j. Trumeau.
k. Paravent.
l. Armoire vitrée.
m. Garde-manger.
n. Buffet.
o. Filtre.
p. Etagère.
q. Miroir (*benggala*).
r. Guéridon.
s. Armoire.
t. Deux chaises de rotin.
u. Bois de lit.
3. Objets d'orfèvrerie:
a. Trois paires de boucles d'oreilles d'or, ornées de diamants.
b. Quatre anneaux d'or, idem.
c. Trois broches d'or, idem.
d. Broche d'or, idem.
e. Dix-huit petits boutons d'or, idem.
f. Deux ceintures en or.
g. Deux paires de bracelets d'or.
h. Gaîne de kris en or.
i. Une paire d'anneaux d'argent pour les jambes.
j. Sucrier d'argent.
k. Six cuillers d'argent.
l. Six fourchettes d'argent.
m. Deux tasses d'argent.
n. Deux petits plateaux d'argent.
o. Deux pots à lait, idem.
p. Deux mochie, idem.
4. Objets de chaudronnerie.
a. Une paire d'étriers.
b. Boîte à sirih.
c. Crachoir.

246   Groupe II. Dixième Classe.

d. Trois jattes.
e. Casserole à riz.
f. Deux chandeliers.
g. Baquet.
h. Deux sortes de lampes.
i. Plateau ou cabaret.
j. Cassolette à brûler des parfums.
k. Lèchefrite.
l. Moule à pain.
m. Deux gobelets.
n. Bouilloire.
o. Fer à repasser.
p. Puisoir à huile.
q. Epileur.
r. Vase à eau.
s. Tamis à farine.
t. Pot à eau.
u. Entonnoir.
v. Puisoir à eau.
w. Puisoir à huile.
x. Poile.
5. Objets de fer-blanc:
a. Boîte.
b. Puisoir.
c. Pompe à huile.
d. Entonnoir.
e. Boîte.
f. Puisoir à eau.
g. Arrosoir.
h. Mochie.
i. Kalo.
j. Cheloupokan.
6. Objets de fer:
a. Mortier.
b. Grilles.
c. Pompe.
d. Réchaud.
e. Cages.
f. Couteau de table.
g. Couteau de cuisine.
h. Hache.
i. Pied-de-biche.
7. Objets de bois:
a. Cassette pour médicaments.
b. Caisse.
c. Cercueil.
d. Pupitre.
e. Crachoir.
f. Puisoir.
8. Ouvrages de sellerie:
a. Chabraque.
b. Hausse de selle.
c. Selle.
d. Têtière.
e. Harnachement de bendi.
f. Deux fouets.
g. Deux bâtons.
h. Rênes.

9. Objets de corne, d'écaille et d'os:
a. Fouet.
b. Grattoir.
c. Deux crochets pour rideaux (*klambou*).
d. Deux couvercles pour verres.
e. Garniture de boutons de chemise.
f. Trois sortes de porte-cigares.
g. Deux sortes de toupies.
h. Deux peignes.
i. Un peigne fin.
j. Cure-dents.
k. Epingle à cheveux.
l. Boîte à sirih.
m. Garniture de boutons de chemise.
n. Deux couvercles à verres.
o. Cuiller à riz.
p. Epingle à cheveux.
q. Chausse-pied.
r. Cuiller à salade.
s. Cuiller à moutarde.
10. Objets divers:
a. Mannequin de bois, représentant un homme assis et habillé.
b. Idem, représentant une femme habillée.
c. Idem, représentant un garçon habillé.
d. Idem, représentant une fille habillée.
e. Etui à cigares.
f. Ceinture pour porter le kris.
g. Une paire de sandales.
h. Deux seaux.
i. Tonneau pour faire la glace.

330. Collection d'ouvrages nattés du district de Grissé, résidence de Sourabaya.

331. Métier à tisser, ouvrages nattés et toile de tali (fibre de l'arèn), de l'île de Bawean, résid. de Sourabaya.

332. Instruments et outils, employés pour filer, tisser et batiker, pour faire l'huile, etc., dans la résid. de Banyoumas.

1. Rouet avec tous ses accessoires:
a. Rouet (*jontro*).
b. Porte bobine (*kisi*).
c. Dévidoir (*likassan*).
d. Panier pour serrer le coton (*kapas*).
e. Idem pour le fil.
f. Rouleau (*pelet*).

GROUPE II. Dixième Classe.

g. Appareil pour assouplir le fil (*wouson*).
h. Carde (*belout*).
i. Panier à coton (*toumbou*).
j. Support pour les bobines (*pleting*).
k. Appareil pour tendre la corde (*manèn*).
l. Appareil pour dévider le fil (*houndar*).
m. Moulin pour purifier le coton (*pengilingan*).
n. Pince-fil (*tengker*).
2. Métier à tisser avec tous ses accessoires :
a. *Chatok*.
b. *Babak*.
c. *Balé-balé*.
d. *Por*.
e. *Glegen*.
f. *Chidaran*.
g. *Souri*.
h. *Wlira*.
i. *Glondoug*.
j. *Ousek*.
k. *Lorokgan*.
l. *Tropong*.
m. *Chentek*.
3. Nappe tissée et trois serviettes.
4. Outils pour batiker :
a. *Pengamangan*.
b. *Kemplongan*.
c. *Ganden*.
5. Presse à huile avec tous ses accessoires :
a. *Pengadoulan*.
b. *Saka*.
c. *Alou* (pilon).
d. *Kampekan*.
e. *Pané*.
6. Presse à huile avec maillet.
7. Ouvrages sculptés, et outils pour les faire.
a. Couteau pour faire les gaînes de couteaux (*lading*).
b. Deux couteaux (*oundour-oundour*).
c. Couteau pour travailler l'ouverture de la gaîne (*wali*).
d. Couteau (*chantek*).
e. Instrument pour mettre ce couteau en mouvement (*gendewa*).
f. Cage à poules et poulets (*kouroungan*).
g. Cage à coqs.
h. Cage à tourterelles.
i. Appareil pour prendre les sauterelles (*tempaling*).
j. Cage à sauterelles (*toler*).
k. Petit moulin à vent (*kitiran*).
l. Gaîne d'un couteau à couper l'herbe (*ketoprok*).
8. Ouvrages tressés et nattés :
a. Petit panier de bambou tressé (*krousou*).

b. Petit panier pour carafes à eau (*songgoh*).
c. Éventail pour activer le feu (*kipas*).
d. Dito (*ilir*).
e. Panier pour y mettre la mangeaille des poules (*piti*).
f. Natte pour ustensiles de cuisine.
g. Tamis (*irik*).
9. Hache employée par les charpentiers (*wadoung*).
10. Dito, plus petite (*petèl*).
11. Hache, employée par les tailleurs de pierre (*wadoung*).
12. Dito, plus petite (*petèl*).
13. Soufflet de forgeron avec accessoires (*houbouban*).
14. Forge (*prapen*).
15. Appareil de fondeur de cuivre (*prapen* et *kamous*).
16. Appareil d'orfèvre.
17. Branches et filet à mors, de fabrique indigène.
18. Echelle.
19. Cadran solaire.
20. Poulailler.
21. Tire-lire.
22. Réchaud de pierre-taillée (*keren*).
23. Pot dans lequel on fait bouillir l'eau (*parouk*).
24. Pot de cuivre pour idem.
25. Mortier (*gandèk*).
26. Souricière (*tentouk*).

333. Métier à tisser, ceinture ventrière pour femme, tissée; du district de Kouto Arjo, résidence de Bagelèn.

334. Instruments et outils employés pour filer, tisser et batiker; échantillons de matières textiles de la rés. de Yogyakarta.

1. Moulin à purifier le kapas ou coton. (*gilingan*).
2. Rouet (*jontro*).
3. Métier à tisser (*pekakas tenoun*).
4. Quatre petits puisoirs à cire, employés dans la batikage (*chanting*).
5. Chaudron pour enlever des étoffes la cire du batikage (*jadai*).
6. Rouleau de fil d'archal javanais (*lengker kawat*).
7. Un dito de fil de cuivre.
8. Clé à verrou (*gembok tampang*).

248 GROUPE II. Dixième Classe

9. Niveau à plomb de charpentier ou de maçon (*lot sipattan*).
10. Fermeture de porte d'entrée (*kinchiran pintou*).
11. Doloire de charpentier (*petèl*).
12. *Pekakas bikin garèm tàmpe* (?).
13. Echantillons de matières textiles :
 a. Gedebog, fibre de la tige du pisang.
 b. Rami, le rameh bien connu, lin indigène.
 c. Daounpring, feuille de bambou.
 d. Welit daounpring, feuille de bambou pour couvrir les toits.
 e. Tikar pasir, natte de couche de feuilles de pandanus.
 f. Gebang, feuille de la plante du même nom, qui donne une sorte de gomme arabique.
 g. Sido gouri, fibres de *Sido gouri*, employées pour faire des cordes.
 h. Papah gebang, fibre du pédoncule de la feuille du *gebang*, pour les cordes.
 i. Douk, fibre du palmier arèn, pour cordes, bourre, couverture de toits.
 j. Sepet klapa, fibres de cocos pour cordes, bourre, etc.
 k. Sepet jambé, fibres de la noix de pinang, pour cordes.
 l. Agel, corde de feuilles de gebang, dont on fait aussi des sacs grossiers nommés *karoungs*.
 m. Deux échantillons de *pandan*, fibre des feuilles du pandanier, pour corde, etc.
 n. Tikar mendong, natte faite d'une espèce d'herbe qui croît dans les champs humides; on la cultive aussi.
 o. Méndong, l'herbe dont nous venons de parler.
 p. Huit *anáman gedèg*, 8 sortes différentes de bambou tressé pour clôtures et cloisons.
 q. Six *bagor*, tissus de corde (*agel*) faite de la feuille du gebang.
 r. Bakal bajou lourik 8, 4; tissu javanais nommé trois fils sur quatre.
 s. Kayin lourik merah, étoffe pour *kayin* on jupes indigènes.
 t. Pring, six sortes de bambou.
 u. Fibres de l'écorce de *warou*.
 v. „ „ l'écorce de *Mlinjo*.
 w. „ „ de la racine de pandanus.
 x. „ „ de bambou.
 y. „ „ de *pouloutan* sorte de pisang.
 z. „ „ *louwing*.
 a'. „ „ de l'ananas.

335. Produits industriels divers de Sourakarta. — Raden Adipati Sosro Negoro, Régent de Sourakarta.

 a. Métier à tisser (*chachak*).
 b. Huit sortes d'étoffes pour jaquettes.
 c. Sorte d'étoffe pour pantalons (*limar woungo*).
 d. Huit sortes de peignes d'écaille.
 e. Pot à fleurs de *chendani*.
 f. Deux pots.
 g. Deux pierres tumulaires de *Kijing* blanc, sorte de pierre, d'après le modèle nommé *kendangan*.
 h. Une dito, d'après le modèle *robyong*.
 i. Deux sortes de gaînes de bois pour kris.
 j. Petit pupitre pour poser le livre quand on lit (*rékal*).
 k. Deux seaux de cuivre.
 l. Deux couteaux de table à manche fleuronné, azur et or.
 m. Deux longs couteaux (*gobang*).
 n. Panier fait de cuir et de bambou. (*kepek*).

336. Objets tressés et de vannerie; objets faits de corne; un échantillon de cigares, etc. de la résidence de Kadou.

1. Huit sortes de nattes.
2. Quatre paniers de bambou tressé.
3. Objets de corne :
 a. Six porte-cigares.
 b. Six porte-plumes.
 c. Deux peignes à chevaux.
 d. Deux peignes courbes.
 e. Six paires de peignes pour femmes.
 f. Douze boutons de chemise.
 g. Douze boutons d'habit.
 h. Six paires de boucles d'oreilles.
 i. Deux paires de boutons pour sabots.
4. Sept cents cigares de fabrique indigène.
5. Selle et accessoires.
6. Presse à huile et accessoires.
7. Dessin d'une presse à huile.

337. Echantillon de rameh, cordes et cordeaux de la résidence de Kédiri. — Régent de Kediri.

1. Echantillon de rameh.
2. Diverses sortes de ficelle :

GROUPE II. Dixième Classe. 249

a. Bangi.
b. Bo.
c. Bésto (très durable).
d. Jago.
e. Jenou.
f. Lounda.
g. Loulin.
h. Patikoulit.
i. Peron.
j. Rambong.
k. Tembelekan.
l. Wowo.
m. Houlouk.
n. Jeloumpang.
o. Got.
p. Peloutan.
q. Miren.
r. Bendo.
s Rami.
t. Chlecher.
3. Sortes de cordes pour guides :
a. Gadel.
b. Gumprit.
c. Krangsan.
d. Klepek.
e. Seroutan.
f. Toungkoul.
4. Ficelle pour lignes à pêcher (*gambi*).
5. Echantillon de roseau (*bamban*) pour faire des nattes.

338. Objets de chaudronnier, de fondeur de cuivre; ouvrages de cuir, poteries, objets tressés; de la résid. de Madioun.

1. Ouvrages de chaudronnier et de fondeur de cuivre:
   a. Appareil pour faire des vases, pour plantes, avec trois exemplaires de ces vases.
   b. Mortier et pilon.
   c. Crachoir.
   d. Chaudron à eau.
   e. Moule à poupelins.
   f. Boîte à sirih.
   g. Housse d'harnais.
   h. Branches pour suspendre les lumières contre les parois.
   i. Douri, frein pour dompter les chevaux sauvages.
   j. Jatte pour se laver les doigts.
   k. Petit crachoir.
   l. Etriers.
   m. Fer à gaufres.
   n. Moule à gâteaux.
   o. Sucrier.
   p. Pilon à sirih.
   q. Revêtement d'une hampe de pique.
   r. Sarcloir avec anneau.
   s. Crochets à rideaux.
   t. Quatre boucles avec ceinture ventrière.
   u. Boucle.
   v. Ornements de têtière.
   w. Boucles ordinaires.
   x. Bracelets d'enfants.
   y. Epingles à cheveux.
   z. Sabots.
2. Ouvrages de cuir :
   a. Trois selles avec accessoires.
   b. Deux têtières.
   c. Quatre sortes de sandales.
   d. Trois sortes de coiffures de drap et velours.
   e. Douze petits wayangs.
   f. Ceintures pour sabres ou kris.
   g. Sac à tabac.
3 Poteries :
   a. Deux petits pots de terre
   b. Quatre sortes de pots de terre.
   c. Quatre sortes de pots à eau.
   d. Trois sortes de réchauds.
   e. Plaque de pierre dure pour y broyer les médicaments.
   f. Deux mortiers de pierre dure.
   g. Quatre pots de pierre dure.
   h. Piédestal de pierre dure (*dempak*).
   i. Filtre (*taringan*).
   j. Pot de terre pour le sel (*emplouk*).
   k. Jarre de terre pour y mettre de l'eau (*joun*).
   l. Réchaud (*anglo*).
   m. Ecuelle de terre pour l'eau (*maron*).
   n. Réchaud de terre (*keren*).
   o. Cruche à eau (*gendi*), grand modèle.
   p. Idem, petit modèle.
   q. Idem, pour enfants.
   r. Veilleuse (*chouplak*).
4. Objets tressés:
   a. Deux sortes de nattes de rotin.
   b. Natte de *bambou-wouloung.*

339. Instruments, outils, employés pour filer et tisser, dans la fabrication du papier, des cordes; autres appareils et produits industriels du district de Pamekassan, résid. de Madoura.

1. Métier à tisser et plusieurs instruments pour purifier le coton.
2. Matières premières et instrument employés dans la fabrication du papier:

a. Branche de l'arbre à papier (*Broussonetia papyrifera*).
b. Ecorce du même.
c. Maillet.
d. Ecorcé après avoir été battue.
e. Quatre feuilles posées l'une sur l'autre.
f. Maillets.
g. Papier uni.
3. Appareils de corderie:
a. Tali douk.
b. Pochok.
c. Tali kalapa.
d. Tali bambou.
e. Tali pisang.
f. Tali deloupang.
g. Tali warou.
h. Tali polot.
i. Tali ananas.
j. Tali dloubang (écorce de l'arbre à papier).
4. Poteries:
a. Pots à fleurs.
b. Pot pour teindre à l'indigo.
c. Pierres à bâtir.
d. Ornement de pierre pour les angles des toits couverts en tuiles.
e. Pot à cuire le riz.
f. Pots à eau.
g. Cuvettes.
h. Deux pots à cuire.
i. Pot à étuver le riz.
j. Pot à rôtir la viande.
k. Pot à pâtisseries.
l. Fourneaux.
m. Lampes.
n. Chaudron.
5. Diverses boîtes:
a. Boîte à cigares et étagère. Envoyée par Radhen Ario Sourio Adiningrat.
b. Boîtes à sirih.
c. Boîtes.
6. Baquet pour la nourriture et les présents etc. qu'on doit transporter.
7. Baquet plus petit.
8. Caisse pour vêtements.
9. Baquets pour transporter les vivres.
10. Baquet, idem pour le riz.
11. Panier à riz.
12. Appareils pour broyer les médicaments.
13. Presse à huile pour cachang et coco.
14. Outil pour faire les *welits*, couverture d'*alang-alang* pour toiture.
15. Moulin de *jagoung*.
16. Auge à riz.
17. Lanterne sourde.
18. Outils pour faire du feu.
19. Sifflets (*sawangan*), qu'on attache à la queue des pigeons.
20 Puisoirs de noix de coco.
21. Dito, de feuille de pisang.

340. **Instruments employés pour purifier le coton, pour tisser, et pour faire l'huile, dans le district de Bangkalan, résid. de Madoura.**

1. Moulin pour purifier le coton.
2. Métier à tisser et accessoires:
a. Balé-balé (sorte de table), pour le métier.
b. Kantean.
c. Ondar.
d. Aman.
e. Lèrengan.
f. Kebak chetrek.
g. Longoran.
h. Blabayan.
3. Fibres pour cordes provenant du *godapoura* (*Abelmoschus moschatus*).
4. Corde faite de ces fibres.
5. Cruches à eau faites du fruit du *labou*.
6. Chapeaux de bambou tressé.
7. Deux pierres sépulcrales.
8. Pierre à feu (*cheplok*).
9. Fabrication de l'huile:
a. Trois jarres de pierre pour y faire bouillir l'huile (*langka*, *katta*, *saploukan*).
b. Trois presses à huile, en bois (*gandan*, *loumpang*, *lampittan*).
NB. Les Nos. 3, 5 et 6 de ces objets ont été envoyés par Radhen Ario Sourio Adiningrat.

341. **Appareils employés à filer et à purifier le coton; autres appareils et produits industriels du district de Sampang, résid. de Madoura.**

1. Moulin à coton (*gilingan kapas*).
2. Rouet.
3. Echeveau de fil.
4. Echantillon de papier fait de l'écorce de l'arbre à papier (*Kayou deloubang*).
5. Ecorce du *warou* pour cordes.
6. Echantillon de corde de *warou*.
7. Auge à écorcer le padi.
8. Dito, autre sorte.
9. Pressoir à huile.
10. Moulin à *jagoung*.
11. Deux paires de bracelets d'*akar bahar*.
12. Chaîne de montre de bambou tressé.

GROUPE II. Dixième Classe.   251

13. Cerf-volant.
14. Sabots (toupies).
15. Toupies ronflantes.
16. Cinq sifflets (*sawangan*), qu'on attache à la queue des pigeons.
17. Etagère pour cigares, de feuilles de cocotier.
18. Dito, de bambou tressé.

342. Appareils pour purifier le coton, pour filer, tisser et batiker, faire le nattage, etc.; du district de Soumanep, résid. de Madoura.

1. Moulin à coton (*gilingan kapas*).
2. Rouet (*kantean*).
3. Métier à tisser.
4. Chassis employé dans le batikage (*plangkringan*).
5. Appareils et outils employés dans la fabrication du papier.
   a. Couteau.
   b. Bâton pour mesurer.
   c. Marteau de cuivre.
   d. Maillet de rotin.
   e. Noyaux pour réduire la matière en bouillie.
   f. Enclume de bois.
   g. Planche sur laquelle on frotte et frappe.
6. Objets tressés et nattes:
   a. Natte de palmier lontar (*siwalan*).
   b. Boîte de dito (*chobouk*).
   c. Deux dito (*chobouk plapa* et *chobouk pamanangan*).
   d. Deux petites boîtes dito (*tlayak*).
   e. Deux paniers, dito (*poök*).
   f. Boîte, dito (*chobouk kèrè*).
   g. Deux petits paniers, dito.
   h. Panier pour étuver le riz (*koukousan*).
   i. Boîte de feuilles de gebang (*kadouk*).
   j. Natte de feuilles de pandanus.
   k. Boîte de bambou (*tenong*).
   l. Panier à riz, idem (*soumboul*).
   m. Panier, idem (*kranjang*).
   n. Panier plus fin, idem.
   o. Panier à herbe (*kranjang roumpout*).
   p. Panier (*rantang*).
7. Pressoir à huile au complet, avec échantillon de tourteau.
8. Outils pour faire des gaînes de kris.
9. Outils de charpentier.
10. Outils de tailleur de pierre.
11. Pierre tumulaire (*batou bintang*).
12. Dito (*batou chendana daoun*).
13. Dito (*batou chendana kouning*).

14. Briques (*batou kemboung*).
15. Couteaux pour sculpter.
16. Etui à cigares de bambou petong.
17. Dito, de bois de *tayouman*.
18. Etui à cigares d'ivoire.
19. Dito, de nacre.
20. Cuillers de riz en nacre.
21. Boutons.
22. Trois kris.
23. Truelle.
24. Faucille pour couper l'herbe.

343. Instruments et ustensiles employés pour filer, batiker; pour la fabrication du papier, des tuiles, etc., et produits industriels de la résid. de Pasourouan.

1. Rouet (*jantra*).
2. Deux cadres pour le batikage, avec les cuillers à bec appartenantes.
3. Matériaux et ustensiles employés dans la fabrication de papier de *gendong*. L'écorce est battue, puis collée avec le suc qui en sort, ensuite frottée et lissée.
4. Outils employés par les potiers et les tuiliers, et échantillons:
   a. Outils pour faire les pots et les tuiles (*palou* et *geblek*).
   b. Outils pour modeler l'argile (*perbot*).
   c. Moule à tuiles (*chitek genteng*).
   d. Support pour le moule à tuiles (*banchik*).
   e. Grattoir de bambou (*kerok*).
   f. Torchon pour lisser la partie supérieure de la tuile (*dalim*).
   g. Morceau d'écale de crabe (*Limulus Moluccanus*), servant au même usage (*secham*).
   h. Bambou contre lequel on appuie la tuile humide qui vient d'être moulée (*wlangat*).
   i. Tuiles (*gentang*), au quart de la grandeur ordinaire.
   j. Moule à briques et échantillon de briques.
   k. Panier de poteries.
   l. Vase à fleurs avec piédouche.
   m. Poêle de terre grossière.
   n. Réchaud.
   o. Moule à poupelins.
   p. Pot pour conserver le sucre (*bool*).
   q. Cruche à eau (*gendi petoula*).
   r. Bouilloire (*cheret*).
   s. Moule à pâtisseries (*chichahkan jojan rangin*).

5 Appareil pour décortiquer le café *glondongan*.
6. Moulin à maïs.
7. Appareil pour extraire l'huile des arachides ou pistaches sauvages. (*Arachis hypogaea*).
8. Appareil pour exprimer le suc de la canne à sucre.
9. Outils pour travailler les gaînes de kris.
10. Soufflet.
11. Espèce d'étau à pied pour forgerons (*soungon*).
12. Etau (*chatok*).
13. Doloire (*patok*), moitié de la grandeur ordinaire.
14. Scie (*graji*).
15. Souricière.
16. Selle et têtière.
17 Mors à pointes avec bride (*kendali rangah*).
18. Plateau.
19. Natte tressée avec une espèce d'herbe triangulaire (*tikar daon dem*).

344. Objets tressés; collection d'outils de charpentier, de patrons de batik, etc.; de la résidence de Probolingo.

1. Objets tressés.
a. Corde de fibres d'arèn (*tali douk*).
b. Nattes, idem (*tikar douk*).
c. Fibres d'arèn (*douk*).
d. Deux petits vans (*tedok*).
e. Boîte aux épices (*toumbou*).
f. Houssoir de chambre en fibres de coco (*kelout*).
g. Deux seaux à eau, faits de feuilles de lontar (*timba*).
h. Deux petits paniers de rotin tressé (*kemarang*).
i. Balai de fibres d'arèn.
j. Panier.
k. Balai de pédoncules de feuilles de cocotier.
2. Outils de charpentier:
a. Neuf espèces de rabots.
b. Equerre.
c. Autre équerre.
d. Scie.
e. Doloire.
f. Maillet.
g. Quatre truelles.
h. Niveau de maçon.
i. Marteau de fer.
j. Fût de vilebrequin, avec quatre forets.

k. Tenailles.
l. Niveau à plomb.
m. Ciseaux.
n. Vrille.
o. Lime triangulaire.
p. Ciseaux plats.
3. Collection de patrons de batik:
a. Collection de 150 modèles achevés de patrons de batik, propres à Probolingo.
b. Assortiment de huit échantillons dans les divers stades de la fabrication du batik.
1. *Lawon*.
2. *Kètèllan*.
3. *Rèng-rèngan*.
4. *Wèdèl-an*.
5. *Remèt-an*.
6. *Sougan*.
7. *Babaran sougan merah*.
8. „   „   *kouning*.
4. Baquet dans lequel on fait le sucre d'arèn (*doulang*), avec moule pour le sucre d'arèn (*kereggan*).
5. Puisoirs à eau (*gayoung*).

345. Appareils pour la purification du coton, pour le filage, le tissage, le batikage, outils de chandronnier etc. et produits industriels de la résidence de Besouki.

1. Deux moulins à égrener le coton, $\frac{1}{3}$ de la grandeur réelle (*gilingan kapas*).
2. Rouet, au tiers de sa grandeur. (*jantra*).
3. Deux dito (*ancan*).
4. Métier à tisser, $\frac{1}{3}$ de sa grandeur.
5. Appareil pour batiker, au tiers de la grandeur, avec deux étendoirs (*pemang kringan*) pour y suspendre l'étoffe à batiker.
6. Outils de chaudronnier:
a. Croc à feu.
b. Tenaille.
c. Lime.
d. Lime plate.
7. Burin pour bois.
8. Dito (*pangot*).
9. Dito (*pegal*).
10. Lampe de cuivre.
11. Fermeture de porte.
12. Deux boucles.
13. Deux gaînes de kris.
14. Une dito (*wrongko dodenan*).
15. Une dito (*gayaman*).
16. Une dito (*chourigan*).

GROUPE II. Dixième Classe. 253

17. Moulin pour dépouiller le café de sa coque, ¼ de la grandeur réelle.
18. Panier de *krosok*, dans lequel on dépouille les baies du caféier, de leurs gousses, en les pilant.
19. Panier dans lequel on garde le café sec.
20. Deux haches.
21. Soufflet de forgeron (*ouboupan*) au quart de sa grandeur.
22. Pressoir à huile (*plampitan*), au vingtième de sa grandeur.
23. Moule à gaufres.
24. Quatre moules à gâteaux.
25. Appareil pour faire du feu.
26. Deux étriers.
27. Mors.
28. Moule pour faire des briques rouges.
29 et 30. Panier pour mettre le poisson (*bojoung*).
31. Tamis (*kalo*).
32. Joug pour porter le sagouweer.

346. Moulin à coton et rouet (*jontro*) avec accessoires; de l'extrémité est de Java.

347. Trois échantillons d'ouvrages tressés, de Singaparna, résid. du Préanger. — **V. Baud**, Dr. en droit, à la Haye.

348. Sept échantillons d'étoffes tissées, parmi lesquelles il y a l'étoffe pour sarongs et pour pantalons, et sept échantillons d'étoffe batikée pour sarongs, pour entourer la tête et pour salendangs; du Préanger. — **R. W. A. Ravenswaay**, sous-résident de Tasikmalaya, résid. du Préanger.

349. Deux couteaux et deux perçoirs. — **W. Hoezoo**, missionnaire à Semarang.

350. Appareils pour égrener le coton et rouet de la résid. de Samarang. — **Régent de Kendal**.

1. Porte-lampe (*ajoug-ajoug*).
2. Moulin à égrener le coton (*gilingan*).
3. Appareil pour réunir le coton purifié (*geblèk*).
4. Bambou pour battre le coton serré (*pepes*).
5. Appareil pour carder le coton (*wousou*).
6. Dito (*betout*).
7. Rotin pour enrouler le coton (*biles*).
8. Rouet (*jontro*).

351. Produits industriels du district de Salatiga, résid. de Samarang. — **H. J. van Swieten**, sous-résident de Buitenzorg.

A. *Vêtements.*

1. Chapeau indigène de velours noir, *toudoung*.
2. Deux chapeaux indigènes, *chaping*.
3. Sorte de pantalon, *gantos* ou *kalok*.
4. Calotte, *gatos*.
5. Jaquette noire *bajou hitam*.
6. Jaquette blanche, *bajou poutih kèpèr*.
7. Ceinture ventrière, *samak sayet*.
8. Idem, *samak anggar*.
9. Idem, teinte, *samak*.
10. Idem, laquée, *samak perlak pelipit*.
11. Idem, blanche, *epek poutih*.
12. Deux idem, rouges, *epek merah*.
13. Espèce de couperet, *pendok*.
14. Idem, doré, *pendok kouningan*.
15. Deux poignées de kris, *kepala keris oukiran*.
16. Paire de savates de bois, *ketèplèk*.
17. Idem, idem, *klètèk* ou *gamparan*.
18. Deux plastrons, *óló*.
19. Deux idem, *chaplek chita*.
20. Bonnet d'enfant, *kerpous*.

B. *Objets tressés et de vannerie.*

1. Deux sachets à tabac, *slepen hitan-dan poutih*.
2. Sac natté, *kebo-tiker*.
3. Panier de rotin, *bakoul rotan*.
4. Grand panier à riz, *bakoul nasi besar*.
5. Deux petits idem, *bakoul nasi kechil*.
6. Deux grands idem, *bakoul nasi besar*.
7. Deux petits idem, blancs *bakoul poutih kechil*.
8. Deux idem, rouges, *bakoul merah kechil*.
9. Panier à sirih, *tempat sirih kotak*.
10. Panier à couvercle tressé, *ténong*.

Groupe II. Dixième Classe.

11. Panier dans lequel on cuit la pâtisserie, *langseng*.
12. Grand panier à resserrer, *tombonk toutoup*.
13. Idem, plus petit, et un autre encore plus petit.
14. Panier à cuire le riz, grand format, *koukousan*.
15. Petit, idem.
16. Deux paniers à riz, *tampah*.
17. Panier à mettre des vêtements, *kepèk*.
18. Deux grands tamis à chaux, *irik*.
19. Deux objets pour la pêche, *kalo kalous*.
20. Cabaret indigène, *rantang lidi*.
21. Panier à raies, *tèbok lourik*.
22. Deux petits paniers, *tèbok*.
23. Deux id. grande sorte, *tèbok besar*.
24. Deux éventails pour animer le feu, *ilir*.
25. Deux puisoirs de rotin, *serok*.
26. Petit filet de bambou pour tirer le poisson de la rivière, *sesser bambou*.
27. Nasse, *wouwou*.
28. Panier à poisson ou glène, *kepis*.
29. Deux dito, *bogor dari agel*.
30. Trois nattes de chaises, *tikar koursi*.
31. Natte de couche, *tikar tidour*.

C. *Poteries pour l'usage domestique.*

1. Petit pot à cuire le riz, *kendil pakei toutoup*.
2. Petite cruche à eau, *gendi kechil*.
3. Dens dito peintes, *gendi kechil chèt-chètan*.
4. Dito avec écuelle, *gendi kechil pakei tatakan*.
5. Petit pot, *klewouk tanah*.
6. Tire-lire, *chèlèngan*.
7. Deux dito, *gambir boneka*, en forme de poupée.
8. Pot à eau pour le café, *kriouk tempat wédang*.
9. Petite cuiller en porcelaine, *sèndok beling*.
10. Pot à bouillir l'eau, *kriouk*.
11. Petit pot à encens avec couvercle, *tempat doupa paké toutoup*.
12. Petit fourneau, *chloupak tempat wasak*.

C. *Ferblanterie.*

1. Trois sortes d'entonnoirs, *chorong*.
2. Lanterne vitrée *lantéra gelas*.
3. Lampe id. *cholok gelas*.
4. Idem de fer-blanc, *cholok kalèng*.
5. Boîte à sirih, *tempat sirih*.

D. *Objets de fer et de cuivre.*

1. Ciseaux de cuivre, *gounting tembaya*.
2. Idem de fer, *gounting besi*.
3. Marteau de fer, employé par les orfèvres, *poukoul besi kemasan*.
4. Dito, dito, *grenjeng*.
5. Cuiller de fer pour griller le poisson, *sousouk*.
6. Faucille pour couper l'herbe, *arit*.
7. Marteau de corne, *palou tondouk*.
8. Clé, *kounchi*.
9. Canif, *péso gapit*.
10. Sorte de hache, *pakat*.
11. Couperet, *bendo*.
12. Ciseaux de jardinier, *gounting kebon*.
13. Petit couperet, *pangot*.
14. Petit couteau pour couper le padi, *ani-ani*.
15. Outils pour batiker, *chanting dan mangkok batikan*.

F. *Objets chinois.*

16. Balance chinoise pour médicaments *timbangan obat*.
17. Deux pinceaux fins, *kwas chèt alous*.
18. Deux plumes chinoises, *piet*.
19. Boîte à ouvrage, *penjaïtan china*.
20. Quatre miroirs chinois, *kacha china*.

G. *Objets divers.*

21. Panier à savon, *kranjang sabon*.
22. Deux éventails pour le feu, *kipas avi*.
23. Panier tressé à couvercle, *ténong*, pour y garder le manger.
24. Panier à riz, *bakoul nasi*.
25. Poignée de kris, *oukiran*.
26. Deux paquets de pierres, *mirah*.
27. Petit pot de terre employé par les orfèvres, *pengatokan*.

352. Trois étuis à cigares de plumes de paon, tressés par des jeunes filles de Rembang. — Mme **Benernagel**, à Amsterdam.

353. Objets employés pour faire le batik, ou batiker, dans la résid. de Kadou. — B. **Stoutjesdijk**, à Magelang.

1. Etendoir auquel on suspend l'étoffe à batiker, *gawangan*.

2. Réchaud sur lequel on fond la cire pour le batikage, *anglo.*
3. Poêle pour fondre la cire, *wajan.*
4. Tuyau ou biberon au moyen duquel on verse la cire sur l'étoffe pour faire les figures, *chanting.*

354. Hâchoir à tabac (*jangka*), et hache (*kampak*) de la résid. de Kediri. — Wachman, industriel à Kediri.

355. Moulin à sucre, au huitième de la grandeur réelle, trois sortes de pierre à bâtir et trois *gendis* (cruches à eau) de la résid. de Kediri. — H. Voorburg, à Kediri.

356. Serpent de bois, sculpté; palier de fer fondu, deux boulons de fer faits au tour; moitié d'essieu avec boîte faite au tour et pompe foulante. — Maison Elias, à Probolingo.

NB. Tous ces objets ont été faits par des indigènes.

357. Couteau à scie, écorce d'arbre employée pour tanner par les Javanais et un morceau de peau de buffle (*karbouw*) employée à l'état brut pour faire des cordons pour les tours et des courroies pour de plus grandes machines. — Acad. milit. Royale, à Breda.

358. Instruments pour filer, métier à tisser, échantillons de corde, etc., de Java. — J. Kruyt, missionnaire à Mojowarno, résid. de Sourabaya.

1. Rouet.
2. Dévidoir, en trois pièces.
3. Métier à tisser, en 18 parties.
4. Quatre échantillons de cordes d'écorce d'arbre.
5. Dito, de peaux d'animaux.

6. Dito, de rotin.
7. Dito, de fil.
8. Dévidoir pour cordeau.

359. Ouvrages tressés, outils de charpentier, etc., de l'île de Java. — A. J. Lebret, à Dordrecht.

1. Deux boîtes, *towmbou.*
2. Boîte pour les vivres ou les fleurs, *tenong.*
3. Boîte avec couvercle.
4. Perçoir.
5. Rabot.
6. Deux modèles de châssis pour batiker.
7. Deux plumes pour écrire avec la cire.

360. Ciseaux de pierre, trouvés à Java. — Musée provincial pour les antiquités en Drenthe.

1. Bleu-pâle. Présent de M. L. A. J. W. Baron Sloet van de Beele, Anc. Gouv. Général des Indes Néerlandaises.
2. Blanc-pâle. Présent de M. Hartogh de Zouteveen.
3. Jaune, trouvé en 1874 dans une grotte par E. Kniphorst. Présent du même.

361. Modèles en miniature d'instruments de Java. — Mlle P. Delprat, à Amsterdam.

1. Métier à tisser:
a. *Slarakan.*
b. *Panneman.*
c. *Por.*
d. *Regé.*
e. *Bekra.*
f. *Gondong.*
g. *Apit.*
h et i. *Chachak.*

NB. Ces objets forment ensemble le métier. L'ouvrière est assise, le dos appuyé contre la planchette *c*, les pieds en avant contre une pièce de bois, contre laquelle reposent *h* et *i*; le *regé d*, sur lequel les fils sont tendus y est placé, le *bekra e* sert de navette qui, lancée à travers les fils, roule sur le bâton rond *a*, bâton qui est placé par terre. Le fil du coton est gardé sur les chevilles (*panneman*), tandis que les fils sont séparés temporairement les uns des autres par le morceau de bois *f*; l'étoffe tissée s'enroule sur *g*, le fil de la navette est pressé contre la latte de bois (*belira*).

j. *Chokel*, appareil pour remettre en ordre les fils dérangés du métier.

2. Outils de charpentier.
a. *Manchil kayou*, maillet.
b. *Kouda*, deux chevalets employés par les charpentiers.
c. *Gargaji*, scie.
d. *Kikir*, deux scies.
e. *Pahat*, deux ciseaux plats.
f. *Golok*, six sortes de doloires, employées par les charpentiers.
g. *Golok*, couperet pour le ménage.
h. *Timbingan*, niveau d'eau de charpentier.
i. *Arel*. Chevalet de scieur.
j. *Pousout*, rabot.
k. *Serout*, cinq dito.
l. Perçoir.
m. *Sikou*, équerre.
n. *Tempet sipat*, baquet avec du noir et une ficelle pour tracer les lignes sur le bois.
o. *Gargaji*, scie à débiter.

3. Machine à faire l'huile de kachang.
a. *Pachel*.
b. *Pipitan*.
c. *Lodong*.
NB. Le *pipitan* est le pressoir, qui est serré au moyen des coins, *pachel*; l'huile est recueillie dans le *lodong*.

4. Sorte d'échelle, *tangga*.
5. Eventail de bambou tressé, pour animer le feu, *kipas*.

362. Outil employé en guise de rabot pour polir le bois (*timpas*), et un autre pour travailler les planches; de la résid. de Bali et Lombok.

363. Bambou, contenant plusieurs sortes de petits couteaux que les Dayaks emploient pour sculpter, et plusieurs échantillons d'ouvrages tressés, venant de la résid. Division ouest de Bornéo.

364. Outils, ustensiles et produits industriels de la résid. Sud et Est de Bornéo.

1. Outils pour fendre et tailler les diamants.
a. *Panoungoul*.
b. Six *pangoulans*.
c. Sorte de couteau, *lading*.
d. Marteau, *pamoukoul*.
e. *Bengkol*.
f. Siège, *tampat doudouk*.
g. Pincette.
h. *Doup*.
i. Roue, *roda*.
j. *Iskip*.

2. Outils pour tailler les pierreries ou cailloux de Ceylan (voyez à l'introduction, p. 227).
a. Siège.
b. Baquet à laver.
c. Etui de bambou.

3. Outils pour faire les nattes de rotin:
a. Etabli, *bangkou*.
b. Poinçon, *panikam*.
c. Poinçon, *chouchouk*.
d. Marteau, *pamoukoul*.
e. Morceau de bambou.
f. Couteau pour fendre le bambou, *jangatan*.

4. Instruments pour purifier le coton, le filer et le tisser:
a. Moulin à coton.
b. Rouet, *gantilan lawai*.
c. Métier à tisser, *tanoenan*.
d. Deux sarongs d'un patron fort recherché dans le district d'Amountai.
e. Cinq échantillons de coton teint.

5. Objets de Getah percha:
a. Quatre étuis à cigares, *wada roko*.
b. Dito, grand modèle.
c. Cuvette, *mangkok*.
d. Aiguière, *wadah banyou, basouh*.
e. Boîte à savon, *wadah sabon*.
f. Boîte pour brosse à dents, *wadah sikat gigi*.
g. Seau à bain, *timba*.
h. Seau à incendie, *timba besar*.
i. Deux vases à fleurs.

6. Chaudronnerie de Negara:
a. Plateau avec piédestal et couvercle, *talam batis tounggal dantoudoung*.
b. Boîte à sirih, *panginangan baki*.
c. Dito, *panginangan baringit*.
d. Boîte.
e. Petit baquet, *keda*.
f. Dito, *baki*.
g. Partie supérieure d'une hampe de lance, *salout toumbak*.

GROUPE II. Dixième Classe.

h. Ouvrage de cuivre d'une romaine, *prabout jating*.
i. Grelot qui s'attache aux chevilles des enfants, *giring-giring*.
j. Couvercle d'un pot nommé *kapit*, *toudoung kapit*.
k. Gaîne de kris, *pendok kris*.
l. Poignée de klewang, *houlou parang*.
m. Deux parties de rouleaux, *tampouk bantal gouling*.
n. Petit baquets, *monkom*.
o. Plateau, *pamaston*.
p. Boîte à sirih, *saloupa*.
q. Bourse, *rajout*.
8. Dix échantillons de passementerie faite à Banjermasin.
9. Ornements pour les coiffures d'enfants (*somping*).
10. Poche à montre.
11. Deux petites poches à cigares.
12. Objets tressés:
a. Etui à cigares, de rotin tressé, *tarangan roko*.
b. Dito, *wadah roko*.
c. Natte de rotin appelée en dayak *amak pasar*, en malais, *tikar pakat*.
d. Trois assortiments de boîtes de bambou, de rotin et de feuilles de pisang, *rendaga*.

365. Trois métiers à tisser, *tamnon* et objets sculptés des Dayaks Longwai. — Sultan de Koutei.

366. Nattes de rotin et trois sortes d'étuis à cigares de rotin tressé. — J. J. Hendriks, receveur des douanes à Banjermasin.

367. Métiers à tisser, ouvrages nattés et tressés du Gouvernement de Célèbes et dépendances.

1. Métier à tisser pour les sarongs à fleurs, et un autre pour les sarongs ordinaires.
2. Sarong à fleurs de Saleier, prix ƒ 40.
3. Objets nattés et tressés:
a. Paniers à riz bonginois, *bodo*, faits de feuilles de lontar teintes.
b. Coiffures bonginoises *songko*, faites de fibres de lontar.
c. Diverses petites corbeilles bonginoises.
d. Paniers pour serrer les vêtements, *koulimbang*.
e. Six assiettes bonginoises, (*papi*), faites de feuilles de lontar teintes.
f. Deux rouleaux de toile à voile, *karoro*, faits à Mandar de feuilles de *kouwal* tressées.

368. Deux rouets de Mangkaser. — F von Faber, contrôleur à Loubou Basong, Côte Ouest de Sumatra.

369. Ouvrages tressés, vannerie, métier à tisser, matériaux de construction, appareil pour faire de la corde, échantillons de corde, etc.; de la résid. de Manado.

1. Sept coiffures, *toudoung*.
2. Deux chapeaux de Tondano.
3. Trois chapeaux de Gorontalo.
4. Deux petits paniers à riz.
5. Deux idem de Tondano.
6. Panier pour le transport des poules.
7. Cinq paniers.
8. Sac à riz.
9. Modèle de natte d'atap; district de Langouan.
10. Deux nattes fines.
11. Dix nattes de Tondano.
12. Quatre étuis à cigares de Tondano.
13. Quatre étuis à cigares, de Gorontalo.
14. Onze boîtes de Tondano.
15. Boîte à ouvrage de Tondano.
16. Métier à tisser de Gorontalo.
17. *Sarong* ou jupe du femme de Gorontalo, brochée d'or et d'argent.
18. Morceau d'écorce d'arbre préparée, *fouya*, de Tojo (baie de Tomini).
19. Six cravaches de Tondano.
20. Coupeset, *pode*, de Kawangkoan.
21. Idem, de Bolaäng Mongondou.
22. Grande jarre de terre pour eau, *tempayan*, fabriquée à Palemba, district de Pasan-Ratahan.
23. Jattes de terre de Remboken.
24. Chaux ordinaire, faite de corail cuit. On ne connaît pas les fours à chaux, la cuisson se fait tout simplement sur un tas de bois haut de 3 à 4 mètres, et de 5 à 6 mètres de longueur et de largeur, dans lequel on a ménagé deux couloirs en croix pour amener l'air, pour y déposer le

corail réduit en petits morceaux et pour allumer le bûcher le soir. Le lendemain, la chaux est prête, et on l'éteint tout de suite, après quoi elle est empaquetée dans des feuilles du palmier *woka* (*Livistona rotundifolia*) et livrée au commerce).

25. Sorte de chaux plus pure, faite de corail fin, et employée avec le bétel ou sirih; de là son nom de chaux de *sirih*.

26. Ciment rouge de Manado. Pour le faire, on moule des briques grossières avec l'argile, puis on les cuit dans des fours de campagne, — ensuite elles sont moulues et tamisées.

27. Pierres cuites ou briques du Minahassa; elles ne sont cependant presque jamais employées dans les constructions, pour lesquelles on emploie généralement du tuf ou du corail.

28. Petits blocs de trass artificiel:
 a. Ciment de Tondano et chaux de Manado.
 b. Ciment et chaux de Manado.
 c. Ciment et chaux de Kema.

29. Corde faite avec le *goumoutou* ou *ijouq* fibre du palmier *seho* ou *arèn*.

30. Trois appareils pour faire de la corde de *goumoutou* ou d'*ijouq*.

31. Corde de *goumoutou* ou d'*ijouq* de diverses grosseurs, faites à Amourang.

32. Dix morceaux de bois tournés.

33. Deux morceaux de bois travaillé.

34. Tuiles ou plutôt bardeaux, *sirap*, de bois de rariangan et de kamiri.

370. Cassette pour bijouteries, faite par des indigènes de Manado. — H. C. Voorhoeve, à Monster près de la Haye.

371. Appareils de filage et de tissage, vannerie, objets tressés, etc., de la résid. de Ternate.

A. Objets de l'île de Ternate.

1. Appareil à filer et à tisser, au quart de la grandeur réelle.
2. Métier à tisser.
3. Corde de fibres d'arèn *tali goumoutou*. Six pièces, longues chacune de cent brasses: prix 4, 6, 10, 16, 30 et 35 florins.
4. Deux paniers pour fardeaux, *salooi*.

5. Deux coupes faites de coquilles.
6. Deux plateaux de coquilles.
7. Quatre grandes cuillers de coquilles.
8. Six petites, dito.

B. Objets de l'île de Tidore.

1. Moulin ou pressoir à coton, *giling kapas*.
2. Deux rouets, *jentara*.
3. Trois paniers à fardeaux, *saloyalo*.
4. Quatre petits paniers faits de feuilles de bok tressées, *bobokol*.
5. Petit panier à riz de bambou tressé, *pigou-pigou*.

C. Objets de l'île de Halmaheira

1. Panier ou corbeille à porteur d'écorce de sagoutier et de rotin tressé, *paloudi*.
2. Dito, de bambou, *salooi*.
3. Almanac hebdomadaire, *dopo*.
4. Toile à voiles, faite de jeunes feuilles de sagoutier, *sidé*.
5. Coquillage marin, *bia timba*.
6. Trois corbeilles à porteur, *nokki*; de Gébeh.

D. Objets des îles Soula.

1. Tour, *draail*.
2. Objet fait de feuilles de bok tressées.

372. Divers produits industriels de la Nouvelle-Guinée.

1. Diverses cuillers, *sendo*.
2. Six battoirs pour écorce d'arbre.
3. Cinq ornements, *sinobee*. Biak, baie du Geelvink.
4. *Nahoui*.
5. *Patah*.
6. *Mangaripi poui*.
7. Deux poupes et deux proues de praws, *Wakidé*.
8. Trois petites boîtes, *kahia*; de Kordo, île de Biak.
9. Cuillers à riz, faites par des Papous.

373. Cassette de bois de lassi, faite à Ternate. — Th. G. Boreel, ancien résident de Ternate.

374. Métier à tisser avec peigne, de l'île de Ternate. — J. H. W. Freytag, à Ternate.

375. Anneau à clefs,

GROUPE II. Dixième Classe.

fait d'une rixdale à l'aide d'un clou, Nouvelle-Guinée. — **H. C. Voorhoeve, à Monster près de la Haye.**

376. **Appareil pour faire des pots d'argile, de Mansinam, Nouvelle-Guinée.** — **Société des missions d'Utrecht.**

377. **Objets de plumes et de clous de girofle, ouvrages nattés et tressés de la résid. d'Amboine.**
  1. Objets en plumes:
  a. Bouquet.
  b. Giroflier.
  c. Couronne nuptiale.
  d. Branche de fleurs.
  2. Objets en clous de girofle:
  a. Orembaai (bateau).
  b. Petite tente d'*orembaai*.
  c. Service à thé, composé d'un plateau, de douze tasses avec soucoupes, théière, pot à lait et sucrier.
  d. Deux pots à fleurs.
  e. Deux vases à suspension.
  f. Deux corbeilles à fleurs.
  g. Deux étuis à cigares.
  h. Boîte à ouvrage.
  3. Objets nattés et tressés:
  a. Huit nattes fines. Amahei.
  b. Une grande natte teinte. Idem.
  c. Quatre grandes nattes en couleur. Saparoua.
  d. Quatre petites dito. Idem.
  e. Echantillons de rotin d'Amboine et de Céram.
  f. Deux pelotons de fil de ganemo. Saparoua.
  g. Deux assortiments de corbeilles teintes, avec couvercles, *tagalaya*.

378. **Muscadier et giroflier faits à Amboine avec des plumes.** — **F. von Faber, contrôleur à Loubou Basong. Côte-Ouest de Sumatra.**

379. **Muscadier et giroflier faits à Amboine avec des plumes.** — **W. J. Vrijbergen Jr., à Amboine.**

380. **Instruments employés pour tisser; échantillons d'étoffes; objets tressés et cordages, venant de la résid. de Timor.**
  1. Appareils pour tisser et échantillons d'étoffes:
  a. Deux appareils à tisser. Ile de Savou.
  b. Deux dito avec métier de tisserand. Ile de Savou.
  c. Métier avec slimout, sorte de manteau, à moitié achevé, Ile de Rotti.
  d. Slimout à demi-achevé, avec plus de chaîne que de trame. Ile de Rotti.
  e. Slimout inachevé, de feuilles de keknak avec trame de coton; métier. Ile de Rotti.
  f. Sarong inachevé de feuilles de gebang; métier. Idem.
  g. Fil teint dont on fait des vêtements. Idem.
  h. Quatre couleurs sur une planchette, servant à teindre le fil.
  i. Métier, avec sarong inachevé, tissé par les élèves de l'école catholique des Soeurs à Larantouka. Ile de Florès.
  j. Métier avec sarong inachevé. Larantouka.
  k. Métier avec sarong de femme inachevé. Ile de Soumba.
  2. Ouvrages tressés et cordages.
  a. Ouvrage fait de feuilles de lontar tressées. Larantouka.
  b. Six pièces, idem. Ile de Savou.
  c. Douze dito. Ile de Rotti.
  d. Trois seaux à eau de feuilles de lontar. Ile de Rotti.
  e. Natte de feuilles de lontar pour s'asseoir dessus. Timor.
  f. Deux paquets d'écorce de l'arbre souwa, matière dont on fait des cordes. Ile de Soumba.
  g. Trois rouleaux de ficelle. Ile de Soumba.
  h. Trois rouleaux de corde, idem.
  i. Quatre bougies de cire. Larantouka.

381. **Echantillons d'étoffes de la résid. de Timor.** — **C. M. G. A. M. Ecoma Verstege, résident de Bangka.**
  a. Chef-lieu Koupang. ƒ 12.50.
  b. Tatou-Teto. Timor. ƒ 12.50.
  c. Amarasi. Timor. ƒ 12.50.
  d. Nalaran. Timor. ƒ 18.—
  e. Belo. Timor. ƒ 62.50.

f. Ile de Rotti. ƒ 8.—
g. Ile de Savou, deux pièces. ƒ 10.— et ƒ 18.—
h. Ile de Soumba. ƒ 20.—
i. Endeh, île de Florès. ƒ 18.—
j. Larantouka, île de Florès. ƒ 62.50.
2. *Sclandangs* ou châles, venant de:
a. Koupang. ƒ 12.50.
b. Ile de Soumba. ƒ 15.—
c. Iles Solor. ƒ 6.—
3. *Saroungs* ou jupes, venant de:
a. Ile de Rotti. ƒ 8.—
b. Ile de Savou. ƒ 8 —

382. Produits de l'industrie de l'archipel Indien. — D. E. E. Wolterbeek Muller, à Voorburg.

1. Vingt-quatre couvercles à verres, d'écaille. Sourabaya.
2. Etui à cigares de paille tressée. Singaparna. Préanger.
3. Sarong tissé. Buitenzorg.
4. Etui à cigares de bambou roussi au feu. Sourabaya.
5. Petit cadre de miroir de bois de santal sculpté. Petites îles de la Sonde.
6. Canne de bois de fer, Division Ouest de Bornéo.
7. Canne de bois de garou. Division Sud et Est de Bornéo.
8. Etui à cigares fait de houille. Pengaron, Martapoura, id.
9. Petit ornement de houille, fait par un forçat (orang-ranteh) employé dans les mines de Pengaron.
10. Bracelet d'*akar-bahar*, monté en or. Martapoura.
11. Canne d'*akar-bahar*. Martapoura.
12. Rameau d'*akar-bahar* blanc. Kota Waringin. Division Sud et Est de Bornéo.
13. Deux étuis à cigares de getah-percha. Martapoura.
14. Anneau de femme d'*akar-bahar* noir. Pays des Dayaks.
15. Anneau de coquilles, pour femme. Idem.
16. Boîte de paille tressée. Boni, sud de Célèbes.
17. Petite couronne de *doupa*, parfum. Makassar.

NB. Ce parfum se compose de sucre blanc, de musc, de canne à sucre, de benjoin blanc, de bois d'aloès, d'huile de rasamala, de bois de santal et de kastoura.

18. Boule d'ambre dans un petit pot. Makassar.
19. Petit paquet d'*akar bahar*. Salcier. Sud de Célèbes.
20. Etui à cigares de crin de cheval noir. Makassar.
21. Dito, de paille. Makassar.
22. Etui à cigares de paille. Gorontalo. Nord de Célèbes.
23. Dito, de paille de riz. Tondano, Minahassa, idem.
24. Une paire de bracelets d'ivoire. Nord de Célèbes.
25. Flacon de Savon de noix de muscade. Banda.
26. Etui à cigares de paille de Manille.

383. Collection de produits industriels remarquables de l'archipel Indien. — J. W. van Lansberge, Dr. en droit, ancien Gouv.-Général des Indes-Néerl., à Brummen.

1. Cinq cannes. Buitenzorg.
2. Deux dito, pomme d'or.
3. Trois dito, inachevées. Blitar.
4. Un dito d'*akar bahar*. Banka.
5. Deux dito, d'os. Palembang.
6. Deux dito, de vertèbres de poissons et bec d'oiseau.
7. Collection de quatorze objets de vannerie, blanc et noir. Singaparna, Préanger.
8. Collection de huit objets de vannerie de Makassar.
9. Petits paniers emboîtés les uns dans les autres, venant de Célèbes.
10. Deux grands tapis, l'un de peaux de panthère, l'autre de peaux de tigre. Présent du Prince Mangkou Negara à M. J. W. van Lansberge.
11. Treize pièces de filigrane de Padang.
12. Trois bracelets et une broche (lézard) d'or, Buitenzorg.
13. Quelques objets d'argent fabriqués à Buitenzorg:
a. Deux bracelets.
b. Broche à cheveux.
c. Peigne.
d. Anneau à clefs.
e. Broche.
14. Broche et boutons de manchettes de griffes de tigre, montées en or, Sourabaya.
15. Gros anneau d'or trouvé dans un tombeau à Madoura.

GROUPE II. Dixième Classe.

16. Service d'étain complet pour thé et café. Bangka.
17. Deux gobelets faits du bois du *bidara laout* (*Zizyphus jujuba*); l'un de Bangka, l'autre de Timor.
18. Médaillon d'arrête de poisson, montée en or. Batavia.
19. Objets d'*akar bahar*:
a. Deux colliers.
b. Bracelet.
c. Broche.
d. Croix.
e. Paire de boucles d'oreille.

384. Paquet de balais (*sapou lidi*). — C. Kater, à Voorburg.

385. Objets divers de Surinam. — Madame C. G. Schmüll, née Hoffenaar, à Amsterdam.

1. Corbeille avec des fleurs de coquillages, faites par des nègres.
2. Cinq calebasses dont quatre sont peintes, faites par les nègres marrons de la Saramacca supérieure.
3. Broche et paire de boutons faits d'écailles de poisson.
4. Pochette faite de graines.
5. Petit tapis, idem.
6. Collier de noyaux.
7. Paire de bracelets faits de noyaux.
8. Cruche à eau faite par les Indiens Caraïbes de la Para supérieure.
9. Panier fait par les Indiens Caraïbes de la Para supérieure.
10. Eventail fait par les Indiens de la Saramacca.

386. Quelques objets dus à l'industrie des noirs. — J. van Scheviehaven, à Amsterdam.

1. Etui à cigares, fait de graines.
2. Hochet fait d'une calebasse.
3. Morceau d'un roseau très léger que les nègres emploient pour aiguiser leurs couteaux.

387. Poteries, matière textile et objets qui en sont fabriqués, ouvrages tressés, objets de graines de mimosa; de Surinam. — A. van Sijpestein, ancien Gouv. de Surinam.

1. Poteries:
a. Cruches à eau, formées chacune de trois cruches.
b. Deux grandes cruches à eau.
c. Grande cruche, composée de deux autres.
d. Dix-huit cruches de poterie rouge, de grandeurs et de formes diverses.
e. Trois petits plats ronds.
f. Baquet de forme basse, ovale allongé, de terre rouge.
2. Matière textile et objets qui en sont fabriqués:
a. Deux pièces de corde.
b. Trois hamacs de diverses grandeurs.
c. Filet pour porter les enfants sur le dos.
3. Objets tressés:
a. Trois éventails.
b. Deux grands paniers.
c. Deux paniers pour les facteurs.
d. Cinq grands paniers carrés avec couvercles, de grandeurs diverses.
e. Petits paniers emboîtés les uns dans les autres.
f. Panier à suspendre.
g. Grand panier, idem.
h. Neuf paniers en forme de plats.
i. Neuf étuis à cigares.
4. Objets faits de grains de mimosa:
a. Etuis à cigares.
b. Deux boîtes à cigares.
c. Deux colliers.

388. Matières premières employées par les potiers indiens; objets nattés et tressés de Surinam. — C. J. Hering, à Surinam.

1. Tonneau d'argile, dont les Indiens se servent pour faire leurs alcarazas ou vases à rafraîchir. Pour préparer cette argile on la mélange avec du charbon de l'écorce du kwépi.
2. Masse d'argile préparée comme il vient d'être dit, ainsi déjà mélangée de charbon de l'écorce du kwépi.
3. Petite caisse contenant de l'écorce de kwépi (*Caspea Guianensis*). Cette écorce carbonisée et réduite en poudre se mélange avec l'argile dont les Indiens font leurs alcarazas.

4. Trois pierres à polir avec lesquelles les Indiens polissent leurs alcazaras.
5. Deux *papayas*, (nattes de couche), faites du wariembo (*Phrynium Casupo*).
6. Un *baskit*, panier pour les usages domestiques des indigènes.
7. Balai de bambou.

389. Quatorze baskits de grandeurs et de formes diverses, pour les usages domestiques des indigènes de Surinam. — A. J. Baron Schimmelpenninck van der Oye, à Surinam.

390. Six parasara-sisibi, balais fait du régime de l'*Euterpe oleracea*. — H. Boekhoudt, à Surinam.

391. Cinq petites corbeilles de feuilles du palmier awarra, pour les usages domestiques des indigènes à Surinam. — J. J. van Klein, à Surinam.

392. Pierre en forme de botte, façonnée par un indigène. — B. Heyde, à Surinam.

393. Deux papayas, nattes de couche, faites de joncs de Surinam. — W. L. Loth, à Surinam.

394. Paquet de baban, sorte de roseau propre à faire des paniers, etc. Surinam. — M. J à Cohen, à Surinam.

395. Deux paquets de chandelles indiennes. — C. M. Bremer, à Surinam.

396. Deux pierres à polir, avec lesquelles les Indiens polissent leurs alcazaras. — H. Grooth, à Surinam.

397. Objets dus à l'industrie des indigènes de Curaçao, et tirés de productions végétales de cette île. — Mme S. Coronel, Mme da Silva et Melle M. Coronel, à Amsterdam.

1. Deux manari ou tamis faits avec les tiges du *Phrynium Casupo*.
2. Un pagâl (*pagala*), dit panier de Cafre, fait de la même plante.
3. Trois assortiments de paniers emboîtés; chaque assortiment de douze pièces, idem.
4. Panier, idem.
5. Cinq paniers avec couvercles idem.
6. Etui à cigares, idem.
7. Petit pagâl, idem.
8. Quelques objets faits avec les noyaux du palmier awarra (*Astrocaryum Awarra*).
9. Trois paniers faits de *Phrynium Casupo* par les Indiens.
10. Jatte indienne (*prapi*).
11. Trois petits paniers, tressés avec les fibres de *Phrynium Casupo*.
12. Ecrevisse de bambou.
13. Hamac indien fait de Mauritia flexuosa, avec cordes faites avec les fibres d'une broméliacée (silkgrass).

398. Canne venant de Curaçao. — R. Martie, à Curaçao.

399. Fichu et mouchoir de poche de Curaçao. — Dav. W. Ernst, à Curaçao.

400. Poupée noire de Curaçao. — C. Don, à Curaçao.

401. Deux chapeaux de jipijapa et deux chapeaux de paille. — P. Rus, à Curaçao.

NB. Les chapeaux de *jipijapa* sont tressés avec une sorte de paille venant de Curaçao. Les femmes des basses classes trouvent dans le tressage de ces chapeaux un moyen d'existance. Des milliers de douzaines sont envoyés de Curaçao à New-York.

Les chapeaux de paille sont faits avec une espèce de paille, venant

GROUPE II. Dixième Classe. 263

de Mansanilla dans l'île de Cuba, et qui est introduite par cargaisons entières à Curaçao. Une grande partie des chapeaux sont vendus aux indigènes des îles anglaises, parce qu'ils sont solides, très légers et bon marché.

402. Deux chapeaux kodogo de Curaçao.

403. Ouvrages de vannerie de l'île d'Aruba, faits des fibres du Palétuvier (*Rhizophora Mangle*) — A. J. van Koolwijk, curé à Oranjestad, Aruba.

a. Vingt-deux assortiments de petites corbeilles, de douze chacun, emboîtées les unes dans les autres. A vendre pour fl. 2,50 l'assortiment.

NB. Ces petits corbillons ne se font qu'à Aruba et sont une petite source de bénéfices pour la population dont l'état n'est pas des plus florissants. Il est à désirer qu'il s'en vende beaucoup pendant l'exposition; le Musée colonial de Haarlem est en état de compléter la provision.

b. Quatorze grands paniers avec couvercles.
c. Seize petits, idem.
d. Vingt paniers à pied.
e. Vingt sans pied.
f. Douze nattes de table rondes.
g. Quatre idem, ovales.
h. Vingt-quatre étagères à cigares.
i. Deux étuis à cigares.
j. Panier à fruits.
k. Eventail.
l. Ecran pour veilleuse.
m. Hamac de feuilles de *pita* (*Agave americana*), venant de la côte indigène de Goairie.

404. Deux chapeaux d'Aruba. — W. Loo, à Curaçao.

H. Commerce et Navigation.

Depuis l'abolition de l'impôt sur les marchés, il n'est plus possible de savoir quelles sont les quantités de produits commerciaux qui passent soit d'une partie de Java à l'autre, soit de Java à d'autres parties de l'Archipel; il est aussi impossible de réunir ces données dans les autres îles. On connaît seulement les articles qui prennent toujours la même voie, de l'intérieur à la côte; on sait aussi d'où viennent les produits ou denrées importés dans certaines contrées qui en sont privées ou qui ne les produisent pas en quantité suffisante. Ainsi on importe continuellement du riz de Bantam à Batavia, de Kadou et de Bagelèn à Jokyokarta. Le nombre des traficants indigènes est illimité; toute personne qui se trouve dans une gêne momentanée commence un petit trafic pour en sortir. Chaque femme qui n'a pas de quoi pourvoir à ses propres besoins ou à ceux de sa famille, établit une petite boutique sur la voie publique.

Le nombre des personnes qui vont au domicile des artisans ou des cultivateurs acheter les objets ou les denrées, pour les porter au marché voisin, où ces objets de commerce passent de nouveau entre les mains d'autres intermédiaires, est fort grand. On peut les diviser en classes, suivant qu'elles font le commerce plus ou moins en gros.

On voit donc que le nombre des marchés à Java est fort grand. Il y en a qui se tiennent tous les cinq jours, d'autres tous les dix jours ou davantage; il y en a d'autres plus considérables, p. e. ceux de bétail [1]), qui ne se tiennent que quelquefois par année. En outre, il y a des endroits où certains articles, tels que le riz, le tabac, les noix de coco, les produits forestiers, peuvent se vendre en tout temps.

Les principaux articles qu'on trouve sur tous les marchés ordinaires qui se tiennent à des époques rapprochées, sont, outre quelques denrées alimentaires, les ingrédients du sirih et les étoffes. La vente des étoffes ne se fait pas seulement partout dans l'intérieur des terres, mais aussi de province à province, et d'île en île; ainsi les sarongs fabriqués à Palembang sont très recherchés dans le Préanger à Java; certaines sortes de toiles, tissées dans l'île de Madoura, se vendent dans la partie orientale de Java. Les commerçants bouginois fournissent régulièrement le marché de sarongs très fins, tissés par les femmes de Boni et de Wajou.

Avant 1874, le gouvernement donnait la statistique annuelle de tout ce qui se transportait de Java et de Madoura aux autres îles et réciproquement; mais on ne peut nullement se fier à ces données. Le gouvernement des Indes ne dispose pas des moyens nécessaires pour contrôler la nature et la quantité des marchandises transportées d'une île à l'autre, et ne pourrait le faire qu'en prenant des mesures vexatoires à l'égard des marchands indigènes, arabes et chinois, qui transportent ces marchandises avec leurs bâtiments. Maintenant on tient seulement note du nombre, de la sorte et du tonnage des vaisseaux ou bâtiments qui font le cabotage.

On trouve ces données pour les années 1879 et 1880 [2]) dans les deux derniers rapports coloniaux, à l'appendice, sous le titre de cabotage.

Le dernier rapport donne une revue, allant de 1877 à 1881, de tous les bâtiments indigènes appartenant aux Indes-néerlandaises qui ont un tonnage de plus de dix tonneaux; on y voit que leur nombre a augmenté de 24% pendant cette période. On peut voir dans les premiers tableaux concernant le cabotage, qu'on trouve pour la première fois dans la statistique du commerce et de la navigation pour l'année 1879, que la navigation est très active entre Batavia et les districts des

---

1) Voyez le Rapport colonial de 1882, page 302.
2) Quelques bâtiments chinois prennent part au cabotage.

Lampongs; il en est de même entre Cheribon et Palembang; de Semarang et surtout de Joana et de Sourabaya à la division Sud et Est de Bornéo. Il se fait en outre un grand commerce maritime entre l'île de Bali et les ports de Grissé, Sourabaya, Pasourouan, Probolingo, Soumenep, Banyouwangi et aussi avec Batavia, les ports de l'île de Célèbes et même avec ceux des îles de Timor et d'Amboine. Les îles de Bali, Java, Lombok et Soumbawa font un grand commerce avec Makassar. Les bâtiments indigènes ne se bornent pas à faire le commerce d'île en île, et nous avons déjà dit que les marchands bouginois vont jusqu'à Padang et, dans leur voyage, s'arrêtent à Bornéo, à Java et aux Lampongs. Ils achètent à Padang la matière première des étoffes qu'ils y apportent [1]). Les matelots des embarcations indigènes reçoivent pour gages une partie des bénéfices de leurs patrons, ainsi que cela se fait pour le salaire des ouvriers des artisans indigènes.

La navigation entre les ports des Indes néerlandaises et ceux des Straits Settlements, Singapore, Malakka et Poulou-Pinang devient d'année en année plus active. Le commerce entre ces derniers ports et ceux de la côte orientale de Sumatra se fait presque exclusivement avec des bâtiments dont les propriétaires se trouvent dans les Straits Settlements; à Riouw, au contraire, ce ne sont presque que des bâtiments appartenant aux Indes néerlandaises qui font le commerce avec ces ports. Le commerce avec les ports de la côte orientale de Sumatra se fait presque tout à fait sous le pavillon des Indes-néerlandaises.

Dans l'intérieur, le transport des marchandises se fait en grande partie par des porteurs, qui portent leurs fardeaux suspendus à de grands bambous, et marchent d'un pas régulier et agile, même sur un terrain accidenté. On se sert aussi de charrettes assez primitives, dont les roues sont encore ici et là de simples disques de bois; cependant le nombre des véhicules pourvus d'essieux de forme européenne et bien achevés, augmente de jour en jour, surtout à Java.

Pour le transport des personnes on se sert d'une voiture pourvue de ressorts d'acier et de bambou, dont il y a plus d'un spécimen à l'exposition. Les propriétaires doivent payer un impôt fort élevé.

Comme l'usage de cette dernière sorte de voitures et des

---

1) Voyez les Rapports de la Chambre de commerce de Padang, faits avec le plus grand soin. Ces rapports se trouvent joints comme appendice aux rapports coloniaux.

voitures en général peut servir quelque sorte d'étalon pour la prospérité de la population indigène, M. Jaeger en a dressé un tableau graphique, en rapport avec le chiffre de la population. Ce tableau se trouve à la feuille III de ses représentations graphiques, dans la 8e classe.

Dans toutes les Indes-néerlandaises, sauf dans l'intérieur de Bornéo où le commerce ne se fait que par des échanges, on se sert d'argent, et ordinairement de monnaie du gouvernement des Indes. On sait que les dutes de cuivre circulent encore partout à Java. Le florin de cent dutes et le *réal* qui vaut ordinairement le double servent encore généralement de monnaie de compte.

W. B. BERGSMA Dr. en droit et F. M. JAEGER.

405. Divers produits vendus au marché. District de Soumenep, résid. de Madoura.

406. Figures ou mannequins, représentant des vendeurs au marché. District de Sampang, résid. de Madoura.
 a. Marchand de bois à brûler.
 b. Vendeur de poisson.
 c. Deux vendeurs de fruits.

407. Produits de commerce. — Administration des Douanes, à Batavia.

A. *Sumatra.*
1. D'Ayer Bangis.
a. *Benjoin.*
b. Camphre.
c. Huile de camphre.
d. Muscade.
e. Macis.
f. *Tanga*, écorce d'arbre employée par les indigènes de Java pour faire les *kain batiks* et autres cotonnades.
g. Ecorce de *kalleh*.
h. Ecorce de *bako*.
Employées toutes deux par les indigènes pour teindre les filets.
i. *Anjaloi*, écorcé et brut.
i. Huile de *lagan*.
k. Têtes d'*angang* (calao).

l. *Kimau* (coquilles) *Tridacne gigas*.
m. Chair de *kimau* séchée.
n. *Getah kaji.*
o. *Getah balam.*
p. *Getah gitan.*
q. *Getah labouseh.*
r. *Damar poutih.*
s. *Damar sarang.*
t. *Rotan sago.*
u. *Rotan sabout.*
v. *Rotan* (fendu).
2. De Baros.
a. *Benjoin.*
b. *Getah.*
c. Camphre.
3. De Padang.
a. Cannelle.
b. Macis.
c. Muscade en coque.
d. Idem sans coque.
e. Clous de girofle.
f. Damar.
g. Tabac haché.
h. Getah, deux sortes.
i. Getah (nouvellement découverte).
j. Getah percha.
4. De Jambi.
a. Gomme élastique.
b. Getah percha.
c. Sang-dragon (*jeronang*)
d. Graisse de *singkawang.*
5. De Langkat.
a. Poivre blanc.
b. Poivre noir.
c. Deux sortes de tabac indigène.
d. Muscade.

GROUPE II. Dixième Classe. 267

e. Macis.
f. Riz écorcé.
g. Riz non écorcé.
h. Pinang.
i. Wijen.
j. Getah.
k. Damar.
l. Rotan.

B. *Java.*

6. De Grissé.
a. Coffre pour hardes de bois de jati, avec fermeture.
b. Slendang plangi, 1e et 2e sorte.
c. Crachoir de cuivre ciselé.
d. Boîte à sirih sur roulettes, idem.
e. Bokor de cuivre.
f. Petit *bokor* de cuivre ciselé.
g. Fer à repasser de cuivre.
h. Cinq boîtes de fer-blanc contenant ¼ de kati de nids de salangane.
NB. La somme à payer annuellement au Gouvernement pour l'exploitation des falaises de Souchi, où se trouvent des nids de salangane s'élevait de 1880 à 1882 à ƒ 72,120; pour les années 1883—1885 le droit de les récolter a été affermé pour ƒ 78,000 par an.

408. Quelques produits commerciaux de diverses parties des Indes néerlandaises. H. van Rygersma, contrôleur des douanes et accises à Sourabaya.

a. Deux flacons de clous de girofle. Amboine.
b. Deux flacons de muscade sauvage. Moluques.
c. Deux flacons d'écorce de *koudou*. Bali.
d. Deux flacons de kapok purifié Sourabaya.
e. Deux flacons de kapok brut. Sourabaya.
f. Deux flacons de kapas. Bali.
g. Deux flacons d'huile de coco, n°. 1 et deux dito, n°. 2. Bali.
h. Deux bouteilles d'huile de kachang. Madoura.
i. Idem d'huile de jarak. Sourabaya.
j. Kapas (coton brut). Ampanan. Lombok.
k. Bois de *soga* (matière tinctoriale). Makassar.
l. Bois de *tingi*. Idem, idem.

m. Ecorce de *mengkoudou*, idem. Gorontalo, résid. de Manado.
n. Tourteau (*mest*). Rembang, Java.
o. Tripang. Bouton, Gouvernement de Célèbes.

409. Modèle d'un bâtiment indigène pour le commerce maritime. Gouvernement d'Atchin.

410. Rames: *a.* des îles Pagei ou Nassau, *b.* d'Engano. — Société provinciale des Sciences et des Arts, à Bois-le-Duc.

411. Modèle d'un bateau, (*bidouq gadang*), employé par les trafiquants des marchés situés au lac de Singkarah. Résid. du Haut-Pays de Padang.

412. Modèle d'un biloungkang, bâteau ordinaire de transport à Pengkalan et Kampar. — Résid. du Haut-Pays de Padang.

413. Modèles de moyens de transport du Bas-Pays de Padang.

a. Penchalang, bâtiment pour le transport des personnes et des marchandises le long de la côte.
b. Tambangan, idem.
c. Jalour, id.
d. Charrette à buffles (*pedati*).
e. Charrette tirée par des chevaux ou des vaches. (*pedati*).
f. Pedati à chèvres.

414. Modèles de moyens de transport de la résid. de Bengkoulen.

a. Kempèk, corbeille d'écorce d'arbre, employée pour le transport des marchandises.
b. Kinjar, paniers de rotang et de bambou, pour transporter le bois à brû-

ler, au tiers de la grandeur naturelle.

c. Deux *jangkeh*, auxquels sont fixés les objets à porter. L'un au $\frac{1}{5}$, l'autre au $\frac{1}{4}$ de la grandeur.

d. Charrette à buffles (*pedati karbau*), du chef-lieu, Bengkoulen. Au $\frac{1}{5}$ de la grandeur.

e. Pranki sapi, du chef-lieu Bengkoulen, $\frac{1}{5}$ de la grandeur.

415. Petite valise (*krajout*), pour y mettre quelques petits objets en voyage. Résid. des Lampongs.

416. Bât de buffle (*kelapo kibau*). Résid. des Lampongs.

Il se compose d'un arçon de bois (*poungoung*), pour lequel on prend n'importe quelle espèce de bois, pourvu que la forme en soit bonne, et de deux planches latérales qui sont toujours faites du bois léger et fort du *gitoh*. Les autres parties sont: *a.* croupière (*tali ikoui*) et *b.* ventrière (*kelak*), faite de l'écorce de l'arbre *oules*, qui sont fixées à la selle par des chevilles de bois; *c.* couvertures (*apai*) faites de pies, ordinairement au nombre de 3 ou 4, placées sous la selle, afin de diminuer la pression et *d.* paniers de bambou et de rotang (*leptoung*) accrochés aux chevilles de part et d'autre de la selle, et dans lesquels on met ce qu'on doit transporter.

417. Modèles de bâtiments de la résid. de Palembang.

a. Kayouhan, la seule sorte employée sur le lac de Renau, $\frac{1}{5}$ de la grandeur naturelle.

b. Bâtiment de service (*tongkang*), employé par les employés européens de l'administration.

c. Bâtiment pour le transport des personnes (*bidar*).

d. Bâtiment de commerce (*prahou dagang*).

e. Panchalang, bâtiment pour le transport des indigènes riches et des chefs; moitié de la grandeur réelle.

418. Modèles de bâtiments de la résid. Côte-Orientale de Sumatra.

a. Prahou lanchang, employé, autrefois surtout, par les princes dans leurs voyages; ils portent aussi les pavillons des princes.

b. Sambang panjang, est surtout employé par les grands à Siak; c'est un bâtiment fin voilier.

c. Prahou gebeng avec les six rames et les deux gaffes appartenantes. C'est proprement dit un bâtiment de commerce, mais sert aussi au transport des personnes sur les rivières de Pané et de Bila.

419. Barres à porteur du pays des Bataks. — **Compagnie de Deli, à Amsterdam.**

a. Lanjaan, tiges de bambou servant à transporter les fardeaux; ceux-ci sont attachés aux deux bouts du bambou et portés ainsi sur l'épaule.

b. Lanjaan, avec une charge de sucre qui y est attachée. La natte enroulée au dessus du *lanjaan* doit protéger la charge contre la pluie.

420. Bâton ou barre à porteur, pour transporter des fardeaux (*lanyan*) autre ortographe peut-être pour lanjaan; voyez le n°. précédent. — D. Hagen, dr. à Tanjong Morawa, Serdang.

421. Modèles de bâtiments de transport et de commerce de la résid. de Riouw et dépendances.

a. Tongkang, bâteau indigène chinois.
b. Kolik tetap.
c. Poukat gambir.
d. Idem, avec chargement de poivre; monté par 12 rameurs, un *jouroumoudi* (pilote) et un *jourou batou* (chargé du service de l'ancre).
e. Sampan panjang tambang employé pour le transport des personnes à de grandes distances.
f. Idem, pour de petites distances.
g. Sampan panjang, avec six rameurs et un *jouroumoudi*, employé comme moyen de transport pour les grands et les personnes riches.
h. Sampan gòbèng en usage chez les Orang Laout (Orang Mantang, Tam-

GROUPE II. Dixième Classe.

bous, Galang, etc.) pour marchandises et gens.
  i. *Prahou bandong*, pour le transport de bois à brûler, charbon et autres articles, entre les îles; ils vont même jusqu'à Singapore.
  j. *Prahou penjajav*, ancien praw princier, avec voiles de *mengkouwang*, employé comme praw de guerre.

422. Modèles d'un *sampan panjang* et d'un *prahou penjajap* princiers de la résid. de Riouw. — Vice-roi de Riouw.

423. Moyens de transport de la résid. de Bangka.
  a. Modèle d'un *gobang* ou bâtiment de commerce.
  b. Modèle d'une chaise à porteurs pour personnes.
  c. Idem, pour marchandises.
  d. Brouette.

424. Moyens de transport de la résidence de Billiton (Blitong).
  a. *Prahou gobang*, avec accessoires.
  b. *Prahou sampas*, idem.
  c. Modèle de brouette.
  d. *Karoung*, sac pour transporter des objets divers.
  e. *Amboung rotan, amboung linggang, tasouh amboung rambya*, se portent sur le dos, soutenus par une courroie passant devant le front.

425. Deux paniers avec pikoulan, de la résid. de Bantam.

426. Charrette pour le transport des marchandises, attelée de buffles, district de Bandong, résid. du Préanger.

427. Bâtiment de commerce (*broukoutan*), de la résid. de Pekalongan.

428. Panier pour envois. — W. Hoezoo, missionnaire à Samarang.

429. Modèles de bâtiments, de la résid. de Rembang.
  v. *Prahou simbo sasuk*, employé sur les rivières.
  b. *Prahou tampon*, bâtiment de commerce.

430. Gaffe (*watang prahou*) et rames (*welah prahou*), de la résid. de Rembang.

431. Moyens de transport de la résid. de Sourabaya.
  a. Charrette.
  b. Charrette à buffles.
  c. Prao de commerce.
  d. Idem, petite sorte.
  e. Charrette à ressorts (*chikar-per*).
  f. Prao marchand de l'île de Bawéan.

432. Objets employés à Java pour le transport. — J. Kruyt, missionnaire à Mojowarno, résid. de Sourabaya.
  a. Trois paires de bretelles ou sangles.
  b. Une paire idem.
  c. Bâton à porteur appartenant à *a* et *b*.
  d. Cinq bâtons à porteur.

433. Moyens de transport de la résid. de Banyoumas.
  a. Prao de chargement, se composant de:
    1. Bateau (*prahou batan*).
    2. Gaffe (*satang*).
    3. Rames (*welah*).
    4. Gouvernail (*temoudi*).
    5. Couverture (*payou*).
  b. Charrette (*grobak*) à marchandises.
  c. Charrette à marchandises, attelée de buffles.
  d. Charrette avec accessoires, pour marchandises.
  e. Charrette à bras (*kèrèr*).

434. Charrette pour le transport de la canne à sucre; ⅛ de la grandeur réelle;

de la résid. de Kediri. — **W. Voorburgh**, à Kediri.

435. Modèles de moyens de transport, embarcations, etc.; de la résid. de Madoura.

A. De Pamekasan.

1. Charette (*grobak*).

B. De Soumenep.

2. *Sampan*, prao.
3. *Chemplon*, id.
4. *Mayang*, id.
5. *Padouan*, id.
6. *Joukoung*, id.
7. *Joukoung pemanchingan*, id.

436. Modèles de moyens de transport de la résid. de Pasourouan.

a. Charette pour les marchandises et les produits du sol (*chikar kasar*).
b. Cheval-pikol, cheval de bât, avec ses paniers.
c. Charette pour marchandises (*glinding*).
d. Idem, (*chikar*).
e. Idem, (*glebeg*).
f. Deux charrettes sur ressorts (*chikar-per*).
g. Chaise à porteurs pour les femmes chinoises (*jolen*).

437. Modèles de charrettes de la résid. de Probolingo.

a. Charette de transport pour les produits du sol (*pogon*).
b. Idem (*glebeg*).
c. Idem, pour les marchandises (*grobag*).
d. Charette pour transporter le bambou (*kèsèr*).

438. Modèles de praos de la résid. de Probolingo. — G. Maarschalk & Co, à Probolingo.

a. Prao marchand (*prahou jangolan*).
b. Prao de chargement (*prahou chompreng*).

439. Modèles de moyens de transport de la résid. de Besouki.

a. Une couple de paniers pour le transport des marchandises (*groboks*) et modèle d'un cheval avec bât de bois, avec lequel le transport se fait.
b. Deux charrettes de transport au ¼ de la grandeur naturelle.
c. Cinq charrettes diverses (*pogon*); $\frac{1}{15}$ de la grandeur.

440. Deux charrettes de transport (*grobak* et *gelebek*) de l'extrémité orientale de Java.

441. Modèle d'un bidar, bâtiment de transport, de Soungei Kakap, résid. Division Ouest de Bornéo.

442. Modèles de bâtiments de la résid. Division Sud et Est de Bornéo.

a. Prahou Negara, prao marchand de Negara; la plus grande sorte coûte de fl. 600 à fl. 700.
b. Nacelle (*joukoung*) avec pagaie (*dayoung*).
c. Prao de Dayak (*arout*).
d. Deux idem (*rangkang*).
e. Prao des chefs dayaks (*joukoung toumboung*).
f. Prao dayak (*joukoung patae*).
g. Radeau pour apporter de l'intérieur les noix de coco.

443. Quatre avirons dayaks (*besé*). — **Sultan de Koutei.**

444. Modèle d'un sampan de Banjermasin. Sud de Bornéo. — D. E. E. Wolterbeek Muller, à Voorburg.

445. Modèles de bâtiments venant du Gouvernement de Célèbes et dépendances.

a. Prao marchand (*padewakang*), au $\frac{1}{10}$ de la grandeur.

GROUPE II. Dixième Classe. 271

b. Idem (*jouloun-jouloun*), au $\frac{1}{10}$ de sa grandeur.
c. Yacht (*palari*), aussi employé pour des voyages de commerce, au $\frac{1}{10}$ de sa vraie grandeur.
d. Petit bâtiment pour faire le commerce aux *pasars* voisins (*balolang papasara*), au $\frac{1}{10}$ de sa grandeur.

446 Modèles de bâtiments, et quelques objets de transport de la résid. de Ternate.

a. Deux bâtiments pour transporter des poutres. Tidore.
b. Bâtiment de transport avec six rames et ancre, employé pour le petit commerce. Soula.
c. Tuyau de bambou à mettre le riz.
d. Sac à riz fait de feuilles de nipah (*parocho*). Soula.
e. Corbeille de bambou et de feuilles pour y mettre le padi. Soula.
f. Idem, de doromasi. Soula.

447. Orembaai, au dixième de sa grandeur, d'Amboine. — W. J. Vrijbergen Jr., à Amboine.

448. Modèles de bâtiments de la résid. de Timor.

a. Prao marchand (*korra-korra*). Larantouka, île de Florès.
b. *Padewakan* d'Endeh, côte sud de Florès.
c. *Boro*, prao côtier, avec tout ce qui est nécessaire à ceux qui sont à bord. Ile de Rotti.

449. Bâtiment, etc., de la Nouvelle-Guinée. — Société des missions d'Utrecht.

a. Modèle d'un prao fait par les indigènes. Moom.
b. Pagaie.
c. Deux ornements de prao. Doreh et Mansinam.

450. Aviron des Papous. — Acad. milit. Royale, à Bréda.

451. Huile de kroëng mêlée avec de la damar batou ou de la mata kouching, employée pour le calfatage des praos indigènes (prix fl. 7 le pikol). Résid. de Riouw et dépendances.

452. Echantillon de toile à voiles faite de jeunes feuilles du sagoutier. Résid. de Ternate.

453. Rotang long de 60 mètres, employé comme cable. Résid. de Ternate. — J. H. W. Freytag, à Ternate.

454. Modèle du pont de fil de télégraphe jeté sur l'Alahan-panchang. Bonjol, résid. du Haut-Pays de Padang.

455. Modèle d'un pont suspendu à Komering-Oulou, résid. de Palembang.

On tend de fortes cordes d'ijouk, et on pose dessus un plancher de bambou.

456. Pont suspendu de bambou (*wot gantoung*) de la résid. de Banyoumas.

457. Modèle d'un pont de la resid. de Kadou.

458. Modèle d'un pont de bambou, ayant servi à traverser la rivière d'Ello. Résid. de Kadou.

459. Modèle d'un pont suspendu de la résid. de Kediri. — Régent de Kediri.

460. Tablier d'un pont à Dringo, fait par un indigène. Résid. de Probolingo.

461. Photographie du pont sur la Tikala, près

du chef-lieu Manado; pont de bois de fabrication indigène. Résid. de Manado.

NB. Le système monétaire indigène auquel se rapportent les n°s 462—464 a été traité dans l'introduction à la 19e Classe, lettre E (Groupe III p. 106), ainsi que les monnaies d'origine européenne qui ont cours aux Indes néerlandaises. On y trouve aussi (p. 111 et suiv.) quelques monnaies indiennes dans les envois numismatiques qui y ont été décrits.

462. **J. J. Hoffman: Revue succincte des poids, mesures et monnaies de l'empire javanais.** — A. W. Sythoff, édit. à Leyde.

463. **H. C. Millies: Recherches sur les monnaies des indigènes de l'archipel Indien et de la Péninsule Malaie.** La Haye, Nijhoff, 1871, 4°. — Acad. millit. Royale, à Bréda.

464. Trois petits morceaux d'argent sphériques: peut-être des monnaies, portant des figures empreintes, trouvés en 1856 à Java, dans la résidence de Banyoumas, près des montagnes de Djäng. Présent de feu M. H. M. A. Bramstede. — Musée provincial d'antiquités, en Drente.

465. Panier à emballer le tabac, de la résid. de Banyoumas.

466. Tabac empaqueté dans une feuille de woka. Résid. de Ternate.

467. Soloup, mesure de riz (poids de 5 livres) rés. de Tapanouli, Pangaloan, Silindoung. — G. van Asselt, ancien missionnaire à Putten en Veluwe.

468. Mesures employées dans le Bas-Pays de Padang:

I. Assortiment de mesures pour les matières sèches.

1. *Koula gadang.*
2. *Gantang* = ¼ *koula gadang.*
3. *Tokong* = ¼ *gantang.*
4. *Taka* = ¼ *tokong.*

II. Mesures de longueur.

1. *Dapô harimau* ou brasse de tigre, distance entre l'orteil de la jambe gauche étendue aussi loin qu'on peut en arrière et le doigt du milieu de la main droite quand le bras est étendu en avant.
2. *Dapô lapas*, la brasse ordinaire.
3. *Éto* ou *asta*, la coudée, distance du coude au bout du doigt du milieu.
4. *Dangkoung*, distance du coude à l'extrémité de la première articulation du petit doigt.
5. *Tapaq*, pied.
6. *Jangkal lapas*, empan; distance entre le bout du pouce et celui de l'annulaire.
7. *Jangkal toenjoug*, empan, distance entre l'extrémité du pouce et celle de l'index.
8. *Katong*, distance entre le bout du pouce et la seconde articulation de l'index.
9. *Ampou*, pouce.

III. Poids (*boungkal*).

1. *Tahil* (un *tahil* = 0,6176 kilogr.).
2. ½ *tahil.*
3. *Pahou* = ¼ *tahil.*
4. *Amas* = ¼ *pahou.*

469. Mesures pour les matières sèches; de la résid. de Bengkoulen.

a. *Koulak* = $\frac{1}{10}$ *pikoul*.
b. ½ *Koulak*.
c. *Choupak* = ¼ *koulak*.
d. ¼ *Choupak*.

470. Balance (*timbangan*), dont les plateaux sont de noix de coco; est employée pour la vente du tabac. District de Sekampong, résid. des Lampongs.

NB. Le tabac est pesé au moyen de vieilles dutes de cuivre, qui indiquent en même temps la valeur du tabac, de sorte que le tabac vaut son poids en dutes de cuivre.

471. Koulak, mesure pour les matières sèches, faite de bois de *klountoung*. Résid. des Lampongs.

NB. Depuis quelques années on emploie généralement un koulak de fer-blanc de la contenance de 4 kattis et 2 tahils de riz.

472. Mesure indigène pour les matières sèches, de la résid. de Bangka.

473. Deux appareils de pesage pour l'opium; district de Bandong, résid. du Préanger.

474. Ustensiles, dont l'un est employé pour la vente du riz, l'autre pour celle des ognons. Résid. de Banyoumas.

475. Noix de coco pour mesurer le riz (*batok*), de la résid. de Probolinggo.

476. Appareil pour peser le padi, de la résid. de Besouki.

477. Coin de cuivre jaune et un autre de rejoso (certain alliage), l'un avec une inscription en caractères latins, l'autre avec une inscription en caractères javanais; faits par le graveur Johohendro, résid. de Sourakarta. — Raden Adipati Sosro Negoro, Régent.

478. Moyens de transport des Indiens. — W. L. Loth, à Surinam.

a. Panier de charge, double.
b. Trois paniers de charge ordinaires.

479. Embarcations et rames des Indiens aux Indes-Occidentales.

a. *Coryaal* avec deux *parels* (rames). — C. J. Hering.
b. Petit *coryaal* avec trois *parels*. — W. L. Loth.
c. Deux *parels* ou rames. — S. A. Rijken.

480. Trois grandes parels (rames) et une petite des nègres marrons. — C. J. Hering, à Surinam.

481. Quatre petites parels de bois servant dans les cérémonies religieuses des nègres marrons. — E. C. Max, à Surinam.

Onzième Classe.

ARTS ET SCIENCES.

A. Dessins, peintures, gravures, sculptures et ouvrages laqués.

Si l'on observe chez les peuples sauvages ou peu policés les manifestations du sentiment du beau, on est immédiatement frappé par le fait que ces manifestations se bornent, dans la pratique, à l'ornementation du corps et des objets employés à la guerre ou destinés aux usages domestiques. Les armes sont entourées d'un tressage ou munies d'incisions, d'abord afin de pouvoir mieux les manier, mais plus tard ces ornements s'étendent plus loin que là où ils peuvent être utiles: ainsi l'art n'y est pas cultivé pour lui-même; il n'est pas le *but*, mais seulement le *moyen* et ne s'élève pas au-dessus de l'ornementation.

Si l'on en excepte la partie orientale de l'île de Java et l'île de Bali, on peut dire que cette règle s'applique tout à fait aux peuples qui habitent nos Indes.

On peut remarquer dans l'archipel des Indes néerlandaises deux grands courants: l'un qui va de l'Ouest à l'Est, l'autre refoulé peut-être dans la même direction par le premier. La limite entre ces deux courants traverse Bornéo dans la direction de l'équateur, passe par l'île de Célèbes et sépare celle de Lombok des autres îles de la Sonde. Il n'est pas nécessaire de dire que cette limite n'est pas absolue, et que des phénomènes qui rentrent dans la règle à l'est de cette ligne, se rencontrent au-dela et vice-versa.

Considérons d'abord le territoire situé en-deça de la limite dont nous venons de parler, et nous serons frappés du fait que les poductions de l'art y exercent un plus grand attrait sur nous, et nous ne serons certainement pas accusé d'exagération en prétendant que cela est dû à l'influence de la civilisation indoue. Nous en citerons comme preuves les débris imposants de l'art indou, nombreux au centre et à l'est de Java, par ex. les ruines du temple de Boro Boudour dans la résidence de Kadou, d'origine bouddhiste; les ruines de la ville antique des prêtres de Siva sur le plateau de Diëng; celles des vastes groupes de Chandi Sewou dans les Principautés et tant d'autres encore. Témoin encore les beaux bronzes, servant soit à l'usage domestique soit à l'usage des temples, représentant en partie des sujets mythologiques, qu'on découvre de temps en temps dans le sol à Java et qu'on rencontre dans les collections publiques et particulières; témoin les statues de pierre, enlevées des niches des temples en ruine, qu'on a apportées en grand nombre en Europe.

Nous dirons ici quelques mots des personnages mythiques représentés par ces bronzes et ces pierres,

Brahma, aux quatre têtes et aux quatre bras, souvent accompagné de l'oie comme attribut, le dieu de la caste des brahmanes, dont le culte fut peu en faveur chez le peuple et dont les images sont par conséquent peu nombreuses.

Vichnou, un des dieux inférieurs de l'ancien panthéon indou, qui acquit plus tard une grande popularité. Il est représenté avec quatre bras, tenant un coquillage, un disque, une massue et une fleur de lotus; ou bien assis sur l'oiseau-soleil *Garouda*, ou, comme Krischna, debout sur le serpent du monde, dont il tient la queue à la main.

Son épouse *Lakshmi*, déesse de l'amour et de la beauté, dont le lotus est le symbole.

Plus nombreuses, cependant sont les images de Siva ou Mahadeva, un des dieux indous dont le culte était prédominant, surtout dans les contrées montagneuses de l'Indoustan. Parfois représenté comme le dieu de la mort et de la destruction, avec quatre bras, un visage irrité, des défenses, et portant au cou des crânes humains; mais le plus souvent représenté sous la forme d'un hermite ou d'un pénitent. Les signes caractérisques de Siva sont le trident et le troisième œil au front.

L'épouse de Siva, *Kali-Dourga*, est représentée tantôt avec dix bras et les affreux attributs de son époux, tantôt debout sur le taureau sacré, consacré à Siva.

Leur fils *Ganesa*, à tête d'éléphant, est le dieu de la sagesse. Si le culte de Brahma, de Vichnou et de Siva n'a pénétré dans l'Archipel indien qu'après les éléments du bouddhisme, en revanche les images du Bouddha portent le caractère d'un mélange avec des idées vichnouïtes ou Sivaïtes. Ainsi, entre autres, à côté de la Trinité ou *Trimourti* brahmane (la figure aux trois têtes: Brahma, Vichnou et Siva), on trouve la Trimourti bouddhique, représentée de la même manière, comme une personnification des trois parties de la croyance bouddhiste.

Les images de Bouddha, des saints et des saintes de Bouddha sont nombreuses à Java; le visage est sans expression comme dans les images brahmanes. Elles sont assises, les jambes croisées sur des lotus et couvertes d'un léger manteau qui, passant sous le bras droit, recouvre l'épaule gauche.

Enfin on y rencontre en foule les figures des gardes des temples, *Raksasas*, avec d'effrayants attributs et la figure sans expression.

De nos jours, l'ancien art indou trouve un faible reflet dans l'ornementation. Ce sont surtout les gracieuses sinuosités de la forme de feuille conventionnelle, alternées par des fleurs et des boutons tout aussi conventionnels, qui, se présentant continuellement sous toutes sortes de formes, forment le caractère particulier de l'ornementation dans cette partie de l'Archipel.

De nos jours encore, et malgré l'influence séculaire et mortelle de l'islamisme sur l'art, les Javanais savent orner leurs batiks des fleurs les plus gracieuses: ils sont passés maîtres dans l'art de sculpter le bois, l'ivoire, l'écaille, dans les ouvrages de cuivre, d'or et d'argent en repoussé. Prenons comme exemple les poignées de kris. Travaillées avec le plus grand soin, elles présentent des figures empruntées à la mythologie indienne, qui, se simplifiant de plus en plus sous leurs nouvelles formes, se terminent en lignes onduleuses dont on ne peut retrouver l'origine qu'en les divisant en séries; ou bien l'artiste a transformé, d'après ses propres idées, un sujet qui lui était inconnu. Parmi les kris exposés, il y en a un dont la poignée représente un dragon néerlandais avec son casque et ses épaulettes, et un autre représentant l'oiseau traditionnel Garouda.

Quoique la civilisation indoue n'ait jamais atteint à Bali le degré de perfection auquel elle est arrivée à l'est et au centre de Java, elle y est restée pourtant bien plus pure, grâce à l'exclusion de l'influence de l'islamisme. Bali nous présente des ouvrages sculptés de formes fantastiques, peints de couleurs vives et bizarres et présentant un caractère particulier, qui plaisent à l'œil de ceux qui ont su s'affranchir des représentations conventionnelles. Nous devons en outre à Bali des tableaux, représentant des sujets mythologiques, où l'on ne croit voir d'abord, faute de perspective, qu'un amas confus de figures, mais qui, vus de plus près, empruntent une beauté particulière au charme des lignes et à la beauté de la couleur.

Palembang, vers lequel surtout le courant de la civilisation indoue semble s'être dirigé de Java, nous offre de magnifiques étoffes brochées d'or. Le Haut-Pays de Padang excelle par ses filigranes, et du lac de Toba jusqu'à Palembang, les demeures des grands sont ornées de sculptures artistiques, peintes ordinairement en rouge et en bleu, peut-être pour mieux faire ressortir les lignes sculptées dans le bois. Les Bataks ont subi l'influence indoue à un moindre degré que les autres peuples de l'île de Sumatra. Quoique on en retrouve des traces dans leur ornementation, ils se rattachent pourtant aux peuples placés au-delà de la ligne que nous avons tracée.

Ce qui caractérise cette partie orientale de notre Archipel, c'est la prédilection pour les divers modèles de tressage et de nattage, pour la gravure sur bambou, les ornements de plumes et de coquillages polis (*nassa*). Là, où autrefois on faisait de gracieux ouvrages de paille teinte tressée, on retrouve les mêmes figures, mais exécutées avec des verroteries d'origine européenne; c'est ce qu'on voit dans le pays des Bataks, chez les Dayaks Pari, ainsi qu'à Timor et dans les îles circonvoisines.

Le remplissage à Sumatra avec de la couleur des entailles de sujets gravés, et le barbouillage des boucliers par les Dayaks, avec des figures fantastiques, méritent aussi peu le nom de peinture, que les grossières imitations du calao ou de la forme humaine à Bornéo par les Bataks, ainsi que dans toute la partie orientale de notre Archipel et à la Nouvelle-Guinée, méritent le nom de sculpture. Ces représentations monstrueuses font le pendant des figures de pierre de Pajajaran (Ouest de Java), qui n'ont rien de commun avec la civilisation indoue.

Cependant une étude comparative de ces diverses formes est du plus haut intérêt au point de vue ethnologique. Ainsi, les habitants de l'île de Timor présentent, dans leur ornementation, des rapports de parenté avec les tribus de Papous de la mer du Sud, tandis qu'on trouve à Céram des objets dont on ne peut méconnaître la ressemblance avec ceux de la partie la plus septentrionale de l'Australie.

Les produits artistiques des Chinois qui habitent les Indes-néerlandaises, sont parfaitement semblables à ceux de la mère-patrie, sauf que leur qualité est inférieure, comme par exemple les ouvrages de laque de Palembang.

Il y a peu de chose à dire des tribus indiennes de Surinam. Leur sentiment artistique ne se fait guère connaître que par des incisions peu profondes sur leurs apatous ou massues, représentant des figures d'hommes monstrueuses; incisions qu'ils remplissent de couleur blanche. Ils font en outre des cruches de terre de plusieurs dimensions, de formes gracieuses, qui rappellent les anciennes poteries péruviennes, et qui sont peintes de lignes noires; ils font aussi des paniers (pagaras) qu'ils ornent de figures carrées, rouges et noires.

Les nègres marrons ne démentent nullement leur origine africaine dans la manière sans goût, baroque et voyante dont ils s'ornent eux et leurs ustensiles.

Dr. L. SERRURIER.

NOTE DE LA RÉDACTION.

L'auteur de cette revue des produits de l'art de l'Archipel a traité son sujet en ethnologue, et à ce point de vue, il s'est tu tout à fait sur ce que les Javanais d'aujourd'hui produisent dans ce domaine sous l'influence et la direction des dominateurs européens. Cette influence se fait naturellement de plus en plus sentir; on peut la reconnaître dans un grand nombre des objets d'art javanais, présents à l'Exposition, en premier lieu dans les tableaux de Raden Saleh, mais aussi dans les dessins de ses imitateurs.

Les monuments de l'art indou, dont il a été fait mention dans cette introduction, sont rares à l'Exposition, et comme ils se rapportent en grande partie à la religion, ils ont été placés pour la plupart, non dans cette classe, mais dans la douzième.

1. Collection de tableaux à l'huile, du peintre javanais Raden Saleh Sarief Bastaman. — Les exposants sont nommés à chaque tableau.

Raden Saleh Sarief Bastaman, né à Semarang vers l'an 1814, mort à Buitenzorg le 23 avril 1880, descendait d'une grande famille de régents, qui, comme le nom *Sarief* le prouve, prétendait avoir une origine arabe. Encore jeune, il fit la connaissance du peintre Payen qui, ayant remarqué ses dispositions pour le dessin, lui donna des leçons et s'en fit accompagner dans ses voyages artistiques à Java. Le jeune artiste excita l'intérêt du Gouv. Gen. van der Capellen qui, en 1830, lui fournit l'occasion d'accompagner M. de Linge, inspecteur des finances, qui se rendait en Europe. Le roi Guillaume Ier étendit sa main protectrice sur l'artiste, et le confia à la direction de Schelfhout et de Kruseman. Après cela, il parcourut une grande partie de l'Europe, où il excita partout la curiosité en sa qualité de prince javanais et de peintre. Il passa cinq an-

GROUPE II. Onzième Classe.

nées à Dresde et retourné à la Haye en 1845, il y reçut du roi Guillaume II l'ordre de la Couronne de Chêne. Plus tard, il accompagna Horace Vernet en Algérie, et en 1848, il fut témoin à Paris, de la révolution de février.

Retourné à Java en 1851 ou 1852, il continua à peindre. En 1864, nous le trouvons occupé à faire le plan du jardin zoologique et botanique de Batavia. Il habitait à cette époque, dans le voisinage immédiat du terrain, une villa bien connue par de nombreuses estampes, qu'il avait fait bâtir par des ouvriers indigènes d'après ses plans et ses dessins. A cette époque, Raden était marié avec une dame européenne fort riche, dont il s'est divorcé plus tard, tandis qu'il alla habiter une autre demeure à Buitenzorg, dans la vallée de la Chi Dani, droit derrière l'hôtel Bellevue. Il visita encore une fois l'Europe, accompagné de sa jeune femme, belle Javanaise de Sourakarta, mais mourut, peu de temps après son retour dans sa patrie.

Voyez Classe IX, n°. 19 i. concernant un portrait de Raden Saleh qui se trouve à l'Exposition.

Envoi de **S. M. LE ROI.**
a. Animaux sauvages, fuyant devant l'incendie d'une forêt.
b. Chasse au buffle à Java.
c. Prise de Dipo Negoro.

Envoi de **S. A. LE DUC DE SAXE—COBOURG—GOTHA.**
d. Paysage d'Orient avec deux tigres au premier plan.
e. Bédouin à cheval, combattant un lion.
f. Tempête sur mer.
g. Chevaux attaqués par deux lions et un cheval.

Envoi du **Musée d'art à Leipzig.**
h. Chasse au buffle à Java.

Envoi du **Musée royal du Pavillon à Harlem.**
i. Combat à mort entre deux lions et un buffle.

Envoi de **M. J. W. van Lansberge**, ancien Gouv.-Gén., à Brummen.
j. Grande fontaine près du palais de Buitenzorg.
k. Paysage montagneux de Java.
l. Paysage montagneux de Java.
m. Vue à Buitenzorg.
n. Paysage javanais.

Envoi du Dr. **G. F. Westerman**, Directeur de la Société *Natura Artis Magistra* à Amsterdam.
o. Le Tigre et sa proie. La griffe du tigre repose sur l'épaule ouverte d'un indigène tué.

Envoi de **Ph. van Wessing**, à Amsterdam.
p. Jeune et vigoureux lion, blessé d'un coup de lance dans le dos.
q. Vieux lion, se reposant après son repas, dont on aperçoit les restes devant lui.

Envoi de **J. Bunge**, à Amsterdam.
r. Vue du Merapi et du Meerbabou au soleil couchant.

Envoi de **C. H. Dee**, étudiant ès-lettres à Leyde.
s. Chasse au buffle.

2. Vingt et un dessins coloriés et encadrés, faits par — **Raden Mangkou Miharjo**, élève de Raden Saleh.

1. Rouet (*jontro*).
2. Chevaux de voiture (*jaran rakitan*).
3. Barrage pour la pêche (*wide*).
4. Douche (*panchouran*).
5. Orchestre (*gamelan*).
6. Chinois (*china*).
7. Grange au riz (*loumboung*).
8. Escarpolette (*younyounan*).
9. Petite armoire à tiroirs pour médicaments (*botekkan*).
10. Ecurie (*gedogan*).
11. Place ouverte devant la maison (*aloun-aloun*).
12. Maison d'habitation (*omah*).
13. Coq (*jayo*).
14. Pigeons (*doro*).
15. Paon qui fait la roue (*merak ngigel*).
16. Martin (*manouk jalak*), sorte d'étourneau (*Lamprotornis*).
17. Serpent (*oula*).
18. Bœuf (*sapi*).
19. Tigre (*machan*).
20. Crocodile (*boyo*).
21. Ecureuil (*baji*).

3. Cinq dessins en couleurs, encadrés, représentant des vues de la terre Patak Salak, district de Chianjour, résid. du Préanger, faits par — **Raden Soma**.

a. Jardins à thé et maison de campagne, 29 nov. 1882.
b. Endroit pour la préparation du thé. 10 Sept. 1882.
c. Machines pour rouler le thé. 4 Nov. 1882.
d. Moulin à café et presse (?). 26 Sept. 1882.

4. Quelques dessins et statuettes faits par des Javanais. — J. W. van Lansberge, ancien Gouv. Gén. à Brummen.

a. Portefeuille avec cinq dessins de Raden Miharjo, élève de Raden Saleh.
b. Collection de papillons dessinés d'après nature par un mantri du service de statistique à Madioun.
c. Six statuettes de terra cotta et quelques fruits — faits par un indigène à Chianjour.
d. Jatte avec sculptures javanaises se rapportant à la vie champêtre, vieux bronze javanais.
e. Plat avec sculptures javanaises se rapportant à la vie champêtre.

5. Treize figurines en terra cotta, faites probablement par le même artiste que n°. 4. c. — Mathol de Jong, ancien officier supérieur néerlandais, à Florence.

6. Spécimens de dessins et de sculpture javanais, de la résid. de Sourakarta. — Raden Adipati Sosro Negoro, Régent.

a. Dessins d'armes indigènes; kris, pique et wedoung, et dessins de quelques bons fruits indigènes: *mangis, blimbing, kokosan, jerouk pachitan, jerouk gouloung, jambou dersono, pisang rojo taloun*, exécutés par Ngabéhi Wignyo Wichoro, dessinateur du Sousouhounan, à Kepatian.
b. Statuette d'homme et statuette de femme, faites d'une sorte de marbre nommée *chendani*, d'après un modèle à Plaossan, par Ngabéhi Wignyo Souwarno, dessinateur du Sousouhounan, à Kepatian.

NB. La statuette de femme est peinte. Les caisses et les piédouches de ces deux statuettes sont de bois de jati.

7. Dessin au crayon, par un indigène; de la résid. de Madioun.

8. Collection de dessins indigènes du district de Soumenep, résid. de Madoura. Dans un étui en fer blanc.

9. Douze feuilles de dessins de maisons indigènes et de toute sorte d'ustensiles et d'outils pour l'agriculture, les métiers, la chasse, la pêche, etc., par — Mas Wongso Wijoyo, élève de l'école-normale pour les instituteurs indigènes à Probolinggo.

10. Dessin venant de l'île de Bali, représentant une fête, dans laquelle on danse aux sons du gamelan en présence des princes, et où la fête est troublée par une attaque de Boutas. — Musée Ethnographique national.

NB. Ce dessin a été rapporté par le Dr. W. R. van Hoëvell de son voyage à Bali.

11. Dessin venant de l'île de Bali, sujet mythologique; entouré d'un cadre sculpté et peint de fabrique indigène. — K. de Boer Hzn., à Leyde.

12. Poupées de Dayaks, homme et femme, de Martapoura, Sud de Bornéo. — D. E. E. Wolterbeek Muller, à Voorburg.

13. Modèle en bois d'un poisson de mer, de Ternate.

14. Muscadier et giroflier, faits avec des plumes. Ternate, résid. d'Amboine.

<small>La croissance des branches, des feuilles, des fleurs et des fruits est représentée dans les diverses périodes de son développement.</small>

15. Collection de dix dessins chinois sur papier de riz, représentant des papillons et autres insectes de l'Asie orientale et de l'Archipel. Sous enveloppe. — **D. ter Haar**, à Nimègue.

B. Musique et instruments de musique.

En 1853 déjà, l'Institut néerlandais pour la philologie, la géographie et l'ethnologie des Indes-néerlandaises, avait demandé un »mémoire sur l'état de la musique chez les indigè-»nes en dehors de Java, avec indication des divers instruments »en usage et de leurs rapports, description des instruments et »de la manière d'en jouer". Cette question fut posée de nouveau en 1856, mais, jusqu'à présent, aucune réponse n'a été envoyée. Pour pouvoir traiter ce sujet d'une manière scientifique, il faudrait savoir quelle tonalité il faut considérer comme primitive aux Indes. Peut-être est-ce la gamme dite naturelle, qu'on retrouve chez beaucoup de peuples où la civilisation ne s'est pas encore fait sentir, et qui est la même que l'octave du gamelan salendro à Java. Il n'y a qu'un examen sérieux des instruments à gamme fixe, tels que les flûtes, qui puisse éclaircir suffisamment ce point.

A Java on a trois tonalités: *salendro*, *pelog* et *laras miring*, différentes non seulement dans la gamme, mais aussi dans le timbre des instruments. Le Javanais compare le son des instruments salendro au son clair du verre, celui des instruments pelog au son plus sourd du métal. Les intervalles des notes de la gamme salendro sont 1. 1. $1^1/_2$. 1. $1^1/_2$ et les notes portent les noms de *barang*, *goulou*, *tengah*, *lima*, *nem* et *barang*. L'octave pélog a deux notes de plus, appelées *manis* et *pelog*, dont la première est intercalée entre les notes barang et goulou, la seconde entre les notes tengah et lima de l'octave salendro. L'octave miring est égale à l'octave pélog, sans les notes *tengah* et *nem*.

Les instruments les plus employés chez tous les peuples sont le *tambour*, la *flûte* et l'*instrument à cordes*. Ces trois sortes d'instruments sont représentés dans l'archipel indien par de nombreuses formes, surtout les deux premiers.

On rencontre en outre dans tout l'archipel indien néerlandais une sorte de *guimbarde*; c'est un morceau de bambou, de fer ou d'autre matière flexible, au milieu duquel se trouve une languette mobile qu'on fait vibrer avec le doigt en le tenant entre les lèvres. Cet instrument se retrouve au Bengale, dans les îles de la mer du Sud habitées par les Papous, et à l'île de Formose.

Une *flûte* dont on joue en y soufflant avec le nez se trouve à Bornéo et reparaît dans l'océan Pacifique, entre autres aux îles Fidji et à la Nouvelle-Calédonie.

A Bornéo, on trouve aussi l'*orgue à bouche*, se composant d'une calebasse en forme de bouteille, dans laquelle un certain nombre de roseaux d'inégale longueur et percés de trous sont fixés perpendiculairement. On retrouve ce même instrument en Chine et au Japon, mais sous une forme perfectionnée; il se pourrait que les Chinois l'eussent importé à Bornéo sous sa forme la plus primitive, et qu'il y fût devenu indigène.

Enfin nous pouvons encore citer parmi les instruments de musique qui sont répandus sur un espace géographique fort considérable, la trompette à conque. On la trouve à Java, aux Moluques, à Timor et à la nouvelle-Guinée; en dehors de l'Archipel on la rencontre au Bengale, au Japon et dans les îles de la mer du Sud.

Un instrument qui se trouve à Timor et à Rotti, et qui y porte le nom de sasanouh-ôh, paraît être particulièrement malais. Il se compose d'un tuyau de bambou, à la surface extérieure duquel on a coupé quelques bandes, sous chacune desquelles on place un petit bloc en guise de chevalet de violon. On y fixe une feuille de palmier en forme de carène, comme table d'harmonie. Un instrument parfaitement semblable est employé par la population malaie de Madagascar et vient d'être découvert dans la presqu'île de Malakka.

En passant ainsi des généralités aux particularités, notre attention se porte sur l'*instrument de bambou* qui semble se borner tout à fait à l'archipel indien. Tantôt c'est l'*ankloung* de l'ouest et de l'est de Java, de Céram et se trouvant peut-être dans d'autres îles de la partie orientale de l'Archipel. Cet instrument se compose de quelques tuyaux de bambou, suspendus dans un cadre par ordre de grandeur, et souvent très bien sculptés; on le secoue en mesure. Tantôt ce sont des *instruments analogues qu'on frappe avec des bâtons*, également connus dans la partie orientale de l'Archipel, surtout à Céram, et aussi connus chez les Badouïs, dans la résidence de Bantam. Ou bien c'est le *goumbeng* de Java, très gros bambou, dans lequel on souffle au moyen d'un tube de bambou, ce qui produit un bruit profond et sourd.

A Java, ainsi qu'à Palembang où il semble avoir été importé de Java, c'est le *gamelan* qui joue le principal rôle. C'est un orchestre entier, qui se compose pour la plus grande partie d'instruments à percussion.

Les deux types fondamentaux sont:

A. Une poutre oblongue, carrée, aux bords de laquelle sont fixés:

1°. Des barres donnant des sons consécutifs, faites tantôt de bois, tantôt de cuivre, tantôt d'un alliage particulier appelé gongsa; ces barres reposent sur des coussins. Dans une sorte des instruments appartement à cette rubrique, le *gendér*, on a placé sous chaque barre métallique un tuyau vertical de bambou, comme résonnateur.

2°. Des bassins en forme de jattes (*kenong*), de laiton ou gongsa en deux sortes: plats et larges (*wangoun wadon*) ou profonds et étroits (*wangoun lanang*). Ces espèces de chaudrons reposent sur des cordes tendues.

B. Un chassis placé debout, et auquel sont suspendus des chaudrons plus grands, très larges et plats qu'on appelle *gongs*.

Tous ces instruments sont frappés ou touchés avec des marteaux (*tabouh*) de diverses matières.

Pour le gamelan qui joue dans la tonalité salendro, les barres de métal et les gongs sont de cuivre jaune. Elles sont au nombre de 6 ou d'un multiple de six, ou bien $6+2$, $6+4$. Pour le gamelan pelog, les barres et les tam-tam sont de gongsa; leur nombre est de 7 ou un multiple de 7. Les instruments ne différent ordinairement entre eux que par leur grandeur.

Les gongs se rencontrent aussi dans plusieurs îles de la partie orientale de l'Archipel.

L'instrument de gamelan aux barres de bois se rencontre, en dehors de l'Archipel, sous le nom de Balafong, à Siam.

Nous pouvons ramener les instruments à cordes à trois types:

1°. La viole à deux cordes avec archet, qui est employée dans tout l'Archipel et dont le nom *rebab* indique une origine arabico-persane.

Dans le *gamelan*, elle donne la mélodie qui doit être chantée.

2°. Le *sistre javanais*, appelé chalempoung ou seloukat, composé d'un cadre sur lequel sont tendues de 10 à 15 cordes métalliques. Il est quelquefois employé dans le *gamelan*.

Le *kechapi*, instrument à cordes, composé d'une caisse de résonnance de la forme d'un carré oblong, sur laquelle on tend des cordes métalliques qu'on pince avec les doigts. Le *kechapi*, à en juger d'après son nom, paraît être d'origine indoue; on le trouve chez les Malais et les Sondanais, particulièrement chez les Badouïs de Bantam, et à Bangka.

La *flûte*, qui porte à Java le nom de *souling*, et qui reçoit d'autres noms dans les diverses îles, se rencontre partout sous les formes les plus diverses, même sous la simple forme d'un chalumeau de paille de riz.

On trouve dans les pays des Bataks et autres parties de Sumatra, à Java, sous le nom de *selompret*, et à Célèbes, des *hautbois* ou *clarinettes*.

Les *tambours* appartiennent à trois types:

1°. Ceux qui ont des peaux tendues aux deux côtés. Le *kendang* javanais dont on joue dans le *gamelan*, en fait partie.

2°. Le *tambourin*.

On rencontre les deux sortes à Sumatra, à Java, à Célèbes, aux Moluques, à Timor.

3°. Le *tambour en forme de coupe*, qui n'a de peau tendue que d'un seul côté.

C'est le seul *tambour* qu'on ait à la Nouvelle Guinée, et on le trouve à peu près sous la même forme à Amboine, à Céram, à Timor, à Bornéo.

Les Indiens de Surinam n'ont pour instruments de musique que la *flûte de Pan*, faite d'un seul et gros roseau, qui donne un son sourd et mugissant, et une autre flûte faite avec un des os d'un ennemi tué.

Les nègres marrons sont plus riches à cet égard. Amoureux du bruit, comme dans leur mère patrie, ils se sont fabriqué un certain nombre de tambours avec des troncs d'arbres creusés, munis d'un côté ou des deux côtés, d'une peau tendue, sur laquelle ils frappent avec la main. Ils ont en outre une planche avec des baguettes élastiques de bois, qui rendent un son quand on les frappe ou les presse avec les doigts. Le premier instrument rappelle le *sansa*; le second, le *marimba* du Sud-Ouest de l'Afrique. Ils ont aussi un violon à quatre cordes, qui est probablement d'origine européenne; un instrument de musique africain, consistant en un arc dont on prend une des extrémités entre les dents, tandis qu'on frappe avec une baguette sur la corde en lui faisant ainsi rendre une sorte de bourdonnement. Ils ont encore une flûte empruntée aux Indiens, mais qu'ils ont perfectionnée, une couple de trompettes dont ou joue en soufflant de côté à la manière africaine et — ce qui est assez singulier — la flûte à nez et la trompette à conque.

Dr. L. SERRURIER.

16. **Grand Gamelan**; venant de la propriété ou terre de Parakan Salak (voyez Veth, Java III, p. 311) qu'on peut entendre chaque jour de deux heures à cinq heures de l'après-midi à l'Exposition, dans la grande tente de gamelan, au parc colonial (voyez plus haut page 17?) par les musiciens nommés dans le groupe I, p. 154, n°. 6. Ces musiciens sont en grande partie les mêmes que le propriétaire de Parakan Salak a exercés dans le jeu de ce gamelan. — Musée Ethnographique national, à Leyde.

NB. Les instruments dont se compose ce gamelan sont: Un *rebab*, violon; un *seloukat*, cordes tendues sur un cadre; un *souling*, flûte; deux *bonangs* (*ageng* et *penerous*); un assortiment de gongs, placés en deux rangées dans un cadre; un *gambang* ou harmonica à touches de bois; trois *sarons* ou harmonicas de diverses grandeurs, avec des touches métalliques; un *demong* ou bac carré oblong, avec des chevilles au-dessus, sur lesquelles reposent de grandes touches métalliques courbées; un *selontom*, instrument pareil qui se distingue par un bouton rond au milieu; un grand *gong* jouant le rôle de basse, suspendu au cadre de bois *gayor*, et un plus petit, suspendu de la même manière, et appelé *kempoul*; un *kenong* ou gong, suspendu dans un cadre à deux cordes, tendues en croix; un *chaloung* ou instrument de bambou à percussion et deux *kendangs* ou tambours de diverses grandeurs.

17. **Instruments de musique du district de Silindoung, résid. de Tapanouli.**

   a. Hasapi, espèce de mandoline ou de violon à deux cordes.
   b. Saroune, espèce de clarinette.

18. **Instruments de musique du district de Silindoung, résid. de Tapanouli, Pangaloan.** — G. van Asselt, ancien missionnaire, à Putten dans la Véluwe.

   a. Modèles d'un *gordang* et d'un *taganing*, espèces de timbales.
   b. Saleppong, guimbarde dont on joue en la tenant entre les dents et les lèvres; elle donne des sons vibrants.
   c. Salobat, flûte traversière, employée surtout par les femmes.
   d. Sordam, flûte dont on joue en tenant le bout à la bouche.
   e. Saroune, espèce de clarinette.
   f. Hasapi, espèce de mandoline ou de violon à deux cordes, avec archet.
   g. Arbap ou *orbop*, espèce de violon.

19. **Instruments de musique de l'île de Nias.**

   a. Tambour (*fondrahi*), employé dans les grandes fêtes, 2 pièces.
   b. Petit tambour (*toutou*), employé pour accompagner le chant des femmes.
   c. Flûte de bambou (*saroune*).

20. **Instruments de musique du Bas-Pays de Padang.**

a. Tambourin (*adok* ou *rebana*).
b. Tambour (*gandang*).

21. *Rabab*, violon à deux cordes du Haut-Pays de Padang.

22. Instruments de musique du district de Mokomoko, rés. de Bengkoulen.

a. Violon indigène (*rebab*).
b. Flûtes (*bangsi*).
c. Flûtes (*saloung*).
d. Flûtes (*serdam*).
e. Clarinette (*seroumai gandai*).
f. Tambourin (*radok*).

23. Deux sortes d'harmonicas à bouche (*jouring*) du district de Sekampong; résid. des Lampongs.

24. Instruments de musique de la côte Est de Sumatra. — Compagnie de Deli, à Amsterdam.

a. *Kechapi* (Tob. *housapi*) ou *chesape*, sorte de guitare ou mandoline, avec de petites pointes pour toucher les cordes, (quatre pièces).
b. *Hourdap*, espèce de violon.
c. *Belouat*, flûte traversière, couverte d'élégies (trois pièces).
d. *Seroune*, espèce de clarinette, (deux pièces).
e. *Saga-saga*, harmonica à bouche, de bambou; on produit les sons en soufflant et en tirant à la fois à la petite corde.
f. *Gendang* (Tob. *gordang*), tambour; on en joue en frappant sur la plus grande peau avec une petite baguette et sur le plus petit avec les articulations des doigts de la main gauche.

25. Instruments de musique des pays des Bataks. — Dr. B. Hagen, à Tanjong Morawa, Serdang.

a. *Hasapi* ou *kechapi*.
b. Le même instrument, tel qu'il est employé exclusivement chez les Karo-Karo.
c. *Arabop* ou *arbap*.

d. Morceau de sang-dragon dans une petite boîte de bois, employé comme colophane.
e. *Sarouse*, employé par les Orang Timor.
f. Le même instrument, de la forme usitée chez les Tobas.
g. *Kodoung*, espèce de guimbarde, deux pièces.
h. *Sordam*, flûte.
i. *Paloua*, sorte de flûte, employée chez les Tobias; se rencontre rarement.
j. *Gordang*, espèce de tambour, deux pièces.

26. Instruments de musique de l'île de Bangka.

a. *Gendang pendek*, petit tambour.
b. *Gendang panjang*, grand tambour.
c. *Saroumi*, clarinette.
d. *Biola*, violon.
e. *Kechapi*, guitare.
f. Flûte.

27. Instruments de musique du Preanger.

a. *Gamelan*, avec deux personnes dansantes.
b. *Trawangsa*, guitare.
c. *Angkloung*, six pièces.
d. *Chaloung*, série de bambous suspendus, sur lesquels on frappe.
e. Instrument de musique à bouche.

28. Instruments de musique de la résid. de Banjoumas.

a. *Gajoren*, cadre auquel le gong est suspendu.
b. *Angkloung*.
c. *Kepraq*, castagnettes employées dans le jeu de *wayang*.
d. *Gong*.
e. *Torong*, appareil pour faire donner des sons au gong.
f. *Terbang*, tambourin.
g. *Gendang*, avec *planka*.
h. *Orot-orot*, trompette.
i. *Souling*, flûte.

29. *Rinding* (trompe), de la résid. de Bagelèn.

30. *Rinding*, de la résid. de Yogyakarta.

GROUPE II.   Onzième Classe.   287

31. Alto de bois indigène. — A. Ott, marchand de musique à Sourakarta.

L'instrument a été fait par un Javanais à Sourakarta, en 1852 sous la direction de M. Senstius. La truble supérieure et l'inférieure sont faites de bois de *souren*, les côtés de bois de *Serot*, et le manche de bois de *Walikoukoun*. Les chevilles, la queue, la touche et le chevalet sont de fabrication européenne.

32. Instruments de musique du district de Pamekassan.

 a. *Gamelan* et *angkloung*.
 b. Modèle *angkloung*.

   District de Sampang.

 c. *Selompret*, trompette, deux pièces.
 d. *Souling*, flûte.
 e. *Gendang*, tambour.
 f. *Gingang*, deux pièces.

33. Cinq *angkloungs*, de la résid. de Pasourouan.

34. Quatre *angkloungs*, de l'extrémité orientale de Java.

35. *Angkloung*, avec sculptures. — Société d'Overijsel pour la prospérité de la province, à Zwolle.

36. Trois instruments de musique (*grinding?*). — A. J. Lebret, à Dordrecht.

37. Modèles en miniature d'instruments de musique. — Mlle Delprat, à Amsterdam.

 a. *Gendang bountoung*, quatre sortes.
 b. *Angkloung*, quatre sortes.

38. Instruments de musique de la résid. Division Occidentale de Bornéo.

 a. *Gambous*, espèce de sistre. Sambas.
 b. *Kechapi*,   "   "   id.
 c. *Tar*, tambourin,   id.

 d. *Gambang*.
 e. *Gondangs*, tambours de Dayaks.
 f. *Entouning*.
 g. Deux *sandoungs* ou *soulings*.
 h. *Rebab*, *gambou*, *biola*, instruments à cordes.

39. Deux tambours de Makassar et deux flûtes d'idem; du gouvernement de Célèbes et dépendances. — F. von Faber, contrôleur à Loubou Basong, Côte Occidentale de Sumatra.

40. Flûte (*sousoulingen*), de la résid. de Manado.

41. Instruments de musique de Ternate.

 a. *Gosoma* ou *tifa*, tambourin de bois et de peau de cerf. Galela.
 b. *Silmpeh*, guitare de bambou à une corde de fil de coco ou d'archal, id.

42. Instruments de musique de Ternate. — A. A. Bruyn, à Ternate.

 a. Trois *tatabouang*, tambours.
 b. Deux *arababou*, violons avec archets de bambou et de fil de coco et d'archal.

43. Six *tifa*, tambourins de bois et de peau d'iguane, venant de la Nouvelle-Guinée. — A. A. Bruyn, à Ternate.

44. Instruments de musique de la Nouvelle-Guinée. — Société des Missions d'Utrecht.

 a. Gong de métal.
 b. Grand *tifa*, tambour de Mansinam.
 c. Petit *tifa*, d'Andai.
 d. Conque de triton dans laquelle on souffle.

45. *Tatabouan* de bois, de l'île de Saparoua.

46. Instruments de musique de Larantouka, Florès.

a. Sasson.
b. Korra.
c. Nourin, flûte double.
d. Laka doö.
e. Kollong-kollong.
f. Gedang.
g. Deux flûtes de bambou.

47. Instruments de musique des nègres marrons de Surinam.

a. Tambour recouvert en peau de serpent employé dans leurs pratiques idolâtres.
b. Grand tambour ou mama, pour *banya* ou danse idolâtre.
c. Tambour poncha, idem.

48. Instruments de musique des Indiens de Surinam. — W. L. Loth, à Surinam.

a. Cinq flûtes, dont une faite d'un os de tigre, les autres sont faites de bambou.
b. Deux tambours; l'un des Arrowakkes à peau de tigre, l'autre des Caraïbes avec peau de pouïngo (*Dicotyles labiatus*, Voyez Groupe I, p. 182).

49. Instruments de musique des nègres à Surinam. — Société provinciale des Sciences et des Arts, à Bois-le-Duc.

a. Instrument de musique des nègres, artistement tressé de jonc fendu.
b. Bande de toile à voile, entourée de grelots et de coquilles de noix, servant d'instrument de musique.

50. Deux flûtes de Surinam. — A. van Sypesteyn, ancien Gouverneur de Surinam.

51. Yorro-yorro ou hochet (du *Cerbera Theretia*), employé par les Indiens de Surinam comme instrument de musique, dans leurs danses.

C. Appareils de théâtre et représentations scéniques.

Nombre de choses qui, en Europe, sont séparées et même considérées comme incompatibles, ont fort probablement une origine commune: origine qui se voit encore plus clairement chez les peuples dont la civilisation est peu avancée. Les cérémonies religieuses, la fête des morts, les danses mondaines, le théâtre religieux et le théâtre profane, tout cela n'est pas séparé d'une manière si formelle, qu'il ne présente des marques de parenté trop évidentes pour que la séparation n'en soit pas de date relativement récente.

Si donc nous parlons ici de théâtre et de représentations scéniques, nous n'entendons pas seulement par là le théâtre javanais, tel qu'il se manifeste dans les représentations de *topeng* et de *wayang*. Ces représentations scéniques se rapprochent passablement de notre scène européenne, quoique dans l'offrande de parfum et l'oblation usitées dans le *wayang*, on reconnaisse distinctement la signification religieuse originaire du spectacle. Nous comprenons aussi sous cette rubrique l'usage des masques, et nous y joindrions la *danse* si on y employait des instruments particuliers.

Les *masques* se rencontrent presque partout et servent à

représenter soit les traits de personnes qui sont mortes, soit une personne conventionnelle quelconque. Chez les Romains, l'auteur portait un masque nommé *persona*.

On trouve dans l'Archipel Indien, chez les Dayaks du Sud et de l'Est de Bornéo, des masques connus sous le nom de *Teboukas* qui servent d'ornement dans les fêtes de Bilian, et surtout dans le *Tiwah* ou fête des morts.

A Bengkoulen, on celèbre une fête nommé *Tabouk*, où l'on fait usage de masques.

Chez les Bataks, on se sert de masques dans lesquels on a mis de la mousse mouillée. On s'en sert dans les funérailles; celui qui danse en portant ce masque, presse des mains sur son front afin de faire sortir l'eau, comme des larmes, à travers les yeux du masque.

Le *topeng dalang* des Javanais est une représentation donnée par des personnes masquées qui, comme une troupe d'acteurs, exécutent des pantomimes sous les ordres d'un directeur (*dalan*); celui-ci récite ou raconte l'histoire. Les masques sont dorés ou peints, suivant le caractère des personnages. Le *topeng* est aussi joué dans les rues, sous le nom de *topeng babakan*, surtout à Batavia; mais dans ce cas les acteurs parlent eux-mêmes.

Le *topeng* est plus particulier aux pays sondanais, tandis que dans les pays javanais proprement dits, c'est le *wayang*, ou marionnettes, qui prédomine.

Aux trois sortes de gamelang: *salèndro*, *pèlog* et *laras miring* correspondent trois sortes de *wayang*. Le premier accompagne le *wayang pourwo*, le second le *wayang gedog*, le troisième le *wayang karouchil*.

Dans le *wayang pourwo* et *gedog* les marionnettes sont plates; dans le premier, elles sont ordinairement taillées dans du cuir de buffle, bien peintes et dorées, mais tout à fait difformes; dans le second, elles sont faites en grande partie de bois mince; elles sont moins chères et tout aussi absurdes; dans le *wayang karouchil*, la forme des marionnettes se rapproche davantage de la figure humaine; dans les trois wayangs, les bras des marionnettes sont mobiles.

La représentation des deux premiers se fait toujours de nuit, derrière un écran sur lequel les ombres des marionnettes sont projetées par la lampe de cuivre placée derrière (*blentyoung*); les femmes la voient ainsi, tandis que les hommes se placent derrière l'écran et voient les marionnettes mêmes.

Dans le *wayang karouchil*, dont la représentation a aussi lieu de jour, on n'emploie pas d'écran, ou bien, s'il y en a un, il est percé d'un trou carré, à travers lequel on aperçoit les marionnettes.

L'acteur, appelé *dalang*, se trouve avec ses marionnettes, qu'il garde dans une caisse, entre l'écran et les joueurs de gamelan. Il récite la pièce d'après un *lakon* ou *lampahhan*, c'est-à-dire un extrait fait à son usage, qui lui permet d'improviser beaucoup dans la représentation. Il imite le bruit de la guerre au moyen d'une crécelle.

Le sujet du *wayang pourwo* est emprunté aux poèmes héroïques des Indous, le Mahâbhârata et Râmâyana, qui, introduits à Java, y ont subi diverses modifications ou transformations et dont des fragments ont été transmis par la tradition de génération en génération.

Les représentations du *wayang gedog* ont pour fondement la tradition héroïque javanaise, dont la figure la plus aimée est Raden Panji. Ce cycle de traditions est antérieur à la fondation de l'empire de Mojopahit (avant le milieu du 9e siècle après J.-C.).

Les viscissitudes des empires de Mojopahit et de Pajarajan sont traitées dans les représentations du *wayang karouchil*, aussi nommé *warang golèq*.

Dans le *wayang bèbèr*, on ne fait que dérouler une bande de papier, sur lequel on a peint des figures, à mesure que le récit fait par le *dalong* avance. Les sujets de ce wayang sont les mêmes que ceux du *wayang karouchil*. La musique s'y borne au rebab.

Quelquefois, dans les représentations du *wayang pourwo*, les marionnettes sont remplacées par des hommes en chair et en os, mais cela est rare et, même dans ce cas, le récit de la pièce est toujours laissé au *dalang*. On appelle alors ces acteurs *wayang wong* (Mal. *wayang orang*). Cette innovation se borne surtout à Yogyakarta et n'a pas été fort bien reçue ailleurs.

Les représentations de la *bedoyo* et de la *serimpi* doivent être considérées comme moitié-danse, moitié-pantomime; on ne rencontre cette dernière que dans les cours des princes des Vorstenlanden; les *bedoyos* se voient aussi chez quelques régents. Le peuple s'amuse à voir les danses des *ronggengs* ou *talèdeks*, danseuses publiques.

Dr. L. SERRURIER.

Groupe II. Onzième Classe.

52. Collection de marionnettes pour le wayang-pourwo, conservée dans la tente du gamelan (voyez page 17) afin de faire donner si possible un essai de jeu de wayang par le dalang javanais Sidin (Groupe I, p. 154). — **Musée Ethnographique national, à Leyde**.

53. Huit marionnettes du wayang pourwo (Bolidéwo, Krêsno, Bimo, Arjouno, Banowati, Soumbodro, Arjouno, Abimanyou) et douze marionnettes du Wayang gedog (Klono-gousèn, Panji sepouh, Andogo, Gounoung Sari, Kirono, Koumoudaningrat, Klonoalous, Ratou van Jênggolo, Panjinom, Wiroun, Ragel kouning et Serak), faites à Sourakarta. — **Raden Adipati Sosro Negoro, Régent de Sourakarta**.

NB. Dans la description très détaillée qui accompagne cet envoi, il est dit expressément que la forme actuelle des marionnettes de wayang a été imaginée après la victoire de l'islam à Java, parce que cette religion „défend de faire des figures humaines". On y dit aussi que les deux sortes de wayangs se font de préférence avec la peau du veau galeux d'un buffle; d'un veau dit-on, parce que sa peau est plus mince; d'un veau galeux, parce qu'alors elle n'est pas huileuse et que les couleurs et la dorure s'y appliquent plus facilement.

54. Neuf topèngs ou masques (Klono Prabou joko, Panji sepouh, Gounoung sari, Koumoudaningrat, Kartolo, Kirono, Trijoyo, Têmbêm et Pentoul), de bois de Mentaös et faits à Sourakarta. — **Raden Adipati Sosro Negoro**.

55. Six marionnettes de Wayang en peau; de la rés. de Sourabaya.

56. Quatorze modèles de Topèngs et vêtements y appartenant; district de Pamekassan, résid. de Madoura.

57. Objets pour le théâtre; de la résid. de Pasourouan.
 a. Marionnettes de wayang goloq.
 b. Masques pour une représentation de topèng.
 c. Deux marionnettes de wayang en bois et quatre en cuir.
 d. Six masques et deux ornements de tête.

58. Seize marionnettes de wayang; de la résidence de Probolinggo.

59. Sept marionnettes de wayang. — **Mlle P. Delprat, à Amsterdam**.

60. Paquet de dessins de marionnettes de wayang. — **J. Kruyt, missionnaire à Mojowarno, résid. de Sourabaya**.

61. Figure représentant un *wayang wong (wayang orang)*; de la résid. de Yogyokarta.

La coiffure s'appelle *songkok*; elle est pourvue d'une couronne d'or ou dorée (*jamang*); le visage et la partie supérieure du corps sont jaunis avec de *l'atal*, sorte d'ocre; les joues sont fardées de rouge. Le châle (*slempang*), qui est de soie, est croisé sur le cou et la poitrine. Le reste du vêtement se compose d'un pantalon (*katok*), dont les canons sont ornés au bas de liserés d'or, et d'un habit (*kain batik*) serré autour de la taille par une ceinture. Autour du kris se tortille le *sondor*;

bout d'une pièce d'étoffe passée autour du corps et qui retombe dans la danse (*tandak*). Le *slempang* passe par dessous le *sabok* et retombe jusqu'aux pieds.

62. Lampe, *blènchong*, qu'on brûle pendant les jeux de Wayang. Résid. de Yogyokarta.

63. Quinze marionnettes de Wayang; de l'île de Bali.

NB. Ces marionnettes de wayang sont surtout remarquables en ce qu'elles s'écartent beaucoup de celles de Java et se rapprochent plus de la forme humaine, de sorte que l'opinion semble se confirmer que la forme monstrueuse des wayangs javanais doit être attribué à la crainte des mahométans de représenter la figure humaine.

D. Ecriture, imprimerie; matériel et échantillons.

Ce sont encore les Indous qui ont apporté l'écriture aux peuples de l'Archipel Indien; du moins on est généralement convaincu que, sauf l'arabe, les diverses formes d'écriture employées sont empruntées aux anciens alphabets indiens.

Avant l'introduction de l'Islam, on se servait pour écrire de feuilles de lontar ou de tiges de bambou, sur lesquelles les caractères étaient gravés avec un style ou un couteau pointu. Cette manière d'écrire est encore celle qui est usitée dans plusieurs parties de l'Archipel. Les Indous-Javanais semblent cependant avoir aussi écrit sur de larges feuilles d'arbre, avec le pinceau ou un style de bois et de l'encre.

Les Balinois, les Makassares, les Bouginois, ainsi que la population des Lampongs et quelquefois les Javanais, se servent de la *feuille de lontar*, dont les exemplaires, écrits à l'un des côtés, sont enfilés à un cordon.

Les Malais à Sumatra se servent de lattes de bambou, tandis que les Bataks y gravent leurs écrits sur les tiges rondes des bambous, ou bien écrivent sur des feuilles d'écorce d'arbre avec un morceau de bois pointu et une encre qu'ils ont faite eux-mêmes. Ces feuilles, pliées en forme de livre entre des planchettes souvent artistement sculptées ou gravées, sont suspendues à la fumée dans la cheminée, afin de les préserver des insectes.

Du reste, avec l'Islam, la coutume s'est introduite à Java, à Sumatra et aussi dans la partie méridionale de Célèbes, d'écrire avec de l'encre sur du papier indigène au moyen du *Kalam*, plume faite avec les fibres grossières du palmier arèn.

Les Chinois emploient, comme on sait, du papier fait de l'écorce du mûrier, et se servent d'une encre particulière de leur invention, moulée en petits bâtons. Ils broient cette encre avec de l'eau, et y plongent leur pinceau de blaireau, placé au bout d'un morceau de bambou.

L'imprimerie a été introduite chez les indigènes à l'imitation des Européens. Il y avait en 1855, à Palembang, une imprimerie indigène, où le Coran fut reproduit par voie lithographique. Le propriétaire, un indigène qui avait passé de nombreuses années à la Mecque, s'était procuré la presse et les accessoires à Singapore.

Il y a maintenant, dans plusieurs îles de l'Archipel, des imprimeries où l'on trouve des ouvriers indigènes, mais comme elles appartiennent toutes à des Européens, nous n'en parlerons pas ici.

Il n'y a pas, que nous sachions, d'imprimeries chinoises dans l'Archipel.

Dr. L. SERRURIER.

64. Morceau d'écorce d'arbre, sur lequel on a tracé l'alphabet malais; district de Moko-moko, de la résid. de Bengkoulen.

64*. Trois *Kayou mourati*, baguettes pour écrire, faites des nervures du palmier arèn; de la résid. Côte-Orientale de Sumatra. — **Compagnie de Deli**, à Amsterdam.

65. Un bâton d'encre de chine et un paquet d'encre arabe, de la résid. de Samarang. — **H. J. van Swieten**, sous-résident à Buitenzorg.

66. Objets employés à Java pour écrire. — **W. Hoezoo**, missionnaire à Semarang.

 a. Feuilles du palmier lontar.
 b. Petit couteau pour écrire sur ces feuilles.
 c. Paquet de plumes à écrire.

67. *Joho*, fruit d'arbre dont on fait de l'encre; de la résid. de Rembang.

68. Livre relié en cuir avec papier javanais de Ponorogo. — **Raden Adipati Sosro Negoro**, Régent de Sourakarta.

Ce papier a été tiré de l'écorce du *Broussonetia papyrifera*. Comparez sur le papier de Ponogoro, l'ouvrage de M. Veth. Java, III p. 713.

69. Encre et plumes du district de Pamekassan, résid. de Madoura.

70. Petite botte de *kalam* (plumes malaies ou arabes); de la résid. de Probolinggo.

71. *Pengoutik*, petit couteau avec lequel on grave les lettres sur les feuilles de lontar, dont les Balinais se servent ordinairement pour écrire. Ile de Bali.

E. Connaissances scientifiques; manuscrits, livres, journaux et revues périodiques.

Il ne peut être question de science, du moins au sens que nous donnons à ce mot, chez les populations indigènes de nos colonies des Indes, tant Orientales qu'Occidentales.

La période où l'on amasse à dessein des connaissances utiles est à peine commencée: celle de la critique ne luit pas encore. On s'y borne à une observation superficielle des phénomènes divers, dans leur désordre apparent. Si, par hasard, on tâche encore d'y découvrir quelques rapports, on ne fait pas de différence entre les propriétés accidentelles et les propriétés essentielles, et il en est ainsi dans le groupement des produits du règne animal, du règne végétal et du règne minéral.

Leurs idées sur la forme de la terre et la nature sont des plus extraordinaires et des plus fantastiques.

Les populations malaises de l'archipel indien paraissent n'avoir connu originairement d'autres divisions de l'année que celles qui étaient en rapport avec les travaux champêtres. Là où l'influence indoue s'est fait sentir, l'année lunaire a été adoptée, mise par ses années intercalaires en rapport avec l'année solaire. Du reste, dans toutes les parties de l'Archipel on a adopté l'ère musulmane et le calendrier musulman.

Le système quaternaire semble avoir servi chez eux de base à l'arithmétique. De nos jours, on se sert à Java du système décimal, et peut-être aussi partout en dehors de cette île.

Le pas, la poignée, la force d'un homme ordinaire, la longueur de plusieurs parties du corps, la capacité moyenne de certaines productions naturelles, employées comme mesure, ont posé dans l'Archipel Indien la base d'un système de poids et de mesures, et l'on s'en sert en partie pour mesurer les dimensions et juger du poids.

La médecine se trouve encore en partie dans sa première phase: l'exorcisme; en partie dans la seconde: l'empirisme; il n'est pas encore question de la troisième, la diagnose, ni d'un traitement approprié à celle-ci. Les doukouns à Java, les balians à Bornéo, les bissons à Célèbes usent d'exorcismes dans leur traitement des maladies, soit tout à fait, soit en partie. En outre, les doukouns à Java ont quelque connaissance des propriétés médicinales de quelques plantes; le massage est aussi en usage à Java.

Les connaissances géographiques se bornent à quelques idées

vagues, très incomplètes, surtout sur les pays qu'ils doivent passer pour aller en pélerinage à la Mecque.

L'histoire n'est connue que sous la forme de chroniques; la confusion y règne ordinarement quant aux temps et aux lieux, et elle est remplie de fables.

La littérature javanaise est écrite en grande partie en vers, avec des caractères propres qui, comme nous l'avons déjà dit, sont d'origine indienne. Ses plus anciennes productions sont tout entières empruntées aux poèmes héroïques, aux mythes et aux ouvrages de morale des Indous.

La nouvelle littérature javanaise se compose en grande partie de chroniques, *babads*, sans aucune certitude chronologique, et remplies de récits merveilleux des plus absurdes; d'un grand nombre de pièces de théâtre pour le wajang et des lakons ou lampahans qui en sont tirés: ce sont d'anciens poèmes épiques auxquels on a fait subir une sorte de refonte et dont nous avons déjà parlé sous la lettre C, et de nombreux écrits contenant des préceptes moraux.

Les écrits empruntés à la littérature arabe ou à l'islam et qui sont souvent écrits en caractères arabes, forment une classe à part. Ce sont surtout des ouvrages de théologie, de droit, de morale, ou contenant des légendes de saints mahométans. Ces ouvrages, ornés à la manière javanaise de toute sorte de fictions, ont pris ainsi une couleur locale, et font partie de la littérature indigène.

Dans la partie occidentale de Java, où l'écriture arabe est maintenant employée en même temps que l'écriture javanaise un peu modifiée, on trouve encore des restes d'une ancienne littérature écrite en anciens caractères javanais, dont le contenu correspond à celui des écrits mythologiques et moraux des Javanais. La nouvelle littérature sondanaise se compose presque entièrement de poèmes héroïques, de récits, de fables et d'écrits religieux.

A Bali, où l'on emploie les caractères javanais, la littérature est toute d'origine indoue. Ce sont des ouvrages en sanscrit, ordinairement accompagnés d'une explication balinoise, des poèmes héroïques indiens, des récits historiques dans le genre de ceux des Javanais; des écrits sur la morale et la théologie, des codes et des chansons populaires.

Madoura ne semble pas avoir de littérature propre, et les chefs semblent cultiver celle de la partie Est de Java.

Les productions littéraires des Malais à Sumatra sont aussi bien rimées que non rimées, mais ces dernières sont de beaucoup les plus nombreuses. Les pantouns peuvent être considérés plutôt comme des jeux d'esprit que comme des productions littéraires; on trouve à côté de ceux-ci des panégyriques, des épigrammes, de nombreux poèmes érotiques et des récits romanesques, auxquels les légendes et la tradition servent de base. Il y a un grand nombre de ces romans en prose; il y est surtout question d'hommes changés en animaux et vice-versa, de géants, de princes déguisés et errants qui ont les aventures les plus singulières, etc. On rencontre encore des fables ayant des animaux comme acteurs, des énigmes, des dissertations morales, quelques récits historiques et descriptions de voyage, et un petit nombre d'écrits sur le droit, tout farcis de proverbes.

Les productions en vers de la littérature malaise doivent être considérées comme les plus anciennes. Leur forme les rendant plus faciles à retenir, elles ont été préservées de l'oubli en passant de génération en génération par la voie orale. Leurs sujets sont pour la plupart indous d'origine. Les ouvrages en prose, au contraire, sont de date plus récente et empruntés parfois à la littérature javanaise. Sauf un certain nombre de légendes indiennes, ils ont dû leur naissance à des influences arabes, ou doivent être considérés comme des traductions de l'arabe. Le malais s'écrit toujours en caractères arabes, augmentés de quelques signes. Dans les districts des Lampongs, à l'intérieur de Palembang, où la population diffère à plus d'un égard des Malais proprement dits, on a, ainsi que chez les Bataks, des écritures particulières d'origine indoue. Les *Bataks* ont écrit dans ces caractères quelques codes de lois, des formules d'exorcime et d'enchantement et des descriptions de plusieurs usages guerriers et religieux, accompagnées parfois d'illustrations fort imparfaites, coloriées en noir et en rouge. Les lettres incendiaires, tracées sur des tiges de bambous, et accompagnées de quantité d'objets symboliques menaçants, taillés dans le bois, et suspendus au bambou, forment une assez grande partie de la littérature des Bataks.

La langue *bouginoise* et la langue *makassare* à Célèbes s'écrivent avec des alphabets d'origine indoue, qui diffèrent peu l'un de l'autre.

La littérature makassare n'est pas riche en productions originales. La plupart des écrits romantiques sont empruntés au malais; les écrits religieux, à l'arabe. Au nombre des écrits originaux appartiennent quelques récits historiques, une collection de décisions et de communications d'anciens princes et de sages sur le droit, l'art de gouverner, le morale, etc.; des lois, des poèmes romantiques, des poésies érotiques, héroïques, etc.

La littérature des Bouginois est plus riche, mais, jusqu'à présent, moins connue que celle des Makassares. Elle contient une foule de récits, de chroniques, de chants héroïques et d'autres poèmes de nature historique, romantique ou érotique, des collections de décisions d'anciens princes ou de sages sur divers sujets, lois etc. On trouve aussi en bouginois des traductions ou imitations de récits malais et d'ouvrages religieux arabes.

Des journaux et des revues périodiques paraissent maintenant à Java, à Sumatra et à Célèbes dans la langue du pays, mais comme la direction de ces écrits périodiques est entre les mains d'Européens, ce n'est pas ici la place de s'en occuper.

Les Indiens de Surinam se servent de l'année lunaire; ils ont des noms pour plusieurs constellations.

Leurs devins sont en même temps prêtres et médecins; quoiqu'ils se servent souvent de conjurations, ils connaissent pourtant les propriétés curatives de plusieurs plantes, ce qui les met quelquefois en état de faire des cures étonnantes.

Dr. L. SERRURIER.

NB. On trouve, annexée à l'Exposition d'Amsterdam, une division coloniale médicale, dans un bâtiment spécial qui se trouve dans le parc colonial (voyez plus haut, p. 16). C'est là que la médecine indigène aurait peut-être mérité une place, mais après ce que nous avons dit au commencement de cet article sur son manque absolu de valeur scientifique, on se demande si elle n'a pas plus de valeur au point de vue ethnographique que pour la science médicale. Une grande collection de plantes médicinales et de poisons indigènes des Indes-Occidentales, composée de 90 numéros et contenue dans une caisse spéciale, a été remise à la division médicale coloniale. Ces médicaments et ces poisons ont été réunis et envoyés par MM. D. J. Sarucco, B. Heyde, J. J. van Klein, S. A. Rijken, B. M. Sanches, D. E. Mackintosh, W. H. R. Niels, Dr. E. Dessé, G. A. van Charante, C. J. Hering, J. J. Halfhide et H. Mattes à Surinam. Les objets appartenant à cette rubrique qui nous sont parvenus des Indes-Orientales néerlandaises, ne sont venus que peu à peu au jour, dans l'examen des envois considérables, arrivés très tard pour la plupart, — en grande partie trop tard pour qu'ils pussent encore être transmis à la section de médecine. Dans d'autres cas, la séparation de ces objets de ceux qui les accompagnaient aurait été contraire à l'intention des exposants, et aurait trop séparé ce qu'ils avaient réuni. C'est pourquoi nous donnons ici une revue sommaire des envois assez considérables appartenant à cette rubrique, et provenant de nos possessions des Indes-Orientales; on y a joint une couple d'objets des Indes-Occidentales.

72. Seize remèdes chinois, faits avec des plantes cultivées dans la résid. de Riouw et dépendances.

73. Collection de quarante-deux remèdes indigènes de la résid. de Bangka.

74. Caisse de médecine et médicaments. — W. Hoezoo, missionnaire à Samarang.

75. Sac de médicaments en contenant trente-sept sortes. — J. Kruyt, missionnaire à Mojowarno, résid. de Sourabaya.

76. Pharmacie indigène (*botekkan*), de la résidence de Banyoumas.

77. Etui de fer-blanc contenant toute sorte de poisons et de narcotiques; de la résid. de Sourakarta. — Raden Adipati Sosro Negora, Rijksbestuurder, ministre, de Sourakarta.

78. Armoire pour les médicaments indigènes, et baquet contenant 69 médicaments indigènes, dont l'usage est indiqué dans le Boukon obat (livre de la médecine) de nyonya van Gent. — W. G. H. et E. F. G. van Blommenstein, terre de Melambong, Boyolali, résid. de Sourakarta.

79. Collection de 23 médicaments indigènes et de 89 ingrédients servant à les préparer, avec indication des maladies dans lesquelles on en fait usage; de la résid. de Probolinggo.

80. Six paquets de médicaments indigènes, avec leurs noms. — H. Joh. Smid, à Dennenoord, près de Laren.

81. Banc pour le *priaai* ou médecin indien et un *priaai godo*, instrument que ce médecin emploie; de Surinam. — W. L. Loth, à Surinam.

82. Carte des langues de l'Inde et des pays limitrophes, et une carte des langues de l'Indo-Chine et de l'Archipel indien, par Robert Cust, 1878, (en anglais), avec

explications et un tableau de classification des langues. — Prof. **P. J. Veth**, à Leyde.

NB. Cette carte a été exposée ici surtout pour que les visiteurs de l'Exposition puissent s'orienter dans le domaine des langues auxquelles appartiennent les manuscrits suivants, qui se trouvent à l'Exposition. Ce qui a été fait dans les dernières années par des Hollandais pour la connaissance des langues des Indes-Néerlandaises, appartient aux meilleures productions de notre littérature coloniale. Il est à regretter que l'Exposition n'en donne pas un aperçu complet, quoique un grand nombre des dictionnaires, des grammaires, des dissertations philologiques que nous entendons ici, se trouvent dans les envois des Sociétés bibliques et des missions, ainsi que parmi les ouvrages pour l'instruction cités dans le Groupe I, 1e Classe (voyez nos 2, 5 et 10), et dans le Groupe III, 28e Classe.

83. Manuscrits et Facsimile d'écritures de diverses parties des Indes néerlandaises. — Etablissement pour l'enseignement des langues, de la géographique et de l'ethnographie des Indes néerlandaises, à Delft.

A. Manuscrits.

1—4. Quatre poustahas bataks.
5—6. Deux lettres en batak, sur bambou.
7—9. Trois tablettes divinatoires en batak, sur bambou.
10. Manuscrit bouginais
11—13. Trois kropaks javanais.
14. Grand manuscrit javanais.
15. Manuscrit javanais illustré.
16. Illustrations javanaises dans le Brata Yonda.
17. Enveloppe malaise pour lettre.
18. Amulette arabe-malaise.
19. Manuscrit arabe du Coran. Atchin.
20. Manuscrit arabe du Coran.
21. Livre de commerce chinois.
22. Lettre siamoise du roi de Siam

B. Fac-simile.

a. 28 d'écriture malaise.
b. 32 d'écriture javanaise.
c. 12 " sondanaise.
d. 18 " madouraise.
e. 10 " makassare.
f. 10 " bouginaise.

84. Manuscrits provenant de diverses contrées des Indes néerlandaises. — Institut royal de philologie, de géographie et d'ethnologie des Indes néerlandaises, à la Haye.

a. Deux manuscrits bataks, écrits sur papier d'écorce d'arbre, appartenant à la soi-disant littérature des magiciens ou sorciers.
b. Ecriture rentchong de l'intérieur de Palembang. Cinq collections contenant: *panton orang Kommering oulou.*
c Deux bambous couverts de caractères (des Lampongs ou de Renchong?). L'un a un demi-mètre de long, l'autre un peu plus d'un mètre.
d. Manuscrit javanais sur papier, in-folio, en caractères javanais, contenant l'histoire de Menak Satit. Orné de dessins.
e. Manuscrit javanais sur papier, in-folio, contenant l'histoire du prince Basoudewa, roi de Matthoura, Kangsa et Kresna. Avec dessins.
f. Manuscrit javanais sur papier, in-folio. Contenant le récit de la guerre contre Dipo Negoro. Avec dessins.
g. Kancheng Kiyati Jati Pousaka. Histoire du royaume de Kartasoura pendant le règne du Sousouhounan Mangkourat Hageng, l'expulsion du Sousouhounan Mangkourat Mas, et l'avènement du Sousouhounan Pakou Bouwono (1740—43); écrite par le Pangeran Pakou Alam. — Manuscrit in-folio, écrit vers 1835, en javanais, avec caractères javanais; orné de 24 arabesques en or et couleurs. Acheté à la vente de la bibliothèque du feu prince Henri des Pays-Bas.

85. Livre de prières en arabe, manuscrit trouvé sur le cadavre de l'Imam Chirochouk à Samalangan, 11 août 1877. — J. N. Hardeman, à Bois-le-Duc.

NB. C'est l'un des deux exemplaires de ce livre connus en Europe; l'autre se trouve un Musée Britannique.

86. Six lettres en batak. District de Silindong, Pankaloan, résid. de Tapanouli. — G. van Asselt, ancien missionnaire, à Putten en Véluwe.

87. Manuscrits batak sur écorce d'arbre et sur bambou. — M. Brau de Saint-Pol-Lias, à Paris.

88. Deux lettres en batak sur bambou. — Société provinciale des Sciences et des Arts, à Bois-le-Duc.

89. Deux morceaux de bambou, avec des *andoungs* ou lamentations que les femmes font entendre lorsqu'une personne est morte; du Haut-Pays de Kota Pinang.

90. Les manuscrits Lampongs en possession de M. Sloet van de Beele, ancien Gouverneur Général des Ind. néerl, publiés par H. N. van der Tuuk. Leyde, 1868. — Acad. Milit. Royale, à Breda.

NB. Cet ouvrage contient des fac-simile d'une foule de petits manuscrits lampongs, avec des exemples de transcription et de traduction, et accompagné de notes explicatives.

91. Lettre de donation en douze feuilles de bronze avec inscription en Kawi, et une plaque oblongue avec caractères, vieux bronze javanais. — J. W. van Lansberge, ancien Gouv.-Général, à Brummen.

92. Deux écrits javanais, de S. A. le Prince Pakou Alam I.

NB. Ces manuscrits traitent de l'histoire ancienne de Yogyakarta; l'un est relié en or; l'autre de même, mais il est en outre orné de pierres précieuses; les deux ouvrages ont été écrits par l'auteur Prince **Pakou Alam I**, à l'âge de 23 ans, lorsqu'il portait encore le nom de Pangeran Aria Nata Kousouma. Le but de cet ouvrage était de favoriser la langue parlée (*tembowng*) ainsi que l'art du dessin, surtout les *wedonos* ou illustrations. Les dessins sont dus en partie à l'auteur: une autre partie ont été dessinés et coloriés par un dessinateur. Chacun de ces deux livres a reçu un nom. Le plus petit porte le nom de Kangjeng Kyahi Jati Pousaka; le plus grand, celui de Kangjeng Kyahi Darma Soujayeng Resmi. La cassette dans laquelle ces deux livres sont conservés a été faite du bois des piliers intérieurs (*saka gourou*) du palais royal (*praba jasa*), lorsqu'on enleva la partie inférieure de ces piliers pour la remplacer par des piédestaux de pierre. Un écrit annexé indique le contenu des deux livres.

93. Deux manuscrits javanais, intitulés Menak Jominambar et Babad Demak. — J. Dieduksman, à Yogyakarta.

94. Manuscrit javanais, bien illustré par des lettres ornées et des dessins, contenant la description des objets envoyés à l'Exposition par Raden Adipati Sosro Negoro, Ministre de Sourakarta.

95. Ecrit javanais. — W. Hoezoo, missionnaire à Samarang.

96. Quatre manuscrits en caractères balinais. — J. A. de Ryk, élève du Séminaire de Hageveld à Voorhout.

NB. Nous devons à M. le professeur Kern à Leide les éclaircissements

GROUPE II. Dixième Classe.

suivants: La langue dans laquelle les manuscrits sont écrits est un javanais vieilli, fortement coloré de balinais. Tous quatre contiennent la même chose, sauf que l'introduction du n°. II s'écarte de celle des trois autres. Ils portent le titre de: Histoire de Joseph (*Charita ni Yousoup ika*); et commencent par les mots bien connus *Bismallahi rahmani rahim*. Ces manuscrits viennent probablement de Lombok; dans le n°. II le copiste dit où il demeure; malheureusement une partie du nom du village (*douson*) a été déchirée, de sorte qu'il n'est resté que les deux premières syllabes (*tarou* ou *garou*).

97. Passe-port de vaisseau du raja de Bali Bouleleng, écrit sur une feuille de l'arbre *kachang*(?), avec traduction annexée. — Société provinciale des Arts et des Sciences, à Bois-de-Duc.

98. Description du métier à tisser indigène; manuscrit avec dessins, par Biga Ahamadi, maître d'école indigène à Kabila, Gorontalo.

99. Bout de corde avec des noeuds, servant aux Indiens comme d'almanac pour se rappeler le jour qu'une chose doit arriver ou se faire. — C. J. Hering, à Surinam.

NB. Chaque jour on défait un des noeuds qu'on y a faits d'avance, d'après le nombre de jours qui doivent encore s'écouler.

F. Instruction des Indigènes.

Il y a relativement peu de temps que l'instruction des indigènes est devenue l'objet des soins de l'Etat. Il faut en chercher en partie la cause dans une sorte de crainte de s'ingérer dans les affaires domestiques des indigènes, et dans une économie mal placée, de sorte que cette instruction était abandonnée à l'initiative particulière A Java, c'étaient principalement les prêtres qui donnaient l'instruction primaire dans les *langgars* — maisons de prière — laquelle se bornait à la lecture du Coran, sans qu'on en comprît le sens. Les enfants plus âgés apprenaient quelques prières et quelques cérémonies religieuses arabes, sans qu'il fût question d'enseigner l'écriture et le calcul. Il y avait bien ici et là un écrivain d'un chef indigène qui, dans ses heures de loisir, enseignait la lecture, l'écriture, le calcul, qui apprenait à écrire le malais en caractères arabes; quelques particuliers fondèrent des écoles pour former les petits employés, mais elles étaient peu nombreuses, et n'étaient d'aucune utilité pour le bas peuple. L'école des prêtres (*pesantrèn*) était destinée à ceux qui désiraient une éducation plus élevée, où l'enseignement religieux était encore la chose principale, mais où, surtout dans les pays sondanais, l'on donnait pourtant quelque autre instruction. M. Brumund, dans sa brochure sur l'enseignement du peuple à Java, a exprimé en termes très vifs, quoique d'une manière un peu partiale, une opinion peu favorable à ces langgars et pesantrèns. M. F. Fokkens a fourni de nouvelles données à ce sujet dans la *Revue pour la philologie, la géographie et l'ethnographie des Indes*, vol. XXIV. D'après la description que M. Verkerk Pistorius nous donne de l'instruction du peuple dans ses »Esquisses de la vie populaire dans le Haut-Pays de Padang", cette instruction se rapproche à bien des égards de celle de Java; elle y a aussi une forte teinte religieuse; cependant l'instruction donnée dans le *sourau* paraît être préférable à celle qu'on reçoit au pesantrèn à Java. Dans le Minahassa et ailleurs encore, les missionnaires ont beaucoup fait et font encore beaucoup pour l'instruction des indigènes.

Le gouvernement n'a guère commencé à s'occuper de cet enseignement qu'à partir de 1849, où le Gouverneur Général fut autorisé à employer fl. 25,000 pour l'instruction des indigènes. Cette somme, si minime pour des millions de Javanais, fut continuellement augmentée, et le gouvernement porta aussi son attention sur les autres parties de nos possessions, où les sommes destinées à l'instruction devinrent de plus en plus fortes. D'après le dernier rapport colonial, on a dépensé près de fl 1,198,938 pour l'instruction des indigènes, tandis qu'on n'a reçu que fl. 64,085 comme contributions scolaires.

Le rescrit royal du 3 mai 1871, St. Bl. 104, et le Règlement sur l'instruction indigène (1872. St. Bl. 99) contiennent les règles d'après lesquelles l'enseignement officiel doit se donner avec exclusion complète de l'instruction religieuse. Cet enseignement indigène est sous la direction d'un inspecteur et de quatre inspecteurs adjoints, tandis que la surveillance locale se fait par des commissions scolaires.

Une des principales difficultés que le gouvernement avait à surmonter, était le manque d'instituteurs indigènes capables. Pour en obtenir, on fonda peu à peu des écoles normales à Bandong, Fort de Kock, Tondano, Ambon, Probolinggo, Magelang, Banjermasin, Makassar et Padang Sidempouan; on a l'intention d'en établir bientôt une dixième à Palembang. Quoique les résultats de ces écoles normales ne soient pas tous également favorables, et que la connaissance de la langue hollandaise surtout laisse beaucoup à désirer, on peut en général se montrer satisfait des maîtres d'école qui s'y sont formés; M. de Clercq a fait, dans une séance de la Société Indienne, des communications importantes, où il indique aussi les côtés défavorables de l'enseignement indigène.

A la fin de 1881, le nombre des écoles publiques à Java et à Madoura était de 190; dans le reste de l'Archipel, de 280, et l'enseignement y était donné par 1160 maîtres et élèves-maîtres indigènes. En 1880, les écoles à Java étaient fréquentées par 26,389 enfants et dans le reste de nos possessions par 16,603 [1]).

Le jugement porté sur ces écoles était loin d'être favorable. On a fait un grand pas en avant en fondant des écoles pour les fils des chefs indigènes (1879) à Bandong, Magelang, Probolinggo, et Tondano; elles sont en grande partie établies sur le même pied que les écoles primaires européennes, avec une couple de branches d'enseignement en plus, telles que le malais et la langue du pays. L'enseignement se donne exclusivement en hollandais, et on a l'intention de le donner d'une manière plus pratique qu'on ne l'a fait jusqu'à présent.

On trouve en outre à Batavia une école spéciale pour les médecins indigènes, et on a quelques autres écoles tout à fait semblables à nos écoles primaires européennes, p. ex. celle de Magelang pour les enfants de troupe amboinais, celle de Depok et celle d'Amboine.

Ecoles particulières. Si nous ne comptons pas les écoles ecclésiastiques et les langgar, il y avait, au 31 décembre 1880, 125 écoles particulières à Java et à Madoura et 208 dans les Possessions extérieures. Une partie de ces établissements sont subsidiés par l'Etat.

Quant à l'éducation des filles indigènes, il n'a presque rien été fait; dans quelques endroits cependant les filles et les garçons fréquentent les écoles A Padang et à Fort de Kock on a établi des écoles de filles à la demande des chefs, tandis que l'école-pensionnat de filles, établi en 1881 à Tomohon (Minahassa) par la Société néerlandaise pour les Missions, donne pour le moment de bons résultats. La place particulière que la femme occupe chez les peuples malais et païens, rend très difficile d'étendre jusqu'à elle les bienfaits de l'instruction.

P. A. VAN DER LITH.

---

[1]) Il ne faut pas oublier qu'on n'a pas tenu compte des absences, etc., de sorte que M. de Clercq n'hésite pas à déclarer que ces chiffres ne peuvent en aucune manière nous donner une idée de l'état réel de l'enseignement indigène.

100. Collection de livres d'école indigènes, imprimés à l'Imprimerie du Gouvernement. — Département de l'instruction, des cultes et de l'industrie aux Indes néerlandaises.

a. Douze livres de lecture en javanais (pour prix).
b. Douze livres de lecture en malais (pour prix).
c. Neuf livres de lecture en sondanais (pour prix).
d. Soixante-cinq livres d'étude et de lecture en javanais.
e. Trente-trois livres d'étude et de lecture en malais.
f. Trente-trois livres d'étude et de lecture en sondanais.
g. Quatre syllabaires et petits livres de lecture en javanais.
h. Trois syllabaires et petits livres de lecture en malais.
i. Cinq petits livres de calcul en javanais.
j. Neuf petits livres de calcul en malais.
k. Cinq petits livres de calcul en sondanais.
l. Dix petits livres d'étude et de lecture en madourais.
m. Quatorze livres d'étude et de lecture en makassar.
n. Huit livres d'étude et de lecture en tomboulou.
o. Quatre livres d'étude et de lecture en menado.
p. Seize livres d'étude et de lecture en mandheling.
q. Quatre livres de lecture en dayak (Banjermasin).
r. Livre de lecture en balinais.
s. Livre de lecture en babiaan (bawéan?).

101. Collection de livres et d'objets nécessaires à l'enseignement pour les écoles indigènes. — Département de l'instruction, des cultes et de l'industrie.

a. Les Mille et Une Nuits, en javanais, 2 vol.
b. Oudemans, Ilmoe Alam (Géographie) 3 vol.
c. Verbeek, les lois sur les mines aux Indes Néerl.
d. Versteeg. Atlas malais.
e. Bayetto. Gambaran tanah (Cartes géographiques).
f. Modèles de dessins d'architecture et autres.
g. Modèles d'écriture.
h. Cinq alphabets javanais, malais et sondanais, sur carton.
i. Attestations ou certificats.

102. Camisole pour garçon (*bajou kěndě kindi betarawong*), et camisole pour fille (*bajou boukarang batarawong*), faits par des élèves de l'école pour les filles indigènes à Padang.

103. Photographie des maîtres et des élèves d'une d'école indigène de Padang.

104. Cinq petits livres sortant de l'imprimerie de la Société des Missions rhénane, à Banjermasin.

a. Huit petits livres malais en caractères latins.
b. Quatre dito, en caractères arabes.
c. Quatorze petits livres dayaks.

105. Plans de l'école normale de Banjermasin, d'une maison de Banjermasin et d'une maison de prière, de la résid. divis. Sud et Est de Bornée.

106. Modèle d'une école normale pour les instituteurs indigènes à Tanawangko, résid. de Manado (école de la Société des Missions néerlandaises). Ce modèle a été fait par des élèves de l'école au $1/15$ de la grandeur réelle. — **Société des missions néerlandaises.**

107. Objets faits par les élèves de l'école normale des instituteurs indigènes à Tanawangko. — Société des missions néerlandaise.
  a. Équerre.
  b. Deux triangles.
  c. Deux objets pour poser les plumes.
  d. Étui contenant des cartes et des dessins.
  e. Chapeau (fabrication nouvelle).
  f. Deux croisillons.
  g. Quelques objets faits au tour.

108. Trois boîtes à ouvrage, contenant des objets faits par des filles indigènes, âgées de 7 à 15 ans, de l'école et pensionnat de Tomohon, résid. de Manado.
  a. Anti-macassar de tulle.
  b. Buvard.
  c. Petit tapis de gaze grise.
  d. Petit tapis de linge blanc.
  e. Mouchoir brodé.
  f. Mouchoir à bord de tulle.
  g. Pantoufles sans quartier.
  h. Petit portefeuille.
  i. Petit nécessaire à aiguilles.
  j. Petite poche à ouvrage.
  k. Dentelle tricotée.
  l. Dentelle crochetée.

109. Objets divers pour l'enseignement.
  a. Collection de livres d'école.
  b. Exemples d'écriture d'indigènes.
  c. Matériel d'écriture pour les enfants.

Douzième Classe.

RELIGION ET COUTUMES RELIGIEUSES.

L'Islam peut être considéré avec raison comme la religion dominante de l'archipel Indien. Toutes les nombreuses populations de ce monde d'îles, parvenues à un certain degré de civilisation, Javanais, Sondanais, Madourais, Malais, Atchinois, Lampongs, Bouginois, Makassares, suivent la loi du prophète de la Mecque, et reconnaissent l'obligation d'observer les prescriptions du Coran, quoiqu'elles ne leur soient connues que d'une manière imparfaite, et obscurcies par de nombreuses superstitions païennes. Chez les peuples qui sont restés en grande partie fidèles à l'antique culte de la nature de leurs ancêtres, tels que les Bataks à Sumatra, les Dayaks à Bornéo, et chez les populations éparses des îles orientales, connus sous le nom d'Alfours, la religion de l'Islam fait continuellement des progrès. Ces peuples sont gagnés bien plus facilement au mahométisme qu'à l'Évangile, et là où les missionnaires comptent leurs convertis par dizaines, il y en a des centaines qui répondent à l'appel du prophète de la Mecque. L'Islam a partout ses prêtres, ses écoles, ses maisons de prière, et si une vie religieuse forte et intime est rare, les grands préceptes de l'Islam sont plus ou moins observés, jamais il ne sont tout à fait méconnus, et nombre de ceux qui se montrent peu disposés à vivre conformément à leurs croyances, sont prêts à mourir pour elles quand ils les croient menacées. Les croyances des sectateurs de l'Islam sont loin d'être pures de tout mélange; le cœur et le sentiment de la très grande partie de la population sont remplis de la crainte des esprits, dont le culte de la nature peuple les bois et les montagnes, les fleuves et les campagnes; ils cherchent à gagner leur faveur par une foule de cérémonies superstitieuses, se laissent conduire par des songes et des divinations pour fixer l'époque favorable à toute action de quelque importance. Le culte d'Allah n'a pas refoulé l'animisme originaire des peuples de la nature, mais se trouve à côté, sans que l'indigène sente ce qu'il y a là de contradictoire, ou réfléchisse assez pour sentir le besoin de résoudre cette contradiction.

Dans les notions et les idées dont l'origine remonte à une époque antérieure à l'introduction de l'islamisme, il n'y a pas une grande différence entre le Javanais et le Malais d'un côté, le Batak et le Dayak de l'autre; il faut souvent au contraire s'étonner de la ressemblance frappante qu'on observe jusque dans les plus petites particularités dans les idées, les cérémonies et les coutumes qui se rapportent à la religion des peuples les plus divers de l'Archipel. Tout cela, mis en rapport avec bien d'autres points de ressemblance dans la vie domestique et sociale, nous amène à reconnaître une unité d'origine, dans laquelle les circonstances extérieures de la vie et l'influence des étrangers ont amené peu à peu ces différences qui nous font considérer nos Indes comme habitées par une foule bigarrée de races et de peuples.

On ne peut cependant nier qu'il ne faut pas attacher trop d'importance à cette conformité d'idées religieuses, considérée en elle-même, pour former un jugement sur l'unité ou la diversité des races. Le culte de la nature est, dans ses éléments principaux le même sur toute la terre, et on rencontre partout des similitudes frappantes jusque dans les petits détails. Les mêmes formes de superstition qu'on rencontre chez les habitants de l'archipel Indien se retrouvent parmi les Indiens et les nègres de nos possessions des Indes-Occidentales. L'étude de l'ethnologie comparée, en tant qu'elle a pour but la recherche de l'origine et de la parenté des peuples, est rendue bien difficile par la difficulté que l'on éprouve à décider si des points de ressemblance pareils peuvent être attribués à une communauté d'origine, ou si ce ne sont que des particularités qui se présentent chez toutes les races arrivées au même degré de développement, ou de civilisation.

Avant que l'Islam eût été prêché aux peuples de l'archipel indien, une autre religion, se rattachant à une autre forme de civilisation, avait pénétré jusqu'à eux. L'établissement de troupes d'Indous dans l'Archipel, et particulièrement à Java, remonte aux premiers siècles de notre ère. Nous ne savons rien de la cause ni de l'histoire de cette colonisation; même l'époque où elle eut lieu ne peut être établie qu'approximativement. Le peuple indou, si développé à tant d'égards, qui s'est élevé si haut dans la littérature, l'art et la philosophie, ne connaît pas sa propre histoire. De tous temps le sens historique a manqué à ce peuple; les souvenirs qu'il a conservés de son passé prennent la forme des plus fantastiques légendes. Ce qui est certain, c'est que les colons indous qui s'étaient établis sur plusieurs points de Java, ont soumis la population à leur autorité, qu'ils y ont fondé un certain nombre d'états plus ou moins grands, dont les princes ont reconnu peu à peu, de gré ou de force, la suzeraineté d'un seul, le Maharaja de Mojopahit. Cet empire s'est étendu dans sa période de prospérité, par la colonisation et la conquête, sur d'autres parties de l'Archipel, et il n'y a presque pas d'île de quelque importance où l'on ne retrouve des traces des Indous. C'est surtout à Sumatra qu'elles sont nombreuses; et cependant il n'y a pas de raisons pour croire que cette île ait jamais été colonisée directement depuis l'Indoustan; là, comme partout, tout indique que Java est le foyer d'où les dogmes et les institutions des Indous ont rayonné dans toutes les directions.

Le sentiment religieux a toujours joué un grand rôle dans la vie des Indous; leur tendance a toujours été spéculative et mystique. Nombre de systèmes philosophiques et théologiques sont sortis de ce peuple, et la lutte de ces systèmes entre eux forme l'élément principal de son ancienne histoire. L'inondation de Java par des colons indous paraît avoir eu lieu pendant de longues séries d'années. Des habitants de contrées très éloignées les unes des autres, des sectateurs de religions très différentes, semblent avoir pris part à ce mouvement. Deux systèmes surtout des plus hostiles l'un à l'autre, le sivaïsme et le bouddhisme, ont été introduits à Java. Ils ne s'y sont pas confondus, il est vrai, comme le caractère différent de leurs monuments respectifs le prouve, mais ils paraissent cependant s'être tolérés sur la terre étrangère, car on trouve peu de traces de luttes, mais bien de rapprochement, d'échange réciproque d'idées. En face de la population indigène méprisée et corvéable, les dominateurs formaient un tout bien compacte.

Les Indous ont apporté à Java leur civilisation, leur art, leur littérature; ils ont localisé l'épopée indienne à Java; ils lui ont donné un alphabet tiré du leur et simplifié, et ont enrichi la langue javanaise de mots sanscrits innombrables, ce qui a fait naître cette forme caractéristique du vieux javanais, connue sous le nom de *Kawi*, restée longtemps la langue de la poésie et qui, dégénérée peu à peu dans l'usage, est devenue le

Kromo ou haut javanais de nos jours, langue dans laquelle tout Javanais s'exprime lorsqu'il parle à un supérieur, tandis qu'envers ses inférieurs, il ne se sert que du bas-javanais ou *Ngoko*. Ils furent les maîtres de la race soumise dans l'agriculture, l'élève du bétail, l'industrie, la navigation, l'architecture, la sculpture, dans la musique et dans le drame; du reste ils la traitèrent avec arrogance et dureté, comme une race inférieure, une race de Soudras, née pour les servir. Au centre et à l'est de Java, leur puissance a été bien plus grande, leur influence bien plus forte que dans la partie occidentale de l'île. Ce ne fut que dans les dernières années de leur domination, qu'ils l'étendirent aux pays sondanais, mais leurs relations avec la population n'y furent que superficielles. La différence entre les Javanais et les Sondanais sous le rapport de la langue, des mœurs, du caractère, semble devoir s'expliquer en grande partie par la part différente qu'ils ont eue à l'influence indoue.

Sauf dans les pays sondanais, où les idées religieuses polynésiennes ne furent que très peu modifiées par les Indous, et où l'art ne put s'élever plus haut qu'aux images informes du vieux type de Pajajaran, les Indous ont couvert tout Java de monuments grandioses, que Sivaïtes et Bouddhistes ont élevés comme à l'envi aux objets de leur adoration. Le nombre des ruines de temples répandues dans l'île est étonnant, le nombre de statues des dieux et de héros qu'on a trouvées dans ces ruines ou dans leur voisinage est incalculable, et beaucoup témoignent d'une assez grande habileté. Des monuments, comme le Boro-Boudour bouddhiste, les temples de Siva à Prambanan et sur le plateau de Diëng, remplissent encore dans leur état de ruine le visiteur européen d'admiration pour la grandeur de leur conception et la beauté de leur exécution.

La prédication et la propagation de l'Islam dans l'archipel indien semblent avoir commencé au 14e siècle de notre ère; son histoire aussi ne nous est parvenue que sous la forme de légendes souvent extravagantes. On peut cependant se rendre quelque compte de la marche des choses.

Dans l'état fondé par Mahomet, le pouvoir suprême, tant ecclésiastique que séculier était entre les mains d'un seul homme. Toute l'organisation de l'Etat était censée reposer sur les institutions de Dieu, telles qu'elles sont contenues dans le Coran et complétées par la tradition concernant les actions et les sentences de Mahomet. La propagation de la doctrine se fit par la guerre sainte; les pays gagnés à l'Islam furent ajoutés comme conquêtes à l'empire des Califes et étaient en général gouvernés d'après les règles de droit public et de droit administratif qui avaient cours du temps du prophète. L'unité de l'Eglise et de l'Etat était complète.

Lorsque l'empire des Califes tomba et se partagea en un grand nombre d'états, il se fit de grands changements. La prédication devint l'œuvre de personnes particulières, quoique elles occupassent souvent une haute position. C'étaient ordinairement des marchands qui, dans leurs expéditions dans des contrées lointaines, réunissaient les intérêts de leur religion à ceux de leur commerce. Peu à peu ils réunissaient autour d'eux un certain nombre d'adhérents, et à mesure qu'ils réussissaient et que leur influence augmentait, ils devenaient plus hardis et unissaient enfin leurs efforts pour contraindre les princes à se convertir.

C'est ainsi que Java, Sumatra, Célèbes furent gagnées à l'Islam. C'est à Java qu'on peut encore le mieux en suivre la marche. Vers l'an 1478 l'empire de Mojopahit s'écroula. Le culte de Siva se maintint à l'est de Java et à Bali, mais fut bientôt refoulé jusque dans cette dernière île, qui représente seule dans l'Archipel l'indouïsme repoussé de partout ailleurs. Les Balinois ont étendu plus tard leur influence par la conquête de Lombok, mais la population de cette île, la tribu des Sasaks, déjà convertie à l'Islam, resta fidèle à sa religion.

Lorsque l'empire de Mojopahit dut céder devant l'épée de l'Islam, l'ouest de Java avait vu s'élever l'empire de Pajajaran, état, il est vrai, vassal de Mojopahit, mais en réalité presque indépendant et capable de tenir tête à son suzerain. Dans ce nouvel état de choses l'Islam eut peu de succès. Le premier prédicateur de la nouvelle doctrine qui réussit fut Sounang, Gonnong Jati de Chéribon. Le triomphe de l'Islam date de la fondation de l'empire de Banten, qui fut institué vers la fin du 16e siècle par Hasanou'd-dîn, fils du prêtre-roi que nous venons de nommer.

A Sumatra, les colonies indo-javanaises et les populations qu'elles avaient soumises, suivirent l'exemple de Java, mais plusieurs tribus de l'intérieur restèrent attachées au paganisme. Dans les îles situées plus à l'est, ce furent surtout les Malais commerçants et colonisateurs qui firent prendre pied à l'Islam dans un certain nombre d'états, surtout dans les places commerçantes des côtes, et le nom de Malais devint, pour ainsi dire, synonyme de mahométan.

L'Islam fonda partout des mosquées, des chapelles, des écoles pour l'enseignement religieux, et se fit valoir dans le droit privé par l'influence de la religion sur la famille. Dans presque tous les états musulmans, sauf l'état de Menangkabou au centre de Sumatra, les mariages sont conclus d'après les prescriptions de l'Islam, les successions se partagent d'après les règles établies dans le Coran. Dans les autres choses, la suprématie de la loi divine n'existe qu'en théorie, le droit des choses, le droit pénal, toute l'organisation de l'Etat, sont restés à tout prendre ce qu'ils étaient lorsque l'Islam pénétra aux Indes. Les prédicateurs de l'Islam, dont les efforts n'étaient pas guidés par un pouvoir central quelconque, ont manqué soit de force, soit d'une ferme volonté pour faire triomphe la réforme dans cette direction.

L'art indou, auquel la population indigène proprement dite n'avait jamais eu d'autre part que son travail pour exécuter les plans de ses dominateurs, disparut tout à fait avec l'établissement de l'Islam. Les mosquées et cimetières les plus remarquables sont ceux qui sont ornés des débris de l'art indou, souvent peu d'accord avec leur nouvel emploi. Dans les édifices religieux qui furent construits plus tard, on ne s'attacha qu'aux exigences pratiques et nullement à la beauté des formes. Après la chute du culte de Siva, aucun peuple de l'Archipel n'est arrivé à créer un style d'architecture original qui mérite le nom d'art. Les Javanais contemplent encore avec étonnement les ruines des grandioses édifices du passé, qu'ils considèrent comme l'œuvre des boutas ou démons. La période indoue a disparu sans retour, et l'archipel indien n'a proprement dit plus le droit de porter le nom d'»Indes". Là où le sentiment du beau se réveille et cherche quelque chose de mieux qu'un simple édifice de bois, au toit pointu, ou surmonté de trois toits superposés de plus en plus petits, autour d'un pilier central d'où les principales poutres se dirigent en tous sens (forme ordinaire des mosquées), on a recours aux coupoles et aux arches du style mauresque, qui seul a quelque droit d'être considéré comme le style de l'Islam. Ces exemples cependant sont rares, et dans quelques cas, p. ex. la mosquée de Sourabaya et la nouvelle mosquée d'Atchin, c'est l'architecte européen qui, pour autant qu'il a employé ce style, l'a jugé le plus propre à une maison de prière mahométane.

P. J. VETH.

I. Religions polynésiennes.

1. Idoles de l'île de Nias.

a. Dieu lare, *niraka*, protecteur de la maison et des hôtes. Deux pièces.

b. Images des ancêtres, *adousa towa*, fort respectées par les Niassais, car c'est d'elles qu'ils attendent toutes les bénédictions. Six pièces.

2. Quatre idoles de bois venant de Gounoung Sitoli, Nias du Nord. — D. E. E. Wolterbeek Muller, à Voorburg.

3. Objets pour les enchantements et la divination chez les Bataks. Silindoung, résid. de Tapanouli.

a. Tounggal panalouwan, baguette magique, au moyen de laquelle on peut faire la pluie ou le beau temps et toutes sorte de merveilles.

b. Toukkot malehat, baguette divinatoire avec image de cuivre.

c. Toukkot malehat, baguette divinatoire; la statuette équestre est de bois de kamouning.

d. Rouwbou siporhas, corde avec laquelle on opère la divination: le *datou* ou devin la jette sur un tapis rayé et prédit d'après sa position l'issue d'un combat.

e. Parsimborson, amulette ou préservatif.

f. Bilang-bilang, calendrier du *datou* ou devin.

g. Piso marihour, couteau du *datou*.

h. Poustaka ou *lopiyan*, livre de divination sur écorce d'arbre.

4. Idoles, objets d'enchantement, appareils divinatoires, etc. des Bataks; Pangaloan, Silindoung, résid. de Tapanouli. — G. van Asselt, ancien missionnaire, à Putten en Véluwe.

a. Si-patoulpak, image placée à l'entrée d'un *houta* ou village pour en écarter les mauvais esprits et les ennemis.

b. Debata-idoup, deux images représentant deux ancêtres dont on ne connaît pas le nom; elles sont considérées comme donnant la vie et apportant la prospérité, et sont surtout adorées par les femmes stériles.

c. Manouk-manouk, image d'oiseau; fut longtemps un objet de vénération chez une des principales tribus de Silindoung; c'est en invoquant cette image qu'on prête le serment.

d. Oulos-ni-tondi, tapis qui, d'après la tradition, a été adoré pendant plus de deux siècles par une tribu de Pangaloan; dans les fêtes, on faisait des sacrifices à l'âme ou *tondi* de ce tapis.

e. Tounggal panalouwan, baguette magique, avec laquelle on peut faire la pluie et le beau temps et faire toute sorte de merveilles.

f. Toukkot malehat, baguette divinatoire, surtout employée pour découvrir les voleurs.

g. Tondoung, appareil divinatoire.

h. Pagar, amulette. Deux pièces.

i. Parkalaan, tablette divinatoire servant en même temps de boîte à chaux. Quatre pièces.

j. Deux petites baguettes divinatoires sur côtes de buffle.

k. Petite tablette divinatoire.

l. Poustaka ou *lopiyan*, livres divinatoires sur écorce d'arbre. Neuf pièces.

m. Masque avec deux mains de bois; il est employé en mémoire d'un fils unique qu'on a perdu par la mort, et à l'âme ou *begou* duquel on désire demander que la mère ait un enfant, dans le cas du moins où, au bout de quelque temps, elle n'aurait pas eu d'autre fils.

n. Sahan, corne employée en guise de coupe. Deux pièces. Dans les fêtes, le *datou* ou devin s'en sert pour faire des libations de vin de palmier sur les instruments, afin de les consacrer.

o. Bouteille de médecine, contenant une poudre qui doit être un charme contre toutes les maladies.

5. Figurine de Begou. (Bataks). — Société provinciales des Sciences et des Arts, à Bois-le-Duc.

Cette image est sculptée dans du bois dur et a quatre jambes; on la place ordinairement devant la maison sur un petit pieu de bambou, et de temps à autre on lui fait des offrandes.

GROUPE II. Douzième Classe.   313

6. **Simat**, sorte d'amulette qu'on suspend au cou des enfants (Bataks). — M. **Brau de Saint-Pol-Lias**, à Paris.

7. **Appareils d'enchantement et livres divinatoires des Bataks**; résid. Côte Orientale de Sumatra.

a. Tongkat pengaloan (Tob. *toungggal panalouwan*), baguette magique pour la pluie et le beau-temps, etc.
b. Baguette magique employée surtout pour appeler les habitants des villages à la guerre.
c. Paminakan, dans lequel se trouvent des charmes qui préservent de la morsure des serpents, protègent contre l'ennemi, rendent invulnérable, préservent des maladies, etc.
d. Poustaha ou lopiyan, livres divinatoires sur écorce d'arbre, en langue toba.
e. Rouleau divinatoire en karo karo (Daïri).

8. **Idoles et objets de sorcellerie des Bataks**; résidence Côte-Orientale de Sumatra. — **Dr. B. Hagen**, à Tanjong Morawa, Serdang.

a. Toukkot malehat, deux baguettes magiques des gourous ou devins.
b. Pangoulou balang, deux idoles représentant des ancêtres.
c. Bagar, idole de bois.
d. Dent d'ours et griffe de tigre contenant des charmes (*tabas*). Ils se fixent aux ornements de la tête.
e. Poustahas ou livres de magie, sur écorce d'arbre. Douze pièces.

9. *Koutika*, livre de magie, qu'on consulte pour savoir quel jour sera favorable pour se mettre en voyage, pour jouer aux dés, ou faire une autre chose importante. Résidence des Lampongs.

10. **Objets se rapportant à la religion des Dayaks**. Résidence Sud et Est de Borneo.

a. Tempadour ou *tempagout*, mâle et femelle, employés pour chasser les mauvais esprits.
b. Saloui ou sarong court, et un *laoung* sangiyang ou bandeau, portés tous deux par les *bilians* ou prêtresses des Dayaks.

11. **Figure représentant un *bissou*, exorciste des pays bouginois**. Gouv. de Célèbes et dépendances.

NB. Ce vêtement se compose d'un pantalon rouge, d'un sarong à fleurs, d'une ceinture à kris avec kris d'or, d'un mouchoir pour la tête et d'un bilousou, bâton gros et court, pourvu à l'un des bouts d'une tête de coq, et à l'autre d'une queue de coq.

12. **Idoles et objets y appartenant employés dans la résidence de Ternate.**

a. Prahou jin, bâtiment pour les sacrifices.
b. Roumah jin, temple païen ou demeure du diable. Galela, Halmaheira.
c. Quarante grands et 80 petits karwars ou idoles de la Nouvelle-Guinée.
d. Deux *karawari* (karwar) de l'île de Wakidé à l'est de la baie du Geelvink. Nouvelle-Guinée.

13. **Idoles, amulettes, charmes de la Nouvelle-Guinée.** — **Société des Missions d'Utrecht.**

a. Grand korwar de Mansinam.
b Korwar de Doreh.
c. Korwar, pêché près de Mansinam, dans lequel il faut placer une tête de mort.
d. Trois petits korwars que les habitants de Moom, Mansinam et Doreh portent sur eux pour se préserver de toute sorte de malheurs.
e. Os d'oiseau portés comme talismans par les habitants de Moom.
f. Deux bandeaux de magicien.
g. Bâtons magiques de Mansinam.

14. **Trois petites idoles.**

— R. A. van Zuylen, à Nieuwer-Amstel.

15. Cassette de Surinam avec objets servant aux pratiques idolâtres, dans l'état où ils ont été saisis par la police. — C. M. Bremer, à Surinam.

II. Indouïsme.

16. W. de Humboldt, De la langue Kawi à Java, accompagné d'une introduction sur la diversité de formes des langues humaines, et de leur influence sur le développement intellectuel du genre humain. Berlin, 1836—39. Trois vol. 4°. (en allemand). — Acad. Mil. Royale, à Breda.

17. Illustrations de l'histoire de Java, représentant des antiquités, des ex. d'architecture et des paysages: par Sir Thomas St. Raffles. Londres, 1844. (en anglais). — Prof. P. J. Veth.

L'atlas de Raffles emprunte sa plus grande valeur aux vues des monuments javanais de l'époque indoue, et contient aussi des données importantes pour l'ethnologie, mais on y trouve peu de paysages.

18. Antiquités javanaises; ouvrage dédié à S. A. le Prince Henri. C. W. Mieling, la Haye. — Prof. P. J. Veth.

Neuf planches in-plano, lithographiées par A. J. Bik, O. Springer, Jan Weissenbruch, R. Lauters et A. van Pers. Texte hollandais et anglais. En portefeuille.

19. Ruines indoues de Moeara-Takous à la rivière de Kampas (Sumatra) par R. D. M. Verbeek et E. Th. van Delden. Avec planche. — R. D. M. Verbeek, ingénieur en chef des mines aux Ind. Néerl.

20. C. Leemans, Bôrô Boudour dans l'île de Java, dessiné par F. C. Wilsen et sous sa direction, avec texte explicatif, d'après les mémoires manuscrits et imprimés de F. C. Wilsen, J. F. G. Brumund et autres documents. Leyde, Brill. 1873. 8°. Avec atlas de 393 planches in-plano. — Ministère des Colonies.

21. Autre exemplaire du même ouvrage. — Acad. Mil. Royale, à Breda.

22. Collection de 65 photographies des ruines des temples de Boro Boudour, résid. de Kadou, par J. van Kinsbergen. — W. B. Adema, à Amsterdam.

NB. Le catalogue de ces photographies se trouve dans les procès-verbaux de la Société de Bat. vol. XII, app. F. Il manque à cet exemplaire les N°. 41, 42 et 64; en revanche on y a ajouté sous les N°. 66 et 67, deux photographies d'autres temples: Chandi Arjouno (Dieng) et Chandi Pelataran (Kediri).

23. Photographies de quelques antiquités trouvées près du chef-lieu Jambi, 5 pièces dans un cadre. — D. D. Veth, à Amsterdam.

24. Trente-sept esquisses à l'huile de quelques-uns des plus importants monuments indous à Java, par H. N. Sieburgh. — Musée Ethnographique national.

GROUPE II. Douzième Classe. 315

Hubertus Nikolaas Sieburgh naquit en 1799 à Haarlem. Il cultivait la peinture en amateur et résidait souvent au midi de l'Europe. En 1827, il résolut de faire un voyage artistique à Java; arrivé là, il obtint du gouvernement l'autorisation de peindre les ruines de l'antiquité javanaise. Il fit à Sourabaya la connaissance de M. van der Vlis qui s'y était établi pour étudier la langue javanaise. L'artiste et le savant formèrent le plan de publier ensemble un grand ouvrage sur les ruines de Java, pour lequel Sieburgh fournirait les planches et van der Vlis, le texte. Sieburgh se remit alors à l'oeuvre avec un redoublement de zèle, reproduisit dans ses toiles les chandis les plus intéressants alors connus, dessina le plan des édifices et copia quantité d'inscriptions. Il sacrifia plus de fl. 15000 à l'exécution de cette tâche, qu'il avait entreprise avec tant d'amour, mais se vit forcé de s'adresser au gouvernement pour en obtenir un subside. Celui-ci lui offrit un contrat pour élever la cochenille et négocia aussi avec lui pour la cession de ses tableaux. Sieburgh mourut à Chéribon le 2 mars 1842, pendant ces négociations. Un monument lui fut élevé dans l'Apenbosch (bois des singes) à Raja Galon. Tous ses tableaux et ses nombreux dessins de détails des édifices se trouvent maintenant au Musée ethnographique de Leyde.

1 et 2. Chandi moundout, résid de Kadou (Veth: Java II p. 84).
3. Temple près de Banyoukouning, sur le mont Oungaran, résid. de Semarang (idem II. 87).
4. Chandi Bima dans les montagnes de Dieng (idem. II 72).
5. Tombeau dans les montagnes de Dieng, résid. de Bagelèn.
6. Vue du temple de Boro Boudour, résid. de Kadour (idem. II. 69).
7. Ruine de Boro Boudour.
8. Première galerie intérieure de la ruine de Boro Boudour.
9. Galerie intérieure de la ruine de Boro Boudour.
10. Un des escaliers de cette ruine.
11. Bains indous sur la route de Solo, enclave de Sourakarta dans la résid. de Semarang.
12. Puits indou sur le Meerbabou, montagne de la résid. de Sourakarta.
13. Chandi Loumboung près de Prambanan, résid. de Sourakarta. (Veth: Java II. 96).

14. Chandi Kali Bening à Kalasan, résid de Yogyakarta (idem II. 91).
15. Chandi Loro Jongrang à Prambanan, résid. de Yogyakarta (idem. II. 94).
16. Image javanaise dans une niche.
17. Ganesa et Dourga, du temple de Loro Jongrang.
18. Chandi singa au pied des Montagnes du sud. (Veth: Java II. 102).
19. Kebon dalem, S. E. de Prambanan, résid. de Sourakarta.
20. Chandi Sewou, à Prambanan, résid. de Sourakarta (Veth: Java II. 96).
21. Entrée de Chandi Sewou.
22 et 23. Chandi Sari, palais de Prambanan, résid. de Yogyakarta (idem. II. 93).
24. Temple de Soukouh sur le mont Lawau, résid. de Sourakarta (idem II. 104.)
25. Ruine d'une forge sacrée près de Chandi Soukouh.
26. Ruine de Singa Sari, résid. de Pasourouan (Veth: Java II. 109).
27. Temple à Singa Sari, vu le soir.
28. Les gardiens de Singa Sari (idem II. 110).
29. Chandi Jogo à Malang (idem. II. 115).
30. Chandi Kidal à Malang (idem. II. 144.)
31. Chandi Jaboung, résid. de Probolinggo (idem II. 117).
32. Chandi Darmo, résid. de Pasourouan (idem. III. 160).
33. Résidence de Kyai Balahan à Bangil (idem II. 123).
34. Chandi Pari près de Porrong, résid. de Sourabaya (idem II. 129).
35. Entrée principale de Chandi Jedoung, considéré quelquefois comme le kraton de l'état de Janggolo; résid. de Sourabaya (idem II. 123).
36. Chandi Aringbing (?); district de Wirosobo (maintenant Mojo-agoung), résid. de Sourabaya. Serait-ce Chandi Ngrimbi (idem II. 124)?
37. Ruine dans la forêt de Mojopahit résid. de Sourabaya (idem II. 134).

25. Dix-sept statues de pierre de Java. — Société Royale Natura Artis Magistra, à Amsterdam.

a—d. Têtes d'images de Bouddha, dont l'une, qui a une verrue au milieu du front, vient probablement du temple de Boro Boudour.

e. Siva debout. La statue est mal achevée et fort endommagée à la partie droite du piédestal. Hauteur 55 centim., largeur 55.4 cm.
f. Siva debout; l'image est bien achevée et n'est un peu endommagée qu'au pied gauche et à la partie gauche du piédestal. Hauteur 112.5 cm. largeur 55.4 cm.
g. Statue debout, avec haute coiffure pyramidale, figure stupide, placée sur un grand piédestal. Elle représente probablement un gardien du temple. Hauteur 125 cm.
h—k. Quatre images assises, les jambes croisées. Celle sous la lettre *j* a un troisième œil au-dessus du nez. Sans expression dans la figure. Elles sont toutes grossièrement travaillées et manquent de caractères distinctifs déterminés
l. Nandi, taureau grossièrement travaillé, couché les jambes repliées sur un piédestal. Longueur par dessus le dos et la tête 105 cm.
m. Dourga, debout sur le buffle, et s'appuyant d'une main sur la tête du mauvais esprit *asoura*, coiffure surmontée de la fleur de lotus. Le piédestal un peu endommagé. Hauteur 64 cm., largeur 44.5 cm.
n. Ganesa, assis sur un coussin au-dessus d'une feuille de lotus; piédestal carré, arrondi par devant. La statue est intacte sauf qu'elle est un peu endommagée aux pieds et à la main gauche. Hauteur 62.5 cm.; idem, du piédestal 17.5 cm., largeur 49.2 cm.
o. Raksasa, à demi-assis, la jambe droite pliée; les yeux sortant de la tête, le nez gros et endommagé. Hauteur 29 cm.; largeur 28.5.
p. Raksasa, à demi-assis; jambe droite ployée; jambe gauche étendue; yeux sortant de la tête; gros nez, siège de fleurs de lotus; piédestal endommagé; le pied droit manque. Hauteur 92 cm.; largeur 45.3.
q. Raksasa, à demi-assis contre un fond orné de feuillage; yeux sortant de la tête, la bouche large et munie de défenses. La statue est placée sur un piédestal élevé; c'est la seule de cette collection qui soit faite de terre cuite. Hauteur 128 cm.; idem du piédestal 28.5 cm.; largeur par dessus les bras 42.3 cm.

26. Douze anciennes statues javanaises, et dessins de ces statues par F. Lebret, encadrés. — **A. J. Lebret**, à Dordrecht.

a. Raksasa, gardien du temple.
b. Probablement un *Brahma* assis.
c. Siwa, à ce qui paraît comme *gourou* (enseignant).
d. Peut-être la *sakti* ou femme de Siva, *Parvati*.
e. Ganesa.
f. Nandi.
g. Personne accroupie de classe inférieure.
h. Guerrier ou serviteur armé, de la suite d'un prince.
i. Femme de haute condition, peut-être une sainte, mais non une déesse.
j. Sainte princesse ou autre femme de haute condition. L'objet qu'elle tient à la main droite semble être une fleur de lotus dont la tige est tournée en bas.
k. Princesse comme *j*, mais assise et avec la fleur de lotus, dont elle tient la tige de la main droite et appuyée contre l'épaule.
l. Fort probablement une figure de *Siva*, avec son attribut caractéristique le trident.

27. Deux raksasas ou gardiens des temples, en pierre. — **C. W. Groskamp**, à Amsterdam.

28. Quatre anciennes figurines javanaises en bronze. — **A. Baud**, Dr. en droit, à la Haye.

29. Quatorze figures de pierre, de Java. — **Société de l'Overyssel pour l'avancement de la prospérité de la Province**, à Zwolle.

30. Tête de Singa (tête de lion ou de tigre) de bronze vert-bouteille. Hauteur 0.45 et large de 0.50 mètre. Se trouvait autrefois à Weltevreden dans la galerie de M. de Roock, colonel directeur de l'artillerie, qui l'avait reçue d'un de ses amis

à Sumatra. — A. J. L. de Roock, à Bois-le-Duc.

NB. La provenance et la signification de cette tête, dans laquelle la vraie imitation de la nature a été sacrifiée à des intentions symboliques ou conventionnelles, sont fort incertaines. Cette tête s'est trouvée de 1872—1879 au Musée d'antiquités à Leyde, à qui son propriétaire l'avait cédée temporairement.

31. Collection d'anciennes statues javanaises et autres objets de l'époque indoue. — A. J. Duymaer van Twist, ancien Gouv.-Général, à Diepenveen.

a. Statuette de Bouddha ou d'un saint bouddhiste, avec vêtements et ornements sivaïtes, sur un coussin de lotus et trône à dossier, auréole et *payoung* ou parasol; sur le dossier du trône, de chaque côté, une tête d'éléphant; devant le trône, deux lions assis (*singa*).

b. Statuette d'une sainte ou princesse bouddhiste, sur un coussin de lotus, trône avec auréole et parasol. A la main gauche une tige de lotus, la droite étendue sur le genou.

c. Nandi ou taureau sacré, le *vahan* ou porteur de Siva; sommet d'une cloche ou d'une lampe.

d. Nandi agenouillé; sommet comme ci-dessus.

e. Singa (lion) assis; sommet dito.

f. Sonnette à suspendre à un cordon au cou d'un animal.

g. Cloche pour l'usage du temple, ayant la forme d'une écuelle profonde et renversée.

h. Coupe ou vase, nommée la coupe au zodiaque (Veth: Java, I. 505).

NB. Cette coupe, nommée dans la description une patère de brahmine, doit provenir d'un certain Panembahan de Kemiri, ainsi nommé d'après la dessa de Kemiri, district de Jember, div. de Bondowoso, résid. de Bezouki, où son kraton doit avoir été vers l'an 1600 de notre ère; le personnage se serait retiré dans les montagnes de Yang pour y vivre en hermite. Plus tard cette patère serait restée comme pousaka dans la famille du Panembahan, qui, trois générations plus tard, passa à l'Islam, jusqu'à ce qu'enfin elle fut offerte en présent au Gouv.-Général. Les dimensions intérieures de cette patère sont 0.1065 M. de hauteur 0.181 de diamètre. A la partie extérieure sont figurés les signes du zodiaque, au-dessus desquels se trouvent les divinités auxquelles ils étaient consacrés. La date qui s'y trouve paraît être l'an 1230 de l'ère javanaise, ce qui correspond à l'an 1308 de la nôtre. Sur le fond on voit une étoile à huit rayons, et, dans cette étoile, une représentation de la lutte entre Rama et Endrajit du Ramâyana. Dans la description on fait observer que ces patères sont encore employées chez les Tengerais ou habitants payens des montagnes de Tenger, sur la frontière de Pasourouan à Probolingo.

i. Grand plat rond, peu profond.

j. Dito, plus petit, avec dessins de fleurs et de feuilles sur le fond.

32. Objets d'ancien bronze javanais. — J. W. van Lansberge, ancien Gouv.-Gén., à Brummen.

a. Quatre coupes avec les signes du zodiaque.

b. Encensoir, représentant un canard à tête de femme.

c. Encensoir avec une antilope sur le couvercle.

d. Encensoir carré, sans couvercle.

e. Encensoir avec pied.

f. Réchaud.

g. Sceptre bouddhique.

h. Sonnette d'autel.

i. Cloche d'église.

j. Idole.

33. Bouddha au lotus, originaire des ruines de Mojopahit. Présent de M. Roorda van Eysinga. — Acad. Milit. Royale, à Breda.

34. Poupées sculptées, représentant Dosomouko ou Rawono, prince bouta de Nya-

lenka et un prêtre des Tengerais en grand costume. Résid. de Probolinggo.

35. Objets se rapportant aux cérémonies religieuses des Chinois; de la div. de Salatiga, résid. de Semarang. — H. J. van Swieten, sous-résident à Buitenzorg.

  a. Présent fait dans la fête de *Reboutan*.
  b. Poupée chinoise pour orner l'autel, *boneka china*.
  c. Dito, représentant *Topèkong*.
  d. Neuf images d'idoles pour orner l'autel, *gambar roumah*.
  e. Quatre dito, pour orner un nouvel édifice.
  f. Quatre petites idoles pour orner l'autel, *galek china*.

36. Deux statues de pierre, togog, représentant les raksasas »Prasta"; elles sont ordinairement placées sur les marches qui conduisent aux portes du temple. Résid. de Bali et Lombok.

37. Poupée de bois, représentant un prêtre de Brahma, tenant la sonnette *bajra* de la main gauche et la fleur de lotus de l'autre. Le surplus de soie, broché d'or et d'argent qui entoure la partie inférieure du corps, s'appelle *sapout*. Résid. de Bali et Lombok.

38. Pagode bouddhiste du Japon, (placée dans le parc colonial sous le n°. 15. Voyez l'esquisse du parc et au haut de la page 16). — J. J. Rysterus Heemskerk, consul général à Shanghai, temporairement à Amsterdam.

Cette pagode date du temps que Higashiyama Jenno comme Mikado (empereur ecclésiastique) et Isuna Yoshi comme Shagour (empereur civil) régnaient sur le Japon (1688—1708). Elle fut faite à Osaka d'après les ordres de 150 vassaux du Daimio ou prince héréditaire qui gouvernait la province de Nagato. Les frais furent payés avec les dons volontaires de ces vassaux, dont les noms et les dons sont gravés sur les fondements de la pagode. D'Osaka elle fut transportée à la ville de Nagato et placée comme monument au cimetière impérial, à l'entrée du tombeau de la famille impériale.

Cette pagode est de bronze massif; sa hauteur est de sept mètres 70 cent. Le temple le plus bas a aux quatre côtés des ouvertures qui peuvent se fermer avec des demi-portes. Sur celles-ci on voit en relief, aussi bien à l'intérieur qu'à l'extérieur, des images de dieux japonais, au nombre de 15.

L'intérieur des trois toits est orné de beaux reliefs. La partie supérieure carrée, au-dessus du toit le plus élevé, porte les armoiries du prince de Nagato.

III. L'Islam.

39. Modèles de masjids ou mosquées et d'autres monuments religieux à Sumatra et aux îles voisines.

  a. Modèle de la masjid, mosquée ou mesigit raya (grande mosquée) à Kota Raja. Gouvernement d'Atchin et dépendances.

NB. La masjid raja de Kota Raja a été construite par ordre du gouvernement des Indes-néerlandaises, pour remplacer la grande mosquée qui fut détruite en 1874, pendant la seconde expédition d'Atchin. Au mois de mars 1877, le Gouv. Gén. van Lansberge, dans un discours aux chefs atchinois, leur fit connaître son intention de reconstruire la mosquée détruite, et le 27 décembre 1881, l'édifice achevé fut livré aux chefs et aux prêtres d'Atchin.

Après avoir demandé l'avis des prêtres musulmans les plus habiles, surtout du chef-pengoulou de Garout, on se décida à suivre le style

GROUPE II. Douzième Classe.   319

maure-byzantin, dans la construction de cette mosquée. L'édifice a la forme d'une croix grecque, dont les quatre bras, d'égale grandeur, s'étendent vers les quatre points cardinaux. Du milieu de cette croix s'élève, sur un tambour, une coupole de siraps (bardeaux), artistement réunis, et couronnée par une boule de bois à facettes. Trois bras, ceux du nord, de l'est et du sud, ainsi que le centre forment l'espace destiné au culte public; le bras ouest sert de tribunal. Dans l'espace entre le bras ouest et le bras nord d'un côté et les deux autres bras de l'autre, se trouvent encore deux petits édifices à coupole: l'un destiné au dépôt des archives et des livres saints, l'autre pour y déposer les nattes, tapis et serviettes employés les jours de fête. La façade à échelons rappelle en quelque sorte le vieux style hollandais. Devant cette façade se trouve un escalier de marbre, d'où cinq arcades, trois devant, et une de chaque côté, conduisent à l'intérieur du portail du temple.

L'édifice est construit en briques d'Europe, les colonnes sont de fonte, et on y a employé le bois de teak de l'Inde anglaise. Il est orné de moulures et de festons pleins de goût et badigeonné en rose. Le plan en a été dressé par M. J. P. Luyks, conducteur de 1e classe aux travaux publics, sous la direction de l'ingénieur en chef J. M. Schram.

Cet édifice, qui a été construit sur les plans et sous la direction d'architectes européens, ne peut, pour cette raison, être compté au nombre des édifices religieux indigènes que parce que, dans toutes les choses essentielles, il répond aux formes et aux exigences traditionnelles d'un temple mahométan.

b. Modèle d'une sourau ou école mahométane, où l'on donne particulièrement l'enseignement religieux, mais qui sert aussi de maison de prière. Résid. du Haut-Pays de Padang.

c. Dessin monté et encadré du missigit (masjid) ou mosquée de Palembang et de son minaret (*menara*): exécuté à l'encre de chine par — Carl Lau à Palembang.

d. Modèle au vingtième de la mosquée du vice-roi de Riouw à Poulo-Penyingat (Mars), vis à vis du chef-lieu Tanjong Pinang. — Vice-roi de Riouw.

NB. La mosquée est construite en briques; le modèle a été fait par le charpentier malais Awang avec des morceaux de 106 espèces de bois de la résid. de Riouw qui sont aussi exposées à part en petit blocs. Voyez 10e classe n°. 225 *j*.

e. Modèle du missigit ou mosquée de Soulit, Archipel de Battam, résid. de Riouw. — Vice-roi de Riouw.

40. *Tabot*, au quart de sa grandeur; de la division chef-lieu Bengkoulen.

NB. C'est un appareil porté en procession aux fêtes d'Hassan et Housein, par les sectateurs de la croyance à l'Imam caché, et qu'on porte ensuite dans un terrain enclos, en dehors du chef-lieu (nommé *tanah Kerbela*) (Comp. Veth: Java I. 392).

41. **Modèles de mosquées et de langgars (écoles religieuses et en même temps chapelles) à Java et à Madoura.**

a. Modèle d'une mosquée dans le district de Tangeran, résid. de Batavia.

b. Modèle d'une mosquée, district de Bandong, résid. du Préanger.

c. Modèle d'une mosquée et langgar; district de Soukapoura, résid. du Préanger.

d. Modèle d'une mosquée au $\frac{1}{70}$; à Batang, résid. de Pékalongan, et modèle de langgar de la même résidence.

e. Modèle d'une mosquée et d'une maison de prière de l'île de Bawéan, résid. de Sourabaya.

f. Modèle d'une mosquée et d'une maison de prière de la résid. de Banyoumas.

g. Modèle de la mosquée de Soumenep (quartier Maringan), résid. de Madoura; l'édifice principal et la porte qui y appartient (Voyez Veth: Java III. 908).

i. Modèle d'une mosquée et d'un langgar de Madoura, district de Sampang.

j. Modèle d'un langgar de la résid. de Pasourouan.

k. Trois modèles de langgars et un d'une chapelle d'offrande, tous au vingtième; de la résidence de Besouki.

NB. Sur le modèle d'une mosquée de Sourakarta, voyez plus haut, page 19 (9e Classe n°. 27 c).

42. Modèle en bois de la mosquée de Japara, bien travaillé et orné de sculptures. — Musée Ethnographique de l'Etat, à Leyde.

43. Masjid ou Mosquée du Sousouhounan de Sourakarta. Mesurée et dessinée par J. J. Sterkenburg, conducteur des travaux. — D. L. Schultz, premier ingénieur des Travaux-Publics à Sourakarta.

44. Sept photographies, de la mosquée du Sousouhounan de Sourakarta avec les édifices appartenants; vue de face et de profil: faites par E. F. Vogel, photographe à Klatten. — Raden Adipati Soero Negoro, ministre de Sourakarta.

45. Vases pour les ablutions religieuses et vêtement de prêtre à Java.

a. Couple de vases se trouvant à la porte d'une demeure pour les ablutions avant la prière. Résid. de Sourabaya.
b. Vase pour les ablutions légales. Résid. de Banyoumas.
c. Jouba, vêtement porté par les prêtres. Partie orientale extrême de Java.

46. Modèle d'une mosquée au $1/30$ de sa grandeur, de la division Sud et Est de Bornéo.

47. Modèle d'un *masigi* ou mosquée, avec avant-corps de bâtiment, de Ternate.

48. Modèle d'un *masigi* ou mosquée de Soula, résid. de Ternate.

49. *Tikar mousala*, natte employée dans les prières, faite de feuilles de bourou-bourou. Galela, Halmaheira.

Treizième Classe.

FORMES DE GOUVERNEMENT ET INSTITUTIONS DE l'ETAT.

A. Formes anciennes et formes actuelles de gouvernement.

Dès les premiers temps, ce fut un des principes de gouvernement des Néerlandais aux Indes, de laisser autant que possible la population indigène sous l'administration immédiate de ses chefs. La Compagnie des Indes-Orientales alla même très loin à cet égard et laissa presque tout à faire à ces chefs. Le gouvernement intérimaire des Anglais suivit un tout autre principe; mais lorsque l'autorité néerlandaise fut rétablie, on attacha de nouveau un grand prix à l'intermédiaire de l'aristocratie indigène; c'est pourquoi aussi le Règlement gouvernemental prescrit (art. 67) que la population sera laissée sous la direction immédiate de ses propres chefs, reconnus ou nommés par le gouvernement, mais soumis à telle surveillance supérieure que le Gouverneur-Général pourra établir, soit comme mesure générale, soit comme mesure particulière.

Ainsi que le Règlement gouvernemental, qui distingue entre les chefs reconnus et les chefs qu'il a nommés, nous devons diviser les peuples en deux classes, dont l'une renferme ceux qui ont conservé jusqu'à un certain point leur autonomie. Le rapport qui existe entre eux et le gouvernement néerlandais repose principalement sur des contrats, qui assurent parfois une assez grande mesure d'indépendance à l'administration indigène. Ces contrats sont communiqués aux deux Chambres des Etats-Généraux, pour autant que l'intérêt et la sûreté de l'Etat le permettent, et on peut en trouver la plupart dans les diverses années des Actes ou Procès-Verbaux des Etats-Généraux. Dans l'ouvrage de MM. Boudewynse et van Soest »la Législation Indo-Néerlandaise", 11e livraison, p. 456, on trouve l'indication de l'endroit où on peut les trouver. Le contenu de ces contrats est naturellement très différent de l'un à l'autre. Lorsque le gouvernement des Indes fait pour la première fois un pareil contrat, il n'exige ordinairement pas autre chose que la reconnaissance de la souveraineté néerlandaise et la promesse du gouvernement indigène de ne pas avoir de correspondance avec d'autres princes indigènes, d'empêcher la piraterie, le vol des épaves et le commerce des esclaves, enfin de ne pas permettre à des étrangers de s'établir sans le consentement du gouvernement néerlandais. De son côté, le Gouvernement s'engage souvent à ne pas s'ingérer dans l'administration ni dans la justice indigènes. Du rapprochement des deux éléments naissent souvent d'autres conditions: on convient alors que les étrangers européens et orientaux seront placés sous l'autorité immédiate du gouvernement européen et seront soustraits aux tribunaux indigènes; puis le prince indigène s'engage à favoriser l'instruction et l'industrie, à propager la vaccine, à permettre la circulation des monnaies néerlandaises, à abolir le servage. Parfois, une partie des revenus du pays, entre autres les droits d'entrée et d'exportation, sont cédés contre dédommagement au gouvernement des Indes-néerlandaises, l'exercice de la justice, aussi sur les indigènes, est placé sous le contrôle européen, et le gouvernement indigène lui-même est placé sous l'influence européenne. De la sorte, il arrive souvent qu'il ne reste plus qu'une ombre d'indépendance, qui disparaît même quelquefois par une annexation, quoiqu'il faille reconnaître que le gouvernement européen ne prend cette mesure qu'à regret.

Il est naturel qu'on rencontre parmi ces petits états une infinité de formes de gouvernement. On parcourt ainsi toute l'échelle, à partir du gouvernement monarchique le plus absolu jusqu'à celui où les chefs ne jouissent de presque aucune autorité et où la majorité de la population décide des affaires. Il est remarquable cependant de voir combien, dans nombre de cas, soit les chefs des familles, soit les représentants des peuples dont la population se composait autrefois, exercent d'influence, et que là même où toute l'autorité est concentrée entre les mains d'un seul prince, ils tempèrent considérablement cette autorité du reste absolue. Nous ne pouvons naturellement donner ici que quelques exemples, pour éclaircir ce que nous venons de dire.

L'état dans lequel nos ancêtres trouvèrent entre autres les îles Banda était très singulier et très démocratique: de nos jours on n'en trouve plus de trace. Le gouvernement monarchique y avait tout à fait disparu, et les maîtres des ports (shahbandars) avaient le plus d'autorité; mais les grandes questions, une déclaration de guerre par exemple, étaient discutées dans des assemblées populaires. Chez les Bataks, à Sumatra, on rencontre un gouvernement non moins démocratique; chaque village y forme pour ainsi dire un petit état, gouverné par un chef ou raja qui n'est pourtant que l'exécuteur de la volonté de la majorité. Si un intérêt commun exige que la population tienne une assemblée, tous les habitants du village qui sont sortis de l'enfance se réunissent à la maison communale (*soppo*). Tous ont droit de vote; parfois même les femmes se font entendre et exercent une influence décisive. Le raja parle ordinairement le premier, puis d'autres, tandis que la foule écoute en silence, jusqu'à ce qu'enfin elle élève aussi sa voix, et que la chose soit décidée, après que le raja et les principaux habitants ont donné plus d'une fois leur avis. L'autorité de ces chefs est assez bornée; aussi ont-ils souvent beaucoup de peine à obtenir quelque chose de leurs subordonnés, et souvent ils ne peuvent réussir, même avec les plus grands efforts, à les décider à accompagner des étrangers en qualité de guides ou de porteurs. Quelques rajas cependant sont arrivés à un plus grand pouvoir. Le cas du prince de Bakara, sur les bords du lac de Toba, est surtout remarquable: son gouvernement paraît être un reste d'un ancien gouvernement monarchique, mais il n'a plus lui-même qu'une ombre de pouvoir, quoiqu'on lui rende des honneurs divins.

Dans le Haut-Pays de Padang on trouvait un autre débris d'un pouvoir central dans les princes de Menangkabau, dont le pouvoir n'était déjà plus qu'une ombre au 17ᵉ siècle. La part que les chefs de soukou y avaient et y ont encore en partie dans le gouvernement, était bien plus considérable que la leur. Dans les negaris du Haut-Pays de Padang, les indigènes qui appartiennent au même soukou — on entend par là une réunion de quelques familles, descendant originairement de la même famille — vivent autant que possible dans le voisinage les uns des autres, sous l'autorité d'un chef commun, le Penghoulou, qui gouverne d'après l'adat, et est revêtu de l'autorité supérieure dans toutes les affaires, sauf dans les affaires religieuses, et décide des différends entre les membres du soukou. Trois personnes lui sont adjointes, le malim ou pandita, le manti et le doubalang. Le premier donne son conseil dans les affaires religieuses et justiciaires; le manti est chargé de l'instruction préliminaire de certains délits; le doubalang est une sorte d'officier de police. Le lien qui réunit les membres des divers soukous en un negari, est le *Rapat penghou-*

lou ou conseil de tous les *penghoulous soukou* qui se trouvent dans le negari. Ce conseil traite toutes les affaires qui se rapportent au negari entier. Ces chefs ne sont respectés qu'autant qu'ils se conduisent d'une manière digne; mais le caractère indépendant du Sumatranais rend souvent leur influence fort bornée.

L'ancien gouvernement monarchique d'Atchin formait un grand contraste avec ces institutions plus ou moins démocratiques; quoique le prince y eût une autorité infiniment plus grande que celle des chefs que nous venons de nommer, son absolutisme était souvent contenu par les grands de l'état, qui étaient en quelque sorte les représentants des tribus ou peuplades dont se composait la population. Le 17e siècle est plein des querelles des deux partis, dans lesquelles les grands cherchaient à maintenir les anciennes institutions contre les tendances absolutistes et musulmanes des princes. Ils réussirent pendant quelque temps à placer des princesses sur le trône, afin de pouvoir, à ce qu'il paraît, exercer une plus grande influence. Cette influence se prolongea même après que ce gouvernement de femmes eut cessé, et nous l'avons ressentie dans notre lutte avec cet état.

Le gouvernement est des plus singuliers dans la partie sud-ouest de Célèbes. L'autorité du prince y est des plus despotiques à l'égard du commun de ses sujets, mais, comme à Atchin et ailleurs, elle est limitée par un nombre plus ou moins grand de grands vassaux. La féodalité y règne sur une grande échelle, mais comme ce fut pendant longtemps le cas en Europe au moyen-âge, l'influence du suzerain est aussi à Célèbes assez petite, et les vassaux ou palilis jouissent d'une assez grande indépendance, de sorte qu'ils sont seulement obligés d'assister leur prince dans la guerre, de venir lui rendre leurs hommages dans certaines occasions et de lui payer un certain tribut. Si l'état vassal tombe entre les mains d'une femme, ce qui n'est pas rare, il faut à celle-ci l'autorisation du suzerain pour qu'elle puisse se marier. Quant au reste, le vassal est maître et seigneur dans son propre état et il peut même déclarer la guerre sans l'autorisation du prince. Souvent les fiefs se divisent de nouveau en arrière-fiefs, et c'est ainsi qu'il y a une foule de princes, au grand détriment de la population. Nous choisirons Bone comme exemple de la forme ordinaire de gouvernement. Le prince ou la princesse nommé Arou ou Aroung, est assisté par un To-marilalæng, ou gouverneur, et limité dans son pouvoir par le Conseil (*Hadat*) des Arou Pitou, composé de sept princes ou électeurs, mais où il peut aussi y avoir des femmes. Un certain nombre de Sourous ou envoyés portent les ordres du prince aux districts éloignés.

Quoique les deux princes qui ont conservé à Java une apparence d'indépendance, le Sousouhounan de Sourakarta et le sultan de Yogyakarta, aient à quelques égards un pouvoir absolu sur leurs sujets, l'influence plus grande exercée par le gouvernement européen dans cette île, fait qu'ils y sont soumis à un contrôle bien plus sévère que ce n'est par exemple le cas à Célèbes. En leur qualité de descendants des sultans de Mataram, ils occupent une grande place dans l'estime des Javanais; ils sont entourés d'une pompe et d'un luxe princiers, et sont traités avec un religieux respect par tous les indigènes qui les approchent. Leur autorité s'étend sur tous les indigènes qui habitent leurs états; quant aux Européens et aux Orientaux étrangers, ils sont soumis directement au gouvernement européen. Cependant leur autorité sur leurs propres sujets n'est pas illimitée; leur puissant allié et suzerain, le gouvernement néerlandais leur donne, dans le Résident, un conseiller et un guide qui, tout en observant les formes les plus courtoises, doit veiller à ce que les traités soient observés, et que la manière dont les indigènes sont gouvernés soit autant que possible d'accord avec nos idées d'un bon gouvernement. C'est surtout par l'intermédiaire d'un employé indigène haut placé que le Résident exerce son influence sur le gouvernement; cet employé, le Raden Adipati, Régent ou gouverneur, représente ordinairement le prince, mais il est nommé, destitué, payé par le Gouverneur-Général, de sorte qu'il est tout à fait dépendant du gouvernement néerlandais. Le prince héritier est aussi désigné par le gouvernement, c.-à-d. que le Sousouhounan ou le sultan proposent pour ce poste un de leurs fils légitimes, presque toujours l'aîné, — que mais c'est le gouvernement européen qui approuve. Le prince lui-même peut être déposé par le gouvernement, et se trouve par conséquent tout à fait en son pouvoir. — Et pourtant le bien-être ou le malheur de milliers d'indigènes dépend en grande partie de ce prince et de ses employés; lorsque ces derniers sont chargés de l'administration, ils sont, il est vrai, contrôlés par le Résident, et à Sourakarta en outre par des sous-résidents, mais à bien des égards cela ne peut suffire.

A chacune de ces deux cours nous trouvons encore un personnage remarquable, un prince indépendant; à Sourakarta il porte le titre de Pangeran Adipati Mangkou Negoro, à Yogyakarta, celui de Pangeran Adipati Pakou Alam, qui, tous deux, gouvernent un petit territoire indépendant de celui des princes. Ce sont des vassaux du gouvernement dont ils reçoivent un subside annuel; en revanche, ils sont tenus d'entretenir un certain nombre de soldats au service du gouvernement néerlandais des Indes.

Nous avons en second lieu à passer en revue la partie des Indes qui est placée sous l'autorité immédiate du gouvernement. Même dans ces contrées, l'autorité ne s'exerce que par l'intermédiaire des chefs indigènes. C'est à Java que ce gouvernement est le mieux organisé. Le Régent est à la tête de l'administration indigène. Descendant ordinairement d'une grande famille indigène, il est le conseiller intime du Résident dans tout ce qui se rapporte aux intérêts de la population indigène, et on le nomme le frère cadet de celui-ci; cependant, après avoir donné son avis, il est tenu d'obéir aux ordres du Résident. Il doit être entendu dans toutes les affaires d'administration indigène, se trouve à la tête de la police, a le pouvoir judiciaire dans les petites affaires civiles et pénales, et siège ordinairement dans les landraden ou tribunaux de district. Son influence est très grande, et le bien-être de la régence dépend en grande partie de lui, surtout parce que la population indigène le considère comme son chef naturel, tandis que l'illustre origine de la plupart des Régents rehausse encore leur considération. Le gouvernement fait de son mieux pour la leur conserver, et quoiqu'ils ne soient, à bien des égards, que des employés, il leur a reconnu un certain droit de succession dans leur charge. Outre leur traitement fixe, ils tirent encore d'autres bénéfices de leur charge, surtout un tantième des produits cultivés, tantième plus ou moins grand, suivant que la population livre une plus ou moins grande quantité de produits au gouvernement. Ils pouvaient autrefois disposer de gens corvéables, mais maintenant cela ne leur est plus permis.

On trouve au dessous d'eux un certain nombre d'employés indigènes, le Patih — main droite et visir du régent — les Wedonos ou chefs de district, représentants du Régent dans les subdivisions de la régence, et les sous-wedonos qui sont surtout chargés de la surveillance de la police. Tandis que tous ces employés sont nommés et destitués par le gouvernement européen, le dernier anneau de l'administration est une institution empruntée aux usages indigènes, et qui forme un grand contraste avec le despotisme qui caractérise les rangs supérieurs d'origine indigène de l'administration à Java. C'est l'administration du village, qui, dans beaucoup de parties de Java, jouit d'une grande indépendance et qui est représentée par un chef de village, qui doit son poste au choix des villageois. Le gouvernement tient, du moins maintenant, à ce que ses employés respectent cette liberté, et il laisse autant que possible l'administration du village décider des affaires purement communales. Cependant, comme le chef du village est chargé de nombreuses affaires par le pouvoir central, le gouvernement s'est réservé le droit de ne pas ratifier sa nomination et même de le destituer à volonté. Il est ordinairement assisté d'un conseil, dont la composition n'est pas toujours la même, quoique quatre personnes occupent ordinairement les places principales: l'adjoint du chef, le prêtre, l'écrivain et le kebajan, qui doit prendre soin que les ordres donnés par le chef soient exécutés.

Dans les autres parties de l'Archipel, les circonstances sont si différentes qu'il nous serait impossible de les décrire ici. Ordinairement l'aristocratie, qui joue un grand rôle à Java, manque; des efforts pour l'introduire p. ex. dans le Haut-Pays de Padang, ont échoué. On trouve là dans chaque negari, outre les penghoulou soukou, un penghoulou kapala comme représentant du gouvernement, et dans chaque laras, un penghoulou laras qui doit représenter à peu près le Régent. Tous deux sont salariés par le gouvernement, mais fort peu. Ils n'ont jamais acquis l'influence des employés indigènes à Java. On trouve du reste dans l'Almanac du Gouvernement une revue de la division des diverses contrées pour l'administration indigène; nous pouvons donc y renvoyer les personnes que cela pourrait intéresser.

Les insignes distinctifs des dignités ou des rangs des grands et des chefs indigènes sont de diverses sortes. A Java, ils se composent, en outre des costumes officiels, fixés par diverses ordonnances, surtout du parasol ou *payong* qu'on porte derrière le chef et dont la couleur et le nombre de cercles indiquent le rang de l'employé. Ce sujet a été réglé par les ordonnances du Staatsblad (Feuille off.) 1820, n°. 22 et 1824 n°. 13. M. Winter et le gouvernement ont publié des estampes des divers payongs, pour l'indication du rang, et des pavillons, banderoles et insignes distinctifs des princes indigènes et des états de l'archipel indien néerlandais. Dans les possessions extérieures, comme on les appelle, on décerne toute sorte de signes distinctifs, parmi lesquels nous ne citerons ici que le lalang ou tadoung (parasol) des Régents de Célèbes, et le rotin à pomme d'or ou d'argent employé par les chefs des negaris à Amboine.

P. A. VAN DER LITH.

1. Pavillons du Gouvernement d'Atchin et dépendances.

a. Pavillon original des Sultans d'Atchin.
b. Pavillon de Telok Semawé.
c. Pavillon du Sultan de Turquie, donné à Atchin.
d. Pavillon, donné aux Atchinois comme témoignage de faveur.
e. Pavillon employé par tous les Atchinois.
f. Banderole du Sultan.
g. Pavillon comme lett. *a.*
h. Pavillon à peu près semblable aux lettres *a* et *g.*
i. Pavillon comme lett. *c.*
j. Pavillon de Melabouh.
k. Pavillon de Tampat-touan.
l. Dessin avec note explicative des 5 drapeaux cités sous les lettres *g—k.*

2. Pavillon de Troumon, résid. de Tapanouli. — F. E. K. Th. Kroesen, contrôleur à Singkel.

NB. Troumon, faisant autre fois partie d'Atchin, a été rattaché par décret du 8 mars 1881 (Feuille off. n°. 72) au Gouvernement de la côte Ouest de Sumatra, résid. de Tapanouli. Le pavillon de Troumon, champ bleu avec une boule blanche représentant un écu; au-dessous une épée *goudang*, dont la poignée est tournée vers la hampe et le tranchant tourné en bas, était hissé il y a une dizaine d'années comme signe de reconnaissance par les embarcations de Troumon.

3. Lance, *tohou bourousou*, employée par les chefs de l'île de Nias comme insigne de leur dignité.

4. Insignes de la résid. des Lampongs.

a. Bouroung gourouda.
b. Jempana.
c. Rata.
d. Canne de bois de Kamouning avec pomme d'ivoire.

5. Pavillons et insignes de la résid. de Palembang.

a. Huit pavillons de rajas gouvernants.
b. Deux idem, de successeurs.
c. Deux idem de Mangkou boumis.
d. Dix pavillons de Mantris, famille consanguine.
e. Cinq dito.
f. Douze pavillons de chefs de negari.
g. Trois dito de prêtres.
h. Trois dito de panglimas (combattants d'escarmouche ou d'avant-garde).
i. Coiffure officielle d'un chef marga (*kopia Pasirah*).
j. Dito, d'un sous-chef marga (*kopiah Krio*).
k. Dito, d'un Krio à Komering-ilir.
l. Coiffure d'un poungawa ou sous-chef de village, ibid.
m. Lance, forme de trident, employée autrefois comme signe de dignité à Kommering oulou.

6. Pavillons de la résidence Côte-Orientale de Sumatra.

a. Six pavillons de Kota Pinang; le pavillon jaune est celui du prince, les autres sont ceux des grands dignitaires.
b. Six pavillons de Pane, le pavillon jaune et celui avec une épée jaune sur un champ noir à bords jaunes, sont ceux du prince; les autres, ceux des grands.
c. Cinq pavillons de Bila, comme ci-dessus.
d. Deux pavillons pour bâtiments marchands chinois; ils sont surtout employés sur les *prahoes gebeng* qui, de Labouan Batou, remontant la rivière Pome ou Bourouman, font le commerce dans le Padang Lawas (Gouvernement Côte-Ouest de Sumatra).
e Quatre pavillons.

7. Pavillons et portraits photographiés de princes de la Résid. de Riouw.

a Collection de 25 pavillons des divers princes et chefs de la résid. de Riouw, avec note explicative et dessin.
b. Portrait photographique du Sultan de Lingga.
c. Portrait photographique du vice-roi de Riouw.

GROUPE II. Treizième Classe. 329

8. **Photographie de chefs en costume de cérémonie**; district de Chiandour, résid. des Préanger.

a. Regent (*boupati*).
b. Chef de district (*wedana*).
c. Sous-chef de district (*chamat*).
d. Chef de dessa (*lourah*).
e. Chef de kampong (*kokolot, poundouh*).

9. Les *oupochoro* (insignes) d'un régent, se composant d'un *payoung bawat* (parasol de cérémonie qui ne peut se fermer), un *payoung* d'un *toumenggoung*, quelques lances, un *sodorran* (lance courtoise), un sabre, une canne, deux boucliers (*tamèng*) et un plat de cuivre avec couvercle. Résid. de Pekalongan.

10. Six parasols (*payougs*) avec étendards, servant d'insignes distinctifs aux employés indigènes de la résid. de Banyoumas.

11. **Deux poupées**, représentant un régent et un vice-régent en costume de leur dignité de la résid. de Yogyakarta.

1. Figure, représentant un régent avec les vêtements dans lesquels il paraît à la cour du Sultan. Ils se composent d'un pantalon *sroewal chindé*, d'un habit, *kaïn dòdòt*, d'un ceinturon *sabouk* brodé, de soie ou d'une autre belle étoffe. Par devant il porte un *wedoung* (hache), fixée par un crochet au *sabouk*; cette hache a une gaîne de bois. Il porte le kris sur le dos, passé dans le ceinturon. Il porte sur la tête le *koulouk* fait de toile ou de coton, rendu brillant au moyen de l'empois, transparent et avec des bords d'or. Le bouton d'or au sommet est porté par lui, mais non par le sultan.

2. Figure d'un vice-régent. Son habillement est le même que celui du régent, sauf qu'il n'a pas de bordure en or au *koulouk* ou bonnet.

12. **Assortiment de payoungs**; dix-neuf piques (*toumbak*), de valeur archéologique, avec étendards (*ploncho*) et un arc (*gendewo*) avec quarante flèches (*panah*), dans une vitrine, faisant partie des *oupochero* de la famille princière à Yogyakarta. Avec description par le Dr. Groneman et photographies du photographe javanais Cephas.

13. **Petite figure d'un Pangeran en habit de cérémonie**; en bronze et peinte, avec inscription javanaise. — J. Manger Cats, ét. en droit à Leyde.

14. **Petits modèles et dessins des parasols** (*payoungs* à Kromo aussi *songsong*), employés comme insignes dans l'empire de Sourakarta. — Raden Adipati **Sosro Negoro**, Gouverneur de Sourakarta.

NB. Les modèles des payoungs ont été faits par Bok Ngabèhi Prawiro joyo, fabricant de payoungs du prince; les porte-payoungs, ont été faits par les sculpteurs et les charpentiers du prince; les dessins, par Ngahèbi Wignyo Souwarno, dessinateur à Kapatian.

a. Assortiment complet de modèles de payoungs ordinaires, au nombre de quarante-six, commençant par le *gilap-térous* tout à fait doré, le songsong du Sousouhanan, et finissant par le payoung du lieutenant des Chinois.

b. Modèle du *payoung sousoun tigo*, parasol à trois étages, ou écrans placés l'un au-dessus de l'autre; autrefois, d'après la tradition, en usage chez les princes de Mojopahit; faisant maintenant partie des insignes du Kadipaten Anom (cour du

330   GROUPE II. Treizième Classe.

prince héréditaire); on le montre au peuple dans les Garebogs ou grandes fêtes, avec les autres insignes.

c. Modèles des trois *Payoungs bawat*, parasols qui ne peuvent se fermer, employés dans des fêtes et des circonstances particulières à la cour du Sousouhounan. Ils sont dorés et tout unis, et ne présentent que de petites différences; cependant chacun d'eux est employé séparément dans des solennités exactement déterminées. Les Pangerans, le Régent (gouverneur) et les Wadonos ont aussi chacun un *payoung bawat*, dont les couleurs, etc., diffèrent comme dans les payoungs ordinaires d'après le rang de chacun d'eux.

d. Modèles des neuf *songsong agoung* (grands parasols recouverts en coton ou en soie, ornés de clinquant, et tombant en plis sur le bord); employés à Sourakarta et faisant partie des oupochoro du prince, du prince héréditaire, du gouverneur et des régents.

e. Deux porte-payoungs pour les espèces ordinaires, un pour le *payoung sousoun tigo*, un pour le *payoung agoung* et un pour chacun des trois *payoung bawat*.

f. Dessins des payoungs nommés ci-dessus.

15. Quelques objets, employés surtout à la cour de Sourakarta. — Raden Adipati Sosro Negoro, Régent de Sourakarta.

1. Gaîne de kris en bois peint, qui ne peut être portée que par le Sousouhounan ou avec sa permission.
2. Gaîne de kris peinte en forme de lozange, avec une rosette (représentant le *cunus*) porté par les bouffons, et sans rosette, par les *polowijos*, ce sont les nains, bossus, albinos et autres, que le prince entretient pour son plaisir.
3. *Kampouh* ou vêtement de cérémonie, batiké avec des fleurs de tamarin (*Kembang asem* Ng., *sekar asem* K.) sur fond blanc.

NB: On parle avec quelque insistance de ce vêtement, mais il y en a parmi ceux de Sourabaya, cités Cl. 10 n°. 128, d'autres encore qui destinés au service de la cour, eussent pu être nommés ici avec le même droit.

16. Vingt-quatre parasols, employés comme insignes de dignité dans la résid. de Madioun.

NB. On y trouve les payoungs du Résident et du sous-Résident, d'un Régent avec le titre d'Adipati, d'un Régent qui joint à ce titre le droit d'avoir un payoung jaune et ainsi de suite. On y trouve aussi des payoungs de prêtres mahométans, d'instituteurs indigènes, d'écrivains et de vaccinateurs indigènes.

17. Figures, représentant des dignitaires du district de Sampang, résid. de Madoura.

a. Représentant un Raden Ario.
b. Idem, Raden Panji.
c. Idem, Mantri keboyan.
d. Idem, Mantri kapala trouna.
e. Idem, Mantri panompeng.
f. Idem, piquier.
g. Idem, deux piquiers avec des lances.
h. Idem, un porteur de payong.
i. Idem, un porteur de boîte de bétel.
j. Idem, porteur de la natte pour s'asseoir.
k. Dessin des diverses sortes de parasols employés comme signes distinctifs.

18. Parasols, pavillons, chaises à porteurs, et autres signes de dignité, du district de Soumenep, résid. de Madoura.

a. Chaise à porteurs.
b. Dais.
c. Grand vêtement et petit vêtement de cérémonie du prince de Soumenep.
d. Grand vêtement et petit vêtement de cérémonie du Pangeran Ario Mangkou.
e. Vêtement de cérémonie des autres Pangerans.
f. Payoung employé par les enfants des princes.
g. Idem employé par les enfants de Pangerans.
h. Idem d'un grand mantri.
i. Idem, des autres mantris.
j. Chaise à porteurs de la femme d'un pangeran.
k. Idem, de la Ratou.
l. Idem, des femmes d'Arios.
m. Drapeau avec les armoiries de Sou-

GROUPE II. Treizième Classe. 331

menep, est employé lorsque les barisans (milit. ind.) sont passés en revue.

n. Idem, pour la cavalerie, l'artillerie et les piquiers; emploi comme ci-dessus.

o. Deux *bandéra rountik*, drapeaux de lanciers; sont employées par les chefs de district, quand ils accompagnent les employés supérieurs en voyage.

p. Deux *bandéra rountik oumboul² pajang*, petits drapeaux de lanciers, employés dans les fêtes, et dans ce cas on les fiche en terre devant la maison où la fête se donne.

q. *Bandéra rountik mera-poutih outawa chélèny poutih*, petit drapeau de lancier, employé par les chefs de district, lorsqu'ils accompagnent des employés supérieurs en voyage.

r. *Bandéra merah nyang ada letter arab dan boulan²-an poutih*, drapeau rouge avec caractères arabes et croissants; est employé par les prêtres lorsqu'une maladie contagieuse règne; ce drapeau est porté autour de l'endroit infecté en disant des prières (*dikir*).

19. Insignes (parasols) du district de Bangkalan, résid. de Madoura.

a. Parasol de pangeran.
b. Id. d'un Mantri besar.
c. Id. Mantri kechil.
d. Id. Raden Ario.
e. Id. Panembahan.
f. Id. Raden Ario.
g. Id. Toumenggoung.
h. Id. Pangeran Adipati.
i. Id. Raden Panji.
j. Id. Demang.

20. Insignes (parasols) de la résid. de Pasourouan.

a. Parasol d'un Résident, ¼ de la grandeur, fait de papier huilé, le manche est de bambon.
b. Id. d'un vice-résident id.
c. Id. d'un Régent avec le titre d'Adipati, idem.
d. Id. d'un Régent avec le titre de Toumenggong, id.
e. Id. d'un Patih, id.
f. Id. d'un sous-collecteur, id.
g. Id. d'un officier indigène.
h. Id. d'un prêtre-chef indigène.
i. Id. d'un chef de district.
j. Id. d'un mantri de district et chef-mantri, id.

k. Id. d'un instituteur indigène, id.
l. Id. d'un sous-chef de district le et 2e classe, id.
m. Id. d'un inspecteur indigène dans les plantations de cannes à sucre, les conduites d'eau, les plantations de café, etc.
n. Idem, d'un garde-magasin indigène pour le café et d'un chef de kampong, id.
o. Id. d'un écrivain ou clerc indigène du régent ou du chef de district.
p. *Tlawoungan* ou *klanden*, support dans lequel on pose les payoungs.
q. *Kepiken*, harnachement de cérémonie pour cheval; ¼ de la grandeur.

21. Payoung du commencement de ce siècle. — D. E. E. **Wolterbeek Muller**, à Voorburg.

22. Dessins de payoungs javanais et d'armes javanaises, in-4°. — Acad. Mil. Royale, à Bréda.

23. Drapeaux de la résid. Division. Ouest de Bornéo.

a. Drapeau du Panembahan de Mampawa, ½ de la grandeur.
b. Id. du Pangeran ratou, héritier présomptif, id.
c. Id. id. bandahara, id.
d. Id. id. perdana mantri, id.
e. Id. id. kesouma youda, id.
f. Id. Raden mantri
g. Id. Raden poutra.
h. Id. Gousti intan.
i. Id. Raden toumenggoung.
i. Id. Daeng ounous.
k. Id. Raden anam.
l. Id. Gousti ourip.
m. Id. Mas kasim.
n. Id. Gousti amar.
o. Id. Wan salim.
p. Id. Imam.
q. Id. Panghoulou manga.
r. Id. Pembekel de Sedon
s. Id. des chefs de kampongs.
t. Id. de Panembahan de Landak.
u. Id. Pangeran ratoe, id.
v. Id. Pangeran Mangkou Boumi, id.
w. Id. feu le Pangeran Toumenggoung.
x. Id. d'un mantri ou pangeran.
y. Id. feu le Pangeran Laksmana.
z. Id. feu Ki Mas Machmoud.
aa. Id. d'un Raden.
bb. Id. du Pembekel Ki Mas Indar.

24. **Modèles de praws**, employés autrefois par les personnes princières de la cour de Martapoura. Résid. Div. Sud et Est de Bornéo.

   a. Praw de touage] *prahou panchalang tounda sekochi Panambahan.*
   b. Praw où l'on est assis (*sekochi tampat Panambahan*)?
   c. Praw fermé pour les princesses (*prahou bagiwas tampat Nyai Ratou pramisoré panembahan.*
   d. Praw de sultan (*Prahan Soultan*).
   e. Prahou Mangkouboumi.
   f. Praw à tête de dragon (*prahou naga*).
   g. Praw ordinaire.
   h. Prahou tambangan, pour les chefs de kampong qui ont des ordres à porter.

25. **Carte de visite et portrait du Sultan de Koutei.** — D. E. E. Wolterbeek Muller, à Voorburg.

26. **Bâtiments d'apparat et insignes**, de la résid. de Ternate.

   a. Oti banko, Bâtiment d'apparat de Ternate.
   b. Chapeau de cérémonie de feuilles de bourou-bourou, marque de dignité des chefs indigènes. Tidore.
   c. Paji-Paji, porte-drapeaux avec 16 drapeaux et
   d. Banderole employée par le sultan et les chefs de Tidore.
   e. Paji-Kagoungan, banderole qu'on place au-dessus du drapeau hollandais sur le bâtiment du Sultan à Tidore.
   f. Prahou banko, praw de cérémonie de Bachan.
   g. Id. de Ternate.
   h. Diki-Diki, bâton de dignité en rotin, d'un chef alfour. Galela, Halmaheira.

27. **Deux bâtiments de cérémonie pour parties de plaisir**, nommés *kagoungan* et *orembaai machan*, de la résid. de Ternate. — T. W. H. Boreel, ancien résid. de Ternate.

28. **Bâton d'un chef** (*korano*). Andai, Nouvelle-Guinée. — Société des Missions d'Utrecht.

29. **Vingt-deux pavillons divers de Banda**, Céram et îles voisines, résidence d'Amboine, avec esquisses appartenantes.

B. Affaires militaires.

A proprement parler, il n'y a pas d'institutions militaires chez les peuples de l'archipel indien, à moins qu'on ne veuille ranger sous cette rubrique les légions et les dragons de la garde dans les pays des princes à Java, les prajourits dans la même île et les barisans à Madoura; mais ils ont tous une organisation et un armement européens et on ne peut les considérer comme appartenant à l'économie indigène. Ils ne servent aux princes et aux résidents que pour la représentation, l'avenir doit montrer si en cas de guerre ils seront de quelque utilité pour l'armée.

La partie mâle de la population indigène court en général aux armes à la voix de ses chefs et de ses prêtres; il en est bien peu qui s'abstiennent. Ceux qui sont moins propres au service des armes, montrent leur zèle d'une autre manière, soit en jouant le rôle d'espions, soit en accompagnant, secourant, soutenant les femmes et les enfants dans les solitudes où ils se retirent ordinairement à l'approche de l'ennemi. Chacun tâche de se rendre utile à la cause commune, et leur adversaire agira prudemment en voyant dans chaque individu, homme ou femme, un ennemi sur lequel il doit avoir les yeux, et en ne se laissant pas endormir par les plus belles protestations.

L'indigène ne connaît pas d'uniforme. Parfois les combattants d'avant-garde sont tous vêtus de blanc, ou portent un mouchoir blanc autour de la tête comme signe de reconnaissance, mais cela n'est pas un fait général. Chacun se jette sur ses armes et court au combat vêtu ou non. Chez quelques peuples des possessions extérieures, il peut-être question d'ornements de guerre, par exemple chez les Alfours, qui portent dans leurs expéditions un petit bonnet orné de plumes, ou chez les Dayaks, qui ajoutent à ce bonnet un masque grimaçant, mais cela n'est pas la règle. Beaucoup, au contraire, laissent chez eux ces superfluités, afin de pouvoir se mouvoir plus librement dans leurs déserts.

Un combattant européen a donc, dans la règle, affaire à toute une population armée, que rien, en dehors des combats, ne distingue des paisibles habitants. Cet état rend la guerre très difficile, car, en cas d'échec, chaque combattant cache ses armes une fois le combat fini, et ne présente au vainqueur que le visage le plus indifférent, mais ne manque pas de faire plus tard autant de mal que possible au vainqueur, soit ouvertement, soit en secret.

Leur manière de combattre en rase campagne consiste en embuscades, dans lesquelles les indigènes sont passés maîtres. Doués par la nature d'un regard perçant, ils savent choisir les points favorables pour surprendre leurs adversaires. Dans ces embuscades, ils montrent une intrépidité admirable, et leurs adversaires font en général des pertes sensibles. Il est rare qu'on puisse décider les indigènes à faire une attaque ouverte; si toutefois leurs chefs ont réussi à les entraîner, alors la troupe assez confuse s'avance, précédée de soi disant combattants d'avant-garde qui, ordinairement étourdis par l'opium, se jettent avec intrépidité sur leurs adversaires. Si ceux-ci ne sont pas aguerris, s'ils se composent de jeunes soldats peu faits encore au métier des armes, si la troupe de ces combattants d'avant-garde est bien soutenue, alors, vu la grande force numérique des indigènes qui prennent d'ordinaire part à cette attaque, le combat à l'arme blanche qui s'engage devient critique pour le petit nombre, et menace de le détruire. Ordinairement cependant cette troupe de combattants enragés sont reçus par un feu bien nourri, de sorte que leur nombre est bien diminué lorsqu'ils sont assez rapprochés pour attaquer à l'arme blanche. Une couple de coups de mitraille, ou de salves de fusils dans la foule serrée des indigènes qui se démènent comme des possédés, suffisent pour les forcer à la retraite, de sorte que les combattants qui restent, n'étant plus soutenus, succombent l'un après l'autre dans la lutte inégale du parang contre la baïonnette.

Les fortifications que les indigènes élèvent avec une rapidité sans exemple, et qu'ils défendent ordinairement avec opiniâtreté, sont plus à craindre. Leur connaissance du terrain et leur habileté à en tirer parti leur sont fort utiles. Le tracé de leurs fortifications n'offre en général rien de savant: ce sont ordinairement des ouvrages de campagne sans parties rentrantes ou saillantes, et de la forme la plus capricieuse, suivant la conformation du terrain avoisinant. On rencontre rarement des ouvrages fermés. Les parapets sont ordinairement faits de troncs d'arbres, qui sont placés quelquefois les uns derrière les autres en rangées horizontales et verticales. Parfois, ces parapets sont faits de corail et de morceaux de rochers, dont les interstices sont remplis de terre. Ces ouvrages n'ont ni bastions, ni barbettes, etc. L'artillerie indigène, qui se compose en grande partie de lillas, légères pièces de canon, lançant un projectile de 7 cm. au plus, est montée sur des pivots, placés sur des pieux faisant partie des palissades et qu'on a sciés à la hauteur voulue; ce sont presque des pierriers, montés sur des chandeliers à pivot. Pour tirer avec les fusils, on fait parfois des embrasures dans le parapet, ordinairement cependant on place à travers celui-ci des bambous, entre lesquels on fait feu. Il est clair que, de la sorte, les défenseurs sont assez à couvert des coups horizontaux, mais leur feu a ce désavantage qu'il ne peut commander qu'une bande assez restreinte du terrain qui se trouve devant eux.

Ces ouvrages ne peuvent résister au feu de l'artillerie européenne. La brèche y est bientôt faite, tandis que l'indigène ne sait pas se préserver par des casemattes à l'épreuve de la bombe contre le feu plongeant des mortiers et des obusiers. Il faut cependant reconnaître que les indigènes font preuve d'une grande perspicacité dans la construction de leurs fortifications, et qu'ils les élèvent ordinairement dans des endroits peu accessibles, de sorte que les assiégeants ont des peines énormes à mettre leur artillerie de siège en position à l'endroit voulu, ce qui, du reste, n'est pas toujours possible.

L'armement des peuples de l'archipel indien est en général imparfait. Nous venons déjà de parler de leur artillerie; si parfois on rencontre des pièces d'un gros calibre, comme à Martapoura (Banjermasin) et à Kotta Raja (Atchin), alors ce sont des canons de bronze bien ornés, que les princes ont reçu en présent de plusieurs gouvernements européens. Quand ces pièces sont en bon état, sans crevasses, l'affut manque ordinairement, et s'il existe encore, il est en général en si mauvais état, si vermoulu, que le tir avec ces canons ne serait pas sans danger pour les servants.

Les armes à feu portatives se composent ordinairement de vieux fusils à pierre rouillés, provenant pour la plupart de Singapore. Les indigènes n'aiment pas beaucoup les armes à percussion, parce que les capsules se gâtent par la chaleur des tropiques, et qu'à la guerre il est difficile et souvent même impossible de s'en procurer. Il est douteux que les fusils se chargeant par la culasse y soient reçus avec plus de faveur, car les munitions sont assez compliquées et ne pourront jamais être fabriquées par les indigènes, de sorte que ceux-ci dépendraient toujours d'importations, qui souvent pourraient être empêchées.

Quant aux pistolets, revolvers et autres systèmes, on n'en fait presque jamais usage; quelques chefs seulement les portent, plutôt comme ornement que comme arme. A portée de pistolet, l'indigène ne se sert plus d'armes à feu, il attaque à l'arme blanche.

Dans quelques parties de l'Archipel, par exemple dans la contrée de Negara (côte Sud et Est de Bornéo) on fait de très beaux canons de fusil, très bien carabinés. Cependant les parois du canon sont très épaisses, de crainte d'explosion, ce qui les rend très lourds. La platine vient ordinairement de Singapore, car on ne sait pas faire les ressorts nécessaires. Si parfois un indigène fait une platine, elle est toujours très imparfaite.

Les armes blanches sont surtout la lance et le parang.

La lance est dans la plupart des contrées un fer fixé au bout d'un long bâton, qui est quelquefois orné de bandes d'or. Dans d'autres contrées, comme chez les Dayaks à Bornéo, le fer de lance est fixé à côté du bois; celui-ci est percé dans sa longueur et sert alors de sarbacane pour lancer des flèches empoisonnées.

Le parang est une espèce de couperet dont on peut ordinairement se servir comme arme d'estoc et de taille. Les formes du parang varient beaucoup; ainsi un parang javanais ressemble peu au parang atchinois, et celui-ci ne ressemble pas du tout au sabre de Negara, de même que celui-ci ne ressemble non plus au mandauw (coupe-tête) du Dayak.

Le Javanais ainsi que le Malais porte volontiers un kris; c'est une sorte de poignard, à lame ondulée, et qui sert plutôt d'ornement que pour être employé dans le combat. Il y a aux Indes encore une foule d'armes de ce genre, qui, dans chaque contrée portent des noms différents, et ne peuvent non plus être considérées comme armes de guerre.

On ne trouve pas de musique guerrière chez les peuples de l'archipel indien; à Atchin seulement, on entendait souvent retentir pendant la nuit le son du cornet, peut-être pour inquiéter l'ennemi ou pour appeler les guerriers des kampongs éloignés.

M. T. H. PERELAER.

30. Grande collection d'armes indigènes, pour la décoration de l'édifice colonial, mise à la disposition de la direction, avec autorisation de S. M. LE ROI, par le musée de l'Hôtel colonial et militaire des Invalides à Bronbeek près d'Arnhem. — J. C. Smits, commandant.

NB. Dans le livre des fastes de l'Hôtel des Invalides, qu'on trouve à l'Exposition (16e classe n°. 28), les trophées sont représentés dans l'ordre où ils sont disposés dans le musée de l'établissement. Quelques-uns de ces trophées ont été envoyés en entier à l'Exposition:
Pl. V, a, b et c.
" VI, a, b, c, d et e.
" IX, a, b et c.
" X, a et b.
" XI, a et b.
" XII, tout entière.
" XIII, a et b.
" XIV, a et b.
" XV, a et b

Enfin dix-sept pièces de canon et vingt-six drapeaux.

31. Grande collection d'armes des différentes parties de l'Archipel Indien. — Dr. E. van Ryckevorsel, à Rotterdam.

1. Badeï de Bengkoulen (Bangka-Oulou).
2. Idem, de Palembang.
3. Kris d'idem.
4. Kris de Bengkoulen.
5. Arme de prêtre.
6. Kris du rebelle Berniat.
7, 8. Kris du Haut-Pays de Palembang.
9. Kris du Pays de Pasouma. Ce modèle est aussi fort usité sur la Côte Ouest de Bornéo.
10. Couperet de Palembang.
11. Glaive de Palembang.
12. *Parang* (glaive, couperet) de Bengkoulen.
13, 14. Couperets de Palembang.
15, 16. Glaives d'idem.
17, 18. Kris d'idem.
19. Arme de prêtre.
20. Couperet de Bengkoulen.
21, 22. Kris de la révolte de Berniat.
23. Badei de Bengkoulen.
24. Comme le n°. 9.
25. Lance de Palembang.
26. Sarbacane de Batak avec carquois
27. Lance de Palembang.
28, 29. Lances de l'île d'Enggano.

Groupe II. Treizième Classe.

30—34. Lances de Palembang, Enggano. Bengkoulen. Berniat.
35. Massue de Palembang.
36. Massue courte d'idem.

Nouvelle-Guinée.

37—49. Lances; le n°. 46 a pour gaîne un os d'homme avec pointe en fer.
50. Arc.
51. Flèches, 62 pièces.
52. Arc.
53. Massue.
54. Lance avec pointe de pierre.
55. Arc.
56, 57. Comme le n°. 54.
58, 59. Massues.
60. Comme le n°. 54.
61. Arc.
62. Comme le n°. 54.
63. Massue.
64. Deux massues.
65. Arc.

Célèbes.

66. Lance. Toutes ces sortes de lances à crochets sont destinées à la chasse et à la pêche; on fixe au crochet une corde mince, avec laquelle on retire la lance immédiatement après l'avoir lancée.
67. Sarbacane (*soumpitan*) avec carquois du nord de Célèbes. Celles du nord de Célèbes et celles des Pays des Bataks seulement sont en bambou, dans les autres contrées on emploie le bois.
68. Lance.
69. Lance de cérémonie. Les touffes sont des cheveux humains ou des poils de chèvre.
70, 71. Lances avec gaîne.
72. Lance de cérémonie.
73. Comme le n°. 66.
74. Lance de cérémonie.
75. Comme le n°. 66.
76. Lance.
77. Comme les n°s 66 et 69, avec fer en cuivre.
78. Comme le n°. 66.
79. Sarbacane du sud de Célèbes.
80. Lance en fer d'une seule pièce, du Golfe de Tomini.
81. Epée de pirate des îles Soulou. Ces armes sont les seules aux Indes, dont la lame soit fixée à la poignée par un anneau de métal; si l'anneau est en argent, comme ici, l'arme vient d'un chef.
82. Comme le n° 81.
83, 84. Epées du nord de Célèbes.
85—112. Epées, kris et badeis de Célèbes. Le badei est plus court et plus simple de forme que le kris et n'a de tranchant que d'un côté; on le porte souvent caché sous les vêtements. La plupart de ces armes proviennent de diverses expéditions à Célèbes.
113. Epée du nord de Célèbes. L'ornementation en forme de peigne au bas du fourreau indique que c'est l'arme d'un chef.
114. Epée du nord de Célèbes.
115, 116. Epées de Soulou.
117. Lance de cérémonie avec gaîne.
118. Lance de Soumbawa.
119. Lance de cérémonie avec gaîne.
120. Deux ceintures pour y passer des armes.
121. Cotte de mailles de fabrication indigène. On ne les fait plus maintenant et elles sont très rares.
122, 123. Boucliers du nord de Célèbes.
124, 125. Epées, probablement de Célèbes.
126, 127. Lances.
128. Comme le n°. 66.
129. Soumpitan avec carquois du nord de Célèbes. Les deux ailes au bout supérieur servent de visière.
130. Lance.
131. Lance de cérémonie.
132. Lance.
133. Comme le n°. 66.
134. Lance.
135. Lance de cérémonie.
136—139. Lances.

Bornéo.

140. Lame de Negara. On fait ces sabres à Negara d'après des modèles européens, et autrefois notre cavalerie les a employés.
141—144. Coupe-tête, l'arme ordinaire des Dayaks. Le petit couteau qui est joint à quelques exemplaires sert à mieux arranger la tête coupée. Des cheveux d'homme et toutes sortes d'autres objets servent d'ornement, et le plus souvent on y attache quelque idée superstitieuse.
145. Coupe-tête. Ce modèle-ci n'est employé que par quelques tribus entre Sintang et Serawak.
146. Epée de la Côte-Ouest. Ce modèle-ci se trouve aussi à Siak, et peut-être ne provient-elle pas de l'Archipel; à présent on fait de ces épées aux Indes.
147. Badei.
148. Carquois avec sarbacane.

149. Comme le n°. 146.
150. Poignard. de la Côte-Ouest.
151. Carquois.
152. Chapeau de rotin en forme de casque.
153. Comme le n° 145.
154—156. Coupe-tête.
157, 158. Lame de Negara.
159. Chapeau en forme de casque avec plumes du faisan Argus. On raconte que le nombre de plumes indique combien de têtes le propriétaire a déjà coupées.
160. Bouclier.
161, 162. Poignards.
163. Lance (dont la hampe a été ajoutée plus tard).
164. Sarbacane. Ces sarbacanes, à Bornéo, servent en même temps de lance.
165. Lance.
166, 167. Soumpitans avec carquois.
168. Lance, faite par le célèbre chef Sonto Ono et dont il a fait présent. Les petits trous dans la lame indiquent que l'arme appartient à un chef.
169—172. Soumpitans.
173. Lance.
174—176. Boucliers; le n°. 174 n'est peut-être pas authentique, vu qu'on emploie ordinairement un bois plus léger; le n°. 175 est celui d'un chef; les boucliers de chefs seuls sont peints.

Java.

177. Arc; les petites flèches sont disposées sans numéros sur la planche. (14 pièces). Le tir de l'arc est fort en vogue à Java, mais seulement comme jeu; on n'emploie plus l'arc comme arme.
178. Badei sondanais.
179. Kléwang d'idem, surtout pour la chasse au cerf.
180. Couperet.
181. Comme le n°. 179.
182—192. Kris de Java. Les gaînes de quelques-uns sont en argent ou en argent doré.
193. Comme le n°. 179.
194. Kléwang sondanais.
195. Comme le n°. 179.
196. Kléwang.
197—199. Kris de Bali et de Lombok; ces îles fournissent les plus beaux ouvrages forgés de l'Archipel. Les kris sont connus par leur longueur, et célèbres par leur trempe et par la beauté du damassage. Le n°. 198 n'est damassé qu'à la surface; les Indiens le nomment imprimé „batik".

200. Couperet.
201—203. Kris.
204. Epée d'origine douteuse.
205. Bouclier de Bornéo.

Atchin.

206. Parang.
207. Idem. Les Atchinois portent toujours deux épées, l'une avec gaîne, à gauche, exclusivement comme arme; l'autre, sans gaîne, se porte toujours à la main droite; c'est pourquoi une partie de la lame n'est pas aiguisée; il sert de couperet et d'arme, seulement en cas de besoin.
208. Kris.
209—211. Epées.
212, 213. Kris.
214. Bouclier. La grandeur n'est pas constante; Quelquefois on en trouve qui sont de quelques pouces plus grands.
215. Epée.
216. Lance.

Timor.

217. Cuirasse d'un combattant d'avant-garde de Solor. Cet exemplaire est fait de peau de caïman.
218. Ornement de tête du même.
219. Bouclier idem.
220. Lance idem.
221. Epée, idem.
222. Ceinture pour y mettre des cartouches.
223. Epée ornée.
224. Flèches de Timor (28 pièces). Celle du milieu a une pointe d'os de poule. Les indigènes la considèrent comme la plus dangereuse, par ce qu'il en reste toujours un morceau dans la blessure. La flèche à quatre pointes sert à prendre les oiseaux.

Ternate et Céram (Serang)

225. Flèches (28 pièces).
226. Cartouches.
227. Lance.
228. Arc.
229. Lance; la partie inférieure, de forme singulière, est en fer.
230. Lance en bois de Halmaheira.
231. Arc.
232. Lance.
233. Arc.
234. Giberne. Les objets plus petits sont serrés avec les cartouches.
235—239. Boucliers de Ternate. Le

GROUPE II. Treizième Classe. 339

nombre des grandes taches blanches indique le degré de bravoure.
240—243. Epées.
244, 245. Couteaux.
246—249. Epées. Au n°. 246 appartiennent, à la partie supérieure du manche, trois plumes d'oiseau de paradis, perdues chez cet exemplaire; ces plumes indiquent que l'épée appartient à un chef.
250 Couteau.
251. Pierre à aiguiser.
252. Ceinture.
253. Ceinture en bambou, dont les Alfours se servent pour se serrer la taille, afin de mieux marcher.
254. Flèches (26 pièces). Les plus petites, quoique reçues à Ternate, n'en viennent probablement pas, mais bien de Timor.

Vitrine avec armes précieuses

255. Kris de Java, dont le bois surtout est très précieux.
256. Arme sondanaise, employée surtout à Batavia.
257. Kris de Palembang. Au bas du manche en ivoire se trouve un anneau de diamants; la gaîne est d'un alliage, nommé *tembaga souwasa*, composé de cuivre, d'or et quelquefois d'un peu d'argent.
258. Poignard de Palembang; les femmes s'en servent comme de broche à cheveux pour fixer le chignon.
259. Kris avec des sentences du Coran en cuivre incrusté. Le kris est de Java; le peu d'or et la poignée, de Palembang et la gaîne vient de Célèbes.
260. Kris de Bali, gaîne en or repoussé avec diamants et émeraudes; le manche est aussi d'un bois très précieux, *timoho pèllèt* (*Kleinhovia hospita* L., une *Büttnériacée*); surtout la flamme tournante y donne de la valeur, ainsi qu'au n°. 255.
261. *Badeis* de Palembang.
262. Epée de Palembang ornée d'argent.
263. 264. *Badeis* de Palembang.
265. Kris javanais, du gouverneur de Yogyokarta; lame incrustée d'or; la gaîne en or repoussé avec émail vert.
266. *Badei* de Palembang incrusté d'or et manche de *souwasa*.
267. Arme de la Côte-Ouest de Sumatra. Le port de cette arme est défendu.
268. *Badei* sondanais avec lame en bronze, employé par les *topengs* (comédiens).
269. Kris de Palembang, incrusté d'or et orné de diamants.

270. 271. Couteau et casse-noix, pour couper les différents ingrédients dont se compose le sirih; tous deux sont incrustés de *souwasa*.
272. Armes de Célèbes, ornées d'or de plusieurs couleurs. La couleur rouge de l'or, obtenu d'une manière artificielle, est très recherchée par les indigènes.
273. Epée sondanaise, ornée d'argent repoussé.

Armes dispersées.

274. Canon conquis à Atchin.
275. Lilla de bronze, de la révolte de Bengkoulen.
276. Lilla de bronze. Cette pièce se charge avec un projectile libre qu'on retient au moyen d'un coin.
277. Projectile de ce canon.
278. Drapeau pris à Atchin.
Les bois des lances suivantes, sauf une, ont été faits en Hollande.
279 280. Lances de Java.
281. Lance de Bali. Elle appartenait à l'un des chefs de la dernière révolte.
282. Lance de Lombok.
283—287. Lances javanaises; le n°. 286 est incrusté d'or.
288—291. Fusils à pierre et tromblons employés partout aux Indes. Les tromblons proviennent de la révolte de Bengkoulen; le n°. 291 est incrusté d'argent.

32. Collection de massues, arcs, flèches, sarbacanes, lances, javelots, sabres, glaives, poignards et kris, armes à feu et armes défensives des Indes-orientales et occidentales. — Acad. Mil. Royale, à Bréda.

NB. Dans cette collection se trouvent beaucoup d'armes des îles de la mer du Sud, des Indiens de l'Amérique, etc.; l'occasion de les comparer n'est pas sans valeur pour l'ethnologie.

A. Massues et bâtons.

a. Deux longues massues sculptées. Nouvelle-Guinée.
b' Trois petites massues des Indiens de l'Amérique du Nord.
c. Tomahawk, avec hache de pierre.
d. Très long bâton de forme conique avec deux crochets qui en sortent; sauf

la partie inférieure grosse et courte qu'on tient à la main, toute la surface est couverte de pointes aiguës (une sorte d'arêtes de poisson). Il est probable que c'est une espèce d'arme. Il vient de l'île Byron (groupe King Mills).

B. *Arcs et flèches.*

a. Arc et flèches. Présent du major Gobius.
b. Carquois avec flèches.
c. Deux longs arcs de bois dur; de la Nouvelle Zélande.
d. Deux longs arcs de bambou des îles de la mer du Sud.
e. Flèches de roseau avec pointes de pierre à feu; des îles de la mer du Sud.
f. Arc, carquois et flèches de la Chine.
g. Longues flèches de roseau.
h. Trois grands arcs du Brésil, de bois dur.

C. *Sarbacanes.*

a. Sarbacane simple, de rotin.
b. Sarbacane avec flèches empoisonnées et poignard pouvant être ajouté comme bayonnette. Employée à Makassar, à Bornéo et à Célèbes.
c. Sarbacane (soumpitan), de Sampit, sud de Bornéo. Présent du lieut. colonel Scharten.

D. *Piques lances et javelots.*

a. Pique de chasse de Serawak, à pointe à double tranchant, et manche de fer, ornée en bas d'une touffe de cheveux.
b. Javelot de Bornéo.
c. Lance à fer long, à double tranchant. Des Padries à Sumatra.
d. Lance damassée et ornée d'or des gardes du corps du Sultan de Palembang.
e. Pique à flammes Javannais.
f. Pique madourais, avec courte lame en forme de demi-lune.
g. Javelots de bois dur avec crochets. Iles de la mer du Sud.
h. Deux longs javelots avec crochets. Idem.
i. Lance japonnaise et douille, dans un étui. Collection van der Capellen.
j. Javelot de rotin avec pointe de fer. Intérieur de l'Afrique.

E. *Sabres, glaives, poignards et kris.*

a. Sabre avec longue lame recourbée, de damas indien; poignée à tête de lion et dragons d'or. D'un des princes de Palembang.
b. Sabre large, lame de faux incrustée, finement damassée; la poignée d'ivoire écartelée d'une croix droite et stauges courtes parées de similor. Fabriqué à Palembamg; présent fait au Gouv. Général van der Capellen.
c. Sabre de Bornéo avec poignée de fer et fourreau de bois.
d. Glaive de Bornéo. Présent du lieut.-colonel Scharten.
e. Coupe-ventre des Padris, avec monture d'argent. Collection van der Capellen.
f. Glaive de combattant d'avant-garde, orné de cheveux (Parang mandoor), avec couteau (piso longé). Du lieut.-colonel Scharten.
g. Epée de bois dur et brun. Iles de la mer du Sud.
h. Kris damassé, artistement travaillé, représentant un serpent. La gaîne est de bois de santal.
i. Dito, droit, avec gaîne.
j. Trois kris. Collection van der Capellen.
k. Kris.
l. Poignard et kris (empoisonnés); offerts par les indigènes de Solo au résident von Schmidt auf Altenstadt.
m. Couteau des coupe-tête.
n. Couteau javanais, porté à la ceinture.
o. Idem. Collection Scharten.
p. Klêwang avec poignée et gaîne artistement travaillées, orné de cheveux.
q. Klêwang d'un combattant d'avant-garde.
r. Klêwang de pirate.
s. Klêwang recourbé des Dayaks de Bornéo; gaîne rouge. Coll. van der Capellen.
t. Trois klêwangs du major Gobius.
u. Sabre d'artillerie, modèle des Indes-orientales.
v. Sabre oriental damassé, rare, de Damas; la lame est incrustée de lettres arabes en or. Poignée turque avec figures d'argent; le fourreau est de chagrin avec des ornements d'argent enfoncés à l'emporte pièce.
w. Sabre de Mameluk, lame damassée avec caractères d'or, gaîne de chagrin, montée avec argent et trophées; ainsi que la poignée de semil or (?). Auprès, un fourreau d'acier.
x. Sabre de Mameluk recourbé; poignée de cuivre.
y. Sabre de l'Hindoustan, d'une forme très rare, ayant appartenu à un fameux chef de pirates du golfe du Bengale. La lame de damas noir est damasquinée de

GROUPE II. Treizième Classe.

lignes, de figures et de caractères orientaux; la partie antérieure a deux tranchants. Cette arme paraît avoir été faite avec le plus grand soin pour produire le maximum d'effet.

z. Poignard arabe à deux tranchants; caractères d'or damasquinés, et gaîne montée en argent.

aa. Sabre japonais, célèbre à cause de sa trempe. Gaîne noire laquée. L'exportation de cette arme était autrefois défendue sous peine de mort.

bb. Poignard japonais.

cc. Sabre de Siam, à lame recourbée, s'élargissant au bout; gaîne rouge composée de deux pièces. Coll. van der Capellen.

F. *Armes à feu.*

I. Pistolets et fusils.

a. Fusil à mèche, à canon long et lourd, crosse courte et droite, et platine à mèche de cuivre; était employé par les Padris à Sumatra. Pris à Palembang en 1819.

b. Fusil à mèche des Padris.

c. Etuis à balles et à poudre des Padris, bien travaillés.

d. Deux longs pistolets de petit calibre, très recherchés par les Orientaux.

e. Fusil avec platine à percussion pour l'inf. des Indes-Orientales.

f. Fusil, modèle colonial, 1842.

g. Idem, rayé.

h. Accessoires de *g.*

i. Fusil de tirailleur indigène.

j. Balles pour le fusil de tirailleur indigène, pour le fusil de rempart indien et celui des Indes-Occidentales.

k. Fusil de tirailleur indigène, changé en système culasse Kühn.

l. Patron du fusil Kühn.

m. Accessoires du fusil Kühn.

n. Deux pistolets de chambre, d'après le système Hall, avec poire à poudre et étui à balles.

o. Fusil de luxe albanais; avait été destiné comme présent à l'empereur de Maroc. Long canon, orné d'or, platine ornée à l'orientale, monture de vermeil et plaque de couche d'ivoire épais. Un fusil pareil se trouve sous le n°. 1040 au musée d'artillerie à Paris.

p. Carabine des chasseurs du Kentucky, petit calibre.

q. Petit tromblon des Mamelucks, canon damasquiné de figures d'argent.

II. Canons.

r. Lilla des possessions néerl. aux Indes-Orient.

s. Modèle métallique d'un canon indigène de forme particulière avec affût.

t. Mortier de bronze de 10,5 cm. des possessions néerl. aux Ind. Orient.

G. *Armes défensives.*

a. Deux boucliers d'un combattant d'avant-garde ou coupe-tête des Moluques, artistement ornés de coquillages.

b. Deux boucliers. Collection lieut.-colonel Scharten.

c. Gant de combat, fait d'anneaux d'acier, Makassar. Coll. van der Capellen.

d. Coiffure d'un combattant d'avant garde (*kopiah sampoulon*). Coll. Scharten.

e. Ancienne coiffure (*seraong tangouri*) Coll. Scharten.

f. Panier que les Dayaks portent au bras gauche, et dans lequel ils mettent les têtes coupées (*bakoul pangso*).

g. Chausses-trapes de bambou de l'Arch. indien.

33. Grande collection d'armes des diverses parties de l'Archipel indien. — M. de Sitter, capitaine au 8ᵉ régiment d'infanterie, à Arnhem.

a. Armes de Sumatra.

1. Tromblon d'Atchin.
2. Klèwang, idem.
3. Deux gibernes de cuir de buffle, id.
4. Une poire à poudre, id.
5. Kris d'un chef, id.
6. Trois kris ordin. idem.
7. Kris d'Analabou, id.

NB. Les kris comme ceux-ci dont, la partie supérieure (séparée par une plaque de la lame proprement dite) est mobile, et forme pour ainsi dire une garde, sont très rares, et l'indigène y attache une grande valeur.

8. Bouclier idem.

NB. Cette sorte de boucliers est très estimée des Atchinois; elle est fort rare.

9. Deux kris, id.
10. Quatre klèwangs, id.
11. Deux piques, idem.
12. Kris, id

13. Kléwang, id.
14. Kléwang de chef, id.
15. Epées, idem.
16. Courte arme d'estoc (*badé-badé*).
17. Bâton de prêtre.
18. Deux petites lances, id.
19. Kris, id.
20. Deux kléwangs.
21. Grande javeline, id.
22. Bâton de combattant d'av. garde (*tongkat beton*). Batak.
23. Trois fusils à mèche pris dans la guerre des Padris.
24. Sabre d'un Pangboulou.
25. Dito, d'un Padri.
26. Canne d'un chef padri.
27. Lance de Bonjol.
28. Deux piques.
29. Deux kris.
30. Kléwang
31. Deux piques; Nias du sud.
32. Coupe-tête; îles Pagei.
33. Quatre arcs, id.
34. Deux carquois, id.
35. Vingt-sept flèches, id.
36. Un étui avec flèches, id.
37. Coupe-tête d'un prêtre; archipel Mentawei.
38. Lance; Engano.
39. Kris; Palembang.
40. Tromblon.

b. *Armes de Java.*

1. Dix kris.
2. Quatorze flèches.
3. Lasso.
4. *Pedang* (épée).
5. Pique de chef.
6. Pique ordinaire.
7. Pique fortement empoisonnée.
8. Piques.
9. Epée damassée, dans un étui; présent du sultan de Yogyakarta
10. Kris de Mojopahit, appelé *Sěmpono kanjěng*.
11. *Pedang soudok* (épée); de Touban.
12. Glaive à double tranchant; de l'intérieur.
13. Deux piques, prises dans la guerre de Java.

c. *Armes de Bali.*

1. Kris pris à Jagaraga.
2. Pointe de la lance nommée *Godong andang*.

d. *Armes de Bornéo.*

1. Coupe-tête dayak.

2. Deux carquois idem.
3. Petit panier id. pour mettre les têtes coupées.
4. Bouclier (*selawang*) id.
5. Pique de guerre, id.
6. Trois petits stylets, id.
7. Trois lances *touloup*, id.
8. Trois longues lances *touloup*, id.
9. Kléwang, id.
10. Carquois, id.; avec étui pour le poison des flèches.
11. *Parang latok* (glaive), id.
12. Carquois, dito.
13. Lame de Negara.
14. Kléwang, Banjermasin.
15. Kris, côte S. E.
16. Lance d'un petit chef indigène, id.
17. Deux kléwangs, id.
18. Deux boucliers, id.
19. Kléwang, id.
20. Trois kris, id.
21. Lance, id.
22. Pique, id.
23. Epée, Banjermasin.

e. *Armes de Célèbes.*

Deux sewa bouginais recourbés, (*badik*); arme d'estoc courte.

f. *Armes d'Alfours.*

1. Coupe-tête, avec couteau à scalper.
2. Coupe-tête.
3. Deux piques; Céram.
4. Coupe-tête sans gaîne.
5. Bouclier.
6. Sewa recourbé (*badé-bade*).
7. Pique; Moluques.

g. *Armes de provenances diverses.*

1. Deux arcs des Ind. Or.
2. Couperet employé dans l'armée des Indes.
3. Couperet indigène.
4. Arc et flèche pour la pêche de la baleine.
5. Corne à balles, prise à des pirates. Mer du Sud.
6. Mousqueton avec baïonnette de fabrique anglaise, pris dans la 1re expédition d'Atchin.
7. Deux longues javelines, une courte d°, et quatre épées des îles King Mills.
8. Trois haches de guerre des îles Hervey.
9. Quelques armes japonaises, africaines, et de l'Amérique du Nord.

NB. A la collection de M. de Sitter, appartiennent encore les objets suivants, qui devraient faire partie d'autres classes.

a. Chaîne de cuivre pour y suspendre le briquet et autres articles de fumeur. Batak.
b. Pipe de cuivre, id.
c. Idole.
d. Deux *toudounge* malais.
e. Deux pipes à opium de Billiton.
f. Jeu de cartes de Java.
g. *Kayou pèlèt*. Sampou, côte sud de Java.
h. Plat de bois, avec ancienne inscription javanaise.
i. *Tambok* dayak (panier carré en rotin, avec couvercle).
j. Poupée représentant un Dayak en costume de guerre, et poupée représentant une femme dayake. Faites par un Dayak.
k. Coiffure de Dayak.
l. Coiffure makassare.
m. Deux plumes que les chefs alfours arrachent de leur coiffure pour la donner aux étrangers comme sauf-conduit et preuve d'amitié.

34. Collection d'armes d'Atchin. — F. L. K. Storm van 's Gravesande, contrôleur à Samalanga.

a. *Kléwang*, épée courte.
b. *Choyang*.
c. *Lading*.
d. *Sekin panjang*, poignard.
e. *Sekin panjang lentik*, id.
f. Id. id. *passangan*, id.
g. *Sekin gayou*, id.
h. *Pedang*, glaive.
i. *Renchong Acheh*.
j. " *Gopong*.
k. " *Samalanga*.
l. *Keris sempana*.
m. " *sepoukil*.
n. *Kapah daoun boulou*, javelot.
o. *Kapah toumbak bedil*, id.
p, q. *Kapah*, lances.
r. *Kapah bounga chempa*.

35. Modèles d'armes d'Atchin.

a. *Sekin panjang*, ¼ de la grandeur.
b. *Siwah*, ½ id.
c. *Rinchong*, id,
d. *Pedeng*, ⅕ id.
e. *Gliwang*, ¼ id.

f. *Tara bajou*, id.
g. *Badik*, grandeur naturelle.
h. *Toumbak bounyong jempa*, lance, ⅓ de sa grandeur.
i. *Rinchong*, vraie grandeur, le plus petit modèle.

36. Armes d'Atchin. — M. Brau de Saint-Pol-Lias, à Paris.

a. *Pedang*, sorte de glaive.
b. *Kléwang*, id.
c. *Lading*, sorte de couperet.
d. *Saking panjang* ou long *saking*, arme d'un chef.
e. *Saking pendek*, ou *saking* court.
f. *Ranchoung*, sorte de poignard, ancien modèle, avec "manche de bananier" comme les Atchinois l'appellent.
g. *Ranchoungs*, nouveaux modèles.
h. *Toumbak*, lance avec bois dit de Johor.
i. *Kapak*, javelot avec tige de rotin.

37. Trois ranchoungs d'Atchin, Edi. — D. E. E. Wolterbeek Muller, à Voorbourg.

38. Téléphone fait par les Atchinois et employé par eux dans la guerre. — Mlle P. Delprat, à Amsterdam.

39. Armes et symboles de déclaration de guerre, et de menaces d'incendie, etc. de Silindoung, résid. de Tapanouli.

a. *Happil* avec *jakka*, giberne et cartouches.
b. *Paranak bodilan*, porte-balles.
c. *Parpanggallahan*, poire à poudre.
d. *Sourbou-sourbou* ou *poulas*, symboles de déclaration de guerre.
e. *Sourbou-Sourbou*, symbole par lequel on menace d'incendie; sorte de lettre incendiaire.
f. *Sakka*, est employé en temps de guerre pour effrayer l'ennemi.

40. Armes, etc., de Pangaloan, Silindoung, résid. de Tapanouli. — G. van Asselt,

ancien missionnaire à Putten en Veluwe.

a. *Sakka*, corne ou cornet dont on souffle en cas d'alarme, ou lorsqu'un chef veut appeler ses gens au combat.
b. Trois lances, *houjour.*
c. Conteau, est surtout employé par les assassins.
d. Modèle de bouclier.

41. Armes et vêtements de guerre de l'île de Nias.

a. Sorte de kléwang ou épée, *boulou sewa.*
b. Idem, *foda.*
c. Idem, *telagou*, avec quelques amulettes fixées, qui rendent invulnérable.
d. Sorte de kléwang, *telagou*, seulement pour les princes et les coupe-tête.
e. Javelot, *fatebousa.*
f. Collier de noix de coco pour les coupe-tête, *kalaboulou*. N'est employé qu'à l'île de Nias-Sud.
g. Coiffure des hommes à la guerre, *balahogo loma'a.*
h. Coiffure des hommes marchant au combat, *tetenaoulou.*
i. Jaquette ou habit de combat, faite d'écorce d'arbre tressée, *barou sinali.*
j. Bouclier, *balousi.*

42. Plastrons, faits par les indigènes de corde d'écorce (arme défensive, employée comme cotte de mailles), venant de l'île de Nias du Nord. — D. E. E. Wolterbeek Muller, à Voorbourg.

43. Echantillon de poudre, préparée à la manière indigène à Maninjou, résid. du Haut-Pays de Padang, et échantillons des matières premières, nécessaires à sa préparation. — H. L. van der Waarden, contrôleur de Matoua et des districts de Danau.

a. Echantillon de salpètre.
b. " " charbon de bois.
c. " " soufre.

d. Mélange du suc des fleurs et des jeunes feuilles de l'arbuste *lagoundi*; id. de la tige du *pisang batoutras*; id. des tiges de l'arbuste *gambelou*, et de lessive de cendre.
e. Echantillon de poudre. Les proportions sont: salpètre $71\frac{3}{7}$, charbon de bois $14\frac{2}{7}$, soufre $14\frac{2}{7}$.

44. Armes du Bas-Pays de Padang, Côte-Ouest de Sumatra.

a. *Pedang*, glaive porté derrière les grands personnages quand ils sont en voyage.
b. *Roudous*, arme de taille.
c. *Kari*, deux kris ou poignards.
d. *Ramban*, arme d'estoc.
e. *Renchong*, id.
f. *Sewa*, id.
g. *Badé*, id.
h. *Dodong*, id.
i. *Kourambit*, est employé pour ouvrir le ventre à l'ennemi.
j. *Siraout*, couteau.
k. *Pangado loyang*, morceau de bois, doublé de cuivre, employé comme massue.
l. *Ranjou saga*, chausses-trapes faites de fibres d'arèn.

45. Armes de la résid. de Bengkoulen.

a. Kris à gaîne d'argent.
b. *Siwar*, idem.
c. *Parang* avec poignée d'argent.
d. *Siwar* du district de Selouma.
e. Kris tel qu'on en fabrique et qu'on les porte dans le district de Moko-moko.
f. *Siwar*, du chef-lieu Bengkoulen.
g. Autres sortes d'armes d'idem.
h. *Pedang*, épée du district de Kauer.
i. *Parang*, arme de taille d'id.
j. *Siwar*, poignard, d'id.

46. Armes de l'île d'Engano.

a. *Toumbak orang*, javelot.
b. *Toumbak lopas*, dito, pour la chasse au sanglier.
c. *Toumbak potong babi*, lance pour tuer les porcs.

47. Armes employées par la population du Haut-Bila; Côte Est de Sumatra.

GROUPE II. Treizième Classe. 345

1. *Sourounganga*.
2. *Alasan*.
3. *Toutoupege*.
4. Deux *pisaus raout*.
5. Deux *toumbaks lada*.
6. *Parang*.

48. Armes, et giberne avec accessoires de la Côte Est de Sumatra. — Compagnie de Deli, à Amsterdam.

1. Trois *pedangs*, sorte de sabres, dont l'un à poignée d'argent massif; sont portés par les chefs.
2. *Piso rango* ou *perlajou*, épée d'un *gourou* ou devin.
3. Trois sortes de *klewangs*.
   a. *Piso golok tagak*.
   b. Six *piso roumpou perak*, ornés d'anneaux d'argent; sont surtout portés par les Bataks riches.
   c. *Piso andar*, de la forme d'un bec d'oiseau, dans lequel il y a un charme.
4. *Lamang*, couteau des Pàk-Pak, tribu des Bataks; est surtout employé pour couper la tête.
5. Sortes de couteaux.
   a. *Piso soukoul gading*, couteau à manche d'ivoire et gaîne d'argent.
   b. Trois *piso tombo lada*, à manches d'ivoire et de corne.
6. Sortes de lances.
   a. *Lembing* ou *toumbak*.
   b. Six *lembing si-douwa-douwa*.
7. *Gampil* (Tub. *happit*) *bèdil*, cartouchière faite de peau de bœuf ou de tigre; les accessoires sont:
   a. Quatorze *jangkas* (Tob. *jakka*), mesures de bambou pour la poudre, fermant bien; chacune pour un coup.
   b. *Perpanggalahan* ou petit étui pour mettre la poudre dans le bassinet.
   c. *Tabou-tabou obat* ou poire à poudre.
   d. *Gampil pilourou* ou sac à balles, contenant des balles de plomb, dont quelques-unes sont remplies de pierres, selon l'usage des Bataks etc., quelques balles ramées, un long projectile de bois de fer, *hinal* ou *inal*, et une pierre à feu.
8. Autres sortes de *hinals* ou projectiles de bois.
9. *Ampang-ampang*, bouclier de peau de buffle, et de fibres d'arèn.

49. Armes, boucliers, une lettre de guerre, etc. de la Côte Est de Sumatra. — Dr. B. Hagen, à Tanjong Morawa, Serdang.

a. *Mousou bringin*, lettre de guerre, avec symboles de meurtre et d'incendie.
b. Deux *paritse*, boucliers de rotin. Cette sorte n'est plus employée.
c. Bouclier de bronze, n'est plus employé.
d. *Houjour*, lame.
e. *Tombalada*, couteau d'ornement pour les rajas.
g. *Roumean*, couteau d'ornement.
h. *Badik*, couteau du peuple.
i. *Ronteh batik*, glaive.
j. *Kalasi*, épée recourbée.
k. *Kopo-kopo*, couteau long et étroit.
l. Couteau à pain.
m. *Kapala changkap* ou *singanga*, long couteau à poignée fourchue.
n. Deux *parangs*, couperets.
o. Balles faites par les Bataks.
p. *Saboung*, poudre à canon, faite par les Bataks.

50. Poignard batak. — M. Brau de Saint-Pol-Lias, à Paris.

51. Amulette de guerre, *jimat prang*. — Société Provinciale des Sciences et des Arts, à Bois-le-Duc.

De *wortelhout* (bois de racine?). Trouvé suspendue à l'entrée du benting ou fort de Galah Tonok, dans les Lampongs, lors de la prise du fort.

52. Kris et poignard de l'île de Bangka.

53. Armes de la résid. de Bantam.

a. *Golok*, épée courte.
b. *Badé-badé*, poignard.
c. *Toumbak*, longue lance.
d. *Pedany*, épée.

54. Armes de la résid. du Préanger.

a. Arc, flèches et accessoires, Bandong.
b. Trois *goloks*, épées, id.
c. Sarbacane et flèches, id.

346   GROUPE II. Treizième Classe.

d. Toumbak, lance, Soukapoura.
e. Badé-badé, poignard. Chianjour.
f. Kris, modèle balinais, id.
g. Gobang, arme de chasse, id.
h. Gobang pontrang, est porté par les Sondanais en cas de révolte et en voyage, id.

55. Objets divers servant au montage des armes. Résid. de Yogyakarta.

a. Pendok blèwah, revêtement de gaîne de kris.
b. Mendak, anneau autour de la poignée d'un kris.
c. Tounjoung toumbak, petit anneau à l'extrémité inférieure d'une pique.
d. Petouk toumbak, anneau de lance.
e. Lagri toumbak. id.
f. Garang pedang, poignée d'épée.
g. Pentok tatahan, revêtement d'or gravé, pour gaîne de kris.

56. Kris de la résid. de Sourakarta. — Raden Adipati Sosro Negoro, Régent.

57. Plan des écuries de cavalerie et d'artillerie du Pangeran Adipati Ario Prabou Prang Wedono à Sourakarta. Mesuré et dessiné par J. J. Sterkenburg, conducteur de 2ᵉ classe des ponts et chaussées aux Indes-Or. — D. L. Schultz, premier ingénieur des ponts et chaussées, à Sourabaya.

58. Kris Javanais. — J. Kruyt, missionnaire à Mojowarno.

59. Armes du district de Bangkallan, résid. de Madoura.

a. Saing.
b. Saing cherengcheng.
c. Saing chengket potan.
d. Saing menggok.
e. Lembing pinang.
f. Lembing.
g. Toumbak.

60. Armes de la résid. de Pasourouan.

a. Armes et outils en miniature.
b. Kris bengkok, kris recourbé.
c. Toembak, lance et trois autres sortes d'armes.

61. Arc et flèches de la résid. de Probolinggo. — Thal Larsen, à Probolinggo.

62. Armes de la résid. de Besouki.

a. Deux *toumbaks look*, piques.
b. Damar mouroub, kris à lame noire.
c. Deux *keris look* (un en fer).
d. Deux piques.
e. Kris.
f. Toumbak look, en acier.
g. Badé, poignard.
h. Lemling, pique.
i. Lienchem, couteau de chasse.
j. Chengkreng, id.
k. Biris, id.
l. Woulou ayam, id.
m. Townbak, pique.
n. Pelèng, petit klèwang.

63. Golok (épée) et toumbak (fer de lance) de la résid. de Bali et Lombok.

64. Kris bouginais avec ceinturon et autres accessoires, ainsi que des modèles d'armes malais et bouginais de la résid. division Est de Bornéo.

65. Armes de la résid. division Sud et Est de Bornéo.

a. Parang, lance de Negara, modèle *mandau.*
b. Id., incrusté et monté en argent.
c. Sepet, sarbacane dayak.
d. Felep, carquois dayak avec petites flèches.
e. Douha, lance dayak.
f. Randou, id.
g. Boîte avec modèles d'armes, etc.

66. Armes et vêtements de guerre de Dayak. —

GROUPE II. Treizième Classe.

Mouhammad Souleman Adil, Sultan de Koutei.
 a. Deux *pouot*, sarbacanes de Dayak.
 b. *Toup*, bouclier dayak.
 c. *Gwang lengah*, carquois dayak avec boîte pour le poison.
 d. Deux *tepaw*, chapeaux employés par les Dayaks en temps de guerre.
 e. *Rondis*, habit de guerre en peau de tigre.
 f. Coupe-tête, *mandau*, avec petit couteau, *langei*.
 g. Bouclier, *talawang*.

67. Coupe-tête dayak (*mandau*), sarbacane (*soumpitan*) et bouclier en bois de fer (*talawang*), dito; de la résid. division Sud et Est de Bornéo. — J. J. Hendriks, receveur des douanes à Banjermasin.

68. Collection d'armes et de vêtements du district de Sintang, résid. division Sud et Ouest de Bornéo. — J. C. Dirksen, contrôleur de 2e classe, en congé.
 a. Deux lances avec garniture d'argent et cheveux; territoire de Pinoh, Kota Bahrou.
 b. Deux dito, Haut-Melawi.
 c. Deux sarbacanes avec embouchures, dito.
 d. Dito, territoire de Pinoh, Nanga Pak.
 e. Deux carquois avec flèches et amulette, *jimat*; Haut-Melawi.
 f. Deux boucliers.
 g. *Bajou soulau*, id.
 h. Camisole rayée, id.
 i. Camisole de ficelle, id.
 j. Natte de siège, *sapil bourit*, id.
 k. Plantoir, id.
 l. Fer de lance, avec garde et gaîne, id.
 m. Quatre sabres avec monture d'argent, en usage chez les chefs. District de Sintang.
 n. Deux *parangs latohs*, id.
 o. *Parang*, id.
 p. Dito, Bounout, district de Sintang.
 q. Lance de Negara.

69. Quelques arcs et flèches dayaks; lances dito, et armes venant d'Antassari et de sa troupe. — Mr. J. W. van Lansberge, ancien Gouv.-Gén., à Brummen.

Les armes venant d'Antassari sont:
 a. Cinq boucliers de Dayak.
 b. Sept camisoles de guerre de Dayak.
 c. Deux casques dayaks.
 d. Tambour dayak.
 e. Quatorze bonnets dayaks.
 f. Deux sacs dayaks.
 g. Huit paniers de transport dayaks.
 h. Quelques carquois dayaks pour sarbacane.

70. Cotte de mailles makassare. — J. A. Aeckerlin, à Bengkoulen.

71. Armes, boucliers, etc. de la résid. de Ternate.
 a. Deux bâtons, *palo-palo*. Ile de Ternate.
 b. Quatre boucliers incrustés. Soula et Halmaheira.
 c. Deux dito, non incrustés, id.
 d. Bouclier avec épée Samarang. Galela, Halmaheira.
 e. Epée Samarang, id.

72. Armes de la Nouvelle-Guinée. — A. A. de Bruyn, à Ternate.
 a. Faisceau de flèches.
 b. Arc et flèches, parmi lesquelles il y en a une faite d'un os de casoar.
 c. Cinq lances *latta*.
 d. Quatre lances avec manches de *latta* et une avec manche en bois de fer.
 e. Arcs et flèches avec et sans crochets.

73. Deux mannequins, représentant un soldat du sultan de Tidore en temps de paix (*oupas salaka*) et un soldat de la flotte de guerre (*oupas capitan laout*). — Sultan de Tidore.

74. Deux boucliers venant de Toumboukou, Côte-

348   Groupe II. Treizième Classe.

Est de Célèbes. — Hayou'l-Arefin bin Souleman, capitaine titulaire de la garde civique à Ternate.

75. Arme et quelques outils, vêtements et ornements de la côte sud-est de la Nouvelle-Guinée. Presqu'île de Owen-Stanley. — Museum für Völkerkunde, à Leipzig.

1—6. Haches de combat en pierre.
7, 8. Petites haches de combat en pierre.
9. Hache de combat en pierre.
10—12. Doloires en pierre.
13—21. Hoyaux en pierre.
22. Massue avec disque de pierre.
23. Bouclier avec plumes de perroquet.
24. Bouclier sculpté.
25, 26. Epées en bois.
27. Plat en bois.
28—30. Trois petits paniers.
31, 32. Deux parures en plumes d'oiseau de paradis.
33—36. Quatre spatules employées dans l'usage du betel.
37—50. Quatorze boucles d'oreille en écaille.
51. Collier de coquilles.
52, 53. Collier en nacre.
54—56. Trois ornements de poitrine en écaille.
57. Talisman avec grattoir.
58. Peigne en bois.
59. Une botte de fibres.
60—62. Trois ceintures en fibres pour femmes.
63. Sac pour porter les objets.
64. Poignard, cuisse d'un casoar, en mauvais état.
65. Collier.
66. Corbeille tressée.
67. Lacet de fibres de coco.
68. Arc.
69. Neuf flèches.
70. Trois grandes flèches de chasse (empoisonnées).
71. Cinq petites flèches (empoisonnées).
72. Flèche à trois pointes pour prendre les oiseaux.
73—86. Seize haches en pierre sans manches.

76. Armes de la Nouvelle-Guinée. — Société d'Utrecht pour les Missions.

a. Grand arc. Mansinam.
b. Dito. Andai.
c. Deux petits arcs. Mansinam.
d. Deux flèches, munies de dents de porc.
e. Douze flèches différentes. Andai et Mansinam.
f. Un faisceau de flèches qu'on empoisonne. Mansinam.
g. Dix flèches plus petites, Andai.
h. Huit dito, encore plus petites.
i. Faisceau de flèches, avec lesquelles les jeunes gens apprennent à tirer.
j. Lance en trois pièces avec pointe en bois. Andai.
k. Fer de lance en fer.
l. Couperet. Mansinam.
m. Dito, plus petit. Andai.
n. Dito. Dorch.
o. Dito, qu'on emploie aussi dans l'agriculture.

77. Bandeau de sûreté pour protéger le front contre les flèches. Nouvelle-Guinée. — H. C. Voorhoeve, à Monster près de la Haye.

78. Trois arcs avec flèches du district d'Amahei, résid. d'Amboine.

79. Collection d'anciennes armes remarquables de l'Archipel des Indes. — J. A. Dieduksman, chevalier de plusieurs ordres, à Yogyakarta.

1. Grande pique, *pendowo*, ornée d'or, du temps de l'empire de Pajang, en 1306.
2. Ancienne pique, *Banjak angrem*, du temps de Sioung-Menoro. Pejajaran, en 1280.
3. Pique carrée, recourbée, ornée d'or, de Palembang.
4. Pique ornée d'or, du temps de l'empire de Mojopahit en 1480.
5. Grande pique ondulée, ornée d'or, du temps de l'empire de Kartasoura (Solo).
6. Pique, *Baronkouping* (*lanang*), du temps de l'empire de Pejajaran en 1301.
7. Pique, *Baronkouping* (*wadon*), ornée

Groupe II. Treizième Classe.

d'or, du temps de l'empire de Pejajaran en 1301.

8. Pique ornée d'or, de Bali.
9. Idem, du temps de l'empire de Blambangan en 1597.
10. Pique ondulée, ornée d'or, de Demak.
11. Pique ornée d'or, *Melélo*, du temps de l'empire de Mojohapit, en 1480.
12. Pique ornée d'or, *jangkoung*, du temps de l'empire de Mataram.
13. Pique ornée d'or, de Solo.
14. Pique ondulée, ornée d'or, de Touban.
15. Pique avec garniture d'argent, figurant un canard au vol, du temps de Pakou Alam IV.
16. Pique avec garniture d'argent, figurant un oiseau, du temps de Pakou-Alam IV.
17, 18. Piques avec garnitures d'argent, *toumbak bouta*, avec inscription arabe, du temps de Pakou Alam IV.
19. Pique avec garniture d'argent, figurant *Oulo Pouletan*, du temps de Pakou Alam II.
20. Pique ornée d'or, *Sigar jantoung*.
21. Idem de Banjermasin.
22. Idem de Touban.
23. Pique de Soupo Mataram.
24. Petite pique longue et ondulée de Soupo Jenou, du temps de Mataram.
25. Pique de l'empire de Pajang.
26. Pique de Yogyakarta.
27. Pique de Solo.
28. Pique de lancier de Yogyo.
29. Pique de Dayak de Bornéo.
30. Vingt piques à hampes courtes, diverses sortes d'armes bouddhiques.
31. Deux paires d'étriers du temps de Mojopahit.
32. Quatre *toumbak jompong polowijo* avec hampes courtes.
33. Deux *toumbak wayang polowijo*.
34. Trois *toumbak gajag polowijo*.

35. Kris, du temps de l'empire de Pejajaran (Sioung Menoro), orné en bas d'une figure d'éléphant, en 1280.
36. Kris ondulé, du temps de l'empire de Mojopahit.
37. Kris ondulé avec gaîne en argent, du temps de l'empire de Blambangan en 1597.
38. Kris avec gaîne en argent, du temps de l'empire de Blambangan, en 1597.

39. Petit kris avec gaîne en argent, du temps de Touban Nglipouro.
40. Kris ondulé, avec garniture d'or, *Nogo tinanding*.
41. Kris ondulé, avec garniture d'argent, *Nogo topo*.
42. Idem, *Gourdho*.
43. Kris, *Sinom Touban peneti*.
44. Kris, *Tilam oupik* (*Nglipouro*).
45. Kris, *Kebose kandang*, de la Sonde.
46. Kris ondulé, *Sabok intan*, du temps de Jenou, empire de Mataram.
47. Kris ondulé ancien, du temps de Kasso mendouro.
48. Kris ondulé avec gaîne de cuivre de Touban Soloietto.
49. Idem, *Sengklat*, fait par Jikjo-Mojopahit en 1480.
50. Kris ondulé en forme de feuille, du temps du sultan Mangkourat Tegalwangi Mataram, en 1648.
51. Kris ondulé avec gaîne, du temps de Soupogouling Mataram, Yogjo, en 1600.
52. Kris avec gaîne, *pitouroug*.
53. Kris, *Sepang*, de Ledok.
54. Kris avec gaîne, du temps de l'empire de Demak.
55. Kris ondulé avec gaîne, idem.
56. Kris avec gaîne, de la résid. de Kedou.
57. Kris ondulé, *Dapour chourito*, avec gaîne, du temps de Dipo Négoro, 1825.
58. Kris avec gaîne de Kiringan (Solo).
59. Id. de Sawoujajar (Yogyo).
60. Id. de Mangoundipouran (Yogyo).
61. Id. *Jalak*, de Kasso mendouro.
62. Kris ondulé avec gaîne, *Bimo kourdho*, du temps de Kedaton Plèrèt Mataram, Yogyo.
63. Idem, *Dapour pendowo*, de Sentang Pitouroug.
64. Kris ondulé avec gaîne de Strobanyou. (Blambangan).
65. Kris ondulé, *dapour pendowo*, de l'empire de Mataram.
66. Id., *Sengklat*, de Yogyakarta.
67. Id. *Dapour poukal*, de Madioun.
68. Kris, *Dapour brojol*, fait par Soupodriyo.
69. Kris ondulé, *Dapour Jikjo*.
70. Id. *Dapour sengklat*, de Ledok.
71. Kris ancien ondulé, avec gaîne, *Dapour sengklat*, du temps de Jenou Mataram.
72. Kris avec gaîne, *Dapour tilam oupig pamour blarak ngirit*, fait dans le kraton à Yogyo.
73. Kris, *Dapour jalak*, de Godéan.

Groupe II. Treizième Classe.

74. Kris ondulé, fait par Pangéran Sendang.
75. Kris ondulé avec gaîne, *Dapour charito*, de Jenou.
76. Kris ondulé, du temps de l'empire de Pajang, en 1306.
77. Kris de la Sonde.
78. Kris, *Dapour tilam oupig*, de Klachi.
79. Id. de Yogyo.
80. Id. de Pakoualaman.
81. Id. de Sleman.
82. Kris, *Dapour jalak* (*into-into*).
83. Grand kris ondulé, employé par un Madourais.

84. Sabre de Banjermasin avec manche en argent.
85. *Pedang soudhouk* avec poignée en argent, de Ngipouro Mataram Yogyo.
86. Id. de Solo.
87. *Lameng* avec scie de Makassar.
88. *Lameng* de Bornéo.
89. *Pedang soudhouk* de Yogyo.
90. Id. de Klatten.
91. *Lameng* de Koulon Progo.
92. Sabre, *panchas*, de Koulon Progo.
93, 94. Sabres de Bawéan.
95. Sabre sans gaîne, au bas une figure de serpent, de Yogyo.
96. *Pedang soudhouk* avec poignée d'argent sans gaîne, de Solo.
97. *Pedang soudhouk* sans gaîne.
98. Id. de Banjar.
99. *Lameng* sans gaîne de Yogyo.
100. Sabre sans gaîne de Yogyo.
101. Deux *arit bapang*, encore en usage à Pajang (Solo).
102. Deux armes chinoises, *abir*, faites à Yogyo.
103. Trois *wedoung*, employés par les Priayis à la cour de Yogyo.
104. Deux *wedoung* de Bawéan.
105. Poignard de Madoura.
106. Poignard de Banjermasin.
107. Poignard de Boni.
108. *Golok* porté par un Haji, de Palembang.
109. Poignard de Boni.
110. Couteau de Boni.
111. *Golok* pour pèlerins.

80. Collection d'armes précieuses de l'Archipel des Indes, et quelques-unes d'autres parties de l'Asie et de l'Afrique. — H. J. Ankersmit, à Amsterdam.

1. *Choundri*, gaîne en argent, poignée d'ivoire. De Pakou Alam de Yogyakarta.
2. Kris, gaîne en or, poignée d'ivoire, d'idem.
3. Kris, gaîne en or, émaillée de petits diamants à la poignée. d'idem.
4. Kris, avec gaîne en argent émaillé. d'idem.
5. Kris avec gaîne en or et émeraude. De Pangeran Adipati Pakou ning-Rat de Yogyakarta 1863.
6. Kris, gaîne en or. D'un Raden Adipati de Yogyakarta.
7. *Wedoung* avec ornements en or au manche et à la gaîne. idem.
8. Kris avec gaîne de bois orné d'or, et poignée d'ivoire. Du Sultan de Hadoura.
9. Kris avec gaîne et poignée de bois. D'idem
10—12. Kris avec gaînes de bois et poignées de fer. D'idem.
13. *Badé Badé*, avec gaîne et poignée en argent. D'idem.
14. Couteau-poignard, avec gaîne, cuir et or Banjermasin.
15. Poignard avec gaîne de bois et or. id.
16. Kris avec gaîne sculptée et peinte. Bali.
17. *Badé-Badé*, avec gaîne de bois. Bandong.
18 et 19. *Golok*, gaîne de bois et argent.
20. Id. avec poignée d'ivoire. id.
21. Id. avec poignée de corne. id.
22. *Koudi*, avec gaîne et poignée de bois. Préanger.
23. Kris avec gaîne d'argent. Sourakarta.
24—28. Kris avec gaînes de cuivre. id.
29. Coupe-tête, avec petit couteau. Dayak.
30. Hache id.
31 et 32. *Klewangs* avec gaînes de bois. Atchin.
33 et 34. Id sans gaînes. id.
35. Kris, avec gaîne de bois. id.
36. Fusil, canon incrusté d'or, venant, d'après la marque, de la Tour de Londres. Pris à Atchin.
37—54. Dix-huit lances, la plupart des fers damasquinés d'or et avec ornements d'or et d'argent. Kraton de Yogyakarta.
55. Lance, en même temps sarbacane, avec:
56. Carquois et petites flèches. id.

57—59. Trois lances. Préanger.
60—62. Trois lances. Banjermasin
63. Assagaie. Du pays des Zoulous.
64—66. Trois lances. Japon.
67—70. Quatre lances. id.
71 et 72. Deux poignards, id.
73. Sabres. Siam.
74. Epée à deux lames. Chine.

81. Armes de l'Archipel des Indes-Orientales. — Société provincial des Sciences et des Arts, à Bois-le-Duc.

1. Fusil à mèche malais avec baguette en bois de fer.
2. Poire à poudre appartenant au n°. 1.
3. Moule à balles de pierre spéculaire, très bien travaillé.
4. Javelot de Sumatra.
5. Dito, plus petit.
6. Lance lampong, très ancienne.
7. Idem, le manche de rotin sauvage et incassable.
8. Lance de Nias.
9. Lance javanaise (*toumbak*) avec fer et gaîne bien damassés; le bâton monté en argent.
10. Idem. dont le fer est d'une qualité et d'un travail particuliers.
11. Petite idem.
12. Lance de Makassar pour la chasse aux cerfs, avec un licou et un harnachement de cheval qui y appartiennent.
13. Glaive de Sumatra, non damassé, poli et blanc. Avec gaîne.
14. Glaive lampong avec une tête monstrueuse de corne de buffle.
15. Glaive de Nias.
16. Glaive de Java, damassé avec poignée de bois de kemounig, gaîne de bois de jati avec fourreau de peau de buffle, garni richement en argent.
17. Glaive de Makassar, avec poignée de corne de buffle, gaîne de bois de fer avec bandes d'ivoire.
18. Glaive d'Alfour, sans gaîne.

19. Kris malais avec une lame damassée et bien polie, d'une beauté extraordinaire, et travaillé avec beaucoup de soin. Poignée d'ivoire.
20. Kris malais, des environs de Padang.
21. Kris lampong.
22. Idem avec poignée sculptée.
23. *Badé-badé* des Lampongs.

24. *Sewa* lampong.
25. Kris javanais à belles ondes, la lame damassée, avec gaîne de bois et seconde gaîne de cuivre.
26. Kris droit javanais, fort ancien.
27. Couteau malais, des environs de Padang.
28. Couteau de Makassar (*pawang*) avec poignée de corne de buffle.

28. Armes de guerre des îles d'Arou.
  a. Perches de bois pourvues de dents de requin.
  b. Bonnet de guerre.
  c. Glaive court de bois dur, orné de dents de requin.
30. Bouclier de Nias.
31. Arc des îles de Nassau ou Pagei.
32. Harpon ou javelot pour prendre le poisson, d'idem.
33. Carquois avec flèches empoisonnées, d'idem.

82. Collection d'armes de l'Archipel indien. — R. A. van Zuylen, à Nieuwer-Amstel.

a. Kris damassé, monté en or et en argent, avec gaîne d'argent repoussé Atchin.
b. Kris long, droit et damassé, avec gaîne de bois. Java.
c. Kris avec gaîne de métal gravée. Java.
d. Kris avec lame ondulée et gaîne de bois à fleurs. Java.
e. Kris avec lame ondulée, garde figurée, la gaîne avec filigrane. Java.
f. Dito, la gaîne ornée de fil de fer.
g. Kléwang damassé, avec figures gravées, poignée montée en argent, et gaîne de bois à fleurs. Java.
h. Parang ilang, d'un côté mi-rond de l'autre côté plat, avec une poignée d'os sculptée et montée en argent et en cuivre; la gaîne de bois ornementé et de cheveux noirs. Dayak.
i. Parang ilang pareil, avec une poignée d'os sculptée, à laquelle est attachée une touffe de cheveux rouges et blancs; gaîne de bois, ornée de petit coraux colorés sur drap rouge, de cheveux rouges, noirs et blancs, et au bout d'une queue de cheveux blancs. Dayak.
j. Deux couteaux appartenant à *h* et *i*; l'un à manche de bois, l'autre à manche en os, et portés dans un étui de peau de serpent qui est attaché à la gaîne.

k. Couperet.
l. Couperet ondulé à la pointe.
m. Glaive de combattant d'avant-garde avec poignée en croix de bois sculpté, autrefois ornée de longs cheveux noirs; gaîne de bois revêtue de paille.
n. Lance de cérémonie, damassée: longue de 2.10 M, montée en argent. Atchin.
o. Lance damassée longue de 1.70 M., hampe de métal blanc et ornée de plumes rouges. Nias.
p. Lance ordinaire à pointe de cuivre longue de 1.60 M.
q Arc, long. de 2.10 M. avec quatre flèches de roseau longues de 1.20 à 1.25 M. Bornéo.
r. Soumpitan ou sarbacane, longue de 1.20 M., pour lancer des flèches empoisonnées.
s. Carquois de bambou avec flèches empoisonnées, et un petit panier de coton, avec lequel on enveloppe les flèches, pour qu'elles joignent bien dans la sarbacane.
t. Un dito avec faisceau de flèches empoisonnées, pour lesquelles on se sert de liège au lieu de coton.
u. Râtelier d'armes, avec figures et ornements sculptés, et sur lequel sont placées les armes ci-dessus. Au sommet, la figure du dieu domestique d'un prince de Nias. — Pris par une expédition néerlandaise dans cette île.

83. Collection d'armes. — A. J. Lebret, à Dordrecht.

a. Bouclier dayak.
b. Kléwang sans gaîne.
c. Kléwang à gaîne de bois. Pontianak.
d. Kléwang à gaîne de bois d'un chef.
e. Kris. Sumatra.
f. Deux kris à gaîne de bois.
g. Kris à gaîne d'or. Java.
h. Poignard arabe; du fondateur de l'état de Boni.
i. Parang dayak, avec couteau à scalper.
j. Badik, doiguard. Sumatra.
k. Carquois sans flèches.
l. Deux carquois avec des flèches empoisonnées.
m. Trois lances. Java.
r. Lance. Java.
o. Lance à crochet. Java.
p. Trois lances. Bornéo.
q. Lance et sarbacane. Bornéo.

84. Quelques armes. — D. E. E. Wolterbeek Muller, à Voorbourg.

a. Kléwang dayak, du Grand-Dayak.
b. Sarbacane dayake.
c. Courte lance dayake
d. Trois kléwangs atchinois.
e. Kléwang saps gaîne. Larantouka, est de Florès.
f. Kléwang avec gaîne partie poignée tressée dans laquelle on voit des ongles de tigre, des boutons d'uniforme, du verre, des pierres, etc. Telok Dalam, Nias du Sud.
g. Kléwang court. Gounoung Siboli. Nias du Nord.

85. Quelques armes. — T. Pryco, à la Haye.

a. Kléwang avec gaîne d'argent du Préanger, arme employée par les *pamatags*, ou chasseurs de cerfs.
b. Kléwang à gaîne de bois, monté en argent. Buitenzorg.
c et *d.* Kléwangs avec gaînes de bois. Atchin.
e. Couteau-poignard ou *badé-badé* d'Atchin.

NB. Les objets marqués *c—e* proviennent du combat de Samalangan en septembre 1877.

86. Quelques armes. — L. R. Bunnik, étudiant en méd. à Leyde.

a. Fusil enlevé aux pirates de Reteh.
b. Deux kris javanais.
c. Petit poignard javanais.
d. Sabre Négara. Dayak.
e. Sabre golok (des pirates).
f. Coupe-tête dayak.
g. Deux sarbacanes dayakes.
h. Trois carquois avec flèches, appartenant à *g*.
i. Petit étui avec bouchons de moelle d'arbre, idem.
j. Poignard d'un prêtre d'Atchin; poignée et gaîne d'argent.
k. Arc des nègres marrons des Indes occidentales.
l. Deux flèches appartenant au numéro précédent.

87. Quelques armes. — H. Joh. Smid, à Dennenoord.

a. Trois kris javanais.

GROUPE II. Treizième Classe. 353

b. Douze arcs et douze flèches de la Nouvelle-Guinée.

88. Quelques belles armes. — C. Kater, à Voorbourg.

a. Pique avec garniture d'or.
b. Pique avec garniture d'argent.
c. Kris, *lambah lima*, avec ivoire, or et diamants.
d. Épée, longue et droite (*chenangka kimring*): garniture d'argent.
e. Parang. Atchin.

89. Modèles d'armes en miniature. — Mlle P. Delprat, à Amsterdam.

a. Huit sortes de piques, *toumbak*.
b. Deux piques employées dans les cortèges de cérémonie, *toumbak robet*.
c. Trois sortes de couperets, *gollok*.
d. Kris, porté seulement par les chefs.
e. Petit poignard, *badé*, pour les koulis ou porteurs en voyage.
f. Kris, dito.
g. Kris porté par les surveillants des jardins.
h. Poignard court, *badé*, de l'angle est de Java.
i. Dito, des environs de Bandong.
j. Quatre sortes de sabres et de couperets.

90. Quelques magnifiques armes des Indes. — G. L. C. H. Baud, à Tiel.

a. Kris à gaîne d'or, sur lequel sont gravés en caractères javanais les mots: Z. H. Pangéran Adipati Aryo Prabou Prang Wedono, qui occupe le poste de kolonel commandant (1753 Mah. = 1831 Chr.) La poignée est ornée de diamants montés en argent: l'un manque; la lame est ornée d'or et de brillants.
b. Kris à gaîne d'or.
c. Kris dont la lame est damasquinée d'or, et la gaîne ornée d'or.
d. Kris dont la lame est damasquinée d'or.
e. Petit klèwang dont la poignée est faite de corne de buffle, et la lame travaillée à jour est damasquinée d'argent.

91. Huit beaux kris javanais et un sabre ou cou- teau de chasse, venant probablement de Célèbes. — A. J. Duymaer van Twist, ancien Gouv.-Gén. à Diepenveen.

92. Quelques armes, boucliers et autres objets de l'Archipel indien. — Hoogeveen, à Giessendam.

a. Bouclier javanais.
b. Bouclier de Bornéo.
c. Lance.
d. Pique.
e. Faisceau de flèches empoisonnées.
f. Bouclier javanais doré, *tameng*.
g. Cuirasse ou cotte de mailles d'écaille. Bornéo.
h. Poignard antique.
i. Bouclier alfour incrusté, avec hache de combat, bracelet et deux dieux domestiques.
j. Cotte de mailles. Java.
k. Sac de voyage des Dayaks.
l. Chapeau rond à pointe avec ornement Alfour.
m. Chapeau rond avec réseau de coraux d'un chef alfour.
n. Chapeau rond de drap rouge, brodé d'or, et pantalon d'étoffe rouge avec broderie d'or, du prince de Sidenreng. Sud de Célèbes.
o. Bonnet, habit, camisole, ornement de cou et paquet de flèches d'un naturel de la Californie.

93. Grande collection d'armes de l'Archipel indien. — J. van Hengst, chevalier de la Couronne d'Italie, à Salatiga.

a. Armes de l'île de Java.
1. Kris à poignée de fer ayant la forme d'une image du temps de Bouddha.
2. Kris à lame fort antique.
3.   "   de Sourakarta.
4.   "   du royaume de Bantam.
5.   "   Pourbolinggo, Banyoumas
6.   "   Jokyokarta.
7.   "   Besouki.
8.   "   Lebak, Bantam.
9.   "   Pachitan, Madioun.
10. "   Banyouwangi.
11. "   Banyoumas.
12. "   Kediri.
13. Deux kris. Cheribon.
14. Trois couperets, *parang*. Préangor.

23*

15. Deux couperets, portés par les chefs. Préanger.
16. Couperet à lame antique, à double tranchant.
17. Couperets. Banyoumas.
18. Deux poignards courts, *badé*. Préanger.
19. *Badé* d'un chef du Préanger.
20. Deux *badés*. Chéribon.
21. *Badé*, Bantam.
22. *Badé*, Bagelèn.
23. Kléwang à lame antique.
24. Wadoung, porté par les grands dans les occasions solennelles à la cour de Sourakarta.
25. Poignard en miniature, *pisou raout*, de Chéribon.
26. Dito de Batavia.
27. Lance, *toumbak*, avec fer très antique de Sourakarta.
28. Dito, venant du Boupati (ancien nom d'un régent) de Keboumen.
29. Lance du Boupati de Yapara.
30. Dito, de Pléred.
31. Dito, de Jokyokarta.
32. Deux *Badés* de Bawêan. La superstition des Javanais attribue à ces armes le pouvoir d'éloigner les rats et les souris de la demeure de leur possesseur.
33. Couteau ou faucille pour couper l'herbe. Batavia.
34. Couperet. Id.
35. *Badé*, de Madoura.

b. Armes de l'île de Sumatra.

1. Parang d'Atchin à lame fort antique.
2. Deux dito, pris dans la guerre d'Atchin.
3. Dito, de Bengkoulen.
4. Deux kris du Haut-Pays de Padang.
5. Kris des Lampongs.
6. *Badé* de Palembang.
7. Dito, d'un des principaux conjurés de Palembang.
8. Ornement de cou du pays des Bataks.
9. Bâton de commandement, orné de dents de requin, du pays des Bataks.
10. Kris à lame très antique, de Riouw.
11. *Badé*, employé par les pêcheurs et les pirates de Blitong.

c. Armes de Bornéo.

1. Kris de Martapoura.
2. Coupe-tête, *mandau* des Dousoun-Dayaks.
3. Dito des Kahayan-Dayaks.

d. Armes de Célèbes.

1. *Badé* de Makassar.
2. Lance de Makassar.

e. Armes de Céram (Moluques).

1. *Badé* d'Alfour.
2. Fer de lance, dito.

f. Armes des petites îles de la Sonde.

1. Kris de Bali.
2. Couperets, *parang*, de Timor.
3. Dito, d'un prince balinais.
4. Dito de Lombok.

94. **Armes des Indes-Occidentales.** — Société provinciale des Sciences et des Arts, à Bois-le-Duc.

a, b. Arcs de Caraïbe.
c. Six longues flèches de roseau, de bois dur, et à pointe de fer barbelée.
d. Flèches à pointes de bois, barbelées, plus légères.
e. Apanton. Massue de bois dur poli, avec tressage de rotin à la poignée.
f. Bouclier des Indiens Tucumans de Valparaiso, Amérique du Sud.

95. **Armes de Surinam.** — W. M. Klaverzorg, à Surinam.

a. Epée trouvée chez les nègres marrons.
b. Poignard avec gaîne, id.
c. Couteau de chasse, id.
d. Fusil à deux coups, id.

96. **Armes de Surinam.** — A. van Sypesteyn, ancien Gouv. de Surinam.

a. Douze massues de bois.
b. Deux lances à pointes de fer, des nègres marrons.
c. Quatre haches de pierre.
d. Six massues de bois.
e. Arc avec six flèches.
f. Arc avec sept flèches.
g. Arc avec quatre flèches.
h. Arc avec quatre petites flèches pour enfants.

97. **Faisceau d'arcs et de flèches indiennes.** — J. Kersten, à Surinam.

98. **Faisceau d'arcs et de flèches ainsi qu'une flèche indienne pour tirer les *pen-**

gos ou canards sauvages, et un *apàtou* ou massue. — C. J. Hering, à Surinam.

99. Cinq massues indiennes, *apatou*, et un faisceau de flèches et d'arcs indiens. — W. L. Loth, à Surinam.

100. Arc et deux flèches, des nègres marrons de Surinam. — Mme C. G. Schmüll, née Hoffenaar, à Amsterdam.

101. Arc et flèches de Curaçao. — Mmes S. Coronel, Da Silva et Melle M. Coronel, à Amsterdam.

102. Hache, provenant des anciens habitants indiens de Curaçao. — D. Gaerste, à Curaçao.

C. Justice et usages judiciaires.

Chez les peuples dans leur enfance, la punition c'est la vengeance, et la vengeance personnelle; celui qui s'attaque aux biens ou à la vie d'un autre peut être tué par celui-ci ou ses parents.

Cependant, à mesure que les mœurs s'adoucissent, que la société progresse, le droit à la vengeance privée est restreint; cette restriction consiste dans le rachat en argent ou en nature, et si d'abord il était laissé au bon-vouloir de l'offense d'accepter ou de refuser cette compensation, l'acceptation en fut plus tard déclarée obligatoire et exigeait l'intervention de la justice.

C'est dans cette phase de développement que nous trouvâmes le droit criminel dans l'archipel indien, lorsque nous apprîmes à connaître l'état judiciaire des peuples soumis à notre autorité.

Quand on ouvre le Nawolo Pradoto, un des codes javanais, nous rencontrons constamment dans la partie qui traite des cas de meurtre ou de blessures, les mots »si les parents ne sont pas satisfaits et qu'une plainte soit déposée". Cette peine a donc un caractère de droit privé. Ce n'est que dans les cas de délits contre l'Etat, et sous le nom il faut compter surtout les personnes régnantes, dans quelques cas aussi les délits contre les mœurs, l'inceste, par exemple, qui sont punis sans accusation.

Si l'amende à laquelle un malfaiteur a été condamné n'est pas payée, dans le cas qu'il ait été condamné à mort, cette peine lui est appliquée et, alors, les parents ont le droit de jouer le rôle d'exécuteurs.

Si la peine de mort n'est pas exigée, le condamné doit devenir l'esclave ou le serf soit des chefs soit de celui en faveur duquel la sentence a été prononcée.

L'amende payée par l'offenseur est remise à l'offensé ou à sa famille; cependant on voit souvent qu'une partie en est cédée aux juges.

Le système de responsabilité solidaire que nous trouvons dans tout l'archipel tient à la force des liens qui unissent la famille et qui fait que celle-ci est responsable des actions de chacun de ses membres, par conséquent aussi d'une dette, que celle-ci provienne d'un engagement civil ou soit la suite d'un délit.

Quant à la commune, sa responsabilité s'étend sur tout ce qui se passe sur son territoire, dans le cas que le coupable ne soit pas découvert. Il n'est guère nécessaire de dire qu'il fallut bientôt mettre des bornes à cette responsabilité, et c'est à cette cause qu'il faut attribuer l'expulsion ou le reniement de ceux dont les dettes ou les crimes répétés mettaient leur famille ou leur peuple en danger. Les peines ou punitions sont donc généralement des amendes ou plutôt des indemnités; la peine de mort n'est appliquée que pour les crimes d'état, et subsidiairement pour les attentats contre les particuliers; les peines consistent aussi en mutilations; on coupe par exemple un pied ou une main, les lèvres, les oreilles, ou bien on expose le condamné aux morsures des fourmis.

Parmi les divers usages observés dans l'application de la peine de mort, nous ne citerons ici que quelques cas où elle doit avoir lieu chez les Bataks. Ces cas sont: l'adultère commis par un homme du peuple avec la femme d'un raja, l'inceste et le crime de haute trahison; le corps du condamné est mangé. Un ennemi, pris à la guerre, les armes à la main, doit-être dévoré tout vif.

Il n'y a pas d'emprisonnement proprement dit; le coupable est mis seulement au bloc; le bannissement existe, et dans les lois javanaises on parle d'endroits déterminés comme lieux de bannissement. L'esclavage ou servage n'est pas une peine qui soit appliquée directement, car on ne l'applique que lorsque l'amende à laquelle on a été condamné n'est pas payée.

Quant à la procédure, nous y retrouvons de nouveau l'égalité du droit civil et du droit criminel; pour tous deux on a les mêmes preuves. L'aveu est une preuve complète; il en est de même si quelqu'un se trouve en possession d'une marque visible du délit qui a été commis, et ne puisse en indiquer la provenance. Dans les cas douteux on impose le serment. Ce serment consiste ordinairement en ce que la personne qui le prête prononce une malédiction sur elle-même, et l'exprime d'une manière symbolique. Chez les Bataks, les Niassais, les

Dayaks et d'autres encore, on coupe la tête à une grenouille, un porc, une poule, etc., pour montrer le sort qu'on appelle sur soi en cas de parjure. A l'est de l'archipel, la manière la plus générale de prêter serment, c'est de boire de l'eau, dans laquelle on a mis certains objets ayant une signification symbolique; ainsi les Alfours de Bourou mettent dans l'eau un peu de sel, un morceau de cire, un couteau ou un autre instrument tranchant. Cela doit signifier que de même que le sel se fond dans l'eau, et la cire dans le feu, le parjure périra, et qu'il mourra d'une mort violente, au lieu de mourir de mort naturelle. Quand la personne impliquée a prononcée le serment d'exécration, il doit boire un peu de cette eau; aussi dit-on aux Moluques *minoum soumpahan*, c'est-à-dire boire un serment.

Chez les Bouginais et les Makassares, cette manière de prêter serment est usitée lorsqu'ils prêtent le serment de fidélité au Gouvernement.

Outre le serment, on se sert souvent, dans les cas douteux, de jugements de dieu, auxquels les deux parties ou bien seulement l'accusé sont soumis.

Le plus général est l'épreuve par l'eau, où les deux parties entrent dans l'eau et plongent en même temps; celui qui remonte le premier à la surface perd son procès. A côté de cette épreuve par l'eau, on en a d'autres qui se rapprochent de ce qu'au moyen-âge on appelait en Europe l'épreuve du feu: on doit plonger les mains dans l'eau bouillante, quelquefois pour en retirer un objet quelconque; on fait dégoutter du plomb fondu sur la main ouverte, etc.

Chez les Dayaks, nous trouvons une sorte de duel, où les parties se lancent des bambous acérés; celui qui est blessé perd sa cause.

Ce que nous venons de dire ne donne qu'une bien faible esquisse des institutions originairs de ces contrées, nous dirons seulement quelques mots des changements qui y furent apportés par des influences étrangères, et en premier lien par l'islam. La loi divine selon l'islam, appelée *serat* d'après un mot arabe corrompu, n'a pu faire disparaître l'*adat* ou ancien usage. La coutume est ordinairement suivie dans les affaires de famille et de succession; elle l'est généralement dans toutes les conventions, avec exclusion des prescriptions de l'islam, qui, du reste, sont fort imparfaitement connues, et ne peuvent s'appliquer dans beaucoup de cas. Dans le droit criminel, ces prescriptions s'accordent à bien des égards avec celles de l'archipel, mais elles présentent aussi des différences; ainsi les premières exigent la lapidation en cas d'adultère, tandis que les dernières n'appliquent qu'une amende. La grande différence qu'il y a avec les pays purement mahométans, c'est que, chez les peuples de l'Archipel qui ont embrassé le mahométisme, on rencontre partout deux sortes de tribunaux, les tribunaux ecclésiastiques et les tribunaux séculiers; ces derniers suivent l'*adat* dans leurs décisions. L'*adat* a été codifié en partie à Java dans le code dont nous avons déjà parlé: *Nawolo Pradoto*, c'est-à-dire: *instruction pour les tribunaux appelés Pradoto*, qui a été écrit dans la première partie du 18e siècle, et dans d'autres codes datant du commencement de ce siècle, dans lesquels cependant on rencontre des traces d'idées de droit mahométanes et européennes.

Peu à peu l'ancienne administration de la justice s'est modifiée sous l'influence de l'autorité néerlandaise. Même dans les parties des Indes qui sont restées sous le gouvernement immédiat de leurs princes, les mutilations sont défendues, et la peine de mort ne peut ordinairement être appliquée sans l'autorisation du Gouverneur-Général. Dans les parties qui sont sous notre autorité immédiate, nous avons laissé les tribunaux ecclésiastiques existants, tout en restreignant leurs attributions et leur pouvoir juridique dans des limites très étroites; pour juger les autres causes, on a établi d'autres tribunaux présidés par des employés européens, et dont les membres sont des chefs indigènes. Des procédures différentes ont été prescrites pour les affaires civiles et les affaires criminelles. Cette mesure a reçu encore une grande extension dans ces dernières années, de sorte que la justice se rend à la manière européenne non seulement à Java, mais aussi à la côte Ouest de Sumatra, à Bengkoulen, aux Lampongs, à Palembang, à Bangka, dans le gouvernement de Célèbes, ainsi qu'à Manado et à Amboine.

En 1873, on a promulgué en outre un code-pénal pour les indigènes, dans lequel on a inséré, sauf quelques modifications, les stipulations du code-pénal pour les Européens en vigueur aux Indes.

On doute fort qu'on ait agi sagement de n'avoir tenu aucun compte, dans ces nouvelles lois, des idées de droit indigène, qui sont encore enracinées dans le sentiment populaire, surtout dans une grande partie des possessions extérieures.

Quant au code civil on a reculé devant de pareilles mesures, d'abord parce qu'il fallait observer le principe posé dans le

Règlement gouvernemental que les institutions et les usages du peuples doivent être observés, dans les décisions civiles et commerciales, ensuite parce qu'on ne connaît pas encore suffisamment ces institutions et ces usages pour passer à une codification.

On peut voir par le rapport du Gouverneur d'Atchin et dépendances du 20 octobre dernier, comment, faute d'autres moyens pour trouver les coupables, on applique sous le gouvernement néerlandais, le système de solidarité dans les lieux où les anciennes institutions n'ont pas été modifiées d'après les idées européennes. On y lit ce qui suit:

»Les chefs et la population du moukim Pager-Ayer sont venus d'après la décision des chefs moulakats, demander pardon de l'attitude qu'ils avaient prise lors de l'attaque de Panglima Tibang. Ils ont été invités à livrer entre les mains du Gouvernement ceux qui avaient pris part à cette surprise, faute de quoi il leur serait imposé une amende à payer par les habitants du moukim."

G. A. WILKEN.

103. *Beiangan* (Tob. *bayangan*), bloc ou entrave pour y attacher les criminels, et surtout les débiteurs. Résid. Côte Est de Sumatra. Compagnie de Deli, à Amsterdam.

NB. Le bloc est fermé au moyen de chevilles en forme de coin qu'on enfonce dans l'ouverture, tandis que les têtes sont coupées ras. Une fois enfermé dans le bloc, on y reste jusqu'à ce qu'on soit libéré définitivement. Il ne peut être question de délivrer momentanément le délinquent pour qu'il puisse se baigner ou satisfaire à d'autres besoins; de temps à autre seulement, on lui délie les mains qui sont ordinairement attachées. Il n'est pas rare que quelqu'un reste enfermé de la sorte pendant un an.

104. Lettres incendiaires, employées comme moyen pour obtenir justice. Résid. Côte Est de Sumatra. Compagnie de Deli, à Amsterdam.

1. *Mousouh bringei*, lettre incendiaire, en langue et caractères karo-karo, dans laquelle le plaignant demande que son affaire soit bientôt réglée, avec menace, dans le cas contraire, d'incendie et de meurtre. Les objets joints à la lettre, qui ont tous une signification symbolique sont:

a. Images d'une lance, *lembing*, d'une épée, *pedang*, d'une flèche de sarbacane *ngangkat*, d'une chausse-trape, *bachir*, — symboles de meurtre.

b. Batou santik, briquet pour battre la pierre à feu, et quelques fibres d'*ijouk* — emblèmes d'incendie.

c. Morceau de *gambir*, dont le sens est que l'affaire peut encore s'arranger à l'amiable, le gambir étant un des ingrédients du bétel, et que lorsqu'on négocie une affaire, le bétel ne doit jamais manquer.

2. *Mousouh bringie*, comme ci-dessus, mais en langue et caractères *Toba*.

105. Entraves, ou bloc (Jav. *beloc-an*), dans lequel on enferme les chevilles des pieds des criminels pour les empêcher de s'enfuir. Résid. de Sourakarta. — **Raden Adipati Sosro Negoro**, Régent.

106. Bloc pour enfermer les condamnés; district de Bojo Negoro, résid. de Rembang.

107. Nerf de boeuf, dont on se servait autrefois pour frapper les nègres à Surinam. — **H. O. Stolting**, à Surinam.

D. Moyens employés pour le maintien de la paix et de la sécurité publiques.

C'est aussi à l'égard des moyens employés pour le maintien de la paix et de la sécurité publiques que l'on peut voit que l'exécution de la peine infligée a un caractère de droit privé. Celui qui a été volé doit en donner connaissance, et s'il ne l'a pas fait dans les quarante jours, l'accusation est périmée, — telle est la prescription du *Nawolo Pradoto*.

Lorsqu'il dépose sa plainte, il reçoit de la police un reçu nommé *layang pisaid*, qui lui donne le droit de requérir l'aide de la police-locale, mais il est obligé de rechercher lui-même le coupable et les objets volés, et de les indiquer à la justice.

Lorsqu'un crime a été découvert, les habitants en sont avertis par le son de l'auge à riz, sur laquelle on frappe et qui donne un son retentissant. La manière dont on frappe indique qu'un vol a été commis par un seul voleur ou par une bande, ou bien qu'un faiseur d'amouk est en campagne; une attaque par les bêtes féroces, un incendie et donne encore d'autres signaux. Tous ceux qui se trouvent dans le voisinage, sont tenus, au son de l'auge, de prêter leur assistance pour rechercher et arrêter les malfaiteurs. S'il est difficile de s'emparer de l'individu, ce qui arrive entre autres lorsqu'il est tout à fait nu, et s'est graissé le corps d'huile, afin de mieux passer à travers l'ouverture qu'il a faite, on se sert d'une espèce de fourche à deux dents au moyen de laquelle on le maintient contre le mur.

L'obligation où étaient tous les habitants d'un endroit de coopérer à la recherche des malfaiteur et à le remettre à l'autorité, ainsi que de payer sous forme d'amende le mal ou le dommage qui avait été commis, résultait du système de solidarité, qui régnait dans tout l'archipel, comme cela a été dit plus haut sous la rubrique C. Ce système rendait tous les ressor-

-tissants d'une desa à Java, d'une negari à la côte ouest de Sumatra, responsables du mal qui avait été commis, agissait donc aussi bien d'une manière préventive que répressive et excitait en premier lieu la vigilance des chefs et des employés.

La responsabilité pour la sûreté et le repos publics sur leur territoire, qui est imposée maintenant aux chefs de village par des prescriptions gouvernementales, se rattache donc de très près à l'ancien système, et quelques-unes des prescriptions encore en vigueur, par ex.: la responsabilité des chefs de desa pour les biens des voyageurs confiés à leur garde, l'obligation de tous les habitants de monter régulièrement la garde pendant la nuit, et d'occuper les corps de garde peuvent en être considérés comme une continuation. L'occupation des corps de garde sur la grande route est bien quelque chose de nouveau, comme le nom de ces corps de garde, *gerdou*, l'indique, et puisque l'établissement des grandes routes date de l'occupation européenne, mais elle est l'application de la règle que les communes indigènes doivent se protéger elles-mêmes.

C'est à l'aide de ce système qu'on avait atteint à une assez grande mesure de sécurité dans les endroits mêmes où la main vigoureuse du pouvoir central ne se faisait pas sentir, ou bien là où celui-ci ne voulait pas employer les moyens dont il pouvait disposer pour le maintien du droit, ou ne le faisait qu'à regret.

A Java, on trouvait des contrées où, par suite de troubles sans cesse renaissants, et du peu de cohésion des autorités, le manque de sûreté avait pris un caractère chronique. On y était non seulement attaqué par des voleurs de grands chemins, *bégal*, mais des bandes entières armées sortaient de nuit pour voler (*kèchou* et *kampak* [1]); ce sont encore ces bandes qui rendent encore de nos jours les Principautés, si peu sûres. Et cependant on avait autrefois dans ces pays un personnel spécial, chargé du maintien de la tranquillité publique, qui était fort bien organisé. D'après les dispositions de l'*Angger gounoug*, chaque employé inférieur de la police locale pouvait se mettre en rapport direct avec le chef de la police, le Régent ou Gouverneur qui, à son tour, pouvait lui donner ses ordres sans aucun intermédiaire. Le corps de la police formait aussi un corps spécial, séparé des employés chargés des occupations administratives.

L'organisation qui a été introduite sous notre gouvernement,

---

[1] *Kampak* est le nom usité à l'Est de Java.

dans laquelle les fonctions de la police et les fonctions administratives sont confiées aux mêmes employés, s'écarte à cet égard de l'ancienne organisation.

L'application de la règle que tous les ordres doivent passer par l'intermédiaire des chefs indigènes, cette pierre angulaire de notre autorité, a l'inconvénient que le fonctionnaire européen qui est chef de la police reçoit aussi les rapports concernant l'exercice de la justice et de la police par l'intermédiaire du Régent, et que c'est encore par le canal de celui-ci qu'il fait parvenir ses ordres aux employés locaux, — si tout cela n'empêche pas la marche des affaires, ce n'est du moins pas favorable à leur prompte expédition.

Dans les Possessions extérieures, où la justice est organisée de la même manière, l'administration indigène est plus simple, se trouve plus rapprochée de l'administration européenne, ou sous ses ordres, de sorte que cet inconvénient s'y fait peu sentir, ou ne s'y fait pas sentir du tout.

Comme c'est la coutume générale des indigènes de porter des armes, il est quelquefois nécessaire de le leur défendre, comme mesure de sûreté. Dans l'île de Madoura, la défense est continuellement maintenue, dans le but d'empêcher les habitants, qui sont fort irascibles de leur nature, de commettre des homicides.

Dans quelques cas, la population applique la loi de Lynch; ainsi il arriva, il y a quelques années, à Sourabaya, qu'un individu, qui, pendant longtemps, avait mis en alarmes toute une contrée et avait toujours su échapper à la police, fut pris par quelques habitants de la desa, entouré de paille, et brûlé vif. Cela c'était passé si vite que tout était achevé lorsque le fonctionnaire le plus rapproché fut averti.

W. B. BERGSMA.

108. Modèle d'une cloche d'alarme avec hangar *tabou dengan roumahnya*, du Haut-Pays de Padang.

109. Instruments et armes, employés par les voleurs, les incendiaires et la police dans la résid. de Rembang.

a. Gros bâton de bois, *pentong*.
b. Kris et accessoires.
c. Sabre, *pedang*.
d. Lance.
e. Morceau de fer, servant de bâton, *jouyil besi*.
f. Deux pieds de biche.
g. Hache.
h. Perçoir.
i. Chausses-trapes, *brajak*.
j. Deux paquets d'allumettes soufrées.

GROUPE II. Treizième Classe. 363

k. Cloche d'alarme.
l. Seau à incendie.
m. Croc à incendie.
n. Echelle de bois.
o. Fourche à prendre les voleurs, *changgah*.

110. **Fourche** (*changgah*) de la résid. de Banyoumas.

111. **Bloc de la forme d'un poisson**, pour donner l'alarme, une fourche de bois et une de fer, de la résid. de Pasourouan.

112. **Bloc de bois** (*kentongan*), pour donner l'alarme, $1/10$ de la grandeur réelle; dito, plus petit, sur lequel on frappe sans cesse pour montrer que la garde est sur le qui-vive, et un croc à incendie (*bontol*) de la résid. de Besouki.

113. **Objets pour maintenir la sécurité publique**, dans la résid. de Sourakarta. — **Raden Adipati Soro Negoro**, Régent de Sourakarta.

a. Menottes, *balengou*, employées pour enchaîner les personnes prises en flagrant délit, et les mener en prison.
b. *Chengkalaq*, morceau de bambou auquel on attache sur le dos les deux mains; employé dans les desas par les chefs subalternes de la police, à défaut de menottes ou de chaîne.
c. Corde (*tampar*), employée par les rondes ou patrouilles pour lier les poignets des malfaiteurs qu'elles ont pris.
d. Seau de cuir, employé par les rondes ou patrouilles pour apporter de l'eau à la pompe ou la jeter directement sur le feu.
e. Croc à incendie (*gantel*), employé par la police pour renverser les maisons en cas d'incendie.
f. Deux modèles différents de *changgahs*, fourches à deux dents, avec lesquelles la police s'empare des criminels dont on ne peut s'approcher. Le manche doit avoir sept pieds de long, mais a été raccourci dans ces modèles pour prendre moins de place.

114. **Instruments, outils, etc.,** employés par les voleurs du district de Salatiga, résid. de Samarang. — **H. J. van Swieten**, sous-résident de Buitenzorg.

a. Boîte pour mettre des mouches à feu ou fulgores, *tempat konang*, employée en cas d'effraction.
b. Perçoir, *joro*.
c. Instrument d'effraction *jougil*.
d. Couteau de voleur, *péso maling*.
e. Instrument d'effraction en bois, *jougil papan*.
f. Objet employé par les voleurs pour prendre les poules, *pasangan ayam*.
g. Instrument d'effraction en fer, *linggis besi*.
h. Six pièces de fausse monnaie, *wang palsou*, faites par des indigènes.
i. Moule pour faire de la fausse monnaie, *pekakas wang palsou*.
j. Amulette, *jimat*.
k. Morceau de fer oblong, *jougil besi*.
l. Clé, *kounchi bandrean*.
m. Perçoir, *joro*.
n. Gros bâton.
o. Chausse-trape de bambou très pointu, *borang*, placée sur le sol par les voleurs.
p. Craie employée pour le moule de la fausse monnaie.

115. **Moyens de sûreté**, employés à Java. — **W. Hoezoo**, à Samarang.

a. Paquet de chausses-trapes.
b. Couple de chausses-trapes.
c. Arme contre les voleurs ou les bêtes féroces.
d. Modèle d'un bloc d'alarme avec battoir.

116. **Modèles en miniature de deux sortes de fourches d'arrêt javanaises** (Sondan. *chagak*, Javan. *changgah*). — Melle **Delprat**, à Amsterdam.

117. **Cloche d'alarme indigène** (*tongtong*) de la résid. de Manado.

118. **Menottes, et ceps pour les pieds**, de l'île de Banggaai, résid. de Ternate.

119. **Fourche d'arrêt**, *toumbak bachaban*, de la résid. de Ternate. — J. H. W. Freytag, à Ternate.

E. Edifices publics, modèles ou dessins d'habitations des chefs, de maisons communales, maisons de passants, corps de garde et prisons.

Si quelque habitant des tropiques désirait qu'on lui donnât une idée de ce que c'est qu'une maison d'habitation en Europe, il me semble qu'il faudrait la lui représenter comme une grande *boîte*. On s'y renferme avec les siens, ses possessions et ses souvenirs. Il faut demander et obtenir une permission spéciale avant de pouvoir jeter un coup d'oeil dans l'intérieur de la boîte. Depuis des siècles, la pensée fondamentale qui préside à la construction des maisons est celle de mettre les habitants ainsi que les objets à la possession desquels ils attachent du prix à couvert du froid, de la pluie, de la curiosité et de la convoitise. Sous les tropiques, il en est autrement. On n'y craint pas le froid. Au contraire, on s'applique à favoriser les courants d'air partout dans l'habitation. On n'y est guère exposé à la curiosité, ou bien l'on y est devenu indifférent. C'est depuis quelques années seulement que le vol y a pris des proportions gênantes. En construisant, on songe avant tout à se protéger contre la chaleur et contre les pluies diluviennes; tout le reste est d'intérêt *secondaire*. Il résulte de là qu'aux Indes une habitation est essentiellement un *toit*.

En Europe, les parties importantes de la maison sont, pour la ménagère, la cave et l'office, et pour Monsieur, le cabinet d'étude. Mais aux Indes tout cela cède le pas au *toit*. Que l'on soit satisfait sur ce point capital, alors seulement le reste, comme choses de moindre importance, aura son tour. Le *toit* est supporté par des piliers. On en profite pour y appuyer des parois et, chez les gens à leur aise, on met, au-dessus des chambres ainsi obtenues, des plafonds plus ou moins ornés. Le sol naturel disparaît sous un sol artificiel en planches, en ciment ou en marbre. Les ouvertures des parois se munissent de portes, de fenêtres, de jalousies. Les parois extérieures, qui, chez la plupart des indigènes, sont un simple treillage en bambou, se font chez les riches et les Européens en maçonnerie plus ou moins élégamment crépie. Le toît, à l'état le plus simple, se couvre de feuilles desséchées de nipa; mais lorsque la bourse des propriétaires le permet, il se couvre en tuiles ou en bardeaux (*sirap*) arrangés comme des ardoises. C'est ainsi que le même plan primitif se retrouve à tous les degrés du luxe, depuis la hutte la plus pauvre jusqu'au palais du gouverneur. Toutes les habitations ont ceci en commun, que le toît en est la partie principale.

Il ne faut cependant pas conclure de ce que nous venons de dire que les maisons des Européens ne se distinguent pas d'une manière caractéristique de celles des indigènes aisés. Au contraire, l'habitation d'un indigène riche se compose d'ordinaire de deux toîts. L'espace protégé par l'un est subdivisé en chambres par des parois; l'autre espace reste en son entier; il porte le nom de *pendoppo* et sert aux réceptions. En revanche, l'édifice principal de l'habitation d'un Européen est formé d'un seul toît, abritant en même temps les appartements et les galeries ouvertes qui courent tout autour de la maison.

Quand on lit l'un des mots »hôpital", »kraton", penser à d'aliénés", »pesantrèn" il ne faut point se mettre à »hospice quelque bâtiment unique de vastes dimensions. Toutes ces expressions sont des mots collectifs désignant des groupes d'édifices de médiocre grandeur, en nombres variables, pouvant aller jusqu'à des centaines, entourés d'une clôture commune, mur ou palissade.

On serait déçu si l'on demandait de l'esthétique architecturale aux édifices des Indes. Les qualités que l'on cherche surtout à leur donner sont la commodité, l'utilité, l'espace et la fraîcheur. En général les édifices publics et particuliers de la société européenne font une pénible impression sur les architectes qui arrivent d'Europe; mais ce n'est pas ici la place de nous étendre là-dessus. Celui qui chercherait des beautés architecturales dans les vastes kratons des princes, dans les dalams des régents, dans les maisons communales des villages (*soppos*, *balais*), les pasanggrahans ou maisons pour les passants, verrait sa déception augmenter encore. Là où ces édifices ont conservé intact leur caractère indigène, ce manque de beauté architecturale est compensé par un certain ensemble qui a sa valeur au point de vue ethnologique, et l'on peut éprouver un certain plaisir à considérer les sculptures et les ornements, grossières manifestations du sentiment des indigènes pour l'art. Mais là où, comme à Java, l'indigène se trouve sous l'influence européenne, les chefs adoptent de plus en plus les formes européennes dans le style de leurs demeures, et appellent l'aide de constructeurs européens, je n'ose dire d'architectes; aussi ne faut-il pas s'étonner que les plaintes qu'on entend faire sur le manque de goût dans les édifices indo-européens soient aussi applicables aux leurs.

Les ingénieurs et les officiers du génie qui ont étudié l'architecture, toujours comme objet secondaire, sont aux Indes les seuls représentants de l'esthétique appliquée à l'art de bâtir, et ce goût leur est souvent imputé à mal. C'est qu'aux Indes on est imbu de l'erreur qu'un beau bâtiment doit coûter plus cher qu'un laid; erreur palpable, puisque le coût d'un édifice dépend de la quantité des matériaux et non pas de la manière dont on les arrange, et c'est l'ordonnance qui décide du beau ou du laid. Aussi ne se trouve-t-il pas aux Indes d'architectes proprement dits. On peut même craindre que de longtemps on n'y en voie pas. Ce serait regrettable. Ce ciel, cette lumière, ce magnifique paysage inspireraient un véritable artiste; il produirait des œuvres qui rappelleraient la belle époque de l'art grec.

Je désire prévenir une objection. Je sais bien que, par une inadvertence assez drôlatique, on a dans le temps décidé de donner le titre d'architectes aux plus anciens conducteurs des ponts et chaussées. Il se trouve donc aux Indes une quarantaine de personnes qui se disent architectes. Heureusement que Michel-Ange est mort, et je ne pense pas que Charles Garnier se sente blessé par cette camaraderie.

C. L. F. POST.

120. Dessin de la demeure du Raja d'Orahilli, île de Nias, destitué en 1863. — R. A. van Zuylen, à Nieuwer-Amstel.

121. Modèle d'un *sopo*, ou maison communale, où les hommes non mariés doivent passer la nuit, où l'on reçoit les hôtes, traite les affaires, où les prisonniers sont mis au bloc, etc. Surmontée d'un grenier à riz. Résid. de Tapanouli, Côte-Ouest de Sumatra.

122 Deux modèles de maisons communales (*balei*) du Haupt-Pays de Padang, Côte-Ouest de Sumatra.

123. Modèle de maison communale (*sopo*) dans la contrée de Kota Pinang, résid. Côte-Est Sumatra.

124. Modèles d'édifices princiers dans l'île de Penyingat (Mars), résid. de Riouw. — Raja Mohammed Jousouf, vice-roi de Riouw.

GROUPE II.   Treizième Classe.   367

1. Modèle de la demeure du Vice-Roi, se composant de: *a. selasar*, galerie, qui communique par un escalier avec *b. tengah astana*, ou partie intérieure. Aux deux côtés se trouvent des appartements *c.* qu'on peut réunir avec la partie centrale, en enlevant les parois ou les tentures (*tabir*), et en faire ainsi une grande salle pour les occasions solennelles. Du *tengah astana* on se rend par un corridor, *rambat, d.* au *tela e.*, demeure des femmes et des enfants, et derrière laquelle se trouve encore une galerie, *serambi f.* La demeure est tout en bois et couverte de bardeaux (*sirap*) de bois de fer, connus ici sous le nom de *sisik tenggiling*, c. a. d. écailles de fourmilier. L'édifice est représenté au moment où l'on y donne une fête de mariage.

2. Modèle de la *pancha persada*, temple à quatre toits et une tour, maison de plaisance du Vice-roi construite dans ce style, et servant de maison de bains lors du mariage de personnes princières ou de leurs parents, quand, trois jours après la célébration du mariage, la cérémonie du *mengiram* (arrosage) a lieu. La *pancha persada* est représentée au moment où elle est prête pour cette cérémonie.

3. Modèle du *baleirong* du Vice-Roi, édifice dans lequel un prince malais se montre en public. Il se compose de deux estrades, le *seri*, partie centrale et plus élevée, pour le prince, ses parents et les principaux chefs; et le *peseban*, qui entoure le premier comme d'une large galerie. Au droite prennent place les prêtres, et à gauche les chefs inférieurs.

125. Modèle de maison pour les voyageurs, dans l'île de Bangka.

126. Salle de réunion, et corps de garde du district de Bandong, résid. du Préanger.

127. Maison communale, avec mosquée attenante (*messigit*) et autres édifices du district de Kouningan, résid. de Cheribon.

128. Corps de garde avec cloche d'alarme (*kentong*) avec marteau (*tabouh*), de la résid. de Banyoumas.

129. Modèle du château d'eau, et édifices accessoires, dans le Kraton de Yogyakarta; parties nord et sud, et plan du château entier sur toile à calquer, avec description. — Société Batave des Sciences et des Arts.

130. Esquisse à l'encre de chine d'une vue dans le kraton de Sourakarta. Avec cadre de chêne. — Collection Reinwardt.

131. Grand *pandopo*, faisant partie du dalam du Pangéran Adipati Ario Prabou Prang Wedono, à Sourakarta; mesuré et dessiné par J. J. Sterkenburg, conducteur de 3e classe des Ponts et chaussées. — **D. L. Schultz**, premier ingénieur des Ponts et Chaussées à Sourakarta.

132. Plan de la villa du Pangéran Gondo Siwoyo à Sourakarta, mesuré et dessiné par J. J. Sterkenburg, conducteur de 2e classe des Ponts et chaussées. — **D. L. Schultz**, premier ingénieur des Ponts et Chaussées à Sourakarta.

133. Corps de garde du district de Sampan, résid. de Madoura.

134. Corps de garde (*gardou*) de la résid. de Pasourouan.

135. Photographie de la maison du Houkoum be-

sar, ou chef de district de Tomohon-sarong-song, résid. de Manado.

136. Deux édifices pour les fêtes (*sabouwah*), et une demeure de chef alfour (*tahou*), tous trois au $^1/_{20}$ de la vraie grandeur. Galela. Halmaheira, résid. de Ternate.

FIN.

GROUPE III.

GROUPE III.

LES EUROPÉENS DANS LES COLONIES ET DANS LES PAYS SOUMIS, ET LEURS RAPPORTS AVEC LES INDIGÈNES.

Quatorzième Classe.

ETABLISSEMENT ET EXTENSION DU POUVOIR EUROPÉEN DANS LES COLONIES PAR LE MOYEN DE VOYAGES, DE CONQUÊTES ET DE TRAITÉS; DOCUMENTS HISTORIQUES [1]).

Au seizième siècle c'étaient l'Espagne et le Portugal qui étaient les grandes puissances coloniales. L'Amérique venait d'être découverte et c'est là que les Espagnols ont déployé leur génie colonisateur et conquérant. Piqué d'émulation, le Portugal s'efforça de faire contrepoids à sa voisine en étendant son trafic et son territoire en Afrique et dans les pays et les îles que baigne l'océan Indien. Les deux rivaux se trouvèrent en présence dans les Moluques, les Portugais s'efforçant de s'en emparer par l'occident, les Espagnols par l'orient. La lutte y fut vive, mais prit fin en 1581, lorsque Philippe II d'Espagne se fut emparé du Portugal et que les conquêtes et les colonies des deux nations furent réunies sous la puissante main du roi d'Espagne.

La Réforme religieuse, combattue par l'Espagne avec une

---

1) Cette classe est destinée à servir d'introduction historique à l'exposé du jeu de l'autorité européenne et de ses résultats dans les possessions d'outre-mer des Pays-Bas. C'est à cela qu'on a pensé, quoique on n'ait pas réussi à l'exprimer d'une manière suffisamment claire et complète, lorsque dans le programme on a mis: „Voyages de découverte et explorations: descriptions et cartes". Il y a eu un second motif de modifier l'en-tête primitif de cette classe; c'est que l'on a dû y admettre certains objets qui ne pouvaient trouver de place nulle part ailleurs.

fureur fanatique, servit vers la même époque plus que bien d'autres causes à susciter à cette puissance de nouveaux rivaux, l'Angleterre et la République des Provinces unies des Pays-Bas. Les luttes ecclésiastiques eurent pour effet de troubler aussi les relations politiques de l'Espagne et de l'Angleterre, pendant que de leur côté les Pays-Bas, tombés par voie d'héritage au pouvoir de l'Espagne, se soulevaient et s'affranchissaient en partie, dès que le roi voulut étouffer dans le sang les sympathies protestantes qui se manifestaient dans ces lointaines provinces de son empire. Dès l'an 1577 Drake allait inquiéter les Espagnols en Amérique; en 1579 il montrait le pavillon anglais aux Moluques, où Cavendish le suivait en 1586 pour aborder plus tard aussi à Java. Quant aux Hollandais, ce qui les excita surtout à chercher la route de l'Orient, ce furent les obstacles que les Espagnols apportaient à leur commerce maritime en Europe, source principale de leur richesse. Ils essayèrent premièrement dans trois expéditions mémorables, mais restées sans résultat, de trouver le passage du nord-est, puis ils réussirent, en 1596, à doubler le Cap de Bonne-Espérance et à aller faire flotter le pavillon néerlandais dans l'archipel indien. Les premiers essais de navigation dans ces parages, entrepris par des particuliers et par diverses compagnies, eurent à lutter contre de nombreux revers, mais donnèrent en même temps de brillants résultats; ils furent suivis en 1603 de l'établissement de la Compagnie générale des Indes orientales, garantie par son privilége contre toute concurrence commerciale dans les contrées situées à l'orient du Cap, et autorisée à conclure des traités, à construire des forts et à établir un gouvernement dans les pays désignés pour servir de théâtre à ses opérations. Cette compagnie devint puissante et ses hardis serviteurs portèrent souvent de terribles coups à l'Espagne. Elle commença ses opérations aux Moluques et à Bantam, nomma en 1609 dans la personne de Pieter Both le premier gouverneur-général de ses possessions et de ses factoreries, fonda en 1618 Batavia dans l'île de Java et en fit le centre de son activité, et continua dès lors à étendre de plus en plus ses relations et son activité dans l'archipel indien, ce qui ne l'empêcha pas d'acquérir en outre de grandes possessions dans d'autres parties de l'Asie et au Midi de l'Afrique. Les Pays-Bas ont plus tard perdu toutes ces possessions. La Compagnie acquit Formose en 1622; au Japon elle réussit à s'établir solidement dans la petite île de Decima, lorsqu'en 1636 tous les chrétiens eurent été massacrés et que l'entrée de l'empire eut été interdite à tous les barbares excepté aux Hollandais; en 1641 elle conquit Malacca; elle s'empara du Cap en 1652 et y fonda une colonie; en 1656, après une longue guerre, elle conquit Colombo, capitale de Ceylan et s'assura ainsi la suprématie sur l'île entière; dans les années qui suivirent jusqu'à la paix conclue avec le Portugal en 1661, les hauts faits de Rycklof van Goens lui acquirent un grand nombre de comptoirs enlevés aux Portugais sur les côtes de Malabar et de Coromandel pendant que l'entreprenante activité de ses agents commerciaux lui faisaient prendre pied dans le Bengale. Il n'est rien resté de toutes ces conquêtes, mais les bibliothèques et collections tant privées que publiques qui existent dans ces contrées renferment une multitude de monuments qui attestent la vaste étendue du pouvoir de la Compagnie; en même temps celle-ci a laissé dans notre littérature des traces profondes; nous pouvons nous vanter que l'étude des religions de l'Inde ait été inaugurée par la »Porte des mystères du paganisme ouverte" de notre Rogerius et par l'ouvrage inappréciable de Baldaeus sur Malabar, Coromandel et Ceylan, et que le Hortus Malabaricus de van Rheede van Draakenstein ait initié le monde aux merveilles de la végétation des Indes. Il y a en outre nombre de preuves que les ecclésiastiques néerlandais d'alors se sont livrés avec ardeur à l'étude de la langue Favorlangue de Formose, du Singalais de Ceylan et du Tamil de l'Indoustan. Mais Formose nous a déjà été enlevée en 1661 par le pirate chinois Coxinga; plus tard la paix d'Amiens, en 1802, fit rester Ceylan entre les mains des Anglais qui nous l'avaient prise; la colonie du Cap fut forcée en 1806 par les mêmes conquérants de capituler et la possession leur en fut confirmée par le traité de 1814; enfin, soit ce même traité, soit surtout celui de 1824 ont effectué certains échanges de territoire et certaines compensations entre les prétentions élevées par nous et par les Anglais, dont le résultat a été que la Grande Bretagne acquit la souveraineté de toutes nos possessions des Indes continentales, sans en excepter la presqu'île malaise.

Il est naturel que notre intérêt se porte beaucoup plus vivement sur les îles de l'archipel indien que sur les possessions que nous avons perdues. En effet dans l'archipel l'autorité néerlandaise n'a cessé de s'affermir et de s'étendre, sauf un court interrègne anglais, après lequel ce mouvement a été plus accentué que jamais, prenant pour point de départ les conquêtes et les traités de la Compagnie. Maintenant, ainsi qu'on l'a exposé dans l'introduction générale de ce catalogue, l'empire indien des Pays-Bas forme un tout compacte, sans enclaves étrangères, sauf un établissement anglais au nord de Borneo et un établissement portugais au nord-est de Timor.

Excepté à Java dans les derniers temps de son existence, la Compagnie se préoccupait uniquement de ses opérations commerciales et ne faisait de politique que lorsqu'il le fallait pour protéger ses relations en vue du négoce et pour les étendre. Tout cela changea après la suppression de la Compagnie et après l'interrègne anglais. Aussi nos colonies ont-elles dès lors acquis une importance grandissante, non seulement pour le négociant, mais aussi pour l'agriculteur et pour le mineur. En même temps l'Etat dans les Pays-Bas a su envisager ses devoirs à l'égard des indigènes des colonies d'une manière pour le moins aussi large et aussi sérieuse que la Compagnie a pu le faire, et son autorité, si d'ordinaire elle n'a pas supprimé l'administration indigène, s'est fait sentir aussi complètement et efficacement que jamais celle de la Compagnie.

On comprend donc que, de nouveau à l'exception de Java, l'autorité néerlandaise se soit avant tout affirmée sur les côtes et dans les contrées voisines des côtes, dans la première période de son établissement et de son extension, c'est-à-dire avant 1816. Mais après cette date elle s'est rapidement étendue jusque dans les contrées centrales des îles, chose dont nous nous rendrons mieux compte en passant en revue les différents groupes d'îles (Sumatra, Java, Borneo, Célèbes, les Moluques et les autres îles), avant et après 1816. Presque nulle part dans les Possessions extérieures l'autorité néerlandaise n'avait, avant 1816, l'étendue indiquée sur la petite carte jointe à ce catalogue.

Les postes et établissements de la Compagnie à *Sumatra* n'étaient certes pas nombreux. On sait qu'avant même la constitution de ce corps, Cornelis Houtman avait essayé de nouer des relations avec Atchin et n'y avait gagné que d'être assassiné. Dès lors les rapports du Pays-Bas avec Atchin n'ont jamais été amicaux, et l'on ne songeait aucunément à fonder quelque établissement dans cet empire inhospitalier.

La Compagnie ne possédait dans le reste de Sumatra qu'un petit nombre de comptoirs et de forts. Elle avait établi à Jambi (nous suivrons l'ordre chronologique) un comptoir qui a existé depuis 1616; elle conclut en 1662 un traité de commerce avec le sultan de Palembang et l'on éleva un fort dans la capitale de la contrée. Les princes de Menangkabau ayant vers la même époque invoqué son secours contre Atchin, elle refoula les Atchinois, qui cherchaient à s'étendre vers le sud, et elle reçut de son allié le droit de s'établir sur la côte occidentale, de Singkel à Indrapoura. Entre 1664 et 1669 on construisit des factoreries fortifiées à Padang, à Baros et à Ayer Bangis. Les districts de Lampong eurent aussi leur fort en 1668, tandis que Bangka et Blitong reconnaissaient de leur propre mouvement la souveraineté de la Compagnie. Le sultan de Johor ayant transféré en 1718 le siége de son gouvernement à Binton (Biouw) et en 1783 à Lingga, la Compagnie eut soin de renouer ses relations avec lui dans chacune de ces îles, dans l'intérêt du commerce du poivre et de celui de l'étain que produit Bangka, de la même manière qu'elle renouvelait d'époque en époque son traité avec le sultan de Palembang (1710 et 1791). Si nous ajoutons enfin que des fortifications avaient été construites à Mouara Kompek, nous aurons sans doute énuméré un certain nombre de postes, de forts et de traités; mais le tout ensemble n'en donne pas moins une idée qui n'a rien d'immense de l'étendue du pouvoir de la Compagnie à Sumatra. Aussi, lorsque notre souveraineté nous fut rendue en 1816, nos possessions directes dans cette île se trouvèrent-elles formées seulement de sept postes sur la côte occidentale, de la factorerie insignifiante de Palembang et de nos prétentions sur quelques provinces qui nous étaient soumises de nom — mais que nous n'avons pu faire valoir que les armes à la main.

Pour ce qui concerne *Java*, nous avons déjà dit que la Compagnie ne s'était pas dans cette île arrêtée aux côtes. Elle s'était fait céder en 1603 à Bantam et à Gresik des parcelles de terrain pour y construire des maisons d'habitation en pierre, des magasins et des comptoirs. Bientôt après ce modeste début, van Waerwyk et d'autres surent se mettre en possession de postes fixes dans l'île. Enfin Jan Pieterszoon Coen, en défendant victorieusement l'établissement néerlandais de Yakatra contre les princes indigènes et les Anglais, puis en fondant Batavia, est devenu le véritable fondateur de la puissance de la Compagnie à Java. Dès lors cette puissance s'accrut très rapidement, tantôt en secourant les princes de Bantam et de Mataran, tantôt en leur faisant la guerre. Les frontières du pays soumis à la Compagnie atteignaient déjà au commencement du XVIIIe siècle dans la partie occidentale de Java, la Chi Losari sur la côte nord et la Chi Donan sur la côte sud; Chéribon et le Preanger en faisaient par conséquent déjà partie. A la même époque Soumenap et Pamekasan, à Madoura lui avaient aussi déjà été cédés.

La Compagnie eut alors à se mettre à couvert des entreprises chinoises (1737—1741), sur quoi, ce danger conjuré, elle obtint, en échange du secours qu'elle avait donné au Sousouhounan de Mataram contre les Chinois et d'autres ennemis, une augmentation considérable de territoire, c'est-à-dire toute la côte nord et est de Java, de la Chi Losari jusqu'au d'étroit de Bali; de plus le Sousouhounan lui céda ses droits sur l'île de Bali (1743). Peu de temps après éclata la guerre de Java; l'empire de Mataram fut scindé en deux parties, qui eurent pour capitales, l'une Sourakarta et l'autre Yogyakarta, et la Compagnie se trouva de fait souveraine du territoire situé entre Chéribon, d'une part, et d'autre part la Chi Douan à l'ouest et Malang (Pasourouan) à l'est. En effet la Compagnie exerça la suzeraineté sur ce pays, fit valoir son influence sur la fixation de la succession au trône, se réserva de ratifier la nomination des principaux dignitaires de l'empire, soumit les princes à une surveillance active et construisit des forts pour contenir leurs capitales (1757). Comme, cinq ans auparavant, en 1752, Bantam avait aussi reconnu sa souveraineté pour lui-même et pour les districts de Lampong, on peut affirmer que Java tout entière était soumise au milieu du XVIIIe siècle, quoique l'extrémité orientale de l'île, pays sauvage et peu peuplé, ait persisté jusqu'en 1777 à reconnaître la suzerainité de Bali.

A *Borneo* les établissements de la Compagnie, quelque grande que soit cette île, n'ont été ni nombreux ni durables. On fonda en 1609 une loge à Sambas sur la côte occidentale et l'on conclut avec le prince un traité par lequel il s'engageait à ne faire de négoce qu'avec les Hollandais. L'établissement ne prit quelque importance qu'en 1771, lorsque le sultan de Bantam donna en fief à la Compagnie le royaume de Pontianak fondé par Seid Abdou'r-rahman; il est vrai qu'elle rendit à Abdou'r-rahman ses états, mais non sans y fonder des factoreries fortifiées, ainsi qu'à Mampawa. La Compagnie intervint encore à plusieurs reprises dans les luttes dont la côte occidentale de Borneo fut le théâtre; par exemple, les princes de Mampawa et de Soukadana ayant soutenu contre la Compagnie le sultan de Riouw, le premier fut privé du trône, et le second se vit forcé, après la destruction de sa capitale, à transférer plus au sud, à Matan, le siége de son autorité. Toutefois cette côte ne procurait que de maigres bénéfices, et en 1791 on abandonna les forts qui avaient été construits. Sur la côte méridionale on noua au XVIIe siècle à plusieurs reprises des relations commerciales, auxquelles on se voyait après quelque temps obligé de renoncer à cause de la mauvaise foi des indigènes. Ces relations semblèrent devoir devenir plus stables au XVIIIe siècle. On établit pour le commerce du poivre des factoreries, en 1711 à Banjarmasin et en 1747 sur la petite île de Tatas située dans une rivière, et l'on construisit un fort près de Tabanio, sur la rivière du même nom. En 1787, le sultan de Banjarmasin, qui avait été secouru par la Compagnie, lui céda même complètement son territoire; mais toutes les factoreries qui y avaient été établies furent abandonnées en 1809 sur les ordres de Daendels, parce qu'elles ne donnaient pas de bénéfices suffisants.

A *Célèbes* la Compagnie noua en 1607 des relations commerciales avec le puissant empire de Mangkasar. Les Portugais possédaient alors um grande influence sur les affaires de ce pays. Ils excitèrent le prince à faire alliance avec celui de Mataram, afin de chasser les Hollandais des deux états. Pour le mettre à la raison il fallut plus d'une expédition (1660 et 1666); on en vint à bout; la puissance de Mangkasar fut brisée; cet empire se vit remplacer par son ancien vassal, le royaume de Bone; les Portugais et les Anglais furent chassés; le monopole de la Compagnie fut solidement établi, et des provinces déterminées (Bantaëng et Bouloukoumpa) lui furent cédées dans le Sud de l'île. C'est le célèbre traité de Bonga qui consacra ces résultats. Par le même traité la Compagnie forma avec le royaume de Bone une alliance à laquelle se joignirent la plupart des états du Midi de Célèbes (1668 et 1669) et dont la Compagnie conserva la direction suprême. Elle se fit régulièrement arbitre des différents continuels qui s'élevaient entre Bone et Mangkasar et donnait d'ordinaire raison au premier de ces deux royaumes, de sorte qu'il ne put plus tard regimber contre les Pays-Bas sans se rendre coupable d'ingratitude. Ternate céda en 1677 la côte nord de Célèbes à la Compagnie.

Les Portugais ont été une fois très puissants aux *Moluques*, et s'y sont fait haïr des habitants, ce qui a pavé le chemin à la Compagnie; aussi y a-t-elle établi des relations fort étendues. Déjà van Neck sut se concilier les habitants des îles Banda, ainsi que d'Amboine et de Ternate, en venant à leur secours contre les Portugais; en 1600 trois vaisseaux de la compagnie de Verre, commandés par Steven van der Hagen, firent assurer aux armateurs néerlandais le monopole du commerce du girofle dans l'île d'Amboine, et Wolfert Hermansz, en 1602, obtint des habitants des îles Banda celui du macis et de la noix de muscade. Quand la Compagnie eut été constituée, Steven van der Hagen enleva définitivement Amboine aux Portugais et fit jurer par les chefs indigènes fidélité aux Etats Généraux (1605); en même temps Cornelis Matelief fondait à Ternate le fort d'Orange et concluait un traité avec le prince de cette île. A ces premiers établissements s'ajoutèrent en 1608 et 1609 la forteresse de Willemstad et plusieurs établissements retranchés à Halmaheira, Makyan, Banda Neira et Motir; de plus Batyan fut conquis et le château espagnol devint château néerlandais. Les forts de Grande-Banda, de Rosengain et de Ceram sont d'origine un peu plus récente. Tous ces forts formaient une chaîne de points d'appui suffisants pour maintenir la puissance de la Compagnie aux Moluques, mais ne la dispensaient aucunement de se tenir en garde contre les menées des Portugais et aussi des Anglais, dont la Compagnie s'était fondée en 1600 et qui dès lors faisaient le commerce aux Moluques.

Nous ne ferons que rappeler en passant que les Anglais évacuèrent momentanément Amboine en 1616, puisque, malgré les traités qui leur assuraient ainsi qu'à la Compagnie hollandaise la liberté du négoce dans les archipels de Ternate et d'Amboine, ils persévérèrent dans leur conduite perfide, mais qu'enfin ils furent forcés d'abandonner complètement le monopole aux Hollandais lorsque neuf d'entre eux eurent été pour leur trahison exécutés à Amboine (1623). Les habitants de ce groupe d'îles, surtout les Amboinais, devinrent après cela toujours plus complètement sujets de la Compagnie; enfin en 1663 les îles de Ternate et de Tidore furent à leur tour évacuées par les Espagnols, qui avaient réussi jusqu'alors à s'y maintenir. On sait qu'une fois restée maîtresse du terrain, la Compagnie abusa de son pouvoir pour détruire les arbres à épices, pour construire des forts sans donner pour cela aux habitants les compensations auxquelles ils avaient droit, et pour noyer dans le sang les soulèvements occasionnés par sa tyrannie. Mais ces évènements ne rentrent pas dans notre cadre.

Il n'y aurait guère d'intérêt à examiner maintenant en détail où la Compagnie a établi des comptoirs, élevé des forts, pris possession de territoires, en dehors des groupes d'îles que nous venons de parcourir. Disons seulement que déjà en 1612 les Portugais furent chassés de Solor et de la partie sud-ouest de Timor, où l'on construisit près de Koupang le fort Concordia; que des redoutes ont été construites, sous l'administration de van Diemen (1636 à 1645), à Wokam (l'une des îles Arrou), à Amblau et à Damme (l'une des îles du Sud-Ouest), et qu'en même temps on conclut un traité avec les chefs des îles Kei, qui vingt ans plus tard reconnurent la souveraineté de la Compagnie. Quoique les îles Tenimber aient attendu jusqu'en 1772 pour suivre cet exemple, on peut dire qu'à la fin du XVIIe siècle toutes les îles du Sud-Ouest et du Sud-Est étaient bien disposées pour la Compagnie ou lui étaient soumises. La soumission de Mangkasar eut pour conséquence que la Compagnie étendit aussi son pouvoir sur une partie des petites îles de la Sonde et que Rotti, Solor, Soumba et Savou firent avec elle en 1756 un traité d'alliance.

Nous n'avons pas à nous occuper ici des motifs qui ont conduit en 1798 à dissoudre la Compagnie, et quant aux évènements qui eurent lieu dans les colonies lorsqu'elles furent tombées au pouvoir des Français, puis pendant l'interrègne anglais, nous n'avons à les mentionner que dans la mesure dans laquelle ils ont exercé quelque influence par rapport à l'extension du pouvoir des Européens. Nous rangeons dans cette catégorie de faits la répression des mouvements insurrectionnels à Java sous le gouvernement énergique de Daendels, administration qui forme un contraste des plus réjouissants avec l'insouciance à l'égard des colonies et avec la faiblesse qui en a caractérisé l'administration peu après que l'Etat s'en fut chargé et pendant que les Pays-Bas ont été gouvernés par les Français. En effet Daendels sut ranger sous l'autorité directe du gouvernement non seulement les districts de Lampong, mais encore presque tout Chéribon et Bantam, et son énergie eut pour effet que les sultans de Yogyakarta et de Sourakarta, qui voulaient se rendre tout à fait indépendants, furent forcés de faire leur soumission et qu'ils perdirent une forte part de leur pouvoir (1808—1810). A son tour Raffles a su gouverner dans l'intérêt bien entendu du pouvoir des Européens — ce n'était plus des Néerlandais. En premier lieu il a beaucoup perfectionné l'administration et a fait disparaître maint vieil abus; de plus il sut forcer l'orgueilleux sultan de Palembang, qui avait gravement offensé les Hollandais, à reconnaître la suzeraineté des Européens, à céder Blitong et Bangka et à établir des routes conduisant aux districts de Lampong et à Benkoulen; enfin l'armée au moyen de laquelle il avait châtié Palembang lui servit plus tard à contraindre à de nouvelles concessions les souverains de Sourakarta et de Yogyakarta. Il est vrai que la haine contre l'administration européenne fut nourrie par ces actes, pour éclater de nouveau dans la suite; mais cela n'empêche pas que Raffles n'en ait efficacement soutenu, sauvé le prestige. Les menées continuelles des sultans de Bantam et de Chéribon eurent de la même manière pour résultat pour ces princes la perte de leur dignité; leurs royaumes cessèrent d'être des états distincts et furent rangés presque en entier sous l'administration européenne (1810 à 1813). Il est certain que lorsque les Pays-Bas rentrèrent en possession de leurs colonies, de 1816 à 1819, ils ne les retrouvèrent point dans un état moins prospère que lorsque on les leur avait enlevées.

Voyons maintenant quelle extension le pouvoir néerlandais a prise depuis 1816. Commençons de nouveau par *Sumatra*. C'est là qu'il y avait le plus à faire. En effet, lorsque en 1819 les Anglais eurent tout rendu aux Pays-Bas, ceux-ci ne se virent à Sumatra en possession que des quelques postes ou établissements que la Compagnie avait eus à Padang, Priaman, Poulo Chinko, Ayer Haji, Ayer Bangis, et de l'ancien poste de Palembang. On verra plus loin jusqu'où s'étendait notre autorité dans ces endroits. Dans *l'intérieur* nous n'avions qu'un seul poste, occupé en 1818 par Raffles et reçu de lui par les Pays-Bas en 1821; c'était le poste de Samawang situé sur l'Ombilin à sa sortie du lac de Singkara. La principale occasion que nous eûmes ensuite d'étendre notre pouvoir nous fut offerte par les guerres du Padri (1821—1838), qui nous donnèrent successivement tout le Haut et le Bas-pays de Padang, c'est-à-dire le cœur de l'ancien empire de Menangkabau, avec Mandeling, Angkola et Sipirok. En 1840 nous chassâmes les Atchinois de Singkel et de Baros, et enfin en 1878, après notre expédition contre le souverain sacerdotal qui régnait à Toba, la vallée de Silindong et Padang lawas reconnut notre autorité. Les XII Kòta avec Pangkalan Kòta Barou, bassin des sources du Kampar, nous firent volontairement leur soumission. — A Benkoulen, qu'en 1824, par le traité que nous fîmes alors avec l'Angleterre, nous obtînmes avec Natal et quelques autres postes à Tapanouli en donnant Malacca en échange, la population se montrait remuante; elle ne fut complètement soumise que lorsque nous eûmes fait la conquête du Haut-pays de Palembang, conquête sur laquelle nous reviendrons bientôt. Dans les districts de Lampong, où nous n'avions établi qu'un agent civil lorsque les Anglais nous les remirent, notre autorité était plus nominale que réelle; pendant quarante ans les chefs de pirates y ont plus véritablement régné que les Hollandais. Enfin en 1856 nous fîmes dans cette province une expédition qui nous la soumit d'une manière plus efficace et la pacifia.

Quant à Palembang, même après les expéditions de 1819 et de 1821, devenues nécessaires pour maintenir notre autorité, même après la suppression, en 1825, du gouvernement du sultan, notre pouvoir n'était réel que dans la capitale et dans les environs immédiats. Il nous a fallu de longues guerres

(1851—1859) avant de pouvoir faire accepter notre autorité aux territoires de Mousi et de Lamatang, c'est-à-dire aux montagnards; Lebong fut soumis en 1861, les fertiles contrées qui entourent le lac Ranau en 1864, et celle de Pasouwan de 1866 à 1868. Toutefois il a fallu bien des campagnes militaires encore avant que les communications par voie de terre fussent convenablement assurées entre Benkoulen et Palembang et que le Midi de Sumatra obéît complètement à notre autorité.

Passons du sud à la côte orientale. La première extension de notre autorité qui s'y offre à nous n'est pas considérable. C'est à l'embouchure de la Jambi, où le Sultan, par contrat, reconnut notre suzeraineté. Il resta, quoique vassal, peu docile, au point qu'il fallut même prendre d'assaut son kraton dans une expédition qui eut lieu en 1858. Celui que nous châtiâmes ainsi s'appelait Taha; il s'enfuit dans les montagnes et un autre sultan régna à sa place; mais il faut dire que l'autorité de son successeur, et par conséquent la nôtre, ne dépassait guère les limites du delta du fleuve; le Haut-pays resta fidèle à l'ancien sultan, avec lequel nous avons fini par signer une convention à la mort, survenue en 1881, du sultan par lequel nous l'avions remplacé. Nous avons consenti à ce que le Pangéran Ratou, ami de Taha, fût élevé au trône.

Il y a encore, entre le Haut-pays de Padang et la Jambi, quelques très petits états, gouvernés par des descendants des sultans de Menangkabau, qui refusent encore de reconnaître notre autorité.

Lorsque l'empire de Johor fut divisé par le traité de 1824, nos compétiteurs anglais nous laissèrent tout ce qui est au sud du détroit de Singapour. Toutefois les habitants ne se soumirent que très imparfaitement à nous. Soit le souverain de Lingga, soit ses vassaux, les princes d'Indragiri et de Reté, sur la côte orientale de Sumatra, manifestaient des symptômes de résistance à nos volontés et cet état de choses ne s'améliora qu'après la mort, en 1857, du vieux sultan de Lingga, notre très indocile vassal, et après la soumission par les armes, en 1858, du rebelle Panglima Besar de Reté. Depuis, le respect de notre autorité a été assuré par des contrats fréquemment renouvelés et par l'établissement de controleurs à Lingga et à Indragiri (1870 et 1878), et la population indigène se montre de mieux en mieux disposée à notre égard.

Quoique la Compagnie eût conclu des conventions avec le royaume de Siak et que nous y eussions une fois possédé quelques postes, notre pouvoir y était en réalité si peu établi que le sultan a pu en 1857 en offrir la suzeraineté à l'Angleterre, et qu'il ne s'est décidé qu'en 1858 à signer avec nous un traité, par lequel toute la côte, du Kampar au Tamiang, aurait dû devenir partie intégrante des Indes néerlandaises. Avant toutefois que ceci devînt un fait, il a fallu, de 1858 à 1865, soit au moyen d'expéditions, soit par la conclusion de traités, amener les grands et petits royaumes situés au nord de Siak (Bila, Serdang, Deli, Langkat et Asahan) à reconnaître notre autorité, puis chasser les Atchinois de Tamiang et, en 1872, faire la guerre aux Bataks du Haut-pays pour les contenir. A l'heure qu'il est les habitants même du Kampar inférieur (Poulo Lawan) semblent perdre leur éloignement pour nous.

Notre dernière acquisition à Sumatra est celle qui a coûté les sacrifices les plus lourds. C'est Atchin. Lorsque le traité de 1871 eut fait disparaître le protectorat de l'Angleterre sur cet empire, les Pays-Bas se mirent aussitôt en devoir de le châtier des nombreuses offenses dont il s'était rendu coupable à leur égard. Jamais encore ils n'ont eu à soutenir dans l'archipel de guerre aussi sanglante et aussi coûteuse contre un adversaire aussi obstiné, et l'on ne peut pas dire encore en ce moment que ce territoire soit complètement soumis. Cependant la conquête est accomplie au point que la complète pacification d'Atchin et de quelques autres contrées qui nous résistent dans l'intérieur de Sumatra n'est plus qu'une question de temps.

A *Java*, nous l'avons vu, la suzeraineté européenne était partout reconnue des chefs et de la population lorsque l'île nous fut rendue. Cependant nous n'avions pas partout directement l'administration entre nos mains. Nous eûmes encore à soutenir de 1825 à 1830 une guerre longue, sanglante et coûteuse pour achever la soumission des principautés, ce qui conduisit aussi à rogner le territoire des princes, puisque lorsque la guerre fut finie Banyoumas, Bagelen, Madioun avec Pachitan, et Kidiri furent placés sous la direction de fonctionnaires néerlandais.

Pour *Borneo*, on peut comparer, quant à leur étendue, nos acquisitions faites dans cette île à celles que nous avons faites à Sumatra; même on peut dire dans un certain sens que tous les droits et les territoires que nous y possédons sont de date postérieure à 1816. En effet les établissements de la Compagnie avaient déjà été abandonnés lorsqu'elle-même fut supprimée, et les Anglais n'ont point fondé de postes permanents à Borneo pendant l'interrègne. — L'état des choses a changé du tout au tout depuis 1816. Déjà en 1818 et 1819 on conclut des traités avec les princes de Pontianak et Sambas, de Mampawa et

Landak, qui ne parvenaient pas à se faire obéir des colons chinois, et ils admirent des fonctionnaires hollandais dans leurs états. En 1822 les sultans de Matan (qui auparavant avaient été vassaux de Soukadana) reconnurent notre suprématie, de même que l'état de Koubou, limitrophe de Pontianak, et que les petits états des bords de la Kapouas, Tayan, Méliau, Sangau, Sékadau et Sintang. Pendant toute la période qui suivit, le gouvernement néerlandais se vit chargé d'assez de besogne par la guerre de Java, les guerres du Padri et les expéditions de Bali, pour ne pas faire à Borneo plus que le nécessaire pour que les traités fussent respectés; c'est ainsi qu'en 1828 on fit une expédition contre Matan pour le châtier de ce qu'un navire néerlandais avait été pillé. Plus tard cependant, les Chinois furent complètement réduits à l'obéissance (1853—1856), ce qui conduisit à réunir au territoire néerlandais la belle sous-résidence de Montrado; puis l'on conclut des traités avec les petits princes de Silat, Souwahid, Salimbau, Piassa, Jonkong et Bounout, et l'on construisit un fort à Sintang et y établit un assistent-resident. Sintang se révolta cependant deux fois encore, en 1859 et 1864 avant d'être entièrement soumis. Maintenant les efforts qui se font ont pour objectif d'asseoir notre autorité le long du cours supérieur de la Kapouas et de mettre fin, si possible, aux déprédations des tribus dayaks encore indépendantes.

Dans le sud-est de Borneo les Pays-Bas ont conclu successivement en 1817, 1823 et 1826, avec le sultan de Banjarmasin, des traités dont chacun rognait son territoire et amoindrissait son autorité un peu plus que le précédent. Ce prince céda premièrement au gouvernement néerlandais ses droits de suzerain sur les royaumes, indépendants de fait, de la côte orientale et sur Kotaringin; ensuite il fit l'abandon de ce qui est maintenant la Division méridionale (contrées de Pembouan, de Sampit et de Mendawei), du grand et du petit Dayak (bassin de la Kahayan et de la Kapouas Mouroung), des provinces de Dousoun et de Bekompai dans le haut-pays et enfin de la pointe méridionale de Borneo, Tanah Laut. Il ne conserva donc le gouvernement que des bassins de la Nagara et de la Martapoura (ce qu'on appelle les principautés). De plus, afin d'assurer le respect dû à l'autorité néerlandaise, on établit des postes à Marabahan et à Tabanio, déjà mentionné par nous. En 1846 on chargea un fonctionnaire civil de l'administration de la Division méridionale, et en 1853 on établit un fonctionnaire itinérant sur la population du grand et du petit Dayak. A ces extensions il faut ajouter la reconnaissance de notre autorité par Kotaringin en 1824, par Koutei en 1825, par les contrées de Bérau, par Boulangan et par les contrées de Tidoung en 1834, par Pasir en 1844, de sorte que vraiment notre pouvoir a considérablement grandi à Borneo, quoique il n'y soit pas encore suffisamment consolidé. En effet, quoique il y ait un assistent-resident à Samarinda, port de Koutei, et que les traités avec Koutei et Pasir aient été renouvelés en 1862 et 1863 et toujours fidèlement observés, il n'y a point encore de fonctionnaire néerlandais à Bérau, et les pirates, à peine châtiés, recommencent leurs méfaits.

En 1859 éclata une terrible rébellion, dans laquelle beaucoup des employés de la mine d'Orange Nassau récemment ouverte furent tués, et qui ne fut réprimée, après bien des efforts, qu'en 1866; de nouveaux troubles rendirent des expéditions nécessaires en 1870 et 1873, et l'on jugea, à la suite de ces évènements, devoir augmenter le nombre des fonctionnaires à Banjarmasin, diviser en sous-résidences (Amountai et Martapoura) les principautés, déjà annexées en 1860, et réunir pour en faire une sous-résidence les territoires de Dousoun et de Dayak. En outre le gouvernement a fait faire de nombreuses excursions sur les rivières de la côte sud afin de faire sentir sa présence aussi loin que possible dans l'intérieur, et les chefs de Tanah Boumbou, qui était resté indépendant, furent contraints de prendre nos ordres, de même que Batou-Lichin et que l'île de Poulo Laut sur la côte sud-est.

Pour résumer ce que nous avons dit de Borneo, nous constaterons que dans le cours de ce siècle le gouvernement des Pays-Bas a étendu son autorité sur une vingtaine d'états grands et petits de la côte occidentale de cette île, que dans la Division du sud et de l'est les bassins des cinq rivières les plus considérables ont été rangés sous notre administration directe, et que Kotaringin, de même que tous les états de la côte orientale, jusqu'aux frontières du territoire de la North Borneo Company, reconnaît notre suzeraineté.

Nous avons dû nous étendre passablement sur ce qui concerne Sumatra et Borneo. Dans les autres parties de l'archipel nous avons eu, après la prise de possession par la Compagnie, à consolider notre pouvoir plutôt qu'à l'étendre, et nous pourrons par conséquent en parler plus brièvement, comme cela a été le cas pour Java. A *Célèbes*, l'expédition de Boni en 1860 servit à joindre aux anciens territoires du gouvernement (districts nord et sud, Bantaëng et Bouloukoumpa) les petits états, jusqu'alors vassaux, de Tello, Bangkala, Binamou et Sanrabone; en même temps la contrée de Sinjai, cédée par Bone, forma avec Bouloukoumpa une nouvelle division, appelée celle des Districts orientaux. Maintenant encore le gouvernement est attentif à ne point laisser passer d'occasions d'étendre son autorité aux provinces plus reculées qui n'ont pas adhéré au traité de Bonga renouvelé, par ex. Wajo. Dans le nord de Célèbes notre autorité s'est considérablement affermie, surtout dans le Minahassa, par l'influence des missionnaires.

Aux *Moluques* et dans la *Nouvelle-Guinée* rien n'a été modifié depuis l'époque de la Compagnie, si ce n'est que les décrets du 24 août 1828 et du 30 juillet 1848 ont défini et fixé les droits assez vagues que la Compagnie pouvait faire valoir sur les îles des Papous et sur une partie de la N. Guinée, en vertu de sa suzeraineté sur Tidore. On fixa alors au 141e méridien à l'orient de Greenwich la frontière orientale du territoire néerlandais, quoique jusqu'ici il n'ait pas été question d'assujettir les farouches Papous à un gouvernement régulier.

A *Timor*, les frontières qui séparent notre territoire de celui des Portugais ont été exactement définies par le traité de Lisbone du 20 avril 1849, et nous avons racheté de cette puissance les droits qu'elle possédait sur la pointe orientale de Florès et sur quelques petits états dans les îles situées au nord de Timor. *Bali* n'avait eu avec la Compagnie que des relations commerciales, mais reconnut notre suzeraineté en 1841; les expéditions de 1846, 1848 et 1849 ont servi, non seulement à solidement y asseoir notre souveraineté, mais aussi à ranger sous notre administration directe les royaumes de Bouleleng et de Jembrana. Tout montre donc que pendant les soixante dernières années notre pouvoir n'a pas seulement grandi en étendue, mais aussi en intensité, et nous pouvons répéter avec M. Robidé van der Aa que les Pays-Bas, la première puissance coloniale après l'Angleterre, n'ont pas dégénéré de leurs hardis pionniers du XVIIe siècle, et que leurs enfants poursuivent énergiquement la grande tâche qui leur a été léguée par leurs ancêtres. Nous ne faisons en cela qu'obéir à la loi de nécessité historique qui nous commande d'étendre sans cesse notre territoire, de même qu'elle le commande aux Russes dans l'Asie centrale et aux Anglais dans la presqu'île de l'Inde.

Après cet aperçu historique de la manière dont nous sommes entrés en possession de notre empire des Indes orientales, nous tournerons nos regards vers l'hémisphère occidental. Avant même que la Compagnie des Indes or. existât, il avait déjà été question d'en fonder une pour les Indes occ., et l'on avait équipé en 1599 une flotte qui devait, sous le commandement de Pieter van der Does, entraver autant que possible le commerce des Espagnols avec l'Amérique et s'emparer aux Indes occ. d'un point où pût s'asseoir le commerce néerlandais. Van der Does remporta aux Canaries d'importants avantages, renvoya en Hollande une partie de ses vaisseaux avec le butin et cingla avec les autres vers le Brésil; il y trouva des fièvres pestilentielles qui lui décimèrent ses équipages et le forcèrent de revenir sans avoir pu s'acquitter de sa mission. Une seconde expédition se fit sous les auspices de la Compagnie des Indes or., qui prit à son service le célèbre voyageur anglais Henry Hudson et qui le chargea de trouver soit le passage du nord-est, soit le passage du nord-ouest pour aller aux Indes. Hudson découvrit la rivière qui prit son nom, mais ne put pas faire davantage. Cette expédition avortée eut cependant une conséquence importante. Elle amena la fondation de la colonie de la Nouvelle-Néerlande dans la contrée découverte par Hudson. Van Spilbergen alla aussi montrer le pavillon néerlandais sur les côtes de l'Amérique du Sud, où il fit beaucoup de mal au commerce espagnol, quoique en ce moment-là la trève de douze ans fût en vigueur; mais, craignant de détourner complètement l'Espagne de conclure la paix, on renvoya l'érection d'une Compagnie des Indes occ. jusqu'à l'expiration de la trève. Cette Compagnie fut enfin fondée en 1621 et se chargea aussi de la colonie établie sur les bords de l'Hudson, sur quoi commença entre les Pays-Bas et le Portugal une longue lutte dont l'enjeu était le Brésil, mais pendant laquelle du moins nous devînmes maîtres de Curaçao, prise sans grande peine en 1634 par van Waalbeeck. Loncq s'était en 1630 emparé du Récif de Fernambouc, que bientôt l'on considéra comme le centre des possessions néerlandaises en Amérique. Cet établissement eut son époque la plus brillante sous le gouvernement du comte Jean Maurice de Nassau (1636—1644), qui donna au Récif, fortifié par lui, le nom de Mauritsstad; mais qui se vit si faiblement soutenir par la mère-patrie qu'il jugea devoir se démettre de sa charge en 1644, lorsqu'il s'aperçut qu'il ne restait rien des belles perspectives qui s'étaient un moment ouvertes sur une grande extension du pouvoir néerlandais au Brésil. Après son départ le mouvement de recul s'accentua, et les Pays-Bas finirent, lors de la conclusion de la paix avec le Portugal en 1661, par faire l'abandon, contre une compensation pécuniaire, de toutes leurs prétentions sur le Brésil.

Pendant ce temps la Nouvelle Néerlande avait prospéré et son chef-lieu, la Nouvelle Amsterdam, s'était fondé; il s'était aussi établi des Hollandais à Tabago, à St. Eustache, à Saba et dans la partie méridionale de St. Martin, ainsi que sur l'Essequibo et sur la Berbice. Mais en 1664, en pleine paix, l'amiral anglais Holmes s'empara des possessions néerlandaises sur la côte occidentale de l'Afrique, puis, traversant l'Atlantique, alla attaquer la Nouvelle Néerlande, qu'il conquit, et nous perdîmes pour toujours cette belle colonie. Il est vrai que de Ruyter reprit les forts africains; mais le mauvais état de sa flotte ne lui permit pas de tenter aussi de conquérir de nouveau le N. Néerlande, et l'on comprenait si mal à cette époque l'importance de la possession d'un territoire propice à la colonisation au sens vrai du mot, qu'à la paix de Breda en 1667 on abandonna la N. Néerlande aux Anglais, sans faire d'efforts sérieux pour maintenir les droits des Pays-Bas; l'on se crut suffisamment dédommagés parce que l'on conserva définitivement Surinam, pris aux Anglais par Kryussen, repris par ceux-ci lorsque la paix était déjà signée, rendu là-dessus par eux, et alors abandonnée par toute la population blanche. Bien plus, la N. Néerlande ayant été conquise de nouveau par Evertsen pendant la troisième guerre contre l'Angleterre (1672—1674), on la rendit sans aucune compensation à la paix de Westminster, probablement parce que les difficultés de la guerre que la République continuait de soutenir contre la France lui faisait désirer à tout prix de se débarrasser d'au moins un de ses adversaires. La guerre avec la France nous fit passagèrement conquérir Cayenne et perdre Tabago; mais dans l'intervalle la Compagnie des Indes occ., accablée de revers, s'était déjà dissoute (1674). On en rassembla les débris pour en fonder une nouvelle, organisée du reste sur un pied beaucoup plus modeste que la première. Elle n'obtint de monopole que pour le commerce de la côte occidentale de l'Afrique, d'Essequebo et de Curaçao, et la pratique de tous les autres endroits mentionnés dans la charte de l'ancienne Compagnie devint libre pour tous les habitants du sol de la République. Surinam, que les Zélandais avaient conquis, n'avait pas appartenu à l'ancienne Compagnie, mais fut vendu en 1682 à la nouvelle pour 260000 florins. Celle-ci cependant ne se sentait pas en état de développer les ressources de ce pays, fort riche sans doute, mais presque privé d'habitants, et dès 1683 elle en revendait un tiers à la ville d'Amsterdam et un autre tiers à Cornelis Aerssens, seigneur de Sommelsdijk. C'est de cet arrangement qu'est sortie, sous le contrôle de l'Etat, la Société de Surinam, dans laquelle la Compagnie n'était intéressée que pour un tiers. Il fut stipulé qui le seigneur de Sommelsdijk serait gouverneur de la colonie, toutefois sans qu'il lui fût alloué de traitement, et que dans la suite ce poste serait de préférence confié à ses descendants. Le gouverneur trouva la colonie dans un état lamentable, mais prit des mesures énergiques pour la relever. Il n'échappa point au sort ordinaire des réformateurs. Il fut honteusement calomnié et persécuté, et enfin lui, qui mérite d'être appelé le créateur de Surinam, périt en 1688 poignardé par quelques misérables que sa sévérité avait rendus furieux. La tranquillité ne fut pas aisée à rétablir après ce tragique évènement; puis vint l'année suivante l'attaque des Français; Surinam parvint à se défendre et entra alors dans une ère de prospérité croissante en même temps que les colonies limitrophes d'Essequebo et de la Berbice, en dépit même des immenses pertes qu'une nouvelle attaque des Français fit subir en 1721 à Surinam, à la Berbice et à Curaçao. Surinam a été redevable de sa prospérité surtout à l'énergie des réfugiés français qui s'y étaient établis, et à l'introduction de la culture du café, qui eut lieu en 1719; dans l'Essequebo et à la Berbice ce furent surtout le sucre et le tabac que l'on s'appliqua à produire. Malheureusement toute cette prospérité avait pour point d'appui le travail des esclaves importés de la côte de Guinée, et se payait par conséquent des iniquités sans nombre qui sont inséparables de l'esclavage.

Pendant ce temps la nouvelle Compagnie des Indes occidentales ne parvenait pas mieux que l'ancienne à faire de bonnes affaires. Elle crut enfin trouver le chemin de la fortune en équipant en 1721 une expédition sous les ordres de Jacob Roggeveen pour aller à la recherche d'îles riches en or que l'on croyait exister sous le 36e degré de lat. sud. On ne trouva point d'îles, et pour tout gain on se vit embarqué dans des conflits avec la Compagnie des Indes orientales qui firent grand tort à une position déjà compromise.

Nous ne pouvons entrer dans le détail des guerres contre les nègres marrons, descendants d'esclaves fugitifs, qui ne cessaient de faire des déprédations sur le territoire de la colonie; leur audace fut surtout grande de 1726 à 1762. Nous nous contenterons aussi de mentionner purement et simplement les révoltes des esclaves qui eurent lieu en 1763 à la Berbice et en 1772 à Surinam. Nous ne pouvons pas non plus entièrement passer sous silence la fondation d'une nouvelle colonie sur la Démerary, entre celles de Berbice et d'Essequebo. Andries Pieterse, planteur d'Essequebo, s'y établit le premier, en 1746, et vingt-trois ans plus tard on y comptait déjà 160 plantations de sucre et de café. On parvint enfin en 1778 à se rendre entièrement maître des esclaves, et les Indes occidentales purent respirer. Ce ne fut malheureusement pas pour longtemps, car la guerre qui éclata en 1780 avec l'Angleterre vint trop promptement interrompre la prospérité que la paix avait fait naître. Pendant cette désastreuse guerre St. Eustache, Saba, la partie néerlandaise de St. Martin, Essequebo, Démérary et la Berbice, tombèrent tous au pouvoir de l'ennemi. Les Français reconquirent ces possessions et les rendirent aux Pays-Bas, mais elles ne goûtèrent pas longtemps les douceurs de la paix; de nouvelles attaques des Anglais les exposèrent encore en 1795 à toutes les misères de la guerre, et l'année suivante Démérary et Essequebo capitulèrent sans coup férir. La décadence de la Comgagnie était devenue complète avant même ces évènements; on l'avait supprimée en 1794 et l'on avait chargé un Conseil des colonies d'administrer nos possessions des Indes occidentales; quand la moitié de celles-ci eurent été perdues, on simplifia beaucoup les rouages de cette administration. Même le reste finit par tomber aux mains des Anglais, Surinam en 1799, Curaçao en 1800, St. Eustache en 1801. La paix d'Amiens nous rendit bien sur le papier tout ce que nous avions perdu; mais nous ne pûmes recouvrer en réalité que Surinam et Curaçao, parce que la remise des autres possessions n'avait pas encore eu lieu lorsque la guerre éclata de nouveau en 1803. Surinam fut de nouveau conquise par nos adversaires, peu après l'ouverture des hostilités, et Curaçao eut le même sort en 1807 après avoir courageusement résisté en 1803. Enfin vint notre traité de 1814 avec l'Angleterre, par lequel nos possessions aux Indes occidentales reçurent les limites qu'elles ont maintenant encore, c'est-à-dire que nous abandonnâmes Essequebo, Démérary et Berbice à l'Angleterre et que tout le reste nous fut rendu.

C. M. KAN.

GROUPE III. Quatorzième Classe.

1. **Les Portugais en Orient**, par P. A. Tiele. Six articles du *Gids*, 1873—1879, reliés ensemble. — Prof. P. J. **Veth**, à Leyde.

2. **J. K. J. de Jonge, Naissance du pouvoir des Pays-Bas aux Indes or.**, Collection de documents inédits tirés des anciennes archives coloniales à la Haye. La Haye, Nyhoff, 1862—1878. 10 vol. in-8°. Répertoire pour les sept premiers vol. — Acad. mil. royale, à Breda.

3. (En français). **Vies des Gouverneurs-Généraux avec l'Abrégé de l'histoire des établissements Hollandais aux Indes orientales**, par J. P. J. du Bois. La Haye, 1763, in-4°. — Prof. P. J. **Veth**, à Leyde.

4. **Histoire de Surinam** par J. Wolbers. Amsterdam, 1861. — J. H. de **Bussy**, éditeur à Amsterdam.

5. **Histoire de Surinam** par Mlle M. L. E. Vlier. — Mlle **Vlier**, à Surinam.

6. **Recueil de documents et de pièces probantes produites par Salomon du Plessis contre le Gouverneur de Surinam**, J. J. Mauritius, Dr. en droit. 3e vol., 1652. — T. G. **Smith**, à Surinam.

7. **Collection de récits de voyages de la bibliothèque de la Société indienne**, exposée dans une vitrine faite exprès pour la recevoir. — **Société indienne**, à la Haye.

1. (En français). Dulaurier (Ed.), Etudes sur l'ouvrage intitulé: Relation des voyages faits par les Arabes et les Persans dans l'Inde et à la Chine dans le IXe siècle. Paris, 1846, in-8°.
2. (En français). Tiele (P. A.), Mémoire bibliographique sur les journaux des navigateurs Néerlandais. Amsterdam, 1867, in-8°.
3. Van Dijk (L. C. D.), Découverte de l'île de la Nouvelle-Amsterdam, 2 petits volumes avec une carte. Haarlem, 1854.
4. Recueil exact des plus remarquables voyages par mer et par terre aux Indes or. et occ., 1596—1696. Leyde, van der Aa, 1707. 28 vol. en 29 tômes. Avec planches et cartes; in-8°.
5. Huygen van Linschoten (J.), Itinéraire, voyage ou navigation aux Indes de l'Orient ou du Portugal; — Description de toute la Côte de Guinée, etc.; — Récit écrit des navigations des Portugais en Orient, etc. Amstelredam, 1595—1596. 3 vol. reliés ensemble. Avec planches et cartes, in folio.
6. Etonnant voyage fait avec quatre vaisseaux par les Hollandais [en 1598—1601] par le détroit de Magellan et ensuite autour du globe tout entier de la terre; sous l'Amiral Olivier van Noort, parti anno 1598. Ici est joint: Le second voyage de Jacob van Neck aux Indes or. [1600—1604]. Amstelredam, 1648, in-8°.
7. Journal historique du voyage fait depuis la Zéelande aux Indes or. avec trois vaisseaux sous Joris van Spilbergen, dans les années 1601—1604. En même temps: Récit du second voyage [1603—1606] aux Indes or., sous Steven van der Hagen. Amst., 1648, in-4°.
8. (En anglais). Voyage de Sir Henry Middelton à Bantam et aux îles Moluques (1604—1606), ce qui a été le second voyage institué par le Gouverneur et la Compagnie des marchands de Londres qui trafiquent avec les Indes or. Annoté et édité par Bolton Corney. Londres, Hakluyt society, 1855.
9*a*. Description historique et véridique du voyage de l'Amiral Cornelis Matelief de Jonghe aux Indes or., parti en mai 1605 etc. Rotterdam, 1608.
9*b*. Récit plus étendu et claire description de ce qui est arrivé à l'Amiral Cornelis Matelief de Jonghe aux Indes

or. devant la ville de Malacca et au siège de la dite, etc. Rotterdam, 1608.
Relié avec le précédent.

10. Exposé étonnant, historique et conforme au journal de bord de ce que Pieter van den Broecke pendant ses voyages [1605—1630], a remarqué tant du Cap Vert, d'Angola, de la Guinée, des Indes orientales, etc. Amsterdam 1648, in-4°.

11. Lithgouw (W.), 19 ans de voyage par terre [commencé en 1609] entrepris depuis l'Ecosse dans les célèbres Royaumes de l'Europe, de l'Asie et de l'Afrique. Traduit de l'anglais [en hollandais]. Amst. 1652, in-4°.

12. Journal ou description de l'étonnant voyage fait par Willem Cornelisz Schouten van Hoorn dans les années 1615, 1616 et 1617, comment il a découvert au midi du détroit de Magellan un nouveau passage ou détroit pour arriver dans la grande Mer du Sud, et comment il a ensuite fait le tour entier du globe. Hoorn, 1648, in-8°.

13a. Journal ou description mémorable du voyage aux Indes or. de Willem Ysbrantsz Bontekoe van Hoorn, 1618—1625, auquel est ajouté le journal de Dirk Albertsz Raven. Hoorn, 1648, in-8°.

13b. Autre édition du même ouvrage. Amsterdam, 1648, in-4°.

14. Journal de la flotte de Nassau, ou description du voyage autour du globe entier fait par onze vaisseaux sous le commandement de l'amiral Jaques l'Heremite et du vice-amiral Gheen Huygen Schapenham, dans les années 1623—1626. Amst., 1684, in-4°.

15. Herbert (T.), Voyage par mer et par terre [1626—1628] dans plusieurs contrées de l'Asie et de l'Afrique. Traduit de l'anglais [en holl.] par L. V. Bosch. Amst., 1665. Avec planches. In-4°.

16. (En allemand) Wurffbains (J. S.), 14 ans de service militaire et commercial (1632), aux Indes or., dans un journal exactement tenu. Nürnberg, 1680, in-4°.

17a. De Graaff (N.), Voyages [1639—1687] en Asie, en Afrique, en Amérique et en Europe, avec le miroir des Indes or. du même auteur. Hoorn, 1701, in-4°.

17b. (En français). De Graaff (N.), Voyages aux Indes orientales et en d'autres lieux de l'Asie. Avec une relation curieuse de la ville de Batavia. Amst., 1719. Avec cartes. In-8°.
Traduction d'une partie de l'ouvrage précédent.

18. (En italien). Vincenzo Maria (F.), Voyage aux Indes or. Venise, 1678, in-4°.
NB. Vincenzo Maria partit de Rome vers l'an 1656. La première édition du récit de son voyage parut à Rome en 1672, la seconde à Venise en 1678.

19a. Schouten (W.), Voyage aux Indes et dans les Indes or. (1658—1664). 4e réimpression. Amst., 1772, 2 vol. reliés ensemble, in-4°.

19b. Le même ouvrage (nouveau titre). Amst., 1780, in-4°.

19c. (En français). Voyage aux Indes Orientales [1658—1664]. Traduit du Hollandais. Rouen, 1735. 2 vol. in-8°.

20a. Van Kerckhoven (J.), Description large, circonstanciée et vraie du voyage malheureux du vaisseau le Aernhem, parti de Batavia le 23 déc. 1661, de conserve avec six autres navires, sous le commandement de A. de Vlamingh van Outshoorn. Amst., 1664, in-4°.

20b. Van den Kerkhoven (S.), Récit historique des aventures étonnantes et très extraordinaires arrivées à ceux qui sont revenus dans la patrie par le vaisseau le Aernhem, retour de Batavia. Middelbourg, 1663, in-4°.
NB. Autre édition de l'ouvrage précédent.

20c. Stokram (A.), Courte description du malheureux voyage de retour du vaisseau le Aernhem, etc. Amst., 1663, in-4°.

21. Van der Heiden (F. Jsz.), Terrible naufrage du jacht destiné aux Indes or. le Ter Schelling, sur les côtes dépendant du Bengale (1661). Harlem, 1742, in-4°.

22. (En allemand). Wappens (David), Description d'un voyage de quinze ans curieux et mémorable, aussi très dangereux, aux Indes or., commencé en 1667 et terminé en 1682. Hannovre, 1704, in-4°.

23. Journal ou narration véridique de ce qui s'est passé sur le vaisseau le 't Huys te Velsen, parti de Texel pour les Indes or. le 23 oct. 1667, capt. P. J. Veltmuys. Amst., 1668, in-4°.

24. Vermeulen (G.), Voyage mémorable aux Indes or. commencé en 1668 et achevé en 1674, où l'on expose la guerre contre le roi de Makasser, etc. Amst., 1677, in-4°.

25. Chardyn, Journal du voyage en Perse et aux Indes or. par la Mer noire et la Colchide (1671), traduit du fran-

çais par G. van Broekhuisen. Amst., 1687, in-4°.

26. Freyer (J.), Neuf ans de voyage aux Indes or. et en Perse, 1672—1681. Trad. de l'anglais (en holl.). La Haye, 1700.

27. Melton (E.), Extraordinaires et mémorables voyages par mer et par terre en Égypte, aux Indes occ., en Perse, en Turquie, aux Indes or. et dans les contrées avoisinantes; 1660—1677. Amst., 1702. Avec planches. In-4°.

28. (En allemand). Schweitzer (C.), Journal d'un voyage de six ans aux Indes or. [1675—1682]. Tubingen, 1688, in-4°.

29. (En allemand). Vogels (J. W.), Description d'un voyage de dix ans aux Indes or. (1678) en trois parties. Altenburg, 1704, in-8°.

30a. Trois très remarquables voyages aux Indes et dans les Indes or., faits par C. Frikius, E. Hesse et C. Schweitzer, 1675—1696. Avec la relation de la dernière guerre de Bantam etc. Traduit (de l'allem. en holl.) par S. de Vries. Utrecht, 1694, in-4°.

30b. Deuxième édition du même ouvrage. Amst., 1705.

31a. Tavernier (J. Bapt.), Voyages en Turquie, en Perse et dans les Indes. Traduit (du franç. en holl.) par J. H. Glazemaker. Amst., 1682. 3 vol. in-4°.

31b. Répertoire du même en vieille écriture, in-4° (inédit).

31c. Van Quellenburgh (H.), Vindiciae Batavicae ou réfutation du traité de Tavernier intitulé par lui: Exposé de la politique des Hollandais en Asie. Amst., 1684, in-4°.

32. (En français). Voyage et aventures de François Leguat et de ses Compagnons en deux isles désertes des Indes Orientales (1680—1696), avec la relation des choses les plus remarquables qu'ils ont observées dans l'île Maurice, à Batavia, au Cap de Bonne Espérance, etc. Londres 1721. 2 Tomes, in-8°.

33. (En français). Journal d'un voyage fait aux Indes Orientales par un escadre de six vaisseaux, commandé par Mr. du Quesne, depuis Févr. 1690 jusqu'au Août 1691. Rouen, 1771. 3 vol. in-8°.

34. Malheureuse ou triste histoire du vaisseau de Gouden Buys, parti pour le service de la Comp. des Indes or. le 4 mai 1693, sous le commandement de Th. Baanman. Amst., 1718, in-4°.

35. Bogaerts (A.), Voyages historiques dans les contrées orientales de l'Asie [1701], avec un récit de la guerre de Bantam. Amst., 1711, in-4°.

36. (En allemand). Worms (J. G.), Voyages Est-indiens et perses, ou dix-ans de service militaire à Grand Java, au Bengale et à la suite de M. Kotelär (1709). Francfort et Leipzig, 1745, in-8°.

37a. De Bucquoy (J.), Voyage de seize ans aux Indes (1721), en particulier aventures de l'auteur dans la mission à Rio de la Goa. 2e éd. Harlem, 1757.

NB. La première éd. a paru à Harlem en 1744. Il y a dans le seconde des adjonctions, marquées au crayon dans l'exemplaire exposé.

37b. De Bucqoy (J.), Le monde océanique considéré avec indications des particularités que l'on trouve le long des côtes, spécialement en vue du commerce des Indes or. et occ. Harlem, 1752, in-4°.

NB. Relié en un tome avec l'ouvrage précédent.

38. (En français) Luillier, Nouveau voyage aux grandes Indes (1722). Traité des maladies particulières aux pays orientaux et dans la route, par mr. D. L. F. Rotterdam, 1726, in-8°.

39. (En allem.) Osbeck (P.), Voyage aux Indes or. et en Chine (1750—1752). Traduit du suédois par J. G. Georgi. Rostock, 1765, in-8°.

40. Francken (J.), Voyage désastreux du vaisseau des Indes or. le Naarstigheid à son retour de Batavia par le Bengale en Hollande.... et le récit de leur séjour de 26 mois à Rio de la Goa [1756—1760]. Harlem, 1761, in-4°.

41. Narration fidèle et au jour le jour au sujet de la révolte et du pillage du navire de la Comp. des Indes or. le Nyenburg, capt. J. Ketel, 8 mai 1763. Amst., (1763), in-4°.

42a. Stavorinus (J. S.), Voyage de la Zéelande par le Cap de Bonne Espérance à Batavia, à Bantam, au Bengale etc. dans les années 1768—1771. Leyde, 1793. 2 vol. reliés ensemble; in-8°.

42b. Stavorinus (J. S.), Voyage de la Zéelande par le Cap de Bonne Espérance et Batavia à Samarang, Macassar, Amboine, Suratte etc., dans les années 1774—1778. Leyde, 1797—1798. 2 vol. in-8°.

43. Journal du voyage de S. C. Nederburgh le long de la côte NE. de Java en 1798. Fait sur ordres supérieurs par les agents commerciaux à Batavia W.

GROUPE III. Quatorzième Classe. 23

Wardenaar et P. Ph. du Puy. Amst., 1804, in-4°.

44. Olivier Jz. (J.), Voyages par terre et par mer aux Indes néerl. et dans quelques établissements britanniques, fait dans les années 1817—1826. Amst, 1827 —1830. 3 vol. in-8°.

45. Olivier Jz., (J.), Notes prises pendant un voyage aux Indes or. et pendant de longues années de séjour dans différents établissements néerl. Amst., 1827, in-8°.
NB. Réimpression d'un article de la revue la *Cybèle*.

46a. Kolff Jr. (D. H.), Voyage dans les parages peu connus du midi de l'archipel des Moluques et le long de la côte sud-ouest tout à fait inconnue de la N. Guinée en 1825 et 1826. Amst., 1828, in-8°.

46b. (En angl.), Voyages dans les parties méridionales et peu connues de l'archipel des Moluques et à la côte sud anciennement inconnue de la N. Guinée. Traduit du holl. par G. Windsor Earl. Londres, 1840, in-8°.

47. Baane (J. C.), Voyage dans une partie des possessions néerl. aux Indes or. Amst., 1826, in-8°.

48. Domis (H. J.), Notes [Voyage dans l'île de Java]. Pasourouan, 1829, in-4°.

49. Teenstra (M. D.), Les fruits de mes travaux pendant mon voyage par le Cap de Bonne Espérance à Java et de retour par Ste Hélène aux Pays-Bas (1825—1826). Groningue 1828—1830. 2 vol., 3 livr, in-8°.

50. (En allem.). Strehler (Dr.), Communications tirées du journal de mon double voyage de Rotterdam à Batavia, de mon séjour de quatre mois à Batavia et de ma visite à l'île de Ste Hélène dans les années 1828—1830. Nürnberg, 1832, in-8°.

51. Roorda van Eysinga (S.), Plusieurs voyages et aventures aux Indes or., publiés par P. P Roorda van Eysinga. Amst., 1830—1832. 4 vol. in-8°.

52. Van de Sande (D. F. G.), Scènes écrites pendant un voyage d'Allemagne par les Pays-Bas aux Indes or. (Trad. de l'allem.) Groningue, 1834, in-8°.

53. (En angl.) Earl (G. Windsor), Les mers de l'Orient, ou voyages et aventures dans l'archipel indien en 1832, 33, 34. Londres, 1837, in-8°.

54. Verhnell (Q. M. R.), Souvenirs d'un voyage aux Indes or. Harlem, 1835, in-8°.

55. Olivier Jzn. (J.), Voyages dans l'archipel des Moluques, à Makasser, etc. Amst., 1834—1837. 2 vol. in-8°.

56. Cornets de Groot (J. P.), Aperçu du voyage dans les possessions néerl. aux Indes or. par le Prince Willem Frederik Hendrik en 1837. [Amst., 1847]. In-8°.
NB. Réimpression d'un article des Mémoires et communications touchant la marine, VII, 2e livr.

57. Van der Plaat (E. G.), Extrait du journal d'un voyage de Sourabaya par Timor Koupang aux Moluques en 1839. In-8°.

58. (En allem.). Röttger (H. G.), Lettres sur les Indes postérieures écrites à ses amis en Europe pendant un séjour de dix ans fait dans les parages décrits. Berlin, 1844, in-8°.

59. (En allem.). Junghuhn (F.), Voyages pour la topographie et pour l'histoire naturelle à travers Java. Magdebourg, 1845, in-8°. Avec atlas.

60. Selberg (E.), Voyage à Java et visite à l'île de Madura. Trad. de l'allem. par W. L. de Sturler. Amst., 1846, in-8°.

61. (En allem.). Von Carlowitz (R.), Description d'un voyage entrepris depuis Batavia à travers une partie de Java en août et septembre 1845. In-8°.

62. (En franç.) De Boudyck Bastiaanse (J. H.), Voyages faits dans les Moluques, à la Nouvelle Guinée et à Célèbes avec le comte C. de Vidua de Conzano. Paris, 1845, in-8°.

63. Keppel (H.), Expéditions à Borneo de James Brooke et de vaisseaux de guerre anglais chargés de mettre fin à la piraterie. Trad. de l'anglais (en holl.). Amst., 1846. 2 vol. in-8°.

64. Van Heerdt (J. C. F.), Mon voyage par l'overland mail de Batavia à Alexandrie (1846). La Haye, 1851, in-8°.

65. Van Hoëvell (W. R.), Voyage à Java, Madura et Bali dans le milieu de l'an 1847. Amst. 1849—1851. Vol. 1 et II. In-8°.

66. Junghuhn (F.), Voyage de retour de Java en Europe en sept. et oct. 1848. Zalt-Bommel, 1851.

67. Un voyage aux Indes par l'overland-mail (réimpression d'un article du Globe). Amst., 1850, in-8°.

68. Buddingh (S. A.), Journal de mon voyage par l'overland-mail de Rotterdam à Java via Southampton en 1852. Batavia, 1852, in-8°.

69. Buddingh (S. A.), Les Indes or. néerl., Voyages faits pendant les années 1852 à 1857. Rott., 1859—1861. 3 vol. in-8°.

70. Bleeker (P.), Voyage dans le Minahassa et dans l'archipel des Moluques en sept. et oct. 1855, à la suite du Gouv.-Gén. Duymaer van Twist. Batavia, 1856. 2 vol. in-8°.

71. [Quarles van Ufford (H.)], Notes touchant un voyage aux Moluques de S. Ex. le Gouv.-Gén. A. J. Duymaer van Twist en sept. et oct. 1855. La Haye, 1856, in 8°.

72. Quarles van Ufford (J. K. W.), Le voyage du Gouv.-Gén. Duymaer van Twist aux Moluques en 1855. Amst., 1857, in-8°.

NB. Tiré du *Gids* de 1857, nos de juin et de juillet.

73. Brumund (J. F. G.), Fragment de mon voyage dans les Moluques. Makyan et Batyan. Batavia, 1856.

74. Buddingh (S A.), Journal de mon voyage par l'overland-mail de Batavia aux Pays-Bas via Triëst en 1857. Arnhem, 1857, in-8°.

75. (En allem.). Steck (F. G.), Voyage à Java, expériences faites pendant ce voyage et notes au sujet du service militaire dans l'armée hollandaise des Indes or. Darmstadt, 1861, in-8°.

76. (En franç.) Quinze ans de séjour à Java et dans les principales îles de l'Archipel de la Sonde et des possessions Néerlandaises des Indes Orientales. Souvenirs d'un ancien officier de la garde royale, recueillis et publiés par J. J. E. Roy. Tours, 1861, in-8°.

77. Van der Crab (P.), Les îles Moluques. Voyage du Gouv.-Gén. C. F. Pahud dans l'archipel des Moluques. Batavia, 1862, in-8°.

78. Gevers Deynoot (W. T.), Souvenirs d'un voyage aux Indes néerl. en 1862. La Haye, 1864, in-8°.

79. (En franç.) Devay (Fr.), Journal d'un voyage dans l'Inde Anglaise, à Java, dans l'Archipel des Moluques, sur les côtes méridionales de la Chine, à Ceylan (1864). Paris, 1867. 2 vol. in-8°.

80. (En allem.) Herklotz (D.), Voyage et séjour aux Indes néerl. (1864). Ouderan, 1868, in-8°.

81. (En franç.) Comte de Beauvoir, Java, Siam, Canton. Voyage autour du monde (1866—67). Paris, 1870, in-8°.

82. (En allem.) Jagor (F.), Singapour, Malacca, Java. Esquisses de voyage illustrées de dessins à la plume. Berlin, 1866. in-8°.

83. Van der Grinten (H.), Mon voyage aux Indes or. Eindhoven, 1867, in-8°.

84. (En franç.) Le Lenthiolle (Vte), Relation d'un voyage aux îles de la Sonde ou les colonies Néerlandaises des Indes Orientales Rotterdam, 1876, in-8°. NB. Extrait du *Journal officiel*.

85. (En franç.) Raffles (T. S.) et J. Crawfurd, Description géographique, historique et commerciale de Java et des autres îles de l'Archipel Indien. Trad. de l'Anglais par M. Marchal. Bruxelles, 1824, in-4°.

86. Van den Bosch (J), Possessions néerlandaises en Asie, en Amérique et en Afrique. La Haye, 1818. 2 vol. in-8°. Avec atlas in folio.

87. (En allem.) Friedmann (S.). Le monde insulaire de l'Orient de l'Asie. Le pays et ses habitants, aux Indes néerlandaises. Leipzig, 1868. 2 vol. in-8°.

88. (En franç.) De Stuers (F. N. A.), Mémoires sur la guerre de l'île de Java de 1828 à 1830. Leide, 1833, avec atlas in plano.

89. Dassen H.Jzn. (M.), Les Néerlandais aux Moluques. Utrecht, 1848, in-8°.

90. Stedman (J. G.), Voyage à Surinam et dans l'intérieur le plus reculé de la Guyane. Trad. de l'Anglais (en holl.), Amst., 1799, 1800. 4 vol. in-8°.

91. Von Sack (A.), Voyage à Surinam, séjour dans cette colonie et retour en Europe en passant par l'Amérique du Nord. Trad. de l'allemand (en holl.). Harlem, 1821. 3 vol. in-8°.

92. Van Lennep Coster (G.), Notes prises aux Indes or. de 1837 à 1840. Amst., 1842, in-8°.

8. Voyages et découvertes de Néerlandais au XVIe et au XVIIe siècle en Asie, en Afrique, en Amérique et en Australie. Avec cartes et planches. — Bibliotheque de l'université, à Amsterdam.

a. Premier voyage des Hollandais aux Indes or. sous le commandement de C. Houtman, 1595. Amst., 1650, in-4°.

b. W. Lodewycksz, Histoire des Indes

Groupe III. Quatorzième Classe.

(Journal du voyage de C. de Houtman). Amst., 1598, in-4°. obl.

c. Court récit de ce qui est arrivée à Atchin à Frederik de Houtman. Gouda, 1880, in-8°.

d. J. Huygen van Linschoten, Voyage aux Indes orientales ou du Portugal. Amst., 1596, in folio.

e. Gu. Cl. Schouten, Diarium itineris ann. 1615—17. Amst., 1619, in-4°.

f. B. Jansz. Potgieter, Récit du voyage de Sebald de Weerdt. Amst., 1617, in-4°. obl.

g. W. Yz. Bontekoe, Journal du voyage aux Indes or. 1618—25. Hoorn, 1648, in-4°.

h. P. van den Broecke, narration des voyages au Cap Vert, à Angola, aux Indes or. etc. Harlem, 1634, in-4°. obl.

i. Seyger van Rechteren, Journal tenu en allant aux Indes or. Zwolle, 1639, in-4°.

j. Socteboom, Troisième voyage aux Indes or. Amst., 1648, in-4°.

k. C. Claesz. van Purmerendt, Journal ou description du voyage aux Indes or. Amst., 1651, in-4°.

l. W. Schouten, Voyage aux Indes or. Amst., 1670, in-4°.

m. G. Vermeulen, Voyage aux Indes or. 1668—74. Amst., 1677, in-4°.

n Ph. Baldaeus, Description de Malabar et de Coromandel et de la puissante île de Ceylan. Amst., 1672, in folio.

o. P. de Marees, Description du royaume d'or de la Guinée, autrement dit la Côte d'or da Mina. Amst., 1617, in-4°. obl.

p. J. D. Herlein, Description de Surinam. Leeuwarde, 1718, in-4°.

q. L. Bicker et C. van Heemskerk, Journal du voyage à Rio de la Plata. Amst., 1617, in-4°. obl.

r. J. Nieuhof, Voyage brésilien par mer et par terre, 1640—49. Amst., 1682, in folio.

s. Abel Tasman, Journal du voyage au pays du Sud en 1642. Amst., 1660, in-8°.

9. Collection d'anciens récits de voyages aux Indes or. et occ. et narrations historiques concernant les Compagnies des Indes or. et occ. — Prof. P. J Veth, à Leyde.

a. Histoire ou chronique d'année en année des faits et gestes de la Compagnie patentée des Indes occ. depuis qu'elle a commencé jusqu'à la fin de l'an 1636, écrite par J. de Laet. Leyde, 1644, in folio.

b Débuts et progrès de la Compagnie réunie néerlandaise patentée des Indes or., contenant les principaux voyages faits aux Indes par les habitants de ses provinces. 2 vol. in-4°. obl., 1646.

c. L'embassade envoyée par la Comp. néerl. des Indes or. an grand Khan de Tartarie, actuellement empereur de la Chine, par Johan Nieuhof. Amst., 1665, in folio.

d. Mémorables faits et gestes de la Comp. néerl. des Indes or. sur les côtes et dans l'empire de Taising ou de Sina (Chine), comprenant la seconde embassade, par J. van Kampen et K. Nobel, et la troisième embassade, conduite par P. van Hoorn, par O. Dapper. Amst., 1670, in folio.

e. Voyages de Cornelis de Bruyn dans les contrées les plus célèbres de l'Asie mineure, de l'Egypte, de la Syrie, de la Palestine et par la Moscovie et la Perse aux Indes. Vol. I, Delft, 1698; vol. II, Amst., 1714, in folio.

f. Description du Japon écrite en allemand par E Kaempfer, médecin de l'embassade hollandaise auprès de la cour de l'Empereur. Traduit en anglais sur le manuscrit, resté inédit, et de l'anglais en hollandais Amst. 1733, in-folio.

g. Description exacte des Côtes d'or, de l'ivoire et des esclaves en Guinée par W. Bosman. 3e éd. Amst., 1718, in-4°.

10. G. M. A. W. L. Le premier livre. Histoire des Indes, où sont racontées les aventures arrivées aux vaisseaux hollandais: Il s'y trouve aussi un récit particulier des conditions, religions, moeurs et économic domestique des peuples qu'ils ont visités, etc. Amstelredam, C. Claesz. 1609, in-4°. obl. — Acad. mil. royale, à Breda.

NB. Cet ouvrage a¹ paru pour la première fois en 1598. Notre seconde édition est presque purement et simplement la reproduction de la première. Les deux dernières initiales sont celles de Willem Lodewycksz, qui a pris part à l'expédition et est l'auteur du livre; nous ne savons pas ce que désignent les trois autres. Voy. Tiele, Mém. Bibliogr., p. 128, 130.

11. Quelques récits de voyages. — D. E. E. Wolterbeek Muller, à Voorbourg.

a. Voyage d'Anson (1740—44). Trad. de l'anglais.
b. Voyages de Stavorinus, 3 vol. (voy. N°. 7. 42.)
c. Voyage de Tasman, 1642. Amst., 1660 (voy. N°. 8. s.).

12. (En français) A. J. A. Gerlach, Fastes militaires des Indes Orientales Néerlandaises. Zalt-Bommel, Noman, 1859, in-8°. — Acad. mil. royale, à Breda.

13. Etablissement et progrès des Néerlandais sur la Côte occidentale de Sumatra, par le Major général chevalier H. J. J. L. de Stuers. Avec planches et cartes, 2 vol. Amsterdam, 1849, 1850. — Van Kampen et Fils, éditeurs à Amsterdam.

14. Les expéditions de Boni, évènements militaires à Célèbes en 1859 et 1860, d'après les documents officiels, par M. T. H. Perelaer. Avec portrait, planches, cartes et esquisses du terrain. Leyde, Kolff, 1872. 2 vol. in-8°. — Le Major M. T. H. Perelaer.

15. Quelques ouvrages concernant l'histoire de nos guerres et de nos conquêtes aux Indes or. — Prof. P. J. Veth, à Leyde.

a. L'armée néerlandaise des Indes or. sur la côte ouest de Sumatra (1819—1845), par le lieut. col. H. M. Lange. Bois-le-Duc., 1852; 2 vol. reliés ensemble; in-8°.
b. Montrado, Etude historique et militaire concernant la répression des Chinois de Borneo, 1854—1856, par W. A. van Rees. Bois-le-Duc, 1858; in-8°.
c. Guerre de Java de 1825 à 1830, par A. W. P. Weitzel, 2 vol. Breda, 1852, 1853; in-8°.
d. Histoire de la guerre de Java de 1825 à 1830, par J. Hageman J.Czn. Batavia, 1856; in-8°.
e. Guerre entre les Pays-Bas et Atchin, par le cap. G. Kepper. Avec planches. Rotterdam, 1874; in-4°.
f. La guerre contre Atchin, descriptions et dessins pour le peuple néerlandais, par P. Vergers. — Doesborgh, 1875.
g. Atchin. Collection de bulletins de la seconde expédition. Batavia, imprimerie de l'Etat, 1874.

16. (En anglais). W. Thorn, Mémoire de la conquête de Java et des opérations subséquentes des forces britanniques dans l'archipel oriental. A quoi est jointe une esquisse statistique et historique de Java. Londres, Egerton, 1815; in-4°. — Acad. mil. royale, à Breda.

17. (En français). Précis de la campagne de Java en 1811 par le duc Bernard de Saxe-Weimar-Eisenach. La Haye, 1834. — Prof. P. J. Veth, à Leyde.

18. Le territoire des Indes or. néerlandaises par rapport aux traités avec l'Espagne, l'Angleterre et le Portugal, par J. E. de Sturler. Leyde, 1882. — Prof. P. J. Veth, à Leyde.

Groupe III. Quatorzième Classe.

19. Collection des portraits des gouverneurs-généraux, des commissaires-généraux, etc. des Indes néerlandaises, de 1610—1875, gardée dans la salle de la Commission du ministère des colonies. — Ministère des Colonies.

NB. Il manque à cette collection les portraits des Commissaires-Généraux Hendrik Adriaan van Reede tot Drakenstein (1684—1692) et Simon Hendrik Frykenius (1791—1796); des Gouverneurs-Généraux Johannes Siberg (1801—1804) et Albertus Henricus Wiese (1804—1808); des Gouverneurs-Lieutenants anglais Sir Thomas Stamford Raffles (1811—1816) et John Fendall (1816); du Comm.-Gén. Cornelis Theodorus Elout, Dr. en droit (1815—1819); des chargés des fonctions de gouv.-gén. Comte Carel Sirardus Willem van Hogendorp (1840—1841), Joan Cornelis Reynst, Dr. en droit (1844—1845) et Ary Prins, Dr. en droit (1861 et 1866); enfin du Gouv.-Gén. Johan Willem van Lansberge, Dr. en droit (1875—1881).

Le nom du personnage représenté est peint au bas de la plupart des portraits; quand ce n'est pas le cas, le nom se trouve derrière le portrait.

Nous donnons ici la liste des personnages représentés avec l'indication du titre de chacun, de la durée de ses fonctions, et de la matière sur laquelle le portrait est peint.

1. Pieter Both. Gouv.-Gén. 1610—1614. Cuivre.
2. Gerrit Reynst. » 1614—1615. »
3. Laurens Reaal. » 1615—1619. »
4. Jan Pietersz. Coen. » 1619—1623. »
   1627—1629. »
5. Pieter Carpentier. » 1623—1627. »
6. Jacques Specx. » 1629—1632. »
7. Hendrik Brouwer. » 1632—1636. »
8. Antonie van Diemen. » 1636—1645. »
9. Cornelis van der Lijn. » 1645—1650. »
10. Carel Reiniersz. » 1640—1653. »
11. Me. Joan Maatsuyker. » 1653—1878. »
12. Ryklof van Goens. » 1678—1681. »
13. Cornelis Janszoon Speelman. » 1681—1684. »
14. Johannis Camphuis. » 1684—1691. »
15. Willem van Outhoorn. » 1691—1704. »
16. Joan van Hoorn. » 1704—1709. »
17. Abraham van Riebeeck. » 1709—1713. »
18. Christoffel van Swol. » 1713—1718. »
19. Hendrik Zwaardecroon. » 1718—1725. »
20. Mattheus de Haan. » 1725—1729. »
21. Me. Diederik Durven. » 1729—1732. »
22. Dirk van Cloon. » 1732—1735. »
23. Abraham Patras. » 1735—1737. »
24. Adriaan Valckenier. » 1737—1741. »
25. Johannes Thedens. » 1741—1743. »

Groupe III. Quatorzième Classe.

26. Baron Gustaaf Willem van
    Imhoff. Gouv.-Gén. 1743—1750. Cuivre.
27. Jacob Mossel. » 1750—1761. »
28. Petrus Albertus van der Parra » 1761—1775. »
29. Jeremias van Riemsdyk » 1775—1777. »
30. Reinier de Klerk. » 1777—1780. Bois.
31. Me. Willem Arnold Alting. { » 1780—1796. / Comm.-Gén. 1791. } Cuivre.
32. Me. Sebastiaan Cornelis
    Nederburgh. » 1791—1799. Toile.
33. Me. Pieter Gerardus van { » 1796. / Overstraten. Gouv.-Gén. 1796—1800. } Cuivre.
34. Me. Herman Willem Daendels » 1808—1811. Bois.
35. Jan Willem Janssens. » 1811. »
36. Lord Minto (interrègne
    anglais). » 1811. Toile.
37. Arnold Adriaan Buyskes. Comm.-Gén. 1815—1819. »
38. Baron Godert Alexander
    Gerard Philip van der { » 1815—1819. / Gouv.-Gen. 1819—1826. } Bois.
    Capellen.
39. Hendrik Merkus de Kock.
    Lieut. Gouv.-Gén. 1826—1830. »
40. Vicomte Leonard Pieter
    Josef du Bus de Comm.-Gén. 1826—1830. »
    Gisignies.
41. Comte Johannes van den { Gouv.-Gén. 1830—1833. / Bosch. Comm.-Gén. 1833. } »
42. Jean Chrétien Baud.
    Chargé des f. de Gouv.-Gén. 1833—1836. »
43. Dominique Jacq. de Eerens. Gouv.-Gén. 1836—1840. »
44. Me. Pieter { Ch. d. f. de Gouv.-Gén. 1841—1843. / Merkus. Gouv.-Gén. 1843—1844. } »
45. Jan Jacob Rochussen. » 1845—1851. »
46. Me. Albertus Jacob Duy-
    maer van Twist. » 1851—1856. Toile.
47. Charles Ferdinand Pahud. » 1856—1861. »
48. Baron Me. Ludolf Anne
    Jan. Wilt Sloet van
    de Beele. » 1861—1866. »
49. Me. Pieter Meyer. » 1866—1871. »
50. Me. James Loudon. » 1872—1875. »

GROUPE III.   Quatorzième Classe.   29

20. Tableau représentant l'attaque de Jagaraga (Bali) en 1849. — Acad. mil. royale, à Breda.

21. Portrait à l'huile du Major-général A. V. P. Michiels, tué à l'île de Bali le 25 mai 1849. — Acad. mil. royale, à Breda.

22. Portrait de Jan van Beuningen, seigneur de Darthuizen, directeur de la Compagnie des Indes occidentales. Gravure en manière noire de J. Goll. – F. W. P. de Vries, à Amsterdam.

23. Portrait de W. T. Block, maître charpentier de navires de la Comp. des Indes or. à Amsterdam, né en 1684, mort en 1777 après avoir construit 154 vaisseaux. Dessin à la craie rouge. — R. W. P. de Vries, à Amsterdam.

24. Dessins et vignette de la maison des Indes occ. à Amsterdam. — H. L. Rompel, à Amsterdam.
  a. Tirage des arbalétriers, tranformé plus tard pour en faire la maison des Indes occ. Dessin de G. Lambrechts.
  b. Cour intérieure de la maison des I. occ. Vignette par H. Schouten.
  c. Vue à travers le porche. Dessin de G. Lambrechts.
  d. Cour intérieure avant la démolition en 1817. Dessin de G. Lambrechts.
  e. Vue pendant la démolition prise dans la direction de la maison appelée l'*Agneau*. Dessin de G. Lambrechts.
  f. Vue de la démolition de la maison des I. occ. prise depuis le Koningsplein. Dessin de G. Lambrechts.
  g Maison des I. occ. au *'s Gravenhekje*, anciennement l'*Abattoir*.
  NB. *a* et *b* se trouvent sur une même feuille, de même *c* et *d*, *e* et *f*.

25 Plan d'Amsterdam au moment où de Houtman et ses compagnons entreprenaient leur premier voyage aux Indes or., fait par Bastius. — Louis Chantal, conservateur du musée Fodor.

26. Quelques dessins et estampes se rapportant aux Compagnies des Indes or. et occ. — Administration de la Commune d'Amsterdam.
  a. Prise de séance du prince Guillaume V comme directeur suprême de la Comp. des I. or. en 1768.
  b. Lancement du hougre *de Zon* en présence de Guillaume V.
  c. Prise de séance de Guillaume V comme directeur suprême de la Comp. des I. occ.
  d. Maison des I. or., dessin de Webbers.
  e. „ avec les corderies de la Comp. des I. or.
  f. Magasin de la Comp. des I. or.
  g. „ avec le chantier de construction maritime.
  h. Maison des I. or. et dépendances.
  i. „ „ I. occ.
  j. Vue de la tour de St. Alban prise depuis la maison des I. occ.
  k. Lancement de trois vaisseaux dans le chantier de la Comp. des I. or. en 1788.
  l. Ruines de l'ancien magasin de la Comp. des I. or., 1822, *façade occidentale*.
  m. id. *façade orientale*.
  n. id. planche coloriée.

27. Vues de quelques édifices ayant appartenu aux Compagnies des Indes or. et occ. — D. C. Meyer jeune, à Amsterdam.
  1. Vues du «binnenhuis» (encore existant) de l'ancienne Comp. des I. or. (coin du Hoogstraat et du Kloveniers-burgwal).
  a. A vol d'oiseau. Gravure de 1660 environ.
  b. Vue prise depuis le Hoogstraat. Grav. de 1680 environ.
  c. Vue prise dans la cour intérieure. Grav. de H. Schouten, de 1780 environ.

GROUPE III. Quatorzième Classe.

d. Chromolithographie d'après Hekking.

2. L'ancien magasin maritime et chantier au Rapenburg de la Comp. des I. or. Gravure de R. Zeeman.

3. Le second magasin maritime et chantier au Oostenburg.

a. Deux vues différentes, l'une de la façade, prise depuis le Wittenburger straat; l'autre prise sur la droite et les derrières. Grav. de 1720 environ.

b. Magasin des I. or. vu par derrière. Gravure.

c. Magasin des I. or. vu par derrière. Grav. de H. Schouten.

d. Magasin maritime des I. or., chantier et magasin des I. or., vus depuis l'Y. Grav. de J. Spaan.

3*a*. Scierie de la Comp. des I. or. au Funen. Dessin de Barbiers.

4. Domus Societatis Indiæ Occidentalis condita 1623. Première maison des I. occ. (au Heerenmarkt; c'est actuellement l'orphelinat des luthériens réformés). Grav. de 1625 environ.

5. Magasin maritime des I. occ. ou Abattoire (existant encore), Ygracht, coin du 's Gravenhekje.

a. Vue prise de dehors. Gravure de 1660 environ.

b. Vue prise de dehors, dessin de 1750 environ.

c. Cour intérieure, gravure de 1780 environ.

6. Vue de la Nouvelle-Amsterdam, actuellement New-York, Etats-Unis. Gravure de 1660 environ.

28. Dessin représentant l'ancien chantier de construction navale de la Comp. des I. or., situé au Buitenkant entre le Peperstraat et le Foulistraat à Amsterdam. Dessiné par J. Schoemaker. — R. W. P. de Vries, à Amsterdam.

29. Fondation de la Comp. des I. or. en 1682 et Affrêtement des premiers navires pour les Indes or. en 1603. Deux gravures de S. Fokke. — R W. F. de Vries, à Amsterdam.

30. Dessin représentant le chantier de la Comp. des I. or. à Delfshaven. — A. de Roever, à Breukelen.

31. Collection de vues des possessions néerlandaises sur les côtes de Ceylon. Peintures en couleurs à rehausser par C. Steyger, probablement de milieu du XVIIIe siècle. — Ch. M. Dozy, Dr. en droit, à Amsterdam.

a. Château Colombo vu depuis la rade de la Compagnie.

b. Château Colombo vu depuis le Beer.

c. Vue de la maison de Monsieur le Gouverneur, prise par derrière, depuis le jardin (à Colombo).

d. Château de Yaffnapatnam vu du côté de terre.

e. Cour du château de Yaffnapatnam, vue depuis les magasins.

f. Église de Yaffnapatnam, côté sud (intérieur).

g. Pointe de Galle vu de la grande route.

h. Forteresse de Hammenhiel vue depuis la mer.

i. id. vue depuis Keys.

k. Forteresse de Caliture du côté de la rivière.

l. Manaar vu depuis la rivière.

32. Vue de la ville de Mosambique en Abissinie dans le territoire du Roi d'Espagne (de 1630?). — Ch. M. Dozy, Dr. en droit, à Amsterdam.

33. India quae Orientalis dicitur et Insulae orientales adjacentes. Amsterdam, Huych Allard (1652). Neuf feuilles grand in folio. — Ch. M. Dozy, Dr. en droit, à Amsterdam.

NB. Carte très rare.

34. Boite contenant trois médailles en or et une plaque en or, où se trouve une lettre en javanais, style de Bali, envoyée par le roi de Jambi au Gouv.-Gén. des Indes néerl. Jacob Mossel, avec une traduction du translateur Dl. Tossie. — Jonkheer Th. L. Brantsen van Rhederoord, à Rhederoord.

NB. L'auteur de l'envoi écrit: La médaille avec le buste de J. Mossel a été gravée par I. G. Holtzhey et est reproduite dans la suite de l'ouvrage de van Loon, 5e livr., pl. XXXIII, n°. 861. Les deux autres n'ont pas été décrites et ont probablement été frappées aux Indes néerlandaises.

35. Quelques curiosités historiques recueillies pendant la seconde expédition de Boni, 1859—60. — T. J. van Bloemen Waanders, à Bergen-op-Zoom.

a. Jeu de 40 cartes, trouvé le 9 déc. 1859 dans le kraton de la forteresse de Pasemba, lorsqu'elle eut été évacuée par la reine de Bone, déclarée depuis déchue du trône. C'est avec cette espèce de cartes que l'on joue à l'hombre à Bone.
b. Plume de bois d'arèn. Elle a servi le 4 févr. 1860 à signer le contrat conclu entre le gouvernement néerlandais et le royaume de Soppeng.
c. Couvre-chef d'un sultan fabriqué par lui-même avec une espèce de fougère et affectant la forme des petits bonnets portés d'ordinaire par les princes et par les grands de Bone.
d. Empreinte sur toile des sceaux de la couronne de Bone, trouvée à Pasempa.

36. Carga générale ou affrêtement de sept vaisseaux retour des Indes orientales assavoir: l'Adrichem et le Nieuwerkerk de Batavia pour la chambre d'Amsterdam; le Papenburg et le Wikkenburg de Ceylan pour les chambres d'Amsterdam et de Zéelande; le 't Hof van Delft, pour les chambres de Delft et de Rotterdam, et le Watervlied pour les chambres de Hoorn et d'Enkhuyzen. 1741. — R. W. P. de Vries, à Amsterdam.

37. Médailles et coupes des Comp. des Indes or. et occ. — Gerard A. Heineken, à Amsterdam.

a. Médaille d'argent donnée à E. J. de Hertog en souvenir des bons services par lui rendus à la Comp. des I. or., 1689.
b. Médaille de plomb de la Comp. des Indes occ., 1676.
c. Coupe sur laquelle est taillée l'inscription *de Societeit van Suriname* (la Société de Surinam).
d. Coupe sur laquelle sont taillés une inscription et un vaisseau (Catharine Galey).

38. Coupe pour la prospérité de la Compagnie des Indes occ. — Hooft van Vreeland, à Amsterdam.

39. Compotier en cristal sur le couvercle duquel est gravé le monogramme de la Compagnie réunie des Indes or. — O. W. van West, à Amsterdam.

40. Drapeaux de quatre différentes localités de la côte de Guinée, conquis et rapportés dans les Pays-Bas par le corps expéditionnaire de la campagne de 1869—1870; en outre médaille frappée en souvenir de cette victoire et du rétablissement du pouvoir

GROUPE III. Quatorzième Classe.

légal. — L. R. Bunnik, étud. en méd., à Amsterdam.

41. Portefeuille japonais (soie brune et fil d'or), ayant appartenu à feu M. Cock Blomhoff, chef de 1817 à 1822 du commerce néerlandais au Japon dans l'île de Decima. — Mme J. G. C. Perk Cifford, née Cock van Breugel, à Amsterdam.

42. Pelle en argent ayant servi à donner le premier coup de bêche pour la construction du chemin de fer de Batavia à Buitenzorg. — M. J. Myer, à Schiedam.

43. Truelle, auge et plomb en argent ayant servi à poser la première pierre pour l'érection de la statue de Jan Pieterszoon Koen. — A. J. Myer, à Schiedam.

44. Modèle du monument d'Atchin. Ce monument est destiné à être érigé sur une des plus grandes places de Batavia, probablement le Koningsplein, en témoignage des sentiments de reconnaissance de la nation néerlandaise pour les travaux et les sacrifices affrontés à Atchin par l'armée et par la flotte. — P. J. H. Cuypers, architecte, à Amsterdam.

Le monument est en marbre jaune de Soleure et repose sur un large piédestal en granit élevé de quelques marches au dessus du sol. Devant chacune des quatre faces du monument et perpendiculairement à chaque face, est couché un lion néerlandais, les pattes de devant croisées l'une sur l'autre, la gueule féroce. Le monument est plus large à la base qu'au sommet et est surmonté d'une vierge de la Néerlande en bronze doré, plus grande que nature, modelée en Victoire ailée, brandissant une lance d'une main et tenant de l'autre une couronne. Sur une des faces du monument sont gravées en un grand écusson les armes néerlandaises, et sur chacune des trois autres une inscription appropriée. Le monument a été projeté et exécuté par M. Cuypers; la Victoire est l'œuvre de M. B. van Hove.

Ce modèle est placé dans le parc attenant au bâtiment destiné à l'exposition coloniale des Pays-Bas. La Victoire qui le surmonte est enduite d'un silicat qui rend l'effet produit par le bronze doré.

Quinzième Classe.

SYSTÈMES COLONIAUX: MISE EN PRATIQUE ET RÉSULTATS OBTENUS.

Cette classe ne le cède point aux autres en importance; au contraire, les différents systèmes coloniaux qui ont été mis en pratique ont eu nécessairement une très grande influence sur le sort de la population des colonies et sont plus dignes que maint autre objet de réveiller l'intérêt général. Néanmoins on doit s'attendre à ce qu'ils n'attirent pas fort l'attention à l'exposition. C'est que pour beaucoup d'autres classes les objets exposés parlent d'eux-mêmes en frappant les yeux; on se rapproche; on désire naturellement s'informer. Mais ici que peut-on exposer? Surtout des chartes, des lois, des ouvrages traitant de matières politiques; tous objets qui ne disent rien aux yeux et qui ne captivent pas le passant. Cette classe, nous le répétons, est importante; mais ce n'est pas pour ce qu'on y peut contempler; c'est pour les enseignements qu'elle recèle, c'est pour l'étude à laquelle elle invite. Nous donnerons brièvement les indications nécessaires pour avoir un aperçu général de ce qui y est exposé.

I. *Indes orientales néerlandaises.* Les systèmes coloniaux qui s'y rapportent se rangent naturellement en trois grands groupes.

a. *La Compagnie des Indes orientales* (1609—1800). Née de la fusion des nombreuses compagnies qui avaient été créées pour faire le trafic des Indes, mais que la concurrence effrénée qu'elles se faisaient finit par forcer à chercher à s'entendre pour ne pas se ruiner en faveur de rivaux étrangers, elle obtint le monopole du commerce avec les Indes et sut faire renouveler sa patente de terme en terme. C'était avant tout à des intérêts commerciaux qu'elle devait son existence et elle demeura fidèle à cette origine. Le gain resta toujours son objet. Pour l'atteindre elle faisait avec les princes indigènes des contrats qui lui procuraient les articles les plus demandés par le commerce, et cela autant que possible à l'exclusion de tous autres trafiquants. Mais par là, sans qu'elle le recherchât, parfois même malgré ses désirs contraires, elle entra en possession d'un territoire qui ne cessait de s'accroître et qui finit par lui imposer, en outre de son activité de négociant, les devoirs d'un souverain. En effet, il lui fallait défendre les monopoles qu'elle avait su se faire octroyer; les indigènes les violaient et il fallait les châtier; cela n'empêchait pas les récidives, et il ne restait d'autre remède que d'en faire des sujets. D'autres fois la Compagnie se voyait dans la nécessité d'intervenir dans les guerres des indigènes entre eux; les princes qu'elle secourait la couvraient de ses avances en lui donnant en gage des territoires qui bientôt restaient complètement en sa possession. Bon gré malgré elle se vit donc investie de pouvoirs souverains; mais le négoce resta sa grande préoccupation et elle continua d'éviter autant que faire se pouvait de se charger du gouvernement direct des indigènes. A Java par ex., l'administration resta presque entièrement confiée aux chefs indigènes, dont la principale obligation à l'égard de la Compagnie était de lui fournir, tantôt pour rien, tantôt à très bas prix, des quantités déterminées de denrées. Ailleurs, par ex. aux Moluques, elle intervint plus directement dans le gouvernement du pays; mais même alors le but final qu'elle se proposait restait le même, se procurer des denrées commerciales dont la vente donnât de gros bénéfices à ses actionnaires.

Il résulte de là que les ordonnances de la Compagnie ne trahissent guère de préoccupations concernant le sort de la population indigène. Nous pouvons indiquer comme les principales de celles qui ont été recueillies les Instructions pour la haute administration aux Indes, et les Statuts et nouveaux Statuts de Batavia. Ces deux derniers recueils sont la codification de prescriptions relatives au gouvernement et à l'administration de la justice.

b. Période entre la chute de la Compagnie et le rétablissement de l'autorité néerlandaise. Déjà sous le Gouv.-gén. Daendels (1808—1811) le système en vigueur commença à se modifier en ce que l'administration européenne s'intéressa davantage au gouvernement de la population indigène et que les princes régnants, de vassaux qu'ils étaient, devinrent plutôt fonctionnaires. Mais cette transformation s'accentua bien plus complètement pendant l'interrègne britannique (1811—1816). Le Gouverneur-Lieutenant T. S. Raffles mit en vigueur un système tout nouveau, par lequel on se proposait de remplacer les livraisons de denrées en nature imposées aux indigènes par le paiement d'une taxe modérée, calculée d'après le produit de leurs rizières. Cet impôt payé, l'indigène devait conserver la libre disposition des fruits de son travail. On organisa la levée de l'impôt — que l'on appela *landrent* — essentiellement en imitant les modèles indo-britanniques. On trouvera les principales ordonnances qui ont trait à cette période, parmi d'autres sources, dans les recueils suivants, qui ont un caractère plus ou moins officiel: Etat des possessions néerlandaises aux Indes orientales sous Daendels; (en anglais) Histoire de Java par T. S. Raffles; du même, aussi en anglais, Substance d'une Minute; van Deventer, Le système agraire à Java.

c. Période commençant à la restauration du Gouvernement néerlandais. La mise en vigueur du système du *landrent* avait été très précipitée et avait laissé beaucoup à désirer. Les commissaires du gouvernement qui remplacèrent l'administration anglaise, Elout, van der Capellen, Buyskes (1816—1819), ne rompirent pas avec ce qui avait été fait, mais s'efforcèrent, seulement d'une manière plus réfléchie, d'avancer dans le même sens. Les industries européennes viennent s'établir à côté des exploitations agricoles des indigènes et au commencement on les encourage; mais bientôt, sous le gouv.-gén. van der Capellen (1819 - 1826) on change de politique, et, dans la conviction que les vrais intérêts de l'agriculture indigène souffriraient du vigoureux développement des l'industrie européenne, on oppose à celle-ci mille entraves. Le successeur de van der Capellen, le comm.-gén. du Bus de Gisignies (1826—1830) croyait très nécessaire le développement des forces productives de Java, mais jugeait que le meilleur moyen d'y parvenir était d'encourager les industriels européens, parce que ceux-ci apporteraient dans l'île des capitaux et de l'énergie. Il ne put cependant pas mettre ses idées en pratique, et son successeur, van den Bosch, quoique convaincu aussi de la nécessité de développer la puissance productive de Java, n'avait de confiance dans ce but que dans l'action gouvernementale.

De cette manière de voir naquit le *système des cultures*. Il était fondé sur l'obligation imposée aux indigènes de réserver une partie de leurs terres pour y cultiver certains produits appropriés aux marchés de l'Europe, et de livrer ces produits au gouvernement contre une faible compensation pécuniaire. On s'adressa à l'industrie privée pour la manipulation des denrées brutes; le gouvernement conclut dans ce but des conventions avec des particuliers, qui souvent y trouvèrent une source de grands profits. Quoique ce système eût été destiné au début à remplacer l'impôt foncier, le *landrent*, on continua néanmoins à l'exiger de la population. Depuis 1833 presque toutes les denrées, pendant assez longtemps même toutes les denrées, furent expédiées dans les Pays-Bas et consignées au ministère des colonies (*système de la consignation*) qui les faisait vendre par l'entremise de la Société néerl. du Commerce. Les profits pécuniaires qui résultaient de ce système entraient pour une bonne part dans le fisc de la métropole.

Ce système a régné à peu près absolument jusqu'en 1850 et l'initiative particulière y fut complètement sacrifiée. Après 1850 on permit, bien timidement au début, à celle-ci de se développer. Depuis 1860 ou vit successivement disparaître celles des cultures obligatoires qui n'avaient donné que des pertes pécuniaires, comme celles du thé et du coton, ou dont la continuation était un fardeau trop lourd pour la population. Il ne resta que deux sortes de cultures entretenues pour le compte du gouvernement[1]) et l'une des deux, celle du sucre, doit en vertu d'une loi passée en 1870 se transformer peu à peu en culture libre, de sorte qu'elle ait complètement disparu en 1890. Reste cependant le café, dont la principale production, tant à Java qu'à Sumatra et à Menado, est encore entre les mains du gouvernement. A Java la population a été recensée en vue des besoins de cette culture, de telle sorte que là où le terrain s'y prête les indigènes sont tenus à planter et à entretenir un nombre déterminé de caféiers. A Sumatra et à Menado ils sont obligés de livrer leur récolte aux employés du gouvernement pour un prix minime, augmenté néanmoins depuis quelques années. Le café qui s'obtient de cette manière s'expédie en majeure partie aux Pays-Bas et s'y vend. Le produit se dépense actuellement en entier pous les Indes, dont le budget depuis plusieurs années ne se boucle plus par un excédent de recettes au profit de la mère patrie, ce qui est dû sans doute pour une bonne part à la guerre d'Atchin, mais pour une autre part aussi à ce que maintenant l'on tient mieux compte que par le passé des besoins des colonies elles-mêmes.

Pendant que, d'un côté, l'on diminuait de beaucoup les cultures de l'Etat, la loi agraire de 1870, d'un autre côté, facilitait les entreprises particulières en permettant de céder par

---

1) La culture des quiquina se fait bien pour le compte du gouvernement, mais elle n'a jamais fait partie du système et repose entièrement sur le travail libre.

baux emphytéotiques les terrains restés incultes qui font partie du domaine de l'Etat. La même loi règle certains points du droit foncier indigène. L'Etat y est considéré comme propriétaire de tout le terrain de Java qu'il n'a pas expressément cédé à quelque autre prepriétaire. Cependant les indigènes ont le droit de continuer à cultiver les terres qu'ils ont défrichées et à jouir du produit, tant qu'ils s'acquittent des obligations qui leur sont imposées. Ces obligations consistent dans le paiement de l'impôt foncier (*landrent*) et dans certaines prestations ou corvées, que l'on ne doit cependant exiger que pour des objets d'utilité publique et que les règlements actuels tendent à réduire à un minimum. La propriété du sol chez les indigènes est ou bien *communale* — alors la terre appartient à la dessa ou village, et se distribue annuellement ou par périodes plus longues aux membres de la commune qui y ont droit — ou bien *individuelle* et *héréditaire*, auquel cas les parcelles appartiennent à des personnes définies, qui peuvent les laisser à leurs héritiers. Outre les terres qu'elle a déjà, la population peut, en remplissant certaines formalités, acquérir la propriété de celles qu'elle cultive; dans ce cas cependant il lui est interdit d'aliéner ces terres au profit de non-indigènes. Cette mesure a pour but d'émpêcher les indigènes de se laisser entraîner par la perspective d'un avantage immédiat à se défaire de leurs terres en dessous de leur valeur. Les effets de cette restriction sont-ils favorables ou non? L'intérêt général veut-il que la propriété communale soit transformée en propriété individuelle? Voilà deux questions de politique coloniale qui sont actuellement loin d'être vidées et qui sont l'objet, surtout la seconde, d'une vive controverse.

Les principes fondamentaux qui régissent l'administration des Indes néerlandaises sont énoncés dans quelques articles de la Constitution des Pays-Bas, qui déterminent la part d'action qui appartient à l'égard des colonies au pouvoir législatif de la métropole, puis dans le Règlement administratif de 1854. D'après ces règles le gouvernement des Indes est confié à un Gouverneur-Général nommé par le roi, auquel est adjoint un Conseil des Indes néerl. dont il doit prendre les avis. Dans certains cas le gouverneur ne peut s'écarter de l'avis émis par le Conseil qu'en remplissant certaines formalités. Ce chef suprême de l'administration a des pouvoirs législatifs et exécutifs, dans l'exercice desquels il doit se conformer aux lois et aux ordres du roi, sauf certains cas où il lui est permis de s'en écarter. Sous réserve de cette règle, dont la sanction se trouve dans la responsabilité du gouverneur devant le roi et dans le droit de la seconde Chambre de le mettre en accusation pour abus de pouvoir, il gouverne autocratiquement les Indes et possède même le droit d'expulser ou d'interner quiconque lui paraît dangereux pour la paix et pour l'ordre public.

Il est secondé dans l'exercice du gouvernement par des Directeurs (des finances, de l'intérieur, de l'instruction publique avec les cultes et l'industrie, des travaux publics civils, de la justice, de la guerre et de la marine) dont les fonctions sont en quelque sorte celles de ministres d'état. Il lui est encore adjoint un cabinet appelé Secrétariat général, qui est chargé entre autres fonctions de la rédaction de la Feuille officielle, recueil des ordonnances ayant force de loi, et qui a une grande influence.

Les îles de l'archipel sont divisées administrativement en un certain nombre de provinces, à la tête de chacune desquelles se trouve un fonctionnaire en chef portant le titre de Gouverneur ou de Résident — parfois d'Assistent-resident — assisté d'un état-major de fonctionnaires, ses subordonnés. Ils sont chargés de défendre les intérêts de l'Etat, et de veiller à l'exécution des ordonnances générales et au bien-être de la population indigène. Quand il s'agit de cette dernière, ils sont tenus de consulter les chefs indigènes. Un des principes dirigeants de la politique coloniale a toujours été de faire autant que possible administrer directement la population indigène par des chefs de sa race. Ceux-ci cependant sont à la nomination du gouvernement, sauf ceux à qui est resté un certain degré d'indépendance. Il faut encore excepter les simples chefs de village, qui sont élus par les habitants, du moins dans une grande partie de l'île de Java. Ce sont donc ces chefs (voy. 13e classe, A) que le gouverneur de la province est tenu de consulter pour toutes les affaires qui concernent la population indigène; mais eux, à leur tour, ont l'obligation de se conformer aux ordres qu'ils reçoivent et de veiller à leur exécution.

L'administration de la justice repose sur le principe que le droit appliqué aux Européens et aux personnes assimilées aux Européens doit être aussi semblable que possible à celui qui est en vigueur dans la mère-patrie. Aussi les ordonnances judiciaires civiles et commerciales de 1848 et la législation pénale de 1866 ont-elles dans leurs dispositions principales été copiées sur les lois en vigueur aux Pays-Bas. En revanche le droit appliqué aux indigènes est conforme à leurs lois religieuses, à leurs institutions nationales et à leurs mœurs, sauf dans les cas où le gouverneur-général les soumet à la jurisprudence européenne. Pourtant le droit pénal applicable aux indigènes repose sur une ordonnance de 1872, qui n'est qu'un remaniement du Code pénal, dont les dispositions n'y sont que rarement modifiées. Le droit applicable aux Européens et aux indigènes n'étant pas le même, il a fallu instituer deux ordres de fonctionnaires justiciaires. Les Européens ont pour juges des Européens, qui doivent être docteurs en droit s'ils ne sont pas fonctionnaires administratifs. Quant à l'administration de la justice pour les indigènes, les chefs de leur race y ont une part considérable, soit qu'ils prononcent seuls dans les tribunaux de districts et de régence, qui ne connaissent que de causes peu importantes, soit qu'ils siégent dans les conseils de province et dans les cours de circuit, qui, du reste, sont toujours présidées par un Européen. Les fonctionnaires des possessions extérieures ont des pouvoirs judiciaires plus étendus que ceux de Java, qui ne prononcent que dans des causes de police et qui ne président qu'exceptionnellement les tribunaux indigènes.

Enfin l'administration des finances est régie par une loi passée en 1864 et se meut dans les limites d'un budget arrêté par le pouvoir législatif de la métropole. Il est rendu compte de l'administration des finances à ce pouvoir, qui prononce la clôture des comptes et qui a ainsi l'occasion d'exprimer son opinion. A Batavia réside un corps spécial appelé Chambre générale des comptes, qui est chargé du contrôle de l'emploi qui est fait des finances du pays.

II. *Indes occidentales néerlandaises.* La colonie de *Surinam*, cédée par l'Angleterre aux Provinces unies lors de la paix de Breda, fut premièrement placée sous l'autorité de la Zélande et passa en 1682 au pouvoir de la Comp des Indes occ. Celle-ci cependant, ne se sentant pas assez puissante pour l'administrer à elle seule, en céda les deux tiers à Amsterdam et au seigneur de Sommelsdijk. L'octroi, daté du 23 sept. 1682, qui fit passer la colonie au pouvoir de cette compagnie, contenait un principe d'organisation administrative que l'on vient récemment de remettre en vigueur pour les colonies des Indes occidentales; nous voulons parler de la participation des habitants au gouvernement. En effet, d'après les lettres patentes, la colonie devait avoir à sa tête un Gouverneur assisté d'un conseil politique, lequel devait être composé de personnes choisies par le Gouverneur sur une double présentation faite par les »Coloniers". Lorsque l'autorité néerlandaise fut rétablie après l'interrègne anglais, on ne rendit pas aux habitants leurs droits électoraux; le règlement pour le gouvernement de Surinam du 24 sept.

1815 centralisait tous les pouvoirs entre les mains du Gouverneur, auquel on adjoignit une cour de police, dont les membres étaient à la nomination du gouvernement. Ce corps avait une grande partie des attributions législatives. Le règlement de 1828 le remplaça par un Conseil supérieur des possessions néerl. aux Indes occ., composé exclusivement de fonctionnaires et possédant le droit de légiférer pour toutes les colonies des Indes occ. En 1832 on rendit une part d'influence aux habitants: le Gouverneur fut assisté d'un Conseil colonial dans lequel siégeaient des habitants; toutefois ces membres eux-mêmes étaient désignés par l'administration et les fonctions du conseil se bornaient à donner son avis au Gouverneur quand celui-ci le demandait.

Le règlement administratif de 1865 (Loi du 31 mai, Feuille officielle 55) a concédé aux habitants, comme cela se faisait déjà dans les colonies d'autres puissances, une influence plus considérable sur la marche des affaires. Le Gouverneur reste à la tête de l'administration; mais il lui est adjoint un Conseil de Gouvernement dont le procureur-général est vice-président, et dont les membres sont nommés par le roi. En outre la colonie possède un corps représentatif, les Etats coloniaux, élus par ceux des habitants qui paient une somme donnée d'impôts directs. Les Etats coloniaux ont conjointement avec le Gouverneur la puissance législative pour tous les objets qui ne sont pas réservés aux corps législatifs de la mère-patrie. Le Gouverneur a le droit de dissolution et celui de frapper de désapprobation les ordonnances des Etats; les ordonnances frappées ainsi ne sont pas promulguées. Enfin le roi peut exercer le droit de *veto* sur les ordonnances qui lui paraissent contraires à la loi, à un décret royal, ou à l'intérêt général du royaume ou de la colonie.

Le Gouverneur et les Etats votent le budget sous réserve de l'approbation royale. Si celle-ci est refusée, la budget est arrêté définitivement par les pouvoirs législatifs de la métropole, ce qui est encore le cas lorsque les Etats négligent de voter le budget en temps utile, ou lorsque la colonie doit être assistée d'un subside sur la caisse du royaume. Jusqu'à présent elle n'a pas pu se passer de ce subside. Ce n'est pas la seule aide qu'elle reçoive de la métropole, car celle-ci prend encore à sa charge l'entretien des forces navales et militaires et le traitement du Gouverneur.

La question de l'esclavage a pendant des siècles exercé à Surinam une influence prédominante. L'esclavage y a été aboli par la loi du 8 août 1862 (Feuille off. 164); les noirs émancipés restèrent alors sous la surveillance de l'Etat; mais celle-ci à son tour cessa en 1873. Comme ces mesures eurent pour effet une disette de travailleurs, on eut recours pour y suppléer à l'immigration d'ouvriers amenés de la Chine, de l'Inde anglaise et d'autres contrées L'Etat a continuellement prêté son concours dans ce but. Ainsi la loi que nous avons déjà citée (voy. aussi 1872, F. off. 4; 1874, 157) accorde des primes pour l'importation de travailleurs libres, et celle du 14 nov. 1879, F. off. 202, institue un fonds d'immigration destiné à couvrir les frais du transport des ouvriers à la venue dans la colonie et au retour dans leur patrie, pour autant que ces frais ne sont pas couverts par les colons intéressés.

On a fait à plusieurs reprises des tentatives infructueuses de colonisation au moyen de travailleurs européens; par ex. en 1747, au moyen de paysans du Palatinat, et en 1845 à Groningue sur la Saramacca. On n'est pas d'accord sur les causes de cet insuccès.

Le Gouverneur doit dans l'exercice de son antorité se conformer aux lois et aux ordonnances; du reste tout le pouvoir exécutif lui appartient. Il est secondé par treize commissaires de districts, un pour chaque district. Les finances sont régies par un administrateur nommé par le roi.

Dans l'administration de la justice on part du principe que les lois qui la régissent doivent autant que possible être semblables à celles de la mère-patrie. Elles ont été arrêtées pour la première fois par le roi après la promulgation du règlement administratif de 1865; — elles ont depuis lors à être faites par le législateur colonial.

Ce qui précède est en majeure partie applicable à la colonie de *Curaçao et dépendances*, qui a été séparée administrativement de Surinam en 1845. Un règlement administratif, qui porte la même date que celui de Surinam, a été arrêté pour Curaçao en 1865 (F. off. 56). Ici il n'y a pas d'Etats coloniaux; le corps représentatif est le Conseil colonial, dont les membres sont nommés par le roi sur une double présentation faite par le Conseil lui-même. Le Gouverneur n'a pas le droit de la dissoudre.

Insignes honorifiques. On n'a pas institué pour les colonies néerlandaises d'ordre de chevalerie spécial, analogue au *Star of India* des Anglais, pour récompenser ceux qui se sont distingués au service des colonies. Les insignes honorifiques sont, les uns des insignes et médailles militaires, les autres des médailles pour services civils; on ne donne ces dernières qu'aux indigènes. Au nombre des récompenses honorifiques militaires se trouvent les médailles accordées à ceux qui ont pris part à certaines campagnes, par ex. la médaille de la guerre de Java (1825—1830) et la médaille d'Atchin, et l'insigne attestant que l'on a assisté à de grands faits militaires: en outre on distribue aux indigènes, pour mérite militaire, des médailles en argent ou en bronze. D'autres insignes, comme ceux qui se donnent aux officiers cités à l'ordre du jour et à ceux qui ont servi un certain nombre d'années, sont les mêmes pour l'armée des Pays-Bas et pour l'armée des Indes.

On accorde des médailles d'or, d'argent et de bronze pour services civils. Ceux des insignes honorifiques qui sont attachés au rang de celui qui les porte ont déjà été mentionnés (voy. la classe 13).

P. A. VAN DER LITH.

1. **Almanac officiel des Indes néerl., 1883.** Batavia, imprimerie de l'Etat, 3 livraisons. — Le chef de la division de statistique à la secrétairerie générale.

  a. Première partie: territoire, population et organisation des Indes néerlandaises.
  b. Deuxième partie: calendrier et personalia.
  c. Troisième partie: liste des noms des Européens qui habitent les Indes néerl. et indications touchant l'état civil.

2. **Collection complète des rapports coloniaux pour les Indes or. et occ. de 1849 à 1882.** Reliés en 32 vol. in folio. — Ministère des colonies.

3. **Petites cartes géographiques des rapports sur les Indes or. de 1878 à 1882.** Collées sur carton. — Ministère des colonies.

4. **Publications de la Société indienne (association vouée à l'élucidation de questions politiques et économiques concernant les colonies).** — Société indienne, à la Haye.

  a. Catalogue de la bibliothèque de la Société indienne par J. Boudewynse, avec deux suppléments. Le tout relié en un vol. La Haye, 1869—1877; in-8°.
  b. Actes et mémoires de la Société indienne, avec la divise „L'examen conduit à la vérité," années 1 à 7. Zalt-Bommel et la Haye, 1854—1860. 7 vol. in-8°. Rel.
  c. Actes des assemblées générales de la Société indienne de 1861—1882. in-8°. Rel.

5. **Collection d'ouvrages de droit concernant les Indes néerl.** — Prof. P. A. van der Lith, à Leyde.

  1. Le droit aux Indes néerl. Revue juridique. Batavia 1849—1883 (sont exposés les vol. I (1849) et XXXVIII (1882).
  2. Journal indien hebdomadaire du droit. Batavia, 1863—1883 (sont exp. les années I (1868) et XVII (1879)).
  3. Myer (P.), Diss. historico-politica

Groupe III. Quinzième Classe.

de commercio et internæ administrationis forma possessionum Batavorum in India Or. Amstelod., 1832.

4. Mackay (D. J.), Maintien de l'autorité européenne et réforme judiciaire sous l'administration du gouv.-gén. Daendels. La Haye, 1861.

5. Levyssohn Norman (H. D.), Domination anglaise à Java et dépendances. La Haye, 1857.

6. Hock (I. H. J.), Rétablissement de l'autorité néerl. à Java et dépendances. La Haye, 1863.

7. Ecrits relatifs à l'administration coloniale, tirés des papiers laissés par Elout. La Haye, 1851.

8. Ecrits relatifs à l'histoire de l'administration coloniale, tirés des papiers laissés par Elout. La Haye, 1861.

9. Ecrits relatifs aux affaires coloniales et autres, tirés des papiers laissés par Elout. La Haye, 1874.

10. Ecrits concernant l'histoire des négociations avec l'Angleterre au sujet des possessions d'outre-mer, tirés des papiers laissés par Elout. La Haye, 1863.

11. Smulders, Histoire et interprétation du traité du 17 mars 1824. Utrecht, 1839.

12. Spengler, Les possessions néerl. aux Indes or. sous l'administration du gouv.-gén. van der Capellen. Utrecht, 1863.

13. Van der Wyk, Les possessions néerl. aux Indes or. sous l'administration de du Bus de Gisignies. La Haye, 1866.

14. Myer (P.), Esquisse d'un portrait de J. C. Baud. Utrecht, 1878.

15. Meyer (P.), Collection d'instructions, d'ordonnances et de règlements. Batavia, 1848.

16. Législation Indo-néerlandaise. Feuilles officielles des Indes néerl. rédigées par J. Bondewynse et G. H. van Soest. Harlem et Batavia (sont exp. le vol. I (1876) et le vol. V (1882)).

17. Supplément à la Feuille officielle des Indes néerl. (sont exp. le vol. I (2e éd.) et le vol. XIX (1882)).

18. Actes du gouvernement et des Etats généraux relativement au règlement pour le gouvernement des Indes néerl., par L. W. C. Keuchenius. 3 vol. Utrecht, 1857.

19. Loi arrêtant le règlement sur le gouvernement des Indes néerl., avec notes de H. J. Bool. Zalt-Bommel, 1876.

20. Posno (M. A.), Manuel du droit public aux Indes. Amst., 1870.

21. Tollens (L. J. A.), Recueil de lois etc. qui n'ont pas été insérées dans la feuille officielle. 1856.

22. Code civil pour les Indes néerl., avec notes de C. A. de Jongh. Zalt-Bommel, 1857.

23. Recueil d'ordonnances générales relatives au droit agraire des Indes néerl. Réuni et annoté par A. Myer. Batavia, 1876.

24. Albrecht, Répertoire des codes et de la Feuille off. des Indes néerl. Leyde, 1877.

25. Van der Lith (P. A.) et Spanjaard (J.), Institutions publiques des Indes néerl. La Haye, 1871.

26. De Louter (J.), Manuel du droit public et administratif des Indes néerl. 2e éd. La Haye, 1877.

27. De Waal (E.), Les Indes néerl. aux Etats-généraux. La Haye, 1861. 3 vol.

28. De Waal (E.), Politique coloniale selon la Constitution. La Haye, 1863.

29. De Waal (E.), Notes sur des sujets relatifs aux colonies. La Haye, 1865. 3 vol.

30. De Waal (E.), Nos finances aux Indes. La Haye, 1876. 5 vol.

31. Van Delden (A. J W.), Coup d'œil sur le gouvernement des Indes. Batavia et Utrecht, 1875.

32. Van Coeverden (C. C. L.), Affaires indiennes. Leyde, 1876.

33. Wop, Lettres indiennes sur la réforme coloniale. La Haye, 1866. 3 livraisons.

34. Van Hoevell (W. R.), Discours parlementaires sur les affaires des colonies. Zalt-Bommel, 1862. 4 vol.

35. Fransen van de Putte (J. D.), Discours parlementaires. Schiedam, 1872. 2 vol.

36. Van Vliet (L.), Etudes sur les possessions néerl. aux Indes or. Rotterdam, 1846. 2 vol.

37. Van Vliet (L. v. W.), Etudes coloniales. La Haye et Rott., 1867. 2 livraisons.

38. De Groot (J. P. C.), De l'administration de nos colonies. La Haye, 1862.

39. Money (J. W. B.), Java, traduit (de l'anglais) par D. C. Steyn Parvé. Zutphen, 1861. 2 vol.

40. Pierson (N. G.), Politique coloniale. Amst., 1877.

41. De Sturler (J. E.), Le territoire des Indes or. néerl. par rapport aux traités avec l'Espagne, l'Angleterre et le Portugal. Leyde, 1881.

Groupe III. Quinzième Classe.

42. Van Vliet (L. v. W.), Questions de droit touchant l'établissement de non-néerl. dans l'archipel indien néerl. La Haye, 1879.
43. Van Deventer (C. Th.), Nos colonies font-elles d'après la Constitution partie du royaume? Leyde, 1879.
44. Francis (E. A. I.), De potestate gubern. generalis India or. Traj. ad Rhen., 1859.
45. Van Dijk (L. C. D.), Historia inquisitionis in delicta a præfectis atque officialibus in India commissa. Traj. ad Rhen., 1847.
46. Winckel (C. P. K.), Le Conseil des Indes néerl. Utrecht, 1863.
47. Van Delden (H. R.), De l'hérédité des Régents de Java. Leyde, 1862.
48. Le Clercq (P. H.), De la poursuite judiciaire des princes et des chefs indigènes de Java. Utrecht, 1881.
49. Raedt (J. A.), Recherches sur l'expulsion politique dans le passé et maintenant. Rott., 1875.
50. Van Berckel (G. J. A.), Contribution à l'histoire de la souveraineté européenne sur les Indes néerl. Leyde, 1880.
51. Pekelharing (D. A.), De la compétence de la législation néerl. à l'égard des colonies. Leyde 1876.
52. Immink (A. J.), Organisation judiciaire des Indes néerl. La Haye, 1882.
53. (En francais) Winckel (C. P. K.), Essai sur les principes régissant l'administration de la justice aux Indes or. hollandaises. Samarang et Amst., 1880.
54. Toe Water (J. H.), De l'organisation judiciaire aux Indes or. néerl. Leyde, 1862.
55. De Waal (H. L. E.), De l'influence de la colonisation sur le droit indigène aux Indes or. néerl. Harl., 1880.
56. Reynst (J. C.), De la division du pouvoir judiciaire et du pouvoir administratif aux Indes or. néerl. Leyde, 1878.
57. Kaiser (G. J.), Manuel à l'usage des Résidents etc. Bat., 1860.
58. Couperus (T. E.), Organisation judiciaire à la Côte occidentale de Sumatra. Leyde, 1882.
59. Van Eibergen Santhagens (R.), Etude comparée du règlement indo-néerl. sur la poursuite pénale et du code néerl. de poursuite pénale. Amst., 1859.
60. Semler (H.), De la publicité de la propriété et des droits réels d'après le code civil des Indes néerl. Gron., 1860.
61. Engelbrecht (W. A.), De l'art. 2 du règlement adm. en rapport avec l'art. 107. Leyde, 1862.
62. Blume (H. A.), Considérations générales au sujet des art. 105, 106, 107 et 109 du règl. adm. Leyde, 1857.
63. Tyl (J.), Du droit de séjour. Zwolle, 1867.
64. Nederburgh (C. B.), Etude pour servir à l'interprétation des art. 78 et 82 du règl. adm. Leyde, 1880.
65. Couperus (J. R.), De l'intention de l'art. 110 du règl. adm. La Haye, 1862.
66. Buyskes (A. A.), De la Chambre des orphelins et du collége d'administration des biens de tutelle ("col. van boedelmeesteren") à Batavia. Leyde, 1861.
67. Van der Horst (W. E.), Manuel de la pratique judiciaire militaire aux Indes or. néerl. Bat., 1862.
68. Steyn Parvé (D. C.), Histoire du système monétaire et du régime des banques aux Indes néerl. Zalt-Bommel, 1852.
69. Mossel (J. T.) et G. P. H. H. Gonggryp, Remarques sur l'action et l'application de la loi de comptabilité des Indes. Bat., 1871.
70. K. v. S., Essai pour l'amélioration du système de comptabilité des Indes. Bat., 1869
71. Mees (W. C.), Système monétaire des Indes néerl. Amst., 1851.
72. Van den Berg (N. P.), De la question monétaire par rapport aux Indes. Bat., 1874.
73. Van den Berg (N. P.), La banque de comptes-courants et la banque de prêts de Batavia. Amst., 1870.
74. Van Deventer (S.), Etudes sur le système agraire de Java. Zalt-Bomm., 1865. 3 vol. et répertoire.
75. Schoutendorp (J.), Esquisse de l'histoire de l'impôt foncier (*landrent*) à Java. Amst., 1874.
76. Steyn Parvé (D. C.), Nouveau commentaire sur le système du monopole colonial. Zalt-Bomm., 1851.
77. Van Soest (G. H.), Histoire du système des cultures. Rott., 1871. 3 vol.
78. Piccardt (R. A. S.), Histoire du système des cultures aux Indes néerl. Amst., Deventer, Leyde, 1873.
79. Momma (J. J.), Esquisse de l'histoire de l'art. 56 du règl. adm. Amst., 1870.
80. Vitalis (L.), Mise en vigueur, action et défauts du système des cultures à Java. Zalt-Bomm., 1851.
81. Multatuli, Du travail libre aux Indes néerl. Amst., 1862.

GROUPE III. Quinzième Classe. 45

82. Résumé final de l'enquête sur les droits des indigènes à la possession du sol à Java et à Madoura. Bat., 1876. 2 vol.

83. Résumés de l'enquête sur les droits qui sont exercés sur les terres incultes dans les pays du gouvernement (dans les poss. extérieures). Bat., 1872.

84. Résumé de l'enquête sur les droits des indigènes à la possession du sol dans la rés. de Bantam. Bat., 1871.

85. La résidence de Kadou d'après les résultats du relevé statistique. Bat., 1871.

86. Nederburg (J. A), Le domaine de l'Etat à Java. Leyde, 1882.

6. Ouvrages relatifs à la Comp. des Indes or. et à l'époque écoulée entre sa chute et la conquête par l'Angleterre de ses anciennes possessions. — Acad. mil. royale, à Breda.

a. (En allem.) Saalfeld (F.), Histoire de l'organisation coloniale hollandaise aux Indes or. Göttingen, 1812, 1813. 2 vol. in-8°.

b. Récit historique du commencement, du progrès et de l'état actuel du trafic de la Comp. gén. néerl. des Indes or. Arnhem, 1768—1772. 2 vol. in-8°.

c. Huysers (A.), Brève description des établissements des Indes or. 2e éd. augmentée et revue. Avec la vie de Reinier de Klerk. Amst., 1792; in-8°.

d. Van Hogendorp (D.), Notice sur l'état actuel des possessions bataves aux Indes or. et du commerce qui s'y fait. 2e éd. Delft, 1800, in-8°.

e. Van Hogendorp (D.), Pièces relatives à l'état actuel des possessions bataves aux Indes or. La Haye et Delft, 1801; in-8°.

f. Situation des possessions néerl. aux Indes or. sous l'administration du gouv.-gén. H. W. Daendels, dans les années 1808—1811. Avec annexes. La Haye, 1814. 4 vol. in-folio.

7. Nouveaux Statuts de Batavia. Manuscrit relié en parchemin avec supplément, demi-rel. en cuir. — Prof. P. J. Veth, à Leyde.

NB. Les statuts de Batavia ont été promulgués par van Diemen et avaient à l'époque de la Comp. force de loi dans la ville et sa banlieue. Quant aux nouveaux Statuts, réunis sous l'administration de van der Parra, quoique on les ait souvent cités et appliqués, ils n'ont jamais été un code, mais seulement un projet de code, puisqu'ils n'ont jamais été ratifiés par le gouvernement en Europe. Les anciens Statuts ont été publiés par S. Keyser, Dr. en droit, dans les Mémoires de l'Institut de phil., de géogr. et d'ethn., nouvelle série, vol. VI, 392—516.

8. N. G. Pierson, Dr. en droit, Politique coloniale. Amsterdam, 1877. — Van Kampen et Fils, éditeurs, à Amsterdam.

9. J. E. Albrecht, Répertoire des codes et de la feuille officielle des Indes néerl., 1816—1879. — A. W. Sythoff, éditeur, à Leyde.

10. Manuel du notariat aux Indes néerl., par L. C. Kruyff. — J. H. de Bussy, éditeur, à Amsterdam.

11. Rapport accompagnant la statistique judiciaire des Indes néerl. pour les années 1871—1876. 2 vol. Batavia, imprimerie de l'Etat.

12. Dispositions règlementaires et législatives relatives à l'administration de la justice dans les possessions extérieures des Indes néerl. etc. recueillies et publiées par la Haute cour des Indes néerl., 4e vol. Batavia, imprimerie de l'Etat, 1874.

13. Code pénal pour les indigènes (Traduction javanaise). Batavia, Imprimerie de l'Etat, 1877.

Seizième Classe.

FORCES DE MER et de TERRE.

Les forces navales des Indes néerl. sont sous le commandement d'un officier général (contre-amiral ou vice-amiral) de la marine royale néerlandaise, nommé par le roi.

Les forces navales sont formées

1º. De l'escadre auxiliaire, composée de deux vaisseaux blindés à tourelles (le *Prins Hendrik der Nederlanden* et le *Koning der Nederlanden*), et de vapeurs à hélice de 1re et de 2e classe, dont le nombre dépend des circonstances;

2º. De la marine militaire indo-néerlandaise, composée de 4 vaisseaux stationnaires, d'un vapeur de 1re classe, de 13 vapeurs de 2e classe, de 3 vaisseaux à aubes de 2e classe, de 4 dito de 3e classe, de 5 dito de 4e classe, d'un bâtiment pour le service topographique et d'un certain nombre d'avisos;

3º. De la marine du gouvernement, composée de 8 vapeurs tenant la mer, dont 4 à hélice et 4 à aubes, et de 7 vapeurs pour les rivières, tous à aubes, de deux bâtiments pour le service des balises, de 16 avisos et de 61 chaloupes armées, ces derniers bâtiments tous à voiles.

Les équipages de l'escadre auxiliaire sont formés d'Européens appartenant à la marine royale néerlandaise.

Pour la mar. mil. indo-néerl. ils sont formés en partie de matelots européens de la marine royale néerl., en partie de matelots indigènes enrolés dans toutes les contrées de l'archipel.

Dans la mar. du gouvernement les commandants, les pilotes et les machinistes sont européens, mais le reste du personnel se recrute parmi les indigènes.

Le département de la marine a en outre dans son ressort

1º. les établissements maritimes, chantiers, doks etc. de Sourabaya et de Onrust, île dans la rade de Batavia;

2°. la fabrique de Sourabaya pour la marine et les machines à vapeur;
3°. le service des balises, des phares et du pilotage;
4°. les installations dans les ports;
5°. le service hydrographique;
6°. le service géographique.

Les forces de terre des Indes néerl. sont placées sous le commandement d'un officier général nommé par le roi.

L'armée des Indes néerl. se compose

pour l'infanterie, de 18 bataillons de campagne, de 4 bataillons de dépôt, de 11 bataillons de garnison et de 5 compagnies de garnison;

pour la cavalerie, d'un régiment formé de 6 escadrons de campagne et d'un escadron de dépôt;

pour l'artillerie, de 8 compagnies d'artillerie de campagne et de montagne, de 2 compagnies mixtes d'artillerie de montagne et de position, de 11 compagnies d'artillerie de position et de 3 compagnies d'artillerie de garnison;

pour le génie, d'un corps d'ouvriers du génie et de 3 compagnies de mineurs et de sappeurs.

En vue du maintien de la discipline il existe deux détachements de punition, l'un à Klatten, pour les Européens, l'autre à Ngawi, pour les indigènes.

Il y a à Meester Cornelis une école militaire, où l'on forme des officiers, et à Gombong un corps de pupilles, où se donne une éducation militaire à des enfants abandonnés ou négligés, fils d'Européens.

L'artillerie possède à Sourabaya un magasin de construction qui rivalise avec celui de Delft pour subvenir aux besoins de l'armée. Dans la même ville se trouve l'atelier de pyrotechnie, et il y a des moulins à poudre à Bojong et à Ngawi. L'école des armuriers est établie à Meester Cornelis. A Batavia même sont établis, comme subdivisions de l'Etat major-général, le bureau topographique et les ateliers de lithographie et de photographie.

L'armée entière, à son chiffre normal, compte 30000 hommes, dont un bon tiers, sans compter les officiers, sont européens.

L'infanterie est armée de fusils Beaumont se chargeant par la culasse.

Il faut encore compter comme appartenant à l'armée

1°. Les *Prajourits*, dits troupes des Régents. Ces troupes n'ont que de l'infanterie et se recrutent parmi les indigènes. Les prajourits sont habillés et armés de la même manière que les soldats indigènes de l'armée. Des sous-officiers européens sont chargés de les instruire et de les faire exercer. Cependant ce n'est qu'en temps de guerre qu'ils sont soumis à la loi martiale. Quand il y a guerre, on les réunit en corps dans l'espoir d'en tirer à peu près deux bataillons de renfort pour l'armée.

2°. Les dragons de la garde, mis à la disposition de l'empereur de Sourakarta et du sultan de Jokyokarta. C'est un corps de cavalerie composé exclusivement d'Européens et qu'en temps de guerre on joint à l'armée de campagne, dans laquelle il forme un escadron de renfort pour le régiment de cavalerie.

3°. Les légions des princes indépendants de Java (le prince Mangkou Negoro et le prince Pakou Alam). Elles se composent d'infanterie, de cavalerie et d'artillerie. Ces princes sont tenus en vertu d'anciens contrats à entretenir ces corps et à les mettre en cas de danger à la disposition du gouvernement. Des officiers européens sont chargés de les instruire.

4°. Les Barissans, corps entretenus et mis à la disposition du gouvernement des Indes néerl., en vertu des contrats qui les lient, par les princes de l'île de Madoura. Ils se composent d'infanterie, de cavalerie et d'artillerie et sont instruits par des officiers européens, assistés de cadres européens suffisants. Lorsque éclata la guerre d'Atchin, des bataillons de ces barissans ont pris part à la première expédition.

Les principaux travaux de défense des Indes néerl. sont la forteresse de Willem I à Ambarawa et le fort du Général van den Bosch à Ngawi, pour le centre de Java; le port fortifié de Chilachap sur la côte méridionale; et, sur la côte nord, les citadelles du Prince Frédéric à Batavia, du Prince d'Orange à Samarang et du Prince Henri à Sourabaya.

Partout dans les Indes néerl. sont semées des fortifications qui sont très suffisantes contre des forces indigènes, mais qui seraient insignifiantes si elles avaient été élevées pour résister à des occidentaux.

Les principales sont Kota Raja à Atchin, le kraton de Palembang, le fort du Prince héréditaire à Riouw, le fort Rotterdam à Makassar, le fort Nouvelle Victoria à Amboine, le fort Nouvelle Amsterdam à Menado, etc.

Des batteries côtières efficaces commandent les rades de Batavia, de Samarang, de Sourabaya et de Chilachap.

T. M. H. PERELAER.

GROUPE III. Seizième Classe.

1. Collection de modèles de vaisseaux qui sont de service aux Indes. — Département de la marine aux Indes néerl.

a. Le *Télégraphe*, vapeur maritime à aubes, de la marine du gouv., construit à Dassôn, rés. de Rembang, par Nering Bögel et Dunlop. Longueur 38 m., largeur 6,50 m., tirant 2,30 m., déplacement 300 tonnes.

b. Le *Capitaine van Os*, petit vapeur à aubes pour la rivière de Banjarmasin, construit par des particuliers.

c. Coutre, construit par des particuliers et faisant le service de la douane pour la rade de Sourabaya.

d. Tambangan long de 10 m., large de 1,90 m., servant pour le travail du pilotage.

e. Tambangan long de 11 m., large de 2,24 m., servant au transport des matériaux pour la fabrique de la marine et des machines à vapeur.

f. Tambangan long de 10 m., large de 1,90 m., servant au transport du personnel pour la même fabrique.

g. Le *Sourabaya*, transport à aubes de la mar. mil. indo-néerl., long de 64 m., large de 9,80 m., tirant 4,25 m., déplaçant 1404 tonnes.

h. Le *Ternate*, vapeur maritime à aubes de la mar. du gouv., long de 38 m., large de 6,50 m., tirant, avec 30 tonnes de charbon, 2,40 m., avec chargement complet, 2,50 m.

i. Le *Siak*, vapeur maritime à aubes de la mar. du gouv., long de 42 m., large de 6,50 m., tirant, avec 30 tonnes de charbon, 2,30 m., déplaçant 355 tonnes.

j. Le *Bogor*, vapeur à aubes destiné aux communications entre Batavia et Onrust, long de 32 m., large de 5,05 m., tirant, à l'avant, 1,34 m., à l'arrière, 1,82 m., en moyenne, 1,58 m., déplaçant 150 tonnes.

NB. C'est le type le plus petit de vapeurs pour cette branche de service. Plusieurs autres du même modèle ont été construits pour la marine du gouvernement, le *Singkawang*, le *Sampit*, etc.

k. Le *Bronbeek*, vapeur à aubes de la mar. du gouv., construit par Nering Bögel et Dunlop à Dassôn; longueur 36 m., largeur 6 m., tirant d'eau 1,75 m., déplacement 220 tonnes.

l. Schooner faisant le service de la douane pour la rade de Batavia, long de 19 m., large de 5 m., tirant 1,70 m. à l'avant et 2 m. à l'arrière.

m. Croiseur, long de 16 m., large de 4 m., tirant 1 m. à l'avant et 1,30 m. à l'arrière, déplaçant 32,5 tonnes.

NB. Des bâtiments de ce type sont mis à la disposition des chefs d'administration provinciale pour s'en servir, soit comme d'avisos, soit comme de chaloupes armées pour la répression de la piraterie.

n. Chaloupe du type ordinaire de la marine royale; longueur, de poupe à proue, 7,40 m.; largeur, 1,95 m.

2. Demi-modèle du vapeur de S. M. le »Valk" et demi-modèle du vapeur de S. M. le »Arend". — Salle des modèles du ministère de la marine.

NB. Chacun de ces deux vaisseaux a des machines composées de la force de 330 chevaux effectifs. Ils ont été construits en 1880 à Flessingue par la Société royale *De Schelde* (l'Escaut) pour le compte de la marine du gouvernement aux Indes néerl., et sont partis pour leur destination le 22 juin de la même année.

3. Modèle de croiseur (praou krouwis), rés. de Sourabaya.

4. Modèles de phares côtiers. — Salle des modèles du ministère de la marine.

a. Modèle en cuivre à $\frac{1}{10}$ de la gr. nat. du phare en fer à lumière tournante de 1re grandeur, placé sur l'île des Boompjes; construit par les forges royales néerl. de Leyde, et érigé en 1871.

b. Modèle au $\frac{1}{10}$ de la gr. nat. du phare côtier placé au Noord-wachter; lumière tournante de 2e grandeur; érigé en 1868 et allumé le 5 nov. 1869; charpente en fer, construction à jour; fabriqué par les forges royales néerl. de Leyde.

c. Modèle à $\frac{1}{15}$ de la gr. nat. du phare côtier placé sur le Duiven-eiland, à lumière fixe de 4e grandeur, allumée le

50   GROUPE. III.   Seizième Classe.

15 avril 1872; charpente en fer, construction à jour; construit par la fabrique *le Prince d'Orange* à la Haye.

d. Modèle en cuivre au $\frac{1}{75}$ de la gr. nat. du phare côtier placé à Meindertsdroogte, à lumière fixe de 4e grandeur, allumée le 30 janv. 1879; tour octogone en fer sur pilotis à vis; construit en 1879 par l'atelier royal de Leyde.

e. Modèle en cuivre au $\frac{1}{75}$ de la gr. nat. du phare côtier placé au Vlakkenhoek, extrémité S. O. de Sumatra; lumière tournante de 1re grandeur, allumée en janv. 1881; construit en 1879 par la maison L. J. Enthoven à la Haye.

f. Modèle en cuivre au $\frac{1}{75}$ de la gr. nat. à lumière fixe de 2e grandeur, placé sur l'île de Padang; construit en fonte, en 1878, par la fabrique de Fyenoord de la Société néerl. de navigation à vapeur; érigé en 1881.

5. Etablissement d'éclairage côtier de Tanjong Kalian près de Muntok, rés. de Bangka; $\frac{1}{100}$ de la gr. nat.

6. Modèles de bassins de radoub. — Salle des modèles du ministère de la marine.

a. Modèle en cuivre au $\frac{1}{75}$ de la gr. nat. d'une partie du bassin flottant de la marine des Indes or., construit sur les plans de l'ingénieur en chef de la marine H. E. Tromp et de l'ingénieur des ponts et chaussées (waterstaat) J. Straatman, par la maison Paul van Vlissingen et Dudok van Heel à Amsterdam, 1863—1864.

b. Modèle en cuivre au $\frac{1}{75}$ de la gr. nat. d'une partie du bassin flottant de Onrust, construit en 1877 et 1878 par la fabrique royale de machines à vapeur et autres à Amsterdam; médaille d'argent de l'exposition de Paris de 1878.

7. Six pièces de charpente en bois de jati. — J. L. von Leschen, ingénieur en chef de constructions maritimes, à Sourabaya.

a. Membrure à forte courbe, longueur 2.50 m., largeur 0.28, épaisseur 0.18; volume 0.126 m³., courbe 0.50 m.

b. Membrure à forte courbe, longueur 2 m., largeur 0.28, épaisseur 0.16, volume 0.090 m³., courbe 0.53.

c. Membrure à faible courbe, longueur 3 m., largeur 0.35, épaisseur 0.25, volume 0.263 m³., courbe 0.40.

d. Membrure à faible courbe, longueur 2.75 m., largeur 0.32, épaisseur 0.21, volume 0.185 m³., courbe 0.38.

e. Membrure de chaloupe, longueur 1.60 m., largeur 0.22, épaisseur 0.10, volume 0.35 m³.

f. Membrure de chaloupe, longueur 1.90 m., largeur 0.18, épaisseur 0.14, volume 0.48 m³.

8. Echantillons de vers des pilotis, de termites et de poux de bois et des ravages causés aux charpantes par ces insectes. — J. L. von Leschen, à Sourabaya.

a. 4 flacons contenant 4 espèces de vers des pilotis.

b. Flacon contenant des termites de l'espèce wrangas.

c. Flacon contenant des termites de l'espèce rayap.

d. Flacon contenant un pou de bois, le Kourang wōng.

e. Deux planches du vaisseau royal le *Gedé*, attaquées par le ver des pilotis.

f. Morceau de bois de jati des membrures du vaisseau royal le *Gedé*, attaqué par les termites.

g. Bois de sapin du vaisseau royal le *Gedé*, attaqué par les termites.

9. (En français). Le Musée de Marine du Louvre, 89 feuilles in-folio, avec 60 estampes, et Souvenir de Marine, 102 planches in-folio. — Amiral Paris, à Paris.

10. Collection d'objets fabriqués dans l'atelier de construction d'artillerie de Sourabaya. — Troisième section du Dép. de la guerre aux Indes néerl. Artillerie.

GROUPE III. Seizième Classe.

a. Affut de montagne de 8 centimètres chargé du harnachement complet pour le premier et le second cheval ainsi que pour celui du commandant de la pièce.
b. Harnais de bât complet pour chevaux de somme.
c. Caisse à munition transportable, pour cartouches à mitraille et projectiles coniques de la batterie de montagne de 8 cm.
d. Caisse à munition transportable, pour balles à feu de la batterie de montagne de 8 cm.
e. Deux essieux porte-roue pour le transport de roues de réserve des batteries de montagne de 8 et de 12 cm.
f. Sabot de roue pour les batteries de montagne de 8 et de 12 cm.
g. Harnachement complet pour mulets de somme et de trait.
h. Affut à flèche en fer pour mortier Coehorn de 12 cm.
i. Tringle pour le transport du mortier de 12 cm.
j. Avant-train léger à munition, formé d'un char en bois de jati et d'une caisse à munition en fer pour pièces de 7 cm. se chargeant par la culasse. Service de campagne. Fournitures complètes.
k. Harnachement complet pour limoniers.
l. Tonneau à poudre, pour 50 Kilogrammes. Modèle colonial.
m. Tonneau à poudre pour 25 Kil., modèle colonial.
n. Caisse en fer pour munitions.
o. Levier de treuil pour affuts en fer de 9 et de 7 cm.
p. Tire-fusée.
q. Plaque de lunette forgée sur mesure (non finie à la lime) pour l'arrière-train de voitures de parc d'ordonnance et de fourgons de transport néerlandais.
r. Dito finie.
s. Plaque de lunette forgée sur mesure pour affuts de campagne de pièces en bronze de 9 cm. (lourdes) et de longs obusiers de 15 cm.
t. Dito finie.
u. Carte d'échantillons des espèces de bois des Indes employées par l'artillerie, rangées comme un échiquier.

-11. Collection d'objets confectionnés ou employés à l'atelier pyrotechnique de Sourabaya, avec évantaire construit exprès pour les étaler. — Artillerie des Indes néerl.

a. Fusée percutante inventée par M. Kühn, Directeur de l'école d'armuriers de Meester Cornelis.
b. Cartouche pour le fusil de petit calibre se chargeant par la culasse (fusil Beaumont) avec les parties diverses de la cartouche et des coupes aux différents stades de la confection.
c. Tube de friction aux différents stades de la fabrication.
d. Fusée fusante pour pièces de $7\frac{1}{2}$ cm. se chargeant par la culasse, modifiée d'après les exigences du climat des Indes.
e. Porte-amorce pour pièces en acier se chargeant par la culasse.
f. Balle à feu de 8 cm. Service de montagne.
g. Torche.
h. Bois du jati-belanda (Guazuma tomentosa).
i. Morceaux de charbon de ce bois.

-12. Caisse en bois de jati doublée de drap vert, renfermant des objets qui proviennent de l'école d'armuriers de Meester Cornelis. — Artillerie des Indes néerl.

a. Fusil se chargeant par la culasse, petit calibre, avec maillet, chasse-fusée, cartouche d'exercice (servant aussi pour la carabine se chargeant par la culasse), extracteur de tube (hors de modèle), ramoneuse, flacon à huile, baguette à laver, tourne-vis, lavoir, cartouche à balle (hors de modèle) et cartouches sous balles.
b. Carabine se chargeant par la culasse, avec extracteur de tube, chasse-douille, baguette à laver, tourne-vis et cartouche à balle.
c. Révolver avec cartouche d'exercice, baguette à laver, tourne-vis, boite contenant 12 cartouches à balles et boite contenant 10 cartouches sans balles.
d. Coutelas avec fourreau d'acier à l'ordonnance.
e. Assortiment de limes.

13. Modèles au $^1/_{10}$ de la gr. nat., faits en bambou chinois; les assembla-

ges sont faits avec de la ficelle pour figurer le rotin et les cordes indigènes employés dans les constructions réelles. — Quatrième division du Dép. de la guerre aux Indes néerl. Génie. Corps des mineurs et sappeurs.

NB. Dans les courtes descriptions qui suivent, les matériaux indiqués ne sont pas ceux du modèle, mais des petits édifices ou des appareils représentés.
a. Maison de garde-étappe d'après un modèle suivi à Atchin. Elle est en bambou avec plancher et lit de camp en bois, et est couverte en feutre asphalté. La palissade est faite en kayou-bakou.
b. Latrines propres à être placées au bord d'une rivière, ou, légèrement modifiées, au dessus d'une fosse. Bambou.
c. Pont de chevalets, d'après le modèle connu dans les Pays-Bas sous le nom de *Kromhout*. Le tablier est fait de sasaks de bambou refendu.
d. Cuisines, l'une consistant en trous à cuire ordinaires creusés dans le sol, l'autre faite en bambou recouvert en fer galvanisé. Marmites usitées aux Indes.
e. Guérite de bambou ou de toute autre substance qu'on a sous la main.
f. Ratelier d'armes en bambou. On l'assujettit dans le sol.
g. Baraque en bambou avec double rangée de balei-baleis, couverts en feutre asphalté.
h. Baraque en bambou, avec une seule rangée de balei-baleis, couverte en wélit (alang-alang cousus ensemble, ou toute autre matière pouvant servir d'atap, tendus entre deux lattes de bambou).
i. Baraque chinoise, avec charpente de kayou bakou et tait de feutre asphalté.
j. Guérite d'observation en bambou betong, espèce de bambou la plus forte de toutes.
k. Deux ponts de chevalets en bambou, l'un ordinaire à chevalets à deux pieds, l'autre suivant le modèle du *Kromhout*.
l. Passerelle en bambou.
m. Blokhaus de bois de jati, couvert en fer.
n. Deux abris en bambou ou faits de toute autre matière qu'on a sous la main.
o. Poste d'observation en bois d'après un modèle suivi à Atchin.
p. Gabion de bambous tressés, reliés avec du fil de fer, du rotin ou des cordes.

Modèles de grandeur naturelle faisant partie de la même collection.

q. Petits piquets en bambou; on les fait de différentes grandeurs.
r. Détails de construction en bambou, tels qu'ils entrent dans la structure des différentes constructions dont les modèles sont exposés.

14. Fournitures et équippement technique d'une compagnie du génie. — Génie des Indes néerl. Corps des mineurs et sappeurs.

A. *Fournitures.*
a. Etui contenant tout ce qu'il faut pour écrire. Complet.
b. Deux tarières.
c. Etui avec ruban à mesurer, complet.
d. Etui de ciseaux divers, complet.
e. Marteau de forge.
f. Etui de clous, complet.
g. Scie à main.
h. Etui avec rainette, complet.
i. Doloire.
j. Lanterne sourde.
k. Levier en pied de biche.
l. Hache.
m. Pic.
n. Bêche ronde.
o. Patchol.
B. *Equippement technique.*
a. Caisse de moyens de déflagration.
NB. Les objets exposés dans cette caisse ont été mis hors d'état de s'allumer.
b. Caisse de menus outils.
c. Caisse pour clous.
d. Caisse à poudre à canon.
Un portefeuille joint à cette collection renferme une note expliquant les détails de l'équippement.

15. Habillement et armes d'un soldat du génie. — Génie des Indes néerl. Corps des mineurs et sappeurs.

a. Costume complet d'un soldat européen de 1re classe du génie et d'un soldat indigène de 2e classe du génie, d'après le tarif n°. 24.

Groupe III. Seizième Classe. 53

b. Armement complet d'un soldat du génie, composé d'un sabre et d'un révolver avec ses fournitures, d'après le tarif n°. 22.

16. Collection de 42 dessins représentant des édifices militaires aux Indes néerl. Quatre portefeuilles. — Génie des Indes néerl. Bureau central.

a. Hopital militaire de Weltevreden; 18 dessins.
b. Hopital militaire de Panté Perak à Grand Atchin, avec la caserne du détachement de garde; 9 dessins.
c. Camp achevé pour un bataillon d'infanterie, établi à Magelang, rés. de Kadou; 8 dessins.
d. Divers dessins pour suspendre aux murs, représentant des ouvrages de défense en pierre, en bois, en matériaux d'occasion, élevés contre les indigènes ennemis, ainsi que du Kraton et que d'autres ouvrages atchinois dans l'état dans lequel ils sont tombés entre nos mains, et du Kraton dans son état actuel; 7 dessins.

17. Note concernant le corps des troupes du génie aux Indes néerl. — Génie des Indes néerl.

18. Cartes dressées par le service topographique. — Septième division du Dép. de la guerre des Indes néerl. Etat major général. Bureau topographique, à Batavia.

a. Carte générale phot. de la résidence de Pasourouan, reproduite par la photolithographie. Echelle de 1 : 100000.
b Carte en chromolithographie du Nord de Sumatra, en 4 feuilles; 1 : 500000.
c. Carte en chromol. de l'île de Blitong (Billiton); 1 : 200000.
d. Carte chromol. du chef-lieu Sourabaya; 1 : 20000.
e. Carte chromol. du chef-lieu Buitenzorg, rés. de Batavia.
f. Carte chromol. de Malang, rés. de Pasourouan.
g. Carte photo-autographique du chef-lieu Bandong, reproduite par la chromolithographie; 1 : 20000.
h. Carte photo-autographique de Kota Bangkalan à Madoura, reproduite par la chromolithographie; 1 : 10000.
i. Carte du même genre de Kota Sampang à Madoura.
j et *k.* Deux exemplaires de la carte chromol. de Bali à l'échelle de 1 : 250000, dont l'un photolithographié.
l. Exemplaire colorié à la main de la carte photo-authographique d'une partie des régences du Preanger; 1 : 50000.
m. Carton contenant 50 feuilles de la carte détaillée photo-autographique de la partie occidentale de la rés. de Madoura, à l'échelle de 1 : 20000, avec petite carte générale, table des feuilles et explication des signes, ainsi que l'une des trois feuilles de la carte générale photo-autographique de la rés. de Madoura, au 1 : 100000, reproduite par la photolithographie.
n. Carton contenant un exemplaire complet de la carte détaillée photo-autographique de la rés. de Probolinggo, au 1 : 20000, avec petite carte générale, table des feuilles et explication des signes.

19. Carton contenant 25 photographies d'édifices, d'établissements, etc. de Batavia et de ses faubourgs, avec titre fait à la main. — Etat major général des Indes néerl. Bureau topographique, à Batavia.

20. Photographies encadrées du port de la ville de Batavia et du Kali besar du même endroit. — Etat major général des Indes néerl. Bureau topographique, à Batavia.

21. Objets fabriqués dans l'atelier de construction pour l'artillerie de Sourabaya. — Acad. mil. royale, à Breda.

GROUPE III. Seizième Classe.

a. Affut de montagne en bois pour pièce de 18 cm., avec accessoires complets et 2 civières.
b. Tonneau à poudre pour 50 kilogr., modèle des colonies.
c. Idem pour 25 kilogr.
d. Affut en fer pour mortier Cochoorn de 12 cm., avec palans.
e. Palan pour affuts de remparts sur chassis, pour pièces de 22 et 20 cm.
f. Idem, pour pièces de 16 et 12 cm.
g. Idem, pour pièces de 9 cm.
h. Idem sans chassis pour pièces de 22 et 20 cm.
i. Idem, idem, de 16 et 15 cm.
j. Idem, idem, de 9 cm.
k. Idem, pour affuts de casemates pour pièces en fer de 9 cm. et de 7 cm., lourdes.
l. Assortiment complet de harnachements de chevaux de trait, de somme et de selle, pour artillerie de montagne, savoir:
1. Harnachement du cheval de devant.
2. Idem, du cheval de derrière.
3. Idem, du cheval du chef de pièce.
4. Idem, du cheval de somme.
5. Une selle de cavalerie complète, et une dito non recouverte.

22. Objets provenant de l'atelier pyrotechnique de Sourabaya. Accompagnés d'une description. — Acad. mil. royale, à Breda.

Caisse avec colonne, couronne et petits écussons, et six petites boites avec couvercles de verre, contenant:
1. Ce qu'il faut pour fabriquer les cartouches.
2. Le tube de friction inventé par van Wijhe.
3. La balle à feu de 8 cm., service de montagne — et la torche.
4. La fusée percutante Kühn fixée à la grenade.
5. La fusée percutante inventée par Kühn.
6. Les différentes parties dont se compose la cartouche.

23. Objets provenant de l'école d'armuriers de Meester Cornelis. Accompagnés d'une description. — Acad. mil. royale, à Breda.

a. Carabine de cavalerie se chargeant par la culasse, à laquelle a été appliqué le système Beaumont, d'après les idées du capitaine Kühn, directeur de l'école; munitions et accessoires.
b. Révolver à mécanisme de serrurerie du système Warnaut et d'une baguette à décharger conforme aux idées de Kühn; munitions et accessoires.

24. Modèles d'objets et d'édifices employés dans la 2e expédition d'Atchin, accompagnés d'une description et de photographies. — Acad. mil. royale, à Breda.

a. Radeau de prauws (barques).
b. Radeau en fer.
c. Tramway léger.
d. Baraque d'hôpital.
e. Baraque pour le quartier général.
f. Baraque.
g. Magasin à poudre.
h. Baraque de troupes (pour une compagnie).
i. Baraque en planches.
j. Baraque provisoire pour malades.
k. Magasin d'intendance.
l. Magasin d'artillerie.
m. Baraque volante.

25. Vues phothographiques de la forteresse de Willem I et du camp de Banyan Birou, tels que les avait laissés le tremblement de terre. 10 feuilles in 4°. obl. — Acad. mil. royale, à Breda.

26. La défense des Indes néerl., par le jonkheer R. G. B. de Vaynes van Brakell, 3 livr.; Amsterdam, 1859—1863. — Van Kampen et Fils, à Amsterdam.

27. K. Eland, Appendice à la 5e éd. de l'art des reconnaissances, traitant des fortifications des Indes néerl. Breda, Oukoop Frères, 1882. — **Acad. mil. royale, à Breda.**

28. Mémorial de la maison militaire coloniale des invalides de Bronbeek, dédié à S. M. le roi par le commandant J. C. Smits. Arnhem, 1881. — **Prof. P. J. Veth.**

29. Hommage offert par d'anciens cadets, devenus officiers dans l'armée des Indes néerl., à l'acad. mil. royale de Breda à l'occasion du 50ᵉ anniversaire de sa fondation. Exécuté par M. C. Detouche à Paris sur les dessins du colonel du génie J. P. Ermeling. — **Acad. mil. royale, à Breda.**

Dix-septième Classe.

TRAVAUX PUBLICS: DESCRIPTIONS, PLANS ET PROJETS, MODÈLES, CARTES, DESSINS ET AUTRES REPRÉSENTATIONS GRAPHIQUES.

Tant que, dans un passé déjà assez lointain, les relations des Hollandais avec les indigènes de l'archipel indien n'ont eu d'autre but que d'entretenir un commerce d'échange peu développé, les travaux publics n'ont guère eu d'importance.

Les Européens avaient établi leurs factoreries ici et là sur les côtes et ces établissements communiquaient entre eux par mer. Les indigènes y apportaient leurs denrées en se servant de leurs propres moyens de transport et des sentiers frayés par eux-mêmes.

Il n'existait alors en fait de travaux publics que ce qu'il fallait pour l'établissement de quelques magasins servant à recevoir et à préparer pour l'expédition en Europe les marchandises venant de l'intérieur, des habitations nécessaires aux négociants et à leurs employés, et des enceintes plus ou moins fortifiées qui renfermaient l'ensemble des constructions de chaque factorerie. Il fallait en effet être en mesure de se défendre contre les attaques, toujours possibles, des indigènes, très supérieurs en nombre.

On rencontre encore sur quelques points des côtes des ruines provenant de ces anciens établissements. Sur la côte septentrionale de la résidence de Bantam existent les restes, maintenant encore assez bien conservés, de l'ancienne ville fortifiée de Bantam. Autour des ruines des maisons et du cimetière le mur d'enceinte, en blocs taillés dans des rochers de corail, est resté debout presque intact. On peut ainsi se faire une idée de l'espace misérablement étroit où devaient se mouvoir les habitants de ces factoreries, malgré les exigences d'un climat très chaud.

Peu à peu les besoins grandirent et avec eux les travaux pour y subvenir. Les contrats passés avec la population se multiplièrent, le commerce devint plus actif, et aussitôt il devint nécessaire d'augmenter les moyens d'expédition des produits.

Ce n'est cependant qu'après la suppression de la Compagnie des Indes orientales et lorsque une administration régulière des colonies eut été instituée, que fut entreprise, sur l'ordre du gouverneur-général Daendels, la construction d'une large voie postale traversant l'île de Java dans toute sa longueur. C'est alors que l'on peut dire que commencèrent les travaux publics au vrai sens du mot.

Tout d'abord, comme nous l'avons dit, il fallut, par suite de l'extension du commerce et des relations, procurer de bons lieux de chargement pour les navires et des ports. En même temps la production croissante fit que l'on ne put plus se contenter des sentiers des indigènes. Il fallut les rectifier; les élargir, les consolider, pour en faire des voies de transport.

Ces voies, ainsi que la grande route postale, nécessitèrent la construction de ponts nombreux, d'autant plus qu'il s'établit de plus en plus dans l'intérieur des exploitations industrielles pour lesquelles devaient s'effectuer de lourds transports, machines, chaudières à vapeur etc.

Ensuite on se mit à construire des magasins et des entrepôts pour les denrées, non plus seulement sur les côtes, mais aussi dans l'intérieur de l'île.

Dans l'intérêt de l'agriculture et pour assurer les récoltes on organisa, ici des moyens d'irrigation régulière, là des défenses contre les inondations.

Après l'installation du nouveau gouvernement, l'administration de la justice tendit de plus en plus à se modifier d'après les idées européennes et en même temps on commença à s'occuper de l'instruction de la population. De là l'érection d'un grand nombre de prisons et aussi de maisons d'école ainsi que d'écoles normales.

Comme dans tous les établissements européens fondés dans des parages lointains, il a fallu dans les commencements se tirer d'affaire aux Indes comme on l'a pu en fait de travaux publics. Il existe encore aux Indes néerlandaises des constructions — par exemple l'hôtel de ville de Batavia — dont les matériaux, planches et briques y comprises, ont été apportés d'Europe et qui ont été élevées par des ouvriers européens.

Ce n'est que petit à petit que l'on en est venu à employer des ouvriers indigènes, recrutés premièrement par contrainte, plus tard par voie d'engagement libre.

Ce n'est pas à dire qu'il n'y ait que des avantages à se servir d'indigènes comme ouvriers dans les travaux de bâtisse. La solidité de ceux-ci dépend pour une bonne part de la manière dont les subalternes savent soigner leur travail, soit lorsqu'ils assemblent les matériaux, soit lorsqu'ils les préparent.

Sous ce rapport la négligence des indigènes est très grande et nécessite une surveillance de tous les instants si l'on veut assurer aux constructions quelques chances de durée. Il est curieux de voir comment l'administration a plus d'une fois oublié de tenir compte de ce défaut des ouvriers indigènes dans ses désirs d'économie, lorsqu'il lui est arrivé de restreindre le personnel d'inspection, quoique le service des travaux publics allât toujours en grandissant. Comme on peut le voir à la page 185 de l'ouvrage de M. E. de Waal, intitulé *Les Indes néerlandaises aux Etats généraux*, on s'est laissé entraîner dans la première moitié de ce siècle à charger de la surveillance des travaux publics les fonctionnaires de l'administration locale. Et à peine est-on revenu de cette idée, qu'en 1876 on décrète de nouveau de charger ces mêmes fonctionnaires de l'entretien et de l'exécution de vingt catégories de travaux publics. Les rapports officiels font voir que, cette fois encore, cette expérience a eu les résultats les plus déplorables; aussi y a-t-on renoncé dans le courant de 1882.

Surtout depuis vingt à vingt-cinq ans on a beaucoup fait aux Indes pour les travaux publics. Ni le gouvernement, ni la nation n'ont reculé devant l'emploi de grosses sommes, lorsqu'on a cru ces dépenses utiles dans l'intérêt général ou pour l'accroissement du bien-être du peuple.

Durant cette période ont été établis les phares qui protègent la navigation. Il y en a actuellement dans l'archipel indien quatre de première classe, cinq de seconde classe, un de troisième, cinq de quatrième, vingt-neuf de sixième et deux phares flottants. On travaille encore à compléter le système [1]).

Un réseau de chemins de fer destiné à embrasser presque toute la longueur de l'île de Java est déjà pour une bonne part en exploitation avec ses divers embranchements; une partie est encore en construction. C'est un immense progrès. On peut maintenant rendre à l'agriculture un grand nombre d'animaux de trait que l'on en détournait auparavant au profit des trans-

---

[1]) Comme l'éclairage des côtes ressort dans les Indes au département de la marine, les modèles de phares exposés ont été mentionnés dans la classe 16.

ports, ce qui exerçait une influence très fâcheuse sur le stock de bestiaux.

Les trains roulent sur les lignes de l'Etat Sourabaya—Malang, avec l'embranchement Bangil—Pasourouan; Sidoarjo—Madioun, avec l'embranchement Kertosono—Kediri; Batavia—Tanjong Priok et Buitenzorg—Soukaboumi, et en outre sur les lignes d'entreprise privée Samarang-Principautés vassales et Batavia—Buitenzorg. En construction sont les lignes de l'Etat Pasourouan—Probolinggo; Kediri—Blitar; Madioun—Solo et Soukaboumi—Chichalengka. Sur cette dernière se trouve le premier tunnel construit à Java; il a 683,50 mètres de long.

Une ligne très courte est en exploitation à Sumatra; c'est celle qui va de Kota-Raja (Atchin) à la côte.

La ligne Samarang—Principautés est à écartement normal des rails. Les autres s'établissent à voie étroite, avec un écartement de 1,067 mètre. En outre, des lignes de tramways à vapeur sont en construction de Samarang à Yoana et de Batavia à Meester Cornelis et des demandes de concession ont été déposées, pour les lignes Tagal—Banyoumas et Samarang—Pekalongan à Java et pour la ligne Padang—Haut-pays de Padang à Sumatra [1]).

Jusqu'à présent on n'a pas fait usage aux Indes de cables de transport. En Europe il y a déjà une couple de siècles qu'on en a installés dans quelques mines et pour le service de quelques fabriques. Il semble que pour pouvoir les employer utilement il faut, premièrement, que la distance à franchir ne soit pas trop considérable, vingt kilomètres au plus [2]), ensuite que l'usage en puisse être continu. On a plusieurs fois pensé à s'en servir pour l'écoulement des produits de l'intérieur; mais on y a renoncé parce que ces chemins de fer aériens, comme

---

1) Il est naturel que les diverses classes empiètent plus d'une fois les unes sur les autres. Tout ce que l'exposition renferme concernant les routes et les moyens de transport, donc aussi les chemins de fer et les tramways, a été réuni dans la classe 19, lettre C.

2) Le chemin de fer à cable aérien, système Bleichert, proposé récemment pour l'exploitation des houilles d'Ombilin et représenté à l'exposition dans la région allemande, est divisé en sections dont la longueur varie de 3 à 6 kilomètres suivant la nature du terrain. Il semble difficile, même en employant d'autres systèmes, de faire des cables plus longs; mais on ne voit guère pourquoi le nombre des cables de 3 à 6 kil. que l'on peut joindre bout à bout devrait être limité à 6 et à 3 et ne pourrait pas être porté tout aussi bien à 20 et à 10. On pourrait même dire que la distance à laquelle on peut établir les cables de transport est illimitée, pourvu que sur le parcourt soient établis à certains intervalles un nombre suffisant d'entrepôts pour les marchandises à transporter.

on les a nommés, n'auraient pu servir que pendant quelques mois de l'année et seraient restés oisifs le reste du temps.

Quoique la grande route postale de Java ait déjà été construite au commencement de ce siècle, il a fallu de longues années avant que les passages de rivières qui se trouvent sur son parcours eussent l'apparence et la commodité qu'ils possèdent maintenant. Même à l'heure qu'il est les ponts nécessaires font défaut sur quelques points, de sorte que l'on est obligé de se servir de radeaux pour traverser. L'achèvement de cette grande artère et de ses nombreux embranchements forme une subdivision importante du service des travaux public; surtout parce qu'il faudra petit à petit remplacer les ponts, curieusement combinés et offrant une sécurité fort douteuses, qui ont été construits par les soins des fonctionnaires administratifs et des chefs indigènes.

Dans les Indes occidentales, où les voyages se font presque tous par eau et où les fleuves sont les grandes voies de transport, les travaux publics se réduisent presque exclusivement à la construction de quelques bâtiments officiels.

Il n'y a presque pas de résidence à Java où ne soient en voie d'exécution, ou du moins à l'étude, des travaux publics entrepris dans l'intérêt de l'agriculture. L'un des plus importants est certainement celui qui a pour but l'irrigation du district de Demak. Les plans remarquables dressés pour ce travail, après une étude approfondie de la question, par M. l'ingénieur G. van Houten, ont eu le bonheur d'agréer au gouvernement, qui a destiné à les exécuter une somme d'environ dix millions de florins. On a mis la main à l'œuvre au commencement de 1882.

En 1876 ont commencé les travaux pour l'établissement à Tanjong—Priok d'un port qui devra desservir Batavia. Le port actuel, surtout depuis l'extension qu'a prise dans les dernières années la navigation à vapeur, ne répondait plus aux besoins. Les avis ont été longtemps partagés au sujet de l'emplacement qu'il fallait choisir pour le nouveau port. Enfin une commission, composée de MM. les ingénieurs W. van Raders et M. I. Schram et le lieutenant de vaisseau W. van Hogendorp, se prononça, après examen attentif des lieux, en faveur de la langue de terre de Tanjong—Priok. Le projet actuellement en voie d'exécution a été élaboré par l'ingénieur I. G. C. van Dentzsch, mort depuis, dont le nom seul est une garantie que les études ont été bien faites et que l'on peut suivre le projet sans craindre les déceptions. C'est lui aussi qui a eu l'idée de fonder les jetées sur un bas-fond artificiel en sable, ce qui a rendu l'entreprise financièrement possible (Revue de l'Institut des ingénieurs, 1874—75). On compte en conséquence que cette grande construction, qui avait été devisée à près de vingt millions de florins, sera entièrement achevée en 1883.

La route maritime de Sourabaya, le détroit de Madura, réclame des travaux spéciaux, car une partie du détroit menace de s'ensabler. On sera obligé de corriger sur une longueur considérable le lit de la rivière du Solo, qui s'y jette et qui est cause du mal. Ce travail est encore à l'étude.

C. L. F. POST.

1. **Grande collection de matériaux à bâtir, pour constructions tant durables que temporaires, et d'outils de fabrication indigène. — Section des Indes néerlandaises de l'Institut royal d'ingénieurs.**

A. Matériaux pour constructions durables:

I. Pierres: *a*. Pierres naturelles (Batavia, Régences du Préanger, Madioun, Malang, Côte occ. de Sumatra, Célèbes méridional, Amboine, Ternate, Timor), n°. 1—52. — *b*. Briques accompagnées des matières dont elles sont faites et des instruments de fabrication (Batavia, Rég. du Préanger, Madioun, Chilachap, Malang, Côte occ. de Sumatra, Palembang, Riouw, Bangka, Div. occ. de Borneo, Div. mér. et or. de Borneo, Makasser, Amboine), n°. 53—147. — *c*. Pierres artificielles fabriquées par procédé humide, matières dont elles sont faites, outils (Batavia, Rég. du Préanger, Malang, Palembang, Bangka), n°. 148—166. — *d*. Matières diverses que l'on mêle à l'argile (Rég. du Préanger, Makasser), 167—171.

II. Mortiers et leurs éléments: *a*. Chaux et matières d'où on l'extrait (Batavia, Rég. du Pr., Kediri, Madioun, Chilachap, Sourabaya, Malang, Côte occ. de Sumatra, Palembang, Riouw, Bangka, Div. occ. de Borneo, Div. mér. et or. de Borneo, Makasser, Amboine, Ternate, Timor), n°. 172—299. — *b*. Ciment et matières dont on le fait (Batavia, Rég. du Pr., Malang, Côte occ. de Sumatra, Palembang, Makasser), n°. 300—310. — *c*. Sable (Batavia, Rég. du Pr., Malang Côte occ. de Sumatra, Palembang, Riouw, Div. occ. de Borneo, Makasser), n°. 311—331. — *d*. Echantillons de mortier (Batavia, Rég. du Pr., Sourabaya, Ngawi, Malang, Div. mér. et or. de Borneo, Makasser, Amboine, Ternate), n°. 332—357. — *e*. Terres servant à colorer les mortiers (Div. occ. de Borneo, Amboine), n°. 358—360.

III. Tuiles, matières dont elles sont faites, outils (Batavia, Rég. du Pr, Madioun, Chilachap, Malang, Palembang, Riouw, Bangka, Div. mér. et or. de Borneo, Makasser, Ternate), n°. 361—430.

IV. Carreaux et tuyaux en terre cuite, matières dont ils sont faits, outils (Batavia, Rég. du Pr., Malang, Palembang, Bangka, Ternate), n°. 431—469.

V. Maçonnerie (Batavia, Madioun), n°. 470—475.

VI. Bois (Batavia, Bandong, Garout, Soumedang, Tasik Malaya, District forestier de Gondang rés. de Kediri, Pachitan, Nousa Kembangan, Malang, Côte occ. de Sumatra, Palembang, Riouw, Div. occ. de Borneo, Div. mér. et or. de Borneo, Moluques, Ternate, Makasser, Timor), n° 476—1039.

B. Matériaux pour constructions temporaires.

I. Bambou et ouvrages en bambou (Batavia, Bandong, Garout, Tasik Malaya,

Kediri, Malang, Côte occ. de Sumatra, Div. mér. et or. de Borneo, Moluques), n°. 1040—1157.

II. Rotin (Rég. du Pr., Côte occ. de Sumatra, Div. occ. de Borneo, Div. mér. et or. de Borneo), n°. 1058—1193.

III. Matériaux fabriquées avec des feuilles d'arbres et des tiges de feuilles (Batavia, Div. mér. et or. de Borneo, Célèbes, Moluques), n°. 1194—1209.

IV. Tali donk (corde faite avec les fibres du palmier arèn, appelée en jav. *douk*, en mal. *ijouk*, à Célèbes *gourouti*), employée comme moyen d'assemblage dans la construction des maisons (Batavia, Div. mér. et or. de Borneo, Moluques), n°. 1210—1217.

V. Ecorces appliquées à la couverture des toits et au revêtement des parois (Div. occ. de Borneo, Div. mér et or. de Borneo, Ternate), n°. 1218—1222.

VI. Alang-alang appliqué à la couverture des toits et au revêtement des parois (Div. mér. et or. de Borneo), n°. 1223 et 1224.

C. Outils de fabrication indigène.

Goudi, arit, petel, pajong, pachol, gollok, de Chilachap, n°. 1225—1231.

Caisse d'outils, contenant: sérout (rabot) panjong, s. kassar, s. alous et s. kechil, kampog ou martel (hachette servant aussi de marteau), papatou ou petel (doloire), kressok (trusquin), sikou-sikou (crochet), roumah benang (cordeau), petel, petel besar. En outre pachol ou pangko (pour travailler la terre), pachol ou tangkewi (pour couper de grandes herbes folles et pour préparer le terrain), rembèh (pour sarcler), pisau roumpout (faucille), pangali (bêche). Le tout de la côte occ. de Sumatra, n°. 1232—1236.

Pachol, couperet, bêche, petite hache à équarrir, blioung (hache pour abattre les arbres), petel, petel kouping (sert à empêcher le bois de se fendre en éclats), sarcloir. Le tout de Palembang, n°. 1237—1243.

Une hache de charpentier et un bakoul (panier pour le transport de la terre), de Riouw, n°. 1244 et 1245.

Belayoung (sert à abattre les gros arbres quand le tranchant est parallèle au manche; sert de doloire quand le tranchant est perpendiculaire au manche), sipatan (cordeau), petel, ketam (rabot) pangrapat, k. penanga, k. lyst (doucine), k. kechil, pemoukoul pahat (maillet), pahat penata (24 ciseaux pour ornements),

pahat poutar (servant à percer des trous), girgaji kenchangan (scie pour raccourcir les planches et les chevrons). Le tout, outils de charpentier provenant de la Div. mér. et or. de Borneo, n°. 1247—1257.

Poupoutan (soufflet indigène), angol (espèce de pelle), pisan raout (servant à fendre le rotin), tajak (sarcloir dérivé de la faux), oubi-oubi (servant à tordre les cordes), kranjangs en rotin dandang, servant au transport des déblais. Le tout de la Div. mér. et or. de Borneo, n°. 1258—1265.

Petite caisse contenant pangkoulou (hache), bingkoung (doloire servant de rabot), palou-palou (marteau), palabah et deux sortes de papakals (ciseaux de fabrique européenne), pastère (pointeau), pakaloukou (gouge), sinkaloko (compas), trois ex., berang (couperet), badé-badé (couteau), ladin jédé (couteau). De Makasser, n°. 1266.

Parang d'Amboine, employé surtout pour les ouvrages en bambou, n°. 1267.
NB. Les indigènes d'Amboine se servent d'ordinaire d'outils européens.

Deux haches en pierre de la Nouvelle-Guinée, n° 1268 et 1269.

D. Modèles d'habitations et d'autres constructions.

1270. Entrepôt de café à Bandong, $\frac{1}{70}$ de la gr. nat.

1271. Habitation indigène de Soumedang; $\frac{1}{70}$.

1272—1275. Habitation de Banjar, sentier, pont, bain flottant, latrines; $\frac{1}{70}$.

1276. Habitation dayake, $\frac{1}{70}$.

1277. Pont pour piétons, type ordinaire indigène; $\frac{1}{70}$.

1278. Maison d'Amboine au $\frac{1}{70}$, avec l'ameublement usuel.

NB. Un grand nombre d'objets exposés ici rentrent dans la classe 9; mais on n'aurait pas pu les séparer des autres, avec lesquels ils forment un tout.

2. Photographies et dessins relatifs aux travaux du port de Batavia à Tanjong Priok. — J. A. de Gelder, ingénieur en chef, chef du service des travaux du port de Batavia.

a. Vue chromolithographique du port

de Tanjong Priok, ainsi que du chemin de fer, du canal et de la route qui le relient à Batavia.

b. Quatorze dessins des travaux et des machines qui y sont employées.

c. Quarante-cinq photographies relatives aux travaux.

NB. Le port de Tanjong Priok se compose

1°. D'un port extérieur s'avançant à 1850 mètres en mer, renfermé entre deux jetées à pierres perdues, lesquelles laissent libre une sortie large de 125 m. Le goulet extérieur a dans sa partie la plus étroite 250 m. de large; partout la profondeur est de 8 m. au dessous des basses eaux.

2°. D'un port intérieur avec larges quais pour le commerce. Il est long de 1100 mètres, large de 175 et profond de 7,50 au dessous des basses eaux. L'espace destiné au commerce, à l'occident du port, a un quai soutenu par un mur, long de 1000 mètres, fondé à 7,50 m. au dessous, et porté à 2,50 au dessus des basses eaux.

3°. D'un port destiné à la houille, et

4°. De toutes les constructions nécessaires à un grand port.

Le port est accessible aux plus grands navires et est outillé au niveau des meilleurs ports qui existent. En outre, on l'a construit de façon à ce qu'il soit possible de l'agrandir autant que les besoins futurs pourront le rendre nécessaire.

Un canal pour les barques le relie à l'ancien port et aux entrepôts de Batavia; une grande route le relie à la ville de Batavia, et une voie ferrée au réseau occidental des chemins de fer de l'île de Java.

Le projet pour ce port a été fait en 1875 par l'ingénieur en chef J. A. A. Waldorp, qui a aussi fait en 1876 les plans pour l'exécution des travaux en propre régie.

L'ingénieur des travaux publics à Java, J. A. de Gelder, nommé en août 1876 ingénieur en chef, chef du service des travaux du port de Batavia, a pu commencer les travaux matériels déjà en mai 1877 et en faire la livraison en janvier 1883.

3. Photographie générale des travaux du port de Tanjong Priok; cadre soigné. — J. A. A. Waldorp, ingénieur en chef, à la Haye.

4. Dessins représentant des constructions publiques à Atchin, par Rademaker. — C. Gast, premier ingénieur à Atchin.

a. Môle d'Olehleh.
b. Pont en fer sur pilotis à vis, sur la rivière d'Atchin à Anagaloueng.
c. Pont en fer d'Anagaloueng. Détails des ouvrages en fer.
d. Etablissement civil d'Anagaloueng Projet pour l'habitation du controleur.
e. Etablissement civil d'Anagaloueng. Projet pour les dépendances.

5. Maison du résident de Palembang. Dessin collé sur carton et encadré, par Carl Lau, à Palembang.

6. Collection de photographies représentant des constructions publiques de la résidence de Batavia.

Puits artésien du Koningsplein, 4 phot.
Idem, de Parapatan.
Idem, de Batou toulis.
Idem, de Salemba.
Hydrante, petit modèle, Meester Cornelis.
Hydrante avec lanterne.
Hydrante du modèle de celui qui se trouve près de la grue du Sluisbrug.
Réservoir du Prince Frédéric.
Pont sur le nouveau canal, à Pintou besi, 2 phot.
Pont le Sluisbrug, 2 phot.
Pont levis près du Groote Boom, avec réservoir.
Pont levis près du Uitkyk, avec réservoir.
Le Groote Huis; 2 phot.
Ecole Fröbel (jardin d'enfants).
Opéra; 2 phot.
L'opéra et la grande route.
Corps de garde près du nouveau palais du Gouv.-Gén.; 2 phot.
Hôtel de ville.
Uitkyk.
Oude Poort.
Palais de justice.
Nouveau palais du Gouv.-Gén.; 2 phot.
Palais du Gouv.-Gén. à Buitenzorg.

Palais du Gouv.-Gén. et étang à Buitenzorg.
Ancien palais du Gouv.-Gén. à Ryswyk.
Club l'Harmonie à Batavia.
Club l'Harmonie à Buitenzorg.
Gare de Buitenzorg; 2 phot.
Monument du général Michiels.
Willemskerk (temple prot.).
Eglise catholique.
Reoboth-kerk à Meester Cornelis.
Stadskerk.
Eglise arménienne.
Modèle de l'école du gouvernement dans la Willemslaan.
Modèle de la guérite à Tanah-Abang.

7. **Modèle du pont de Tembono sur la Lokoulou (Lo Oulou), ou rivière de Keboumen, rés. de Bagelèn.** Modèle en bois au $\frac{1}{50}$, fait par B. H. Huysers, inspecteur des ponts et chaussées.

NB. Ce pont a deux arches de 20 mètres d'ouverture et une de 34 mètres. La maçonnerie inférieure est en trachite taillée, la maçonnerie supérieure en briques.

8. **Photographie du pont de Tembono.**

9. **Bureau de la résidence et bureau de la poste et du télégraphe à Sourakarta**, dessinés par J. J. Sterkenburg, inspecteur des travaux publics de 3e classe. — D. L. Schultz, premier ingénieur, à Sourakarta.

10. **Dessin de l'habitation de l'assistent-resident de Bangil et du terrain qui en dépend.** — T. J. Th. N. Beukman van der Wyk, premier ingénieur des travaux publics de la rés. de Pasourouan.

11. **Modèles au $\frac{1}{50}$ des travaux d'art entrepris pour l'irrigation de Pager, district de Pandaän, div. de Bangil, rés. de Pasourouan**; ils ont été autorisés en 1881 et doivent être achevés en 1883.

NB. Les travaux d'art sont
  a. La prise d'eau.
  b. Une prise d'eau moindre.
  c. Un barrage à trop plein.
  d. Un grand aqueduc.
  e. Un aqueduc plus petit.
  f. La conduite d'eau elle-même.
Cette entreprise procurera une meilleure distribution des eaux de la rivière de la Pategouwan, de sorte que les rizières de sa rive gauche, sans cela complètement dépendantes des pluies, seront régulièrement arrosées. Les travaux coûteront environ 50000 florins et 185000 journées de corvées.

12. **Dessin donnant la situation et le profil des travaux ci-dessus, et destiné à accompagner le modèle.** — T. J. Th. N. Beukman van der Wyk, premier ingénieur des travaux publics de la rés. de Pasourouan.

13. **Esquisse de la nouvelle maison de la résidence à Ménado, avec terrain qui en dépend.** — H. J. Verdam, premier ingénieur à Ménado.

14. **Modèle de la nouvelle maison de la résidence, à Ménado.**

15. **Modèle du pont en treillis de bois sur la Sawangan, à Kema, rés. de Ménado.**

16. **Photograhie d'un pont sur la Rano-i-apo à Amourang, rés. de Ménado**, par H. J. Verdam, premier ingénieur; exécution de J. J. Klaversteyn, inspecteur de 2e classe.

NB. Ce pont a 80 mètres de long; les culées sont en fer et en pierre; les pilotis sont à vis.

Dix-huitième Classe.

POSTES ET TÉLÉGRAPHES, TÉLÉPHONES, SIGNAUX:
APPAREILS, MODÈLES ET DESSINS, TIMBRES-POSTE, TIMBRES D'AFFRANCHISSEMENT, ETC.

Télégraphes. La première ligne télégraphique qui ait été établie aux Indes est celle qui unit Weltevreden à Buitenzorg. La première dépêche a été lancée par ce fil le 23 octobre 1856.

L'année suivante on prolongea le fil de Weltevreden jusqu'à la ville de Batavia, et de Buitenzorg, par Chianjour, Bandong, Cheribon et Samarang, jusqu'à Sourabaya et l'on établit un embranchement Semarang—Ambarawa. En même temps on ouvrait des bureaux à Batavia, à Weltevreden, à Cheribon, à Semarang, à Ambarawa et à Sourabaya.

En 1858 on a construit les lignes suivantes;
a. de Weltevreden par Pourwakarta à Cheribon;
b. d'Anyer par Serang à Weltevreden;
c. de Bandong, par Banyoumas, Pourworejo, Magelang, à Ambarawa;
d. de Banyoumas à Chilachap;
e. d'Ambarawa à Sourakarta;
f. de Magelang par Jokyakarta à Sourakarta;
g. de Sourakarta par Madioun et Kediri à Sourabaya;
h. de Sourabaya, par Pasourouan, Probolinggo, Besouki, à Banyouwangi;

ce qui constituait l'ensemble du réseau alors projeté pour Java.

On put cette même année ouvrir de nouveaux bureaux seulement à Anyer, à Bandong et à Banyouwangi; mais l'année 1859 vit s'ériger ceux de Serang, Pourwakarta, Chianjour, Tegal, Pekalongan, Pati, Rembang, Pasourouan, Probolinggo, Besouki, Banyoumas, Chilachap, Pourworejo, Magelang, Jokyakarta, Sourakarta, Madioun et Kediri, de sorte que tous les chefs-lieux de provinces et quelques chefs-lieux de subdivisions de provinces se trouvèrent reliés télégraphiquement.

Encore pendant 1859 on établit une communication sous-marine entre Batavia, Muntok, Palembang et Singapour, avec des bureaux dans chacune de ces villes. On n'en jouit cependant pas longtemps. Le 12 décembre le cable avait été complètement posé, mais bientôt après il se rompit; on essaya de le rétablir; il se rompit de nouveau, et dès le 19 juillet 1860 on fut obligé de s'avouer qu'il était inutile de tenter de le rétablir. Jusqu'en 1870 la communication est restée interrompue.

En 1870 une compagnie anglaise relia de nouveau télégraphiquement Batavia à Singapour, puis en 1871 Banyouwangi avec l'Australie; en même temps un nouveau cable se posait entre Anyer et Telok-Betong et l'on construisait une ligne de Labat par Benkoulen à Padang; de sorte qu'en 1871 Java se trouva reliée à Sumatra et aux télégraphes du monde entier.

Depuis lors le réseau des télégraphes indiens n'a cessé de s'étendre rapidement, surtout lorsque l'on eut réuni le service du télégraphe à celui de la poste. On commença d'effectuer cette unification en 1872 et elle devint complète en 1875. Enfin en 1879 la compagnie anglaise dont nous avons fait mention posa un cable entre Banyouwangi et Singapour et un second cable entre le même endroit et l'Australie, et les communications télégraphiques des Indes néerl. avec le reste du monde se trouvèrent aussi complètement assurées que possible.

Le tableau suivant pourra donner une idée de l'accroissement progressif du réseau télégraphique et de l'usage qui s'en est fait aux Indes néerl.

	1860	1864	1871	1880
Nombre des bureaux	29	29	49	79
Longueur des lignes	2646 Km.	2648 Km.	4335 Km.	5861 Km.
» » fils .	2746 »	2784 »	4787 »	7412 »
Dépêches internes.	43861	75647	163481	309771
» externes:				
Expédiées. . . .	—	—	3633	16016
Reçues	—	—	—	15261
Dépêches en transit	—	—	—	26837
Produit	fl. 141784	fl. 179877	fl. 229848	fl. 477885

Au commencement toutes les lignes ont été construites avec du fil de fer galvanisé N°. 8 du *Wire-gauge* de Birmingham de 4,3 mm. de diamètre. On le fixait presque partout aux arbres vivants, surtout au kapok (*Eriodendron anfractuosum*, DC.). Cet arbre a un tronc droit, assez épais, de cinquante pieds de hauteur, avec de 5 à 10 branches horizontales disposées en couronne, de sorte que l'arbre est rarement renversé par la tempête et oscille peu, quoique les racines ne soient pas profondes. On peut en outre l'abattre et le replanter quel que soit son âge. Il est donc très propre à servir d'appui au fil du télégraphe.

Depuis quelques années cependant on s'est mis à reporter le long des chemins de fer, à mesure que ceux-ci se construisaient, les fils télégraphiques, qui auparavant suivaient les routes, et le long des voies ferrées on les pose sur des poteaux en fer du type dit *Henley*; de plus on emploie du fil de fer galvanisé N°. 5, de 5,6 mm. de diamètre, ce qui augmente la solidité et le pouvoir de transmission, et diminue les frais d'entretien.

En outre, pour les lignes qui suivent les routes, partout où celles-ci ont des arbres plantés à droite et à gauche, on a tendu des fils de fer d'un arbre à l'autre en travers de la route, et au milieu de chaque fil de fer on a suspendu un isolateur auquel se fixe le fil télégraphique, droit au dessus de la route. La ligne en est meilleure et les frais d'entretien moindres.

A la fin de 1880, il y avait déjà en fil de fer N°. 5 3274 kilomètres des 7412 que comptait le réseau entier. Les poteaux en fer étaient placés sur une longueur de 264 kilomètres et il y avait environ 16050 isolateurs suspendus, c'est-à-dire près d'un cinquième du nombre total d'isolateurs.

Excepté les arceaux en forme de cœur employés pour les isolateurs suspendus et les pièces en fer destinées à maintenir à leur distance deux fils fixés aux isolateurs suspendus, le matériel employé aux Indes pour la construction des lignes ne diffère pas de celui des Pays-Bas; pour le service des bureaux on se sert exclusivement des appareils *Morse*.

Téléphones. MM. W. Wille et F. von der Pfordten ont été autorisés à poser des lignes téléphoniques,

a. entre la ville de Batavia, le faubourg de Weltevreden et le nouveau port de Tanjong Priok;

b. à Samarang;

c. à Sourabaya;

d. à Labouan Deli, Medou, Timbang Langkat et Klambir et entre ces endroits entre eux.

Au lieu de faire comme en Europe — où à la longue on ne

pourra pas continuer de cette manière — c'est-à-dire au lieu de faire passer les fils du téléphone sur les maisons, on a exigé à Batavia, à Samarang et à Sourabaya qu'ils passassent sous le sol. On n'a permis, jusqu'à nouvel ordre, de tendre des fils au dessus du sol que pour relier entre eux les bureaux centraux de Batavia, de Weltevreden et de Tanjong Priok; et de plus dans d'autres localités à condition que le Directeur des travaux publics civils en donne l'autorisation.

Jusqu'à présent les fils n'ont été posés que dans la ville de Batavia.

Poste aux lettres. Jusqu'en 1864 la poste aux lettres a été organisée aux Indes néerl. d'une manière fort insuffisante. Il partait deux fois par semaine par la grande route de Java une poste qui allait d'Anyer à Probolinggo; de Probolinggo à Banyouwangi et ailleurs ce n'était qu'une fois par semaine. De Batavia jusqu'à Pasourouan le transport se faisait au moyen de charrettes; mais ailleurs on se contentait de postillons à cheval, d'employés de la police ou d'employés indigènes et de gens astreints aux corvées.

En même temps le port des lettres était très élevé et curieusement réglé. La lettre simple coûtait, par ex., fl. 0,80 de Batavia à Sourabaya et fl. 1,20 de Chiringin à Banyouwangi. En revanche les lettres envoyées d'une île de l'archipel à l'autre ne payaient que 30 cents, de sorte qu'une lettre de Sourabaya à Batavia coûtait presque trois fois le port d'une lettre expédiée de Menado à Batavia par Sourabaya.

Pour les possessions extérieures il n'existait pour ainsi dire aucun service postal régulier. On avait essayé en 1855, par manière d'expérience, d'établir pour la Côte occ. de Sumatra et pour la Div. occ. de Borneo un port uniforme de 12 dutes, ou 10 cents, par lettre simple. Pour les autres provinces il n'y avait pas de port fixe.

On se décida enfin en 1864 à régler convenablement le transport des lettres à Java et à Madoura. On établit le long de la grande route, de Batavia à Besouki et de Samarang à Sourakarta et à Jokyakarta, un service quotidien, et pour tous les autres chefs-lieux de résidences et de divisions un service régulier trois fois par semaine. On ouvrit des bureaux de poste dans tous les chefs-lieux de résidences et dans quelques chefs-lieux de divisions; dans les autres chefs-lieux de divisions on plaça des bureaux auxiliaires.

Les possessions extérieures eurent aussi des bureaux de poste dans les chefs-lieux de provinces et en outre à Singkawang et à Sambar dans la Div. occ. de Borneo, mais le service des lettres à l'intérieur resta tout ce qu'il y a de plus irrégulier; les gouverneurs y pourvoyaient comme ils pouvaient, principalement en ayant recours aux gens de corvée.

Déjà avant que l'on prît les mesures que nous venons d'énumérer, une réforme complète du système postal avait été inaugurée le 1 janv. 1863. Les ports exorbitants que l'on avait eu à payer jusqu'alors avaient été remplacés par une taxe uniforme pour tout l'archipel néerl. de 10 cents par lettre de 15 grammes, et l'on avait en même temps fixé un tarif réduit pour imprimés et échantillons. En 1864 la poste se chargea de remises d'argent par mandats postaux.

De 1864 à 1872 on ne fit presque rien pour perfectionner le système. Mais lorsque l'on eut unifié le service des postes et celui des télégraphes, le premier de ces deux prit une grande extension. Au 1 janv. 1864 il existait 51 bureaux centraux et 38 bureaux auxiliaires; au 1 janv. 1872, huit ans plus tard, ce nombre n'avait point augmenté, même il y avait un bureau auxiliaire de moins; mais le 1 janv. 1880, après une nouvelle période de huit ans, on comptait 98 bureaux centraux et 59 bureaux auxiliaires. Depuis, ces nombres se sont encore accrus.

Les progrès faits par les communications postales n'ont pas été moindres que l'accroissement du nombre des bureaux. Outre la multiplication des correspondances obtenue par la construction des voies ferrées pour les localités situées sur leur parcours, et l'accélération obtenue pour ces localités et pour bien d'autres rayonnant plus au loin, on a encore transformé à Java en courses quotidiennes, ou en courses se faisant six fois par semaine, presque toutes celles qui ne se faisaient que trois fois. En 1864 il y avait service quotidien sur un parcours de 1184 kilomètres, et service trois fois la semaine sur un parcours de 2016 kilomètres; au 1 janv. 1872 ces chiffres n'avaient pour ainsi dire par changé; mais maintenant il y a service une ou plusieurs fois par jour sur un parcours de 2319 kilomètres, service de six courses par semaine sur 872 kilomètres, et de trois courses par semaine sur 378 kilomètres. Il se parcourt maintenant en moyenne 6908 kilomètres par jour, contre 4096 en 1864.

On a de plus organisé des courses postales régulières dans les gouvernements de la Côte occ. de Sumatra et de Célèbes et dépendances, et dans les résidences de Benkoulen, des districts de Lampong, de Palembang, de la Côte or. de Sumatra, de Banka, de la Div. occ. et de la Div. mér. et or. de Borneo, et de Menado; en même temps les relations postales des îles de l'archipel entre elles et avec les Straits Settlements et aussi avec l'Europe, prenaient un développement toujours grandissant.

Les Indes néerl. ayant adhéré en 1877 à l'Union générale des postes, le port de la lettre simple à destination des Pays-Bas, qui en 1856 était encore de fl. 1,20, mais qui avait été progressivement réduit à 90, puis 70, 60 et 50 cents, tomba à 25 cents, port qui est prélevé de même pour tous les pays de l'Union postale situés plus loin que les Straits Settlements.

Il faut encore relever que le transport des lettres sur la grande voie postale de Java a été fort accéléré par l'emploi de véhicules plus légers, de sorte que l'on est parvenu à distribuer à Sourabaya les lettres de Batavia en moins de 4 fois 24 heures après le départ, si c'est la mousson d'est qui règne, et que le retard occasionné par la mousson d'ouest ne dépasse jamais douze heures.

En 1864 on mit en usage des timbres postes de 10 cents. Plus tard on en a vendu de différentes valeurs ainsi que des enveloppes timbrées et des cartes-correspondance. On a aussi successivement étendu le service des mandats postaux aux relations dans les deux sens avec les Pays-Bas, la Belgique, l'Allemagne, la France et l'Algérie, la Grande Bretagne, l'Italie, le Luxembourg et la Suisse, et en 1882 on a organisé aussi les recouvrements sur quittances par l'entremise de la poste.

Le tableau ci-dessous servira à embrasser d'un coup d'œil l'étendue du mouvement postal pendant l'année 1880.

Echange à l'intérieur:

Lettres taxées	2,759,890	objets.
» de service	931,200	»
Journaux etc.	1,962,670	»
Autres imprimés.	126,772	»
Echantillons	17,386	»
Envois enregistrés	179,438	»

Echange avec l'étranger:

Lettres	{ expédiés	457,851	»
	{ reçus	359,546	»
Imprimés	{ expédiés	9,136	KG.
	{ reçus	66,404	»
Echantillons	{ expédiés	5,554	objets.
	{ reçus	6,311	»
Documents	{ expédiés	7	»
	{ reçus	112	»
Envois enregistrés	{ expédiés	18,823	»
	{ reçus	13,258	»

GROUPE III. Dix-huitième Classe.

Cartes-corr.	vendues		494,321	pour fl.		26,340,30
Enveloppes timbrées	»		442,856	»	»	51,435,93
Timbres	»		5,272,924	»	»	466,507,93[5]
Timbres employés			68,847	»	»	12,563,90
Mandats d'échange	interne		95,457	»	»	6,072,665,44[5]
» »	externe:					
Pays-Bas.		expédiés	19,976	pour fl.		1,167,157,61[5]
		reçus	1,036	»	»	54,864,98
Belgique.		expédiés	178	»	»	14,012,61
		reçus	134	»	»	5,954,74
Allemagne		expédiés	917	»	»	56,775,66[5]
		reçus	142	»	»	5,946,09
France		expédiés	458	»	»	26,950,43[5]
		reçus	111	»	»	3,453,69
Grande Bretagne		expédiés	114	»	»	3,939,97
		reçus	4	»	»	46,30
Italie		expédiés	19	»	»	602,57
		reçus	2	»	»	34,45
Luxembourg		expédiés	18	»	»	2,700,45
		reçus	37	»	»	773,65
Suisse		expédiés	94	»	»	6,128,63
		reçus	6	»	»	264,45

H. L. JANSSEN VAN RAAY.

Les relations postales entre les Pays-Bas et nos possessions des Indes occidentales laissent encore beaucoup à désirer, mais sont sur le point d'être grandement améliorées par l'ouverture, que l'on peut considérer comme prochaine, d'une ligne directe pour le service de la malle. Actuellement les envois postaux se font par la France et par l'Angleterre; pour Surinam, par St. Nazaire, le 5, et par Southampton, le 15 et le dernier de chaque mois; pour Curaçao, par le Havre, le 23, et par Southampton, le dernier de chaque mois; de temps en temps aussi ils se font par voie de New-York; ils se font de Surinam (Paramaribo) pour l'Europe par Demerary le 3 et le 20 de chaque mois, et de Curaçao le 1, le 10, le 15 et le 20 de chaque mois. Le tarif des taxes est identique à celui qui existe pour la correspondance entre la métropole et les possessions des Indes orientales. Les communications télégraphiques sont dans un état plus rudimentaire encore que les relations postales. Les télégrammes à destination de Paramaribo s'acheminent sur Demerary, ceux à destination de Curaçao sur St. Thomas, puis ils attendent qu'il parte un steamer pour être réexpédiés au lieu où ils sont adressés.
                                                         Réd.

GROUPE III. Dix-huitième Classe.

1. Instruments fabriqués par des ouvriers indigènes régulièrement au service de l'atelier des postes et télégraphes. — L'inspecteur en chef, chef du service des postes et télégraphes.

a. Deux commutateurs de poles de formes différentes, sur pieds en ébonite.
b. Deux commutateurs de formes différentes, sur pieds en ébonite.
c. Deux clefs à signaux de formes différentes, sur pieds en bois de sawou.
NB. Les clefs employées ici et fabriquées en Europe ont leurs petits blocs de devant et de derrière, ainsi que la partie centrale, fixés au pied en acajou au moyen de vis à bois en cuivre ou en fer.

Les 4 points de contact s'usent rapidement par le grand usage qui se fait de l'instrument; cela modifie la position du levier, de sorte que les contacts finissent par ne plus avoir lieu ou par ne s'effectuer que très imparfaitement; souvent aussi l'humidité et l'acide de l'acajou oxydent les vis à bois à un degré tel qu'on ne peut plus les enlever autrement qu'en forant le bois; cela rend parfois les réparations du pied impossible et l'on est obligé de le mettre au rebut. La rouille des vis à bois modifie très souvent la position des contacts.

On a remédié ici à ces inconvénients en remplaçant les vis à bois par des vis à écrou en cuivre; on a ainsi la facilité de changer la position des trois pièces et par conséquent de rectifier celle des points de contact.

La pièce centrale est isolée au moyen de l'ébonite.

Dans les modèles existant ici, le levier est fendu près de la vis de contact antérieure et munie d'une vis de pression en acier. L'emploi répété fait que les parois en cuivre de la fente se rapprochent jusqu'à se toucher et que la vis de pression perd son efficacité. Elle ne peut plus fixer la vis du contact, et celle-ci change continuellement de place pendant que le télégraphiste opère.

On a ici remédié à ce défaut en donnant à la vis de contact un contre-écrou. Tout télégraphiste peut alors, sans aucun outil, régler à sa guise la distance des points de contact postérieurs; puis en serrant le contre-écrou on immobilise la position que l'on a réglée, et la vis de contact antérieure ne peut plus se relâcher pendant que l'appareil fonctionne; c'est ce qu'elle faisait avec la construction usitée d'ordinaire.

d. Paratonnerre plan pour deux lignes; les isolateurs sont en ébonite.
NB. Les objets marqués *a*, *b*, *c* et *d* ont été construits sur les modèles de Siemens et Halske à Berlin, légèrement modifiés toutefois dans la forme qui leur a été donnée.
e. Paratonnerre plan pour une ligne; modèle arrêté ici et destiné aux bureaux téléphoniques qui doivent être installés.
f. Relais avec électro-aimant horizontal, sur un pied en bois de nangka, d'après l'ancien type de Digney à Paris.
NB. Le fil isolé a été revêtu de soie dans l'atelier. Les bobines des relais de Digney ont le grave défaut d'avoir des tubes de cuivre fermés, ce qui fait naître des courants induits très pernicieux pour le magnétisme de l'électro-aimant. On y a remédié en fendant sur toute leur longueur les tubes en cuivre des bobines; de cette manière il ne peut plus circuler de courants.

Le pied en bois de jati et la boîte en verre n'ont pas été confectionnés à l'atelier.

2. Echantillons de gutta-percha de l'archipel des Indes néerl. — L'inspecteur en chef, chef du service des postes et télégraphes aux Indes néerl.

1—3. Malam gondang, kondang ou lèlès, des divisions de Chilachap et de Pourwokerto de la rés. de Bangoumas. La population ne sait pas tirer parti de la gutta et l'exploite peu. On obtient la sève en pratiquant des incisions dans le tronc de l'arbre et dans les branches primaires. Il y a une dizaine d'années que l'on a essayé de planter des arbres

Groupe III. Dix-huitième Classe.

à gutta percha dans le district de Jambou, div. de Pourwokerto; mais bientôt on n'a plus compté les plantes que par dizaines là où il y en avait eu des centaines.

4, 8—10, 12, 15, 16. Getah koulan (*Isonandra gutta*). Il existe dans presque tous les districts de Bangka. On en distingue deux espèces, l'une à écorce blanche, l'autre à écorce brune; la première est la plus productive. Pour recueillir la sève, on coupe l'arbre à environ deux pieds du sol après l'avoir complètement ébranché. On y pratique ensuite des incisions circulaires d'où découle la sève; celle-ci se durcit par la cuisson.

5, 6, 14. Getah daduh (Sapotacées). Croit à Bangka dans les districts de Muntok, de Jebous et de Merawang. On ne l'exploite pas, la gutta n'en étant pas estimée et ne s'employant que comme glu pour prendre les oiseaux.

7. Ketiauw. Fréquent dans le district de Merawang, rés. de Bangka. On tire du noyau du fruit une huile qui a beaucoup d'analogie avec l'huile de Kachang.

11. Mantaba (espèce d'Artocarpus). Cette espèce, qui croit dans le distr. de Merawang, mais qui n'est pas fréquente, est peu estimée. On fait des bougies avec sa gutta mélangée avec de la cire.

13. Jeloutoung (Sapotacées). Ces arbres aussi croissent dans le distr. de Merawang, mais sont rares et peu estimés. Le fruit desséché sert de flambeau.

17—28. Getah samboun, Getah hangkang, G. douyan, G. douyan patah, G. baringin. On trouve ces arbres dans la Div. mér. et or. de Borneo le long du cours supérieur des rivières. Les Dayaks appellent la gutta *nyatou*. On en a exporté pendant les trois dernières années 1103740 Kg. de Banyarmasin à Singapour. Ce chiffre ne concerne que l'exportation du Dousoun et des pays Dayaks, exclusivement de celle de Sampit et de celle de la côte orientale de Borneo. Anciennement on attendait pour couper les arbres qu'ils eussent 60 ou 70 ans; mais maintenant on abat tout arbre qui produit la gomme désirée. On fait avec une gouge dans le tronc, à des distances d'environ 4 décimètres les unes des autres, des incisions qui pénètrent jusqu'au cœur de l'arbre, et l'on recueille la sève laiteuse qui en découle dans des feuilles de birou ou dans des tuyaux de bambou. Jusqu'à présent la production n'a pas diminué; mais cela ne peut tarder par suite des procédés inconsidérés d'exploitation que l'on met en usage.

29 et 30. Kondang et Hambrang, du Préanger, div. de Soukapoura, de Soukapoura kòlòt et de Soukaboumi, et district de Chines.

31 et 32. Krasak, de la Rés. de Besocki, Div. de Bondowoso, où il croit sur les pentes des monts Ringgit, et Boulou Ongko, distr. de Rogojampi, Div. de Banyouwangi. La population ne connaît pas la valeur de la gomme produite par ces arbres et ne les exploite pas.

33—49. Diverses espèces de Getah de la Côte orientale de Sumatra (Bangkalis, Siak, Labouan batou), portant les noms de G. balem (mouda et toua), soundi, jiloutoung, poudon, bourou, poutih, merah, etc. Ces arbres croissent sur des terrains élevés non encore défrichés; les terrains rapprochés de la mer n'ont que des espèces dont la gomme est de qualité inférieure. On coupe des arbres de tout âge, pourvu seulement qu'ils ne soient pas très jeunes, et on y fait des entailles circulaires d'où on recueille la gomme. On détruit ainsi sans tenir compte de l'avenir et comme on ne se donne pas la peine de remplacer les arbres coupés, la production va en diminuant.

50—59. Espèces de Getah de Palembang (Ilir et Banyouasin, Sikayou, Batou raja), au nombre desquelles est le G. melabouwai, dont on ne se sert que pour sofistiquer les autres espèces.

60. Getah balam de Moko-Moko à Bengkoulen. Ici les arbres qui produisent la gomme gutte réussissent mieux dans les terrains marécageux que dans ceux qui sont secs et sablonneux. Ils ne commencent à produire que lorsqu'ils ont de 20 à 25 ans. On fait dans l'écorce des incisions d'où la sève découle.

61—74. Espèces de Getah de la Div. occ. de Borneo (Sintang, Sambas, Montrado), portant les noms de G. bringin, dourian, nyatou, poudou, koulan, jiloutoung, jongkang, kapouwn, sangai et katenggé. A Sintang on distingue deux espèces principales de gutta percha, le getah lembout et le getah merah; mais les collecteurs de gomme mêlent les deux espèces, de sorte que le commerce ne les distingue pas. L'exportation s'estime à 5000 pikols par an (pikol = 61,76 kilog.).

75 et 76. Getah balem de Toulang Bawang et de Semangka, rés. des Lam-

pongs. Aux Lampongs on distingue le balem baringin et le balem dourian. On commence à exploiter les arbres quand ils ont de 20 à 25 ans, en faisant dans l'écorce des incisions sous lesquelles on place de petits tubes en bambou pour recevoir la gomme.

77—82. Getah balem tambago, choubadaq, songi-songi, ketaping, soundou-soundou et pirang, tous de la contrée autour de Padang. Ici aussi l'exploitation se fait sans couper les arbres, par incisions d'où découle la gomme. La production est très faible, quoique les forêts situées entre Loubou Prakou et Tinjaulaut soient très riches en toutes sortes d'espèces d'arbres donnant le getah balem.

83—95. Labonai (*Alstonia costulata* Miq.), balam (*Bassia balem* Miq.), balam dadi (*Tabernæmontana ovalis* Miq.), bounga tanjoung, getah baringin (*Isonandra gutta* Hook.), tembago, dourian, sousoun, ampalou, pipit, soudou-soudou, manggis, soundai ou sandai. espèces de getah du L Kotta, rés. du Haut-Pays de Padang. Les arbres croissent, d'ordinaire par groupes de 5 à 10, dans les épaisses forêts des terrains montueux. Ils prospèrent surtout là où le sous-sol de tanah liat (argile jaune) n'est recouvert que d'une mince couche d'humus noir. On ne se préoccupe pas de leur âge; mais lorsque le tronc présente à l'œil une épaisseur que l'on juge suffisante, on fait quelques incisions d'essai pour s'assurer que le produit vaudra la peine de procéder à l'exploitation. Le balam dadi, le bounga tanjoung, l'ampalo et le pipit ne s'emploient que mélangés à d'autres espèces.

96—101. Balam, balam baringin, balam tembago, échantillons en partie préparés et mélangés, tous provenant des îles Batou. Les arbres à getah y croissent sur un sol d'argile pierreuse, où ils sont à l'abri des vents violents. On les coupe quand ils ont de 30 à 40 ans. L'exportation monte à 64 pikols.

102. Balam baringin de Tapanouli.

103—108. Balam tembago, pipit, soudou-soudou, dourian, aro tampon et gitan, espèces de getah de Sonpayan, rés. du Haut-Pays de Padang.

109—112. Balem tembago et balem baringin, d'Alahan Panjang, div. de Solok, rés du Haut-Pays de Padang.

113. Soundi de l'île de Battam, rés. de Riouw. L'arbre croît vigoureusement dans le paya (terrain bas et marécageux); l'écorce est grossière, rouge foncé, presque noire, et le bois est rougeâtre; pourtant la gomme qu'il produit est blanche.

114 et 115. Balam baringin et tembago de la div. de Painan, rés. du Bas-Pays de Padang.

116—118. Espèces de gutta percha provenant de Labou, Bounta, Paginanan, Balanta, Posso et Saousou, localités toutes situées au sud du golfe de Tomini, rés. de Menado.

3. Echantillons de caoutchouc de l'archipel des Indes néerl. — L'inspecteur en chef, chef du service des postes et télégraphes aux Indes néerl.

1. Karit des div. de Pourwokerto et de Chilchap, rés. de Bangoumas. On peut commencer à recueillir la gomme quand l'arbre atteint l'âge de 15 ans. La production, considérable une fois, a beaucoup diminué par suite de la manière imprévoyante dont l'exploitation se fait. Les vieux arbres ont disparu et l'on ne laisse pas aux jeunes le temps de grandir suffisamment.

2. Getah ketoul de Soungei Liat, Bangka Le ketoul est une plante grimpante qui a besoin de l'appui des autres arbres; il prospère le plus à l'ombre des forêts vierges. Il ne produit de gomme que lorsqu'il a atteint 40 ans. La récolte se fait en coupant la plante, puis en y faisant des entailles.

3 et 4. Getah oujoul et pengereng de Toboali, Bangka. La gomme qui découle de ces arbres ne se coagule que très lentement; on peut cependant activer beaucoup la coagulation en mêlant à la sève un peu d'eau de mer ou de sel ordinaire. Chaque arbre donne de 2 à 6 kilogrammes.

5 et 6. Pengereng et kolôk de Soungei Slan, Bangka. Ni l'un, ni l'autre n'est fréquent.

7. Ketoul et koulet de Jebous, Bangka. La gomme ne s'emploie que mélangée à d'autres.

8 et 9. Nonnok et ketoul de Merawang, Bangka. Plantes grimpantes.

10—12. Dangou, karoutou, getiân, subdiv. des pays Duyaks, rés. de la Div. mér. et or. de Borneo. Croissent soit

Groupe III. Dix-huitième Classe.

dans les régions élevées, soit dans les régions basses.

13—18. Karèt ou kololet des régences du Préanger. Ne croit qu'à Soukapoura, Soukapoura-kollot, Soukaboumi et dans le distr. de Chihca à Bandong Il ne s'en fait par d'exploitation régulière. On obtient la gomme en faisant des incisions dans le tronc. On évalue à 25 kilog. la production moyenne par arbre.

19. Getah ngerèt de Bengkalis, rés. de la côte or de Sumatra. Arbre peu fréquent.

20. Getah rambong poutih ou getah gitan de Labouan batou, Côte or. de Sumatra. Assez rare.

21. Getah gerib de Siak, Côte or de Sumatra. Croît en grand nombre, surtout dans les terrains sablonneux. Quand il a 20 ou 25 ans il produit le gomme. Pour se la procurer on coupe simplement l'arbre. Un arbre adulte donne 20, parfois même 25 kg. de caoutchouc.

22—52. Getah karet (*Ficus elactica* Bl. ou *Urostigma karet* Miq.), des diverses divisions de la rés. de Bantam.

53, 58, 62, 63. Karit kayou de Komering, Ogan oulou et Ranau, Haut-Pays de Palembang. Croissent dans les parties ombreuses des forêts dans les terrains riches en humus. Les incisions se font de demi-mètre en demi-mètre. Chaque arbre peut s'exploiter pendant une dizaine d'années et livre en moyenne dans cet espace de temps 3 pikols de caoutchouc. On a essayé d'en faire des plantations à Komering.

54, 55, 57, 61. Balam kechil et Karèt akar de Komering, Agan onlou et Ranau, Mousi ilir et Tebing tinggi, rés. de Palembang. Ces arbres sont peu productifs et ne s'exploitent guère.

56, 59, 60. Getah karèt d'Hiran, Banyou asin, Mousi ilir, Komering, Ogan oulou et Ranau, rés. de Palembang. L'arbre se plaît dans les contrées basses, alluviales, pourvu qu'elles ne soient ni marécageuses, ni exposées aux inondations. A Mousi ilir il croît presque exclusivement dans les forêts situées au dessus de Batang Lekoh, sur les limites de Jambi, où l'exploitation est faite principalement par les Koubous. Ils se bornent à pratiquer des incisions dans les arbres, sans les abattre.

64, 65, 68. Karèt akar (*Chilocarpus costatus* Miq.) des environs de Benkoulen, Moko-Moko et Kaour, rés. de Benkoulen. C'est une plante parasite dont on obtient la gomme en pratiquant des incisions au moyen du ·petat". Elle se recueille dans des baquets.

66, 69, 70. Karèt nassi, bourouk et batang, de Laïs, rés. de Benkoulen. Les deux premières espèces, qui portent parfois toutes deux le nom de Karèt akar, sont produites par des plantes parasites; la troisième provient d'un arbre appelé Batang karèt.

67. Karet kayou, des environs de Benkoulen.

71, 75. Getah jintaan de Montrado, div. occ. de Borneo. Cette gomme provient d'une plante parasite que les Chinois nomment Tak Shou Jin. Elle a beaucoup de ressemblance avec le rotin, rampe sur le sol ou grimpe le long des arbres; elle se plaît surtout sur un sol sablonneux. Pour en obtenir la gomme, on coupe la plante et on y pratique au moyen du parang des incisions circulaires. On répand de l'eau salée sur la sève pour en provoquer la coagulation.

72, 77. Getah serapat de Montrado, div. occ. de Borneo. L'arbre prospère sur toute espèce de sol, pourvu que celui-ci ne soit pas trop maigre.

73, 76. Getah bouwé de Montrado, div. occ. de Borneo. Plante rampante ou grimpante, qui aime les sols argileux ou pierreux.

74. Getah sousou ou Jetah tanah, de Sintang, div. occ. de Borneo. Produit par une liane qui embrasse les troncs des arbres et atteint jusqu'à 20 et 25 cm. d'épaisseur.

78—81. Karèt ou kekaré provenant de toutes les parties des Lampongs, et Tahôi, provenant de Toulang bawang et de Sapoutih dans les Lampongs. Lianes qui se reproduisent en projetant des racines aériennes. Les semences dispersées par les oiseaux ne germent que dans les creux des arbres morts ou dans les parties pourries de troncs encore vivants.

82. Getah gitan des contrées environnant Padang. Plante grimpante qui s'appuie sur toute espèce d'arbres, atteint 6 cm. d'épaisseur et se plaît sur les rondeurs des montagnes, d'où les eaux s'épanchent aisément. La production diminue par suite du genre imprévoyant d'exploitation pratiqué

83, 84. Nyato Selendit ou bindalou lantik daoun, du L Kota, de Pangkalan et de Kampar. Dans le L Kota (subdiv.

de Pouar datar) la production diminue; elle augmente en revanche à Pangkalar et à Kampar, où l'exportation atteint environ 100 pikols.

85—88. Getah kajei, 1re, 2e et 3e qualité, provenant des îles Batou et de Nias. L'arbre prospère le mieux sur un sol d'argile rouge pierreuse. Les trois qualités se distinguent suivant que la gomme a été distillée par les branches, par le tronc, ou par les racines; on les confond dans le commerce. L'exportation d'Ayer bangis et de Poulo Tollo est d'environ 168 pikols.

89, 91, 94. Getah gitan, ngarik pipis, ngarik gagang, sirih (Apocynées), de Soupayang, Haut-Pays de Padang.

90, 92, 93. Getah kajei et Getah gitan de Soupayang, Solok et Soungei Pagou.

95. Getah gerit, de l'île de Battam, rés. de Riouw. Liane. Pour se procurer le caoutchouc, on coupe la plante en deux, de sorte que la partie supérieure reste suspendue à l'arbre qui lui a servi d'appui.

96. Getah gitan, de Painan, Bas-Pays de Padang. Exportation, 60 pikols par an.

4. Lois qui régissent les courants terrestres et voltaïques et méthode approximative pour mesurer ces courants sur les lignes télégraphiques, par A. C. Hissink, Batavia, 1882. — A. C. Hissink, à Batavia.

5. Collection complète des timbres d'affranchissement, timbres-poste, cartes-correspondance et enveloppes timbrées, qui ont été ou qui sont employés aux Indes néerl., à Surinam et à Curaçao; collée sur une feuille de carton encadrée. — Ministère des colonies.

6. Trois cartes-correspondance qui ont fait le tour du monde en 90, 91 et 94 jours, d'Amsterdam à Amsterdam, par Brindisi, Singapour, Yokohama, San Francisco, New-York et l'Angleterre. — M. P. Pels, à Amsterdam.

Dix-neuvième Classe.

COMMERCE ET NAVIGATION AVEC ET DANS LES COLONIES.

A. Littérature concernant la législation et les traités qui régissent le commerce et la navigation. Tarifs de droits d'entrée, de sortie et de transit, de taxes pour pilotage, de droits de ports, de droits d'ancrage. Règlements pour les ports.

Indes orientales néerlandaises. Il existe sur la législation commerciale des Indes néerl. toute une série d'écrits, à commencer par les *Etudes sur le ménage de l'Etat* de G. K. van Hogendorp. Une fraction importante de cet ensemble d'écrit est formée par les discours prononcés dans les deux Chambres des Etats-Généraux, spécialement par ceux qui ont été prononcés en 1865 et 1872 dans la discussion des tarifs, lesquels, en vertu de la teneur explicite de l'art. 129 du règlement administratif des Indes néerl., doivent être arrêtés par une loi.

Le maintien du système protectioniste, en même temps que celui des cultures gouvernementales et de la vente de leurs produits dans les Pays-Bas et en connexité avec cette organisation, a trouvé un ardent défenseur dans le comte van de Bosch, qui a consacré sa parole et sa plume à démontrer que ce système n'était pas seulement productif pour la caisse de l'Etat, mais encore que l'application conséquente en était indispensable pour la prospérité de notre commerce. M. Baud, défendant une clause du traité de commerce conclu par nous en 1847 avec la Belgique, déclarait désirable une modification du système protectioniste, en ce qui regarde les droits différentiels d'exportation; il invoquait en faveur de sa thèse l'intérêt politique, mais aussi l'intérêt économique, disant que la production doit souffrir de droits d'exportation élevés [1]). En 1857 la seconde Chambre rejeta un projet de traité avec la Belgique, parce qu'il était basé sur l'abolition des droits différentiels d'exportation dans les Indes.

Aussi la promulgation en 1850 des lois de navigation n'eut-elle au commencement d'autres conséquences que d'entraîner la mise sur pied d'égalité des pavillons aux Indes, par les traités que nous citerons plus loin, et l'ouverture au commerce général d'un plus grand nombre de ports des Indes. On recommença à discuter l'abolition des droits différentiels en 1855, lorsque le ministre Pahud consulta les Chambres de commerce à ce sujet, ce qui fournit à Thorbecke l'occasion de se prononcer énergiquement en faveur d'une abolition graduelle des mesures protectrices de notre commerce de denrées. M. Rochussen parla dans le même sens en 1858, et cette cause continua ensuite à être chaudement défendue par M. Sloet tot Oldhuis, non seulement à la Chambre, mais encore, avec M. de Bruyn Kops, dans les revues qu'ils rédigeaient, *Etudes de politique et d'économie politique* et *l'Economiste*. Ce n'est cependant qu'en 1865 que l'on obtint une mesure dans le sens libéral. Enfin en 1872 on établit l'égalité complète à l'exportation comme à l'importation.

Parmi les écrits qui ont grandement contribué à amener ce résultat, il faut citer en première ligne D. C. Steyn Parvé, *Le système du monopole colonial* (1850), puis très expressément Hk. Muller Sz., *L'industrie cotonnière néerlandaise et le système protectioniste aux Indes néerl.* (1857). L'auteur, parfaitement versé dans la pratique de l'importante branche de notre industrie dont il traitait, démontrait dans cet ouvrage, que celle-ci pouvait fort bien vivre lors même qu'on l'abandonnerait à ses propres ressources. Il donna une expression à la joie que lui fit éprouver l'abolition des droits différentiels dans un article de *l'Economiste* intitulé *In memoriam*, puis, en 1882, comme membre de la première Chambre, il prononça un discours dans lequel il démontrait victorieusement que depuis cette abolition notre commerce aux Indes orientales ne se maintenait pas seulement, mais encore qu'il prenait de l'extension pour plusieurs articles. -- Voyez ci-dessous à la lettre B.

M. E. de Waal, énergique avocat du droit des Javanais à être vêtus à bon marché, exposait quelles grandes dépenses

---

[1] Voy. *Les Indes néerl. aux Etats Généraux* par E. de Waal, III, p. 731, ouvrage qui, bien malheureusement, s'arrête à 1848.

la protection leur avait coûté, et esquissait dans ses *Notes* (II) la marche qu'avait suivie le débat jusqu'en 1864; dans ses *Nouvelles notes* (I), il donnait l'histoire des tarifs depuis 1818, sous la rubrique: »Relations avec l'étranger". M. P. N. Muller prit dans le *Gids* la défence de ces relations, telles qu'elles existaient en 1860, contre des attaques venues de l'étranger; mais en même temps il recommandait une transformation conduisant au libre échange. C'est un acheminement de ce genre que se proposait la loi de 1865, qui supprimait les droits sur un grand nombre d'articles d'importation [1]) et qui abaissait le droit différentiel, de 25 °/₀ sur les articles étrangers et de 12 °/₀ sur les articles néerlandais, à 20 °/₀ et à 10 °/₀, pour les ramener dès 1869 à 16 °/₀ et à 10 °/₀; enfin qui mettait plusieurs articles sur le même pied pour l'importation [2]). Les droits différentiels d'exportation étaient maintenus pour l'indigo, le café, le sucre et l'étain.

Dès 1863 *l'Economiste* a publié dans sa *Chronique des colonies*, que rédigeait le jongheer J. K. W. Quarles von Ufford, Dr. en droit, des comptes rendus exacts et raisonnées de tout ce qui se publiait sur cette matière; cet écrivain a depuis 1870 été remplacé pour ce qui se passait à la Chambre sur le même sujet par le rédacteur des comptes rendus des discussions économiques des Etats-Généraux. En 1871 M. Quarles publia un article intitulé *Coup d'œil donné sur la Twenthe*, dans lequel il exposait l'état des choses existant dans cette contrée; il le trouvait si favorable qu'il refusait son approbation aux fabricants de la Twenthe qui demandaient qu'on leur continuât la protection pendant quelques années encore. Les fabricants d'Almelo réclamaient la protection bien plus énergiquement encore, de même que l'association pour les progrès de l'industrie des fabriques et du commerce. Mais ces réclamations ne restaient pas sans réponse. Les journaux, tant hollandais qu'indiens, publiaient de nombreux articles pour montrer, d'accord avec les Chambres de commerce des Indes, avec la plupart de celles des Pays-Bas et la Société de commerce, qu'il n'y avait point de danger à soumettre immédiatement toutes les denrées commerciales au même régime.

Cette égalisation entre toutes les marchandises soit à l'importation soit à l'exportation fut décrétée par la loi du 17 nov.

---

1) Dans le nombre, la houille, le fer, l'acier, les ouvrages en bois à fort peu d'exceptions près, le plomb, le zinc, la glace et le riz.
2) Comestibles, non spécifiés, spiritueux et vins en fuste, vêtements et mercerie.

1872, qui fixa à 6 $_0$|^0 le droit d'entrée pour les articles qui y demeurèrent soumis [1]). On maintint les droits de sortie, avec quelques modifications dans la manière de les percevoir, sur les articles qui y étaient soumis avant la promulgation de la loi, et auxquels on ajouta le thé [2]). M. Kappeyne avait proposé par un amendement, qui fut rejeté, de supprimer tous les droits d'exportation et de transit. On trouvera dans la *Revue des Indes néerl.* de 1872 un article signé Mercurius qui rend compte en détail de la discussion de cette loi, ainsi que de ce qui concerne la proposition faite à la même époque de supprimer les frontières douanières entre les Pays-Bas et les Indes néerlandaises.

En 1880 les ministres van Rees et van Goltstein essayèrent d'étendre les taxes d'exportation, mais ils ne furent appuyés ni par les Chambres de commerce, ni par la seconde Chambre. La question de l'abaissement ou même de la suppression des droits d'exportation a depuis lors été remise sur le tapis dans une assemblée de la section de la Haye de la Société de l'industrie, et la discussion qui se produisit alors eut pour conséquence une pétition qui fut adressée au Gouverneur-Général par la Chambre de commerce de Batavia, puis par les planteurs de café de la partie centrale de Java. Ce point a aussi été touché dans les pétitions des Chambres de commerce des Indes sur l'impôt des patentes, dans lesquelles on exposait que les droits d'exportation ne pouvaient plus du tout se justifier une fois l'impôt des patentes établi. On peut consulter à ce sujet le *Indische Gids* (Guide des Indes) aux années 1879, 1880 et 1882.

Comme le marché colonial dans les Pays-Bas tend à s'effacer, il en est résulté une discussion dans la seconde Chambre entre MM. Wintgens, van Gennep et Bahlmann, et en dehors du parlement entre MM. van Bloemen Waanders, P. N. Muller et N. P. van den Berg, Dr. en droit. Ce dernier a récemment publié une brochure intitulée *Le commerce de Java pendant les huit dernières années*, dans laquelle il expose la question en s'appuyant sur les chiffres, et il donne de la disparition du sucre de canne de notre marché des raisons entièrement étrangères à la législation. Cette brochure, écrite à l'occasion du programme de l'exposition coloniale et contenant aussi des données statistiques sur le commerce d'importation et d'exportation

---

[1] La chaux seule fut ajoutée à la liste des articles libres de tout droit.
[2] Le café, anciennement frappé d'un droit de 6 °/$_0$ à l'exportation pour les Pays-Bas, paye maintenant fl. 3 par 100 Kg., le sucre, qui ne payait rien à l'exportation pour les Pays-Bas, paye maintenant fl. 0,30 par 100 Kg.

(voy. ci-dessous à la lettre B), renferme des considérations sur le commerce des colonies en général en même temps que sur les droits différentiels et sur le système de consignation. L'histoire de la Société néerl. de commerce est étroitement liée à celle de ce système — sur lequel on a une étude de M. N. G. Pierson dans la *Revue des Indes néerl.* et une de M. Bauduin dans l'*Economiste*. Le rôle joué anciennement et dans les derniers temps par la Société de commerce a été décrit par H. W. Tydeman, Dr. en droit, dans un ouvrage publié en 1867 sous le titre de *La Société néerl. de commerce, étude pour servir à son histoire et au jugement à porter sur son compte, en relation avec le gouvernement des colonies.* Un article du *Gids* de 1872, de la plume de M. J. Zimmermann, parle de cet ouvrage en même temps que d'un autre, de M. F. W. C. Blom, paru en 1871 et traitant de la Soc. de commerce.

En 1837 fut conclu avec l'Angleterre un traité qui entraîna la première modification de nos tarifs; en 1851 on y apporta ce changement, que les pavillons furent mis sur le pied d'égalité aux Indes. L'exemple de l'Angleterre fut suivi en 1851 par la Prusse, le Zollverein et les villes hanséatiques, puis successivement par un grand nombre d'autres états de l'Europe et de l'Asie, après qu'il a été satisfait aux conditions posées par l'art. premier de la loi du 8 août 1850.

Il a aussi été fait de 1855 à 1858 une série de conventions par lesquelles des consuls de ces divers états ont été admis dans les grands ports des Indes. D'après l'almanac officiel de 1883, il y a, soit dans les trois grands ports de Java, soit seulement à Batavia, des consuls de la Grande Bretagne, de France, de l'Allemagne, du Danemark, de la Suède et de la Norvège, des Etats-Unis d'Amérique et du roi de Siam.

L'établissement des occidentaux étrangers est depuis 1872 soumis aux mêmes règles que celui des Hollandais.

Il y a actuellement à l'intérieur des limites douanières des Indes néerl. vingt-cinq ports ouverts au commerce général. Ces limites embrassent Java et Madoura, le gouvernement de la Côte occ. de Sumatra, les résidences de Benkoulen, des districts de Lampong, de Palembang, de Banka, de la Div. occ. et de la Div. mér. et or. de Borneo, et Billiton. Il existe un tarif spécial pour la Côte orientale de Sumatra, où plusieurs ports sont aussi ouverts. La navigation et le commerce sont francs de tous droits dans les ports de Riouw, de Makassar, de Menado, de Kema, de Ternate, de Kayeli, de Banda et de Koupang. Il a été promulgué en 1882 de nouvelles prescriptions pour la perception et la protection des droits d'entrée, de sortie et de transit dans le domaine douanier des Indes néerl.; on a dans ce but élaboré des règlements distincts pour les grands ports, qui sont ceux de Batavia, de Cheribon, de Samarang, de Sourabaya et de Padang, d'un côté, et de l'autre pour les petits ports, pour lesquels les règles suivies sont plus simples.

Les taxes de pilotage et d'ancrage sont depuis 1866 les mêmes pour tous les navires qui jettent l'ancre dans les limites du domaine douanier; on ne les perçoit pas dans les ports francs. A la fin de 1882 il y avait en activité aux Indes néerl. 50 phares des ports, phares des côtes, et phares flottants; 5 étaient en construction et 13 étaient projetés. Ils sont indiqués, ainsi que les ports ouverts au commerce, les lignes de navigation à vapeur et les lignes télégraphiques — sans exclure celles qui depuis 1871 relient Java avec l'Europe, l'Australie et la Chine — sur la carte dressée par M. S. C. J. W. von Musschenbroek, Dr. en droit; c'est une reproduction, sur une échelle un peu plus grande, des cartes jointes aux rapports coloniaux de 1878, 1879 et 1880. Toutes ces cartes se trouvent à l'exposition.

Indes occidentales néerlandaises. Les traités que nous avons indiqués comme ayant mis les divers pavillons sur le pied d'égalité dans les colonies des Pas-Bas et comme y ayant admis des agents consulaires, sont aussi applicables à Surinam et aux îles des Indes occidentales et y ont été promulgués. Des conventions analogues ont encore été conclues avec divers états de l'Amérique du Sud, aussi bien que de celle du Nord.

Les tarifs des droits d'entrée, de sortie et de transit ne sont pas les mêmes pour toutes nos possessions des Indes occ.; chacune a le sien; de plus les taxes varient suivant les marchandises; c'est surtout le cas pour les droits d'entrée à Surinam, lesquels varient de 5% à 15%. Là le droit de sortie est généralement de 5% de la vateur; il y a quelques articles francs, mais non pas les minéraux bruts, par ex. l'or, qui payent la taxe. A Curaçao la plupart des articles n'acquittent que $1/_2\%$ à l'entrée; la sortie est libre, excepté pour les minéraux et les engrais, qui payent 8%.

W. B. BERGSMA, Dr. en droit, et F. M. JAEGER.

1. Quelques ouvrages concernant l'histoire du commerce entre les Pays-Bas et les colonies des Indes or. — **Prof. P. J. Veth**, à Leyde.

a. Etudes sur le ménage de l'Etat dans le royaume des Pays-Bas, par le comte G. K van Hogendorp. 2e éd. revue sous la surveillance de J. R. Thorbecke, Dr. en droit. Dix vol. (en 5 tomes). Zalt-Bommel, 1854, 1855.

b. Dissertatio de commercio Societatis

Indiae Orientalis, auct. D. W. J. C. van Lynden. Schoonhoven, 1839.

c et *d*. Le système du monopole colonial jugé par l'histoire et par l'économie politique, par D. C. Steyn Parvé. La Haye, 1850, et „Le système du monopole, etc. par D. C. Steyn Parvé" commenté par l'auteur. Zalt-Bommel, 1858. — Les deux ouvrages reliés ensemble.

e. L'industrie cotonnière aux Pays-Bas et la protection aux Indes néerl. examinées par H. Muller Szn. Rotterdam, 1867.

f. Aperçu historique du système commercial aux Indes néerl. par J. H. M. Mollerus, Dr. en droit. Utrecht, 1865.

g. La Société néerl. de commerce. Etude pour servir à son histoire et au jugement à porter sur son compte, en relation avec le gouvernement des colonies. Dissertation doctorale par H. W. Tydeman. Leyde, 1867.

2. **Le Mercure des Indes** (the Indian Mercury), organe du commerce avec les Indes, journal hebdomadaire publié en hollandais et en anglais. Illustré. Cinq années complètes, 1878—1882, dont les deux premières sont épuisées. — **J. H. de Bussy**, éditeur, à Amsterdam.

B. Statistique comparée relative à la législation commerciale et à la navigation, avant et après l'abaissement ou l'abolition des droits d'entrée, de sortie et de transit.

Statistique comparée relative au commerce et à la navigation entre les colonies et la mère-patrie et les pays étrangers, avant et après la suppression des droits différentiels.

Statistique comparée relative à la part prise par la navigation à vapeur et la navigation à voile dans le mouvement commercial.

Indes or. néerlandaises. Il n'est pas possible de dresser une statistique complète du commerce et de la navigation aux Indes néerl. pour une série d'années dont ferait partie la période des modifications des tarifs, parce que les publications statistiques de l'administration des Indes ont subi de nombreux changements de forme et que ce n'est que depuis 1874 qu'elles fournissent des totaux pour l'ensemble des Indes néerlandaises.

Voilà pourquoi, sans compter l'incertitude des chiffres relatifs à l'importation [1]), on ne pourrait pas continuer le travail fait par MM. H. Muller et G. F. de Bruyn Kops sur la statistique du commerce et de la navigation jusqu'à l'année 1866. Tout ce qui est possible, c'est de donner un aperçu de l'importation depuis 1874 de quelques articles importants et aussi des principaux articles d'exportation. On trouve des aperçus de ce genre dans la Statistique du commerce et de la naviga-

---

[1]) Incertitude expliquée par le ministre van Bosse dans son „Mémoire de réponse" du 9 avril 1872, et par M. H. Muller dans son article intitulé *In memoriam* (Econ., 1874, p. 462—464).

tion aux Indes néerl. pendant l'année 1879, publiée à Batavia à la fin de 1882, et dans les almanacs officiels des Indes néerl. depuis 1880.

Comme l'exportation de produits destinés au commerce de l'Europe et surtout de notre pays part principalement de Java, ce sont les chiffres concernant Java qu'il importe le plus de connaître. C'est ce qui a porté M. Jaeger à composer des tableaux (voy. la huitième classe) qui représentent graphiquement le mouvement de cette exportation de 1869 à 1880, et celui de l'importation à Java, de 1874 à 1879, des manufactures et d'autres articles importants. Il s'est fondé pour les composer sur les chiffres qui sont reproduits dans les tables numériques de l'explication jointe à ses tableaux. Ces chiffres permettent en même temps de connaître la part que les Pays-Bas ont à l'importation.

Un autre tableau analogue donne l'exportation qui a eu lieu pour le compte du gouvernement de 1869 à 1880.

La brochure de M. N. P. van den Berg intitulée *Le commerce à Java pendant les huit dernières années* donne des résumés pour une période de huit ans de l'importation et de l'exportation de Java pour le compte de particuliers; les données en ont été tirées des états de situation de l'importation et de l'exportation que le gouvernement publie mensuellement dans la Gazette de Java [1]). Ces résumés embrassent la période qui va du commencement de 1875 à la fin de 1882. Dans la même brochure M. van den Berg donne un aperçu comparatif des totaux de l'importation et de l'exportation de Java et de la part proportionnelle que notre pays en a pour lui, cela pour une période de cinq ans avant et après la suppression des droits différentiels.

Les résultats de cette comparaison sont favorables pour le tabac et l'étain, un peu défavorables pour le thé et surtout pour le café — cependant le proportion s'améliore de plus en plus pour cette denrée depuis trois ans, 1880 à 1882 —; très défavorables enfin pour le sucre, dont le $7^1/_2 \%$ seulement a été acheminé sur les Pays-Bas en 1882. D'après l'aperçu de M. H. Muller, mentionné par nous sous la lettre A — cet aperçu sert d'appendice à la carte de M. van Musschenbroek, aussi mentionnée par nous — l'exportation des Pays-Bas aux colonies a continuellement progressé pour une dizaine des prin-

---

1) Les chiffres de ces statistiques se rapportent, pour ce qui regarde l'importation, aux objets introduits pour la consommation; ceux de la statistique annuelle se rapportent à l'importation générale.

cipaux articles depuis 1851 jusqu'à 1880. Pour les *cotonnades* la période de 1861—70 accuse sur celle de 1751—60 une augmentation de 71 %; dans la période décennale suivante l'exportation s'en est à peu près maintenue au chiffre qu'elle avait atteint. On constate une progression ascendante constante pour la verrerie, les fils, la faïence, et dans les dernières années pour les légumes conservés et pour les machines destinées aux fabriques, à l'agriculture et à la motion à vapeur. Il faut remarquer que dans ces articles se trouvent beaucoup d'objets fabriqués à l'étranger, quoique importés à Java par le commerce néerlandais. Quant à l'exportation de la colonie on peut consulter aussi les statistiques très soignées que les courtiers de notre pays publient dans leurs comptes-rendus annuels. Pour n'en citer que quelques uns, les résumés pour périodes de dix ans de MM. L. Jacobson et Fils et de MM. Kolff et Binsbergen de Rotterdam contiennent l'indication de la production et de l'exportation du café à Java et de son importation dans notre pays, puis de l'importation du thé, du riz et des épices. MM. Ledeboer Frères et MM. Bloemen et Gebhard d'Amsterdam publient des statistiques concernant le sucre, la maison de Vries le fait pour le tabac. La maison Reub et Cie de Rotterdam publie hebdomadairement des renseignements importants sur le sucre, indiquant par exemple où ont été conduites les cargaisons déclarées lors de la sortie de Java comme destinées »au canal pour ordres ultérieurs".

Pour composer ces statistiques on ne se sert pas tant des états mensuels publiés par le gouvernement des Indes que, surtout, exclusivement même, des données qui paraissent régulièrement dans les prix-courants des associations commerciales des Indes, tout particulièrement dans ceux de la Société de Batavia, qui publiait déjà longtemps avant que le gouvernement s'y décidât des chiffres mensuels sur l'exportation et l'importation de Java. Pour l'importation cette association consulte aussi les listes de vaisseaux qui paraissent dans les Pays-Bas et en Angleterre. Mais on ne cesse de se plaindre du manque de soin avec lequel ces listes se dressent en comparaison de ce qui se faisait auparavant. A mesure que la liberté du commerce devient plus absolue, que la navigation à vapeur se développe et que s'accroît le nombre des affréteurs — comme aussi de ceux qui expédient directement leurs marchandises à ceux qui en font usage — il devient de plus en plus difficile de dresser des statistiques commerciales, pour autant que l'exactitude dépend du contrôle des fonctionnaires publics.

Groupe III. Dix-neuvième Classe.

Aux Indes néerl. comme ailleurs, la navigation à vapeur a constamment augmenté en proportion de la navigation à voiles. Ou s'en assurera en examinant la feuille IV des tableaux de M. Jaeger (voy. la classe 8), qui représente le mouvement des navires aux Indes néerl. de 1869 à 1880. On y trouvera aussi l'indication du nombre relatif de navires à vapeur et à voiles qui ont été affrétés en 1880 dans les ports des Indes néerl., et une représentation géographique qui montre la part par tonnage qu'ont dans l'exportation les principaux pays avec lesquels se fait le trafic des Indes néerl. Le tonnage total de l'exportation pour l'Europe — qu'il ne faut pas confondre avec la valeur des marchandises exportées; celle-ci donnerait une proportion toute différente — est inférieur, d'après ce tableau, à ce qui s'exporte pour Singapour et Poulou Pinaug; mais il est vrai qu'une grande partie de ce qui est expédié à ces ports est destinée à l'Europe.

L'aperçu colonial qui paraît tous les ans dans l'annuaire de la Société de statistique indique en millions de florins la part dans le commerce privé de marchandises à l'importation et à l'exportation aux Indes néerl., afférante à chaque pays d'où proviennent les importations et où sont dirigées les exportations.

Nous ajouterons, parce que l'on se fait d'ordinaire à ce sujet des idées peu justes, que le nombre des maisons de commerce de Batavia, en y comprenant la factorerie de la Société néerl. de commerce ainsi que la banque hollandaise et la banque anglaise, est actuellement d'une cinquantaine. La moitié sont hollandaises ou du moins les associés sont hollandais; en outre il y a aussi quelques Néerlandais parmi les membres des maisons étrangères. A Samarang et à Sourabaya les maisons de commerce sont moins nombreuses, et de plus les principales maisons de Batavia y ont des succursales.

Indes occ. néerlandaises. La valeur des marchandises importées et exportées à Surinam en 1881 a été un peu supérieure à ce qu'elle était il y a dix ans. Elle a été, en milliers de florins, de

	Importation.	Exportation.
En 1872:	3688	3347
» 1881:	4823	3885.

En 1872 l'exportation des principaux produits a été en milliers de Kg.:

sucre	12143
cacao	838
coton	143

GROUPE III. Dix-neuvième Classe.

en hectolitres :

     melasse 12050
   rhum et *dram* 5210.

L'exportation de 1881 a été en milliers de Kg. :

     sucre 8538
     cacao 1882

en hectolitres :

     melasse 16080
   rhum et *dram* 5330.

En outre il a été exporté en 1881 638626 grammes d'or, l'exploitation de l'or ayant pris une extension croissante.

La plus grande partie de l'or a été apportée aux Pays-Bas par les vapeurs de la Compagnie Générale Transatlantique ; il en est allé une partie dans l'Amérique du Nord.

Quant aux autres produits mentionnés ci-dessus, ils ont été pour la plupart expédiés dans l'Amérique du Nord et en Angleterre, le cacao aussi en France. Les Pays-Bas n'ont eu de ces produits qu'une part relativement faible.

En 1872 il est arrivé 182 navires, jaugeant 22224 tonneaux, et il en est parti 180, jaugeant 22537 tonneaux. En 1882 les arrivages ont été de 225 vaisseaux, mesurant 25708 tonneaux, et les départs de 232 vaisseaux, mesurant 26098 tonneaux. Le plupart des vaisseaux venaient de Demerary et comptaient aussi y retourner. En 1882 il est arrivé 22 navires directement des Pays-Bas ; 14 s'y sont dirigés.

Aucun navire à vapeur n'est arrivé à Surinam. Le premier steamer destiné au service de la malle des Indes occ., *l'Orange-Nassau*, est sur le chantier.

Le principal article d'exportation des îles des Indes occ. est le sel, dont surtout Curaçao et St. Martin expédient d'assez grandes quantités — St. Martin en a exporté 200000 barils en 1881. Cette île a aussi exporté en 1881 un peu de sucre, 26000 Kg. Bonaire et Aruba produisent aussi un bois de teinture appelé divi-divi et la résine d'aloës, Aruba en outre le phosphate, qui s'exploite aussi à Curaçao. La navigation se dérige de Curaçao sur le Vénézuéla. Elle devenait moins active. Elle emploie d'ordinaire des schooners, petites barques de 5 à 7 tonnes. Dans les autres îles les transports se font presque exclusivement avec de petites embarcations.

Tous les mois Curaçao est visité par les steamers de la ligne de Liverpool, de la Royal Mailcompany et de la ligne de Hambourg.

   W. B. BERGSMA, Dr. en droit, et F. M. JAEGER.

3. Statistique du commerce et de la navigation à Java et à Madoura depuis 1825, dressée d'après les sources officielles par G. F. de Bruyn Kops. Vol. I. Importation. Batavia, 1857. Vol. II. Exportation. Batavia, 1859. Imprimerie de l'Etat. — Le même ouvrage, continué de 1855 jusqu'à 1866. Vol. I et II. Batavia. Imprimerie de l'Etat, 1869. — W. B. Bergsma, Dr. en droit, Leyde.

4. Statistique du commerce, de la navigation et des droits d'entrée et de sortie aux Indes néerl. pour les années 1873—1878, dressée par le département des finances. — Imprimerie de l'Etat, à Batavia.

5. Statistique du commerce, etc. (voy. n°. 4), pour l'année 1879. Batavia, imprimerie de l'Etat, 1881. — W. B. Bergsma, Dr. en droit, à Leyde.

6. Le commerce de Java pendant les huit dernières années, par N. P. van den Berg, Dr. en droit. Batavia, 1883. In-8°. — N. P. van den Berg, à Batavia.

7. Carte commerciale des Indes néerl. Manuscrit sur grande échelle; reproduction lithographique sur échelle réduite; par van Musschenbroek. — S. C. J. W. van Musschenbroek, Dr. en droit, à Leyde.

C. Routes et moyens de transport. Descriptions et modèles. Embarcations à vapeur, à voiles, à rames, chantiers, doks, allèges, appareils à plongeurs, grues, etc. Modèles, dessins et coupes.

Données statistiques sur la circulation en rapport avec les tarifs, spécialement pour ce qui regarde les chemins de fer.

I. *Transports par terre.* Le premier grand ouvrage accompli dans l'intérêt des transports, nous voulons dire la route postale qui traverse l'île de Java de l'extrémité occidentale à l'extrémité orientale, s'est fait, de janvier 1808 à mai 1811, sous l'administration, et grâce à la volonté persévérante du Gouverneur-Général Herman Willem Daendels, maréchal de Hollande. Depuis lors on a construit à Java un grand nombre d'autres voies de communication qui relient maintenant entre eux tous les endroits importants et la plupart de ceux même qui sont insignifiants. Aucune partie de l'île n'est restée inabordable.

Au début on chargeait les chefs indigènes de faire établir et entretenir les routes; plus tard ces travaux se firent sous la surveillance des fonctionnaires de l'administration de l'intérieur, et ce n'est que depuis quelques années que les ingénieurs et employés techniques des travaux publics ont à s'en occuper directement ou indirectement. Le travail s'est fait dans la règle sous forme de corvées. Les anciennes routes ont souvent été tracées d'une manière négligente et peu intelligente. Ce n'est pas à dire que l'on n'ait pas réussi en les construisant à vaincre parfois de grandes difficultés offertes par le terrain, quoique l'on n'eût d'autre ressource pour y parvenir que de mettre en œuvre sur une grande échelle les forces inexpérimentées de la population agricole. Mais, quelque estimables qu'aient été ces efforts, il est clair que les routes et les ponts construits sous l'ancien régime ne pouvaient pas être des modèles de l'art de l'ingénieur. De plus ils étaient souvent mal entretenus.

On s'est fort appliqué cependant depuis quelques années à améliorer les routes. En particulier le personnel des travaux publics civils, quoique insuffisant encore et mal organisé, a veillé à la construction d'un grand nombre de ponts, généralement fort simples, mais solides et durables.

Ainsi on a remédié, dans les résidences de Java et de Madoura qui se trouvent placées sous l'administration directe de fonctionnaires européens, au grand mal qui régnait auparavant partout, nous voulons dire au manque de ponts, ou au danger continuel de voir enlever ceux qui existaient par les banjirs, rivières soudain gonflées par les grandes pluies tombées dans les montagnes. Mais ce mal existe toujours dans les principautés de Sourakarta et de Jokyakarta, où en outre les grandes routes de l'Etat sont généralement très mal entretenues, tandis que les chemins de traverse appartenant à ceux qui ont pris les terres à bail le sont d'ordinaire mieux.

Là où manquent les ponts, il ne reste qu'à traverser à gué les rivières, qui sont souvent fort larges, mais rarement profondes (sauf au moment des banjirs), à moins que l'on n'ait recours à des bacs, formés d'ordinaire de 2 ou de 3 prauws (barques) liées ensemble, ou de troncs d'arbres creusés, ou enfin à des radeaux en bambou. Dans la saison des pluies les banjirs interrompent souvent les communications pour un certain temps.

Les améliorations apportées dans les dernières années l'ont été presque uniquement aux grandes routes postales et aux routes de traverse, sur lesquelles le gouvernement a établi des relais de chevaux de poste pour le transport des personnes, en premier lieu des fonctionnaires, et de la poste aux lettres.

On attèle ces chevaux aux voitures particulières des voyageurs. Celles-ci sont d'ordinaire des voitures de voyage européennes, et on les remplit si bien de passagers et de paquets que souvent elles deviennent trop lourdes pour les petits chevaux javanais. On attèle quatre chevaux ensemble et on les relaie à des distances de 6 à 12 kilomètres; partout où la route monte des rampes prolongées ou rapides, on fournit aux voyageurs de une à quatre paires de karbouws (buffles) comme supplément d'attelage.

Cette manière de voyager est très rapide tant qu'on est en plaine, et pourvu que la route soit bonne et que la voiture ne soit pas trop pesamment chargée. Il n'est même pas rare que l'on arrive à faire en moyenne de 18 à 20 kilomètres à l'heure. En revanche quand on a des suppléments de buffles, on ne fait plus que de 4 à 6 kilomètres, et l'on a toutes sortes de retards là où la route se trouve mal entretenue.

Sur les routes très fréquentées on trouve aussi des relais de chevaux appartenant à des particuliers; ils sont meilleur marché que ceux du gouvernement, mais aussi d'ordinaire beaucoup plus mauvais.

Les indigènes et les orientaux étrangers voyagent à pied, à cheval, exceptionnellement en palanquin, le plus souvent dans de petites voitures à deux roues, sur lesquelles il y a place pour quatre personnes, en y comprenant le cocher, et que l'on attèle d'un à trois chevaux.

De ces cabriolets ce sont ceux de Batavia (généralement appelés kár-per) qui par leur légèreté répondent le mieux à ce que l'on peut attendre de la force des petits chevaux indigènes. Ils permettent d'aller vite à peu de frais, aussi sont-ils en grand usage dans la partie occidentale de Java, parmi les Européens aussi bien que parmi les indigènes, et dans le reste de l'île ils commencent à remplacer les charriots javanais beaucoup plus lourds appelés glinding.

On voit que les moyens de transport pour les lettres et les voyageurs, sans être parfaits du tout, sont néanmoins généralement assez satisfaisants. Ils le sont bien moins pour les marchandises et les denrées. Anciennement il était même défendu de se servir pour ces transports des routes postales et carrossables; il existait, tout à fait indépendamment de ces routes, des chemins à charrettes spéciaux, d'ordinaire mauvais, en partie même très mauvais.

On a cherché depuis quelques années à remédier à cet état de choses en permettant presque partout aux voitures de transport de cheminer sur les côtés des grandes routes; mais les chemins à charrette qui restent se trouvent, à quelques exceptions près, en si mauvais état qu'il arrive qu'ils se transforment en vrais bourbiers dans la saison des pluies, et qu'alors les voitures y enfoncent jusqu'à l'essieu, pour rester embourbées des heures, parfois des journées entières.

Dans l'Occident de Java on attèle d'ordinaire des chevaux (deux) aux charrettes de transport, qui sont généralement plus petites et plus légères que dans le Centre et l'Orient de l'île. Ici les attelages sont formés parfois de buffles, plus souvent de bœufs ou de taureaux. On se sert aussi beaucoup dans la montagne de chevaux de somme pour le transport des produits des cultures; enfin les indigènes portent d'ordinaire eux-mêmes l'huile, les légumes, etc. de même que presque tout ce qu'ils viennent vendre ou acheter aux pasars (marchés).

On comprend que dans de pareilles conditions, auxquelles il faut ajouter les grandes distances et le peu d'abondance des bêtes de trait, le transport des marchandises le long des routes existantes soit cher et souvent impossible, ce qui est très défavorable aux progrès de la production et du trafic, quand ce n'y est pas un obstacle insurmontable. Le seul remède efficace est un grand développement des chemins de fer; mais on est très loin jusqu'ici d'en avoir assez construit. On a fait quelque chose, mais on n'y a pas apporté une vigueur d'autant plus nécessaire que l'on avait beaucoup trop tardé à se mettre à l'œuvre.

Ce sont MM. Poolman, Fraser et Kol qui ont eu l'honneur de faire le premier pas dans cette voie. Ils obtinrent en 1863 une concession pour la construction et l'exploitation d'un chemin de fer, qui a été le premier de Java, celui de Samarang par Sourakarta à Jokyakarta, avec un embranchement sur Willem I; puis la Compagnie des chemins de fer des Indes néerl., constituée pour exécuter cette concession, obtint en 1868 celle de la ligne Batavia-Buitenzorg.

Ces lignes eurent à lutter contre de nombreux contre-temps et des retards répétés dans les travaux, et ne purent être entièrement livrées à l'exploitation que dans l'année 1872.

Les résultats surpassèrent les espérances. Le produit fut immédiatement très satisfaisant pour aller dès lors toujours en augmentant, si bien qu'en 1881 la compagnie enrégistrait un profit net du 9 % du capital dépensé pour les deux lignes, ce qui ne l'empêche pas d'avoir des fonds de réserve qui font ensemble environ le 12 % de son capital. Aussi ses actions étaient-elles cotées ces derniers mois à 148 et 150 %.

On aurait pu croire que le succès financier de cette première entreprise ferrugineuse aurait encouragé l'initative privée à entreprendre la construction de nouvelles lignes. Il n'en fut rien, et le gouvernement se décida enfin en 1875 d'essayer de la construction par l'Etat. L'expérience choisie fut celle de la ligne Sourabaya—Pasarouan—Malang; commencée en août 1875, elle était en partie achevée en mai 1878, et complètement en juillet 1879. Depuis lors l'Etat l'a aussi exploitée.

On eut tout lieu d'être satisfait des résultats de cette expérience, soit pour la construction, soit pour l'exploitation par l'Etat. Aussi a-t-on continué, en commençant en 1878 la ligne Solo—Blitar—Sourabaya dans l'Orient et le Centre de Java, et celle de Buitenzorg—Chichalengka dans l'Occident de Java, puis en 1882, dans l'Orient de Java, la ligne Pasourouan—Probolinggo.

L'Etat a construit encore une petite ligne d'environ huit kilomètres entre Batavia et le port creusé à Tanjong Priok, et il a fait faire les nivellements et les avant-projets pour les lignes Chichalengka—Chilachap et Chilachap—Jokyakarta (ensemble 392 Km.).

La petite ligne Batavia—Tanjong Priok est seule à double voie; toutes les autres ont été projetées et construites à simple voie.

L'écartement des rails est de 1,435 m. sur la ligne Samarang—Principautés—Willem I, et de 1,067 sur toutes les autres. Actuellement le gouvernement a rendue obligatoire cette dernière mesure.

Les chemins de fer de l'Etat sont divisés administrativement pour l'exploitation — comme ils le sont de fait — en réseau occidental et réseau oriental, l'un situé à l'ouest, l'autre à l'est de la voie ferrée privée Samarang—Pincipautés—Willem I dans le Centre de Java.

Jusqu'ici l'exploitation des lignes de l'Etat par lui-même a, comme la construction, donné de bons résultats.

Le tronçon Sourabaya—Pasourouan, mis en exploitation en mai 1878 a déjà cette année-là donné un profit net de 3,71 % du capital entier de construction calculé pour toute l'année, et le profit net de la partie des lignes orientales qui était en exploitation en 1881 a été cette année-là environ de 5,2 %.

On ne connaît pas encore les résultats pour une petite partie du chemin de fer Buitenzorg—Chichalengka qui a été mise en exploitation en 1881; mais ce tronçon est trop court pour pouvoir être immédiatement productif.

Nous avons réuni dans les tableaux ci-dessous quelques don-

GROUPE III. Dix-neuvième Classe.

nées sur la construction et l'exploitation des lignes existantes (dès le commencement jusqu'en 1881, dernière année dont les résultats aient été publiées).

A. Longueur et frais de construction.

NOMS DES LIGNES.	LONGUEUR EN KM.		FRAIS DE CONSTRUCTION INCLUSIFS DU MATÉRIEL ROULANT, DE L'ADMINISTRATION ET DE TOUTES LES AUTRES DÉPENSES.		REMARQUES.
	Totale.	Actuellement achevée.	Totaux en florins pour la ligne entière.	En florins par KM.	
Lignes de l'Etat.					*a.* Les ³/₄ de cette ligne traversent une contrée montagneuse difficile. Les frais d'établissement indiqués sont ceux de la dernière évaluation, fondée sur les chiffres de ce qui est fait.
a. Buitenzorg—Chichalengka ...	183	57	19.000.000	103.825	
b. Sourabaya—Pasourouan—Malang.	112	112	9.494.959	84.776	
c. Solo—Blitar—Sourabaya ...	330	168	21.400.000	64.848	*b.* Environ le tiers de cette ligne est construit dans la montagne.
d. Pasourouan—Probolinggo...	41	—	2.371.000	57.829	
Ensemble. ...	666	337	52.265.959	78.477 en moyenne.	*c.* Les frais de construction sont ceux déjà faits et l'évaluation de ceux encore à faire.
					d. Commencée en 1882. Les frais de construction sont une évaluation.
Lignes de la Comp. des chem. de fer des Indes néerl.					*e.* L'augmentation donnée au matériel, etc. avait fait monter en 1881 les frais à fl. 3.692.016.
e. Batavia—Buitenzorg.	58	58	3.394.695	58.529	
f. Samarang—Principautés—Willem I	203	203	19.165.480	94.411	*f.* Le ¹/₄ de cette ligne est construit dans une contrée montagneuse difficile. L'augmentation effectuée avait fait monter en 1881 les frais à fl. 19.869.735.
Ensemble. ...	261	261	22.560.175	86.437 en moyenne.	

GROUPE III. Dix-neuvième Classe.

B. Recettes et Dépenses de l'Exploitation.

ANNÉES	LIGNES DE COMPAGNIE DES CHEMINS DE FER DES INDES NÉERL.									CHEMINS DE FER DE L'ETAT.			
	BATAVIA—BUITENZORG. (Ecartement 1.067 M.)				SAMARANG—PRINCIPAUTÉS—WILLEM I. (Ecartement 1.435 M.)					LIGNES ORIENTALES. (Ecartement 1.067 M.)			
	Nombre moyen de Km. en exploitation.	Produit brut par an et par KM.	Frais d'exploitation par an et par KM.	Frais d'exploitation par % du produit brut.	Profit par an et par KM.	Nombre moyen de Km. en exploitation.	Produit brut par an et par KM.	Frais d'exploitation par an et par KM.	Frais d'exploitation par % du produit brut.	Profit par an et par KM.	Nombre moyen de Km. en exploitation.	Produit brut par an et par KM.	Frais d'exploitation par an et par KM.	Frais d'exploitation par % du produit brut.	Profit par an et par KM.
1867						10	1361	Pas connu.		—					
1868						30	3501	4598	—	—					
1869						35	Ne peut être donné au juste.								
1870						99	6627	4563	69	2064					
1871						145¼	7089	4908	69	2181					
1872	12	5767	6032	—	—	175	7000	3940	56	3060					
1873	54¼	6964	3197	46	3767	197	7995	3798	48	4197					
1874	58	7908	3673	46	4235	203	8771	4331	49	4440					
1875	id.	8562	3882	45	4680	id.	10.267	4960	48	5307					
1876	id.	9492	3935	42	5507	id.	11.836	5628	48	6218					
1877	id.	10.230	4150	41	6080	id.	11.832	5500	47	6332					
1878	id.	10.744	4091	38	6703	id.	11.677	5197	45	6480	43	6043	2971	49	3072
1879	id.	11.115	4544	41	6571	id.	12.900	5059	39	7841	99	7841	3752	48	4089
1880	id.	11.952	5159	43	6793	id.	13.249	5366	41	7883	119	7667	4391	57	3276
1881	id.	12.124	4926	41	7198	id.	15.268	6238	34	10.020	192	7735	3757	49	3978

Groupe III. Dix-neuvième Classe.

C. Produit du transport en 1881.

Noms des lignes.	SUR LA LIGNE ENTIÈRE.				PAR AN ET PAR KM.			
	Voyageurs et bagage.	Marchandises, bétail, etc.	Divers.	Total.	Voyageurs et bagage.	Marchandises, bétail, etc.	Divers.	Total.
Batavia—Buitenzorg.	381.195 = 54,2%	294.671 = 41,9%	27.345 = 3,9%	703.211 = 100%	6.572	5.081	472	12.124
Samarang—Principautés—Willem I...	474.452 = 15,3%	2.526.085 = 81,5%	96.798 = 3,2%	3.097.335 = 100%	2.337	12.444	477	15.258
Chem. de fer de l'Etat. Lignes or.	750.588 = 51%	681.715 = 46,5%	40.418 = 2,7%	1.472.721 = 100%	3.916	3.608	211	7.735

D. Nombre des voyageurs transportés en 1881.

Noms des lignes.	SUR LA LIGNE ENTIÈRE.				PAR AN ET PAR KM.			
	1e Cl.	2e Cl.	3e et 4e Cl.	Total.	1e Cl.	2e Cl.	3e et 4e Cl.	Total.
Batavia—Buitenzorg.	18.810 = 2,2%	156.327 = 18,1%	685.889 = 79,7%	861.026 = 100%	324	2.695	11.826	14.845
Samarang—Principautés—Willem I...	5.542 = 0,6%	28.031 = 3,2%	857.827 = 96,2%	891.400 = 100%	27	138	4.226	4.391
Chem. de fer de l'Etat. Lignes or.	3.706 = 0,4%	37.149 = 3,7%	963.677 = 95,9%	1.004.532 = 100%	19	194	5.019	5.232

La population indigène surtout s'est immédiatement empressée de faire usage des chemins de fer, ce qui prouve combien ce nouveau moyen de transport répondait aux besoins existants. Du reste le produit relativement considérable, et toujours croissant, des voies ferrées qui ont été construites en démontre la grande utilité.

Groupe III. Dix-neuvième Classe.

Outre les chemins de fer énumérés,

a. Il existe de Batavia à Meester-Cornelis (env. 12 Km.) un tramway à traction de chevaux établi sur la grande route. Cette entreprise n'a donné jusqu'ici que de fort pauvres résultats, ce qui fait que la ligne et le matériel ont été très négligés Actuellement on travaille à en faire un tramway à vapeur, dont on espère tirer du profit.

b. On travaille à construire un tramway à vapeur de Samarang par Demak et Pati à Jouwana (env. 90 Km.). Les rails se posent aussi en majeure partie sur les côtés de la route existante. Un tronçon est déjà en exploitation; les résultats sont favorables.

c. Plusieurs personnes à Java ont demandé des concessions de chemins de fer et de tramways, dont trois à notre connaissance ont été accordées en 1881 et 1882 pour des chemins de fer à 1,067 d'écartement, de construction légère, destinés à un matériel roulant léger. Tous les trois constituent des entreprises utiles, qui se présentent dans de bonnes conditions financières; néanmoins on n'a pas encore réussi à réunir le capital nécessaire pour les réaliser.

Les capitaux existants aux Indes néerl. ne sont pas suffisants pour des entreprises de cette importance et il est fort à regretter, dans l'intérêt de la prospérité de la colonie, que les capitalistes hollandais se montrent si peu disposés à y consacrer une partie de leurs placements, ce qui leur serait profitable à eux-mêmes. En effet, les chiffres que nous avons communiqués montrent que l'industrie des chemins de fer est lucrative aux Indes.

Puisque l'initiative privée reste ainsi en défaut, il est à espérer que le gouvernement se décidera sans tarder à poursuivre énergiquement lui-même la construction de chemins de fer de l'Etat.

Les routes et moyens de transport sont dans les possessions extérieures en général bien plus imparfaits encore qu'à Java.

Il n'y a de routes carrossables presque nulle part excepté dans les grands centres, où demeurent aussi des Européens. Dans l'intérieur on n'a guère que les sentiers qui se sont tracés tout seuls sous les pas des indigènes, outre quelques chemins, d'ordinaire mal entretenus, pour cavaliers. Il faut dire qu'en maint endroit cela suffit à peu près aux besoins existants.

Nous pouvons mentionner quelques heureuses exceptions à cet état de choses général. Dans le Minahassa (partie septentrionale de Célèbes), les principales localités sont reliées entre elles par d'assez bon chemins, en partie praticables aux voitures. De même dans le gouv. de la Côte occ. de Sumatra les principales localités du Haut-Pays de Padang communiquent entre elles, et avec Padang même, par d'assez bonnes routes pour voitures et transports, et il y existe aussi des chemins suffisants pour le transport des produits et des marchandises de l'intérieur jusqu'aux côtes.

Il y existe aussi une route parallèle au grand axe de l'île et conduisant du Haut-Pays de Padang à la division septentrionale, celle de Sibogha; mais elle n'est pas partout praticable aux voitures; dans la majeure partie du parcours elle ne l'est que pour les cavaliers.

On a déjà construit à Atchin plusieurs chemins praticables et, pendant la guerre, un tronçon de voie ferrée (env. 5 Km.) entre le lieu de débarquement à Oleh-leh et la forteresse centrale de Kotta raja. L'écartement des rails était de 1,067 m.; mais maintenant on transforme cette petite ligne en chemin à voie étroite (de 0,75) et en même temps on la pousse jusqu'à Glé Kambing, 27 Km. plus loin.

II. *Transports par eau.* Les grandes rivières, encore incomplètement explorées, de Borneo et de la Côte or. de Sumatra sont seules navigables, jusqu'à une grande distance dans l'intérieur, pour les bâtiments grands et moyens, à vapeur et autres. Elles constituent souvent avec leurs affluents les seules routes commerciales et voies de communication de ces contrées. On se sert généralement, pour le transport des personnes, d'embarcations légères qui marchent rapidement à la rame, et, dans quelques localités, de petits bateaux à vapeur de l'Etat, destinés surtout aux fonctionnaires en voyage.

Ailleurs, la côte plate étant étroite et le pays devenant promptement montueux, les rivières ne sont pas navigables, ou bien elles ne le sont qu'à leur embouchure et à très peu de distance dans l'intérieur, pour de petits bâtiments.

Java cependant possède quelques rivières navigables jusque dans l'intérieur. Ce sont la Chiliwong (grande rivière de Batavia), que les bâtiments remontent pendant 15 Km., la Chitaroum, la Chimanouk, la Chitandouwi, la Serayou et surtout le Solo et la Brantas, que l'on remonte, le premier pendant une faible partie de l'année jusque même près de Sourakarta, et la seconde, jusque dans le voisinage de Blitar.

On a essayé sans succès sur la plupart de ces rivières d'employer les embarcations à vapeur. Les marchandises s'y transportent sur des prauws de moyenne ou de petite grandeur. Ces barques ne vont pas vite, entravées qu'elles sont par les coudes et les bas-fonds, par les troncs d'arbres roulés par les banjirs (et auxquels mainte prauw a dû sa perte), etc. Les courants sont en outre rapides, ce qui fait que les barques ne remontent le courant qu'avec difficulté et lenteur. Enfin il arrive que pendant des mois l'eau reste trop basse et que la navigation soit interrompue.

Il a été fait plusieurs fois des plans pour remédier à tous ces obstacles; on a même fait quelques modestes essais, mais sans grands résultats, et l'on peut douter que les énormes dépenses qu'il faudrait faire pour dégager et rectifier d'une manière générale le lit des rivières apportassent des résultats quelque peu proportionnels au coût.

On a entièrement abandonné des canaux qui avaient été creusés près de Batavia et de Samarang. Seul le Bacharachsgracht, qui va de Batavia à la Chidani près de Tangerang, est encore un peu navigable.

Dans tous les ports importants il existe des service de prauws pour le transport des marchandises et des personnes entre la terre et les navires en rade. On y emploie des prauws ou de petites embarcations à rames, et aussi, à Batavia, à Semarang et à Padang, de petits bateaux à vapeur, installés spécialement pour le transport des personnes. Ces services sont en général sur un pied suffisant.

D'un port à l'autre le long des côtes, et d'une île à l'autre dans l'archipel, les communications se font par les steamers de la Compagnie de navigation à vapeur aux Indes néerl., dont le siège central est établi à Londres.

Cette compagnie a commencé ses opérations le 1 janv. 1866, avec 11 bâtiments qui mesuraient ensemble 7004 tonneaux. Actuellement elle a pour faire son service de paquebots une flotte de 27 vaisseaux, généralement bien aménagés, spacieux et pour la plupart organisés pour pouvoir naviguer aussi en dehors de l'archipel. Elle dessert les lignes suivantes:

1. Batavia—Muntok—Riouw—Singapour—Atchin.
2. Batavia—Semarang—Sourabaya.
3. Batavia—Côte occ. de Borneo—Billiton.
4. Batavia—Lampongs—Benkoulen—Padang.
5. Batavia—Benkoulen—Padang—Atchin.
6. Batavia—Muntok—Palembang.
7. Batavia—Anyer—Chelachap—Pachitan.
8. Sourabaya—Makasser—Bima—Timor—Moluques—Menado.
9. Sourabaya—Bawean—Banjermasin.

GROUPE III. Dix-neuvième Classe.

10. Sourabaya—Pasourouan—Probolinggo—Besouki—Banyouwangi—Bali.
11. Padang—Ports septentrionaux de la Côte occ. de Sumatra—Atchin—Penang—Singapour.
12. Riouw—Côte or. de Sumatra jusqu'à Langkat.
13. Bouton—Moluques—Timor—Rotti—Savou—Bima—Soumbawa—Lombok—Makasser.
14. Makasser—Paré Paré—Koutei.
15. Makasser—Lombok—Bali—Sourabaya—Rembang—Semarang—Cheribon—Singapour.
16. Batavia—Pontianak—Hongkong—Amoy—Saigon—Billiton.

Le service sur les lignes de cette compagnie laisse en général peu à désirer, et l'on peut donc dire qu'au moins cette partie du système des transports aux Indes néerl. est bien organisée.

La Compagnie a rendu de grands services à l'Etat pendant la guerre d'Atchin en mettant sans hésiter ses navires à sa disposition pour le transport des troupes, des munitions et du matériel de guerre. Ses actions se négocient actuellement à des prix qui prouvent que l'entreprise est prospère.

D. MAARSCHALK.

8. **Modèles, dessins, photograhies, description et carte des chemins de fer de l'Etat à Java. — L'inspecteur-général, chef du service des chemins de fer à Java, et le ministère des colonies dans les Pays-Bas.**

a. Deux modèles de wagons à train mobile.
b. Deux dito à train ordinaire.
c. Deux modèles d'appareils pour pousser et tirer pour le matériel des chemins de fer à Java.
d. Etoile en mosaïque faite des différentes espèces de bois employés pour les chemins de fer de l'Etat à Java.
e. Cinq photographies encadrées représentant les différents types de locomotives employées sur les chemins de fer de l'Etat à Java.
f. Assemblage des rails en usage pour les ch. de f. de l'Etat à Java.
g. Vingt photographies de la voie ferrée du Préanger.
h. Trois dessins du viaduc de la Chitaroum dans le Préanger, montés sur rouleaux.
NB. Le viaduc se compose de trois travées continues sur trois ouvertures larges chacune de 54 mètres. Il se construit sans échaffaudages. Le tablier se monte sur rouleaux, dans l'axe de la voie, sur une des rives; à chaque extrémité il est muni d'une prolonge longue de 25 mètres, au moyen de laquelle on le fait passer sur les piles en le tirant vers le bord opposé. La surface supérieure des rails est à 53 mètres au dessus du niveau moyen de l'eau. Le viaduc pèse 597000 Kg., les deux piles, 255000 Kg.
i. Manuscrit intitulé Les chemins de fer de l'Etat à Java, Court aperçu historique, technique et statistique, accompagné d'une carte des chemins de fer de l'île de Java, — le tout destiné à être publié.

GROUPE III. Dix-neuvième Classe.

9. Plans, dessins et photographies de la Compagnie des tramways des Indes néerl., siégeant à Amsterdam. — M. P. Pels, président de la compagnie.

NB. Cette compagnie exploite le transport sur la ligne actuellement presque achevée de Batavia—Kramat—Meester Cornelis, longue de 12 kilomètres. On emploie des locomotives sans foyer, remplies par une chaudière stationnaire. Machines et chaudières ont été construites par la fabrique Hohenzollern de Dusseldorf. Les rails sont du système Demerbe; l'écartement entre les surface de roulement est de 1,88 m. Les voitures sont entièrement en bois de jati et sortent de la fabrique de Beynes de Harlem; les passages de rails et les aiguilles sortent de celle de Gruson de Magdebourg. Le service se fera provisoirement avec cinq chaudières-réservoirs, 21 locomotives et 42 wagons. On a monté à Batavia un grand atelier de réparation.

a. Plan de Batavia et de Meester Cornelis indiquant le tracé du tramway.
b. Dessin d'une chaudière-réservoir, essayée à 22 atmosphères.
c. d. e. Deux photographies et un dessin de locomotive sans foyer.
f. Dessin d'un bâtiment pour chaudière-réservoir (station de remplissage).
g. Profil longitudinal de la ligne.
h. i. k. l. m. Cinq photographies de wagons pour voyageurs, 1re et 2e classe.
Une locomotive et deux wagons destinés à ce tramway sont exposés dans la gallerie des machines et voitures.

10. Manière de relier Padang et le Haut-Pays de Padang par un tramway et exploitation des houilles d'Ombilin au moyen d'un cable aérien conduisant à la baie du Brandewyn, par D. D. Veth, ingénieur. N'est pas en vente. Leyde, 1882. — D. D. Veth, à Amsterdam.

11. »Batavienne", carriole à deux roues, pour un cheval. — C. Deeleman, à Batavia.

NB. Quand le cocher a pris place sur le petit siège derrière le véhicule celui-ci reste toujours en équilibre, avec une ou deux personnes. Les rènes passent entre les voyageurs, et non pas au dessus d'eux, comme c'est le cas pour les Hansoms anglais. Le promeneur peut, s'il veut, conduire lui-même. Prix de la voiture, fl. 350. Médaille en or de l'exposition de Batavia du 22 oct. 1882.

12. Carriole à rideaux et à deux roues, appelée à Batavia »carriole Deeleman", du nom du constructeur. — C. Deeleman, à Batavia.

NB. Les voyageurs eux-mêmes font l'équilibre de cette petite voiture, et en même temps il leur est facile de la quitter en cas d'accident. On en fait grand usage pour conduire les enfants à l'école. Prix fl. 350. Médaille en or de l'exposition de Batavia du 22 oct. 1882.

13. Dogcart avec capote pour usage aux Indes. — Spyker, freres, à Hilversum.

14. Cartes et modèles de la Compagnie de navigation à vapeur »Nederland". — La direction de la compagnie.

NB. Erigée en 1870 sous le patronage de S. M. le roi et avec le Prince Henri des Pays-Bas pour président honoraire, cette Compagnie s'est donné pour but dès l'origine d'organiser entre les Pays-Bas et les Indes néer. un service régulier par le canal de Suez pour la malle, les passagers et les marchandises.
Elle a débuté avec quatre steamers, mais a peu à peu augmenté sa flotte, de sorte sa ligne a pris

l'extension marquée par les dates suivantes.

Le 30 oct. 1875 a commencé le service de la malle de quatre en quatre semaines.

Le 13 janv. 1877 le service a commencé à se faire de trois en trois semaines.

Le 26 avril 1879 le service devenait bis-hebdomadaire.

Le 8 avril 1882 le service a commencé à se faire tous les dix jours.

La flotte compte actuellement 14 paquebots à vapeur de première classe.

La Compagnie n'a point d'autres revenus que le produit du transport des voyageurs et des marchandises. La finance postale qui lui est assurée par le gouvernement des Pays-Bas sert simplement à couvrir les frais encourus dans les ports de la Méditerranée où les navires prennent et délivrent la malle.

On a exposé:

a. Une mappemonde où sont indiquées les lignes desservies par cette compagnie. Dans le cadre sont des dessins qui représentent.

1. L'établissement de la compagnie en construction sur le Handelskade à Amsterdam.
2. Le port de Ymuiden à l'extrémité du canal de la Mer du Nord.
3. Le port de Port-Saïd à l'entrée du canal de Suez.
4. Le port de Tanjong Priok pour la navigation à vapeur et à voiles, près de Batavia.

b. Modèle des steamers construits spécialement pour cette compagnie par MM. John Elder et Cie de Glasgow.

Ce modèle est au $\frac{1}{48}$ de la grand. nat. Chacun de ces navires est aménagé pour prendre

60 passagers de première classe
34 „ „ seconde „
250 „ „ troisième „
3000 tonnes de marchandises
800 tonnes de charbon dans les soutes.

Ils se maintiennent en mer à la vitesse de 12 milles par garde (12 milles marins anglais à l'heure), et comptent parmi les plus grands et les plus rapides qui fassent le service d'Europe aux Indes.

c. Modèle des machines de ces vaisseaux, fournies aussi par la maison John Elder et Cie de Glasgow.

On peut mettre ce modèle en mouvement au moyen d'une manivelle et alors il fait voir avec une grande exactitude plusieurs positions des organes de la machine en marche.

Ce modèle a été construit par MM. S. et D. Batchelor de Londres.

15. Modèle au $\frac{1}{100}$ du steamer à hélice le »Bourguemestre den Text" de la Compagnie de navigation à vapeur »Nederland", construit en 1882 par John Elder de Glasgow. Le modèle a été fait par J. H. C. Born, contre-maître dans les ateliers de la compagnie. — J. H. C Born, à Amsterdam.

16. Demi-modèle au $\frac{1}{48}$ des navires à hélice le Batavia et le Sourabaya, en construction dans les chantiers de la compagnie *de Schelde* pour le compte de MM. Willem Ruys et Fils, et destinés à la navigation entre Rotterdam et les Indes néerl. — Compagnie royale „de Schelde", à Flessingue.

NB. Le *Batavia* a été lancé avec plein succès le 7 avril 1883, et immédiatement après le pavillon a été hissé pour son frère le *Sourabaya*. La construction dans un chantier néerlandais de deux paquebots à vapeur des plus grandes dimensions, placés dans la première classe du Lloyd, tels que jusqu'à présent ils ne se construisaient qu'en Angleterre, même lorsque c'était pour le compte d'armateurs néerlandais, constitue un fait mémorable dans l'histoire de l'industrie des Pays-Bas.

17. Modèles de trois vaisseaux de la Compagnie de navigation à vapeur des Indes néerl., destiné au transport des passagers et des marchandises. — Société de navi-

gation à **vapeur des Indes néerl.**, à **Batavia**.

a. Modèle gréé, au $\frac{1}{70}$ de la gr. nat., du vapeur à hélice le *Célèbes*, construit en 1882 par MM. A. et J. Englis de Glasgow. Mesurant 2250 tonneaux.

b. Modèle au $\frac{1}{78}$ du vapeur à hélice le *Général Pel*, construit en 1876 par William Denny et Frères de Dumbarton; 1204½ tonneaux; aménagé pour 50 passagers.

c. Modèle au $\frac{1}{70}$ du vapeur à hélice de *Tambora*, construit en 1877 par MM. Caird et Cie de Greenock; 1266 tonneaux; aménagé pour 54 passagers; fait 13,1 milles à l'heure.

18. Demi-modèles de trois steamers construits par la Société „l'Atlas", à Amsterdam.

A. Modèle au $\frac{1}{70}$ du vapeur à hélice le *Prince Henri*, construit en 1869 et 1870 pour le compte de la Compagnie de Billiton, de 200 tonneaux mesurés et destiné à transporter l'étain et le riz entre Billiton et Batavia. Machines de 300 chevaux à l'indicateur. Marche, $10\frac{4}{5}$ milles.

B. Modèle au $\frac{1}{70}$ du vaisseau en fer à hélice le *Billiton*, construit en 1872 et 1873 pour le compte de la Compagnie de Billiton, de 300 tonneaux mesurés, même destination que ci-dessus. Machines de 400 chevaux à l'indicateur; marche de 11 milles.

C. Modèle au $\frac{1}{70}$ du navire en fer à hélice le *Zeemeeuw*, construit en 1872 et 1873 en vue du service des bouées et des phares de l'Etat, pour le compte du ministère de la marine. Machines de 240 chevaux à l'indicateur; marche de 11 milles.

19. Modèle du bâtiment à vapeur à hélice la Marie, au $\frac{1}{40}$, construit en 1882 pour servir aux travaux du détroit de Madoura. Dessins de la coque, des machines et de la chaudière. Le bâtiment a été construit par — **Van Schie et Cie, Forges etc., à Schiedam.**

20. Modèle d'un petit bateau à vapeur (kapal asap), Rés. de Sourabaya.

21. Rapports des 18 premières années du Tjuniaveer de Batavia. — Ogilvie et Cie, à Batavia.

D. Renseignements sur les établissements de commerce et de crédit.

Indes or. néerl. Parmi les appendices des rapports coloniaux se trouvent régulièrement, depuis celui de 1874, des *Revues du marché monétaire à Java*, dont l'auteur est M. N. P. van den Berg, président du comité directeur de la Banque de Java. Ces revues exposent chaque année l'état général des choses qui a régné dans l'année écoulée, et cela non pas seulement pour ce qui concerne spécialement le marché monétaire — sur lequel le rapport annuel de la banque de Java, aussi rédigé par le président, entre dans plus de détails que les revues dont nous parlons — mais aussi pour ce qui concerne le mouvement commercial dans son ensemble. L'auteur n'est point avare de renseignements à ce sujet; ses premières revues surtout en étaient très riches. Il fait aussi mention du commerce d'effets publics, pour autant qu'il existe à Java, et il ne néglige pas non plus ce qui regarde les caisses d'épargne des Indes. Les dernières revues ont eu à signaler le nombre croissant de sociétés agricoles par actions qui se fondent; elles ont pour objets des entreprises, en partie existantes déjà, en partie nouvelles, pour l'exploitation de terrains encore incultes, que d'ordinaire on veut utiliser pour la culture du café [1]).

Les sociétés de ce genre, de même que les propriétaires individuels d'entreprises agricoles, se procurent des capitaux de roulement par l'entremise de la Société néerl. de commerce, de la banque des Indes néerl. et de la banque coloniale, fondée en 1881; enfin aussi par celle de plusieurs maisons de commerce, parmi lesquelles la raison Reynst et Vinju est la plus ancienne. Il y a aussi des bureaux de commerce établis dans les Pays-Bas, qui fonctionnent, indépendamment des établissements que nous venons de nommer, comme institutions de crédit pour les Indes. La Société de commerce publie des rapports annuels, de même la banque des Indes néerl. Ces rapports ne se bornent pas à ce qui concerne directement les entreprises en relations d'affaires avec les corps d'où ils émanent; ils s'occupent aussi de l'état des cultures en général entreprises en vue du marché européen, de la récolte du riz, du taux du frêt, de la construction des voies ferrées à Java, etc. La Compagnie d'escompte des Indes néerl. publie aussi des rapports annuels détaillés. C'était aussi anciennement l'habitude de la Chambre de commerce de Batavia, et ses publications étaient de grande valeur; actuellement la Chambre de commerce de Padang est seule à persévérer dans cette voie; les renseignements qu'elle donne s'insèrent dans les appendices des rapports coloniaux.

Indes occ. néerl. La banque de Surinam établie à Amsterdam donne des rapports annuels passablement détaillés. Ce qui concerne la caisse d'épargne de Surinam s'insère dans les rapports coloniaux, de même que l'exposé des résultats de l'administration de la banque gouvernementale de Curaçao; en 1881 on a pu verser intégralement dans la caisse de la colonie le profit fait par cette banque.

W. B. BERGSMA, Dr. en droit et F. M. JAEGER.

---

[1]) Dans la première partie du dernier almanac officiel des Indes néerl. se trouve, à l'appendice BBB, une liste de sociétés anonymes, dont les actes de fondation, approuvés par le roi ou par le gouverneur-général, ont été publiés dans la *Feuille officielle* du 1 janv. 1881 au 30 sept. 1882, ou dans la *Gazette de Java*, du 1 janv. 1881 au 31 oct. 1882; dans le nombre il y a 17 sociétés de culture.

104   GROUPE III. Dix-neuvième Classe.

22. La banque de Java pendant les cinquante premières années de son existence, 1828/29—1877/78. Représentation linéaire du mouvement des moyennes mensuelles, dressée par — **N. P. van den Berg**, Dr. en droit, à Batavia.

23. Cadre sculpté renfermant sous verre les billets énumérés ci-dessous, qui ont été émis par la banque de Java et qui ont été en circulation. Ces billets couvrent une surface de 2,50 m. sur 1,50. — **Joh. Enschedé et Fils**, à Harlem.

NB. Ce cadre renferme les billets de banque suivants:
1 billet de fl. 1000, fabriqué en 1827, N°. 63443 Lt. QQQ.
1 billet de fl. 500, fabr. en 1827, N°. 12958 Lt. FF.
1 billet de fl. 300, fabr. en 1827, N°. 1638 Lt. C.
1 billet de fl. 200, fabr. en 1827, N°. 1736 Lt. D.
1 billet de fl. 100, fabr. en 1827, N°. 802 Lt. BB.
1 billet de fl. 50, fabr. en 1827, N°. 3167 Lt. F.
1 billet de fl. 25, fabr. en 1827, N°. 26078 Lt. D.
1 billet de fl. 1000, fabr. en 1860, N°. 85.
1 billet de fl. 500, fabr. en 1851—1863, blanco.
1 billet de fl. 300, fabr. en 1851—1863, blanco.
1 billet de fl. 200, fabr. en 1851—1863, blanco.
1 billet de fl. 100, fabr. en 1851—1863, blanco.
1 billet de fl. 50, fabr. en 1863, N°. 7722.
1 billet de fl. 25, fabr. en 1858, N°. 3595.
1 billet de fl. 10, fabr. en 1861, N°. 9276.
1 billet de fl. 1000, fabr. en 1864, Lt. HA N°. 6925.
1 billet de fl. 1000, fabr. en 1873, Lt. HC N°. 1980.
1 billet de fl. 500, fabr. en 1872, Lt. GB N°. 6861.
1 billet de fl. 500, fabr. en 1873, Lt. GC N°. 231.
1 billet de fl. 300, fabr. en 1872, Lt. FA N°. 6637.
1 billet de fl. 300, fabr. en 1872, Lt. FA N°. 8637.
1 billet de fl. 200, fabr. en 1876, Lt. ED N°. 3534.
1 billet de fl. 200, fabr. en 1879, Lt. EF N°. 8378.
1 billet de fl. 100, fabr. en 1879, Lt. DP N°. 2230.
1 billet de fl. 100, fabr. en 1879, Lt. DO N°. 7278.
1 billet de fl. 50, fabr. en 1879, Lt. SG N°. 7055.
1 billet de fl. 50, fabr. en 1876, Lt. SD N°. 7602.
1 billet de fl. 25, fabr. en 1879, Lt. CG N°. 4571.
1 billet de fl. 25, fabr. en 1877, Lt. BW N°. 4806.
1 billet de fl. 10, fabr. en 1879, Lt. TB N°. 1994.
1 billet de fl. 10, fabr. en 1879, Lt. TB N°. 1993.
1 billet de fl. 5, fabr. en 1866, Lt. IC N°. 5248.
1 billet de fl. 5, fabr. en 1866, Lt. IB N°. 6518.

Papier représentant le cuivre.

1 billet de fl. 500, Feuille off. 23 Aug. 1832, Lt. F N°. 37.
1 billet de fl. 100, Feuille off. 23 Aug. 1832, Lt. E N°. 1560.
1 billet de fl. 50, Feuille off. 23 Aug. 1832, Lt. D N°. 13569.
1 billet de fl. 25, Feuille off. 23 Aug. 1832, Lt. C N°. 23555.
1 billet de fl. 10, Feuille off. 23 Aug. 1832, Lt. B N°. 41272.
1 billet de fl. 5, Feuille off. 23 Aug. 1832, Lt. A N°. 53065.

E. Monnaies et système monétaire, timbres.

On peut diviser les monnaies de l'archipel indien en monnaies indigènes proprement dites, adoptées par certains princes indigènes pour leurs états, et en monnaies mises en circulation pour leurs colonies par les gouvernements européens, à quoi l'on pourrait encore ajouter certaines monnaies étrangères (européennes, chinoises, etc.), qui s'acceptent parfois dans les relations journalières. Jusqu'à présent il n'a été publié que deux ouvrages spéciaux sur les monnaies de cet archipel. L'un, *Description et reproduction des monnaies des Indes néerlandaises*, par E. Netscher et J. A. van der Chys, Dr. en droit, a été inséré dans les *Mémoires de la Société des arts et des sciences de Batavia*, Vol. XXXI. Batavia, 1864. Ce travail excellent ne traite pas seulement des monnaies des indigènes, mais aussi de celles de la Compagnie néerlandaise des Indes or., de celles de la Compagnie anglaise, et de celles du gouvernement des Indes néerl. Le second ouvrage est écrit en français et est intitulé *Recherches sur les monnaies des indigènes de l'Archipel indien et de la Péninsule malaise*, par H. C. Millies, ouvrage posthume publié par *l'Institut royal pour la philologie et l'ethnographie de l'Inde Néerlandaise*. La Haye, 1871. C'est le seul travail qui traite exclusivement des monnaies des indigènes; l'auteur a seulement ajouté quelques détails sur celles des colonies chinoises de Bangka et de la Div. occ. de Borneo. Nous aurions tort de ne pas mentionner ici un opuscule très intéressant du même auteur, paru longtemps avant l'ouvrage en français. Il est intitulé *Monnaies des Anglais pour l'archipel des Indes or.*, décrites par H. C. Millies. Amsterdam, 1852. Il renferme beaucoup de choses dignes d'être connues, tant sur le sujet indiqué que sur d'autres sujets qui s'y rapportent, en particulier sur l'histoire de quelques états indigènes. Du reste on trouvera un grand nombre de renseignements sur les monnaies des indigènes dispersés dans divers ouvrages et revues, en particulier dans la *Revue de philologie, de géographie et d'ethnologie des Indes néerl.* publiée par la Société de Batavia. Nous pouvons encore citer comme un des ouvrages les plus connus dans ce domaine *Numismata orientalia illustrata*, par W. Marsden. Londres, 1823—1825; deux vol., quoique une faible partie seulement de cet assez gros livre soit consacrée à l'examen des monnaies de l'archipel indien. Enfin il est dû une mention au *Catalogue de la section de numismatique du musée de la Société de Batavia*, très soigneusement rédigé par M. J. A. van der Chys; la seconde édition a paru en 1877 à Batavia.

On a trouvé à Java et à Sumatra, ici seulement dans les environs de Barous, plusieurs anciennes monnaies provenant de l'époque indoue. Celles de Java ont probablement en partie été frappées sur les ordres des anciens souverains du royaume de Majapahit. On mentionne plusieurs états qui ont eu leurs monnaies à eux après l'introduction de l'Islam; ce sont Bantam et Cheribon (propr. Tchireboun) à Java, Atchin (propr. Atché), Siak, Jambi, Palembang à Sumatra, Pontianak et Banjermasin à Borneo, Gowa et Talló au sud de Célèbes, et quelques états de la presqu'île malaise, comme Kedah, Perak, Silangour, Sanggora, Patani, Tranggavau et Johor. Une monnaie en étain de Pirounay est mentionnée à la page 29 du catalogue de la section de numismatique du musée de la Soc. de Batavia. Il n'y a pas de preuves que les états bouginois aient aussi eu leurs monnaies, du moins le Dr. Matthes m'a déclaré qu'il ne lui était rien connu à ce sujet. Cependant Millies, *Recherches*, p. 178, reproduit une légende d'après laquelle certaine monnaie aurait existé à Soppang et à Tamette. Pour quelques états, comme Indragiri à Sumatra et Bima à Soumbawa, il n'est pas tout à fait certain s'ils ont eu leurs monnaies ou pas. Des particuliers anglais ont parfois anciennement frappé une monnaie de cuivre pour Sumatra, Malacca et Célèbes [1]), et la Compagnie anglaise des Indes or. l'a sans doute aussi fait pour Sumatra. Parfois aussi on a frappé, par ex. pour l'état de Soumanap à Madoura, une inscription ou des chiffres arabes, sur des monnaies européennes, comme les piastres espagnoles, les ryksdaalders et les florins hollandais, etc.

Les monnaies des indigènes sont en or, en argent, en cuivre, en plomb, en étain ou parfois en plomb avec un alliage d'étain. Peu d'états ont frappé des monnaies en or; ce sont Atchin, Johor et Gowa. L'or de ces monnaies est d'ordinaire de mauvais aloi; il a une couleur jaune pâle particulière, que quelques personnes considèrent comme formant un trait distinctif de ces monnaies de l'archipel indien. On ne trouve de monnaie d'argent mentionnée que pour Kedah. D'ordinaire les pièces

---

1) Millies mentionne cette monnaie destinée à Célèbes (*Les monnaies des Anglais*, p. 108); mais on ne sait pas si elle a été réellement en circulation. [Une lettre de MM. les XVII, du 27 août 1694, trouvée dans les archives de la Haye par M. H. E. D. Engelhard, qui me l'a communiquée, prouve qu'à cette époque il y avait à Makasser en circulation de petites monnaies de plomb (probablement d'origine indigène), dont il fallait 300, même 400, pour faire le double sous. P. J. V.]

sont rondes; on en rencontre cependant quelques unes d'octogones. Parmi celles de cuivre, d'étain et de plomb, il y en a beaucoup qui ont un trou au milieu, à la manière chinoise; on les nomme d'une manière générale *pitis*. Les inscriptions de plusieurs monnaies indigènes sont en caractères chinois; pour le plus grand nombre cependant on s'est servi de caractères malais-arabes, pour quelques unes même de lettres javanaises. Une monnaie des sultans de Banjermasin porte en chiffres arabes un nombre énigmatique dont on n'a pas encore trouvé l'explication. Une monnaie de Sanggora en étain a une inscription en trois langues, le malais, le chinois et le siamois. Comme nous l'avons déjà indiqué plus haut, quelques kongsis chinoises (association pour l'exploitation des minéraux) de Bangka et de la Div. occ. de Borneo, ont eu leurs monnaies à elles, toutes en étain. Il faut signaler les anneaux en cuivre très originaux employés comme monnaie dans la contrée de Korinchi à Sumatra, et les morceaux de toile de coton qui servent d'appoint à Bouton. Dans quelques îles la monnaie est remplacée par d'autres moyens d'échange, par ex. par la poudre d'or ici et là dans l'intérieur de Sumatra et de Borneo; mais nous ne pouvons pas entrer ici dans les détails à ce sujet.

Les Pays-Bas et l'Angleterre, plus que les autres états de l'Europe, se sont occupés, tantôt plus, tantôt moins activement, des besoins monétaires de l'archipel indien. La Compagnie néerl. des Indes or. déjà faisait battre monnaie pour ces contrées. Cependant les pièces qu'elle avait jetées dans la circulation se déprécièrent peu à peu par suite de diverses circonstances; cela amena un grand désordre dans les moyens d'échange et enfin une vraie disette de monnaie en argent; la disette devint surtout grande depuis 1782, lorsque la Compagnie eut érigé en instrument légal de payements du papier portant et ne portant pas intérêt. Quand la Compagnie fut tombée, les mesures monétaires que l'on prit ne firent que rendre la situation tout a fait intenable, ce qui fit qu'en 1846 on autorisa le gouv.-gén. Rochussen à mettre en vigueur le système dit des récépissés. On émit des papiers appelés récépissés, dont celui qui représentait un florin hollandais en argent servit d'étalon, et dont les autres avaient une valeur supérieure; tous étaient échangeables contre des dutes en cuivre, à raison de 120 dutes pour le récépissé d'un florin. On réussit par ce moyen à retirer de la circulation un grand nombre de pièces dépréciées; mais les bons résultats que le système produisit en somme ne purent pas en faire autre chose que ce que c'était en réalité, une mesure de transition. Pour que le système monétaire des Indes néerl. fût réglé d'une manière plus satisfaisante et par conséquent durable, il fallut attendre la loi du 1 mai 1854. Toutefois le progrès accompli alors n'a pas pu empêcher qu'il ne restât, jusqu'à maintenant, beaucoup de pièces vieilles ou étrangères en circulation aux Indes or., ce dont on pourra s'assurer, par ex., en prenant connaissance des détails contenus au Vol. III, 1re partie, p. 46 et suiv. du compte-rendu de l'expédition à Sumatra central (1877—1879), rédigé par les membres de l'expédition sous la direction du prof. P. J. Veth de Leyde. La piastre forte espagnole est certainement de toutes les monnaies étrangères celle qui a depuis longtemps déjà été la plus connue dans une grande partie des Indes néerl., et maintenant encore on aime beaucoup à Atchin et, croyons-nous, dans quelques autres contrées de l'archipel, la piastre connue sous le nom de *pilaarmat*.

Nous avons déjà mentionné en passant les monnaies frappées par des Anglais pour Sumatra et pour Célèbes. Ajoutons que le gouvernement britannique en fit aussi frapper pour Java pendant l'interrègne. Plus tard encore l'Angleterre a pourvu pour les Straits Settlements au besoin de moyens d'échange circulants. Serawak aussi s'est fait fabriquer une monnaie à lui et a en outre émis du papier-monnaie. On trouvera, entre autres, dans l'ouvrage de Jagor intitulé (en allemand) Voyages aux Philippines; Berlin, 1873; p. XVI, une énumération des pièces de monnaie en usage aux îles Philippines.

G. K. NIEMANN.

L'auteur de l'introduction que l'on vient de lire a traité son sujet au point de vue de la numismatique plutôt qu'à celui de l'économie politique et du commerce. En outre il n'a pas borné les renseignements et les observations qu'il voulait donner aux monnaies d'origine étrangère, mais il les a étendus à celles d'origine indigène, ce qui est cause qu'à la classe 10, lettre H, on a renvoyé à cette introduction. Les envois qui ont été faits pour cette classe sont conformes à cette manière de voir, de sorte que l'introduction et les objets exposés se répondent complétement les uns à l'autre. Il faut cependant remarquer que cette manière de comprendre le sujet aurait dû faire rentrer ce qui concerne les monnaies dans la classe historique, qui est la quatorzième.

Groupe III. Dix-neuvième Classe.

Si l'on se reporte au programme, on verra tout de suite que l'on avait eu primitivement autre chose en vue. Ce que l'on avait désiré était une description du système monétaire existant, faite au point de vue du commerce, et accompagnée d'une exposition des types de pièces actuellement en circulation, en premier lieu de celles qui ont été frappées en conformité de la loi du 1 mai 1854, puis de celles d'origine indigène ou étrangère qui passent encore dans certaines parties de l'archipel.

Je tâcherai donc de suppléer brièvement ce qui me semble manquer encore à ce qui a été dit. La circulation monétaire était tombée aux Indes dans un état vraiment chaotique par suite des émissions exagérées de monnaie de cuivre faites par le gouvernement et de l'importation de fausses dutes à laquelle des spéculateurs étrangers se livraient sur une grande échelle. Le système des récépissés atténua le mal, mais ne put pas le guérir [1]), et cet état de choses eut pour conséquence l'insertion du 3e alinéa de l'art. 59 dans la Constitution de 1849, ordonnant que la circulation monitaire aux Indes fût réglée par une loi. Un premier projet de loi déposé à la seconde Chambre le 22 sept. 1851, fut rejeté le 9 juillet 1852, après une discussion qui s'était prolongée pendant cinq jours. Trois lois successivement votées depuis ont réglé ce grand intérêt; ce sont celles du 1 mai 1854 (Feuille off. n°. 75), du 20 avril 1855 (F. off. n°. 12) et du 24 déc. 1857 (F. off. n°. 173). La première traite du système monétaire en général, la seconde spécialement de la monnaie d'appoint en cuivre, et la troisième du maximum de monnaie d'appoint de chaque type nouvellement créé qu'il devait être permis d'émettre aux Indes néerlandaises.

La loi du 1 mai 1854 fit du florin néerlandais l'unité du système monétaire des Indes, et adopta comme pièces étalons celles de deux florins et demi et d'un demi-florin. Plus tard on y ajouta la pièce de dix florins en or, lorsqu'elle fut rétablie dans les Pays-Bas; mais il est rare qu'on s'en serve aux Indes. Toutes ces pièces sont les mêmes que celles qui ont cours dans la mère-patrie.

Comme monnaie d'appoint en argent la loi du 1 mai 1854 adopta le quart de florin, le dixième de florin, et le vingtième de florin, chacune de ces pièces avec une effigie spéciale pour les Indes néerl. Sur le droit se trouvent les armes du royaume

---

1) Parmi les publications qui peuvent faire connaître l'état des choses, nous citerons l'Histoire du système monétaire et des banques aux Indes néerl. par M. D. C. Steyn Parvé (voy. cl. 15, n°. 5).

entre l'indication de la valeur de la pièce, $1/4$—G., $1/10$—G., $1/20$—G., et en outre, avec les abréviations nécessitées par la petitesse de la pièce, le millésime et la légende »Nederlandsch Indie". Le revers porte l'indication de la valeur de la pièce en malais et en javanais. L'effigie a été dessinée d'après un projet du prof. H. C. Millies d'Utrecht.

La monnaie d'appoint de cuivre adoptée par la loi du 1 mai 1854 fut le cent indien, ou centième partie du florin d'argent et le demi-cent. La loi du 20 avril 1855 y ajouta sur la proposition du prof. Millies une pièce de deux cents et demi. L'effigie de ces espèces de billon fut déterminée par l'arrêté royal du 23 juin 1855 (F. off., n°. 46). Le droit porte les armes du royaume enfermées dans un cercle, au dessus duquel se trouvent les chiffres du millésime et la légende »Nederlandsch Indië", et au dessous duquel est l'indication de la valeur de la pièce. Celle-ci, comme pour la monnaie d'appoint en argent, est répétée en malais et en javanais sur le revers. On trouvera sous les n°. 45, 46 et 47 de l'exposition du »Collége de la monnaie" (N°. 24 de la classe) des spécimens du $1/4$, du $1/10$ et du $1/20$ de florin, et sous les n°. 81, 83 et 86 des spécimens de pièces de $2^1/_2$ cents, d'un cent et d'un demi-cent.

Les lois qui ont été promulguées renfermaient en outre les dispositions nécessaires pour opérer le retrait des récépissés en circulation, et pour diminuer, puis de faire cesser la circulation de l'ancien billon. On échangea les récépissés contre de l'argent sonnant, au pair; les dutes, en donnant cinq cents pour six dutes. Les pièces étrangères continuent à avoir cours et sont reçues en payement par les caisses de l'Etat si le cours en a été fixé par le roi, en se fondant sur leur valeur intrinsèque, sur la proposition du gouvernement de la colonie. Cette mesure a été appliquée à réitérées fois à la piastre espagnole ou »pilaármat" et au dollar mexicain.

P. J. VETH.

24. Monnaies frappées de 1594 à 1861 pour les Indes néerl., aux Pays-Bas et aux Indes, renfermées dans une vitrine faite exprès, pour l'exposition. — „Collége de la monnaie", à Utrecht.

I. **Compagnie »van Verre"** **(des pays lointains)** à **Amsterdam, 1594—1602**.

1. Réal de huit, Netscher et van der Chys . . . . N°. 1.
2. Demi dito, Netscher et v. d. Chys . . . . " 2.
3. Quart de dito, Netscher et v. d. Chys. . . . . " 3.
4. Seizième de dito, Netscher et v. d. Chys. . . . . " 5.

Groupe III. Dix-neuvième Classe.

5. Trente-deuxième de dito, Netscher et v. d. Chys . . . " 5.

II. Compagnie réunie des Indes or., 1602—1799.

6. Deux ducatons, Netscher et v. d. Chys. . . . . . N°. 13.
7. Deux écus de trois florins, Netscher et v. d. Chys . . " 14.
8. Deux florins, Netscher et v. d. Chys. . . . . . . " 15.
9. Deux pièces de dix stuvers (sous), Netscher et v. d. Chys . " 16.
10. Huit dutes d'argent, Netscher et v. d. Chys. . . . " 21.
11. Quatre demi-dutes d'argent, Netscher et v. d. Chys . . " 22.
12. Six dutes de cuivre, Netscher et v. d. Chys. . . . " 21.
13. Six demi-dutes de cuivre, Netscher et v. d. Chys . . " 22.

Frappées aux Indes.

14. Couronne de Batavia, Netscher et v. d. Chys. . . . " 17.
15. Roupie de Batavia, Netscher et v. d. Chys. . . . " 20a.
16. Stuver de cuivre, Netscher et v. d. Chys. . . . . " 25.
17. Deux demi-stuvers de cuivre, Netscher et v. d. Chys . " 27.
18. Deux dutes de Java, Netscher et v. d. Chys . . . " 29.

III. République batave, 1800—180$\frac{u}{r}$.

19. Deux florins, Netscher et v. d. Chys. . . . . . N°. 32.
20. Deux demi-florins, Netscher et v. d. Chys , . . " 33.
21. Deux quarts de florin, Netscher et v. d. Chys . . " 34.
22. Deux huitièmes de florin, Netscher et v. d. Chys . . " 35.
23. Deux seizièmes de florin, Netscher et v. d. Chys . . " 36.
24. Dute d'argent 5—$\frac{1}{16}$ ^{1}), Netscher et v. d. Chys . . " 39.

25. Deux dutes de cuivre 5—$\frac{1}{16}$, Netscher et v. d. Chys . " 39.
26. Deux dutes de cuivre 5—$\frac{1}{16}$, Netscher et v. d. Chys . " 42.
27. Deux demi-dutes de cuivre 5—$\frac{1}{16}$, Netscher et v. d. Chys . " 43.
28. Deux dutes de cuivre avec le monogramme de la Compagnie, Netscher et v. d. Chys . . 40, 41.

Frappées aux Indes.

29. Deux dutes de cuivre avec le monogramme et *JAVA*, Netscher et v. d. Chys. . . . . " 50.

IV. Royaume de Hollande et Empire français. 1807—1811.

30. Deux dutes 5—$\frac{1}{16}$, Netscher et v. d. Chys. . . . . N°. 52.
31. Deux demi-dutes 5—$\frac{1}{32}$, Netscher et v. d Chys . . " 53.

Frappées aux Indes.

32. Deux demi-sous de cuivre, Netscher et v. d. Chys . . " 57.
33. Deux dutes avec le monogr. de la Comp., Netscher et v. d. Chys . . . . . . " 58.
34. Deux dutes avec *LN*, Netscher et v. d. Chys . . . . " 59.
35. Deux dutes avec *LN* entrelacés, Netscher et v. d. Chys . " 60a.
36. Deux dutes avec *LN* dans une guirlande, Netscher et v. d. Chys. . . . . " 60b.

V. Gouvernement britannique, 1811—1816.

Frappées aux Indes.

37. Deux demi-stuvers de cuivre, Netscher et v. d. Chys . N°. 67.
38. Deux dutes avec *BVEIC* (British United East India Company) en haut et dans les quatre quartiers d'un écusson en forme

---

1) Les chiffres 5 à gauche de l'écusson, $\frac{1}{16}$ à droite, et la lettre G dessous, qui se trouvent sur cette monnaie et sur quelques autres où nous l'indiquerons,

n'ont pas pu être expliqués par MM. Netscher et v. d. Chys. Au premier abord on serait tenté de croire qu'ils signifient que cinq de ces pièces valent $\frac{1}{16}$ de florin, mais on ne connaît pas de dutes de cette valeur qui aient jamais été en usage.

112 GROUPE III. Dix-neuvième Classe.

de cœur, *JAVA*, Netscher et v. d. Chys. . . . . " 68.
39. Deux dutes *EVC, DOIT JAVA*, Netscher et v. d. Chys. " 69.
40. Deux dutes avec écusson, où se lit 1813 et en chiffres arabes le millésime mahométan 1228. Probablement de frappe indigène, Netscher et v. d. Chys " 71.

VI. Gouvernement Indo-néerlandais, 1816—1861.

41. Deux florins (o. 893), Netscher et v. d. Chys. . . . . N°. 74.
42. Deux florins (o. 945), Netscher et v. d. Chys. . . . . " 74.
43. Deux demi-florins, Netscher et v. d. Chys. . . . . " 75.
44. Deux $\frac{1}{4}$ de florin, Netscher et v. d. Chys. . . . . " 76.
45. Deux $\frac{1}{4}$ de florin (o. 720), Netscher et v. d. Chys . . " 77.
46. Deux $\frac{1}{10}$ de florin (o. 720), Netscher et v. d. Chys . . " 78.
47. Deux $\frac{1}{20}$ de florin, Netscher et v. d. Chys. . . . " 79.
48. Deux demi-stuvers, Netscher et v. d. Chys. . . . . " 80.
49. Deux $\frac{1}{4}$ de stuver, Netscher et v. d. Chys. . . . . " 82.
50. Deux $\frac{1}{8}$ de stuver, Netscher et v. d. Chys. . . . . " 85.
51. Deux dutes 5—$\frac{1}{10}$, Netscher et v. d. Chys. . . . " 84.
52. Deux demi-dutes 5—$\frac{1}{32}$, Netscher et v. d. Chys . . " 87.
53. Deux pièces de $2\frac{1}{4}$ cents, Netscher et v. d. Chys . . " 81.
54. Deux cents, Netscher et v. d. Chys . . . . " 83.
55. Deux demi-cents, Netscher et v. d. Chys. . . . . . " 86.

Frappées aux Indes.

56. Pièce de deux stuvers (flan), Netscher et v. d. Chys . " 88.
57. Demi-stuver (flan), Netscher et v. d. Chys. . . . . . " 89.
58. Deux demi-stuvers, Netscher et v. d. Chys. . . . . " 90.
59. Deux pièces de deux cents, Netscher et v. d. Chys . . " 91.
60. Deux cents, Netscher et v. d. Chys. . . . . " 92.
61. Deux dutes 5—$\frac{1}{10}$, Netscher et v. d. Chys. . . . . " 93.
62. Deux demi-dutes 5—$\frac{1}{32}$, Netscher et v. d Chys . . . " 96.
63. Deux dutes, Zwaan, Netscher et v. d. Chys. . . . . " 257.

25. Collection de médailles et monnaies relatives aux colonies néerlandaises. — G. Theod. Bom, à Amsterdam.

1. Médaille d'argent, de la Frise occidentale, en mémoire de la traversée heureuse des Néerlandais partis pour les Indes or. A°. 1596.
2. Médaille d'argent, en mémoire de la prise de la flotte d'argent espagnole par l'amiral Pieter Pietersz. Hein.
3. Autre médaille d'argent frappée en mémoire du même évènement.
4. Médaille d'argent frappée à l'occasion du premier centenaire de la Comp. des Indes or. A°. 1702.
5. Médaille d'argent frappée en mémoire de la nomination du baron G. W. van Imhoff comme gouv.-gén. A°. 1742.
6. Médaille frappée en mémoire de la prise de Palembang. A°. 1821.
7. Médaille d'argent, avec buste en effigie, sur la mort du comte J. van den Bosch.
8. Médaille d'argent frappée pour le 75e anniversaire de la fondation de la loge maçonnique „l'Etoile d'Orient" de Batavia.
9—14. Six pièces de monnaie en argent (une de 8, une de 4, une de 2 réaux, une d'un réal, une d'un demi-réal et une d'un quart de réal) frappées pour les Indes or. par la compagnie de Verre. A°. 1601.
15. Ducaton de la Frise occ. A°. 1728. Argent.
16. Ecu de trois florins de la Frise occ. A°. 1786. Argent.
17. Florin de la Frise occ. A°. 1786. Argent.
18. Florin de Zélande, A°. 1791. A.
19. Florin d'Utrecht, A°. 1786. A.
20—25. Dutes de Hollande, épreuves en argent, 1748, 1752, 1755, 1757, 1758, 1759.
26—29. Demi-dutes de Hollande, épreuves en argent, 1756, 1757, 1760; épreuve en or, 1760.
30. Dute de la Frise occ, épreuve en argent, 1756.
31. Dute de la Gueldre, arg, 1731.

32—34. Ducats d'Utrecht, arg., 1742, 1758, 1763.
35—38. Demi-ducats d'Utrecht, arg., 1762, 1767, 1769, 1793.
39. Roupie de Java frappée aux Indes; A°. 1766. A.
40. Double stuver de cuivre, frappé à Java; A°. 1783.
41, 42. Divers stuvers de cuivre frappés à Java; 1783, 1785.
43—48. Florin, demi-florin, quart de florin, deux huitièmes de florin différents et seizième de florin, frappés pour les Indes sous la République batave; A°. 1802. A.
49. Dute, épreuve en argent, 1802.
50, 51. Roupie et demi-roupie frappées à Batavia; 1806. A.
52. Florin des Indes néerl., Willem I, 1834. A.
53. Demi-florin, Willem I, 1840. A.
54. Quart de florin, Willem I; 1834. A.
55—57. Flan de deux stuvers et deux flans d'un stuver, frappés à Java; A°. 1818. Cuivre.
58—61. Ecu de trois florins, florin, quart de florin et double stuver frappés à Utrecht pour les Indes occidentales; A°. 1794. A.

26. **Collection de monnaies, médailles, sceaux et décorations** relatifs aux colonies anciennes et actuelles des Pays-Bas et d'autres états en Asie, en Afrique et en Amérique. — J. Schulman, numismate et antiquaire, à Amersfoort.

NB. La collection de M. Schulman ne se renferme pas complètement dans les limites fixées à la section coloniale néerlandaise. Il s'y trouve cependant un si grand nombre d'objets intéressants au point de vue de notre histoire coloniale qu'il ne pouvait pas être question de lui refuser une place dans cette partie de l'exposition. Elle compte 445 numeros, nombre trop grand pour que nous en donnions ici la liste complète; du reste beaucoup d'entre eux n'ont pas de droit à une mention spéciale, soit parce que leur importance est minime (comme c'est le cas pour les nombreuses et plus que connues dutes de la Compagnie), soit parce qu'ils sortent des sujets réservés à ce catalogue. Nous nous bornerons donc à mentionner quelques uns des objets les plus rares, de préférence les médailles commémoratives et les décorations dispersées dans la collection. La première série, qui concerne Java, (n°. 1— 188) consiste presque toute entière en monnaies connues, décrites par Netscher et van der Chys; cependant les objets suivants ont droit à une mention.

1. Médaille de temple; cuivre. — Netscher et v. d. Chys, pl. XVII, n°. 152.
2. Médaille de temple (empreinte unilatérale), étain. — Millies, Rech. sur les monnaies, pl. IV, n°. 40.
3. Médaille frappée par les Nord-Hollandais en mémoire des victoires remportées aux Indes et des traités de commerce conclus par Cornelis Houtman; 1596. Vermeil. — Van Loon, I, 488, n°. 1.
15. Médaille commémorative de la bonne arrivée du gouv.-gén. van Imhoff au Cap de Bonne-Espérance; buste en effigie; 1743. A. — Suite de van Loon, n°. 184.
18 et 21. Ducat et double ducat de Java, avec inscriptions arabes; dans un cartouche, les millésimes 1746 et 1747. Comp. N. et v. d. Ch., pl. II, n°. 8 et 9.
NB. N. et v. d. Ch. n'ont pas su ce que signifiait le coq figuré sur ces pièces. M. Schulman conjecture qu'elles ont été frappées par le maître de la monnaie Kist de Medemblik, qui avait le coq pour signature monétaire.
40. Epreuve en argent d'une très belle dute de la Frise occ., 1756
41. Epreuve en argent d'une belle demi-dute hollandaise. 1756.
43. Médaille d'argent avec buste, frappée en l'honneur du gouv.-gén. Jacob Mossel; 1760. — Suite de van Loon, n°. 361.
53. Médaille d'argent avec buste et le vaisseau des Argonautes, frappée en l'honneur de P. A. v. d. Parra, lorsqu'il eut été dix ans gouv.-gén. — Suite de van Loon, n°. 458.
60, 61. Double stuver et stuver frappés à Batavia, 1783. C. Le premier a été

décrit par N. et v. d. Ch., pl. IV, n°. 23. Ils n'ont pas connu l'autre.

72. Roupie de Java frappée à Batavia; légende arabe, en lettres plus petites que d'ordinaire. Le millésime 1787 frappé sur la tranche. A. — N'a pas été décrite.

92. Cachet du Conseil des possessions et établissements asiatiques de la République batave. Sans millésime.

93. Médaille d'argent avec buste, frappée en l'honneur du comte J. van den Bosch, né en 1780, mort en 1844. Défenseur de Java 1802—1808, Directeur des affaires militaires à Java 1814, Commandant général des Indes occ. 1827, 1828, Gouv.-Gén. des Indes néerl. 1829—1834, Ministre des colonies, 1834—1839.

126. Dute de Java ΓΙ/Ι (Lous Napoléon). Au dessus de ces signes, une étoile. N'a pas été décrite. 1810.

157. Médaille militaire octogone pour les Européens qui ont combattu à Java contre Dipo Negoro, 1825—1830. Bronze.

158. La même, petit modèle.

159. La même, encore plus petite.

171. Epreuve inédite d'un cent, 1826. N. et v. d. Ch. n°. 257.

Les numéros 189—211 se rapportent surtout à Sumatra, Borneo, Célèbes, les Moluques. Les numéros 189—194 sont des monnaies de cuivre frappées pour Sumatra par la Compagnie anglaise, connues par l'ouvrage de N. et v. d. Ch. et par Millies, Les monnaies des Anglais pour l'arch. des Indes or., Amst. 1852. Les autres sont:

195 et 196. Kaschas en étain, d'Atchin. — N. et v. d. Ch., n°. 188; Millies, Rech., n°. 152.

197. Médaille en cuivre doré décernée aux combattants lors de la première expédition contre Atchin, 1873, 1874.

198. Croix d'honneur pour la même expédition, avec ruban, Nickel.

199. La même, petit modèle, sans ruban. A.

200. Médaille commémorative de la prise de Palembang le 24 juin 1821. Bronze.

201—203. Contre-façons de dutes et d'une demi-dutes de la Compagnie, lesquelles ont eu cours à Jambi. — Millies, Rech., 233; comp. p. 173.

204. Croix d'honneur pour l'expédition contre Demang Lehman, Sourapati et Antasari à Borneo, 1858—1863, avec ruban N.

205. Monnaie chinoise en étain, de la Côte occ. de Borneo. — Millies, Rech., n°. 258.

206, 207. Kepengs anglais, frappés pour Célèbes. — N. et v. d. Ch., n°. 253, 254.

208. Croix honneur pour l'expédition contre Boni, 1859, avec le ruban. N.

209. Croix d'honneur pour l'expédition de Deli (Côte occ. de Sumatra), 1872. N.

210. Jeton d'Utrecht en l'honneur des victoires remportées à Ternate et aux Indes occ., 1616. — Van Loon, II, 86.

211. Médaille d'argent en mémoire de la défense de Ternate par J. G. Budach en 1799, frappée par ordre du Conseil des possessions asiatiques. — Suite de van Loon, n°. 847.

Suivent, de 212 à 229, des monnaies de Serawak et des Straits-settlements, puis un certain nombre des Indes anglaises, parmi lesquelles les n°. 254 à 260 et 266, 267, pièces frappées, les premières pour Ceylan, les deux autres pour Negapatam, sous l'administration de la Comp. néerl. des Indes or. Nous mentionnerons comme se rapportant aux possessions néerl. sur la côte de Guinée:

285. Médaille commémorative de l'heureux voyage des Nord-Hollandais en Guinée et au Brésil, 1566. — Van Loon, I, 488, n°. 1.

286. Médaille du gouv.-gén. dédiée aux directeurs de la Comp. des Indes occ. de Groningue et contrées environnantes, avec une vue du fort St. Georges del Mina, 1683.

Nous mentionnerons enfin les monnaies et médailles de cette collection qui concernent les possessions néerl. aux Indes occ. Ce sont les suivantes:

336 et 337. Ecu de trois florins et florin, frappés à Utrecht, avec un W. (West-Indië) sous l'écusson néerlandais; 1794. — P. Verkade, Album monétaire, pl. 204.

338. Double stuver frappé à Utrecht. Un W. au revers. Ibid.

339. Monnaie obsidionale de Curaçao (sans millésime; 1807—1815); c'est un fragment de piastre espagnole sur lequel on a frappé l'inscription „3 réaux."

340. Réal portant un épi de maïs et un caducée croisés; légende, „Curaçao." Revers, une couronne de chêne dans laquelle le mot „Reaal" (réal); 1821. — Verkade, pl. 221.

341. Stuver. Légende, „Curaçao"; dans le champ, 1822, sous une étoile. Revers, „stniver". — Verkade, pl. 222.

GROUPE III.   Dix-neuvième Classe.   115

343. Médaille avec le buste de Louis XIV, frappée en mémoire de la conquête de Tabago, enlevée aux Hollandais par les Français; 1677.

369—371. Une pièce de 4 dutes et deux de 2 dutes, frappées en 1679 par les ordres du gouv. de Curaçao J. Heinsius. Sur le droit se voit un perroquet posé sur une branche à 4 et à 2 feuilles; le revers est uni pour les n°. 369 et 371; celui du n°. 370 a un arbre grossièrement dessiné.

372. Dute de la Société de Surinam, frappée par ordre du Seigneur de Sommelsdyk. Deux exemplaires différents. — Verkade, pl. 222.

27. Collection de dutes de la Compagnie des Indes or., toutes d'années différentes. — J. A. Loeber, à Leyde.

a. 29 pièces en cuivre et une en argent, de Hollande, la première de 1730.
b. 31 pièces en cuivre, de Zélande, la première de 1727.
c. 26 pièces en cuivre, de la Frise occ., la première de 1737.
d. 15 pièces en cuivre, de la Gueldre, la première de 1732.
e. 20 pièces en cuivre, d'Utrecht, la première de 1742.
Il y a en outre dans cette collection 5 dutes et demi-dutes de 1808, 1809, 1825, 1826, une double dute de 1836, et un demi-cent, une pièce de 2½ cents et une de 10 cents (A.) de la monnaie actuelle.

28. Quelques monnaies d'argent et de cuivre des Indes or. néerl. — D. E. E. Wolterbeek Muller, à Voorbourg.

a. Une pièce de trois florins (1786), deux stuvers (1756 et 1761) et 10 dutes (1734—1794), de la Comp. des Indes or.
b. Un demi-florin (1834), un quart de florin (1840) et trois dutes (1820—1840), postérieurs à la Comp.
c. Une dute de 1775, coin malais, avec le coq.

29. Six monnaies chinoises en cuivre, vieilles d'environ 500 ans, trouvées à Java près du mont Merapi. — L. André, à Arnhem.

30. Cadre renfermant 14 spécimens de papier et de cartes-monnaie qui ont eu cours à Surinam. — Baron A. J. Schimmelpenninck van der Oye, à Surinam.

31. Huit pièces de celles appelées triangles de Curaçao, ou pièces taillées, qui ont eu autrefois cours légal, mais qui ne circulent plus qu'à bien plaire dans la colonie. — Ministère des colonies.

32. Monnaies de Curaçao, soit un *plak*, pièce de 2½ cents, un triangle de 50 cents et un autre de 25 cents. — R. M. Ribbius, Dr. en droit, à Curaçao.

33. Empreinte du sceau de la Comp. des Indes or. et de celui de l'Eglise de Makassar, 1784. — D. E. E. Wolterbeek Muller, à Voorbourg.

Vingtième Classe.

AGRICULTURE et INDUSTRIE.

A. Description des travaux agricoles des Européens. Modèles de machines agricoles. Manuels et établissements d'essai [1].

La production et la préparation de denrées destinées au commerce général sont aux Indes néerl. des industries auxquelles s'adonnent presque exclusivement des Européens et des Chinois, et non pas les indigènes.

Lorsque les Hollandais prirent pied dans les Indes, ils ne se préoccupaient que d'intérêts commerciaux et se bornèrent par conséquent au début à ériger des factoreries. Ils entrèrent cependant forcément en rapport avec les souverains indigènes; ces rapports se compliquèrent de plus en plus, et donnèrent naissance à des conflits incessants, qui aboutissaient fatalement à des conquêtes en même temps qu'à des traités d'échange. Les établissement hollandais, les factoreries, grandirent ainsi continuellement en importance, devenant des centres dont l'influence s'étendait sur des contrées toujours plus considérables, de telle sorte que petit à petit les Néerlandais se mettaient à exercer la souveraineté à la place des princes indigènes.

Les Hollandais, représentés par la Compagnie des Indes or., ne tenaient pas à s'embarrasser des soins de l'administration intérieure des contrées qu'ils avaient soumises. Ils les considéraient bien comme leur propriété; mais ils les laissaient à titre de fiefs aux princes indigènes contre l'obligation pour ceux-ci de céder en tout ou en partie à la Compagnie certains produits déterminés du sol, à des prix fixés d'avance.

---

[1] On s'est départi du programme dans cette classe, en fondant en une seule les subdivisions A, B, C et D primitivement indiquées.

La Compagnie se procurait ainsi avec la plus grande facilité le riz, le sucre, l'indigo, les fils de coton, le safran, le poivre, les clous de girofle, les noix de muscade, le macis, la cannelle, etc. qu'elle revendait en Europe avec de très gros bénéfices, puisqu'elle fixait elle-même les prix d'achat.

Vers le milieu du XVIIe siècle diverses circonstances décidèrent la Compagnie à vendre des terres dans le voisinage de Batavia, et donc à y tolérer d'autres propriétaires qu'elle-même. C'est l'origine de ce qu'on a appelé les *territoires particuliers*. Le besoin d'argent contraignit plus tard encore Daendels et Raffles à aliéner des parcelles très considérables; mais cela ne s'est plus fait depuis 1816; au contraire, on a racheté, pour des motifs d'ordre essentiellement politique, les vastes terres qui avaient été vendues à l'orient de Pasourouan et dans les régences du Préanger.

Les grands territoires particuliers se trouvent actuellement pour la plupart entre les mains d'Européens et de Chinois. Les habitants dépendent du propriétaire, en ce qui concerne la propriété du sol, les charges et les obligations qui leur incombent, de la même manière à peu près que la population des »pays du gouvernement" dépend de l'Etat. Les maîtres de ces territoires disposent comme il leur convient des terrains encore incultes qui s'y trouvent, à la seule condition de ne les exploiter qu'en employant des travailleurs libres. Les habitants sont tenus à la redevance foncière ($^1/_5$ des récoltes) et astreints aux corvées (1 jour par semaine); mais on ne peut pas les astreindre aux cultures obligatoires. Le propriétaire ne peut disposer des terres occupées par les habitants qu'en vertu de conventions conclues avec eux.

Le riz constitue le produit principal de la plupart des territoires particuliers. Quelques uns des propriétaires font le commerce de leur part des récoltes et la préparent dans ce but. Les grands territoires, qui s'étendent jusqu'à une grande hauteur dans les montagnes, produisent, outre les denrées ordinaires de l'agriculture indigène, le café, le thé, le quinquina, le sucre, le tabac, la muscade et le macis, le cacao, les clous de girofle, la cannelle, la vanille, etc.

Il est rare que les propriétaires non européens de semblables territoires se préoccupent d'arriver à les exploiter d'une manière rationnelle, quoique ce fût le moyen d'en augmenter la richesse, et donc le rapport, d'une façon sans cesse grandissante. Ils se contentent de percevoir les redevances des habitants, et ne font même rien ou presque rien pour faciliter la tâche de ceux-ci, en créant ou améliorant les moyens d'irrigation et les moyens de communication, qui sont les deux puissants agents de la production et de la prospérité.

Les propriétaires européens de territoires particuliers savent bien qu'il est de leur intérêt de mettre en valeur, lorsque cela est possible, les terrains encore incultes dont ils ont la libre disposition. Mais la plupart des territoires sont trop vastes pour l'administration d'un seul propriétaire, et l'on ne peut, toutes réserves faites en faveur des exceptions qui peuvent exister, que souscrire au jugement des personnes nombreuses qui ont défendu l'opinion que la plupart des territoires particuliers produisent beaucoup moins qu'on n'aurait le droit de s'y attendre si l'exploitation était plus rationnelle.

Ces territoires existent dans les provinces de Bantam, de Batavia, de Krawang et de Cheribon, et plus clairsemés dans les contrées de Tegal, de Samarang, de Japara, de Sourabaya et de Pasourouan, enfin à Célèbes.

Nous avons vu qu'après le rétablissement du pouvoir néerlandais aux Indes or. en 1816, il ne fut plus vendu de ces territoires. Au lieu de cela, on commença de plus en plus à céder à bail pour un nombre limité d'années les terrains inoccupés de Java. Les locataires devaient s'engager à livrer au gouvernement à des prix fixés d'avance une partie de leurs produits. Quoique les circonstances de l'époque ne fussent pas favorables à une exploitation générale et régulière des terrains à défricher sous l'empire de contrats de location tels que nous venons de les décrire, cette nouvelle mesure produisit quelques heureux résultats; l'initiative individuelle se montra énergique et promettait de prendre un grand développement, malgré la réglementation peu encourageante qu'elle subissait, parce que le gouvernement craignait de laisser grandir l'influence de l'industrie européenne à l'intérieur des îles. Malheureusement les défrichements n'eurent pas le temps de se faire sur une grande échelle avant que l'on changeât de nouveau de système. La détresse financière de la mère-patrie fit inventer une nouvelle manière d'exploiter les colonies, laquelle fut mise en vigueur en 1830 et s'est acquis une célébrité d'un genre particulier sous le nom de »système des cultures".

Le système revenait à ceci. Les indigènes étaient tenus de cultiver sur leurs terres des plantes déterminées. A la possession du sol fut attachée l'obligation d'en réserver une partie, qui devait rester communale, pour y établir en bloc les cultures que le gouvernement jugeait les plus productives et pour lui en céder les fruits. On payait à la population au moment de la livraison un salaire proportionnel à la quantité de denrées obtenues.

L'île de Java devait ainsi être transformée en une vaste usine agricole servant à produire au profit de l'Etat une masse de denrées commerciales, cela par les soins des chefs indigènes et sous le contrôle des fonctionnaires européens. Pour les produits qui demandent beaucoup de soin, des connaissances spéciales, une surveillance continuelle et une direction supérieure capable de calculer les moyens de rendre l'entreprise profitable, de diminuer les frais, d'accélérer le travail, le gouvernement fit appel à l'intervention des particuliers, acceptant de préférence l'office des Européens et des Chinois. C'est ainsi que naquirent ce que l'on a appelé les contrats de cultures, pour la production du sucre, du thé et du tabac. On vint en aide aux contractants en leur avançant des capitaux et en leur procurant des matériaux et des bras, et en même temps on fit de grands efforts, expériences sur expériences, réglementations sur réglementations, pour tâcher de concilier les trois intérêts différents qui se trouvaient en jeu, celui de l'Etat, celui de la population et celui des contractants.

Ainsi les pays du gouvernement à Java devinrent une grande entreprise agricole de l'Etat, et l'on réussit à produire des denrées commerciales en immense quantité; mais on ne réfléchissait pas que ce résultat était acquis au prix de la violation d'importantes lois économiques, et que les vrais intérêts du pays et du peuple restaient en souffrance.

Il est vrai que la mise en vigueur du système des cultures ne fit pas abandonner la location de terrains inoccupés; mais il est vrai aussi que l'on subordonna entièrement le second de ces systèmes aux intérêts du premier. A la longue cependant on s'aperçut que les cultures du gouvernement ne donnaient pour la plupart pas les grands bénéfices que l'on en avait attendus; en même temps on s'émut de plus en plus des charges hors de toutes proportions que l'obligation de s'y livrer faisait en maint endroit peser sur la population. On en vint donc à abandonner les unes après les autres des cultures qui ne donnaient que des avantages plus apparents que réels; mais cela ne se fit pas tout d'un coup; on tâtonna longtemps, supprimant ou limitant en un endroit les cultures obligatoires, ailleurs les établissant de nouveau ou les étendant, jusqu'à ce qu'enfin on fût bien obligé de s'avouer que l'ingérence directe du gouvernement ne pouvait amener que l'épuisement du sol et l'appauvrissement de la population.

La culture obligatoire de l'indigo, de la cannelle et de la cochenille fut supprimée en 1855. La même chose avait eu lieu deux ans auparavant pour celle du poivre. Ce fut en 1864 le tour de celle des clous de girofle aux Moluques; on l'abandonna à l'initiative privée, ainsi que, dix ans plus tard, celle de la muscade. Le dernier contrat pour le thé expira en 1865 sans être renouvelé; ceux pour le tabac appartenaient à ce moment-là déjà à l'histoire.

Restaient encore, comme vestiges des anciennes institutions, la culture obligatoire du café et celle du sucre. La loi de 1870 est venue condamner cette dernière, qu'elle assujettit à des règles fixes, en vertu desquelles, par ex, les indigènes doivent recevoir une indemnité pour les terres leur appartenant dont on fait usage. Le but de la loi est de préparer la liberté complète par une série de mesures progressivement libératrices. La période de transition doit durer jusqu'en 1890. Quand ce terme sera atteint, il ne sera plus question à Java de contrats pour le sucre, ni de culture obligatoire de la canne à sucre.

On n'a pas osé s'attaquer ainsi à l'ingérence gouvernementale directe pour la production du café. La culture et la livraison obligatoires de ce produit sont actuellement encore en pleine vigueur à Java, sur la Côte occ. de Sumatra et au Nord de Célébes. Cependant le système à été perfectionné en ce que le contrôle se fait mieux, et que tout en tenant la main à toutes sortes de règles administratives qui ont pour but d'assurer la production d'une bonne qualité de café, le gouvernement se préoccupe de l'éducation de la population, dans le but de pouvoir tôt ou tard laisser complètement libre à son tour cette importante branche de production agricole.

Là où le gouvernement a pris le parti de s'abstenir, des particuliers ou des associations ont mis la main à l'œuvre, et un état de choses artificiel et peu sain obtenu par la contrainte a fait place à un développement naturel et normal.

Quand le sol et le climat ont été trouvés favorables aux cultures que l'Etat y maintenait de force, celles-ci n'ont pas disparu; elles ont été continuées à leurs propres risques et périls par d'actifs entrepeneurs, qui se sont trouvés par cela même être les bienfaiteurs du pays et du peuple. A son tour l'Etat n'a plus de motifs de se mettre en garde contre la concurrence privée, au contraire il comprend fort bien que l'initiative des particuliers est un bien, qu'il faut encourager, et il a promulgué en 1870 la loi agraire actuelle, qui promet un grand avenir aux Indes, parce qu'elle a rendu possible l'établissement dans ces contrées de défricheurs sérieux pour les terres encore inoccupées.

Cette loi détermine les conditions auxquelles on peut obtenir les domaines en friche de l'Etat, à bail ou par amphitéose, pour 75 ans au plus. Elle a eu pour conséquence de mieux faire définir la propriété du sol, et en même temps elle a fixé les règles auxquelles sera soumise la location des terres par les indigènes aux non-indigènes.

L'industrie agricole est par là entrée dans une nouvelle phase. Il est devenu possible aux non-indigènes d'acquérir des terres dont la possession leur soit assurée et d'y employer leurs capitaux à la production de denrées qui contribuent à alimenter le commerce universel, tout en leur procurant à eux-mêmes du profit, mais aussi à la population et à l'Etat; naturellement il faut, pour qu'ils atteignent ces beaux résultats, qu'ils travaillent avec connaissance de cause et habileté, que ce soit de leurs propres efforts qu'ils attendent la réussite, en un mot, qu'ils sachent faire un bon usage des facilités qui leur ont maintenant été faites pour rendre productif un sol naturellement très riche.

Les moyens divers de production des denrées commerciales peuvent se ranger sous les catégories suivantes:

a. Les territoires particuliers, formés de biens-fonds achetés avant 1816 avec les droits souverains attachés à leur possession.

Nous n'avons rien à ajouter à ce que nous avons dit à leur sujet, de plus amples détails risquant de nous faire franchir les limites dans lesquelles nous avons à nous maintenir.

b. Les terrains en friche, cédés par le gouvernement par contrats de location ou par amphitéose, en vertu de lois et d'ordonnances générales. Il s'en trouve à Java, sur la Côte occ. de Sumatra, à Célébes et aux Moluques.

Dans les contrées basses on y cultive des denrées destinées au commerce interne aussi bien qu'au commerce général. Cependant la plupart des terrains cédés de cette manière sont situés dans le haut-pays et sont destinés à la culture du café, du thé et du quinquina.

L'exploitation est d'ordinaire conforme aux règles d'une saine économie agricole, qui tend à conserver à la longue au sol sa fertilité. Là où les pentes sont fortes, on établit des terrasses. Les outils employés sont ceux usités par les indigènes; dans les contrées montagneuses, où le terrain est très accidenté, on ne se sert qu'exceptionnellement de la charrue. Les haches, les couperets et les bêches d'Europe et d'Amérique sont plus solides que les outils de même genre fabriqués par les indigènes; mais ceux-ci tiennent aux leurs, et ce n'est qu'on faisant une grande dépense d'opiniâtreté qu'ici et là les entrepreneurs ont réussi à faire accepter les outils supérieurs. On met souvent en culture des terrains couverts d'anciennes forêts; il y a des arbres de très grande taille à diviser pour les enlever; les ouvriers indigènes, peu exercés, ne veulent pas se servir de la scie, et préfèrent la hache, dont l'emploi exclusif leur fait perdre beaucoup de bois et de temps. Des scies mécaniques solides, mais légères et très transportables, trouveront sans doute pour ce travail un accueil toujours plus empressé.

c. Les entreprises pour l'exploitation de terres appartenant aux indigènes à Java.

C'est surtout la canne à sucre et le tabac qui se cultivent sur des terres appartenant à la population du pays, soit que l'entrepreneur les loue en se conformant aux ordonnances générales qui règlent la matière, et qu'il les fasse alors cultiver à ses frais, soit qu'il abandonne aux propriétaires eux-mêmes le soin de produire les denrées qu'il veut préparer pour le commerce, et qu'il les leur achète sur contrat préalable ou de gré à gré. Dans le premier cas, l'entrepreneur prend sur lui de grands tracas et de grands soucis, mais il peut en revanche veiller à ce que le sol soit rationnellement cultivé et que l'on ait de la récolte le soin nécessaire à sa conservation.

Les édifices tels qu'habitations, hangards, fabriques, etc. se construisent sur des terrains où les entrepreneurs ont ce qu'on appelle le *droit de bâtisse* ou bien qu'ils possèdent en toute propriété. Dans le premier cas les propriétaires sont indemnisés pour le temps pendant lequel ils cèdent la jouissance de leur bien. Dans le second cas, l'achat ne peut s'effectuer que par l'entremise de l'Etat, et l'acquéreur doit payer intégralement la valeur du fonds qui lui est vendu.

Les entrepreneurs étrangers sont exposés à de grands désagréments par le fait de la légèreté de caractère des indigènes et du peu de respect que ceux-ci ont pour les contrats qui les lient; les planteurs n'ont d'autre recours que le juge civil lorsque les contrats ne sont pas observés, et ce recours ne leur sert pas à grand'chose, les contractants indigènes ne possédant d'ordinaire pas de quoi indemniser ceux que leur mauvaise foi a lésés. Jusqu'en 1879 le règlement de police indigène édictait des peines contre les travailleurs indigènes qui n'observaient pas leurs contrats. On a modifié alors les dispositions du règlement, mais l'expérience démontre de plus en plus clairement qu'il faudra en venir à une nouvelle révision en ce qui concerne ce point spécial.

d. Les terrains cédés à bail ou par contrat amphitéotique à des entrepreneurs dans les principautés (rés. de Sourakarta et de Jokyakarta) à Java, et dans les contrées de Deli, de Langkat et de Serdang, sur la Côte occ. de Sumatra.

Les princes indigènes vassaux du gouvernement néerlandais — ou bien ceux qui jouissent sous eux d'apanages — donnent à bail, d'après des règles fixes, avec l'autorisation de l'Etat et sous le contrôle de l'administration, leurs droits sur le sol; ils s'assurent ainsi de la manière la plus simple la jouissance de revenus fixes, et en même temps ils font que le sol soit mieux mis en valeur que par eux-mêmes, puisque les entrepreneurs sont intellectuellement plus cultivés et peuvent disposer de capitaux pour se livrer à une exploitation rationnelle et productive. Ce système de baux a été appliqué sur une grande échelle à Sourakarta et à Jokyakarta dès le commencement du siècle, et pour peu que les fermiers soient des gens cultivés et intelligents, ils y trouvent leur profit aussi bien que les propriétaires et que les habitants. Les terres sont mieux travaillées et entretenues que sous l'administration indigène. On cultive dans ces contrées surtout l'indigo, le sucre, le tabac et le café. Sur la Côte or. de Sumatra, dont le tabac est renommé pour sa qualité supérieur, la culture de cette plante prédomine. La première entreprise européenne qui s'y soit établie pour la production du tabac s'est fondée en 1863/64.

Deli étant très peu peuplé, les entrepreneurs sont obligés d'engager des ouvriers venant d'ailleurs. Ce sont d'ordinaire des Chinois. Les contrats sont régis par un règlement excellent, qui garantit dans la mesure du possible aux deux parties l'exécution des engagements qu'elles ont pris à l'égard l'une de l'autre.

Il existe sur la Côte or. de Sumatra une étendue suffisante de terres disponibles, et à mesure que l'autorité européenne y prend mieux pied, l'état politique du pays et, avec lui, l'état social et économique s'améliorent; aussi les locataires des terres pourront-ils de plus en plus entreprendre des cultures nouvelles, comme celles du café, du cacao, de la muscade, etc., et étendre celles qui existent déjà.

c. Les parcs à épices. Ils datent de l'époque de la Compagnie, qui avait cédé aux *parquiers*, comme on les appelait (*perkeniers*), pour la culture de la muscade, les terrains qui y étaient propres dans les îles de Grande Banda, de Banda neira et d'Aï. En 1824 ces terres leur ont été abandonnées en toute propriété et en 1864 ils ont été affranchis de l'obligation de livrer leurs produits au gouvernement. Dans l'île de Rosengain, appartenant aussi au groupe de Banda, on a cédé par contrat amphitéotique un fonds sur lequel de même se cultive la muscade.

f. Les terres plantées »par ordre supérieur", en canne à sucre à Java, et en café à Java, à la Côte occ. de Sumatra et dans une partie de la rés. de Menado.

Nous avons dit le nécessaire sur la culture gouvernementale du sucre. Avant qu'elle existât et depuis qu'elle existe, la culture libre a fait ses preuves de vitalité, quoique l'on ne puisse nier que le système obligatoire garantit mieux des récoltes abondantes. Mais la culture officielle est et reste une concurrence du fort révalisant avec le faible, qui, d'un côté, pèse lourdement sur l'industrie libre, et qui, de l'autre côté, a dans une grande mesure enrayé le développement normal et énergique de l'activité de ceux-mêmes qu'elle favorisait, parce qu'elle rendait les gains trop aisés aux contractants pour que ceux-ci se sentissent aiguillonnés à s'appliquer aux perfectionnements désirables.

Il faut considérer la culture obligatoire du café là où elle existe encore comme un impôt que payent les habitants de la contrée. Ceux-ci sont toujours tenus, d'après les dispositions légales actuellement en vigueur, de planter et de soigner un certain nombre de caféiers; mais au moins ont-ils le libre choix des terres qu'ils préfèrent destiner à l'accomplissement de cette tâche, s'ils ne sont pas satisfaits de celles que l'administration leur désigne. Ce détail a pour but d'acheminer la culture libre du café par les indigènes. En même temps, tout en devenant plus exigeant sur la manière dont les plantations et les récoltes sont soignées, ou laisse aux cultivateurs toute la latitude possible dans la répartition de leur temps et dans le choix de leurs instruments de travail, et enfin on facilite autant que l'on peut les livraisons; c'est ainsi que l'on s'efforce d'améliorer la production et de diminuer les charges de ceux à qui on la demande.

La culture obligatoire n'en reste pas moins, en ce qui regarde le café, moins productive que la culture libre, et celle-ci procure en outre d'ordinaire de meilleures qualités. Les causes de ce double fait sont faciles à concevoir. Les prix fixés d'avance pour les denrées obligatoirement livrées ne garantissent pas au travailleur un salaire équivalent à son labeur;

il n'est donc poussé par aucun intérêt à se donner beaucoup de peine.

Le café se prépare aussi bien par la méthode humide — méthode dite brésilienne ou des Indes occidentales — que par la méthode sèche. La première est la plus fréquemment adoptée par les entrepreneurs libres. Le gouvernement permet à des particuliers d'acheter en gros aux indigènes les baies fraichement récoltées, afin de leur faire subir les manipulations nécessaires et de les livrer aux entrepôts de l'Etat au prix de ce dernier. Il y a là une industrie qui occupe utilement des indigènes entreprenants aussi bien que des Européens et des Chinois. Les autorisations nécessaires pour s'y livrer sont régies par une règlementation dont le but est essentiellement d'empêcher la soustraction d'une partie du café à la livraison duquel le gouvernement a droit et d'encourager les soins qui assurent la quantité du produit.

Les Européens qui se livrent aux industries agricoles ont à lutter aux Indes contre de nombreuses difficultés. Une des moindres n'est pas celle de subvenir régulièrement aux besoins de la main-d'œuvre, tant pour le travail des champs que pour celui des fabriques; il y a là un problème permanent, dont la concurrence croissante ne tend pas à simplifier la solution. Les indigènes n'ont pas partout la libre disposition de leur temps, puisqu'ils sont en partie liés par les corvées et par les cultures obligatoires, sans parler du temps dont ils ont besoin pour travailler leurs terres à eux et pour vaquer à leurs occupations domestiques. On se plaint souvent de leur mauvaise foi; mais on oublie un peu de se demander si les non-indigènes se sont toujours montrés d'une loyauté parfaite dans l'exécution des contrats. La maladresse, le manque de tact et de prévoyance de ceux qui ont affaire avec les indigènes, les procédés parfois peu délicats auxquels la concurrence les fait recourir, et d'autres causes analogues, ont eu dans plus d'une contrée une influence démoralisante sur la population, et il arrive que les entrepreneurs scrupuleux cueillent les fruits amers semés par des collègues moins loyaux ou moins habiles.

Si les difficultés ne sont donc pas petites dans la populeuse Java, où l'industrie privée a pris le plus grand développement, elles grandissent encore dans les possessions extérieures, où la population est beaucoup plus clairsemée, tellement que l'on est obligé, comme par ex. sur la Côte or. de Sumatra, de faire venir des bras d'ailleurs.

Les accidents atmosphériques propres aux pays tropicaux

causent souvent aussi des déceptions sensibles aux planteurs. Les récoltes sont très hasardées, si la main de l'homme n'a pas pourvu aux arrosages et aux drainages réguliers; mais les travaux nécessaires à ce but sont coûteux et à l'heure qu'il est ils sont loin d'avoir été partout amenés à la perfection ou même exécutés, fût-ce imparfaitement.

Il y a nombre d'exploitations situées au loin dans l'intérieur et distentes les unes des autres; elles luttent donc contre les difficultés physiques et les augmentations de frais qui résultent de l'insuffisance des moyens de communication; et quoique on travaille à multiplier ces derniers, les progrès réalisés sous ce rapport restent fort en arrière des besoins qui grandissent beaucoup plus rapidement qu'on ne parvient à y pourvoir.

Mainte jeune entreprise a de la peine à prospérer sous le poids des charges fiscales, et l'on ne peut pas espérer de voir diminuer celles-ci tant que l'on n'aura pas réussi à mettre en équilibre les dépenses croissantes que doit faire l'administration et les revenus qu'elle tire des sources normales et naturelles.

L'isolement auquel les non-indigènes sont condamnés dans les contrées de l'intérieur est une cause de malaise moral qui se traduit par des mutations de personnel très fréquentes. Dans ces contrées il est très désirable que l'on arrive à employer beaucoup plus que maintenant les moyens mécaniques de travail, qui se montrent toujours profitables à la longue par les économies de temps et de bras qu'ils permettent de réaliser. On peut constater sans doute que lorsque les Occidentaux ont créé une entreprise, ils s'y attachent, même lorsqu'elle est située dans les contrées les plus désertes et les plus reculées; mais il n'en reste pas moins vrai que la vie de travail et de soucis qu'ils doivent mener sans compensations tirées des relations sociales, est dure, et forme encore un obstacle réel à la colonisation du pays d'une manière durable, donc au vrai sens du mot.

Nous devons donc le répéter, les difficultés sont grandes. Toutefois la situation tend, lentement, mais d'une manière continue, à s'améliorer. Il ne faut pas oublier que sous l'empire de l'ancien système colonial, il était à peine fait une toute petite place aux entreprises des particuliers, à peine tolérées dès que l'Etat n'en tirait pas un profit direct. L'époque actuelle est donc une époque de transition et les intéressés de tout genre ont encore à trouver leur voie au milieu de conditions d'activité modifiées. La vraie garantie du succès des entreprises qui se fondent aux Indes se trouve après tout dans les connaissances, dans l'intelligence et dans l'énergie de ceux qui les dirigent, qui feront bien de compter avant tout sur eux-mêmes et, comme dit le proverbe hollandais, d'apprendre à ramer avec les rames qu'ils ont.

Dans les entreprises de sucre, de thé, d'indigo, de tabac et de café, on emploie de plus en plus les machines excellentes que fournissent l'Europe et l'Amérique. Dans les fabriques on a toujours l'œil ouvert sur les progrès que l'on peut accomplir au point de vue de l'installation et l'on fait aussi un usage toujours plus fréquent des moyens de transport modernes qui, tout en procurant une grande indépendance pour obtenir la traction, ont sur les anciens moyens le grand avantage de la célérité et de la régularité.

Les instruments agricoles sont restés très primitifs, en cela en harmonie avec la puissance de travail, et avec les traditions et les usages des indigènes. Toutefois quelques Européens sont parvenus à force de persévérance à obtenir que l'on se servît d'instruments perfectionnés, même de locomobiles pour traîner les charrues. Il y a donc progrès sous ce rapport aussi; l'exemple est donné; sans doute le nombre de ceux qui le suivront ira en grandissant.

Dans toutes les entreprises particulières on part du principe, en ce qui regarde les rapports avec les indigènes, qu'ils doivent être libres de toute ingérence officielle. Prestations de travail, de matériaux, de transports, etc. tout cela doit se régler par conventions débattus de gré à gré dans la plus complète indépendance.

Ce principe a été soigneusement respecté depuis 1864 pour la culture du quinquina elle-même, quoique ce soit une culture gouvernementale. L'Etat s'y livre, cela est vrai, à Java, dans les régences du Préanger; mais il le fait absolument de la même manière qu'un particulier. Les plantations sont établies dans des terres du domaine public défrichées dans ce but, et elles sont confiées aux soins d'un fonctionnaire spécial qui ne peut en rien compter pour son exploitation sur le secours des pouvoirs publics. Il y a une trentaine d'années que le gouvernement a introduit à grands frais et avec beaucoup de peine le quinquina dans l'île de Java. Il fallut des années d'expériences répétées avant que cet arbre précieux eût conquis en s'acclimatant son droit de bourgeoisie à Java. Mais alors, les résultats s'étant montrés évidemment favorables, le gouvernement fit tout pour encourager les particuliers à entreprendre cette culture et il leur prêta son appui le plus désintéressé.

On n'en continua pas moins à entretenir et même à étendre progressivement les plantations de l'Etat, mais il s'en créa d'autres établies par des particuliers, à Java, même à Sumatra, et il y en a qui donnent déjà de si beaux résultats que l'on peut prévoir avec certitude que, dans une époque peu éloignée le quina sera devenu une des principales denrées commerciales des Indes orientales.

Les possessions extérieures sont presque toutes riches en terres et pauvres en hommes. Leurs vastes forêts vierges renferment de nombreux produits naturels précieux, rotin, miel, cire, gommes et résines, caoutchouc, gomme élastique, camphre, etc. que les indigènes recueillent pour vendre là où d'entreprenants négociants ont su leur ouvrir des marchés.

K. W. VAN GORKOM.

Pour compléter les renseignements qui précèdent, nous donnerons quelques indications sur les manuels d'agriculture et sur les établissements d'essai fondés par le gouvernement.

L'inspecteur des cultures de Munnick a composé par ordre du gouvernement des Indes des manuels de la culture de la canne à sucre et du café, à l'usage des employés chargés du contrôle des cultures. Ces manuel s'appliquent essentiellement au système obligatoire et ont donc perdu leur valeur pratique.

On doit à M. Teysmann un manuel de la culture du coton.

Un rapport sur la culture du café et de la cannelle à Ceylan, rédigé par l'inspecteur des cultures P. W. A. van Spall, a paru en 1861 à l'imprimerie de l'Etat à Batavia.

Un manuel des soins à donner à la culture gouvernementale du café, composé sur l'invitation du gouvernement par MM. K. W. van Gorkom, D. Ples et K. F. Holle, a été publié en 1873.

Un manuel de la culture du quiquina, composé par M. K. W. van Gorkom et imprimé par ordre du gouvernement, a paru en 1877 chez Ogilvie et Cie à Batavia.

Du même auteur sont les règles normales pour l'établissement et l'entretien de plantations de cannes à sucre suivant le système Reynoso, publiées en 1878.

M. J. W. H. Cordes, inspecteur forestier, a publié en 1882 un ouvrage sur les forêts des Indes.

Dans les Pays-Bas, la Société d'Utilité publique à publié des aperçus historiques intéressants des principales cultures en vigueur aux Indes.

En 1863, M. A. W. Sythoff, de Leyde, a publié de la main de M. W. L. de Sturler un *Manuel de l'agriculture aux Indes or. néerl.*, renfermant un aperçu de la manière de cultiver et de soigner les principaux produits du règne végétal sous les tropiques (ouvrage composé à l'occasion de la publication du *Tropical agriculturist* de G. Richardson Porter).

M. K. W. van Gorkom a publié en 1880 et 1881 à Amsterdam chez l'éditeur H. J. de Bussy, son ouvrage intitulé *Les cultures des Indes or. dans leurs rapports avec le commerce et l'industrie*.

La première partie du catalogue analytique du musée colonial de Harlem a paru et contient sur le café, le thé, le cacao, la vanille, le quinquina, la canne à sucre et les épices, une série de petits articles de M. K. W. van Gorkom, qui sont autant de petits traités concis et substantiels sur ces matières.

Il faut encore mentionner un ouvrage posthume de A. H. Bisschop Grevelink, publié récemment par l'éditeur H. J. de Bussy, et intitulé *Plantes des Indes néerl. utiles au commerce, à l'industrie et à la médecine*.

Sous l'administration du Commissaire-général de Bus de Gisignies fut fondé dans la contrée de Krawang un établissement agricole, destiné à servir d'école modèle, où se feraient les expériences agricoles et où se formeraient de bons employés pour la direction des cultures gouvernementales. On y plaça deux élèves en 1833; mais deux ans plus tard M. Baud, chargé des fonctions de gouverneur-général, ferma de nouveau l'établissement. Il a existé de 1847 à 1860 à Buitenzorg un laboratoire de chimie agricole pourvu d'un vaste jardin d'expérimentation. Les revues de la Société d'histoire naturelle des Indes néerl. et de la Société d'agriculture et d'industrie ont donné des renseignements sur les résultats des expériences faites à ce laboratoire.

Le jardin botanique de Buitenzorg est destiné avant tout, comme son nom l'indique, à servir à la science botanique; mais il y est joint un terrain sur lequel se font continuellement des expériences et des observations dans l'intérêt des cultures des Indes; on donne aux résultats obtenus la plus grande publicité possible. Rappelons ici les observations sur la maladie de la feuille du caféier publiées par feu l'éminent directeur du jardin, le Dr. Scheffer, de même que le résultat des expériences faites par lui pour perfectionner la culture du padi, objet de la grande préoccupation du gouvernement des Indes.

Les planteurs peuvent s'adresser au directeur du jardin botanique pour obtenir des graines provenant du terrain affecté aux cultures. Le directeur des plantations de quinquina du gouvernement livre aussi sur demande des semences aux particuliers qui se livrent à cette culture. On a parlé plus haut, page 127, de cette entreprise gouvernementale, fondée par le gouv.-gén. Ch. Pahud, dirigée premièrement par le Dr. Junghuhn, puis, depuis 1864, par M. van Gorkom, et où s'emploient exclusivement des travailleurs libres.

M. van Gorkom en a fort perfectionné l'administration; mais il ne s'est pas borné là dans les services qu'il a rendus; le soin qu'il a eu de choisir les meilleures espèces de quinquina a garanti d'excellents résultats à l'exploitation. Elle embrasse actuellement sept établissements, dont deux au nord et cinq au sud de Bandoung, où réside l'administrateur de la culture et où se trouve aussi le laboratoire chimique. A la tête de ce dernier se trouve un spécialiste, M. J. C. Bernelot Moens, devenu de plus directeur de l'entreprise du quinquina depuis que M. van Gorkom a échangé cette fonction contre celle d'inspecteur général des cultures.

Depuis quelques années on fait servir le jardin botanique et agricole de Buitenzorg et le personnel qui y est attaché à l'instruction de jeunes indigènes qui, revenus dans leurs foyers, doivent à leur tour initier leurs compatriotes aux méthodes rationnelles d'agriculture avec lesquelles ils se sont familiarisés à Buitenzorg. Les futurs fonctionnaires de la direction de l'intérieur peuvent, avant d'entrer au service actif, acquérir dans le même établissement quelques notions sur l'agriculture aux Indes. Il se donne à leur intention un cours théorique, commenté par les travaux qu'ils voient accomplir.

On a parlé il y a un an parmi les fermiers de Sourakarta et de Jokyakarta de fonder un jardin d'expérimentation. L'idée provenait du Dr. Sollewyn Gelpke, inspecteur en chef, qui avait profité d'un congé pour étudier scientifiquement en Europe l'agriculture sous la direction du prof. W. F. R. Suringar. M. Gelpke exposa son plan en détail dans le journal *la Locomotive*; mais jusqu'ici on n'a rien fait pour le réaliser.

Mentionnons pour terminer un établissement agricole de l'Etat qui existe dans la div. de Banyouwangi, rés. de Besouki. Il a servi premièrement à la culture de la cochenille, puis à l'élève des vers à soie. Actuellement il ne sert plus que de demeure à des condamnés aux travaux forcés, qu'on emploie à la culture du padi et d'autres plantes indigènes.

W. B. BERGSMA, Dr. en Droit.

GROUPE III. Vingtième Classe.

1. Revue de l'industrie et de l'agriculture aux Indes néerl., publiée par la Société d'agriculture des Indes néerl.; 26 vol. Batavia, 1854 et années suivantes. — Département des cultes, de l'instruction publique et de l'industrie aux Indes néerl.

NB. Le vol. 9 manque à cet exemplaire. Les reliures ont été entièrement faites, à l'exception de la dorure, par des indigènes dans l'atelier de reliure de F. H. Kroon à Batavia.

2. Manuel d'agriculture pour les Indes or. néerl. par W. L. de Sturler. Leyde, 1863. — A. W. Sythoff, éditeur, à Leyde.

3. Manuel de la culture et de la manutention du café aux Indes or. et occ., par H. Joh. Smid, deuxième éd. revue et augmentée. Middelbourg, 1878. — H. Joh. Smid, de Dennenoord près de Laren.

4. Les cultures des Indes or. dans leurs rapports avec le commerce et l'industrie, par K. W. van Gorkom; 2 vol. Amsterdam, 1880, 1881. — J. H. de Bussy, éditeur, à Amsterdam.

5. Culture et traitement industriel de la canne à sucre, avec une description de tous les appareils employés à la fabrication du sucre et à la distillation du rhum; 2 vol. reliés ensemble, 1858. — C. J. Hering, à Surinam.

6. (En anglais). Manuel du distillateur de rhum, à l'usage des planteurs de canne à sucre, illustré, par C. J. Hering, 1855. — C. J. Hering, à Surinam.

7. Dictionnaire portatif à l'usage des distilleries de rhum dans la colonie de Surinam. 1876. — T. Libertador Ellis, à Surinam.

8. Rapports annuels de 1880 et 1881 de la Société de fabricants de sucre de Yapara. — Grivel et Cie, à Samarang.

9. Rapports sur les travaux de la Société de fabricants de sucre de Tegal de 1878 à 1881. — Grimberg frères et Cie, à Sourabaya.

10. Règlement de la Société de fabricants de sucre de Tegal et règlement de la Société de lecture des fabricants de sucre de Tegal. — Grivel et Cie, à Samarang.

11. Difficultés contre lesquelles le planteur européen a à lutter aux Indes néerl. et spécialement dans la contrée de Soukaboumi. Note manuscrite de — W. R. de Greve, à Sindang Sari.

12. Plantation en quinquonce et plantation en carré, étude comparative concernant la culture du café. Mémoire manuscrit accompagné de deux dessins explicatifs. — W. R.

Adema, Controleur B. B., à Majalenka, rés. de Cheribon.

13. La récolte des noix de muscade à Banda. Lithographie d'après E. M. R. Verhuël (différente de celle, faite d'après le même dessin, qui se trouve dans le vol. 2 de la Flore des jardins). Cadre en bois de chêne. — Collection Reinwardt.

14. Modèle de roue hydraulique. — J. W. F. van Brussel, à Banjar negara.

Au $\frac{1}{10}$. Diamètre de la roue, 4,60 m. Elle est placée sur deux pontons au milieu du courant, de façon à rester en activité à tous les niveaux de l'eau. Une roue de ce type peut, dans un courant de 0,80 m. par minute, élever 1000 m. cubes d'eau en 24 heures à une hauteur d'environ 2,50 m., ce qui suffit pour l'irrigation de 12 bahous de sawah. Médaille d'argent remportée à Sourabaya en 1878.

15. Moulin à émonder le café. — J. et E. Hofland, propriétaires des territoires de Pamanoukan et de Chi assem, rés. de Krawang, représentés par la banque de commerce des Indes néerl., à Amsterdam.

16. Modèle d'un moulin à émonder le riz. moteur hydraulique, div. de Kroé, rés. de Bengkoulen.

NB. Les indigènes se montrent peu disposés à se servir de cette machine venue de l'étranger; ils préfèrent se servir de leurs pilors à main.

17. Dessin d'un grenier à fermentation de la Société de Deli à Sumatra. — Direction de la Société de Deli, à Amsterdam.

18. Modèle d'un hangar à sécher le café, rés. de Banyoumas.

19. Modèle au $^1/_{36}$ de l'établissement de Panoumbangan, rés. de Pekalongan, pour la manutention du café d'après la méthode des Indes occ. — Banque de commerce des Indes néerl., à Amsterdam.

L'établissement est monté pour manipuler 3000 pikols de café. Il comporte.
  a. La demeure de l'administrateur avec dépendances et trois écuries et remises.
  b. La conduite d'eau, dérivée de la rivière et dont l'eau met en mouvement des roues hydrauliques, etc.
  c. Une conduite plus petite, prise sur la première, et servant à amener aux engins à éplucher le café qui a été recueilli.
  d. Le réservoir pour l'eau qui met les machines en mouvement.
  e. Un bâtiment de machines, au bas duquel se trouve le réceptacle pour le café fraîchement récolté, une roue hydraulique à double mouvement et les engins servant à débarrasser le café de son enveloppe rouge.
  f. Trois chambres à fermentation.
  g. Le lavoir.
  h. Une conduite à laquelle s'adaptent à volonté différents bouts, et servant à amener dans les séchoirs le café après qu'il a été lavé.
  i. Trente séchoirs avec toits pouvant se rouler, couverts en asbeste
  j. Magasin entouré d'une large galerie. On y entasse tout le café qui sort des séchoirs et le café prêt à être expédié. Les galeries servent à trier, à emballer, etc. le café qui a passé aux moulins.
  k. Un bâtiment de machines, au bas duquel se trouve la roue hydraulique mettant en mouvement le moulin. Le café sec y est débarrassé de l'enveloppe cornée.
  l Deux habitations de surveillants.
  m. Une habitation destinée à un mandour en chef.
  n. Quatre habitations d'ouvriers.

20. Treize échantillons de café, montrant les résul-

tats de la manipulation du café brut dans l'établissement des — **Freres Jacometti**, à Batavia.

Cet établissement ne marche que depuis le 1 février de cette année et n'a pas encore son outillage complet. Provisoirement il travaille au moyen de machines à vanner et d'un ventilateur. Celui-ci, relié à des tuyaux en zinc qui parcourent le magasin dans toute son étendue, amène l'air frais nécessaire à la coloration du café. Le reste du travail est fait encore car des femmes.

Le café travaillé jusqu'ici dans cet établissement est venu des côtes est, ouest et sud de Sumatra. On le débarrasse de l'enveloppe rouge et de l'enveloppe cornée, mais on ne trie pas encore les fèves brisées ou celles de mauvaise qualité. Le flacon n°. I renferme un échantillon de ce café brut. Les machines à vanner le distribuent en qualités représentées dans les flacons II (45 °/₀), III (35 °/₀), IV (16 °/₀), V (3 °/₀) et VI (1 °/₀).

On trie à la main le café semblable aux échantillons II et III, pour en enlever les fèves de l'éch. VII, et aussi, au cas où le café doit se vendre immédiatement, les fèves vertes (n°. X), c'est-à-dire celles qui ont été cueillies trop jeunes. On les laisse pendant la coloration. Après ce triage, il reste de beau café à gros grains (56 °/₀) semblable à l'éch. VIII, et du café tout aussi beau, mais à petits grains (20 °/₀) semblable à l'éch. IX. On enlève par le triage du café de l'éch. IV le café mâle (flacon n° XI); le reste donne le n° XII, lequel mêlé avec le café de l'éch. VII donne celui de l'éch. XIII. Ce dernier, de même que celui des n°. V et VI, s'en va dans les kampongs chinois et sert à la consommation des Chinois et des indigènes.

NB. Il n'est pas impossible que cette description renferme des erreurs, car elle a été tirée d'une note dont la copie fourmillait de fautes.

21. Dessins de la fabrique de sucre de Langsée et de ses dépendances, rés. de Japara. — **John Millard**, à la Haye.

   a. Plan de la fabrique.
   b. Carte des plantations de canne.
   c. Photographie d'une installation pour la cuisson.
   d. Photographie d'une habitation de directeur.
   e. Echantillons d'ampas (canne dont le sucre a été exprimé et qui, après avoir été séchée, sert de combustible).

22. Plan de la fabrique de sucre de Bayouman et de ses dépendances, rés. de Probolinggo, distr. de Tongas, dessiné à l'échelle du 1 à 50, sur toile, en deux feuilles.

23. Relief encadré sous verre, représentant la fabrique centrale de sucre située au bord de la Commewyne sur le plantage de Marienburg, et reliée par un chemin de fer avec les plantages d'Alkmaar, de Visserszorg, de Zoelen, de Voorburg et de Suzannendaal. — **Société néerl. de commerce.**

NB. Cette fabrique, montée par la maison Cail et Cie de Paris, et ouverte le 23 oct. 1882, est le premier établissement de ce genre que possède Surinam. Elle a pour but de travailler la canne des plantages avec lesquels elle a traité et qui la payent en nature.

24. Modèle de la plantation de cacao »de Morgenstond" dans la colonie de Surinam, sur la rive gauche de la Surinam; elle mesure 425 hectares et appartient à — **J. J. Spiering**, à la Haye.

B. Statistique agricole.

Indes or. néerl. Comme il a été dit plus haut — voy. classe 8 —, le relevé statistique que l'on a entrepris à Java a petit à petit procuré des données plus exactes que celles que l'on possédait auparavant sur la quantité de terrain cultivé par la population indigène, dans les parties de l'île qui sont directement administrées par le gouvernement colonial.

Ce relevé avait primitivement pour but de permettre de déterminer sur des bases exactes l'assiette de l'impôt foncier (*landrent*), et les mesurages effectués furent suffisants pour ce que l'on se proposait, mais ils n'eurent pas l'exactitude nécessaire pour pouvoir servir de point de départ à un futur cadastre. C'est pourquoi le gouvernement prit le parti de séparer le mesurage du travail statistique proprement dit, et d'en charger les employés du cadastre des Indes or. néerl., organisé en 1874 comme l'avait proposé feu M. Motké.

C'est en 1879 que fut prise la mesure dont nous parlons. Elle devait aussi servir à relier entre elles et à placer sous un contrôle commun toutes les opérations d'arpentage ayant pour but, soit ce qui concerne les droits réels à régler, soit l'assiette de l'impôt foncier ou *landrent*.

En attendant, les mesurages en vue de la statistique avaient déjà eu lieu dans neuf résidences quand on résolut de les interrompre; on les compléta dans les autres provinces par des mesurages faits per gros mas, et les résultats obtenus furent, comme nous l'avons dit, suffisants pour se faire une idée beaucoup plus juste de l'étendue des terrains cultivés.

Il en résulte que depuis 1874 on peut accorder plus de confiance qu'auparavant aux totaux concernant la culture du riz et d'autres deurées qui se publient dans les annexes des rapports coloniaux. On a joint aussi au rapport de 1880 un état global spécial de l'étendue des terres défrichées par les indigènes dans les territoires du gouvernement à Java et à Madoura [1]. D'après le dernier rapport publié, il y avait en 1881 un total de 21,447,042 hectares de champs de sawah et de tegal régulièrement cultivés. Dans ce chiffre sont comprises les terres plantées à Java en 1881 par les indigènes, soit, sur l'ordre du gouvernement, en cannes à sucre, soit, librement, en cannes

---

[1] La même annexe contient aussi un état du mouvement des prix du padi, notés mois par mois pour 1878 et 1879.

GROUPE III. Vingtième Classe. 135

à sucre ou en autres denrées pour le compte d'entrepreneurs européens ou chinois.

La feuille III des tableaux représentatifs des résultats de la statistique et des faits concernant l'économie politique aux Indes néerl. dressés par M. Jaeger — voy. ci-dessus la classe 8 — se rapporte à l'agriculture indigène — classe 10, D — dans les territoires du gouvernement à Java. Ce sont des indications de l'étendue de terres mises en culture par la population de l'île, données en milles géographiques carrés et en proportion par mille habitants pour les années de 1874 à 1880. Les chiffres proportionnels représentant l'étendue relative des terres où ont été cultivées les différentes espèces de plantes annuelles sont aussi indiqués, et cela non seulement pour les territoires gouvernementaux de Java pris dans leur ensemble, mais aussi pour chaque province en particulier. L'explication du tableau donne quelques détails supplémentaires sur la culture des plus importantes de ces plantes.

La même feuille III met aussi sous les yeux de ceux qui la consultent le mouvement du débit du sel et la mesure de l'usage des véhicules fait par les indigènes à Java et à Madoura pendant une série d'années, parce que ce sont des indications du degré de prospérité dont ils jouissent.

En suivant le même ordre que plus haut sous la lettre A, nous avons maintenant à parler des *territoires particuliers* de Java. Ils embrassent une étendue de 1,012,202 hectares, et, comme il a été dit, ne sont plus susceptibles d'agrandissement.

La plus grande partie des terres qui les composent servent à la production de denrées alimentaires; la part réservée aux denrées commerciales est relativement petite. Il faut mettre au nombre de ces dernières le riz dû en redevance aux propriétaires, et que quelques uns de ceux-ci exportent en Europe après qu'il a été soigneusement débarrassé de la bourre. Ces derniers propriétaires, ainsi que plusieurs de ceux d'autres grands domaines, sont européens. Sur 19 domaines on cultive beaucoup de thé, sur 18 du café, mais sur deux seulement en quantité considérable, sur 3 le quinquina. Il se produit en outre du sucre dans 40 grands demaines, dont cependant 5 seulement appartiennent à des Européens; les autres, comme en général la masse des territoires particuliers, sont entre les mains de Chinois et, pour une faible part, d'Arabes et d'indigènes.

Les *domaines cédés à bail ou par contrat amphitéotique* à Java avaient atteint en 1881 le nombre de 522, dont 33 pris à bail, 73 dont le bail avait été converti en amphitéose, et 416 cédés par amphitéose depuis 1873.

Ces 522 lots, répartis entre 358 entreprises, avaient ensemble une superficie du 117,599 hectares [1]). Les entreprises pour la culture du café sont les plus nombreuses; il y en a 197; 36 produisent le kina, 25 le thé, 17 le tabac, 10 le sucre, 4 le cacao, 1 l'indigo. Il y en avait 59 de consacrées à des cultures diverses, dont 37 produisant le padi, le jadong et d'autres denrées analogues. En tout 14 entreprises sur terrains pris à bail ou par amphitéose appartenaient à des Chinois, et 3 amphitéoses à des indigènes.

Il y avait en 1881, sur la Côte occ. de Sumatra, 19 domaines amphitéotiques, exploités par un même nombre d'entreprises, avec une superficie totale de 6,548 hectares; 17 appartenaient à des Européens, une à un Chinois, une à un indigène; de plus un Chinois était associé à l'une des entreprises européennes et un indigène à une autre. Dans 15 se cultive le café; dans les autres surtout le padi.

Sur la Côte or. de Sumatra, il n'y avait qu'un seul domaine de ce genre, couvrant 374 hectares de terrain à Bengkalis, et consacré à la culture de la cassave. Il appartenait à un Européen.

A Célèbes un domaine était affermé et 6 cédés par amphitéose. Il y en avait 5 dans la rés. de Menado, cédés à des Européens et presque entièrement consacrés à la culture du café. Les 7 ensemble couvraient 4,915 hectares.

Enfin 4 lots, d'une superficie totale de 635 hectares, avaient été cédés par contrat amphitéotique à des Européens dans les îles Banda; 3 produisaient la muscade, 1 les cocotiers.

Il n'y avait pas en 1881, pour le sucre, plus de 46 *entreprises marchant à l'aide de conventions conclues de gré à gré avec les indigènes*; de ce nombre 12 appartenaient à des Chinois et destinaient presque tous leurs produits à la consommation locale. Pour le tabac on comptait 101 entreprises de ce genre [2]), dont 9 entre les mains d'Orientaux étrangers et d'indigènes; leur tabac était dans la règle destiné aux marchés européens. Enfin il y en avait 3 pour l'indigo, 1 pour la vanille, et 1 pour la préparation de la farine de manioc, toutes appartenant à des Européens.

Les données que l'on possède sur l'étendue des terres culti-

---

1) On comptait en outre en 1881 174 lots, avec une superficie de 48,179 hectares, qui avaient été promis ou cédés, mais non encore enregistrés.
2) Seulement 82 ont réellement fonctionné.

vées pour le service de ces entreprises sont trop sommaires pour être utilement reproduites ici.

Dans les possessions extérieures il n'existait qu'une seule entreprise de ce genre. C'était à Célèbes, une fabrique de sucre appartenant à un Chinois.

On ne possède point de données du tout sur l'étendue des terres cultivées par les indigènes dans les possessions extérieures.

On comptait en 1881 dans les principautés de Java 220 *entreprises légalement reconnues* [1]) *existant sur des domaines loués à des Européens par des princes ou des grands indigènes*. Ils couvraient 276.647 hectares, dont 39973 ont été cette année-là plantés en café, en cannes à sucre, en tabac ou en indigo. En outre 2 fabriques de sucre et 2 d'indigo avaient été fondées par des grands indigènes [2]).

Dans les contrées de Deli, de Langkat et de Serdang sur la Côte or. de Sumatra il existait en 1881 65 *entreprises légalement reconnues* [3]) *existant sur des domaines cédés par contrat amphitéotique à des Européens par les princes indigènes*. L'une n'était consacrée qu'à l'exploitation des forêts. Les autres embrassaient ensemble 75364 hectares de terrains sur lesquels on cultive le tabac en alternant de parcelle en parcelle. Il y a pourtant 5 de ces entreprises dans lesquelles ou a encore réservé des terres pour le café, 1 où on a le quinquina, 2 où on a le cacao et 3 où se cultive aussi le muscadier.

Dans les 34 *parcs à épices* qui existent depuis de longues années dans les îles Banda, et qui tous appartiennent à des Européens, on cultive exclusivement le muscadier.

Pour procurer la matière première aux 95 *entreprises pour la production du sucre fondées sur contrats passés avec l'Etat*, dont 15 appartiennent entièrement à des Chinois, 3 partiellement, il a été planté en 1881 en cannes à sucre 23253 hectares par orde du gouvernement et 7053 librement [4]).

Quoique les rapports coloniaux abondent en données statistiques, il ne s'en public presque pas un auquel ne soit pas joint un appendice pour en donner encore; preuve manifeste du zèle que le ministère des colonies apporte à faire connaître

---

1) L'existence de 17 nouvelles entreprises a encore à être sanctionnée.
2) Les fabriques de sucre sont très bien montées et ont à leur tête des administrateurs européens; elles appartiennent au chef de la maison de Mangkou-negoro.
3) En outre 3 qui ont encore à être reconnues.
4) La lacune produite par la suppression des plantations obligatoires, qui se fait graduellement, de façon à ce qu'elle soit consommée en 1891, n'a été que partiellement comblée par les plantations libres dans 34 entreprises.

l'état économique de nos possessions et à tout appuyer par des chiffres.

Parmi ces appendices se trouvent aussi des tableaux étendus portant sur les détails importants de ce qui regarde chaque entreprise, en particulier sur ce qui regarde la production. Malheureusement, en parcourant ces données on est à chaque instant arrêté par le signe †, qui veut dire que les administrateurs de l'entreprise dont il est question n'ont point fourni de renseignements. C'est qu'il y en a qui répondent par un vrai mauvais vouloir à ce que l'on désire obtenir d'eux, et d'autres y mettent une grande indifférence. Cela rend impossible pour le gouvernement de publier des indications promptes et complètes touchant la production. Voilà pourquoi l'état des résultats obtenus durant chaque année par les diverses entreprises, état qui se publie l'année suivante au mois d'août dans la Gazette de Java pour être ensuite reproduit par la Feuille officielle des Pays-Bas, présente toujours encore de nombreuses lacunes, quoique le gouvernement des Indes fasse appel depuis une couple d'années à l'aide des Chambres de commerce pour compléter ou rectifier les données qu'il a recueillies. Les courtiers de ce pays, qui apportent tant de soin à la partie statistique de leurs comptes-rendus annuels, se procurent une partie de leurs données par les bons offices de leurs agents à Java.

On n'a donc de données complètes que pour la production des entreprises au service du gouvernement.

M. N. P. van den Berg a fait œuvre très méritoire en publiant ses *Notes historiques et statistiques sur la production et la consommation du café*[1]), où se trouvent des indications sur la production du café depuis l'époque de la Compagnie jusqu'en 1879. Il donne aussi un état, rectifié et complété par ses recherches personnelles, de la production de café des entreprises particulières depuis 1849.

Le rapport colonial de 1880 a comme annexe un tableau figuratif de la production de café des cultures de l'Etat et des prix obtenus aux enchères depuis 1840 jusqu'en 1879. Ce tableau a été dressé par la section de statistique du secrétariat général — voy. classe 8 —, qui est aussi chargée de la rédaction de l'almanac officiel des Indes néerl. et de l'aperçu statistique décennal que depuis 1881 on a commencé d'y insérer. Cet état porte, en autres objets, sur les quantités de café, de su-

---

1) Revue de l'industrie et du commerce aux Indes néerl., vol. XXIV, livr. XI et XII. Ce travail a aussi été publié à part en anglais à Batavia.

cre, de tabac, de thé et d'indigo exportées pendant la dernière période de dix ans par l'Etat et par les particuliers. Ces quantités sont données à part pour Java et Madoura, d'un côté, et pour les possessions extérieures, de l'autre. On trouve donc dans ces tableaux un résumé de tout ce que les Indes néerl. ont produit en dix ans non seulement pour le marché européen, mais généralement pour le marché étranger. C'est à ces données que M. Jaeger a emprunté la matière de la feuille IV de ses tableaux, laquelle a trait à l'exportation de Java [1]).

Le dernier état de l'exportation des Indes néerl. en denrées commerciales se trouve dans l'almanac officiel des Indes néerl. pour 1883, qui a été imprimé à la fin de novembre 1882 et que la malle nous apportait dans le courant de janvier. Il y en a un exemplaire à l'exposition (voy. classe 15, n°. 1).

Dans la statistique concernant le commerce et la navigation aux Indes néerl. pendant l'année 1879, publiée par le gouvernement de la colonie, se trouve un tableau de la valeur et des quantités des principaux produits de l'agriculture et de l'industrie qui ont été exportés de tous les ports des Indes néerl. de 1875 à 1879, et des tableaux à part de cette exportation pour chacun des pays avec lesquels on trafique aux Indes néerl. (voy. classe 19, B).

La Société de statistique des Pays-Bas a publié l'année passée des données groupées année par année. On y trouve aux pages 162 et 163 l'indication des denrées gouvernementales provenant des Indes vendues aux Pays-Bas pour le compte de l'Etat depuis 1850; les chiffres sont donnés séparément pour le café, pour le sucre, pour l'étain et pour l'écorce de quinquina, et globalement pour toutes les autres denrées, indigo, poivre, tabac, thé, cannelle, cochenille, clous de girofle et noix de muscade, dont la culture forcée a été abolie. Il a paru récemment une traduction française de cette publication, sous le titre de *Résumé statistique pour le Royaume des PaysBas*, précédée d'une introduction détaillée à l'usage des lecteurs étrangers. Les pages XV—XVII traitent des colonies.

Indes occ. néerl. La superficie de terrain mis en culture en 1881 dans la colonie de Surinam avait un peu augmenté depuis 1879 et était de 12410,6 hectares. Ce chiffre se décom-

---

[1]) Dans la quantité de café exportée par des particuliers sont compris les 100000 pikols, ou 6176125 Kg., que le gouvernement vend toutes les années à Java depuis 1871.

posait en 3995,2 hectares de canne à sucre, 3657,5 de cacao, 1237,4 partie de cacao et partie de denrées alimentaires, 2209,8 entièrement de denrées alimentaires et 1163,9 de bananes, à quoi il fallait ajouter 144,8 hectares sur lesquels le café, le cacao et les denrées alimentaires se cultivaient pêle-mêle. Le café produit n'était pas grand'chose; seulement 9215 Kg. en 1881. La production du cacao suivait une marche ascendante; en 1881 elle avait été de 1871290 Kg. Celle du sucre avait été de 8854275 Kg., outre 2072446 litres de mélasse et 562770 litres de rhum et de *dram*.

Depuis 1871 le nombre des plantages de canne à sucre était tombé de 66 à 33. On espérait cependant beaucoup de l'influence que devait exercer sur cette branche d'industrie la fabrique centrale de sucre fondée par la Société de commerce, pour transformer industriellement la matière première produite par les plantages dont les propriétaires traitent dans ce but avec la fabrique. Le nombre des créoles et autres gens non immigrés qui travaillent sur les plantages allait en diminuant, tandis que celui des immigrants allait en croissant. Les arrivages venaient des Indes anglaises à l'aide de subsides du fonds d'immigration. Presque tous ces travailleurs cependant retournaient dans leur patrie à l'expiration de leur contrat. Un petit nombre d'entre eux seulement avaient obtenu en 1881 sur leur demande des lots de terre pour s'y établir et les cultiver. Ces immigrants possédaient en 1881 dans la caisse d'épargne des dépôts pour une somme de fl. 97259,39.

Quant aux îles des Indes occ., St. Martin a exporté en 1881 264000 Kg. de sucre et un peu de maïs, et St. Eustache des pommes de terre et des *jams* en quantités peu importantes.

W. B. BERGSMA, Dr. en droit et F. M. JAEGER.

25. Cartes, instructions, formulaires et autres documents relatifs au cadastre. — Bureau du cadastre aux Indes néerl.

a. Résumé de l'histoire du cadastre à Java et de son état actuel.

b. Parcellage de la Div. cadastrale de Semarang en vue de la triangulation et du sectionnement, avec cartes et états annexés. Relié.

c. Carte générale de la Div. cadastrale de Semarang et de sa répartition en sections.

d. Ébauche du plan de la Div. cadastrale de Samarang, avec annexe.

e. Deux copies d'ébauches de plans; l'une, le plan mis au net; l'autre, atlas de poche.

f. Ébauche du plan de la Div. cadastrale de Pasourouan, accompagnée de sa carte, où est indiqué le rapport entre l'ancien parcellement en vue du *landrent* et le parcellement cadastral actuel.

g. Portion de la carte générale, inachevée, de la Div. cad. de Sourabaya,

GROUPE III. Vingtième Classe. 141

exposée comme échantillon du genre de dessin et de hâchures adopté.

h. Deux cartes spéciales de dessas; dessas de Wanasri et de Kemiri, distr. de Sourabaya.

i. Carte collective du district de Karang anyer, rés. de Bagelèn, provenant de l'ancien relevé statistique.

j. Carte générale de la triangulation géographique de Java, dressée et reproduite photographiquement au bureau topographique de Batavia.

NB. Les parties de l'île marquées d'une teinte au carmin sont celles qui ont été mesurées pour l'ancien relevé statistique et dont le cadastre tient à jour l'enregistrement. On a marqué de hâchures au carmin celles que le cadastre a lui-même mesurées et qu'il continue à tenir à jour.

k. Instructions pour le mesurage et pour la mise en carte dans les chefs-lieux et dans l'intérieur du pays. — Instruction pour les conservateurs du cadastre au sujet de la tenue des registres cadastraux, avec les formulaires nécessaires, remplis en partie.

l. Carte de la triangulation cadastrale des districts de Probolinggo, de Soumberkareng et de Dringgo, rés. de Probolinggo.

m. Ebauche du plan de la Div. cadastrale de Kotta Probolinggo.

n. Certificat d'arpentage d'une parcelle de terrains en friche de la rés. de Probolinggo, et un autre de la rés. de Batavia, d'après la forme actuellement suivie par le cadastre là où la cadastration générale n'est pas encore commencée.

o. Copies sur papier vert de notes faites en campagne au crayon par des mantris (arpenteurs indigènes), qui les enregistrent à l'encre à domicile.

p. Prescriptions pour la tenue à jour des cartes, des états et des registres des relevés statistiques antérieurs.

q. Registres fonciers, Etat A et carte auxiliaire de la dessa de Wanasri; annexes de la carte de la dessa mentionnée ci-dessus sous la lettre *h*.

26. Carte cadastrale de Batavia en quatre feuilles. — **Ministère des colonies.**

27. Copie manuscrite d'une carte cadastrale de 1770 de la ville de Batavia, faite pour pouvoir la comparer à la carte cadastrale de cette capitale dressée cent ans plus tard. — **Bureau topographique, à Batavia.**

28. Esquisse de la culture de la canne et de la fabrication du sucre dans la colonie de Surinam, par C. J. Hering; avec diagramme de l'exportation du sucre en kilogrammes, de 1832 à 1882, et un état de l'exportation du sucre de 1700 à 1882. Manuscrit. — **C. J. Hering, à Surinam.**

C. Produits agricoles: Echantillons.

Cette subdivision de la classe 20 peut se passer d'explications générales après ce qui a été déjà dit dans les introductions des lettres A et B de cette classe.

29. Types de denrées cultivées aux Indes or. néerl. et exportées de là à l'étranger. — **Dummler et Cie, à Java, représentés par M. P. Pels, à Amsterdam.**

A. Café.
Java.
1—4. Preanger brun, — jaune, — blanc, — pâle.
5—6. Pasourouan: Sisir vert, espèce des Indes occ.; Malang vert, — pâle.
8—11. Kadou jaunâtre, — blanc, — pâle, — verdâtre.

12—15. Samarang jaunâtre, — blanc, — pâle, — verdâtre.
16. Bagelen jaunâtre.
17 et 18. Banyoumas blanc, — pâle.
19. Solo verdâtre.
20. Tegal bon vert.
21. Chéribon pâle, — verdâtre bigarré.
22. Besouki espèce des Indes occ., verdâtre.
23 et 24. Probolinggo esp. des I. occ., vert, — verdâtre
25 et 26. Kediri bon blanc, — pâle.
27. Pekalongan verdâtre.
28. Pangôl verdâtre pâle.
29—31. Bantam, esp. de Demerary, pâle, — — verdâtre, — — gris.
32 et 33. Indramayou, esp. du Préanger, blanc, — — pâle.
34. Banyouwangi pâle clair.
35. Batavia, esp. du Préanger, blanc.
36. Sourabaya verdâtre pâle.

Java bleu, épluché en Hollande.

37 et 38. Pagilaran, belle couleur avec pellicule argentée, — fève ronde, belle couleur, avec pellicule argentée.
39—41. Ayer Dingin, grosses fèves, couleur d'or, — moyen id., — rond id.
42. Manipulation des I. occ. épluché à Java, coloré avec pellicule argentée.
43. Pamahoukan vert, manipulation ordinaire.
44—46. Nangoun bon vert, — café en baie, — café dans sa pellicule cornée.

Café de Libéria, cultivé à Java.

47. Manipulation des I. occ., jaunâtre, belle grosseur.
48. Manip. des I. occ., jaunâtre blanc, belle grosseur.
49. Manip. ordinaire.

Possessions extérieures.

50—53. Menado jaune foncé, — bon jaunâtre, — blanc, — jaune.
54 et 55. Belang jaunâtre pâle, — blanc clair, grosses fèves recherchées.
56. Amourang gros jaunâtre.
57. Bali jaunâtre pâle, non épluché.
58—61. Timor bon jaunâtre, — blanc, — pâle, — verdâtre.
62—64. Palembang, vieux, blanc, pâle, carié, — bon jaune, — blanc.
65—67. Bonthain jaunâtre, — blanc, — verdâtre.
68. Sinjai jaunâtre.
69 et 70. Boungi jaunâtre, — blanc.
71 et 72. Louwou jaunâtre, — blanc.
73. Bouton blanc.
74. Maros blanc pâle.
75. Bouloukoumba pâle.
76. Paré vert bigarré.
77. Soumbawa gris bigarré.
78—80. Soumaniek, manipulation des I. occ., belle couleur, gros — — couleur moyenne — — belle couleur, rond.
81—83. Galong batou, manip. des I. occ., assez coloré, gros, — — assez coloré, moyen, — — assez coloré, rond.
84. Haut-Pays de Padang.
85. Mandheling.
86. Ayer Bangis.
87. Angkola.
88. Painan.

B. Thé.

89—103. Boui, Congo, Souchon, Pouchon, Kempoui, Soupoui Pecco, Pecco Souchon, Pecco, Flowery Pecco, Orange, Tonkaï, Schin, Hysant, Urim, Joosjes.

C. Tabac.

Java.

104. Kediri, feuille extérieure brun foncé.
105. Besouki, feuille extérieure picotée brun clair.
106. Loumajang, feuille extérieure claire.
107. Banyoumas, feuille extérieure brune.
108. Malang, coupe de Crossot.

Sumatra.

109. Langkat, feuille extérieure brun clair.
110. Deli, feuille extérieure brune.

D. Etain.

111. Etain de Bangka.
112. Etain de Billiton.

E. Gomme élastique.

113. Gomme élastique des Lampongs.
114. Gomme élastique de Bengkoulen.

F. Gutta-percha.

115. Gutta-percha de Sumatra.

G. Poivre.

116. Poivre long.
117. Poivre des Lampongs.

H. Riz.

118. Riz pour la table, de Kandangau.
119. D° d'Indramayou.
120. D° de Revius.

I. Cubèbes.

121. Cubèbes.

GROUPE III. Vingtième Classe.

J. Indigo.

122. Très dur, très lourd, pâle d'ardoise.
123. Violet presque sans couleur.
124. Violet bon rouge, fin.
125. Assez doux, fin, violet rouge vif.
126. Très doux, très fin, très coloré, violet rouge.

K. Gomme de copal.

127—130. Gorontalo dure A, B, C et D.
131. Beau naturel, rapé.
132. Naturel, non rapé.
133. Naturel, Papoua.
134. Ternate, beau naturel.
135. Ternate, bon naturel.

L. Gomme de damar.

136 et 137. 1re et 2e qualité, Batavia.
138 et 139. 1re et 2e qualité, Padang.

M. Gomme de benjoin.

140 et 141. 1re et 2e qualité, Sumatra.

N. Cassia.

142 et 143. 1re et 2e qualité, Padang.
144. Cassia fistula.

O. Noix de muscade.

145 et 146. Noix de Banda, 80 au demi-kilogramme, — 120 au $\frac{1}{2}$ kg.
147. Noix de Padang, 120 au $\frac{1}{2}$ kg.
148. Noix de Makasser, 120 au $\frac{1}{2}$ kg.
149. Noix de Makasser longues ou sauvages.
150. Noix de Padang dans la coque.

P. Macis.

151. Macis de Banda, 1re qualité.
152. Macis de Makasser, 1re qualité.

Q. Clous de girofle.

153. Clous de girofle ordinaires.
154. Clous de girofle d'Amboine.

R. Kapok.

155. Kapok, 1re qualité, nettoyé.
156. Kapok à moitié nettoyé.
157. Kapok brut.

S. Sucre.

158. Java, sucre à vapeur, blanc.
159. Java, sucre à vapeur, gris.

T. Padi.

160. Deux bottes de Padi de Java.

---

30. **Vitrine renfermant une collection d'échantillons de café, de thé, de sucre et d'autres denrées de Java.** — Banque de commerce des Indes, en qualité de représentante des entreprises suivantes :

a. Territoires particuliers.

Chikandi oudik, rés. de Bantam, div. de Serang.
Chikoppo, rés. de Batavia, div. de Buitenzorg.

b. Entreprises pour l'exploitation du sucre par contrat.

Adiwerna, rés. de Tegal, div. de Tegal.
Banjar-dawa, rés. de Tegal, div. de Pemalang.
Jati-barang, rés. de Tegal, div. de Brébès.
Jati-wangi, rés. de Cheribon, div. de Majalengka.
Karang-sambong, rés. de Cheribon, div. de Cheribon.
Société des fabricants de sucre de Japara.

c. Terres amphitéotiques.

Aardenburg, rés. des régences du Préanger, div. de Soukaboumi.
Arjasari, rés. der rég. du Préanger, div. de Bandong.
Kosala, rés. de Bantam, div. de Lebak.
Panoumbangan, rés. de Pekalongan, div. de Pekalongan.
Chisela, rés. de Bantam, div. de Lebak.
Waspada, rés. des rég. du Préanger, div. de Limbangan.

d. Entreprises reposant sur le travail libre.

Bala Poulang, rés. de Tegal, div. de Brébès.
Kali tanjong, rés. de Cheribon, div. de Cheribon.

e. Société de Bagelèn pour le thé et le quinquina, rés. de Bagelèn, div. de Ledok.

A. Café.

1. Café dans la pellicule cornée, gros, A et B. — Panoumbangan.
2. Café dans la pellicule cornée, moyen et petit. — Panoumbangan.
3. Café mâle dans la pellicule cornée,

gros, moyen et petit. — Panoumbangan.
4. Café dépouillé, méthode des I. occ., gros, moyen et petit. — Panoumbangan.
5. Café dépouillé, méthode des I. occ., pellicule argentée. — Panoumbangan.
6. Café dépouillé, méthode des I. occ., mâle, gros, moyen et petit. — Panoumbangan.
7. Café dépouillé, méthode ordinaire, gros, moyen et petit. — Panoumbangan.
8. Café séché pellicule rouge, gros, moyen et petit. — Panoumbangan.
9. Café séché pellicule rouge, soudé ensemble. — Panoumbangan.
10. Café blanc, récolte de 1880. — Panoumbangan.
11. Café Liberia, pell. cornée, réc. de 1881. — Panoumbangan.
12. Café Liberia. — Chikandi oudik.
13. Café, méthode ordinaire. — Chikandi oudik.
14. Café, pell. cornée. — Chikandi oudik.
15. Café Liberia, pell. cornée. — Chisella.
16. Café Liberia, méthode ordinaire. — Chisella.
17. Café, méthode ordinaire. — Chikoppo.
18. Café, méthode des I. occ. — Chikoppo.
19. Café, méthode des I. occ. — Aardenburg.
20. Café, séché artificiellement. — Waspada.
21. Café, méthode ordinaire du Préanger. — Waspada.
22. Café, modifié. Méth. des I. occ. — Waspada.
23. Café, méth. des I. occ. — Kosalla.
24. Café Louak. — Kosalla.
25. Café mâle, méth. des I. occ. — Kosalla.
26. Café mâle, méth. ordinaire. — Kosalla.
27. Café, méth. ordinaire. — Kosalla.

B. Thé.
1. Pecco. — Chikandi oudik.
2. Pecco Souchon. — Chikandi oudik.
3. Souchon. — Chikandi oudik.
4. Congo. — Chikandi oudik.
5. $2\frac{1}{4}$ kg. Flowery Pecco. — Arjasari.
6. $2\frac{1}{4}$ kg. Pecco. — Arjasari.
7. $2\frac{1}{4}$ kg. Bro. Pecco. — Arjasari.
8. $2\frac{1}{4}$ kg. Souchon. — Arjasari.
9. Sortes diverses. — Waspada.
10. Sortes diverses. — Société de Bagelèn.

C. Sucre.
1. Sucre de premier jet centrifugé. — Adiwerna.
2. Sucre de premier jet terré. — Adiwerna.
3. Muscovade. — Adiwerna.
4. Sucre de mélasse n° 1. — Adiwerna.
5.   ″   ″   ″   ″ 2.   ″
6.   ″   ″   ″   ″ 3.   ″
7.   ″   ″   ″   ″ 4.   ″
8.   ″   ″   ″   ″ 5.   ″
9. Sucre de mélasse décentrifugée n°. 5. — Adiwerna.
10. Sucre n°. 20 fabriqué à la chaux. — Jatibarang.
11. Muscovade. — Karang Sambong.
12. Sucre de premier jet n°. $\frac{20}{14}$. — Karang Sambong.
13. Sucre de mélasse. — Karang Sambong.
14. Sucre de premier jet n°. 20. — Bala Poulang.
15. Sucre de premier jet n°. 17. — Pala Poulang.
16. Sucre de premier jet n°. 14. — Bala Poulang.
17. Sucre de premier jet et sucre de mélasse n°. 14. — Bala Poulang.
18. Sucre de mélasse, nuance grise. — Bala Poulang.
19. Sucre de mélasse, nuance rouge. — Bala Poulang.
20. Sucre n°. $\frac{20}{14}$. — Kali tanjong.
21. Sucre terré — Banjardawa.
22. Sucre centrifugé. — Banjardawa.
23. Echantillons de sucre — Jatiwangi.
24. Echantillons de sucre. — Société de Japara.

D. Divers.
1. Noix de coco (amande). — Chikandi oudik.
2. Noix de coco, pressée pour extraire l'huile. — Chikandi oudik.
3. Huile de kachang; échantillons accompagnés d'une explication. — Waspada.
NB. L'huile de kachang se tire de l'*Arachis Hypogaea*, appelée en mal. et en jav. *kachang tanah* ou *kachang china*, en sondanais *sououk* et en anglais *groundnut*. Une variété de cette plante, dont les semences ont été apportées d'Angleterre il y a une dizaine d'années et cultivées à Wapara par M. Holle, a sur l'ordinaire l'avantage que ses noix sont mures en 4 mois environ, tandis qu'il faut de 7 à 9 mois pour l'es-

pèce ordinaire. On l'appelle Sououk Waspada ou Sououk Holla, et les indigènes en sont tellement charmés que l'espèce a été propagée dans tout le Préanger sans aucune intervention administrative. Ces détails sont tirés d'une note jointe par M. K. F. Holle à l'envoi des objets ici exposés.

4. Arrowroot. — Chikandi oudik.
5. Feuilles de patchouli (*Pagostemon Patchouly* Pell.-Saut.). — Chikandi oudik.
6. Pisang séché. — Chikandi oudik.
7. Vanille. — Chikoppo.
8. Riz, 1re qualité. — Chikoppo.
9. Ecorce de quinquina. — Waspada.
   a. Ledgeriana g., d'arbres de $4\frac{1}{2}$ ans, type à feuilles vertes.
   b. Ledgeriana r., d'arbres de $4\frac{1}{2}$ ans, type à feuilles rouges.
   c. Ledgeriana b., d'arbres de $3\frac{1}{2}$ ans, type bâtard.
   d. Officinalis, d'arbres de 6 à 7 ans.
   e. Succirubra, d'arbres de $3\frac{1}{2}$ ans.
10. Cocons de vers à soie, avec liste et note. — Waspada.

NB. La note jointe à cet envoi est de M. K. F. Holle, lequel en se fondant sur l'expérience faite à Waspada, démontre la possibilité d'élever le ver à soie aux Indes néerl.

E. Livres sur le padi et d'autres denrées et notes manuscrites de M. K. F. Holle sur l'élève des vers à soie aux Indes néerl. et sur l'Arachis Hypogaca.

31. Vitrine contenant 28 échantillons différents de sucre. — Fabricants de sucre de Tegal, par l'entremise de la banque des Indes néerl., à Amsterdam.

   a. Neuf de Doukouwringin.
   b. Deux de Kemanglen.
   c. Deux de Kemantren.
   d. Deux de Bala Poulang.
   e. Deux de Pangka.
   f. Quatre de Chomal.
   g. Deux de Pagongan.
   h. Deux de Maribaya.
   i. Deux de Jatibarang.
   j. Un de Banjardawa.
   k. Description détaillée, sur tableau manuscrit, des quatre échantillons de Chomal, avec l'indication de la marche de la fabrication, par le Dr. L. Ostermann, chimiste de la fabrique.

32. Collection de 182 échantillons de café, en partie café du gouvernement, en partie café provenant de territoires particuliers et de terrains cédés par contrat amphitéotique, à Java, Sumatra, Célèbes et Bali. — Factorerie de la Société néerl. de commerce, à Batavia.

Ces échantillons proviennent des entreprises d'exploitation [1]) ou des localités suivantes:

1—14. e. Jatirongo, rés. de Samarang, div. d'Ambarawa.
15—18. e. Kerjo, rés. Sourakarta, div. Wonogiri.
19, 20. e. Getas, r. Sourakarta, d. Boyolali.
21, 22. e. Pringapous, r. Sourakarta, d. Boyolali.
23, 24. e. Ngasinan, r. Sourakarta, d. Boyolali.
25, 26. e. Stougour, r. Sourakarta, d. Boyolali.
27. e. Pouchan Keringas, r. Sourakarta, d. Boyolali.
28. e. Tlogo, r. Samarang, d. Salatiga.
29. e. Sringin, r. Samarang, d. Kendal.
30. e. Ngareanak, r. Samarang, d. Kendal.
31. e. Jerôk Wanal et Plosso Boungal, r. Sourakarta, d. Wonogiri.
32. e. Golli, r. Samarang, d. Salatiga.
33—36. Café du gouvernement, provenant de Samarang, Kadou, Sourakarta en Jokyakarta.
37—41. e. Gebougan, r. Samarang, d. Ambarawa.
42. e. Gadoungan, r. Sourakarta, d. Wonogiri.
43. Café du gouv. provenant de Japara.
44—48. e. Sikecher, r. Samarang, d. Kendal.
49—53. e. Sedandang, r. Samarang, d. Kendal.

---

1) Les noms des entreprises d'exploitation agricole sont précédés de la lettre e.

146 GROUPE III. Vingtième Classe.

54. c. Rembes, r. Samarang, d. Kendal.
55 et 56. e. Soukamali, r. Samarang, d. Kendal.
57. c. Medune, r. Samarang, d. Kendal.
58, 59. e. Terwidi, r. Samarang, d. Ambarawa.
60. c. Mangir, r. Samarang, d. Kendal.
61, 62. c. Mangies, r. Sourakarta, d. Klaten.
63. c. Satrian, r. Sourakarta, d. Boyolali.
64. e. Jatirongo, r. Samarang, d. Ambarawa.
65, 66. Boumiayou, r. Tegal, d. Brebes.
67—69. Salem, r. Tegal, d. Brebes.
70—72. Lebaksiou, r. Tegal, d. Brebes.
73—75. Bongas, r. Tegal, d. Pamalang.
76. Gantoungan, r. Tegal, d. Pamalang.
77. Mandiranja, r. Tegal, d. Pamalang.
78—80. e. Karang mego, r. Pekalongan.
81—82. e. Wonodadi, r. Pekalongan.
83. e. Simbang, r. Pekalongan.
84 et 85. e. Jolotigo, r. Pekalongan.
86 et 87. e. Sido Gouno et Proumpang, r. Pekalongan.
88 et 89. Café du gouv. provenant de Pekalongan.
90 et 91. e. Tombo, r. Pekalongan.
92—94. e. Karang Mego, r. Pekalongan.
95 et 96. Café de Lahat, r. Palembang.
97. Café de Mouara-doua, r. Palembang.
98. Café de Tebing-tinggi, r. Palembang.
99—102. e. Loubou Selasi, r. Haut-Pays de Padang, afd. XIII en IX Kota's.
103—106. e. Soumanik, r. Haut-Pays de Padang, d. Tanah Datar.
107—110. e. Gadoung Batou, r. Haut-Pays de Padang, d. Tanah Datar.
111. Café du gouv. provenant du Haut-Pays de Padang.
112. Café du gouv. provenant de Mandheling.
113. Café du gouv. provenant de Angkola.
114. Café du gouv. provenant de Ayer Bangis.
115. Café du gouv. provenant de Painan.
116. Café du gouv. provenant de Indrapoura.
} Gouvt. de la Côte occ. de Sumatra.
117. Bengkoulen
118. Moko-Moko, r. Bengkoulen (originaire de Korinchi).
119. Exploit. de H. A. Mess, r. Padang.
120. c. Loubouk Gedong, r. Padang.
121, 122. Café du gouv. provenant de Banjoumas.
123, 124. Café du gouv. provenant de régences du Preanger, d. Chichalengka.
125, 126. Café du gouv. provenant de Bagelèn, d. Ledok.
127, 128. Café du gouv. provenant des régences du Preanger, d. Limbangan.
129. Bonthain, gt. de Célèbes.
130. Bouloukoumba, gt. de Célèbes.
131. Sanjai, gt. de Célèbes.
132. Timor.
133. Boungi, gt. de Célèbes.
134. Louwou, gt. de Célèbes.
135. Badong, Bali.
136. Ile de Bouton, gt. de Célèbes.
137. Maros, gt. de Célèbes.
138, 139. Menado, r. Menado.
140. Belang, r. Menado.
141. Amourang, r. Menado.
142, 143. Indramayou, r. Cheribon.
144. Linggar jati, r. Cheribon.
145. Majalengka, ″ ″
146. Galou, ″ ″
147—150. Kouningan, r. Cheribon.
151. Pandeglang, r. Bantam.
NB. Pandeglang est la seule division de cette résidence où l'on cultive un peu de café.
152. c. Bounga Melour et Passir Nangka, r. Reg. du Preanger, d. Chanjour.
153. c. Sinagar Chirohani, r. Rég. du Preanger.
154. e. Chiwangi, r. Rég. du Preanger, d. Chianjour.
155. Chikandi Oudik, territ. part., r. Bantam, d. Serang.
156. Tanjong West (Pasar Mingo), territ. part., res. Batavia, d. Meester Cornelis.
157. Manque.
158a—158b. c. Daoulat, Rég. du Preanger, d. Chichalengka.
159a, 159b. c. Chitrap, territ. part., r. Batavia, d. Buitenzorg.
160a, 160b. e. Calorama, r. Rég. du Preanger, d. Chianjour.
161. c. Siti arja, r. Rég. du Preanger d. Chichalengka.
162. Chiomas, territ. part., r. Batavia, d. Buitenzorg.
163—166. r. Rég. du Preanger.
167, 168. r. Krawang.
169. c. Boumiayou, r. Pasourouan, d. Malang.

170. c. Soumber nongko, r. Pasourouan, d. Malang.
171. c. Waliran, r. Madioun, d. Madioun.
172, 173. Bendo, r. Besouki, d. Banyouwangi.
175—176. Wangkal, Bali.
NB. Le n°. 175 est un échantillon de café de Bali, mais le n°. 174 est un échantillon de fèves de cacao et le n°. 176 de cacoa fabriqué. L'entreprise de Wangkal appartient au jonkheer H. I. A. S. de Mey van Gerwen.
177. Malang, r. Pasourouan.
178. Mojokerto, r. Sourabaya.
179. Rés. Kediri.
180. R. Besouki.
181. R. Probolinggo.
182a et 182b. R Madioun.

33. Echantillons de café provenant des territoires affermés de Bonowati et de Simbarwangi, rés. de Madioun, div. de Panorogo. — J. T. van Bloemen Waanders, représenté par Voûte et Cie, à Amsterdam.

a. Café de 1e qualité de Bonowati, récolte de 1882, traité par la méthode des Indes occ. — Gros.
b. Idem, moyen.
c. Idem, rond.
d. Café de 1e qualité de Simbarwangi, récolte de 1882, traité par la méthode des Indes occ.; gros.
e. Idem, moyen.
f. Idem, rond.

34. Sept échantillons de café de Java, e. Selokaton, r. Samarang, d. Kendal. — A. van der Leeuw, planteur de café, à Java.

a. Café de 1re qualité de Wringin Sari, méth. des I. occ.
b. Café de 1re qualité de Pouchan Sari, méth. des I. occ.
c. Café de 1re qualité de Parakan, méth. des I. occ.
d. Café de 1re qualité de Jambean, méth. des I. occ.
e. Café de 1re qualité de Banaran, méth. des I. occ.
f. Café de 1re qualité de Genting Gounong, méth. des I. occ.
g. Café dans la pellicule cornée.

35. Echantillons de café mâle et de café ordinaire de la terre amphitéotique de Lebak Paré, distr. de Sajira, r. Bantam. — H. Suermondt et Cie, à Rotterdam.

36. Echantillons de sucre et d'indigo de l'entreprise de Bangah Penging, r. Sourakarta, rég. de Bayolati. — R. Rauws, à Arnhem.

37. Types d'indigo de Borneo, 35 échantillons dans une vitrine séparée. — L. C. Schalkwyk, à Samarang.

Type n°. 1. 4 échantillons, pâte douce, unie et grasse; couleur, violet-mat. 4 autres, pâte assez douce, unie, pas parfaite; couleur, violet très mat. 4 autres, pâte assez douce, unie, grasse; couleur, violet mat ordinaire, un peu taché.
Type n°. 2. 4 échantillons, pâte douce, unie et grasse; couleur, bon violet, un peu pâle. 4 autres, pâte assez douce et unie, passablement grasse; couleur, violet pâle.
Type n°. 3. 4 échantillons, pâte assez douce, pas parfaite; couleur, bon bleu, assez vif. 4 autres, pâte assez douce, un peu grossière; couleur, bleu pâle.
Type n°. 4. 3 échantillons, pâte assez douce, grossière et imparfaite; couleur rouge mat. 4 autres, à grain assez grossier et imparfait; couleur, rouge mat très ordinaire.
L'analyse de l'éch. 2 du type 2 a montré que cet indigo contenait 60,3 °/$_0$ d'indigotine pure; les meilleures espèces de Java en contiennent de 40 °/$_0$ à 85 °/$_0$.

38. Huit échantillons d'indigo de l'entreprise d'indigo de Plagan, rés. de Sourakarta, d. de Katten. — F. Ph. van Suchtelen, administrateur et copropriétaire.

39. Cloche recouvrant des échantillons d'indigo de la terre de Bangôn Arjo, rés. de Pekalongan. — W. F. Brandon, à Amsterdam.

40. Collection d'échantillons d'indigo des diverses entreprises de Java, et des principales sortes d'indigo anciennement cultivées sur ordre du gouvernement. — P. G. C. Calkoen, courtiers en matières colorantes, à Amsterdam.

41. Quinze espèces de thé, de chaque espèce une caisse et un flacon, du plantage de Parakon Salak, Rég. du Préanger, d. Soukaboumi; propriétaires, Hoirs A. W. Holle; administrateur, — G. C. F. W. Mundt.

Ces échantillons sont, 1 d'imperial Pecco, 2 de flowery Pecco, 1 de Pecco, 2 de Pecco Souchon, 1 de Souchon, 1 de Congo, 1 de Pecco brisé, 1 de Bohea, 1 de Joosjes, 1 d'Uxim, 1 d'Hyson, 1 de Twankay et 1 de Schin.

42. Huit caisses et six flacons contenant des échantillons de thé du plantage de Chisalak, Rég. du Préanger, div. de Soukabonni. — F. C. Philippeau, cum suis, propriétaires.

Les échantillons en boite sont 1 Pecco, 2 Pecco Oolong, 2 Pecco brisé, 1 Souchon et 2 Congo; ceux en flacons sont 1 superior Pecco, 1 flowery Pecco, 1 Pecco, 1 Pecco Oolong, 2 Pecco Souchon.

43. Vingt-quatre échantillons de thé noir de Java de l'entreprise de thé de Dramaga, rés. de Batavia, d. de Buitenzorg. — J. G. Th. van Motman, propriétaire.

Les échantillons sont a. Pointes blanches (*white tips*): 1°. imperial Pekoe, 2°. flowery Pekoe, 3°. Pekoe, 4°. broken Pekoe, 5°. Soupoui Pekoe, 6°. Pekoe Souchon, 7°. Souchon, 8°. broken Souchon, 9°. Congo, 10°. flowery Pekoe siftings, 11°. Pekoe siftings, 12°. Siftings. — b. Pointes jaunes (*yellow tips*), mêmes marques, 13°.—24°.

44. Echantillons de tabac des colonies néerl. et de sigares fabriqués avec ce tabac, plantes de tabac aux différentes phases de leur développement, et imitation d'un hangard à sècher et à trier le tabac à Java et à Sumatra. — Comité de l'exposition collective de tabac, représentant plusieurs personnes qui s'intéressent au commerce du tabac aux Pays-Bas (hors concours).

NB. Le but de cet envoi est de donner une idée de la culture du tabac aux Indes néerl. et d'attirer l'attention des visiteurs de l'exposition sur les qualités excellentes des tabacs de nos colonies. Toutes les espèces principales sont représentées par des séries d'échantillons qui donnent une idée des différentes nuances et des différentes qualités de chaque espèce. On a d'ordinaire, pour mieux faire juger de la couleur, collé sur du carton une feuille de chaque échantillon. En outre on a exposé des sigares fabriqués avec ces différentes sortes de tabac; ils sortent de la fabrique de M. B. Bergman Carels, à Amsterdam.

Sur une grande plateforme, entourée des vitrines des échantillons, a été élevé un hangard des mêmes matériaux (bambou et alang-alang) que l'on emploie dans ce but à Java et aussi en partie à Sumatra. La moitié en est aménagée pour le

GROUPE III. Vingtième Classe.

séchage, l'autre pour servir de magasin d'expédition. Les plantes qui y sont suspendues pour se sécher sont de grandeur naturelle; une Javanaise travaille au triage. La presse est du modèle de Java, habituellement suivi aussi à Sumatra.

Le spectateur voit en dehors du hangard des plantes de tabac de grandeur naturelle aux différentes phases de leur développement, du bibil (bouture) jusqu'à la plante en pleine floraison. Un Chinois s'en occupe.

Le tabac destiné au marché indigène est représenté par un petit panier de *apenhaar* (tabac coupé très fin, comme des poils de singe), hâché à la main par les indigènes. Deux paquets servent à faire voir comment on emballe le tabac de Java et de Sumatra.

Ce groupe a été combiné sur les dessins et sous la direction de l'architecte K. Muller; les plantes ont été fournies par la maison Pierre Lissone d'Amsterdam.

Une brochure intitulée (en hollandais) *Le tabac des colonies néerlandaises. Histoire. — Culture. — Commerce*, est mise gratuitement à la disposition de quiconque en fait la demande par écrit au Bureau de la section coloniale néerlandaise, en indiquant clairement son adresse.

45. Collection d'échantillons de tabac de Java en feuille, provenant de l'entreprise de tabac de Passirian, r. Probolinggo, d. Loumajang. Récolte de 1882. Apprêté, trié et mis en bottes pour le marché européen, et marqué en même temps des lettres et numeros d'usage, pour désigner la couleur et la longueur de la feuille. — F. von Bihl, à la Haye.

46. Echantillons de sucre de diverses entreprises de la contrée de Jokyakarta.

a. 12 flacons de sucre de Tegal-warou.
b. 5 dito de Lipouro.
c. 6 dito de Sewou-galôr.
d. 5 dito de Pleret et Kenallan.
e. 10 dito de Randou-gounting.
f. 5 dito de Tanjoung-tirto.
g. 5 dito de Bantoul.
h. 5 dito de Beran.
i. 10 échantillons de kranjangs remplis de sucre et 1 kranjang vide, de Tegal-warou.

47. Collection complète d'échantillons de sucre (récolte de 1882) de l'entreprise de sucre de Kedaton Pleret, rés. de Jokyakarta. — C. A. Tol, à Amsterdam.

48. Echantillons de sucre et d'autres denrées provenant de diverses entreprises de Sourakarta.

a. Echantillons de sucre de Karang Anyer. — S. A. le Pangéran Adipati Ario Prabou Prang Wedono V.
b. Echantillons de sucre de Chepper, (A. I, A. II, A. III, A. IV). — G. Breyman.
c. Echantillons de kapok, et de poivre noir et blanc de Getas. — L. Couvreur.
d. Echantillons de noix de muscade de Kemouning. — F. Harloff.
e. Echantillon de vanille de Krejo. — J. Engelken.
f. Echantillons de poivre blanc de Pringapous.

49. Echantillons de café et de sucre. — S. A. le Pangéran Adipati Ario Prabou Prang Wedono.

a. Café dans sa bourre et sans bourre, croissant à 3000 pieds au dessus de la mer.
b. Café dans sa bourre et sans bourre, croissant à 2200 pieds au moins au dessus de la mer.
c. Cinq espèces différentes de sucre, provenant de la fabrique de sucre de Cholomadou.

50. Flacon de vanille du territ. particulier de

Chikandi Ilir, rés. de Bantam, div. de Serang.

51. Echantillons de denrées des régences du Préanger. — H. F. Holle, à Waspada.

a. Tabac.
b. Jagonng.
c. Sucre de canne.
d. Sucre d'Arèn.
e. Cacao.
f. Vanille.
g. Kajang Kliké.
h. Rami.
i. Cannelle.
j. Papier indigène.
k. Café de Waspada, a, b et c.
l. $\frac{1}{12}$ de caisse de thé de Waspada, dans laquelle des échantillons de:
  1. Peko.
  2. Souchong.
  3. Peko souchong.
  4. Broken peko.
  5. Souchong.
  6. Peko Souchong.
  7. Congo.
  8. Broken peko.

52. Deux échantillons de sucre brut de la terre amphitéotique de Kadipaten, rés. de Cheribon, et 13 espèces de cannes qui ont été cultivées au même endroit par manière d'essai; analyse chimique de ces cannes. — J. G. C. A. de Vogel et J. S. Bowles, propriétaires.

NB. L'analyse a donné les résultats suivants:

ESPÈCES DE CANNE.	Densité.	Sucre.	Glucose.	Eau.	Cendres.	Inconnu.	POUR 100 DE MATIÈRE SÈCHE.			
							Sucre.	Glucose.	Cendres.	Inconnu.
Canne de Zwart.	1.077	18.90	0.70	79.88	0.20	0.32	93.96	3.48	0.99	1.57
„ „ Sourat.	1.0789	17.50	0.96	80.90	0.25	0.39	91.60	5.02	1.30	2.08
„ „ Kasso.	1.0769	16.40	1.48	81.45	0.26	0.41	88.40	7.90	1.30	2.40
„ „ Hauer.	1.0769	16.25	1.45	81.44	0.51	0.75	87.80	5.60	2.70	3.90
„ „ Zilin.	1.0709	14.90	1.40	82.70	0.47	0.53	86.10	8.09	2.65	3.16
„ „ Bodas.	1.0699	14.50	1.60	82.93	0.27	0.70	84.94	9.30	1.50	4.26
„ „ Borneo.	1.0669	13.40	2.08	83.62	0.31	0.59	81.80	12.09	1.90	4.21
„ „ Keong.	1.0679	13.45	2.50	83.40	0.27	0.38	81.—	15.09	1.62	2.29
„ „ Yapara.	1.0659	12 60	2.—	83.85	0.65	0.90	77.90	12.30	4.02	5.78
„ „ Malem.	1.0669	12.50	3.12	83.63	0.27	0.48	76.35	19.05	1.52	3.08
„ „ Apon.	1.0684	12.30	2.50	83.28	0 92	1.—	73.50	14.90	5.50	6.10
„ „ Mangli.	1.0639	11.20	2.30	84.32	1 40	0.76	72.—	14.60	8.20	5.20
„ „ Woulong.	1.0719	12.40	4.—	82.48	0.50	0.62	70 70	22.70	2.80	3.80

53. Echantillons de sucre de l'entreprise de Maribaya, r. de Tegal, d. de Tegal, marchant au moyen de conventions libres avec les indigènes. — S. Wiselius.

54. Thé et sucre de canne de la résidence de Tegal.

NB. Ces objets font partie d'une collection de „produits agricoles, sylvicoles et autres de Tegal." Voy. la cl. 10, D.

55. Tronc de quinquina encore en partie revêtu

de son écorce, de la terre amphitéotique de Karang mego, r. Pekalongan.

56. Echantillons de noix de muscade, de noyaux de kesoumba, de cacao, de farine de tapiocca, de farine de maïs et de poivre blanc, provenant de la terre amphitéotique de Golli, r. Semarang, d. Salatiga. — H. H. Haase.

57. Echantillons-types d'indigo, de sucre et de café. — Dorrepaal et Cie, à Samarang.

a. 64 éch.-types d'indigo, provenant du même nombre d'entreprises des contrées de Jokyakarta, de Sourakarta et de Pekalongan.
b. 10 éch.-types de sucre de Samarang, récolte de 1882, dans des flacons à l'émeri.
c. 6 éch.-types de café, récolte de 1882, dans des flacons à l'émeri.

58. Echantillons de sucre de l'entreprise de Rendeng, r. Japara, d. Koudous. — J. D. Heyning.

59. Sept espèces différentes de sucre de la fabrique de Soukodono, r. Sourabaya, d. Jombang (Mojo agoung), marchant au moyen de conventions libres.

60. Echantillons de sucre de l'entreprise de Kali Bagor, r. et d. de Bangoumas. — J. W. A. van Soest.

61. Echantillons de café provenant des terrains qui dépendent de la demeure de l'assistent-resident de Wonosobo, et des plantations de l'Etat de Ledok, r. Bagelèn.

62. Produits agricoles de la résidence de Kadou.

a. Cinq échantillons de café non épluché et cinq de café épluché, et un de café dans la pellicule cornée.
b. Café envoyé par M. Rose.
c. Deux sortes de café, envoyées par M. Nuse.
d. Cacao envoyé par M. van Aaken.

63. Flacon contenant un échantillon de café de la terre amphitéotique de Penampikkan, r. Kediri, d. Ngrowo. — E. M. van der Kaa.

64. Echantillons de café. — Régent de Kediri.

65. Un flacon contenant des fleurs du caféier et deux contenant des fruits, rés. de Pasourouan.

66. Echantillons de café, manipulation spéciale (2 flacons) et manipulation ordinaire; échantillon de sucre; le tout de la rés. de Pasourouan.

67. Echantillons de sucre de la rés. de Probolinggo.

a. Des entreprises contractuelles de Wonolangan, Sommberkareng, Bayounan et Oumboul, dans la rés. de Probolinggo, de Panjarakan, Gending et Phaéton, à Kraksaün, et de Soukodono à Loumajang.
b. Des terres amphitéotiques de Wonoasch à Probolinggo, et de Maron, Seboroh et Bagon à Kraksaün.

68. Balle de tabac marquée K. P. S. — Maarschalk et Cie.

69. Echantillons de sucre de l'entreprise contractuelle de Boudouan, r. et d. Besouki.

Huit flacons, dont sept de sucres divers et un de muscovade.

GROUPE. III. Vingtième Classe.

70. Kapok brut et travaillé. — **J. C. Klütgen**, à Rotterdam.

1. Arbre de kapok (*Eriodendron anfractuosum*).
2. Les noix.
3. Les amandes des noix.
4. L'huile des amandes.
6. Balle de kapok, de la terre affermée de Simbang, rés. Pekalongan.
7. Balle de kapok nettoyé aux Indes. Terre de Simbang.
8. Balle de kapok nettoyé et cardé dans la fabrique de l'exposant.

71. Flacon d'huile de noix de muscade, fabriquée à Benkoulen pour l'exporter en Angleterre (prix, sur place, fl. 4, en Angleterre, fl. 6) et échantillons de savon de muscade et de graisse de muscade (obtenue en pressant les noix de qualité inférieure), de 1re et de 2e qualité.

72. Quelques produits agricoles de la rés. de Menado.

a. Tige de tabac de l'année précédente; terre de Karang Bassan, appartenant à M. Burlage.
b. Vanille travaillée, fruits de la vanille conservés dans l'esprit de vin et fleurs de vanille fécondées artificiellement. Même terre.
c Noix de muscade et macis de la terre de M. Ulfers près de Koumeloumbouai.

73. Produits du parc à épices de Bourang à Grande-Banda.

a. Quatre flacons de noix de muscade traitées à la chaux et quatre de macis. Préparé comme pour le marché européen. NB. La moitié vient du parc de Kombir.
b. Deux flacons de savon de muscade.

74. Echantillons de noix de muscade, de macis et de leurs dérivés, sous-rés. de Banda. — **A. M. L. de Hartog**, à Amsterdam.

a. Imitation d'un muscadier, haute, avec le pot, d'environ 1,50 m.
b. Noix de muscade.
c. Macis.
d. Confiture de muscade.
e. Gelée de muscade.
f. Savon de muscade.
g. Huile de macis.
h. Macis bigarré ou de kakerlaque.
i. Fruits contenant une, quatre et six noix, conservées dans l'esprit de vin.
j. Noix de 2, 3 et 4 mois, dans l'esprit de vin.
k. Outils employés pour la cueillette des noix de muscade, $\frac{1}{2}$ et $\frac{1}{8}$ de la gr. nat.
l. Noix dans leur coque.

75. Quelques produits agricoles de la rés. de Ternate. — **Société de Bachan.**

a. Six kattis de cacao de Wai Sabatan à Bachan.
b. Un demi-katti de café de Wai Sabatan.
c. Morceau d'écorce de ganemo.
d. Ecorce du sifa.
e. Vingt noix de muscade avec le macis.

76. Echantillons de différents produits agricoles de la rés. de Ternate.

I. De Mariaro (Ternate).

a. Richa jawa itam, poivre noir.
b. Kofi laki-laki, café mâle.
c. Bounga pala, macis.
d. Chinki, clous de girofle.
e. Kofi, café, manip. ordinaire.
f. Kayou manis, cannelle.
g. Pala, noix de muscade.
h. Poivre frais, conservé dans de la gelée d'agar-agar.
i et *j.* Deux échantillons de noix de muscade fraiches.
k. Soklat, cacao.

II. De Tongolé (Ternate).

a. Noix de muscade.
b. Café, manip. ordinaire.

Groupe III. Vingtième Classe. 153

III. De Galéla (Halmaheira.

a. Cacao.
b. Café, manip. ordinaire.
c. Arrowroot.

77. Collection de produits de Surinam. — Société pour l'exportation de Surinam, à la Haye.

NB. Le but de cette collection étant de donner un aperçu d'ensemble des richesses que produit Surinam, nous avons cru devoir la laisser ici réunie, quoique une partie des objets dont elle se compose rentrent dans la lettre F de cette classe (Industrie), et qu'une autre partie puisse se ranger dans le groupe II, cl. 10, E.

1. Ananas.
2. Arrowroot.
3. Banane, mure, cons. dans le sucre.
4. Huile d'*Eperua falcata*.
5. Cacao.
6. Fécule de manioc.
7. Citron.
8. Huile de crapa, graisse de crapa (*Carapa Guianensis*).
9. Confitures de gingembre.
10. Gongoté, tranches de bananes sèches.
11. Goyave, goyave sèche, gelée de goyave (*Psidium Guaiava* var. *Pomiferum*).
12. Miel.
13. Semence d'indigo.
14. Kabbes (cabbage, chou palmiste) au vinaigre.
15. Café.
16. Huile de cocos.
17. Petits limons.
18. Résine de locus (*Hymenaea Courbaril*).
19. Orange, confitures d'oranges, pelures d'oranges (sèches).
20. Fécule du fruit de l'arbre à pain d'Otahiti.
21. Papaya, confitures de papaya (*Carica Papaja*).
22. Pegrekou (*Xylopia salicifolia*).
23. Noix de pinda (*Arachis hypogaea*).
24. Pommes de Cythère (*Spondias dulcis?*).
25. Huile de ricin.
26. Roucou, couleur pour le beurre (*Bixa Orellana*).
27. Riz.
28. Sapotille dans son jus (*Sapota achras*).
29. Ecorce de fruits confite.
30. Tamarin.
31. Fèves de tonka (*Dipterix odorata*).
32. Blé de Turquie.
33. Vanille.
34. Colle de poisson.
35. Echantillons de diverses espèces de bois:
 a. Bolletrie (*Lucuma mammosa*).
 b. Tamarinier des bois (*Mimosa Guianensis?*).
 c. Cœur brun (*Vouacapoua Americana*).
 d. Cèdre (rouge) (*Cedrela odorata*).
 e. Cèdre (blanc) (*Icica altissima*).
 f. Cœur vert (*Bignonia leucoxylon*).
 g. Cœur de fer (*Siderodendron triflorum*).
 h. Kounatépe ou acajou de Surinam (?).
 i. Kopie (*Goupia tomentosa*).
 j. Krapa (brun) (*Carapa Guianensis*).
 k. Krapa (blanc) (?).
 l. Kwarie (*Vochysia Guianensis*).
 m. Letterhout (*Brosimum Guianense*).
 n. Locus (*Hymenaea Courbaril*).
 o. Odou (?).
 p. Pisi (*Nectandra Pisi*).
 q. Cœur pourpre (*Copaifera pubiflora*).
 r. Sali (?).
 s. Bois de satin (?).
 t. Bois de serpents (*Brosimum Aubletii*).
 u. Wane (?).
36. Objets en bois de Surinam.
 a. 2 „Mimitjes" (sorte de table) en „purperhart" (voy. ci-dessus q).
 b. 2 boites à ouvrages.
 c. Etui en letterhout pour flacon de senteur.
 d. 2 liens de serviette en „purperhout".
 e. 2 dessous de bouteilles en bois de sali.
 f. 2 dito en bois de serpents.
 g. 2 coupes en bois d'acajou et de sali.
 h. Plateau fait de plusieurs espèces de bois
37. Trente-six cannes de parapluies.
38. Quarante-huit cannes faites de tiges naturelles.
39. Vingt-cinq cannes travaillées faites de tiges naturelles.
40 Echantillons de gutta-percha en feuilles.
41. Herbe dite *zygras*.
42. Chanvre de Mauritius.
43. Sasparcille (*smilax* spec.).
44. Rotin flexible de Surinam.
45. Membrures de navires d'environ 3 mètres de courbe (dimensions 30 cm. × 30 cm.).

154   GROUPE III. Vingtième Classe.

78. **Echantillons de cacao** provenant du plantage de Jagtlust à Surinam, lequel appartient aux hoirs Barnet Lyon. — **Wittering Frères**, à Amsterdam.

79. **Vingt-cinq échantillons différents de cacao de Surinam**. — Le nom de l'exposant suit l'indication de chaque échantillon.

a. Cacao du plantage de Clevia (Para inférieure). — J. R. C. Gonggryp.
b. Cacao lavé du pl. de Kwatta (Para inférieure). — H. Boekhoudt.
c. Cacao non-lavé du pl. de Kwatta (Para inf.). — H. Boekhoudt.
d. Cacao du pl. de Lust et Rust (Surinam inf.). — Vve J. D. Horst.
e. Cacao du pl. de Peperpot (Surin. inf.). — J. C. del Prado.
f. Cacao ayant fermenté trois jours, ayant été lavé et promptement séché, du pl. de Morgenstond (Para inf.). — J. F. Spiering.
g. Cacao ayant fermenté quatre jours. — J. F. Spiering.
h. Cacao ayant fermenté quatre jours et séché lentement. — J. F. Spiering.
i. Cacao ayant fermenté cinq jours et séché lentement. — J. F. Spiering.
j. Cacao lavé du pl. de Leliendaal (Commewyne inf.). — J. J. A. Salomons.
k. Cacao non-lavé du pl. de Leliendaal (Commewyne inf.). — J. J. A. Salomons.
l. Cacao de l'établissement de Wederzorg (Commewyne inf.). — J. J. van Klein.
m. Cacao lavé du pl. de Spieringshoek (Commewyne inf.). — A. Bray.
n. Deux éch. de cacao d'arbres de 4 et de 5 ans, lavé et non-lavé, du pl. de Berlin (Commewyne inf.). — G. B. Visser.
o. Cacao non-lavé du pl. de Monsort (Cottica sup.). — F. P. Bouguenon.
p. Cacao lavé du pl. de Broederschap (Saramacca inf.). — M. Schotman Mz.
q. Cacao du pl. de Concordia (Saramacca inf.). — F. P. Bouguenon.
r. Cacao jaune du pl. de 't Lot N°. 86 (Nickerie). — Dr. E. Dessé.
s. Cacao rouge, même provenance. — Dr. E. Dessé.
t. Cacao du pl. de Ryhenspark (Nickerie). — S. A. Ryhen.
u. Cacao du pl. de Crappahoek (Nickerie). — E. A. Cabell.
v. Cacao du pl. de Dankbaarheid (Saramacca inf.). — W. H. Niels.
w. Flacon à l'émeri renfermant du cacao conservé, de diverses espèces, et de divers degrés de développement. — J. F. Spiering.
x. Flacon de fruits murs du cacaotier, entiers et coupés en deux. — J. F. Spiering.
y. Deux flaçons contenant la fleur, des pousses de différents âges et le fruit. — J. R. C. Gonggryp.

80. **Vingt-deux échantillons différents de sucre de Surinam**. — Les noms des exposants se trouvent indiqués pour chaque échantillon.

a. Muscovade du pl. de la Rencontre (Para sup.), terre vierge. — J. F. Nuboer jeune.
b. Muscovade de Cappeweriland (terre laissée en friche, quoique ayant été cultivée auparavant). — J. F. Nuboer jeune.
c. Muscovade de terre vierge et de vieille terre, mêlé. — J. F. Nuboer jeune.
d. Muscovade du pl. de Boxel (Para sup.). — J. H. Martens.
e. Muscovade du pl. de Bleyendaal (Pauluskreek, Suriname inf.), terre vierge. — Henri Muller.
f. Muscovade du pl. de Voorburg (Surin. inf. — C. H. Bilgen.
g. Muscovade du pl. de Rust en Werk (Cottica inf.). — Th. van Lierop.
h. Muscovade du pl. de Zorg en Hoop (Cottica inf.). — R. D. Currie.
i. Muscovade du pl. de Goudmyn (Commewyne sup.). — C. C. L. Reeberg.
j. Muscovade du pl. de Breukelerwaard (Commetewane). — F. P. Bouguenon.
k. Muscovade du pl. de la Paix (Cottica sup.). — F. P. Bouguenon et J. V. Bouguenon.
l. Muscovade du pl. de Catharina Sophia (Saramacca). — Dr. E. Dessé.
m. Muscovade du pl. de Nursery (Nickerie). — Dr. E. Dessé.
n. Muscovade du pl. de Nursery (Nickerie). — Dr. E. Dessé.
o. Muscovade du pl. de Paradise (Nickerie). — Dr. E. Dessé.
p. Sucre blanc cristallisé dans l'appareil à vide, prov. du pl. de Waterloo (Nickerie). — H. F. Verbeke.

Groupe III. Vingtième Classe.

q. Idem, cristaux jaunes. — H. F. Verbeke.

r. Idem, cristaux moyens. — H. F. Verbeke.

s. Sucre d'appareil à vide, second produit du pl. de Waterloo (Nickerie). — H. F. Verbeke.

t. Sucre jaune cristallisé dans l'appareil à vide, du pl. de Hazard (Nickerie). — F. H. Verbeke.

u. Idem.

v. Idem, cristaux moyens. — F. H. Verbeke.

81. Douze échantillons différents de mélasse de Surinam. — Les noms des exposants suivent la désignation des échantillons.

a. Mélasse du pl. de la Rencontre (Para sup.). — J. F. Nuboer jeune.
b. Mélasse du pl. de Boyel (Para sup.). — J. H. Mertens.
c. Mélasse du pl. de Bleyendaal (Surin. inf.). — Henri Muller.
d. Mélasse du pl. de Voorburg (Surin. inf.). — C. H. Bilgen.
e. Mélasse du pl. de Rust en Werk (Cottica inf.). — Th. van Lierop.
f. Mélasse du pl. de Zorg en Hoop (Cottica inf.). — R. D. Currie.
g. Mélasse du pl. de Catharina Sophia (Saramacca). — Dr. E. Dessé.
h. Mélasse du pl. de Nursery (Nickerie). — Dr. E. Dessé.
i. Mélasse du pl. de Paradise (Nickerie). — Dr. E. Dessé.
j. Mélasse du pl. de Waterloo (Nickerie). — H. F. Verbeke.
k. Mélasse du pl. de Hazard (Nickerie). — H. F. Verbeke.
l. Mélasse du pl. de la Rencontre (Surin. sup.). — J. F. Nuboer jeune.

82. Vingt échantillons différents de rhum de Surinam. — Le nom de l'exposant est donné pour chaque échantillon.

a. Rhum du plantage de la Rencontre (Para sup.), distillé d'écume de 9°. Force 85%. — J. Nuboer jeune.
b. Rhum distillé d'eau de mélasse de 10° au saccharimètre. Force 85%. — J. F. Nuboer jeune.
c. Rhum du pl. de Boxel (Para sup.). — J. H. Mertens.
d. Rhum du pl. de Rust en Werk (Cottica inf.). — Th. van Lierop.
e. Rhum du pl. de Zorg en Hoop (Cottica inf.). — R. D. Currie.
f. Rhum du pl. de St. Barbara (Surinam sup.). — W. J. G. Labad.
  1. d'eau de mélasse de 10° au saccharim. Force 85%.
  2. d'écume de 9°. Force 85%.
g. Rhum du pl. de de Eendragt (Perica) distillé de $\frac{1}{3}$ écume, $\frac{1}{3}$ return et $\frac{1}{3}$ eau. Force 88%. — W. Soerel.
h. Rhum distillé de $\frac{1}{2}$ écume et $\frac{1}{2}$ eau. Force 88%. — W. Soerel.
i. Rhum du pl. de Goudmyn (Commewyne sup.), non coloré. — C. C. L. Reeberg.
j. Rhum coloré pour le marché anglais. — C. C. L. Reeberg.
k. Rhum du pl. de Catharina Sophia (Saramacca), non coloré. Force 84%. — Dr. E. Dessé.
l. Rhum coloré. Force 85%. — Dr. E. Dessé.
m. Rhum fortement coloré. Force 78%. — Dr. E. Dessé.
n. Rhum du pl. de Nursery (Nickerie), non coloré. Force 84%. — Dr. E. Dessé.
o. Rhum coloré. Force 81,8%. — Dr. E. Dessé.
p. Rhum du pl. de Waterloo (Nickerie), fortement coloré. Force 83,8%. — H. F. Verbeke.
q. Rhum légèrement coloré. Force 85%. — H. F. Verbeke.
r. Rhum du pl. de Hazard (Nickerie), coloré. Force 85,9%. — H. F. Verbeke.
s. Rhum non coloré. Force 88%. — H. F. Verbeke.
t. Rhum du pl. de la Rencontre (Surinam sup.), fait de mélasse et de return de 10° au saccharim. Force 87%. — J. F. Nuboer jeune.

83. Deux échantillons différents de café de Surinam.

a. Du pl. de Clevia (Surinam inf.). — J. R. C. Gonggryp.
b. Du pl. du Monsort (Commewyne sup.). — F. P. Bouguenon.

84. Flacon contenant les *premiers* fruits mûrs cueillis sur les caféiers introduits de Libéria à Surinam. — G. H. Samson, à Surinam.

85. Quatre noix de coco de Surinam. — G. J. Hering, à Surinam.

86. Echantillons de casseripo de Surinam.

NB. Le casseripo est le jus épaissi du manioc amer (*Jatropha manihot*). On s'en sert dans la colonie de Surinam pour la conservation de la viande. Celle-ci, cuite ou rôtie, se met dans un pot avec cette sauce et peut alors se garder longtemps.

a. Deux boîtes de fer blanc contenant du casseripo. — C. J. Hering, à Surinam.
b. Un flacon de casseripo. — Dr. E. Dessé, à Surinam.
c. Un flacon de casseripo. — J. J. van Klein, à Surinam.

87. Arrowroot (*Maranta arundinacea*) de Surinam. — Le nom de l'exposant sous chaque lettre.

a. Trois grands et deux petits flacons. — D. E. Mackintasch.
b. Un flacon. — Dr. E. Dassé.
c. Un flacon. — C. A. van Brussel.
d. Un flacon. — C. J. Hering.

88. Tubercules de Surinam. — C. J. Hering, à Surinam.

a. Un flacon de pinda (*Arachis hypogaea*).
b. Tayas ou tayers (*Caladium esculentum*).
c. Switi patatas (*Batatas edulis*).
d. Napjes (*Dioscorides Surinamensis*).
e. Jams (*Dioscorides sativa*).

89. Huiles et graisses de Surinam. — Le nom de l'exposant suit l'indication de chaque échantillon.

a. Flacon d'huile de crapa (*Carapa Guianensis*). — D. E. Mackintosh.
b. Deux flacons d'huile de noix de coco (*Cocos nucifera*). — D. E. Mackintosh.
c. Deux flacons d'huile de noix de coco (*Cocos nucifera*) — C. J. Hering.
d. Un flacon d'huile tirée en 1879 des œufs de la tortue coriace (*Sphargis coriaria*). — A. J. B. Schimmelpenninck van der Oye.
e. Un petit flacon de graisse de brochet purifiée. — J. H. A. Horst.
f. Un petit flacon de graisse de brochet non purifiée. — J. H. A. Horst.
g. Un petit flacon d'huile de crapa. — Dr. E. Dessé.

90. Divers échantillons de tapioca, de farine de manioc et de pains de manioc, de Surinam. — Le nom de l'exposant accompagne la désignation de chaque échantillon.

a. Manioc doux (*Jatropha Leeflingii*). — C. A. van Brussel.
b. Id. — J. J. van Klein.
c. Id. — J. J. van Klein.
d. Id. — J. C. del Prado.
e. Manioc amer (*Jatropha Manihot*). — J. C. del Prado.
f. Id. — C. J. Hering.
g. Id. — Dr. E. Dessé.
h. Id. — C. A. van Brussel.
i. Id. — J. J. van Klein.
j. Petit flacon contenant des tranches sèches de manioc doux. — J. J. van Klein.
k. Morceaux secs de farine de manioc préparée par les Indiens. — J. J. van Klein.
l. Flacon de dito. — J. J. van Klein.
m Flacon contenant du kerak de 1e qualité; substance alimentaire tirée du manioc par les Indiens. — J. J. van Klein.
n. Flacon de kerak de 2e qualité. — J. J. van Klein.
o. Pain de manioc, tel que le font les Indiens. — J. J. van Klein.
p. Idem. — J. J. van Klein.

91. Flacon de chocolat de Surinam; la moitié est sucré, la moitié sans sucre. — J. C. J. del Prado, à Surinam.

92. Flacon de tranches

Groupe III. Vingtième Classe.

sèches du fruit du mammi (Mammea americana), de Surinam. — J. J. van Klein, à Surinam.

93. Trois bouteilles de sirop de tamarin de Surinam. — J. J. van Klein, à Surinam.

94. Trois bouteilles de jus de petits limons, de Surinam. — J. Faerber, à Surinam.

95. Un flacon de chou palmiste en conserve. — G. A. van Charante, à Surinam.

96. Flacon de conserve au vinaigre. Mélange de bilimbi (*Averrhoa bilimbi*), de poivre, etc. — C. J. Hering, à Surinam.

97. Poivre de Surinam. — Le nom de l'exposant accompagne chaque lettre.

   a. Flacon de poivre de Surinam dans la saumure. — C. J. Hering.
   b. 24 flacons contenant 24 espèces de poivre de Surinam. — C. M. Bremer.
   c. Petit flacon de poivre de Surinam.

98. Flacon de petits limons au sel, de Surinam. — Pauw Sœurs, à Surinam.

99. Bouteille de vinaigre fait avec le cacao. — H. Stolting, à Surinam.

100. Confitures de Surinam. — C. M. Bremer, à Surinam.

   a. Flacon de bananes dans le sirop de sucre (*Musa paradisiaca*).
   b. D° d'oranges (*Citrus vulgaris*).
   c. D° d'ananas (*Bromelia ananas*).
   d. D° d'écorce de citron (*Citrus medica*).
   e. D° de citron (*Citrus bergamia*).
   f. D° de gingembre de Surinam (*Zingiber officinale*).
   g. D° de papaya (*Carica papaja*).
   h. D° de bilimbi français (*Averrhoa carambola*).
   i. D° de petits limons (*Citrus spinosissima*).

101. Différents échantillons de semences de Surinam. — Le nom de l'exposant accompagne chaque numéro.

   a. Petit flacon de semences du fruit de l'arbre à pain ordinaire (*Artocarpus incisa*). — J. J. van Klein.
   b. Petit flacon de semences de la plante de l'indigo (*Indigofera tinctoria*). — J. J. van Klein.
   c. Petit flacon de noyaux à savon, fruits du *Sapindus Surinamensis*. On les emploie avec de l'eau comme du savon. Ou s'en sert aussi comme d'ornements. — J. J. van Klein.
   d. Petit flacon de semence d'okro (*Hibiscus esculentus*). — J. J. van Klein.
   e. Boîte en ferblanc contenant des noyaux d'Aristolochia. — J. J. van Klein.
   f. Flacon d'abonyera (*Sesamum Indicum*). Les pâtissiers l'emploient. On en tire aussi de l'huile. — D. E. Mackintosh.
   g. D°. — C. J. Hering.
   h. Flacon de fèves de Tonka (*Dipterix odorata*). Parfumerie. — C. J. Hering.
   i. D°. — J. D. de la Fuente.
   j. D°. — L. Sagon Juda.
   k. Flacon de moutarde en poudre. — J. Faerber.
   l. Flacon d'étuis (appelés par les indigènes « redi siri ») (*Adenanthera pavonina*). — J. d'Fonseca.

102. Fruits de Surinam dans l'esprit de vin. — C. M. Bremer, à Surinam.

   a. Flacon d'ananas (*Bromelia ananas*).
   b. D° de pommes de cannelle (*Anona squamosa*).
   c. D° de noix de kashou (*Anacardium occidentale*).
   d. D° d'oranges (*Citrus aurantium*).
   e. D° de pommes étoilées rouges (*Chrysophyllum cainito*).

103. Flacon de fromage

de pinda (*Arachis hypogaea*) de Surinam. — C. J. Hering, à Surinam.

104. Vanille de Surinam.

a. Boite en fer-blanc contenant de la vanille (*Vanilla latifolia*). — J. J. van Klein.
b. Flacon de fruits de vanille séchés. — S. A. van Ryhen.

105. Boite de gingembre blanc (*Zingiber officinale*) de Surinam. — C. M. Bremer, à Surinam.

106. Bouteille de rhum de bay (*Laurus bay*) de Surinam. — C. M. Bremer, à Surinam.

107. Cinq échantillons différents de riz de Surinam. — Le nom de l'exposat accompagne chaque lettre.

a. Flacon de riz blanc de Surinam, émondé (*Oriza sativa*). — C. J. Hering.
b. 1 d°. — A. van Brussel.
c. Botte de riz de Sur. non émondé. — A. van Brussel.
d. 1 d°. — D. C. Rysdyk.
e. Sachet de riz de Sur. émondé. — D. C. Rysdyk.

108. Echantillons de farine de tayers (*Arum esculentum*) de Surinam. — J. C. del Prado et J. J. van Klein.

109. Echantillons de farine de patates douces (*Batatas edulis*) de Surinam. — J. J. van Klein, J. J. Faerber et J. C. J. del Prado.

110. Maïs de Surinam. — D. C. Rysdyk, à Surinam.

a. Sachet de maïs épluché.
b. Six épis de maïs.

111. Bananes mures séchées (*Musa paradisiaca*) de Surinam. — J. J. Faerber et J. J. van Klein, à Surinam.

112. Différents échantillons de gongotée (banane séchée et pulvérisée) de Surinam. — La désignation de chaque échantillon est suivie du nom de l'exposant.

a. 1 flacon de gongotée (*Musa paradisiaca*). — Dr. E. Dessé.
b. 2 flacons d°. — J. Faerber.
c. 1 flacon d°. — J. C. J. del Prado.
d. 1 flacon de farine de bacoven (*Musa sapientum*). — J. C. J. del Prado.
e. 1 flacon d°. — J. J. van Klein.
f. 2 flacons de farine de (*Musa paradisiaca*). — J. Faerber.
g. 1 flacon d°. — J. J. van Klein.

113. Echantillons des produits du chataignier arbre à pain (*Artocarpus incisa*) de Surinam. — Nom de l'exposant à la suite de chaque échantillon.

a. Flacon de farine. — C. J. Hering.
b. D°. — J. J. van Klein.
c. Flacon de féoule de l'arbre à pain, d'Otahiti (variété de l'arbre à pain vulgaire ou châtaignier arbre à pain, qui se reproduit au moyen de boutures, les fruits ne renfermant que rarement des semences). — H. Matthes.
d. Flacon de tranches sèches du fruit de l'arbre à pain d'Otahiti. — J. J. van Klein.

114. Sirops, gelées et confitures de Surinam. — Pauw Sœurs, à Surinam.

a. Flacon de sirop d'oseille (*Hibiscus sabdariffa*).
b. Deux flacons de gelée d'oseille, 1re et 2e qualité.
c. Deux flacons de gelée de goyave (*Psidium pomiferum*).
d. Flacon d'ananas dans le sirop (*Bromelia ananas*).

GROUPE III. Vingtième Classe.

e. Flacon d'oranges dans le sirop (*Citrus vulgaris*).
f. Flacon de papaya dans le sirop (*Carica papaja*).
g. Flacon de petits limons dans le sirop (*Citrus spinosissima*).
h. Deux bouteilles de jus de petits limons.

115. **Gelées de Surinam.** — C. M. Bremer, à Surinam.

a. Flacon de gelée d'oseille.
b. Flacon de gelée de goyave.

116. **Quelques matières tinctoriales de Surinam.** — C. J. Hering, à Surinam.

a. Ecorce de porkoni. On la pulvérise, la mélange d'eau et la presse. On se sert du liquide ainsi obtenu pour le mélanger avec toutes sortes de matières colorantes au lieu d'huile de lin.
b. Fruits du taporipa. Le jus s'en utilise pour obtenir une couleur noire.
c. Flacon contenant la couleur extraite du taporipa.

117. **Morceau de canne à sucre et échantillon de coton de Surinam.** — M.me C. G. Schmül née Hoffenaar, à Amsterdam.

118. **Flacon contenant de l'esprit de vin de 67%, fabriqué avec de l'eau de cacao** par C. M. Bremer, controleur des impôts à Paramaribo, afin de faire voir qu'il se perd actuellement des milliers de litres de substances tout à fait utilisables. — C. M. Bremer, à Surinam.

119. **Flacon de miel de Surinam.** — C. J. Hering, à Surinam.

120. **Quelques produits de Curaçao avec les matières qui s'en tirent.** — M.me S. Coronel, M.me da Silva et M.lle M. Coronel, à Amsterdam.

a. Bouteille de rhum de bay. (*Bay aromatica* de Sport).
b. Six flacons de gelée de goyave (*Psidium pyriferum*).
c. Flacon de sapotilla dans l'esprit de vin (*Sapota Achras*).
d. Flacon de goyaves cuites (*Psidium pyriferum*).
e. Flacon de tamarin dans le sirop (*Tamarindus indica*).
f. Trois flacons de sirop de tamarin.
g. Flacon de petits limons au sel (*Citrus spinosissima*).
Une mention honorable a été décernée aux objets désignés sous les lettres *a—g* à l'exposition de Paris en 1878.
h. Deux flacons de kokriki (*Abrus precatorius* L).
i. Flacon de poivre (*Capsicum*).
j. Flacon de gongotée (farine de *Musa paradisiaca*).
k. Flacon d'arrowroot de Surinam (*Maranta indica*).
l. Gingembre sec de Surinam.
m. Fruits de l'*Abrus precatorius*.
n. Flacon de vanille sèche.
o. Flacon de tinture de vanille.
p. Flacon de petits limons confits (*Citrus spinosissima*).
q. Matières textiles tirées de l'*Hibiscus elatus*, du *Caladium aculatum* et du *Caladium arborescens*.
r. Morceau de gutta percha brute.

121. **Echantillons de confitures provenant de Curaçao.** — E. de Castro, à Curaçao.

122. **Echantillons de diverses denrées commerciales de Curaçao.** — Après l'indication de chaque objet on a donné, lorsqu'on le connaissait, le nom de la personne qui l'a envoyé à l'exposition.

a. Orchilla-weed.
NB. L'Orchilla-weed tire son nom de l'île d'Orchilla dans le Vénézuela,

où on le trouve dans les fentes des rochers au bord de la mer. On nomme ainsi certaines espèces du *Roccella*, genre appartenant aux *Lichens*, dont on tire des matières colorantes très fines. On trouve cette mousse aussi à Curaçao.

b. Divi-divi (*Caesalpinia coriaria*). Trois échantillons différents — 1. J. B. van der Linden Schotborgh; 2. Tagrup et Gorsira; 3. W. Chapman jeune, tous à Curaçao.

NB. On s'en sert pour le tannage des cuirs et on en tire une substance colorante. Il s'en expédie beaucoup en Europe et dans l'Amérique du Nord.

c. Deux morceaux de bois de Brazillette — W. Chapman jeune, à Curaçao.
d. Ecorces d'oranges. — J. B. van der Linden Schotborgh, à Curaçao.
e. 19 bouteilles de vieux rhum. — W. F. Pierre, à Curaçao.
f. Aloès (40 Kg.) — L. Oduber, à Curaçao.
g. Laine. — L. Oduber, à Curaçao.
h. Maïs de Curaçao.

123. Bois anser (*Xylopia glabra*) de Saba. — M. L. S. van Eps, à Curaçao.

D. Sylviculture.

La *Sylviculture* au sens strict, généralement admis, n'est pratiquée ni dans nos possessions des Indes or., ni dans celles des Indes occ., sauf la seule exception qui provient d'une des clauses des contrats pour la coupe des arbres que le gouvernement conclut avec des entrepreneurs, jusqu'ici uniquement à Java et pour l'exploitation du jati. Ces contrats obligent les entrepreneurs à repeupler les forêts où ils sont autorisés à pratiquer des coupes. Il faut donc bien se livrer à des opérations qui rappellent la sylviculture européenne. On peut dire ce qui suit de cette branche d'industrie mi-commerciale, mi-agricole.

Le bois de jati est un article de première importance pour Java, et de fait pour tout l'archipel indien, où il s'emploie à toutes sortes de travaux, non seulement à ceux de grosse charpente, maisons, vaisseaux, ponts et chaussées, chemins de fer, etc., mais aussi à ceux de menuiserie et d'ébénisterie. L'industrie d'outre-mer elle-même en fait grand usage, par ex. pour la doublure en bois qui soutient les plaques de fer ou d'acier des navires cuirassés, pour les affuts de canons, etc.

Le jati se classe scientifiquement dans l'ordre des *Verbénacées*, le 178e de Miquel dans sa Flore des Indes néerl. (vol. II, p. 836), dans lequel nous avons déjà vu (cl. 10, E, à l'article »Produits forestiers") que se classe aussi, par ex.; le *laban*, *aras* ou *govasa* (*Vitex pubescens*). Jusqu'ici il n'y a que deux espèces de jati de connues; 1°. le *Tectona Hamiltoniana* de l'Indo-Chine (où on l'appelle *Ta-la-hat*) et des Philippines. On ne l'a pas encore trouvé dans notre archipel. C'est un bel arbre, mais le bois n'a pas une très grande valeur et ne forme pas un article de commerce ou de production important. Il suffit ici de l'avoir simplement mentionné. 2°. Le *Tectona* (parfois on trouve *Tectonia*) *grandis* (Miq. II, 901). Ce nom, actuellement d'usage général, a été donné à cet arbre par Linné le jeune; Loureiro avait accepté une dénomination un peu différente, celle de *Tectona Theka*. D'autres noms lui avaient déjà été donnés. Voici ce qu'il y a à dire des principaux. Bontius en 1658 considérait encore l'arbre jati comme un chêne et lui donnait le nom de *Quercus indica* (Hist. nat. Ind. Orient. VI, cap. 16, p. 151), qui s'est perpétué dans plus d'un ouvrage sous les formes de »*Indian oak*", »*Chêne de Malabar*", »*Chêne des Indes*" (même »*bois-puant*"). Rheede, 1678—1703 (Hortus Malabaricus, IV, 57 et pl. 27), l'a appelé *Theka*, d'après son nom indigène dans l'Inde continentale, c'est-à-dire »*Taik, Dodataika*" à Malabar et plus à l'ouest, »*Tek-chetou*" dans le dialecte Telougou, »*Tek-maram*" en tamil. Ce mot de *Tek* ou de *Taik* est devenu le »*Teak*" des Anglais et le »*Tek*" des Français et des Allemands[1]). Rumphius, 1741—1751, a fait »*Jatus*" en latinisant le nom indigène de notre arbre dans l'archipel des Indes néerl., soit *jati, yati, cayu jati*. Ce nom de *jati* a fini aussi par arriver en Europe, naturellement aux Pays-Bas. De *Kayou-jati* ou *Ki-jati* on fit en hollandais *Kajoujatihout, Kiatihout*, enfin *Kiatenhout*[2]). Ce dernier mot est resté courant dans la langue populaire. Notre arbre s'appelle »*Sagouin*" et »*Sagoun*" en Hindoustani, nom qui, sur la côte orientale de la baie du Bengale, est devenu »*Sèngon*" (le même que celui que porte à Java *l'Albizzia stipulata*, le »*Jeunjing*" des Sondanais). A Borneo il s'appelle »*Ki-oun*", en Cochinchine »*Cay-Sao*", noms plus ou moins rapprochés des autres. A Siam, où Teysmann l'a vu (Revue d'hist. nat. pour les Indes néerl. XXV, 205), il porte le nom de »*May-Sah*".

Les dates indiquées par nous et les noms que notre arbre porte dans de vastes contrées montrent que depuis longtemps déjà et partout on l'a jugé digne d'attention, ce qui est dû surtout à sa grande utilité, soit pour les usages divers auxquels on l'applique dans les pays où il croit, soit comme article de commerce et d'industrie. Son aire géographique se borne à la presqu'île indienne, l'Indo-Chine et une partie de

---

[1]) Cela n'empêche pas le traducteur d'avoir écrit non pas *tek*, mais *jati* partout où ce mot se trouvait dans l'original, puisqu'il a dû conserver les expressions indigènes qui se trouvent par centaines dans ce catalogue. Il rappelle que dans tous les mots indigènes il faut prononcer *dj*, à l'anglaise, partout où il a écrit *j*.

[2]) *Hout = bois*. Donc, en figurant la prononciation à la française, haout kayouyati, kiati, kiatèn.   (*Trad.*)

notre archipel; mais même dans l'aire ainsi circonscrite, on ne le rencontre qu'irrégulièrement. Ainsi, pour ce qui concerne Java, outre quelques petits groupes qui existent dans le Banten et dans les pays de la Sonde, on ne le trouve que dans la partie centrale et dans la partie orientale de l'île. Ainsi aussi on le trouve dans les îles situées à l'orient de Java, jusque et y compris Soumbawa. C'est par erreur que Crawfurd parle du *Jati* de Mindanao (Descript. Dict. o. t. Ind. Islands etc. 1856, p. 428); il confond evidemment le *Jati* avec le *Tectona Hamiltoniana*, bien moins important, que nous avons mentionné plus haut. Les petits groupes d'arbres *jati* que l'on rencontre dispersés en assez grand nombre à Sumatra, puis à Célèbes avec Saleyer, à Timor, à Bourou, à Amboine et dépendances, à l'île de Rosengain près de Banda, moins considérables encore à Riouw, à Bangka et à Borneo, proviennent tous d'essais anciens ou récents, plus ou moins bien réussis, d'ordinaire médiocrement, qui ont été faits pour l'acclimatation de cet arbre, en partie par la Compagnie des Indes or. ou par des particuliers, en partie, plus tard, par notre gouvernement [1].

On a cru pendant un certain temps que le jati était plus répandu et qu'il croissait, p. ex., en Afrique, sur la côte occidentale, d'où on exporte en Europe, surtout en Angleterre, une espèce de bois, qu'on nomme »*African Teak*", lequel en apparence ressemble tout à fait au »*Indian Teak*", notre *Jati*, mais qui pendant longtemps a fait le désespoir des botanistes. Il croît dans les forêts des parties basses de l'intérieur, où règnent des fièvres pernicieuses qui en interdisent l'accès aux Européens; les différents envois faits pour répondre à leur des botanistes, désireux de le déterminer demandaient qu'on leur en envoyât des feuilles, des fleurs, des fruits; malheureusement désir ne se ressemblaient pas entre eux et provenaient presque à chaque fois d'un végétal différent. Maintenant encore la question n'est pas vidée. On a seulement acquis la certitude que le »*Teak*" d'Afrique n'est pas un *Tectona*; probablement c'est l'*Oldfieldia Africana*, appartenant aux *Euphorbiacées*. Le bois a à peu près les mêmes qualités que le *Tek* ou *Jati*, auquel il ne cède guère en excellence. On l'emploie aux mêmes usages, tout particulièrement pour la doublure intérieure des plaques des vaisseaux cuirassés.

---

[1] Ce qui regarde l'extension de l'arbre jati dans les Indes néerl. a été traité plus en détail au ch. IV, p. 165 et suiv. de l'excellente monographie intitulée. „Les arbres jati à Java", par J. W. H. Cordes, Inspecteur des forêts aux Indes néerl. (Batavia, 1881, Ogilvie et Cie).

Le *Tek* le plus estimé dans l'industrie, et pas conséquent dans le commerce, est celui du Malabar et du Coromandel, qui approvisionne par. ex. les chantiers des Anglais à Bombay. Suit le *Jati* de Java (le marché en est cependant beaucoup moins bien fourni que ce ne serait possible). Viennent enfin les variétés des contrées avoisinant la côte orientale du golfe du Bengale, — Pegou, Arakan avec Moulmain, comme port principal d'exportation. En Europe, c'est l'Angleterre qui reçoit le plus de bois de tek; elle est seule aussi à en avoir un marché. Il ne faut rien voir d'absolu du reste dans la classification générale que nous venons d'indiquer; la valeur vénale du bois dépend d'une taxation qui se fait pour chaque envoi qui arrive. En effet les qualités de ce bois peuvent varier très fort suivant la nature du terrain où l'arbre a crû. Les différences ne se constatent pas seulement d'une partie à l'autre d'un même pays, mais même dans les limites de districts parfois fort restreints, où néanmoins elles peuvent être très considérables; suivant que l'arbre a poussé sur les sommets, sur les pentes, dans les vallées, dans des terrains sablonneux, argileux, calcaires, riches ou pauvres en humus, seul, au milieu de bosquets, en forêt, etc. etc., le bois sera de grain plus ou moins fin et aura acquis plus ou moins de dureté. Un arbre est souvent si différent de l'autre que l'on a parfois cru à l'existence d'espèces distinctes; mais à chaque fois l'examen systématique des sujets a fini par les ranger tous dans une espèce unique. Rumphius distinguait l'arbre »mâle et l'arbre femelle", reconnaissables uniquement à la nature du bois. »Celui du mâle, dit-il, est pâle foncé et veiné dans le sens »de la longueur, comme le bois de sapin; il est résistant, dur, »ne se fendant pas aisément, très facile à la scie et au rabot. »Celui de la femelle est plus clair, à veines plus espacées, plus »tendre, embarrassant quelque peu le rabot de fibres capillaires, »cependant difficile à scier et peu susceptible de poli. Tous »deux ont une forte odeur amère et un goût désagréable quand »on les travaille frais; l'odeur persiste longtemps quand on en »fait des caisses et des armoires". (Rumph. Herb. Amboinense, III, 34). Un siècle après Rumphius, Blume énumérait dix variétés, *Jati douri, soungou, kombang, minyak, kounir, preng, temeng, goair, lenga, kapour* [1]), qu'il désigne toutes comme »peu constantes". Quelques unes de ces désignations sont d'usage tout à fait local et point généralement ad-

---

1) Qui ne sont point toutes également bien caractérisées ni acceptables.

mis. La classification javanaise est la meilleure. Elle distingue:

1°. Le *Jati soungou* ou *Jati corné*[1]), au bois brun châtain foncé, très ferme et à grain égal, assez fin de tissu; c'est l'espèce la plus dure et la plus solide, la meilleure et aussi la plus employée pour charpentes, pour navires etc. C'est en même temps la plus commune.

2°. Le *Jati lenga* ou *minyak*, *Jati oléagineux*, beaucoup plus foncé, veiné en diverses manières; il a quelque chose de gras au toucher quand on le travaille, et l'on voit même alors perler parfois à la surface des gouttelettes huileuses grosses comme des têtes d'épingles. C'est de là que lui vient la désignation de *lenga*. C'est un bois de charpente excellent, comme le précédent; mais il n'est pas si commun. Il est surtout recherché pour l'ébénisterie, quoique il ne soit pas très facile à travailler. Ces deux variétés se confondent quand on avance vers le sud dans la partie centrale de Java. On n'y parle plus que du *Jati lenga*, beaucoup de Javanais n'ayant entendu parler du *Jati soungou* que comme d'une variété de Rembang. Cette confusion disparaît de plus en plus à mesure que les communications deviennent plus facile d'une partie de l'île à l'autre.

3°. Le *Jati kapour*, *Jati calcaire*, plus clair de couleur et plus tendre de fibre que les deux précédents. Il est cassant et moins durable. Son tissu renferme beaucoup de chaux, d'ordinaire très divisée et apparaissant en tout petits cristaux entre les fibres; il arrive, assez fréquemment même, que ces cristaux forment des anneaux complets de chaux (ces anneaux se rencontrent parfois aussi dans le bois plus foncé et plus ferme des deux variétés précédentes). La chaux est prise par l'arbre au sol lorsque celui-ci se trouve dans des terrains bas contenant beaucoup de calcaire désagrégé. Cette variété se rencontre fréquemment, comme le veut en effet la nature des choses. Sous ce rapport, elle suit immédiatement le *Jati Soungou*.

Les variétés qui suivent sont limitées à des localités spéciales, p. ex. à Rembang, ou du moins ne se montrent que sporadiquement ailleurs. Ce sont:

4°. Le *Jati dorèng* (ꦗꦠꦶꦢꦺꦴꦉꦁ), *jati marbré, à flammes*. C'est

---

[1]) Cordes l'appelle *Jati soungouh*, c'est-à-dire *vrai Jati*; mais le malais l'a trompé. Le mot *soungouh* n'existe pas en javanais, et les campagnards ne le comprennent pas. En javanais, pour obtenir le sens de Cordes, il faudrait *Jati bèner* ou *temen*. C'est ainsi qu'un des chênes de Java s'appelle *Pasang bener*. Mais les Javanais considèrent sans doute toutes les variétés du Jati comme des Jatis véritables, et ils ne peuvent donc pas en avoir voulu désigner une comme la vraie. Les noms qu'ils ont donnés aux variétés sont tirés des qualités du bois.

le plus beau de tous, très recherché en ébénisterie. Il est dur et solide; cependant il faut lui faire subir un apprêt, parce que sans cela il éclate et se fend aisément, surtout pendant les sècheresses prolongées.

5°. Le *Jati éri* ou *douri*, *Jati épineux*, avec de petites protubérances semblables à des épines et une fibre irrégulière; solide, dur, difficile à travailler.

6°. Le *Jati kéong*, *Jati à coquilles*, à protubérances un peu plus grandes affectant la forme de coquillages.

7°. Le *Jati ourang* (Cordes l'appelle *Jati daging ourang*). Il a des ondulations circulaires à la surface du tronc, analogues aux articulations des écrevisses et des crevettes (*ourang*).

8°. Le *Jati werou*, au bois jaune-brun, quelque peu luisant. La fibre égale et assez fine rappelle le bois du *Werou* de Java, (*Ki hiyang* des pays de la Sonde, *Albizzia procera* des botanistes. C'est un *Mimosa* dont il a été question quand on a traité des produits forestiers et des différentes espèces de bois). Les trois dernières variétés, surtout le *J. werou*, sont très utilisables.

Il nous reste à nommer, 9°. Le *Jati Kembang*, *Jati à fleurs*. Ce n'est pas une variété proprement dite. Ce nom sert en réalité à désigner certains arbres dont le bois présente diverses particularités essentiellement accidentelles, soit qu'il ait des veines particulièrement belles de forme, soit par son parfum plus ou moins accentué.

L'arbre jati n'a pas beaucoup d'espèces différentes d'ennemis; en revanche ceux-ci peuvent être fort nombreux et faire d'assez sérieux dégats. Dans le règne végétal il est plus dangereux pour ses voisins qu'il n'a lui-même à les craindre. Il y a peu de plantes qui parviennent à se perpétuer dans les forêts de jati. On s'est aperçu cependant qu'il possédait un rival redoutable justement dans un congénère. C'est le *Lantana alba* (Miq. II, 904) ou Chinté — surnommé, peu élégamment, *Kembang tembeléh*, *tembelihan*, *pouyeung*, etc., à cause de l'odeur peu dénommable en français qu'il dégage — importé assez récemment d'Amérique, selon quelques uns ce n'est que depuis une cinquantaine d'années seulement, mais répandu déja dans tout l'Archipel. Cet arbuste est un voisin très dangereux pour les jeunes jatis. Leur grand ennemi après lui, mais seulement dans les sols maigres, est l'*allang* ɼ (*Imparata spec. div.*). Dans le règne animal ils ont à redouter les *termites*, *rayap* (Termes fatalis), et une espèce très voisine appelée *wrangas* (Termes spec.?), et parfois une grande espèce de vraies fourmis appelées *rang* ɼ-*an*. Le termite ou fourmi blanche est le pire des trois; il attaque parfois l'arbre dès sa naissance, pénètre jusque dans la moëlle encore tendre des jeunes pousses, qui ne se débarrassent plus de leurs hôtes et continuent bien à pousser, mais ne parviennent pas à leur complet et sain développement. Le *rang ŗ-an* n'attaque l'arbre que par l'extérieur, est beaucoup moins destructif par lui-même que la fourmi blanche et en outre détruit ou chasse celle-ci quand il s'est établi sur un arbre; aussi le redoute-t-on beaucoup moins. Les attaques passagères que d'autres insectes peuvent faire subir à l'arbre ne lui causent pas de dommage. Celui-ci est si résistant que, lorsqu'il a atteint un certain âge, on peut sans crainte détruire régulièrement par le feu les broussailles qui ont cru parmi les jatis, qui ne s'en portent que mieux après l'opération.

Comme les coupes se font sur une grande échelle et que l'on n'a pas de moyens suffisants pour macérer régulièrement le bois afin de le débarrasser de l'albumine de sa sève, on a fini par avoir recours à un procédé particulier que l'on appelle »*encercler*" ou »*cerner*". Il consiste à pratiquer une incision circulaire dans le tronc; l'arbre laisse peu à peu échapper par là toute sa sève, il saigne, dit-on parfois, et il en meurt, après quoi on le coupe. On hésite maintenant encore à décider si ce procédé est ou non préférable au procédé ordinaire dans l'eau courante. On le suit généralement dans nos possessions, mais il a beaucoup d'adversaires dans les Indes anglaises. Il est certain que la vermoulure sèche (*dry rot*), dont on avait cru le jati indemne, peut l'attaquer quel que soit celui des deux procédés qui a été employé, et que d'autres maladies moins dangereuses, provenant de moisissures et de ferments, ne se montrent pas plus pernicieuses dans un des cas que dans l'autre.

On a jusqu'ici, ailleurs comme chez nous, trop rarement donné aux bois un apprêt artificiel au moyen de sels minéraux, au moyen de la vapeur surchauffée, et par d'autres procédés encore, pour que l'on puisse spécifier les résultats obtenus. Ceuxci cependant sont généralement favorables.

Le cœur des jatis vigoureux qui ont atteint leur complet développement est inattaquable aux fourmis blanches. Ce n'est pas le cas pour les autres parties de l'arbre, quoique l'hôte incommode évite ce bois, qui est amer, lorsqu'il en trouve à sa portée de plus à son goût. Le bois de jati ne résiste que partiellement au taret, ou ver des pilotis (Rapp. et Comm. de la Soc. roy. des sciences. Sect. des sc. nat., IX, 25). Pour le reste, le jati résiste dans la plupart des cas où d'autres bois subissent des influences destructives; mais il faut bien avouer qu'autrefois, lorsque les coupes se faisaient sur une échelle plus restreinte et lorsqu'on avait soin de ne choisir que des arbres adultes, vigoureux, vraiment murs pour la hache, le bois valait mieux que maintenant, et qu'il se peut fort bien que la tradition qui nous est venue de l'époque de la Compagnie et qui prétend que le bois de jati est inattaquable à la vermoulure sèche et à d'autres ennemis, ait eu sa raison d'être lorsque elle a pris naissance, si maintenant elle l'a perdue. Il est vraiment douteux que maintenant encore on pût obtenir avec les bois qui alimentent le trafic libre des résultats comparables à ce que l'on a eu auparavant, p. ex. des vaisseaux, comme la *Résolution* et le *Canopus* des Anglais, qui atteignent l'âge vénérable de 125 et de 84 ans, ou comme le *Javaan*, navire néerlandais lancé en 1822 à Banjar (Touban, Rembang) pour faire le service de corvette dans la marine des colonies, puis servant comme navire de commerce sous le commandement du capitaine Dekker, pour enfin, après être resté 50 ans sans avoir eu à subir aucune réparation de quelque importance, faire encore maintenant le cabotage dans l'archipel; on peut douter de même que le jati de notre commerce pût dans mille ans provoquer des remarques comme celles que Ritter fait (Erdkunde, Asien, IV, 813) au sujet de temples en ruines où se voient des poutres de bois de tek qui sont restées intactes après plus de dix siècles d'exposition à l'air libre et aux intempéries. Sans doute il n'est pas impossible de se procurer actuellement encore des bois tout aussi excellents, si on les commande exprès et si les arbres sont soigneusement choisis; mais il faudra y consacrer des prix hors de toute proportion avec ce qui se payait auparavant, et de plus on devra avoir recours à toutes sortes de précautions minutieuses, dont autrefois on n'avait pas même l'idée, mais que le changement de climat produit par le déboisement rend maintenant nécessaires, pour assurer une dessication graduelle et égale du bois. Cette cause jointe à quelques autres fait qu'il est devenu impossible de livrer du bois convenablement soigné, spécialement pour la construction des navires, à des prix rémunérateurs ou même simplement acceptables. Voilà pourquoi les constructions navales actuelles n'obtiennent plus en employant le bois de jati ce qui s'obtenait anciennement, et c'est au point que l'on n'ajouterait aucune foi à ce que l'on reconte à ce sujet, si les faits n'étaient pas constatés de la manière la plus authentique.

Malgré tout, le jati est une des plus excellentes espèces de bois de travail connues; il est durable, dur, et pourtant maniable, plus aisé à travailler que le bon chêne, par ex.; il n'est pas facilement attaqué, il a la fibre très égale et allongée, il est élastique, et est plus solide et résiste mieux à la rupture que n'importe quelle espèce de bois de l'Europe.

C'est parmi nos essences avec le bois de chêne qu'il a le plus d'analogie; mais en général il lui est supérieur. En tout cas il possède un grand avantage au point de vue des constructions navales; son poids spécifique est inférieur à celui du chêne. On a fait à ce sujet — comme sur d'autres points — des expériences nombreuses, en divers endroits et à diverses époques. Naturellement les résultats obtenus ne sont point identiques. Mais on a toujours trouvé pour le jati un poids spécifique moindre que celui du chêne. Quant à la puissance de résistance, calculée pour des efforts se produisant perpendiculairement aux fibres, et admise pour le chêne comme égale à 49,6 Kg. par cm. carré, la moyenne des expériences faites par le colonel von Dentsch donne 52,18 Kg. pour le jati, tandis que le Dr. Nördlinger donne des chiffres plus élevés encore. Ce dernier (»Propriétés techniques des bois" (livre allemand), p. 357, 371) range le bois de tek en général parmi les espèces extrêmement élastiques, et désigne en particulier le bois de jati comme surpassant sous ce rapport tous les bois produits par l'Europe. Il se fonde pour ces affirmations, entre autres preuves, sur les expériences de Barlow. Celui-ci faisait faire des poutres de différentes espèces de bois et de mêmes dimensions (7 pieds angl. de long, soit 2,134 m., et 2 pouces angl. de large et d'épais, soit 0,005 m.). Il les faisait porter par les deux bouts sur un appui et les chargeait au milieu jusqu'à ce qu'elles se rompissent. Pour le jati il lui avait fallu une charge de 425,27 Kg. et pour le chêne du Canada 305,12.

L'avantage le plus apprécié reste celui du poids spécifique. Comme nous l'avons dit, les expériences n'ont pas donné des résultats identiques, mais ont cependant en général constaté le poids inférieur du jati comparé au chêne, si l'on admet le poids spécifique de ce dernier comme étant en moyenne de 0.791. Le Dr. Nördlinger a trouvé pour le jati, en moyenne, 0,680, le col. von Dentsch, des chiffres un peu inférieurs (0,659, 0,630, 0,628 comme moyennes de trois séries d'expériences; moyenne générale 0,639); MM. de Bruyn 0,639, Delprat 0,692, Jordens 0,695 [1]). Fort différent est le résultat donné par M. de Keurenaar, qui parle de 0,816 (?).

---

1) J'ai moi-même, expérimentant sur le Jati soungou et lenga, trouvé 0,669121 comme moyenne d'une série passablement longue.

Dans son ouvrage, fait avec beaucoup de soin, Cordes, que nous avons déjà cité, donne tout ce qui se rapporte à ce sujet avec une copieuse indication des ouvrages à consulter. Il a joint à ses explications des tableaux figuratifs devant mieux faire comprendre certains détails, par ex. »la corrélation qui existe entre un poids spécifique plus élevé et une plus grande dureté de la même espèce de bois prise à différentes hauteurs du tronc". Nous ne pouvons pas entrer ici dans toutes ces menues considérations; mais elles forment dans leur ensemble un tout intéressant.

Les chiffres que nous avons reproduits ci-dessus, le pouvoir de flottaison, plus grand pour le jati que pour d'autres bois, qui en découle, son peu de disposition à se fendre sous l'influence des intempéries et ses autres qualités, énumérées aussi par nous, tout cela explique amplement pourquoi les gens du métier sont à peu près unanimes à vanter le bois de jati pour son excellence pour des travaux de toutes sortes et tout spécialement pour les constructions navales. Mais nous n'avons pas su jusqu'à présent établir l'équilibre parfait, l'entière harmonie de collaboration entre les diverses branches de la production et de l'industrie. Ce n'est pas non plus le cas pour la coupe des arbres jati. Les dimensions livrées d'ordinaire sont en général ce qu'il faut pour les constructions navales des indigènes, mais non pas pour celles de l'Europe; et là se trouve une des raisons principales du peu d'usage qui se fait de notre bois de jati en Europe et en particulier dans nos chantiers des Pays-Bas.

Je ferai encore remarquer en terminant que, de même que cela s'observe chez quelques autres verbénacées, les jeunes pousses et les feuilles du jati renferment une matière colorante brun rougeâtre, une sorte de gaude, qui s'emploie parfois pour teindre le bois.

Java, surtout le centre de l'île, et là plus particulièrement la partie orientale, a été autrefois comme couverte de forêts de jatis. Les indigènes n'avaient aucune idée de les soigner; ils coupaient à tort et à travers de la façon la plus destructive. Cela dura des siècles, jusqu'à ce que Java vînt en notre pouvoir. Le gouvernement néerlandais se vit alors placé par les forêts de jati, ou par ce qui en restait, devant un intérêt compliqué et étendu, et jusqu'alors fort mal connu. Il n'y eut cependant pas disette de conseils et de propositions; le gouv.-gén. P. G. van Overstraeten s'occupa beaucoup de la chose en

1796, D. van Hogendorp plus encore en 1799. On prit aussi des mesures bien combinées — celles ordonnées par Daendels, de 1808 à 1811 — et qui promettaient d'être effectives, mais que les complications politiques de cette époque de troubles firent avorter. Passons sur le demi-siècle qui suivit, époque d'essais et de tâtonnements sans suite et sans méthode, en fait, époque de négligence, où l'on aboutit aux plus fâcheux résultats. Enfin en 1865 (Feuille off. N°. 96), le gouv.-gén. Sloet van de Beele promulgua »l'Ordonnance du 10 sept. 1865 pour l'administration et l'exploitation des forêts de l'Etat à Java et à Madoura" qui rompant avec les anciennes traditions, admettait comme base les intérêts et le concours de l'industrie privée et les principes du travail libre; c'est-à-dire l'abolition du système dit *blandong* (la taille par corvées).

Le no. suivant de la Feuille off. ajouta à l'ordonnance une »Instruction sur la manière de couper, de classer et de mesurer le bois de jati", et une »Instruction sur la manière de planter et d'élever des arbres jati dans les forêts de l'Etat à Java et à Madura".

Ces publications font époque dans l'histoire de notre sylviculture.

Il est vrai que l'expérience fit découvrir plusieurs graves défauts dans l'ordonnance du gouv.-gén. Sloet van de Beele. Mais l'impulsion avait été donnée. L'ordonnance fut suivie de plusieurs »ampliations" destinées à en corriger les défectuosités, puis, assez promptement, on abrogea l'ordonnance elle-même et ses ampliations et on la remplaça par une nouvelle ordonnance forestière, contenant un »Règlement sur l'administration et l'exploitation des forêts de Java et de Madoura", (F. off. 1874, N°. 110). L'arrêté du 23 mars 1875 (F. off. 1875, N°. 84) mit ce règlement en vigueur à dater du 1 mai 1875.

Ce règlement régit actuellement la matière.

On y suivit les principes suivants:

»Les forêts se distinguent en forêts de jati et »forêts de bois sauvage".

»L'exploitation de toutes les forêts de jatis et de celles des forêts de bois sauvage qui ont été soumises à une administration régulière, se fait par l'industrie privée. Elle a lieu de deux manières.

»*a*. L'entrepreneur paye au gouvernement une somme convenue et conserve la libre disposition du bois. Ou bien

»*b*. Il livre le bois à l'Etat contre un prix convenu d'avance par mètre cube pour frais d'abattage, de trainage et de transport".

Les conditions auxquelles se fait l'exploitation des forêts de l'Etat à Java et à Madoura ont été insérées dans les annexes N°. 3230 et 3489; enfin la F. off. de 1875, N°. 119, et de 1882, N°. 149 contient quelques modifications apportées au règlement.

En 1859, lorsqu'on préparait déjà l'ordonnance de 1865, on avait décidé de faire arpenter les forêts de jatis et d'en dresser les cartes. Une commission nommée dans ce but se mit à l'œuvre en 1860, et acheva, à peu près, sa tâche en 1871. Un des principaux résultats de ses travaux fut de constater que le gouvernement avait encore la disposition de plus de six cent mille hectares (6000 Km.²) de forêts de jati. Il est vrai que certaines parties de ces forêts n'avaient pas grande valeur, soit parce qu'elles étaient mal situées pour l'exploitation, soit pour d'autres motifs; en revanche on n'avait pas compté les plantations régulières faites par l'Etat, et dans le nombre il y en a de fort importantes.

La résidence de Rembang est la plus riche sous ce rapport. Ses forêts de jati valent à elles seules, par leur étendue et par la qualité du bois, presque autant que toutes celles du reste de Java réunies.

Au début l'administration et la police des forêts ne furent faciles ni l'une, ni l'autre; il y avait de nombreux abus à réformer et les délits forestiers étaient fréquents. Ceux qui ont été chargés de ces services difficiles peuvent jeter maintenant avec satisfaction un coup d'œil rétrospectif sur leur œuvre; l'état des choses s'est fort amélioré. Il en est de même de l'exploitation méthodique, de l'adjudication des coupes et du reboisement régulier de parcelles convenablement délimitées. Le reboisement a déjà à l'heure qu'il est créé des milliers d'hectares[1]) de jeunes et saines forêts de jati, formées d'arbres vigoureux et bien venus, droits comme des colonnes, tous du même âge et de la même force. C'est un beau capital pour l'avenir.

Le système inauguré en 1865 fut accueilli avec le plus grand empressement par l'industrie privée. Elle prit un très grand élan, et avec elle l'esprit de commerce et de spéculation. Mais il y eut aussi des réactions. Les périodes d'entreprise trop ardente pour n'être pas inconsidérée ont alterné avec un manque de confiance et un découragement tout aussi peu justifiés.

---

1) 3200 dans la seule résidence de Rembang.

L'équilibre n'a pas réussi à s'établir sur ce point mieux que sur bien d'autres, ce qui fait que la production en grand et pour le marché européen est déprimée.

Le nombre total de concessions pour la coupe du bois de jati à Java et à Madoura (on n'en a pas demandé ailleurs) s'élève à 31; la plus petite, dans la rés. de Yapara, a 61 hectares (87 bahou) en exploitation; la plus grande, rés. de Madioun, en a 1707 (2400 bahou); toutes ensemble elles en ont à Java (Madoura n'en possède pas) 14606 hectares (20724 bahou).

A quoi en est-on maintenant en fait de système? L'ordonnance de 1874 pose-t-elle la formule définitive, de sorte que l'on n'ait plus qu'à marcher dans la voie qu'elle trace? Nous ne saurions répondre. Il reste de graves problèmes à résoudre et la polémique va encore son train. Ainsi l'on ne s'est point encore mis d'accord sur ce que l'on appelle »l'exploitation des forêts de jati en travail libre pour le compte de l'Etat" [1]). Nous ne saurions du reste nous engager ici dans l'étude de cette question et de quelques autres qui touchent à notre sujet, ni nous livrer à des spéculations sur l'avenir probable des forêts de jati et de leur exploitation sous chacun de ces systèmes.

On distingue des forêts de *jati* toutes les autres forêts, désignées en bloc par l'expression de forêts de bois sauvage. Les ordonnances de 1865 et 1874 renferment les dispositions nécessaires en vue de l'entretien et de l'exploitation de ces propriétés. Jusqu'ici il n'a pas été déposé par des Européens de demandes de concessions de coupes. Les Européens n'en ont pas non plus fait un objet de sylviculture. Elles sont donc étrangères à notre cadre, de même que les concessions, toujours temporaires, qui s'accordent à des indigènes. Le lecteur a déjà trouvé dans la classe 10, E. une énumération des principales essences utilisées pour les besoins des particuliers, de la vie publique, du commerce et de l'industrie. Un tableau publié par la Feuille off. de 1874, N°. 110, indique les essences sur lesquelles s'étendent les droits protecteurs, ce qui permet de se rendre jusqu'à un certain point compte de la valeur de ces bois [2]).

---

[1]) Voy. à ce sujet l'ouvrage de Cordes déjà cité, p 310; en outre F. G. van Bloemen Waanders *Faut-il aux Pays-Bas un gouvernement conservateur ou libéral?*; Silvicola *Quelques considérations sur le régime des forêts aux Indes néerl.* (Revue de l'ind. et de l'agr. aux Indes néerl. XXV, 366/81, 485/532); etc.

[2]) L'énumération de la F. off. aurait besoin d'être rectifiée ici et là, surtout complétée. Quelques espèces insignifiantes y ont trouvé place, tandis que des genres

Parmi ces espèces de bois dites sauvages il y en a de très dignes d'attirer l'attention; soit que leur beauté et leur finesse les destinent naturellement à être façonnés en meubles de luxe, soit que, sans prétendre à un emploi aussi distingué, ils soient propres à se faire apprécier pour mainte nécessité de la vie pratique. On ne se sert pas non plus en Europe de bois de chêne pour tout. Ainsi ce ne sont par des bois d'ébénisterie qu'il faut pour les emballages, qui aux Indes laissent encore beaucoup à désirer. Ce qui empêche le commerce de toutes ces essences précieuses ou utiles de prendre de l'élan, c'est que l'on est beaucoup plus exigeant pour leur apprêt que pour le jati; il faudrait donc de grands capitaux d'exploitation; ceux-ci manquent, il n'y a pas en permanence un stock de marchandises suffisant, et il y a impossibilité d'exécuter sans retard toutes les commandes. En outre, on n'a pas suffisamment étudié les essences dites sauvages, ce qui fait qu'elles ne sont pas encore assez connues.

Le résultat final de cet état de choses n'est pas réjouissant. C'est par ex. que les menuisiers indigènes et chinois de Batavia, qui ne sont certes pas en petit nombre, tirent leurs bois de Singapour et non pas de notre archipel. Ainsi le *Bengas* et l'*Ingas* (*Gluta bengas* et *Semecarpus heterophylla*, deux *Anacardiées* très rapprochées l'une de l'autre) croissent partout à Java et à Sumatra. Ainsi encore Amboine pourrait fournir son *Rinat* et Ternate son *Lassi*, espèces de *Semecarpus* qui ne le cèdent pas aux précédentes. Le même phénomène se reproduit pour d'autres espèces encore. Il y a là un fait grave sur lequel il importe que l'attention se porte et qu'elle reste fixée, d'autant plus qu'il n'en a pas toujours été ainsi. Il y a eu un temps où Java fournissait son *Sana* (*Pterocarpus indica*, qui est une *Papillonacée* [Miq. I, 135]) sous le nom de »Zonnehout", et Amboine son *Lingoa*, variété de la même espèce, sous le nom de »Ambonsch hout" (bois d'Amboine), aux Pays-Bas, où maintenant ou chercherait en vain ces bois qeaux et durables. Nous pourrions citer d'autres exemples encore. Cuba exporte son *Magagua* (*Hibiscus elatus*) dans l'Amérique du Nord (à New-Bedford) qui sait le courber

---

entiers, des plus utiles, ont été oubliés. Ainsi le *K. pontri*, nommé *Chemara*, non point du tout généralement, mais bien plutôt accidentellement, (*Podocarpus cupressina* (Miq. II, 1075), a été admis dans la liste; mais les vrais *Chemaras*, (*Casuarina* spc. div., surtout *equisetifolia*) ont été passés sous silence. Il en est de même de la série entière des *Warou*, (*Hibiscus* spec. div., Miq. I² 153), surtout du *Warou gounoung*, *Hib. vulpinus*. Nous pourrions citer d'autres exemples.

à la vapeur pour en faire des jantes d'une seule pièce pour les roues de ses Américaines. Pourquoi les Pays-Bas n'appliquent-ils pas au même usage le *Warou gounoung* (*Hibiscus vulpinus*), qui est presque identique? Qui se passe-t-il au contraire? Même à Java on ne l'emploie pas à cet usage, malgré les essais parfaitement réussis qui ont été faits dans l'atelier de construction de l'Etat à Sourabaya et dont on a eu soin de faire connaître les résultats. On persiste à scier les jantes dans les madriers du *Warou gambong* (*Hib. tiliaceus*) beaucoup plus épais que le gounoung; ce qui, inévitablement, met les fibres en biais, vers l'extrémité des jantes. Nombre d'exemples pourraient s'ajouter encore. Il y a sur ce point beaucoup à changer et à améliorer.

Il n'y a point aux Indes occidentales de sylviculture dans le sens indiqué, pratiquée par les Européens. Nous renvoyons donc, pour les essences qui y croissent, et spécialement pour l'indication des ouvrages qui s'y rapportent, à ce qui a été dit à la classe 10, lettre E. Il y a aussi aux Indes occ. beaucoup à faire pour modifier, perfectionner, développer l'industrie forestière.

VAN MUSSCHENBROEK.

124. Ouvrages traitant de la sylviculture, par J. W. H. Cordes, inspecteur des forêts.

   a. Les forêts de jati de Java; leur nature, leur étendue, leur histoire et leur exploitation. Ogilvie et Cⁱᵉ., Batavia, 1881.
   b. Souvenirs de la Côte occidentale de Sumatra. Etude destinée à contribuer à la connaissance des contrées forestières d'une partie de Sumatra (réimpression d'un article publié dans le revue de la Société néerl. pour l'avancement de l'industrie; vol. XV, livr. 5).

125. Collection d'échantillons des principales espèces de bois des Indes néerl. — Section forestière du départ. de l'intérieur et Jardin botanique de l'Etat, à Buitenzorg.

   NB. Parmi les nombreuses collections de bois qui nous ont été envoyées, celle-ci et une autre, provenant des coupes de Lodoyo, avaient seules droit à être placées dans la subdivision de la sylviculture. Nous avons cru devoir renvoyer toutes les autres au second groupe, classe 10, E, où sont les *produits forestiers*, parce que rien ne nous prouvait qu'elles provinssent de forêts régulièrement aménagées. Toutes les espèces de bois des Possessions extérieures et toutes celles des Indes occidentales devaient pour ce motif être exclues de la présente classe, puisqu'il n'existe de régime forestier régulièrement organisé qu'à Java et à Madoura. Même dans ces îles une grande partie de ce que l'on appelle les forêts de bois sauvage n'a pas été soumise à ce régime.

   Pour ce qui concerne la collection qui nous occupe en ce moment, nous reproduisons dans son entier le catalogue raisonné que M. Cordes, inspecteur des forêts, nous en a fait parvenir, sauf ce qui y est dit du bois de jati. Nous renvoyons, pour ce point particulier, le lecteur à ce qui se trouve dans l'introduction de la présente subdivision et aussi à l'ouvrage de M. Cordes lui-même, mentioné ici au N°. 124 a. Avec ce catalogue, nous reproduisons les remarques dont M. Cordes l'a fait précéder.

„On ne s'est point proposé en formant cette collection, dit-il, de faire un étalage où se trouvassent réunies dans leur immense variété toutes les espèces de bois qui croissent dans les vastes forêts des îles des Indes orientales néerlandaises. Ce que l'on a voulu mettre sous les yeux des visiteurs, c'est une collection restreinte aux espèces véritablement utiles. De beaucoup le plus grand nombre des essences qui composent ces forêts donnent un bois dont la valeur industrielle est nulle ou très faible. A quoi bon en réunir les échantillons pour une exposition? On le fait souvent, mais cela ne sert à rien. Si on se l'était proposé ici, la collection aurait été plus de six fois plus grande.

„Les deux cents numeros à peu près qui sont ici réunis mettent donc sous les yeux du visiteur une collection de choix. Elle est assez riche pour que l'on se fasse une idée du nombre vraiment grand d'espèces croissant dans l'archipel, qui toutes ont les qualités requises pour que leur bois compte comme de bon bois de construction. Pour la plupart l'expérience a déjà démontré qu'elles sont remarquablement durables. Quelques unes donnent de beau bois d'ébénisterie.

„Les échantillons ont été rangés d'après l'ordre alphabétique des noms botaniques des arbres d'où ils proviennent. Ceux-ci ont été déterminés par un botaniste compétent, d'après leurs fleurs, leurs fruits, leurs feuilles, etc. Là où restait du doute, on a placé un point d'interrogation à la suite du nom. Les noms indigènes donnés sont ceux que les arbres portent dans les localités où les échantillons ont été choisis.

1. Acacia umbellata, Bnth. — Pilang.
Assez bon bois de charpente, dur. Les arbres atteignent une épaisseur de 0,80 à 1,00 mètre, et croissent dans les contrées basses et chaudes.
2. Actinodaphne gracilis, Miq.? — Madang joujou.
Bois passablement tendre, mais résistant, propre surtout à faire des caisses. Rare. Les arbres n'atteignent pas une hauteur de plus de 18 à 20 mètres, et ont une circonférence d'environ deux mètres.
3. Actinodaphne procera, Nees? — Madang sousou; et
4. Actinodaphne pubescens, Bl.? — Joungjoung boukit.
Bois dur, propre surtout à faire des poutres. Assez fréquent. Les arbres ne dépassant pas 15 ou 16 mètres en hauteur et atteignent une circonférence d'environ deux mètres.
5. Adenanthera pavonina, L. — Segawé.
Propre aux charpentes des maisons. Peu fréquent. Les arbres atteignent une hauteur d'environ 25 mètres et une circonférence de deux mètres et demi.
6. Adinandra spec. — Kayou kachang.
Bois dur, excellent pour les constructions. Assez rare. Hauteur de 15 à 20 m., circonférence de 2 m. environ.
7. Afzelia bijuga, Gray. — Marbo.
Bois serré et solide, très propre pour charpentes de maisons. Hauteur des arbres de 25 m. environ, circonf. de 3 à 4 m.
8. Aglaia tomentosa, T. et B.? — Bounyauw.
Bon pour navires. Hauteur, 11 à 12 m., épaisseur 0,50 m. environ.
9. Albizzia procera, Bnth. — Ki hiang, Werou.
Pour charpentes de maisons; croît en abondance dans les régions montagneuses inférieures.
10. Alseodaphne excelsa, Bl.? — Madang slouwang.
Recherché surtout pour les meubles.
11. Alstonia eximia, Miq.? — Jeloutoung; et
12. Alstonia polyphylla, Miq.? — Tallai.
Tous deux donnant de bonnes planches; employés aussi pour les meubles. Les arbres se plaisent dans un sol bas et humide, et atteignent une hauteur d'environ 25 m. et une épaisseur de plus de 0,50 m.
13. Anthocephalus indicus, Rich. — Chintaratan.
Excellent bois de charpente. Grands arbres, qui croissent surtout dans les monts Gedé et dans les régences du Preanger (Java).

14. Antiaris toxicaria, Lesch. — Pohon oupas, Anchar.

Bois léger, assez fin, utile dans la construction des maisons. A Java on l'appelle *arbre à poison*.

15. Antidesma paniculatum, Bl. ? — Boné.

Bois très dur, bon surtout pour les poutres. Croît dans les régions montagneuses inférieures.

16. Ardisia decusmontis, Miq. ? — Kapoundoung.

Bon pour la construction des maisons. Assez rare. Croît dans les régions montagneuses de Java.

17. Artocarpus elongata, Miq. ? — Kapinih.

Bois serré, solide et très dur, propre à de nombreux usages. Hauteur des arbres, de 18 à 20 m., épaisseur 1,50 m. Croit dans les sols maigres et secs.

18. Artocarpus integrifolia, L. — Nangka.

Bois dur et solide, bon pour meubles et construction de maisons.

19. Artocarpus varians, Miq. ? — Choubadak ayer.

Bois tendre, mais résistant; bon pour charpente de navires. Ces arbres ne sont pas très répandus. Ils croissent dans les sols marécageux et atteignent une hauteur de 15 à 16 m. seulement avec un diamètre de 1 à 1,50 m.

20. Barringtonia spicata, Bl. ? — Songam.

Bois léger assez fin, bon pour constructio de maisons et autres usages.

21. Bassia balam, Miq. ? — Balam.

Bois dur, résistant, propre à toutes sortes de fins dans les constructions. Les arbres atteignent une hauteur de 18 à 20 m. et une circonf. d'environ 2 m.

22. Bouea diversifolia, Miq. ? — Ramang.

Bois assez dur; propre à faire des planches et aussi à d'autres usages.

23. Bruguiera Rumphii, Bl. ? — Tarong.

Bois très dur, bon pour poutres.

24. Buchanania auriculata, Bl. — Trantang; et

25. Buchanania macrophylla, Bl. ? — Madang sangka.

Ces deux espèces de bois s'emploient pour la construction de petites embarcations appelées *sampans*. Le bois est léger, mais assez fort et durable.

26. Callicarpa Wallichiana, Walp. ? — Tinjo marahar.

Bon pour construction de maisons. Les arbres atteignent une hauteur d'environ 15 m. et une épaisseur d'environ 1 m.

27. Calophyllum (amœnum, Wall.) ? — Bintangour.

Bois dur, bon également pour la construction de barques, prauws, et pour la fabrication de meubles.

28. Calophyllum Inophyllum, L. — Nyamplong, Ki bounaga, Champlong.

Propre à la construction de maisons et d'embarcations et de plus fort recherché pour les meubles. Les arbres ne deviennent pas fort grands; ils atteignent de 12 à 15 m. seulement. En revanche ils peuvent avoir de 1,50 à 2 m. de diamètre et étendent leur branchage très loin. Ils croissent tant dans le haut pays que sur les côtes.

29. Calophyllum lanigerum, Miq. — Bintangour batou.

Propre à la construction des navires. Les arbres croissent dans les régions élevées et deviennent beaucoup plus grands que les précédents. Ils atteignent 25 m. avec une circonf. d'environ 3 m.

30. Calophyllum spectabile, Wlld. ? — Bintangour outan, Hata aé ewan.

Bois dur et résistant, bon surtout pour poutres; assez rare. Hauteur atteignant 18 m. avec un diamètre d'environ 0,75 m.

31. Calophyllum spec. — Bintangour.

Bois dur, récherché pour navires; assez répandu. Hauteur d'env. 26 m. et circonf. d'env. 2,50 m. Croît dans les terrains humides.

32. Calophyllum spec. — Saloumah.

33. Calophyllum spec. — Bintangan.

Ces deux espèces sont propres à la construction des navires. Elles croissent dans les régions élevées et atteignent une hauteur d'environ 24 m. et une circonf. d'env. 3 m.

34. Calophyllum spec. — Pinago.

Bois passablement tendre, bon pour meubles; croît en abondance le long des côtes. Hauteur env. 12 m., circonf. env. 2 m.

35. Canariopsis decumana, Bl. ? — Tanjoung outan, Nia.

Très propre à fournir des poteaux ou des pieux. Croît fréquemment dans les plaines basses et chaudes. Arbres de petite taille, seulement 10 m.; diam. d'environ 0,75 m.

36. Canarium eupteron, Miq. ? — Lagan.

Bois fin, dur. Propre pour maisons et barques. Croît dans les régions basses. Atteint 30 m. de haut et 1 m. d'épaisseur.

37. Canthium polyanthum, Bl. ? — Madang gougouk.

Bon bois pour planches; hauteur env. 16 m., épaisseur env. 1 m.

38. Caryophyllus sylvestris, T. et B. ? — Chengké outan, Poulawan apal.

Bois dur et résistant. Assez fréquent. Hauteur de 12 à 15 m., diamètre 0,50 m. au plus.

39. Cassia fistula, L. — Trengouli.

Bois léger, mais solide, propre à la construction des maisons. Très répandu, surtout dans les régions des côtes. Les arbres dépassent 20 m. de haut et ont une circonf. d'env. 1,50 m.

40. Cassia florida, Vahl. — Jouar.

Bois très dur et résistant, propre à toutes sortes de fins dans les constructions. Les arbres n'atteignent que 10 à 12 m. de hauteur avec une circonf. d'env. 1,50 m.

41. Castanea argentea, Bl. — Sarangan, Sanienten.

Grosse fibre, bois dur, bon pour construction de maisons; très fréquent dans les régions montagneuses.

42. Castanea spec. — Mranak.

Bois passablement solide, durable; bon pour construction de maisons; assez fréquent dans les régions montagneuses. Hauteur, 25 à 30 m., circonf. atteignant 4 m.

43. Casuarina Junghuhniana, Miq. — Chemara.

Le bois est léger et tendre; sa valeur n'est pas des plus grandes; toutefois il peut fort bien s'utiliser dans la construction des maisons et s'emploie en effet beaucoup ainsi dans les contrées montagneuses de l'Orient de Java.

44. Cedrela febrifuga, Bl. — Souren.

Bois léger, très souple, propre à faire des planches. Hauteur des arbres de 30 à 40 m., circonf. env. 2 m.

45. Cedrela serrulata, Miq. — Sourian.

Aussi bois léger; il est néanmoins durable et recherché surtout pour la construction des prauws.

46. Cinnamomum spec. ? — Legi.

Bois très dur, lourd, dont on peut aussi faire des meubles. Assez répandu dans les contrées montagneuses inférieures. Hauteur, env. 25 m., circonf. env. 3 m.

47. Cookia punctata, Retz. ? — Langsap outan, Mahou apal.

Bois dur et résistant, bon pour poutres; assez rare. Petits arbres, atteignant de 10 à 12 m. de haut et au plus 0,50 m. d'épaisseur.

48. Cookia spec. — Lassi kouning, Lassi kaou.

Bois dur et pourtant assez cassant, recherché pour meubles. Fréquent le long des côtes de Céram. Hauteur des arbres seulement 10 à 12 m., épaisseur env. 0,50 m.

49. Covellia grandifolia, Miq. ? — Madang gaja.

Propre à être employé dans la construction des maisons, la fabrication des meubles, etc. Hauteur, 22 à 25 m., épaisseur, atteint 2 m.

50. Cryptocaria crassinervia, Miq. ? — Madang sangit.

Pour maisons et pour meubles.

51. Cryptocaria ferrea, Bl. ? — Hourou beti.

Bois dur, solide et durable; bon surtout pour poutres.

52. Cryptocaria palembanica, Miq. ? — Madang kouning.

Beau bois, employé surtout pour meubles.

53. Cyanodaphne tomentosa, Miq. ? — Madang talour.

Bois solide, fort, bon pour maisons et pour meubles.

54. Dalbergia Zollingeriana, Miq. ? — Samajolo.

Bois très dur et fort, bon pour la construction des maisons.

55. Dammara alba, Rumph. ? — Besi merah, Isit kaou.

Bois dur et résistant, propre à faire des poutres, des montants de portes, etc. Ces arbres croissent, peu nombreux, sur les côtes, et atteignent une hauteur d'env. 30 m. et une épaisseur de 0,75 à 1,00 m.

56. Dendrolobium umbellatum, Wight et Arn.? — Nasi.
Bon surtout pour meubles.

57. Dillenia aurea, Sm. — Sempou, Soumpour.
Bois dur, bon pour maisons, surtout pour solives. Très répandu dans les régions basses. Atteint de 12 à 15 m. seulement de haut, et jusqu'à 1,50 m. de circonf.

58. Diospyros ebenum, Retz.? — Arang-arangan.
Belle espèce de bois dur, bon pour maisons et meubles.

59. Dryobalanops Camphora, Col. — Kayou kapour.
Pour maisons et meubles. Hauteur, de 30 à 40 m.; circonf. atteint 4 m.

60. Dysoxylon laxiflorum, Bl. — Kapinango.
Bois solide, fort; assez rare; croît dans les régions montagneuses.

61. Endiandra rubescens, Miq. — Paouh.
Assez bon bois de charpente, propre à être employé pour maisons.

62. Epicharis cauliflora, Bl — Piengkou.
Bois de charpente fort, quoique à grosse fibre. Croît à Java dans la région montagneuse des régences du Préanger.

63. Eucalyptus alba, Rnw. — Kayou poutih.
Bois lourd, fort, propre à toutes sortes de fins dans les constructions. Croît tant dans le haut-pays que sur les côtes.

64. Eugenia cerasoides, Rxb.? — Kepa, Nitis; et

65. Eugenia lucidula, Miq. — Salam.
Tous deux ont un bois solide et dur, utile dans la construction des maisons. Ils sont assez fréquents dans les régions basses et atteignent une hauteur de 25 à 30 m. et une circonf. allant jusqu'à 2,50 m.

66. Eurya cuprista, Krth. — Salak.
Assez bon bois pour la menuiserie des maisons. Fait aussi de bon charbon. Hauteur env. de 15 m., circonf. dépasse 1 m.

67. Eusydcroxylon Zwagerii, T. et B. — Kayou besi.

68. Eusideroxylon Zwagerii, T. et B; — Belian.

69. Eusideroxylon Zwagerii, T. et B. — Oulin pipit, Oulin gentoungan.

70. Eusyderoxylon Zwagerii, T. et B. — Oulin toulang, Oulin laning.

71. Eusideroxylon Zwagerii, T. et B. — Oulin paya.
Bois de grande valeur, dont les indigènes de Borneo distinguent plusieurs variétés. Du reste, les noms diffèrent suivant les localités. Le bois est très dur et lourd et doit compter parmi les matériaux de construction très solides et durables. Bon surtout pour montants. Assez fréquent dans les régions montagneuses inférieures, où il atteint une hauteur de 30 m. et une circonf. de 3 m.

72. Fagraea fragans, Rxb. — Tembesou talang.
Beau bois dur, pour meubles.

73. Fagraea peregrina. — Tembesou.
Bois dur, fort; pour maisons et autres constructions. Très durable.

74. Fagraea spec. — Tembesou rawang.

75. Fagraea spec. — Tembesou betouli.

76. Fagraea spec. — Tembesou renah.
Belles espèces de bois dur, très recherchées pour meubles.

77. Garcinia celebica, DC.? — Manggoustan outan, Manggoustan apal.
Bois dur, résistant, bon pour charpentes, assez rare. Hauteur env. 16 m., diam. dépasse 0,50 m.

78. Garcinia (merguensis Wght,)? — Kandis.
Bois dur, résistant. Rare. Petits arbres de seulement 8 à 10 m. de haut, env. 1 m. de circonf.

79. Gelonium glomerulatum, Bl.? — Janglot.
Bois résistant, faisant de bonnes hampes de lances. Croît, assez clairsemé, dans les régons montagneuses. Hauteur, env. 15 m., circonf. va jusqu'à 1,75 m.

80. Glabaria tersa, L.? — Hourou gading.
Beau bois dur, propre à la fabrication des meubles. Rare.

81. Grewia odorata, Bl.? — Derisan.
Assez bon bois de charpente, employé pour la menuiserie.

82. Guatteria glauca, Miq.? — Tapis.
Propre surtout à faire des meubles.

83. Guatteria hypoleuca, Miq.? — Madang poulau.
Assez bon bois de charpente, surtout pour la menuiserie.
84. Guatteria Teysmanii, Miq.? — Banitan.
Bois tendre, mais pourtant assez utilisable. Arbre assez fréquent dans les terrains humides.
85. Haasia subcaesia, Miq.? — Madang rawang.
Propre surtout à faire des meubles.
86. Henslovia paniculata, Miq. — Ki banen.
Bon et solide bois de construction. Assez fréquent dans les régions montagneuses inférieures.
87. Homalinum grandiflorum, Bnth.? — Kayou batou.
Bois de charpente dur et fort, assez rare. Croît sur l'arête des montagnes. Atteint de 20 à 25 m. de haut, env. 2 m. de circonf.
88. Hopea Balangeran, Krths.? — Belangeran.
Assez bon bois pour poteaux. Très fréquent dans les régions marécageuses. Hauteur de 30 à 35 m., circonf. de 3 à 4 m.
89. Hopea Meranti, Miq.? — Meranti.
Propre à la construction des maisons, recherché surtout pour les planches. Les arbres deviennent très grands et très gros.
90. Hopea Singkawang, Miq.? — Singkawanh tranda.
Bois de charpente fort, compacte, solide.
91. Hopea spec. — Meranti kasik.
Bois dur, pour construction de maisons. Assez rare.
92. Intsia amboinensis, Thouars? — Bayang.
Bois fort et durable, aimé surtout pour les embarcations. Les arbres atteignent plus de 40 m. en hauteur et de 5 m. en circonf.
93. Intsia spec. — Marabouw.
Bois souple, résistant; bon et durable dans les constructions. Hauteur de 30 à 35 m., circonf. env. 3 m.
94. Irena glabra, Bl. — Lengsar.
Bois solide, fort; propre à la construction de maisons. Fréquent dans les régions montagneuses inférieures.

95. Isonandra gutta, Hssk. — Balam tembaga.
C'est l'arbre à gutta-percha. Il donne un bois de charpente compacte, fort et de bonne qualité, propre à toutes sortes de fins.
96. Isonandra spec. — Nyato trông.
Bon bois de charpente, surtout pour planches.
97. Jackia ornata, Wall? — Seloumar pontih; et
98. Jackia spec. — Seloumar itam.
Deux belles espèces de bois; propres surtout à faire des meubles.
99. Jambosa aquea, Rumph. — Jambou ayer.
Assez bon bois pour poteaux.
100. Jambosa symphytocarpa, Miq.? — Pioutah.
Bois dur et résistant, bon surtout pour meubles. Assez rare. Les arbres ne dépassent pas 10 à 12 m. en grandeur.
101. Kleinhovia hospita, L. — Timongo, Timoho.
Bois offrant des taches qui font un bel effet (pèlèt), employé surtout pour les gaînes de kris, les hampes de lances, etc.
102. Lagerstroemia Reginae, Rxb. — Woungou, Boungour.
Bon et solide bois de charpente. Les arbres atteignent une hauteur d'env. 30 m. et une épaisseur d'env. 2,50 m.
103. Liquidambar Altingiana, Bl. — Rasamala nagasari.
104. Liquidambar Altingiana, Bl. — Rasamala kitamiang.
105. Liquidambar Altingiana, Bl. — Rasamala gadok.
Le Rasamala est un bon bois de charpente solide. Les indigènes en distinguent plusieurs variétés, qu'ils n'estiment pas également. L'arbre est très grand, mais paraît ne se trouver que dans les régions montagneuses d'une partie de l'Occident de Java, où il est très fréquent, et de la Côte occ. de Sumatra.
106. Liquidambar tricuspis, Miq. — Sigadoundoung.
De même, bon bois de charpente, mais beaucoup plus rare que le précédent.
107. Lithocarpus javensis, Bl. — Passan batou.

Bois passablement ferme, fort; bon pour les maisons.

108. Lithocarpus spec. — Gofasso batou, Pasal hatou (sic!).

Bois très dur et résistant, propre surtout à faire les membrures et la quille des navires. L'arbre croît près des côtes et n'atteint une hauteur que de 13 m. env. et une épaisseur d'env. 0.75 m.

109. Maba Ebenus, R. Br. — Kayou Arang.

Bois d'ébène. Très dur, mais assez cassant. Recherché pour meubles et pour cannes. Hauteur env. 20 m., circonf. env. 2 m.

110. Maba spec. — Belo itam, Ai metan.

Bois assez dur et résistant, propre à faire des meubles. Très rare. Hauteur des arbres env. 16 m., épaisseur atteint 0,75 m.

111. Maba spec. — Nani.

Recherché pour la construction des embarcations. Assez fréquent près des côtes. Atteint 40 m. de haut et 5 m. de circonf.

112. Mangifera altissima, Bl. — Paouh.

Assez bon bois, propre à la menuiserie.

113. Mappa pruinosa, Miq.? — Mang.

Propre à la construction des maisons. Assez fréquent. Hauteur env. 15 m. et circonf. env. 1 m.

114. Marlea spec. — Mouseng.

Employé surtout pour solives et chevrons. Hauteur de 18 à 20 m.; circonf. atteignant 2 m. Comme il croît vite, on le plante souvent dans les kampongs.

115. Melaleuca leucadendron, L. — Gelam tikous.

Bois dur et lourd, bon surtout pour faire des poutres. Assez rare.

116. Meliosma spec. — Raboung.

Bois passablement ferme, solide; propre à la construction des maisons.

117. Memecylon oligoneurum, Bl. — Ki besi; et

118. Memecylon spec. — Ki tembaga.

Beau bois dur, bon pour meubles et pour charpentes. Grands arbres, assez fréquents dans les montagnes.

119. Mesua ferrea, L. — Nagasari.

Bois très dur, résistant et lourd, bon pour meubles. Les arbres, assez rares, croissent dans la plaine et atteignent une hauteur de plus de 25 m. et une circonf. de plus de 2 m.

120. Michelia Champaca, L.? — Champaka.

Bois fort, bon aussi pour embarcations. Assez rare. Hauteur env. 15 m, circonf. atteignant 4 m.

121. Michelia montana, Bl.? — Madang Champaka.

Beau bois, recherché pour meubles.

122. Michelia velutina, Bl. — Manglît.

Bois de charpente ferme et solide, recherché pour les maisons.

123. Mimusops Elengi, L. — Bounga tanjong.

Bois à grosse fibre, mais passablement fort; assez souvent employé dans la construction des maisons.

124. Mimusops Kauki, L.? — Sawou.

Très beau bois dur, particulièrement recherché pour meubles.

125. Myristica iteophylla, Miq.? — Nyatoh.

Bois léger, mais assez bon, employé pour les toits. Assez rare.

126. Myristica subglobosa, Miq. — Balem plapah.

Employé pour meubles et dans la construction des maisons. Pas fréquent non plus.

127. Myristica spec. — Tapi.

Assez dur, mais aussi assez cassant; propre à la construction des maisons. Passablement fréquent dans les régions montagneuses. Hauteur de 25 à 30 m.; circonf. atteint 4 m.

128. Nania vera, Miq.? — Naono, Nani.

Bois très dur et résistant, propre surtout à faire des poutres. Hauteur des arbres de 30 à 35 m. et diamètre atteignant 1 m.

129. Nauclea grandifolia, DC. — Klepou, Jabon.

Bois dur, pour construction de maisons.

130. Nauclea lanceolata, Bl. — Angrit.

Donne aussi un bon bois de charpente dur. Assez fréquent.

131. Nephelium lappaceum, L.? — Ramboutan.

Bois dur, résistant, bon pour

Groupe III. Vingtième Classe.

poutres. Seulement de 12 à 14 m. de haut et de 1 à 1,50 m. en circonf.

132. Octomeles Sumatrana, Miq.? — Benouwang.
   Bois passable, parfois employé pour meubles.

133. Paritium tiliaceum, Wlld. — Warou.
   Bois ferme, solide, bon tant pour maisons que pour charronage, moulins, etc.

134. Phebe holosericea, Bl? — Madang.
   Bois fin, recherché pour meubles. Arbres nombreux dans les terrains bas. Hauteur de 18 à 20 m., circonf. env. 1,50 m.

135. Phebe spec. — Madang.
   Bon surtout pour planches. Très répandu.

136. Picrardia racemosa, Bl. — Menteng.
   Beau bois fin, fort; s'emploie dans la construction des maisons et pour meubles.

137. Pythecolobium clypearia, Bnth. — Kepouk.
   Beau bois fort, employé pour meubles, gaînes de kris, etc.

138. Pithecolobium umbellatum, Bnth.? — Lamaran.
   Assez bon bois; sert à la menuiserie.

139. Ploiarium oblongifolium, Miq. — Banka; et

140. Ploiarium spec. — Bangka Inei.
   Deux espèces de bois ferme, solide, employées dans la construction des maisons.

141. Podocarpus bracteata, Bl. — Ki poutri.

142. Podocarpus cupressina, Br. — Chemara, Jamoujou.
   Tous deux donnent un bon bois solide; très recherchés pour la construction des maisons. Grands arbres.

143. Polyadenia lucida, Nees. — Madang prawas.
   Bois de charpente solide et durable, pour maisons.

144. Premna tomentosa, Wlld. — Boungbouloung.
   Bois passable; propre à la construction des maisons.

145. Protium javanicum, Burm. — Trengouloun, Katos.

Bois de charpente fort et souple. Assez fréquent. Hauteur de 25 à 30 m., circonf. env. 3 m.

146. Pterocarpus indicus, Wlld. — Sono kembang.

147. Pterocarpus indicus, Wlld. — Sono kling.

148. Pterocarpus indicus, Wlld. — Langsana.

149. Pterocarpus indicus, Wlld. — Linggoa batou.

150. Pterocarpus indicus, Wlld. — Merah.
   Bois dur, résistant et beau, dont les indigènes distinguent bien plusieurs variétés, mais qui sont parfois aussi les mêmes sous différents noms. Le bois est excellent pour constructions et est aussi fort recherché pour meubles; ceux-ci peuvent être très beaux fabriqués avec ce bois. L'arbre est très répandu dans les plaines et dans les régions montagneuses inférieures. Il atteint de 30 à 35 m. de hauteur et env. 1 m. d'épaisseur.

151. Pterocarpus mollis, Rumph? — Linggoa gaba-gaba, Nala depal.
   Bois tendre, mais résistant, qui s'emploie aussi pour meubles. Croît près des côtes. Hauteur env. 20 m, épaisseur atteint 1,50 m.

152. Pterocarpus saxatilis, Rh. — Linggoa kastouri, Nala kastouri.
   Bois assez dur et résistant, propre aussi à faire des meubles. Assez rare. Croît surtout le long des côtes.

153. Pterocymbium latifolium, R. Br. — Ki haji.
   Solide et fort bois de charpente, donne de très grandes poutres, mais est rare.

154. Pterospermum spec. — Lanji.
   Bois solide et résistant, bon surtout pour planches. Assez abondant dans les régions basses. Hauteur de 25 à 30 m., circonf. atteint 2 m.

155. Quercus aporosa. — Kendal, Wangkal.

156. Quercus Bennettii, Miq.? — Kabal.

157. Quercus lineata, Bl.? — Mentoungoh, Anggerit.

158. Quercus cyrtopoda, Bl.? — Risak, Rasag.

159. Quercus neurophylla, Miq.? — Paning-paning.

160. Quercus Rassa, Miq.? — Rassak.
161. Quercus Teysmannii Bl.? — Paning-paning damar.
162. Quercus spec. — Rassak, Baloh.
163. Quercus spec. — Rassak.
164. Quercus spec. — Paning-paning sagah.

Quoique le bois des chênes des Indes ne puisse pas se comparer à celui de leurs congénères européens, il y en a quelques bonnes espèces que l'on emploie dans la construction des maisons. Leur bois est en général assez dur et lourd et se laisse bien travailler. Il y en a dont on peut faire des meubles.

165. Rhombospora Commersonii, Krth.? — Semaram.

Bois léger et souple, bon pour planches. Assez rare. Hauteur des arbres env. 20 m., circonf. atteignant 3 m.

166. Santalum album, L. — Chindana.

Bois de sandal. Ce bois est fin, beau, solide, très recherché pour menuiserie fine. Les arbres ne dépassent pas 10 m. en hauteur et 0,50 m. en épaisseur.

167. Saprosma arboreum, Bl.? — Kajou tâi, Chindana autan.

Bois ferme, solide, bon pour maisons. Assez répandu à Timor.

168. Schima Noronhae, Rwdt. — Pouspa.

Bois de charpente ferme, fort, solide. S'emploie dans la construction des maisons, pour les pilons à riz et pour d'autres fins. Appartient en propre aux régions montagneuses des régences du Preanger à Java.

169. Schima Wallichii, Chois.? — Serouh.

Aussi un bois solide. Croît moins régulièrement que l'espèce précédente. Recherché pour pilons à riz, etc.

170. Schleichera trijuga, Wlld. — Kosambi.

Bois dur, résistant, fort; très recherché pour pilons à riz et pour moulins et employé aussi dans la construction des maisons. Donne d'excellent charbon.

171. Schoutania ovata, Krth. — Walikoukoum.

Bois résistant, fort. Très recherché pour la construction des maisons et surtout pour le charronage et pour les outils. Assez répandu, mais rarement très grand.

172. Semecarpus heterophylla, Bl.? — Rengas.

Bois souple, assez lourd. Recherché pour meubles Hauteur env. 25; diamètre atteignant 2 m.

173. Shorea lucida, Miq. — Meranti itam.

Bois solide, fort; propre surtout à faire des poteaux.

174. Sloetia sideroxylon, T. et B. — Kapinis.

Bois lourd, très dur. Excellent pour constructions.

175. Spathodea macroloba, Miq. — Soungkai.

Bois solide, fort, durable, fort bon pour la construction des maisons.

176. Sterculia urceolata, Smith? — Kloumpang oudang.

Bois d'assez bonne qualité, dont cependant on ne fait que des planches.

177. Styrax Benzoïn, Dryandr. — Koumajan, Menyan.

Ce bois peut servir à la menuiserie. L'arbre donne une résine excellente.

178. Syzygium jambolanum, DC.? — Oubar.

179. Syzygium palembanicum, Miq.? — Samah poutih; et

180. Syzygium varifolium, Miq.? — Samah.

Ces arbres donnent un bois d'assez bonne qualité, passablement dur, utilisable dans la construction des maisons, surtout sous forme de poutres. Cependant les arbres ne deviennent pas grands, sauf ceux de la seconde espèce, qui peuvent atteindre une grande hauteur.

181. Talauma Sebassa, Miq.? — Sebassa.

Bois très dur, pour charpentages divers.

182. Tectona grandis, L. — Jati sounggou.
183. Tectona grandis, L. — Jati kapour.
184. Tectona grandis, L. — Jati douri.
185. Tectona grandis, L. — Jati minyak.

GROUPE III. Vingtième Classe. 183

186. Tectona grandis, L. — Jati kembang.
187. Tectona grandis, L. — Jati dorang.
Voy. l'introduction de cette subdivision de la classe et la monographie mentionnée sous le N°. 124 a.
188. Tetranthera subovata, Mib.? — Madang.
Assez bon bois de charpente, employé surtout pour faire des planches.
189. Thespesia macrophylla, Bl.? — Warou laut.
Bois particulièrement souple, recherché pour les membrures des prauws. Les arbres n'atteignent que 10 à 12 m. de hauteur, avec une circonf. d'env. 1 m.
190. Thespesia populnea, Corr. — Warou laut.
Assez beau bois, propre à faire des meubles. Ne croît que près des côtes. Hauteur de 8 à 10 m.; circonf. d'env. 1,50 m.
191. Thespesia spec. — Wan boön, boön toang.
Bon bois de charpente, surtout pour planches. Assez fréquent. Hauteur de 8 à 10 m.; circonf. de 1 à 1,50 m.
192. Urophyllum corymbosum, L.? — Malaka.
Bon bois de charpente, pour maisons.
193. Visiania robusta, DC.? — Kamouning outan.
Bois très dur; recherché en particulier pour la fabrication de petits ustensiles de ménage.
194. Vitex pubescens, Vahl. — Laban, Alaban.
Bois dur et fort. Très recherché surtout pour roues, charrues, pagaies et autres instruments. Assez répandu, surtout le long des côtes. N'atteint que de 15 à 18 m. de haut, et une circonf. de 1,50 à 1,75 m.
195. Xylocarpus granatum, Kg.? — Kira-kira.
Bois assez dur, résistant. Passablement fréquent près des côtes. Petits arbres, hauts seulement de 8 à 10 m. et épais de 0,50 m.

126. Bois de jati des coupes de Lodoyo, div. Blitar, rés. Kediri. — J. L. Canters, Klophek près de Zutphen.
a. Poutre.
b. Deux traverses.
c. Dix planches.

127. Collection de cent espèces de bois, représentées par des échantillons rectangulaires, en quatre séries de 25 dont chacune est rangée alphabétiquement. — Coupes de Lodoyo, div. Blitar, rés. Kediri.
NB. On ne comprend pas très bien le motif de cette division en quatre séries, dont deux *portant fruits* et deux *ne portant pas fruits*. Nous faisons suivre ici la liste des noms de Blitar et des noms latins telle que nous l'avons reçue, nous bornant à corriger quelques fautes de copie.

I. Espèces qui ne portent pas de fruits.
1. Ampak. — Gudia latifolia.
2. Janglot. — Gelonium glomerulatum.
3. Dewodarou.
4. Jati. — Tectona grandis.
5. Iengas. — Gluta Benghas.
6. Kalak gedang. — Saccopetalum Horsfieldii.
7. Kesemak. — Dodonaea Burmanniana.
8. Keningar (Cannelle). — Cinnamomum Zeylanicum.
9. Laban. — Vitex pubescens.
10. Loloan. — Cinnamomum sulphuratum.
11. Nyampoh sekar. — Calophyllum inophyllum.
12. Pourwo kouning. — Noryaea javanica.
13. Panchal kidang. — Tricholobus fulvus.
14. Penjalinan. — Prunus Junghuhniana.
15. Singkil. — Premna lucidula.
16. Sonokling. — Pterocarpus indicus.
17. Tinoho. — Kleinhovia hospita.
18. Champaka. — Michelia champaka.

Groupe III. Vingtième Classe.

19. Chemara. — Casuarina equisetifolia.
20. Chendana. — Santalum album.
21. Weringin. — Urostigma benjaminum.
22. Wadang. — Haasia microcarpa.
23. Warou. — Hibiscus tiliaceus.
24. Walikoukoun. — Schoutenia ovata.
25. Woungou. — Lagerstroemia reginae.

II. Espèces portant fruits.

1. Asem (Tamarin). — Tamarindus indica.
2. Arèn (Palmier sagou). — Arenga saccharifera.
3. Bendo. — Artocarpus Blumei.
4. Jambou biji. — Psidium Guajava.
5. Jouwit. — Syzygium jambolanum.
6. Jerouk (Pampolmouse). — Citrus decumana.
7. Dourian. — Durio Zibethinus.
8. Jambou klampok. — Jambosa alba.
9. Jira. — Symplocos fasciculata.
10. Café. — Coffea arabica.
11. Kemlandingan (fève puante). — Leucaena glauca.
12. Kenari (amande). — Canarium commune.
13. Klapper (noix de coco). — Cocos nucifera.
14. Kepoundoung. — Pierardia racemosa.
15. Langsep. — Lansium domesticum.
16. Nangka. — Artocarpus integrifolia.
17. Ouni. — Antidesma Bunias.
18. Pala (noix de muscade). — Myristica fragrans.
19. Pinang. — Areca catechu.
20. Rawou. — Dracontomelon mangiferum.
21. Sarangan (chataigne). — Castanea argentea.
22. Sawou. — Sapota achras.
23. Tanjoung. — Mimusops elengi.
24. Trengouloun. — Protium javanicum.
25. „Zuurzak". — Anona muricata.

III. Espèces ne portant pas de fruits.

1. Anggroung. — Grewia columnaris.
2. Awar-awar. — Ficus septica.
3. Baros. — Manglietia glauca.
4. Jabon. — Nauclea grandifolia.
5. Jientoungan. — Jambosa acuminata.
6. Kendal. — Cordia Bantamensis.
7. Kenanga. — Cananga odorata.
8. Kesambi. — Schleichera bijuga.
9. Kemouning. — Murraya exotica.
10. Ngîpih.
11. Nogosari. — Jambosa lineata.
12. Pourwosari. — Norysca javanica.
13. Poulé. — Ophioxylon serpentinum.
14. Rempelas. — Ficus remblas.
15. Souren. — Cedrela toona.
16. Serout. — Prinos cymosa.
17. Chepogo. — Daphnyphyllum glaucescens.
18. Chembirit. — Tabernaemontana sphaerocarpa.
19. Tapen. — Melanolepis multiglandulosa.
20. Choulan, Patjar tjina. — Aglaya odorata.
21. Trembalo kapas. — Cassia glauca.
22. Talok. — Grewia tomentosa.
23. Touri. — Agati grandiflora.
24. Woungou sekar. — Lagerstroemia reginae.
25. Walihlar. — Acer laurinum.

IV. Espèces portant fruits.

1. Bidara. — Zizyphus jujaba.
2. Blimbing besi. — Averrhoa carambola.
3. Blimbing woulou. — Averrhoa bilimbi.
4. Jambou méenté. — Anacardium occidentale.
5. Doukou. — Lansium domesticum.
6. Gandang. — Ficus subopaca.
7. Kemiri. — Aleurites triloba.
8. Ketapang. — Terminalia catappa.
9. Klouwak. — Pangium edule.
10. Klouweh. — Artocarpus integrifolia.
11. Kemloko. — Emblica officinalis.
12. Kendayaän. — Piliostigma acidum.
13. Lô. — Urostigma lucescens.
14. Melienjou. — Fagraea coarctata.
15. Mojou. — Aegle marmelos.
16. Melouwoh. — Evia acida.
17. Mangga. — Mangifera indica.
18. Moundou — Stalagmites dulcis.
19. Nyamplông. — Calophyllum inophyllum.
20. Randou, kapok. — Eriodendron anfractuosum.
21. Ramboutan. — Nephelium lappaceum.
22. Sirikaya. — Anona squamosa.
23. Soukoun (fruit de l'arbre à pain). — Artocarpus incisa.

24. Cheremé. — Cicca nodiflora.
25. Weron. — Albizzia procera.

128. Bois de jati et meubles faits de ce bois, provenant des coupes de Marmaya Kletek, div. Mojokarto, rés. Sourabaya. — A. Lunel et Han Kong Sing, à Java.

E. Mines, métallurgie et puits artésiens.

Il n'est pas rapporté des Portugais et des Espagnols, qui ont déjà visité l'archipel indien au commencement du XVI° siècle, qu'ils y aient exploité des mines, quoique il soit probable qu'ils y ont fait le commerce de l'or et des pierres précieuses. Les Hollandais ne firent leur apparition aux Indes qu'à la fin du XVI° siècle. Comme leurs devanciers, ils se bornèrent au commencement, sans exploiter de mines, à trafiquer de l'or et des diamants. Ces derniers, tirés de la Côte occ. de Borneo, ont procuré à la Compagnie des Indes or. des bénéfices considérables jusque dans la première moitié du XVIII° siècle.

Les Hollandais ne tardèrent cependant pas à vouloir exploiter eux-mêmes des mines d'or. Déjà en 1669 la Compagnie décida de prendre à son compte l'expoitation de la veine aurifère de Salida, Côte occ. de Sumatra, située à 68 Km. au sud de Padang et à $6^{1}/_{2}$ Km. du bord de la mer. On y envoya en 1670 huit mineurs européens, qui furent promptement suivis par d'autres, si bien qu'en 1694 environ 70 Européens y étaient occupés. Le résultat fut le contraire de brillant. Du 1 août 1690 jusqu'en mai 1696 la mine donna pour fl. 174,000 d'or, tandis que l'on avait eu pour fl. 276,000 de frais. On cessa les travaux, pour les reprendre néanmoins en 1720 après de nouvelles études ordonnées par la Compagnie. L'exploitation se fit alors sur un pied plus modeste qu'auparavant et dura jusqu'en 1729. On la reprit pour la troisième fois en 1732 pour l'abandonner définitivement en 1737. Les causes de cet échec doivent se chercher surtout dans l'ignorance du personnel employé, dans le manque d'instruments appropriés au travail, dans les maladies qui enlevèrent beaucoup d'ouvriers et pour le reste dans la méthode trop coûteuse que l'on suivit. On recueillait seulement les minérais très-riches et on les envoyait en Hollande pour en retirer l'or. Il se perdait ainsi beaucoup de minérai contenant le précieux métal.

La Compagnie fit dans d'autres endroits des essais d'exploitation de métaux précieux. Ainsi on pratiqua vers 1723, pour extraire de l'or et de l'argent, une galerie de mine dans le mont Parang, situé sur la frontière de la résidence de Krawang et des régences du Préanger à Java. De même on creusa en 1744 un puits de 40 m. de profondeur sur les flancs du Megamendoung, entre la résidence de Batavia et les régentes du Préanger, afin d'exploiter une veine d'or. Toutefois on ne découvre dans les archives de l'époque aucune indication que l'on ait trouvé soit or soit argent dans l'un de ces deux endroits. Enfin on envoya des mineurs européens à Célèbes au commencement du XVIIIe siècle. Il s'agissait de chercher de l'or; mais on ne paraît pas avoir réussi et l'on cessa bientôt les investigations.

Il n'a plus rien été fait par les Européens, dans la seconde moitié du XVIIIe et au commencement du XIXe, pour exploiter des mines aux Indes. L'attention ne se retourna de ce côté que lorsqu'en 1816 les Pays-Bas rentrèrent en possession de leurs colonies. Un contrat conclu avec le prince de la contrée fit passer en 1823 les mines de diamants de Landak, Côte occ. de Borneo, sous l'administration de l'Etat. Il était stipulé que les pierres brutes seraient livrées pour les $^4/_5$ de leur valeur taxée. Ici encore il paraît que les profits furent minces, car on renonça en 1829 à ce contrat.

En 1823 s'ouvrit à l'aide d'avances fournies par l'Etat une mine d'or située à Madyouw sur la Blintiang, affluent de la rivière de Landak, Côte occ. de Borneo. Mais à son tour cet essai fut de courte durée. En 1854 il y avait là encore à l'œuvre des Chinois, qui exploitaient imparfaitement une veine aurifère. Il est probable qu'il y aurait des bénéfices à y faire si on exploitait cette veine au moyen des procédés perfectionnés des Européens.

Le gouvernement fit faire en 1827 à Bantam, Java, et à Benkoulen, Sumatra, des études pour l'exploitation de la houille; mais on recula devant les frais trop élevés de l'entreprise. Plus tard il y eut à Célèbes et dans la partie sud-est de Borneo des explorations ayant la houille pour objet; puis on parla successivement de gisements qui se trouvaient à Lant-Poulou, sur divers points de la Côte orientale de Borneo, enfin sur la Kapouas supérieure, à la Côte occidentale de Borneo. Ce ne fut cependant qu'en 1846 que s'ouvrit la première mine de houille. Ce fut à Riam, sur la rive gauche de la Riam-Kiwa, à 126 Km. au dessus de Banjermasin. Encore ce premier essai échoua-t-il complètement. L'établissement de Riam fut abandonné en 1848, et personnel ainsi que matériel furent transférés plus bas sur la même rivière, à Pengaron, où s'ouvrit une nouvelle mine. Celle-ci, qui prit plus tard le nom d'»Orange-Nassau", produisait déjà en 1854 14,794 tonnes de charbon de terre.

L'industrie minière européenne n'a pas pu prendre d'élan aux Indes jusqu'en 1850, d'une part, parce qu'elle était paralysée par le système de monopole gouvernemental alors en vigueur, mais aussi, d'autre part, parce que les Européens établis aux Indes avaient généralement trop peu de connaissances en ce qui regarde l'exploitation des mines et les substances minérales utiles pour que l'initiative privée pût se sentir aiguillonnnée. Toutefois le gouvernement des Pays-Bas a fini par prendre des mesures qui témoignent de l'intérêt réel qu'il prend à ce que les richesses minérales des Indes néerl. ne restent pas sans emploi. En effet, il a créé pour les Indes un corps d'ingénieurs des mines, dont les premiers membres se sont rendus en 1850 à leur poste, et en 1851 il a promulgué des dispositions légales, en vue de l'intérêt général, sur l'exploitation des terrains miniers de nos possessions. On peut donc dire que l'exploitation des mines des Indes néerl. est entrée en 1850 dans une nouvelle phase.

L'Etat ayant adopté comme principe du régime minier à mettre en vigueur qu'on laisserait le champ aussi libre que possible à l'industrie privée, il en est résulté que la tâche essentielle des ingénieurs des mines officiellement établis aux Indes devait être de découvrir les gisements de minéraux utiles et de juger jusqu'à quel point l'exploitation doit en être profitable. Au début les études ne purent se faire que lentement, faute d'un nombre suffisant d'ingénieurs; ce n'est en effet que plus tard que l'on porta à 15 leur nombre réglementaire et que l'on nomma des titulaires pour toutes les places Les résultats des études ne furent pas toujours favorables, ce qui naturellement n'en détruit point le mérite. Dans la plupart des cas elles servirent uniquement à démontrer que l'on s'était fait de grandes illusions en croyant à l'existence de riches gisements dans des endroits qui ne se prêtent en réalité aucunement à une exploitation rémunératrice. Mais cela déjà était un avantage, puisque cela servait à prévenir un regrettable gaspillage de temps et de capitaux. Cette preuve fut par ex. donnée pour l'étain que l'on s'était flatté de pouvoir exploiter dans les îles de Singkep et de Grande-Karimon, et dans le Haut-Pays de Siak. De même on peut affirmer qu'on n'obtiendrait que de mauvais résultats en tentant l'exploitation européenne des houilles signalées sur la Kapouas supérieure (Côte occ. de Borneo), à Laut-Poulou et à Koutei (Côte occ. de Borneo), à

Bawean et à Bachan, à Bengkoelen et à Siboga, sur la Côte occ. de Sumatra, à Palembang, à Célèbes, sur quelques points de l'île de Java et dans maint autre endroit. On a aussi signalé du cuivre sur les Côtes occ. de Borneo et de Sumatra, à Bachan, à Timor et dans d'autres îles, et les études des ingénieurs ont fait constater que le minérai était trop pauvre pour payer l'exploitation. Enfin les recherches faites en vue d'autres minéraux ont eu des résultats identiques.

Heureusement toutes les recherches n'eurent par des avantages aussi négatifs. On découvrit sur la Côte occ. de Sumatra dans le Haut-Pays de Padang le riche terrain houiller d'Ombilin, et aussi à Sambalioung sur la Côte or. de Borneo fut constatée la présence de charbon de terre de bonne qualité et exploitable. Ensuite fut confirmée l'espérance qu'on avait de trouver de l'étain dans l'île de Billitton, et l'on acquit la grande probabilité de l'existence de riches filons aurifères sur la Côte occ. de Borneo.

Les ingénieurs des mines exercèrent une influence salutaire sur les exploitations de l'Etat qui existaient déjà en 1850, c'est-à-dire celle de la houille de la Division méridionale et orientale de Borneo et celle de l'étain de l'île de Bangka.

Il faut savoir, quant à la première, que l'on commença, en 1852, par placer simplement sous le *contrôle* du service des mines la mine de houille d'Orange-Nassau à Pengaron. Ce n'est qu'au commencement de 1868 que l'on plaça comme directeur à la tête de cette exploitation un ingénieur des mines. Pendant les premières années on s'est borné à y extraire le charbon des couches supérieures à la base de la colline. Mais ces couches s'épuisèrent et alors, en 1871, on se mit à pousser les galeries dans le sens de la profondeur. De plus, en 1869, le besoin de houille étant fort grand, on avait ouvert temporairement des galeries trois lieues en aval de Pengaron, à Assahan.

De 1848 jusqu'à la fin de 1881 la mine d'Orange-Nassau et l'exploitation temporaire d'Assahan ont produit 221512 tonnes de houille. La plus forte production a été celle des années 1856 et 1880, soit de 17438 et de 16959 tonnes. En général la production aurait pu être beaucoup plus considérable, si pendant plusieurs années on ne l'avait pas fait dépendre de l'emploi que le gouvernement faisait du charbon extrait. On avait aussi anciennement l'habitude de rejeter la houille émiettée, parce qu'on ne pouvait pas s'en servir pour les machines des navires à vapeur. Il n'y a pas un grand nombre d'années qu'on a commencé à l'utiliser.

Mentionnons encore un plan détaillé avec devis qui fut soumis en 1861 au gouvernement par le chef du service des mines en vue d'une exploitation de houilles profondes près des collines de Jabok et de Jalamandi, sur la rivière de Riam-Kanan, dans la Div. mér. et or. de Borneo. Cependant les frais parurent trop élevés et le gouvernement renonça à suivre ce plan.

On sait, quant aux mines d'étain de Bangka, qu'elles furent placées sous l'administration de l'Etat en 1821, après la conquête de Palembang. On n'élabora qu'en 1832 des dispositions régulatives de l'exploitation de l'étain, et encore ces règles n'exercèrent guère d'influence sur la manière dont les travaux continuaient d'être exécutés par les indigènes et les Chinois. Les premiers ingénieurs des mines firent leur apparition à Bangka en 1853; mais leur tâche était surtout d'étudier la puissance productive de l'île et ils n'eurent pas d'influence directe sur les travaux d'exploitation. Un grand progrès leur fut cependant bientôt dû. Un des ingénieurs inventa en 1858 un appareil de sondage qui permettait d'établir avec une certitude suffisante le degré de richesse des gisements; on put donc dès lors désigner aux sociétés chinoises d'exploitation quels étaient les terrains propres à leurs opérations et leur épargner ainsi les tâtonnements, les mutations de terrain inutiles, qui gaspillaient le temps et l'argent. Un autre progès s'accomplit en 1866 avec l'aide du service des mines. Ce service s'était livré à des expériences qui permirent de perfectionner la fonte de l'étain pour le séparer du minérai, en améliorant la forme des fourneaux et en remplaçant les soufflets manœuvrés à la main, et par conséquant irréguliers dans leur effet, par des ventilateurs en fer mus par des roues hydrauliques. Non seulement les frais de fonte furent ainsi atténués, mais le rendement fut en même temps augmenté de quelques unités pour cent.

Tout cela n'empêche pas qu'en gros la méthode d'exploitation habituelle aux Chinois resta en vigueur à Bangka. Depuis quelque temps seulement le gouvernement fait faire des expériences dans le but d'employer des machines européennes à extraire des fosses de mine le terrain et l'eau. Il est douteux que cette innovation se montre profitable, vu que probablement l'économie réalisée par les nouveaux engins ne compensera pas les frais que leur emploi occasionnera. En tout cas ces procédés européens ne seront pas applicables partout à Bangka, et ils ne présenteront peut-être d'avantage que pour les dépôts très profonds, difficiles à exploiter ou pas exploitables du tout par la méthode chinoise.

De 1821 jusqu'à la fin de 1881 l'île de Bangka a produit 3738000 pikols d'étain (230859 tonnes); pendant la période décennale de 1872 à 1881 la production a été de 674025 pikols, ou, en moyenne, de 67400 pikols par an, soit 4163 tonnes.

On a encore exploité de 1853 à 1859, pour le compte de l'Etat, dans l'île de Bachan, de la houille et de l'or. C'était un essai, que l'on ne poursuivit pas, parce que la houille n'était pas bonne pour les navires à vapeur et que le rendement de l'or n'était pas rémunératif. — L'Etat a en outre fait commencer en 1861 une exploitation de houille à Pelarang, sur la Koutei, Côte or. de Borneo. La plus grande production, 4025 tonnes d'excellent charbon, a été celle de 1865. Cette mine fut abandonnée en 1868, parce les couches supérieures étaient épuisées et que l'on ne croyait pas qu'une exploitation profonde payât ce qu'elle coûterait. Aucune autre entreprise n'a eu lieu pour le compte de l'Etat depuis 1850.

En revanche, l'existence de minéraux utiles devenant de plus en plus généralement connue, les tentatives privées d'exploitation se produisirent depuis la même époque. En voici une revue chronologique.

Le gouvernement accorda en 1852 une concession pour l'exploitation de l'étain de l'île de Billitton. La production fut petite pendant les premières années, mais grandit ensuite peu à peu. Depuis le commencement des travaux, en 1856, jusqu'à la fin du service de 1881/82, le rendement total a été de 967140 pikols; pendant la dernière période décennale de 1872—1882 il a été en tout de 675017 pikols, soit en moyenne de 67500 pikols, ou 4169 tonnes par an.

En 1854 fut accordée la concession de *Banyou-Irang*, qui a pour but l'extraction du charbon de terre de Tanah-Laut. (Div. mér. et or. de Borneo). La mine de Julia Hermina, entreprise en vertu de cette concession, était ouverte à l'exploitation en avril 1859, et déjà 2000 tonnes de charbon étaient prêtes à être expédiées, lorsque éclata la révolte de Banjermasin, pendant laquelle les Européens employés à la mine furent massacrés et celle-ci en grande partie dévastée. On n'a pas essayé dès lors de la rétablir.

Des particuliers obtinrent en 1859 l'autorisation d'exploiter des terrains contenant des minéraux dans le pays de Mandor (Côte occ. de Borneo). A la suite de cette concession on fit des recherches ayant le cuivre pour objet. Le résultat fut de constater la présence de ce métal en beaucoup d'endroits, mais nulle part en quantité suffisante pour engager à l'exploiter régulièrement. Les recherches furent abandonnées pour ce motif en 1861.

Depuis 1871 différentes demandes de concessions ont été adressées au gouvernement pour l'exploitation de la houille d'Ombilin sur la Côte occ. de Sumatra. Jusqu'à présent aucune décision n'a été prise à ce sujet.

Une concession a été accordée en 1873 à des particuliers pour l'exploitation de l'huile minérale dans les districts de Maja et de Majalengka de la résidence de Chéribon. Les sondages qui furent effectués en conséquence ne donnèrent pas de résultats satisfaisants et la concession a été abandonnée en 1875.

En 1874 des particuliers conclurent, avec l'autorisation du gouvernement, une convention avec le sultan de Siak pour l'exploitation de l'étain dans les états de ce prince. Le rendement n'a été pendant les premières années que de quelques pikols par an, et depuis quelques années les travaux sont suspendus. On a recommencé récemment une exploration en vue de découvrir des gisements d'étain; mais il n'y a rien d'heureux à s'en promettre, puisque les études faites en 1864 par ordre du gouvernement ont prouvé que l'étain existe dans l'empire de Siak seulement en quantités insignifiantes.

Dans la même année 1874 des particuliers obtinrent une concession pour l'exploitation des couches de houille brune qui se trouvent près de la rivière de la Toungkal, contrée de Banyouasin, rés. de Palembang. On en a extrait en 1875 environ 500 tonnes de charbon. Mais la qualité en est si mauvaise qu'il s'est trouvé invendable et qu'on a cessé les travaux.

A la fin de 1875 la concession pour l'exploitation de la houille de Souban, rés. de Bengkoulen, a été mise à Batavia en adjudication. Il y eut deux soumissions, dont cependant aucune n'aboutit, les soumissionnaires n'ayant ni l'un ni l'autre fait en temps utile la preuve de l'existence du capital nécessaire.

Au commencement de 1880 une maison de Batavia a été autorisée à faire faire des explorations dans les environs de Salida (Côte occ. de Sumatra). En 1881 cette autorisation est devenue la propriété d'une société anonyme érigée à Amsterdam, sous le nom de »Société des mines de Salida", pour la recherche et l'exploitation de minéraux dans le gouvernement de la Côte occ. de Sumatra. Cette société a commencé ses opérations en 1882 en faisant explorer les mines d'or qui s'exploitaient à Salida il y a déjà plusieurs siècles.

Le gouvernement a accordé au commencement de 1882 une

concession pour l'exploitation de l'or, du platine, des diamants et de la houille dans une partie de Tanah-Laut, Div. mér. et or. de Borneo.

Le forage des puits artésiens doit aussi être considéré comme rentrant dans l'activité minière des Européens aux Indes néerlandaises. Les localités commerçantes les plus populeuses étant situées sur les côtes et d'ordinaire sur un sol bas et marécageux, le besoin d'une bonne eau potable s'est fait sentir depuis longtemps en maint endroit. Pourtant ce n'est que depuis 1834 que l'on a fait des tentatives pour répondre à ce besoin. Les départements des travaux publics civils et de la guerre (section du génie) ont fait successivement creuser des puits à Makassar, dans l'île d'Onrust, au fort du Prince Frédéric à Batavia, à Samarang, dans le kraton du sultan de Sourakarta, à Willem I et à Grissé. La plupart de ces puits avaient peu de profondeur; pourtant le forage effectué à Grissé de 1865 à 1869 mérite une mention exceptionnelle, car il atteignit une profondeur de plus de 700 mètres.

On décida en 1872 de confier le forage des puits artésiens exclusivement au service des mines, et depuis cette époque il existe une section spéciale de ce service, sous le nom de »service des sondages." Il a été foré depuis 1868 par le service des mines 42 puits artésiens, qui presque tous ont réussi. On a ainsi réussi à fournir complètement Batavia et Samarang de bonne eau potable, et à satisfaire au moins en partie à ce besoin dans beaucoup d'autres localités de Java et à Grand Atchin.

Comme les investigations des ingénieurs des mines ne se ralentissent aucunement, il va sans dire que de jour en jour on saura mieux en quoi consiste et jusqu'où s'étend la richesse minérale réelle des Indes néerl., de sorte que l'avenir réserve sans doute à l'activité minière européenne dans ces parages un champ plus considérable que maintenant.

Les écrits suivants renferment des renseignements plus détaillés sur l'industrie minière européenne aux Indes néerlandaises:

1°. Annales des mines aux Indes néerlandaises.
2°. Revue d'histoire naturelle pour les I. néerl.
3°. Revue de l'industrie et de l'agriculture aux I. néerl.
4°. P. H. van Diest, *Description de Bangka sous forme de récits de voyages*. Amsterdam, 1865.
5°. P. H. van Diest, *La richesse houillère du Haut-Pays de Padang*. Amsterdam, 1871.

GROUPE III. Vingtième Classe.

6°. (En anglais) Reinier D. Verbeek et John Munday, *Les mines d'argent et d'or de Salida*. Amsterdam, 1881.

7°. W. H. de Greve, *Le terrain carbonifère d'Ombilin dans le Haut-Pays de Padang et le système des transports à la Côte occ. de Sumatra*. La Haye, 1871.

8°. F. W. H. von Hedemann, *Les mines d'étain de Billitton jusqu'à la fin de* 1861.

9°. F. W. H. von Hedemann, *Esquisse de l'exploitation et de l'organisation intérieure des mines d'étain de Billitton*. Zalt-Bommel, 1868.

10°. Elias Hesse, *Voyages aux Indes or¹., faits de 1680 à 1684*. Amsterdam, 1694. Seconde édition, 1705.

11°. G. F. Duhr, *Les mines d'or des côtes de Célèbes*, Batavia, 1787.

R. EVERWIJN.

129. Dessin topographique indiquant la situation, modèles, échantillons de minérai, de charbon de bois et d'étain extrait du minérai par la fusion, le tout servant à faire comprendre la méthode d'exploitation de l'étain suivie à Bangka.

NB. Cette collection emprunte une grande valeur aux explications que l'ingénieur des mines Renaud y a jointe, et que nous reproduisons intégralement ici:

Il y a longtemps déjà que l'on exploite l'étain de Bangka. Le premier dépôt de minérai de rivière semble avoir été découvert vers l'an 1710, lorsque l'île appartenait encore au sultan de Palembang. Celui-ci se fit dès lors payer le tribut en étain.

Le procédé d'exploitation employé au commencement consistait à creuser des puits jusqu'à la couche métallifère dans les terrains élevés renfermant cette couche. On extrayait ensuite par ces puits tout le minérai que l'on pouvait. Là où le minérai semblait abondant, on creusait un grand nombre de ces petits puits les uns près des autres, et comme, arrivé au fond, l'on prenait autant que possible à droite et à gauche, il arrivait souvent que les puits communiquaient entre eux sous terre. Cependant on n'atteignait pas ainsi tout le minérai et le travail était trop compliqué. On voit maintenant encore dans l'île un grand nombre de ces anciennes excavations, qui y sont connues sous le nom de puits de Palembang.

Depuis 1725 on a employé des Chinois à l'exploitation des mines, et dès lors aussi on voit de plus en plus le travail se faire en mettant la couche métallifère entièrement à découvert et en faisant autant que possible usage d'eau courante pour le lavage.

Le rendement était déjà en 1740 de 25000 pikols (1 pikol = 61,76 Kg.), et en 1777 la Compagnie fit avec le sultan un contrat pour se faire livrer de l'étain, dans lequel la quantité annuelle stipulée semble avoir été 30000 pikols. On connaît plus exactement le rendement annuel à dater de 1821. (Voy. le tableau figuratif de la production de l'étain à Bangka mentionné sous la lettre *l*).

Actuellement l'exploitation se fait exclusivement avec l'aide d'ouvriers chinois, dont le nombre total varie, mais peut s'évaluer en moyenne, en y comprenant toutes les personnes occupées à faire le ménage des ouvriers, celles qui font le charbon de bois, etc., à 7000 ou 8000. La production annuelle étant de 65000 à 75000 pikols, cela fait 9 pikols par an et par tête de la population minière.

Les ouvriers ne sont pas payés à la journée. Le gouvernement leur donne la nourriture et des fournitures de divers genres, et leur fait des avances pécuniaires. Eux de leur côté versent une fois par an dans les magasins de l'Etat le métal qu'ils ont séparé du minérai, pour recevoir alors, suivant des règles fixées de gré à gré avec eux, ce qui leur revient encore, en calculant leur gain en proportion du métal versé, et en déduisant la valeur de ce qui leur a été donné dans le courant de l'année.

Les travailleurs se réunissent en groupes de 2, 3 ou davantage, dans certains cas même de 150 et 200, suivant l'étendue et la profondeur du terrain à exploiter, la quantité d'eau disponible et d'autres circonstances locales. Ces groupes exploitent leur lot en commun et partagent le gain d'après des règles arrêtées entre eux.

La plupart des mineurs sont célibataires et demeurent plusieurs dans une habitation commune (*kongsi*, voy. le modèle mentionné sous la lettre *f*), où ils font un seul ménage pour tous.

Toutes les personnes chargées du soin de ces ménages, ainsi que les charbonniers qui font dans la forêt le charbon nécessaire pour la fonte, sont comptées dans le nombre total des membres de chaque association; si on les déduisait pour obtenir le nombre de ceux qui travaillent à l'exploitation proprement dite, on peut estimer aux 75 °/$_0$ ce qui resterait.

L'exploitation est très simple dans les terrains élevés appelés *koulit* (voy. Groupe I, p. 88). On fait une digue en travers de quelque vallon rapproché de façon à en retenir l'eau, que l'on dirige alors, si possible, sur le terrain à exploiter, ou du moins le long de la base de ce terrain. On a ainsi une eau courante qui lave les terres retirées des excavations et versées dans un chenal situé aussi bas que possible. L'eau entraîne la terre et laisse l'étain.

Dans les terrains situés plus bas, d'ordinaire dans les vallées, et appelés *kollong* (voy. Groupe I, p. 88), les opérations sont moins aisées.

Une digue construite en travers de la vallée en amont de l'exploitation sert à mettre le terrain où elle doit avoir lieu à sec, et en même temps à se procurer de l'eau courante que l'on puisse commander. Deux canaux partent de la digue et longent les flancs de la vallée, pour apporter là où on a besoin l'eau nécessaire aux travaux et faire écouler le reste. Un troisième canal creusé aussi profond que possible dans le thalweg sert à l'écoulement de l'eau qui a été utilisée et de celle qui s'amasse dans les excavations et que l'on en retire au moyen de pompes.

Quand ces travaux préparatoires sont achevés, on marque dans la vallée les limites d'une excavation de la grandeur que l'on juge devoir être exploitée dans le courant de l'année. D'ordinaire il faut enlever à bras le sol de cette première excavation (*kollong*). On procède généralement pour les autres de la manière suivante.

On délimite une nouvelle excavation de façon à ce qu'elle fasse immédiatement suite à celle qui vient d'être vidée. On débarrasse la surface du sol, en partie au moyen du feu, de tout le bois qui y croît, puis on y amène de l'eau courante sous laquelle on n'a qu'à ameublir la terre pour qu'elle l'entraîne dans l'excavation de l'année précédente. On peut ainsi faire disparaître une couche de terrain d'environ un mètre d'épaisseur, après quoi on cesse de faire couler l'eau directement sur l'emplacement et on la dirige dans des chéneaux de bois mobiles, que l'on dispose suivant le besoin.

La terre s'enlève alors au moyen de *pachols* et de paniers (pour les outils voy. la lettre *e* de la collection) et se porte dans les chéneaux, pour que l'eau l'entraîne. On peut d'ordinaire descendre ainsi de deux mètres encore, de sorte que la profondeur totale qui a été vidée au bout de l'opération peut atteindre trois mètres.

Ce n'est que dans les terrains peu profonds, appelés *koulit-kollong*, que l'on peut atteindre de cette manière la couche métallifère, *kong* (voy. le modèle, lettre *b*), celle-ci se trouve d'ordinaire de 3 à 5 mètres plus profond. Il faut donc creuser encore.

On enlève donc au moyen de paniers la terre d'une petite partie de la mine de façon à atteindre en cet endroit-là le minérai. On jette la terre sans valeur et on recueille la portion mise à découvert de la couche métallifère.

Cela fait on vide à son tour une parcelle adjacente; mais on n'a plus besoin de monter jusqu'au sol supérieur la terre inutile; celle-ci peut maintenant se jeter dans le trou laissé à côté par la parcelle épuisée. On n'a plus à enlever que le minérai (voy. le modèle lettre c).

On tamise le minérai extrait de la mine, puis on le lave dans un canal creusé dans ce but et dans lequel l'eau coule rapidement. On entraîne la masse contre le courant, qui emporte le sable, plus léger que l'étain, et l'étain reste dans la partie supérieure du canal.

Dans la mine, chaque fois que l'on a vidé une parcelle, on fait aux parois un revêtement de „bois sauvage" (voy. le modèle, lettre b) destiné à prévenir les éboulements pendant que l'on videra la parcelle suivante.

Il va sans dire que pendant la durée des travaux on doit épuiser les eaux de pluie et les eaux d'infiltration qui s'accumulent dans la mine. Cela se fait au moyen de roues hydrauliques chinoises de 1,50 à 2 m. de diamètre et de pompes à chaîne en bois longues de 10 à 25 mètres.

A défaut d'eau comme force motrice, on met parfois provisoirement la pompe en mouvement au moyen d'une roue mue avec les pieds (voy. le modèle, lettre h).

Quand une excavation de mine a été complètement vidée, on enlève les roues et les pompes; elle se remplit d'eau et l'on commence l'exploitation d'une mine adjacente.

La grandeur des kollongs varie; 80 m. de long sur 50 de large et 8 de profond sont de très grandes dimensions. Plus la profondeur est grande, plus le mouvement des terres à effectuer est considérable, et plus par conséquent on est obligé de restreindre les autres dimensions de la mine.

Ce n'est pas sans motifs que l'exploitation se parcelle en tâches annuelles. En effet les travaux commencent après le nouvel-an chinois (février ou mars), à une époque où l'on peut disposer d'eau courante pour faciliter l'enlèvement de la terre. Il pleut moins de mai en octobre, et l'on emploie cette saison à creuser la terre restée après l'emploi de l'eau. Enfin il pleut de nouveau beaucoup de novembre en février; en même temps on a atteint la couche métallifère, et l'on profite de l'eau redevenue abondante pour laver au fur et à mesure le minérai que l'on monte journellement de la mine.

De plus cette répartition permet de faire coïncider les règlements de comptes avec la fin de l'année chinoise, et la campagne se trouve fermée au moment où les ouvriers chinois se préparent à célébrer selon leurs coutumes le renouvellement de l'année.

La méthode employée paraîtra un peu primitive. Cependant elle n'est pas aussi coûteuse qu'on pourrait le supposer, puisqu'elle permet d'utiliser les ressources du pays même, en particulier l'eau qui se trouve sur les lieux, et que de plus la main d'œuvre n'est pas chère. Les frais ne deviennent considérables que lorsque la couche métallifère se trouve à une grande profondeur.

Au moment de l'extraction le minérai n'est que grossièrement lavé. Peu de temps avant de le faire passer à la fonte, on le lave de nouveau plus soigneusement, puis on le sèche et on le transporte dans la hutte où s'opère la fonte.

Le métal contenu dans le minérai est réduit par le charbon de bois, sans adjonction d'aucun liquéfiant, dans des foyers ouverts, et le feu s'attise au moyen d'un soufflet à cylindre manœuvré à la main (voy. le modèle, lettre d). Actuellement cependant on se sert de plus en plus de fourneaux plus élevés et de ventilateurs centrifuges mus par une roue hydraulique (modèle, lettre g).

On peut estimer en gros au 70 % la quantité de métal qui s'obtient par la fusion du minérai. On obtient encore le 8 % en faisant subir une seconde fonte aux scories restées de la première. Le rendement total est donc de 73 %. Il coûte en charbon le poids du métal obtenu.

L'étain fondu tombe dans la partie antérieure du fourneau, d'où on le coule immédiatement en lingots destinés au commerce. L'étain de Bangka provenant d'un minérai très pur, a lui-même déjà, sans être raffiné, un haut degré de pureté.

a. Dessin topographique indiquant la situation des parcelles de la mine n°. 7 de Kwonghin, distr. de Soungei-Liat, Bangka, exploitées en 1882. Echelle au 1/200. — L'ingénieur des mines D. de Jongh Hz.

Cette mine est très heureusement située dans le voisinage immédiat du chef-lieu du district. Depuis les sondages qui ont été effectués sur sa concession en 1878 et 1879, elle a financièrement beaucoup progressé.

A la fin de 1877 elle bouclait ses comptes avec l'Etat par une somme de fl. 6378,29 qu'elle lui redevait, et de plus elle avait avec les trafiçants un arriéré d'environ fl. 8000. Mais les sondages de 1878 et 1879 firent trouver, en dessous du terrain de kollong et de koulit-kollong exploité alors sur la rive droite de la Sigembir, cette fois sur la rive gauche de la Liat, devant le débouché du vallon du Koudei, un dépôt métallifère assez riche pour remettre l'entreprise à flot.

Dès lors le service des mines a été chargé au début de chaque campagne de désigner l'emplacement à exploiter et de fixer le nombre d'ouvriers nécessaire.

Les résultats obtenus ont été les suivants.

Années.	Nombre de personnes employées.	Rendement total.	Rendement par tête.	Dette envers l'Etat.
1877				fl. 6378,29
1878	64	785,17 pik.	11,49	" 3858,79
1879	82	1251,68 "	15,26	nihil.
1880	79	1094,70 "	13,85	"
1881	74	739,96 "	10,00	"

tandis que de 1869 à 1877 le rendement par tête et par an n'avait été que de 7,50 pikola.

Au commencement de la présente année [1]) les créanciers de la mine, à l'exception de l'Etat, avaient été entièrement désintéressés.

On eut en 1881 des sécheresses prolongées qui furent cause que l'on ne put vider qu'un peu plus de la moitié de l'excavation désignée, d'autant plus qu'il restait quelque chose de celle de 1880.

L'excavation de 1881 se trouva complètement libre de terre en mai, et l'on estima le minérai que l'on put encore extraire pendant la campagne à au moins 11 nuits de fonte, à 40 pikols d'étain par nuit. Immédiatement après on attaqua deux emplacements désignés pour 1882. L'un des deux, marqué 1882 A sur le dessin, longe le bord sud du kollong de 1881/1882, et l'autre, marqué 1882 B, en longe les bords est et nord-est.

Excavation de 1882 A.

La couche supérieure de terre a été lavée en amont dans la vallée (tho-tiau); on a laissé en place la chéneau (kân), parce que la terre n'avait pas été enlevée tout à fait jusqu'à la limite fixée (marquée sur le dessin par des traits et des croix rouges), lorsque la sécheresse survenue en juillet rendit nécessaire de ménager l'eau disponible.

Dans le coin sud-ouest la couche de minérai est déjà enlevée et a été transportée dans la parcelle vide de terrain mort (nai-shi) où l'on n'a laissé d'ouvert qu'un réservoir (cha-moi-fout) établi dans le sous-sol (kong). L'eau du kollong se rassemble dans ce réservoir, que l'on épuise au moyen d'une pompe à chaîne (cha-toung).

Dans une autre parcelle on a atteint la couche métallifère; les eaux qui filtrent ici sont conduites à la pompe par un canal (cha-moi-kéuw), creusé aussi dans le kong, de sorte qu'à mesure que les ouvriers enlèvent le minérai (chout-kaksā), l'eau qui est au fond de la fosse s'écoule.

Dans le coin nord-ouest il n'a pas été nécessaire de séparer la fosse de l'ancien kollong de 1881/1882 au moyen d'un revêtement en bois, parce que le sous-sol se relève en cet endroit, ce qui rendait cette précaution superflue.

Le minérai qui se retire se lave encore dans le canal de lavage de l'excavation de 1880/1881, destiné primitivement à celle de 1881/1882.

L'excavation a en moyenne 4,60 mètres de profondeur; on l'épuise au moyen d'une roue hydraulique (cha-téuw) et d'une pompe (cha-toung). Le dessin suffira à faire comprendre l'installation des instruments et la manière dont le canal d'écoulement (chan-kéuw) est établi avec un élargissement en amont (cha-phan) là où

---
1) 1882, l'année où cette note a été écrite. Plusieurs passages n'en sont intelligibles que si l'on se transporte avec l'écrivain à cette date. *Trad.*

se trouve la roue, enfin comment se place à environ deux mètres au dessus de l'herbe la chéneau qui amène l'eau (loi-soui-kéuw).

Excavation de 1882 B.

Les terres s'en lavent directement, sans le secours d'une chéneau, dans l'excavation de 1881/1882. Il faut remarquer à ce sujet qu'il ne peut pas être question dans ce terrain d'enlever la couche supérieure de terre purement et simplement au moyen de l'eau courante, sans chéneau (Kot-nai-pî), parce que le canal d'écoulement est presque à fleur du sol, de sorte qu'il n'y a par sur le sol de pente suffisante. C'est pour cela que l'on a laissé dans l'excavation de 1881/1882 les roues et les pompes de la campagne précédente afin de continuer à s'en servir pour épuiser l'eau qui enlève les terres.

La terre apportée contre le revêtement de l'excavation de 1881/1882, et le relèvement du fond de la vallée (Kong-toung) suffisent pour fermer suffisamment au nord-ouest l'excavation de 1882 A.

L'eau de pluie, pompée de l'excavation de 1881/1882 dans celle de 1882 A, s'en va par le canal d'écoulement de l'excavation de 1880/1881, à l'ouest du terrain massé dans lequel est établi le canal pour le lavage. Ici l'eau de pluie se réunit à celle qui a servi au lavage, et s'en va avec elle par le canal d'écoulement, qui est prolongé beaucoup plus bas et ne se jette dans la rivière de la Liat qu'à peu de distance de la côte.

Toute l'eau ne s'en va cependant pas ainsi. On en détourne une partie vers le nord par un petit canal (kot-kéuw), qui contourne le kollong de 1881/1882 et qui la ramène à l'excavation de 1882 B, pour aider à en laver la couche supérieure de terre et à l'entraîner dans l'excavation de 1881/1882. Le courant est rapide. Au moyen de planches on le dirige de façon à ronger la terre que l'on veut faire disparaître. Il se précipite avec elle dans l'ancienne excavation, où la terre se dépose en majeure partie, et d'où l'eau s'échappe à travers un treillage, qui arrête ce qu'elle entraîne encore de terre. Enfin l'eau arrive dans le réservoir (cha-moi-fout). La moitié nord de l'emplacement de 1882 B avait été ainsi débarrassé avant juillet de la couche supérieure de terre et on avait commencé en outre à enlever celle de dessous. On a aussi maintenant commencé l'enlèvement de la terre de dessous dans la moitié méridionale de l'emplacement, la couche supérieure ayant récemment achevé de disparaître par le procédé indiqué. Le même travail est fait là où les roues seront établies; mais là il faut encore obtenir par le tassement un sol ferme jusqu'au niveau voulu (—2,25 m.).

La terre extraite a été employée à la construction du canal qui doit amener l'eau, et on utilise aussi dans ce but une partie du sol mort qui se trouve encore dans l'excavation de 1882 A, ce qui se fera surtout dès que les pluies auront permis d'achever de laver cet emplacement jusqu'aux limites qui n'ont pas encore été atteintes, et que l'on pourra prolonger jusqu'au canal existant déjà la digue qui longe le côté sud de l'emplacement.

L'excavation de 1882 B est profonde de 5,50 m. en moyenne. La rivière étant proche on s'attend à d'assez fortes infiltrations, de sorte qu'il faudra certainement employer deux roues et deux pompes.

Si l'on pouvait ici, comme pour l'excavation A, se contenter d'une seule roue, on pourrait peut-être laisser en place, une fois le lavage de A achevé jusqu'aux jalons, la chéneau qui suit le bord sud de cette excavation, et la faire servir de jonction horizontale à deux segments du canal, construit sur une levée de terrain, qui amène l'eau.

La rivière offre un point de vue intéressant regardée depuis le bord de l'excavation de 1882 B, lorsque de petits bâtiments de commerce la remontent avec la marée. Alors le niveau de la rivière est à peu près égal à celui du canal d'écoulement

On compte cette année, en employant 95 personnes, sur un rendement total de 1000 à 1100 pikols d'étain.

b. Modèle de l'exploitation d'un koulit-kollong au $1/20$ de la grandeur. — L'ingénieur des mines D. de Jongh Hz.

A Bangka les dépôts supérieurs d'étain s'appellent koulit (sau-sâ), et les dépôts du fond des vallées, kollong (soui-sâ); on emploie le nom de koulit-kollong (pan-sau-soui) lorsque le métal se trouve en même temps dans les couches supérieures de terrain (nai-pî-sâ) et sous forme de veine proprement dite (kak-sâ), donc reposant sur le fond primitif de la vallée (kong), où il est recouvert de couches alluviales de sable et d'argile (nai-pî).

D'ordinaire le koulit est situé sur la rive, le kollong dans la vallée, et le koulit-kollong entre les deux, sur le bord de la vallée; cependant les trois genres de dépôts ne se trouvent par toujours réunis. La manière dont le dépôt s'est effectué dépend de la direction qu'à l'époque de la formation le courant chargé de minérai a prise, soit en suivant la pente de la rive, soit en venant du haut de la vallée, et en même temps du degré d'inclinaison de la pente. Par exemple on aura surtout du kollong quand le courant est venu du haut de la vallée, ou bien quand le métal a été apporté de droite et de gauche, les rives étant très rapides; en revanche ce sera plutôt du koulit là où le courant a pu s'étaler sur une rive plate, et enfin les trois sortes de dépôt existeront là où les flancs de la vallée suivis par le courant descendaient en pente douce.

C'est le koulit qui est le plus facile à exploiter, puisqu'il n'y a qu'à dégager la terre métallifère (kot-naî-pî) et à la faire entraîner par un courant d'eau; elle arrive dans un canal situé en dessous de la parcelle en exploitation (phouk), et là on n'a plus qu'à l'entraîner contre le courant pour faire partir tout ce qui n'est pas le métal.

Quand il s'agit de koulit-kollong et de kollong, on se sert comme pour le koulit d'un courant d'eau pour faire entraîner par bandes la couche supérieure dans le terrain situé plus bas, d'ordinaire une excavation épuisée (lan-fout-long). La plus grande différence de niveau entre le terrain sur lequel arrive le sol entraîné et celui qu'on en débarrasse jointe à la profondeur à laquelle on peut creuser le canal d'écoulement, donne les limites jusqu'auxquelles l'opération peut être poussée, bien entendu à condition que la surface de l'emplacement dont la terre s'enlève soit inclinée dans le sens du courant et que par conséquent la couche enlevée soit moins profonde en haut qu'en bas.

La couche supérieure (kot-naî-pî) enlevée par l'eau, on sépare l'une de l'autre l'ancienne et la nouvelle excavation en construisant une petite digue le long de la boiserie qui avait soutenu les terres entre les deux (lan-kiauw); on met alors en place les chéneaux (kân) qui serviront au déblayement des terres que l'on continuera à creuser à bras; on les joint par le haut au canal qui amène l'eau (loi-soui-kéuw) et on les fait déboucher par en bas dans l'ancienne excavation en passant par dessus la digue. On dépose dans ces chéneaux le sol qui s'enlève, une bande après l'autre, de la seconde couche de la parcelle à exploiter (sin-fout-lang), puis l'on ouvre la petite écluse qui donne accès à l'eau et celle-ci emmène les terres amoncelées dans les chéneaux. Ces terres restent dans la vieille excavation où les chéneaux aboutissent et l'eau s'en va par le canal d'écoulement. Les bandes de terre qui s'enlèvent ainsi successivement, naturellement le long des chéneaux, n'excèdent ordinairement pas trois mètres en largeur. Quand une bande a été creusée, on transporte les chéneaux parallèlement à elles-mêmes trois mètres plus loin.

L'extrémité inférieure des chéneaux doit se trouver au dessus du niveau de l'eau dans l'ancienne excavation et dans le canal d'écoulement, et il faut que les terres qu'elles amènent trouvent dans l'excavation assez de place pour pouvoir s'y déposer. Dès que l'espace au dessous des chéneaux est obstrué par les terres qui s'y déposent, on emporte celles-ci à bras (tam-kéuw-mui). On continue ainsi l'enlèvement de la seconde couche (tho-tiauw) de terre de la parcelle à exploiter tant que le procédé reste avantageux, c'est-à-dire tant qu'il est possible de jeter la terre en haut dans les chéneaux, tant que l'eau que les chéneaux laissent tomber dans la fosse et celle que les infiltrations y font sourdre ne devient pas si abondante que l'épuisement se complique trop et devienne trop coûteux, et tant que ne survient pas un manque d'eau.

La chéneau étant inclinée, la hauteur à laquelle il faut jeter la terre est plus grande en haut qu'en bas. Quand le bord de la chéneau arrive à se trouver à plus de 3 ou 3½ mètres de distance des ouvriers, une escouade intermédiaire reçoit au vol les paniers (poun-kî) de terre qu'on jette d'en bas, de façon à vider dans la chéneau les mottes qu'ils contiennent en donnant, au moment où on le reçoit, un coup de main à l'anse du panier. Ce travail (chap-kî) demande beaucoup d'exercice pour être fait lestement.

Pour le koulit-kollong, le minérai qui se trouve dans les couches supérieures (nai-pî-sâ), se lave dans un canal établi dans le prolongement de la chéneau, ou bien dans le chéneau même. On agit de même pour la couche proprement dite de minérai, lorsqu'elle ne se trouve pas à une profondeur de plus de 5 mètres environ, c'est-à-dire lorsqu'il est encore possible de lancer dans le chéneau la terre qu'on extrait. On donne par extension le nom de koulit-kollong à des terrains de kollong peu profonds, dont on peut continuer de laver la terre (tho-tiauw) jusqu'à ce qu'on ait atteint le sous-sol de la vallée (kong), tandis qu'il y a des koulit-kollongs trop profonds pour cela, de sorte que l'on ne puisse atteindre la couche métallifère qu'en emportant la terre à bras (tam-nai-shí), et que l'on doive ensuite sortir aussi à bras le minérai.

Assez souvent, lorsque les anciennes excavations sont trop comblées des déblais que le courant y entraîne, ou aussi lorsque l'on est dans le cas de ménager la dépense d'eau, on rejette dans la bande qui vient d'être exploitée la terre sans étain que l'on enlève de la bande suivante, et l'on ne jette dans les chéneaux que le terrain métallifère.

On peut dans le modèle exposé distinguer l'ancienne excavation (lan-fout-long) dans laquelle s'entraînent les déblais, de la nouvelle (sin-fout-long) qui est en exploitation, en ce que la première est remplie de terrain mêlé et que dans la seconde les couches se montrent encore dans leur ordre naturel et régulier.

En arrière du chéneau, la couche supérieure a été enlevée par l'eau (kot-nai-pí); dans la bande en œuvre, on a atteint au centre la couche métallifère, et à droite on l'a déjà enlevée, de sorte que le sous-sol (kong) est visible. A gauche la couche contenant de l'humus (bou-nai) ou formée d'argile noire (bou-kim-pak) n'a pas encore été entièrement enlevée.

Les six ouvriers que l'on voit au fond de la mine sont tous occupés à détacher avec des pachols (kiok-taho) et des leviers (tahong-sé) la couche de minérai qui a été atteinte et qui doit être jetée dans le chéneau. Ce dernier travail est fait à gauche par deux apprentis peu exercés qui se servent pour cela de pelles à longs manches (sou-tian), tandis qu'à droite d'adroits ouvriers se jettent et reçoivent au vol les petits paniers (chap-kí) remplis de minérai.

On voit nettement les pieux verticaux (toung), les treillis horizontaux (bang-kiauw) et les têtes des tirants (pang-pang-téuw) des anciennes boiseries; on a déjà commencé à placer les nouvelles (sin-kiauw), de sorte que le spectateur peut sans explications se rendre compte de la manière dont s'assujettissent les tirants, et de celle dont le pied bifurqué de la boiserie s'ancre dans les terres amoncelées dans ce but.

Kak-sá. — Couche métallifère.
Sau-sá. — Dépôt métallifère des couches supérieures de terrain, koulit.
Soni-sá. — Couche métallifère de fond, minérai de kollong.
Nai-pí-sá. — Étain des couches supérieures.
Nai-pí. — Sol supérieur.
Mat-nai-pí. — Faire entraîner la terre par un courant d'eau.
Phonk. — Bande.
Kán. — Chéneau.
Toung. — Piquet.
Pang-téuw. — Tête du tirant.
Loi-soui-kéuw. — Canal d'alimentation.
Chan-kéuw. — Canal d'écoulement.
Pan-san-soui. — Koulit-kollong.
Kong. — Fonds de la vallée.
Lan-fout-long. — Ancienne excavation.
Sin-fout-long. — Nouvelle excavation.
Bang-kiauw. — Boiserie transversale.
Tam-kéuw-moi. — Emporter la terre à l'extrémité du bandar.
Tho-tiauw. — Enlever la terre de la seconde couche au moyen des chéneaux.
Lan-kiauw. — Ancienne boiserie.
Poun-kí. — Panier à porter la terre.
Chap-kí. — Jeter la terre en haut.
Tam-nai-shí. — Emporter la terre hors de la fosse.
Kiok-taho. — Pachol chinois.
Tahong-sé. — Levier.
Sin-ké. — Apprenti chinois.
Sin-kiauw. — Nouvelle boiserie.

c. **Modèle du canal à laver le minérai d'une petite mine de kollong;** $\frac{1}{20}$ **de la grandeur. — L'ingenieur des mines D. de Jongh Hz.**

Le canal à laver le minérai (sá-kéuw) s'établit à portée de l'emplacement en exploitation (sin-fout-long). Des troncs d'arbres dans lesquels sont pratiquées des entailles en guise d'échelons (tiau-pau), ou bien un plan incliné fait de terre morte (nai-shí) et des marches pratiquées dans le talus, permettent aux mineurs (peléngin) d'emporter le minérai (kak-sâ) hors de la fosse au moyen de paniers plats faits en rotin (poun-ki), suspendus aux deux extrémités d'un bâton (taïn-kau) porté sur l'épaule. L'acte d'emporter ainsi le minérai s'appelle tam-kak-sâ.

Dans la saison sèche (then-han-mô-souï-lok) on ne peut pas laver le minérai (lok-sâ) à mesure qu'on l'extrait, et on le met en tas sur le terrain (sâ-piang) préparé en remblai le long du canal. L'amas de minérai (kak-sâ-toï) peut être devenu si considérable avant le commencement de la saison des pluies (than-lok-souï), qu'il faut se servir pour arriver au sommet (song-tiau-pan) des échelles en troncs d'arbres (tiau-pan) que nous avons déjà mentionnées. Quand l'ouvrier a vidé ses paniers (sha) il redescend dans la fosse au moyen des degrés (song-tiau-pan.)

Dans les grandes mines, les ouvriers montant hors de l'excavation et y redescendant forment une chaîne sans fin, souvent fort longue, qui se meut régulièrement. On agite la question de savoir s'il ne serait pas possible de remplacer cette chaîne vivante par une machine, et il est probable qu'il se fera bientôt des essais qui permettront de trancher la question. Les considérations suivantes expliquent pourquoi on n'a rien fait jusqu'ici dans ce sens. 1°. Le mineur chinois ne reçoit à Bangka, outre la nourriture et le logement, que fl. 0,88 par jour pour faire le service de porteur. 2°. Les travaux d'exploitation s'effectuent sur divers points, dispersés sur un assez grand espace, et cet espace même varie d'année en année, ce qui empêche l'établissement de machines à demeure. 3°. Les frais nécessités non seulement pour acquérir les machines et les amener sur les lieux, mais aussi plus tard pour les entretenir et les diriger, seront probablement élevés. Cependant on peut dès maintenant déjà opposer à ces raisons le fait que les sondages des dernières années, surtout aux qui ont été exécutés dans le district de Soungeï-Liat, ont fait constater l'existence de dépôts métalliques considérables enfouis trop profondément pour pouvoir être exploités avantageusement, ou même avec quelque chance de succès, en ne se servant que des moyens mécaniques dont les Chinois font usage à Bangka. Il est clair que l'on en viendra forcément à multiplier et à perfectionner les machines. Ce n'est plus qu'une question de temps.

L'eau nécessaire aux lavages arrive par le canal d'alimentation (loï-souï-kéuw) en quantités réglées, suivant les besoins, au moyen d'écluses (téuw-moun) grandes (taï) et petites (sé).

Cette eau s'écoule, après emploi, avec le sable qu'elle entraîne, d'ordinaire dans une fosse de mine épuisée (lan-font-long), où les terres mortes (sa-shï) qu'elle tient en suspension se déposent, et d'où l'eau s'échappe par le canal d'écoulement (chan-kéuw).

Le canal à lavage a deux sections, la section inférieure (sâ-kéuw), qui va en se rétrécissant et dans laquelle on entraîne (lak-sâ) le sable métallifère (kak-sâ) au moyen du pachol (kiok-tsho) contre le courant, et la section supérieure (bang-kéuw), placée perpendiculairement à la première et plus large qu'elle; c'est là qu'arrive le minérai lavé. Le minérai se dépose dans cette partie supérieure après que le sable, plus léger, est parti avec l'eau. Le fond du canal est fait en argile (kak) foulée, sur laquelle on étend en outre dans la section supérieure une couche d'écorce (shou-pï). L'eau se précipite avec force dans ce canal par une écluse d'accès, dont le seuil élargi (tea-kéuw-téuw) est revêtu d'un fagotage (chhâ-pâ) pour prévenir l'usure qu'occasionnerait le rapide frottement de l'eau. Pour empêcher l'eau, en tombant de l'écluse, de creuser le sol du canal de lavage, on place une grosse pierre sous la chute. Les parois du canal sont faites en troncs d'arbres (shou) ou mieux encore en planches (piong-pau), retenus par des piquets (sâ-kéuw-loung) enfoncés dans le sol.

Le minérai amoncelé à la sortie de la mine s'amène dans le canal du lavage par un petit canal (knt-kéuw) qui longe le tas de minérai (kak-sâ-toï).

Au moment où cesse le travail on ferme les petites écluses qui ont admis l'eau pour les lavages, et l'on ouvre une écluse (taï-téuw-moun) du canal d'alimentation (loï-souï-kéuw), par laquelle l'eau superflue s'en va dans un canal de trop plein (pit-souï-kong) ou canal d'écoulement (chou-kéuw); en outre on ouvre une petite écluse (sé-téuw-moun) qui donne accès à la petite conduite qui se jette à l'orifice inférieur (kéuw-moï) du canal de lavage. L'eau rapide de cette conduite entraîne le sable fin qui s'est déposé en cet endroit pendant l'opération du lavage.

On a besoin d'une dizaine d'hommes

pour procéder au lavage du minérai dans les grandes mines. Dans le modèle exposé il n'y en a que quatre. De ces hommes, le n°. 1 entraîne avec le pachol le sable métallifère dans le petit canal qui longe le tas de minérai, et il le fait passer par une chéneau étroite en bas (kot-kéuw-kân) sur un tamis de rotin entrelacé (tak-tshap); le n°. 2 se tient debout dans le bandar de lavage, secoue le tamis de façon à séparer le sable et minérai fin du gros gravier de montagne; le n°. 3 emporte ce gravier sur un tas (sak-tze-toi) et le n°. 4 entraîne avec le pachol contre le courant le sable mêlé de minérai qui est tombé du tamis dans le canal. Des ouvriers chargés de ce que l'on pourrait appeler le glanage rechercheront encore le minérai resté dans les tas de débris ou de gravier, et l'on charge aussi des femmes de laver une seconde fois dans des auges le sable (sâ-shî) qui part par l'issue inférieure du canal. De cette manière on recouvre le minérai qui a été entraîné parce qu'il est en poussière très fine ou parce qu'il est soudé à des grains de sable, ce qui diminue sa pesanteur spécifique.

Avant la fonte on procède à une seconde épuration du minérai qui a été lavé (cheng-sâ). C'est un lavage pour lequel on se sert d'une planche manœuvrée par deux ou trois hommes avec un courant de rapidité moyenne. Cela fait, le minérai s'emporte au moyen de paniers plus profonds que les autres (sâ-tshap) et s'entasse dans un enclos de planches (sâ-tshong) voisin du canal de lavage, dont le fond a été recouvert d'une couche d'écorce. Tous les jours on brouette de là à la hutte de la fonte ce qu'il faut pour une nuit de fonte.

d. Modèle d'une hutte à fonte avec un fourneau chinois d'ancien modèle; $1/20$ de la gr. nat. — L'ingénieur des mines D. de Jongh Hz. (Les pièces en bois ont une épaisseur de $1/20$ de la grand. nat.).

Le hangard ou hutte ouverte où se fait la fonte (lou-liau) a un revêtement extérieur qui, pour la partie moyenne, beaucoup plus haute que le fourneau, est en atap nipa qui se renouvelle chaque année avant la campagne de fonte, et qui, pour la galerie inférieure qui fait le tour de la hutte, est en écorce plus durable.

Le foyer (lou) est fait tout entier d'argile quartzeuse foulée et se compose d'un rectangle oblong horizontal (lou-pong) et d'un manteau plane (lou-tshong) qui s'élève derrière.

La place du feu est une excavation semi-circulaire (lou-chiong) faite dans le rectangle contre le manteau et communiquant avec l'avant-foyer (siak-font) par une niche où aboutit un trou (lou-chi-moun) pratiqué dans l'arrière foyer.

Un ventilateur à cylindre placé derrière le manteau amène un courant d'air par une ouverture (kéuw-koung) placée un peu plus haut que le trou que nous venons de mentionner. Le cylindre en bois (koui) est placé sur un banc (koui-ka) et retenu par derrière au moyen d'un étai (koui-tau). Le piston aspire l'air à l'aller et au retour par des soupapes (toung-yap) qui s'ouvrent en dedans et qui se trouvent l'une dans le sol, l'autre dans le couvercle mobile (té-ténne-pan), et le chasse dans des boîtes à air (foung-lou) fixées aux deux extrémités du cylindre. Un chalumeau (foung-kong) placé au centre de la boîte à air amène le courant d'air à l'ouverture (lou-ssoui) du foyer, laquelle est revêtue d'une terre réfractaire. Devant l'ouverture circulaire du chalumeau est suspendu dans la boîte à air une sorte de volet qui, en tournant sur un axe horizontal, ferme alternativement la moitié de droite et la moitié de gauche de la boîte, et force le courant d'air à se rendre dans le foyer. Le piston (kai-mô-lîn) est revêtu de plumes de poule (kai-mô) que le font s'ajuster exactement à la surface intérieure du cylindre. Il est mis en mouvement par un bras de levier (koui-chin) en bois, ou mieux en fer, qu'élèvent et abaissent trois hommes, qui montent et descendent pour cela un sentier fait en remblai, un peu plus haut que le sol de la hutte. A chaque coup de piston ils ont soin de donner au levier une secousse pour faire bien fermer les soupapes.

Le minérai qui doit passer à la fonte est dans une auge (sai-poun) à côté du fourneau. On l'a mesuré au moyen d'un cadre en bois (sâ-kak), pour avoir exactement le nombre de tonnes de matière qui doit être traitée en une nuit de fonte (jit-yâ). Les charbonniers (sauw-tanngia) de leur côté ont eu soin que le nombre nécessaire de paniers de charbon (tan-long) soit là à temps.

Avec l'ancien fourneau, qui ne s'emploie plus que dans quelques petites mines de Bangka, et qui alors est d'ordinaire de petit modèle, on fondait en une nuit de 80 à 90 tonnes de minérai (sâ-toung) ce qui requerrait 120 paniers de charbon. La tonne de minérai pèse 50 katti et le panier de charbon 25, ce qui fait qu'il faut à peu près $\frac{7}{15}$ de kg. de charbon pour opérer la réduction d'un kg. de minérai.

Pour procéder à la fonte on a un chef fondeur (se-fou) assisté de six serviteurs (koui-kiok), formant deux escouades qui se relèvent pour mettre le soufflet (kiankoui) en mouvement. La mine entretient en outre un homme payé à l'année (kongseh-koung) pour nettoyer la hutte, apporter l'eau, etc. (ngiam-lou).

Le chef fondeur reçoit 7,60 koper ou fl 6,33 par nuit, ses aides, chacun 1,54 ou fl 1,28. En outre la mine leur fournit la nourriture et l'arak à discrétion. La nuit de fonte dure à peu près de 5 heures du soir à 4 ou 5 heures du matin. Pendant ce temps on fond 80 tonnes de minérai de 50 katti poids net, et l'on en retire environ 50 lingots (siak-tian) ou 25 pikols d'étain. Anciennement le métal fondu se coulait (yaa-siak) dans des moules (ta-yin), imprimés dans le sable au moyen d'un calibre en bois (siak-yin); on les a depuis remplacés par des moules en fer (sang-siak-yin).

Dans le modèle on voit le chef fondeur occupé à déboucher le trou du foyer au moyen de bâtonnets pointus (lou-tschouk) de bois flexible (mentangor, biloulan), pour permettre au métal fondu de couler dans l'avant-foyer. De temps en temps il lui faut faire tomber au moyen d'un long tisonnier en fer (thok-se) les scories (siak-shi), qui se fixent autour du trou, et aussi répéter de temps en temps cette opération, derrière le menteau, à l'ouverture ménagée au chalumeau; cette fois au moyen d'un tisonnier plus court (kéna-koung-tak); quand cela est fait, on rebouche cette ouverture au moyen d'un sac rempli d'argile mouillée.

Des six aides, trois manoeuvrent le soufflet, un prépare les moules, un autre les remplit d'étain fondu au moyen d'une cuiller de fer (siak-shok) et le sixième balaye le sol.

On ne voit pas le kouli fourni par la mine, car il est censé être allé renouveler la provision de nourriture.

L'ouvrier qui puise l'étain fondu et le chef fondeur sont le plus exposés au feu; aussi ont-ils jeté sur leurs épaules un linge mouillé (soui-man), ont-ils un peu tiré leur coiffure (lip-mâ) sur leur front et se sont-ils armés les pieds de vieux souliers (lan-hai).

De temps en temps on plonge dans l'eau les instruments en fer afin de les refroidir. L'eau se trouve dans un trou (soui-fout) pratiqué dans la coulisse qui fait le tour de la hutte; un autre trou (senai-fout) est rempli de terre humide qui sert à calefater les joints du ventilateur et de petites brèches du fourneau. Un banc (ten) et une table (chok) servent dans les intervalles de repos que l'on s'accorde et pendant lesquels naturellement on ne se refuse pas une pipe de tabac (yang-toung).

e. **Modèles d'outils employés par les mineurs pour les travaux dans la terre, pour le lavage du minérai et pour la fonte.** — L'ingénieur des mines. D. de Jongh, Hz.

1. Faucille pour l'herbe. En chinois Liam se; $\frac{1}{7}$ de la gr. nat.
2. Couperet pour menu bois. Ch. Pat-liam; $\frac{1}{7}$.
3 et 4. Couperet pour tailles. Ch. Tô-mâ; $\frac{1}{7}$.
5. Hache pour couper les racines dans le sol. Ch. Nai-pou; $\frac{1}{7}$.
6. Hache pour couper les troncs d'arbres. Ch. Shon-pou; $\frac{1}{7}$.
7. Pelle en bois pour la boue, l'argile molle et le sable fin. Ch. Sou-tian; $\frac{1}{7}$.
8. Pelle en bois armée de fer, pour argile résistante. Ch. Tiauw; $\frac{1}{7}$.
9. Pachol pour argile. Ch. Tiauw-kak-kiok-taho; $\frac{1}{7}$.
10. Pachol pour sable. Ch. Tap-sâ-kiok-taho; $\frac{1}{7}$.
11. Pachol pour le lavage du minérai. Ch. Lok-sâ-kiok-sho; $\frac{1}{7}$
12. Levier pour attaquer les couches de minérai et le sol dur. Ch. Tshong-se; $\frac{1}{7}$.
13. Panier de rotin tressé pour porter la terre morte. Ch. Nai-shi-poun-kî; $\frac{1}{7}$.
14. Idem pour minérai (plus plat que l'autre). Ch. Kak-sâ-tam-kî; $\frac{1}{7}$.
15. Idem pour pierres. Ch. Tam-sak-poun-kî; $\frac{1}{7}$.
16. Tamis en rotin pour le lavage du minérai. Ch. Sak-tshap; $\frac{1}{7}$.

17. Panier de bambou pour sortir le minérai du bandar de minérai. Ch. Siou-sâ-tshap; $\frac{1}{7}$.
18. Planche avec manche pour le second lavage. Ch. Sâ-pâ; $\frac{1}{7}$.
19. Auge à laver le minérai. Ch. Liou-long; $\frac{1}{7}$.
20. Pelle pour jeter le minérai dans le fourneau. Ch. Sâ-thyan; $\frac{1}{7}$.
21. Tisonnier pour repousser les scories du trou du foyer. Ch. Thok-se; $\frac{1}{7}$.
22. Tisonnier plus petit pour repousser les scories de l'ouverture à air. Ch. Héuw-koong-thok; $\frac{1}{7}$.
23. Allonge que l'on ajoute, lorsque la pointe est brûlée, aux bâtonnets qui servent à déboucher le trou. Ch. Thet-kon; $\frac{1}{7}$.
24. Pelle servant à séparer dans l'avant-foyer les scories de l'étain fondu. Ch. Siak-shi-pâ; $\frac{1}{7}$.
25. Rateau servant à enlever les scories plus menues, Ch. Thet-pâ; $\frac{1}{7}$.
26. Cuiller pour verser l'étain dans les moules. Ch. Siak-shok; $\frac{1}{7}$.
27. Fléau servant à briser les scories. Ch. Thet-kauw; $\frac{1}{7}$.
28. Brouette pour le transport du riz, de l'étain, etc. Elle est entièrement en bois, jusque dans les plus menus détails. La roue est un disque de bois dur (kayou kapayang), d'une seule pièce. Ch. Tya-se; $\frac{1}{7}$.

f. **Modèle de la nouvelle maison de kongsi que l'on doit bâtir pour la mine de Sinlie N°. 10, district de Merawang;** $^3/_{100}$. — **L'ingénieur des mines D. de Jongh Hz.**

D'ordinaire on peut juger du degré de prospérité d'une association minière par la grandeur de la »maison de kongsi" et par son arrangement. Maintenant que l'exploration du bas de la vallée de la Limau a eu pour résultat que l'existence de la mine N°. 10 est assurée pour 10 ou 12 ans avec un personnel de 80 à 90 têtes et une production moyenne de 1000 à 1200 pikols par an, de sorte que la dette de fl. 80.810,08½ que la mine avait encore à l'égard de l'Etat au 31 déc. 1881 sera payée en peu d'années, on va remplacer aussi promptement que possible en 1883 la maison de kongsi, qui est tout à fait délabrée et dont les associés de la mine désirent vivement le renouvellement.

Dans ce but le chef de la mine a fait avec l'ingénieur des mines de 2e classe D. de Jongh Hz. un projet, dont le modèle exposé donne une idée exacte. On a l'intention de couvrir les toits en tuiles, ce qui réalisera certainement une économie, l'allang-allang étant rare dans la contrée minière de Merawang, et l'exploitation devant se prolonger pendant assez longtemps.

Dans le modèle la couverture des toits en atap nipa n'est pas à l'échelle, parce qu'il aurait été trop compliqué de la faire autrement qu'on ne s'y est pris; du reste c'est un accessoire.

Le tout consiste, selon l'habitude, en quatre bâtiments construits sur les faces d'une cour carrée ou rectangulaire. La construction qui fait façade (pai-thin) est une sorte de hangar ouvert du côté de la cour, sauf aux extrémités de droite et de gauche, qui sont fermées avec des parois et qui servent de dortoirs aux ouvriers à l'année. L'espace laissé ouvert au centre est meublé de tables et de bancs; c'est là que se prennent les repas et que le soir les ouvriers se délassent de leur rude travail en se livrant à des jeux et à des conversations animées. Les constructions de droite et de gauche renferment aussi, sur le devant, des dortoirs, et sur le derrière, à droite la cuisine (tyauw-ha) et les chambres à provisions (fo-sit-kin), et à gauche les appartements de l'écrivain (Tyoi-kon) et du peseur (Tyin-teng). Le premier tient les livres de l'association, le second à l'administration des comestibles et des marchandises.

L'édifice principal (Thay-pak-kong) ferme le quadrilatère par derrière. Il est divisé en trois appartements. Celui du centre est destiné dans le projet à la réception de visiteurs distingués (fonctionnaires européens), qui pourront s'il le faut se faire une chambre à coucher du corridor situé derrière la salle de réception. Les deux appartements contigus sont exclusivement destinés aux sacrifices. Derrière la cuisine, à droite, il y a une étable à porcs; jamais elle ne fait défaut à une maison de kongsi (kong-shi-bouk), et parfois elle est étonnamment grande.

g. **Modèle d'un nouveau fourneau de fonte carré, avec ventilateur et roue hydraulique, au** $^1/_{10}$. —

L'ingénieur des mines D. de Jongh Hz.

Sur le fourneau carré avec ventilateur et roue hydraulique on peut consulter dans les *Annales des mines*, 1872, vol. I, l'article intitulé *La fonte de l'étain à Bangka*, et comparer ce qui est dit de la roue hydraulique chinoise dans un article intitulé *Détails de l'exploitation chinoise* de la même publication, 1879, vol. II.
N.B. L'épaisseur du bois de la roue est pour la couronne au $\frac{1}{5}$, pour les auges au $\frac{1}{5}$ et pour les montants servant à la consolider au $\frac{1}{6}$ de la gr. nat.

h. Modèle d'une pompe à chaîne et de la roue motrice que l'on fait tourner avec les pieds, au $^1/_{10}$. — L'ingénieur des mines D. de Jongh Hz.

Quand vient la mousson sèche, l'eau de pluie fait défaut et l'on ne peut plus mettre les pompes à chaîne en mouvement au moyen de roues hydrauliques. Pour ne pas interrompre pour cette cause le travail dans les kollongs, on a recours dans plusieurs mines, surtout dans les districts de Soungeiliat et de Merawang, à la roue poussée avec les pieds.

Ces roues sont construites pour être mises en mouvement par quatre, six ou huit hommes. Les escouades se relèvent de 4 en 4 heures ou de 6 en 6 heures, mais chaque escouade fait deux corvées par jour. Il faut donc pour ce travail, suivant les cas, deux ou bien trois escouades de 4, 6 ou 8 hommes chacune. Dans les fosses profondes on place parfois deux ou même trois de ces roues à différentes hauteurs, de façon à ce que la pompe inférieure envoie l'eau à celle qui est immédiatement au dessus d'elle.

Ainsi en 1881 la mine n°. 5 de Soungeiliat a travaillé pendant 3 mois avec 36 hommes par jour pour élever l'eau à une hauteur d'environ 9 mètres; la mine n°. 7 a eu pendant 2 mois besoin de 12 hommes par jour pour élever l'eau à une hauteur de 4 mètres; la mine n°. 19 a eu pendant 4 mois besoin de 16 hommes pour la même hauteur; la mine n°. 20 de Merawang a eu 48 hommes pendant 2 mois pour une hauteur de 8 à 9 mètres, et la mine n°. 16, de 8 à 16 hommes pendant 6 mois pour une hauteur de 4 à 6 mètres. On a aussi souvent besoin de cette roue pour l'épuisement en tout temps des parties les plus profondes de la mine.

Voyez sur les pompes à chaîne les *Annales*, 1879, vol. II, et 1880, vol. I.

i. Boite contenant:
a. Du minérai lavé.
b. Du minérai non lavé.
c. Des scories. — L'ingénieur des mines D. de Jongh Hz.

a. Minérai lavé.
N°. 1—14 dans de petits flacons.
Les échantillons n°. 1—5 viennent de la vallée de la Sonngei Sigembir, les n°. 6—19 de la vallée de Soungeiliat. Tout ce minérai est d'un brun rougeâtre foncé, avec un faible mélange de minérai rouge ou jaune. Les grains sont en général assez fins et réguliers. La petite carte qui est jointe à ces minérais montre clairement que les dépôts d'où ils ont été tirés proviennent de métal formé dans le granit très riche en filons de quartz des monts Betong. Dans la basse Sigembir, le métal des kollongs de Kwanghin, de Siakhin et de Tyenhin, éch. n°. 1—3, a été déposé par des courants venus de la rive droite, et le reste des dépôts de la vallée peut être considéré comme la continuation du koulit, presque achevé ici. Les éch. n°. 4 et 5, qui viennent des kollongs plus élevés de Tyongfat et de Soanghin, contiennent un métal venu plutôt de la partie supérieure de la vallée. Les n°. 1 et 2 sont très fins; pour la grosseur des grains le n°. 3 vient ensuite, tandis que les n°. 4 et 5 ont déjà des grains beaucoup plus gros.

Dans la vallée de Soungeiliat les courants métallifères sont venus tantôt de la haute vallée, tantôt des flancs; c'est ce qui fait qu'il arrive qu'il se trouve que des dépôts situés assez haut dans la vallée sont de grain plus fin que d'autres situés plus bas. Ainsi le n°. 7 est plus grossier que le n°. 6, et les n°. 8 et 9 sont à peu près égaux de grain avec le n°. 7. Le n°. 12, du cours supérieur de l'affluent la Kenanga, est plus fin que les n°. 10 et 11 qui proviennent d'un endroit situé un ou deux pâls plus bas. L'éch. n°. 13, qui contient beaucoup de particules rouges, provient du district minier de Ketak, et a été déposé par des courants venus de la colline de Pancha; quant au n°. 14 il représente le minérai à couleurs mêlées (blanc, jaune, rouge et brun rouge) et à grains fins du district minier de Douron. La patrie de ce métal doit se chercher dans les argiles et les schistes qui revêtent le versant occidental et le versant sud-ouest des monts Betong.

b. Minérai non lavé.
N°. 1—14 dans de gros flacons.
Voir les étiquettes.

g. Scories.
Dans la case centrale.
N°. 1. Scories provenant de la fonte de l'étain dans les mines de l'Etat. Les scories d'une nuit pèsent en moyenne de 6 à 7 pikols et contiennent encore au plus 1 pikol, ou 2 lingots d'étain.
N°. 2. Scories des ouvriers qui recherchent l'étain dans les rebuts. Elles contiennent beaucoup moins de métal que le n°. 1.
N°. 3. Scories dont on a entièrement extrait l'étain, et qui se jettent comme n'ayant aucune valeur.

j. **Charbon de bois.** — L'ingénieur des mines D. de Jong Hz.

N°. 1—3. Les paniers sont au ⅓ de la gr. naturelle.
N°. 1. Qualité inférieure, provenant de bois jeune et léger, kayou Pengigir, Ratak, Pelumpang, Nyato.
N°. 2. Qualité meilleure, provenant de bois plus lourd, kayou Samak, Merapin, Mentangar, Ketiauw.
N°. 3. Qualité supérieure, provenant de bois mûr et très dur, kayou Lebun, Bessi, Kabab, Prawan, Krikis, Pengris.
Le bon charbon de bois doit être serré ou dur, être en gros morceaux et avoir un grand poids spécifique.

k. **Echantillons d'étain obtenu par la fonte.** — L'ingénieur des mines D. de Jongh Hz.

l. **Tableau figuratif de la production d'étain à Bangka de 1812 à 1881.** Par l'ingénieur des mines — P. van Dyk.

130. Instruments employés aux sondages dans l'île de Bangka, accompagnés d'une carte explicative.

NB. L'ingénieur G. P. A. Renaud fait précéder la liste des objets réunis sous ce numero des remarques suivantes:

L'exploitation de l'étain à Bangka date d'un temps fort reculé. Au commencement on ne prenait pas note de la situation exacte des dépôts métallifère que l'on découvrait, ni de la quantité de métal qu'on en retirait. Cela fait que jusqu'en 1851 on n'avait aucune connaissance certaine du nombre et de l'étendue des emplacements exploitables.

Le service des mines a commencé en 1851 à explorer l'île à ce point de vue, joignant autant que cela était nécessaire à ses études un relevé topographique et géologique.

Les cartes générales des districts et les rapports qui les accompagnent, déjà en partie publiés dans les *Annales des mines*, permettent d'embrasser l'ensemble des résultats de ces études.

Les cartes dont nous parlons sont assez exactes pour les régions minières; elles ne sont qu'approximatives pour les parties de l'île qui ne contiennent que peu ou point d'étain.

Il y a aussi des irrégularités dans le raccordement des cartes de district entre elles. Tout cela vient de ce que l'exploration métallurgique de Bangka n'avait pas à sa disposition un relevé trigonométrique ou topographique antérieur, et de ce que le but que l'on poursuivait était de se procurer rapidement une vue d'ensemble sans perdre de temps à de longs préparatifs.

Depuis on a dressé à une plus grande échelle des cartes détaillées et exactes des régions métallifères, exploitées ou non. Ces cartes étant en grand nombre et n'ayant pas d'intérêt pour le public en général, on ne les a pas publiées. La copie de l'une d'entre elles se trouve sous la lettre *a* de la présente collection.

Un relevé exclusivement topographique aurait ici peu d'utilité. Les études topographiques sont donc ici toujours accompagnées de l'examen de la richesse métallique des terrains, c'est-à-dire des vallées et de leurs flancs.

L'instrument le plus simple pour rechercher la nature du sol est la sonde ou taham chinois (voy. la lettre *b* de la collection).

C'est une barre ronde en fer, longue de 7 ou 8 mètres et épaisse de 2 centimètres, à l'extrémité de laquelle on a forgé une pointe de la forme d'un éteignoir retourné. Quatre hommes enfoncent cette barre dans le sol à force de bras, jusqu'à la couche métallifère, si elle existe.

Quand on a atteint la couche on retire la sonde, on en remplit la pointe avec le bout pelotonné d'une ficelle qui se prolonge le long de la sonde, et l'on redescend celle-ci.

Quand on a de nouveau atteint le minérai, on retire la ficelle, la pointe se trouve vidée, et en manoeuvrant adroitement l'instrument on la force dans le minérai, dont elle emporte un échantillon que l'on peut analyser.

Cette manière de faire des sondages est rapide; mais les échantillons qu'on retire sont trop petits pour permettre de juger sainement de la richesse réelle du dépôt. Un autre inconvénient consiste en ce que souvent il est difficile ou impossible d'atteindre le minérai, quand il y a au-dessus de celui-ci de l'argile compacte ou beaucoup de sable mobile.

Aussi ne se sert-on plus actuellement de la sonde chinoise que pour se faire une idée provisoire de la nature du terrain. Quand on a constaté par son moyen l'absence de minérai, on s'en tient là sans pousser en cet endroit les recherches plus loin.

Pour déterminer la richesse et par conséquent la valeur d'un dépôt métallifère, on se sert d'un autre appareil.

Ce n'est autre chose qu'un appareil de forage de puits artésiens, modifié de façon à le rendre propre à être transporté par des sentiers étroits, à forer vite, et à ce que l'on puisse se servir plus d'une fois des tubes de revêtement. (Voy. à la lettre *c* l'appareil de forage que le ministère des colonies a fait monter).

Un détail bien combiné de cet appareil, c'est que les ouvriers se placent pour forer sur un plateau qui repose sur le sommet de la colonne de tubes. Par conséquent leur poids, joint à celui des tiges et des forêts remplis, sert, quand ils retirent les matériaux, à faire descendre la colonne, qui a un décimètre de diamètre. Ce plateau a aussi l'avantage d'offrir aux ouvriers un point solide pour se tenir debout, lorsqu'on travaille dans des endroits marécageux.

Le premier tube, armé par en bas d'un sabot de fer, se place dans un trou creusé à quelques mètres de profondeur au moyen d'une cuiller à argile élargie, qui ressemble à une tarière de charpentier. On place ensuite le plateau dessus, et les ouvriers font descendre le tube en se servant de forêts plus petits. Quand le tube est entièrement enfoncé on en ajoute un second au dessus et l'on continue jusqu'à ce que l'on ait atteint la couche de minérai. Alors, en forant avec précaution, on s'efforce d'amener en haut le cylindre de minérai qui remplit le bas du tube jusqu'au sol sur lequel la couche repose. Mais on a soin de ne rien amener de plus.

On lave ce qui a ainsi été retiré, on pèse le minérai qui reste et on inscrit dans un registre tous les résultats du sondage.

Les tubes sont retirés du sol, afin de servir de nouveau.

Ces sondages se font dans les vallées métallifères ou dans les endroits où l'on pense devoir trouver du minérai. Dans la règle on coupe dans la forêt un sentier de chaque côté de la vallée; de distance en distance on relie ces chemins par des sentiers de traverse, où se font les sondages.

Il se fait de ces opérations des cartes qui permettent, avec les registres des sondages, de toujours connaître les résultats des opérations. Déjà à elles seules, du reste, les cartes suffisent pour donner une idée approximative de l'exploitabilité plus ou moins grande d'un emplacement. On y désigne les points où les sondages ont eu lieu au moyen de petits ronds, dans lesquels se trouvent des points, ou autour desquels rayonnent des hachures, dont le nombre indique dans certaines limites la richesse du minérai trouvé dans l'endroit ainsi désigné. Un chiffre placé à côté du rond donne en décimètres la profondeur jusqu'au sous-sol de la couche métallifère.

Le visiteur peut se rendre compte de la chose en examinant la copie de la carte d'une partie de la vallée de Kinanga, qui se trouve sans la lettre *a* dans la présente collection.

On s'y prend simplement pour calculer la richesse du minérai. Comme le poids d'étain que donne chaque coup de sonde provient d'une masse cylindrique de minérai qui représente ce qui se trouve sous une partie de la surface de la couche égale à un cercle d'un décimètre de diamètre, un simple calcul de proportions donne la quantité de métal contenue dans la couche par mètre carré d'étendue. Veut-on la quantité par mètre cube de matériaux à remuer, il n'y a plus qu'à multiplier par la distance de la surface du sol à la surface du sous-sol sur lequel repose le minérai.

On a admis l'usage de calculer pour chaque sondage le nombre de pikols de métal que donnerait un prisme de 300 m^3 de contenance, renfermé entre la surface du sol et celle du sous-sol, en admettant que la richesse et la pesanteur de la couche de minérai sont égales à celles de l'échantillon qui a été essayé.

Le chiffre de 300 a été pris pour unité, parce que, dans une mine d'environ 5 m. de profondeur et qui pour le reste n'offre pas de circonstances défavorables, la contenance d'une excavation telle qu'une association d'exploitation puisse en un an la vider, en laver le minérai, le fondre et en livrer le métal aux magasins de l'État, représente par tête du personnel nominal de la mine 300 m^3 de matériaux à remuer entre les plans verticaux parallèles aux limites de la couche de minérai à exploiter. Comme il a été dit dans les notes jointes au N°. 129, ce n'est que les 75 °/$_0$ du personnel qui prennent réellement part aux travaux dans le terrain; de plus il faut ajouter pour les talus à peu près 15 °/$_0$ aux terres à remuer; ces deux causes font qu'en réalité la masse de terre remuée par tête s'élève à plus de 450 m^3. Ce chiffre pourrait être plus élevé encore, si les ouvriers employés aux travaux du terrain n'en avaient pas d'autres encore à accomplir, réunir des matériaux dans la forêt, faire les boiseries, creuser les canaux d'alimentation et d'écoulement. En général le concours des circonstances favorables est rarement assez complet pour que l'on atteigne les 300 m^3. par tête. Ce chiffre diminue quand la profondeur de la mine augmente ou qu'il se présente d'autres difficultés. Aussi les cartes donnent-elles des nombres indiquant pour les divers points un coëfficient de la masse de terre que l'on pourrait probablement y remuer. Il faut naturellement tenir compte de ce coëfficient.

Les signes des cartes sont du reste convenus de telle façon que le double du nombre — de 0 à 12 — de points ou de hâchures qui accompagnent le signe du sondage égale à peu près le nombre de pikols d'étain que l'on peut obtenir à l'endroit marqué, par 300 m^3 de terrain, ou, si l'on tient compte du coëfficient, par an et par membre de l'association.

Autant que possible on détermine chaque année à l'avance les parcelles de terrain que l'on exploitera pendant la campagne qui va s'ouvrir. Cela se fait pour éviter de faire des travaux inutiles et donc onéreux. On consulte dans ce but les données des cartes et des registres de sondages.

On s'efforce d'empêcher l'attaque de terrains où probablement on travaillerait à perte, et en général on s'efforce de diriger les travaux de façon à ce que les ouvriers jouissent pour leur labeur d'un salaire suffisant.

Les sondages qui ont été faits ont démontré que les vallées de l'île de Bangka sont très loin de renfermer toutes de l'étain et qu'en général il ne faut pas compter pouvoir entreprendre profitablement de grandes exploitations dans d'autres vallées que celles où on travaille déjà.

Il est rare qu'un emplacement où les sondages ont signalé l'existence du métal ne soit pas immédiatement mis en exploitation, car le nombre des entreprises qui cessent parce que le dépôt est épuisé augmente d'année en année.

Ici comme ailleurs l'exploitation de l'étain de dépôt ne peut durer qu'un temps limité. Passé ce temps il faudra renoncer à trouver de l'étain ou aller le chercher dans les roches dures. On n'a pas constaté à Bangka dans les roches de filons réguliers d'étain se continuant à une distance un peu considérable. Il n'est pas impossible qu'il en existe, mais rien ne porte à le croire. On a, il est vrai, découvert des places où la roche était parcourue par de petites veines d'étain, peu étendues, souvent groupées en réseaux.

Ce fait et la manière générale dont l'étain est répandu dans les régions qui le possèdent, font supposer qu'il existe à l'état très divisé dans les roches, sous la forme de ce que les Allemands appellent „Stockwerke". Si c'est le cas, l'exploitation de cet étain serait certainement trop coûteuse pour le moment pour que l'on pût songer à l'entreprendre.

a. **Carte des sondages d'une partie de la vallée de Kenanga, district de Soungei Liat; au $1/_{2000}$.** — L'ingénieur des mines D. de Jongh Hz.

b. **Pointe de sonde chinoise, avec vis d'ajustage forgée pour pouvoir adapter la pointe aux barres de fer de l'appareil de sondage.** — L'ingénieur des mines D. de Jongh Hz.

c. **Appareil de sondage.** — Construction de l'ingénieur des mines P. van Dijk.

1. Tube de revêtement en fer avec écrou, long de 5 mètres.
2. Idem, long de 3 mètres.
3. Idem, long de 1,50 mètres.
4. Idem, long de 1,25 mètres.
5. Sabot d'acier pour l'armement du tube inférieur.
6. Tête et cercle de fer pour retirer les tubes de revêtement.
7. Plateau des ouvriers, à fixer sur la colonne des tubes au moyen
8. de l'écrou à plateau des tubes.
9. Sonde, longue de 4,50 mètres.
10. Idem, longue de 3 mètres.
11. Sonde à soupape à boule avec languette, pour retirer le sable.
12. Sonde à soupape à boule sans languette, pour vider le trou de sonde.
13. Grande sonde à languette, tournée; s'emploie dans l'argile pour placer le premier tube.
14. Petite sonde à languette, tournée; s'emploie à l'intérieur de tube.
15. Grande cuiller à argile, pour placer le premier tube dans un sol mou.
16. Petite cuiller à argile, pour employer à l'intérieur du tube.
17. Sonde en forme de ciseau, pour briser les pierres dans le tube.
18. Clef pour le maniement des sondes.
19. Clefs servant à la suspension des sondes dans la colonne de tubes.
20. Clef pour visser et dévisser les tubes.

131. Echantillons des principales espèces de minérai venant de dépôts et de filons dans l'île de Blitong (Billiton). — J. H. Cordes, ingénieur des mines, et Bureau central des mines.

NB. Cette collection fait partie de ce qui est exposé sous le n°. 4 du groupe I, classe 4.

Numéros d'ordre.	GENRE DU DÉPÔT.	MINE	
		N°.	NOM.
District de Tanjong Pandan.			
1	kollong.	2	Chonghin.
2	"	9	Younfoung.
3	koulit.	9	
4	"	12	Méuwehong.
5	"	23	Fohin.
6	"	23	
7	"	24	Semchong.
8	kollong.	25	Foukchong.
9	koulit.	25	
10	"	40	Foukyoung.
11	"	42	Foukiasin.

GROUPE III. Vingtième Classe.   209

Numéros d'ordre.	GENRE DU DÉPÔT.	MIJN.	
		N°.	NOM.
12	kollong.	42	Foukfasin.
13	"	42	"
14	"	43	Fouklian.
15	koulit.	47	Chongfo.
16	kollong.	47	"
District de Bouding.			
17	koulit.	3	Samhap.
18	filon.	3	"
19	koulit.	7	Pochin.
20	kollong.	10	Toungfo.
21	koulit.	13	Sinhin.
22	kollong.	22	Soangloung.
23	"	26	Soungsin.
24	koulit.	30	Thoungchin.
25	kollong.	34	Fouilong.
District de Dendang.			
26	koulit.	2	Limous.
27	kollong.	3	Dekat.
28	"	6	Oudang.
29	"	11	Batou tinggi.
30	"	13	Tebroung.
31	koulit morceaux roulés.	13	"
32	kollong.	16	Nangah.
33	koulit.	20	Klappa.
34	kollong.	24	Demith.
35	filon.	26	Emballong.
District de Manggar.			
36	kollong.	3	Damar.
37	" morceaux roulés.	3	"
38	"	5	Tongkeng.
39	"	6	Batoun.
40	"	7	Pengaroun.
41	"	7	"
42	"	12	Batou besi.
43	"	12	"
44	"	13	Garoumedang.
45	koulit.	13	"
46	"	13	"
47	kollong.	20	Mangkoubang.
48	koulit morceaux roulés.	20	"
49	kollong.	27	Jering.
50	"	30	Bangkouang.
51	"	30	"
52	"	31	Rautan.
53	"	31	"
54	"	35	Mangpaya.
55	"	39	Kling.
56	"	44	Raya.
57	"	52	Landji.
58	koulit.	52	"

14**

Numéros d'ordre.	GENRE DU DÉPÔT.	MINE.	
		N°.	NOM.
	District de Lengang.		
59	koulit.	1	Maranté.
60	kollong.	1	
61	„	1	
62	koulit.	2	Garam.
63	„	11	Selinsing.
64	kollong.	16	Saloumar Besar.
65	koulit.	19	Mang.
66	„	19	
67	„	29	Rambi.
68	kollong.	29	
69	„	43	Jambou.
70	koulit.	48	Jelalang.
71	„	54	Jangkar.
72	kollong.	55	Gomoroh.
73	koulit.	57	Sabah.
74	kollong.	59	Meertou.
75	koulit.	60	Brang.

132. Collection d'objets provenant des mines des Indes néerl. — Bureau central des mines.

1 et 2. Houille. — Oumbilin, Soungei, Dourian, Côte occ. de Sumatra.
3. Houille. — Boukit Sounour, Bengkoulen.
4. Houille. — Pengaron, couche C., Div. mér. et or. de Borneo.
5. Houille. — Pengaron, couche D., Div. mér. et or. de Borneo.
6. Houille. — Pengaron, couche E., Div. mér. et or. de Borneo.
7. Houille. — Sambalioung, Côte or. de Borneo.
8. Fer spéculaire. — Pajlou près de Montrado, Div. occ. de Borneo.
9. Soufre. — Gounoung Walirang, Sourabaya.
10. Platine. — Gounoung Batoun et Gounoung Lawak (Martapoura), Div. mér. et or. de Borneo.
11. Diamant. — Div. mér. et or. de Borneo.
12. Or. — Mine de Sim-pi-ton près de Sellinze, Div. occ. de Borneo.
13. Quatre-vingt-neuf diamants. — Div. occ. de Borneo.
14. Stalactite. — Grissée, Sourabaya.
15. Marbre. — Pachitan.
16. Houille. — (Etage II éocène). Couche se trouvant dans la rivière de la Chi-Nyangegeng près du kampong de Bayah, distr. de Chilangkahan, Div. de Lebak, rés. de Bantam.
17. Houille. — (Etage II éocène). Couche située près de la petite rivière de la Chi-Chohak, Gounoung Walat, revers sud-est, distr. de Chimahi, div. de Souraboumi, rés. des régences du Preanger.

133. Collection de dessins, de cartes et de publications relatifs aux mines des Indes néerl. — Bureau central des mines.

1. Installation de la méthode de sondage par le lavage, par l'ingénieur des mines P. van Dyk. Echelle 1 : 20.
2. Pompe à chaîne de la mine de houille d'Orange Nassau à Pengaron, Div. mér. et or. de Borneo. Construction de l'ingénieur des mines P. van Dyk.
3. Carte géologique des îles de Banka et de Billiton. Echelle 1 : 800.000.
4. Carte des sondages de la vallée de Kenanga. Voy. ci-dessus 130 a.
5. Situation des chantiers de travail pour 1882 de la mine n°. 7. Voy. 129 a.

Groupe III. Vingtième Classe. 211

6. Sonde à sable avec courant d'eau, sans installation de pompe, par l'ingénieur des mines G. Godefroy.
7. Tableau figuratif de la production de l'étain à Banka. Voy. 129.
8. Mine de houille d'Orange-Nassau à Pengaron, Div. mér. et or. de Bornéo. Echelle 1 : 500.000.
9. Carte topographique et géologique du Sud de Sumatra, embrassant les résidences de Bengkoulen, de Palembang et des districts de Lampong, par l'ingénieur des mines R. D. M. Verbeek. Echelle 1 : 500.000.
10. Carte géologique der terrains houillers près de Soukaboumi, rés. des régences du Preanger, par l'ingénieur des mines J. A. Hooze. Echelle 1 : 80.000.
11. Carte géognostique du terrain houiller d'Ombilin, Haut-Pays de Padang, Côte occ. de Sumatra, par l'ingénieur des mines R. D. M. Verbeek. Echelle 1 : 10000.
12. Carte géologique du terrain houiller d'Ombilin, Haut-Pays de Padang, Côte occ. de Sumatra, par l'ingénieur des mines R. D. M. Verbeek. Echelle 1 : 25000.
13. Profils appartenant à la description géologique du terrain houiller d'Ombilin, Feuille I. (district de Soumer) Setan (dessins).
14. Profils appartenant à la description spéciale du terrain houiller d'Ombilin. Div. D. Feuille II.
15. Panorama géologique du terrain houiller d'Ombilin, Côte occ. de Sumatra.
17. Annales des mines aux Indes néerl.
18. Robinet automatique pour hydrantes.

134. Description topographique et géologique d'une partie de la côte occ. de Sumatra. Composée sur les relevés et les rapports des ingénieurs des mines R. D. M. Verbeek, C. J. van Schelle, R. Fennema et D. de Jongh Hz., par le premier ingénieur de la Côte occ. de Sumatra R. D. M. Verbeek. Vol. I. Publié par le gouvernement des Indes néerl. Imprimerie de l'Etat à Batavia, 1882. — R. D. M. Verbeek, ingénieur des mines aux Indes néerl.

NB. Cet ouvrage est accompagné des annexes suivantes:

a. Une grande carte géologique d'une partie du gouvernement de la Côte occ. de Sumatra, échelle 1 : 100000, 8 feuilles. Levée de 1875 à 1879, sous la direction du premier ingénieur R. D. M. Verbeek, par les ingénieurs des mines R. D. M. Verbeek, C. J. van Schelle, R. Fennema et D. de Jongh Hz., les topographes Schliep, Axel de Groot et Stremayer et les inspecteurs des mines Nagel, le Roy, Rolland, Naumann, de Corte, Faber et Borneman. Un ex. en 8 feuilles volantes dans un portefeuille et un ex. monté comme carte murale.
b. La carte topographique d'une partie de la Côte occ. de Sumatra. Echelle 1 : 500000.
c. Trois feuilles de dessins relatifs aux cinq lacs du Haut-Pays, le lac de Maninjou, le lac de Singkarah, le Danau di Atas, le Danau di Baroea et le Danau Talang. Echelle 1 : 50000. Lignes bathométriques de 10 en 10 mètres et profils. (Un ex. monté en carte murale, un ex. en portefeuille.)
d. Sept profils géologiques coloriés en deux feuilles. (En portefeuille.)
e. Une feuille contenant 8 cartons des sommets des volcans du Singalang, Tandikat, du Merapi et du Talang. Echelle 1 : 20000.

Un petit volume contenant:
1. Le plan de Padang, échelle 1 : 25000.
2. Une petite carte du bassin de la Batang Hari dans le Haut-Pays de Padang. Echelle 1 : 500000.
3. Une petite carte de l'île de Padan près de Padang. Echelle 1 : 10000.
4. Une petite carte de l'île de Pisang gadang près de Padang. Echelle 1 : 10000.
5. Une petite carte volcanique de Sumatra. Echelle 1 : 5000000.
6. Une petite carte des îles volcans de Padang. Echelle 1 : 1000000.
7. Cinquante-neuf petits profils, esquisses etc.

135. R. Fennema, Carte géologique de la partie septentrionale de la Côte occ. de Sumatra. Echelle 1 : 500000. — R. Fennema, ingénieur des mines aux Indes néerl.

136. Cartes, représentations graphiques et instruments pour le forage de puits artésiens. — Section des sondages du service des mines aux Indes néerl.

1. Tableau intitulé *Service des sondages. Puits artésiens dans la campagne de la Résidence de Semarang*. Cette carte indique le débit des puits artésiens achevés. Des cercles autour des points où sont les puits renferment les localités fournies d'eau potable par chaque puits. Enfin les frais d'établissement sont aussi indiqués. Des signes spéciaux servent à indiquer pour presque tous les puits les détails bons à connaître, nature du terrain, pose des tubes, etc., etc. — J. C. van Heuckelum, ingénieur des mines de 2e classe.

NB. Au tableau est joint un chevalet pour le supporter.

2. Représentation comparative des cinq puits artésiens déjà percés dans la div. de Demak. — J. C. van Heuckelum, ingénieur des mines.

3. Représentation lithologico-graphique des sondages profonds de Demak et de Gaji (Demak). — J. A. Huguenin et J. C. van Heuckelum, ingénieurs des mines.

4. Représentation lithologico-graphique du sondage profond de Sourabaya. — J. A. Huguenin et A. Stoop, ingénieurs des mines.

5. Représentation lithologico-graphique du sondage profond de Tirem (rés. de Bantam). — J. A. Huguenin, ingénieur des mines.

6. Essai de représentation lithologique d'échantillons des sondages. — J. A. Huguenin, ingénieur des mines.

7. Essai de représentation lithologique des terrains différents qui composent la croûte terrestre. — J. A. Huguenin, ingénieur des mines.

8. Robinet d'hydrante pour la distribution de l'eau des puits artésiens. Construction de l'ingénieur des mines P. van Dyk.

9. Installation d'un forage artésien suivant la méthode Aalborg. Construction de l'ingénieur des mines P. van Dyk.

NB. La chèvre à forer Aalborg avec accessoires a été envoyée par le ministère des colonies; on l'a dressée dans le parc colonial de l'exposition sous la direction de l'ingénieur des mines R. D. M. Verbeek.

La chèvre en bois de chêne avec ferrures et poulie en fer pour la chaîne, ainsi que la plateforme en bois, a été fournie par la maison Figée frères, à Harlem.

Les appareils à forer avec accessoires et la pompe ont été fournis par la maison W. C. et K. de Wit, à Amsterdam.

La grue à vapeur est de la maison Lipmann et Cie à Paris.

137. Cartes, représentations plastiques et produits des mines d'étain de Bangka.

a. Carte générale de l'île de Bangka.
b. Esquisse de la carte du district de Jebous.
c. Carte générale du chef-lieu Jebous.
d. Carte générale de la mine de l'Etat n°. 18 de Jiouhim, dans le district de Jebous.
e. Carte de la mine privée de Samfo, district de Soungei Selan (dessinée par un Chinois).
f. Outils de mineurs, en étain. — F. Th. von Kotsch.
g. Représentation d'une mine d'étain à Bangka.
h. Représentation du chargement de l'étain sur un vaisseau.
i. Vingt-deux lingots de différents districts miniers, provenant tant des mines de l'Etat que des mines privées et de la fonte des scories.

138. Produits, cartes, tableaux figuratifs, modèles, etc. relatifs à l'exploitation de l'étain à Billitton (Blitong). — Société de Billitton, dir. R. H. Arntzenius, à la Haye.

a. Huit lingots d'étain de Billitton, brut et poli.
b. Lingots brisés d'étain de Billitton.
c. Modèles en argent d'outils employés au travail des mines.
d. Carte de l'île de Billitton.
e. Tableaux figuratifs 1°. de la produc

GROUPE III. Vingtième Classe. 213

tion de l'étain, 2°. des prix obtenus aux ventes.
f. Modèles et photographies de navires.
g. Diplômes de récompenses obtenues à Paris et à Arnhem.
h. Documents imprimés touchant l'exploitation de Billitton.

139. Instruments de sondage pour la recherche des dépôts d'étain, système de Billitton, fournis par la fabrique royale de machines à vapeur et autres à Amsterdam, d'après les dessins de M. J. Ph. Ermeling, représentant de la Société de Billitton aux Indes néerl. — J. Ph. Ermeling, à Batavia.

1. Grande sonde, complète.
2. Petite sonde pour tube.
3. Sonde de mine.
4. Portefeuille de dessins relatifs à ces instruments et au sondage.

140. Collection d'or et d'autres métaux provenant de l'île de Sumatra, avec une note manuscrite. — Reinier D. Verbeek, ingénieur des mines et directeur de l'entreprise minière de Salida, à Painan près de Padang.

a. Résidence de Tapanouli.

1. Or d'un lavage établi à Aik Mongis, Sous-Kouria de Singengou, subdiv. de Petit Mandeling.
2. Or de Tanah-Batou, près de Boustak, Menambing, Petit Mandeling.
3. Or de la rivière la Panghaoutan, gisement d'Oulou Panghaoutan, distr. de Natal.
4. Or de la rivière la Natal, gisement du Simpan Gambir, dis. de Linga Bayou, div. de Natal.
5. Or d'un lavage établi à Mouara Tampoungau, bassin de la Natal dans le pays de Batang, div. de Grand Mandeling.
6. Galène de Kouria Penyonghé, subdiv. d'Oulou.

b. Résidence du Bas-Pays de Padang.

7. Or d'un lavage établi à Simpan Dingin, laras Simpang Tinang, districts d'Ophir.
8. Or d'un lavage établi à Pagambaran, laras Simpang Ting, districts d'Ophir.
9. Or d'un lavage établi à Batang Koundour, laras Choubadak, districts d'Ophir.
10. Or d'un lavage établi à Pembalouwan, laras Choubadak, districts d'Ophir.
11. Or d'un lavage établi à Tambang Karas, laras Choubadak, districts d'Ophir.
12. Or d'un lavage établi à Tambang Sidouampan, laras Parit, subdiv. d'Ayer Bangis.
13. Or des petites rivières de la Sampouroun et de la Soungei Ongong, subdiv. d'Ayer Bangis.
14. Galène du voisinage de Painan, div. mér. de Padang.
15. Quartz aurifère du voisinage de Painan, div. mér. de Padang.

c. Résidence du Haut-Pays de Padang.

16. Or de filons de quartz près de Soupayang, dir. des XIII et IX Kottas.
17. Or de filons de quartz près de Soupayang, div. des XIII et IX Kottas.
18. Or d'un lavage établi près de Soupayang, div. des XIII et IX Kottas.
19. Echantillons de quartz aurifère où l'or est visible, des mines de Soupayang, div. des XIII et IX Kottas.
20. Or d'un lavage établi près de Pouar Datar, div. des L Kottas.
21. Or de Tambang Sapeh, dans le village de Soungei Abou, div. des XIII et IX Kottas.
22. Or de Tambang Sapeh, comme ci-dessus.
23. Quartz aurifère de Tambang Sapeh, comme ci-dessus.
24. Or de Tambang Koubou, près du village de Soungei Abou, rés. des XIII et IX Kottas.
25. Or de Tambang Si Begoyo, près du village de Soungei Abou, rés. des XIII et IX Kottas.
26. Or des filons de quartz de Si Begoyo, comme ci-dessus.
27. Or de Tambang Louwa, près de Si Begoyo, comme ci-dessus.
28. Or de la petite rivière de Si Begoyo, comme ci-dessus.
29. Or et vif-argent des détritus de montagne, près de Simpang tiga, XII Kottas, div. du XIII et IX Kottas.

80. Quarts renfermant du vif-argent, des détritus de montagne, comme ci-dessus.

81. Quarts de l'extrémité d'un filon contenant de l'or et du vif-argent, comme ci-dessus.

82. Cinabre (minérai de vif-argent), produit du lavage des détritus de montagne à Simpang tiga, comme ci-dessus.

83. Or du lavage établi à Balik Boekit, laras Pasimpei, XII Kottas, div. des XIII et IX Kottas.

84. Or de la rivière la Batang Hari, XII Kottas, div. des XIII et IX Kottas.

85. Or de la petite rivière la Batang Ayer Bankinang, tout près des filons de quarts à l'ouest de Sibelabei, XII Kottas, div. des XIII et IX Kottas.

86. Galène du village de Pantar, laras Matoua, div. d'Agam.

87. Or du filon de Kinking près de Telaké, XII Kottas, div. des XIII et IX Kottas.

88. Or de détritus de montagne près de Tambang Kinking, Telaké, XII Kottas, div. des XIII et IX Kottas.

89. Calcaire renfermant de la pyrite et de la galène, d'Obi et de Kinking, XII Kottas, div. des XIII et IX Kottas.

40. Roche aurifère du filon de Tambang Kinking, Telaké, XII Kottas, div. des XIII et IX Kottas.

41. Argile aurifère du filon de Tambang Kinking, comme ci-dessus.

42. Pyrite aurifère du même filon.

43. Or du lavage établi à Tambang Langeh, près de Pangkalan Jambou, Jambi supérieure.

NB. Cette collection est le fruit des explorations entreprises par M. Reinier D. Verbeek dans plusieurs parties de l'île de Sumatra. On l'a mise à l'exposition afin que les visiteurs puissent se faire une idée de la grande richesse en or de l'île de Sumatra, au moment où une société, dont M. Verbeek est directeur, entreprend de rouvrir l'exploitation des anciennes mines d'or de Salida. M. Verbeek a, dans le même but, joint à cette collection une note importante, dans laquelle sont réunies les données historiques existantes au sujet de l'or de Sumatra, et où sont en même temps exposés les motifs, tirés de l'analogie géologique en même temps que du grand nombre des gisements et que de l'abondance d'or recueillie par les indigènes, maintenant et surtout dans le passé, malgré leurs procédés très imparfaits d'exploitation, qui permettent de croire que le sol de Sumatra, renferme de grands trésors en or, et qu'une exploitation plus méthodique du noble métal promet dans cette île de magnifiques résultats. Nous devons nous borner ici à ces brèves indications, la note elle-même étant trop étendue pour que nous puissions la reproduire.

141. Echantillons de poudre d'or de Surinam, sous la forme sous laquelle elle arrive de la colonie. — Banque de Surinam, à Amsterdam.

Cette poudre d'or pèse environ 4 Kg.; elle se trouve dans une boîte longue de 40 cm., large de 86, haute par derrière de 56 et par devant de 35, couverte d'une glace.

142. Morceau de résine fossile, trouvé à 22 pieds au dessous du sol dans les terrains aurifères de Surinam. — C. A. Samuels, à Surinam.

143. Métaux et minéraux de St. Eustache. — Le Commandant de St. Eustache.

144. Matières colorantes minérales de l'île d'Aruba. — A. J. van Koolwyk, curé d'Oranjestad à Aruba.

a. Cuprum, oxyde de cuivre.
b. Hématite avec son minérai.
c. Craie rouge.
d. Trois sortes d'ocre, tirées du phosphate.
e. Ocre jaune.
f. Ocre rouge clair.
g. Ocre gris.
h. Terre blanche.
i. Terre jaune.
j. Terre rouge.
k. Ocre gris du phosphate.
l. Ocre gris des mines d'or.

m. Ocre jaune clair des mines d'or.
n. Ocre rouge de Bonaire.

145. Echantillons divers de sel de l'île de Curaçao. — W. Chapman, Jesurun et Fils et L. van Leyba, tous à Curaçao.

146. Trois Echantillons de sel de Bonaire. — W. F. G. Hellmund, à Curaçao.

a. „Pan" blanche H 1. 20 Kg. bruto.
b. „Pan" bleue H 2. 25 Kg. bruto.
c. „Pan" orange H 3. 25 Kg. bruto.

147. Echantillons de sel de St. Martin. — W. van der Vliet, Dr. en droit, à Amsterdam.

F. Industrie européenne, fabriques et métiers.

On trouvera sous les lettres A jusqu'à E de la présente classe ce qui concerne l'industrie européenne aux Indes tant gouvernementale que privée, qui a pour objet l'agriculture, les cultures industrielles, l'exploitation des forêts ou celle des mines.

Dès que les Européens se furent établis aux Indes, les autorités s'occupèrent de l'industrie, poussées par le besoin urgent qui s'en faisait sentir, surtout pour certaines branches.

Ainsi, il arrivait que des navires eussent tant souffert en venant aux colonies que des réparations étaient absolument nécessaires pour que le voyage de retour ne fût pas une entreprise des plus hasardeuses. On y pourvut, de sorte que cette branche d'industrie est représentée aux Indes depuis l'époque même de la colonisation. Dès lors on a complété et perfectionné ce qui s'y rapporte à mesure que le besoin s'en faisait sentir. Il existe actuellement à Onrust et à Sourabaya de vastes établissements maritimes avec des chantiers de radoub capables d'héberger les vaisseaux du plus fort tonnage. Tout ce qui est nécessaire s'y trouve au grand complet, ateliers de forge, chantiers de charpente, scieries à vapeur, grues à vapeur etc.

On a en outre établi un dok auxiliaire à Pontianak.

En 1851 le gouvernement a créé à Sourabaya une usine pour la construction de machines. Elle travaille en première ligne pour la marine de l'Etat et pour les machines à vapeur qui s'y emploient, mais aussi pour le service des travaux publics et d'autres branches de l'administration générale.

Les besoins de l'armée n'ont pas non plus été méconnus.

Il existe pour y répondre un atelier de construction pour l'artillerie à Sourabaya; dans la même localité, une fabrique de cartouches et un atelier de fabrication d'outils; en outre, à Ngami et à Bajong, deux fabriques de poudre; puis, à Batavia, un établissement lithographique, un atelier de photographie, etc. Tous ces établissements sont montés et exploités comme on le fait en Europe.

Une autre branche importante d'industrie exploitée par l'Etat se trouve dans la préparation de sel. Actuellement elle ne s'everce plus qu'à Bounder, div. de Pamahassan, dans l'île de Madoura et a été abandonnée depuis quelques années à Tanara, district de Krawang, à Cheribon, et à Paradessi, res. de Rembang.

Toute exploitation du sel faite par les particuliers est protribée à Java et à Madoura, excepté dans les Principautés vassales et dans un district de la résidence de Samarang, où se trouvent des sources d'eau et de boue salines. Ce monopole s'étend aux autres îles de l'Archipel, à l'exception de la résidence appelée Côte orientale de Sumatra, du district (sous-résidence) de Billitton, des Moluques, du gouvernement de Célèbes et des résidences de Riauw et de Timor.

L'industrie gouvernementale ne s'étend pas au delà de ce que nous avons énuméré.

L'industrie privée se préoccupe d'augmenter les moyens de radoub, les docks de l'Etat n'étant pas toujours en mesure de recevoir les navires marchands. Jusqu'ici on n'a pas été très heureux sous ce rapport. Un premier bassin flottant établi à grands frais a sombré. En ce moment on en construit un second. L'ouverture du port de Tanjong Priok vient de donner au commerce un nouveau moyen de réparer les navires.

Il existe depuis plusieurs années à Lassem, résidence de Rembang, un chantier de construction maritime qui a fourni déjà avec grand succès, tant à l'Etat qu'aux particuliers, des vaisseaux au long cours aussi bien que des embarcations côtières.

Comme l'atelier d'artillerie et l'usine pour la construction de machines de Sourabaya travaillent exclusivement pour l'Etat, il s'est établi sur les points principaux, en particulier à Sourabaya, à Samarang et à Batavia, d'importantes usines de fer et de construction de machines, dans l'intérêt de l'industrie privée et spécialement de la fabrication du sucre.

Les industries plus restreintes qui ont pour but de fournir les objets nécessaires à la vie usuelle sont naturellement limitées dans leur essor par la facilité avec laquelle la population européenne peut faire venir de l'Europe même presque tout ce dont elle a besoin, et par le bon marché du transport.

Quelques articles cependant font exception. Les meubles européens, toujours collés, souvent plaqués, ne résistent pas à l'humidité de l'atmosphère des Indes. La forme de ces meubles aussi convient mal aux Indes, de même que la manière dont les sièges sont recouverts. Enfin les bois européens deviennent très facilement vermoulus. Aussi la fabrication de meubles pour la population indo-européenne est-elle devenue dans les chefs-lieux, et aussi à Lassem et à Japara, une branche importante d'industrie. A Batavia on y emploie des ouvriers chinois, ailleurs des Javanais.

Il y a quelques années encore florissait à Japara la fabrication de meubles en bois de *Sono*, que leur excellence faisait rechercher dans tout l'Archipel. Le règlement de 1874 (*Feuille officielle*, N° 110) sur l'aménagement des forêts a tué cette industrie pour Japara. Les fabricants ont émigré à Kampong-Krossi, Samarang, et semblent maintenant travailler des essences plus faciles à se procurer. Les ébénistes d'Europe feront bien de porter leur attention sur les magnifiques espèces de bois que produisent les Indes tant occidentales qu'orientales, et dont il se trouvera des échantillons à l'exposition. On voit aussi une collection d'échantillons dans le musée colonial de Harlem.

Ces beaux bois d'ébénisterie n'ont pour ainsi dire aucune valeur aux Indes. Comme ils ne résistent pas à l'action destructive, plus active encore en Inde qu'en Europe, des alternatives de temps secs et humides, on ne peut pas s'en servir pour les charpentes; et ils ne conviennent pas non plus à l'ébénisterie indienne, parce que le monde d'insectes qui fourmille sous les tropiques ravage très rapidement ces bois-là.

Aussi peut-on voir, spectacle vraiment lamentable, les essences les plus magnifiques, même l'ébène et le palmier, réduites en charbon pour fondre le minerai d'étain et pour d'autres usages analogues.

Il est extrêmement probable, pouvu qu'il y eût perspective de vendre la marchandise, que l'on trouverait aux Indes des personnes disposées à recueillir pour les expédier en Europe des bois d'ébénisterie sciés aux dimentions que l'on voudrait.

Parmi les industries moins importantes — toujours restreintes par la concurrence européenne, qui envoie à peu de frais presque tous les articles demandés — il y en a quelques unes qui méritent cependant d'être mentionnées; ce sont surtout la carrosserie, la sellerie, la reliure, et les industries des graveurs, des photographes et des opticiens.

C. L. F. POST.

NB. Ce qui est venu des Indes néerl. pour cette rubrique est fort restreint. Il est vrai qu'il aurait été possible de placer ici plusieurs objets qui ont été classés ailleurs. Cependant on ne pouvait en réalité pas exposer beaucoup de choses, parce que presque tous les objets dont les Européens ont besoin aux Indes, et qui ne sont pas importés, sont demandés à l'industrie des Chinois et des indigènes et rentrent par conséquent, suivant notre programme, dans la classe 10. G. Mais c'est ici plus qu'ailleurs que peut se constater la grande différence qui existe entre nos possessions des I. orientales et celles des I. occidentales. Tel, à Surinam et dans les îles des I. occidentales, nous avons, quoique sur une petite échelle, de véritables colonies. À l'exception d'un petit nombre de tribus errantes dans les forêts, la population indigène s'y est si bien fondue avec la population européenne que l'on ne peut presque plus y parler d'industrie indigène. Aussi avons-nous cru devoir placer dans la présente rubrique toutes les productions des fabriques et des métiers de Surinam et de Curaçao qui ont été envoyés à l'exposition, en n'en exceptant qu'un petit nombre d'objets, de ceux que les Indiens et les nègres marrons fabriquent pour leur propre usage. Curaçao surtout a donné en ceci une moisson relativement abondante.

148. Arak de la distillerie Voorwaarts, rés. de Semarang, div. de Kendal. — J. Sayers.

a. Deux petits barils d'arak.
b. Arak en bouteilles.
 1. de 85%.
 2. " 80%.
 3. " 75%.
 4. " 70%.
 5. " 65%.
 6. de 60%.
 7. " 55%.
 8. " 50%.
 9. Marché de Bali 52%.
 10. Marché de Makassar 52%.
 11. Mélasse.
 12. Liquide vineux.

149. Album en velours avec monture en argent sur un pupitre fait exprès pour l'exposition. — Van Arcken et Cie, bijoutiers de la cour, à Batavia.

150. Quatre albums contenant environ 200 photographies de paysages, de monuments, de types d'indigènes, etc. — Woodbury et Page, à Batavia.

151. Cent quarante-quatre photographies représentant des arbres, des fruits, des paysages et des monuments des Indes néerl., en outre 14 reproductions. — J. A. Hamburg, 1e fabricant d'instruments du service des postes et télégraphes, à Batavia.

152. Onze vues photographiques de paysages indiens. — Dr. A. G. Vorderman, à Batavia.

153. Bouquet composé d'une imitation en papier mâché de cent espèces de fruits qui croissent à Surinam. — M. R. Mattes, à Surinam.

NB. Une liste de ces fruits, avec leurs noms en anglais nègre et en latin, a été jointe à cet envoi, mais elle est trop incomplète et inexacte pour que nous la reproduisions ici.

154. Deux liens de serviette, une corbeille à ouvrage, une pochette pour montre et un étui à cigares, confectionnés avec les noyaux du »kréré-kréré" (*Poinciana pulcherrima* L.). — C. J. Hering, à Surinam.

155. Six éventails en plumes d'oiseaux, dans des boites de papier. — M. R. Mattes, à Surinam.

156. Cinq petits cadres pour portraits, en cèdre de Surinam. — W. E. Greeber, à Surinam.

  a. Deux cadres ovales, de 37 cm., sur 32, chacun fait de 120 morceaux.
  b. Deux d°., de 32 cm. sur 27, chacun fait de 102 morceaux.
  c. Un d°., de 30 cm. sur 27, fait de 450 morceaux.

On a placé dans deux de ces cadres des portraits photographiques de femmes indigènes, faits par le photographe E. L. Cramer.

157. Deux petits cadres en cèdre, chacun fait de plus de 1000 merceaux. — C. M. Bremer, à Surinam.

158. Six cadres où se trouvent des épreuves d'impression au zinc, contenant des passages bibliques en hollandais et en anglais nègre, en écriture monastique antique. — B. Heyde, à Surinam.

159. Cadre renfermant diverses épreuves d'impression au zinc. — B. Heyde, à Surinam.

160. Plateau fait de morceaux de 20 différentes espèces de bois de Surinam. — B. Polak Pz., à Surinam.

161. Deux plateaux, chacun fait de morceaux de 11 différentes espèces de bois de Surinam. — C. M. Bremer, à Surinam.

162. Quatre petites corbeilles et quatre jattes faites avec des calebasses de Surinam (*Crescentia cujete*). — Mme G. L. E. Bremer, Köster Henke, à Surinam.

163. Deux jattes faites avec des calebasses. — C. J. Hering, à Surinam.

164. Quatre cannes en bois de Surinam (»letterhout", »bruinhout", bois de fer blanc et palissandre). — B. Polak Pz., à Surinam.

165. Six cannes en bois de Surinam (»letterhout", bois de fer blanc et noir, »bruinhout", »purperhout" et bois de satin). — C. M. Bremer, à Surinam.

166. Quatre cannes en liane. — D. de la Fuente, à Surinam.

167. Pipe pour l'opium, en bambou (industrie chinoise). — C. J. Hering, à Surinam.

168. Modèle en bois de cèdre d'un bateau à ten-

te. — C. M. Bremer, à Surinam.

169. Modèle en bois de cèdre d'un bac avec trois rames, un ancre et sa chaîne. — C. M. Bremer, à Surinam.

170. Quatre fouets en balata (gutta-percha de l'arbre bolletrî [*Lucuma mammosa*]). — C. M. Bremer, J. Burne, Dr. E. Dessé et J. Gans, tous à Surinam.

171. Presse-papier fabriqué par C. E. Lehmann avec une »pipa dorsigera" sèche. — B. Heyde, à Surinam.

172. Deux petites boites faites avec des fruits indigènes. — B. Heyde, à Surinam.

173. Noyau de mangga nettoyé pour qu'on puisse voir les fibres. — J. Fernandes, à Surinam.

174. Cage d'oiseau faite avec des tiges de feuilles du palmier mauritia (*Mauritia flexuosa*). — C. M. Cremer, à Surinam.

175. Quatre petites corbeilles et un flacon en noyaux d'awarra (*Astrocaryum awarra*), et trois de ces noyaux à l'état brut. — J. H. Zaal, à Surinam.

176. Couteau et cuiller de »letterhout" (*Piratinera guyanensis*). — C. M. Bremer, à Surinam.

177. Deux grands et un petit máttas (mortiers) avec les pilons, servant à piler les bananes et autres fruits. — C. J. Hering, à Surinam.

178. Un grand et un petit baquet pour usage domestique. — W. L. Loth, à Surinam.

179. Cinq bâtonnets à brouiller les œufs. — S. A. Ryhen, à Surinam.

180. Six coquetiers de bois différent et six petits verres à bitter en bois de kwassî (*Quassia amara*). — B. Polak Pz., à Surinam.

181. Six verres pour l'eau, vingt verres pour le vin et douze verres pour le bitter, tous en bois de kwassi. — C. M. Bremer, à Surinam.

182. Six morceaux de colle de poisson du »geelbagger" (*Silurus Parkeri*). — L. Sagon Juda, à Surinam.

183. Quatre bouteilles de bitter (»maagbitter"). — J. J. van Klein, à Surinam.

184. Quarante fruits en cire. — Mme Mercedes L. de Henriques, directrice du *Colegio Colonial* à Curaçao.

1. Patia. — *Cucumis citrullus*.
2. Melon. — *Cucumis melo*.
3. Goujaba. — *Psidium pomiferum*.
4. Knippa (Genip). — *Melicocca bijuga*.

5. Schubappel (pomme). — *Anona squamosa.*
6. Jambo. — *Jambosa malaccensis.*
7. Kashou. — *Anacardium occidentale.*
8. Prune Maca. — *Spondias mombin.*
9. Datou. — *Cereus heptagonus.*
10. Tomato pequeno. — *Solanum Humboldtii.*
11. Citrouille Mari. — *Cucurbita pepo.*
12. Citrouille. — *Cucurbita maxima.*
13. Calebasse. — *Crescentia cujete.*
14. Chimarocha. — *Malpighia glabra.*
15. Lamounchi. — *Citrus limonum.*
16. Lamounchi dougi. — *Citrus limetta.*
17. Tamarin. — *Tamarindus indica.*

NB. Le tamarin des Indes occ. a des gousses beaucoup moins longues que les autres variétés; de plus chaque gousse ne contient que de 1 à 4 semences, au lieu de 6 à 12.

18. Nèfle (sapodil). — *Sapota achras.*
19. Mango. — *Mangifera indica.*
20. Sorsaca. — *Anona muricata.*
21. Papaya. — *Carica papaja.*
22. Bacoba manzana. 22a. Bacoba. — *Musa sapientum.*
23. Divi-divi (watapam). — *Caesalpinia coriaria.*
24. Beregyn. — *Solanum melongena.*
25. Promente doushi. — *Capsicum cydoniforme.*
26. Promente. — *Capsicum grossum.*
27. Promente agiechi. — *Capsicum minimum.*
28. Mamotica. — *Momordica Charantia.*
29. Kashon Surnam. — Variété de l'*Anacardium occidentale?*
30. Maishi grandi. — *Zea mays.*
31. Banana. — *Musa paradisiaca.*
32. Gingembre. — *Zingiber oficinale.*
33. Figue. — *Ficus carica.*
34. Fruit de l'arbre à pain. — *Artocarpus incisa.*
35. Grenade. — *Punica granatum.*
36. Icacas. — *Chrysobalanus icaco.*
37. Katouna. — *Gossypium herbaceum.*
38. Comcombre. — *Cucumis anguria.*
39. Naranya au vinaigre. — *Citrus vulgaris.*
40. Raisins. — *Coccoloba uvifera.*

185. Objets divers fabriqués avec le bois et les fruits de végétaux croissant à Curaçao. — Mme S. Coronel, Mme da Silva et Mlle Coronel, à Amsterdam.

1. Coupe sculptée faite avec le *Cocos nucifera.*
2. Une autre vernie.
3. Une autre plus petite.
4. Verre à boire en bois de kwassí (*Quassia amara*).
5. Verre à bitter id.
6. Coupes diverses faites de calebasses (*Crescentia cujete* L.)
7. Coupes peintes id.
8. Toupies faites du noyau du palmier awarra (*Astrocaryum awarra*).
9. Cannes en „letterhout."
10. Mortier et pilon faits dans la colonie avec du bois indigène.
11. Deux corbeilles faites du fruit du „kréré-kréré" (*Poinciana pulcherrima* L.).
12. Deux pochettes du même.
13. Lien de serviette du même.
14. Panier à clefs du même.
15. Panier à tricotage du même.
16. Porte-sigarres du même.

186. Echantillons d'or de Surinam et d'objets qu'on en fabrique à Curaçao. — Mme S. Cornel, Mme da Silva et Mlle M. Coronel, à Amsterdam.

a. Trois morceaux d'or brut de Surinam, chacun du poids de 350 grammes.
b. Chaîne de montre, broche, deux pendants d'oreilles, assortiment de boutons de chemise, anneau, bouton pour col et quelques menus objets pour charivari, le tout fabriqué avec de l'or semblable aux échantillons.

187. Echantillons d'objets en or et en argent. — H. J. Beaujon, orfèvre, à Curaçao.

a. Trois paires de boucles d'oreilles.
b. Une paire de pendants d'oreilles pour les femmes indigènes.
c. Chaîne en or pour le cou.
d. Anneau en or.
e. Un grand et un petit porte-monnaie en argent.

Groupe III. Vingtième Classe.

f. Etui à sigares, cure-dents, porte-clefs, le tout en argent.

188. Deux paires de boutons de manchettes et une paire de pendants d'oreilles en écaille de tortue. — M. S. da Costa Gomez, fabricant d'objets en écaille, à Curaçao.

189. Bouquet fait avec des coquilles ramassées sur la plage à Curaçao et placé dans un grand coquillage, autour de la base duquel sont rangés d'autres coquillages plus petits. — J. van Schevichaven, à Amsterdam.

190. Corbeille de fleurs artificielles. — A. Santiago, à Curaçao.

191. Fleurs en coquillages de Bonaire, sous une cloche. — R. Neuman, à Curaçao.

192. Trois calebasses ciselées. — C. Evert, à Curaçao.

193. Armoire en acajou. H. Daal, à Curaçao.

NB. La confection d'armoires en acajou forme à Curaçao une branche importante d'industrie. Cependant l'acajou est rare dans l'île. Les ébénistes le reçoivent de St. Domingue.

194. Deux petites tables en acajou de Curaçao. — G. de Windt, à Curaçao.

195. Collection de divers objets domestiques et de bimbelots de Curaçao. — H. de Windt, à Curaçao.

a. Cassette en acajou.
b. Boîte d'ouvrage en acajou.
c. Boîte à cuillers, en bois.
d. Objets de toilette.
e. Trois corbeilles.
f. Six calebasses, dont quatre sculptées.
g. Dé à coudre en os.
h. Coupe en bois.
i. Deux puisoirs.
j. Deux écheveaux de corde de Curaçao.
k. Deux bâtons pour pétrir la farine de maïs.
l. Deux instruments pour battre le gigambo.

196. Fauteuil, fauteuil à bascule et deux chaises pour jardin ou veranda. — M. Wels, à Curaçao.

197. Modèle d'un schooner. — Th. Santiago, à Curaçao.

198. Deux peaux de chèvres. — J. Cabolus, à Curaçao.

199. Une paire de gants pour dames et une pour hommes. — M. Nieuw, à Curaçao.

200. Deux paires de sandales et quatre corbeilles à chiffons. — S. Specht, à Curaçao.

201. Selle de Curaçao avec peau. — F. Carolle, à Curaçao.

202. Petit panier et puisoir de Curaçao. — C. Evert, à Curaçao.

Groupe III. Vingtième Classe.

203. Poterie de Curaçao. — P. Martis, à Curaçao.

204. Six étuis à sigares et quatre étuis à sigarettes, en paille. — F. van der Ree, à Curaçao.

205. Une boite de 100 et une de 50 sigares; un paquet de 100 et un de 50 sigares. — D. A. Cardozo, fabricant de sigares, à Curaçao.

206. Boite de 250 sigares. — Vve Schoonewolff, à Curaçao.

207. Charbon de bois de Curaçao. — J. Peter, à Curaçao.

208. Canne en bois de Curaçao. — P. Bergschot, à Curaçao.

Vingt et unième Classe.

VIE DOMESTIQUE ET SOCIALE DES EUROPÉENS.

A. Objets nécessaires aux passagers qui vont aux Indes ou en reviennent, aux colons pionniers et aux voyageurs scientifiques.

Nos possessions en Amérique et en Asie, Insulinde surtout, sont un paradis. Un grand nombre des habitants peuvent vivre à peu près à aussi peu de frais que nos premiers parents dans le jardin d'Eden; ils n'ont pour ainsi dire pas de besoins. Si c'était le cas aussi pour nous, Européens qui venons de climats plus froids nous fixer aux Indes pour un temps plus ou moins long, il n'y aurait pas grand chose à exposer dans cette section. La matière première de plusieurs des objets qui y rentrent vient de nos colonies et les indigènes en connaissaient l'usage depuis longtemps lorsque pour la première fois ils entrèrent en contact avec les Européens. Nous n'avons pas à nous occuper de la manière dont ils utilisent ces matières; notre sujet à nous se restreint aux nécessités des passagers pour les Indes et retour des Indes, et des voyageurs scientifiques. Il est vrai que le programme mentionne aussi les colons pionniers; mais nous avons le droit de les passer tout simplement sous silence, pour la bonne raison que cette variété du *genus homo* ne se trouverait pas dans nos colonies, Diogène allumât-il en personne la lanterne pour le chercher. Le lecteur a déjà deviné que les objets nécessaires à celui qui se rend aux Indes orientales ou occidentales diffèrent sensiblement de ceux dont fait bien de se munir celui que revient dans sa patrie. Le premier par ex. devra s'approvisionner de vêtements plus légers que ceux qu'il portait au départ, le second au contraire de vêtements plus chauds, puisque tous vont au devant d'un changement très considérable de climat.

Pour commencer par ce qu'il faut au passager pour les Indes, nous ferons remarquer, sans vouloir nous donner pour expert en matières textiles, que la majeure partie des objets de son équippement est faite de coton, c'est-à-dire du produit du cotonnier (*Gosspyium*), arbuste rangé dans la famille des malvacées. Le coton est la substance floconneuse, d'un blanc argenté, qui enveloppe les semences de cet arbrisseau. Cette substance se nettoie avec soin et s'expédie en Europe, où on la file pour en tisser ensuite toutes sortes d'étoffes, servant surtout à la confection des vêtements. La Grande Bretagne, qui emploie annuellement environ mille millions de livres anglaises de cette matière, a le premier rang parmi les pays qui se livrent à cette industrie. En malais le coton s'appelle *kapas*, mot qu'il faut se garder de confondre avec *kapok*; ceci est le nom d'une substance analogue, mais qui ne peut pas se filer, produite par l'arbre à coton (*Gossampinus* ou *Eriodendron* et *Salmalia*), de la famille de sterculiacées. Le kapok ne s'emploie que pour garnir des coussins, des matelats, etc.

Une autre substance végétale joue un rôle assez considérable, soit seule, soit avec le concours d'autres matières, dans l'équippement de nos voyageurs. Nous voulons parler des résines et des gommes, qui proviennent aussi d'arbres des climats chauds (divers *Isonandras*); ces arbres sont des sapotacées. Parmi les objets à la confection desquels ces gommes ont part, nous désirons spécialement attirer l'attention sur les vêtements imperméables. Non moins dignes de recommandation sont ceux qui sont fabriqués avec la soie, qui sous beaucoup de rapports remplacent avantageusement le linge dans les pays tropicaux. Il est dommage qu'elle coûte si cher. Comme tout le monde le sait, la matière première en est fournie par la chenille d'un papillon de nuit du sous-genre *Bombyx*. Ce que l'on ne sait peut-être pas si bien, c'est qu'un fileur rival existe dans les îles de la Sonde. C'est la chenille du beau *Saturnia Atlas*, le plus grand des papillons connus.

Certaines parties du costume ne changent pas en Europe avec les variations de la température et pourraient donc aussi se porter aux colonies; on les y porte peu cependant. Nommons le chapeau noir cylindrique, le signe le plus visible de la civilisation (!!!) européenne. Aux Indes on porte ou bien des casques en liège, ou bien, ce qui est meilleur marché encore, on se passe tout à fait de coiffure.

Pour le séjour à bord aucune coiffure n'est préférable à un bonnet de soie non doublé.

Quant aux chaussures, nous avertirons qu'aux Indes on ne

fait pas usage de bottes. On porte des souliers montants ou bas, en cuir verni ou bien en toile à voile.

Comme dans ces lignes il n'est question que des objets que l'on fait bien d'avoir, nous passerons sous silence les vestes à moustiques, comme on les appelle [1]). Du reste, on en chercherait en vain un specimen dans cette section, quoique les matières premières dont on les fait se trouvent représentées ailleurs à l'exposition.

Si nous portons notre attention sur les objets, caisses et armoires, servant à serrer l'équipement, nous aurons à donner sans conteste la palme aux malles anglais appelée »mailboxes". Elles sont en bon cuir, et solides sans être trop lourdes. Il faut se garder des imitations. Elles sont trompeuses. L'apparence est la même que celle de l'article authentique; mais en réalité ce n'est que du carton doublé d'un mince cuir.

Quant au passager qui retourne en Europe, il n'y a pas grand' chose à dire de son équipement, qui consiste surtout en vêtements plus chauds que ceux qu'il portait aux Indes. Cet article est nécessaire quelle que soit la saison pendant laquelle on compte arriver. — Quant aux précautions à prendre pour pouvoir s'accorder à bord quelque reconfort intérieur et s'y livrer à quelques distractions, nous vivons à une époque où le passager n'a plus à s'en préoccuper; il trouve à bord des paquebots tous les agréments qu'il peut raisonnablement désirer.

Le simple passager, pourvu que le luxe ne l'ait pas rendu trop exigeant, a relativement besoin de peu de chose pour se mettre en route et peut aisément se le procurer. Il en est autrement du voyageur qui se dirige vers nos colonies dans un but scientifique. Il lui faut naturellement l'équipement du voyageur ordinaire; mais en outre il doit se munir d'une foule d'objets sans lesquels il ne pourrait pas répondre à ce que l'on attend d'un adepte de la science. Ces objets, qu'il ne pourrait souvent pas acheter aux Indes, ou qu'il lui faudrait y payer au poids de l'or, sont, entre autres, des instruments de mathématique, de chirurgie, de météorologie et d'optique, des fournitures de dessin, des outils et des ingrédiens de diverse nature, suivant la branche scientifique qui fait la spécialité du voyageur. Il faut citer, comme fournissant dans notre pays des instruments soignés, la maison Becker et Budding à Arnhem. Pous l'étranger, nous nous bornerons à mentionner L. Castella

---

[1]) Nous noterons pour l'édification de ceux qui n'ont pas été aux Indes que là-bas l'expression de »mettre une veste à moustiques" est synonime de »s'enivrer."

à Londres et A. Molténi à Paris. Probablement parce qu'ils ont considéré ces objets comme des articles d'exportation, les fabricants n'ont presque rien envoyé dans ce genre à la section coloniale de l'exposition, quoique leurs envois eussent été les bien venus à cette époque d'actives recherches scientifiques. Ce fait rend doublement digne d'attention la belle collection d'instruments destinée à cette section par la maison Molténi. On en reparlera cependant à la classe 23, B, plus à propos encore qu'ici [1]).

Le voyageur scientifique fera très bien aussi d'emporter un appareil portatif de photographie, et naturellement, d'apprendre à s'en servir. La maison Molténi n'a pas manqué de joindre à son envoi d'instruments un appareil tel que nous l'entendons ici.

Si l'expédition que l'on se propose d'entreprendre doit avoir pour théâtre des contrées incultes, situées en dehors du rayonnement de la civilisation, habitées par des tribus qui n'ont peut-être jamais encore été en contact avec les blancs, notre voyageur devra renoncer à tout luxe, surchargé qu'il sera de tout ce qu'il lui faudra emporter pour répondre aux besoins les plus urgents de l'existence journalière. Vêtements, literie, batterie de cuisine, aliments, médecines, articles d'échange, armes et munitions, etc., il lui faut tout cela et il le lui faut de première qualité, en quantités savamment calculées d'avance, car il importe d'avoir assez, et il importe aussi de ne pas dépasser le maximum de ce que permettront les moyens de transport que l'on pourra se procurer.

Pour compléter cette fugitive esquisse, nous indiquerons de quoi se composait notre accoutrement pendant nos nombreuses courses à travers Insulinde. Nous avons eu lieu d'en être satifait.

Pour coiffure nous avions un *toudoung* indigène fait de feuilles de *pandan*; c'est léger, frais et imperméable. Sur la peau, de la flanelle de couleur; par dessus, une blouse courte et des pantalons larges, tous deux en grosse toile; les pantalons fourrés dans des bottes montant jusqu'aux genoux; la blouse et les pantalons munis de poches pour une montre, une loupe, une boussole, un couteau, un calepin, de la ficelle, un flacon d'amoniac liquide; de plus, en bandoulière, une gourde et un binocle, et à la main une courte lance, canne et arme à la fois.

---

[1]) Nous avons préféré garder pour les joindre à la liste des instruments, classe 23, les remarques sur l'envoi Molténi faites ici par M. von Rosenberg. Réd.

Quant aux armes à feu, nous avons toujours préféré les fusils à percussion à ceux se chargeant par la culasse, parce qu'il est difficile de renouveler la provision de cartouches spéciales nécessaires pour ces derniers, tandis que l'on peut se procurer aux Indes de la poudre et du plomb dans presque toutes les localités situées sur les côtes. Quand nous avions à bivouaquer en forêt, nous avions bientôt fait de construire un squelette de hutte avec des bâtons et des branchages, de le couvrir de feuilles de pandan (tikar kadon), et de meubler notre maison avec un lit de camp léger en fer, garni d'un oreiller, d'une couverture en laine et d'une moustiquière, la charge de trois porteurs.

Voilà un équipement solide et pratique, dont nous croyons pouvoir faire l'éloge à l'intention des explorateurs et dont on trouvera tous les éléments exposés dans la section du commerce général d'exportation.

C. B. H. VON ROSENBERG.

1. Les Européens aux Indes néerl. par W. L. Ritter. — A. W. Sythoff, éditeur à Leyde.

2. Guide médical pour les Indes néerl. par le Dr. J. P. Dozy, illustré, 2e éd. — J. H. de Bussy, éditeur à Amsterdam.

B. La vie aux colonies.

On ne saurait sous les tropiques en aucune façon avoir le même genre de maisons, d'ustensiles et de costume qu'en Europe.

Après un séjour de deux ans aux Pays-Bas, une dame des Indes or. réunit tout ce qu'il lui fallait pour pouvoir, à son retour sur la côte de Java, y meubler une chambre de sa maison de la manière élégante et confortable dont elle avait joui dans les salons de la mère-patrie. Voilà donc le parquet de son appartement de réception couvert d'un moëlleux tapis, les portes et les fenêtres obstruées de portières et de rideaux retombant en plis épais, les sofas et les sièges bien rembourés et recouverts en velours; c'est-à-dire que voilà un purgatoire organisé avec les intentions les plus hospitalières à l'égard des visiteurs. La dame eut peine à le croire. Pourtant elle fut bien forcée à la fin de s'avouer qu'elle avait fait à grands frais une folie.

La chaleur du climat veut que l'on puisse aller et venir sans effort dans la maison et que l'air y pénètre partout. Il ne faut donc point d'étages — du reste dangereux en maint endroit à cause des tremblements de terre —, point d'escaliers, et partout des portes et des fenêtres s'ouvrant largement, à doubles battants. — Toute maison européenne dans nos possessions orientales est pour les traits essentiels faite sur le modèle suivant: Une assez grande pièce carrée centrale, appelée *galerie intérieure*, devant et derrière laquelle court une large véranda, la *galerie de devant*, où l'on se tient à l'heure des visites et qui sert de salon, et la *galerie de derrière*, qui pour les gens des Indes est ce que la chambre de ménage est pour nous (le *parloir* des Anglais). A droite et à gauche de la galerie intérieure sont des chambres, toutes, sauf parfois un bureau d'affaires ou le boudoir d'une dame, chambres à coucher. Quelques riches maisons ont encore un *pendoppo*, salle ouverte de tous les côtés, couverte d'un toît distinct et adossée aux derrières du bâtiment principal. D'ordinaire la maison est séparée de la rue ou de la route par un lopin de terre plus ou moins grand. Quant à la cour de derrière, elle est généralement entourée de deux rangs de *dépendances*, habitations des domestiques, cuisine, écurie et remise, chambres de provisions, de bain, etc. et de plus parfois aussi une ou deux chambres à donner.

Tel jeune couple récemment débarqué d'Europe fait une moue de dédain lorsque, inspectant la maison non encore meublée dont ils vont prendre possession, monsieur et madame voient les parois blanches toutes nues et le pavé de briques rouges de tous les appartements — le marbre ne se voit que dans les maisons très luxueuses. Ils marmottent en ricanant: »La cuisine de la maman a meilleure façon!" — Mais un peu de patience, s'il vous plait. Laissez les nattes de rotin bien propres s'étendre sous vos pieds; attendez que vos meubles soient disposés avec goût autour de vous, et puis, quand le solstice sera là, nous verrons si vous ne vous apercevrez pas de ce que vaut une galerie ou une chambre à coucher relativement fraîche. Qui sait si vous ne direz pas: »Au fond, il faut connaître avant de juger."

Il y a bien d'autres choses encore qui paraissent étranges au premier abord et dont plus tard on reconnaît l'excellence pratique. Il y a les lits avec leurs rideaux de mousseline transparente, leurs matelats de kapok, leurs longs traversins ronds et — du moins sur la côte — leur veuvage de couvertures; mais la vue seule d'une couverture épouvanterait celui qui sait comment dans ces parages on étouffe dessous. Il y a les fauteuils à bascule, dont l'instabilité menace le nouveau débarqué de repasser par les épreuves du mal de mer, mais dont plus tard il bénira par mainte belle soirée le bercement, qui calme les nerfs et rafraichit l'organisme. Il y a l'étrange chambre de bain, où vous vous étonnez, la première fois que vous y pénétrez, de chercher en vain la baignoire où l'on se plonge; c'est que vous apprendrez avec volupté que le bain rafraichissant, donc le bon, est celui où tout simplement on s'inonde le corps d'eau froide au moyen d'un puisoir largement manœuvré.

La même remarque sera vraie encore s'il s'agit des mêts indigènes que l'on vous sert à la »table à riz" — la table à kerri, comme on dit en Hollande. Votre palais européen se révolte devant ce riz cuit sec et cette sauce épicée couleur jaune-vert (*kerri*), ces lanières de viande séchées au soleil, puis frites (*dendeng*), ces œufs de canard premièrement cuits puis salés dans de l'argile imbibée de saumure, ces petits morceaux du derme d'un buffle frits dans l'huile (*kroupouk*), ces légumes hâchés menus ou ces petits morceaux de foie de poule, qui nagent presque dans l'huile de coco et qui sont assaisonnés de poivre d'Espagne trituré (*sambal-sambal*). Pourtant vous ferez bientôt comme les autres Occidentaux. Ils finissent par trouver si appétissante la réfection du milieu du jour, où se servent toutes ces étranges friandises, qu'ils s'y régalent au point de ne plus toucher que légèrement au dîner à huit heures.

Mais il faut surtout dire: Ne jugez pas avant de connaître pour ce qui regarde le costume porté aux Indes orientales, c'est-à-dire le négligé. Celui des messieurs, un large pantalon de coton, une veste blanche de même étoffe et des mules aux pieds nus, est imité des Chinois et se porte exclusivement à l'intérieur des maisons; à peine de très grand matin l'expose-t-on à la vue des passants. Mais ce qui est grave, n'est-ce pas, c'est Madame que voilà. Que porte-t-elle? Mon Dieu! presque rien! Une jupe de coton (*sarong*) retenue par une ceinture en soie rouge, une jaquette brodée (*kabaya*); voilà tout, sauf des mules si microscopiques qu'elles ne cachent que les doigts des pieds; les pieds et la cheville sont parfaitement nus. Et c'est ainsi, déshabillée plutôt qu'habillée, qu'elle reçoit dans le courant de la matinée, non seulement les dames de sa connaissance, mais aussi les visiteurs! »Horrible, most horrible!" Vous jurez, n'est-ce pas, que Madame votre épouse à vous ne s'écartera pas ainsi des convenances; vous exigerez d'elle qu'elle ne se montre pas sans robe et sans bottines. Eh bien! je vous avertis que vous vous parjugerez au bout de fort peu de temps. Il ne vous faudra que quelques jours pour comprendre que sous ce climat le costume européen des dames serait une torture nuisible à l'hygiène; bien mieux, vos yeux accoutumés découvriront du charme au sarong, au kabaya et aux gentilles mules de votre aimable moitié, car réellement ce léger costume n'a rien de disgracieux.

On vit beaucoup plus à la hollandaise dans nos possessions des Indes occidentales. Maisons, vêtements et cuisine n'y diffèrent presque pas de ce qui se voit dans la métropole.

P. HEERING.

3. **Maison en bois de dimensions réduites, telle que les Européens les habitent à Padang et dans d'autres parties des Possesions extérieures, avec écurie, remise, chambres de bain et de domestiques.** — D. D. Veth, à Amsterdam.

NB. Elle a été construite dans le parc colonial, n°. 24. On y trouvera exposées les photographies mentionnées groupe I, classe 3, n°. 28.

4. **Modèle d'une habitation européenne à Padang**, rés. du Bas-Pays de Padang.

5. **Modèle de la demeure de l'administrateur de l'entreprise de Lingga, Langkat supérieur**, rés. de la Côte or. de Sumatra. — G. van Hoorn, Langkat supérieur.

6. **Maison de maître à Ternate (roumah kanching)**; longueur et largeur $1/20$ de la vraie grandeur; hauteur $1/10$. Dépendances. — J. H. W. Freytag, à Ternate.

NB. Les montants sont en bois de fer, les parois sont garnies de gaba-gaba, la partie peinte en blanc représente la maçonnerie. Le toît n'est pas complet afin que l'on puisse apercevoir la menuiserie intérieure. La partie du toît qui a été construite est en solives de bois de fer au $\frac{1}{15}$ de la grandeur.

Les dépendances sont

a. Un pendoppo (saboua) avec puits. Le pendoppo doit être adossé à la sortie de la galerie de derrière. Des trois autres côtés elle a des rideaux de bambou (sero-sero).

b. Un édifice dont les parois sont en gaba-gaba, et qui renferme une chambre à donner, une chambre de domestique, la chambre à provisions et la cuisine avec fourneau.

c. Un édifice dont les montants, la garniture des parois et le toît sont en bambou, renfermant une chambre à donner, une chambre de domestique, la chambre de bain et les commodités.

7. **Quelques meubles en jati, de Bangli, Kediri.** — J. F. H. Bekhuis, à Leeuwarden.

a. Fauteuil, recouvert.
b. Chaise, recouverte.
c. Fauteuil avec siège de rotin entrelacé.
d. Chaise idem.
e. Table.

8. Table ronde de bois de rasa-mala (bois ordinaire pour meubles). Diamètre 1.10 m. — J. F. H. Bekhuis, à Leeuwarden.

Cette table a été peinte en 1866 par un Chinois.

9. Ameublement originaire de Bombay. — H. J. Ankersmit, à Amsterdam.

a. Table.
b. Deux chaises.
c. Canapé.
d. Buffet.

10. Quelques meubles à l'usage des Européens. — Dr. E. van Ryckevorsel, à Rotterdam.

a. Petite armoire noire en ébène, facture des Indes or., ciselures des Moluques, ornements en argent modernes et européens.
b. Lit de repos en ébène, ciselure et facture d'Amboine.
c. Trois chaises et un tabouret, facture et ciselure des Moluques. La chaise basse vient de l'église de Banda.
d. Fauteuil en bois de timoho-pèlèt (*Kleinhovia-hospita*), siège et housse faits en Europe.

11. Ameublement à l'usage des Européens, fabriqué à Palembang, où on l'a acheté pour l'exposition.

a. Table, modèle moderne, fl. 50.
b. Douze chaises ordinaires, fl. 6 la pièce.
c. Six fauteuils à bascule, fl. 8 la pièce.
d. Deux chaises longues, fl. 10 la pièce.
e. Deux sofas, fl. 30 la pièce.
f. Quatre porte-manteaux, fl. 5 la pièce.
g. Six tabourets pour les pieds, fl. 6 la paire.
h. Panier à couteaux, fl. 2,50.
i. Panier à pain, fl. 2,50.

C. Le paupérisme et les moyens de le combattre.

Le climat aide les pauvres aux Indes. Quand il s'agit en Hollande de venir au secours d'une famille dans l'indigence, il faut de l'or pour payer le nécessaire en literie, couvertures, vêtements, combustible et nourriture. Aux Indes, quelques sous pour ainsi dire suffisent pour subvenir aux besoins les plus urgents d'une famille européenne. Quelques mètres de coton sont tout ce qu'il faut pour la vêtir, quelques livres de riz et un morceau de viande relativement bon marché, pour la nourrir. Avec cela on est tiré d'affaire pour le moment. On a des lits partout, puisqu'il suffit d'un banc. On n'a pas besoin de couvertures. Quant au combustible, oui, il en faut pour la préparation des aliments; mais il n'est pas question de chauffage. Les indigents des tropiques n'ont pas la moitié des souffrances et des soucis des pauvres de l'Europe.

Néanmoins, le nombre des Européens pauvres est relativement considérable aux Indes. Ce sont en premier lieu des descendants de pères européens et de mères indigènes ou chinoises, tombés après un certain temps dans le besoin. Ensuite il y a en nombre toujours croissant, surtout dans les trois grandes villes de Java, des Européens pur sang dont les entreprises ont échoué et qui se trouvent sans moyens réguliers d'existence. Le nombre de ceux qui s'en vont aux Indes à l'aventure a fort augmenté depuis qu'existent des lignes directes de navigation à vapeur entre la métropole et les colonies, et trop souvent ceux qui viennent chercher un gagne-pain qui n'est pas acquis avant le départ découvrent que, dans nos possessions aussi bien qu'ailleurs, l'offre excède la demande sur le marché du travail.

Sans doute, comme nous l'avons dit, ces pauvres souffrent des privations matérielles bien moins que leurs congénères occidentaux. En revanche cependant, il y a une circonstance qui rend leur position plus pénible. C'est qu'ils appartiennent à la caste dominante. Ils sont ou Européens, ou assimilés par la loi aux Européens. Il y a pour eux une terrible humiliation à se sentir pauvres, et à savoir qu'ils ont l'apparence de pauvres, aux yeux d'indigènes souvent riches et bien vêtus.

Comme il existe aux Indes un grand nombre d'enfants naturels, nés de femmes indigènes — ce sont pour une grande part des enfants de soldats — il y a longtemps déjà que l'on a songé à ouvrir des instituts pour les orphelins et les enfants négligés. Ces œuvres de charité forment un des traits les plus estimables des rapports sociaux des Européens entre eux aux Indes orientales.

Avant l'émancipation des esclaves, il n'y avait pour ainsi dire pas d'indigents dans nos colonies des Indes occidentales. Mais beaucoup de familles vivaient de la location de leurs esclaves, et cette ressource venant à leur manquer, le nombre des Européens dans le besoin s'en est considérablement accru.

P. HEERING.

12. Rapports de la caisse d'épargne de Batavia, 1866—1881. Batavia, H. M. van Dorp et Cie.

13. Rapports annuels de la caisse d'épargne de Semarang, 1866, 1871—1873, 1875—1881. Semarang, imprimerie de Grivel et Cie.

14. Rapports annuels des vingt premières années de la Société indo-néerlandaise d'assurances sur la vie et de rentes viagères.

15. **Modèle en bois de l'institut de Sourakarta pour les enfants;** $1/25$ de la grand. nat. Construit dans l'institut même par des ouvriers javanais et par des élèves de l'école technique, sous la direction de M. Hildering, régent interne, et de G. H. Hildering, régente.

NB. L'institut de Sourakarta est une fondation de la loge maçonnique „l'Union Frédéric royal", qui continue à en avoir l'administration.

Il a été fondé dans le but de fournir aux employés des exploitations agricoles de la résidence la possibilité de faire suivre à leurs enfants les leçons des écoles de l'Etat. Dans ce but on y donne, contre une rémunération modique, à ces enfants, garçons de 6—16 ans, filles de 6—12 ans, le logement, la nourriture, le blanchissage, les soins médicaux et la surveillance. L'institut a été ouvert le 1 nov. 1874; l'édifice dans lequel il existe actuellement a été inauguré le 20 févr. 1881 et permet d'héberger 120 enfants. En 1881 en avait admis 96 enfants, soit 60 garçons et 36 filles.

Vingt-deuxième classe.

EDUCATION ET ENSEIGNEMENT.

A. Enseignement préparatoire, primaire, secondaire et supérieur.

L'enseignement qui se donne aux Européens établis aux Indes peut se classer comme suit:

L'enseignement supérieur et secondaire, qui dépend entièrement de l'Etat. La première institution qui ait été fondée pour cet enseignement est le gymnase (collège) Willem III, ouvert à Batavia en 1860. Il était destiné aux études préparatoires soit des élèves qui comptaient plus tard suivre dans la mère-patrie les cours des universités ou ceux de l'école militaire de médecine, soit des élèves qui se vouaient à la carrière des armes dans l'armée ou sur la flotte, ou à celle de fonctionnaires civils, ou enfin au commerce et à l'industrie. Quand la loi sur l'enseignement secondaire eut été promulguée aux Pays-Bas, ce gymnase fut transformé en école secondaire [1]), dont l'organisation fut copiée sur celle des écoles néerlandaises de même nature. Toutefois on y adjoignit une division B, destinée aux jeunes gens qui veulent se préparer à la carrière de fonctionnaires civils. A la fin de 1881, il y avait 185 élèves de la division A et 35 de la division B; à la fin de 1882 le nombre en était de 186 et de 40.

Des écoles secondaires pour garçons furent successivement érigées à Samarang (81 élèves) et à Sourabaya (103 élèves); de plus, tout récemment, on en a ouvert à Batavia une pour filles,

---

[1]) En hollandais on dit littéralement *école bourgeoise supérieure*, et l'on entend par là l'analogue des *real-Schulen* des Allemands. On pourrait les appeler écoles techniques. Elles ont pour objet spécialement le commerce et l'industrie, tandis que les gymnases (on pourrait dire les collèges) donnent un enseignement essentiellement classique, conduisant à l'université. *Trad.*

avec cours de 3 ans¹). A l'école de Sourabaya est adjointe une »école bourgeoise du soir" (51 élèves), destinée à former les employés techniques et industriels subalternes.

L'enseignement primaire en revanche se donne non seulement dans des écoles de l'Etat, mais aussi dans des écoles privées. Les frais que nécessitent les premières sont entièrement supportés par l'Etat, qui a aussi la faculté d'accorder des subsides aux écoles privées. Ni dans les écoles ne l'Etat, ni dans celles qui reçoivent de lui des subsides, il n'est permis d'enseigner ou de tolérer quoi que ce soit de contraire au respect qui est dû aux idées religieuses de personnes dont on diffère quant à la croyance. Les écoles publiques sont fréquentées par les enfants d'Européens ou de personnes qui leur sont assimilées; toutefois on peut aussi y admettre les enfants d'indigènes ou de personnes assimilées aux indigènes, lorsque les parents ou tuteurs des enfants en font la demande. Dans le budget de 1850 ne figurait encore, pour *toutes* les dépenses de l'enseignement, qu'une somme de 135840 florins. En 1851 les dépenses ont été de fl. 1351428 et les recettes (écolages) de fl. 173084; ce qui fait que les frais pour l'Etat ont été de fl. 1178344.

L'enseignement primaire est ou »enseignement primaire ordinaire", ou »enseignement primaire étendu". Le programme du premier comporte la lecture, l'écriture et le calcul, les éléments de la connaissance des figures (géométrie très élémentaire), de la langue hollandaise, de la géographie et de l'histoire, et de l'histoire naturelle, et le chant. On y joint pour le programme étendu, les éléments de la connaissance des langues vivantes, de l'algèbre et de l'agronomie, la gymnastique, le dessin et les ouvrages de femmes. Le directeur (ministre) de l'instruction publique, des cultes et de l'industrie a la direction supérieure des écoles. Il a sous lui, pour le seconder dans cette tâche, des inspecteurs et des commissions scolaires locales. Ces dernières sont choisies parmi les habitants de la localité sous la présidence du chef administratif de la province. Le gouverneur-général désigne les endroits où se donnera l'instruction publique. A l'heure qu'il est ce privilège n'est plus refusé qu'aux endroits où le nombre des enfants est très restreint.

L'enseignement privé est libre, sauf le contrôle de l'Etat, qui en particulier s'enquiert de la capacité et de la moralité des instituteurs. Personne ne peut donc enseigner dans les écoles

---

1) On distingue les écoles secondaires complètes, dont le cours dure 5 ans, de celles dont le programme d'études ne comporte un cours que de 3 ans. *Trad.*

publiques ou privées, s'il n'est pas porteur d'un diplôme de capacité et d'une attestation de moralité. L'enseignement primaire préparatoire se donne dans des écoles enfantines, de fondation tout à fait récente. Elles n'existent encore que dans un très petit nombre d'endroits.

Statistique à la fin de 1881. *Enseignement public*, 99 écoles mixtes et 16 écoles de filles; 8664 élèves, dont 457 indigènes et 250 Orientaux étrangers; 219 instituteurs et 129 institutrices. *Enseignement privé*, 19 écoles; 1820 élèves, dont 54 indigènes ou Orientaux étrangers. En 1848 il y avait 28 écoles privées, comptant 750 élèves.

La principale source pour connaître ce qui concerne l'instruction donnée aux enfants européens se trouve dans les rapports adressés annuellement au gouvernement.

L'enseignement militaire pour les Européens se donne aux Indes dans l'école de Meester Cornelis, destinée à former des sous-officiers et des officiers d'infanterie et d'administration; cet enseignement se donne en outre dans les écoles de cadres et de corps, instituées pour former des sous-officiers et des caporaux.

Il se donne en Hollande des cours spécialement en vue du service des Indes, à l'université de Leyde (destinée aux fonctionnaires du service linguistique), aux écoles communales de Delft et de Leyde (pour les fonctionnaires du service civil), à l'académie militaire de Breda, et à l'école militaire de la Haye.

Aux Indes occidentales, l'enseignement destiné aux indigènes n'est pas distinct de celui qui est destiné aux Européens. Nous renvoyons donc à la classe 11 pour les détails.

P. A. VAN DER LITH.

1. Livres destinés à l'enseignement aux Indes néerl. — A. W. Sythoff, éditeur, à Leyde.

a. W. van Gelder, Description de Java; 4 livr.
b. J. A. Roskopff, Eléments de la géographie des Indes or. néerl.
c. Java. Nouveaux tableaux pour la jeunesse néerlandaise.
d. Java. Nouvelles esquisses pour la jeunesse néerlandaise.
e. Java. Esquisses et tableaux pour la jeunesse néerlandaise.
f. M. de Haas, Papillons.
g. M. de Haas, Corbeille de fleurs.
h. L. Hovenkamp. Livre de leçons pour la classe moyenne des écoles des Indes.
i. J. van Leeuwen, Mon premier livre de calcul.
j. Obdeyn, Méthode naturelle pour apprendre à lire aux enfants aux Indes; 6 livr.
k. Exercices pour apprendre la signification des formes des temps. Destinés aux écoles des Indes néerl. Par V.

2. Collection de petits livres d'école illustrés, destinés aux Indes, par A. C. Tjebbes. — J. H. de Bussy, éditeur à Amsterdam.

GROUPE III. Vingt-deuxième Classe.

3. Livres destinés à l'étude des langues des Indes. — A. W. Sythoff, éditeur, à Leyde.

1. Me. G. J. Grashuis. L'interprète sondanais.
2. Me. G. J. Grashuis. Livre de lecture sondanais.
3. Me. G. J. Grashuis. Choix de morceaux en sondanais.
4. Me. G. J. Grashuis. La morale d'après Gazzali.
5. Dr. J. A. van Dissel et H. G. Lucardie. Nouveau dictionnaire portatif hollandais-bas-malais.
6. Livre de lecture malais pour les commençants et les élèves peu avancés.
7. J. Rynenberg. Parlez-vous malais? Apa kowe bichara Malayou?
8. Petits morceaux bas-malais en vers et en prose.
9. Pantôn Malayou.
10. Ecriture alphabétique malaise. Trois collections.
11. Ouvrages de J. J. Hoffman sur la langue japonaise.
  a. Essai de grammaire japonaise.
  b. Grammaire japonaise.
  c. Physiologie dans les verbes auxiliaires japonais.
  d. Les degrés de comparaison dans la langue japonaise.
  e. Ecriture cursive Firagana japonaise.
  f. Conversations de magasins en hollandais, anglais et japonais.
  g. La grande étude.
  h. Liste des noms des membres de l'embassade japonaise.

4. Ouvrages appartenant aux belles lettres. — A. W. Sythoff, à Leyde.

1. J. S. G. Gramberg. Maja-pahit 2 vol.
2. J. S. G. Gramberg. Clef du Maja-pahit.
3. J. van Soest. Petits poëmes indiens posthumes.
4. Melati de Java. Echappées sur nos possessions en Orient.

5. Manuels pour l'étude de la langue-malaise. — P. R. Broese, éditeur, à Utrecht.

a. Manuel pour apprendre le malais, par le Dr. J. J. de Hollander. 9e éd., revue et augmentée, 1882.
b. Manuel de l'usage de l'écriture alphabétique malaise, à l'usage de ceux qui se préparent à suivre les cours de l'académie militaire royale. 2e éd. revue, 1859.

6. J. J. de Hollander, Manuel pour l'étude de la langue et de la littérature malaises. Cinquième éd., revue. Breda, Broese et Cie. 1882; in-8°. — Acad. mil. royale, à Breda.

7. Liste de mots malaise-Hollandaise-Atchinoise, par P. Arriëns. Amsterdam, 1880. — J. H. de Bussy, éditeur, à Amsterdam.

8. Premiers éléments de la langue malaise, par C. van Heerdt, Amsterdam, 1872. — Van Kampen et Fils, éditeurs à Amsterdam.

9. Helmig van der Vecht. Manuel de l'anglais-nègre. — Van Kampen et Fils, éditeurs, à Amsterdam.

B. Œuvre missionnaire.

Depuis que les Européens se sont établis dans l'archipel indien on a considéré comme un devoir d'annoncer l'Evangile aux habitants de ces contrées. C'était déjà le cas lors de la domination des Espagnols et des Portugais, et depuis que nous, à notre tour, nous sommes devenus les maîtres, déjà à l'époque de la Compagnie des Indes orientales, puis après le rétablissement de notre autorité jusqu'à aujourd'hui, l'évangélisation a été considérée comme formant avec l'enseignement un des intérêts coloniaux les plus importants.

La *littérature* relative à l'œuvre missionnaire dans notre archipel des Indes est très riche. On trouvera de nombreux détails à ce sujet dans les rapports annuels, les communications mensuelles et les revues que publient les diverses sociétés missionnaires. De plus les rapports coloniaux publiés par le gouvernement renferment des données qui ont leur importance, et quant aux articles sur les missions et sur le christianisme aux Indes qui ont été insérés dans les Pays-Bas dans des revues et autres publications mélangées, on en trouvera une liste étonnamment longue dans le *Répertoire de la littérature coloniale*, de J. C. Hooykaas, 1595—1865, II, 1143 et suiv.; là où cet excellent guide nous quitte, on trouvera, pour ce qui a paru depuis 1865, un grand nombre d'indications dans la partie intitulée *Religion et Eglise* de *l'Essai d'une bibliographie géographique* du prof. Kan.

Quoique les matériaux pour *l'histoire* de l'œuvre missionnaire aux Indes ne fassent aucunement défaut, personne jusqu'ici n'a entrepris d'écrire cette histoire. Le seul travail d'ensemble qui existe est dû à la plume du prof. P. J. Veth. Il a placé dans l'*Histoire de l'Eglise chrétienne aux Pays-Bas*, II, 510 et suiv., un exposé du *Christianisme dans nos colonies et nos possessions d'outre-mer*, dans lequel il traite premièrement des églises aux Indes or., puis des églises aux Indes occ. Dans la première partie, »les églises en Orient", il donne une esquisse de *l'Eglise dans ses rapports avec la Compagnie des Indes or.*, puis de *l'Eglise sous l'autorité de l'Etat après la restauration du pouvoir néerlandais*.

Maintenant que les missions et leur histoire sont devenues une branche de l'enseignement universitaire, spécialement confiée aux professeurs ecclésiastiques [1]), il faut espérer qu'il se trouvera avant qu'il soit trop longtemps une main compétente pour écrire l'importante histoire dont l'absence constitue une lacune regrettable.

Quant aux *règles* auxquelles l'œuvre des missionnaires a été

---

1) Une loi récente a *laïcisé* les facultés de théologie, dont les liens avec l'Eglise ont été rompus. En revanche on a attaché à chaque faculté de théologie deux professeurs *ecclésiastiques*, nommés par le Synode de l'Eglise réformée des Pays-Bas, et chargés de compléter l'enseignement universitaire en vue des intérêts spéciaux de cette église.   *Trad.*

assujettie sous la Compagnie et plus tard encore, on les trouvera parmi les prescriptions de l'autorité qui ont été insérées par Mc P. Myer dans son *Recueil d'instructions, d'ordonnances et de règlements pour l'administration des Indes néerl.*, Batavia, 1848, in-8⁰. A l'époque de la Compagnie les missions aux Indes avaient une couleur dogmatique prononcée; elles n'admettaient pas d'autres confessions chrétiennes que celle des réformés, et en même temps la Compagnie croyait qu'il était de son devoir de faire parvenir l'Evangile aux habitants de l'Archipel, et par conséquent d'encourager et de soutenir autant que possible le travail missionnaire. Une nouvelle législation, datant de 1854, a changé cela. Le règlement sur la conduite que le gouvernement des Indes doit tenir à l'égard de la propagande chrétienne, élaboré alors, part du principe de la neutralité et charge en même temps le gouvernement d'exercer un contrôle attentif sur les personnes qui se disent prédicateurs de l'Evangile et sur les moyens d'action employés par ces personnes. Le gouvernement ne doit en rien agir en faveur de l'œuvre missionnaire, ni s'y opposer ou l'entraver; il ne doit pas permettre à ses fonctionnaires d'agir dans l'un de ces deux sens ou dans l'autre. D'après l'art. 123 du règlement administratif, les missionnaires chrétiens doivent, pour pouvoir exercer leur ministère, obtenir du gouvernement une autorisation, dans laquelle est toujours spécifiée la partie des Indes néerl. pour laquelle l'autorisation est accordée. Avant d'octroyer l'autorisation, le gouvernement doit consulter les autorités de la province au sujet des conditions auxquelles l'autorisation peut être donnée, pour assurer le maintien de l'ordre public. Le gouvernement a pour but, en suivant cette règle, d'observer la plus parfaite impartialité à l'égard des différentes formes de culte qui existent chez les peuples de l'archipel.

Reste à savoir si ce principe est juste, et s'il résulte d'un devoir imposé au gouvernement par les nécessités d'une politique prudente; ensuite quel sens l'expérience actuellement acquise conseille de donner à la neutralité gouvernementale, enfin si peut-être l'administration des Indes ne devrait par mettre sa gloire à contribuer aux progrès et aux succès des missions. Mais ces questions ne sont pas de celles que l'on peut discuter ici.

Plusieurs sociétés et églises des Pays-Bas concourent à l'œuvre der missions dans l'archipel des Indes orientales.

La plus ancienne de ces sociétés est la *Société des missions néerlandaises*, fondée le 19 déc. 1797, et dont le siège est à

Rotterdam. Depuis 1813 le champ de son activité est presque exclusivement limité aux Indes néerlandaises. Elle a des missionnaires établis, pour Java, à Samarang, Kediri, Mojowarno (Sourabaya) et Malang, et pour les Possessions extérieures, à Koumelembouai et à Tanawangko (Menado, Minahassa), à Roumatiga (Amboine) et à Sawou (Timor). Le Minahassa surtout est une preuve de l'action bienfaisante exercée par cette société.

Une seconde société, l'*Association missionnaire néerlandaise*, établie, aussi à Rotterdam, depuis 1863, a pour but l'extension du christianisme surtout dans les pays de la Sonde. Ses missionnaires se trouvent à Buitenzorg, Soumedang, Chianjour, Soukaboumi, Indramayou et Majalengka.

L'*Association missionnaire d'Utrecht*, reconnue par décret royal le 5 déc. 1859 (F. off. n° 111) travaille à Ternate, à la Nouvelle-Guinée et à Halmaheira. Un poste qu'elle avait à Bali a été supprimé depuis peu.

On peut honorablement mentionner, outre ces trois sociétés, les associations suivantes:

L'*Association missionnaire baptiste*, fondée en 1846. Elle a des missionnaires à Yapara et à Petit-Mandeling (Côte occ. de Sumatra).

L'*Association missionnaire d'Ermelo*, qui travaille à Salatiga et à Banyoumas.

L'*Association missionnaire réformée néerlandaise*, fondée en 1860. Elle est à l'œuvre à Pourworejo (Bagelen), à Tegal et dans l'île de Soumba.

La *Société des missions rhénanes de Barmen* (Prusse, 1828), dont les intérêts sont confiés dans notre pays à un comité central, et qui a surtout pour but de faire annoncer l'Evangile dans les pays Bataks, dans l'île de Nias et à Borneo.

L'*Association missionnaire de Gossner*, qui a ses missionnaires dans les îles de Sangi et de Talaut.

La *Mission coloniale de l'Eglise écossaise libre*, qui entretient un missionnaire à Meester Cornelis près de Batavia.

La *Société luthérienne évangélique pour les missions intérieures et extérieures*, qui a depuis 1882 un poste missionnaire dans l'île d'Engano, à l'occident de Sumatra.

Le *Comité de Java*, dont le siège est à Amsterdam et dont le champ de travail se trouve dans la capitale de Java et depuis quelque temps aussi dans l'île de Madoura, à l'orient de Java. Ce comité est en correspondance avec la *Société de Batavia pour les missions intérieures et extérieures*, sous l'administration de laquelle a été placé le *Séminaire de Depok pour les missions parmi les indigènes*, fondé par un comité central qui réside à Amsterdam, reconnu comme personne civile en 1878, et ouvert le 21 août 1878.

L'*Eglise réformée chrétienne* entretient un missionnaire à Batavia, et, depuis 1860, un autre à Sourabaya. En outre la *Mission indépendante de Mr F. L. Anthing* travaille dans 9 stations dans les environs de Batavia.

On a encore aux Indes la *Société missionnaire et biblique des Indes or. néerl.*, sortie en 1852 de la fusion de la *Société missionnaire auxiliaire de Java* et de la *Société biblique des Indes or. néerl.* Enfin une *Société de missions* a aussi été fondée à Sourabaya. Elle a été reconnue en 1875.

Nous ne devons pas non plus passer sous silence l'*Alliance missionnaire des Indes néerl.*, qui a pour but d'aider à l'œuvre des missions, et l'*Association de Batavia pour la diffusion d'écrits malais chrétiens*, qui publie et répand des écrits chrétiens très simples, soit originaux, soit traduits, en bas malais.

Les *publications* de toutes ces associations sont extrêmement nombreuses. Si on en faisait la statistique, on arriverait à des chiffres fort respectables, et l'on verrait en même temps que les publications périodiques des sociétés missionnaires ne contiennent pas uniquement des renseignements sur l'évangélisation, mais que l'on s'efforce de les rendre utiles aussi à la linguistique, à la géographie et à l'ethnographie. En outre il y aurait intérêt à imprimer un aperçu bibliographique des publications des sociétés missionnaires, car cela servirait sans aucun doute à faire mieux apprécier leur œuvre.

Nous ne parlerons pas des *fruits* de l'œuvre des missions, soit de ceux qu'elle a portés pour les populations en faveur desquelles elle a été entreprise, soit de ceux qu'en ont retirés les différentes branches de l'étude de notre archipel. Ce n'est pas ici le lieu, et voulût-on en parler, la rédaction ne pourrait pas nous accorder la place nécessaire. Disons seulement que les derniers relevés publiés par l'Etat accusent l'existence de 8600 chrétiens indigènes ou chinois à Java et à Madoura, et celle de 167806 dans les Possessions extérieures.

En ce qui regarde les Indes occidentales, on sait généralement que l'œuvre des missions y est extrêmement redevable au zèle de la Communauté des frères moraves. Il s'y trouve aussi des missions catholiques romaines, de même qu'aux Indes orientales, où l'Eglise romaine, affranchie des règles prohibitives qui l'entravaient auparavant, a plus d'un digne missionnaire au travail.

GROUPE III. Vingt-deuxième Classe. 243

Nous rappellerons en terminant que la *Société biblique néerlandaise* s'associe efficacement à sa manière au travail des sociétés missionnaires. Non seulement les agents qu'elle a dans l'archipel, mais encore la publication de traductions soignées de la Bible dans presque tous les idiomes parlés par les indigènes, ont grandement contribué à la propagation du christianisme dans notre empire d'outre-mer.

Dr. TH. CH. L. WIJNMALEN.

10. Livres publiés par la Société des missions néerl. — Société des missions néerl., à Rotterdam.

a. Communications de la Soc. des miss. néerl., pour servir à faire connaître les missions aux Indes néerl. et pour contribuer à la connaissance philologique, géographique et ethnologique de ces contrées. Rotterdam, 1857—1883. Vol. I—XXVI, et le vol. XXVII non encore complet.

b. Manuscrit javanais, intitulé Serat akhir-ing-jaman, et traitant de la doctrine de la fin de toutes choses. (Voy. Commun. vol. XXVII).

c. Essai de grammaire javanaise par Gottlob Brückner, missionnaire. — Imprimé à Serampour, dans l'imprimerie de la mission. 1880.

d. Liasse de traités en javanais par G. Brückner; imprimés comme ci-dessus.

e. Charakan Anyar. Nouvel abécédaire et livre de lecture javanais, par W. Hoezoo, missionnaire à Samarang; 3e éd. Samarang, G. T. C. van Dorp et Cie, 1882.

f. Boukou ajaran barou. Abécédaire et livre de lecture malais, par le même.

g. Trente-six manuels et livres de lecture en malais et cinq en javanais. Tous publiés par la Soc. des missions à l'usage des communautés et des écoles indigènes.

11. Manuels pour l'étude du javanais et du malais. — W. HOEZOO, missionnaire, à Samarang.

a. Essai de grammaire javanaise.
b. Liasse de traités en javanais.
c. Nouvel abécédaire et livre de lecture javanais.
d. Abécédaire et livre de lecture malais.

12. Livres publiés par — l'Association missionnaire d'Utrecht.

A. Nouvelle-Guinée.

a. Syllabaire et petits livres de lecture, par J. L. Otterspoor. 1867.
b. Psaumes et cantiques en langue noufôr, par N. Rinnooy. 1875.
c. La Genèse en langue noufôr, par N. Rinnooy. 1875.
d. Grammaire noufôr, par J. L. van Hasselt. 1876.
e. Dictionnaire hollandais-noufôr et noufôr-hollandais, par J. L. van Hasselt. 1876.
f. L'évangile de Luc en langue noufôr, par J. L. van Hasselt. 1878.
g. L'histoire biblique de M. Zahn traduite en noufôr par J. L. van Hasselt. 1880.
h. L'évangile de Matthieu en langue noufôr, par J. L. van Hasselt. 1881.
i. Petit livre d'école en noufôr, par W. L. Jens. 1882.

B. Halmaheira.

a. Syllabaire par C. de Graaf. 1877.
b—d. Petits livres de lecture; 1re, 2e et 3e parties, par C. de Graaf. 1877.

C. Bali.

a. Manuel pour l'étude de la langue balinoise, par R. van Eck. 1874.
b Premier essai de dictionnaire balinois-hollandais, par R. van Eck. 1876.

13. Petit livre imprimé en 1860 à Banjermasin par la Soc. rhénane. — D. E. E. Wolterbeek Muller, à Voorbourg.

14. Vingt-et-un livres en anglais nègre, écrits et publiés par la mission de la Communauté évangélique des frères moraves à Paramaribo. — **J. Kersten**, à Surinam.

15. Quelques essais de traduction des livres bibliques dans les langues indigènes. — **A. W. Sythoff**, éditeur, à Leyde.

1. Le N. Testament en sondanais.
2. L'Evangile de Luc en sondanais.
3. L'Evangile de Marc en sondanais.

16. Traduction de la Bible en javanais. — **Acad. mil. royale**, à Breda.

1. Le N. Testament en langue javanaise. Publié par la Soc. bibl. néerl. La Haye, Fuhri, 1848; in folio.
2. Les livres de l'Ancienne Alliance en langue javanaise. Publié par la Soc. bibl. néerl. La Haye, Fuhri, 1854; 3 vol. in-8°.

17. Ouvrages publiés par la Société biblique néerl. — **Soc. bibl. néerl.**, à Amsterdam.

A. *Ouvrages de linguistique.*

1. B. F. Matthes, dictionnaire makassar-hollandais, avec atlas ethnographique.
2. B. F. Matthes, Chrestomathie makassare.
3. B. F. Matthes, grammaire makassare.
4. H. N. van der Tuuk, Dictionnaire batak-hollandais, avec planches ethnographiques.
5. H. N. van der Tuuk, Livre de lecture, renfermant des morceaux dans les langues toba, mandaïling et daïr. Quatre livraisons.
6. H. N. van der Tuuk, Grammaire toba; 2 livr.
7. B. F. Matthes, Chrestomathie bouginoise. 1r vol.
NB. Les deux autres parties de la chrestomathie bouginoise, le dictionnaire et la grammaire bouginois du Dr. Matthes, ont été publiées aux frais de l'Etat. Elles ont été mentionnées dans le groupe I, classe 1, n° 10. (14—16).
8. A. Hardeland, dictionnaire dayak—allemand.
9. A. Hardeland, Grammaire dayake (en allemand).

B. *Traductions de la Bible.*

10. L'A. Testament en javanais, 3 vol.
11. Le N. Testament en javanais, in folio.
12. Le N. Testament en javanais, in-8°.
13. Le livre des Psaumes en javanais.
14. L'Evangile de Marc en javanais.
15. La Bible en dayak, 3 vol.
16. L'A. Testament en dayak, 2 vol.
17. Le N. Testament en dayak.
18. La Genèse en batak.
19. L'Exode en batak.
20. L'Evangile de Matthieu en batak.
21. L'Evangile de Marc en batak.
22. L'Evangile de Luc en batak.
23. L'Evangile de Jean en batak.
24. Les Actes des Apôtres en batak.
25. Le récit de la création (Gen. I) en batak.
26. L'Evangile de Marc en batak, dialecte d'Angkola.
27. L'Evangile de Marc en alfour.
28. La Genèse en bouginois.
29. L'Evangile de Matthieu en bouginois.
30. L'Evangile de Marc en bouginois.
31. L'Evangile de Luc en bouginois.
32. L'Evangile de Jean en bouginois.
33. Les Actes des Apôtres en bouginois.
34. La Genèse en makassar.
35. L'Evangile de Matthieu en makassar.
36. L'Evangile de Marc en makassar.
37. L'Evangile de Luc en makassar.
38. L'Evangile de Jean en makassar.
39. Les Actes des Apôtres en makassar.
40. Le N. Testament en sondanais.
41. L'Evangile de Luc en sondanais, imprimé en caractères arabes.
42. L'A. Testament en malais.
43. Le N. Testament en malais.
44. La Genèse en malais.
45. L'Evangile de Matthieu en malais.
46. Le N. Testament en bas malais.
47. Le livre des Psaumes en bas malais.

Groupe III. Vingt-deuxième Classe.

18. Les missions chrétiennes dans l'île de Timor, par W. M. Donselaar. Tiré des communications de la Soc. des miss. néerl., vol. XXVI, 3e livr. — W. M. Donselaar, pasteur auxiliaire de 1re classe aux Indes néerl.

19. Carte des deux hémisphères, dessinée par J. Adam à l'école normale d'instituteurs indigènes de Tanawangko. — N. Graafland, directeur de l'école normale d'instituteurs de la Soc. des miss. néerl., à Tanawangko.

20. Modèle de l'église de Nias. — Kramer, missionnaire, à Gounoung Sitoli.

21. Modèle de l'église de Plaraja (pays Bataks). — Metzler, missionnaire.

22. Modèle, fait par des Dayaks chrétiens, de l'église bâtie par les missionnaires à Kwala Kapouas (Borneo). — Société des miss. rhénanes, à Barmen.

23. Modèle, fait par des Dayaks chrétiens, de l'église de Mendomai (Borneo) avec son clocher. — Soc. des miss. rhén., à Barmen.

24. Modèle d'une chapelle construite par les missionnaires dans l'île de Nias. — Soc. des miss. rhén., à Barmen.

25. Modèle de l'église catholique de Larantouka, construite il y a quelques années sous la direction du curé, M. Fransen.

26. Quatre cierges de Larantouka, île de Florès.

27. Modèle en carton des bâtiments qui font partie du Séminaire pour d'instruction de chrétiens indigènes qui se destinent au ministère évangélique, établi à Depok, contrée de Buitenzorg. Fait par les élèves. — Le Comité central pour l'érection et l'entretien de ce séminaire, à Amsterdam; représenté aux Indes par la Société de Batavia pour la mission intérieure et extérieure.

NB. Cette institution, pour la fondation et l'entretien de laquelle un capital considérable a été formé, a pour but de donner une instruction scientifique solide à des indigènes, reçus dans le séminaire à la requête de missionnaires ou de pasteurs établis aux Indes néerl., sous réserve du consentement des familles des élèves. Ceux-ci, quand leurs études sont achevées, travaillent parmi leurs consitoyens, soit en qualité d'évangélistes, soit en qualité d'instituteurs, sous la direction des missionnaires et des pasteurs.

La séminaire a été ouvert le 21 août 1878; le 30 août 1882 quatre élèves ont subi l'examen de sortie. C'étaient trois Dayaks de la Division mér. et or. de Borneo — où M. Henneman, le directeur du séminaire, avait rempli auparavant des fonctions analogues — et un jeune homme de Dapok même. Il y a en tout 30 élèves, les uns de Borneo, les autres des pays bataks, d'autres encore du Minahassa. Les cours se donnent en malais; la langue néerlandaise y forme une des branches d'enseignement. Cette branche, ainsi que l'arithmétique, la géographie, l'histoire universelle et l'histoire naturelle, est enseignée par l'instituteur lken. Le cours entier dure quatre ans, l'instruction religieuse prend naturellement le plus de place dans le programme. On donne aussi des leçons de chant, et des leçons de violon pour accompagner le chant.

Vingt-troisième classe.

EXPLORATION SCIENTIFIQUE DE L'ARCHIPEL.

A. Ce qu'il faut pour faire des collections scientifiques.

A prendre les choses strictement, le sujet annoncé ici sort des limites d'une exposition coloniale. *Tout* voyageur scientifique, qu'il explore les colonies ou d'autres régions, doit savoir comment il faut s'y prendre pour former et pour conserver une collection scientifique. Ce sujet est de plus très vaste, puisque les règles à suivre seront différentes suivant les différentes espèces d'objets qu'il s'agira de recueillir; c'est au point que, par exemple, presque chaque ordre d'insecte réclame des soins spéciaux. Donc, à ne prendre le sujet que dans ses rapports avec les colonies, on ne pourrait entrer dans tous les détails sans dépasser de beaucoup le cadre de ces introductions. Nous devions néanmoins nous attendre à ce que les exposants ne fissent par entièrement défaut sur ce terrain, puisque nos possessions des Indes or. et occ. offrent un vaste champ propice au collectionnement d'objets scientifiques, champ exploré en effet par un grand nombre de voyageurs néerlandais, ou du moins envoyés par le gouvernement des Pays-Bas. Les richesses accumulées dans les musées botanique, zoologique, géologique, ethnographique et archéologique de Leyde sont là pour donner un témoignage éclatant à la féconde activité de ces voyageurs. En effet, le noyau de la plupart de ces collections est formé d'objets recueillis aux colonies; et ce sont encore les objets venus d'autre-mer qui ont servi à ces musées de moyens d'échange pour se procurer bien des richesses qui leur sont venues d'ailleurs. C'est pour le musée d'antiquités que ces remarques doivent se prendre le moins à la lettre; et pourtant ce musée possède une belle collection d'idoles, de bronzes, d'inscriptions, etc. très précieux pour la connaissance des antiquités de Java; en outre il possède plusieurs pièces remarquables provenant de nos autres colonies. C'est donc pour pouvoir placer les objets que l'on s'attendait à recevoir que l'on a ouvert dans le catalogue une rubrique spéciale pour les choses nécessaires aux collectionneurs.

Les objets rentrant dans cette rubrique pouvaient être de deux espèces. Premièrement des livres exposant les règles à observer pour former et pour conserver les collections; secondement des instruments, des matières chimiques, des appareils propres à capturer toutes sortes d'animaux, à réunir des végétaux et des échantillons de roches, de minéraux et de fossiles, à prendre des empreintes d'inscriptions, d'ornements, etc., etc. Pour ce qui concerne les guides du collectionneur et du conservateur, ils sont très nombreux dans toutes les langues de l'Europe civilisée et ils ne sont pas non plus tout à fait absents de la littérature hollandaise. Nous ne sommes même pas mal fournis pour la zoologie. Je citerai, par ex., les ouvrages suivants (qui du reste ne nous ont pas été envoyés):

Manuel de zoologie par H. Schlegel. Publié pour le compte de l'Acad. mil. royal.; 2 vol. avec planches. Breda, 1857.

Guide pour la recherche et le collectionnement d'objets appartenant au règne animal, aussi dans les Indes or. et occ., par le Dr. A. A. W. Hubrecht. Leyde, 1879.

Guide pour le collectionnement, la conservation et l'expédition d'insectes des pays étrangers, publié par la Soc. néerl. d'entomologie. La Haye, 1882.

Nous ne connaissons pas de guides néerlandais pour le collectionnement et la conservation de végétaux, de minéraux, et d'objets relatifs à l'ethnologie, à l'archéologie et à l'art; mais il faut convenir qui c'est pour la zoologie que le besoin en est le plus grand, puisque c'est là que les difficultés à surmonter sont les plus considérables et que les prescriptions à suivre sont les plus nombreuses.

L'absence de livres peut en quelque mesure être compensée par des collections modèles, formées en vue de l'enseignement. C'est là le motif qui nous a fait accorder une place à un envoi géologique de M. Ubaghs de Maastricht, qui se rapporte, il est vrai, à la province néerlandaise du Limbourg, mais qui n'en peut pas moins fournir d'utiles suggestions pour l'exploration géologique de nos colonies. La solution servant à durcir et à conserver les fossiles, marquée de la lettre c, est tout particulièrement en place ici. En même temps elle sert de transition pour passer à la seconde espèce d'objets, celle des instruments, des appareils et des préparations chimiques utiles pour la formation et la conservation des collections.

Excepté la solution qui vient d'être mentionnée, aucun objet de ce genre, provenant des Pays-Bas ou de nos colonies, n'a été exposé. Mais cela n'est pas surprenant. Les collectionneurs hollandais ont l'habitude de se fournir en France, en Allemagne ou en Angleterre, et les fournitures de l'étranger sont trop abondantes et d'un prix trop modique pour qu'il puisse naître une industrie concurrente dans les Pays-Bas, laquelle n'aurait en tout cas que des débouchés extrêmement limités. Parmi les magasins de l'étranger, celui la maison Deyrolle à Paris est un des plus connus; il le mérite à cause des articles bien finis qu'il livre, et qui sont fort demandés. Citons, par ex., les jolis cartons dans lesquels les collections entomologiques du Dr. Hagen et de M. H. J. Veth sont exposées (Groupe I, cl. 6, n°. 39 et 40). En fait d'envois de l'étranger, nous avons placé dans la présente rubrique ce qui nous est venu de la fabrique de produits chimiques justement renommée du Dr. Theodore Schuchardt, de Görlitz dans la Silésie prussienne, dont le propriétaire a été de 1859—1865 directeur des usines chimico-techniques de la principauté de Muskau, qui appartenait alors au prince Frédéric des Bays-Bas. Il est vrai que cette riche collection n'a pas été organisée spécialement en vue des voyageurs scientifiques; mais elle n'en contient pas moins beaucoup de choses qui peuvent leur être fort utiles et qui méritent tout à fait d'attirer leur attention. Naturellement nous ne pouvons pas nous charger d'indiquer ici en détail les objets qui justifient notre dire.

L'art de former et de conserver des collections est intimement lié à l'art d'observer scientifiquement et à la connaissance des instruments d'observation scientifique, auxquels est réservée la rubrique B de cette classe. Ce qui constitue cet art et cette connaissance technique, en y ajoutant encore les connaissances relatives à ce dont le voyageur doit se munir en vêtements et couvertures, en moyens d'alimentation, de défense et de transport, dont il a été question à la cl. 21, lettre A, forme le noyau d'un groupe de connaissances qui tend de plus en plus à devenir une science à part. Cette science a pour objet *l'Art de voyager*. Peut-être faut-il regretter que les trois branches de cette science que nous venons d'indiquer n'aient pas été réunies dans notre programme sous un en-tête commun. Nous aurions ainsi donné l'exemple pour réunir des objets qui forment ensemble un tout, mais que l'on a l'habitude de traiter indépendamment l'un de l'autre. L'ouvrage célèbre de Galton, son *Art of travel* (l'art de voyager) dont il existe un grand nombre d'éditions, tient compte presque exclusivement des objets matériels nécessaires à celui qui voyage dans des contrées non civilisées. C'est en parfaite harmonie avec le sous-titre *or shifts and contrivances available in wild countries* (ou moyens de se tirer d'affaire dans les pays sauvages). Il existe en anglais, en français et en allemand des ouvrages excellents pour l'éducation scientifique des voyageurs, tant au point de vue du collectionnement d'objets scientifiques qu'à celui de l'exécution d'observations scientifiques. Citons dans le nombre, comme les plus recommandables, le *Admiralty Manual* (manuel de l'amirauté) souvent réimprimé, les *Hints to travallers* (conseils aux voyageurs) publié par la Soc. royale de géographie, le *Manuel du voyageur* (en français) de D. Kaltbrunner, et la *Anleitung zu wissenschaftlichen Beobachtungen auf Reisen* (guide pour les observations scientifiques que l'on fait en voyage) de G. Neumayer. La Soc. néerl. de géographie a eu aussi une fois l'intention de publier un livre de ce genre. Il devait être intitulé *Manuel des observations scientifiques à l'usage des voyageurs, des fonctionnaires coloniaux, des consuls et d'autres personnes qui résident à l'étranger*. Il devait y avoir 13 parties, dont la rédaction devait être confiée à des écrivains spéciaux et qui devaient paraître chacune à part, pour être ensuite réunies en un seul recueil. La neuvième partie, intitulée *Guide pour les recherches statistiques*, par le prof. S. Vissering de Leyde, fut prête la première et aurait été un excellent modèle de la manière de traiter les différents sujets. Le second chapitre qui fut rédigé se trouva traité à un point de vue trop subjectif pour que l'on pût le publier tel quel. Il serait extrêmement désirable que l'on reprît ce projet, dont le plan est en même temps plus simple et plus complet que celui des manuels qui ont été publiés jusqu'ici, et que l'on réussît mieux que la première fois. Seulement je trouverais préférable d'intituler le nouveau manuel *l'Art de voyager*, et je voudrais y voir résumer sous forme de vœux les trois catégories de choses désirables que j'ai indiquées comme constituant les trois parties de la science de l'art des voyages.

P. J. VETH.

Groupe III. Vingt-troisième Classe.

1. Collection géologique modèle. — C. Ubaghs, à Maastricht.

a. Profil des couches ou terrains géologiques superposés de la province du Limbourg, avec une table des noms géologiques et des épaisseurs moyennes des couches.

b. Deux vitrines contenant une collection géologico-paléonthologique, répartie en 29 divisions qui correspondent au nombre des couches indiquées dans le profil; en outre environ 300 espèces de fossiles représentées par un millier d'exemplaires.

NB. Il se trouve dans cette collection des objets très rares, que cependant nous ne pouvons pas énumérer, en raison du but dans lequel cette collection a été admise à l'exposition.

c. Flacon contenant une solution au moyen de laquelle on peut durcir pour les conserver des fossiles qui commencent à se décomposer, tant ossements qu'empreintes de plantes, d'insectes etc. En vente chez P. Hahmes, droguiste à Maastricht, à fl. 2 les 500 grammes.

NB. Deux os fossiles durcis au moyen de ce liquide, et un autre dont la moitié a été durcie et l'autre moitié a été laissée dans son état naturel, mettent sous les yeux des visiteurs l'utilité du procédé. Les fossiles exposés ainsi ont été retirés de la craie tuffeuse de Maastricht.

2. Collection de produits chimiques destinés à des fins scientifiques. — Fabrique de produits chimiques du Dr. Th. Schuchardt, à Görlitz en Silésie.

a. Vingt antiseptiques, préparations désinfectantes.
b. Trente préparations pharmaceutico-médicales.
c. Quinze produits chimiques pour la photographie.
d. Cent-trente préparations pour usages scientifiques.
e. Collections diverses dans des étuis, savoir:
 1. Quinze barres métalliques.
 2. Cristaux de callium et de natrium en mélange liquide (précipité) des deux métaux.
 3. Soixante-quatre éléments.
 4. Huit préparation phosphorescentes.
 5. Huit préparations fluorescentes.
 6. Vingt cristaux artificiels.
 7. Dix-huit préparations pour le spectroscope.
 8. Modèles des 15 diamants les plus grands.
f. Vingt-cinq cristaux artificiels, placés sous 10 grandes et 25 petites cloches en verre.
g. Cube de verre uranien, parallélopipèdes de verre de Didyme et d'Erbium.

B. Instruments pour observations scientifiques.

Les Phéniciens traversaient la Mer Méditerranée avec leurs vaisseaux; ils ont même atteint les îles britanniques et l'on prétend qu'ils ont accompli le périple de l'Afrique. Semblablement les Indous, dès les premiers siècles de notre ère, ont pénétré dans le détroit de Malakka, visité la côte orientale de Sumatra et fondé des colonies à Java. Mais Phéniciens et Indous étaient tenus de naviguer le long des côtes, ne les perdant de vue que le plus rarement possible.

Il a réellement fallu à Christophe Colomb une dose peu commune d'audace pour quitter résolument les côtes et s'aventurer sur l'océan sans autre guide que des boussoles, sans moyens de déterminer le lieu où il se trouvait. C'est à Newton que l'on doit ces instruments d'observation dits à miroir (sextants, octants etc.) dont l'emploi ne nécessite aucune installation. Ils permettent au marin, pourvu en outre qu'il puisse consulter une horloge donnant l'heure précise d'un point dont la longitude est connue (p. ex. Greenwich), de déterminer avec une exactitude suffisante la longitude du point de la surface du globe où vogue son navire. Cependant il ne lui suffit par de savoir où il se trouve lui-même, il lui faut encore connaître la longitude et la latitude de l'endroit vers lequel il cingle et de tous ceux auxquels il veut toucher sur sa route ou qu'il veut éviter.

Or la détermination de points situés sur la terre ferme peut s'effectuer avec une précision fort supérieure à celle que l'on atteint sur des postes d'observation mobiles, comme sont les vaisseaux. A terre les observations se font au moyen d'instruments à installation fixe qui appartiennent à la famille des théodolites.

Surtout maintenant que le télégraphe permet à l'observateur de contrôler la marche de son horloge en prenant l'heure du premier méridien, on obtient une précision qui paraîtrait incroyable aux non initiés.

Dans les vingt dernières années on a exécuté à Java des relevés géographiques. On voulait préparer une base solide pour les opérations topographiques, statistiques et cadastrales qui devaient se faire plus tard, mais surtout déterminer exactement la longitude et la latitude des principaux points de l'Archipel. On s'est servi de théodolites, cet instrument à toutes fins, mais de théodolites de construction singulièrement parfaite. Quant aux chronomètres employés, on les avait fabriqués en subordonnant tout à la régularité de la marche. Pour les mesurages secondaires en s'est contenté d'instruments plus simples, théodolites ordinaires, boussoles, astrolabes etc.

Pour la mesure des bases pour la triungulation géodésique, il faut de même avoir recours à des règles composites, coûteuses à fabriquer si l'on veut obtenir l'exactitude nécessaire; tandis que pour les mesurages qui suivent celui de la base, on peut se contenter de règles en acier ou de chaînes à mesurer en fer.

Tous les instruments employés, non seulement par les différentes brigades occupées aux relevés géographiques, mais aussi par le service des ponts et chaussées et par celui des mines, tant pour la mesure des angles que pour les nivellements, baromètres au mercure et anéroïdes inclus, ne diffèrent pas de ceux qui sont en usage en Europe. Seulement en faisant les commandes on a souvent préféré faire fabriquer les axes en bronze plutôt qu'en acier, le bronze résistant mieux à l'oxydation, si rapide sous le climat des Indes. Mais l'influence de l'atmosphère se montre plus promptement encore distructive sur les lentilles des lunettes; elles se ternissent en fort peu de temps, il l'on ne semble pas avoir jusqu'à présent découvert de préservatif efficace contre ce mal.

Les niveaux d'eau de Troughton et Simens, recherchés dans toute l'Europe pour leurs excellentes qualités, ont encore pour les Indes l'avantage d'être à l'abri de la rouille, toutes les parties métalliques étant protégées par un vernis. Un instrument d'invention relativement récente mérite une mention spéciale en ce qui concerne les Indes. C'est le tachymètre de Moinot. Partout où il faut opérer dans un terrain accidenté dont on veut établir le relief pour des projets de routes, de chemins de fer, de canaux, d'irrigation, cet instrument rend des services inappréciables en permettant d'unir le rapidité à l'exactitude dans les mesurages. Il appartient comme tant d'autres à la famille des théodolites, différant toutefois du théodolite ordinaire dans quelques unes des pièces dont il est composé et que l'inventeur a modifiées en vue des but spécial auquel il destinait l'instrument; il possède en outre certaines adjonctions qui le rendent préférable pour plusieurs opérations.

On a appliqué dans la constructions du tachymètre les idées de *Porro*. La lunette est munie d'un tube anallatique, de telle sorte qu'elle ne sert pas seulement au mesurage des angles horizontaux et verticaux, mais aussi à l'appréciation exacte des distances. Un autre tube joint à l'instrument contient une aiguille magnétique suspendue qui permet à l'observateur de faire des détermination d'azimuth. Enfin le cercle gradué n'est pas divisé en 360 parties (degrés), mais en 400, subdivisées chacune en 100 minutes centésimales, dont chacune équivaut à un arc de 32 secondes.

Cet instrument doit être accompagné, en outre des jalons nécessaires, d'une échelle à calculer mobile, ou règle à calculer. Cette règle donne directement le résultat de maint calcul, et économise ainsi des centaines de calculs logarithmiques par jour.

L'ingénieur J. L. Cluysenaer s'est servi avec succès pour le tracé des chemin de fer à Sumatra d'instruments de cette espèce, construits par Richer à Paris. Il a pu achever en deux ans et demi un tracé qui, sans le tachymètre, aurait pu lui coûter le double de temps.

Ces instruments sont donc tout à fait dignes d'attention.

Seules les échelles à calculer n'ont pas entièrement répondu à ce qu'on en attendait. Les règles en bois livrées par le constructeur se voilèrent promptement. On fit fabriquer alors aux Indes mêmes des règles en métal; mais les divisions se ternirent promptement et devinrent illisibles. Les fabricants déconseillèrent l'essai de règles en ivoire; ils prédirent que l'humidité les déformerait comme cela avait eu lieu pour celles de bois. On ne sait donc pas encore comment construire ces règles pour les Indes.

Il existe à Batavia depuis une vingtaine d'années un observatoire magnétique et météorologique. Cette institution comble une lacune importante, puisqu'avant qu'elle eût été créée il ne se faisait pas d'observations dans cette partie du monde.

Nous renvoyons pour ce qui concerne cet observatoire au groupe I, classe 2, nous bornant ici à noter que les instruments sont presque tous munis d'appareils régistrateurs photographiques.

Le directeur de l'observatoire publie annuellement des tableaux sur lesquels sont notées heure par heure les observations barométriques touchant la pression atmosphérique, les observations touchant la quantité d'eau dissoute dans l'air faites avec l'hygromètre et le psychromètre, celles faites sur la direction et la force du vent au moyen de la girouette et de l'anémomètre.

Aucun de ces instruments ne diffère par sa construction de ceux qu'on emploie en Europe. Mais comme la quantité d'eau tombée diffère parfois sous les tropiques d'une façon étonnante entre deux localités rapprochées l'une de l'autre et que l'emploi de l'hydromètre n'est pas difficile, on a organisé 150 stations d'observations pluviales.

Une série d'observations magnétiques a en outre été effectuée dans tout l'Archipel par M. le Dr. E. van Ryckevorsel, afin de mieux connaître la déclinaison magnétique sur les différents points. Le compte-rendu de ces observations a été publié dans les œuvres de la Société royale des Sciences à Amsterdam.

C. L. F. POST.

3. **Collection d'instruments** à l'usage des voyageurs scientifiques. — A. **Molténi**, fabricant d'instruments d'optique, de physique et de mathématiques pour la marine, à Paris.

a. Trousse anthropomorphique. — Instrument au moyen duquel on peut mesurer rapidement le corps et les parties du corps d'un homme vivant. — 135 fr.

b. Stéréographe Broca. — Instrument perfectionné pour faire aisément le dessin des objets. — 200 fr.

c. Diagraphe. — Instrument qui complète pour ainsi dire le précédent. — 200 fr.

d. Tachygraphe Meresse. — 150 fr.
e. Calibre Barçon. — 80 fr.
f. Appareil photographique. (Voy. l'introduction de la classe 20, A). — 350 fr.
g. Chronomètre solaire. — Instrument très ingénieux que l'on peut employer sans connaître la latitude géographique du lieu où l'on se trouve, et qui indique le temps vrai moyen. — 75 fr.
h. Grand appareil de projection. — 450 fr.
i. Support à réflexion totale. — 75 fr.
j. Petit appareil de projection. — 125 fr.
k. Cadre avec 30 photographies. — 75 fr.

4. (Album). Instruction pour la levée de cartes topographiques dans les possessions néerlandaises aux Indes orientales, rédigée dans le bureau topographique de l'état major à Batavia, lithographiée dans l'établissement lithographique de la Haye. — Etablissement lithographique du ministère de la guerre, à la Haye.

5. Deux épreuves photographiques négatives avec les épreuves positives, destinées à faire voir avec quelle facilité tout visiteur ou habitant de contrées étrangères peut arriver à faire des photographies passables. Les plaques sensibles qui ont servi à faire ces négatifs ont été préparées en décembre 1881 par M. P. Oosterhuis, photographe à Amsterdam. Elles ont été gardées sans aucune précaution spéciale pour être exposées en janvier 1883 à Batavia; puis elles ont été réexpédiées à Amsterdam sans emballage soigné, et enfin elles ont été développées seulement en avril 1883. — D. D. Veth, à Amsterdam.

C. Le presse et ses productions.

Parmi les dispositions de notre Constitution dont le maintien ne saurait être estimé à un trop haut prix se trouve indubitablement celle de l'article huit. On y lit: «Personne n'a besoin d'une autorisation préalable pour publier des pensées ou des sentiments par la voie de la presse, sous réserve de la responsabilité de chacun devant la loi." Il a fallu des siècles de luttes non interrompues entre les peuples et les princes pour que l'on arrivât à conquérir la liberté de parole que redoutait un esprit de domination ennemi de la diffusion des lumières. Si cela a été le cas en Europe, à combien plus forte raison la même lutte devait elle être nécessaire dans les colonies et dans les possessions des peuples d'Europe, presque toutes conquises par la loi du plus fort. La République des Provinces unies des Pays-Bas a été vantée avec raison comme le berceau, la retraite et le lieu de plaisance de la liberté; mais cela ne fait pas qu'elle ait été plus libérale que d'autres pays dans les questions de presse, toutes les fois que celles-ci touchaient à la politique gouvernementale. On prenait, surtout dans nos possessions des Indes orientales, les précautions les plus minutieuses pour cacher aux profanes regards du grand public tout ce qui se rapportait aux faits et gestes des gouvernants. Ce n'est que vers la seconde moitié du XVIIe siècle que se fonda la première imprimerie des Indes; jusqu'alors le gouvernement colonial avait fait venir de la mère-patrie tous les imprimés dont on avait besoin. On trouve par exemple dans les archives un contrat passé en 1668 par le gouvernement des Indes avec le relieur H. Brants pour l'impression de pièces diverses et de timbres, par lequel l'administration s'engageait à faire venir tout le matériel nécessaire des Pays-Bas et à le livrer à Brants contre un dédommagement de 25% en sus de la facture, pour la couvrir des intérêts de ses avances, du risque de l'envoi, des frais de transport et des droits de douane. Il semblerait que les Seigneurs Directeurs de la Noble Compagnie ne brûlaient pas d'un désir bien ardent de posséder une imprimerie aux Indes. Du moins on reçut des Indes dans ce pays, au commencement du XVIIIe siècle, la »commande" d'une imprimerie, quoiqu'il y fût venu déjà une commande semblable; mais celle-ci datait de 1672 et avait dès lors dormi dans les cartons sans recevoir aucune exécution. Ces commandes n'avaient cependant rien d'extravagant, car on se bornait à demander une presse et huit casiers. L'ouvrage de ces imprimeries, quand on les eut, était plus que médiocre, puisque le gouverneur-général van Riebeek en était réduit à corriger lui-même les épreuves. Cette agréable besogne échut aussi à Valckenier, qui se plaignait en 1737 dans une séance du Conseil des Indes »des nombreuses négligences et ridicules, irréfléchies titulatures et arrangements qui se découvraient journellement dans l'impression de toutes sortes d'instruments, à tel point que même les cédules ordinaires de décès en étaient tellement remplies que sa Noblesse était souvent obligée de s'occuper à les corriger et à y biffer toutes les adjonctions superflues". Cette plainte amena la nomination en qualité de correcteur d'un membre du Conseil de Justice de Batavia. Il est vrai qu'on lui donna le titre de *censeur*; mais il faut lire l'énoncé de ses fonctions, »la résomption et la correction des dites cédules de décès, dont le nombre augmente de jour en jour, mais aussi de tous les autres instruments qui pourront être imprimés à l'imprimerie de la ville, lesquels cependant avant d'être mis sous presse devront par lui être revus et, si besoin est, corrigés". On voit de quelle espèce de *censure* il était réellement question. Il paraît que les attributions du censeur ont été étendues depuis. Du moins celui qui était en fonctions en 1766 reçut l'ordre de bien examiner si dans les catalogues de ventes de livres il ne s'en trouvait point de prohibés par les lois du pays à cause de leur contenu scandaleux ou calomnieux, et s'il en trouvait de les faire brûler par la main du bourreau. Je ne saurais dire cependant si la paisible cour du château de Batavia a jamais été témoin d'un semblable autodafé.

Personne ne sera surpris d'apprendre que les imprimeries de Batavia ne produisirent au XVIIe et au XVIIIe siècle que des affiches officielles, des règlements, des ordonnances, des livres d'ordres, des répertoires de noms et autres documents officiels, alternant seulement de temps en temps avec la proclamation d'un jour d'actions de grâce ou de prières, d'une loterie ou d'une oraison funèbre. Tout le reste venait du malin, et ne pouvait et ne devait voir le jour qu'en Hollande. On arriva cahin-caha à la fin du XVIIIe siècle, non sans difficulté, même pour ce que les imprimeries avaient à faire; tantôt on manquait de caractères, tantôt c'était le papier qui faisait défaut. Enfin s'ouvrit le XIXe siècle, qui apporta de si profonds changements à la situation politique de l'Europe que la République et ses possessions d'outre-mer en ressentirent nécessairement le contre-coup. La Compagnie des Indes orientales avait succombé aux suites de sa mauvaise administration. Ses possessions devinrent propriété de l'Etat; mais l'Etat lui-même des Provinces unies fut bientôt soumis à la France, ce qui fournit aux Anglais un prétexte pour s'emparer de nos colonies. Il va sans dire que cette époque d'agitations et d'incertitude n'était pas favorable à un renouvellement de vie de la presse; aussi n'est-il point surprenant d'entendre en 1804 quelqu'un se plaindre au sein de la Société des arts et des sciences de Batavia »que l'explosion d'un nouvel incendie guerrier plus menaçant encore que ce que l'on avait déjà eu rendait tout à fait impossible de se procurer de nouveaux caractères d'imprimerie. Les commandes ne s'exécutaient pas, ou si on les exécutait aux Pays-Bas, elles étaient interceptées en mer." Sous l'administration du maréchal Daendels l'imprimerie de la ville et celle de l'Etat furent réunies en une, mais rien ne montre que l'on ait renouvelé et augmenté le matériel. En 1823, donc sept ans après le rétablissement de l'autorité néerlandaise dans les possessions des Indes, on se plaignait »du manque de presses et de bras, et du mauvais état où se trouvaient les caractères, qui étaient tout usés; et il n'en était point arrivé d'autres d'Europe". Peu à peu cependant ce triste état de choses s'améliora. Les idées de l'administration des Indes, en même temps que celles du gouvernement suprême, s'écartèrent de plus en plus de celles qui avaient inspiré la conduite de la Compagnie, de sorte que petit à petit l'imprimerie de l'Etat à Batavia a pris de l'extension et qu'elle peut maintenant rivaliser par ses édifices, son matériel et son personnel avec les meilleurs établissements de ce genre. Il peut être permis cependant de penser qu'il sera superflu de l'étendre davantage encore, puisque les imprimeries privées prennent un développement de jour en jour plus grand.

Jusqu'au moment où nous sommes parvenus dans cette revue historique, nous n'avons pu parler que d'imprimeries officielles, celle de la ville et celle de l'Etat; il n'existait et il ne pouvait exister aucune entreprise privée de ce genre. La première a été la »Parapattan-press", fondée, par quelques Anglais établis à Batavia, dans le »Parapattan asylum", appelé maintenant l'orphelinat de Parapattan. Cette imprimerie devint en 1843 la propriété de la Soc. des arts et des sciences de Batavia, érigée en 1778, avant tout autre corps savant des Indes; toutefois la Société ne pouvait y faire imprimer que ses propres publications; du moins le gouvernement répondit en 1842 par un refus à sa demande d'être autorisée à imprimer des pièces volantes pour les particuliers. Cette imprimerie ne semble pas avoir été très bien outillée, puisque elle empruntait des caractères et d'autres fournitures à l'imprimerie de l'Etat pour publier les mémoires de la Société; elle était tenue de rendre ce qu'elle avait emprunté, après le tirage de chaque volume, jusqu'à ce que le manuscrit du volume suivant fût prêt. Au bout d'un an cependant le gouvernement changea d'idée. Il céda en toute propriété à la Société les caractères et le matériel roulant que celle-ci lui empruntait, et lui permit en outre, jusqu'à nouvel ordre, d'imprimer »toutes les pièces de peu d'étendue qui ne devaient servir qu'à des intérêts commerciaux spécifiés et à la commodité des particuliers, comme manifestes, comptes, annonces de frêt, catalogues et autres pièces analogues". L'année suivante on fut aussi autorisé à imprimer la *Revue des Indes néerl.*; mais peu de temps après, en 1849, la Société se défit de son imprimerie en la vendant à la maison Lange et Cie, qui avait pris en 1846 la suite des affaires de la maison Ukena et Cie. Jusqu'en 1848 la presse privée ne produisit rien de remarquable aux Indes, et cela pour une bonne raison. En effet, la Société de Batavia recevait encore en 1847 une communication du gouvernement pour lui faire savoir qu'il n'était *pas* permis aux Indes néerlandaises »de manifester, sans autorisation préalable, ses pensées et ses sentiments par la voie de la presse, comme si celle-ci était un moyen efficace de répandre les connaissances et de faire progresser les lumières." On comprend qu'avec une semblable manière de voir, le gouvernement considéra comme entachée de l'esprit d'émeute une assemblée, devenue célèbre, qui se tint le 22 mai 1848 à Batavia, et où, entre autres résolutions, on décida de demander au gouvernement la liberté de la presse; celui-ci prit des mesures militaires pour prévenir les excès qu'il craignait de la part de gens aussi révolutionnaires. On ne s'étonnera pas non plus de ce que quelques mois plus tard M. W. Bruining, arrivé de Rotterdam à Batavia avec une petite imprimerie, ne trouva point du tout l'administration disposée à lui permettre de la monter, et de ce qu'au contraire on tâcha de le faire se rembarquer aussitôt que possible, lui et ses dangereux engins, lui offrant le passage gratis et un dédommagement pour les frais qu'il avait encourus. Ce ne fut qu'au commencement du mois de mai de l'année suivante qu'il obtint enfin l'autorisation qu'il sollicitait.

Il se trouva ainsi deux imprimeries privées à Batavia. Elles furent suivies de celle de W. Ogilvie en 1857, de celle de H. M. van Dorp en 1858, de celle de Ernst et Cie en 1874, et de celle de G. Kolff et Cie en 1877. La plus ancienne, celle de Lange et Cie, fut acquise en 1869 par la maison Bruining et Wyt, qui avait succédé à W. Bruining, de sorte qu'il y a maintenant cinq imprimeries privées en activité à Batavia. M. Morel, de Semarang, essaya bien en 1868 d'en créer une sixième; mais il ne put lutter contre la concurrence de ses prédécesseurs et il se retira après avoir vendu son matériel à M. H. M. van Dorp.

Anciennement la maison Lange et Cie était la première de Batavia pour la puissance de production — bien entendu après l'imprimerie de l'Etat; en revanche c'était l'imprimerie de W. Bruining qui faisait l'ouvrage le plus soigné. Depuis quelques années ces deux maisons ont été dépassées par Ogilvie et Cie, qui ont obtenu une médaille d'argent à l'exposition de Paris de 1878. Ce fut la seule récompense de ce genre accordée à des imprimeries des Indes, et elle était équivalente à la plus haute distinction accordée dans la même exposition aux imprimeries des Pays-Bas. La maison Ogilvie est en outre la seule, à ce que nous sachions, qui soit outillée pour la stéréotypie.

Si l'on fait abstraction d'une petite imprimerie que s'était accordée M. H. J. Domis, successivement résident de Semarang, de Pasourouan et de Sourabaya, et au moyen de laquelle il a fait imprimer quelques uns de ses ouvrages par un secrétaire indigène (1824—1832), la première imprimerie fondée aux Indes, en dehors de Batavia, est celle de Oliphant et Cie, fondée à Semarang en 1844 et citée en 1847 par le Dr. van Hoëvell, dans son »Voyage à travers Java" comme formant une des singularités remarquables des Indes néerlandaises. La première en date des imprimeries de Sourabaya est celle de van Raalte et Kocken, fondée de 1853. Ces imprimeries ne restèrent pas longtemps les seules. A Semarang s'établit celle de la maison de Groot, Kolff et Cie, actuellement Baier, et à Sourabaya celles de Gimberg Frères et de Thieme et Cie. Il va sans dire que, de même qu'à Batavia, les maisons changent souvent de nom dans les autres villes, puisque cela vient du peu de stabilité du personnel dont se compose la société européenne aux Indes. C'est ainsi que la raison Oliphant et Cie a passé son imprimerie à la raison G. C. T. van Dorp et Cie, et que la raison van Raalte et Kocken de Sourabaya s'appelle maintenant Chr. Kocken et Cie. A l'heure qu'il est il existe aussi des imprimeries dans des villes de moindre importance que les trois grandes dont nous venons de parler, par ex. à Pasourouan, Probolinggo, Sourakarta et Jokyokarta.

La plus ancienne imprimerie des possessions en dehors de Java est très probablement la »Baptist Mission Press", appelée aussi »Sumatra Mission Press". Elle a été en activité à Bengkoulen de 1820 à 1826 et a imprimé alors les *Malayan Miscellanies*. Plus tard on n'en trouve plus la mention, sans que nous sachions ce qu'elle est devenue. La Société des missions néerl. paraît aussi avoir possédé des imprimeries entre l'année 1838 et l'année 1845, à Tomohon, à Tondano et à Timor Koupang, et la Société rhénane en a fondé en 1852, à Banjermasin, une qui existe encore. Outre celles-là, il n'y a dans les Possessions extérieures que des imprimeries privées, une à Padang et une à Makassar. Naturellement elles sont moins grandes que celles de Java.

Passant des imprimeries à leurs productions, nous mentionnerons en premier lieu les journeaux. Le plus ancien date du XVIIIe siècle; ce sont les *Nouvelles bataviennes*, qui commencèrent à paraître en 1744 et disparurent déjà en 1746. On attendit encore trente ans avant d'en avoir un autre, et encore son nom suffit à révéler de quelles maigres matières il entretenait ses lecteurs; c'était le *Vendunieuws* (nouvelles des enchères), qui parut de 1776 à 1809. Il fut remplacé en 1810 et 1811 par la *Gazette de Batavia*, qui à son tour, en 1812, dut céder la place à la *Java Government Gazette*, dont il parut 234 numéros durant l'interrègne anglais (1812 à 1816). Le rétablissement de l'autorité néerlandaise, en 1817, fit revivre la *Gazette de Batavia*, qui resta hebdomadaire jusqu'en 1828; elle fut alors rebaptisée *Gazette de Java* et parut trois fois la semaine. En 1833 il en a encore été publié 129 numéros, après quoi elle devint bis-hebdomadaire, et elle l'est restée jusqu'à maintenant.

Nous notons en passant, pour être complets, la *Feuille d'Anonces de Batavia* de 1827, et la *Feuille du commerce des Indes néerl.*, qui vécut de 1829 à 1833, puis disparut; et nous arrivons aux publications périodiques non officielles. C'est Sourabaya qui a eu l'honneur de voir paraître le premier journal donnant des nouvelles et publié par des particuliers; la *Gazette de Sourabaya*, actuellement encore existante, vit le jour à Sourabaya en 1837 sans que l'on sache qui étaient l'imprimeur et l'éditeur. Il n'existe pas à ma connaissance d'autre preuve de l'âge de ce journal que l'indication du rang d'ordre de l'année courante qu'il porte en tête. Très probablement il serait impossible d'en trouver un ancien numéro, bien moins encore un exemplaire complet ou une année, car nulle part au monde on n'a moins de soin des journaux et des livres qu'aux Indes. Les éditeurs eux-mêmes se préoccupent fort peu de ce qui a quitté leurs presses, et j'oserais parier qu'on ne trouvera pas aux Indes une seule maison qui ait conservé régulièrement dès sa fondation un exemplaire de chacune de ses publications. A cette indifférence s'ajoute l'action destructive du climat et des insectes sur le papier, et voilà amplement de quoi expliquer pourquoi mainte feuille et maint livre est introuvable lorsqu'on cherche à se les procurer.

La *Gazette de Sourabaya* resta pendant huit ans le seul journal des Indes néerlandaises appartenant à des particuliers. Enfin en 1845 naquit la *Feuille d'annonces de Samarang*, devenue en 1863 la *Locomotive*, qui existe toujours.

C'est Batavia, la capitale, qui est restée le plus longtemps privée d'un journal publié par des particuliers. M. W. Bruining obtint à la fin de 1851 l'autorisation de faire paraître une petite feuille hebdomadaire sous le titre de *Feuille d'Annonces de Batavia*, mais il ne lui fut pas permis d'y insérer autre chose que les nominations et autres renseignements donnés par la *Gazette de Java*, et que les nouvelles apportées par la *Feuille officielle des Pays-Bas*. Déjà en 1852 cette feuille fut remplacée par le *Javabode* (Messager de Java), qui paraissait deux fois par semaine et qui resta seul de son espèce à Batavia jusqu'en 1857, où lui vint un redoutable concurent. Nous voulons parler de la *Feuille de commerce* (Handelsblad) *de Batavia*; son rédacteur était H. J. Lion, que l'on peut hardiment appeler le père du journalisme aux Indes.

Qu'était en effet la presse périodique avant 1858? Un réceptacle de petites nouvelles, rien de plus. Peut-être s'émancipait-on quelquefois, bien timidement, à mots couverts, jusqu'à faire quelques modestes remarques sur une affaire secondaire, même jusqu'à écrire un article, un seul, pour n'y plus revenir ensuite, sur quelque sujet aussi grave qu'un règlement sur la location des voitures ou qu'une taxe des boulangeries. Mais là était la limite extrême de ce que l'on se permettait. Il ne manquait pas de personnes compétentes qui eussent su et voulu attirer l'attention sur les graves défauts du système suivi dans le gouvernement des colonies; mais on craignait l'arbitraire administratif et l'on se taisait. Lion eut le courage d'oser, là où tant d'hommes de talent reculaient. Aussi ses articles ne passèrent-ils aucunement inaperçus. Dès qu'il se mit à critiquer la politique gouvernementale, il s'éleva, surtout du sein de la coterie des fonctionnaires, un cri d'indignation et d'horreur pour cette audace criminelle. Cela n'empêcha pas que peu à peu l'on en vînt à se dire qu'en effet tout n'était pas pour le mieux et qu'il y avait bien des choses à changer. Pendant ce temps il se créait de nouveaux organes en d'autres endroits; à Samarang, la *Gazette de Samarang* (1846); à Sourabaya, la *Poste de l'Est* (1853) et la *Feuille de nouvelles et d'annonces de Sourabaya* (aussi 1853); *la Feuille de nouvelles et d'annonces de Pasourouan* (1857) et plus tard encore, à Sourabaya, le *Nouvelliste* (1861); à Padang, la *Feuille de nouvelles et d'annonces de Padang* (1859) et la *Gazette de Sumatra* (1860); à Makassar, la *Feuille hebdomadaire de Makassar* (1861) et la *Feuille de commerce et d'annonces de Makassar* (1861). Le système de politique coloniale libérale que le Dr. van Hoëvell et ses partisans prêchaient en Hollande et que Lion défendait aux Indes avec talent, y conquit beaucoup de sympathies. Quiconque ne voyait que le mauvais côté de la politique suivie jusqu'alors — et il faut avouer que trop souvent c'était le seul côté que l'on mît en lumière — ne pouvait pas ne pas embrasser avec enthousiasme les principes des libéraux en matière coloniale, de sorte que la presse des Indes a été pendant toute une série d'années, à fort peu d'exceptions près, unanimement libérale, dans le sens que l'on donne d'ordinaire à ce mot dans les Pays-Bas. Il faut remarquer cependant que les noms des partis et des groupes politiques perdent leur sens aux Indes, parce que le caractère, les mœurs et les usages des habitants et la nature de notre administration empêchent la formation de partis; en réalité par conséquent chaque journal n'y exprime que l'opinion personnelle du rédacteur; il n'était donc pas possible que l'on se laissât indéfiniment traîner à la remarque par les partis de la mère-patrie, et bientôt en effet on vit la presse des Indes prendre une attitude diamétralement opposée à celle de la presse néerlandaise, qui est ordinairement la plus doctrinaire des deux. Du reste quelques divergences d'opinion qui se manifestent souvent d'un journal des Indes à l'autre, puis qu'il le faut bien quand ce sont essentiellement les idées individuelles des écrivains qui s'expriment plutôt que celles de partis qui ne se sont pas formés, il y a un point sur lequel a toujours régné et règne encore la plus grande unanimité; ce point est le bon solde [1]); tous le condamnent.

Ce serait prendre une peine fort inutile d'entrer dans les détails au sujet de tous les journaux des Indes. Passons donc sur les feuilles qui n'ont guère vécu que ce que vivent les roses, comme la *Feuille missionnaire de Batavia* (1864/1865), le *Java Times* (1863), l'*Humoriste indien* (1864), le *Javanais* (1865/1866), la *Gazette de Batavia* (1865), la *Feuille d'annonces quotidienne* (1868) et les autres éphémères du même genre que la presse a fait éclore. Tous les journaux que nous avons nommés jusqu'ici rentrent plus ou moins dans la presse politique. Le premier de ceux qui se meuvent dans d'autres sphères est la *Feuille scolaire des Indes*. Publiée à Batavia depuis 1853 en numéros mensuels par la Société des instituteurs des Indes, elle fournit jusqu'en 1858 une carrière passablement obscure; alors elle cessa d'être l'organe de la Société; elle passa entre les mains de particuliers, prit le nom de *Messager scolaire des Indes* et devint l'organe du besoin, très urgent alors, de la réforme et de l'extention de l'enseignement. Cet organe eut, de même que la *Feuille de commerce de Batavia*, le privilège d'être mal vu des autorités. Cela fit que les premiers intéressés, les instituteurs, n'osèrent par lui donner leur collabo-

---

[1]) Le bon solde du budget des Indes, versé dans le trécor de la mère-patrie.
Trad.

ration, et au bout de deux ans il mourut des suites de l'indifférence de ceux de qui il dépendait de le faire vivre.

Sur le terrain religieux, une petite feuille, *le Réveilleur* (de Opwekker), a montré plus de vitalité. Fondée en 1855, elle continue maintenant encore à paraître régulièrement.

Il s'est fait en 1875 une nouvelle tentative pour doter l'enseignement d'un organe. Ce fut la *Feuille scolaire pour les Indes néerl.*; mais elle ne se montra par viable, non plus que le *Petit annuaire des instituteurs*, dont on ne sait jamais s'il paraîtra ou non.

Donnons, à cause du nom de son fondateur, M. Cd. Busken Huet, une mention à l'un des jeunes journaux des Indes, le *Journal général des Indes néerl.* Il date de 1873.

Pour compléter notre énumération, nommons encore les périodiques plus ou moins éphémères suivants: *Le Messager des Indes* (en français), *La Lorgnette* (en français), *La nouvelle feuille de commerce de Batavia*, qui a pris plus tard le nom de l'*Indien* et qui a cessé de paraître à la fin de 1876, le *Crieur public*, le *Charivari*. Il est possible qu'il y en eût quelques autres encore à nommer.

Pendant longtemps il n'y a eu sur la plupart des lignes que deux courses postales par semaine; à cette époque les journaux paraissaient deux fois par semaine aussi, le mercredi et le samedi. Quand le service postal fut devenu quotidien, bien des publications devinrent tour à tour de même quotidiennes. Celle qui donna l'exemple fut le plus ancien des journaux, la *Gazette de Sourabaya*, qui commença en 1863. Les autres suivirent peu à peu, et depuis plusieurs années tous les plus importants paraissent journellement.

La plus ancienne revue qui ait été publiée aux Indes est la *Revue des Indes néerlandaises*. Le premier volume est de 1838 et dès lors la publication s'est régulièrement continuée. Cette revue a contribué plus que tout autre périodique à faire connaître les Indes et ce qui s'y rapporte. Cela s'est trouvé tout particulièrement le cas pendant que la baron Dr. W. R. van Hoëvel en a été rédacteur et que la revue est devenue en même temps presque une publication polémique. Lorsque van Hoëvell quitta les Indes, la revue les quitta de conserve. Elle paraît depuis cette époque en Hollande, mais son influence est allée en diminuant peu à peu.

Quelques années après la première apparition de cette revue, quelques amis des lettres, eux-mêmes écrivains, lancèrent le

Copiste, dont la vie ne se prolongea cependant pas au delà de de deux ans (1842/1843). Une existence également brève (1844/1845) était réservée au *Magasin indien*, qui donnait, sous la rédaction de M. E. de Waal, des articles et des communications sur l'histoire naturelle, l'ethnologie et la politique des Indes néerlandaises. Les *Archives d'histoire naturelle et de médecine pour les Indes néerl.*, nées dans la même année, eurent une vie double (1844—1847). Les *Archives indiennes, Revue pour les Indes*, rédigées par le Dr. S. A. Buddingh, moururent après la période fatale de deux ans (1850/1851), que parvint cependant à doubler une revue littéraire analogue au *Leeskabinet* (cabinet de lecture [1]), qui fut fondée en 1852. Un annuaire littéraire, commencé en 1848 par M. J. Munnick, sous le titre de *Warnasari*, vécut jusqu'en 1858, pour être alors remplacé par l'*Almanac des muses des Indes néerl.* Mais le nouveau venu succomba au bout d'un an, de même que son successeur moins ambitieux, l'*Almanac populaire des Indes néerl.* L'unique numéro de cet almanac a été le dernier essai de publication littéraire périodique dans nos colonies.

Passons à la science du droit. Une revue intitulée, *Le droit aux Indes néerl.*, fondée en 1849 par Me A. Prins, a bien subi parfois quelques retards de publication, il lui est même arrivé d'être momentanément suspendue; mais cela n'empêche pas qu'elle n'ait vécu jusqu'à présent et qu'elle ne vive encore. L'interruption momentanée dont nous venons de parler a sans aucun doute été en partie causée par l'apparition d'un émule, le *Journal indien hebdomadaire du droit*, commencé en 1863 par MM. J. van Gennep, Dr. en droit et J. R. Kleyn. Il continue de paraître régulièrement.

En même temps que la Société des arts et des sciences de Batavia est le plus ancien corps savant de nos Indes, ses *Mémoires* sont le plus ancien écrit périodique publié dans ces contrées. La Société en commença la publication dès l'année qui suivit celle de sa fondation, et elle a continué jusqu'à maintenant, quoique parfois à d'assez longs intervalles. On y joignit en 1853 la *Revue de philologie, de géographie et d'ethnographie des Indes*, dont il paraît l'un dans l'autre un volume par an. Enfin la Société s'est décidée depuis quelque temps à publier à part les *Procès-verbaux des séances du comité directeur*.

On ne saurait nier que pendant quelques années, avant et après 1848, la capitale des Indes néerl. n'ait été le théâtre

---

[1] Revue qui paraît dans les Pays-Bas. *Trad.*

d'une grande activité intellectuelle. Nous avons déjà indiqué les noms de quelques uns des hommes qui inspiraient le mouvement, van Hoëvell, de Waal, Prins, Munnick. Ajoutons celui du Dr. P. Bleeker, pendant de longues années actif collaborateur de la *Revue d'histoire naturelle des Indes néerl*. Cette revue était l'organe de l'Association d'histoire naturelle aux Indes néerl., fondée en 1850, quatre ans avant la Société de l'industrie et de l'agriculture, qui, elle à son tour, se donna bientôt son organe, la *Revue de l'industrie et de l'agriculture*. De leur côté les médecins de Batavia avaient formé une association, qui commença en 1853 à publier une revue appelée *Revue de l'Association pour le progrès des sciences médicales*. Toutes ces revues ont subsité jusqu'à maintenant.

Un essai, tenté en 1855 par M. Th. Mounier, pasteur aux Indes, pour la publication d'une *Revue pour les progrès de la vie chrétienne*, échoua. Trois volumes seulement parurent, de 1855 à 1857, puis la publication fut abandonnée. D'autres tentavies analogues suivirent sans plus de succès. Citons la *Revue des missions intérieures et extérieures* (1863) et la *Feuille missionnaire de Batavia* (1864). L'an 1877 vit paraître à Sourabaya la première livraison d'un autre périodique religieux, *Notre Témoignage*, qui, croyons-nous, se publie toujours.

On pensa aussi à donner un organe spécial à l'armée. Mais on ne réussit par mieux au début qu'on ne l'avait fait sur d'autres domaines. La *Gazette militaire* commença de paraître en 1863 à Sourabaya, fut abandonnée au bout d'un an, ressuscita en 1867, pour mourir tout de bon en 1869. Sur les entrefaites la première livraison d'une *Revue pour l'armée des Indes néerl.* avait vu le jour, aussi à Sourabaya, en 1864, mais pour rentrer en 1865 dans le néant. Vint ensuite, en 1861, *Mars*, revue pour l'armée des Indes, publiée à Samarang; deux ans de vie. Enfin on réussit en 1870 à fonder un organe plus viable, la *Revue militaire indienne*, qui se publie encore maintenant à Batavia.

En 1866 les intérêts agricole du Centre de Java eurent à leur tour leur organe dans la *Gazette indienne d'agriculture*, publiée à Samarang par M. Enklaar van Guericke. Mais c'est encore un décès à enregistrer après deux ans de vie.

La Société de géographie fondée à Samarang en 1879 publie aussi sa revue.

Quand nous aurons enfin mentionné *Insulinde*, journal hebdomadaire pour femmes et jeunes filles indo-néerlandaises, publié à Batavia en 1877 et 1878 pour disparaître depuis, et le

Polichinelle des Indes, feuille illustrée qui appartient à son tour aux choses qui ne sont plus, après avoir vécu à Samarang de 1880 à 1882, nous aurons, croyons-nous, passé en revue les principaux organes de la presse périodique des Indes destinés aux Européens.

Si la population européenne, qui forme la race qui commande, a pendant si longtemps dû se passer de l'imprimerie et des journaux, il va sous dire que la race qui obéit, celle que forme la société indigène, a dû s'en passer bien plus longtemps encore. Les premiers essais que l'on ait fait pour créer des feuilles destinées aux indigènes datent de 1866 à Sourakarta et à Sourabaya, et de 1858 à Batavia. Ils ne réussirent pas. Le premier journal en malais né viable est le *Selompret Malayou*, commencé en 1860 à Samarang. Il existe encore, de même que le *Bintang Timor*, qui parut pour la première fois deux ans plus tard à Sourabaya. Le *Bromartani*, qui s'imprime maintenant encore à Sourakarta en caractères javanais, a été fondé en 1863. En 1867 le premier journal malais de Batavia, le *Bianglala*, quitta la presse, pour être suivi en 1869 par le *Bintang Barat* et le *Matahari*. Toutes ces feuilles malaises sont imprimées en caractères romains et sont, ou ont été publiées et rédigées par des Européens; il n'y a pas grand' chose à attendre de la collaboration des indigènes. Depuis 1869 paraît mensuellement à Tondano le *Chahaya Siyang*, *Kartas khabar Minahassa*, et enfin nous avons encore à citer, comme fondés depuis quelques années seulement à Batavia, le *Hindia Nederland* et le *Bintang Johor*.

On compte actuellement, à Batavia, outre la *Gazette de Java*, qui est le journal officiel, trois feuilles hollandaises, le *Messager de Java*, la *Feuille de commerce de Batavia* et le *Journal universel pour les Indes néerl.*, et trois feuilles malaises, le *Bintang Barat*, le *Hindia Nederland* et le *Bintang Johor*; à Samarang, deux feuilles hollandaises, la *Locomotive* et la *Patrie indienne* (anciennement *Gazette de Samarang*), et une malaise, le *Selompret Malayou*; à Jokyokarta, une hollandaise, le *Mataram*; à Sourakarta, une hollandaise, les *Principautés*, et une javanaise, le *Bromartani*; à Sourabaya, deux hollandaises, la *Gazette de Sourabaya* et la *Feuille de commerce de Sourabaya*[1]), et une malaise, le *Bintang Timor*. Pasourouan et Probolinggo ont

---

[1]) Il ne faut pas s'étonner de voir un peu partout des *Gazettes du commerce* (Handelsblad), car c'est le nom d'un des grands journaux des Pays-Bas. Le „Handelsblad" originaire paraît à Amsterdam. *Trad.*

chacune une *Feuille de nouvelles et d'annonces*. A Padang, on a deux feuilles hollandaises, la *Gazette de Sumatra* et la *Feuille de commerce de Padang*, et une malaise, le *Bentara Melayou*; à Makassar, deux hollandaises, la *Gazette de Célèbes* et la *Feuille de commerce de Makassar*; enfin, à Tondano, une malaise, le *Chahaya Siyang*; en tout, 15 journaux hollandais et 8 indigènes.

En fait de revues, on compte, à Batavia, les Mémoires de la Société des arts et des sciences, la Revue de philologie, de géographie et d'ethnologie, la Revue de l'Association royale d'hist. nat. aux I. néerl., la Revue de l'industrie et de l'agriculture, la Revue de médecine et la Revue militaire indienne; à Samarang, la Revue de la Société de géographie et la Revue indienne de l'agriculture; à Sourabaya, Notre Témoignage; en tout 9 revues. Les noms de ces publications périodiques indiquent trop clairement à quels sujets elles sont consacrées pour qu'il soit utile d'en faire une classification.

Il est plus difficile qu'on ne le croirait en Europe de monter et de faire marcher aux Indes une bonne imprimerie. Tout le matériel, jusqu'au plus mince objet, doit venir d'Europe, puisqu'il n'y a aux Indes ni fabriques de papier, ni fabriques de colle, ni fonderies de caractères, ni constructeurs de presses. Au commencement on n'avait pas même d'ouvriers, si bien que les premiers imprimeurs devaient tour à tour se faire eux-mêmes compositeurs et pressiers, et en même temps tâcher de dresser des jeunes gens chinois ou indigènes. L'imprimerie de l'Etat trouvait de temps en temps de bonnes recrues dans les casernes, ce qui fit que les particuliers eurent parfois aussi recours à cette ressource; on faisait enfin aussi venir des ouvriers hollandais, mais c'était un risque, car les déceptions n'étaient pas rares. La plupart des compositeurs et des pressiers des imprimeries privées de Batavia sont des Chinois, que dirigent et contrôlent des Européens; ceci est très nécessaire, surtout pour les travaux où il faut du goût, par ex. pour les titres ou pour les ouvrages de ville. Ils composent les lignes régulières et les tableaux aussi bien qu'un ouvrier typographe européen, et ils font peu de fautes s'ils travaillent sur l'imprimé ou sur de la copie nettement écrite. A Samarang, à Sourabaya et dans d'autres villes de Java on emploie surtout des Javanais, ceux-ci semblent prendre goût à la typographie plus facilement que les Malais de Batavia.

Tandis que les Chinois de Batavia sont fort contents de

pouvoir gagner leur vie dans les imprimeries, ils détestent positivement le métier de relieurs, sans que l'on ait su jusqu'ici en découvrir la raison. Ce n'est pas qu'une vie sédentaire leur répugne, puisqu'il y a des quantités de cordonniers et de tailleurs chinois. Peut-être la clef du mystère se trouve-t-elle dans les salaires plus élevés que les compositeurs peuvent obtenir. Les Chinois qui se font de 60 à 70 florins par mois comme ouvrier typographes ne sont pas rares, tandis qu'un ouvrier relieur ne peut pas, d'ordinaire, dépasser 25 ou 30 florins. C'est donc aux Malais qu'il faut s'adresser pour la reliure; ils plient, brochent et recouvrent bien; mais ils ne valent rien pour la dorure; cette partie est réservée à des Européens, du moins à Batavia. Tandis que les imprimeries des Indes ne courent aucun risque à être comparées avec celles de l'Europe, on n'en peut pas dire autant des ateliers de reliure. On n'a pas aux Indes pour cette branche d'ouvriers habiles, parfaitement au fait de la partie, et on ne les aura pas tant que l'ouvrage restera aussi peu abondant pour eux qu'il l'est maintenant. Ce qu'il y a à relier ne suffit pas pour pousser au progrès, en promettant au relieur de quoi vivre et quelque chose de plus. Il faut donc bien avoir recours à l'Europe pour les reliures de luxe.

Passant de l'imprimerie à la librairerie, qui s'y rattache de si près, nous avons à revenir en arrière jusqu'à l'an 1835. Le 19 février de cette année fut signé un arrêté du gouvernement, qui autorisait L. D. Brest van Kempen, directeur de l'imprimerie de l'Etat, à mettre en vente pour son compte particulier des ouvrages de science et de littérature. Jusqu'alors on n'avait pas pu acheter de livres à Batavia. Quatre ans plus tard fut créée la première librairie privée des Indes néerlandaises, celle de la maison Cyfveer et Cie de Batavia (1839). Cette maison exista quatre ans, sous trois raisons différentes. En 1846 elle s'appelait Ukena et Cie et céda la place à la maison, bien connue depuis, de Lange et Cie; celle-ci remit en 1869 son fonds et sa clientèle à Bruining et Wyt. La seconde librairie dans l'ordre chronologique de la fondation fut créée en 1849 par M. E. Fuhri, qui s'associa plus tard avec M. H. M. van Dorp; celui-ci continua dès lors ses affaires sous la raison H. M. van Dorp et Cie, qui existe encore. La troisième librairie privée de la capitale y fut fondée en 1861 par M. W. J. van Haren Noman. Il s'associa deux ans après avec M. Gualth. Kolff, et la maison prit la raison sociale de van Haren Noman et Kolff. Cette raison devint en 1871 G. Kolff et Cie et subsiste encore.

Plus tard encore s'ouvrirent les libraires de Bruining et Wyt, de Ernst et Cie et de Visser et Cie. Il n'y a pas lieu de placer Ogilvie et Cie dans cette liste, puisque la maison Ogilvie ne fait le commerce que des ouvrages qu'elle publie elle-même.

A Samarang sa constitua en 1844 la maison Oliphant et Cie, dont M. G. C. T. van Dorp prit en 1857 la suite des affaires. La raison sociale de cette entreprise florissante est actuellement G. C. T. van Dorp et Cie. En 1854 s'établirent van Haren Noman et Kolff, devenus en 1858 de Groot, Kolff et Cie. Cette maison aussi fait de bonnes affaires.

La première librairie de Sourabaya a été celle de van Raalte et Kocken, fondée en 1853. Après plusieurs changements de noms, elle reçut en 1863 celui de Chs. Kocken et Cie, qu'elle porte encore. Une autre entreprise, commencée en 1854 à Sourabaya par M. Fuhri, n'a vécu, sous différents noms, que jusqu'en 1863. La maison Thieme et Cie, qui existe encore, a été fondée en 1864, avec la raison sociale Thieme, Kolff et Cie.

Outre les trois capitales, les villes de Java, de Pasourouan, de Sourakarta, de Jokyokarta et de Probolinggo ont des librairies, de même que, dans les Possessions extérieures, Padang et Makassar.

On n'a pas aux Indes, comme en Europe, de librairies qui ne vendent que des livres. On voit dans les magasins de libraires, fraternellement réunis aux rayons chargés de livres, mille objets, tels que gravures encadrées et sous verre, cruchons et bouteilles d'encre alignés sur le pavé, parfois tout un bric-à-brac pour étagères, des décorations et des livrets de bal, des portefeuilles de poche et des albums pour photographies, de l'argenterie et des jouets, de la musique et des instruments pour la jouer. Presque chaque libraire s'efforce d'avoir dans ses vitrines tout ce que les acheteurs peuvent songer à lui demander, outre les livres. Mais la conséquence de la chose est que l'article livres est négligé et que souvent l'on ne trouve pas les ouvrages que l'on désire. C'est là un état de choses regrettable, mais les causes en sont assez évidentes. C'est en premier lieu cet état instable qui caractérise la société européenne, surtout le monde des employés, tant civils que militaires; continuellement on les change de place, parfois sans aucune nécessité, au grand détriment, non seulement du trésor public, mais aussi de la bourse des victimes, qui vendent forcément leur mobilier, et forcément à perte. Ainsi un grand nombre d'Européens vivent comme l'oiseau sur la branche et il est clair que cela n'encourage pas à acheter des livres et à former des bibliothèques. En second lieu, les libraires des Pays-Bas ont petit à petit cessé d'envoyer des livres en commission, et l'équité veut qu'on avoue que la faute en vient surtout des librairies des Indes. La délicatesse nous défend d'en dire plus long; mais les initiés nous comprendront et savent que nous avons raison. Il faut en outre tenir compte du grand nombre de sociétés de lecture qui existent; elles sont généralement très bien organisées et offrent à leurs membres tant de pâture intellectuelle que ceux-ci peuvent se dispenser d'acheter des livres. De plus la navigation à vapeur a tellement facilité les communications entre l'Europe et les colonies que souvent les particuliers font venir directement des Pays-Bas les livres dont ils ont besoin, ce qui leur revient meilleur marché qu'en invoquant l'entremise des libraires des Indes. Enfin il faut dire, et cette cause a une grande influence, que les libraires des Indes ont à lutter contre la très redoutable concurrence de leurs confrères des Pays-Bas, qui inondent le pays de prospectus et d'annonces, où ils offrent de livrer la marchandise au prix des magasins d'Europe augmenté du port. Ils se contentent ainsi pour tout gain de la remise et de la prime ordinaires entre libraires, ce que leurs confrères des Indes ne peuvent pas faire à cause des grands frais généraux qu'ils ont à supporter, locations coûteuses, salaire élevé des commis, etc. Voilà les causes multiples du peu de développement que le commerce de librairie a pris aux Indes; faute de les connaître, on est souvent injuste dans les jugements que l'on porte sur les libraires.

Ce n'est en aucune façon l'esprit d'entreprise qui leur fait défaut, au contraire, et maint éditeur hollandais, s'il voyait le catalogue de fonds des meilleurs de ses collègues des Indes, ne pourrait pas leur refuser son respect, surtout s'il prenait en considération ce qu'il y a de spécial dans le caractère de la société des colonies.

Les planches, les clichés et les matrices ne se font pas aux Indes; on est obligé de les faire venir d'Europe. Il y a eu dans le *Polichinelle*, nommé ci-dessus, des gravures sur bois faites aux Indes; mais ce que l'on peut faire de mieux en leur faveur, c'est de n'en pas parler.

H. PRANGE.

15. Collection d'ouvrages que l'on peut se procurer à l'imprimerie de l'Etat à Batavia. — Imprimerie de l'Etat.

NB. Les ouvrages dont le titre est marqué d'un astérisque n'ont pas été imprimés dans l'imprimerie de l'Etat.

1. Aperçu géographique de Célèbes.

GROEPE III. Vingt-troisième Classe.

2. Ordonnance générale, pour régler la jurisprudence dans le gouvernement de la Côte occ. de Sumatra. Traductions dans les langues de Mandeling et d'Angkola, et en malais.
3. Conditions générales pour l'exécution et l'entretien à forfait des travaux publics.
4. Règlement général de police pénale pour les Européens et les indigènes.
5. Altheer, J. J., Brève esquisse de la théorie de la combustion et de la combustion spontanée.
6. Instructions pour les fonctionnaires (service des postes).
7*. Arjouna-Sasra Baou, poëme javanais, publié par W. Palmer van den Broek.
8*. Arjouno Wiwoho (en balinois).
9. Baur, Dr. F. H., et Smit, W. M., Rapport au sujet de l'enquête sur ce qui se fait actuellement pour les aliénés, en général et spécialement aux Indes néerl.
10. Manuel succinct de la culture du Bombyx mori ou ver à soie domestique de Siam.
11. Aperçu général succinct d'expériences et d'exercices faits par l'artillerie des Indes néerl. (1866—1878) Sept livraisons.
12. Description du kraton de Grand-Atchin.
13. De Bruyn Kops, G. F., Statistique du commerce et de la navigation à Java et à Madoura, 1855—1866. Partie I. Importation.
14. Codes civils pour les I. néerl., éditions officielles.
15. Comptabilité. Règles à suivre dans l'administration des magasins de l'Etat.
16. Projet de règlement des conditions auxquelles l'exploitation des forêts de l'Etat peut être concédée à des particuliers.

Une traduction javanaise est jointe à cette publication.

17. Le traitement des noyés, avec 4 petites planches. Traduit aussi en mal. et en jav.
18. (En allem.) La triangulation de Java. Partie I.
19*. Dozy, F., et Molkenboer, J. H., Bryologia Javanica.
20. Recueil de formulaires à employer avec le règlement sur la jurisprudence dans le gouv. de la Côte occ. de Sumatra.
21. Fromberg, Dr. P. F. H., Petit questionnaire d'agriculture.

22. Manuel de la culture du coton dans l'arch. des I. or.
23. Manuel des fonctions des agents de la Chambre des orphelins aux I. néerl.
24*. (En allem.) Hardeland, Grammaire de la langue dayake, et dictionnaire dayak-allemand.
25. Inventaire-instruction pour l'artillerie de l'armée de terre des I. néerl.
26*. Manuscrits javanais en groupes de 67 pièces.
27. Livre de lecture javanais pour les militaires indigènes. 2 livr.
28. L'ami du campagnard javanais.
29*. Junghuhn, Dr. F., Carte de l'île de Java.
30. La résidence de Kadou, d'après les résultats du relevé statistique.
31*. Rapports coloniaux de 1869, 1870, 1879, 1880.
32*. Carte générale cadastrale des div. de Meester Cornelis et de Batavia.
33. Dictionnaire malais-hollandais par feu H. von de Wall, édition abrégée par H. N. van der Tuuk.
34*. Matthes, Dr. B. F., Dictionnaire bouginois avec atlas ethnographique, grammaire bouginoise, chrestomathie bouginoise; Parties II et III, grammaire et chrestomathie makassares, Matériaux pour l'ethnologie du Midi de Célèbes.
35*. Miquel, F. A. W., Flore des I. néerl., trois vol. en 4 livr., et un appendice sur Sumatra.
36. De Munnik, Manuel de la culture de la canne à sucre; 2e éd.
37. Note renfermant des prescriptions pour le brunissage des fusils d'infanteries rayés.
38*. Oosting (H. J.), Dictionnaire sondanais-hollandais.
39. Ordres du jour généraux pour l'armée des I. néerl.
40*. Le gisement houiller d'Ombilin et le système de transports sur la Côte occ. de Sumatra.
41. (En angl.) Aperçu des droits de navigation qui se perçoivent dans les limites des I. néerl.
42. Plan du palais de Buitenzorg ainsi que du jardin botanique de l'Etat, avec l'indication des familles de plantes.
43. Liste des prix auxquels doivent être comptées les fournitures livrées par les magasins de l'Etat.
44. Règlement pour la perception de l'octroit sur les liqueurs distillées au pays.
45. Observations sur la pluie aux I.

néerl., par le Dr. P. A. Bergsma; 1879, 1880, 1881.

46. Almanac officiel, 1882.

47. Dispositions légales, réglementaires et autres, sur l'administration de la justice dans les Possessions extérieures et, à Java, dans les principautés; 4e éd.

48. Règlements pour les exercices de l'infanterie, de l'artillerie de campagne et de l'artillerie de position de l'armée des I. or. néerl.

49. Règlement pour la tenue des registres de l'état civil pour les Européens et les personnes qui leur sont assimilées.

50. Règlement pour les adjudications pour le service public.

51. Règlement pour l'administration de la justice dans le gouv. de la Côte occ. de Sumatra.

52. Règlement d'ordre et de discipline pour les détenus (en javanais, malais, chinois, madourais, sondanais).

53. Règlement du grand consistoire de la communauté évangélique de Batavia.

54*. Résumé final de l'enquête sur les droits que les indigènes ont sur les terres à Java et à Madoura, 2e partie.

55. Résumé de l'enquête sur les droits que les indigènes ont sur les terres dans les Possessions extérieures.

56*. Roorda, T., Dictionnaire portatif javanais-hollandais; Kitab Touhpah, manuel en javanais du droit musulman; lettres, renseignements, rapports, etc. en javanais; Raja Pirangoen.

57*. Von Schmidt auf Altenstadt, Carte de Java et de Madoura et carte des Indes néerl.

58. Von Spall, P. W. A., Rapport sur la culture du café et de la cannelle à Ceylan, en 1861.

59. Feuille officielle des I. néerl.; dix années.

60. États et pièces justificatives de l'administration des recettes de l'état aux départements de l'administration générale des I. néerl.

61. Statistiques de 1861 (Yapara, Sourabaya, Pasourouan, Besouki, Banyouwangi, Kediri, Buitenzorg, Pachitan).

62. Stibbe Lz., S., De l'utilité du vaccin.

63. Code pénal pour les indigènes des I. néerl.; en malais et en javanais. Idem de 1877, en javanais.

64. Tableaux indiquant le volume des poutres et membrures, et servant à en faire calculer la valeur en argent.

65. (En angl.). Tarifs des droits d'entrée et de sortie et des droits d'octroi, aux I. néerl.

66. Théorie du terrain.

67. Tableau de tranchées, à l'usage du service topographique aux I. néerl.

68*. Van der Tuuk, H. N., Livre de lecture batak en quatre parties, et traduction en langue toba de la Genèse, de l'Exode et de l'Évangile de Luc.

69. Premier pansement sur le champ de bataille.

70. Dissertation sur la trajectoire de la balle du fusil de petit calibre se chargeant par la culasse (système Beaumont).

71 Rapports sur le commerce et la navigation à Makasser, 1846—1848, à Java et à Madoura, 1855—1873, aux I. néerl., 1874—1878.

72. Rapport présenté au Roi au sujet de la pétition de F. H. van Vlissingen cum suis, touchant la colonisation européenne aux I. néerl.

73. Recueil d'ordonnances ecclésiastiques.

74. Recueil des sentences les plus remarquables rendues par les conseils de guerre dans la Div. mér. et or. de Borneo.

75. Recueil de règlements, de décrets, etc. relatifs à l'enseignement primaire destiné aux Européens.

76. Recueil d'ordonnances relatives aux épizooties, avec supplément.

77*. Modèles de lettres en malais et en javanais.

78. Instructions relatives à l'armement et aux exercices de tir de l'infanterie et à la structure, à l'entretien et à l'usage du revolver.

79. Instructions et conseils à l'usage des fonctionnaires pour les aider à combattre les épizooties (traduit aussi en sondanais et en malais).

80. Instructions sur la manière de jauger les vaisseaux et embarcations aux Indes néerl.

81*. Vreede, A. C., Guide pour l'étude de la langue de Madoura; 2 livr.

82. Von de Wall, H., Liste hollandaise-malaise de mots à l'usage des médecins.

83. Code pénal et règlement général de police pénale pour les indigènes (dans la langue de Mandeling).

84. Winter aîné, C. F., Dictionnaire kawi-javanais.

85. Modifications du règlement pour les exercices et les évolutions de la cavalerie de l'armée des I. néerl.

GROEPE III. Vingt-troisième Classe.

86. Modifications de l'école de compagnie pour les troupes armées du fusil de petit calibre.

87. Planche stéréotype, prise à l'imprimerie de l'Etat, pour la presse à rotation de Batavia, sur des clichés galvanoplastiques.

88. Photographie de la presse à rotation mise en activité le 5 oct. 1882 dans l'imprimerie de l'Etat à Batavia.

89. Catalogue des livres, cartes, etc. qui se trouvent à l'imprimerie de l'Etat à Batavia; destiné à l'exposition coloniale internationale d'Amsterdam. 1882.

NB. Ce catalogue donne des détails plus amples sur les ouvrages énumérés brièvement ici. Les livres destinés aux écoles indigènes qui ont été imprimés à l'imprimerie de l'Etat n'ont pas été mentionnés dans ce catalogue, parce qu'ils forment un envoi spécial du département de l'instruction publique, des cultes et de l'industrie. Voy. classe 22, A.

16. Livres et pièces imprimés par G. Kolff et Cie. à Batavia. — J. H. de Groot, à la Haye, représentant de l'imprimeur.

1. Description de l'île de Java et de ses habitants, par W. de Gelder; 2e éd. 4 livr. 1881.

2. Eléments de la géographie des Indes or. néerl., par J. M. Roskopf, 14e éd.

3. Atlas des I. or. néerl. par W. van Gelder; 8 cartes. 1882.

4. Atlas yaitou boukou peta-peta pada menyatakan segala poulau-poulau Hindia Nederland, terkarang oleh W. van Gelder. 1882.

NB. Le même que le n°. 3, seulement avec les légendes en malais.

5. Album de Batavia; collection d'une dizaine de vues de la capitale des Indes néerl., par C. F. Decleman.

6. (En angl.) Exposition internationale de Melbourne; catalogue d'échantillons de roches, de houilles et de minérais de l'archipel néerlandais aux Indes or.

7. K. W. van Gorkom, Guide des controleurs 1878.

8. N. P. van der Stok, Manuel à l'usage de ceux qui ne sont pas médecins, pour apprendre à donner les premiers soins dans les cas urgents, blessures, empoisonnements. Avec planches; 2e éd. 1877.

9. Dr. Waitz, Maladies des enfants sous les climats chauds.

10. Revue militaire indienne, 1878, 2d. sémestre; 1880, 2d. sémestre; 1882, 1r. sémestre.

11. Supplément de la Feuille officielle des Indes. Vol. XIV et XV.

12. De la position faite actuellement aux officiers d'infanterie, par X.

13. Manuel pour l'enseignement de l'histoire des I. néerl. donné à l'école militaire et à l'école d'artillerie de l'armée des Indes, par J. G. H. van der Dusse et A. J. Hamerster.

14. Manuel de la culture et de la préparation du tabac pour le marché européen, par C. A. M. van Vliet.

15. (En angl.) Notes historiques et statistiques sur la production et la consommation du café, par N. P. van den Berg.

16. (En angl.) La production, les prix et l'exportation du café de Padang, de 1827 jusqu'à 1881, compilé par Dummler et Cie.

17. Rapport sur le service public des postes et des télégraphes aux I. néerl. pendant l'année 1880.

18. Statuts du „Transport par prauws" de Batavia et rapports de cette institution pour les années 1878, 1880 et 1881.

19. Catalogue et liste des prix de livres d'école, etc. que l'on peut se procurer chez G. Kolff et Cie, à Batavia.

20. Programme pour 1880—1881 et pour 1882—1883 des leçons données au gymnase (collège) de Willem III, et liste des livres d'école employés dans cette institution pendant l'année scolaire 1882/1883..

21. Hikayat Aladdin.
Hikayat Jahidin.
Hikayat Bakhtiyar.
Hikayat Mashhoudou'lhakki.

Livres d'école malais pour les indigènes, par A. F. von de Wall.

22. Hikayat Aladdin, par le même, texte arabe.

23. Dix-sept livres d'école différents en hollandais, par Bronz Middel, M. de Haas, L. Hovenkamp, J. van Leeuwen, Obdeyn, P. Schippers, J. A. Wilkens, J. A. Weyhenke et R. J. L. Weyhenke.

24. Trois abécédaires pour écriture malaise et latine.

25. Calendrier de bureau pour 1882,

et le même imprimé en couleurs sur satin.
26. Deux dessins indiens, représentant le labour et le travail quand on plante le padi.
27. Affiche imprimée en couleurs.

17. Collection de journaux javanais et malais. — Etablissement pour l'enseignement des langues, de la géographie et de l'ethnologie des Indes néerl., à Delft.

A. Journaux javanais.

1. *Bramartani*, Sourakarta, Jonas Portier et Cie.
2. *Darmawarita*, Jokyakarta, H. Buning, (rédacteur, W. Halkema).

B. Journaux malais.

3. *Biang Lala*, Batavia (rédacteur, J. L. Martens).
4. *Hindia Nederland*, Batavia, H. M. van Dorp et Cie (rédacteur, L. Wolfe).
5. *Bintang Johor*, Batavia, Bruining et Wyt (réd. D. J. van der Linden).
6. *Chahaya India*, Samarang, A. Bisschop (réd. F. C. E. Bousquet).
7. *Sourat Kabar*, Sourabaya, E. Fuhri et Cie.
8. *Pembrita bahrou*, Sourabaya, Thieme et Cie (réd. Uilkens).
9. *Bintang Timour*, Padang, van Zadelhoff et Fabricius.
10. *Bentara Melayou*, Padang, H. J. Klitsch et Cie (réd. A. Snackey).
11. *Matahari*, Makasser, W. Eekhout.
12. *Chahaya Siyang*, Tanawangko, H. Bettink (réd. N. Graafland).

18. Quelques numéros de l'année 1883 des journaux des Indes suivants.

Gazette de Java, Nouvelliste officiel, N°. 1 et 2.
Gazette de commerce de Batavia, N°. 1.
Feuille hebdomadaire du droit aux Indes, N°. 1, en deux ex.
La Locomotive, N°. 1, en 4 ex.
Matahari, feuille de nouvelles et d'annonces pour Jogja et ses environs, N°. 1, à double.
Bintang Timor, Sourat kabar di Sourabaya, N°. 1, en 4 ex., N°. 2, en 2 ex. et N°. 4 en 1 ex.
Feuille de commerce de Sourabaya, N°. 1, à double.
La Poste orientale, feuille de commerce, de nouvelles et d'annonces de Pasouarouan, N°. 1, à double.
Feuille de nouvelles et d'annonces pour Probolinggo et environs, N°. 1, à double.
Nouvelle feuille de commerce de Padang, N°. 1, à double.
Gazette de Sumatra, N°. 1, à double.
Gazette de Célèbes, N°. 1 et 2, à double.
Mata-hari, Sourat kabar di Macassar, N°. 1, à double.
Chahaya Siang, Kartas khabar Minahassa, N°. 1 et 2.
La Patrie indienne, N°. 46.

19. Collection d'almanacs indigènes des Indes néerl. — Etablissement pour l'enseignement des langues, de la géographie et de l'ethnologie des Indes néerl., à Delft.

A. Almanacs javanais.

1. *Serat pananggalan*, Samarang, G. C. F. van Dorp (réd. A. B. Cohen Stuart).
2. *Serat Penanggallan*, Samarang, Grivel et Cie.

B. Almanacs malais.

3. *Almanak bahasa melayou*, Batavia, H. M. van Dorp.
4. *Almanak* (takwim) *atau hitongan hari, boulan dan tahoun*, Batavia, W. Bruining et Cie.
5. *Almanak bahasa melayou*, Jokyokarta, H. Buning (réd. F. L. Winter).
6. *Almanak orang meseki*, Tanawangko, A. de Lange.

C. Almanac dayak.

7. *Almanak atawa rinting andau, bulan*, Banjermasin.

D. Almanac makassar.

8. *Almanak Makasser*, 1883, W. Eekhout.

20. Almanak behasa melayou. — Almanac malais pour 1883 (septième année), rédigé par F. L. Winter, à

Sourakarta; imprimé à Jokyokarta par H. Buning.

21. Almanak atau takwim, ya-itou hitoungan hari, boulan tahoun Orang Mesehi 1883, Orang Islam 1300—1301, Orang China 8—9, et Almanak tahoun Orang Meschi, 1883. — W. Bruining et Cie., Batavia, 1882.

22. Almanac de la Compagnie, pour l'an 1734. — D. E. E. Wolterbeek Muller, à Voorbourg.

23. Essai d'une bibliographie de la colonie de Surinam, rédigé exprès pour l'exposition par C. J. Hering; manuscrit. — C. J. Hering, à Surinam.

24. Exemplaire du »Nouvelliste de Surinam", de l'an 1792, imprimé à Paramaribo par W. H. Poppelman, imprimerie privilégiée de la Noble Direction du pays. — E. M. Morpingo, à Surinam.

25. Quelques journaux de Curaçao. — R. M. Ribbius, Dr. en droit, à Curaçao.

26. Calendrier pour 2000 ans, Surinam. — B. Heyde, à Surinam.

FIN.

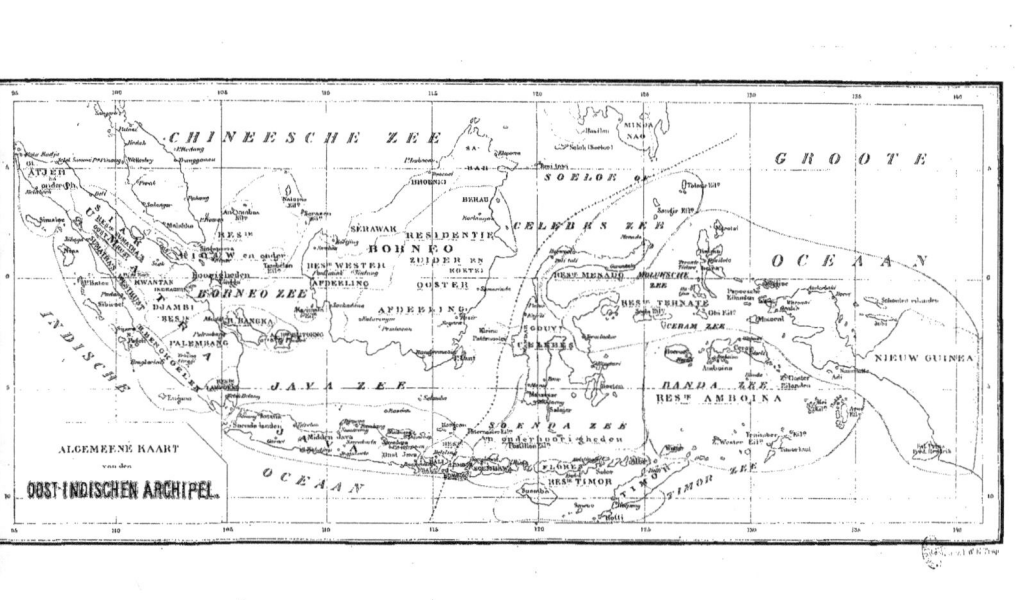

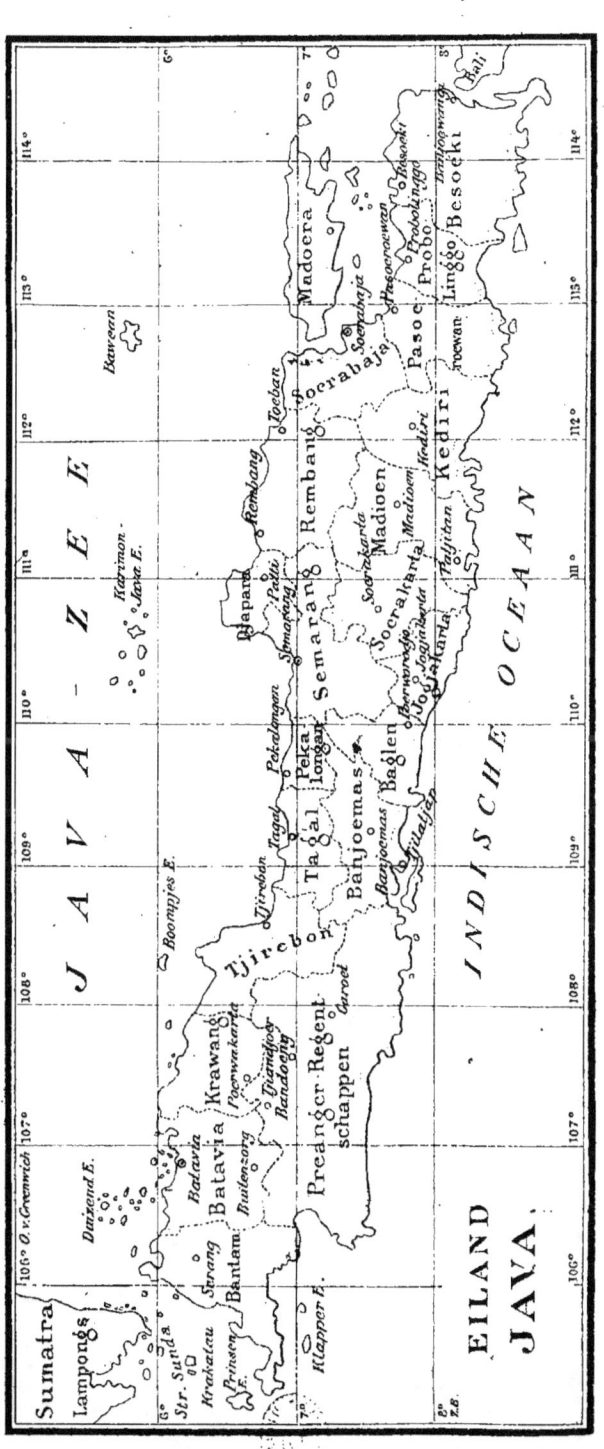

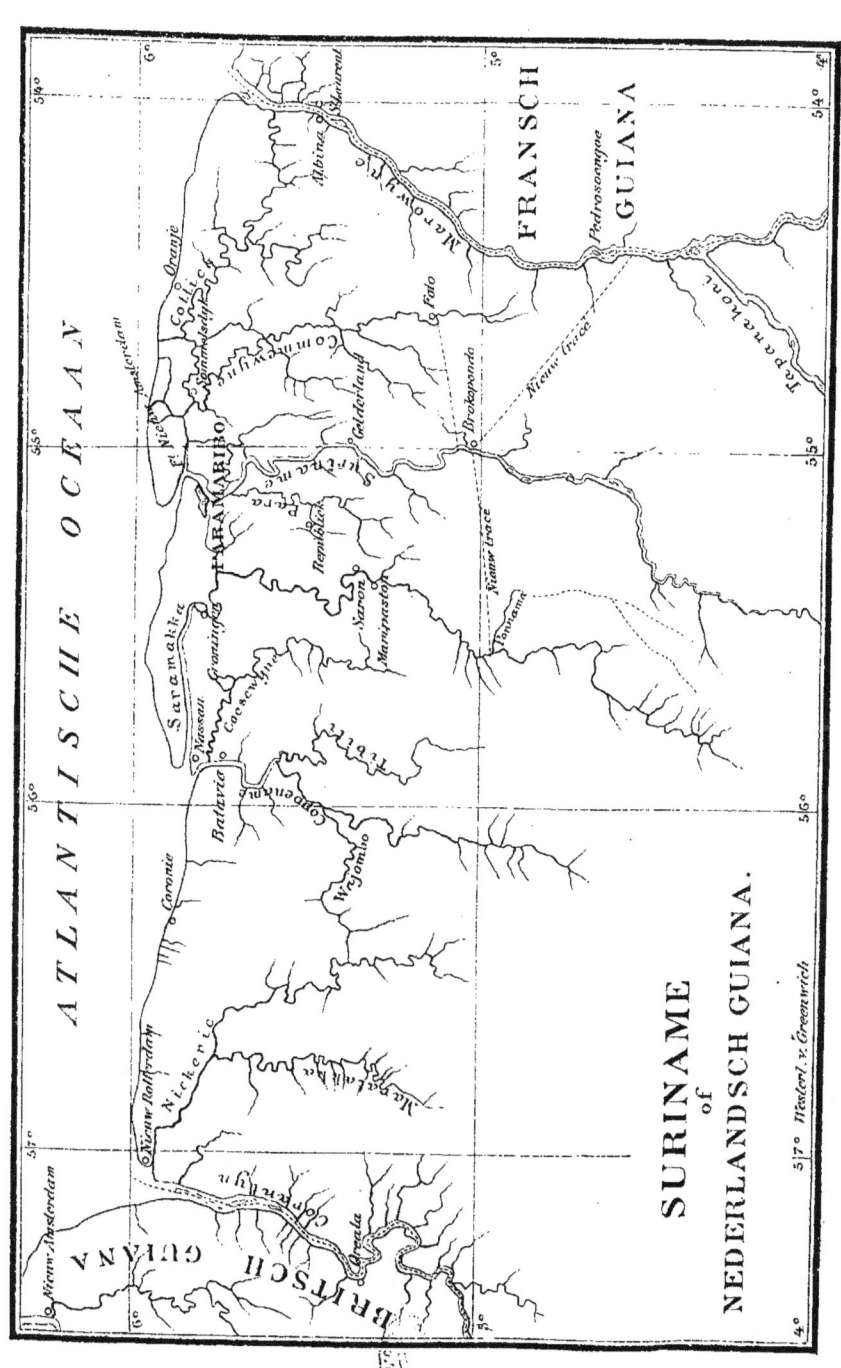

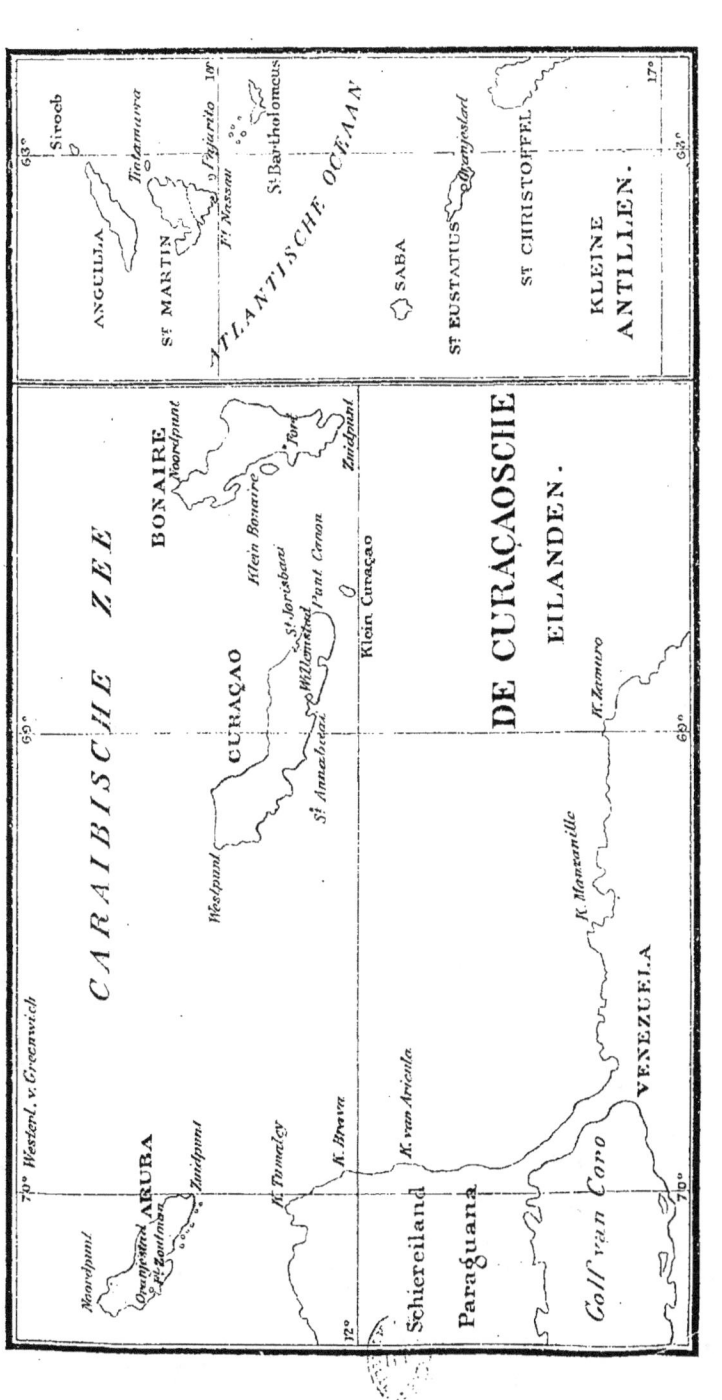

LISTE D'OBJETS ENVOYÉS À L'EXPOSITION INTERNATIONALE D'AMSTERDAM.

De la part de la Société des Missions néerlandaises, fondée en 1797.

(Supplément au Catalogue de la Section Coloniale).

I. Modèles de maisons.

1. Maison d'habitation ordinaire de Noussa-laout et d'Amboine.
2. Habitation du type actuellement suivi à Kawangkoan (Minahassa).
3. Id. à Langowang (Minahassa).

Il y a moins d'un demi-siècle que les Alfoures du Minahassa demeuraient encore par agglomérations de cinq, dix, même vingt familles, réunies dans de grandes maisons construites sur des pilotis d'environ six mètres de hauteur. Les familles n'étaient séparées les unes des autres que par des nattes ou des vêtements suspendus à des bambous. (Voy. N. Graafland, *Le Minahassa*, Vol. I, p. 270 et suiv.).

4. Maison d'un Javanais de marque de la pointe orientale de Java, hohmalimas javanais.
5. Maison ordinaire d'indigène à la pointe orientale de Java, hamah drojogan javanais. (Voy. *Communications* de la Soc. des Miss. néerl. Vol. XIX, p. 101 et suiv. et vol. XX, p. 21 et suiv.).

II. Vêtements, ornements, etc.

6. Karai papayarren pour garçon.
7. Karai Kinaman pour homme.

Le Karai est une pièce d'étoffe carrée au milieu de laquelle a été pratiquée une ouverture longitudinale où se passe la tête; elle retombe de façon à couvrir le dos, les épaules et la poitrine. Il se porte d'ordinaire sans ceinture et se nomme alors papayarren. Le Karai Kinaman a une sorte de manches (Minahassa).

8. Papéttan, ceinture pour la taille ou le ventre.

9. Chidako ou Lawen, appelé aussi dans le Minahassa porong, coiffure, dissimulé; c'est une longue bande d'étoffe qui entoure les reins, passe entre les jambes et retombe par devant et par derrière.
10. Paporongngen, bonnet.
11. Poupée représentant un homme habillé à l'ancienne mode (Minahassa).

Tous ces vêtements sont fabriqués avec de l'écorce battue. On racle l'écorce extérieure de l'arbre, puis on fait dans le tronc une incision longitudinale de la longueur voulue et l'on enlève le liber; on le roule et on le serre entre deux morceaux de bois ou de bambou pour l'empêcher de se déchirer. Enfin on le bat au moyen du

12. Onsuntoul, pièce de bois ronde, d'ordinaire en ébène, campelée à une extrémité, lisse à l'autre. Le bout gaufré sert à dégrossir l'étoffe, l'autre à la rendre unie.
13. Treize espèces d'écorce qui se travaillent de cette manière. L'écorce exposée n'est pas travaillée. (Voy. pour plus amples détails les *Communications*, vol. XXII, p. 247 et suiv.
14. Vêtement d'homme en karoëng, espèce d'étoffe grossière.
15. Vêtement de femme, id.
16. Deux poupées représentant un homme et une femme habillés de vêtements ci-dessus.
17. Slendang, long châle porté par les femmes (Java).
18. Oudeng, ou ikut, mouchoir pour la tête, porté par les hommes (Java).
19. Ceinture pour la poitrine,

s'attache autour du cou et de la taille. Il appartient à Java, mais se porte aussi à Amboine par de jeunes garçons et de jeunes filles.

20. Kouplouk, petit bonnet javanais pour enfants. (*Comm.* XX, p. 263).
21. Pèchi-alit, casquette javanaise pour enfants. fl. 1,50.
22. Kouplouk sèrèt, bonnet d'enfant, aussi appelé Kopyah. fl. 1.50.
23. Kouplouk sèrèt, bonnet d'enfant, aussi appelé Kopyah. fl. 1.
24. Chapil, d'ordinaire multicolore.
25. Coiffures diverses, portées par dessus le mouchoir.

a. Chaping cheloumpring, fait du cheloumpring, enveloppe extérieure du jeune bambou. fl. 0,20.
b. Chaping irig, en bambou et en feuilles de rembouloung. fl. 0,25.
c. Chaping keton, en bambou. fl. 0,25.
d. Chaping jepangan, en bambou, souvent porté par les matelots. fl. 0,30.
e. Chaping chekoutouk, en bambou, souvent porté par les matelots. fl. 0,35.
f. Chaping sousoun, en bambou, nouveau modèle.
g. Chaping kousir, en bambou, recouvert de papier collé, porté par les cochers. fl. 2,50
h. Songkok blèwahan. fl. 0,20.
i. Id. keton. fl. 0,20.
j Id. id. fl. 2.

Les trois derniers sont en bambou et en rotin recouvert de drap. On en fait aussi de plus fins, ornés de passementerie et portés par les fonctionnaires indigènes et les grands.

26. Chaussures.

a. Troumpah papah Krambil, sandales faites de la tige de la feuille du cocotier et souvent employées en voyage ou dans la montagne par les villageois. (La paire exposée est séchée).
b. Troumpah kropak, en feuilles de lontar. fl. 0,02.
c. Troumpah kayou, en bois. fl. 0,05.
d. Troumpah koulit, en cuir non tanné. fl. 0,10. On porte *b*, *c* et *d* dans les endroits pierreux, ou bien dans les forêts, pour garantir les pieds contre les épines.
e. Gamparan, porté à la maison, surtout par les santris, après qu'on s'est lavé les pieds. fl. 0,15.
f. Troumpah loulang, porté à la maison ou quand on est en route. fl. 1,50.
g. Klètèk, porté à la maison, surtout par les femmes, après qu'on s'est lavé les pieds. fl. 1,25.
h. Klètèk pradan, sabots dorés, portés à la maison par les femmes. fl 1,25.
i. Chénélô jôwô, mules vernies, portées à la maison et dehors par les fonctionnaires javanais fl. 3.
j. Chénélô chinô, mules chinoises en paille, portées à la maison. fl. 0,40.
k. Troumpah chinô, sandales chinoises en paille, portées en route par les Chinois du commun. fl. 0,05.
l. Katiplah bloudron, sandales en velours. fl. 2.
m. Katiplah benang mas, sekar jeni, tissues de fil d'or. fl. 3,50 et 2,50.
n. Katiplah moté, ornées de grains de verroterie. fl 2.
o. Katiplah alit, sandales pour enfants. fl. 0,75.
p. Katiplah bangloussan, sandales en cuir uni fl. 2.

Elles sont fabriquées par le samakkan, ouvrier en cuir, et vendues au pasar par le palèn, boutiquier. On les voit rarement porter dehors. Les Arabes, les ecclésiastiques, les fonctionnaires indigènes, les marchands et les Javanais riches en font usage.

27. Ombrelle javanaise contre la pluie et le soleil. Se fabrique à Solo.
28. Deux ilirs, éventails fl. 0,10 et 0,75.
29. Kembang moté, anneaux en corail, pour orner le chignon des jeunes filles.
30. Gelang, paire de bracelets de jeune fille. (*Comm.* XX, p. 286).
31. Binggel, paire d'anneaux ornés de clochettes, portés aux jambes par les jeunes garçons et les jeunes filles. (*Comm.* XX, p. 286).
32. Chouchouk kondé, épingle à cheveux.
33. Anting-anting, paire de boucles d'oreilles.
34. Ali-ali, petit anneau pour le doigt.
35. Kronchong, paire d'anneaux pour les jambes, pour garçon. (*Comm.* XX, p. 286).
36. Kontollan, servant à cacher les parties sexuelles des garçons. (*Comm.* XX, p. 287).
37. Melar, paire de pendants d'oreilles. (*Comm.* XXI, p. 15).
38. Epèk, ceinture portée sans rien d'autre autour du bebed. fl. 0,50.

On peut consulter sur le costume des Javanais un travail important de M. C. Poensen (*Comm.* XX, p. 257 et suiv. et 377 et suiv.) Sur celui des Alfoures avant l'époque actuelle, J. A. T. Schwartz (*Comm.* XXII, p. 248 et suiv.) et N. Graafland, *Le Minahassa*, vol. 1, p. 64 et suiv. (comp. ibid. p. 287 et suiv.). Sur celui des îles du groupe d'Amboine et aussi du Minahassa, *Comm.* XVIII, p. 129 et suiv.

38*a*. Deux paires de petites mules, travaillées par des filles du Minahassa et montées par un cordonnier du même pays.

38*b*. Deux chapeaux en feuille de Silar (Minahassa).

38*c*. Chapeau de manille, fait à Langowang ou à Tondano, Minahassa.

38*d*. Ouvrages faits à l'épingle (deux échantillons), Minahassa.

Cette espèce d'ouvrage ne se faisait que parmi les femmes et filles nobles du Minahassa. „On tirait la moitié des fils, tant de la trâme que de la chaîne, d'un morceau de toile blanche; on étendait sur un coussin ce qui restait et on y cousait, y entrelaçait ou y brodait avec un autre fil toutes sortes de figures analogues à celles que l'on obtient dans nos ouvrages au crochet. Les fils restés permettaient de faire facilement des figures régulières et élégantes. — Ces morceaux de toile brodée servaient d'entredeux aux camisoles. Les femmes nobles de Tondano étaient les plus expertes dans la confection de ces ouvrages. Actuellement cet art passe de mode et n'est plus exercé que par de rares personnes. Les femmes préfèrent apprendre des ouvrages plus modernes." (N. Graafland).

38*e*. Bas à jour, Nousa-laout.

38*f*. Hegoudon koutou, chapeau fait de la feuille du lontar, Savou.

39*g*. Helapa, chaussure faite de la feuille du lontar, Savou.

38*h*. Gebleggan, épousseteur pour vêtements et coussins. Java.

III. Meubles.

39. Tatoumbou, servant, faute de coffre, aux indigènes d'Amboine pour y serrer leurs vêtements.

40. Bambous employés en voyage par les indigènes du Minahassa.

41. Nattes et ouvrages tressés des îles du groupe d'Amboine, du Minahassa et de la Côte occidentale de Sumatra.

42. Petit coffre pour serrer l'argent. Java.

43. Pupitre. Java.

44. Pupitre. Java (Rékal ou rékan, Java).

45. Crochets peints pour rideaux de lit. Java.

46. Kepèk, petit coffre pour livres ou vêtements.

47. Petite corbeille à ouvrage, modèle de Sourabaya.

48. Ornement du haut des rideaux de lit, analogue à nos tours de lit. Java.

49. Cage à bekoutout, voleur de riz. On les préfère plus grandes. Java.

50. Petarangan, corbeille pour poules couveuses. Java.

51. Modèle d'un ratelier pour ombrelles et piques. Java.

52. Kelout, servant à essuyer le balé-balé (sopha). Java.

53. Réké de moyenne grandeur, plateau pour tasses, etc. Java.

54. Botèkan, petite boite à tiroirs, vernie et dorée, servant à serrer les médecines des indigènes; c'est une sorte de pharmacie domestique; fl. 2,40. Ces boites se font de grandeurs différentes; quelquefois elles affectent la forme de petites armoires. Java.

55. Ajoug-ajoug, pied de lampe javanaise avec des ailes qui la protègent contre le vent. fl. 0,40. Java.

56, 57. Petit réceptacle à huile en terre, la lampe proprement dite, accompagnant l'ajoug-ajoug. Java.

a. Pied en bambou (jadok ou ajoug).

b. Réceptacle en pierre (chlempik ou chloupak).

58. Ajoug-ajoug kouningan, pied en cuivre pour la dite lampe. fl. 0,50. Java.

59. Chloupak kouningan, réceptacle à huile en cuivre. fl. 0,50. Java.

60. Cruche à eau en cuivre, modèle de Sourabaya, sert d'ornement. fl. 3,50.

IV. Ustensiles de cuisine et autres.

61. Puiseur pour l'eau, ciselé. Minahassa.

62. Puiseur, simple. Minahassa.

63. Lampe de cuisine (en malais palita). Amboine.

64. Parout, rapes en bois de jati. Java.

65. Parout, rapes pour noix de coco. Java.

65*. Koukouran, paroudan, rapes pour noix de coco. Saprouoa.

66. Dandang kèkèp, chaudron en cuivre avec couvercle. Java.

67. Chaudron. fl. 2. Java.

68. Hanjat, ratelier pour assiettes ou vases. Java.

69. Petits bassins pour sambals. Java.
70. Oulong-oulong, frotteurs de sambals. Java.
71. Tédok, panier tressé à rebord, servant à disposer en petits tas séparés les diverses épices destinées à la préparation du repas. Java.
72. Talam, plateau sur lequel on sert certains mets, ou on en envoie en présent. Java.
73. Modèle d'un bloc à piler le riz pour le débarrasser de sa bourre (lesoung). Java.
74. Alou, modèle de pilon pour le riz. Java. — Le creu allongé est pour le padi, et le rond pour la gabah et le bras. (Padi, riz avec la tige; gabah, riz séparé de la tige, mais encore revêtu de la bourre; bras, riz débarrassé de la bourre).
75. Deplokan et alou, mortier et pilon, employés entre autres pour broyer le sirih à l'usage de personnes qui ne peuvent plus le mâcher. Java.
76. Anglo-sarang, réchaud avec grille. Java.
77. Kebout, éventails destinés à attiser le feu. Java.
78. Ilir, éventails destinés à attiser le feu. Amboine, etc.
79. Konkousan, panier employé pour la cuisson du riz.
80. Goyang, tamis. Saparoua et Java.
81. Entong, cuiller pour le riz. Java.
82. Selon wadah traos, pour tressi et allumettes soufrées. Java. Quand le petit réceptacle est en haut, il sert pour le trassi; quand le grand est en haut, il sert pour les allumettes javanaises.
83. Régé, fait de l'aren sôdô, servant à sécher certains objets. Java.
84. Iyas.
85. Rangin, moule à pâtisserie. fl. 2. Java.
86. Chèrèt, chaudron. fl. 4. Java.
87. Talam, plateau, usage comme 72. Java.
88. Chemoung, aiguière pour les doigts, basta pour fleurs. Java.
89. Kendi petoulé, fort employé dans les waroungs. Java. L'eau y devient amis (pusata). fl. 4.
90. Songgong. On s'en sert pour rapporter le berkat à la maison. Java.
91. Jagrag, pied pour la lampe javanaise.

V. Ustensiles pour la table.

92. Chentong, cuillers potagères pour le riz, en bois de jati. Java.

93. Cuillers à riz en usage chez les Européens, faites à Sourabaya.
94. Fourchette et couteau en bambou.
95. Kendi, pot à eau en terre cuite. Java.
96. Toutoup saji, couvercles en feuilles de Silar, pour protéger les mets contre les insectes. Minahassa.
97. Couvercles en écailles de poisson, servant au même but. Java.
98. Wakoul, petite corbeille dans laquelle on sert le riz. fl. 0,35. Java.
99. Wakoul mawi toutoup, petite corbeille avec couvercle servant à serrer divers objets. Java.
100. Rantang, corbeille à fruits pour dessert. Java.
100a. Coupe à boire princière. Timor.
100b. Cuiller en noix de coco. Timor.

VI. Articles de toilette et de luxe (pour fumer, pour mâcher le bétel, pour fumer l'opium).

101. Souri (joungkat), peigne en corne, recourbé. Java.
102. Peignes en écaille de tortue, fabriqués à Ameth, Nousalaout.
103. Petit peigne de poche en forme de poisson. Amboine.
103a. Deux peignes. Timor.
103b. Petit serpent en cuivre (oular amas). Saparoua. — Anciennement ces objets se faisaient en or, maintenant d'ordinaire en cuivre. Ils font partie du trousseau de la fiancée, avec une paire d'assiettes en terre, un gong et quelques pièces de chita, étoffe indienne teinte.
103c. Feuilles, fleurs et fruits du girofier, imités en plumes. Les fleurs au pied de la corbeille sont de melati. Ouvrage de dames d'Amboine.
103d. Petite boîte. Savon.
104. Fins étuis à cigares de Tondano. Minahassa.
105. Lopak-lopak, boîte en fer-blanc pour le tabac, les rokok (cigares) et le sirih. fl. 0,05. Java.
106. Slepi, petit sac en feuilles de pandan; même usage que le précédent. fl. 0,05. Java.
107. Chepouk, pour tabac, non pas pour gambir.
108. Rokoh kobot, vendus aux étalages dans la rue. 5 pour fl. 0,07. Java.
109. Lentarran, instrument pour hâcher le tabac. Java. — Les montants s'appellent koupingngan; la place où l'ouvrier s'as-

sied, dingklik; le couteau, rajang, à Kediri, gobang.

110. Choupah (pipe) chinoise.

110a. Trois petites pipes en terre. La brune a été faite à Toumpân; les deux noires à Tinchep. Elles ont été achetées au marché de Sonder. Minahassa.

111. Tali-api, corde à feu. Saparoua.

112. Petites boîtes en bambou pour tabac, sirih, chaux, etc. Timor.

113. Assortiment de boîtes pour pinang. Timor.

114. Boîte à chaux. Timor.

115. Corbeille à sirih (kenoto kanana). Savou.

116. Kinangan, boîte à sirih en pandan et en bambou. Java.

117. Boîte à sirih en bambou. fl. 0,10. Java. — Les n°. 116 et 117 se portent dans la poche.

118. Kinangan timbalo, boîte à sirih en timbalo, espèce de bois des îles situées vis-à-vis des côtes de Java, parfois avec de belles veines, et alors très recherché. fl. 2. Java.

119. Pakinangan ou Pakinangan bokor, nécessaire à sirih. fl. 4,50. Java.

120. Salpi, boîte à sirih de Madoura.

121. Boîte à sirih en fer blanc. Java.

122. Nécessaire à sirih en cuivre, avec cinq pieds, tel qu'on les fond à Grissée (Gersiq). Java.

123. Bokor kinangan, nécessaire à sirih en cuivre. fl. 8. Java.

124. Boîte à sirih carrée, en cuivre. Java.

127. Ciseaux à pinang. Java. Font partie des fournitures des boîtes à sirih.

128. Petit mortier à sirih (J. klèchok) avec petit pilon en fer (J. chochoh). Java.

129. Bedondan, pipes pour fumer l'opium. Java. — Ce sont quelques unes de celles que les fumeurs d'opium apportent au missionnaire de Kendal-payak en promettant de s'abstenir de leur funeste habitude, et que le missionnaire conserve suspendues dans sa pharmacie. Il guérit les fumeurs en leur administrant des pillules d'opium et de rhubarbe. 12 pillules contiennent 3 grains d'opium et 12 grains de rhubarbe. Il en donne 12, puis 9, puis 6, en diminuant tous les cinq jours. Il est rare qu'on lui en redemande après la dose de six. Plus de 70 fumeurs ont déjà été guéris de cette manière.

VIIa. Modèles de moyens de transport.

130. Pedati, charriot indigène. Minahassa.

131. Pikoulan, perche pour porter des fardeaux. Des paniers d'herbe y sont suspendus. Java.

132. Kranjang, paniers pour transporter l'herbe. Java.

133. Pikoulan chouchoukan, perche à transporter le riz; à peu près $^1/_2$ de la grandeur naturelle. Java.

134. Pikoulan souket, id. pour l'herbe; à p. p. $^1/_2$ de la grand. nat. Java.

135. Pikoulan battan, id. pour padi; à p. p. $^1/_2$ de la gr. nat. Java.

136. Pikoulan glayor; à p. p. $^1/_2$ de la grand. nat. Java.

137. Pikoulan chouchoukan kajeng, pour porter l'allang-allang; à p. p. $^1/_2$ de la grand. nat. Java.

138. Jodang, auge à porter.

b. Harnachements.

139. Selle javanaise.

140. Lapak, selle faite par le toukang samak à Pônô-rôgô. fl. 10, avec accessoires. Java.

141. Fouets. Java, Minahassa.

142. Etriers.

VIII. Outils.

143. Outils du toukang-mranggi, faiseur de gaînes en bois pour kris et piques. Java.

a. Pangot chantik. (fl. 0,30). Petits couteaux.

b. Pangot penechek-an (fl. 0,25). Petits couteaux.

c. Jôrô odrog (fl. 1). Perçoirs.

d. Jôrô dèdèt (fl. 1). Perçoirs.

144. Outil du faiseur de gaînes de kris. Java.

a. Patouk, doloire.

b. Pangot, tranchet ordinaire.

c. Chantik, pangot un peu recourbé à l'une de ses extrémités.

d. Wali, espèce plus fine de pangot.

e. Rempelas, feuille rugueuse du ficus remblas, servant à polir le bois.

f. Morceau de bambou rugueux servant au même but.

g. Jôrô, perçoir.

h. Dendô, courroie et cylindre en bois servant à imprimer au perçoir un mouvement de rotation.

i. Kikir, lime fine.
j. Dèdèt, petite scie pour les gaînes de kris.
k. Graji, petite scie recourbée.
l. Sipattan, servant au charpentier à tracer des lignes droites.

145. Jôrô odrog, perçoir du toukang-rawis, qui fait les charpentes des toits. Java. — L'anneau se nomme karak, le bouton slontong.
Avant qu'il y eût de grandes forges (binkil), où l'on pût fabriquer les perçoirs ordinaires, on se servait généralement de celui-ci.

146. Outils employés pour teindre la toile de coton. Java.
a. Cadre vertical sur lequel se suspend la toile.
b. Jepit, servant à assujettir la toile.
c. Casserole pour fondre la cire.
d. Chanting, godets en cuivre avec des goulots minces, servant à faire sur la toile les figures en cire.
e. Malam, cire.

147. Exemples des procédés successifs employés pour la teinture.

148. Quatre dessins en couleurs sur toile, faits par un Javanais, wedônô pensionné.

IX. Instruments d'agriculture et de jardinage.

149. Modèles de charrues javanaises.
150. Singkal, charrue pour terrain dur. Java.
151. Broujoul, autre espèce de charrue. Java.
152. Garou ountou, herse à dents.
153. Garou klèpèk, autre espèce de herse, actuellement peu en usage.
154. Garou bichak; on appuie sur cette herse avec le pied; elle s'emploie dans les endroits où l'on ne peut pas amener la herse traînée par du bétail. Java.
155. Lempag, sekrop, bêche employée dans les champs de canne à sucre. Java.
156. Pachoul bawak, espèce de pioche ou de houe. Java.
157. Pachoul, autre pioche.
158. Ani-ani, petits couteaux au moyen desquels à la moisson on coupe le padi (riz) épi à épi. Java.
159. Gentô, sonnettes en cuivre pour moutons. Java.
160. Keloutouk, sonnettes de vache, en cuivre. Java.
161. Kelitingan, sonnettes en cuivre pour vaches ou chevaux.

162. Kakaichal ou wahi. Minahassa.
On s'en sert pour creuser le sol, lorsque celui-ci n'est pas trop dur et pour enlever les herbes dont les racines ne sont pas trop profondes; ceci se fait maintenant plutôt au moyen du pachol, bêche.

163. Sososok, appelé aussi kokôat et aawont (M. kouda-kouda). Minahassa.
On s'en sert pour enlever les mauvaises herbes des plantations de padi et des carreaux de légumes.

164. Aawont en fer avec un manche en bois de kanonang. Forgé à Leilem. Minahassa.

165. Totongká, Minahassa. On en a trois espèces.
a. A pelle plate, non creusée.
b. A pelle creusée.
c. A manche en bambou et à pelle soit creusée, soit plate. Cette espèce s'appelle totongka ipaparoung.
On se sert de cet instrument pour enlever la terre après l'avoir détachée à l'aide du sosôan ou du kakaichal. Il est très employé dans la culture des champs humides de padi, quand on creuse des fossés ou des étangs et aussi dans les travaux de voierie.

166. Bandil, fronde au moyen de laquelle on lance des pierres ou de petites mottes de terre aux oiseaux pour les effrayer. A peu près $1/4$ de la gr. nat. Java.

167. Plinchoung, fronde pour lancer des mottes humides. Java.

168. Bloc creux sur lequel on frappe avec le marteau qui y est joint; on s'en sert par ex. dans les corps-de-garde pour indiquer les heures et pour donner des signaux d'appel ou d'avertissement. Java.

169. Kentongan, bloc à signaux en forme de poisson. Java.
Le poisson imité se pêche dans la Brontas, où il se rencontre de taille tantôt plus grande, tantôt plus petite que celle de l'imitation. Celle-ci, sur l'ordre du Régent de Malang, doit servir de modèle de kentongan. Le modèle exposé a été fait par Kyái Amos, charpentier de feu le missionnaire Jellesma, et actuellement occupé à construire l'église et l'école de Swaron.

X. Filature, matières textiles etc.

170. Gilingan, moulin pour nettoyer le coton. Java.

171. Wousou, servant après le nettoyage à préparer le coton pour être filé. Java.
172. Jontro, rouet. Java.
173. Manèn, instrument servant à ajuster le fil à la mesure nécessaire pour le tisser. Java.
174. Pendalan, métier à tisser; à p. p. $^1/_5$ de la gr. nat. Java.
175. Ikal-ikal, bobine pour corde. Java.
176. Machine à faire les cordes. Amboine.
177. Espèces de cordes.
 a. Branche, écorce, fibres et corde de ganémo. Minahassa.
 b. Peloton de corde de ganémo. Amboine.
 c. Fil et corde d'ananas. Nousalaout.
 d. Fibres du koffo (musa textilis). Minahassa.
 e. Fibres du palmier arèn. Minahassa.
 f. Corde triple, tressée, de gemoutou. Amboine.
 g. Corde triple, non tressée. Amboine.
 h. Autres espèces de cordes de gemoutou.
 i. Fil de ganémo, dont on fabrique des filets excellents. Nousalaout.
 j. Jari wawi, corde de lontar, pour attacher les porcs. Savou.
 k. Corde faite de l'écorce du warou. Java. — On s'en sert beaucoup pour attacher le bétail.
 l. Corde de sepet, enveloppe fibreuse de la noix de coco. Java.
 m. Corde en cuir. Java. — On s'en sert pour la roue des tours. Elle ne doit pas être exposée à la pluie.
 n. Id. de rotin. Java. — Employée dans la construction des maisons, sur les barques et pour lier le joug des bêtes de trait.
 o. Corde de fil. Java. — Pour rênes, pour lier les prisonniers, etc.
 p. Corde de gebang, tige de la feuille d'une espèce de palmier-évantail. Sert à attacher le bétail.
 q. Corde de douk, fibres du palmier arèn. Java. — Sert à assembler les pièces du keré, espèce de rideau fait de minces lattes de bambou devant les galeries, les portes, etc.
 r. Licou de cheval, de lontar. Savou.

XI. Jouets.

NB. Un grand nombre de ces petits objets peuvent aussi servir de modèles de meubles.

178. Petit chaudron en cuivre. Java.
179. Petite aiguière (chemoung) en cuivre. Java.
180. Deux petits kendi (cruches à boire) en cuivre. Java.
181. Petite cafetière en cuivre. Java.
182. Couche vernie. Java.
183. Deux petites corbeilles à riz (wakoul). Java.
184. Petites cuillers à puiser le riz (èntong). Java.
185. Plateau en bois (doulang). Java.
186. Tambourin Java.
187. Une paire de petits sabots (bakiyak). Java.
188. Petit miroir.
189. Petite table à tiroirs pour drogues. Java.
190. Petite casserole en cuivre pour cuire le riz (kendil), avec couvercle. Java.
191. Eventail pour activer le feu; employé aussi à éventer un enfant pour l'endormir. Java.
192. Petit réchaud. Java.
193. Petite poêle à frire, avec couvercle. Java.
194. Cruche à boire (kendi) en terre. Java.
195. Deux petits plats en terre (chouwô) pour sel ou épices. Java.
196. Cache-maille (chèlengan). Java.
197. Deux petits bancs. Java.
198. Nécessaire pour le sirih. Java.
199. Deux crachoirs. Java.
200. Toupies diverses. Java.
201. Poupées en bois, achetées au pasar. Java.
202. Poupées à membres articulés. Java.
203. Deux petites trompettes (dermènan). Java.
204. Tambour. Java.
205. Bèndô, pour le jeu du bengkat. Java.
206. Dakon, servant aux enfants et aux femmes à jouer avec le kechik (noyaux de sawo). Java.
207. Gouloup et paser, sarbacane pour prendre les oiseaux. Java.
208. Jemparing. Java. — On relie au jemparing, devant l'entaille, la ficelle du palessan; on place le palessan perpendiculairement à l'extrémité du jemparing, que l'on maintient tendu au moyen de la ficelle fixée au godongan; enfin en lâchant tout-à-coup on fait partir le trait.
209. Deux oli-oli faits de l'écorce d'un rameau de palmier arèn. Minahassa. — On tient l'objet par le manche et on l'approche de la bouche, qui doit être

légèrement entr'ouverte; pour l'un des deux instruments on tire continuellement la ficelle; si c'est l'autre qu'on emploie, on frappe du doigt indicateur de la main gauche contre l'extrémité; alors le souffle alternatif de la respiration produit un son, que l'on varie en ouvrant plus ou moins la bouche.

210. Demi-coques de noix de coco et disques de bambou servant au jeu de tatakoy, auquel se livraient les femmes, tant les petites filles et les filles nubiles que les femmes mariées, et même les vieilles femmes, pendant qu'il était permis aux hommes de jouer à la toupie (moraway). Minahassa.

211. Waray, toupies. Minahassa.
  a. Waray rantay, toupie haute.
  b. Waray limper ou rimper, toupie à tête plate.
  c. Waray luntoungan, toupie à tête creuse.
  d. Waray lompeng, toupie basse.
  e. Waray mesarou, littéralement les toupies tournées les unes contre les autres.

Ce jeu servait à l'amusement, non seulement des garçons et des jeunes gens, mais aussi des hommes avancés en âge. Maintenant encore si l'on arrive à l'improviste dans un village écarté, on peut parfois y surprendre un groupe d'hommes se livrant avec beaucoup d'animation et de gaîté au jeu de la toupie dans quelque enclos, ou même sur le chemin. Le grand art consiste à lancer sa toupie de façon à ce qu'elle aille heurter la toupie déjà lancée par l'adversaire. — A l'époque païenne ce jeu n'était permis que dans l'intervalle entre les sacrifices manesompô et mousow, intervalle, du reste, de plusieurs mois. Le reste de l'année ce jeu était frappé du pelii (tabou de la Mer du Sud).

212. Kekesorren, aussi appelés loutaw, sarbacanes. Minahassa. — Anciennement les personnes d'âge ne dédaignaient pas ce jouet, actuellement abandonné aux jeunes garçons. Ceux-ci y placent un tampon de feuilles ou bien quelque jeune fruit, qu'ils lancent ensuite au moyen du souffle. Ce jeu avait aussi sa période marquée, en dehors de laquelle il devenait pelii.

XII. Fournitures pour l'art d'écrire, objets d'école, livres, etc.

213. Kropak. Java. — Feuilles de lontar, sous la forme sous laquelle on s'en servait anciennement pour y graver des caractères d'écriture.

214. Pangot wali, petit couteau servant à graver l'écriture sur le kropak. Java.

215. Kalam souwô, paquet de plumes à écrire, tirées des fibres pileuses du palmier arèn. Java.

216. Serat akhir-ing jaman. Ouvrage javanais sur les derniers jours. On en trouvera une description avec sommaire dans les *Communications*, vol. XXVII, p. 1 et suiv.

217. Volume de dessins de poupées-wayang.

218. Planchette à écrire (papantoulis). Minahassa. — On y écrivait avec de l'encre. Anciennement en usage dans les écoles (voy. *Comm.*, vol. XVIII, p. 172).

(Les autres objets d'école ont été réunis à la collection ethnographique, section du Minahassa.)

218*. *Communications* publiées par la Société des Missions néerlandaises. 26 vol. et les deux premières livraisons du vol. XXVII.

XIII. Objets religieux.

219. Petite idole de bois, de Tonsea, appelée tetelas ou titelas. Minahassa.

220. Deux petites idoles en ivoire. Minahassa.

221. Petite idole en bois. Minahassa.

222. Trois très petites idoles de pierre, de Tonsea, appelées tetood. Minahassa.

223. Deux petites idoles en os. Minahassa.

224. Petite corbeille contenant des pierres sacrées; les prêtres tenaient ces pierres dans leurs mains jusqu'à ce que l'on déclarât que les pierres suaient. Minahassa.

225. Pomme du bâton d'un prêtre. Minahassa.

226. Deux bracelets portés par les prêtres en faisant les fossos. Minahassa.

227. Deux d°. en os, emploi d°.

228. Etui en bambou contenant trois bâtonnets sculptés en bois de fer, baguettes magiques (kapoya), employées par les prêtres lorsqu'ils allaient dans la forêt consulter le bouroung-malam (oiseau de nuit), pour savoir s'il fallait faire la guerre, établir une plantation, etc. Minahassa.

229. Feuilles de woka gravées, employées dans les fossos. Minahassa.

230. Camisole de prêtre. Minahassa.
231. Chapeau de voleur de têtes, orné de plumes, de feuillage et de peintures. Minahassa. — Les indigènes disent que ce chapeau était la marque d'honneur que l'on avait le droit de porter quand on avait volé cent têtes.
232. Morceau de bois avec une partie du crâne, les cheveux et les dents d'un homme tué. Minahassa.
233. Bouli-bouli; 12 petits pots avec et sans couvercles, employés dans certains rites. Ile de Boano.
234. Tampat jaroum ou tampat berkat, petit pot contenant un bouchon où est planté un fil de cuivre pointu, servant au prêtre à s'égratigner la figure.
235. Petites idoles de l'île de Moa (Iles du Sud-Ouest).
236. Soumperrang. Minahassa. — Cet objet se fabrique avec une tige de bambou — parfois de rotin — de trois articulations. On fend les bords de l'articulation supérieure et on les tresse de façon à en faire une corbeille où se placent les offrandes de mets cuits, riz et petits morceaux de viande (voy. *Comm.*, vol. XXII, p. 269).
237. Tinóor, tronçons de bambou dans lesquels s'apporte l'offrande de vin de palmier. Minahassa. (Voy. ibid. p. 269).
238. Nonoan, bambous dans lesquels on cuit les offrandes de nourriture. Minahassa. (Voy. ibid. p. 270).
239. Pawarengan, ainsi appelé à Sonder et dans quelques autres villages; ailleurs Pasendóan. Minahassa. — Ce bambou doit toujours avoir une articulation et demie. On y verse le vin de palmier destiné au sacrifice. (Voy. ibid. p. 270, 1).
240. Kopit, servant à la libation en l'honneur des dieux domestiques. Minahassa. (Voy. ibid. p. 273).
241. Tinátawan ou tinátaw, copeaux de bambou tombés lors de la confection du tinóor ou du kopit. Minahassa. — On les dépose dans le jardin au pied du Soumperrang. (Voy. ibid. p. 275).
242. Temboan ou tombán. Minahassa. — Charpente formée de quatre montants (arii) reliés entre eux par neuf pièces de bois transversales (soule). (Voy. la description détaillée *Comm.*, vol. XXII, p. 175 et suiv.).
243. Wawarangan, pièce plate de bois sur laquelle sont tracées toutes sortes de figures; fait partie du précédent. (Voy. ibid. p. 279).

244. Toutoupou. Minahassa. — Bambou pointu avec lequel on tue les porcs pour les sacrifices. (Voy. ibid. p. 279).
245. Sangkor ($^1/_2$ de la gr. nat.) Minahassa. — Servant, lors des petits sacrifices, à placer le van dans lequel se déposent les offrandes de nourriture. (Voy. ibid. p. 280).
246. Niou, van ($^1/_2$ de la gr. nat.). Minahassa. (Voy. ibid. p. 280).
247. Patoka, petite corbeille où se placent les waton-toulous, pierres sacrées; (voy. ibid. p. 280. Comp. le N°. 234).
248. Óray, longs lambeaux de feuilles de woka liés en botte et colorés au moyen de sucs végétaux. Minahassa. (Voy. ibid. p. 280).
250. Soring, sosoring ou sosoringan. Minahassa. Quatre spécimens, trois courts et un long, employés lorsqu'on va écouter le wara im bengi (oiseau de nuit). On en tire en y soufflant un bruit ressemblant au cri de cet oiseau, qui se met à siffler pour répondre à cet appeau. Quand on va écouter l'oiseau de jour on n'emploie pas de soring.
251. Waré im bengi, oiseau de nuit, ♂ et ♀. Minahassa.
252. Wari i endo, oiseau de jour. Minahassa.
253. Trioy, oiseau de nuit, au cri duquel dans beaucoup d'endroits du Minahassa les païens, les mahométans et même des chrétiens attachent une signification superstitieuse.
254. Arita, petits couteaux dont les mahométans se servent pour la circoncision. Java.
255. Jédaran santri, planchette à régler des santris. Java.
256. Ketou ranchangan. Java. — Ce n'est pas proprement une coiffure de prêtre. Elle a été empruntée aux Arabes. Les grands et même les gens du commun se mettent de plus en plus à Java à s'en parer pour se poser en hauteurs de l'Islam.

XIV. Tombeaux.

257. Timboular en waton touwa, espèce de calcaire. Minahassa. — Le timboular est un bloc de pierre carré, d'ordinaire haut d'environ 1,2 mètres, large et épais de 0,75 m. Il est creusé profondément et est recouvert d'une pierre taillée en forme de toit. Anciennement on y enterrait le Wáilan. On attachait dans ce but le cadavre de façon à ce qu'il restât assis

— 10 —

et on l'enveloppait de nattes (voy. *Comm.* XXII, p. 283).
258. Tamboulólen, tronc d'arbre vidé, dans lequel on enterrait les pauvres. Minahassa. (Voy. ibid. p. 283).
259. Warougou, maisonnette construite sur le tombeau. Minahassa. (Voy. ibid. p. 284).
260. Kijing, modèle des tombes ordinaires. Les petits pieux plantés aux deux extrémités s'appellent maésan ou maéjan; pour les femmes, ils ont le sommet plat ou concave; pour les hommes, on taille le sommet en rond ou en pointe.
261. Modèle du monument érigé sur le tombeau d'un Régent de Malang. Java. (Comp. Dr. W. R. van Hoëvell, Voyage à Java, etc. Vol. II, p. 189).

XV. Antiquités.

262. Cruche en pierre. Java.
263. Pierre sur laquelle on broyait des drogues. Java.
264. Kris appelé souró, que l'on croit provenir de Môjôpahit. Java.
265. Anciens hiéroglyphes alfoures sur planchette. Minahassa. (Voy. le dessin joint à cet objet et *Comm.*, vol. VI).
266. Anciens hiéroglyphes alfoures sur papier (voy. le dessin et *Comm.*, vol. VI).
267. Ce qu'on appelle pierre de tonnerre. Minahassa. — Au dire d'un indigène elle a été trouvée dans les racines d'un cocotier. Elle servait à des pratiques superstitieuses et portait le nom de barkat. (Voy. *Comm.*, vol. XVIII, p. 184).
268. Deux têtes de dragon sculptées, ayant probablement servi à orner une maison. Amboine.
269. Papoulessan, morceau de rotin où le tonnáas (grand prêtre) a fait des nœuds lors de la fondation du village de Sendangan (Sonder). Minahassa. Les nœuds désignent le nombre de ceux qui se sont établis dans le village à sa fondation. (Voy. *Comm.*, vol. XXII, p. 284).
270. Kris trouvé dans la terre non loin de Môjô-warnô. Java.
271. Autre ancien kris. Java.
272. Fer de pique, représentant un vieillard. Java.

XVI. Diverses espèces de bois des îles du groupe d'Amboine et du Minahassa.

Les noms sont inscrits sur les échantillons.

En outre ont été envoyés à l'exposition
 a. Plusieurs livres d'école et livres de lecture, dont l'énumération se trouve dans le catalogue général de la section coloniale.
 b. Des photographies du Minahassa et des dessins faits par les élèves de l'école normale de Tanawangko (voir les inscriptions). Ces objets sont suspendus derrière une des vitrines.
 c. Objets „d'activité domestique", fabriqués par W. Sumampauw à Tanawangko. Placés dans la grande vitrine, parmi les objets scolaires.

ERRATA.

Groupe I. 1e Classe.

Page 24 note ligne 7 d'en bas, au lieu de Sypensteyn, lisez: Sypesteyn.

Groupe III. 19e Classe.

Page 81 ligne 2 d'en bas, après *Koepang* ajouter: Saparoua, Gorontalo, Bengkalis et Olehleh.

Groupe III. 20e Classe.

Page 134 ligne 4 d'en bas, au lieu de 21.447.042 hectares, lisez: 2.199.018 hectares.

Groupe III. 22e Classe.

Page 236 ligne 18 d'en bas, au lieu de 1851, lisez: 1881.

www.ingramcontent.com/pod-product-compliance
Lightning Source LLC
Chambersburg PA
CBHW070900300426
44113CB00008B/905